德国刑法学
总论

第2卷

犯罪行为的特别表现形式

| 2003年版 |

[德] 克劳斯·罗克辛 著

王世洲 主译与校订

王锴　劳东燕　王莹　李婧　徐晓辉 译

法律出版社
LAW PRESS · CHINA

图书在版编目(CIP)数据

德国刑法学总论.第2卷/(德)罗克辛著;王世洲等译.—北京:法律出版社,2013.5
ISBN 978-7-5118-4870-3

I.①德… II.①罗…②王… III.①刑法—法的理论—德国 IV.①D951.64

中国版本图书馆 CIP 数据核字(2013)第079727号

德国刑法学 总论(第2卷)

著　　者 [德]克劳斯·罗克辛
译　　者 王世洲等 译
责任编辑 吴　昉
装帧设计 凌点工作室

开本 787毫米×1092毫米　1/16
印张 46.75　**字数** 1188千
版本 2013年5月第1版
印次 2013年5月第1次印刷
出版 法律出版社
编辑统筹 法律教育出版分社
总发行 中国法律图书有限公司
经销 新华书店
印刷 北京北苑印刷有限责任公司
责任印制 张宇东

法律出版社/北京市丰台区莲花池西里7号(100073)
电子邮件/info@lawpress.com.cn
销售热线/010-63939792/9779
网址/www.lawpress.com.cn
咨询电话/010-63939796

中国法律图书有限公司/北京市丰台区莲花池西里7号(100073)
全国各地中法图分、子公司电话:
第一法律书店/010-63939781/9782
西安分公司/029-85388843
重庆公司/023-65382816/2908
上海公司/021-62071010/1636
北京分公司/010-62534456
深圳公司/0755-83072995

书号:ISBN 978-7-5118-4870-3
定价:118.00元

作者简介

克劳斯·罗克辛 1931年5月出生于德国汉堡,1950年进入汉堡大学学习,1957年3月获得博士学位,1962年7月通过教授论文,同年在汉堡大学担任私讲师。1963年至1971年在哥廷根大学担任刑法、刑事诉讼法和一般法原理的教授教席,1971年以后在慕尼黑大学担任刑法、刑事诉讼法和一般法原理的教授教席,1974年以来担任全体刑法学研究所学术所长,1999年9月30日退休。

自1984年10月至2012年10月,已经获得韩国、意大利、葡萄牙、西班牙、希腊、墨西哥、阿根廷、巴拉圭、委内瑞拉、智利、秘鲁、巴西、塞尔维亚等国20所大学授予的名誉博士学位。另外,2000年5月获得秘鲁利马大学名誉教授,2006年9月获得北京大学与中国人民大学客座教授,2012年11月获得厄瓜多尔昆卡大学名誉教授。此外,1994年1月获得西班牙政府颁发的勋章,2000年9月获得"慕尼黑金质奖章",2000年11月获得"联邦德国一级功勋十字奖章",2002年2月获得"贝卡利亚金质奖章",2007年获得"巴伐利亚律师协会的马克斯·弗里德兰德奖",2009年获得意大利的"国际刑法奖"。

自1973年至1981年,担任德国刑法和刑事诉讼法研究会的专业鉴定人,自1975年至1980年担任洪堡基金会刑法和刑事诉讼法专业的遴选鉴定人。自1973年起就是德国弗莱堡马普外国刑法与国际刑法研究所专业咨询委员会的成员,并且自1989年起担任该委员会主席。另外,自1994年2月起担任巴伐利亚科学、哲学和历史研究院院士。是《全体刑法学杂志》和《刑法新杂志》的主编之一,以及卡尔·迈协会的法律图书的主编之一。在1971年至1999年期间,担任卡尔·迈协会主席;自2000年12月起,担任卡尔·迈协会管理委员会主席。自2008年以来,是《法学学习》在线杂志的主编之一。

截至2012年,已经独立出版专著21部(包括在意大利和秘鲁出版的3部专著),其中《刑法中的罪责和预防》一书是以西班牙、葡萄牙和日文三种文字发表;与其他学者合作出版了教科书和专著4部,其中《刑法典、刑事执行法和刑事诉讼法的选择性草案》一书共计13卷,从1966年开始,到2004年才出齐。此外,罗克辛先生还出版了350篇学术论文,涵盖刑法、刑事诉讼法和刑事政策的所有领域。

主译者简介

王世洲 1953年6月出生于福建省泉州市。1978年9月进入北京大学法律系学习,1982年获得北大法学学士学位,1985年获北大刑法学法学硕士学位,1987年获中美法学教育交流基金赴美学习,1988年获得美国加利福尼亚大学伯克利法学院法学硕士学位,1994年至1996年作为洪堡基金会客座研究员在联邦德国马普国际与外国刑法研究所和奥格斯堡大学法律系进行研究工作,2004年作为英国学会王宽诚研究基金客座研究员在英国伦敦大学高级法律研究所进行研究工作。1985年留校任助教,1987年任讲师,1993年任副教授,2001年任教授,自2003年起担任博士生导师,主要研究领域为中国刑法、比较刑法和国际刑法。

参加了中国1997年刑法典的起草准备与咨询工作,为1996年刑事诉讼法典的制定提供过法律帮助。另外,还帮助起草了中国《禁止证券欺诈行为暂行办法》,为中国证券法、著作权法以及许多单行刑事法律的制定工作提供过咨询意见,担任华侨大学与美国斯坦福大学北京项目兼职教授。

截至2012年年底,共参与出版各种著作近三十部,其中,独立出版专著2部,教材1部,译著3部。主编的《现代国际刑法学原理》在2011年被北京市教委评为北京高等教育精品教材,《关于著作权刑法的世界报告》在2012年获得第四届钱端升法学研究成果奖三等奖;独著的《德国经济犯罪与经济刑法研究》在2000年获得北京市第六届哲学社会科学优秀成果二等奖;作为副主编的《美国经济犯罪和经济刑法研究》(周密主编)在1995年获得北京市第三届哲学社会科学优秀成果奖二等奖;作为参著者的《中国刑法论》(杨春洗、杨敦先主编)在1995年获得国家教委第三届普通高等学校优秀教材二等奖;独著论文"现代刑罚目的理论与中国的选择"在2006年获得司法部"第二届全国法学教材与科研成果奖"科研成果类三等奖。

另外,在国内外和我国台湾地区还发表了论文、译文100篇,其中包括用英文、德文在欧美等国发表的论文以及被翻译为日文、韩文、俄文、西班牙文以及土耳其文的论文30篇。在《美国比较法杂志》上发表的"论中国刑法中的司法解释"一文被"美国社会科学引文索引"收入,在《法学研究》上发表的"中国刑法理论中犯罪概念的双重结构与功能"一文被《中国社会科学(英文版)》收录,主要观点被收入《中国法律年鉴(1999)》,在

《北京大学学报（哲学社会科学版）》上发表的“关于中国死刑制度的反思”与在《中国人民公安大学学报（社会科学版）》上发表的“零容忍政策探析”（与刘淑君合作）等文被《新华文摘》收录。

担任荷兰、西班牙多家国际学术刊物的国际编辑，是德国洪堡基金会环保奖学金遴选委员会国际评委。2009年，经德国、美国、中国、西班牙多名教授的联合支持与推荐，获得刑法学在当今国际上的最高奖项——洪堡研究奖。自2011年起，受聘担任德国洪堡基金会中国学术大使。

合作译者简介

王　锴　1976年出生于湖北省武汉市，1997年获北京外国语大学德国语言文学专业文学士学位，2004年获北京大学法学院经济法专业法学硕士学位，2012年获中国社会科学院研究生院民商法学专业法学博士学位。1997年至2005年在外交部负责对德语国家的双边办案、政策调研与高级翻译，2005年起在中共中央组织部从事干部教育培训工作。曾经作为翻译参与全国人大《行政许可法》、《行政程序法》、《物权法》、《法院组织法》和《民事诉讼法》等法律的立法调研与法律修订项目，在专业期刊上发表了“论公司股东的责任直索”等与德国法有关的论文，参加司法部法治建设与法学理论研究部级科研项目“现代国际刑法学原理”。

劳东燕　1974年出生于浙江省绍兴市，1996年在华东政法学院获法学学士学位，2004年在北京大学法学院通过硕博连读获刑法学专业法学博士学位，曾先后在慕尼黑大学（2002～2003年）、宾西法尼亚大学（2006年）、耶鲁大学（2007年）进修与访学。近年来在《中国社会科学》、《法学研究》、《中国法学》等重要法学专业刊物上发表学术论文与译作四十余篇，出版专著《罪刑法定本土化的法治叙事》（北京大学出版社2010年）与《刑法基础的理论展开》（北京大学出版社2008年）2部，参与撰写著作及教材多部。曾获北京大学优秀博士论文奖（2005年）、清华大学学术新人奖（2008年）、北京市第十届哲学社会科学优秀成果二等奖（2008年）、司法部全国第三届优秀教材与科研成果三等奖（2009年）以及第四届钱端升法学研究成果三等奖（2012年），主持完成教育部“风险社会与罪过理论”（2009年）与国家社科基金“刑事政策与刑法理论的构建”（2011年）等重要项目。现任清华大学法学院副教授，主要研究方向为中国刑法、比较刑法。

王　莹　1978年出生于安徽省颍上县，2001年进入北京大学法学院攻读刑法学专业法学硕士学位，在校期间先后获北大法学院光华奖学金与德国巴登符特堡州奖学金，于2003年3月至8月作为北京大学与德国弗莱堡大学交换生赴德学习。2005年，在德意志学术交流中心（DAAD）奖学金资助下赴德留学，于2009年获德国弗莱堡大学与马普外国与国际刑法研究所法学博士学位。在国内法学类核心期刊发表多篇论文，并在德国Duncker & Humblot出版社出版专著《Der strafrechtliche Schutz des Urheberrechts：Eine Vergleichende Untersuchung zum deutschen und chinesischen Strafrecht》（《著作权的刑法保护：德国与中国刑法的比较研究》）。现任中国人民大学法学院讲师，主要研究领域为刑法学、比较刑法学。

李　婧　1982年出生于江苏省南京市，2000年保送至北京外国语大学德语系德语语言文学专业，2003年保送本校硕士研究生，2006年毕业后留校。2006年考入北京外国语大学德语系德语语言文学专业（语言学方向）攻读博士学位，2006年10月至2007年8月在德国海德堡大学进修学习，2010年获博士学位。2011年在德国De Gruyter出版社出版专著《“Recht ist Streit”—Eine rechtslinguistische Analyse des Sprachverhaltens in der deutschen Rechtsprechung》（《“法律即争辩”——对德国审判过程中语言行为的法律语言学分析》）。发表论文多篇；参与编写教材3部，参与编写著作1部。现任北京外国语大学德语系讲师，主要研究领域为法律语言学、篇章语言学、语料库语言学等。

徐晓辉　1982年出生于辽宁省大连市，2001年进入北京大学德语语言文学系学习，2005年保送至北京大学法学院攻读法律硕士，2006年通过北京大学德国研究中心赴德国洪堡大学法律系学习，并进入德国国会实习。在北大学习期间，曾先后参与“欧洲国家安全法”、“国际食品卫生法”等项研究，2008年获法律硕士学位与“北京大学法学院2005级优秀法律硕士”称号，论文“论德国刑法中的着手”被评为“北京大学法学院优秀法律硕士毕业论文”。现任职于中共中央纪委监察部驻民政部纪检组监察局，已经发表“未遂起点前移的前沿研究”、“德国廉政风险防控制度探析”等论文与其他译作。

刑法保护是最高等级的法律保护

——主译者序

本书是《德国刑法学 总论》的第2卷。

我很高兴，在《德国刑法学 总论》(第1卷)于2005年翻译出版之后，第2卷的出版获得了如此广泛与强烈的期待。尤其是年轻的刑法学者们，对本书更是表现出了令我感动的热爱。这种热爱不仅仅是以表扬与赞美的方式表现出来的，而且还表现在诚恳与严肃的商榷与批评上。对于在翻译第1卷以及本书第2卷中所采纳的翻译原则、用词选择等方面的问题，我在本书的"主译者后记"中进行了一些说明。我在这里衷心地感谢各方面朋友对本书的关注。

本书的翻译在第1卷出版之后隔了这么长的时间才完成，有着多方面的原因。其中，最重要的当然是我需要完成的教学与科研任务。粗粗算来，在完成本书翻译工作的几年里，我还同时完成了主编三本由国家社科基金、司法部科研项目基金等资助的专著，独立撰写了一本由教育部"特色专业建设项目"资助的教材，独立翻译了一本由商务出版社出版的专著，总字数几近三百万字。另外，我还用中、英、德文发表了近二十篇论文，其中有些被翻译成俄文、西班牙文、土耳其文与韩文出版了。在教学方面，我在北京大学法学院还要承担博士、硕士、本科的各种课程，包括用英文为北京大学法学院中国法项目、美国斯坦福大学北大项目，为北大的非洲班项目及许多来访的欧亚学生访问团讲授中国刑法与中国法律课程。本书是在如此繁重的工作压力下完成的。当然，在翻译本书时需要抵抗的压力还来自目前中国高等教育管理中的一种偏见：翻译不是成果，共同翻译的著作更不算成果！目前，就连中国最开放的法学院也只能承认独译作品仅仅具有一半的工作量，不管这部译著是一千页的德文著作还是只有一百页的英文著作；而合作出版的翻译作品则一点工作量都得不到！在如此不利的环境下，我仍然坚持翻译本书，不仅是由于坚信"翻译也是创新"，[1]翻译"使得一个处于特定环境中的人群知道了他们在此之前不知道的事情"，[2]而且是"希望通过自己的翻译，为中国刑法学理论工作者提供一份最好、最完整和最可靠的德国刑法理论成果，从而为正在理论的崇山峻岭中艰难跋涉的中国刑法学理论研究，开辟出一条继续前进时可供借鉴的道路"。[3]

我很高兴，在翻译第2卷时，能够荣幸地邀请到几位优秀的合作者。他们是王锴博士、劳东燕副教授、王莹博士、李婧博士、徐晓辉女士。所有的翻译合作者都不仅精通德语，而且对德国法律有着相当精深的研究背景。他们的加盟极大地提高了本书的翻译质量。当然，翻译是一件极具个性化的工作。为了与第1卷的用语与文风保持一致，我担任本书的主译与校订，对全书的翻译质量承担完全的责任。应当指出，我对本书的译法，包括用词与译法，不一定是有关合作译者同意的。不过，我与各位译者约定，大家可以将各自的译文另行发表。我们相信，这种安排使合作成为可能，使本书得以成为一个整体，同时，并没有阻遏合作翻译与学术探讨的可能性，对于促

---

〔1〕 这是我为《我的一点家当——王世洲刑事法译文集》(中国法制出版社2006年版)一书写的序言标题。

〔2〕 参见前注。

〔3〕 参见《德国刑法学 总论》(第1卷)(法律出版社2005年版)的译者序。

进我国的法学翻译事业是有利的。

经过多年的努力,本书的翻译终于完成。本书的原作者克劳斯·罗克辛教授通过《德国刑法学 总论》这两卷书的写作,向德语的读者们清晰而完整地说明德国刑法科学大约二百年来的主要成就。《德国刑法学 总论》这两卷书的最大成功之处,在于对德国刑法理论进行了完整的前后一致的体系性说明。在第1卷中,作者对与刑事政策(刑罚目的)有关的基本问题与犯罪构造理论进行了论述;在第2卷中,作者对犯罪行为的特殊表现形式,包括实行人与参加人、未遂、不作为,以及竞合等方面的理论进行了完整的论述。这样,这两卷书就完成了对刑法学总论中有关问题的完整讨论,不仅说明了各种理论观点与主张,而且对所有的理论都进行了完整的梳理,从而使整套书形成了一个完整而流畅的整体。我很高兴,我与我的朋友们则通过翻译,向中文的读者们正确而清晰地(至少我是这样确信的)展示这部"当代刑法学的最高成就",[4]使我国刑法理论界对21世纪初德国刑法学的发展概况有了一个相当准确而完整的认识。

在法治的旗帜下,中外学者如此重视刑法学理论的整理与探索,不仅由于"刑法学是最精确的法学",[5]而且由于刑法保护是最高等级的法律保护。最高等级的保护提供最高等级的安全保护系数,需要支付最昂贵的社会代价,只有依托最精确的法学才能公正合理地建立起来。

刑法保护作为最高等级的法律保护,是宪法安排与规定的。刑法保护的是一个国家与社会中最重要的利益,包括国家安全、公共安全、人身安全、财产安全、社会秩序,乃至军事安全以及经济秩序、行政秩序等有价值的关系,关系着国家、社会与公民的生存与发展的基础。刑法保护为这些法益提供着其他法律保护所无法提供的最后的安全屏障。刑法保护对侵害其所保护的法益的行为规定了最严格的处罚条件与最严厉的法律后果,并且刑事责任只能在最严格的司法程序中加以确定。刑法保护的处罚条件不仅必须事先严格地使用书面形式明确地加以规定,而且可能导致自由、财产甚至生命的丧失;在追究刑事责任时,对犯罪的证明必须达到最高等级的"排除合理怀疑"程度;[6]这些都是其他法律保护不可能具备的。然而,刑法保护也是一种需要付出最高社会代价的法律保护。这种社会代价"不仅是指由于执法而产生的警察、检察官和法庭等等执法成本,而且是指承担刑事责任而产生的自由、财产甚至生命的丧失等社会成本"。[7]因此,刑法保护这种最高等级的法律保护,在尊崇民主、法治、人权信条的现代社会里,只有在使用其他法律手段无法实现保护目的时,才会是国家舍得使用的。现代法治发达国家的司法实践证明,当社会发展使得国家认识到一种特定的利益对社会具有至关重要的意义时,不管这种利益在其他国家或者其他时代是如何无关紧要,例如,著作权、信用、环境、食品、药品,甚至家庭暴力,国家都有可能依据宪法使用最强有力的法律手段加以禁止,为这些利益提供最高等级的保护。在人民民主的国家中,刑法"谦抑性"的那种自下而上乞求式地限制刑法保护的思想已经过时,而刑法"辅助性"的这种自上而下民主式地分配刑法保护的思想正在高扬!

在现代社会人权高扬与经济发展的时代里,人们在捍卫个人自由的同时,强烈呼唤着国家的保护。法律保护是国家保护的方式。国家保护的安全性已经成为制约个人首创精神发展的重要因素。刑法保护作为个人在法治环境中可能诉诸的最有力的法律保护手段,在过去几十年里,在全世界的范围里都得到了极大的扩展。从趋势上说,扩大刑法保护范围的"犯罪化"与缩小刑法保护范围的"非犯罪化"一直同时存在;然而,从数量上说,在刑法中新增加的条文明显地多于被

---

〔4〕 参见前注。

〔5〕 参见前注。

〔6〕 参见我国2013年《刑事诉讼法》第53条第2款第(三)项。

〔7〕 参见王世洲著:《现代刑法学(总论)》,北京大学出版社2011年版,第14页。

取消的条文。犯罪圈在客观范围上的扩大,在社会发展与进步过程中,已经成为一种无法抗拒的发展趋势。农耕社会的生产方式,通过现代工业化、信息化、城镇化,日益转变并发展成为生产集约化的各种新模式。新的社会生产方式以及个人新的社会存在方式,在使个人获得空前自由的同时,也使个人形成了对国家的空前依赖。如果国家不能为个人提供前所未有的广泛保护,个人在社会上就必然要单独面对前所未有的广泛侵害,不仅有直接来自他人的人身攻击,而且更有那些在环境、食品、电脑、银行、证券、交通等方面发生的侵害。个人是无法独立地保护自己免受这些侵害的,或者说,社会的发展使得个人需要国家不断地扩大对自己的保护范围。社会发展的规律,成为刑法不断扩张的客观基础。非常自然,人们总是希望自己的利益得到最高等级的保护!

社会潮流,浩浩荡荡。面对社会对刑法保护日益强烈的要求,刑法学工作者应当承担起自己的责任:为国家、社会与公民锻造一份精确的刑法理论,以支持精确刑法的制定以及刑法的精确运行,以满足刑法保护作为最高等级法律保护的要求。刑法学对刑法的重要意义,早已由我国近代的大法学家沈家本所指明:"法学不盛,何来善法?"〔8〕因此,当刑法学工作者评价一部刑法或者一条刑法规定的优劣得失时,更基础的应当是评价该部法律或者该条法律所依托的原理是否恰当、适时或者是否具有值得改进之处!在现代社会进步的潮流下,刑法担当的保护社会安全与公民权利的任务,正在日益繁重。刑法在我国法治社会中的历史使命,对我国的刑法学工作者提出了非常高的要求。面对社会与时代的要求,通过强调"刑法是一种恶"而从数量上主张少用刑法的观点是片面的与推卸责任的。先哲〔9〕在提出"刑罚是一种必要的恶"时,仅仅说明了刑法这种"恶"与犯罪所产生的"恶"具有本质上的区别,完全没有限制刑法在必要时可以适用的意思。刑罚具有"错误控告之恶"的概念,强调的也是刑罚的正确使用,而不是刑罚的少使用与不使用。在现代人权公约中,更没有绝对禁止使用刑法的规定。通过把刑法说成是一种恶,从而直接或者间接地贬低刑法作为最高等级法律保护的意义,希望在限制或者排除刑法适用的同时,自我免除对刑法适用精确性的论证任务,不过是一种拙劣地摆脱自己责任的方式。刑法学工作者应当关心的不是刑法条文的数量,而是刑法规定的需要性与准确性。〔10〕犯罪圈在保护范围上的扩大,必然由于刑法的精确规定而得到恰当的限缩。必要而精确的刑法,绝不是重刑主义的产物,而是在社会发展基础上的民主制度的必然产物。必要而精确的刑法本身,恰恰就是遏制重刑主义的有效手段。在必要而精确基础上划定的犯罪圈,正确地为社会治安综合治理提供着有效的保障。我国社会大力建设的各种制度,也只有依靠必要而精确的刑法保护,才能成为现代社会安全尤其是经济发展的可靠保障。刑法所提供的最高等级的法律保护,因而构成了现代法治的坚固基础。

在现代民主与法治的国家中,把刑法的本质认识为"一种善法,而且是一种大善之法",〔11〕是正确而有见地的。作为"错误之恶"的刑法,即没有正确使用的刑法,首先就错在支持这种刑法的刑法学理论存在的缺陷上。在刑法学领域中,为了构建一种正确的理论,就需要提高理论的学术水平。学术是什么?学术是一个在理想的指引下由知识、体系、批判、重构四个阶段组成的知识体系或者知识评价体系。知识阶段包括知道与见识主客观两方面的认识状况,不知与无见识就丧失了学术的基本前提。体系阶段要求知识必须是一个系统的整体,不能是一孔之见或者一得之识,只知其一不知其二就丧失了学术的基本标志,前后不能形成一个逻辑的整体就丧失了

〔8〕 参见李贵连著:《沈家本传》,法律出版社2000年版,第362页。

〔9〕 参见边沁著:《立法理论——刑法典原理》,李贵芳等译,中国人民公安大学出版社1991年版,第67页。

〔10〕 参见王世洲著:《现代刑法学(总论)》,北京大学出版社2011年版,第15页。

〔11〕 参见张光君:"刑法本性:大恶还是大善?",载《检察日报》2010年4月1日。

学术的基本价值。批判阶段应当有能力提出对已知与已识之事有理由的分析意见，只知人云亦云，即使无所不知，也不是学术的最高境界。重构阶段是在广博知识的基础上，通过对前人知识有体系的继承与批判，提出自己有见地的系统性主张。学术的整体需要理想的指引。在知识、体系、批判、重构四个阶段难以区分水平高低时，理想的高尚程度决定着学术水平的程度。人类社会科学与自然科学的发展都证明，只有高水平的学术成果，才有可能经受得住实践的检验。在法学领域中，当然也只有不断提高刑法学的学术水平，才有可能使刑法的实践少犯错误或者不犯错误，才能使刑法保护无愧于自己最高等级法律保护的地位。本书与第 1 卷一起，提供了现代刑法学最高学术水平的范例。我国刑法学工作者应当努力做出最高水平的学术成果，以支持国家制定并执行刑法，让社会与人民安全地享受最高等级的法律保护！

本书翻译的完成，我应当感谢北京大学德国研究中心的朋友们。北京大学外语学院的谷裕教授一如既往地耐心解答我的问题，北京大学德语系主任黄燎宇教授总是能够在不中断我思路的时间里就对我的问题作出回答。我还应当感谢所有帮助过我的人，包括我的中外学生们，他们真挚、热情的帮助，早已化为温馨的友情，分撒在本书各个章节的字里行间之中。

我特别感谢罗克辛教授与他的夫人伊梅·罗克辛博士，教授非常耐心地回答我的问题与等待我的翻译，夫人非常亲切地为我提供各种帮助。

我特别感谢歌德学院（北京）的慷慨支持。

我特别感谢法律出版社的吴昉编辑，她不仅非常耐心地等待我的译著，而且非常负责地采用最新的编辑规范进行编辑。本书在编辑体例上与第一卷虽然稍有不同，但是，读者们在阅读本书时的确能够更加流畅。

是为序。

王世洲

2013 年元旦于北京椿树园

我谨将本卷

献给

马里利斯·克婷,乌尔里希·西贝尔,海因茨·舍赫以及

——最后同样重要的贝恩德·许内曼,

没有他们无私与友善的帮助,本书是不可能完成的。

中文版序言

我很高兴能够在这里向中文读者呈送我的刑法总论教科书第2卷。

本书涉及了在德语中关于这个主题的范围广大的教科书。现在,本书的翻译使得中国与德国刑法科学界能够进行全面而细致的思想交流了。

我从许多文献中了解到,中国的读者对这种交流非常感兴趣。对于德国刑法学者来说,这样一种对话也是非常富有成果的。

我非常感谢王世洲教授和他的翻译团队,他们辛勤工作了几年,与我保持着联系,提供了一份非常好的、非常准确的翻译。

我也感谢中国的法律出版社,把我的作品以如此亮丽的装帧形式加以出版。

祝愿这部作品能够为德国与中国在刑法上的对话作出新的贡献。

克劳斯·罗克辛

2012年11月于慕尼黑

德文版序言

现在呈现在读者面前的这本书，是我的《刑法学总论》第2卷。本书在第1卷出版两年之后，终于出版了。我在本书手稿上所需要的时间，相当于我为本书第1卷所花费的。这不仅是因为必须完成的工作范围十分广泛，而且是因为我必须同时照顾其他著作的再版，必须满足对我在法律注释、论文、报告以及其他方面做出文献性贡献的要求，另外，在1999年秋季之前，我还必须完成范围广泛的讲课、考试以及行政任务。

本书所处的时代是2002年夏天。本书的打字稿是在那一年7月（有些9月的补充）完成的。本卷包括了"犯罪行为的特别表现形式"，在这个题目下，我理解的是实行人与参加人、未遂、不作为，以及竞合。第1卷致力于刑事政策性的基本问题与犯罪理论的构造，现在，本卷对总论中的信条学及其刑罚理论—刑事政策性的基础作了补充，通过这种方式，这两卷完成了对有关问题的完整讨论。

我原来计划，还要把量刑法与惩罚法包括在其中。但是，在看了许多新近的教科书之后，我按照他们的样子，还是放弃了原来的计划。原因有多方面：第一，对此还会需要一部第3卷。对我来说，在我的其他学术任务之外，完成这样的写作，是我的工作能力难以胜任的。第二，在严格意义的高等法学教育中，这样的材料只能发挥一种相对轻微的作用，并且仅仅是那些刑法选修课的学生才会具有那种特殊的兴趣。第三，一份真正详细的对刑事法律后果的说明，现如今是需要一种犯罪学的专门知识的，然而，一个完全投身于刑事政策事业之中的法学家，仅仅只能有限地掌握这种知识。然而，请允许我指出，对于学习本书的大学生们来说，新近出现的贝恩德—迪特尔·迈尔（Bernd – Dieter Meier）的著作《刑事惩罚》（2001年），就已经出色地介绍了刑法的法律后果部分，详细地讨论了量刑与保安处分。

对于我在我的"总论"中追求的目标，我在第1卷的前言中就已经说过了。我想补充的是，我在这部第2卷中也在努力利用其中对读者有利的可能性，对繁复材料进行充分广泛的说明使之十分精彩：读者们应当没有理解困难地、不因厌烦而停顿地、流畅地阅读本书；他们应当不仅获得结论与"主流观点"，而且理解所有对于支持与反对特定解决方案很重要的论证，自己进行权衡，从而形成其自己的观点并且熟悉这种刑法性的解决问题的过程。我还特别做了这样的安排：在两卷材料中特别大量地详细描述了司法判决的主导性决定，包括其案情，使得读者们得以借助文献中的讨论来熟悉它们。我在此期间毕竟做出了适用自己的方案与进一步思考的努力，这是很容易理解的。但是，我努力不把自己的努力与忽视或者简单地拒绝其他立场联系起来，而是与其他立场的讨论联系在一起。

我很高兴第1卷在外国得到了重视，并且希望第2卷也能得到类似的反应。卢措恩·佩纳（Luzón Peña）教授、迪阿兹·y·加西亚·科勒多（Díaz y Garcia Conlledo）教授与德·维森特·雷米萨尔（de Vicente Remesal）教授以如此杰出的方式，把第1卷翻译成了西班牙文，令我高兴的是，他们还承担了本书第2卷的翻译工作。吉田宣之（Nobuyuki Yoshida）教授把第1卷的主要部分翻译成了日文，也承担了第2卷的翻译工作。还有，整个成果的中文翻译，正在由（北京）

王世洲教授[1]进行中。

最后，我很愉快地承担起义务，从心底里对所有在这本书的工作中帮助过我的人说一声谢谢。我不仅要感谢在献辞中提到的那些关键性的支持者们，还要特别感谢我长期的助手先生们，曼弗雷德·海因里希（Heinrich）博士、哈拉尔德·尼德迈尔（Harald Niedermair）博士、克里斯蒂安·耶格尔（Christian Jäger）博士与克里斯托夫·克瑙尔（Christoph Knauer），还有为数众多经年累月地站在我身边的各种帮助者。在这些帮助者中，我特别感谢菲拉·劳恩（Vera Laun）女士以及路易斯·格雷科（Luis Greco）、安德阿斯·霍姆特（Andeas Homuth）与米夏埃尔·福尔马尔（Michael Vollmar）等先生，他们在本书的最终编辑中向我提供了（希望所有都是正确的）支持。在本书产生过程中真正的"核心人物"，是我在献辞中已经感谢过的马里利斯·克婷（Marlies Kotting）：她将全部文稿输入电脑，将其打印，统一引注，查找差错，并且以最理想的方式协调了支持性人员变更后的工作。她的责任心给我带来了很大的工作乐趣。

克劳斯·罗克辛

2002年11月于慕尼黑

[1] 原文为 Herrn Professor Wang (Peking)。作者已经确认此处应当列明译者全名。——译者注

目　录

第八章　实行人与参加人

第九章 未遂的理论

第十章 不作为构成行为

第十一章 竞 合

缩略语表

a. A.	其他观点
aaO	出处同上,该书
abl.	反对,否定
abw.	不一致的
Abs.	款
AE	刑法典选择性建议,总则,1966 年(1969 年第 2 版)
a. E.	最后
ähnl.	类似的
a. F.	旧版本
AG	股份公司
	基层法院
AK –(Bearbeiter)	刑法典注释(在"选择性注释系列"中),第 1 卷,1990 年
AktG	1965 年 9 月 6 日的证券法(联邦法律公报,第 1 卷,第 1089 页)
allg.	一般的
Alt.	选择性的
Angekl.	被告人
Anm.	注释
AO	1976 年 3 月 16 日颁布的税收条例(联邦法律公报,第 1 卷,第 613 页)
Art.	条
Arzt/Weber, BT	贡特尔·阿茨特/乌尔里希·韦伯著,刑法,分论,2000 年
AT	总论
Aufl.	版
Ausführl.	详细的
Bauman/Mitsch, At[10]	沃尔夫冈·米奇著,载:于尔根·鲍曼/乌尔里希·韦伯/沃尔夫冈·米奇著,刑法,总论,1995 年第 10 版
Baumann/Weber, AT[10]	乌尔里希·韦伯著,载:于尔根·鲍曼/乌尔里希·韦伯/沃尔夫冈·米奇著,刑法,总论,1995 年第 10 版
BayObLG	巴伐利亚州高等法院
BayObLGSt	巴伐利亚州高等法院刑事判例集
BB	工厂顾问
BBG	在1999 年 3 月 31 日颁布的联邦公务员法版本(联邦法律公报,第 1 卷,第 675 页)
Bd.	卷
v. Beling,[11]1930	恩斯特·冯·贝林著,刑法基础,1930 年第 11 版
Begr.	说明的理由,论证的根据
bes.	特别是

Bespr.	评论
BG.	联邦法院
BGB	1896 年 8 月 18 日的民法典(帝国法律公报,第 195 页)
BGH	联邦最高法院
BGHR	联邦最高法院司法判决,刑事部分,主编:联邦最高法院的法官们(根据刑法典的条文、关键词和数字简短地加以引用)
BGHSt	联邦最高法院刑事判例集
Binding, Handbuch StrafR	卡尔・宾丁著,刑法手册,第 1 卷,1885 年
ders., Normen	卡尔・宾丁著,规范与违反规范,第 1 卷,1922 年第 4 版;第 2 卷,第 1 分册(第 1 ~ 629 页),1914 年第 2 版;第 2 卷,第 2 分册(第 630 页以下),1916 年第 2 版;第 3 卷,1918 年;第 4 分册,1919 年。全部四卷的新版本,1991 年
Blei, AT[18]	赫尔曼・布莱著,刑法第 1 卷,总论,1983 年第 18 版
ders. PdW, AT[12]	赫尔曼・布莱著,刑法,总论,检验你的知识,1996 年第 12 版
BMJ	联邦司法部
Bockelmann, AT[3]	保罗・博克尔曼著,刑法,总论,1979 年第 3 版
ders., Untersuchungen	保罗・博克尔曼著,刑法探索,1957 年
Bockelmann/Volk, AT[4]	保罗・博克尔曼/克劳斯・福尔克著,总论,1987 年第 4 版
BörsenG	1908 年 5 月 27 日颁布的(帝国法律公报,第 215 页,帝国法律公报,第 157 页)1896 年 8 月 22 日交易所法版本(帝国法律公报,第 3 卷,第 4 页,第 4110 - 1 点)
BSeuchG	1961 年 7 月 18 日的联邦传染病法(联邦法律公报,第 1 卷,第 1012 页)
Bsp.	例子
BT	分论
BT - Drucks	德国联邦议会印刷品
BtMG	1994 年 3 月 1 日颁布的麻醉品交易法的版本(麻醉剂法)(联邦法律公报,第 1 卷,第 358 页)
BVerfGE	联邦宪法法院判例集
bzw.	或者更确切地说
cm	厘米
DAR	德国汽车法杂志
DepotG	1995 年 1 月 11 日颁布的有价证券的保管与购买法的版本(联邦法律公报,第 1 卷,第 358 页)
ders.	同一人的
dgl.	同样的
d. h.	也就是说
dies.	同样
diff.	不同的,有区分的
Diss.	博士论文
DJ	德国司法和法律政策。帝国司法部的机关报
DJT	德国法学工作者大会
DJZ	德国法学家报
DM	德国马克

z. Dohna, ³1947	亚历山大·楚·多纳,犯罪理论的构造,1947 年第 3 版
DR	德国法
DriZ	德国法官报
DRZ	德国法杂志
DStR	德国刑法
DStZ	德国刑法报
DVBl.	德国行政公报
E 1958	1958 年刑法典总则草案
E 1959	刑法典草案。1959 年在波恩的大刑法委员会的决定之后
E 1959 II	刑法典草案。1959 年在波恩的大刑法委员会的决定之后,在二读中
E 1962	1962 年刑法典草案(= 德国联邦议会的印刷品,IV/650)
ebd.	在同一处,同上
Ebert, AT³	乌多·埃伯特著,刑法,总论,2001 年第 3 版
EEGOWiG	关于违反秩序法的引导法草案,德国联邦议会的印刷品,V/1319
EGMR	欧洲人权法院
Entsch.	决定
entspr.	符合的,相当的
Entspr.	符合的,相当的
Erg.	结论
Eser, StrafR II³	阿尔宾·埃泽尔著,法学课程,刑法第 2 卷,1980 年第 3 版
etc.	等等
evtl.	可能发生的
f.	以下,下文,以下一页
ff.	以下几页
FamRZ	私法和公法中的婚姻与家庭,后来的全体家庭法杂志
Feb.	二月
FG	庆贺论文集
FleischbeschauG	1940 年 10 月 29 日颁布的肉类检查法版本(联邦法律公报,第 1 卷,第 1463 页)
Fn.	脚注
Frank, StGB, ¹⁸1931	赖因哈德·弗兰克著,德意志帝国刑法典,1931 年/1936 年第 18 版
FS	纪念文集
FU	自由大学
GA	戈尔特达默斯刑法精粹杂志
Gallas, Materialien	维尔海姆·加拉斯著,实行人与参加人,关于刑法改革的材料,第 1 卷,刑法教师的鉴定,1954 年
GaststG	1998 年 11 月 20 日颁布的饭店法(联邦法律公报,第 1 卷,第 3418 页)
Geilen, AT⁵	格尔德·盖伦著,刑法,总论,1980 年第 5 版
gem.	根据
GenStA	总检察长
GerS	法庭
GG	1949 年 5 月 23 日颁布的德意志联邦共和国基本法(联邦法律公报,第 1 卷,第 1 页)

ggf.	如果有的话,可能的
Gieseke/Wiedemann/Czychowski, WHG[7]	保罗·吉塞克/维尔纳·维德曼/曼弗雷德·奇克夫斯基著,水务法:在州水法与水刑法的考虑下
GmbH	有限责任公司
GmbHG	有限责任公司法
Göhler, OWiG[5]	格勒著,违反秩序行为法,1977 年第 5 版
grds.	原则上
Gropp, AT[2]	瓦尔特·格罗普著,刑法,总论,2001 年第 2 版
GrSen	大审判委员会
GS	纪念文章
GVG	1975 年 5 月 9 日颁布的法院组织法(联邦法律公报,第 1 卷,第 1077 页)
Haft, AT[8]	弗里特约夫·哈夫特著,刑法,总论,1998 年第 8 版
Halbs.	第 2 款
h. A.	主流观点
HESt	最高法官的刑事判决。高等法院刑事判例集
HGB	1897 年 5 月 10 日的商法典(帝国法律公报,第 219 页)
v. Hippel, StrafR Ⅱ	罗伯特·冯·海波尔著,德国刑法,第 2 卷:犯罪,1930 年
HIV	人类免疫病毒
h. L.	主流理论
h. M.	主流意见
HRR	最高法官判例集
hrsg.	编撰
Hrsg.	主编
Huelva – Sammelband	费雷·奥利菲/博拉罗主编,有组织犯罪:犯罪学,刑法学与程序的角度,1999 年
i. d. R	在通常情况下
i. e.	详细地,具体地
i. S. d.	在……意义上
i. S. v.	在……意义上
JA	法学工作杂志
Jakobs, AT[2]	京特·雅各布斯著,刑法,总论,基础和归责理论,1991 年第 2 版
JBl.	法学公报
Jescheck/Weigend, AT[5]	汉斯—海因里希·耶塞克与托马斯·魏根特著,刑法教科书,总论,1996 年第 5 版
JGG	1974 年 12 月 11 日颁布的青少年法庭法(联邦法律公报,第 1 卷,第 3427 页)
JK	法学—司法判决索引卡,法学教育杂志增刊(法学)
JMBl. NW	北莱茵—威斯特法伦州司法部公报
Joecks[3]	沃尔夫冈·约克斯著,刑法典:学习性评论,2001 年第 3 版
JR	法学评论
JugendarbeitsschutzG	1976 年 4 月 12 日颁布的保护工作中的青少年法(联邦法律公报,第 1 卷,第 965 页)
JurA	法学分析

Jura	法学教育
JuS	法学学习
JW	法学周报
JZ	法学家报
Kfz	机动车,汽车
KG	柏林高等法院
	两合公司
KGaA	股份两合公司
Kienapfel, AT[4]	迪特黑尔姆·金阿普费尔著,刑法,总论:奥地利刑法的体系性说明,1991年第4版
Kindhäuser, StGB	乌尔斯·金德豪伊泽尔著,刑法—总论,2002年第2版
KK-OWiG-[Bearbeiter]	违反秩序法的卡尔斯鲁厄注释,卡尔海因茨·布容主编,2002年第2版
km/h	公里/小时
KO	1898年5月20日版的破产条例(帝国法律公报,第612页)
Köhler, AT	米夏埃尔·克勒著,刑法,总论,1997年
Kohlmann, SteuerstrafR	京特·科尔曼著,包括程序法的税收刑法与税收违反秩序法:对1977年《税收条例》第369条至第412条的注释,1997年第7版
Kohlrausch/Lange, StGB[43]	爱德华·科尔劳施/里夏德·朗格著,刑法典,附有注解和附属刑法,1961年第43版
KreditwesenG	1998年9月9日颁布的银行业法(联邦法律公报,第1卷,第2776页)
Krey, AT/2	福尔克尔·克赖著,德国刑法,总论,系统归纳阐述的学习用书,第2卷:2002年第2版
ders., BT/1[11]	福尔克尔·克赖著,刑法,分论,系统归纳阐述的学习用书,第1卷:不包括财产犯罪的分论,1998年第11版
Kriminalistik	犯罪侦查学:关于包括犯罪侦查科学与实践的独立杂志
krit.	批评性的
Kühl, AT[3]	克里斯蒂安·屈尔著,刑法,总论,2000年第3版
KWKG	1990年11月22日颁布的对基本法(战争武器控制法)第26条第2款的执行法(联邦法律公报,第1卷,第2506页)
KZ	集中营
Lackner/Kühl[24]	卡尔·拉克纳/克里斯蒂安·屈尔著,刑法典,附有注释,2001年第24版
LadenschluβG	1956年11月28日的商店停业时间法(联邦法律公报,第1卷,第875页)
lat.	拉丁语的
Lehrbuchlit.	教科书文献
Leits.	指导原则
LG	州法院
v. Liszt, StrafR	弗朗茨·冯·李斯特著,德国刑法教科书,1881年第1版,1919年第21/22版
v. Liszt/Schmidt, StrafR	弗朗茨·冯·李斯特/埃伯哈特·施密特著,德国刑法教科书,1927年第25版
Lit.	文献
lit.	字母
LK-[Bearbeiter]	刑法典,莱比锡注释,1970~1974年第9版,P.巴尔杜斯和G.维尔姆斯主

	编;1978~1989 年第 10 版,耶塞克,W. 鲁斯和 G. 维尔姆斯主编;1992 年以后的第 11 版,B. 延克,H. W. 劳夫许特和 W. 奥德斯基主编
LM	1951 年以后,联邦最高法院工具书中的联邦最高法院判例集,林登迈尔和默林等主编
LZ	莱比锡德国法杂志
m.	一起,带有,借助
MatStrRef	刑法改革资料,15 卷,1954 年~1962 年
Maurach, AT	赖因哈德·毛拉赫著,德国刑法,总论,1971 年第 4 版
Maurach/Gössel, AT/2^{7}	卡尔·海因茨·格塞尔,载赖因哈德·毛拉赫/卡尔·海因茨·格塞尔/海因茨·齐普夫著,刑法,总论,第 2 分册,1989 年第 7 版
Maurach/Schroeder, BT/2^{8}	弗里德里希—克里斯蒂安·施洛德,载在赖因哈德·毛拉赫/弗里德里希—克里斯蒂安·施洛德/曼弗雷德·迈瓦尔德著,刑法,分论,第 2 分册:侵害共同价值的犯罪,1999 年第 8 版
m. a. W.	换句话说
H. Mayer, LB AT	赫尔穆特·迈尔著,刑法,总论,1953 年
H. Mayer, StuB AT	赫尔穆特·迈尔著,刑法,总论,1967 年
M. E. Mayer, AT	马克斯·恩斯特·迈尔著,德国刑法总论,1915 年;1923 年第 2 版(未修改)
MDR	德国法月报
MDR(D)	德国法月报(达林格)
MDR(H)	德国法月报(霍尔茨)
m. E.	我认为,在我看来,我的观点是
MedR	医事法
Mezger, StrafR	埃德蒙·梅茨格尔著,刑法,1933 年第 2 版,1949 年第 3 版
Mezger/Blei, AT^{9}	埃德蒙·梅茨格尔/赫尔曼·布莱著,刑法,第 1 卷,总论,1983 年第 9 版
MSchrKrim	犯罪学和刑法改革月报
MutterschutzG	1968 年 4 月 18 日颁布的职业母亲保护法(联邦法律公报,第 1 卷,第 315 页)
m. w. N.	进一步的证明
Nachw.	证明,证据
NdsRpfl.	下萨克森州司法
n. F.	新文本
NiedStrKomm	大刑法委员会会议记录,第 1 卷,1956 年;第 2~6 卷,1958 年;第 7~12 卷,1959 年;第 13,14 卷,1960 年
NJ	新法学
NJW	新法学周刊
NK-[Bearbeiter]	对刑法典的图表式注释,1995 年以来
Nr.	号码,项,点
Nrn.	号码,项,点(复数)
NStE	刑法新决定大全,雷布曼/达斯/米巴赫主编,1987 年以来
NStZ	刑法新杂志
NStZ-RR	刑法新杂志—司法判决—报告
NuR	自然与法

NZV	交通法新杂志
NZWehrR	军事法新杂志
NZWehrR	防卫法新杂志
o.	上文
obj.	客观的
ÖJZ	奥地利法制报
Österreich. OGH	奥地利最高法院
OGHSt	英占区最高法院刑事判例集
OHG	无限公司
OLG	州高等法院
OLGSt	州高等法院对刑法与刑事诉讼法的判例集
Olshausen[11]	尤斯图斯·奥尔斯豪森著,德意志帝国刑法典注释,1927[11]
Otto, AT[6]	哈罗·奥托著,刑法基本课程,总论,一般性刑法理论,2000 年第 6 版
OWiG	1987 年 2 月 19 日版本颁布的违反秩序法(联邦法律公报,第 1 卷,第 602 页)
pass.	各处,在好几处
Preisendanz[30]	霍尔格·普赖森丹茨著,刑法典,1978 年第 30 版
Prot. V. W.	德国联邦议会刑法改革特别委员会建议,在第 5 选举期,波恩,1966 年至 1969 年(根据页码引用)
Rebmann/Roth/Herrmann, OWiG[3]	雷布曼,库尔特/罗特,维尔纳/赫尔曼,西格弗里德著,违反秩序行为法:违反秩序法;评论,1998 年第 3 款
Rev. Ger	上诉法院,复审法院
RG	帝国法院
RGRspr.	德意志帝国法院刑事判例集
RGSt	帝国法院刑事判例集
Rn.	边码
Rotberg, OWiG[4]	汉斯·埃伯哈德·罗特贝格著,关于违反秩序行为法的评论,1969 年第 4 版
Roxin, AT 1[3]	克劳斯·罗克辛著,刑法,总论,第 1 卷,基础,犯罪原理的构造,1997 年第 3 版
ders., HR R AT	克劳斯·罗克辛著,最高法院关于刑法总则的司法判决:供学习与见习的 100 个带有问题与回答的决定,1998 年
ders., StrafverfahrensR[25]	克劳斯·罗克辛著,刑事诉讼法,1998 年第 25 版
ders., Täterschaft	克劳斯·罗克辛著,实行人与构成行为控制,1963 年,1967 年第 2 版,1975 年第 3 版,1984 年第 4 版,1990 年第 5 版,1994 年第 6 版,2000 年第 7 版
Rspr.	司法判决
S.	页码 句子
Sack, UmweltschutzstrafR	汉斯—于尔根·扎克著,环境保护刑法:刑罚与罚金规定的注解,1978 年以来
Samson, StrafR I[7]	埃里希·萨姆松著,刑法(一),1988 年第 7 版
Sauer, AT[3]	绍尔著,一般刑法原理,1955 年第 3 版
SchlHA	石勒苏益格—荷尔斯泰因公报

SchlHOLG	石勒苏益格—荷尔斯泰因州法院
Schmidhäuser, LB AT	埃伯哈特·施米德霍伊泽著,刑法,总论,教科书,1970年第1版;1975年第2版
ders., StuB AT[2]	埃伯哈特·施米德霍伊泽著,刑法,总论,学习用书,1984年第2版
Sch/Sch/[Bearbeiter][26]	阿道夫·舍恩克/霍斯特·施罗德著,刑法典,注释,2000年第26版,由阿道夫·舍恩克建立基础,由霍斯特·施罗德在此期间继续进行,并且由特奥多尔·伦克纳,彼得·克拉默,阿尔宾·埃泽尔和瓦尔特·施特雷重新修订
Schroth, BT[3]	乌尔里希·施罗斯著,刑法,分论:结构,构造图,案例与定义,2000年第3版
schweiz.	瑞士的
Schweizer, BGE	瑞士联邦法院判例集
SchwJZ	瑞士法学家报
SchwZStr	瑞士刑法杂志
scil.	(拉丁语)也就是说
SeemannsG	1957年7月26日的海员法(联邦法律公报,第2卷,第713页)
SJZ	南德意志法学家报
SK-[Bearbeiter]	汉斯—约阿希姆·鲁道菲,埃克哈德·霍恩,埃里希·萨姆松,汉斯—路德维希·京特,安德列亚斯·霍耶,格雷欧·沃尔特斯与(直到第2版)汉斯—路德维希·施赖伯著,对刑法典的体系性注释,第1卷,总论(第1~79b条),1983年以来第4版;1987年以来第5版;1992年以来第6版;第2卷,分论(第80~358条);1993年以来第6版,2000年以来第7版,2002年以来第8版
sog.	所谓的
SoldG	1975年8月19日颁布的军人法律地位法(联邦法律公报,第1卷,第2273页)
StGB	1998年11月13日颁布的刑法典(联邦法律公报,第1卷,第3322页)
StPO	1987年4月7日颁布的刑事诉讼法(联邦法律公报,第1卷,第1074页)
StR	刑法
str.	有争论的
Str. Abh.	刑法论文
StraFo	刑事辩护人论坛
6. StrafrRefG	1998年1月26日的第6部刑法改革法(联邦法律公报,第1卷,第1297页)
Stratenwerth, SchwStrafR	君特·斯特拉滕韦特著,瑞士刑法,总论,第1卷,犯罪行为,1996年第2版
ders., AT[4]	君特·斯特拉滕韦特著,刑法,总论(一),犯罪行为,1971年第1版,1981年第3版,2000年第4版
st. Rspr.	稳定的司法判决
StrSen	刑事审判委员会
StV	刑事辩护人杂志
StVG	1952年12月19日的道路交通法(联邦法律公报,第1卷,第837页)
StVO	1970年11月16日的道路交通条例(联邦法律公报,第1卷,第1565页)

TabaksteuerG	1992年12月21日的烟草税收法(联邦法律公报,第1卷,第2150页)
teilw.	部分地
Trechsel, SchwStGB	特雷克索著,瑞士刑法典,简明评论,1997年第2版
Tröndle/Fischer[50]	赫伯特·特伦德勒/托马斯·菲舍尔著,刑法与附属法,2000年第50版
u.	和,与
u. a.	此外,另外
u. ä.	还有其他类似的
Unveröff.	未发表的
UrhG	1965年9月9日的著作权与相邻权保护法(著作权法)(联邦法律公报,第1卷,第1273页)
Urt.	判决
USA	美国,美利坚合众国
usw.	等等
u. U.	可能,也许
v.	的,属于……的
v. a.	首先,特别
VDA	德国与外国刑法的比较性说明,总则,第1~6卷,1908年
Verb.	连接,联系,关系
VersR	保险法,个人保险的法学评论
vgl.	比较,参考
V-Mann	中介人,受委托人,受信任人
VO	条例,规定
VOR	交通法与违反秩序法杂志
Vorbem	前言
VRS	交通法汇编
WaffG	1976年3月8日颁布的武器法(联邦法律公报,第1卷,第432页)
Welzel, StrafR[11]	汉斯·韦尔策尔著,德国刑法,一个体系性说明,1969年第11版
wesentl.	基本的,本质的
Wessels/Beulke, AT[31]	约翰内斯·韦塞尔斯/维尔纳·博伊尔克著,刑法,总论,犯罪行为及其构造,2001年第24版
Wessels/Hillenkamp, BT/2[24]	约翰内斯·韦塞尔斯,托马斯·希伦坎普著,刑法,分论,第2卷,2001年第24版
WHG	1996年11月12日颁布的水务秩序法(水务法)(联邦法律公报,第1卷,第1695页)
WiB	经济法顾问
WiKG	反经济犯罪法:1976年7月29日的第1部反经济犯罪法(联邦法律公报,第1卷,第2034页);1986年5月15日的第2部反经济犯罪法(联邦法律公报,第1卷,第721页)
wistra	经济、税收与刑法杂志
WK-[Bearbeiter]	维也纳刑法注释,E. 福雷格尔和F. 诺瓦克夫斯基主编,1977年以来
WStG	1974年5月24日的军事刑法(联邦法律公报,第1卷,第1213页)
z.	对于,关于
ZAkDR	德国法律学术杂志

z. B.	例如
ZfW	水法杂志
ZGR	公司与社会法杂志
zit.	引证,引用
ZPO	1950 年 9 月 12 日颁布的民事诉讼法(联邦法律公报,第 1 卷,第 533 页)
ZRP	法律政策杂志
ZSchwR	瑞士法律杂志
ZStW	全体刑法学杂志
z. T.	部分的
zust.	赞同性的
zutr.	恰当的,合适的

第八章　实行人与参加人

第25节 实 行 人

文献：v. Buri, Zur Lehre von der Teilnahme an dem Verbrechen und der Begünstigung, 1860; ders., Urheberschaft und Beihülfe, GA 17 (1869), 233, 305; ders., Über Causalität und deren Verantwortung, 1873; ders., Die Causalität und ihre strafrechtlichen Beziehungen, 1885; Heimberger, Die Teilnahme am Verbrechen von Schwarzenberg bis Feuerbach, 1896; Engelmann, Der geistige Urheber des Verbrechens nach dem italienischen Recht des Mittelalters, Binding – FS, Bd. 2, 1911, 387; Binding, Die drei Grundformen des verbrecherischen Subjekts: der Täter, der Verursacher (Urheber), der Gehilfe, in: Strafrechtliche und strafprozessuale Abhandlungen, Bd. 1, 1915, 251; Engelsing, Eigenhandige Delikte, 1926; Zimmerl, Zur Lehre vom Tatbestand, 1928; ders., Grundsätzliches zur Teilnahmelehre, ZStW 49 (1929), 39; Schaffstein, Die Allgemeinen Lehren vom Verbrechen in ihrer Entwicklung durch die Wissenschaft des Gemeinen Strafrechts, 1930 (erweiterter Neudruck 1973); Eb. Schmidt, Die Mittelbare Täterschaft, Frank – FS, Bd. 11, 1930, 106; Bruns, Kritik der Lehre vom Tatbestand, 1932; Grünhut, Grenzen strafbarer Täterschaft und Teilnahme, JW 1932, 366; Lobe, Einführung in den Allgemeinen Teil des Strafgesetzbuches, 1933; Bahr, Restriktiver und extensiver Täterbegriff, 1934; Lony, Extensiver oder restriktiver Täterbegriff?, 1934; Lange, Der moderne Täterbegriff und der deutsche Strafgesetzentwurf, 1935; Welzel, Studien zum System des Strafrechts, ZStW 58 (1939), 491; zu Dohna, Das Reichsgericht zur Teilnahmelehre, DStR 1940, 120; Klee, Zur Abgrenzung von Teilnahme und Täterschaft, ZAkDR 1940, 188; Straub, Täterschaft und Teilnahme im englischen Recht, 1952; Callas, Täterschaft und Teilnahme, Materialien zur Strafrechtsreform, Bd. I, Gutachten der Strafrechtslehrer, 1954, 121; Hartung, Der „Badewannenfall“, JZ 1954, 430; Dietz, Täterschaft und Teilnahme im ausländischen Strafrecht, 1957; Gallas, Die moderne Entwicklung der Begriffe Täterschaft und Teilnahme im Strafrecht, ZStW – Sonderheft Athen, 1957, 3; Roeder, Exklusiver Täterbegriffund Mitwirkung am Sonderdelikt, ZStW 69 (1957), 223; Sax, Dogmatische Streifzuge durch den Entwurf des Allgemeinen Teils eines Strafgesetzbuches nach den Beschlüssen der Groβen Strafrechtskommission, ZStW 69 (1957), 412; Frühauf, Eigenhändige Delikte, 1959; Benakis, Täterschaft und Teilnahme im deutschen und griechischen Strafrecht, 1961; Baumann, Täterschaft und Teilnahme, JuS 1963, 85; Roxin, Straftaten im Rahmen organisatorischer Machtapparate, GA 1963, 193; Sax, Der Bundesgerichtshof und die Täterlehre, JZ 1963, 329; Hardwig, Über den Begriff der Täterschaft, JZ 1965, 667; Korn, Täterschaft und Teilnahme bei den staatlich organisierten Verbrechen, NJW 1965, 1206; Rudolphi, Der Begriff der Zueignung, GA 1965, 33; Schroeder, Der Täter hinter dem Täter, 1965; Roxin, Besprechung von Fr. – Chr. Schroeder, Der Täter hinter dem Täter, ZStW 78 (1966), 222; Hanack, Zur Problematik der gerechten Bestrafung nationalsozialistischer Gewaltverbrechen, 1967; Herzberg, Mittelbare Täterschaft bei rechtmaβig oder unverboten handelndem Werkzeug, 1967; Gimbernat Ordeig, Gedanken zum Täterbegriffund zur Teilnahmelehre, ZStW 80 (1968), 915; Cramer, Die Beteiligung an einer Zuwiderhandlung nach §9 OWiG, NJW 1969, 1929; Cramer/Dreher, Nochmals: Zum Einheitstäter im Ordnungswidrigkeitenrecht, NJW 1970, 1114; Dreher, Plädoyer für den EinheitsTäter im Ordnungswidrigkeitenrecht, NJW 1970, 217; Herzberg, Eigenhandige Delikte, ZStW 82 (1970), 896; Maiwald, Der Zueignungsbegriffim System der Eigentumsdelikte, 1970; Dreher/Kienapfel, Der Einheitstäter im Ordnungswidrigkeitenrecht, NJW 1971, 121; Kienapfel, Der Einheitstäter im Strafrecht, 1971; Kienapfel,

Erscheinungsformen der Einheitstäterschaft, in: Müller – Dietz (Hrsg.), Strafrechtsdogmatik und Kriminalpolitik, 1971, 21 Roxin, Ein„neues Bild" des Strafrechtssystems, ZStW 83 (1971), 369; Detzler, Die Problematik der Einheitstäterlosung, 1972; Otto, Kausaldiagnose und Erfolgszurechnung im Strafrecht, Maurach – FS, 1972, 91; Welp, Der Einheitstäter im Ordnungswidrigkeitenrecht, VOR 1972, 299; Letzgus, Vorstufen der Beteiligung, 1972; Bockelmann, Zur Problematik der Beteiligung an vermeintlich vorsätzlich rechtswidrigen Taten, Gallas – FS, 1973, 261; Roxin, Kriminalpolitik und Strafrechtssystem, [2]1973; Ceilen, Suizid und Mitverantwortung, JZ 1974, 145; Herzberg, Grundfälle zur Tatherrschaftslehre, JuS 1974, 374; Otto, Grenzen der Fahrlässigkeitshaftung im Strafrecht – OLG Hamm, NJW 1973, 1422, JuS 1974, 702; Spendel, Fahrlässige Teilnahme an Selbst – oder Fremdtötung, JuS 1974, 749; Fincke, Der Täter neben dem Täter, GA 1975, 161; Roxin, in: Roxin/Stree/Zipf/Jung, Einführung in das neue Strafrecht, [2]1975; Schilling, Der Verbrechensversuch des Mittäters und des mittelbaren Täters, 1975; Schoneborn, Kombiniertes Teilnahme – und Einheitstätersystem für das Strafrecht, ZStW 87 (1975), 902; H. Wagner, Amtsverbrechen, 1975; Zipf, Die mittelbare Täterschaft und ihre Einordnung in § 12 StGB, ÖJZ 1975, 617; Baumann/Schüler/Weber, Der strafrechtliche Schutz des Urheberrechts, 1976; Roxin, Bemerkungen zum Täter hinter dem Täter, Lange – FS, 1976, 173; Spendel, Der„Täter hinter dem Täter" – eine notwendige Rechtsfigur?, Lange – FS, 1976, 147; Tenckhoff, „Ein miβgunstiger Nachbar", JuS 1976, 526; Herzberg, Täterschaft und Teilnahme, 1977; Roxin, Die Mitwirkung beim Suizid – ein Tötungsdelikt?, Dreher – FS, 1977, 331; Auerbach, Die eigenhändigen Delikte, 1978; Bindokat, Fahrlässige Mittäterschaft im Strafrecht, JZ 1979, 434; Cramer, Gedanken zur Abgrenzung von Täterschaft und Teilnahme, Bockelmann – FS, 1979, 399; Haft, Eigenhändige Delikte, JA 1979, 651; Küper, Versuchs – und Rücktrittsprobleme bei mehreren Tatbeteiligten, JZ 1979, 775; Roxin, Die Mittäterschaft im Strafrecht, JA 1979, 519; Rudolphi, Zur Tatbestandsbezogenheit des Tatherrschaftsbegriff bei der Mittäterschaft, Bockelmann – FS, 1979, 369; Schall, Auslegungsfragen des § 179 StGB und das Problem der eigenhändigen DeliktejuS 1979, 104; Schumann, Zum Einheitstätersystem des § 14 OWiG, 1979; Spotowski, Erscheinungsformen der Straftat im deutschen und polnischen Recht, 1979; Arzt, Zur Garantenstellung beim unechten Unterlassungsdelikt, JA 1980, 553; Seelmann, Mittäterschaft im Strafrecht, JuS 1980, 571; Tenckhoff, Der Zueignungsbegriff bei Diebstahl und Unterschlagung, JuS 1980, 723; Arzt, Rezension des Leipziger Kommentars (10. Aufl.), JZ 1981, 412; Küper, Zur Problematik der sukzessiven Mittäterschaft, JZ 1981, 568; Maiwald, Literaturbericht, Strafrecht, Allgemeiner und Besonderer Teil, ZStW 93 (1981), 864; Kühl, Grundfälle zu Vorbereitung, Versuch, Vollendung und Beendigung, JuS 1982, 189; Schünemann, Fahrlässige Tötung durch Abgabe von Rauschmitteln, NStZ 1982, 60; Bottke, Probleme der Suizidbeteiligung, GA 1983, 23; Kienapfel, Zur Einheitstäterschaft im Ordnungswidrigkeitenrecht, NJW 1983, 2236; Sippel, Mittelbare Täterschaft bei deliktisch handelndem Werkzeug, NJW 1983, 2226; Triffterer, Die osterreichische Beteiligungslehre, 1983; M. – K. Meyer, Ausschluβ der Autonomie durch Irrtum, 1984; Sippel, Nochmals: Mittelbare Täterschaft bei deliktisch handelndem Werkzeug, NJW 1984, 1866; Sippel, Nochmals: Mittelbare Täterschaft bei deliktisch handelndem Werkzeug, JA 1984, 480; v. Spiegel, Nochmals: Mittelbare Täterschaft bei deliktisch handelndem Werkzeug, NJW 1984, 110; 1867; Teubner, Mittelbare Täterschaft bei deliktisch handelndem Werkzeug, JA 1984, 144; Baumann, Dogmatik und Gesetzgeber, Jescheck – FS, 1985, 105; Bloy, Die Beteiligungsform als Zurechnungstypus im Strafrecht, 1985; Gössel, Sukzessive Mittäterschaft und Täterschaftstheorien, Jescheck – FS, 1985, 537; Herzberg, Beteiligung an einer Selbsttötung oder tödlichen Selbstgefahrdung als TötungsdeliktjA 1985, 336; Neumann, Abgrenzung von Teilnahme am Selbstmord und Tötung in mittelbarer Täterschaft, JuS 1985, 677; Neumann, Besprechung von M. K. Meyer, Der Ausschluβ der Autonomie durch Irrtum, GA 1985, 474; Brandts, Selbstmord und Fremdtötung – provoziert durch Tauschung, Jura 1986, 495; Charalambakis, Selbsttötung aufgrund Irrtums und mittelbare Täterschaft, GA 1986, 485; Küper, „Autonomie", Irrtum und

Zwang bei mittelbarer Täterschaft und Einwilligung, JZ 1986, 219; Küpper, Anspruch und wirkliche Bedeutung des Theorienstreits über die Abgrenzung von Täterschaft und Teilnahme, GA 1986, 437; Schumann, Strafrechtliches Handlungsunrecht und das Prinzip der Selbstverantwortung der Anderen, 1986; Schünemann, Die deutschsprachige Strafrechtswissenschaft nach der Strafrechtsreform im Spiegel des Leipziger Kommentars und des Wiener Kommentars, 2. Teil: Schuld und Kriminalpolitik, GA 1986, 293; Brandts/Schlehofer, Die täuschungsbedingte Selbsttötung im Lichte der Einwilligungslehre, JZ 1987, 442; Herzberg, Täterschaft, Mittäterschaft und Akzessorität der Teilnahme, ZStW 99 (1987), 49; Hünerfeld, Mittelbare Täterschaft und Anstiftung im Kriminalstrafrecht der BRD, ZStW 99 (1987), 228; Meurer, Besprechung von Schumann, Strafrechtliches Handlungsunrecht und das Prinzip der Selbstverantwortung der Anderen, NJW 1987, 2424; Neumann, Die Strafbarkeit der Suizidbeteiligung als Problem der Eigenverantwortlichkeit des „Opfers“, JA 1987, 244; Otto, Täterschaft, Mittäterschaft, mittelbare Täterschaft, Jura 1987, 246; Frisch, Besprechung von H. Schumann, Strafrechtliches Handlungsunrecht und das Prinzip der Selbstverantwortung der Anderen, JZ 1988, 655; Joerden, Strukturen des strafrechtlichen Verantwortlichkeitsbegriffs, 1988; just - Dahlmann/Just, „Die Gehilfen“. NS - Verbrechen und die Justiz nach 1945, 1988; Stein, Die strafrechtliche Beteiligungsformenlehre, 1988; Donatsch, Mittäterschaft oder Teilnahme am fahrlässigen Erfolgsdelikt?, SchwJZ 1989, 109; Küper, Mittelbare Täterschaft, Verbotsirrtum des Tatmittlers und Verantwortungsprinzip, JZ 1989, 935; Schaffstein, Der Täter hinter dem Täter bei vermeidbarem Verbotsirrtum und verminderter Schuldfähigkeit des Tatmittlers, NStZ 1989, 153; Stoffers, Mittäterschaft und Versuchsbeginn, MDR 1989, 208; Geerds, Täterschaft und Teilnahme, Jura 1990, 173; Herzberg, Abergläubische Gefahrabwendung und mittelbare Täterschaft durch Ausnutzung eines Verbotsirrtums, Jura 1990, 16; Otto, Mittäterschaft beim Fahrlässigkeitsdelikt, Jura 1990, 47; Seier, Der Einheitstäter im Strafrecht und im Gesetz über Ordnungswidrigkeiten, JA 1990, 342, 382; Brammsen, Kausalitäts - und Täterschaftsfragen bei Produktfehlern, Jura 1991, 533; Diaz y Garcia, La Autoria en Derecho Penal, 1991; Erb, Mord in Mittäterschaft - BGH NJW 1991, 1068, JuS 1992, 197; Hecker, Die abfallstraf - und bußgeld - rechtliche Verantwortlichkeit für illegale Müllablagerungen Dritter, 1991; Herzberg, Akzessorietät der Teilnahme und persönliche Merkmale, GA 1991, 145; Herzberg, Mittäterschaft durch Mitvorbereitung: eine actio communis in causa?, JZ 1991, 856; Küpper, Mord und Totschlag in Mittäterschaft - BGHSt 36, 231, JuS 1991, 639; Merkel, Teilnahme am Suizid - Tötung auf Verlangen - Euthanasie usw., in: Hegselmann/Merkel (Hrsg.). Zur Debatte über Euthanasie, 1991, 71; Puppe, Wie wird man Mittäter durch konkludentes Verhalten?, NStZ 1991, 571; Bottke, Täterschaft und Gestaltungsherrschaft, 1992; ders., Der praktische Fall - Strafrecht: Marderfall (e), JuS 1992, 765; Brammsen/Kaiser, Übungshausarbeit Strafrecht: Heiße Nacht in der Chemiefabrik, Jura 1992, 35; Erb, Mord in Mittäterschaft - BGH NJW 1991, 1068, JuS 1992, 197; Eschenbach, Zurechnungsmomente im Strafrecht - BGH v. 11. 7. 1991 - 1 StR 357/91, Jura 1992, 637; Herlitz, Parties to a Crime and the Notion of a Complicity Object. A Comparative Study of the Alternatives Provided by the Model Penal Code, Swedish Law and Claus Roxin, 1992; Ingelfinger, Anstiftervorsatz, 1992; Jakobs, Der strafrechtliche Handlungsbegriff, 1992; jun, Die mittelbare Täterschaft bei der Suizidbeteiligung nach deutschem und koreanischem Strafrecht, Diss. Göttingen, 1992; Klinger, Die Strafbarkeit der Beteiligung an einer durch Täuschung herbeigeführten Selbsttötung, Diss. Bielefeld, 1992, zugleich 1995; Lüderssen, Der Beitrag der Kriminologie zur Strafrechtsdogmatik - eine Konkretisierung im Blick auf die Probleme von Täterschaft und Teilnahme, in: Lathi/Nuotio (Hrsg.), Criminal law theory in transition. Finnish and comparative perspectives. Strafrechtstheorie im Umbruch. Finn. und vergl. Perspektiven, 1992, 465; Otto, Täterschaft und Teilnahme im Fahrlässigkeitsbereich, Spendel - FS, 1992, 271; Lothar Welzel, Die Lehre von der Beteiligung an der Straftat unter besonderer Berücksichtigung der Unterschiede zwischen der DDR und der BRD, in: Lathi/Nuotio (Hrsg.), aaO., 503; Derksen, Heimliche Unterstützung fremder Tatbegehung als

Mittäterschaft, GA 1993, 163; Küper, Ein „ neues Bild" der Lehre von Täterschaft und Teilnahme. Die strafrechtliche Beteiligungsformenlehre Ulrich Stems, ZStW 105 (1993), 445; Küpper, Der gemeinsame Tatentschluβ als unverzichtbares Moment der Mittäterschaft, ZStW 105 (1993), 295; Lesch, Die Begründung mittäterschaftlicher Haftung als Moment der objektiven Zurechnung, ZStW 105 (1993), 271; Murmann, Die Nebentäterschaft im Strafrecht. Ein Beitrag zu einer personalen Tatherrschaftslehre, 1993; Otto, Die Strafbarkeit von Unternehmen und Verbanden, 1993; Roxin, Die Abgrenzung von strafloser Suizidteilnahme, strafbarem Tötungsdelikt und gerechtfertigter Euthanasie, 140 Jahre GA, 1993, 177; Schmidhauser, „ Tatherrschaft" als Deckname der ganzheitlichen Abgrenzung von Täterschaft und Teilnahme im Strafrecht, in: Stree/Wessels – FS, 1993, 343; Wiegmann, Abgrenzung von (Mit –) Täterschaft und Beihilfe – BGHSt 38, 315, JuS 1993, 1003; Czepluch, Täterschaft und Teilnahme im franzosischen Strafrecht. Eine rechtsvergleichende Untersuchung, 1994; Danwitz, Ist die Mittäterschaft abhängig von einem gemeinsamen Tatentschluβ der Beteiligten? Ein Beitrag zur Zurechnung bei Arbeitsteilung, Diss. Bonn, 1994; Frank/Eder/Harrer, Doppelselbstmord. Mitwirkung am Selbstmord? Tötung auf Verlangen?, ÖJZ 1994, 805; Hauf, Neuere Entscheidungen zur Mittäterschaft unter besonderer Berücksichtigung der Problematik der Aufgabe der Mitwirkung eines Beteiligten wahrend der Tatausfuhrung bzw. vor Eintritt in das Versuchsstadium, NStZ 1994, 263; Hilgendorf, Fragen der Kausalität bei Gremienentscheidungen am Beispiel des Lederspray – Urteils, NStZ 1994, 561; Lampe, Systemunrecht und Unrechtssysteme, ZStW 106 (1994), 683; Lesch, Täterschaft und Gestaltungsherrschaft – Überlegungen zu der gleichnamigen Monographie von Wilfried Bottke, GA 1994, 112; Muňoz Conde, Die Verleitung zum Suizid durch Täuschung. Ein Grenzfall zwischen Mord in mittelbarer Täterschaft und Anstiftung oder Beihilfe zum Selbstmord, ZStW 1994, 547; Schild, Täterschaft als Tatherrschaft, 1994; Schroeder, Beihilfe zum Selbstmord und Tötung auf Verlangen, ZStW 1994, 565; Schumann, Rezension: Schmidt – Salzer, StV 1994, 106; Woelk, Täterschaft bei zweiaktigen Delikten. Am Beisp. d. § 307 Nr. 3 StGB, 1994; Amelung, Zum Verantwortungsmaβstab bei der mittelbaren Täterschaft durch Beherrschung eines nicht verantwortlichen Selbstschädigers, in: Schünemann (Hrsg.). Bausteine des europäischen Strafrechts, Coimbra – Symposium für Roxin, 1995, 247; Bolowich, Urheberschaft und reflexives Verständnis. Untersuchungen zur Grundlage einer strafrechtlichen Beteiligungslehre, 1995; Bottke, Die Struktur von Täterschaft bei aktiver Begehung und Unterlassung als Baustein eines gemeineuropäischen Strafgesetzbuches, in: Schünemann (Hrsg.), aaO., 235; Huber, Die mittelbare Täterschaft beim gemeinen vorsätzlichen Begehungsdelikt, insbes. deren Abgrenzung von der Anstiftung, 1995; Krack, Teilnahme am Suizid und Tötung auf Verlangen. Ein Appell an den Gesetzgeber, KJ 1995, 60; Küpper/Mosbacher, Untauglicher Versuch bei vermeintlicher Mittäterschaft, JuS 1995, 488; Pizarro Beleza, Die Täterschaftsstruktur bei Pflichtdelikten – Pflichtträgerschaft versus Tatherrschaft?, in: Coimbra – Symposium für Roxin, 1995, 267; Schroeder, „Der Sprung des Täters hinter dem Täter aus der Theorie in die Praxis", JR 1995, 177; Weβer, Kausalitäts – und Täterschaftsprobleme bei der strafrechtlichen Würdigung pflichtwidriger Kollegialentscheidungen, 1995; Zieschang, Mittäterschaft bei bloβer Mitwirkung im Vorbereitungsstadium?, ZStW 107 (1995), 361; Bloy, Grenzen der Täterschaft bei fremdhändiger Tatausführung, GA 1996, 425; Dencker, Kausalität und Gesamttat, 1996; Gropp, Die Mitglieder des Nationalen Verteidigungsrates als „ Mittelbare Mit – Täter hinter den Tätern"?, JuS 1996, 13; Hilgendorf, Was meint „zur Tat bestimmen" in § 26 StGB, Jura 1996, 9; Hirsch, Rechtsstaatliches Strafrecht, 1996; Murmann, Tatherrschaft durch Weisungsmacht, GA 1996, 316; Ransiek, Unternehmensstrafrecht, 1996, Rönnau, Sterbehilfe, JA 1996, 108; Schubarth, Eigenhändiges Delikt und mittelbare Täterschaft, SchwZStr 114 (1996), 325; Wohlers, Der Erlaβ rechtsfehlerhafter Genehmigungsbescheide als Grundlage mittelbarer Täterschaft, ZStW 108 (1996), 61; Randt, Mittelbare Täterschaft durch Schaffung von Rechtfertigungslagen, 1997 (zugleich Diss. Kiel, 1996); Renzikowski, Restriktiver Täterbegriff und fahrlässige Beteiligung, 1997; U. Schulz, Die mittelbare Täterschaft kraft Organisationsherrschaft – eine notwendige Rechtsfortbildung?, JuS 1997, 109; Stratenwerth, Gibt es eigenhändige Delikte ?, SchwZStr 115 (1997), 86; Ambos, Tatherrschaft durch Willensherrschaft kraft organisatorischer Machtapparate, GA 1998, 226; Küpper, Zur Abgrenzung der Täterschaftsformen, GA 1998, 519; Murmann, Zur mittelbaren Täterschaft bei Verbotsirrtum des Vordermannes, GA 1998, 78; Rotsch, Die Rechtsfigur des Täters hinter dem Täter bei der Begehung von Straftaten im Rahmen organisatorischer Machtapparate und ihre Übertragbarkeit auf wirtschaftliche Organisationsstrukturen, NStZ 1998, 491; ders., Individuelle Haftung in Großunternehmen, 1998; Schubarth, Binnenstrafrechtsdogmatik und ihre Grenzen, ZStW 110 (1998), 827; Weißer, Gibt es eine fahrlässige Mittäterschaft?, JZ 1998, 230; Wohlers, Trunkenheitsfahrten als eigenhändige Delikte, SchwZStr 116 (1998), 95; Ferré Olivé, „Blanqueo" de capitales y criminalidad organizada, Huelva – Sammelband, 1999, 85; Figueiredo Dias, Autoría y partiapación en el dominio de la criminalidad organizada: El "dominio de la organización", ebd., 99; Kamm, Fahrlässige Mittäterschaft, 1999; Merkel, Personale Identität und die Grenzen strafrechtlicher Zurechnung, JZ 1999, 502; Muňoz Conde, Problemas de autoría y participación en la criminalidad organizada, Huelva – Sammelband, 1999, 191; Noak, Gesellschaftsrecht, 1999; Rotsch, Unternehmen, Umwelt und Strafrecht – Atiologie einer Misere (Teil 1), wistra 1999, 321; Roxin, Probleme von Täterschaft und Teilnahme bei der organisierten Kriminalität, Grünwald – FS, 1999, 549; Sanchez – Vera, Pflichtdelikt und Beteiligung, 1999; Köhler, Beteiligung und Unterlassen beim erfolgsqualifizierten Delikt am Beispiel der Körperverletzung mit Todesfolge (§ 227 I StGB), 2000 (zugleich Diss. Potsdam, 1998/1999); Dencker, Mittäterschaft in Gremien, in: Amelung (Hrsg.), Individuelle Verantwortung und Beteiligungsverhältnisse bei Straftätern in bürokratischen Organisationen usw., 2000, 71; Rogall, Bewältigung von Systemkriminalität, BGH – FG, Bd. IV, 2000, 338; Rotsch, Tatherrschaft kraft Organisationsherrschaft, ZStW 112 (2000), 518; Schünemann, Unternehmenskriminalität, BGH – FG, Bd. IV, 2000, 621; Knauer, Die Kollegialentscheidung im Strafrecht, 2001; Puppe, Der gemeinsame Tatplan der Mittäter, Spinellis – FS, 2001, 915 (Bd. 2); Rodriguez Montaňés, Einige Bemerkungen über das Kausalitätsproblem und die Täterschaft im Falle rechtswidriger Kollegialentscheidungen, Roxin – FS, 2001, 307; Vest, Humanitätsverbrechen – Herausforderung für das Individualstrafrecht?, ZStW 113 (2001), 457; Ambos, Der Allgemeine Teil des Völkerstrafrechts, 2002; Dencker, Beteiligung ohne Täter, Lüderssen – FS, 2002, 525; Graul, Zur Haftung eines (potentiellen) Mittäters für die Vollendung bei Lossagung von der Tat im Vorbereitungsstadium, Meurer – GS, 2002, 89; Heinrich, Rechtsgutszugriff und Entscheidungsträgerschaft, 2002; Muňoz Conde, Problemas de autoría y participación en el derecho penal económico, o acomo imputara titulo de autores a las personas que sin realizar acciones ejecutivas, deciden la realización un delito en el ámbito de la delincuencia económica empresarial?, Revista Penal, 2002, 59; Nestler, (Mit –) Täterschaft beim bewaffneten Betäubungsmittelhandel, StV 2002, 504; Roso Caňadillas, Autoría y participación imprudente, 2002; Spendel, Zum Begriff der Täterschaft, Lüderssen – FS, 2002, 605.

一、参与人形式的三分法

立法者将参与犯罪的人，区分为**实行人***（第25条）、**教唆人**（第26条）与**帮助人**（第27条）。 1

* 德国刑法中"Täter"一词，一般指行为人，即直接实施刑法规定的行为构成的人。在共同犯罪中，为了与参加犯罪而没有直接实施刑法规定的行为构成的人（参加人）区分开，因此称为实行人。本书在不同的上下文中，对这个词使用了不同的称谓。——译者注

这种三分法起源于1810年的《法国刑法典》(第59条,第60条),经由1851年的《普鲁士刑法典》(第34条,第35条)传到1871年的《德国刑法典》(第47~49条),并且,在刑法的改革中没有受到实质性的批评并保留下来了。但是,这种三分法绝不是理所当然的。从中世纪的意大利法以来,人们区分了各种不同的参与人形式。[1] 这种形式多有变动,经常只限于在确定的犯罪中使用。今天,这些努力仅仅还具有历史上的意义。大多数外国法也熟悉这种三分法,不过,它们提出的各种共同参与的形式是以更多不同的方式互相区分界限的。[2] 所有这些变种都对较近德国法的发展没有发生影响,因而,此处可以略过不提。

2　唯一相反的例子是**单一实行人的理论**,它在较近的刑事政策的讨论中产生了一定的影响。这种理论基本上把每个参与人都同等地当作实行人来处理。[3] 它主导了《违反秩序法》,[4] 该法在第14条第1款第1句中规定:"多人参与一个违反秩序行为的,其中的每个人都是违反秩序的。"在各国的刑法典中,奥地利的刑法典与德国的刑法典特别接近,该法在第12条[5]中采纳了单一实行人的概念:"不仅是直接实行人实施了应受惩罚的行为,而且还是每一个指使他人这样行为的人,或者那些以其他方式为他人实施行为作出贡献的人,都实施了应受惩罚的行为。"单一实行人的概念追求的目标是,让对实行人、教唆人与帮助人非常困难的界定工作在很大程度上成为多余的,由此简化法律的运用。尽管如此,德国的主流意见仍然还是宁可使用参与人形式的三分法。

3　刑事可罚性必须与行为构成的满足有联系并且必须与之有关,这是符合法治国的要求的。仅仅这一点,也正确地符合了在日常用语中表达的社会观点,即对实行人、教唆人与帮助人应当予以区分,例如,不允许说,那个要求别人去盗窃的人,或者那个借给别人万能钥匙的人,因此就符合了第242条*所要求的"拿走了他人可移动之物"。首先,单一实行人的理论通过将行为构成的满足简化为因果性,这样,在前后一致地遵循这个出发点时,就会导致刑事可罚性发生不可容忍的扩张。它不允许像在第27条中规定的那样来强制性地减轻帮助人的刑罚。它也排除了选择性地减轻教唆人的刑罚,就像它虽然没有在现行法律中加以规定,但是在法律政策上本来应当是值得向往的与在三分法体系中应当是能够直接实现的那样。它本来必须像对待未遂**的实行人那样来处理未遂的教唆人与未遂的帮助人,然而,《德国刑法典》正确地根本就没有用刑罚来威胁未遂的帮助人,并且,仅仅在重罪时才惩罚未遂的教唆人(第30条)。此外,在特定的个人特征(如作为公职人员的身份)是刑罚的基础或者加重情节之处,它必须对所有参与人适用同样的刑罚幅度(这也是《违反秩序法》第14条第1款第2句,《奥地利刑法典》第14条第1款的规

---

〔1〕 详见 Heimberger, 1896; Engelmann, Binding-FS, Bd. 2, 1911, 387 ff.; Schaffstein, 1930 (1973), 169 ff.。

〔2〕 参见:Dietz, 1957; Benakis, 1961; Straub, 1952; Spotowski, 1979; Herlitz, 1992; Köhler, AT, 499 ff.。关于外国法的概览,参见:Jescheck/Weigend, AT^5, § 61 VIII。详细的法比较的材料参见:Ambos, 2002, 543 ff.。

〔3〕 这种单一实行人概念的主要倡导者,是在林茨(奥地利)任教的Kienapfel,他也支持德国采纳这个概念;参见其著作"Der Einheitstäter im Strafrecht",1971,以及他的论文,载:NJW 1970, 1826;载:Müller-Dietz (Hrsg.), 1971, 21; JuS 1974, 113, 180。也参见:Seier, JA 1990, 342, 382。

〔4〕 ……并且,在这里也很有争议的是,虽然这个问题并不重大,因为它涉及一个非刑事性制裁,并且在原则上反正只是对罚金才能使用的一种单一的框架。相关的讨论见:Cramer, NJW 1969, 1929; Detzler, 1972; Dreher, NJW 1970, 217 ff.; Cramer/Dreher, NJW 1970, 1114; Kienapfel, NJW 1983, 2236; Dreher/Kienapfel, NJW 1971, 121; Schumann, 1979; Welp, VOR 1972, 299。

〔5〕 对此,Bloy, 1985, 166ff; Triffterer, 1983。

* 《德国刑法典》第242条是盗窃罪(Diebstahl)。为了节约篇幅,本书仅仅在必要之处才介绍有关条文。——译者注。

** 本书第1卷第92页中的译者注已经指出,本书将在不同的上下文中将"versuchen"这个德语词分别译为"未遂"或者"试图"。——译者注。

定),虽然一个处于义务约束之外的参与人应该得到较低的刑罚。另一方面,当人们像在《德国违反秩序法》与《奥地利刑法典》中所做的那样进行区分,规定对未遂的参加人或者至少是未遂的帮助人不予惩罚时(《奥地利刑法典》第15条第2款),就必须再次引入这种区别,而取消这种区别曾经是法律规定的目的。

根据单一实行人概念,**扩张的实行人概念**也应当被拒绝。[6] 这个概念的出发点是,每个造成符合行为构成结果的行为人都是基本的,因此,教唆与帮助就表现为对无所不包的实行人在法律上的限制。这个理论用原因来代替了对实行人而言属于中心范畴的行为构成。它不能阐明法律上三分法的根据,因为只要是原因人就反正是实行人,人们就不会需要教唆人与帮助人这两个法律角色了。在很多方面,扩张的实行人概念也不能与法律的原文相一致。首先,立法者在第25条中并没有把实行人说成是原因人,而是把他说成是"实施"了构成行为的人,并且,在这样做时,采用的方式也并没有把对构成行为的肯定(第26条)与提供帮助(第27条)包含。其次,教唆与帮助是以一个故意的主行为为前提的,这样,对非故意的构成行为的肯定或者帮助,在其不能被间接实行人所包括的案件中,就不可能由于实行人的完成而受到惩罚(参见第26条,边码6以下,35以下),尽管存在着故意引起结果的行为。再次,扩展的实行人概念最终也不能与特别的犯罪行为以及亲手实施的犯罪行为的存在相协调,这些犯罪行为都在没有考虑原因的情况下,使特定的加重情节成为实行人的条件:这样,例如,枉法行为(第336条)中的实行人就只能是公职人员,伪证行为(第154条)的实行人就只能是发誓者本人而不能是在此之外的原因人。 4

与此相对,**限制的实行人概念**是正确的。根据这个概念,实行人在原则上就被限制在分则的行为构成所描述的举止行为之上了。这样,教唆与帮助是刑罚的扩张根据,超出了由实行人所表示的刑事可罚性的核心领域。与此同时,人们也发现了区分实行人与参加人的正确出路:它处于行为构成的实现之中而不在原因之中。 5

今天,在实行人、教唆人与帮助人之间加以区分的制度,在欧洲仍然还居于主流地位。除了在奥地利之外(参见边码2),单一的实行人概念只适用于丹麦与意大利,然而,即使是这些在共同作用形式上采纳一种分类的国家也做出了一些确定的妥协。[7] 替德曼因而正确地保证,三分法"是欧洲传统的共同精神财富,根据法治国(行为构成有约束力)的观点来看,也是值得优先考虑的"。[8] 1995年7月,在一部"保护欧洲共同体的财政利益"的国际法协议中,规定了多人参与对欧盟诈骗(EG – Betrug)(第2条第1款,第3条)的情况,并且,就是从区别实行人、教唆人与帮助人出发的。那部在1997年公布的、受欧洲议会委托制定的"为在统一的欧洲法域(Rechtsraum)中保护欧盟财政利益的法典",在第2条中甚至定义了三种参与形式(在法国影响下的教唆人有点与德国法不一样)。[9] 在进一步推进这个规定的过程中,替德曼为未来欧洲刑法典的模式提出了一个具体的建议。[10] 这个建议同样是以三分法制度为基础,与现行的德国法完全一致。人们因此可以得知,这个区分也将主导未来的德国法与欧洲法。在国际刑法中,实行人与参与人的区分也被承认了,并且,在很大程度上会借助本书所代表的行为控制理论 6

---

〔6〕 这个术语,就像"限制的"实行人概念一样,同样出自 Zimmerl, ZStW 49 (1929), 39 – 54。有关扩张的实行人概念或限制的实行人概念的争论,在过去三十年中是实行人理论中的一个主要命题。参见:Eb. Schmidt, Frank – FS, Bd. II, 1930, 106; Bruns, 1932; Grünhut, JW 1932, 366; Bähr, 1934; Lony, 1934; Lange, 1935。

〔7〕 参见,即 Tiedemann, Nishihara – FS, 1998, 501 f.。

〔8〕 Tiedemann, Nishihara – FS, 1998, 501。

〔9〕 Tiedemann, Nishihara – FS, 1998, 500。

〔10〕 Tiedemann, Nishihara – FS, 1998, 509 ff.。

(Tatherrschaftslehre)而得到贯彻。[11]

7　这当然没有改变这种现象,即在现行的德国法中也存在"向单一实行人发展的倾向"。[12]这首先是指立法者,并且首先是在有组织犯罪与经济刑法的领域中。[13] 例如,在第129条(组织犯罪组织)中,单纯支持这种组织或者为其做宣传的人也会像其成员一样,也就是作为实行人被惩罚的。由此,帮助人、实行人与教唆人之间的身份区分就被消除了。隐匿投保物品,在保险诈骗中帮助欺骗保险公司的,不是作为诈骗罪的帮助人,而是根据第265条(保险滥用)作为实行人受惩罚的。在"麻醉剂法"中,司法判决也作了类似的处理。在这里,任何具有使与麻醉剂有关的活动成为可能或者促进该活动的目的的行为,都会被理解为"从事交易"(《麻醉剂流通法》第29条第1款第1项),由此实行人与帮助人之间的区分就在很大程度上被填平了。[14] 法益与实行行为的表述越抽象——在公众法益时这种诱惑首先就很大——各种参加人形式之间的差别就越模糊。这种对制度有害的、对法治国有危险的发展,必须加以坚决的抵制。

8　在现行德国刑法中,单一实行人的概念的确在一个领域中得到完全的适用:在过失犯罪中。在过失犯罪中,不存在教唆与帮助,因为根据法律的明确表述(第26条、第27条),这两种参与形式只有在故意时才能实现。过失造成符合行为构成结果的人,也总是过失行为的实行人。当然,由此并没有排除过失共同实行人的可能性。

9　人们可以提出异议,德国刑法对故意参加人的限制并不证明过失参加人的不存在,而是仅仅证明这种行为不受刑事惩罚。[15] 例如,在实际上,非故意地支持他人的故意行为,在许多情况下都是不受刑罚的。然而,在德国刑法信条学中,这样的案件事实是作为缺乏客观归责的案件来处理的(详见罗克辛,《德国刑法学 总论》,第1卷,第三版,第24节,边码29以下)。因而,过失参与人的法律角色就没有必要存在了。如果人们想要使用这个概念,那就必须根据客观归责的权威性标准加以确定。

二、区分实行人与参加人的基础

(一)实行人作为实现行为的核心人物

10　在人们为实行人的所有表现形式寻找一种一般的、与参与人相区分的标志时,就必须说,实行人是在实现符合行为构成的行为实施过程中的**核心人物**(第25条)。参加人是一个配角,是通过要求而引发实行人的构成行为的(第26条:教唆),或者通过提供帮助对其作出贡献的(第27条:帮助)。人们能够从立法中推断出这一点来,在实行人的"实施"(第25条)、单纯的肯定(第26条)与对其提供帮助(第27条)之间加以区别,并且,参加的两种形式是有赖于故意实行人的存在以及依赖于后者的。

11　立法者区别了实行人的三种形式:直接实行人(第25条第1款:"自己……实施犯罪行为的

---

〔11〕 Grundlegend Ambos, 2002, 546 ff.。

〔12〕 因此,见 Volk, Roxin-FS, 2001, 563。这个文本的引文符合了这篇文章的题目,其副标题是:"单一实行人概念看不见的力量"。

〔13〕 详见,Volk, Roxin-FS, 2001, 564 ff.。

〔14〕 对此,参见 Roxin, StV 1986, 386。

〔15〕 在这个意义上,带有值得注意的根据与广泛的证明,见 Luzon Peña/Diaz y Garcia,载:Roxin-FS, 2001, 598 ff.。

人")、间接实行人(第 25 条第 1 款:通过他人……实施犯罪行为的人)与共同实行人(第 25 条第 2 项:"多人共同……实施构成行为的")。但是,实行人的三种表现形式仅仅是对实现过程之核心人物的不同表达。某人是否亲手偷窃("自己"),或者他是否持枪逼迫他人偷窃("通过他人"),或者他是否与其他同伙共同合作("共同"):他总是行为实现过程中的核心人物,其中,在最后一种共同实行人情形下,也可能看到有多人处于事件的中心位置。

核心人物的标准当然不是一种能够从中推演出具体区分界限的概念。更准确地说,这与一种价值评价的区别标准有关,只有依据犯罪行为人的真实情况才能一步一步地详细说明与具体化。这将在下文予以论述。在这里要展示的是,这个核心人物不是在所有行为构成中都会以同样的方式被确定为核心人物的。 12

在大多数犯罪中,根据我最早完整总结并在今天已经完全占据主流的理论,[16]**"行为控制"**是对实行人具有决定性的角度:是犯罪过程的核心人物,是控制犯罪并导致犯罪实现的人,同时,参加人对这一事件虽然同样有影响,但是他的实施并不是决定性的。我在这里说的是"**控制犯罪**"。在一般性犯罪中,例如杀人、伤害、损害财物、盗窃等,核心人物,也就是实行人,总是那些独立或与他人共同控制行为的人。 13

但是,还存在着这样的犯罪,在这些犯罪中处于实现行为构成的中心位置的人,是那些违反特定的不是每个人都要履行的义务的人。我称这些犯罪为"**义务犯罪**"。例如,在背信罪(第 266 条)的行为构成中,行为构成的行为就不像在控制犯罪中那样,是通过确定的外在的举止行为方式,而是通过违反一种财产照管义务来描述的。在此类案件中,实行人(等于犯罪过程中的核心人物),就是通过违反其由行为构成特别规定的特定义务而侵害了该结果的人,同时,那些没有涉及这种义务(也就是,例如,没有照管被害人财产的义务)的人,完全不受其外在的对构成行为贡献力度的影响的,就仅仅只能是参加人。 14

实行人的第三种形式是**亲手犯罪**。在亲手犯罪中,只有那些亲手实现了行为构成的人,才能视为犯罪实施过程中的核心人物。例如,在麻醉行为*(第 323a 条)中,只有"自身……处于麻醉状态之中"的人,才能成为实行人。那些使人处于麻醉状态之中的人,在其向被害人隐瞒所提供的饮品具有使人麻醉的特点时,就绝对控制着事件的发生。但是,他不能由此而成为实行人,因此,间接实行人与非亲手的共同实行人,在亲手犯罪中是不能存在的。 15

与控制犯罪、义务犯罪与亲手犯罪的三分法相适应,在以下三段中将对实行人的理论进行说明(三,边码 38 以下;四,边码 267 以下;五, 边码 288 以下)。与此相对,在司法判决与理论中,义务犯罪与亲手犯罪虽然部分得到承认,但只是被附带地处理的。争议的关键在于,应当根据已经提到的行为控制理论还是应当根据所谓的主观理论来区分实行人与参加人。主观理论曾经主导了帝国法院的司法判决,即使在今天,在司法实践中还发挥着一种变化无常的作用。这是应当首先说明的内容。 16

(二)混合状态中的行为控制理论与主观理论

今天,在实行人与参加人的区分上,实际上主要只有两种观点:在文献中绝对占据主流地位的是**行为控制理论**与**主观的参加人理论**。在 20 世纪 30 年代,行为控制理论才得以从分散的想 17

---

〔16〕 见我的书:"Täterschaft und Tatherrschaft", ^{1}1963 - ^{7}2000。

* 《德国刑法典》第 323a 条规定,故意或者过失通过酒精饮料或者其他使人迷醉的物品使自己处于迷醉状态的,只要其在这种状态下所实施的违法行为,由于其处于这种无罪责状态而不受刑事惩罚的,构成麻醉罪。——译者注。

法中产生出来[17]并日益得到贯彻。如同前面已经提到的那样,这个理论在多名参与人中,把控制构成行为的人,也就是在实现行为构成中发挥决定性作用的人,看成是实行人。与此相反,主观理论虽然过去在学术上总是存在争议,然而在1871年以来一直为司法判决所代表。该理论认为,“实行人的意志”(animus auctoris)是实行人的特征,而“参加人的意志”(animus socii)是参加人的特征。[18] 然而,在这种“意志指向”中应当理解的,却已经在时间的流逝中发生了很大的变化。新近的司法判决在实行人意志的概念中掺入了很多行为控制理论的因素,以至于人们可以说,在相互对立的立场之间已经出现了一种意义重大的相互接近。对此需要更进一步的阐释,因为只有在信条学历史的发展背景下,才能理解现代的讨论状况,才能为自身的解决方案奠定基础。

(三)主观理论的原始状态

18　“实行人的意志”对于主观理论来说,是一个决定性的区分因素。为了确定这个概念,首先应当说明恶意理论(Dolustheorie)与利益理论。根据**恶意理论**,实行人具有一种独立的意志,而参加人具有一种不独立的意志。在这个意义上,曾经对帝国法院的司法判决产生过重要影响的帝国法院诉布里(Reichsgerichtsrat v. Buri)一案,曾经教导道:[19]“发起人[20]与帮助人的区别只能在发起人意志的独立性与帮助人意志的非独立性上才能找到。只有在发起人想要该结果的案件中,帮助人才会要该结果;在发起人不想要它的案件中,那他也不会要它。结果应该出现与否的决定,因此必须听凭发起人决定。”与此相适应,在对此后的司法判决具有奠基意义的那起帝国法院的司法判决,《帝国法院刑事判例集》第3卷,第181页以下(第182页以下)中,也声称:“帮助人只允许具有依赖于实行人的意志,即他将自己的意志置于实行人的意志之下,从而听任实行人决定,构成行为是否应当加以完成。与帮助人的依赖性意志不同,共同实行人并不认同一种控制他们自身的意志。”

19　**利益理论**以另一种方式认为,实行人的意志是通过对构成行为具有自身的利益而加以标记的,与此相反,参加人的意志则缺乏这样一种利益。帝国法院在引起普遍关注的“**浴盆案**”(《帝国法院刑事判例集》第74卷,第85页,详见边码39)中这样阐述:“一个人是否把构成行为作为自己的意志,主要地,即使不是绝对地,是根据其在结果所具有的利益上的关系程度来确定的。”因为确定“听凭决定(Anheimstellen)”与“利益关系的程度”的内心过程,是在事后很难查明的,所以,一个人是想把这个构成行为当作“自己的”还是当作“他人的”问题,在司法判决中就经常也是根据假定的刑罚需要性与危险性来判断,并且,仅仅在形式上使用主观理论的外衣加以掩饰。

20　在眼前的讨论中,原始的主观理论因素还以两种方式活跃着。恶意理论能够借助“意志的从属性”而被看成是行为控制理论的先导。人们能够认为,教唆人与帮助人(必须)从属于实行人的意志,(必须)听从实行人决定实施构成行为,因为实行人是对实施有决定权的人,并且因此是掌握行为控制的人。在这样的理解中,恶意理论就是行为控制理论的一种主观变种的形式,在这里,它不是直接从客观的力量关系上考虑的,而是从对参加人意志的影响(并由此而间接地从

---

[17]　详见:Täterschaft, ^{7}2000, 60 ff.。

[18]　关于发展,见 Roxin, Täterschaft, ^{7}2000, 51 ff.。

[19]　v. Buri, 1885, 41;此外,参见ders., 1860;ders., 1873;ders. ,GA 17 (1869), 233, 305。

[20]　今天的用语是:实行人。

其意志上）考虑的。另一方面，利益理论完全不存在通向行为控制理论的途径。但是，它仍然有意义，因为现代的司法判决总是把自身利益（与其他根据一起）视为确定实行人的一种重要的根据。

除此之外，作为一种理论概念，早期的主观主义理论在今天已不再是实行人理论的适当基础了。它的基础是 19 世纪自然主义的制定法主义，即使在人文社会科学中，它就像因果关系所认为的那样，也必须追溯到“自然法”上去，同时，必须忽略那些除了在客观现象的世界中可以为自然科学所解释的区别之外的一切。由于实行人、教唆人与帮助人对于结果而言都具有同样的因果关系，并且在这一点上也不存在着区别，因此，必须寻求与主观的构成行为方面的必要区分。在这里，一种在方法论上过时的立场就显示出来：法上的区分必须根据司法 - 刑事政策的观点来进行，不允许借助出自其他存在领域的法外范畴（参见罗克辛，《德国刑法学 总论》第 1 卷，第三版，第 7 节，边码 40、45、50 以下）。这种错误的出发点在信条上也导致混乱。在“古典”体系构建时代，正好也是主观理论的萌发时期。在这个时期，人们把所有的心理因素都放在罪责之中（参见罗克辛，《德国刑法学 总论》第 1 卷，第三版，第 7 节，边码 13、18），司法判决也容易把“实行人的意志”放在与罪责相关的刑罚需要性的权衡中加以解决，从而使得对实行人的确定几乎完全成为一个法官裁量的行为（参见前面边码 19），并且，使今天已经确证的认识，即实行人与参加人是不法的不同表现形式，几乎陷入被遗忘的境地了。 21

（四）现今司法判决中的“规范的联合理论”

德国最高法院的司法判决〔21〕越来越远离严格字面意义上的主观理论，并且，在对实践最为重要的共同实行人与帮助人的区分中转向一种“规范的联合理论”。这种理论不再把实行人的意志理解为心理性的诊断结果，而是基于一种对各种因素的联合而将其看成是有价值的。这个方面的发展起点是第五审判委员会（联邦最高法院，《法学评论》，1955 年，第 304 页以下）的一个判决。该判决宣称，实行人的意志“不是那种事实法官能够有约束力地确定的内在的行为事实。更准确地说，这涉及一种价值性的判断。对于这种判断而言，一个重要的依据是，各种参与人在多大程度上共同控制着事件的过程，从而使构成行为的发生过程与结果将决定性地也取决于其意志。”这段话在此后的司法实践中得以具体化，并且，在此期间被改造成稳定的司法判决。此后，一个人是否有实行人的意志，就必须“根据所有的情节”在价值考虑中加以判断。对于这种判断而言，重要的依据在于“自身利益在构成行为的结果上的等级，在参与构成行为的范围，在行为控制或者至少在对行为控制的意志上，因此，构成行为的实施与结局就决定性地依赖于被告人的意志”（联邦最高法院，《刑事辩护人杂志》，1981 年，第 275 页以下）。〔22〕 22

联邦最高法院的这种新路线，是在原始的主观理论与行为控制理论之间采取一种中间立场。 23

〔21〕 一个对全部重要的司法判决按年份进行的说明与分析，见 Roxin, Täterschaft, 72000, 90 – 106, 557 – 643；他在 LK11, § 25, Rn. 16 – 29 的文章，提供了一个带有广泛证明的发展；还有，他的文章，载：BGH – FS, Bd. IV, 2000, 177。

〔22〕 在联邦最高法院决定同样的意义上，见 GA 1977, 306; NJW 1979, 1259; StV 1982, 17; NStZ 1982, 243; StV 1983, 501; GA 1984, 287; NStZ 1985, 165; 1987, 224 f.; 1987, 364; 1988, 507; 1990, 80; 1990, 130; 1991, 91; 1991, 280; wistra 1992, 181; StV 1992, 579; BGHSt 39, 381; StV 1993, 474; NStZ 1993, 444; StV 1994, 22; 1994, 421; 1994, 422; NStZ 1994, 92; BGHSt 40, 218; 40, 257; NStZ 1995, 285; StV 1995, 197; 1995, 198; 1995, 624; 1997, 411; 1997, 544; StraFo 1998, 166; NStZ 1998, 136 = StV 1998, 540; StV 1999, 429 = NStZ 1999, 451; NStZ – RR 1999, 186 = StV 1999, 427; StV1999, 435; NStZ 2000, 442; 2000, 278; wistra 2001, 420; NStZ – RR 2001, 148。

它保留了主观理论中的实行人的意志这个术语以及自身利益，将其作为重要的区分观点，同时，还借助特别提及行为控制的意志，让恶意理论也得到反映。但是，它在同一等级中把行为控制作为判断标准，并且，另外提到的“参与构成行为的范围”与“导致行为控制的意志”等因素，也只能作为对行为控制的提示而具有意义。在直接（边码 38 以下）与间接实行人（边码 45 以下）中，对行为控制理论的依靠就表现得更强烈。

24 对主观理论的原始形态提出根本批评的是“规范的联合理论”（边码 21），但是，这种联合理论在今天表现为主观理论，因此对其就不用再谈了。它遵循的主要是客观形式的价值标准，并且，其内在心理的“依据”（行为控制意志，利益）能够根据现代的理解，毫无困难地置于主观行为构成之下，由此保证了避免与罪责及量刑因素相混淆。

25 然而，它的致命弱点在于，应当用于确定实行人的评价性标准，既不能说成是最终性的，也不能带来等级性顺序（Rangfolge），或者，仅仅只能隶属于一种指导原则。这些因素为什么这么重要，人们应当如何衡量它们，都还不清楚。这样就出现了一种在区分上的重大不安全性，在有人用强烈的自身利益但没有行为控制，或者用行为控制但没有特别的自身利益进行行为时，这种不安全性就表现得尤其明显。法官优先考虑这个或者那个观点，是没有定论的，因此，根据规范的联合理论，就能够把同样以及较轻程度的相反结果，也说得很有说服力。

26 由此可以得出结论，利益标准作为区分实行人与参加人的“主要依据”是完全不恰当的。首先，它与法律原文相互冲突，法律原文指的是“实施”（亲自、通过他人，共同）构成行为（第 25 条）。这种客观要素应当如何根据主观利益来确定，是不清楚的。其次，这里也缺乏区分的能力。在通常情况下，一个人只有在对此有利益时，才会参与犯罪（无论是作为教唆人还是帮助人）。但是，在通常情况下适用于所有参与人的依据，对区分就没有用处，并且，必定会导致实行人在相当程度上的扩张。最后，把自身利益作为行为人的标准加以使用，也会与这种情况相矛盾，许多行为构成（例如第 259 条，第 263 条*）明确包含了为第三者利益的行为人的情形，同时，单个行为人在其他情况下也就不能不言自明地通过自己是为了他人的利益行为而不能作为实行人，也不能要求免除刑罚。

（五）行为控制在一般犯罪中作为唯一的实行人因素

27 正确的做法是，人们应当在通常情况下，〔23〕通过行为控制——并且仅仅通过行为控制——来确定实行人。在实现犯罪中作为关键人物或核心人物而表现出对事件发挥决定性影响的人，就拥有行为控制，并且是实行人。在这种说明中存在的不是实行人的定义，而是如前所述，仅仅是一个指导性标准，这个标准必须借助各种事实形态加以具体化。〔24〕 对此，立法者已经通过区分实行人的三种形式走出了第一步。这三种形式是：直接实行人（《德国刑法典》旧版本，第 25 条第 1 款第 1 句：“自己实施犯罪行为的”）、间接实行人（《德国刑法典》旧版本，第 25 条第 1 款第 2 句：“通过他人实施犯罪行为的”）与共同实行人（第 25 条第 2 款：“多人共同实施犯罪行为的”）。

28 实行人形式的这种三分法与行为控制的三种类型相对应。第一，人们能够通过亲手（更准

---

* 《德国刑法典》第 259 条是窝藏罪，第 263 条是诈骗罪。——译者注。

〔23〕 也就是说，除此之外，在义务犯罪（边码 267 以下）与亲手犯罪之中。

〔24〕 关于这种处理方式在方法论上的理由以及关于作为具体与辩证概念的行为控制，参见 Roxin，Täterschaft，^{7}2000，528 ff.。

确地说是亲身)实施并由此借助其行为而置身于事件的中心,从而控制犯罪(这就是作为**直接实行人**标志的**行为控制**)。第二,人们能够通过例如强制或者欺骗,不必在实现行为构成时在场或者以其他方式共同发挥作用,来控制实施人,从而实现对事件的控制(这就是给予**间接实行人**特殊标记的**意志控制**)。第三,人们能够通过与他人进行分工,在实施过程中掌握一种对构成行为的完成具有重要意义的功能,从而对行为构成的实现进行控制(这就形成**共同实行人**特征的**功能性行为控制**)。行为控制的这三种基本形式在各自方面,都需要一种在使用司法判决与文献进行的争论中会突显出来的区别点。这种区别点将在明确各个基本方面之后显现出来。

在信条学上看,行为控制理论的基础,是把实行人理解为**在实体意义上实现了行为构成**。大约在1930年代,所谓的**形式—客观理论**〔25〕在文献中占据了主流。这种理论仅仅想把亲手实现行为构成的情形(也就是今天的直接实行人)当作实行人。虽然这种亲手性的形式标准对于在行为构成中辨别实行人的概念是完全正确的,并且,也包含了实行人的一种范例,但是,这个范围太过狭窄,并且,正如第25条字面所显示的那样,今天也无法与立法相一致。在实体意义上,满足行为构成的还有那些使用其他方式控制着行为构成实现的人。一名持枪逼迫他人伪造文书的人,根据其在行为发生过程中的作用,就是真正的伪造者,并且因此就是(间接的)实行人,即使他没有在文书上一笔也没有落过。另外,撞坏被害人的汽车并杀害被害人的,就是共同(作为共同实行人)与他人实施了杀人,即使是他人根据事先约定直接发射出了致命的一枪。 29

然而,在信条学的历史上,行为控制理论是从主观方面以及客观方面做出的进一步发展,从而就正好是对早先极端分歧的各种观点的综合,并且,它能得到广泛贯彻也要归功于这种将对立观点进行的调和。1933年,人们在洛贝(Lobe)的著作〔26〕中发现了这种理论最早的表达形式。洛贝在那里写道:"对于实行人而言,关键的问题……不仅是存在着将构成行为当作自身的进行实施这种内容的一种意志,而且还在于,这种意志的实现必须进一步这样进行,它的实行是在自己控制之下,这种意志也控制与操纵着为实现其服务的实行活动……在参加人中,就缺乏这种对以引发这种结果为目的的实施行为的控制……"在这里,在指出恶意理论与行为控制理论的混淆之后(边码20),恶意理论将通过其客观要件而得到补充。 30

洛贝的说明并没有引起反响,同时,韦尔策尔(Welzel)则在1939年〔27〕发展了"目的性的行为控制"概念,并且通过将实行人理论与当时处于讨论焦点的目的主义论战〔28〕相联系,对行为控制理论的贯彻做出了重要的贡献。他这样说:"不是模糊的实行人意志,而是真正的目的性的行为控制,才是行为控制的主要标准。"〔29〕"在这里,那些将其意志决定有目的意识地加以实行的人,就具备了行为控制。"借助目的性的标准,当然就能够仅仅解释,在过失(即非目的性的)行为中不存在行为控制,并且,对实行人与参加人的区别也是不可能的,同时,在故意犯罪中,实行人、教唆人与帮助人都是同样地有目的地实施行为,因此,借助这些要素,就不可能进行区分。但是,无论如何,韦尔策尔也是从主观方面推导出其理论的。 31

在二次大战后初期,加拉斯(Gallas)〔30〕才试图从一种客观的角度出发,比洛贝与韦尔策尔更具体地确定行为控制的概念。他将行为控制的概念用作"对符合行为构成的举止行为进行'松散'解释的标准",正如在本书中所呈现的那样。我在自己的《实行人与行为控制》(1963年, 32

〔25〕 详见,Roxin, Täterschaft, 72000, 34 ff.。

〔26〕 Lobe, 1933, 122 f.。

〔27〕 在他的文章"Studieren zum System des Strafrechts, ZStW 58 (1939), 491ff. (539 ff.)。

〔28〕 对此,见Roxin, AT1³, §7, Rn. 15, 19; §8, Rn. 16 ff.。

〔29〕 Welzel, ZStW 58 (1939), 543。

〔30〕 Gallas, 1954, 121; ders., ZStW - Sonderheft 1957, 3(引文 S. 14)。

72000)一书中也感谢了加拉斯。我的这部著作是第一次以专著的形式,试图全面地完善行为控制概念的可适用性范围。今天,几乎所有的论述都采纳了行为控制理论。〔31〕

(六)其他的区分理论

1. 文献中的主观理论

33 除了义务犯罪与亲手犯罪之外,在故意犯罪中,应当依据行为控制的标准对实行人与参加人进行区分。这与最主流的意见相符合(尽管在具体问题上还存在着某些争论)。在教科书文献中,作为主观理论代言人〔32〕的,就还只有鲍曼/韦伯(Baumann/Weber)的书了。〔33〕 但是,当他们说,“考虑到所有条件对于结果的造成都具有同等价值,只有主观上的区分才是有保证的”,这时,他们仍然受制于在今天已经过时的因果观念(参见边码21)。他们说,“这不涉及那些仅仅想支持他人的犯罪行为的人,也不涉及那些由于某种意外事件而使行为控制落到自己身上的人,他们不会被视为实行人。他们不应当承担自己本不具有的罪责。”这种看法就不完全正确了。首先,一种行为控制不会在违反自己意志时悄悄落到一个人身上,人们只有通过积极的行为与活动才能拥有这种行为控制。其次,在实行人中,涉及的主要是必须置于行为构成之下举止行为,而不是罪责问题。

2. 整体理论

34 “整体理论”由施米德霍伊泽(Schmidhaüser)所代表。他认为,在区分实行人与参加人时,“一个单独的因素从来不会独自,而是……在整体关系的内部,才应当会发挥决定性的作用。”〔34〕 他以未究尽的列举方式,指出了16种这样的“要素”,例如,当时在行为现场、投入的力量大小、利益、行为计划,等等。他认为,在确定实行人时,这样或那样的要素都有可能起到决定性的作用。这样,他就把区分实行人与参加人的事情,在很大程度上交给法官去裁量了,因为根据一种没有指导标准的整体观察法来进行安排,就有些不理智,并且,是与罪刑法定的基本原则相违背的,所

---

〔31〕 Blei, AT^{18}, §§ 71 II, 78 III 1; Bloy, 1985; Bockelrnann/Volk, AT^{4}, §§ 22 I 3, 23 11 1 – 4; Bottke, 1992, 35 ff.; LK^{9} – Busch, Vorbem., zu § 47, Rn. 13; Dreher, Prot. V WP., 91. Sitzung, 1826; Ebert, AT^{3}, 189 ff., 190 ff.; Eser, StrafR II^{3}, Fall 37, Rn. 14 ff.; Gropp, AT^{2}, § 10, Rn. 34 ff., 38; Herzberg, 1977, passim; SK^{7} – Hoyer, vor § 25, Rn. 11 ff.; Jakobs, AT^{2}, 21/35 ff; Jescheck/Weigend, AT^{5}, § 61 V; Joecks^{3}, § 25, Rn 5 ff. (6); Kindhäuser, StGB, vor § 25, Rn. 22 ff., 32ff.(不是完全清晰的态度);Kohlrausch/Lange, StGB^{43}, vor § 47 I 4, § 47 1; Krey, AT/2, Rn. 48 ff.; Kühl, AT^{3}, § 20, Rn. 25 ff., 29; Lackner/Kühl^{24}, vor § 25, Rn. 6; Maurach/Gössel, AT/2^{7}, § 47, Rn. 84 ff.; Murmann, 1993, 747; Otto, AT^{6}, § 21 II 2, 3; Preisendanz^{30}, vor 2 b bb; Renzikowski, 1997; Samson., StrafR 1^{7}, Fall 39; Sax, JZ 1963, 329 ff.; Schild, 1994; Schroeder, 1965; Schünemann, GA 1986, 327 ff.; Seelmann, Jus 1980, 573; Stratenwerth, AT^{4}, § 12, Rn. 15 ff., 16; Welzel, StrafR^{11}, 100; Wessels/Beulke^{31}, Rn. 517 ff.;现在还有Sch/Sch/Cramer Heine^{26}, vor §§ 25 ff., . Rn. 64 ff.。从瑞士法的观点对行为控制所作的说明,参见Huber, 1995, 72 u. pass.(“确定实行人范围的正确角度”)。Bolowich, 1995, 185,承认在行为控制理论中具有“对于理解人类参与结构有意义的重要因素”,但是,指责它“没有赋予参与人的反身理解以意义。”对于行为控制理论的早期代表人物,参见Roxin, Täterschaft, ^{7}2000, 60 – 89。

〔32〕 当然,有些作者代表了行为控制理论,在历史的有条件的基础上(参见,边码30以下),指出了主观理论的加入。这在行为控制的理论中会得到重视。

〔33〕 Baumann/Weber, AT^{10}, § 29 III 2 d;在这里还有引文。还有,Baumann的学生Weber(1976, 296ff., 327 ff.)与Arzt(JA 1980, 553, 556; JZ 1981, 412, 414; StV 1986, 337)是以主观理论作为出发点的。

〔34〕 Schmidhäuser, LB AT^{2}, 14/156ff.(引文14/157); ders., StuB AT^{2}, 10/46;类似的,但是,密切地依赖这个司法判决的规范性联合理论。Geerds, Jura 1990, 176; Köhler, AT, 497 ff.。

以,这种学说就几乎没有赢得支持者。[35] 后来,施米德霍伊泽又试图把行为控制仅仅理解为由其所代表的整体区分方法的"别名",[36]然而,他的努力也因为在这两个概念之间存在着根本区别而失败了。因为行为控制理论区分了行为控制、意志控制与功能行为控制,所以具有一种非常清晰、能够导致精确结果的结构,而这种结构正是整体理论所欠缺的。[37]

3. 根据举止行为规范的紧迫性进行区别

35 一种全新的概念终于由施泰因(Stein)提出来了。[38]他不是根据对造成结果的行为事件的控制与不控制来区分实行人、教唆人与帮助人,而是根据违反不同的"举止行为规范"来区分。这些举止行为规范具有不同的"紧迫性",对参加人的举止行为规范在紧迫性上就基本上不如对实行人的要求,因为这些规范使实行人承担起避免法益遭受侵害的义务,为法益的目标构建起一堵"保护墙"。[39]很明显,对教唆人的举止行为规范,就像对之规定了与实行人相同的刑罚所表示的那样,也赋予了与实行人的举止行为规范同样的紧迫性。但是,这取决于教唆人是否削弱了实行人信赖法的动机,并且,是否由此"打穿"了在法益面前树立的保护墙。

36 这种观点的实际作用,部分地接近于行为控制理论,只有在各种相互关系中才能加以处理。根本反对这种观点的主张认为,人们不允许将行为构成与参加人的形式,减缩成对举止行为规范也就是行为无价值的违反,尤其是,结果对于实行人的行为与参加人的行为都是不可分的。[40]举止行为的区别仅仅只能在以下范围内影响"参与人的形式",即这些举止行为是如何对符合行为构成的结果发挥作用的。对于举止行为而言,行为控制原则比一种脱离结果的飘忽不定的"举止行为规范理论"更合理。还有,举止行为规范的不同紧迫性应当承担起区分实行人与参加人的任务,这种想法看起来也没有什么说服力,因为,除了在实行人与参加人中也不能从刑罚威胁中推导出有差别的紧迫性之外,规范只能禁止什么或者要求什么,在其中并没有允许什么更多或者更少的任何东西。规范的命令只能直截了当地适用,不能再划分紧迫性的层次。有差别的仅仅是各种违反规范的刑罚需要性,由此(不是由于偏离规范性的程度)而说明了不同的刑罚严厉程度。[41]

4. 其他的新概念

37 最近十年的理论文献还提供了很多其他的观点。这些观点在各自的理论根据上偏离了行为控制理论,但是,它们在实际结果上大多与行为控制理论相接近。以下提及的情况就是这样。在理想主义哲学基础上,克勒(Köhler)试图从"自由主体之间举止行为关系的特殊性"来引导出对实行人与参加人的区分;[42]弗罗因德(Freund)的努力是,依据形式—客观理论,把实行人理解

---

[35] 批评的:Roxin, ZStW 83 (1971), 394 ff.; Küpper, GA 1986., 443f.; Bloy, 1985, 370 ff.; Stein, 1988, 121 ff.; Bottke, 1992, 39 f.。

[36] Schmidhäuser, Stree/Wessels - FS, 1993, 343。

[37] 对此,还参见:Roxin, Täterschaft, 72000, 646 f.。

[38] Stein, 1988。

[39] Stein, 1988, 241;后面的引文,见242 f.。

[40] 详见:Roxin, AT1³, § 10, Rn. 88 ff.。

[41] 对Stein的更详细的说明:Roxin, Täterschaft, 72000, 647 ff.。与Stein进行的最基础性的——批评性地加以拒绝的——争论,见Küper, ZStW 105 (1993), 445 ff.。此外,对Stein,——同样是批评性的——见Bottke, 1992, 43; Lesch, 224 ff.; Renzikowski, 1997, 25 f.。

[42] Köhler, AT, 488;对此,详见Roxin, Täterschaft, 72000, 644 ff.。

为“每种特定的符合行为构成的举止行为”;[43]海因里希(Heinrich)则试图[44]将实行人确定为“决定的承担者”。因为就其结果而言,这些观点在实质上只是在实行人的个别表现形式上,偏离于行为控制理论(对克勒来说在间接实行人的情况下,对弗罗因德来说在共同实行人的场合中),所以,与这些观点的争论应当在分歧具有重大意义之处进行(参见,关于克勒见边码 178 以下,关于弗罗因德见边码 259 以下,关于海因里希见边码 183 以下,263 以下)。还有,那种与行为控制理论立场相近、但是在准确性上与之并不完全一致的努力,试图通过“自治”原则(M. – K. 迈尔[M. – K. Meyer],[45]伦齐考夫斯基[Renzikowski][46])或者“自己负责”原则(舒曼[Schumann][47])来区分间接实行人,但是,这种努力也只有在这种实行人的形式中才应当进行讨论(参见,边码 174,175 以下,182)。

三、控制犯罪

(一)作为行为控制的直接实行人

38 实行人首先——或者是单独或者是在多人参与下——通过自己的身体性活动(在通常情况下也就是亲手)满足整个行为构成的人。人们不可能比自己在其中亲自实施构成行为更好地来进行行为控制了。在直接实行人中,实施人通过采取符合行为构成的行为来获得控制,因此,我称之为“**行为控制**”。[48]在这里,涉及的是实行人中最引人注目的类型,因为行为控制的这种形式最明显地符合了把实行人作为实现行为构成的理解。在亲手实现行为构成的情况中,对实行人的看法是被法律的文字所确认的。法律这样宣称:“本身……实施”构成行为的人,是实行人。

39 然而,在这些案件中,实行人的这种表面上的清楚,长期以来,对于司法判决而言绝不是理所当然的,时至今日,司法判决也没有毫无例外地加以认可。在人们同样从主观理论(边码 18 以下)的立场出发,把利益标准移到中心位置,并且,把为他人利益而行为的人尽可能地还为此像真的一样看成是一种意志上的从属性时,人们就一定会得出结论,这些单独实施了构成行为的人,在其为他人行为且其作为是依赖于他人的意愿时,就也仅仅是帮助人。那个经常被引用的“**浴盆案**”(《帝国法院刑事判例集》第 74 卷,第 84 页)[49]的情况正是这样。在该案中,婴儿母亲的姐姐基于婴儿母亲的催促并且为了其利益,亲手将这名新生儿溺死在浴盆之中。帝国法院认

---

[43] Freund, AT, § 10, Rn. 51; 对此,详见 Roxin, Täterschaft, ^{7}2000, 651 ff.。

[44] Heinrich, 2002(参见,出处同上,第 182 页,第 195 页:“决定的承担者以及由此的实行人,就是作为规范接收者的那个人,刚好在所谈到的以行为构成为基础的事件应当符合对该决定的直接转换时,做出了一个指向行为构成的决定。”)

[45] M. – K. Meyer, 1984。

[46] Renzikowski, 1997。

[47] Schumann, 1986。

[48] 这种表述已经为众多学者所接受,参见:Ebert, AT^3, 190; Freund, AT, § 10, Rn. 42; Herzberg, 1977, § 3 III 3; SK^7 – Hoyer, § 25, Rn. 13; Jakobs, AT^2, 21/35; Krey, AT/2, § 27, Rn. 94; Stratenwerth, AT^4, § 12, Rn. 46; Wessels/Beulke, AT^{31}, Rn. 538。

[49] 参见 Hartung, JZ 1954, 430 关于当时具有决定作用的法官的动机。

为，婴儿母亲的姐姐不足以被判定为实行人，[50]并且，根据“她是否想将杀人行为当作自己的行为，或者，她只想对她妹妹（也就是婴儿的母亲）的构成行为加以支持”（参见，前面的边码19）。在单纯的、对本人无利益的支持性意志中，这种单独的与亲手实施的杀人，就只应当建立在帮助人的基础上。

起初，最高法院会偶然遵循这个司法判决。尽管如此，第五审判委员会在开始时就明显地与之偏离，后来的决定就清楚地向行为控制理论靠拢了（《联邦最高法院刑事判例集》第8卷，第393页）：“亲手杀死一个人的，从根本上说就是实行人，即使他是在另一人的影响之下并且是在其在场时，为了其利益干的（与《帝国法院刑事判例集》第74卷，第84页相反）。”但是，在著名的**“斯塔辛斯基（Staschynskij）”案件**（《联邦最高法院刑事判例集》第18卷，第87页）中，引出了一次突变，使得随后的司法判决在很大程度上回归至主观理论上去了。一名苏联情报人员，接受了其情报机关的任务，用毒枪亲手射杀了两名流亡在德国的政治家，但是，后来却逃离了苏联的势力范围，向德国警察自首。联邦最高法院认为，他仅仅对帮助杀人是有罪的。[51]与此相关，在针对纳粹罪犯的程序中，那些接受上级指令杀害他人的人，经常仅仅作为帮助人被判决，理由是，他们是为了别人的利益行为的，是处于别人的意志之下的。[52]但是，除了这种“政治”案件之外，到新“总则”生效为止，*有不少案件都是在极端的主观理论的意义上被决定的。1974年，联邦最高法院还将一名用刀刺人者以纯粹的帮助人加以判决：“自己在其身上满足了所有行为构成要素的人，能够被视为是单纯的帮助人，只要他的意志是仅仅为了支持他人的构成行为……为了不在他人的眼中成为懦夫而刺杀死者的，就是赞成……他是处于他人的意志之下的。”[53] 40

这在当时的司法中就讲不通，自从第25条第1款生效之后，这又明显违背了法律原文。一个亲手完成构成行为的人，就是已经“自己”实施了，即使在其中是为他人的利益行为的；“自己”就意味着“自己这个人”，而不是“为了自己的利益”。有关的法律材料表示，鉴于第25条第1款的原文，例如，自己这个人杀人的，“就总是实行人，不能由于诸如缺乏实行人意志而成为参加人，正如司法判决有时认同的那样。”[54]在法律变更的基础上，在司法判决中也越来越多地承认行为控制作为直接实行人的标准。斯图加特州高等法院已经明确宣布（州高等法院，斯图加特，《新法学周刊》，1978年，第715页以下）：“自己实现行为构成的全部主客观要素的，不是帮助人，而是实行人。”联邦最高法院总是表现得比较克制，它强调（联邦最高法院，《刑法新杂志》，1987年，第224页以下），自己“迄今为止并不代表这种严格的观点。”但是，在具体的案件中不需要争论，“这是否是正确的”，或者，“在极端例外的案件中”是否可能偏离实行人亲手实施构成行为的原则。在实践中，这种“极端例外的情况”迄今还没有出现。在引起轰动的**“猫王案（Katzenkönigs－Fall）”**中（《联邦最高法院刑事判例集》第35卷，第347页；详见，边码76以下），无论是实施人的归责能力明显降低、禁止性错误或者为他人所利用、根据指令行为，都没有能够使联邦最高法院怀疑其实行人的身份。《联邦最高法院刑事判例集》第38卷，第315页[55]也对共同实行人亲手满足行为构成的情况，肯定了在通常情况下能够成立实行人：对于自己“违法 41

〔50〕 当时已有的反对帝国法院的著述；参见：仅仅是 Mezger, DR 1940, 634; zu Dohna, DStR 1940, 120; Klee, ZAkDR 1940, 188。

〔51〕 对这个判决的进一步分析，参见 Roxin, Täterschaft, ⁷2000, 562 ff.。

〔52〕 参见，接近的 Just－Dahlmann/Just, 1988; Hanack, 1967。

* 《德国刑法典》的新“总则”是1975年1月1日生效的。——译者注。

〔53〕 BGH MDR (D) 1974, 547; 关于批评，见 Schöneborn, ZStW 87 (1975), 902 (904 ff.)。

〔54〕 Begründung des E 1962, BT－Drucks. IV/650, 149。

〔55〕 对此，Wiegmann, JuS 1993, 1003。

地、有罪责地实现了所有行为构成要素的”共同实行人,适用“没有不同”于单一实行人的“基本原则”。“他也是《德国刑法典》第25条第1款意义上的直接行为人”(出处同上,第316页)。对于“极端例外的案件”是否能够适用其他的理论,在此并没有给出定论。

42 人们肯定必须从这一点出发,即亲手满足行为构成就**总是**能够导致实行人的成立,并且,“极端例外的案件”也不能改变其中的什么。反对的观点认为,这样一种可能性并没有在法律上被排除,〔56〕这种意见以专门委员会对新总则的咨询意见为基础。在这里,一种一致性的意见是,即在浴盆案与Staschynskij案这类案件(边码39,40)中,根据新法律,人们必须接受实行人的成立。然而,有些人提出,例如,在根据指挥官的命令实施枪杀时,就要考虑成立单纯的帮助。但是,法律原文与第25条第1款的原理都不允许得出这样的意义,〔57〕因为这名执行人是“自己”实施了这个构成行为,控制着杀人的过程,行为也合乎行为构成。执行人承受的压力,应当在量刑中予以考虑;但是,这些与罪责程度有关的因素对于实行人问题是不重要的。

43 即使一个人是在强制(第35条)或者处于无罪责的禁止性错误(第17条)的影响下实施一个构成行为的,那么也与其控制符合行为构成的事件以及其实行人身份无关。他是一名免责的实行人,但仍然是一名实行人。肯定非常有可能的是,强迫实施人或者使其产生禁止性错误的那名幕后人,由此就进入一名间接实行人的角色(详见边码45以下)。但是,正因为如此,就不存在什么原因,会动摇直接实施人对行为的控制。

44 不是亲手实现了所有的行为构成,而只是实现了其中单独一个要素的人,因此就还不是直接实行人。单一行为的实施,还不是直接控制整个事件而实现行为构成的情况。因此,在抢劫(第249条)中没有使用暴力而仅仅只是拿走财物的人,是盗窃罪(第242条)的直接实行人,而不是抢劫罪的直接实行人。当然,如果一个人根据约定使用了暴力,那他就是共同实行人了(详见边码188以下),这样,最终一定会同样得出作为抢劫罪的实行人而加以判决的结论。

(二)作为意志控制的间接实行人

45 一个人也能够通过利用他人(一名**行为中介人**[Tatmittler]),并且为了自己的目的,通过将其工具化(将其用作“**工具**”),自己间接地(作为“**幕后人**”)控制这个事件,用这种方式来使用这个人以实现一个构成行为。这种“通过他人”(《德国刑法典》旧版本,第25条第1款第2项)实施构成行为,人们称为**间接实行人**。这种人出现在“**意志控制**”〔58〕的案件中。在通常情况下,一名促使构成行为发生的人,或者一名对事件发挥作用但是没有直接参与行为构成之实现的人,只是教唆人或者帮助人。那个要求他人实施一个构成行为,或者向其提供建议或工具的人,并没有控制行为构成的实现,因为关于实行的重要决定存在于直接实行人之处,由他单独掌握着对行为的控制。更准确地说,一种间接的实行人,只能在三种理想的典型案件中才能考虑其对犯罪的控制。

〔56〕 Baumann, Jescheck-FS, 1985, 108; Baumonn/Weber, AT[10], § 29 III 2 b bei und Fn. 61; Geerds, Jura 1990. 176; LK[10]-Jähnke, § 212, Rn. 6; Jescheck/Weigend, AT[5], § 61 II; 还有Lackner/Kühl[23], § 25, Rn. 1(但是,就像这里一样,现在是Lackner/Kühl[24], § 25, Rn. 1); Maurach/Gössel, AT2[7], 47/64; Otto, AT[6], § 21 IV 1 a; Schmidhäuser, LB AT[2], 14/168。

〔57〕 对这场争论的批评性论述,见Roxin, Täterschaft, [7]2000, 549 ff.。

〔58〕 同样根据Bottke, 1992, 71,这件事被说成是一种“意义重大的需要再思考的形态控制”。还有,那种由我(Täterschaft, [7]2000, 141 ff.)命名的“意志控制”的概念,在文献中也多次被接受。参见,仅仅Gropp, AT[2], § 10, Rn. 38; SK[7]-Hoyer, § 25, Rn. 13, 27; Krey, AT/2, Rn. 54; Kühl, AT[3], § 20, Rn. 27。

首先,一个人能够通过强制直接实施人去实现行为构成,从而作为幕后人控制构成行为(**凭借强制的意志控制**)。其次,一个人能够通过欺骗实施人并由此使之成为不知其犯罪计划的执行人,从而在背后引导着事件的发展(**凭借认识错误的意志控制**)。再次,一个人能够作为一个有组织的国家机关中的发布命令人(Anordnender),通过任意调换执行机构,由此不再依赖个体实行人的实行准备状况,从而能够决定性地操纵事件的发展(**凭借有组织的国家机关的意志控制**)。除了这三种基本的控制形式之外,其他控制形式是无法想象的。在利用无罪责能力人、减轻罪责能力人,以及在此特别处理的未成年人时,间接实行人在结构上仅仅是一种强制与认识错误的意志控制的结合。 46

1. 凭借强制的意志控制

在以强迫作用为基础的意志控制中,比较而言,最简单的情况就是强制(第35条)了。甲通过威胁要杀死乙或者其家人而迫使乙去实施一个犯罪行为的,例如袭击行为(第224条第1款第3项*),甲就应当作为间接实行人,并根据第224条第1款第3项受到惩罚。他已经"通过他人"实施了这个构成行为(《德国刑法典》旧版本第25条第1款第2项)。虽然只有乙控制了实施过程,因此,乙也是直接实行人(尽管是被免责了),但是,因为甲控制了乙,所以他也就间接地控制了这个实施过程。在这里,我们看到的是一个"(被免责的)实行人背后的实行人"的案件。也就是说,情况不是如经常所认为的那样,是直接实施人的实行人身份简单地排除了一名幕后人的间接实行人身份。相反,在强制案件中,幕后人的意志控制恰恰就是以实施人的行为控制为前提的。 47

一个争论点在于,幕后人施加的压力必须达到什么程度,才能形成一名间接实行人的基础。很明显,不是任何一种压力都能满足条件,因为这名教唆人对这名实行人施加了有推动力的影响,否则,他就不会具有行为控制了。主流意见遵照了由我发展出来〔59〕的"责任原则"(Verantwortungsprinzip)。〔60〕根据这个原则,由幕后人施加的压力发挥了基础性控制作用的,只要其符合了第35条的条件从而使实施人免除刑法上的责任,就会导向间接行为人。这个想法的根据是,这符合第35条明确表明的立法者的评价,只要实施人由于施加于自己的压力而能够免除其之应负的责任,就应当把幕后人算入行为构成的实现之中。这个区分虽然是与经验事实即心理压力的强度相联系,但却是根据第35条的规则从规范上确定分界线的。因为强制程度的等级不容许准确的测量,所以,行为控制就像所有的法律概念——除了在数学上清晰的尺度与数字之外——一样,就处在由目的论确定的边缘范围之中了。 48

在文献中,少数意见试图在强制的案件中,不依赖实施人的责任,而是根据具体案件的事实,来区分间接实行人与教唆人。因此,施洛德(Schroeder)就想在"免责根据的边缘范围"内接受一 49

---

* 《德国刑法典》第224条是"危险地伤害身体罪"。——译者注。

〔59〕 Roxin, Täterschaft, ^{7}2000, 143 – 148。

〔60〕 出自以下文献:Bloy, 1985, 345 ff.; Bottke, 1992, 51 ff.; Herzberg, 1977, § 3 III 2(现在偏离的, ders., Jura 1990, 16); Jakobs, AT^{2}, 21/91 ff.; Jescheck/Weigend, AT^{5}, § 62 II 6; Kühl, AT^{3}, § 20, Rn. 64; Küper, JZ 1989, 948; Lackner/Kühl^{24}, § 25, Rn. 2; Maiwald, ZStW 93 (1981), 891 ff.; Otto, AT^{6}, § 21 IV 3 a; Sch/Sch/Cramer/Heine^{26}, § 25, Rn. 35; Stratenwerth, AT^{4}, § 12, Rn. 49 ff, 57; Wessels/Beulke, AT^{31}, Rn. 540 ff.。从其自我责任原则的观点出发的,还有Schmann, 1986, 76。批评的意见,见Küper, JZ 1989, 935 ff. (948),但是,他也赞同保留这个责任原则。Krey, AT/2, Rn. 99 ff. 把责任原则判定为完全的"间接实行人的基础",而根据我的观点,只有在被迫的与无罪责的工具可以使用时才可以这样判定。在这个基础上,以及在类似的文献观点的基础上,才能在与其他间接实行人的表现形式的关系中,进行更深入的探讨。

种间接实行人。〔61〕毛拉赫/格塞尔(Maurach/Gössel)〔62〕也肯定了“对应受刑事惩罚的行为中介人实施心理控制”中的幕后人的行为控制,例如,一个人,通过威吓要离开一名对其言听计从的妇女而指使其去杀害自己的丈夫的,就是这种情况。赫茨贝格(Herzberg)想暂时以“工具原则”替代责任原则,〔63〕这样,在处于强制压力下的直接实行人基于第35条第1款第2句的例外条款不能无罪时,也能够存在一个间接实行人。

50 然而,在对间接实行人与教唆人进行区分时,必须拒绝这种以具体案件为导向的做法。这种做法会导致法的不安全,并且导向在刑法中已经不再认为是正当的法官决定主义。“边缘范围”开始于什么地方,一名有责任的行为人的影响在什么时候变成一种“心理性控制”,人们在什么时候能够判定他是“工具”,这些问题都不能从对具体案件的考虑中得到确定,而只能根据一种指导性标准才能确定。但是,如果人们不承认法律事先昭示的对实施人的入罪或者出罪是有约束力的法律准绳时,就欠缺这样的指导性标准了。此外,应当考虑的是,法律对直接实行人责任的决定也反作用于这种心理现实:那些知道自己为立法者所免责的人,比起那些知道自己不能免除刑事责任的人,更容易屈从于对其施加的压力。

51 在幕后人不是通过威吓,而是通过创设一种符合第35条的外部情况,使直接实行人处于免责性紧急状态之中时,也存在着间接实行人。甲把乙带入一种危险境地,正如甲所预见的那样,乙只有通过杀死丙才能脱离这个危险境地的,那么,在甲故意造成丙死亡时,甲就是杀人罪的间接实行人。甲是这种境地的控制者,他只是将乙当作一个在刑法上无法负责的工具加以利用。〔64〕当然,实践中这样的案件很少。

52 在幕后人没有创造免责性状态,而是已经发现了这种状态并且只是为了自己的目的对之加以利用时,问题就有点不一样了。在这里,只有在两种情况下才存在间接实行人。第一类案件是,一个人把救援与实施一个犯罪行为的条件联系在一起了:甲是一名唯一能够将遇难的乙开车送到医院的人,他提出的救援条件是,乙必须先在一份伪造的文件上签名。这就是一种以间接实行人形式实施的伪造文书罪(第267条)。以不进行救助相威胁所产生的强制效果,完全符合通过积极的行为威胁要杀人或者伤害的效果。第二类案件是,在幕后人创设了必须以牺牲无辜者为代价才能救出身陷紧急状态的人的可能性时,他就必须作为间接实行人受到惩罚:〔65〕甲为被掩埋而濒临死亡的登山者乙提供了炸药,使他用炸药炸开一条逃生的路;甲与乙都知道,爆炸的效果一定会导致其他登山者的死亡,但是不爆炸,其他登山者就会获救。在这里,乙将得到免责。但是,甲在自身没有危难时,利用他人对死亡的恐惧去杀死无关的人,因此是有责任地操纵了事件的过程,是间接实行人。

53 相反,当一个人在他人的免责性紧急状态中作为局外人发挥作用时,没有创设也不能改变这种紧急状态的,就仅仅存在参加人。〔66〕在一个人要求那名身处危难的人以牺牲他人为代价来获救时,或者在他通过劝说这名身处危难的人放弃顾虑从而支持其作出决定时,情况也是如此。这

---

〔61〕 Schroeder, 1965, 120 ff.(批评的,见 Roxin, ZStW 78 [1966], 222 ff., 230 ff.);类似的见:Stein, 1988, 298。

〔62〕 Maurach/Gössel, AT2[7], 48/86。

〔63〕 Herzberg, Jura 1990, 16 (22 ff.) 放弃他早期的倾向于责任原则的意见。在 Herzberg, 2000, 33 ff., 55 ff. 中,他又退回了责任原则。

〔64〕 同样,Gallas, Materialien, 134; Blei, AT[18], § 72 I 3 b; Jescheck/Weigend, AT[5], § 62 II 6。偏离的见 Schumann, 1986, 81 ff.。

〔65〕 偏离的见 Blei, AT[18], § 72 I 3 b 以及也许还有 Jescheck/Weigend, AT[5], § 62 11, 6;相反,一致的见 Herzberg, 1977, § 3 III 2。

〔66〕 同样,Blei, AT[18], § 72 I 3 b;Herzberg, 1977, § 3 III 2; Jescheck/Weigend, AT[5], § 62 II 6; Maurach, AT[3], §§ 33 III 5 a, 53 III C 2 a。

种参与只能作为教唆或者帮助来加以惩罚,即使在主行为无罪责时,也仍然有可能(第26条,第27条,第29条)。在一个人没有创设那种使实施人实现行为构成的心理压力时,这个人对这个构成行为就没有控制了。仅仅只是对心理发生影响的人,甚至是不受惩罚的,只要他仅仅局限于向身处紧急状态的人指明:在这个人通过一种违法的构成行为来摆脱其困境时,是不受刑事惩罚的。〔67〕

前面提出的规则也相应地适用于强制自伤。〔68〕一个人强制他人以自己的身体进行有损健康的实验,或者强迫其自杀的,在他这样干符合第35条的条件,也就是以威胁"对生命、身体或者自由的危险"时,就会由于伤害罪或杀人罪而作为间接实行人受到刑事惩罚。例如,在仅仅提出要揭露一件丑闻时,提出人对于他人实施的自伤,就不是由于伤害罪或者甚至谋杀罪,而应当在可能的情况下仅仅由于强制罪(第240条)而受到刑事惩罚。因此,第35条对这类案件的适用就仅仅是"相应的",因为自伤不是第35条意义上的符合行为构成与违法的行为,所以就不需要这个条文中所规定的免责了。因此,一种相应的适用就表现出来了,因为自伤是一种与实施犯罪相当的(在严重伤害时甚至可能更高的)抑制性门槛(Hemmschwelle),并且,不正确的认识还有,为什么一个人对一种自伤——以其心理健康为前提——不再应当负责,只要他对于一种处于同样的强制压力下而实施的犯罪是不受限制地必须受到刑事惩罚的。只要这名提出人的举止行为应当受到刑罚,那就能够通过由于强制而做出的判决而加以考虑。 54

司法判决还基本上没有处理过这个问题,但是,大多数司法判决都是以本书所代表的观点作为出发点的。《联邦最高法院刑事判例集》第32卷,第40页在区分杀人罪的实行人与无需判处刑罚的自杀参加人时,明确指出了第35条。〔69〕《英国占领区最高法院刑事判例集》第2卷,第7页以下,在一起案件中恰当地肯定了伤害罪。在这起案件中,集中营的囚犯使用第35条规定的手段,被迫在冰冷的水中呆了几个小时。在赫费尔德(Hoefeld)的案件中,〔70〕父母殴打女儿,逼得女儿试图自杀的,也被判以杀人未遂。陆军元帅隆美尔(Rommel)的案件应当视为是完成的杀人,他被希特勒怀疑卷入1944年7月20日的政治性暗杀活动,在受到处决威胁的情况下,隆美尔被迫自杀。 55

一种流行的观点〔71〕提出,与强制他人实施犯罪相比,强制他人自伤对间接实行人的要求明显较低。只有在他人伤害时存在着一个能够表现出有效的同意,或者,尽管强制在第216条*的意义上是"明显而认真的"而仍然想自杀,一个人只有在这样的条件下行为的,才会接受对自伤 56

---

〔67〕 更深入的,也是关于参加一个紧急状态行为构成所具有的基本刑事可罚性的问题,见 Roxin, AT 1^3, §22, Rn. 66 f.。

〔68〕 详细的见:Roxin, Dreher-FS, 1977, 331 ff.; ders., Täterschaft, ^{7}2000, 158-163, 643-645。然后,Arzt/Weber, BT, 3/24 ff., 26; Bottke, 1992, 247 ff; ders., GA 1983, 30 ff.; Charalambakis, GA 1986, 489 ff., 498 ff.; Hirsch, JR 1979, 432; Jakobs, AT^2, 21/56 ff., 97 ff.; Schmidhäuser, StuB AT^2, 10/91; ders., LB AT^2, 14/45; Sch/Sch/Cramer/Heine^{26}, §25, Rn. 10; SK^7-Hoyer, §25, Rn. 52 ff.; Stratenwerth; AT^4, §12, Rn. 72。

〔69〕 BGHSt 32,265 f. 搁置了这个问题,同样的是 OLG München JZ 1988,201 f.(202)。

〔70〕 根据 R. Lange 的报告:1935,32 f.。

〔71〕 最初见 Geilen, JZ 1974, 151 f.。这个想法首先来自 Herzberg, JuS 1974, 378 f.; ders., JA 1985, 336; ders., 1977, §3 III 7 以及经常加以完善,并且赢得很多支持者。Amelung, Coimbra-Symposium, 1995, 247; Brandts, Jura 1986, 495; Freund, AT, §10, Rn. 97; SK^6-Horn, §212, Rn. 11 ff.; Krey, AT/2, Rn. 137 ff.; ders., BT 1^{11}, Rn. 89; Kühl, AT^3, §20, Rn. 50 f.; Lackner/Kühl^{24}, vor §211, Rn. 13 a; Maurach/Gössel, AT/2^7, §48/93; Neumann, JuS 1985, 677 ff., 679 f.; Otto, AT^6, §21 IV 4 d; ders., Jura 1987, 256 f; Wessels/Beulke, AT^{31}, Rn. 539; Wessels/Hettinger, BT 1^{25}, Rn. 48 ff.。

* 《德国刑法典》第216条是"根据要求杀人(Tötung auf Verlangen)",规定"根据死者明确而认真的要求确定死亡的",构成该罪。参见边码56。——译者注。

者的责任。结果就会导致，这名局外人的各种"有影响的威胁"，都会使其对这个自伤行为负责。联邦最高法院甚至有一次认为，〔72〕在一起妻子建议自己丈夫自杀的案件中，拌好毒药并"顺利地"完成了计划的，对于妻子的行为控制和肯定一种间接的杀人实行人就足够了，即使完全不存在真正的威胁或者强制。

57　但是，这无论如何是太过分了。就像法律规定所证明的，人们能够并且必须坚守第35条门槛下的强制。反对意见的标准也太不清晰了。在什么时候，一种威胁才是"有影响的"？一种情况，如同联邦最高法院（边码56）决定的自杀案件一样，在什么时候才是催逼性的，都不能充分地得到客观化。尤其是在自杀的情况中，第216条的认真性标准也没能提供进一步的帮助。自杀在以完全的责任实施时，本身就证明了这个决定的认真性，同时，自杀在是一种要求时，总是必须查明的。根据要求而杀人的标准与同意的标准，因此不应当转用在自伤之上，因为立法者明显**不是**根据同样的观点来处理对自伤的共同作用、经被害人同意或者请求的他人伤害的案件。在自杀中的参加人不受刑事惩罚的同时，根据要求杀人与经被杀人同意的杀人都是应受刑事惩罚的。类似的是，对于自伤的共同作用本身，总是不受刑事惩罚的，同时，在经受伤人同意的由他人实施的伤害中，适用第228条的限制规定。〔73〕

58　人们还要考虑反对意见的实践后果，一眼就可以看出，这种反对意见对于法感情是正确的！在一个人以刑事举报相威胁，或者——如在政治家身上——以揭发腐败或者其他错误行为相威胁，卑鄙地目的迫使他人自杀时，当然就存在着一种刑罚需要性。在第240条中规定的最高五年的法定刑，对于惩罚而言就完全足够了。但是，在一个人具有值得尊重的理由时，如何容忍他对别人作出这种宣告呢？并且，如果他在此只是迫不得已地容认被揭发人的自杀呢？在自杀实际上被实施之时，如果威胁人一方必须由于故意杀人而受到刑事惩罚，在我看来，这种反对意见就会被证明是荒谬的。

59　最后，借助一种合法的行为工具进行的强制性控制，也是可以想象的：〔74〕甲通过死亡威胁强迫乙去攻击丙，使丙在紧急防卫中将乙射杀。如果甲想要的就是这个结果或者他只是容认了这个结果，那么，甲就是杀害乙的间接实行人。乙与丙二人都是甲的"工具"，因为法律认为他们被迫实施的举止行为是不负责任的，甚至还将之加以正当化。与此相对，如果甲仅仅是要求乙而不是强迫乙对丙进行攻击，那么，丙的紧急防卫行为所造成的乙的死亡结果就不能归责于甲，因为在这里，乙还是对自己具有行为控制的，而甲仅仅是作为可能由乙实施的构成行为的教唆人而应受刑事惩罚。

60　今天，职务命令或者军事命令在刑法上已经不能再成为强制控制的基础了。为了实施应受刑事惩罚的行为而作出的上级指示，是不允许遵循的（参见，例如，《联邦公务员法》第56条第2款第3项，《军人法律地位法》第11条第2款第1项）。当然，一项违法而有约束力的命令是士兵们可能面临的，只要它会涉及一种违反秩序行为。在这种情况下，上级就具有凭借意志控制的强制，并且成为间接实行人。下级是否能够被正当化或者被免责，虽然是有争议的（对此参见，罗

---

〔72〕 BGH GA 1986，508 f.。对此，Charalambakis，GA 1986，485；Brandts/Schlehofer，JZ 1987，442；Neumann，JA 1987，244。

〔73〕 对此，参见：Roxin，AT 1^3，§ 13，Rn. 36。

〔74〕 参见，来自文献（部分是更深入的）：Baumann/Weber，AT^{10}，§ 29 V 3 b；Herzberg，1967，29；Jescheck/Weigend，AT^5，§ 62 II 3；Kindhäuser，StGB，§ 25，Rn. 27；Köhler，AT，508 f.；Kühl，AT^3，§ 20，Rn. 59；Maurach/Gössel，AT/2^7，48/73；Otto，AT^6，§ 21 IV 3 c bb；Sch/Sch/Cramer/$Heine^{26}$，§ 25，Rn. 26 ff.；Stratenwerth，AT4，§ 12，Rn. 44；Welzel，$StrafR^{11}$，104 f.。关于与较早文献的讨论，关于与合法行为工具的结构性问题以及基本状况进一步的有争议的变种的讨论，参见 Roxin，Täterschaft，^{7}2000，163－168。

克辛,《德国刑法学 总论》第1卷,第三版,第17节,边码15~20),但是,在这种关系之中,是无关紧要的,因为在任何情况下,都存在着行为控制。当然,这一切都只有从行为控制的结构看,才会使人感兴趣。在实践中,由于在《违反秩序法》中适用单一实行人的概念(参见,边码2),因此,这一点是没有意义的。

2. 凭借认识错误的意志控制

凭借认识错误的意志控制,是间接实行人的第二种形式,可能出现在以下四个层面上。[75] 61

(1)在第一种层面上,行为中介人的行为是没有故意的。这是最明显也最没有争议的一种以认识错误为条件的间接实行人。

(2)在第二种层面上,实施人具有行为构成的故意,但是,存在着一种由幕后人造成的或者至少是利用的认识错误。在这里,在什么范围内可能是一种间接实行人,还存在着很大的争议。

(3)在第三种层面上,直接实施人知道,自己实施的行为是符合行为构成并且违法的,但是,他认为存在着可以排除其责任的情况。造成这种认识错误或者使其为自己的目的服务的幕后人,是否就是间接实行人的问题,至今还很少得到处理。

(4)在第四种层面上,实施人对其所做的负有刑法上的完全责任,但是,幕后人比直接实行人更清楚损害的性质或者范围。在这类案件中,是否或者在什么条件下可能成立一个(间接的)"处于完全责任实行人背后的实行人",属于实行人理论中最有争议的问题。

凭借认识错误的意志控制的所有形式,在结构上都不同于强制控制。[76]不是强迫,而是广泛的知识,使得幕后人有可能控制性地操纵这个事件过程。这个间接实行人预见到什么是那个实施人所不知道的或所不愿意承认的。因此,他就能够在自己有较多认识的领域内,将实施人作为单纯的原因因素,纳入自己的计划之中。因为幕后人更好的认识经常只涉及这个事件的部分领域,因此,不是立即就与直接实施人的排除责任相一致,所以,在强制控制中适用的责任原则(边码48),并不能转用与这种认识错误控制上。当然,这种结构性的差别受到了非常不同的评价,因此,需要分组进行说明(1~4)。 62

(1)实施人无故意的行为

当一个幕后人把实施人置于一种排除故意的行为构成错误之中,使其在**无罪责**或者最多是在**无认识过失**的情况下行为时,这个幕后人的间接行为人身份是没有争论的。因此,在甲促使乙给丙注射所谓的镇静剂,实际上,甲已经在针筒里装了致命的毒药时,甲是谋杀的间接实行人。同样地,在丁让轻信的庚为自己去拿据说是属于他的,也就是丁的,但实际上是属于辛的财物时,丁就是盗窃罪的间接实行人。在这里,认识错误的意志控制这种存在形式,与直接实行人很相近,因为促使实施构成行为的人正是预见到因果过程的那个人,并且,因为这个插进来的人本身是进一步发展的因果性因素,如果不是认识错误,就也不能排除作为直接实行人的身份了。这的确更像一个术语学上的问题;在这里,用外来语的说法,把一个人的中介性插入说成是间接实行人,也是正确的。 63

在幕后人**不是造成**实施人的认识错误而**仅仅是利用了**这种错误,从而使这个中介人在故意行为的情况下也仅仅是一个帮助人时,就必须也承认间接实行人了。例如,甲出于放纵而想向稻草人开枪,乙为此把自己的猎枪借给他,尽管乙看见,这个假定的稻草人其实是流浪者戊,如果甲由 64

[75] 这个层面理论在 Roxin, Täterschaft, ^{7}2000, 170–232 中得到了详细的发展。

[76] 详见:Roxin, Täterschaft, ^{7}2000, 170 ff., 659 ff.。

于认识错误而射杀戊,那乙就是一个故意杀人的间接实行人。〔77〕这虽然会部分地受到反驳,〔78〕但的确是不法的,因为乙是唯一一个有意识地杀死他人的人。有一点不清楚的是,为什么这个人仅仅因为乙在甲认识这种事实状况的另外情况下就是单纯的帮助人,而就不应当是间接行为人。这种对间接实行人的拒绝在多少程度上符合立法者的目的,可以这样推断出来:根据现行法律,对非故意杀人是不可能成立帮助人的,因为各个参加人都是以故意的构成行为为前提条件的(第26条,第27条)。在我们的例子中,乙仅仅是由于不作为的提供帮助(第323c条)而受到刑事惩罚,〔79〕是不能令人满意的,在结构上也几乎不可能。因为甲要是没有猎枪本来就不可能射击,所以乙应当受到的谴责不是不作为,而只是他的造成死亡结果的作为。

65 当实施人在**有认识过失**中行为时,人们也还必须承认,造成或者利用一种排除故意的认识错误的人,是间接实行人。当然,这不是不言自明的,因为在有认识过失的情况下,构成行为的中介人毕竟不是"盲目地"造成结果的,而是看到了出现结果的可能性。但是,在这种案件中,幕后人看到的通常比直接实施人要更多,这样,他通过认识到,例如,结果出现的确定性或者极其可能性,而行为人正好仅仅认为那是可能的。〔80〕较多的认识使得幕后人可以对结果进行控制,而实施人则相信结果不会出现。即使幕后人与实施人看到的都一样,但是,对于一个结果,幕后人是想要或者仅仅只是容忍的,而实施人是相信能够避免的,对于间接实行人来说,这就已经足够了。在一个人轻率地相信一个好的结局时,他对之就缺少抑制性动机。对这种缺漏的利用,就为那些追求这个结果或者至少认真地接纳这个结果出现可能性的人,提供了行为控制的基础。

66 必须看到,实行人的身份是与**行为构成有关的**,因此,同一个行为,在这个行为构成中是间接实行人,在那个行为构成中就可能仅仅是单纯的教唆人。《联邦最高法院刑事判例集》第30卷,第363页,曾以一个案件事实作为基础,在该案中,被告人要求两名男子实施抢劫,并且向他们提供了所谓的安眠药以麻醉被害人,但是,这里的安眠药实际上用具有致死作用的盐酸做出来的。在这里实施计划时,这名被告人本来就已经以间接实行人的身份实施了谋杀,然而,表现出来的却是对抢劫罪与伤害罪的教唆人。人们偶尔〔81〕会这样争辩,这个为实施人所知道的犯罪就提供了充分的抑制性动机,从而使得这名幕后人在谋杀方面也缺乏行为控制。但是,这是不正确的。面对谋杀存在着比面对其他犯罪的更高的抑制性门槛。这名直接行为人,正如我们的案件事实显示的那样,要是认识到这种事实情况就不会实施这些犯罪,从而在谋杀方面,在实施这个构成行为时,这名被告人就会已经单独控制了这个事件了。这与在一个非常严重的犯罪方面使一名构成行为中介人处于一种行为构成错误之中的人无关,他不会仅仅由于这个原因而作为间接实行人来进行惩罚,因为他同时还教唆这名实施人去实施较不严重的犯罪。

67 在幕后人**欺骗**直接行为人存在**一种正当化状态**时,或者在**利用**一种已经存在的**允许性行为构成错误**时,也存在着间接实行人。也就是说,在甲欺骗乙说自己受到了丙的攻击,因此,乙在假

〔77〕 参见 Roxin, Täterschaft, [7]2000, 173–178; LK[11]–Roxin, § 25, Rn. 75; 在这两个基准位置上,存在一种与这个反对意见讨论的详细描述。此外,详见 LK[9]–Busch, § 47, Rn. 32; Freund, AT, § 10, Rn. 58; 借助细微的限制,见 Gallas, MatStrRef I, 138; ders., ZStW–Sonderheft Athen, 1957, 11; Köhler, AT, 508; Maurach/Gössel, AT/2[7], 48/89; Otto, AT[6], § 21 IV 3 c aa; Stratenwerth, AT[4], § 12, Rn. 36。

〔78〕 较早的,主要见 M.. E Mayer, AT[2], 377; 最近时期,见 Nowakowski, JZ 1956, 549; Schmidhäuser, LB AT[2], 14/42; ders., StuB AT[2], 10/84; Schumann, 1986, 98 ff.。

〔79〕 这是 Schumann 的解决方法,见 Schumann, 1986, 102。

〔80〕 我在 Roxin, Täterschaft, [1]1963, 180–193, 220–225 中,就想要把间接实行人限制在这种案件中。

〔81〕 Sippel, NJW 1983, 2226 ff.; ders., NJW 1984, 1866; ders. JA 1984, 480 f.。正确地反对他的是 Spiegel, NJW 1984, 110, 1867; Teubner, JA 1984, 144 f.。

想防卫中打倒了丙的,甲就是伤害的间接实行人。同样,当乙自己错误地相信,丙正要偷袭他,并且,甲尽管知道丙并没有伤害的目的,但还是把枪借给乙,使他对这位假想的强盗进行防卫的,情况也一样。在这两个案件中,只要人们用本书所代表的限制性罪责理论,[82]以类推或者直接适用第16条的方式,把允许性行为构成错误视为排除故意,就会出现一种无故意行为的工具的通常情形,那么,间接实行人就是不言自明的。但是,即使人们认为,这样一种认识错误并不能触动实施人的故意,也必须承认间接实行人。无论如何,直接行为人对决定其作为之不法的外在情况产生了错误认识。幕后人是唯一预见到不法案件事实的人,这就使他成为这个事件的控制人了。

在无故意构成行为中介人的范围内,还存在着**"合法工具"的问题**。首先,在国家行为中,出现了公务员对案件事实的认识错误不仅排除犯罪故意,而且甚至还会排除其举止行为的违法性。例如,在甲错误地怀疑乙实施了一个严重的犯罪,并且为此搜集看来可以作为证据的线索时,只要事前出现了一种对构成行为的重大怀疑,就可以对不法的被告人采取合法的逮捕或者临时拘押(《德国刑事诉讼法》,第112条,第127条第2款)。参与的公务员(警察、检察官与法官)是甲的合法行为的构成行为中介人,而甲则应当由于以间接实行人的形式剥夺他人自由而受到惩罚(《联邦最高法院刑事判例集》第3卷,第4页;第10卷,第306页)。诉讼欺诈(Prozeβbetrug)也是一种非常常见的情形。在诉讼欺诈中,一方当事人通过欺骗法官而获得损害被告人财产的不公正判决,或者获得不正当的驳回起诉。这个判决在可能发生的撤销之前,会一直存在并发挥着法律效力,因此,法官的行为在这时不仅是没有故意的,而且是合法的。 68

但是,在"私人交往"中,一种欺骗也可能产生出一个不仅是无故意的,而且甚至是合法行为的工具。可以想象这样的情况,一个幕后人公开散布造谣中伤的话语,或者通过支持代表正当利益的其他人散布诽谤话语(《帝国法院刑事判例集》第64卷,第23页)。因此,在甲欺骗乙,丙要进行违法攻击后,乙因此就实施了假想防卫,而丙则对乙实施了正当的防卫,这时,只要甲已经预见到事件的过程,并且有意识地这样安排或者至少对之容忍的,甲就是一个通过丙实施合法伤害而成立的间接实行人。在这里,一种特别的小花样在于,这是一个没有故意的工具(乙)和一个得到正当化(由此同样不具有不法故意)的其他人(丙)在进行行为。 69

认识错误控制的规则(与强制控制的规则相似,参见,边码54以下),在**通过欺诈作用的自我伤害**中应当得到相应地适用。一个以杀人目的向他人提供有毒食物的人,是杀人罪不言自明的实行人,即使直接导致死亡的行为(吃食物)是由被害人自己完成的。司法判决中的**"天狼星案件(Sirius - Fall)"**(《联邦最高法院刑事判例集》第32卷,第38页)提供了一个引起轰动的例子。在这个案件中,一位据称来自天狼星的男子,出于保险诈骗的目的,想要杀死一名妇女。他利用该妇女相信迷信,当面欺骗她说,如果她将开着的电吹风放在浴盆里,以这种方式"与其旧躯体相分离",她就会在日内瓦湖边一间房子里的另一副高贵的躯体中重新苏醒过来。这个计划由于电吹风出故障而失败。联邦最高法院正确地认定了间接实行人的谋杀未遂。[83]这名被害人处于一种准行为构成的认识错误之中,因为她认为,自己会在这个世界上,虽然是在另一副高贵的躯体里,继续生存下去。[84]也就是说,这里并不存在那种该男子本来能够在其中不受刑事惩罚地共同发挥作用的自杀未遂。这个例子显示,区分自伤案件中的间接实行人与参加人,在 70

---

〔82〕 参见:Roxin, AT 1^3, § 14, Rn. 51 ff.。

〔83〕 对于这个案件,参见 Roxin, NStZ 1984, 73; ders., Täterschaft, ^{7}2000, 584 ff., 597; SK^7 - Hoyer, § 25, Rn. 80; Küpper, JA 1983, 672 f.; Muňoz Conde, ZStW 106 (1994), 547; Neumann, JuS 1985, 677; Schmidhäuser, NStZ 1984,195; Sippel, NStZ 1984, 357。与此相对,Spendel 认定了一个直接实行人,参见 Spendel, Lüderssen - FS, 2002,605。

〔84〕 但是,偏离的是 Freund, AT, § 10, Fn. 60, 61;Merkel, JZ 1999, 502, 504 f.。

实践中,比区分间接实行人与帮助人要重要得多。在第一种案件中,涉及的是刑事可罚性与无刑事可罚性,而在第二种案件中,至少在完成构成行为时,对实行人与教唆人的刑罚范围是一样的。

71 与对(通过自己的行为所产生的)被害人死亡进行的欺诈不同,**引起促成自杀的其他认识错误**就不足以成为间接实行人的基础。那种说**别人也要跟着他去死的欺骗**,在被骗人由此错误地认为别人会跟随自己去死而自杀的,还不能成为间接的杀人实行人的基础。联邦最高法院在一起相应的案件〔85〕中并没有解决,"是否这样造成的错误就能足以单独成为那种恶意欺骗的实行人的基础。"在学术文献中,经常肯定了以欺诈为条件的间接实行人。〔86〕但是,有些学者则对之予以否定,〔87〕因为自杀人对走向死亡是有认识的,他只是在自己决定的动机方面产生了错误的认识。只要不是每一种区别的安全性都应当失去,对这样的动机错误就不必关注。在通常情况下,没有人会因为有人说他也要这样干,就会独自去自杀的,还有,他人的自杀意志对于自杀人在动机结构上的意义还经常是不清楚的。这也是承认间接实行人的不利之处。

72 还有,**捏造一种无法治愈的疾病**,导致被骗人自杀的,也——即使具有相应的故意——不能直接成为行骗人构成间接实行人的基础。行骗人使被害人处于抑郁的境地,并利用被害人精神上的迷惘造成一种在不能归责状态下实施的自杀时,就是这种情况(参见,边码 144 以下)。但是,如果受骗的被害人对其自杀是有责任的,那么,行骗人就不能成立杀人的间接实行人了,因为被骗人通常能够让专家进行检查,自己是否真的有这种病,来揭穿这种捏造,因此,如果进行这种认定就会走得太远了。由此可以说,司法判决还从来没有作出这样的判决,并不是偶然的。

73 另一个问题是,通过造成一种动机错误来促使自杀,是否应当完全不受刑事惩罚,就像必须根据现行法律来认为的那样?促使自杀并不少见,并且,也不只是在造成与自杀有关的动机错误之处才是需要惩罚的。只是,这些谋杀与故意杀人的案件还没有得到正确的归类。因而,值得考虑的是《瑞士刑法典》第 115 条的一条规定的例子,根据该条规定,"出于利己的动机,劝诱他人自杀或者帮助他人自杀的",都将受到刑事惩罚。

74 在**自我伤害**的情形下,间接实行人的案件也不在少数。在甲秘密地将酒精混到饮料里使不知情的乙喝醉时,或者当甲将一种会造成胃痛的药加到乙的食物里而乙对此并不知情时,甲在这两个案件中,都是身体伤害的间接实行人。联邦最高法院正确地认定了一种身体伤害的间接实行人(出现死亡结果:第 226 条)。在这个案件中,一名男子有意识地掩盖风险,促使一位不习惯喝酒的妇女,饮入多得足以致命的水果型烧酒。

75 在促使他人自杀与其他自伤的情形中,特别常见的案件是,局外人比直接行为人**更好地预见到了结果出现的风险**。在这里,被害人只具有(有意识的)过失,而幕后人却是故意地行为,根据已经为第三人损害而发展出来的标准(边码 65),可以得出间接实行人的结论:如果甲提供海洛因给乙,而乙自己注射海洛因后死亡的,那么,在乙对可能出现的死亡仅仅是过失时,而甲是——通常在知道更多风险的基础上——故意地行为的,甲就是杀人的间接实行人(第 212 条)。如果两个人的行为在可能的死亡结果方面都抱着间接故意,并且对风险都具有同样的认识,那么,就只存在着一种根据杀人罪的观点是不受刑事惩罚的对故意自我危险的共同作用(《联邦最高法

---

〔85〕 BGH GA 1986, 508 f.;关于这个案件事实,比较上文边码 56, 57。

〔86〕 参见,例如,Brandts/Schlehofer, JZ 1987, 442; Herzberg, 1977, § 3 III 7 a. E.; Jescheck/Weigend, AT^5, § 62 II 1; Meyer, 1984, 227 ff.; Neumann, JA 1987, 244; Wessels/Hettinger, BT/1^{24}, § 1, Rn. 52。

〔87〕 Bottke, 1992, 267; Charalambakis, GA 1986, 485; Roxin, Täterschaft, ^{7}2000, 225 ff., 596 ff.。

院刑事判例集》第32卷,第262页)。[88]最后,毒品提供人与被害人两人的行为,如果在涉及死亡后果的可能性之处,都具有间接故意,但是,毒品提供人在风险的程度上欺骗了被害人,或者,这名毒品提供人仅仅具有较少的风险认识的,那么,这对于间接实行人就已经足够了。然而,这种状况首先是处于认识错误的控制中的第四种层面(4)。它涉及一种情形,这种情形应当类推那种处于完全负责的实行人背后的实行人的情况加以处理。

(2)实施人在禁止性错误中的行为

76 一个预见到法律状况的幕后人利用了直接实施人的禁止性错误,这种案件应当如何判决?这个问题虽然讨论了几十年,[89]但是,是联邦最高法院在1988年首次作出决定的。在这个令人费解但又富有启发意义的"**猫王案**"(《联邦最高法院刑事判例集》第35卷,第347页)中,何女士与皮某利用了直接实行人芮某的迷信,将芮某置于这样一种荒唐的想法之中,即如果不将一个"宁女士模样的人当作祭祀物"供奉给"猫王","猫王"将毁灭上百万的人。实际上,何与皮是出于憎恨与嫉妒,因而想以这种方式杀死宁。芮某*相信,为了拯救成百万人的生命,就可以杀死宁女士,但是,这个企图在刺死后者时失败了。

77 这是一起罕见的与意想不到的案件,涉及到引起了对犯罪目的的禁止性错误。[90]但是,这些接近生活的状况也是很容易想象的。在附属刑法与经济刑法中,允许的界限经常是这么难以辨认,以至于一个真正懂法的或者可能懂法的建议者不用太费力就能引起禁止性错误。即使在核心刑法领域,甚至在杀人罪(例如,在传播艾滋病或者在转交毒品中的帮助死亡的案件)中,造成或者利用一种禁止性错误就成为了一种决定性地影响构成行为的简单方法。

78 今天,人们几乎一致同意,**造成不可避免的禁止性错误**会使在法律上方向正确的幕后人成为间接实行人。[91]在这类案件中,实施人在无罪责中行为(第17条第1句),并且,也不可能获得不法的认识来抑制构成行为的实施。对紧急状态(边码48~50)与无归责能力适用的规则也认为,在无罪责的构成行为中介人参与的情况下,在原则上也应当承认间接实行人。但是,颇具争议的是这种更为常见的案件,即实施人是**在可避免的禁止性错误中**实施行为的。在这里,存在着意见相反的两大阵营:

79 根据其中的一种观点(即"**参加人观点**"),仅仅处于可避免的禁止性错误之中的实施人,总

---

〔88〕 相关的评论,参见Roxin, NStZ 1984, 411; Kienapfel, JZ 1984, 750。相对早先的司法判决,这个判决意味着一个转折点。此外:BGH MDR 1984, 503; NStZ 1984, 452; 1985, 25; 1986, 266。迄今为止,这些决定虽然只涉及过失归责,但是它们对其他司法判决中的故意一定是适用的。

〔89〕 参见Roxin, Täterschaft, 1963, 193 ff.,在那里说明了1963年的争论状况(关于这种争论一直到2000年的发展,出处同上,672 ff.)。

* 原文是"皮某",作者确认为印刷错误。——译者注。

〔90〕 有一些作者(Herzgerg, Jura 1990, 16; Schumann, NStZ 1990, 32)也争辩说,迷信在第17条的意义上是能够说明禁止性错误的根据的,但是,也许这不是正确的。我们作为禁止性错误标志的意识态度,并不依赖其产生的方式。是有人把什么当作允许的来相信**这一点**,而不是他**为什么**这样相信,形成了禁止性错误。毕竟,这涉及的是一种非典型的案件,并且,这种案件还要由于这个直接行为人不具有归责能力是可以想象的而变得不典型。的确,联邦最高法院仅仅认定第21条的一种案件。Spendel, Lüderssen-FS, 2002, 605在"猫王案"中,认定了一种教唆人。

〔91〕 其他的观点,见Köhler, AT, 509; Welzel, StrafR[11], 103; Bockelmann/Volk, AT[4], § 22 II 2 c。他们认为,无罪责的发生错误认识的人的构成行为,毕竟可能是一个参加人。

是迫使这名幕后人扮演单纯教唆人的角色。〔92〕因为直接行为人自己作为故意的实行人（即使在通常批准减轻罪责的情况，第 17 条第 2 句）而要承担起责任，所以，就产生了转用本来对强制适用的责任原则（参见，边码 48），即幕后人只能是教唆人，也就是——在利用一种事先存在的禁止性错误时——是帮助人。相反的观点〔93〕（即"**实行人观点**"）则认为是间接实行人。这种观点主要是以这个理由为依据，即在不可避免的禁止性错误与可避免的禁止性错误中，控制关系的心理结构都是相同的，并且，责任原则因此就不能转用于认识错误的案件：〔94〕"在条件相同的情况下，构成行为中介人的意识状态在可避免的禁止性错误与不可避免的禁止性错误中都是相同的；这样一来，即使实施人本来能够拥有自己实际上没有的知识，也一点都不会对幕后人产生影响（也就是其施加的控制）。"

80　联邦最高法院并没有直接同意这两种观点。它认为，从法律原文与间接实行人的体系性位置，不能"令人信服地推导出，在这两种解决标准中，哪一种应当在原则上处于优先地位。"〔95〕然而，它拒绝了参加人观点的责任原则，同意了实行人观点的心理学论证："他（即实施人）本来能够拥有其在该具体情形下并不具有的认识，这并不需要改变幕后人通过捏造的允许性事由而形成的行为控制"。此外，这还涉及一种"公开的价值评价问题"。在直接实施人的禁止性错误时，幕后人是不是间接实行人，是否具有"由实行人意志所体现的客观的行为控制"，"不是根据呆板的规则"，而是只能"根据具体案件中的具体案情才能评价性地查明"。这种区分取决于"在个别案件中的认识错误的类型与效果，以及幕后人影响的程度"。但是，无论如何，那些"借助其有意识造成的认识错误，想要引起与操纵这个事件的人"，就是这个间接实行人。

81　联邦最高法院回避在对立的观点之间做出明确的决定，并且，想要把这种区分留给"个别案件"，然而，尽管这是一个值得欢迎的说明，但是，作为行为控制的标准却受到了强烈的反对。〔96〕在反对放弃用于确定行为控制的具体标准，以及这样的决定实际上是将问题推给法官的具体案件裁量方面，这样的批评是正确的。然而，详细的观察可以发现，联邦最高法院对实行人观点要比参加人观点更靠近得多，并且，对至关重要的情况也准备了明确的解决方案。也就是说，联邦最高法院在认识错误的控制领域内，原则上抛弃了责任原则（《联邦最高法院刑事判例集》第 35 卷，第 353 页："没有合适的区分标准"），并且，借助"有意识地造成认识错误"操纵事件的情况，被"一律地"置于间接实行人之下，这样就接受了实行人观点的核心主题。

82　这是应当赞同的。〔97〕为了以这种方式实现一个犯罪计划而使实施人产生禁止性错误的人，

---

〔92〕 Bloy, 1985, 347 ff, 351; Herzberg, JuS 1974, 374; Jakobs, AT^2, 21/96; Jescheck/Weigend, AT^5, § 62 II 5; Köhler, AT, 509; Krey, AT/2, § 28, Rn. 148 ff.; Maiwald, ZStW 88 (1976), 736 f.; ders., ZStW 93 (1981), 892f.; Stratenwerth, AT^4, § 12, Rn. 53 ff.。一般的关于可以避免的禁止性错误与不可避免的禁止性错误之间的区分，参见 Roxin, AT 1^3, § 21, Rn. 34 ff.。

〔93〕 Baumann/Weber, AT^{10}, § 29 V 3 d; Bottke, 1992, 68 f.; Ebert, AT^3, 197（当然，并不是对所有可避免禁止性错误的案件）; Freund, AT, § 10, Rn. 89; Gropp, AT^2, § 10, Rn. 52; Heinrich, 2002, 219 ff.; Herzberg, 1977, § 3 III 3 a; ders., Jura 1990, 16 ff.; Kühl, AT^3, § 20, Rn. 77 ff.; Küper, JZ 1989, 935 ff.; Lackner/Kühl^{24}, § 25, Rn. 4; Maurach/Gössel, AT/2^7, 48, 81 ff.（不是完全清楚的）; Otto, AT^6, § 21 IV 3 c bb; ders., Jura 1987, 255; Schmidhäuser, StuB AT^2, 10/88; ders., LB AT^2, 14/39; Sch/Sch/Cramer/Heine^{26}, § 25, Rn. 38; Schroeder, 1965, 76 ff., 126 ff.; Schumann, 1986, 77 ff.。

〔94〕 Roxin, Lange-FS, 1976, 179。

〔95〕 BGHSt 35, 353 f.。

〔96〕 见 Küper, JZ 1989, 935 ff.; Herzberg, Jura 1990, 16 ff.; 然而，在联邦最高法院的意义上，更应当见 Schaffstein, NStZ 1989, 153。

〔97〕 关于我的方案，详见 Roxin, Täterschaft, ^{7}2000, 193 ff., 658 ff.; ders., Lange-FS, 1976, 173 ff.; ders., LK^{11}, § 25, Rn. 83 ff.。

在原则上就是间接实行人。他消除了那种(通常是决定性的)抑制性因素,而这种抑制性因素是来自禁止性认识甚至是禁止性怀疑的,并且,从心理上看,在可避免错误中对事件的控制一点也不比在不可避免错误下的控制更少(参见,前述边码 79, 80)。如果人们在强制的控制中(根据责任原则)规范地对间接实行人与教唆人进行区分,那么,在错误情形中根据心理标准来进行区分就会显得前后矛盾,也就不存在异议了。[98]即使在强制的控制中,这个决定性的标准也是幕后人所施加的压力的强度(以"对生命、身体或自由"的现实危险相威胁)。仅仅因为施加的压力是无法准确加以测量的,所以才必须以划分界限的目的来运用第 35 条的规范性规定。在认识错误的控制中——与其结构相称——不是根据心理上的压力,而是根据与以欺诈为条件的排除实施人的抑制动机一样的心理学标准来安排的,认识错误的可避免性或者不可避免性与此是无关紧要的。在这里,在边界范围内的必要的规范化,也存在着对禁止性错误进行无关的归类性错误与刑事可罚性错误的区别,还有与存在于许多案件之中的禁止性怀疑的区别,在这些情况中,一名欺诈性的幕后人只能作为教唆人被判处(详见,罗克辛,《德国刑法学 总论》,第三版,第 12 节,边码 84 以下;第 21 节,边码 28 以下)。

实行人观点在法律中占据着绝对的优势。的确,人们必须在这一点上赞同联邦最高法院,即实施人的禁止性错误并不是毫无例外地使得预见到这种法律状况的幕后人都成为间接实行人了。更准确地说,在所提到的两种情况下,就应当以单纯的参加人作为出发点。 83

第一种情况涉及这样的案件,即**实施人的认识错误是以敌视法律为基础的**,因而从来不会导向在第 17 条第 2 句中仅仅是选择性规定的减轻刑罚(参见,罗克辛,《德国刑法学 总论》,第三版,第 21 节,边码 8 以下,67)。根据法律的评价,这样一种错误是无关紧要的,因为社会对实行人举止行为的无法忍受性是显而易见的,一定足以促使行为人去放弃自己的行动。他看到了自己行为的实质违法性,并且作为实行人负有完全的责任;他无视这项禁止——也就是对形式违法性的认识错误——并不会减轻他的责任。与此相应的是,应当将一名局外人仅仅作为参加人来判处;这样,他在实现不法的过程中,就不能以控制构成行为的方式,去操纵一名敌视法的人。在这类案件中,在《联邦最高法院刑事判例集》第 35 卷,第 354 页中的评述本来会是适当的,即这种区分取决于认识错误的"类型与效果":敌视法律的行为人的认识错误,根据"类型与效果",是如此地不相干,以致这种认识错误会不足以成为一名间接实行人的基础。 84

一名对禁令认识错误的实行人,在他认识到自己举止行为的社会危害性,但是出于在法律上不能从事后见到的原因,认为自己对此是不能引起责任时,在这里的总的意义下,他就是在敌视法地实施行为。这样的案例很少见,但仍然是可以想象的。一个以损害名誉的方式辱骂他人(第 185 ~ 187 条)的人认为,一种不受限制的自由表达意见的权利会保护他免受刑事制裁;一个残忍地虐待自己孩子(第 225 条)的人持有这样的观点,他所拥有的是国家无权干涉的父母权,这种权利容许他这样做;一个以最恶劣的方式高利盘剥别人(第 291 条)并且还辩解说这种做法是符合资本主义社会规则的人,完全知道究竟是什么促使立法者禁止他的举止行为,因此,应当将其作为故意实行人,在故意犯罪的刑罚幅度内,在进行处罚时不减轻处罚。因而,一个界定意义的概念,不可能宽泛地包括这种不过是在劝说这个人违背更好的知识而接受玩世不恭的敌视法的观点的幕后人。这只存在于教唆之中。 85

---

〔98〕 相关内容参见 Küper JZ 1989, 948。

86　40 年来由我所代表的这种观点,[99]最近由奥托(Otto)[100]再次详细而深入地提供了根据。他正确地强调,在幕后人这一边,单纯地认识所实现事实的形式违法性,“并不能为法律上有重要意义的更好的事实性知识提供根据”。[101]向一个人捏造说,他的有社会危害性的举止行为将不会在法律上产生什么后果,这个人就是在引诱他人。“但是,这个被引诱的人是否陷入这种引诱,就要留给其自身的意志决定了,所以,幕后人并没有控制这个事件的进程……可以比较的是,这种引诱的情况是对于那种在通过许诺给予报酬而产生动机下引起的引诱情况说的,但不是对于那种通过利用更好的事实性知识而对他人进行控制而引起的引诱情况说的。对于形式违法性的意识,是不能归之于一个控制因素的特性的。”

87　的确,在一个人通过引起禁止性错误而激发他人去实现一个行为构成时,在相当经常的情况下会成立间接实行人的。在行为构成——尤其是经济刑法——的边缘范围内,社会所容许的与社会所禁止的之间的区分,经常只有专家们才可能做出有一点可靠性的认定。因而,在这里,在通过捏造更好的法律知识而向直接行为人隐瞒其作为的社会危害性时,一名幕后人就更容易成立了。正是这一点,使得在处进行的对间接实行人与教唆人的区分得到正当化了。

88　第二种例外必须在这里作出:**在幕后人既没有引起直接行为人作出行为决定(Tatentschluβ),也没有造成禁止性错误**,并且,尽管在自己认识到不法后,仍然在支持直接行为人。[102]这样的支持并没有使幕后人形成控制性影响,因为这名实施人已经自己决定去实施构成行为了,并且,对禁止规范的错误也是由自己承担责任的。[103]承认这一类案件,将使联邦最高法院的推动性意见得到正确的评价,也就是说,在确定间接实行人时,考虑“幕后人影响的程度”。联邦最高法院作出评论时,可能已经想到了所描述的这种状况。只有通过一种“有意识造成的”错误,才能把操纵事件的情况称为间接实行人的案件(《联邦最高法院刑事判例集》第 35 卷,第 354 页)。当然,如果在一名幕后人不是引起而是利用了这名直接行为人的禁止性错误的各种案件中,都仅仅认定参加人,那也就走得太远了:[104]一个人,在注意到他人完全没有法律认识,并因此决定性地影响了他人去实施应受惩罚的行为,在此期间,这个人能够把他人作为“轻信的”挡箭牌轻易地推到前台,自己则控制着事件进程的,就是间接实行人。**问题的关键在于,造成的是实施构成行为的决定,而不是禁止性错误**。[105]

89　在幕后人与实施人同样在禁止性错误下行为时,只能作为实施人的参加人加以考虑。如果他缺乏更好的知识,他就不能获得行为控制。在幕后人处于可避免的禁止性错误之中,但是直接实行人却是在不可避免的禁止性错误中实施行为时,这一点也同样适用。在这里,禁止性错误的可避免性并没有给这位局外人更好的法律认识,而只有具备这种更好的法律认识,他才能具有行为控制。可惜《联邦最高法院刑事判例集》第 40 卷,第 267 页搅混了这种其实根本不需要争论的结果。在作为这个决定根据的案件事实中,一名住院医生(ein behandelnder Krankenhausarzt)给了护理人员这样的遗嘱:在一名女病人不可逆转地丧失意识的情况下,应当提供人工喂养。联邦

[99] Roxin, Täterschaft, ^{7}2000, 483 ff.;首先见 Hünerfeld, ZStW 99 (1987), 244; Otto, jura 1987, 255; ders., AT^{6}, § 21 IV 3 c bb。

[100] Roxin, Täterschaft, ^{7}2000, 483 ff.。

[101] 在这里与在后面,见 Otto, Roxin - FS, 2001, 490 f.。

[102] 参见:Roxin, Lange - FS, 1976, 181。

[103] 在结论上,首先见 Schumann, 1986, 100 f.。

[104] 参见,也有不同的论述,在 Schaffstein, NStZ 1989, 157。

[105] 与此相反,Blei, AT^{18}, § 72 I 3 c 是按照禁止性错误的引起来安排的,因此,对他来说,这种单纯的利用总是仅仅导致参加人。

最高法院在这里想要认定这名医生以间接实行人实施的杀人未遂，另外，以由其给医护人员造成的禁止性错误为依据来支持这一点。然而，正如联邦最高法院同时强调的，因为这名医生本人也陷入禁止性错误之中，所以，从一开始就必须排除凭借认识错误的意志控制。“一个自己……与他的‘工具’一样，对同样的情况有认识错误的人，不可能通过认识错误来（想要）控制这个‘工具’”。[106]

穆尔曼提出了一种特别的观点，[107]根据的是“幕后人在多大程度上有义务不造成或者利用被害人对于法律问题的认识错误”。这样的义务只能在例外的情况下，主要是在国家位置的情况下才能得到承认。根据 Murmann 的意见，这种特定义务人的范围经常是“与那种人员的范围相重合，这种人员所提供的消息，根据司法判决，就为禁止性错误的不可避免性提供了根据”。因此，在实际上，大多只有在禁止性错误具有不可避免性时才成立间接实行人。然而，应当反驳的是，每个幕后人都负有不得损害他人的义务，也就是说，这里发生的是直接还是间接地通过造成或者利用一名行为中介人的禁止性错误。[108] 90

(3)实施人对免责性紧急状态的条件有认识错误

迄今为止，这一组案件在实践中还没有发挥什么作用，但是，它们绝对是接近现实的。在一名犯罪实行人的朋友，用虚构第 35 条的条件（例如，通过一种并不存在的死亡威胁），促使一名第三人去实施妨碍司法（Strafvereitelung）行为（第 258 条）时，这位实施人就是在一种根据第 35 条第 2 款应当判决为免责性认识错误（Entschuldigungsirrtum）中行为的人。[109]人们必须在这种案件中，把幕后人视为间接实行人。[110]这种在刑法上不能使人承担责任的想法，连同由于其认识错误而引起的心理压力一起，就使实施人失去了抑制性动机。这位局外人的间接行为人身份因此也就有了基础，因为不管这种紧急状态是真实的还是虚构的，行为控制的心理结构并没有差别。这个规则是，只有在实施人真实的紧急状态下，才能作为例外考虑成立实施人的参加人。这个规则在这里也同样地适用。 91

实施人的免责性认识错误经常与禁止性错误一起出现，因为免责状况的想法能够与以下想法一起发生，即由于紧急状态而被迫实施的行为是被允许的。这样，在猫王案（边码 76）中，实施人就也能认为具有一种超法规免责根据的前提条件，[111]只要人们把杀害一个人以拯救百万人的情形也作为这种规则适用。[112]同样的情况也发生在著名的“安乐死医生”案件[113]中。在这个案件中，为一名病人提供死亡，是为了拯救很多的人，在错误地认为存在着一种威胁所有病人生命危险的情况下，就同时还存在着一种禁止性错误。如果在这样一种案件中，这种认识错误是通过一名局外人引起或者被利用的，那么，根据边码 76 以及边码 91，就可以考虑成立间接实行人；间接实行人在各种案件中同时存在是完全有可能的。 92

如果直接行为人与局外人同样错误地相信存在着一种免责状况时，那么，在免责性认识错误的情形中，成立参加人也是可以想象的。在这里的案件中，在一种真实的紧急状态的处境下，本 93

---

〔106〕 Merkel, ZStW 107 (1995), 554。同样见 Roxin, Grünwald-FS, 1999, 559 f.; ders., Täterschaft, ^{7}2000, 4, 612; Murmann, GA 1998, 87; Otto, Roxin-FS, 2001, 486; Vogel, MDR 1995, 339。

〔107〕 Murmann, GA 1998, 78 ff. (83, 85)。

〔108〕 对此，也参见 Otto, Roxin-FS, 2001, 487。

〔109〕 详见 Roxin, AT1^3, § 22, Rn. 59 ff.。

〔110〕 Herzberg, Jura 1990, 25, 在一个相当的案件中导致了同样的结论，同样见 Kühl, AT^3, § 20, Rn. 71。

〔111〕 即使还没有得到足够的处理，BGHSt 35, 350 f 毕竟已经注意到了这个问题。详见 Küpper, JZ 1989, 626 ff.。

〔112〕 对此，参见上文，Roxin, AT1^3, § 22, Rn. 142 ff., 152 ff.。

〔113〕 Roxin, AT 1^3, § 16, Rn. 31 ff., § 22, Rn. 143 ff.。

来就应当承认一种间接实行人(边码52),在一种自己认为不是自己,而是实施人受到危险的幕后人中,同样应当肯定间接实行人的成立。

(4)实施人的行为具有完全的犯罪性

94　在一名实施人的行为具有"完全的犯罪性",也就是说,不仅符合行为构成、违法的、有罪责的,而且没有第17条第2句与第35条第2款的罪责减轻情节时,一个局外人的心理影响就能够,即使在其被用作欺诈手段时,通常也只能成立教唆或者(心理上的)帮助。这种行为控制存在于实施人,他预见到实现行为构成的所有法律上的相关事项,并且,对决定实施构成行为负有责任。造成一种**动机错误**,一点都不能改变这种控制关系(对此参见,边码71、72中论述的通过欺诈作用的自伤情况)。也就是说,如果甲向乙捏造说,丙与乙的妻子通奸,并且,在甲通过这种捏造,相应地把乙带入自己的构成行为计划之中,让乙痛揍丙,那么,这仅仅是一种对伤害的教唆人。这种欺骗行为涉及的不是犯罪行为本身,而是其实施的根据。参与人的动机虽然对量刑有重要意义,但是,对于区分间接实行人与教唆人并不重要,只要这种动机不会影响对这个构成行为的判决。

95　尽管如此,一种广为流行的看法并不值得赞同,这种看法认为,一个"处于完全犯罪性地行为的实行人背后的实行人",是从来不可能存在的。[114]因为有各种欺骗行为,这些欺骗行为虽然不涉及直接行为人的在法律上的责任,也不涉及其动机,但是会涉及这个构成行为本身,并且,并使之成为另一个能归责于这名幕后人的构成行为。我把这种类型的案件分成三组:[115]对不法程度的欺骗;对加重情节的欺骗;对被害人身份的欺骗。

1)对不法程度的欺骗

96　在甲促使乙将一种药粉倒进丙的啤酒里,这种药粉据称会引起短时间的胃痛,但实际上会让被害人在医院住几个月的医院,这样,对乙就应当以伤害的实行人进行惩罚,因为造成胃痛是应当归类于第223条的。但是,这种在第226条*中也不足以够得上的严重的后果,在把乙当成"盲目的工具"时,也应当单独归咎于甲。因此,只要乙的故意包含了甲行为的作用,那么,判定甲构成教唆人也就是合适的。在远远超过这种程度的严重后果中,甲是间接实行人,尽管教唆人与间接实行人在这样一种案件中都涉及同样的行为构成。[116]此外,这样的认识错误也是很容易想象的:例如,一个人受骗了,以为拘禁他人只会造成短时间的剥夺自由(第239条),或者损害行为只会造成轻微的损害(第303条),然而,就像只有幕后人才知道的那样,实行人的行为在实际上一定会导致多日的剥夺他人自由,或者导致很大程度的损害。当然,欺骗必须明显达到不法的程度,才能使这种由幕后人造成的构成行为与实施人所设想的相比,看起来是不一样的。

97　在文献中有很大一部分,在这种情形中否定成立间接实行人,而仅仅想以教唆人对之进行惩罚,并且"在量刑中……考虑幕后人的进一步的故意。"[117]这种观点的确是不值得赞同的。这种

---

〔114〕对于在具体案件事实的状况中的反对意见,参见下文;对"偏离方案",也就是说,对于自治原则与自我负责原则在原则上的实现,存在于边码172以下、174、175以下、178以下以及182。Huber,1995,199认为,对于瑞士刑法来说,"这种(德国的)实行人背后的实行人的角色"是未被认识的。

〔115〕首先,见Lange-FS,1976,173。

*《德国刑法典》第226条是严重身体伤害罪(Schwere Köperverletzung)。——译者注。

〔116〕这种解决方案起初由Herzberg,1977,27 ff.发展出来的。他在这里谈论的是一种"逐渐的行为构成错误"。在他之后的是,Roxin,Lange-FS,1976,185;Bloy,1985,353 ff.;Kühl,AT[3],§20,Rn.75;M.-K.Meyer,1984,175;Neumann,JA 1987,250;Otto,AT[6],§21 IV 3 c dd;Sch/Sch/Cramer/Heine[26],§25,Rn.22。

〔117〕Bottke,1992,71;Cropp,AT[2],§10,Rn.53 f.;Hünerfeld,ZStW 99(1987),242 f.;Jakobs,AT[2],21/101;Jescheke/Weigend,AT[5],§62 II 2;Krey,AT/2,§28,Rn.162;Renzikowski,1997,82;Schumann,1986,75;Stratenwerth,AT[4],§12,Rn.61。

主张认为,自己实现犯罪的意识就给了实施人足够的动力去放弃这个构成行为,但这并没有说服力。就像在风险认识(边码64,75)、禁止性错误(边码79以下)与免责错误(边码91以下)的情况中显示的那样,间接实行人不要求实施人完全不具有抑制性动机;就像在对不法程度的认识错误中一样,实质性的抑制性因素通过幕后人的操作被排除,或者这种因素的缺乏为幕后人所利用,这就足够了。是的,在以欺骗为条件的构成行为转向另一种对象时,甚至在同时存在不法程度与罪责程度时,也能够成为由此作用的对其他构成行为的控制的基础(详见,边码102以下)!除了在这些欺骗不法程度的案例中认定间接实行人之外,还需要谈论这样一种情形,其中,绝对占据主流的意见也认为,在不同的行为构成的情况下,在一个同样的行为中,成立教唆人和间接实行人是可能的;例如,教唆伤害的人同时就能够是谋杀的间接实行人(《联邦最高法院刑事判例集》第30卷,第363页,对此参见边码66)。在这里,当实施人实现犯罪的意识并没有阻止一个间接实行人的成立时,在同一个行为构成的范围内,就能够同样适用于对不法程度的欺骗。最后,应当考虑的是,在幕后人的"升级"行为中即使不存在欺骗,也能够在同一个行为构成内存在着一个教唆人(详见,第26条,边码102以下,104以下):一个人说服一个本来只决定打一记耳光的人,去把被害人打到需要住院的程度,这个人就应当由于伤害的教唆行为而受到惩罚。但是,在激起这名实施人本人产生相应认识错误的情况下,必须认定一名间接实行人。

这些基本原则应当转用于以欺骗为条件的自伤,并且,在局外人拥有占更好的风险知识时, 98
就会在这里发挥重要的作用。在甲把毒品转让给乙,乙由于吸食这些毒品而死亡时,甲作为有意识地参加自我危险的人而不受刑事惩罚,只要双方预见到的风险是同样程度的(《联邦最高法院刑事判例集》第32卷,第262页;参见边码75)。然而,在这名局外人有目的地低估危险,或者仅仅是提供了毒品时,虽然他知道,这个接受毒品的人并没有充分地认识到这个风险,那么,就存在着杀人的间接实行人。"刑事可罚性能够……在这里开始,在参与人凭借更好的事实知识,比那位自己施加危险的人,更好地理解这种风险的场合"(《联邦最高法院刑事判例集》第32页,第265页)。于是,应当肯定间接实行人的成立,虽然这名被害人自己(拥有较少风险知识)总是故意地对自己施加了危险。

2)对加重情节的欺骗

这种情况,经常是一些欺骗不法程度的特殊案件,因此,应当像对其一样进行处理:[118]在幕 99
后人甲要求直接行为人乙用喷枪向一名第三人的眼睛喷射无害的催泪瓦斯时,甲清楚地知道,这种化学物质一定对视力会有摧毁作用,那么,甲就根据第226条第1款第1项应当成立直接实行人,而乙则根据第223条(或者在必要时根据第224条)作为实行人加以惩罚。但是,在加重情节以罪责升高的情节为依据时,这类案例就具有了独立的意义。《联邦最高法院刑事判例集》第1卷,第368页[119]依据的是这个案情事实。在该案中,被告人在1945年春天,在明知有关说法违背事实的情况下,要求一名正在行军的美国士兵枪杀劳先生,他说劳先生已经杀害了多名外籍工人。这名被告人出于卑劣的动机想要除掉劳,并且认为,美国兵会在不核查指控并且没有程序的情况下射杀劳。事情也就这样发生了。在这里,直接实施的美国兵实施的是杀人(第212条),
而被告人应当作为谋杀(第211条)的间接实行人承担责任。在这种类型的案情中,间接实行人 100
的成立经常被那些在边码99以下中所描述的案件中被肯定的人所否定。[120]联邦最高法院曾经

---

〔118〕 这一例子出自 Roxin, Lange-FS, 1976, 188,在那里,这个案件组群首次得以处理(186-189)。在这个范围内,首先见 Bloy, 1985, 355。

〔119〕 对此,首先见 Roxin, Täterschaft, ^{7}2000, 213 ff.。

〔120〕 Herzberg, 1977, 26; Bloy, 1985, 355 ff.。

认为成立第212条的对杀人的教唆人,〔121〕但是,现在〔122〕看来,应当认为存在着一种间接实行人,只要它明确地使用在此为《联邦最高法院刑事判例集》第1卷,第368页所代表的观点(边码99)肯定一种"通过他人"实施的构成行为,而这个人是"通过一种由间接实行人激起或者为其所利用的认识错误而无故意地行为的,但是,也是**在这位构成行为的中介人通过这种认识错误而认为,自己正在实施的是一个较轻的犯罪**"。这种对间接实行人的否定,只要不是把对实行人的完全拒绝置于那种完全犯罪性地行为的实行人之后,首先就是支持这种认识的,即一个通过欺骗为条件的在幕后人与实施人之间所作的罪责区别,不足以成为一个间接实行人的基础。

101　但是,在人们认为,在引发禁止性错误或免责错误的情况下(边码76以下,91以下),这种间接行为人在一种犯罪行为系统角度下进行的评价,也仅仅是建立在幕后人更大罪责的基础上的,直接实行人的故意不法作为在这里也同样是明显可见的,然而,这样的观点并没有说服力。在这个案例中引发的认识错误,在实施人士兵与幕后人相比并不是出于"卑劣的动机"而行为的这个范围内,确实**也**是一种动机性错误。但是,与仅仅对量刑具有重大意义的动机性错误相比,两者之间的决定性区别在于,这种认识错误是与"构成行为相关的",也就是说,从这种由幕后人所意图实施的谋杀出发,在这名实施人这里做出了一个单纯的杀人,以及由此实施的另一种构成行为。当布洛伊(Bloy)〔123〕认为,一个出于卑劣动机的谋杀,"对于这个杀人而言并不是另一种构成行为,而是具有不同罪责内容的同一个构成行为"时,这就是一个任意的体系性推论,因为他在一个欺骗中,对于不法程度也认定了另一种而不是同一种"具有提高的不法内容的"构成行为。在这个案例中,这名幕后人的构成行为是为了另一种构成行为而干的,当然不是更高的罪责内容本身,而是这种促使立法者将其"客观化",并且使其成为创设一种单独的刑法条款——即谋杀的条款——的推动力的情况。立法者通过罪责要素来组成一种应受刑事惩罚的行为并不罕见,〔124〕然后,是一种构成行为,在其中存在着必要的罪责要素,一种与该构成行为不同的缺乏此种罪责要素的构成行为(并且,这种构成构成行为经常不是一次地应受刑事惩罚的)。

3)对被害人身份的欺骗

102　由幕后人操控的对人身对象的认识错误的案件,在理论上存在着激烈的争议,但是,在实践中几乎没有意义。基本情况是这样的,甲想要枪杀乙,但是由于人身对象的认识错误〔125〕而将丙杀害,因为奸诈的幕后人丁欺骗甲说,从路上过来的丙就是甲所期待的乙。这个案件的变化形式是,丁不是口头告诉,而是将丙诱骗至现场,也就是诱骗到甲依据约定预料乙将出现的地方,而在当时出现的丙,正如丁所预料的那样,被错当成乙射杀了。毫无疑问,在这类案件中的直接行为人(在这里就是甲),就是杀人或者谋杀的故意实行人,他对人身对象的认识错误不能减轻他的责任。但是,根据本书所代表的观点,丁是杀人罪的间接实行人,因为是他引起了对受保护人的人身对象的认识错误,由此应当对这名具体被杀的个人(就是丙)的死亡结果负责。他,与丙的死亡相联系,在这个案件中,是把乙当作一种"盲目"的工具来使用的。

103　在这里,间接实行人的依据是,实行人的行为由针对乙而转向针对丙,也就是转向"新的"被

〔121〕 BGHSt 2,223对一种类似的状况进行了处理;对此参见 LK¹¹ – Roxin, § 25, Rn. 101。

〔122〕 BGHSt 30, 363, 364 f.。

〔123〕 Bloy, 1985, 357。Stratenwerth, AT⁴, § 12, Rn. 62, 他也仅仅认定了一种教唆,但是毕竟容忍了一种教唆:"在这里,认识错误使他们(即这些美国士兵)在确定的意义上,成为告密者在事实上的工具。"

〔124〕 参见,Roxin, AT 1³, § 10, Rn. 78 ff.。

〔125〕 对此见 Roxin, AT 1³, § 12, Rn. 168 ff.。

害人,使这个构成行为变成另一个不同的构成行为了。[126]如果丁没有欺骗甲,而是说服甲,不去射杀乙而是去射杀丙,那么,这作为杀人的教唆人就没有争议了。但是,在被要求人的认识中只要是一种教唆的,那么,在一种对相关情节的欺骗中,就无论如何都成立间接实行人了!在一种确定的构成行为的客体是这个犯罪计划的对象之处,这种故意就是一种在这个对象上得到具体化的故意,[127]从而使丁作为甲来实现了另外一个故意,并由此实现了另一个杀人。如果人们否定一个间接实行人,那么,人们就将导致另外的无法容忍的结果,即这名幕后人必须完全不受刑事惩罚。在人们不是将这个故意具体化,而是根据抽象的类型性要素来确定这个故意时(根据这个格言:“甲想要杀死一个人并且已经杀死了一个人”),甲通过丁的教唆就不是问题了,因为甲已经决定杀死一个人;并且,之所以不能成立帮助,是因为丁并没有支持甲,而正好是完全挫败了甲的计划。

尽管如此,本身就不统一的反对意见还是拒绝认定间接实行人。这种反对意见试图部分地 104
通过把丁视为杀人罪的同时实行人(Nebentäter)[128]或者直接实行人,[129]来建立对丁免除刑罚的立场。但是,这样做就会忽视了,同时实行人与直接实行人恰恰并没有,就像这里说明的那样,“通过他人”来实现自己的计划。这就证明了对这种事情的这种临时构想,是根据本书所代表的解决方案作出的。另一些作者提出丁是一个教唆人、[130]一个帮助人,[131]或者完全一般地是一个“参加人”[132]进行辩护,但是,这样做就要放弃那种在边码103中论述过的抗辩意见,即对于一个已经作出构成行为决定人的犯罪来说就不可能有教唆人,在一个计划遭到挫败之中也不可能有帮助人,在恰当的认定中,以欺骗为条件而变换被害人的会引起另一个构成行为,但是,只能存在一个间接实行人。

3. 凭借有组织的国家机关的意志控制

(1)这个方案的基本想法

“组织控制”作为间接实行人独立的“新”形式,最早是由我在1963年提出来的。[133]我的基 105
本观点是,在行为控制作为实行人决定性标准的基础上,只存在着三种理想的类型形式。在这些形式中,人们能够在没有插手实施过程的情况下控制这个事件:人们能够强迫实施人;人们能够欺骗实施人;或者,人们能够——这是一种新的想法——命令国家机器,国家机器在没有强制与欺骗的情况系下,也要确保命令得到实施,因为这种机器本身就保障了执行。命令者可以不对直

---

[126] 对此,详细参见Roxin, Täterschaft, 72000, 212 ff.; ders., Lange-FS, 1976, 189 ff.; ders., LK11, § 25, Rn. 105。在结论上相一致的见Baumann/Weber, AT10, § 29 V 3 e; Blei, AT18, § 72 I 1 c; Heinrich, 2002, 230 ff.; Köhler, AT 508; Kühl, AT3, § 20, Rn. 74; Küpper, GA 1998, 528 f.; Meyer, 1984, 99 ff.; Otto, AT6, § 21 IV 3c dd; Sax, ZStW 69 (1957), 434; Sch/Sch/Cramer/Heine26, § 25, Rn. 23; Schmidhäuser, LB AT2, 14/19; ders., StuB AT2, 10/85; Schroeder, 1965, 134ff.(对此见Roxin, ZStW 78 [1966], 227 ff.)。

[127] 详见Roxin, AT 13, § 12, Rn. 144 ff., 169。这将通过打击错误(aberratio ictus)的显著性而得以证明,并且,通过对人身对象认识错误的不显著性而被驳倒,因为在第二种案件中,这种具体化不是通过实行人的身份想象,而是通过预定的、符合计划地受到打击的构成行为对象而建立的。

[128] 因此,Herzberg, JuS 1974, 576; Zipf, ÖJZ 1975, 619,也许还有Welzel, StrafR11, 111。

[129] Stratenwerth, AT3, Rn. 784首先认定成立直接实行人,但是也认为教唆与帮助是可能的。在AT4, § 12, Rn. 63中,他的书主张教唆;对此参见边码130。

[130] Bloy, 1985, 385 ff.; Gropp, AT2, § 10, Rn. 53 f.; Spendel, Lange-FS, 1976, 169 f.。从现在起,还有Stratenwerth, AT4, § 12, Rn. 63:“在直接行为人中,正是这个幕后人才引起了对这个具体人进行攻击的决定。”但是,在这个被害人的身份说明了一个新的决定的根据时,对此的欺骗必须导致这个间接实行人的成立!

[131] Schumann, 1986, 76 f.。

[132] Jakobs, AT2, 21/102; Stein, 1988, 295。

[133] Roxin, GA 1963, 193; ders., Täterschaft, 72000, 242-252, 677 ff.。

接实行人进行强迫或者欺骗,因为这种机器即使在没有强迫或者欺骗时,自己也能够使他人来接管他的功能。因此,幕后人大多根本不认识直接实施人,也是这种形式的间接实行人的特征。

106 在谈到这种间接实行人的发展时,我眼前出现的历史实例就是纳粹的暴力控制。在希特勒、希姆莱(Himmler),或者1961年在耶路撒冷被起诉的艾克曼(Eichmann)*发出杀人命令时,他们能确信这些命令将得到执行,因为——与教唆人不同——即使被要求实施人的拒绝执行命令,也不会对命令中的构成行为产生得不到执行的影响。这个构成行为将由他人来进行。根据我的方案,在这里,间接行为人是指各种处在操作国家机器位置上——不管处于这个等级中的哪一层——通过发布指示而能对犯罪行为产生影响的人。在这样的犯罪行为中,实施人是谁是无关紧要的。

107 这就是"**可替换性**",直接实行人不受限制的可替代性。这就向幕后人保证了构成行为的实施,并且,使幕后人能够控制这个事件。这个直接行为人只是一个在运行的国家机器中可以更换的"螺丝钉"。那个最终亲手实施杀人的人,作为直接实行人是应受刑事惩罚的这一点,并不会改变这种情况。这名处在操作国家机器位置上的命令发布者,仍然是间接实行人,因为与教唆直接实行人作出决定不同,这种构成行为的实行并不具有依赖性。由于这个实施人的直接实行人的身份与这个幕后人的间接性,处于不同条件的基础之上——一个是在亲手性的基础上,另一个是在操纵国家机器的基础之上——因此,它们在逻辑上与目的上是与一种流行意见不同而完全并列地存在的。这里说明的这种间接实行人的表现形式,是对"办公桌上的实行人"这种现象在法学上的恰当表达,这种人在不损害自己行为控制的情况下,仍然依赖于直接实行人。

(2)学术与司法判决、国外与国际刑法中对这种学说的接受

108 司法判决在25年中对这种新设想根本未予关注,尽管这个设想本来能够在对纳粹暴行的审判中有所帮助的,不过,随着时间的流逝,这个设想在文献中已经上升为处于统治地位的意见了。[134]

109 在国外,这种新的法律角色最早于80年代中叶*,就出现在阿根廷上诉法院与最高法院对早期军政委员会的犯罪行为进行审判时的判决依据之中。[135] 上诉法院认定,[136]"这些被告人具有行为控制,因为他们控制着产生这种构成行为的组织……在这种关系中,具体构成行为的实施人就失去了意义。那些控制这个制度的那些人,对完成这些由其命令进行的构成行为具有完

---

* 艾克曼(Adolf Eichmann)是纳粹对犹太人进行大屠杀的组织者之一。1960年被以色列情报部门从阿根廷诱拐到以色列,在耶路撒冷法院受到包括危害人类罪与战争罪在内的多项罪名的指控,于1962年被定有罪并处绞刑。——译者注。

〔134〕 Bottke, 1992, 60 ff., 71 ff.; ders., Coimbra - Symposium, 1995, 243; LK[9] - Busch, § 47, Rn. 48; Dierlamm, NStZ 1998, 569 f.; Ebert, AT[3], 198; Eser, StrafR II[3], Fall 38, Rn. 25; Haft, AT[8], 200; Herzberg, 1977, 42 ff.; ders., Jura 1990, 23 f.(但是,现在不同的见他的文章, 2000, 33 ff.); Hirsch; 1996, 22 f.; Hünerfeld, ZStW 99 (1987), 244; Ingelfinger, 1992, 183 f.; Korn, NJW 1965, 1206 ff.; Kühl, AT[3], § 20, Rn. 73 f.; Küpper, GA 1998, 523 ff.; Lackner/Kühl[24], § 25, Rn. 2; Lampe, ZStW 106 (1994), 743; Maurach/Gössel, AT[7], 48/88; M. - K. Meyer, 1984, 101 ff; Rotsch, NStZ 1998, 491 ff.; ders., ZStW 112 (2000), 518 ff.; Schmidhäuser, StuB AT[2], 10/95; Sch/Sch/Cramer/Heine[26], § 25, Rn. 25 f; Schild, 1994, 10, 16, 19, 24 ff; U. Schulz, JuS 1997, 111; Schumann, 1986, 75 f; Stratenwerth, SchwStrafR, AT I[2], § 13, Rn. 34; ders., AT[4], § 12, Rn. 65 ff.; Vest, ZStW 113 (2001), 492 ff.; Wessels/Beulke, AT[31], Rn. 541(支持这个观点的作者们将根据最新的版本进行引文)。

* 这里是指20世纪。——译者注。

〔135〕 这些决定产生于1985年与1986年;对此,更详细的与仍然导致对幕后人的一种从属性责任的结论,见Ambos, GA 1998, 238 f.。

〔136〕 引文出自Ambos, GA 1998, 238 f.。

全的控制力，即使有任何一个下属表现出反抗，这个人也会自动地被另一个人所替代；这一切都源于，已经制定好的计划是不能为这个实施人的（对立的）意志所挫败的，这个人仅仅是作为一部庞大机器中的一个单纯的齿轮而发挥作用……为幕后人所利用的工具，是……由可替换的构成行为中介人组成的这种制度本身。”

1988年，联邦最高法院在第四审判委员会的一个判决中，也就是所谓的猫王案，首次作为附带的意见（obiter dictum），但也是带着明显肯定的态度，提到了这个学说。这个判决“对这种通过国家机器组织起来的犯罪案件，无需考虑行为人完全的法律责任”，就承认了“一个实行人背后的实行人身份”。[137]后来，第五审判委员会在1994年的一个著名的判决中，也采纳了对这个法律角色的认定。在这个判决中，前民主德国“国家安全防卫委员会”的成员，被判定是杀害柏林墙附近“共和国逃亡者”的间接实行人。他们通过一般的指示，命令柏林墙旁的边防士兵开枪射击，并且，命令使用致命的爆炸物埋设地雷封锁柏林墙，根据这个判决的主题，他们借助于由其操纵的国家机器控制了整个事件，虽然在边界上的直接实施人作为有罪责的实行行为的（直接的）实行人也同样负有责任。他们被视为间接的“在（有责任的）实行人背后的实行人”。 110

我在几十年前，在承认间接实行人的这第三种形式时，提出的中心论证是这样表述的：[138]“这样一种组织……展示的生命，是不受其成员变动的影响的。它的作用，是不取决于实施人个人是谁的，就好像是‘自动的’一样。”联邦最高法院接受了对幕后人行为控制的这种根据（《联邦最高法院刑事判例集》第40卷，第236页）：“有……这样一类案例，在其中，尽管有一个不受限制地应负责任的实施行为的构成行为中介人，但是，这名幕后人的贡献就几乎自动地导致了这名幕后人所追求的行为构成的实现。在幕后人通过组织结构利用确定的框架性条件时，在这个条件中，他对构成行为的贡献就会引发符合规定的过程……这种情形就能够存在了。如果在这样一种案件中，幕后人在行为时认识到这种情况……那么，他就是以间接实行人身份出现的实行人。他具有行为控制。” 111

从那时起，凭借有组织的国家机器的间接实行人的法律角色，就在世界各地受到了热切的讨论。[139]它可能会在审判极权主义制度下所犯的其他罪行中得到适用，并且，在国际刑法中也日益受到关注。[140]在德国的学术文献中，联邦最高法院的判决首先表示了很多的赞同，其中，有部分作者与我所提出的观点完全或部分地相一致，[141]但是，也有少数作者选择了其他的根据。[142]在这些早期的赞同热浪之后，在最近十年中，越来越多的批评者也出现了。这些批评者从根本上就拒绝这个结构本身和一种间接实行人，他们想用认定成立共同实行人或教唆人的方案来加以 112

---

〔137〕 BGHSt 35, 353。

〔138〕 Roxin, Täterschaft, ^{7}2000, 245。

〔139〕 在“Nuevas Formulaciones en las Ciencias Penales. Homenaje a Claus Roxin”, 2001, Córdoba, Argentinien, hgg. v. C. Lascano 一书中，讨论借助行为控制的理论，以有组织的国家机器为工具（Dominio del Hecho a traves de las Aparatos organizados de Poder）的，总共有三篇论文（Donna, 295 ff.; Garcia Vitor, 327 ff.; Lascano, 349 ff.）。其他阿根廷的学术文献，参见 Ambos, 2002, 238, Fn. 82。还有，一本由 Ferré Olivé/Anarte Borallo 主编的西班牙文文集（Huelva, 1999）也包含了这个主题的三篇文章：Ferré Olivé, 85 ff.; Figueiredo Dias, 99 ff.; Muñoz Conde, 151 ff.。进一步的法比较材料见 Ambos, 2002, 590 ff.。

〔140〕 因此，例如，Vest, ZStW 113 (2001), 492 f. 就这样说：“从国际刑法的角度看来，没有争议的是 Roxin 的贡献，借助他的间接实行人的方案，凭借有组织的国家机器，应当第一次承认‘体制性的集体不法’。”Ambos 在他的基础性著作《国际刑法总论》(2002, 594, Fn. 349) 中说：每一个接下去的角度都应当以这个方案作为出发点。

〔141〕 Ambos, GA 1998, 226f.; Bloy, GA 1996, 425 ff.; Gropp, JuS 1996, 13 ff.; Jung, JuS 1995, 173 f.; Knauer, 2001, 76; Küpper, GA 1998, 524; Roxin, JZ 1995, 49 ff.; U. Schulz, JuS 1997, 109。

〔142〕 Murmann, GA 1996, 269 ff.; Schroeder, JR 1995, 177 ff.。

代替。[143]这还需要讨论。

(3)反对组织控制的各种意见

113 反对组织控制的核心异议是针对幕后人的行为控制的。根据我的观点,这种控制是以实施人的可替换性与由此产生的有条件的执行命令的自动性为根据的。联邦最高法院通过使用多次被引用的"符合规定的过程"来表达,根据这种表达,行为构成的实现也会"几乎自动地"出现。这种观点会受到三方面的质疑。

114 第一,遭到否定的是,一个实现行为构成的幕后人肯定能够比一个一定会让实行人作出实施决定的教唆人更加有把握。例如,赫茨贝格(Herzberg)[144] 就这样说:"只要接受实施命令的人选择不去干这件杀害一个人的罪行,那么,他就当然能在通往犯罪目的的道路上阻止这个命令人。这在边防士兵有目的地射偏而让逃亡者逃脱的场合就尤其明显。因而……我质疑如下的判断结论,即一名命令发布者能够对命令的实施与犯罪的实现更加有把握。"但是,就像在其所有的表现形式中那样,一名间接实行人在这里也能停顿在个别案件的未遂中。联邦最高法院(《联邦最高法院刑事判例集》第40卷,第236页以下)正确指出:"……在不管是谁或者是无罪责能力的工具进行干涉时,常见的案件形态是,间接实行人对于结果的出现在手中掌握的远远比不上已经描述过的那些案件类型。"也就是说,重要的不在于,这种"自动性"在任何个别案件中都能发挥作用。它在通常情况下会发挥作用,但是,人们正好不能对教唆人这样说。

115 "自动性"做的,已经通过纳粹的谋杀与在柏林墙旁的射杀清晰而又悲剧性地得到了证明。在纳粹谋杀的情形中,行刑人的可替换性是一目了然的(拒绝执行的人就会简单地被替换),但是,在保卫柏林墙的案件中,那些保卫一个边界地段的人,无论如何都不是由一个单个个人来看守的。此外,幕后人的控制也显示,那些从一开始就拒绝执行纳粹谋杀与在柏林墙旁杀人命令的人们,在任何情况下都能够被愿意执行的人所替代,而这在单纯的教唆人中正好是不可能的。

116 第二,反对幕后人行为控制的观点提出,在通过更换直接行为人来保证命令的执行时,就不再存在同一个构成行为了。例如,罗奇(Rotsch)认为,[145]在人们辩称,一个士兵的拒绝并不会阻止这种射杀,因为另一个人会进入他的位置时,人们忽略了以下事实,即"在通过第二个站出来的人所实施的杀人中,通常就不再涉及同一个实体性的构成行为了。"[146]伦齐考夫斯基[147]也说过类似的话:"虽然幕后人具有通过国家机器能够确保不依赖实施的个人是谁而实现其计划,但是,这样的机会并不能代替在个别案件中所缺少的实际控制……"

117 但是,这也会忽视了罗奇[148]自己认识到但却不愿适用的东西,也就是说,"对幕后人而言,不管其使用的构成行为中介人的数量有多少,也不管其最终完成这个构成行为借助的是哪个工具,杀死被害人就仅仅是这个杀人的唯一的构成行为……"。幕后人控制了这一**个**构成行为,即使他正好由于行为人的可替换性而不需要控制这个人的个体的举止行为。错误的说法是:通过幕后人来肯定一个杀人的构成行为,是一个完全没有改变实体性杀人的构成行为的区别的"法的竞合问题"。[149]这个幕后人在一开始时,仅仅只是打算实施一种杀人,即使他可能利用了不同

---

[143] 有关这个讨论的最新状况,参见 Ambos, 2001, 590 ff.。

[144] Herzberg, 2000, 39。

[145] Rotsch, ZStW 112 (2000), 518 ff. (28 ff.)。

[146] Rotsch, ZStW 112 (2000), 528。

[147] Renzikowski, 1997, 89。

[148] Rotsch, ZStW 112 (2000), 530。

[149] Rotsch, ZStW 112 (2000), 530。

的人来实现这个行为。然而,当伦齐考夫斯基[150]提出反对意见,认为在刑法上不应当考虑"假想的行为第三人"(也就是那个进入退出的行刑人位置的替代人)时,他没有正确地认识到,国家机器的作用是一个现实而不是一个假想。在这里存在的"替代性原因控制"[151]就确保了这个行为构成的实现,并且,人们绝对能够考虑将其作为这个行为控制的根据。它导致的结果如下,直接实行人应付责任的行为与教唆人不同,并没有决定是提出犯罪的要求或者是停止这个构成行为。

第三,反对组织控制的意见是,在使用不可替换的即无法代替的,因此对一个犯罪计划的成功是至关重要的专家时,组织控制就不起作用了。[152]在事实上,这是正确的。如果犯罪政权的秘密警察或者恐怖组织的领导人为了一次攻击而挑选出一个人,这个人是掌握实施行为所必要知识的仅有的人,或者是唯一能够接近被害人的人,那么,就没有间接实行人,而是教唆人,只要这些幕后人没有使用《德国刑法典》第35条意义上的必要的强制手段。 118

但是,组织控制也不是为了这类单独的现象安排的,而是为了这种构成行为,它可以在重复的类似情况中出现,可以由其他替代他的人来实现,就像在纳粹集中营中的谋杀与在柏林墙旁的射杀那样的案件。在安博斯(Ambos)[153]说:"……可替换性标准的一般可适用性要求与一个相反的案件构成对立"时,他没有注意到,这种组织控制并不是一种有专利权的配方,不依赖于具体条件,在一切可以想象的案件中都可以主张可适用性的。更准确地说,这与一种模型有关,其构成性要素在个别案件中必须在现实中进行检验。这种法律角色,因而只是在通常情况下,在有组织的国家机器的范围内,才排除共同实行人与教唆人的可能性,而不是在每一种个别案件中都排除这种可能性。然而,这种原则上不是间接实行人而是共同实行人或者教唆人的主张,在以下情形中需要得到特别的尊重。 119

(4)共同实行人的主张

许多作者认定,在有组织的国家机器范围内命令实施应受刑事惩罚行为的幕后人,不是间接实行人,而是共同实行人。[154]在这里,否定间接实行人的根据始终是这个主张:即一个处于应当负完全责任的行为人背后的行为人,是不可能存在的。但是,这是错误的。因为实施人的行为控制与幕后人的意志控制是以不同的条件为根据的,所以,它们(就像在开始时在1)中描述的那样)完全能够共同存在:这名实施人是通过其亲手实施的作为("行为控制")来控制这个具体的构成行为的,而幕后人是通过对这个组织的控制("组织控制")来控制这个具体的构成行为,而这种组织控制使幕后人可以不依赖这名实施人的个体性。与此相对,反对共同实行人的观点有三个重要的理由。 120

第一,是缺乏共同的构成行为决定。根据绝对主流的观点,这种共同的构成行为决定是第25条第2款意义上的各种"共同实施"的条件。由于幕后人与实施人在多数情况下根本就相互不认识,因此就不能共同做出决定,也不能理解为是同等并列的决定承担者。在这种案件中,命令的实施是以命令为根据而不是以共同的决定为根据。虽然耶赛克/魏根特(Jescheck/Weigend)的书[155]中称:"构成行为的决定所具有的共同性,会通过领导人与实施人的意识产生, 121

---

[150] Renzikowski, 1997, 89。

[151] SK⁷ – Hoyer, § 25, Rn. 90; Ambos, 2002, 598, 这两篇文章认为,这个观点对于说明行为控制是不合适的。

[152] Schroeder, JR 1995, 178; Freund, AT, § 10, Rn. 92; Amtos, 2001, 598。

[153] Ambos, 2001, 596。

[154] Baumann/Weber, AT^{10}, § 29 III 2 d, V 3 e; Jakobs, AT^{2}, 21/103 m. Anm. 190, 191; ders. NStZ 1995, 26 f.; Jescheck/Weigend, AT^{5}, § 62 II 8; Otto, AT^{6}, § 21 IV 3 d。

[155] Jescheck/Weigend, AT^{5}, § 62 II 8。

即一个确定的构成行为或者多个同类的构成行为都应当是在符合这个领导的指示下被执行的。”但是，意识到成为命令的接受人，并不是一种共同的决定。奥托[156]认为，这个实施人“推理性地把这个犯罪计划当做自己的”。但是，这种“当做自己的”也不是一种共同的决定。否则，成功的教唆（对构成行为的确定）就一定会意味着一种共同的构成行为决定，那就与第26条不相符合了。鲍曼/韦伯[157]教导说，共同实行人不要求在行为参与人之间具有个人联系，不要求共同计划；只要有“静悄悄地产生的同意”就足够了。但是——在用于此处谈论的状况时——这就大大扩张了共同实行人的范围。在一个人对一个自己不认识的人的计划，在自己不知的时间、不知的地点加以实施时，是不能理解为共同实施的。雅各布斯（Jakobs）[158]坚持完全放弃共同决定标准，但是，由此又会以一种违背法律的方式，牺牲第25条第2款所要求的实施的“共同性”。

122　第二，是缺乏共同的构成行为的实施。由于这名“办公桌上的实行人”正好没有亲自实现任何行为，因此，他“没有弄脏自己的手”，而是利用实施其意志的“工具”。在人们，就像我所做的那样，要求共同实行人在实施阶段发挥一种实质性的共同影响时，就会从一开始就排除共同实行人，因为发布命令者在实施阶段并没有参与，而且，大多数人对实施的时间与地点都完全不知道。但是，即使人们借助司法判决，让在预备阶段提供的贡献足以满足可能的共同实行人，也的确缺少这种贡献。幕后人对构成行为所作的独特贡献在于，他计划并引起了这个构成行为。在这里，并不存在一种共同的实施。否则，这个构成行为的决定就一定是一种实施，而这个教唆就一定是一个共同实行人，这会是与法律对参与形式的方案不相一致的。还有，在当权者把完全实现他的命令交个一个实施机关时，就谈不上那种今天一般被认为是共同实行人核心要素的“分工”了。

123　第三，通过采纳共同实行人，在间接实行人（“通过他人”实施，第25条第1款）与共同实行人（“共同”实施，第25条第2款）之间的结构性区别就会被夷平，随之产生的影响是，这两种实行人形式之间的区分界线，就会以在法治国中令人忧虑的方式消失。间接实行人具有一种垂直的结构（在从上到下或者说从引起人到实施人的过程意义上），与此相对，共同实行人的结构是水平的（在共同实行人同时并列的意义上）。布洛伊[159]正确地说：“在人们必须——就像此处一样——与明显是垂直配合的举止行为联系在一起时，在这里，幕后人的角色从一开始就确定在一种完全用他人之手来实施的构成行为之上，这就明白地是在反对共同实行人，而主张间接实行人了。”这种结构上的混合，允许一种对间接实行人尚不充分的施加影响毫无困难地在共同实行人中改变定义，并且因此允许以参加人为代价而随意扩张实行人的范围（详见，边码203，207）。

124　博克尔曼（Bockelmann）的意见构建了共同实行人主题的另一种不同的形式。[160]他把“办公桌上的杀手……与他的帮凶”评价为同时实行人，因为对他而言，“一个通过完全的行为控制作为中介的行为控制”是一种“很难以实现的想象”。但是，否则在多层面的改变中，就也存在着在具有完全犯罪性的实行人背后的实行人。同时，同时实行人的命令结构忽视了这种情节，即“办公桌上的杀手”与其“帮凶”的贡献不是互不相关地并列进行的，就像这对同时实行人来说是很有特点的一样（边码265以下），而是以一种标明为间接实行人的方式相互联系在一起的：“办公桌上的杀手”“通过他人”（第25条第1款），也就是通过任何一个通常在匿名意义上的“帮凶”，实施了这个构成行为。

---

[156] Otto, AT^6, § 21 IV 3 d。

[157] Baumann/Weber, AT^{10}, § 29 IV 1。

[158] Jakobs, NStZ 1995, 2。

[159] Bloy, GA 1996, 440；首先见 Knauer, 2001, 73 f.。

[160] Bockelmann/Volk, AT^4, § 24。

(5)教唆人的主张

自从《联邦最高法院刑事判例集》第40卷,第218页公布以来,通过幕后人的教唆人这种在之前的讨论中消失的意见,又重新有了有名的支持者。首先,赫茨贝格与罗奇发表了长篇论文,使这种观点突显出来。赫茨贝格说:[161]"希特勒、希姆莱和昂纳克(Honecker)不是作为实行人去实施由其命令的杀人犯罪的,而是作为教唆人引发了这些犯罪。"罗奇认为,[162]在保卫柏林墙的案件中,认定教唆人是"没有困难"的。克勒[163]与伦齐考夫斯基[164]也赞同这种观点。 125

实际上,肯定教唆人至少比肯定共同实行人更近了一步。教唆人与共同实行人一样,呈现出一种垂直的结构,并且与共同实行人一样,存在于单纯地引发借助他人之手去完成的事件。但是,关键的区别,在于教唆人并没有控制这个构成行为的实施,在于这个行为构成的实现并不依赖于其意志。在办公桌上的实行人的场合,则与此不同:他是由其命令实施的犯罪的控制性核心人物,同时,具体实施的行刑人虽然同样凭借其行为控制而作为实行人承担责任,但是,对于这个发布命令者来说,由于其从操纵这架机器而产生的更高层级的意志控制,是不会造成什么争议的。 126

在希特勒或斯大林(Stalin)让人杀死他们的敌人时,那是他们的作品(即使不仅仅是他们的作品)。必须指出,如果他们把这件事交给下属,让他们决定是否实施所命令的构成行为,那就违反了社会的、历史的、还有司法的对实行人归责的理性原则。在这种关系结构中的其他区别,也证明了办公桌上的实行人的控制,这种控制正好是教唆人所没有的:教唆人必须自己先去寻找一个实行人,办公桌上的实行人只需要发布命令即可;教唆人必须与潜在的实行人接触,让对方赞同自己的计划,还有在必要时克服对方的反对;在政权机器的等级制度中发布命令的人则不需要做这些。 127

安博斯[165]正确地强调,"这种大屠杀的组织者与命令发布者的举止行为,与那种由单纯的教唆人加以确定的构成行为之间,在事实性根子上就具有不可比较性。"同样地,罗加尔(Rogall)也说,[166]在人们把国家机关的领导人仅仅作为教唆人加以惩罚时,变得"不清楚的是,这种破坏规范的直接实施是超越了教唆而成为他的事务了。"因而,对间接实行人的归责是"最有说服力的解决方案"。 128

(6)将组织控制扩展至经济企业

凭借有组织的国家机关的间接实行人的角色,对其本身来说,无论如何都不像赫茨贝格所认为的那样,是一种"实行人身份的扩展"。[167]但是,在人们把这种构造简单地适用于在经济企业或者其他有等级划分部门中的上级引起犯罪行为的情况时,就像新近的司法判决日益承认的那样,这种角色在事实上就是这样一种扩张。这种发展已经出现在《联邦最高法院刑事判例集》第40卷,第218页以下。第五审判委员会说(出处同上,第237页):"一个被这样理解的间接实行人,不仅仅是出现在滥用国家权力的场合,而且在类似黑社会组织犯罪的情况下,也要考虑"。 129

---

[161] Herzberg, 2000, 48。

[162] Rotsch, ZStW 112 (2000), 562; 参见,他在此之前的文章,NStZ 1998, 491。

[163] Köhler, AT, 510。

[164] Renzikowski, 1997, 87 ff. 。

[165] Ambos,2002,593,想要在这种根据其意见即使通过可替代性标准也不能加以包括的案件中,在与 Murmann(GA 1996,273f.)的联系中,追溯到那种由我在其他关系下发展出来的义务犯罪的结构上去,并且,从国家对公民的保护义务中引导出这个幕后人的实行人身份(599 f)。在组织控制的框架内,这样一种结构是否还有必要,在我看来是很可疑的。然而,对于在经济企业中的领导者责任来说,我也赞成一种类似的解决方案(参见下文在 Fn. 180)。

[166] Rogall, 2000, 338 ff. (427)。

[167] 但是,这种情况见 Herzberg, 2000, 47。

这时,它是表示同意的。但是,必须补充的是,在有众多可替换的执行者可供使用的恐怖组织中,这种组织控制也具有广泛的适用范围。但是,在这个决定中又说,“在经济企业的活动中产生的责任问题,也可以这样解决”,这就走得太远了。

130 在这里,通常缺少在组织中才具有的实施人的可替代性。这种可替代性在由其实现的犯罪性行为构成(例如,杀人的行为构成)方面,已经在法律上消除了。这样一种法消除性(Rechtsgelöstheit)〔168〕存在于国家犯罪、恐怖主义犯罪与有组织犯罪的情况下。但是,例如,在一项在法秩序范围参加经济交往的经营活动中,一个部门领导人要求一名雇员伪造文书的,在得到实施的情况下,他只是一个由雇员作为实行人实施的构成行为的教唆人。人们在一个处于法律基础上工作的组织中,必须可以期待不去遵循各种违法的指示,就像这个,例如,在《德国公务员法》明确规定的那样。

131 这种扩张的一个例子,可以在这个关于帮助自杀的决定(《联邦最高法院刑事判例集》第40卷,第257页)中见到。〔169〕一个病人的儿子与主治医生指示看护人员停止治疗,仅仅因为这一点,联邦最高法院就判定为一种可能存在的杀人的间接实行人。关键的句子是这样说的:“一方面,面对这种由他们……作为儿子与有代表医生权利的看护人,也就是主治医生,所要求的发布指令权,另一方面,也考虑到这些参与工作的帮助力量所具有的下级的、从根本上说是受指示约束的角色,在实行人意志的主观标准与两名被告人具有行为控制的客观条件上,就不存在任何怀疑了。”然而,在这里,一种组织控制就不仅由于对执行指令负责的看护长缺乏可替换性而被排除,而且也因为在禁止杀人方面,一个医院的工作正好不是被法律所消除的,而是要严格注意这个禁令的,而被排除了组织控制了。在具体案件中,这个看护长并没有执行指示,而是阻止了杀人的发生。也就是说,这里缺乏幕后人的行为控制。即使还有其他可以考虑的实施人,人们也能够并且必须期待他们在认识到这种杀人的违法性时,拒绝执行这个指示。也就是说,这里只有一个教唆。

132 在帮助作出自杀决定的道路上,其他决定也取得了进展。〔170〕1997年,第二审判委员会的一个判决,〔171〕把一家有限责任公司的经理,作为危害环境的清除垃圾罪(第326条)的间接实行人加以惩罚。这个经理“通过承担实行人意志的行为控制”,是这样推导出来的:这个行为控制对非法清除垃圾“开辟了……道路并做出了标记”。但是,开辟或者标记这个犯罪行为的道路,是典型的教唆人的角色(并且,本身经常是那个提供技术性意见帮助的帮助人)。一种行为控制无论如何不能单独由这种情况所导致。同年,第四审判委员的一个判决,〔172〕也将一家有限责任公司的经理作为干了欺骗行为的雇员的间接实行人予以惩罚,虽然“不能确定具体的作用,或者,只能确定被告人当时知道了具体的货物订购行为。”作为“凭借行为控制的实行人”,“还要考虑这种通过组织结构来利用那些有条件的、在通常过程中会被消除的框架条件的人”。这一点,联邦最高法院也肯定要“为了企业的活动”。但是,行为控制应当如何在一种被告人从来没有发挥具体影响的过程中存在,并没有得到进一步的说明。在这里,行为控制也被用来对在一个企业的

---

〔168〕 参见,对于在与 Ambos(GA 1998,243 ff.)的争论中,我提出来的法无拘束性的标准,详见 Roxin, Grünwald-FS, 1999;支持 Ambos 而反对法无拘束性标准的意见,见 Rotsch, ZStW 112(2000),533 ff.。强烈赞成由我代表的意见的,见 Figueiredo Dias, 1999。综述,再次见 Ambos,2002,606 ff.,在那里,还列出了对由我代表的意见的其他支持者。

〔169〕 对此,还有 Rönnau, JA 1996, 108。

〔170〕 对在后面提到的这两个决定的详细讨论,见 Roxin, Täterschaft, ^{7}2000, 616 f.; Rotsch, ZStW 112 (2000), 553 ff.。

〔171〕 BGHSt 43, 219; 首先, Kühl, AT^{3}, §20, Rn. 81 a。

〔172〕 BGH wistra 1998, 148。

领导层中的各种间接责任人作为实行人进行归责。但是，这个概念对此并不合适。

133 这个从组织控制出发的司法判决，是这样变成可能的：联邦最高法院在有关“国家辩护委员会”的开创性判决中，还对间接实行人的基础补充性地提出了两种另外的观点。一是这个幕后人利用“直接行为人为实现行为构成所作的无条件的准备”，二是他想要将“这个结果作为其自身行为的成果”（《联邦最高法院刑事判例集》第40卷，第236页）。

134 第一种观点来自施洛德。这种观点看到，在组织控制的案件中，在利用实施人已经存在的做出构成行为决定的属性，在成立间接实行人时的根据。[173]但是，这是不正确的，并且，这在文献中也完全被绝大多数人所拒绝了。[174]即使根据第30条第2款，承认自告奋勇也毫无争议地只是一种教唆。此外，组织控制正好是建立在这个基础之上的，即由于实施人的可更换性而并不取决于个人做出构成行为的决定。在遵循法律工作的企业活动范围内，也并不存在这样的要点，可以支持雇员会比其他人更坚决地去执行犯罪性的要求。[175]

135 第二个观点可以追溯至主观主义理论。它与行为控制理论不相符合，并且，由于其无内容的形式化而不依赖于这种理论，是不具有适用性的。当人们说，那些在领导层活动的人想要把其雇员的应受刑事惩罚的构成行为当作自己亲手行为的结果时，那就是一种毫无内容的谈论方式。更正确的理由能够这样表述，他们想要把这些犯罪性的构成行为，当作其雇员行为的结果。

136 这样一来，联邦最高法院试图对在经济企业的活动中，凭借有组织的国家机关，通过间接实行人的构想来解决责任问题的努力，在文献中就被广泛地拒绝了。[176]尽管不应当否认存在着一种要求，要求企业的领导人应当为由其引起、要求或者违反义务不加制止的、由雇员实施的与企业活动相关的犯罪行为，承担实行人责任的要求。因而，许内曼（Schünemann）[177]与巴可（Muñoz Conde）[178]想要因此否定间接实行人而承认共同实行人，这种共同实行人仅限于企业犯罪活动*的案件，并且，由许内曼[179]从“保证人的双重共同作用”（同时作为不作为的参与人与积极的参加人）中引导出来。

137 许内曼的想法，在方向上是正确的，即使我不能认同他对共同实行人所补充的不作为与作为。这是那种根据义务犯罪的规则把企业主说成是实行人的企业主保证人地位，也就是说，他在一种作为或者单纯的让事件发生中对构成行为的贡献，是否存在于这种犯罪之中，而他对这种犯罪的不出现必须承担担保责任。人们能够将这样一种“凭借义务地位的间接实行人”视为间接实行人的一种独立形式。[180]今天，这种形式已经在为了保护欧洲联盟的财政利益的所谓《法典大全》第13条中开始得到运用。在这里，这一条声称：“如果一个人犯了一个由企业负责的犯罪行为，而这个人又是处于企业领导人或者在企业中享有决定权或者控制权的其他人的权威之下，

---

〔173〕 Schroeder, 1965, 152 und passim。

〔174〕 Ambos, GA 1998, 230; Herzberg, 1977, 49; Rotsch, 1998, 143; ders., ZStW 112 (2000), 525 f.; Roxin., JZ 1995, 51; Stein, 1988, 186。

〔175〕 Schroeder 反对这个主题的进一步论证，见 Rotsch, ZStW 112(2000), 525 f.。

〔176〕 Ambos, GA 1998, 226, 239; Kühl, AT^3, § 20, Rn. 73 b; Murmann, GA 1996, 269; Rotsch, 1998, 144 ff.; ders., NStZ 1998, 491, 493 ff.; ders., wistra 1999, 321, 327; Roxin, JZ 1995, 49, 51; ders., Täterschaft, ^{7}2000, 682f.; Schünemann, BGH-FG, Bd. 4, 2000, 629 ff.。但是，跟随联邦最高法院的有 Ransiek, 1996, 46 ff.。

〔177〕 Schünemann, BGH-FG, Bd. 4, 2000, 628 ff.; 还有 Dierlamm, NStZ 1998, 569。

〔178〕 Muñoz Conde, Roxin-FS, 2001, 623f.; ders., Revista Penal, 2002, 59。

* 原文为 Unternehmenskriminalität，译为“企业犯罪活动”。——译者注

〔179〕 Schünemann, BGH-FG, Bd. 4, 2000, 632。

〔180〕 完整的参见 Tiedemann, Nishihara-FS, 1998, 496 ff.，他为欧洲模式的刑法典规定了那种他自己的“为他人的举止行为负责”的实行人形式。

那么，这个企业领导人或者享有决定权或者控制权的人，也要负刑法上的责任，只要他知道这个犯罪行为的实施、对其实施给予了指导、让这个犯罪发生，或者没有采取必要的控制措施。"只要我们在刑法典中没有这样的条款，那么，人们就能从领导人的保证人地位中推导出一种不作为实行人来；这不能通过这个没有阻止结果的保证人本身也还在积极地参与引起这个犯罪而被排除。但是，这并不涉及积极的行为控制的案件。

138　这就导出了这个最终的结论：那种凭借有组织的国家机关的间接实行人，是一种反对某些反对意见的具有领导能力的法律角色，这种角色允许，首先是在国家犯罪与犯罪性组织的犯罪中，把幕后人理解为实行人。但是，在人们想要将其运用在所有具有等级关系的场合，并且，把经济企业中的领导人在下属实施的与经营相关的犯罪行为中，不考虑其共同作用的形式，就归咎为行为控制，那么，对这种角色的要求就太过分了。在这里，对于组织控制，还必须补充性地出现其他结构性因素。

4. 在无罪责能力与减轻罪责能力中的意志控制

(1)无罪责能力的构成行为中介人

139　无罪责能力的构成行为中介人，包括无归责能力的人(第 20 条)、儿童(第 19 条)与无责任能力的青少年(《青少年法庭法》第 3 条)。因为立法者认为，他们要么缺乏"认识构成行为不法性"的能力，要么缺乏"根据这种认识而行为"的能力，所以，在这种案件中，间接实行人在结构上是一种认识错误控制与强制控制的混合。在欠缺认识能力时，存在着一种实施人的不可避免的禁止性错误，这种错误一定会根据第 17 条导向罪责的排除。无论如何，这种状况必须根据认识错误控制的规则来加以处理(边码 61 以下，76 以下)。如果实施人缺乏抑制性能力，那么，幕后人就能够根据强制控制的方式来操纵这个无控制能力人的举止行为(边码 47 以下)，无需利用第 35 条的压制手段。在从一开始就不存在反抗可能性的场合，就不需要首先通过暴力或者威胁来压制它。两种意志控制的形式一起出现或者相互转化的情况也不罕见。对于在无罪责能力人的构成行为中的参加人，只有在幕后人认识到实施人无责任能力的情况下，才能在边缘性案件中考虑符合精神地运用已经发展出来的规则，例如，在那种已经由无罪责能力人自己所理解的犯罪计划中，提供不可能成为构成行为的那种支持的。

140　对**无罪责能力人的利用**，在原则上是间接实行人，不管在个别案件中，精神病人或儿童是否不是可能而是的确拥有自己的意志。也就是说，在强制(边码 48)中发展的，并且同样对与不可避免的禁止性错误(边码 78)相配的责任原则，也同样适合于这里。[181] 与此相反，在文献中的少数意见，是根据个别案件中的心理状况来考虑的。韦尔策尔[182] 这样认为，"即使一个儿童(如 12 岁的少年)或者一名精神病人，都的确能够伸展开自己的意志"；然后，在"第三人参加人"中仅仅存在着教唆人或帮助人。同样，耶赛克[183] 也认为，在"儿童或者精神病人……例外性地对一个自己的决定拥有能力时"。施米德霍伊泽[184] 说得就更具有一般性，"参与人与构成行为的状况之间的具体关系总是"最重要的。博克尔曼[185] 甚至想要认定在通常情形下只有教唆人，因为人们有一个精神病人"并不像手里有工具"一样。

---

[181] 在自己的意义中，参见，例如，Baumann/Weber，AT^{10}，§ 29 V 3 d；Blei，AT^{18}，§ 72 I 3 a；Gallas，MatStrRef. 1，134；ders.，ZStW – Sonderheft Athen (1957)，15；Herzberg，1977，§ 3，4，S. 30；Otto，AT^{6}，§ 21 IV 3 b；Stratenwerth，AT^{4}，§ 12，Rn. 49；也许还有 Maurach/Gössel，AT/2^{7}，48/79 f.。

[182] Welzel，StrafR^{11}，103。

[183] Jescheck，AT^{4}，§ 62 II 4，现在，不同的是 Jescheck/Weigend，AT^{5}，§ 62 II 4。

[184] Schmidhäuser，LB AT^{2}，14/48；还有，ders.，StuB AT^{2}，10/94。

[185] Bockelmann，AT^{3}，§ 25 II a；还有，Bockelmann/Volk，AT^{4}，§ 25 II a。

然而，这种个别化的解决方案并不可行。它的代表人混淆了责任的行为构成相关性与在这个领域里通过个别案件区分实行人与参加人的相关性。例如，一个人由于在性犯罪方面存在着病态的欲望结构而必须被否认抑制能力，但是非常有可能的是，他对盗窃仍然负有完全的责任。同样，很容易想象的是，一个在智力上有点低能的人，虽然在杀人或伤害时能认识自己举止行为的不法，但是在环境犯罪或经济犯罪时就不能。在这样的案件中，第三人就是参加人，只要他对应当负责的人共同发挥了影响；在通常情况下就是间接实行人，只要他没有对应当负责的行为人，不管这个人是谁，共同发挥了影响。与此相反，引诱一名在个别行为构成方面没有归责能力的自然人，根据案件的不同情况，不是作为间接实行人，而是作为教唆人来加以惩罚，这是不可能的。当一个人在具体实现行为构成时，无能力认识自己举止行为的不法，或者无能力根据这种认识而行为的，那么，不清楚的是，人们如何能够把这样一个人，根据区分实行人与参加人的观点，在法律上同时将其说成是值得注意的、具有独立犯罪意志的人？因为对于这样一种归咎而言会缺乏任何标准，所以这种区分就一定会导致一种任意性的决策。 141

有些不同的是**儿童的情况**。主流的观点同意，儿童是不可反驳地被推定为无罪责能力的，但是，应当正确地认为，在第 19 条中安排的排除责任是部分地以缺乏罪责为根据，部分地以尽管存在责任，但是施加刑罚又具有在预防上的不对症下药的属性为基础的。[186] 在这里，与在青少年中必须根据个别案件才能确定一样相类似，儿童是否“根据其心理与精神的发展就足够成熟”，“能够认识构成行为的不法并且能够根据这种认识去行为”，必须由此来认定是参加人还是间接实行人，这在理论上是可能的。《帝国法院刑事判例集》第 61 卷，第 265 页已经判决，促使一名 13 岁儿童纵火的是教唆人，因为这名儿童对其作为的意义虽然没有完全理解，但仍然具有“足够的理解”。 142

在这类案件中，还是应当肯定是间接实行人。在根据第 35 条的紧急状态的实施人那里，还是存在着罪责的残余，[187] 不去怀疑促成这个构成行为的幕后人所具有的间接实行人的身份。在这里就像在那里适用的一样，根据责任原则，在刑法上减轻实施人的负担，使单独承担责任的幕后人成为这个事件的核心人物，并且，由此成为（间接）实行人。对此，如果在刑事程序中必须把儿童卷入进来以审查其实行人身份，也会是荒谬可笑的。立法者想要在这种情况下，使用第 19 条，出于教养与预防性的充分理由，避免使儿童参与刑事程序之中并成为审查的对象。 143

对于自伤的共同作用而言，所发展出来的规则也可以相应地适用。也就是说，促使儿童、无责任能力的青少年，或者精神病人自杀，或者使自杀成为可能的人，就是杀人的间接实行人。还有，把麻醉品或者致命的也就是损害健康的物质发给这些人的，也能够作为杀人或伤害而受到刑事惩罚，只要这名幕后人对此具有必要的故意。 144

在文献中，就像在强制与认识错误的案件中一样（边码 56 以下，70 以下），对认定间接实行人在很大程度上提出了更低的要求，第 20 条的条件被第 216 条意义上的“认真性（Ernstlichkeit）”标准或者同意中的“认识能力”所代替了。在这里，人们——在细节上有不同的细微差别——认为，一种有责任的、排除共同作用人刑事可罚性的自伤，只存在于已经在更少的情况下才是重要的、不符合第 20 条条件的错乱（Störung）之中，并且，例如也已经不再存在，只要自杀仅仅符合“瞬间的心情（Augenblicksstimmung）”。[188] 近来，在一种“弱势父权主义”意义上， 145

---

〔186〕 Roxin, AT1³, § 20, Rn. 49。

〔187〕 Roxin, AT1³, § 22, Rn. 1 ff.。

〔188〕 对于证据，参见边码 56 以下与边码 70 以下。当然，在同意中，主流观点与司法判决，对成年人的认识能力提出了太高的要求，参见 Roxin, AT1³, §13, Rn. 55 ff.。

也提出了一个观点：自杀的决定是否能够不依赖于自杀者的心理状况，而是依赖于任何一种有说服力的或者可以接受的立场来进行判决。〔189〕

146 所有这些都不值得赞同。当然，一种在自杀时以及在做必要修正后也在自伤时，通过滥用毒品或者滥用药品〔190〕共同发挥的作用，也比各种犯罪更为常见地导致一种局外人的间接实行人。这里的根据首先在于，自杀者，即使在人们使用第 20 条的标准时，与犯罪实行人相比，也非常明显地更经常是没有归责能力的。经常导致自杀的内心性抑郁是第 20 条意义上的病态的心理障碍，〔191〕因此，在这类案件中引起自杀的人或者支持自杀的人都能够由于故意或者过失杀人而负有责任。对于在无归责能力状态下实施自杀的比率有多少的问题，并不存在一致的意见；相关的看法在 30% ~60% 之间摆动。〔192〕在判断时，多数人应当是在没有精神病学鉴定时就足够了，在这里，当然必须拒绝有利于被告人的怀疑。无论如何，在这个范围内，责任与行为构成的相关性（边码 141）还比其他情况具有更大的意义：以一种病态的心理错乱而实施自杀的人，通常在民法上与刑法上都具有完全的责任，因此，例如，他能够签订有效的购买合同，在盗窃时应当受到惩罚。

147 还有，人们对在青少年自杀中发挥的共同作用，必须始终认定这名局外人的刑事可罚性，因为一个年轻人，出于失恋、青春期的烦恼、学业或职业上的失望，或者其他类似的原因，想要结束自己生命的，还不是《青少年法庭法》第 3 条意义上"根据其心理和智力的发展的足够成熟"，从而能够认识这样一种步骤的影响范围。在这里，应当考虑的一个例外是，一名处于致命疾病晚期的年轻人通过死亡来摆脱他的疼痛的行为，在这种情况下，他的处境与他的动机就与一个有责任的成年人并无不同了。

148 相反，不正确的是，一个成年人，在没有"病态的心理错乱"下由于心理上的紧张或者恶劣情绪而实施自杀时，借助这种死亡愿望的"认真性"，也应当拒绝对其自己决定的责任，而让一名局外人对其共同发挥的作用在原则上承担刑法上的责任（关于第 21 条范围内的例外，参见下述边码 152）。这个观点将使对自杀中的共同作用不予刑事惩罚的立法决定遭到破坏。因为自杀总是在心理异常的情况下实施的，所以就几乎不存在自杀参加人不受惩罚的案件。因而，联邦最高法院在天狼星案件中，正确地仅仅审查，这名受被告人的建议所影响的妇女，是否表现为"一种……第 20 条所称的精神状况"（《联邦最高法院刑事判例集》第 32 卷，第 41 页）；并且，在那个受欺骗的双重自杀（边码 56,57,71）的案件中，法院并没有利用这个丈夫心理抑郁的状况与"低落的情绪"而对其自杀意志的责任提出质疑。人们特别不能毫无顾虑地认为，老弱病残者想要结束生命的欲望，在病理上是不重要的，〔193〕以至于在自杀中不受惩罚的共同作用的案件的确还相当经常地应当加以考虑。相应地，这也适用于自伤。在实践中最重要的损害健康或者完全致命的吸食毒品的案件中，司法判决认为吸毒者通常要承担责任，因此，通过他人获得"东西"的，只要没有补充特殊的情节，就不能使其成为杀人罪〔194〕的实行人（《联邦最高法院刑事判例集》第 32 卷，第 262 页以及随后的司法判决）。

---

〔189〕 Merkel, 1991, 71 ff.；一个更详细的批评性的讨论，因此见 Roxin, 140 Jahre GA, 177 ff.。

〔190〕 详见 Roxin, AT1³, § 11, Rn. 86 ff.。

〔191〕 参见 Roxin, AT1³, § 20, Rn. 12。

〔192〕 详见 Roxin, Dreher – FS, 1977, 350 m. w. N。

〔193〕 幸运的是，司法判决并没有这样做；参见，例如，BGHSt 32, 367 的案件；BGH NStZ 1987, 365；LG Ravensburg NStZ 1987, 229。

〔194〕 当然，BGHSt 32, 262 没有解决这个问题：人们是否能够根据同意的标准来判断自己的责任性，因为自己根据这个标准还必须认定，这个吸毒者是负责任地在行为的。

（2）责任能力明显减弱的构成行为中介人

在由罪责能力明显减弱的人（第21条）实施构成行为的情况下，实行人与参加人的区分在司法判决与学术界中还很不清楚，并且，迄今为止也还很少从根本上得到处理，虽然与无罪责能力人对参加犯罪相比，这种案件更为常见，在实践中也由此显得更为重要。在一个人在一种第21条意义上的减弱罪责能力人所实施的构成行为中共同发挥作用时，司法判决基本上只认定为是参加人，没有进一步把这个问题作为疑难问题。[195]在一部分文献中也跟随这个立场。[196]相反，有一种学说提出，不仅在强制案件中（边码48以下）的“边界范围”内应当肯定一种间接实行人，而且在第21条的案件中也应当采用这个解决方案。[197]许内曼[198]考虑，把“间接实行人法律角色的扩张”用于“利用一种处于《德国刑法典》第21条减弱罪责能力状态中行为的工具”，但是，这本身就是一个困难的、在文献著作中几乎没有被探讨过的问题。还有，其中有一部分还应当有所区别。这样，根据鲍曼/韦伯的观点，在减弱罪责能力人“自己决定”的情况下，只应当是参加人，相反，在有目的意识地利用直接行为人的缺点时，则应当存在着间接实行人。[199]根据沙夫斯泰因（Friedrich Schaffstein）[200]的观点，这取决于一种“对具体案件的所有情节的评价”，但是，在减弱罪责能力是由幕后人有目的地造成，为的是由此引起实施人去实施这个构成行为（例如，在引诱进行酒精或毒品的滥用时），就无论如何应当认定为间接实行人。 149

正确的是，人们必须在事实上进行区分。但是，根据具体案件来确定的做法，也没有提供进一步的帮助，因为，只要没有给出标准，就应当具体地作出决定。这种标准仅仅存在于法律规定的**在减弱的认识能力与减弱的控制能力减弱之间所作的区分**之中。也就是说，在第21条意义上的减弱的认识能力，其前提条件是，在需要判断的案件中，这个实行人是在没有不法意识的情况下实施行为的：如果他尽管有减弱的认识能力，但是仍然认识了自己作为的不法，那么，第21条就从一开始不可以适用了。[201]也就是说，这种认识的缺乏总是在禁止性错误中起作用的，从而使对这种案件发展起来的基本原则能够具有适用性，通常，这种原则将导致对间接实行人的肯定（边码77以下）。相反，如果这个实行人认识到自己举止行为的不法，并且，他也有能力根据这种认识进行行为，那么，在这名实行人的抑制能力明显减弱时，一名局外人也就只能是参加人，他还有抑制能力，这就足够了。在这个范围内，这种案件的存在，与一种强制没有达到第35条的标准的案件很类似（边码49以下）。即使一个人有目的地诱使他人吸食酒精或者毒品，以使其陷入这种犯罪行为的状态之中，与沙夫斯泰因的观点相反（边码149），总还是一种（肯定是比较重的）教唆，只要这个行为人具有不法认识，并且，能够进行这个行为，尽管根据这种认识也还要使用更大努力。 150

沙夫斯泰因[202]反对在这里发展起来的方案，认为“认识能力与控制能力……无论如何在理论上都能够区分，但是，在现实中又大多相互交织在一起，从而对专家与法官来说，它们是不可能在没有任意的情况下被区分清楚的。”但是，这是一种不完全正确的看法，因为第21条不仅是以 151

---

〔195〕 BGHSt 32, 43; 32, 262; 35, 349; BGH GA 1986, 508；还有，参见边码148。

〔196〕 Herzberg, 1977, § 3 III 1; Jakobs, AT², 21/94; Schumann, 1986, 76; Stratenwerth, AT⁴, § 12, Rn. 52；另外还有 Kühl, AT³, § 20, Rn. 47, 64。

〔197〕 参见，仅仅 Maurach/Gössel, AT/2⁷, 48/86。

〔198〕 Schünemann, NStZ 1982, 63。

〔199〕 Baumann/Weber, AT¹⁰, § 29 V 3。

〔200〕 Schaffstein, NStZ 1989, 158。

〔201〕 BGHSt 21, 27; 34, 22, 25; BGH NStZ 1988, 24; 1989, 430; st. Rspr.。

〔202〕 Schaffstein, NStZ 1989, 157。

认识能力的一种抽象的减弱为前提条件的,而且在具体案件中也是这种认识能力在实际上的欠缺为前提条件的。但是,一种减弱的能力,根据这种——不是现有的!——认识而行为的,从一开始就是不具有重要意义的。联邦最高法院正确地指出(《刑法新杂志》,1989 年,第 430 页):"第 21 条的适用……不能同时以其两个选择项为根据。"也就是说,关于这个区分的建议完全能够得到执行,因为第 21 条的两个选择项"并没有相互交织",而是完全相互独立的。

152 在这里,这个发展出来的基本原则也相应适用于在自伤、特别是自杀中的共同作用;当然,这里有一点区别,即实行人的认识能力必须不是涉及一种在此欠缺的不法,而必须涉及行为对其自身的影响效果。在自伤时,所欠缺的认识,例如在吸毒的影响后果中,通常都体现在较少的风险知识中,并且,使这名局外人成为间接实行人(边码 75,98),同时,在完全认识风险时,通过这个被害人在还存在但已经减弱的抑制能力中,就只能肯定故意自伤中的一名不受刑事惩罚的参加人了。在自杀中,这个自杀人在酒精、毒品或者精神错乱想象的影响下,能够缺乏对自身步骤影响后果的认识,以至于在存在第 21 条的相关情况时,这个共同作用人就能成为一名间接实行人。相反,如果这名自杀人有认识,并且仅仅是减弱了自己的抑制能力(但是在具体案件中还存在!),那么,这名局外人就是不受刑事惩罚的参加人了。

5. 在无目的故意的工具中的意志控制

153 "无目的故意的工具"是一种来源于早期法律文本中的占有型犯罪(Zueignungsdelikte)的设计方案。根据到 1998 年仍然有效的第 242 条、第 246 条、第 249 条的原文,盗窃、贪污与抢劫的前提条件是,实行人具有为"自己"违法占有这件财物的目的。现在,在一名幕后人(洪某)要求一名幕前人(魏某)为他,也就是洪某,盗窃、抢劫或者贪污一件财物时,根据主流意见与司法判决(最新的参见《联邦最高法院刑事判例集》第 41 卷,第 187 页,大审判委员会),魏某不可能是实行人,因为他并不想"自己"占有这件财物,而是为洪某占有的。相反,洪某应当是间接实行人,魏某是"无目的故意的工具"。但是,这种设计方案与行为控制理论不相一致。魏某仅仅具有对行为的实施具有控制,同时,洪某的贡献限制在要求执行行为构成的行为上。这样,由此由于教唆而恰如其分的惩罚,就会由于魏某所缺乏的实行人身份而失败。

154 从这个困境中走出来,原先有两条出路。第一条出路是,应当对洪某,在其从魏某手上获得这件财物时由于贪污(第 246 条),与对实施人魏某,由于其提供的帮助,进行惩罚。[203]但是,这不是令人满意的解决办法,因为它并没有正确地评价魏某的行为控制,并且,在可能的情况下,让盗窃的不法或者抢劫的不法完全没有被注意到。第二条出路是,把第三人的占有视为自己的占有,因为在这里,行为控制与无理的对这件财物作出规定的财产所有人地位,就清楚地表现出来了。[204]这种观点允许把魏某作为实行人进行惩罚,把洪某作为教唆人进行惩罚。也就是说,它与行为控制理论的规则相适应,因此赢得了一些支持者。但是,第三人占有也是自己占有的观点,并没有得到主流意见的遵循——可能主要是出于语言方面的理由——并且,在违反事实地认定一个间接实行人时,保留了原状。

155 今天,这个问题在很大程度上是通过《第六部刑法改革法》得以解决的,在第 242 条、第 246 条、第 249 条中,第三人占有与自己占有被明确地放在一起。也就是说,例如,在洪某要求魏某为他去盗窃财物时,魏某就是盗窃的直接实行人,而洪某却是这个构成行为的教唆人,此外还是窝赃人。因此,这个问题就提出来了,一个借助无目的的(无故意的)工具的间接实行人是否的确还存在?肯定的回答带有这样的标准,从此类案件的剩余部分中是几乎不可能产生困难的。

---

〔203〕 详细说明的根据,参见 Maiwald,1970,236 ff.,244。

〔204〕 Roxin, Täterschaft, ^{7}2000, 341 m. w. N.。

156 第一种还有可能的无目的故意的工具的情况，存在于**在第三人占有时，这个实施人不是以此为目的，而是仅仅具有单纯的故意或者间接故意在进行行为的。**〔205〕在这样一种案件中，这个实施人由于缺乏占有的“目的”而不是实行人，以至于那个幕后人就既不可能是教唆人也由于缺乏行为控制而不能是实行人，而一种刑事惩罚只能由于贪污而残留下来。〔206〕的确，对这种方式的实际案件进行想象是很困难的，因而，这种状况就也许才只具有单纯的理论意义。〔207〕

157 第二，一个无目的的工具总是存在于**这个实施人不知道自己被滥用于一个盗窃之中的情况。**这种案件存在于，例如，在洪某欺骗魏某，他（魏某）应当为（洪某）取来的那件别人的财物，仅仅是为了临时用用罢了。在这里，魏某也缺乏占有的故意。他不想盗窃，而只是盗用，因此，虽然是一个“无目的”的工具，但不是无“故意”的工具。〔208〕在这样一种案件中，洪某的间接实行人身份，在利用陷入错误的工具时，是很明显的。在这个实施人缺乏针对占有的违法性的故意时，也同样适用。这样一种案件，在洪某欺骗魏某，自己对财物具有一种到期的、但并不具有说服力的权利，而要求魏某为他（洪某）拿走该财物时，情况也一样。因为这样一个案件事实将排除占有的违法性，所以，魏某的行为，在他相信洪某时，就是在没有违法占有的目的与再次是一个无目的的但也是无故意的工具下进行的。在这里，也存在着一种凭借认识错误的间接实行人的清楚的例子。

6. 在间接实行人中对实行人条件的认识错误

（1）对建立行为控制根据的情节缺乏认识

158 这种案件的出现很容易：局外人并不认识这些在客观上会使其行为控制成为可能的情节。不管是他错误地相信了这位只是过失的直接行为人的故意，还是他没有看穿其具有禁止性错误或者精神病的存在，或者，他没有注意到，对于这个人来说，其作为的后果与在这里由其实现的不法程度，会在何种程度上保留在不为人所知的状态。在这种案件中，一个间接实行人是不成问题的。不是由于那种对构成行为的贡献在客观上的分量，而仅仅是其中另外的知识，使得这个幕后人能够操纵事件的发生并且获得这种意志控制。〔209〕一个人，把这个实施人看作是构成行为的控制人，并且把自己看成是参加人的角色，那么，这个人就将通过自己缺乏对行使自己的行为控制的想象而受到阻碍。对于局外人是否能够作为参加人被刑事惩罚的问题，应当区分两组情况：

159 最困难但实际上也很罕见的状况是，**一个幕后人错误地认为直接行为人存在着故意。**例如，甲给了乙一把上膛的左轮手枪，以便乙能够射杀丙；不过，甲错误地以为，乙会认为这把左轮手枪并没有上膛，从而只想去吓唬一下丙。〔210〕在乙将丙打死时，乙在任何情况下都会由于过失杀人而受到刑事惩罚。甲不可能是间接实行人，因为他对自己的“客观控制”一点都不知道，因此，不能把乙用作“工具”来使用。他根据自己的想法，是帮助人，但是，也不能作为帮助人加以惩罚，因为根据第26条、27条，参加人是以故意的实行人的构成行为（Tätertat）为条件的，而在此是欠

〔205〕对于目的与其他故意形式的区别，参见 Roxin, AT13，§ 12, Rn. 7 ff.。

〔206〕参见 Dencker，载：Dencker/Struensee/Nolles/Stein, 1998, 18; Wessels/Hillenkamp, BT/2[24], Rn. 153。

〔207〕对于寻找例子的努力，见 Noak, 1999, 73, 75; Kühl, AT3, § 20, Rn. 56 a; Gropp, AT2, § 10, Rn. 58 a。这些案件的结果是，第三占有人首先想要的是所有者，或者想要使自己的委托人避免烦扰。然而，一个占有目的是否会在这种幕后人动机上失败，是很有问题的，并且取决于对第242条中目的概念的解释。

〔208〕参见，Jäger, JuS 2000, 652。从另一个角度看，会还有 Mitsch, BT II/1, § 1, Rn. 164。

〔209〕这在早期并不是没有争议的（参见 LK[11] – Roxin, § 25, Rn. 142, Fn. 227）。今天，只有 Baumann/Weber, AT[10], § 29 V 4）还从一种行为控制概念的纯粹客观的理解出发，他们正确地批评了这个概念，但是，因为这是建立在对行为控制理论的一种错误理解之上，所以，由此就不能得出支持主观理论的论据。现在，重新支持纯粹客观的行为控制概念的，见 Luzon Peña/Diaz y Garcia，载 Roxin – FS, 2001, 586 ff.。

〔210〕进一步的例子见 LK[11] – Roxin, § 25, Rn. 143。

缺这个条件的。这样，剩下的就仅仅是不具有刑事可罚性的未遂性帮助了。在引起构成行为的相应案件中，也不存在着太多的差异。在甲要求乙做虚假的检举时，乙与甲的想法不同，认为有罪是恰当的，这样——为了仅仅使第164条的例子变得清晰——就排除了间接实行人中的诬告，因为甲只想教唆。由于对第164条的教唆而受到的刑罚，会由于乙欠缺故意而同样变得不可能，甲的未遂性教唆在轻罪中是不具有刑事可罚性的；只有在重罪中，在这样的案例中，才有可能根据第30条第1款加以惩罚。

160 这个结果是最不令人满意的，因为幕后人故意地想要这个结果（在这里：被害人的死亡，也就是他的诬告），并且也发挥了作用，[211]然而，却并不受刑事惩罚。在少数案件中，根据第30条第1款作为预备行为而可能的但不合适的惩罚，也完全没有改变这种错误的刑法解决方案。这个结果是不可避免的，[212]因为立法者已经注意到这一点，并且，法律的字面文字也排除了一种（作为参加人）的恰当判断。《1962年刑法典草案》（对此参见罗克辛，《德国刑法学 总论》，第一卷，第4节，边码16以下）因此提出了一条独特的规定，应当使对参加人的刑事惩罚成为可能（第32条）："（1）正如惩罚教唆人一样，故意作出肯定从而使他人在错误认识中去违法实施构成行为的人，这个实行人在这种实施中是故意地行为。（2）这相应地适用于帮助。"后来，这个规定在特别委员会的建议中（对此参见罗克辛，《德国刑法学 总论》，第一卷，第4节，边码24）被取消了，联邦司法部认为，[213]在实践中对此类案件的处理仅仅能够发挥次要的作用并无争论；《1962年刑法典草案》"的确是太过具体了"，因此，人们建议将其删除。

161 在文献中虽然会偶然提出这样的意见，现行法律仍然允许对参加人进行惩罚，[214]因为立法者并不想对这种状况的事实性处理做出决定，但是，对参加人的肯定是不可能的，因为在这个范围内，即使在总则中适用的禁止类推[215]也是与此相对立的。在第26条、第27条使实行人的故意明确地成为参加人的条件时，如果没有实行人的故意，对参加人的惩罚就不再能够得到考虑了。《1962年刑法典草案》第32条也仅仅是想"像"对待参加人一样对局外人进行刑事惩罚，也就是说，建立了这种案件事实的刑事可罚性根据。在删除这个条文之后又承认一种刑事可罚性，就意味着创设了一种"没有法律规定的犯罪"。

162 更加简单的是对第二种、也是更常见的案件情况的处理。也就是说，**这个实施人是在故意并违法地行为，并且这个局外人也知道这一点，但是，对建立行为控制根据的其他情节并没有认识：**在这里，对参加人的惩罚是毫无疑问的，因为实行人的故意存在着，但是，他的罪责根据限制性从属原则（第26节，边码32以下）对参加人而言是不要求的。也就是说，在甲诱使乙实施一个犯

---

[211] 因为这个故意确定了，所以，一种反正本来仅仅在很罕见时才会有可能的过失性惩罚，也就不会加以考虑了，参见Roxin，AT I^3，§ 24，Rn. 70–73。

[212] 参见，Roxin，^{2}1973，20 f.，Fn. 46；ders.，in：Roxin/Stree/Zipf/Jung，^{2}1975，29；ders.，Täterschaft，^{7}2000，555 ff.；Blei，AT^{18}，§ 72 II 4；Bloy，1985，98；Bockelmann，Gallas–FS，1973，261 ff.；Cramer，Bockelmann–FS，1979，399f.；Gropp，AT^2，§ 10，Rn. 76；Herzberg，1977，§ 3 IV 2；SK^7–Hoyer，§ 25，Rn. 145；Jakobs，AT^2，22/18；Jescheck/Weigend，AT^5，§ 61 VII 3；Kindhäuser vor § 25，Rn. 65；Letzgus，1972，29 ff.；Maiwald，ZStW 88（1976），731 f.；Maurach/Gössel，AT/2^7，53/107 ff.；Otto，AT^6，§ 22 II 1b bb；Samson，Strafrecht I^7，Fall 40，221 f.；Sch/Sch/Cramer/Heine^{26}，vor §§ 25 ff.，Rn. 79；Stratenwerth，AT^4，§ 12，Rn. 142，219 f.；Tenckhoff，JuS 1976，528；Wessels/Beulke，AT^{31}，Rn. 548。同样的是BGHSt 9，382。还有KG NJW 1977，817，819（m. Bespr. Schall，JuS 1979，104）代表了这个观点。

[213] Prot. V. Wahlp.，91. Sitzung，1829；同样，BT–Drucks. V/4095，13。

[214] Baumann/Weber，AT^{10}，§ 29 V 4；Köhler，AT，513；Schöneborn，ZStW 87（1975），911，Fn. 38；还有Tröndle/Fischer^{49}，vor § 25，Rn. 10（但是，现在不同于Tröndle/Fischer^{50}，vor § 25，Rn. 10）。

[215] 参见，Roxin，AT1^3，§ 5，Rn. 41。

罪,但此时没有注意到乙是精神病人时,对甲能够直接以教唆人加以惩罚,就像这也符合其所想象的一样。同样,在局外人对——即使本身是不可避免并因此是排除罪责的——这名实施人的禁止性错误没有认识时,就只存在参加人。在直接行为人甚至认为自己具有不受限制的罪责,并且,仅仅是对其他情节有认识错误时,而这些情节本来会使这个局外人在对这种缺乏想象有认识时就会成为间接实行人,那么,一名参加人应当在第四种行为控制层面(边码 94 以下)的案件中得到认定才是正确的。

(2)对建立行为控制根据的情节产生错误认识

在这里涉及的是相反的状况。这个幕后人相信,直接行为人是在没有故意或者在禁止性错误之中实施行为的,不管是由于精神病还是对其他使局外人有可能控制事件的情节产生错误认识。但是,在实际上,这个直接行为人具有完全的归责能力,并且,具有与幕后人一样的事实认识与法律认识,而这位他所跟随的幕后人却错误地相信自己能够控制这个事件。在这样的案件事实中,不能认定一个间接实行人:因为间接实行人是以一种实际的而不是纯粹幻想的行为控制为前提的。在这里,只有一种严格的主观理论才能够通过肯定"实行人的意志"来认定间接实行人;但是,这种理论应当被拒绝(边码 21 以下),并且,在间接实行人中,也不再被司法判决所运用(参见,例如,边码 80,81,172)。除此之外,在一个间接实行人不认识一种客观上存在的控制面前,这就更加是客观上的缺失了。 163

但是,在这个信以为真的"工具"根据幕后人的设想跨越了预备阶段时,就存在着未遂。[216] 根据本书所代表的观点,这是指幕后人使事件的发展脱离其影响范围时的案件(详见第 29 节,边码 195 以下)。也就是说,在甲请求并给予那个信以为真并容易轻信的乙一支致命的注射器,让他去给丙注射时,乙识破了事实真相,但是,仍然按照甲的愿望去做的,甲就是一个由于未遂性谋杀的实行人而有罪责的人,只要乙拿着这个交给他的注射器脱离了甲的控制范围。还有,在甲要求其错误地认为是精神病患者的乙一起抢劫时,只要乙一动手,甲就是抢劫未遂的实行人。在间接实行人中,对预备与未遂之间的区分而存在的重大争议的详细情况,都属于未遂理论的范围,本书在这里指出这一点(第 29 节,边码 192 以下)。 164

在对建立行为控制根据的情节产生错误认识而导致未遂时,由此得出的结论是,这个实行人是(实质性地)在实现行为构成(边码 29),因此,未遂的实行人就被描述成是实现行为构成的未遂了。在这里,涉及一种利用不适格方法(untauglichen Mitteln)的未遂(对此,见第 29 节,边码 6,17 以下,22,308 以下,348):这个幕后人想要"通过他人"实施这个构成行为(第 25 条第 2 款),但是,后者并不适合当"工具",因为他通过自己独有的实行人身份使得幕后人不可能具有行为控制了。当然,在许多犯罪中,这种未遂是不受刑事惩罚的(参见,第 29 节,边码 292,323),因此,在这个范围内,这个幕后人就不能被拖入责任之中。 165

更为重要的是,在那种仅仅是偶尔具有刑事可罚性的未遂之外,总还存在着一个既遂*犯罪的参加人(关于竞合关系,见第 33 节,边码 212)。当幕后人知道实施人在故意地行为,同时,知道其对独有的行为控制产生的错误认识是以其他情节为基础的,这就没有问题了。也就是说,如果甲错误地认为这个自己要求其去抢劫的乙有精神病,那么,甲就不仅是未遂的实行人(边码 166

---

[216] Gropp, AT^2, § 10, Rn. 77; Herzberg, 1977, § 3 IV; SK^7 – Hoyer, § 25, Rn. 143 ff.; Köhler, AT 513; Kühl, AT^3, § 20, Rn. 84; Maurach/Gössel, $AT/2^7$, 48/41; Preisendanz[30], § 25, Anm. III 2 c bb; 也许还有 Schmidhäuser, LB AT^2, 14/54; ders., StuB AT^2, 10/103。

* 原文是"am vollendeten Delikt"。在德语中,以"vollen"为词根的词原意是"完成"。本书对这个词将根据上下文,在不考虑结果是否出现时使用"既遂",在可能考虑结果是否出现时使用"完成"。对一个词使用两种译法的做法是否恰当,有待方家的批评。——译者注

164)，而且，他在构成行为实现时，还对乙进行了既遂抢劫的教唆。正如第26条所要求的，他已经“故意地对他人故意实施的违法构成行为加以确定。”他还想象到了那些额外的在可能时会使其成为实行人的情节，并不会阻止他受到对参加人的惩罚。参加人不以“参加人的意志”为条件，而是作为“从属性法益侵害”的一种“第二位的”概念：参加人是各种符合第26条、27条要求的“没有行为控制的共同作用”(参见第26节，边码1以下，8以下，10)。

167 更困难的是这种判断，幕后人错误地认为实施人缺乏故意，就像在注射案例中一样(边码164)。主流观点在这里认定一个参加人，[217]理由是：甲已经确定了乙故意地实施一个构成行为，而乙也是故意地实现了这个构成行为。当然，他的故意并没有伸展到乙的故意上去；但是，这是必要的这一点，并不是强制性地来自法律的原文。[218]但是，这个参加人的刑罚基础与刑事政策性考虑，都是反对这种意见的。一种“从属性法益侵害”(参见，第26节，边码11以下)，一种通过他人的人身来造成符合行为构成的结果，并不依赖于甲是否把乙想象为故意行为人。在这种类型的案件中，“参加人的意志”也不是参加人的条件；同时，正义命令作为参加人进行惩罚，因为不应当认识的是，一名故意引起构成行为的人因此仅仅在可能时才应当是不受刑事惩罚的，因为他甚至误以为自己处于一个实行人的位置上。[219]

7. 在构成行为中介人中的过限与对象混淆

168 对于构成行为中介人的过限，这个幕后人可以不作为间接实行人来承担负责。也就是说，在甲要求精神病人乙毁坏财物，而乙不这样做而将丙杀死时，甲不是谋杀的间接实行人；在这个案件中，对甲来说，缺乏有意识的操纵，不仅仅在行为控制上，[220]而且还在故意上。在这里，是否存在一种故意的过限还是过失的过限，都是一样的。即使在乙由于精神错乱而把丙当作他要毁坏的财物，甲的杀人实行人的身份也要排除。然而，在这两种过限形式中，对甲能够以未遂毁坏财物加以惩罚(第303条第2款)，这种未遂存在于构成行为中介人的“派遣行为(Los－Schicken)”上(对此，见边码164与第29节，边码195以下，边码226以下)。此外，当构成行为中介人方面在可预见范围之内转向另一个行为对象时，就还有一个过失致人死亡(第222条)。

169 一种应当根据相同规则来处理的过限，还存在构成行为中介人违反计划在同一个行为构成的范围内攻击另一行为对象的情况之中，也就是说，例如，在精神病人乙杀死的是丁而不是甲委托其去杀的丙时。在这样一种案件中，对甲来说(正如在边码169中的状况一样)，就存在着一种行为差误(aberratio ictus)，只能再次仅仅作为未遂与可能具有的过失行为加以惩罚。[221]

170 把这个幕后人作为一个既遂的故意行为的间接实行人加以惩罚，只能在以下案件中加以考虑：这个构成行为中介人违反指示地实现了一个更重的犯罪，但是，在其中含有那种由局外人的故意所包含的较轻的行为构成。也就是说，在甲教唆精神病人乙实施盗窃(第242条)时，乙却在拿取财物时使用了暴力，甲虽然不能作为抢劫(第249条)的间接实行人，但却可能作为盗窃的间接实行人加以惩罚。

---

[217] Bockelmann/Volk, AT^4, § 22 II 3 b; Gallas, MatStrRef. I, 139; Jescheck/Weigend, AT^5, § 62 III 1; Köhler, AT 513; Kühl, AT^3, § 20, Rn. 87; 深入的，见 Roxin, Täterschaft, ^{7}2000, 270 ff.; Schmidhäuser, LB AT^2, 14/54; ders., StuB AT^2, 10/103; Stratenwerth, AT^4, § 12, Rn. 214 ff.; 216; Wessels/Beulke^{31}, Rn. 549; 拒绝的是 Herzberg, 1977, § 3 IV2; SK^7 – Hoyer, § 25, Rn. 138。

[218] 但是，Herzberg, 1977, § 3 IV 2 因此否定了一个参加人；与 Herzberg 一样的，参见 Blei, AT^{18}, § 72 II, 3; Letzgus, 1972, 30, Fn. 48; Maurach/Gössel, AT/2^7, § 47, 48/42; Samson., StrafR 1^7, Fall 39 B III 1 b。

[219] 还有，Herzberg, 1977, § 3 IV 2 也承认，一种对参加人的刑事惩罚“在事实上是有说服力的”。

[220] 因此，在结论上，恰当的说明，见 Jescheck/Weigend, AT^5, § 62 III 3; Maurach/Gössel, AT/2^7, 48/45。

[221] 详见 Roxin, AT13, § 12, Rn. 139 ff.。

借助过限案件,就可以勾画出对构成行为中介人的人身认识错误(也就是行为对象错误)的解决方案:对幕后人而言,这种错误同样也是构成行为中介人的一种过限,并且,在这里也是一种行为差误,在可能时是作为未遂和/或过失行为应当受到惩罚的。在无故意行为的工具中,没有争议的是:也就是说,在甲交给事先不知道情况的护士乙一个应当向丙注射的带有致命毒药的注射器,但是,乙却由于弄错而给丁注射时,对甲就能够由于对丙的未遂性谋杀(第211条)与在可能时对丁的过失致人死亡(第222条)而加以惩罚。但是,在这种混淆发生在一名先给告知这个谋杀计划的精神病人身上时,也就是在这种情况下是故意行为时,结果也不会有什么不同;对于这个幕后人而言,这个中介人的人身认识错误无论如何是一种行为差误。〔222〕 171

8. 不同的方案

在不考虑一些意见在细节分歧上的情况下,行为控制在今天是被绝对主流的意见以及司法判决作为判断间接实行人的关键标准使用的。较新的司法判决甚至一次也不再追溯"规范的联合理论"的妥协形式(边码22以下),而是直接使用"在操纵意志意义下的行为控制"(联邦最高法院,《刑法新杂志》,1989年,第370页,第372页);〔223〕这在立场上符合了本书发展出来的意志控制的因素。不同的方案在文献中很少见,并且与行为控制理论的论证模式相差不大。 172

(1)施泰因

最不同的立场是由施泰因所代表。〔224〕他的观点想要根据具有不同"迫切性"的举止行为规范,来区分各种参与的形式(边码35以下),并且,使实行人举止行为规范的存在,取决于在幕后人"**没有义务**"时,或者——在大多数案件中——取决于直接实施人"**缺乏履行义务的能力**"时。但是,,当他在这种关系中,把一种间接行为人区分为"由于缺乏故意"、"由于缺乏不法认识"与"由于缺乏操纵能力"时,〔225〕行为控制得到承认的各种形式就又以一种不同的结构重现出来了。 173

(2)M.－K迈尔

M.－K迈尔的观点源自她的老师施米德霍伊泽的"整体理论"。她的观点把间接实行人建立在直接实施人的不自由,即在其"**自治**"受到损害的基础之上。〔226〕她的观点在以下范围内与行为控制理论很接近:即行为控制的许多案件都是以实施人缺乏意识或者缺乏操纵为根据的,这对其行为的自治设置了一些限制。然而,自治的概念对于区分间接实行人与参加人是很少能够合适的,因为一方面,精神病人自己通过其"自然意志"还具有"自治"的一些残余,另一方面,来自教唆人的意志影响已经限制了导致构成行为的自治,最后,因为就像迈尔自己承认的那样,一种间接实行人在这名实施人很难能否定自己举止行为的自治而负有完全责任时也是有可能的。这样,迈尔的自治概念就表现出多义性与不确定性,难以成为一种清晰的解决方案。〔227〕 174

---

〔222〕 对行为差误与对人身认识错误的一般区分,详细的论述,参见:Roxin, AT13, § 12, Rn. 144 ff. 与168 ff.。与这里一样,也参见Jescheck/Weigend, AT, § 62 III 2; Schmidhäuser, LB AT2, 14/104; ders., StuB AT^2, 10/104; SK^7 – Rudolphi, § 16, Rn. 30。其他观点,见Jakobs, AT2, 21/106; Sch/Sch/Cramer/Heine^{26}, § 25, Rn. 52, 53; Wessels/beulke, AT^{31}, Rn. 550。在实践中,这个问题首先已经在共同实行人(对此,参见边码195)与被教唆人的人身认识错误中赢得了重要意义。

〔223〕 BGHSt 30, 363; 32, 38; 32, 178 f.; 35, 347; BGH MDR (H) 1981, 631f.; BGH GA 1986, 508 f.。

〔224〕 Stein, 1988, 283 ff.。

〔225〕 Stein, 1988, 294 ff.; 296 ff.; 298 ff.。

〔226〕 M. – K. Meyer, 1984。

〔227〕 这是批评的主要攻击点。Küper, JZ, 1986, 219 ff.; 229这样说:"'自治'的概念在各种关系中像变色龙一样地改变着自己的含义,以至于它的内容完全是任意的",并且,Neumann, GA, 1985, 476f也认为:Meyer的自治概念是"混乱而不清晰的",带有"一种不受约束的、修辞的因素"。

(3)伦齐考夫斯基

175 伦齐考夫斯基也将他的实行人理论建立在自治原则基础上。[228]这个理论是行为控制理论的一个变种。[229]在间接实行人中,幕前人的自治通常就排除了幕后人的行为控制,并且使后者扮演了教唆人或帮助人的角色。在这个范围内,也就是说,实施人的自治与幕后人缺乏行为控制,其行为控制与"工具"缺乏自治,是相互一致的。区别仅仅在于,行为控制理论在一些状况中(参见边码62,76以下,91以下,95以下),尽管在实施人中存在的自治,仍然肯定了幕后人的行为控制,同时,前后一致地得到贯彻的自治原则就必须拒绝各种"实行人背后的实行人"。

176 这也是伦齐考夫斯基的出发点。[230]但是,当他在不可避免的禁止性错误或者实施人减弱的归责能力(第21条)中肯定一个间接实行人时,他也认为自己的原则不能得到完全的贯彻。他说,一个人"不能正确地借助规范评价自己的行为时,就不能自治地行为"。[231]但是,法律制度(die Rechtsordnung)还是把他的举止行为评价为自治,在这种情况下,法律制度将其作为故意的实行人进行惩罚。不是幕前人的缺乏自治,而是幕后人仍然还存在的控制,是一个间接实行人的根据。在实施人减弱归责能力的情况下,对于幕后人的间接实行人身份,伦齐考夫斯基根据的是"幕后人处于优势的地位"。[232]但是,这仅仅证明了这个幕后人的行为控制,与实施人的自治问题并没有什么关系。

177 自治思想的困境在于,自治不仅能够要么缺乏要么存在,而且能够在多阶层中逐渐显现出来。但是,实施人在什么等级上欠缺自治才会导致一个幕后人成为间接实行人,是无法从自治原则中推导出来的,而只能根据幕后人的行为控制才能得到判断。幕后人获得行为控制的"处于优势的地位",甚至能够从幕前人欠缺自治的其他情节中得出,就像在组织控制或者弄错被害人的身份时所表现的那样。由此可以看出,这种自治原则在非常接近行为控制理论的同时,在思路上是错误的。在间接实行人中,关键的不是中介人的状态,而是幕后人对实现行为构成所具有的权力。

(4)克勒

178 克勒也追溯到了自治原则。[233]但是,他不像M.-K迈尔从整体理论,或者伦齐考夫斯基从行为控制理论那样走的,而是依靠唯心主义哲学*以及由此得出的"自由主体之间行为关系的特点"。[234]这个方案使他得出了激进的结论:他把自己对其存在本身并不否认的大多数行为控制的案件都归入教唆,并且,把间接实行人限制在利用无故意的与得到正当化的构成行为中介人之上。"间接实行人是指那些通过他人(构成行为中介人)这样来实现不法构成行为的人,他们为他人创造或者事先安置了一种事实状况,使得这种行为就其本身来说是符合规范的。"[235]

179 那些操纵根据第35条受强制人的,因而仅仅是教唆人,[236]因为他是"在与构成行为相关的规则应用中……确定了自身,他才也有可能处于与他人相当不同的自治状态之中。"由此,这个

---

[228] Renzikowski, 1997。

[229] Renzikowski, 1997, 34, 74谈到了一种"对行为控制理论的重新表述"。

[230] 关于Renzikowski的观点,具体参见Roxin, Täterschaft, ^{7}2000, 664 ff.。

[231] Renzikowski, 1997, 81。

[232] Renzikowski, 1997, 87。

[233] Köhler, AT, 505 ff.。对于Köhler观点的详细论述,参见Roxin, Täterschaft, ^{7}2000, 649 ff.。

* 原文是die idealistische Philosophie,也可以翻译成"理想主义哲学"。——译者注。

[234] Köhler, AT, 488。

[235] Köhler, AT, 505。

[236] Köhler, AT, 506。

被强制人就“不是用作一种纯粹的手段”。[237]单纯的教唆人还是那些利用处于——即使是不可避免的——禁止性错误之中的人。“即使在无罪责时,这个行为人本身也在转向不法准则”。[238]同样,对于克勒来说,使用幼小的儿童来实施犯罪行为就仅仅是一个教唆人,因为教唆人是“与一种从整体上反映规范的主体”相联系的。在这类案件中,人们虽然想要从“行为控制”来谈“工具”,“但是,构成行为中介人本身仍是自由主体,并且仅仅在其规则方案的确定方面才能成为他人不法准则的手段”。[239]

人们可能会怀疑,这种结果是否能够从哲学前提中获得。所有其他的判断者都从实施人所缺乏的责任中正好得出缺乏自治的结论,并且,又从这一点上得出幕后人的间接实行人的结论。但是,与此无关的是,克勒的观点违背了对解释有拘束力的法律规定的方案,而这个方案不允许使用哲学理论来加以排除。在新的总则的材料中清楚地表明,利用无罪责的工具应当导致间接实行人:[240]“以盗窃目的让一个儿童搬走他人之物的人”,可以说,“同样是小偷,就像他用自己的手拿走这个财物一样……或者就像他让一条狗来拿这个财物一样”。这里也清楚地指明,“在实行人通过一个无罪责能力的人……或者通过一个处于免责紧急状态中行为的人……而实现犯罪时”,就存在着间接实行人。 180

但是,克勒的观点在脱离其前提与立法者意志时也是很难理解的。在何种意义上应当说,无罪责的“工具”应当作为实行人而处于这个事件的中心,而真正应当负责的计划人却应当被推向边缘?克勒一定要得出更强的违反法律的结论,才能完全否认间接实行人。还有,由于严重过失而对案件事实产生认识错误的人,还属于一个反映主体,并且,能够通过一点思考就轻易地避免降级为“单纯的手段”(工具),而这是前面提及的无责任工具所拒绝的。从克勒的立场看,对无故意的工具与对有故意但无罪责的工具加以区别对待也还是不清楚的。无论如何,他的理论显示,借助自治原则能够得出哪些极端不同的结果,相反,行为控制理论又能够指出多么清晰的结构。 181

(5)许内曼

许内曼代表了“自我责任”原则,这个原则在很大程度上是与自治原则相符合的。他虽然使用自我责任原则作为限制客观归责的标准,但是,也把这个原则转用于区分间接实行人与参加人。[241]因此,直接行为人的“自我责任”就应当排除间接实行人。但是,在区分参与人形式上使用这种对归责理论富有成果的观点是有问题的,因为实行人的自我责任的确没有阻碍参加人自己的责任,从而使这个标准在这里从一开始就不具有限制归责的作用,并且,对于区分间接实行人与参加人的意义也还一定要加以说明的。[242]根据情况,许内曼的理论就会导致严格拒绝一种在有责任的实行人背后的实行人的结果,就像我们的描述所显示的那样,这个理论不能贯彻到底,许内曼自己也没有贯彻到底(他在有组织的国家机器的范围内以及在实施人不可避免的禁止性错误中,就承认了间接实行人)。在这里使用的“责任原则”(参见边码48,140)肯定也包含了一种有着区分意义的观点。但是,其意义局限于强制控制与构成行为中介人无罪责能力的案件上。一种绝对的设定与之并不相容,首先,就像认识错误控制所说明的那样(边码62,76以下,91以下,94以下)。 182

---

〔237〕 Köhler, AT, 510。

〔238〕 Köhler, AT, 509;在这里还有下文的引文。

〔239〕 Köhler, AT, 506。

〔240〕 关于E 1962, BT-Drucks. IV, 650, 149的材料。

〔241〕 Schumann, 1986, 69 ff.。

〔242〕 参见,Frisch, JZ 1988, 659;此外,Meurer, NJW 1987, 2424 f.。

(6)海因里希

183 海因里希拒绝行为控制理论,相反,支持把实行人的概念建立在"决定作出人"(Entscheidungsträgerschaft)的基础上(边码37)。他把间接实行人理解为"决定的承担人(Entscheidungsübernahme)"。海因里希是这样得出结论的:[243]"幕后人通过造成或利用了降低由当时对幕前人的规范性警告所建立的抑制性门槛,来将在此存在的决定缺陷加以工具化,从而使其自己指向行为构成的决定——在那里是没有缺陷的——处于更高的级别之上。"对他来说,幕后人的这种更高级别的决定,是根据"在整个事件发生框架中唯一应当引用的指向行为构成的决定,这个决定与具体的……事件全面一致,以至于——在价值考察中——应当将其视为直接处于那个的基础之上。"

184 所有这些都值得同意。但是,与其倡导者的看法不同,在这里再一次涉及的仅仅是一种以不同术语另外包装起来的行为控制理论的变种。海因里希所安排的把幕前人的决定瑕疵加以工具化,与行为控制的实行并没有什么不同。海因里希支持的"抑制性门槛的想法",也总是为行为控制理论的赞同者们考虑到了。幕后人的行为控制恰恰建立在这个基础上:由于强制或者认识错误而成为工具时,本来能对抗行为构成实现的抑制性就被消除了。虽然抑制性门槛的想法不是新的,但是,它还从来没有像在海因里希那里一样,被如此完整地精心制作过。这个想法可能会帮助那个还存在争议的"实行人背后的实行人"的法角色最终得到贯彻。海因里希是自治原则的重要反对者,而这个原则在各种非常不同的明确表现(Ausprägungen)中确定了前面所述的大多数"不同的角度"。根据抑制性门槛原则,例如,在一个对禁令产生认识错误的工具的案件之中,这就足以肯定间接实行人,从而在这里,在法律上有重要意义的形式中,降低这个抑制性门槛。相反,这个工具是否将作为故意的实行人加以惩罚,还是声称其具有"自治",都是无关紧要的。

185 当然,间接实行人不是仅仅通过在实施人中降低在法律上具有重要意义的抑制性门槛才是可能的,而是在凭借有组织的国家机关的行为控制(边码105以下)中也还有可能。当海因里希[244]在这里不是想要根据对引起"常规过程"的权力机器的控制,而是根据实施人所谓的"对抑制性门槛具有重大意义的决定瑕疵"时,因为这个实施人虽然"在与案件有联系的真正权衡意义上"能够自由作出决定,但是他"根据一种相应的预先的易受感染性(Prädisposition)",一种建立在不受强制人的自由决定与实行人知道的所有情节基础之上的易受感染性,并没有这样做时,这就不能为这个幕后人的间接实行人提供根据了。否则,每一个与一名自己情愿的("易受感染的")实施人有关的教唆人,就一定是间接实行人了。虽然海因里希想根据"有组织典型性的行为倾向性"来安排,并且,将其与实施人的易受感染性进行区分,而这应当只能为这名幕后人的教唆提供基础。但是,这种根据"自己情愿的程度"来做的分类,很清楚是不具有可操作性的。还有,实行人的一种情愿性,就总是如那种守规矩的情愿性一样,并没有使幕后人获得行为控制,只要这种情愿性是建立在实行人的一种由自己负责的决定之上。

(7)席尔德

186 席尔德(Schild)[245]想要作为唯一的作者,从一开始就不让间接实行人作为独立的法角色加以适用,并且,由此也抽掉本书在这里发展起来的对行为控制与意志控制的区别。对他来说,间接实行人也具有行为控制,也就是说,根本就是直接实行人:"《德国刑法典》第25条第1款的规

---

[243] Heinrich, 2002, 354。

[244] Heinrich, 2002, 271 ff. (273 f.)。

[245] Schild, 1994。对此,见 Bloy, GA 1996, 239。

定因而在实际上就是多余的;在有人使用工具的案件中,他自己就是在实现行为构成的意义上行为的。”〔246〕

间接实行人在实质意义上也完成了行为构成,这是正确的。实行人就是完成行为构成。但是,他在做这一点时,是以完全不同于直接实行人的方式进行的,也就是说,是通过利用一个构成行为中介人来进行的。在**这一点**区别之上,建立了法律上的区别(“自己或通过他人”)以及在行为控制与意志控制之间区别的基础。这不仅是法律的规定,而且在学术上也是必要的。只有突出意志控制的所有特定条件,才可能对教唆人与共同实行人作出区分,并且才能使本书发展出来的实行人理论的结构显现出来,而这个结构保障了行为控制的概念免遭一种可以任意填补内容的一般条款的命运。 187

(三)作为功能性行为控制的共同实行人

1. 共同实行人的结构

立法者在第25条第2款中,描述了共同实行人为实行人的独立形式:“多人共同实施构成行为的,都作为实行人加以惩罚(共同实行人)。”实际上,共同实行人在结构上就与直接实行人(行为控制)与间接实行人(意志控制)有着根本区别:共同实行人是通过**分工实施**来实现行为构成的。共同实行人的行为控制产生于他在实施中的**功能**;他接受了一项对实现这个行为计划**非常重要**的任务,并且通过其所实施的构成行为部分而使其对整个事件的控制成为可能。例如,两个银行劫匪在实施中这样分工:甲拿枪对着柜台里的银行职员,而乙则清空保险箱,这时,是一人只实施了威胁,而另一人只实施了拿走。然而,在这两个人中,每个人都通过自己那个部分的贡献而控制了整个事件。假如甲没有使那个职员无法动弹,抢劫就会失败,就像如果乙放弃搜光保险箱一样。两个人都具有不可替代的功能,这种功能使两人都成为共同实行人,但是,两个人中的任何一人都有可能通过拒绝实施自己的那部分而使这个犯罪计划归于失败。因而,我称之为“功能控制”。〔247〕 188

从这个结构中,产生了共同实行人的三个核心条件。**一是必须存在一个共同的行为计划**(2);然后,一种分工,作为一种“共同实施”的条件,是根据一个共同的计划来行为的。**二是必须确认一个共同的实施行为**,一种在实施阶段的共同作用(3[1]);一种对准备*的参与是不够的。这虽然很有争议,但是,仅仅在准备阶段一起作用而把实施转交给他人的人,就是自己单独控制了行为构成的实现,并且这样就把他人从实行人中排除出去了。**三是在实施阶段必须做出实质性的贡献**(3[2]);只有这样,这种参与才对这个行为计划的成功具有重要的功能。 189

2. 共同的行为计划

共同行为计划的必要性首先来自法律;在第25条第2款中要求的实施构成行为的“共同性” 190

---

〔246〕 Schild,1994,24(类似的还有28)。与Schild的进一步的争论参见Bloy,Ga,1996,239。

〔247〕 对此的深入论述,参见Roxin, Täterschaft, ^{7}2000, 275-305,684-695;此外,见他的文章JA 1979,519-526。接受这个用语的有Eser, StrafR II3,37/24,39/6;Freund,AT, § 10,Rn. 42;Gropp,AT2, § 10,Rn. 38,81;Jescheck/Weigend,AT^{5}, § 63 III 1;Kühl,AT3, § 20,Rn. 99;Lackner/Kühl^{24}, § 25,Rn. 11;Maurach/Gössel,AT/2^{7},49/5;Rudolphi,Bockelmann-FS,1979,369,374;Seelmann,JuS 1980,574;Stratenwerth,AT^{4}, § 12,Rn. 33;Wessels/Beulke,AT^{31},Rn. 528。借助那种有待提到的限制,还有Herzog,1977, § 5 I 1;Jakobs“在依靠罗克辛的区分中”,谈论了“决定性控制”与“塑造性控制”(AT2,21/25 m. Fn. 86),Bottke,1992,82ff谈到了“被调整的被同等安排的塑造性控制”。还有,Bloy的专著,1985,367 ff.也完全追随了本书提出的观点。

* 德文原文是“Vorbereitung”,意思与中国刑法中的“预备”并不完全符合。——译者注。

是以共同实行人之间的意志一致为条件的。此外，从行为控制理论的立场来看，这种必要性还来自分工的要素，通过分工，每个人在整个事件中的功能都得以分配。司法判决也一直坚持行为计划的必要性。[248] 还在1997年时，联邦最高法院[249]就表示："在对他人的构成行为作出单方面同意与在确认这样一种同意的案件中，还不存在共同实行人；更准确地说……所有人都是在有意识的与有意志的共同作用中行为的……"

191 由此可知，首先，**在为同一个目标进行努力的人相互不知道对方的存在时，共同实行人就还不能存在**。在两个偷猎者独立地向森林管理员射击时，他们不是共同实行人，而是同时实行人（《帝国法院刑事判例集》第8卷，第42页；关于同时实行人，参见边码265以下）。但是，在不导致共同合作，而**仅仅只是导致利用同一种状况**时，那种**相互知道也还是不够的**。也就是说，如果有不同的人在行为，"如果也是在共同获得的认识或者共同看法的基础上"，各个独立的同种类的欺骗百货商店的行为，这对共同实行人来说就还不够充分（《联邦最高法院刑事判例集》第24卷，第286页，第288页）。**"单方面的共同作用"也是不够的**。也就是说，如果甲把正在威胁要逮捕入室盗窃者乙的警察打倒在地，而没有注意到乙本人会从这个重要的行为贡献中得到什么，那么，甲就不能是共同实行人，而仅仅只能是帮助人。在不知小偷的情况下，阻碍了起疑心的物主照看自己的车辆而使小偷盗窃那辆汽车成为可能的人，无论如何仅仅是帮助人（《联邦最高法院刑事判例集》第6卷，第248页，第249页）。当一个合伙人认为其他合伙人是善意的，那么，即使一个在结果上是以共同计划为基础的共同合作，也还不是共同实行人：如果小偷甲欺骗了乙，说自己的行为已经得到物主的同意，并且使乙与其一起干的，那么，尽管乙看破了甲，但是，两人是都是盗窃的（同时）实行人，但不是共同实行人。

192 另一方面，**共同制定与决定行为计划是不必要的**。[250] 在甲带着完成的计划与坚定的决心来找乙，要乙"加入"他的项目时，一个从那时起共同的行为计划，就在取得一致的情况下产生了。**这种一致性在构成行为开始时或者开始后产生出来，并且"沉默地"得到追随，这些都足够了**。也就是说，在甲准备痛打乙时，在制服被害人的过程中赶过来的丙一起出力抓住了乙，只要甲能够对丙的攻击感到高兴并且加以利用，这就应当肯定共同实行人。[251] 共同实行人不需要彼此曾经认识，"只要每个人都意识到，在自己之外还有一个人或者其他人在共同作用，并且，这些人都具有相同的意识。"[252] 不过，如果应当超过一种同时实行人的存在时，在这样一种案件中，参与人的举止行为就必须相互协调。普珀（Puppe）正确地要求，[253] 这种可以从中推出结论的构成行为的约定，必须是"一个交流过程，不仅参与人在这里不是在利用口语化的词汇，而且还是在利用其他的符号来产生他们之间的一致性与进行表达。"

193 但是，**在两个人已经把共同行为看成结束之后，其中一名共同实行人单独实施进一步行为的**，一个共同的行为计划（还有共同的实施）就**不再存在**了。《联邦最高法院刑事判例集》第9卷，第180页错误地认识了这一点：在这里，一对夫妻想要杀死其女儿的非婚生孩子，并且认为自

---

〔248〕 因此，例如，BGHSt 6，248。但是，反对这个整个构成行为计划的要求的，见 Jakobs，AT2，21/43；Derksen，GA 1993，163 ff.。Lesch，ZStW 105（1993），271 ff.。对这三方的进一步论述，见边码249以下。

〔249〕 BGHR StGB，§ 25，Abs. 2，Mittätter，Nr. 29。

〔250〕 对于这个案件的合议庭的决定，参见 Knauer，2001，161 f.。

〔251〕 来自大量的司法判决：RGSt 8，42 f.；49，239，241；54，271 f.；OGHSt 2，355；BGH GA 1969，214；MDR/D 1971，545；GA 1985，233；NStZ 1985，70；MDR/H 1987，281；NStE Nr. 4 zu § 25；BGHSt 37，292；OLG Köln JR 1980，422 m. Anm. Beulke。

〔252〕 RGSt 58，279；也参见 BGH GA 1969，214。

〔253〕 Puppe，Spinellis – FS，2001，925 f.。在这种联系中，她正确地批评了 BGHSt 37，289（292）对从中可以推出结论的构成行为的约定所进行的极度扩张。

己已经达到了这个目的。在丈夫离开之后，妻子发现孩子还活着，就在那时独自将孩子杀死了。在这里，只存在着未遂谋杀中的共同实行人，而既遂要单独由这位妻子承担。在结束性的行为动作完全不再能够为其故意与行为决定（Tatentschluβ）所包含时，她可能在丈夫的"意义上"实施行为就不够充分了。因此，关键也不在于，这个丈夫是否"在他认识这个构成行为还没有完成时，本来会想要去完成的。"[254]一个（总是存在疑问的）假设的意志，不能代替在实际上缺乏的共同意志。

一个共同实行人的过限也不能归责于其他人（《联邦最高法院刑事判例集》第36卷，第234页），因为在这里缺少一个共同的行为计划，并且由此也缺少行为的共同性。通常说来，在这种案件中，对共同实行人的惩罚会失败，因为他或者其他人在过限行为方面缺乏故意。也就是说，在一次共同抢劫中，如果一个参与人实施了一个非计划的杀人，那么，他在这一点上就是单独实行人（《帝国法院刑事判例集》第44卷，第321页，第324页；联邦最高法院，《新法学周刊》，1973年，第377页）。在一次共同强制中，一个人违反计划地将被害人的财物占为己有，就应当对他的抢劫（第249条）加以惩罚，同时，共同实行人仅仅涉及第240条。[255]但是，在行为计划仅仅指向个别的行为对象的，在同一个行为构成内部也可能存在过限：如果各个共同实行人决定杀死甲，那么，在其中一人没有杀甲而杀了乙时，其余的共同实行人不对那个结果负责。 194

有争议的是，一个非故意的过限是否能够归责于其余共同实行人。在《联邦最高法院刑事判例集》第11卷，第268页判决的案件中，三名逃亡的罪犯共同做出计划，对可能的追捕者进行射击。在该案中，在晚间逃亡的过程中，其中一人错将一名同伙当作追捕者，以杀人的目的向其射击。这个开枪者应当由于谋杀未遂加以惩罚，因为他对人身的认识错误并不具有重要意义。[256]可是，联邦最高法院与主流意见[257]认为，对那名被害人也应当以谋杀未遂（对自己人身的"不适格对象"的攻击）加以惩罚。那种在开枪人那里不重要的对人身的认识错误，因此应当对全部共同实行人都同样不具有重要意义。但是，这种观点是不应当同意的。[258]枪杀（也就是未遂的枪杀）一名同伙，就超出了他的行为计划，并且，对于被害人来说，表现为一种非常痛苦的（对其人身的）行为差误，因而不能将他归责于那种故意。[259]对于一个共同实行人的过失过限，其他人因此也像对故意过限那样很少负责任；对超越行为计划来说，这是故意还是认识错误产生的，都是无关紧要的。[260] 195

当然，**这个行为计划不需要明确地确定共同实行人在举止行为上的每个细节**。更准确地说， 196

---

[254] Dreher, MDR 1956, 499。

[255] BGH GA 1968, 121；进一步，参见 RGSt 57, 307 f.；67, 367, 369。

[256] Roxin, AT1^3, § 12, Rn. 168 ff.。

[257] Baumann, JuS 1963, 126f.；保留意见，见 Baumann/Weber, AT^9, § 36 I 3 d？（类似的还有，dies., AT^{10}, § 29 IV 1）；Blei, AT^{18}, § 78 I a. E.；Jescheck/Weigend, AT^5, § 63 I 2；Maurach/Gössel, AT/2^7, 49/60；Schröder, JR 1958, 428；Tröndle/Fischer^{50}, § 25, Rn 8 a；有怀疑的，见 Lackner/Kühl^{24}, § 25, Rn. 17；Welzel, StrafR^{11}, § 15 IV 1；Wessels/Beulke, AT^{31}, Rn. 533。

[258] Roxin, Täterschaft, ^{7}2000, 100 f., 286 f, 311 ff.；Eser, StrafR II^3, Fall 39, 155－159；Herzberg, 1977, § 5 II 1；ders. JuS 1974, 721；Kühl, AT^3, § 20, Rn. 119 ff.；121f.；Otto, AT^6, § 21 IV 2a bb；Rudolphi, Bockelmann－FS, 1979, 426；Seelmann, JuS 1980, 572；Spendel, JuS 1969, 314 ff.；在结论上，还有 Schmidhäuser, LB AT^2, 14/19 und ders., StuB AT^2, 10/61，当然，在这里，共同实行人已经分别加以拒绝了（关于这个问题，见 Roxin, Täterschaft, ^{7}2000, 311 f）。

[259] 参见，Roxin, AT1^3, § 12, Rn. 144 ff.；175。

[260] 详细的理由，参见 Roxin, Täterschaft, ^{7}2000, 100f., 286f., 311 ff.。极力反对的见 Puppe, Spinellis－FS, 2001, 937ff："一个过失的共同实行人过限是不存在的"（出处同上，第943页）。

一个人有自由按照具体状况来安排实施行为或者做出反应。因此,所有适合计划的举止行为方式都会通过约定而加以包括。[261]在各种不同的情况下,也还仍然应当肯定共同实行人,只要这种不同的情况"存在于与传统的表现范围(Spielbreite)相关的构成行为的框架之内,借助这些不同情况,人们通常就必须根据案件的各种情节来考虑了,并且,这些不同的情况就能够使其他共同实行人的利益得到同等价值的满足,例如,在拿走的不是现金而是能够不难换成现金的财物时。"[262]如果这种不同情况满足了一种加重结果或者完全不同的行为构成,那么,当然就还仅仅能够作为被共同行为计划所包含来看待了,至少在这一个共同实行人的间接故意能够扩展到这一点之上时,或者,在他从一开始就明确地或者有说服力地借助有益的不同情况作出同意性宣告时。[263]由此可知,一名醉酒共同实行人缺乏的行为与重大未预见的行为,通常就没有为共同的行为计划所包括(联邦最高法院,《刑法新决定大全》,《德国刑法典》第25条第6项)。

197 **在结果加重犯罪**[264]中,在基本犯罪方面存在那种共同计划与一种共同实施就足够了。在加重结果方面(也就是说,例如,在共同强奸、伤害或者抢劫中的死亡结果,第177条第3款,第227条,第251条),每一个共同实行人自己都必须(在可能时,加重地)过失地行为;在人们借助广泛流传的见解(边码242)而承认一个过失共同实行人时,这在可能时也足够了。共同实行人的过失,大多存在于从共同实行人实施的基本犯罪的共同行为计划中能够觉察到会出现这种严重后果的危险时。[265]相反,如果一个共同实行人运用了比行为计划所预定的明显更加危险的手段,那么,经常就要排除过失或者至少要排除轻率(参见,联邦最高法院,《新法学周刊》,1973年,第377页)。

3. 共同的实施

(1)在实施阶段的共同作用

198 作为成立共同实行人的前提,**在实施阶段分工共同作用**的必要性,来自行为控制的基本原则。在一个人既没有处身其中也不符合间接实行人的要求时,就不能控制行为构成的实现。只有在实施过程中发挥一种共同塑造作用的人,才能共同控制行为构成的实现。一个人在预备阶段提供了一种如此重要的行为贡献之后,但却把实施交由其他人去做的,他在构成行为实现之前就已经对这个构成行为放手了,并且,由此放弃了——除了间接实行人的案件之外——对构成行为的控制。

199 在实施阶段,一种重要作用的条件并不意味着各个共同实行人必须同时提供那种共同发挥作用的贡献。更准确地说,**实施阶段从未遂开始到构成行为结束**(对此,边码220以下),在这个时间范围之内,各个共同实行人的实施行为是完全能够前后衔接的。当一次共同抢劫以如下方式发生时,首先是甲打倒了被害人,然后是乙拿走了他的现款,只要这是在一个共同行为计划的基础上进行的,就是一个共同实行人的抢劫;同样,在甲用撬锁工具打开房门,乙随后从房间里拿走钱时,在这个入室盗窃中就存在着共同实行人。还有,在甲写信欺骗被害人,然后,乙在几天后通过取走钱而造成实际损失的,甲与乙就是诈骗的共同实行人。一种反对意见认为,在这类案件中,第一个行为人的确也对这个构成行为放手了,从而要么必须在这里拒绝共同实行人,要么必须在预备阶段做出重要贡献的情况下就肯定共同实行人。这个反对意见是错误的:因为在实施

---

[261] 参见,例如,RGSt 57, 307 f.; 59, 245, 246 f.; 59, 389 f.; 67, 367, 369; BGH GA 1968, 18。

[262] BGH MDR (D) 1966, 197; 类似的,见 OLG Schleswig SchlHA 1951, 48。

[263] 参见,BGH MDR (D) 1955, 143; BGH MDR (H) 1986, 446。

[264] Roxin, AT1^3, § 10, Rn. 108 ff.。

[265] 参见,例如,RGSt 59, 389 f.; 67, 367, 369 f.。

阶段中(只要也在结束之前)提供的贡献,正好就由此而参与了这个实施行为;此外,没有更多的要求。

对于共同实行人来说,并不要求出现在造成结果的现场。这在前面提到的诈骗案件(边码199)中已经表明。但是,在同时共同作用时,最重要的贡献也可能来自远方:一个人,在远方的位置上,通过无线电与"在现场"起作用的共同实行人作出的贡献相互配合,或者,在实施过程中通过电话给予指示,他本身也是共同实行人。然而,一个人在实施过程中完全不再对事件发挥作用的,有可能是间接行为人,但绝不可能是共同行为人。 200

当然,这种见解是与司法判决截然对立的。**司法判决认为,在预备阶段的一种微不足道的共同作用,在可能的情况下就能满足共同实行人**。这个司法判决是帝国法院确立的,[266]并且,在没有作出重要改变的情况下就被联邦最高法院继承了。[267]《联邦最高法院刑事判例集》第11卷,第268页、第271页作出一个有代表性的概述:"根据一贯的司法判决,一种精神上的共同作用,以及一种以这种方式实施的预备行为,即共同实行人通过在实施之前所给予的建议而支持实施构成行为的同伙,或者在任何一个时候以其他方式强化了他的杀人意志……就足够了。"还有,根据《联邦最高法院刑事判例集》第37卷,第292页,[268]一种预备行为应当也足够了,只要"通过这个行为,这个共同行为人加强了那些实施构成行为的同伙们的行为决定"。联邦最高法院,《刑法新杂志》,1995年,第122页继续"不加批评地继承那个受到猛烈攻击的《联邦最高法院刑事判例集》第37卷,第289页中的判决",[269]并且,想让"一个商定实施数个构成行为"来满足共同实行人。"在那里究竟是存在着共同实行人或者仅仅是帮助人,应当由法官在价值性考虑中加以决定"(指导原理)。 201

在帝国法院时期,这种司法实践的基础是由主观理论(参见边码18~21)提供的。那种理论能够让各种随便什么的贡献,在其仅仅带有"实行人意志"时,就发挥确立共同实行人的作用。联邦最高法院早期的司法判决也是这样论证的。那个已经引用过的《联邦最高法院刑事判例集》第11卷,第268页的判决继续这样说(出处同上,第272页):"在这里,他(也就是说,共同实行人)在这个精神上共同作用的时候,就必须把这个犯罪行为作为自己的来一起造成整个结果,这就是说,在当前的案件中,通过其构成行为的贡献,他想把对追捕者可能的枪杀当作自己的行为。"较新的司法实践建立在"规范的联合理论"的基础之上(边码22~26),但是,在其"价值评价"的基础上,同样很容易使一个预备行为具有确立共同实行人的作用。在这里,这种理论在具体案件中,把处于预备阶段的共同作用人的自身利益,看成是共同实行人分类的关键性联接点,相反,让(其所欠缺的)行为控制的标准不能得到适用了。 202

反对这个司法判决,不仅应当有效地使用那些基础性的观点,那些提出反对早期主观理论与较新的规范的联合理论的观点(边码18~26),反对的观点也不仅仅是在说,行为控制的标准不允许把预备行为归入间接实行人的范围(边码192~194),而且还有两个反对的理由可以补充: 203

[266] 参见,例如,RGSt 14, 28 f.; 35, 13, 17; 53, 138; 54, 152f.; 63, 101, 102f.; 64, 272, 274 f.; 66, 236, 240; 67, 392; 71, 24f.; 74, 21, 23; RG JW 1938, 2193; RG HR R 1934, Nr. 147。

[267] 参见,仅仅是:BGHSt 14, 128 f.; 16, 12; 37, 289; 根据约定参与:BGH NJW 1951, 410, Nr. 23; BGH MDR/D 1953, 271 f; BGH GA 1973,185; 1977, 306; 1984, 287; BGH NStZ 1984, 413; 1985, 165; BGH StV 1985, 106 m. Anm. Roxin, aaO., 278; BGH StV 1986, 384。

[268] 这个判决获得了几乎异口同声的拒绝。详见,Roxin, Täterschaft, [7]2000, 605 ff.; ders., JR 1991, 206; ders., HR R AT, 204 zu Fall 72; Fall 79。此外,见Erb, JuS 1992, 197 ff.; Hauf, NStZ 1994, 263 ff.; Herzberg, JZ 1991, 856; Puppe, NStZ 1991, 571 ff.; Stein, StV 1993, 411。

[269] 拒绝的评论,见Küpper, NStZ 1995, 331。

一是在实行人不仅意味着在形式—客观意义上，而且还意味着在实质意义上（边码 29）实现行为构成时，**那些不能看成单独或者共同满足行为构成的举止行为**，就不能**作为实行人**来判处；但是，正好这一点就是预备所缺乏的。二是在发挥影响的局外人不足以成为间接实行人，而借助主观标准或价值性行动却可以说成是共同实行人，并且，由此把单纯的参加人提升为实行人时，在间接实行人与教唆人所进行的如此困难的区分（边码 45～187）就完全白费了。

204　本书所代表的、在行为控制理论框架内首先由加拉斯[270]建立的观点，现在已经在大部分文献中得到了统一，并且，在近年来获得越来越多的支持者（海因里希，克勒，伦齐考夫斯基，Zieschang）。[271]然而，在司法判决的传统压力之下，相反的意见也拥有大致相同的势力。[272]在这里，行为控制理论的代表人也试图坚持以共同实行人为基础的预备行为的可能性，在这件事情上，这种认定经常限制在那些特别重要的、持续发挥强化作用的贡献上。然而，显而易见的是，只要他不是间接实行人，这个仅仅进行预备活动的人就无论如何不再控制这个实施过程了（边码 198）。

205　一种**调和性的学说**应当很好地阐述清楚。这种学说**由斯特拉滕韦特（Stratenwerth）代表**，现在已经赢得一串支持者。[273]**根据这种学说，"计划与组织"，但不包括其他的准备性贡献，应当是共同实行人的基础**。"这个计划预示了参与人在实施阶段的举止行为，塑造了每一个人的角色，并且因此参与了组织者的行为控制。与此相反，提供工具、武器等或者指出实施犯罪的机会，并不意味着预先决定是否与应当如何实施犯罪，也就是仅仅处于单纯的帮助。"在"精神性支持"中，他也要进行区分："在一个男友唆使一位妻子除掉其丈夫，或者加强了其决定时"，她是教唆人还是帮助人，同时，在这位妻子根据两人的想法"仅仅实施了行为，因为并且只要这个男友是与她团结一致的，那么她自己也想要有这种独自的实施行为"时，共同实行人就应当存在。

---

〔270〕 Gallas, MatStrRef. I, 137："参与这个构成行为的计划或者准备……是不够的。更确切地说，这个共同实行人也必须……分享对行为控制的实施。

〔271〕 Bloy, 1985, 196 ff.; Bottke, 1992, 88, 90; Buttel/Rotsch, JuS 1995, 1101; Erb, JuS 1992, 197; Esthenbach, Jura 1992, 644f.; Callas, Materialien, 121－153; Cimbernat Ordeig, ZStW 80 (1968), 931 ff.; Hardwig, JZ 1965, 667; Herzberg, JuS 1974, 722; ders., JuS 1975, 35 f.; ders., 1977, § 5 II 2 a; 特别有说服力的, ders., JZ 1991, 859 ff.; ders. ZStW 99 (1987－), 58 ff.; Jescheck/Weigend, AT^{5}, § 63 III 1（带有在边码 205 中加以讨论的限制）; Köhler, AT, 510 f.; Kühl, AT^{3}, § 20, Rn. 108; H. Mayer, StuB AT, 161; Puppe, Spinellis－FS, 2001, 931 ff.。深入的，见 Roxin, Täterschaft, ^{7}2000, 292－305; ders. JA 1979, 522 f.; Rudolphi, Bockelmann－FS, 1979, 372 ff.; ders., NStZ 1994, 436; SK^{5}－Samson, § 25, Rn. 47, 122（但是，不同的是现在的 SK^{7}－Hoyer, § 25, Rn. 112 ff.; 119）; Stein, 1988, 319 ff.; ders., StV 1993, 414（在结论中）; Zieschang, ZStW 107 (1995), 360ff. (377)。在结论中，也见 Schmidhäuser, LB AT^{2}, 14/22; 更小心的，见 Heinrich, 2002, 289ff. (291 f.); Renzikowski, 1997, 102 ff. (103); Schmidhäuser, LB AT^{2}, 10/64。

〔272〕 Baumann, JuS 1963, 86f.; Blei, AT^{18}, § 78 III（带有很大的限制）; Bockelmann/Volk, AT^{4}, § 23 II d aa; LK^{9}－Busch, § 47, Rn. 21; Cropp, AT^{2}, § 10, Rn. 84 ff.; Maurach, AT^{4}, § 49, II C 2; Otto, AT^{6}, § 21 IV 2 b（带有很大的限制）; Sch/Sch/Cramer/^{26}, § 25, Rn. 66; Tröndle/Fischer^{50}, § 25, Rn. 7; Welzel, StrafR^{11}, 100f.; Wessels/Beulke^{31}, Rn. 528 f.（带有限制）。

〔273〕 Stratenwerth, AT^{4}, § 12, Rn. 91 ff., 94.。现在，有大量的作者跟随他，以至于人们在这里几乎已经能够谈论一种独立的共同实行人的方案，这种方案处于把共同实行人限制在实施阶段的"严格的"观点与想让各种准备性贡献都满足的司法判决所具有的"广义的"观点之间。参见 Beulke, JR 1980, 423, 423; Jescheck/Weigend, AT^{5}, § 63 III 1; Kühl, AT^{3}, § 20, Rn. 107 ff, 111, 114; Küpper, GA 1986, 444 f., 446; Küpper/Mosbacher, JuS 1995, 489 f.; Maurach/ Gössel, AT/2^{7}, 49/30, 36; Seelmann, JuS 1980, 571, 573; Stoffers, MDR 1989, 208; Wessels/Beulke, AT^{31}, Rn. 528 ff.。对于国际刑法来说，跟随这个理论的，见 Ambos, 2002, 565 ff.。有力地反对这个理论的，见 Herzbetg, JZ 1991, 860。

然而,这种类型的区分并不具备可操作性。[274] **所有的**教唆与帮助的贡献都会“进一步发挥作用”,因为它们对结果必须具有因果性。但是,这种“继续作用”并没有为行为控制建立基础,因为这个单独的实施人总是对此作出决定,他在何种范围内需要计划、建议、帮助手段,等等。不同的“进一步作用的程度”也是无法区分的。提供能够独立打开保险箱的撬锁工具,根据斯特拉滕韦特的观点是从来不能导致共同实行人的,却能够把实施比一个计划更强化地加以“标示”,因为计划总是处于受支配状态,并且必须根据事实存在的各种机会加以修正。另外,在出发点上错误的是,从这个还仅仅是共同实行人要素**之一**的计划出发(参见,边码 189 以下)时,从一开始就想要把那些限制在计划之中的事情都包括在共同实施之中。计划一个构成行为与“共同实施”(第 25 条第 2 款)它,是两回事。 206

特别可疑的还有,在这个实行人让自己的行为取决于这个局外人的“团结”时,就把对构成行为的唆使或者单纯的精神性支持作为间接实行人加以判处。这种团结与通常的教唆或者精神性帮助应当如何加以区分,是不清楚的,并且,法院在不任意的情况下应当就无法确定。还有,这种团结也没有为局外人创设行为控制,因为这仅仅取决于他是否并且在何种程度上使自己的行为依赖于这种团结。各种其他的观点,都是从共同实行人中得出“二级共同实行人”:一个幕后人升格(emporstilisiert)为实行人,尽管他的影响尚不足以达到共同实行人的程度。 207

雅各布斯也代表了一种在行为控制理论与主观理论之间调和的观点。[275] 他恰当地认识到,预备性的贡献不能创设“**决定性控制**”:“实施想要使先前的贡献已经可能成为构成行为,并没有带来决定性控制。这表明的是教唆人与必要的帮助人,二者都使构成行为变得可能,并且,尽管如此,它们只是参加人的范例而已。”然而,在一种对间接实行人还不充分的压力中(“许诺或者报复”),能够存在一种“排在后面的对决定性控制的共享”;“这种不足能够……通过一种增加,在实质性控制中,以在预备中行使的**塑造性控制**(Gestaltungsherrschaft)的形式得到平衡。即使没有各种在决定性控制中的共享,共同实行人也是可能的。”在这里,雅各布斯把塑造理解为“在其具体过程中对实现行为构成事件的确定。”[276] 208

这种由雅各布斯为缺乏一种真正的实施性共同作用而提出的“塑造性控制”,部分地与斯特拉滕韦特(边码 205)作为“计划与组织”标记的东西相符合。相反,应当提出的反对意见(边码 206),在这里也适用。实际上,借助排在后面的或者没有各种“对决定性控制的共享”的“共同塑造”,根本就不是行为控制,而是一种对计划的简单参与,不再能够理解为“共同实施”。还有,因为雅各布斯还想要把其他对事件的影响包含在内,所以,不清楚的是,一个局外人在什么程度上就一定已经对这个过程发挥了作用,以获得这种“塑造性控制”,“因为不管在这个样态上的是什么,都确定了任何一个对犯罪有因果关系的人,也就是说,也确定了一个单纯的参加人。”[277] 因而,对雅各布斯而言,有关系的是一种“对其他贡献的贡献程度”。但是,在决定性的贡献(除了间接实行人之外)总是只是行为构成的实施时,这又如何可能呢? 通过把所有预备性的共同作用部分以一种不可确定的方式归入一种整体观察时,雅各布斯在这里就使自己与施米德霍伊泽的“整体理论”相接近了,而他自己却把这种解决方案说成是“部分很相似的”。[278] 针对我提出的这样一种区分很模糊的反对意见,他的回答是:[279]“这是正确的;如此模糊,就像所有的塑造 209

---

[274] 完全与之相一致的,见 Herzberg, 1977, § 5 II 2 a; ders. JZ 1991, 856 (859 ff.)。

[275] Jakobs, AT², 21/48; 类似的,见 Otto, Jura 1987, 253; ders., AT⁶, § 21 IV 2 b。

[276] Jakobs, AT², 21/49。

[277] 因此,Jakobs 本人,见 AT², 21/49;下面的引文也适用这里。

[278] Jakobs, AT², 21/50, Fn. 108。

[279] Jakobs, AT², 21/48, Fn. 105 a。

性控制现在曾经有过的那样。”这证实了反对这种模糊概念的想法。但是，除此之外，让人不明白的是，在这种存在于教唆人之中的、在实质上相当严重地引发整个犯罪事件的行为毫无争议地认为不能是实行人的根据时，对构成行为发生过程的各种样态施加的一种确定的影响却应当是实行人的根据。

210 所有不使确定的预备行为成为共同实行人的努力，都面临这样的想法：人们不允许将“**集团的首领**(Bandenchef)”作为单纯的教唆人加以惩罚。[280]但是，这是一种太不加区分的观点。在有组织犯罪的框架内，对幕后人可以立即在组织控制的形态中考虑一个间接实行人(边码107)。只要一个作为“首领”出场的幕后人，使用第35条意义上的压制手段——并且，这是在犯罪“舞台”的粗暴风气之下经常就足够的情形——就存在着一个作为强制控制的间接实行人(边码47以下)。在这个首领最终以确定的方式作为“突击队领导人”出现来“指挥”这个实施活动时，他就由于这个理由而成为共同实行人，即使他没有出现在犯罪现场(边码第200页)。但是，一名在自愿遵循其指示基础上被指定的“首领”，没有参与这个事件的其他活动的，就在实际上是教唆人，就像各种限制在引起犯罪中的其他人一样。一个刑事政策学上的缺陷并不存在于这里，因为这个教唆人正好就要像这个实行人一样受到惩罚(第26条)。相反：人们只能希望，在一个盗窃集团的“首领”使用赃物支付给每个小偷相应份额的收益时(《联邦最高法院刑事判例集》第33卷，第53页)，除了由于教唆之外，还能够由于职业性窝赃(第260条)承担责任；一个共同实行人的这个构造不允许这样做(联邦最高法院，出处同上)。其他在可能时存在于领导一个犯罪团体之中的不法，会被第129条第6项所包含，但是，在具体的个别犯罪中，当然不能为一个实行人提供基础。

(2)在实施阶段的行为贡献的重大性

211 在实施阶段对构成行为的贡献应当是一个共同实行人的基础时，就必须是重大的(erheblich)。[281]这也是来自作为一种功能性行为控制的共同实行人的结构：只有当一个人在实施中发挥了一种能够决定这个计划成功的功能时，他才对这个事件具有了共同控制。一种重大的、导致共同行为人的共同作用，由此首先存在于在**对犯罪有重要关系的实施行动**被分配给了多个人时：一个人抓住被害人，另一人实施强奸行为或取走财物(第177条第2款第1项，第249条)。但是，在**不符合行为构成的实施行为也**对行为构成的满足是重要时，这种实施行为也能是间接实行人的基础：抓住被害人使另一人能够不受阻碍地打其耳光的人，是身体伤害的共同实行人；通过站岗而确保入户盗窃者安全的人，是盗窃的共同实行人。与此相反，对犯罪的成功不具有重要性或者不重要的贡献，在其至少发挥支持性作用时，就是帮助的基础：这首先适用于责骂性的、煽风点火性的谈话(例如，在身体伤害与性侵害中)，但是，也适用于次要的事实性贡献(把清凉饮料递给入室盗窃者，或者把吸墨水纸交给文书伪造者)。

212 重要的是，对构成行为贡献的重大性必须**在事前而不是在事后**加以判断。也就是说，一种重要的作用就已经发挥了，只要其贡献是关键性的，即使在后来表现出一种共同作用并不具有必要性。在一次盗窃中，当甲带着拳击手乙，以便在被物主发现时能够保护自己，然而，甲并没有被发现，以致乙在实际上仅仅提供了从属性的服务，尽管如此，乙仍是共同实行人；对于这个计划及其实施经过而言，乙所占据的位置是重要的。还有，在根据情况必须有人处于站岗位置的案件中，

---

[280] 参见，仅仅是，例如，Wessels/Beulke[31], Rn. 529；还有 BGHSt 33, 53 把“团伙的头子”标记为共同实行人；当然，仅仅是在“实行人的意志”基础上。

[281] 与本书一样的，见 Bloy, 1985, 370。Jakobs, AT[2], 21/51；Stratenwerth, AT[4], § 12, Rn. 93。指出同一方向的见 BGHSt 34, 124。

即使没有人出现，这个人也是共同实行人。[282] 只有在一个人被放置于一个从计划看来也没有实际意义的位置时，“望风（Schmierestehen）”才是帮助。

单个共同实行人的贡献不需要是必需的因果关系。各种共同实行人的贡献从整体看来对这个结果是有因果关系的，这就足够了。[283] 这对过失的共同实行人具有重大的实践意义，[284] 在对单个贡献的因果性（例如，在一个表决过程中单个的投票）有怀疑时，就能够通过一个共同实行人的结构加以克服。[285] 213

在对实施阶段中的共同实行人要求一种共同作用的作者中，只有施泰因 [286] 与海因里希 [287] 提出争辩，认为已经完成的构成行为贡献必须是重大的。在这一点是从其不同的共同实行人的方案中引导出来的范围内，后面还要对其进行反驳（边码 246 以下，263 以下）。的确，在对这些作者的不同看法不作进一步探讨的情况下，仍然能够说，把一个仅仅以次要方式对事件共同发挥作用的人置于事件的核心，并且对其处以不减轻的对实行人适用的刑罚，这是不符合实际情况的。 214

对于“重大性”问题，**司法判决的态度**是不清楚的。一方面，从早先的主观理论的立场出发（边码 18 以下），可以理解的是，把不重要的构成行为贡献解释为附属性意志（Willensunterordnung）的或者单纯参加人意志的标志。在联邦最高法院新近的规范的联合理论（边码 22 以下）把“构成行为的参与范围”与“行为控制”或至少是“对行为控制的意志”，判定为确定共同实行人的实质性联接点时，本来由此真正得出的结论是，不重要的贡献就被共同实行人排除了。因此，联邦最高法院也这样说（《联邦最高法院刑事判例集》第 34 卷，第 125 页）：“一个完全从属性的活动，在客观上就表明，这个实行人 [288] 仅仅是帮助人……当参与人在一种有着同样权利的伙伴的角色中共同发挥了作用时，就应当首先考虑共同实行人。” 215

另一方面，许多判决并不遵守这个规则。因此，一个对正在实施性强制的实行人进行“煽风点火式叫喊”的人，对共同实行人就足够了（联邦最高法院，《德国法月报》，1955 年，第 244 页）。还有，一个单纯到场而不准备一起干、但却加强了实行人的构成行为决定的帮凶，也被视为具有共同实行人的基础（《联邦最高法院刑事判例集》第 37 卷，第 289 页）。在上面（边码 201 以下）中提到的司法判决，提高了把不重要的贡献升值为共同实行人的倾向。在这个判决中，各种预备行为都应当能够导致共同行为人，只要一个人通过这些预备行为加强了实施构成行为的同伙作出行为决定（《联邦最高法院刑事判例集》第 37 卷，第 292 页）。这两种相互矛盾的趋势应当如何在司法判决中相互协调，是还不清楚的。 216

一个类似的反对意见，在以下问题中显示出来：**自身利益**（Eigeninteresse）是否在归咎于共同实行人时起主导作用，或者，在重要性上是否让位于构成行为贡献的重大性。《联邦最高法院刑事判例集》，第 8 卷，第 393 页这样说：“亲手杀人的人，原则上也就是实行人，即使他是在他人的影响下，并且当着他人的面，为了他人的利益这样做的。”也就是说，在这里，构成行为贡献的重大性就对认定共同实行人具有决定性意义，而不应当以利益作为关键点。但是，与此相反，它也 217

---

[282] 表示反对的见 Bloy，1985，376，Fn. 357。结论与本书相同的是 Knauer，2001，149；Stein，1988，325。

[283] 对此，详见 Knauer，2001，83ff，133 ff.。

[284] 对此，见下文边码 239 以下。

[285] 当然，Puppe，Spinellis – FS，2001，927 ff. 激烈地表示反对：“这个问题必须在因果性的层面上解决，而不是在共同实行人的层面上解决”（出处同上，第 929 页）。这仅仅是在问，怎么办！

[286] Stein，1988，321。

[287] Heinrich，2002，289 f.。

[288] 这里说的也许是：这个参与人。

声称(《联邦最高法院刑事判例集》第34卷,第125页):“在任何情况下,间接实行人必须……为了自己的利益而行为。”在这里,根据一个共同行为计划,以杀人故意将被害人从正在行驶的车辆中推出的人(联邦最高法院,《交通法汇编》,第23卷,1962年,第207页),在强奸中采取强制手段的人(联邦最高法院,《德国法月报(达林格)》,1973年,第17页),甚至,“为了不在他人眼中成为懦夫”而在共同谋杀中给予致命一刀的人(联邦最高法院,《德国法月报(达林格)》,1974年,第547页),都由于缺乏自身利益而仅仅作为帮助人判处。还有,这种变化的方式,在利益与行为控制(仅仅在重大贡献时考虑)的瓦解(Auseinanderfallen)中,一会儿是这个标准,一会儿是那个标准,被看成是对共同实行人具有决定性的,[289]表现出司法判决犹豫不定的摇摆立场。

218 总的说来,可以这样说,**主观理论**,在直接实行人与间接实行人中几乎没有发挥作用(参见,边码40以下,45以下),**在确定共同行为人中,却在司法判决中保持着重要的影响**。这不仅适用于承认以共同行为人为基础的预备行为,而且还适用于赋予一种构成行为的贡献以重大性的不同重要性。在行为控制之外,以及不很罕见的也在其位置之外,把自身利益视为对共同行为人具有决定意义的,这样的结果还是不确定的。在对共同实行人来说,在充分的利益中,不重大的或者仅仅是预备性贡献应当足够的情况下,共同实行人会部分地得到过分扩张;在实施中,由于缺乏自身利益而将具有决定意义的贡献仅仅作为帮助加以判处的情况下,共同实行人又会部分地受到不合理的限缩。当然,这看起来不是前后一致的,而只是出现在一部分案件之中。只有通过严格地根据功能性行为控制,也就是说,根据在实施阶段分工共同作用的要求,才可能在这里产生出一条清晰的界线。

4. 后续的共同实行人

219 后续的共同实行人(die sukzessive Mittäterschaft),也就是在后来才进入一种已经开始的犯罪实施过程之中,肯定是可能的。[290]当乙加入甲的盗窃中,与甲一起拖走甲无法单独运走的赃物时,乙是共同实行人。必须确定的是,仅仅在**后来**(即使是默默地)**才进入到共同的犯罪计划之中**(参见边码190以下)。当打架中后来加入的人同样参与殴打时,就不必一定是后续的共同实行人;如果后来的攻击人不依赖其他人而用自己的拳头发泄怒气,那就存在一个单独的(同时的)实行人(关于同时实行人,参见边码265以下)。由于可归责于他的伤害范围,这一点也具有实践的意义。

220 只要一个犯罪进入未遂*阶段,出现后续的共同实行人的可能性就开始了。**有疑问的是,它是否有可能出现在形式上完成与实质上结束之间**。特别是在盗窃中,这种区分会发挥作用。盗窃随着实行人获得自己的支配权而在“形式上完成了”,但是,只有随着运走赃物才在“实质上结束”。当一个人面对追捕救出正在逃跑的小偷并由此保证了赃物的安全时,这是一个盗窃中的后续共同实行人,还是窝藏(第258条)与包庇(第257条)?

221 司法判决也允许在形式上完成与实质上结束之间存在一个共同实行人(也就是帮助人),并且,使其根据行为人的“意志方向”来决定,是存在着一个共同实行人(也就是帮助人),还是窝藏和/或者包庇。[291] 但是,这就造成了不清晰,因为这个行为人对自己的作为在法律上的加重情况并不担心,他的“意志方向”是可以任意解释的。在使用这个处于位于行为构成的完成之后存在的“结束”的构造,来对这个后加入者的一种在可能时更重的行为构成(例如,用第244条取代第

---

〔289〕 相应的论证,见 LK[11] – Roxin, § 25, Rn. 28。

〔290〕 参见,仅仅是 RGSt 8, 43; BGHSt 2, 345; BGJi GA 1969, 214; 1986, 229。

* 德文中“versuch”这个词根,动词是“versuchen”,名词是“der Versuch”,基本意思是“试图”,刑法中说明犯罪停顿的一种状态时称为“未遂”。本书将“versuchen”译为“试图”,将“der Versuch”译为“未遂”。——译者注。

〔291〕 参见,仅仅是 RGSt 71, 193 t.; OGHSt 3, 3,并且,相应的关于帮助人的司法实践见第26节,边码257。

257条,第 258 条)加以惩罚时,这在《德国基本法》第 103 条第 2 款的意义上也是令人忧虑的。因此,正确的是,应当允许**一种仅仅存在直至犯罪在形式上完成时的后续的共同实行人**。[292]

然而,这并没有改变这个事实:即在实践中最重要的"后来"参与的状况——**运走赃物**中,一 222
种后续的共同实行人通常仍然是有可能的。在重的物品必须运走时,形式上的完成(也就是建立新的支配)是随着重物被运走才出现的。也就是说,在甲不能拖起由他从固定住的位置上解下来的沉重保险箱,现在叫来乙,由乙用他的运输车使救援成为可能时,就存在着一个后续的共同实行人。

在构成行为实质上结束之后,就无论如何不可能再存在一个共同实行人了,司法判决也承认 223
了这一点。[293]

在后续的共同实行人中,主要的争议存在于这个问题,**是否能把加重根据归责于后续的共同 224
实行人,而这些加重根据在其加入时就已经形成并存在了**。在这里,《联邦最高法院刑事判例集》第 2 卷,第 344 页通过允许这样一种包括性计算(Anrechnung)而造成司法判决的一个转折:[294]一个小偷在打破一个商亭后叫来朋友(付某),付某不参加分赃,但是在拿走赃物时共同发挥了作用。当时的第 243 条第 1 款第 2 项(入户盗窃),与今天的第 243 条第 1 款第 1 项不同,不是量刑规则,而是第 242 条的加重行为构成。付某在第 242 条中的后续共同实行人是没有问题的,但是,付某是否也应当作为第 243 条的共同实行人受到惩罚呢?与帝国法院[295]的意见相反,联邦最高法院肯定地回答了这个问题:"在一个人认识并同意迄今发生的事件而作为共同实行人进入时,他的同意就与犯罪的整个计划有关,并且,这种同意具有这样的效力,将统一的犯罪本身在刑法上也归责于他"(出处同上,第 346 页)。这样的理由首先在于,在实现一种加重要素之后,一个帮助对于加重的构成行为也是可能的,对共同实行人与帮助人分别处理的合理根据却是不明显的。

这个问题在盗窃中已经失去了意义,因为今天的第 243 条只是一个量刑的规则,也就是说, 225
一个特别严重的案件,能够不依赖于已经实现的加重根据的可归责性,就得到认定。然而,这个问题对于在第 242 条、第 243 条中量刑幅度的选择,仍然还一直具有重要意义。在其他行为构成中,这个问题也发挥着一种没有减弱的作用,首先是在进入住宅进行盗窃(第 244 条第 1 款第 3 项)与抢劫(第 249 条)中。在抢劫中,当一个人在暴力的使用已经结束之后才参加进来的,也就是说,这个人仅仅在拿走财物中还有可能亲身参与时,一个共同实行人就应当存在(联邦最高法院,《德国法月报(达林格)》,1969 年,第 533 页);也就是说,这种事后的同意与对暴力使用的利用,对其归责而言就已经足够了。

在后来的加入者同意并且利用其同伙在行为构成上已经结束的举止行为时,这个——并不 226
统一的——司法判决毕竟不再允许共同实行人了。在抢劫的例子中(边码 225),也就是说,虽然认定了在第 249 条中的一个共同实行人,但不是在由于通过暴力作用的、已经结束的身体伤害方面(联邦最高法院,《德国法月报(达林格)》,1969 年,第 533 页)。这个问题首先在第 177 条第 2 款第 1 项中变成现实:在甲强奸一名妇女之后,乙随即在没有使用暴力的情况下,与完全筋疲力尽、无精打采的被害人发生关系时,由于甲的构成行为,因此这不能成为共同实行人的基础(联邦最高法院,《戈尔特达默斯刑法精粹杂志》,1977 年,第 144 页;联邦最高法院,《刑法新杂志》,

---

[292] 关于与文献的讨论,参见第 26 节,边码 259 以下关于帮助人的相应的说明。

[293] 参见 BGH MDR/D 1975, 366; BGH NStZ 1984, 548; BGH NJW 1985, 814。

[294] 参见,后来还有的:BGH GA 1966, 210; BGH MDR/H 1982, 446。

[295] RGRspr. 8, 80; RG JW 1923, 756; 1924, 1436; RGSt 59, 79, 82。

1985 年,第 70 页),即使乙后来同意并且利用了甲的举止行为。当被害人在身体上不具有反抗能力时,乙只能恰当地由于其自身的行为而根据第 179 条而受到惩罚。当联邦最高法院,《法学家报》,1981 年,第 596 页,〔296〕将一名被告人作为严重抢劫的共同实行人加以惩罚时,这名被告人是在他人使用暴力与拿走财物之后,才被他人强制接受了部分赃物的,从这个司法判决的立场出发,这也是错误的;这个被告人在没有抢劫故意地使用暴力的情况下共同发挥作用的,也不能对此作出什么改变。

227 不过,有理由的是,一个**在加重的根据已经实现时,就应当完全拒绝把后来的共同实行人包括进来的计算**。起初,文献在很大程度上同意联邦最高法院的意见,〔297〕现在,主流意见已经回归到帝国法院的路线上。〔298〕完全正确的是:〔299〕由于那个已经实现的加重根据,既没有共同的行为计划,也没有共同的实施。一个计划总是只能针对有点未来的事情;后来同意的像通过那种仅仅在拿走财物时才共同作用的使用暴力,就不再能够使这种暴力成为一个共同计划的构成部分,并且,一种分工性的实施也仅仅在一个加重要素还没有实现的时候才能存在。在人们没有身处其中,并且对其根本不知道时,就——在这个抢劫的例子中——不能共同控制暴力的使用。甚至一个关于加重行为构成的"实行人的意志",也只有在实现这个加重情节时就已经存在的范围内,才能得到肯定。

228 实现的加重要素在帮助中已经被归责的案件事实,〔300〕并没有提供相反的论证。当然,在这个抢劫例子中(边码 225),那个在拿走东西时加入的人,同时就是抢劫的帮助人,只要他知道这种暴力的使用;他在抢劫完成中支持了实行人。在实行人已经把这个妇女打得失去知觉后才加入进来的人,只要他知道这种情况并且在这个犯罪的完成中帮助了实行人(例如,通过脱被害人的衣服)的,就也必须被视为强奸的帮助人。整个事件的归责,是通过这个帮助的从属性而得到正当化的。这个帮助人要为支持他人的构成行为而受到惩罚;他的要素是何时实现的,则是无关紧要的,因为他反正在任何阶段上都没有(一起)控制这种实施。但是,这个实行人要对自己的作为负责;因此,一个人只有在这种事件过程中才是共同实行人,因为他在实施中共同参与了塑造工作。

5. 共同实行人的其他特别形式

(1)附加的共同实行人

229 赫茨贝格〔301〕代表了这种观点,认为功能性行为控制的原则并不适合于"附加的共同实行人

---

〔296〕 拒绝的,见 Küper, JZ 1981, 568; Kühl, JuS 1982, 189。

〔297〕 在较新的文献中,同意它的仅仅还有:Baumann/Weber, AT^{9}, § 35 I 3 d(但是,现在不同的是 Baumann/Weber, AT^{10}, § 29 IV 4 c); Blei, AT^{18}, § 78 II; LK^{9} – Busch, § 47, Rn. 17; Gropp, AT^{2}, § 10, Rn. 97, Küpper, GA, 1986, 437 ff, 447 f; Niese, NJW 1952, 1176 ff.; Preisendanz^{30}, § 25, Anm. IV 7; Tröndle/Fischer^{50}, § 25, Rn. 9; Welzel, StrafR^{11}, 107。

〔298〕 Baumann/Weber, AT^{10}, § 29 IV 4 c; Bockelrnann/Volk, AT^{4}, § 23 III 1; Ebert, AT3, 202(有怀疑的);Eser, StrafR II^{3}, Fall 40, Rn. 16 – 19; Freund, AT, § 10, Rn. 160; Gössel, Jescheck – FS, 1985, 537 ff.; Heinrich, 2002, 303f.; Herzberg, 1977, 4. Teil III 2; Jakobs, AT^{2}, 21/60; Jescheck/Weigend, AT^{5}, § 63 II 2, Fn. 18; Köhler, AT 520; Kühl, AT^{3}, § 20, Rn. 129; Küper, JZ 1981, 570 ff.; Lackner/ Kühl^{24}, § 25, Rn. 12; Maurach/Gössel, AT/2^{7}, 49/68 ff.; Otto, AT^{6}, § 21 IV 2c bb, cc; Rudolphi, Bockelmann – FS, 1979, 377f.; Schilling, 1975, 105; Schmidhäuser, LB AT^{2}, 14/21; ders., StuB AT^{2}, 10/65; Sch/Sch/Cramer/Heine^{26}, § 25, Rn. 91; Seelmann, JuS 1980, 573; Stratenwerth, AT^{4}, § 12, Rn. 88。

〔299〕 深入说明的根据,见 Roxin, Täterschaft, ^{7}2000, 289 – 292。

〔300〕 有一些作者也想不允许这一点:Eser, StrafR II^{3}, Fall 40, Rn. 20; Herzberg, 1977, 4. Teil, III 2 a. E.。

〔301〕 Herzberg, 1977, § 5 I, 56 ff.。

(die additive Mittäterschaft)”的案件。他用下述例子来阐明这个法律角色:为了使暗杀极有可能成功,20个同谋者同时向一个政治家开枪,这名被害人身中几发致命的子弹,但是,事后不能确定这几发致命的子弹来自哪些枪手。仅仅对共同实行人的认定,就允许在这样一种案件中对所有人都以故意谋杀(而不是谋杀未遂)进行惩罚,因为单个开枪行为的因果性是无法证明的。根据赫茨贝格的意见,在这里不存在功能性行为控制:单个人的贡献是不重要的,因为即使没有他,被害人也会被杀死。尽管如此,他想要认定一个共同实行人,但是,这不是建立在分工的观点之上,而是建立在构成行为贡献的同等重要性以及第25条第2款的制定法命令的基础之上。

但是,这是一种对功能性分工太过狭窄的看法。在所要求的事前考虑中(边码212),每个枪手在实施中都具有重要的功能;每一枪都在保证这次成功,对结果就可能是决定性的。事后,有些枪由于没有击中而表明是多余的这一点,并不会改变什么。正确的肯定是,在附加的共同实行人中,每一个的贡献,与大多数情形一样,不是交错进行的,而是通过同时进行的行为累积起来,加强了结果出现的前景。但是,这仍然是功能性控制的一种形式。[302] 230

(2)择一的共同实行人

鲁道菲(Rudolphi)[303]怀疑在择一性构成行为贡献中成立共同实行人的可能性。在数个谋杀人——按照共同的商议——在各条路上埋伏等待被害人时,根据他的理论,只有那个射出致命一枪的人才能作为谋杀犯加以惩罚。其他在别处徒劳无功地等候的人,对他来说,是不能成为共同实行人的,因为他们在事实的实施过程中并没有共同发挥作用。 231

在这里,人们必须进行区分。如果一幢房子的各条出路或者在一个树林里的所有逃生道路都被谋杀枪手们所占领,那么,他们之中的每一个人都是共同实行人,即使只有一个人射中了。通过封锁所有脱逃的可能性,在实施的那一刻里,每个人都是与那个被害人身陷其中的死亡之网相联系的:被害人必然处于其中一名枪手的枪口之下,因为其他的路都被封锁了。这是一个在实施阶段共同作用的传统例子,就像他与处于一个团伙的成员公开围攻中的被害人一样。 232

在实施阶段的这种择一贡献没有发挥作用时,情况就有所不同。潜在的暗杀者,为了杀死被害人,已经潜伏在被害人应当出现的各个城市之中了,那么,只有实际开枪的人,才是实行人。[304]剩下的人在这个过程中并没有发挥作用。在择一贡献被分级排列依次出现时,也不存在共同实行人:如果暗杀者甲首先进行谋杀性攻击,在未成功的情况下,由乙实施进一步的攻击,那么,甲与乙都只是为各自所干的承担责任。 233

(3)特别的实行人要素作为共同实行人条件

共同实行人与各种实行人一样,在共同行为控制之外的条件是,其他可能由法律要求的实行人要素,是由各个共同实行人自身来完成的。首先,每个共同实行人在故意之外,必须表现出可能的目的、态度、倾向与其他主观行为构成的要素。也就是说,在甲与乙共同伪造文书时,这对于一个共同实行人还不够;这两个人中的每一个人都必须为了“在法律交往中进行欺骗”而实施这种行为(第267条)。这当然不意味着,每个人本身都必须想要欺骗;知道他人想要使用这个文书欺骗他人的人,也是为了在法律交往中进行欺骗而行为的。在甲自己本人想要而乙只是想要 234

---

[302] 与本书一样的还有 Bloy, 1985, 372 ff.; Knauer, 2001, 139 ff.; 157 f.; Köhler, AT, 578; Rodriguez Monta ? és, Roxin - FS, 2001, 321。对于单纯的未遂,参见 Stein, 1988, 327 f.;不同意见的,见 Jakobs, AT2, 10/55; Schmidhäuser, StuB AT2, 10/62 指出了这种帮助的可能性。

[303] Rudolphi, Bockelmann - FS, 1979, 369ff. (380);不同意见的,见 Jakobs, AT2, 21/55 a; Stein, 1988, 328;与本书一样的,见 Bloy, 1985, 376 f.。

[304] 进一步的探讨,参见 Maurach/Gössel, AT/2^7, 49/42,在那里认定了在一种“集体的行为控制”中所有人分享的部分。类似的还有 Knauer, 2001, 138 f.。

为甲发一笔横财时，也存在着诈骗的共同实行人（《帝国法院刑事判例集》第59卷，第104页、第107页）；第263条的实行人也可能是，仅仅想为其他人发一笔横财的人。同样，在盗窃（第242条）中，共同行为人也可能在这种方式中，这个甲自己本人想要占有这件物品而乙则是为了甲占有这件物品的，或者，两人是为了丙而占有这件物品的。这些细节是行为构成的解释问题，属于分则部分。

（4）部分的共同实行人

235 部分的共同实行人毫无疑问是可能的，它没有涉及所有由他人实现的行为构成。在甲与乙共同实施一个强制，但是，这个强制仅仅被乙利用来抢劫时，对乙能够作为第240条的共同实行人加以惩罚，对甲则能够作为第249条的实行人加以惩罚（联邦最高法院，《戈尔特达默斯刑法精粹杂志》，1968年，第121页）。同样，在乙不知道，应当根据第249条予以惩罚的甲已经使用了抢劫手段时，乙就能够是盗窃的共同实行人（《帝国法院刑事判例集》第12卷，第10页）。相应地，共同实行人中的一个人能够在身体伤害中有罪责，而他的同伙则甚至会由于杀人而受到惩罚（《帝国法院刑事判例集》第44卷，第323页）。

236 共同实行人也可能在一个是根据第211条，另一个是根据第212条受到惩罚的情况中。如果人们，就像符合主流的正确意见那样，把谋杀视为杀人的加重情形，就能够理解这一点了；共同实行人对一个基本行为构成的完成，不能通过参与人之一表现出加重要素而被排除。然而，这个司法判决认为，谋杀与杀人是各自独立的行为构成，因此，从根本上就拒绝了这两种犯罪之间有一个共同实行人的可能性（《联邦最高法院刑事判例集》第6卷，第330页）。现在，《联邦最高法院刑事判例集》第36卷，第231页〔305〕已经正确地抛弃了这种立场。例如，第212条是相对于第223条、第223a条的，第249条是相对于第240条、第242条、第223条的一种独立的行为构成，这不排除一个由于较不严重的犯罪而存在的共同实行人。必要的仅仅是，较严重的行为构成必须同时满足较不严重的行为构成的要素，并且，这在第211条、第212条的关系中，也是相互并列于其案件独立性的前提之下，只要人们不把这两种行为构成视为相互排斥的。

（5）在一个参与人无罪责时的共同实行人

237 共同实行人不会由于参与人之一是无罪责地行为而受到阻碍。也就是说，一个共同实行人可能是有精神病的（部分不一致的意见，《帝国法院刑事判例集》第63卷，第101页，104页），可能是无罪责能力的儿童（对此，参见《帝国法院刑事判例集》第19卷，第192页，193页以下），也可能是在不可避免的禁止性错误中实施的行为。因为实行人与参加人是不法的各种表现形式，所以，一个参与人的无罪责性并不影响共同实行人的可能性（第29条）。当然，在有责任的共同实行人认识到他人的无罪责性，而仍然为了自己的目的而对他人加以使用的，他会由于这种构成行为贡献而同时成为间接实行人。

（6）共同实行人性质的参加人

238 教唆人或者帮助人也能够具有共同实行人的性质。〔306〕也就是说，在甲与乙通过补充性劝说动员丙实施构成行为时，这两人都要作为教唆人加以惩罚，〔307〕即使每个单独的贡献并没有使实行人确定要去实施那个构成行为。在相应的方式中，两个人在一起修理作案工具时，就提供了共

---

〔305〕 带有评论的，见 Beulke，NStZ 1990，278；Timpe，JZ 1990，98；Küpper，JuS 1991，639。

〔306〕 与本书一样的，见 Jescheck/Weigend，AT^5，§ 64 II 2 a；Lackner/Kühl^{24}，§ 26，Rn. 8；Sch/Sch/Cramer Heine^{26}，§ 26，Rn. 6；Stratenwerth，AT^4，§ 12，Rn. 222。

〔307〕 关于共同实行人性的教唆，也参见 RGSt 13，121，123；53，189 f.；71，23 f.。

同实行人性质的帮助。格塞尔拒绝了这种共同实行人性质的参加人的可能性:〔308〕这种参加人不是实行人,并且,不是实行人的人,也不可能成为共同实行人。然而,这种共同实行人性质的参加人不是实行人;还有,不应当进一步看到的还有,为什么教唆与帮助对于一个犯罪不是第25条第2款意义上的“犯罪行为”。的确,这个有争议问题的实际意义很小。这个孤立考察的“共同实行人性质的参加人”的贡献,经常是作为教唆加以理解的,但是,它无论如何是可以作为帮助来理解的。

(7)过失的共同实行人

迄今为止,过失的共同实行人并没有为司法判决所承认,同时,在早期的文献中,也只能找到少数的支持者。〔309〕这种一般拒绝过失共同实行人的根据是,在过失的构成行为中,缺少以故意为条件的一种共同犯罪计划,并且,在没有追求共同结果的情况下,人们也不能谈论一种通过分工实施而实现的行为构成。〔310〕 239

在许多案件中,对过失共同实行人的结构也并不存在着紧迫的需要,因为单个的构成行为贡献能够分别被看成是独立地、过失地实现了行为构成。瑞士联邦法院的一个判决〔311〕想要说明这一点:甲与乙在共同决定的基础上,每人各推一块岩石至谷底。登山者丙由此而被杀死了;但是,不能查清的是,两块石头中究竟是哪一块造成这个结果。在人们拒绝过失共同实行人时,就必须不必要地得出最不受欢迎的结果,即甲与乙各自都由于缺乏证据而必须被无罪释放。更准确地说,人们可以这样认为,两人中的每一个人,要么通过亲手推下的岩石,要么通过其所参与才引起了双方举止行为的决定,去实施了一个过失致人死亡的行为,从而能够使这两个人由于实施了具有同时实行人性质的过失致人死亡而承担责任。 240

但是,使这两个人由于共同的过失举止行为而承担责任,的确不会那么不自然,因而更合适。此外,对这样一种构造的实践性需要,在专家组的决定中就特别紧迫地凸现出来了,这些决定——例如,通过免费发放一种有害身体健康的产品——已经导致过失地实现了行为构成。在这里,一项决议是随着投票的结果做出的,在这里,一个反对票并没有改变这件事的进程,这时,各种投票行为的因果关系就很难有根据了。〔312〕每个成员都能够以此为根据,主张在不考虑自己的同意票的情况下,因果关系的进一步过程还会是与结果相同的。相反,在人们肯定过失共同实行人时,每个同意了有害决定的人在刑法上的责任,就应当能够毫不费力地得到说明。〔313〕对于这些共同实行人来说,每个共同实行人的因果性对于结果来说,并不是无条件必要的。这种共同举止行为本身已经造成了结果,并且,这本来就能够依赖于在事前考虑中的单个人的贡献,这就足够了(参见,边码211以下)。 241

〔308〕 Maurach/Gössel, AT/2^{7}, 50/103。

〔309〕 在早期著作中,参见 Exner, Frank-FS, 1930, 572; Frank, StGB^{18}, vor § 47 a. F., Anm. IV, § 47 a. F., Anm. III; Kohlrausch/Lange, StGB^{43}, § 47, Anm. III; Mezger, StrafR^{3}, 422; Zimmerl, 1928, 107 f.。

〔310〕 因此,例如,Arzt, recht 1988, 72; Baumann/Weber, AT^{10}, § 22 IV 2, § 29 IV 2 b; Deutscher/Körner, wistra 1996, 333; Donatsch, SchwJZ 1989, 112; Günther, JuS 1988, 386, Fn. 3; Jescheck/Weigend, AT^{5}, § 63 I 3 a; Kindhäuser, vor § 25, Rn. 45; 类似的,现在也见 Puppe, Spinellis-FS, 2001, 927。

〔311〕 BGE 113 IV 54;基本性的理由登载在 Otto, Jura 1990, 47; 参见 Donatsch, SchwJZ, 1989, 109。这个法院是否想要认定一个共同实行人,还不是完全清楚的。一种类似的状况也被处理过,参见 BayObIG NJW 1990, 3032。

〔312〕 参见 Roxin, AT1^{3}, § 11, Rn. 18。

〔313〕 对此的基础性说明,见 Knauer, 2001。

242 因此,这种过失共同实行人的可能性,今天在文献中得到了日益增多的作者的肯定。[314]实际上,过失共同实行人是应当承认的。相反的论证(缺乏针对实现共同的行为构成的决定以及一种以此为目的的分工实施),是不能令人信服的,因为它是以**故意**共同实行人的标准为基础的,这种标准在过失案件中自然是不恰当的。在第25条第2款中,法律只要求一种共同实施,但是,并没有要求必须具有实施的故意性。如果人们根据过失的归责性结构来考虑,[315]那么,在"通过在结果中实现了一种由多人共同创造的不容许的危险"时,[316]过失的共同实行人就存在了。奥托[317]这样表明了这一点:"一个人……意识到是与他人的分工共同作用而创设或者提高了危险,这个危险在——可预见的——结果中实现的,就应当共同对这个结果负责",也就是说,是共同实行人。毫无疑问,在这个领域中的学术发展还在进行之中,并且,在个别点上也还不清楚(例如这些问题,人们是否要求一个"共同的行为项目",或者,借助在客观上相互连接的各种过失性构成行为的贡献就应当足够了)。[318]但是,过失共同实行人在法律角色上的基本根据,不应再受到怀疑。

6. 不同的方案

(1)从主观参加人理论中得出的推断

243 共同实行人在早期的司法判决[319]中,以及像在今天的文献[320]中还会偶然出现的那样,是作为一种相互的间接行为人来解释的,以至于使自身的构成行为部分会与一种由于他人的构成行为部分而产生的间接实行人相连接。这是一种只能为主观理论的立场所代表的解决方案;它的条件是,这种单纯的"实行人意志"能够使一个人,由于其同伙所提供的构成行为贡献,而成为间接实行人。这种行为控制,今天也是司法判决对间接实行人所要求的,却是一个共同实行人对其他人所不具有的。在这一点上,这种构造失败了。此外,它还在法律文字上也失败了;在共同实行人部分地"自己"实施、部分地"通过他人"实施时,这个人根据第25条第1款就是应受刑事惩罚的,而不再需要第2款了。

244 克拉默(Cramer)的理论也意味着向主观理论的一种回归。[321]他——在除此之外原则上承认行为控制理论的情况下——这样认为,这个共同实行人仅仅控制了他自己的构成行为部分,而没有控制他人的构成行为部分。因而,借助于行为控制,在实行人与参加人之间进行确定的区分就是不可能的,从而使主观因素必须一起加以考虑。[322]他构建了这个例子:"一个人……抓住被

---

[314] Bindokat, JZ 1979, 434 ff.; Brammsen, Jura 1991, 537f; Brammsen/Kaiser, Jura 1992, 38 f., 41; Dencker, 1996, 177 ff.; Eschenbach, Jura 1992, 643 f.; Hilgendorf, NStZ 1994, 563; ders., ^{2}1998, 38; Kamm, 1999, 175 ff.; Knauer, 2001, 181 ff.; Küpper, GA 1998, 526 f.; Lesch, GA 1994, 119 ff.; Otto, Maurach-FS, 1972, 104; ders. JuS 1974, 702 ff.; ders., Jura 1990, 47 ff.; ders., Spendel-FS, 1992, 271 ff.; 281ff.: ders., 1993, 9; ders., AT^{6}, § 21 V 4 b; Ransiek, 1996, 73; Renzikowski, 1997, 261, 282 ff.; Rodriguez Monta? és, Roxin-FS, 2001, 326; Schmidhäuser, LB AT^{2}, 14/30 Anm. 24; ders., StuB AT^{2}, 10/68 f., Anm. 34; Spendel, JuS 1974, 749 ff.; Weiβer, 1995, 146 ff.; dies., JZ 1998, 230 ff.; 也还有 Beulke/Bachmann, JuS 1992, 737; Lampe, ZStW 106 (1994), 692 f.; Schumann, StV 1994, 110。

[315] 对此,详见 Roxin, AT1^{3}, § § 10 und 24。

[316] Knauer, 2001, 221。

[317] Otto, AT^{6}, § 21 V 4 b aa。

[318] 参见,Knauer, 2001, 192 ff.。

[319] RGSt 58, 279; 63, 101; 66, 236, 240; 71, 23 f.。

[320] Baumann/Weber, AT^{10}, § 29 IV 1(带有限制); Tröndle/Fischer50, § 25, Rn. 8。

[321] Cramer, Bockelmann-FS, 1979, 389 ff.; 400 ff.; ders., Sch/Sch/Cramer/Heine^{26}, vor § § 25 ff.; Rn. 80 ff.; § 25, Rn. 72 f.。

[322] Cramer, Bockelmann-FS, 1979, 401-403 (403); 关于批评,也见 Bloy, 1985, 370 ff.。

害人,以便让他人能够刺中,并不必然是实行人,他也可能是帮助人,只要他的部分行动由于其观点,相对于其他参与人的行动,仅仅应当算作次要的意义。然而,如果他应当视为是具有同等重要作用的伙伴,就应当考虑是实行人。

然而,这种案件恰恰证明的是他应当说明的反面。在这种抓住才使得那种用刀刺成为可能时,在功能性行为控制的观点中,就清楚地涉及了在实施阶段的一种重要贡献;根本谈不上任何在区分方面的不确定性问题。相反,这种抓住者的内心观点,在人们单独根据它而不是根据这个行为构成贡献在外部的分量来考虑时,就是可以任意解释的,并且要对所有的不确定性负责,而这种不确定性在司法判决中也表现在对共同实行人与帮助人之间的区分上(参见,边码 201 以下,215 以下)。克拉默的出发点也是建立在一个不恰当的认定上的:这个共同实行人控制的不仅是他自己的构成行为部分,而且还通过这个部分变成是对整个构成行为的共同控制(参见,边码 188)。 245

(2)施泰因的举止行为规范分层理论

施泰因的方案是根据举止行为规范的紧迫性来区分实行人与参加人(参见,边码 35 以下),这个方案必须寻找一种说明,来说明这个共同实行人所遇到的举止行为规范,比帮助人具有更高的紧迫性。他在这里发现了这种紧迫性:这种举止行为规范在实施阶段出现时,还没有机会得到贯彻。"这些共同实行人的举止行为规范,包含了那些(被禁止的)举止行为规范,其危险性是通过幕前人将来的举止行为作为中介的,这个幕前人虽然要承担完整的举止行为义务,并且具备未受削减的遵守义务的能力,然而,在幕前人那里,另一方面,这个动机过程已经朝着义务损害的方向进展得如此地远,所计划的违反义务的举止行为又如此迫近地摆在眼前,以致这种义务在实际上就不再有机会来发挥它的确定性作用。"[323] 因此,一种"由幕后人承担的在义务紧迫性上的降低",就被排除了,[324] 因为不能再期待幕前人去遵守义务了。这个方案与本书所代表的观点,首先在这里是相一致的:在实施阶段必须提供这种构成行为的贡献。[325] 与此相反,对这种构成行为贡献的"重要性"与"共同行为计划"的要求,在这个理论中几乎没有空间。 246

这种观点令人诧异之处首先在于,施泰因是把共同实行人视为一种"幕后人"对"幕前人"的关系,而不是并列的分工关系。对施泰因来说,作为后者行为的参与人,就已经是直接实行人了,以至于只有"幕后的人们"才会作为共同实行人加以考虑。[326] 在两个人同时的行为中,两个人就应当是"幕后的人们"。然而,在通常情况下只有一个共同实行人的想法,就能够与从多个共同实行人出发的(第 25 条第 2 款)法律无法一致;并且,在同时行为中只有"幕后的人们"而没有"前台的人们"的想法,发挥了极其做作的效果。 247

我也没有正确地看到,在遵守规范的机会方面只应当依赖幕前人方面时,这名"幕后人"为什么却应当在实施阶段必须存在。但是,如果人们要让幕后人在预备阶段的构成行为贡献就足够,那么,教唆与帮助的区分就会变为不可能。对于教唆人与帮助人来说,这个实行人的确还能对遵守义务作出决定的机会,随着其以同等程度在实施阶段的出现而降低了。因此,根据举止行为规范的紧迫性来加以区别的理论,就不可能建立有说服力的共同实行人的方案。 248

(3)雅各布斯与德克森的塑造性控制

雅各布斯也由此出发,认为在实施阶段的一种共同作用,作为"决定性控制",总是为共同实行 249

[323] Stein, 1988, 322。
[324] Stein, 1988, 326。
[325] Stein, 1988, 321。
[326] 在这里与在下文,都见 Stein, 1988, 330。

人提供了基础,他是在这种共同作用所具有的“刻制构成行为”的力量中看待其“重要性”的。[327]但是,他也想要在预备性贡献对共同作用人获得这种“塑造性控制”时,就让预备性贡献也足够了。对此,在前面(边码208以下)采取了批评的立场。

250 雅各布斯的学生德克森(Derksen)[328]进一步发展了这个理论,目的是把共同实行人作为客观归责的问题加以理解与说明,一个“共同的构成行为决定”对共同实行人是不必要的。对他来说,共同实行人是“个人对一种计划性语境的草案性汇总”。[329]这种“个人在整体中的嵌入”,导致“各个参与这个构成行为的人,对通过整个构成行为而遭损害的规范,在其本身完整的有效性上,产生了怀疑”。“在一种贡献不是直接地发挥塑造世界的作用,而是通过他人的举止行为才对其构成行为产生共同塑造效果时”,这种贡献才是在实行人的归责之外提供的。雅各布斯已经在怀疑一种共同的构成行为决定的必要性,并且建议,应当取代这个,“采纳一种适应性决定就足够了,借助这种决定,这个没有直接实施但是塑造性地共同发挥作用的参与人,就把自己的贡献与实施人的作为联系起来了。”[330]

251 正确的是,在他人没有注意到有人与自己共同发挥作用时,一个人能够对一个构成行为的成功在可能时发挥决定性的影响。但是,这还的确总是在“单方面共同作用”的情况下,因为这个人对其同伙实施的行为构成的行为一无所知,因而不是共同实行人,而是单一实行人。但是,法律在第25条第2款中是以一种“共同”实施为出发点的,这只有在一种双方都有意识的分工中才是可能的。[331]还有,这种受到批评的方案,只有在这种情况下才能想象,即参与人中的一个人实施了整个行为构成的行为,也就是本来的直接实行人。在这种案件中,双方通过各自相互补充的贡献来实现行为构成的行为,这在缺乏一种至少是默认的意志性相互协调时,是无法正确地想象的。因此,在共同实行人不以共同的构成行为决定为条件时,对共同实行人与同时实行人(边码265)的区分就会随之陷入困境。几个行为是要产生一个共同的作品,还是在相互独立地追求同一个目的,在很多案件中,就不能在没有共同计划时作出决定。最后,德克森的结构还使得对共同实行人与帮助人的区分变得不可能。他所宣传的“秘密的共同实行人”,绝对不会像其对实行人的归责所要求的那样发挥“直接塑造世界”的作用,而只能通过这个实施人的行为构成的行为中的“他人的举止行为”(例如,在他的发现受到阻碍时,即他没有注意到这一点时)才有可能。但是,帮助人也是这样干的。

(4)迪阿兹·y·加西亚的作为“积极的行为控制”的共同实行人

252 加西亚(Garcia)[332]反对本书发展出来的“功能性行为控制”的方案。他认为,这种功能性行为控制不是自己实施这个行为构成行为的,例如,他抓住这名其他人能够加以刺杀的被害人,行使的仅仅是一种“消极的行为控制”。他能够通过不实施行动(也就是不抓住被害人)而使这个犯罪归于失败,但是,从来不能实现这个行为构成。只有实施刺杀并由此行使了“积极的行为

[327] Jakobs, AT^2, 21/48, 51。

[328] Derksen, GA 1993, 163 ff.。

[329] Derksen, GA 1993, 173;最后的引文175。

[330] Jakobs, AT^2, 21/43。还有Lesch,Jakobs的另一个学生,也赞成这种意见(ZStW 105 [1993]), 271 ff., 291):“共同实行人并不以与他人共同实施犯罪的约定为条件,无论是以明确的形式还是以可以得到结论的形式。”对Lesch的批评,详见Küpper, ZStW(1993), 295 ff.。反对Jakobs及其学生观点的,还可见Küpper, GA 1998, 526,以及Ingelfinger, JZ 1998, 708,以及Renzikowski, 1997, 102。另外,参见SK^7 – Hoyer, § 25, Rn. 126, 127 m. w. N.; Knauer, 2001, 160; Köhler, AT, 516, Anm. 71; Krey, AT/2, § 29, Rn. 169; Kühl, AT3, § 20, Rn. 106。

[331] Küpper, ZStW(1993), 302,这样认为,这种反对意见涉及了一种对第25条第2款不容许的类推适用。

[332] 在他的重要著作“La Autoria en Derecho Penal”, 1991, 651 ff.(675 ff.)。

控制”,才是实现行为构成。他想要把共同实行人限制在积极的行为控制上,就像这样:在三名实行人对被害人刺了三刀,这三刀共同对这个死亡产生了作用,才存在共同实行人。此外,加西亚还认为,从功能性行为控制的标准上,不能推导出值得追求的把共同实行人限定在实施阶段的结果。在预备阶段的一种必要的贡献,对计划的成功也可能是决定性的。

对这个刚刚提及的反对意见应当加以反驳,即使这个预备人提供了一种无法替代的贡献,只要他把实施转交给其他人,他对这个事件就放手了并且不再参与控制了。因此,对行为构成实现的共同控制,只有通过在实施阶段的分工才有可能实现(参见前面边码198)。 253

还有,在我看来,加西亚的观点对共同实行人作了过度的限制,因为就像他所理解的那样,在行为构成的行为中,“积极”的共同作用,在大多数情况下,自己就已经是直接实行人了(例如,多人根据一个共同计划,以盗窃的目的拿走财物)。也就是说,在实践中具有重要意义的案件,恰恰就是加西亚想要作为消极的行为控制的情况从共同实行人中排除出去的。 254

此外,对积极行为控制与消极行为控制的区别,也没有完全恰当地理解功能性行为控制的结构,就像加西亚表现的那样。这个——为了与那个刺杀的例子保持一致——抓住者通过“准备好”那个被害人,对行为构成的实现提供了一种与刺杀者完全一样的“积极”贡献。不提供这个贡献就会导致计划的失败,这仅仅是这种积极的共同控制中的“消极”的反面。对刺杀者自己来说,共同控制没有不同的结构:对他来说,其积极的构成行为部分的背面也是他的不作为会使这个计划破产。也就是说,这个所断言的区别,就不能为这个构成行为部分在评价上的不同提供根据。这个共同实行人抓住这个被害人,是为了使致命的刺杀成为可能,还是为了自己刺上一刀,从而与其他刀一起对那个结果产生影响:在两种案件中,这些参与人都是相互依赖的,并且,通过其“积极的”作为而成为这个事件的共同控制者。 255

这个共同实行人的方案就是建立在卢措恩·佩纳与迪阿兹·y·加西亚共同代表的实行人理论的基础之上的,他们两人在综述性地说明自己的前提下,针对我的异议进行了辩护。[333]他们认为,“在刺杀例件中,[334]“抓住被害人根本就不能产生出现死亡结果的作用,也就是说,并没有积极地确定这个构成行为——杀人——(并且,由此这个抓住者并没有‘杀’),相反,仅仅这名持刀的刺杀者才能决定——积极地确定——这一点,死亡的出现(这个刺杀者‘杀了’);也就是说,这个明显的区别能够很好地为一种评价上的不同……提供根据。”对此,人们能够说,在孤立的观察中,这种抓住肯定不能是杀人;然而,这个刺杀者,在没有人抓住被害人时,也不能杀人。也就是说,两个行为都是这个杀人同等重要的“积极”的条件。由此不应当否认的是,人们能够很好地建立一种如此狭义的、限定于真正的行为构成的行为之上的共同实行人概念,正如这两个作者所代表的那样。无论如何,这种概念具有最靠近行为构成的优点。但是,根据德国法,把抓住者仅仅解释为较轻的帮助人的刑罚,将会是不合适的,虽然在构成行为的实施中,他提供了同样重要的构成行为贡献。这个问题并不存在于西班牙的刑法中,因为在那里,所谓的主要帮助人,也就是那个提供了必要的构成行为贡献的人,能够被处以与实行人相同的刑罚(《西班牙刑法典》第28条第2款第2项)。的确,在西班牙作者中,也有人认为,这个主要帮助人总是或者在其共同控制的案件中就是共同实行人。[335] 256

---

〔333〕 Luzon Peña und Diaz y Garcia, Roxin－FS, 2001, 575 ff (speziell 592－598)。同样,Rodriguez Monta？ és, Roxin－FS, 2001, 322。

〔334〕 Luzon Peña und Diaz y Garcia, Roxin－FS, 2001, 594, Fn. 66。

〔335〕 在这个意义上,例如Cerezo Mir,Roxin－FS,2001,549ff.,指出(出处同上,第554页,边码20),西班牙最高法院已经接受了本书所提倡的功能性行为控制的方案。

257 屈佩尔(Küper)也借助这种消极行为控制的概念进行工作。[336]他把存在于共同实行人自己的作为之中的积极的贡献,与应当存在于这个共同实行人能够使整个计划归于失败之中的消极的行为控制联合起来。由于这种自身贡献的这种积极意义与消极意义,就应当把他人的贡献也归责于这个共同实行人。在这里,应当正确地看到,共同实行人的行为具有"积极的"一面与"消极的"一面,在过分地将二者分离时,因为让其失败的可能性仅仅是积极贡献的重要性中的一个方面。但是,这不需要对他人行为的归责。共同实行人的自身作为就能为其创设对整个构成行为的共同控制,不需要对他人举止行为的任何归责。这自然不是一种单一的控制;在这里,共同实行人比直接和间接实行人的要少。对共同控制象对单一控制那样加以惩罚,是立法者的一个非理所当然的但是一个依职权可以合理作出(berechtig)的决定。

(5)普珀的作为相互教唆的共同实行人

258 普珀[337]的意思是,共同实行人就是相互教唆。这是建立在她的教唆的特别方案基础上的,作为一种"与承担义务的实行人特征达成的不法性协定"。但是,一是,由此对教唆就提出了过多的要求,[338]因为对法律所要求的"确定"来说,一种有成效的要求对构成行为就完全足够了。二是,共同实行人作为教唆的一种特别形式的意思,也不能胜任"共同实施"这个法律样板,这个法律样板是以一种在实施阶段的分工共同作用为条件的。

(6)弗罗因德的作为分则问题的共同实行人

259 对弗罗因德来说,实行人是符合行为构成的举止行为(参见,前面边码37),虽然不是作为在客观一形式理论意义上的亲手性,而是在一种实质意义上的。在这个范围内,这符合行为控制的理论,对于实行人来说,同样是亲手地、间接地或者共同地实现了行为构成。但是,弗罗因德[339]不想在行为控制或者一种其他的一般要素中考虑这个实质性行为构成的实现标准,而是想通过解释分则中的单个行为构成来获得。这涉及一个问题,"这个恰恰无法借助一种从单个行为构成的特点中抽象出来的一般(共同)实行人的标准来恰如其分地完成。"因此,对实行人与参加人的区分也就会是一个分则中的问题了。

260 然而,对这个观点应当加以反驳。法律的规定是作为总则中的这样一部分设计的,并且,借助在第25条第2款中的"共同实施"这个标准提出了一个要求,这虽然在分则的行为构成中获得了一个在该处是自身的表现形态,但是,作为指导标准,却是到处都相同的。这种对统一标准的放弃,就像作为在实施阶段分工共同作用的功能性行为控制对这个标准所描述的那样,导致更大的法不安全性,这种不安全性是不能借助具体的行为构成加以消除的,因为这些具体的行为构成自始至终都仅仅规定了这种直接实行人,而没有为确定共同性提供连接点。

261 这也显示了弗罗因德的努力,至少在三组"共同实行人符合行为构成的举止行为的重要案例"中,他用例子说明了自己的解决方案。在第一组的两种状况中建立了众所周知的例子(参见边码211),在其中,一个人抓住被害人,另一个人拿走他的现金或者攻击他。[340]在这里,实际上涉及了在实施阶段的分工共同作用意义上的共同实行人举止行为的范例。但是,弗罗因德在第一个案件中,使用这样的语言来提供共同实行人的根据,即对共同实行人的认定是"根据条文与理性"宣告的,并且,在第二个案件中,则通过这个论点,即那个抓住者"以在质量上超过单纯帮

[336] Küper, 1978, 53 f.; 60 f; JZ 1979, 786。

[337] Puppe, Spinellis - FS, 2001, 917 ff.。

[338] 参见, § 26, Rn. 73, 88 f.。

[339] Freund, AT, § 10, Rn. 161ff. (164)。

[340] Frerand, AT, § 10, Rn. 166 - 168。

助的形式违反了对身体伤害的禁令”。这些虽然是恰当的主张,但是缺乏任何对它们的明确根据。

弗罗因德将“望风”行为作为第三个“案例组”加以处理。他认为,如果望风者“通过其举止行为才使他人的拿走行动在根本上成为可能,并且,甚至还通过促成一种处于准备地带的相应的要求,那么,这种必要的对共同实行人责任的‘质的突变’就大概形成了。”但是,这首先只是一种感觉性判断(“大概”)。其次,对一个共同实行人来说,在实施期间的这种贡献的必需性就完全足够了。再次,从帮助中如何应当使一种随后提出的教唆(“处于准备地带的要求”)能够成为一个共同实行人,是不明确的。又次,“在实质性考虑中”如何能从盗窃行为构成的条文中读出这所有的东西,同样也是不可理解的。也就是说,把区分问题转移到分则之中,并不能提供进一步的帮助。 262

(7)海因里希的作为“决定的联合”的共同实行人

海因里希也拒绝借助行为控制理论把实施行为中对共同控制的必要性当作共同实行人的条件。相反,他要求一种决定的联合,[341]一种“能够把这个事件称为是其直接转换”的共同的决定。[342]各个共同实行人通过这种“决定的联合”,共同结合成一个将为这个事件归责的“虚构的整体人”。[343] 在其中,它应当不取决于“在共同的行为决定中的单个承担者中,是谁干了范围广大的实施中的什么部分即哪一部分,甚至也不取决于到达是否他本人干了这样一种转换性行动。”也就是说,共同实行人也是这样的人,“他本身并没有直接动手,而只是干了诸如观看这样的事,因为他太笨拙了,不能将这个构成行为决定亲手加以转换,或者,他‘不想弄脏自己的手’”。[344]但是,另一方面,这个什么也没干而呆着的共同实行人,至少必须在实施构成行为时在场。只有在这种案件中,这个实施才会“直接由这种……决定的联合所提供”,并且,这种联合才会“进一步变成现实”,同时,在一个参与行为决定的参加人不在场的情况下,这个决定的联合就必须作为“被撤销了,并且,由此不再具有当时的作用”来加以考虑。[345] 263

这种观点,处于司法判决与本书所代表的行为控制方案之间,在这里,它虽然不要求构成行为的贡献,但是要求共同实行人在实施阶段在场。事实上,这种观点应当加以拒绝。这种观点满足于在根据上借助一种共同的行为决定,并且,让应当倾听法律所要求的“共同实施”的共同实施行为,什么也剩不下来。这个单纯的观看对实施并没有贡献,海因里希也仅仅要在一种维护行为决定的意义上进行解释。但是,即使在这个减少的功能中,在场的要求也正好是不能说服人的。为什么一个共同的决定,通过参与其中的人不在场,就应当“被撤销”,并且,通过他的消极的在场,就应当“进一步变成现实”?这是无法理解的。一个同一等级的同伙,在人们必须将其想象为共同实行人时,也是同等价值的构成行为贡献作为条件的。 264

7. 同时实行人[346]

人们是这样理解同时实行人的:多人在不是共同实行人的情况下造成了同一个结果。[347]例如,在母亲与女儿不依赖对方,通过独立的伤害行为,杀死了家里的父亲时,就存在着同时实行人(联邦最高法院,《新法学周刊》,1966年,第1823页)。在故意犯罪中,最常见的案件是同时实行 265

---

[341] Heinrich, 2002, 285 ff. (288 f.)。

[342] Heinrich, 2002, 287。

[343] 这里与下文,见 Heinrich, 2002, 287。

[344] Heinrich, 2002, 289。

[345] Heinrich, 2002, 293。

[346] Murmann, 1993。

[347] RGSt 19, 141, 145; 55, 78 f.; 68, 256; BGHSt 4, 20; 7, 112; BGH NJW1966, 1823。

人的教唆:多人各自独立地对实行人进行教唆。[348]此外,同时实行人的范围也包括过失犯罪;经常存在这样的情况,几个人的违反注意义务性,共同导致行为构成的实现,即使他们都不是共同实行人(对此,边码239以下)。例如,甲将口袋里放有上膛手枪的大衣交给剧院的衣帽间,衣帽间工作人员乙发现了手枪,认为手枪未上膛而开玩笑地向丙扣动扳机,导致丙死亡,甲与乙就是过失致人死亡的同时实行人:他们两人都轻率地实施了举止行为,并且各自创造了一种不被容许的、在这个结果中得以实现的风险。

266 同时实行人的概念并不具有独立的信条学意义。[349]因为每一个构成行为贡献都应当独立加以判处,所以,从同时实行人的构造中不能获得什么没有它就干不成什么事情的理解。主要的问题在于这个问题:在什么程度上,单个贡献对这个结果是有因果关系的,也就是说,应当对共同的原因造成者归责的;这只能根据对其有效的规则加以解决(参见罗克辛,《德国刑法学 总论》,第1卷,第三版,第11节,第24节)。

四、义务犯罪

(一)控制犯罪与义务犯罪

267 在这里有两种不同的方法。借助这两种方法,立法者能够把一种在犯罪上具有典型性的举止行为,以一种符合无法无罪原则的方式,在行为构成上加以规定。第一种方法存在于那些对无法容忍的社会危害行为可能作出的最准确的描述之中,立法者想用刑罚对这些行为进行威胁:谋杀、身体伤害、诈骗等等。在这里,人们可以称之为**行为犯罪**,在其中,一个由多人作用的事件的核心人物,要根据行为控制来确定,就像这个核心人物在前面的很多表现形式之中所显示的那样。

268 第二种方法存在于**与作为行为构成组成要素的义务的联结**之中。这种义务在法律制度的不同领域中已经使自己得以具体化,并且,对行为构成的结果受到影响的或者还仅仅不受阻碍的义务损害,是要以刑罚加以威胁的。这个方法首先被立法者使用于这样的地方,在这里,实行人举止行为的外部特性对立法者来说还不是那么重要,,因为制裁的根据存在于一个人违反了自己所承担的社会角色提出的履行性要求。在这些案件中,在多人参与的情况下,这个事件的核心人物,是那个损害了其所面临的前行为构成性义务,并且,以这种方式通过作为或者不作为对结果做出贡献的人,反之,那种结果外在部分的范围或者这个行为控制,都是无关紧要的。在这里,我称之为**义务犯罪**。[350]下面就涉及在这种犯罪的特定形式领域中,区分实行人与参加人的问题。

269 在这里面临的不同是在其基本方面——也就是说,不限制在实行人理论中——已经为雅各布斯[351]所接受并且得到了进一步的深化:"作为对这种责任的基础……在现代社会中……仅仅考虑两个方面:一

---

〔348〕 RGSt14, 92, 95; 43, 293, 296; 55, 78, 80。

〔349〕 Fincke, GA 1975, 161 ff.; Jescheck/Weigend, AT^5, § 63 II 3; Murmann, 1993; Otto, AT^6, § 21 IV 1 b。

〔350〕 关于义务犯罪的理论,参见我的著作"Täterschaft und Tatherrschaft",^{1}1963 bis ^{5}1990,354f.,384ff. und passim。关于较新的讨论状况,见出处同上,^{5}1990,626 ff.,651 f.,^{7}2000,392 ff.,695 ff.。边码265的描述与我在"Kriminalpolitik und Strafrechtssystem中的原则性论述是联系在一起的。

〔351〕 Jakobs, 1992, 31。

是人塑造了世界,并且,当人在允许他人塑造的场合进行塑造时,承担责任。这导致对组织越权(Organisationsanmaβung)的责任。二是人在与他人的特定(geprägter)联系之中生活,也就是说,承担着确定的角色。在人背离这种角色时,就会失望;这导致对一种制度侵害的那种责任。"他明确指出,这种"区别与在控制犯罪与义务犯罪之间的区分"是一致的。

司法判决还没有接受义务犯罪的理论,不过,在文献中的确已经找到了日益增多的支持者。〔352〕雅各布斯的学生 Sánchez – Vera〔353〕已经为其献上了第一本有意义的专著。对于与义务犯罪相关联的争议问题,将在下面对结论的分析中,提出其对区分实行人与参加人所具有的看法。 270

(二)与结果有关的违反行为构成的特定义务作为实行人标准

经典的义务犯罪是**背信**(第 266 条)的例子。这个行为构成惩罚的是,实行人违反"代理他人财产利益的义务",由此"使其应当照顾的财产利益遭受损失"的。很清楚,这种给财产造成损害的违反义务能够能够通过多种不同的行为产生,也能通过不作为产生,但是,不取决于在外部满足行为构成。根据法律的明确文字,实行人就是以损害财产的方式违反了行为构成的特定义务的人。这个所谓的"**义务人**(Intraneus)"仍然是实行人,即使他为了实施叫来了帮凶(Helfershelfer),而这个帮凶是不受义务约束(所谓的**非义务人**[Extranei])的,并且因此是不作为实行人考虑的。 271

也就是说,在一个财产管理人无视由其所承担的角色所提出的要求,使财产所有人遭受损害时,他也就在如下条件下犯了背信罪:他不是高度个人性地进行了损害财产的交易,而是利用一个非义务人,要求后者干些诸如降低财产价值的事。他犯了第 25 条第 1 款意义上的"通过他人"实施的构成行为,是一个背信的间接实行人,虽然在行为控制的观点中,他仅仅会是教唆人。〔354〕这个实施人,因为不负有照顾财产的义务,所以仅仅是幕后人的帮助人,虽然他拥有行为控制,并且,根据行为控制规则必定是实行人。在相应的方式中,共同实行人也仅仅只能是那个作为义务人与他人一起负有义务并且与其一起违背义务的人。如果他这样做,那么他就是共同实行人,不需要他在实施阶段提供了一种重要的构成行为贡献,而在控制犯罪中,这种贡献是关键性的。在一名财产管理员仅仅只是掩盖其同事的不正当手段,而没有自己亲自提供帮助时,这名财产管理员就是一个背信的共同实行人。另一方面,一个人,在实施损害财产的行为中提供了重要贡献的,只要他作为非义务人而不负有照管财产义务,就的确仅仅是帮助人。 272

以实行人为根据的义务并不都是相同类型的;它们大多表明了一种与这种实行人有关的特别不法(例如,第 331 条以下中的公务员身份,第 203 条中的职业性保密义务,第 266 条中的财产照管义务,或者第 246 条第 1 款第 2 项[旧版本]中的委托),但是,有时也用于将行为构成限制在立法者眼中的那种典型的实行人(例如,根据第 142 条的事故肇事者的等待义务,或者,根据第 288 条的被强制执行债务人的保持财产义务)。这种区别,对于第 28 条的可适用性具有重大的 273

---

〔352〕 Blanth, 1968, 76 ff.; Blei, AT[18], § 71 II 1 b; Cramer, Bockelmann – FS, 1979, 395 f.; Ebert, AT[3], 43, 191; Gropp, AT[2], § 10, Rn. 39; Haft, AT[8], 195; Herzberg, 1977, 33; Jakobs, AT[2], 21/116 ff.; Kindhäuser, StGB, vor § 25, Rn. 42f; Kühl, AT[3], § 20, Rn. 14; Murmann, 1993, 181; Sch/Sch/Cramer Heine[26], vor § § 25ff, Rn. 84; § 25, Rn. 78; Schünemann, GA 1986, 331 ff.; Wagner, 1975, 70 ff.; 72; Wessels/Beulke, AT[31], Rn. 521。

〔353〕 Sánchez – Vera, 1999. 一篇重要的关于义务犯罪的论文,见 Pizarro Beleza, Coimbra – Symposium, 1995, 267。

〔354〕 对于在这样一种案件中的直接实行人,见 Sánchez – Vera, 1999, 161 ff, 163。

意义(参见,第27节,边码23以下),但的确对义务犯罪的单纯加重是无关紧要的。对实行人与参加人的区分总是以这种方式进行的,就像在边码271以下关于第266条的例子中所说明的那样。

274 在控制犯罪与义务犯罪之间区分实行人与参加人时呈现出来的重大区别,当其实行人概念在"符合行为构成事件的核心人物"这个最高基点上同时发生时,也没有任何改变。它们仅仅是这个基本原则的不同表述。许内曼[355]试图做一个更为狭义的概述。他的意思是,把义务犯罪作为一种**"对法益的保护性控制"**的案件,或者在较新的表述方式中,[356]作为"对一种社会领域的控制意义上的事件性控制",并且由此作为控制犯罪的一种进一步的表现形式。这样,这种财产照管义务,在背信中就建立在一种"对他人财产的保护地位及其邻近位置"的基础上,并且,第203条中的保密义务,就建立在对他人隐私领域的"控制性承认"的基础上。他想以这种方式,逐渐形成"一种行为控制的统一的规范的原则"。这个原则接近于博特克(Bottke)[357]的**"塑造性控制"**的主导原则。在这里具有不同意义的控制犯罪与义务犯罪,能够在相同程度上置于博特克的基本原则之下。这个努力是富有成果的,但还需要进一步完善;但是,它们不应当平整在区分各种参与形式中产生的区别。[358]另外,应当思考的是,在义务犯罪的实现过程中,这种由实行人承担的保护性控制与控制性控制,恰恰是没有被注意到,也就是说,通过积极行使行为控制的行为人,并不能无条件地被安置在相同的地位上。

(三)无资格而有故意的工具问题

275 借助对义务犯罪的承认,首先能够解决行为控制理论没有解决的一个问题:即借助一个无资格而有故意的工具而成为间接实行人的案件(也就是说,一个故意的、但是没有实行人资格来实施这个构成行为的人)。在财产照管义务人为了实施造成损失的行为(第266条),或者医生为了公开委托给他的秘密(第203条)而利用一个非义务人时,这个非义务人单独完成这项实施并由此拥有行为控制的,这名义务人也仍然还是直接实行人,因为这种影响结果的对行为构成特定义务的违反,在没有行为控制时也提供了这个实行人的根据(边码271)。[359]但是,这个"公然的"、在刑事政策上有理性的并且在结果上总是为司法判决与主流意见所实践的看法,与在很大程度上被认为无例外地有效的行为控制理论是不相一致的。

276 尽管如此,在这一点所试图实现的范围之内,与加拉斯[360]的思考相联系的幕后人,被说成是一个**"社会的"**[361]或者**"规范—心理的"行为控制**,对此耶塞克[362]是这样说明理由的:[363]"在

---

[355] Schünemann, GA 1986, 331 ff.。

[356] LK^{11} – Schünemann, § 14, Rn. 17。

[357] Bottke, 1992, passim;综述性的,见 Bottke, Coimbra – Symposium, 1995, 235。

[358] 在 Schünemann 那里,这种平整会得以避免,与此同时,Bottke 也想要根据控制犯罪的标准来处理义务犯罪(对此,参见边码279以下)。

[359] 同意这种观点的,见 Blei, AT^{18}, § 71 II 1 b; Cramer, Bockelmann – FS, 1979, 395 f.; Ebert, AT3, 195 f.; Gropp, AT2, § 10, Rn. 39; Herzberg, 1977, § 3 III 5 b; Jakobs, AT2, 21/104, 116 ff; Kinderhaüser, StGB vor § 25, Rn. 43; § 25, Rn. 15 ff.; Sánchez – Vera, 1999, 163 f.; Sch/Sch/Cramer/Heine^{26}, § 25, Rn. 44; Wessels/Beulke, AT31, Rn. 521;类似的,见 Wagner, 1975, 378 ff.。关于在清除垃圾犯罪的领域中,使用本书所赞成的义务犯罪方案的必要性,参见 Hecker, 1991, 21 ff. m. w. N.。他正确地指出,在第326条第1款领域中,只要涉及负有特定义务的垃圾占有人所具有的刑事可罚性,在区分实行人与参加人时,就应当考虑义务犯罪的根本原则。

[360] Gallas, MatStrRef. I, 135 f.。

[361] Welzel, StrafR^{11}, 104。

[362] Jescheck/Weigend, AT^{5}, § 62 II 7。

[363] 类似的,见 Bockelmann/Volk, AT^{4}, § 22 II 1; Lackner/Kühl^{24}, § 25, Rn. 4。

这里，这种考虑必须是决定性的，在这种案件中的行为控制必须在规范性上加以理解。在没有幕后人的共同作用时，这个犯罪行为根本不可能由这个构成行为中介人来实施，一个在刑法上很重大的事件完全只能这样才能存在，即这是由立法者所要求的……特性带来的。这个幕后人在法律上控制的影响，因此对于这个实行人是具有决定性的。”

这种观点包含了一种循环论证。[364]是否通过幕后人使用一个“无资格而有故意的工具”来造成“一个刑法上很重大的事件”，恰恰是（有争议的）问题（参见，边码 279），那种从一开始就强加上的肯定，仅仅是一种主张而没有说明理由。另外，这种“幕后人在法律上控制的影响”也不是指一种真实的控制，而是指行为构成特定义务的地位，非义务人并不具有这种义务地位。相应的论述也适用于博克尔曼的根据，[365]他认为，在“这个幕前的行为人具有特定的、其自身对这个构成行为的责任被排除或者被减轻的情节，由于一个工具的资格而能够被归责，并且……这个幕后人对这个认识这些情节的构成行为中介人……加以利用时”，这个幕后人具有行为控制。在这里所说的“情节”，排除了这个实施人的实行人身份而确立了这个幕后人的实行人身份，就是存在于这种特别的义务地位之中，而不是存在于行为控制之中。 277

施米德霍伊泽走了另一条路。[366]在**一个特别义务的不作为实行人**对正在实施的非义务人不采取措施时，他就是义务人。他在职务犯罪的例子中清楚地说明了这一点。在这个职务犯罪中，这名公务员拥有一个保证人地位，“当其他人在其公务领域内捣乱时，他凭借这个保证人地位，对采取措施负有义务”。这一点本身是正确的（即使在这名不作为人不是实行人，而从行为控制的观点来看只能是帮助人时，也不能提供进一步的根据）。但是，这个不作为的实行人也只是以其特定的义务地位为基础，这个地位使他成为在其职务范围内事务的保证人。在一个特定义务人要求非义务人实施构成行为，并且由此转向积极的行为时，他就更加违反了这种保证人地位。因而，这个不作为的特定义务人的违反义务，而不是积极行为人的违反义务，应当成为其实行人身份的根据，并不是看起来合理的。我们谴责这个利用非义务人的幕后人，是由于其造成了这个构成行为，而不仅仅是由于他不作为的不予阻挡。[367]在实际上，施米德霍伊泽的解决方案导致对义务犯罪（在不作为的外衣下）的承认。 278

从行为控制理论的立场出发，前后一致的**解决方案**是，在利用无资格而有故意的工具情况下，**应当让幕前人与幕后人都不受刑事惩罚**：对于幕前人，因为他没有表明那种为法律所要求的实行人资格；对于幕后人，因为他虽然具有实行人的特性，但并不具有行为控制。这种解决方案也为很多的作者所支持。[368]但是，这个结果是无法容忍的，也不能是立法者所希望的。它只需要一个特定义务人去利用非义务人，以便能够不受刑事惩罚地违反义务并且造成相关的行为构成的结果：财产照管人将委托给他的现金通过非义务人隐匿的（第 266 条），土地登记员通过让 279

---

〔364〕 同样，见 Herzberg，1977，§ 3 III 5 a；Jakobs，AT², 21/104，Otto，AT⁶，§ 21 IV 3 f；SK⁵ – Samson，§ 25，Rn. 35（类似的，见 SK⁷ – Hoyer，§ 25，Rn. 54）；Stratenwerth，AT⁴，§ 12，Rn. 40。对控制行为思想的不适用性，也见 Freund，AT，§ 10，Rn. 73 f. 与 Wagner，1975，380。

〔365〕 Bockelmann，AT³，§ 22 II 1；同样，见 Bockelmann/Volk，AT⁴，§ 22 II 1。

〔366〕 Schmidhaüser，LB AT2，14/51；ders.，StuB AT2，10/97；跟随其的见 Kindhaüser，StGB，§ 25，Rn. 18。

〔367〕 相应的反对这个解决办法的，还有 Stratenwerth，AT⁴，§ 12，Rn. 41；Wagner，1975，380；也还有 Roxin，ZStW 85（1973），102。

〔368〕 Bloy，1985，241；Bottke，1992，112，117 u. passim；Stratenwerth，AT⁴，§ 12，Rn. 38 ff.；也许还有 Otto，Jura 1987，256；类似的，但是较缓和的观点见 Maurach/Gössel，AT/2⁷，48/57 f.。Krey，AT/2，Rn. 93 认为，认定一种间接实行人就违背了类推禁止。“因为一个构成行为的实施就意味着在行为控制上满足这个犯罪的行为构成。”的确，这样一种在法律上对行为控制原则毫无例外适用的约束力，根本就没有被法典化，并且，就像在文本中描述的那样，在立法上是完全非理性的。

非公务员的伪造专家来实施其所计划的官方虚假记载的，以及所有在其他特定犯罪中的相应案件，都会不受刑事惩罚。这种很舒服的从法律机器中逃脱的可能性，将会使这些行为构成成为空壳。即使不考虑其结果，这种解决方案在信条学上也不具有可行性，因为这个义务人在没有采取措施反对那个没有他的帮助就会实现那种行为构成的结果的非义务人时，就要作为一个不作为的实行人承担责任了（边码 278）。于是，这个义务人，通过积极的作为，虽然没有行为控制，对实现了行为构成的结果，不能不受刑事惩罚。

280　**这个司法判决**在一般方面对义务犯罪的处理，在特殊方面对无资格而有故意的工具的处理，[369] 迄今为止，对这个问题并不合适，因为在早期居主流地位的主观理论很容易地允许在幕后行动的那个义务人具有"实行人意志"。但是，它——在主观的外衣下——与本书所代表的解决方案有着惊人的相似之处，当《联邦最高法院刑事判例集》第 9 卷，第 217 页根据《有限责任公司法》（旧版本）第 81a 条，在一个背信案件中声称："这个实行人属于一个特定的……受委托照管公司的财产的群体。这个行为构成的这种形态就有一次导致这个结果：局外人不能是特别规定意义上的实行人，而只能是教唆人和帮助人。但是，另一方面，这个行为构成的特性表明，这个群体的成员本身，只要仅仅存在着这个行为构成的其他要素，通常就是作为实行人承担责任的。即使这些成员仅仅是允许或者要求其他人通过自己的举止行为直接使这个法人遭受不利，他们也的确违反了一种正好是由其个人所承担的财产照管义务；因为其所负责任的核心存在于这里，如果他们在这种案件中，按照公司性背信的观点，无论如何在通常都必然拥有实行人意志。"在这里，这种"实行人意志"不是从主观要素或者行为控制中，而是从"个人承担的财产照管义务"中推导出来时，很明显，在实际上，这一点，而不是一种与之不同的"实行人意志"，就成为实行人的根据。

（四）反对采纳义务犯罪而提出的意见

281　一个重要的反对义务犯罪的意见是，在多数义务犯罪中，毕竟还描述了一个行为（例如，第 340 条中的身体伤害，第 343 条中的刑讯逼供，等等），并且，鉴于这个行为，在实行人与参加人之间就能够并且必须根据行为控制理论的规则加以区分。[370] 斯特拉滕韦特[371] 同意，"在这个行为构成根本没有描述确定的构成行为的行为，而是以刑罚威胁各种对特定义务的违反时，就像在背信中一样，各种特定义务人对犯罪的任何参与，不论是唆使还是支持，都是实行人"；由此，毕竟义务犯罪的存在要得到承认。然而，即使这种特定犯罪的行为构成，也"通常是以此为条件的：这个有资格的实行人实施了一个确定的行为，并且，对他是否已经这样做的问题，不能适用其他不同的标准（在"控制犯罪"中）。在这一点上，借助任何构成行为贡献的满足，就**违反了"没有刑法就没有犯罪"的基本原则**。

282　类似地，耶赛克也认为，[372] 正确的是"一般地坚持行为控制理论……也就是说，如果多个参与人具有相同的义务，那么，这就又要单独取决于这个行为控制了。"博特克[373] 认为，"凭借一般

[369]　对于间接实行人，见 RGSt 28，109 f. 对第 348 条第 2 款（旧版本）的一个案件（没有详细说明理由）。

[370]　关于反对所有这些观点，参见 Sánchez – Vera，1999，137 ff.。

[371]　Stratenwerth，AT^4，§ 12，Rn. 40；同意他的有 SK^5 – Samson，§ 25，Rn. 35（现在不同的是 SK^7 – Hoyer，§ 25，Rn. 21 ff.）；最基本的反对意见，见 Bottke，1992，109 – 118（没有在第 266 条中承认的情形）。还有，Renzikowski，1997，27 – 29，也保留了根据行为控制的要求。

[372]　Jescheck/Weigend，AT^5，§ 61 I 1，Fn. 1。

[373]　Bottke，1992，112，115。

用语上的先行理解……总有一个有控制的要素”是应当要求的，并且，一种义务犯罪理论的“表面的、在刑事政策上争辩的结果可信性”也不能对此改变什么。“这种通过一种由非直接实行人行为的义务人来利用一个有故意的非义务人可能无罪，但是，在一个以罪刑法定原则为义务的刑法中，这不是充分的根据，可以支持在忠于法律的思想展开过程中偏离这种会引起事件的塑造性控制。”皮扎罗·贝勒扎（Pizarro Beleza）[374]也认为，“为了……在义务犯罪中确立实行人的范围，我们自己不仅必须以刑法之外的义务承担人标准为依据，而且必须以行为控制的标准为依据。”

然而，不清楚的是，为什么行为构成的实现应当这样简要地规定，以违反行为构成的特定义务与由此产生的引起一种（经常也还与一种特定行为的存在相联系的）结果为条件。肯定的是，那种不胜任自己的社会角色的义务承担者们所应当承担的刑事可罚性就会被扩展，在其中，他们自己在微小的外部贡献以及甚至在单纯的不作为中，都是应当作为实行人承担责任的。但是，对此来说，刑事可罚性也被显著地限制于那些在外部有义务联系的人之上，在其中，他们在不考虑外部贡献时就永远只能是参加人。这样一种区分还比根据行为控制的区别更加容易确定。这种区分并没有整体地扩展刑事可罚性，而是仅仅分派了实行人、教唆人与帮助人的不同角色，因为其所根据的社会现实是各不相同的。因此，这种对特定行为的描述，在义务犯罪中，经常要在不依赖于对各种参与人形式的区分中进行。 283

此外，**立法者自己在义务犯罪中多次暗示，义务人对构成行为的任何贡献在不考虑其外部特性时都应当满足行为构成**。对于第266条，这一点甚至得到了反对意见代表人的部分承认（边码281）。但是，在第142条意义上的“擅自离开事故现场”中，在负有等待义务的人让不负有等待义务的人驾车离开时，人们也能立即认定。同样，人们也完全能够说，在一个债务人为了完成拿走的外在动作而聘请一个第三人时，他就是在通过其他人（第25条第1款）对其部分财产进行在第288条意义上的“隐匿”。 284

在职务犯罪中，行为构成甚至经常被明确地表示为各种违反义务的满足行为构成性质的资格，这种资格造成了这种结果（或者甚至只是不予制止）。因此，第340条作为实行人惩罚的是各种“公务员，其在履行职责期间……实施一种身体伤害**或者让人实施**这种身体伤害”；理所当然地，公务员要求一名私人痛打一名示威者的事实，也属于这种案件。在相应的方式中，作为一个有权限的公务员，去追究一名无罪者，或者只是——如通过利用非义务人——“**致力于这样一种追究**”，这个“追究无罪者”（第344条）的人就是有罪责的。第357条甚至把诱使一名下属去实施一个违法的构成行为，以及甚至纵容个人去干这种事情，也做同样处理。这样的规定让义务犯罪的一般原则得出结论，并且，在行为构成没有明确地将所有构成行为贡献置于同等位置之处（就像第343条），也将其运用加以合理化了。容忍一名非义务人实施身体伤害，虽然应当作为职务伤害（第340条）加以惩罚，但是不能——在存在其他条件时——作为刑讯逼供（第343条）进行惩罚。 285

此外，博特克[375]还进一步提出第28条来反对义务犯罪的理论。在根据第28条，一个特别义务仅仅只能对量刑发生影响时，在其中插入了“立法者的看法”，即这种特别义务“不具有为实行人提供基础的重要意义”。但是，这不是有说服力的意见。第28条，就像其条文所显示的，是以认定一个人是实行人或者参加人为条件的。也就是说，一个具有公职的人，让非义务人实施一个身体伤害的，是第340条的实行人，不需要是第28条的实行人；只有实施行为的非义务人，才 286

---

[374] Pizarro Beleza, Coimbra – Symposium, 1995, 279。

[375] Bottke, 1992, 118 f.。

应当考虑第28条第2款,并由此独立地确立他的帮助人角色。

287 此外,应当特别提到反对博特克的意见。这种意见认为,根据那种由其到处运用的"塑造性控制"标准(边码274),甚至不作为人也能够是实行人,这时,自相矛盾的是,在实施义务犯罪中,实行人就应当与在控制犯罪中适用的行为控制标准相联系了。塑造性控制在一种实行人的所有表现形式都汇合在一起的标准的意义上,正好也就是这个作为特别义务承担者通过积极行为造成行为构成结果的人。

五、亲手犯罪

288 亲手犯罪是指**只能由直接实行人**实施的犯罪,也就是说,不允许一种间接实行人与共同实行人。今天,这样一种犯罪的存在,已经广泛得到了承认。[376]但是,根据哪一种观点,把哪一些行为构成分配给亲手犯罪,并且,把这些犯罪如何分为哪几类,都还是极其有争议的。[377]在许多说明中,那些被视为亲手犯罪的犯罪,还仅仅是被列举出来;人们认为,这明显是信条学的偶然产物,[378]能够追溯到不具有扩展意义的观点上。然而,一般的解决原则也的确存在着,为一种总体性的处理提供着正当性根据。

(一)条文理论

289 一种在早期就有许多代表人物的理论,以单个行为构成的条文是否也允许将不是以亲手实施的方式也归类于其中作为根据。在不是这种案件之处,这种犯罪就作为亲手的加以判定。[379]在这个意义上,宾丁(Binding)[380]曾经在旧刑法版本第177条的基础上("一个人……强制一名妇女忍受婚外同房"),把强奸罪视为亲手犯罪:"我的确想知道,教唆强奸的人是否会自吹自擂,他已经享受到这种玷污的快乐?"[381]联邦最高法院[382]也这样认为,"犯罪行为的亲手性在根本上是依赖于立法者的行为构成的文本",并且,通过这种在条文上的联系,首先是在性犯罪中(在1973年法律修正之前),导致了在同一个行为构成的变种中本身的微妙区别。[383]

290 条文理论是没有说服力的。虽然它的出发点是正确的,即实行人就意味着行为构成的满足;但是,它根据的是太过狭义的客观—形式理论(参见边码29)中的行为构成概念,这个理论最晚自法律承认间接实行人以来,就再也无法站得住脚了。从那时以来,在实质意义上(边码29以

[376] 从广义实行人概念的立场来反对这种可能性的,见Frühauf,1959;Roeder,ZStW 69(1957),250;Eb. Schmidt,Frank-FG,Bd. 2,1969,106,119,128 f.。

[377] 参见,较新的,Roxin,Täterschaft,^{7}2000,399-433,707 ff.;Auerbach,1978;Haft,JA 1979,651;Herzberg,ZStW 82(1970),896-947;Schall,JuS 1979,1076;Schubarth,SchwZStr 114(1996),325;ders.,ZStW 110(1998),827;Stratenwerth,SchwZStr 115(1997),86;Wohlers,SchwZStr 116(1998),95。

[378] 在这个意义上,Schall,JuS 1979,108;也参见Jakobs,AT2,21/19:"构建一种特别的犯罪类型,其正当性是值得质疑的。"

[379] "字面文字理论"的术语,首先是Frühauf,1959,116提出来的。

[380] Binding,1915,268 f,Fn. 17。还有,"亲手犯罪"的概念也追溯至Binding(GerS 76,87 ff.,91)。

[381] 今天,第177条的字面文字正好排除了这样一种解释:"一个强迫一名妇女……与其或者第三人发生婚外性关系的人"。

[382] BGHSt 6,226-229(227);此外,BGHSt 15,132-134(133);同样,见OLG Celle NJW 1961,1079 f.。

[383] 参见Roxin,Täterschaft,^{7}2000,403。

下）也满足行为构成的是，那个通过受其控制的中介人实施这个构成行为的人，而不再取决于这种间接的实施是否能够为直接实施行为的条文所归类。例如，人们是否能够说，这个通过第35条的手段而强迫他人进行盗窃的人，就是“拿走”他人之物的人，这种说法就是非常可疑的，并且不是决定性的。这个行为构成的条文是为直接实行人设置的，同时，第25条则明确抛弃了实行人与亲自实施之间的联系。

（二）身体移动理论

291 第二种理论是由宾丁[384]创立，由恩格尔辛（Engelsing）[385]完善的，至今还一直不断地得到运用。这种理论认为，这种犯罪应当包括亲手的、也就是其行为构成仅仅限于一个行为而并不包含与其相分离的结果的犯罪。在这种单纯的活动犯罪（参见罗克辛，《德国刑法学 总论》，第1卷，第三版，第10节，边码103）中，从这个立场出发，也就是说，行为人仅仅是那些自己实施了在那个行为构成中已经描述的活动的人，才能是实行人。根据这个理论，亲手犯罪就是，例如，非法侵入住宅（第123条）、滥用职权（第132条）、伪证（第154条）、特定的性犯罪（第173条、第174条、第176条），还有醉后驾驶（第316条）。这个理论在实践中也会偶然地被直接接受。《英国占领区最高法院刑事判例集》，第1卷，第303～305（304）页，就认定了一个亲手犯罪，范围是“行为构成的实现并不要求特定的结果，而是限制于单纯的身体作为上”。首先，这种已经提到的与具有不同单纯性的活动犯罪，在今天也还被引用作为亲手犯罪的例子。

292 身体移动理论与条文理论互相重合。正好是在这个行为构成完全包括了对一种特定活动的描述时，人们就不能说一个局外人，即使在他控制这个构成行为或者共同控制这个构成行为时，他已经实施了相应的活动（移动身体）。的确，在这里与在别处一样，自从承认间接实行人以来，就不是决定性地取决于这一点（参见，边码290）。但是，除此之外，身体移动理论也不值得赞同。它与那种条文的论证一起，是以这种考虑为基础的，这就是说，在立法者不依赖于结果而是取决于对特定活动的避免之处，只有这些行为的实施，而不是其他类型的那种控制性影响，才能说明这些实行人。这是一种正确的想法，但是，它并不符合大多数单纯的活动犯罪，因为它们也是服务于防止结果的出现的，[386]并且，因此在它们中就没有理由排除一个间接实行人或者共同实行人。这可以用一些例子加以说明。

293 第123条的行为构成惩罚的不是一种特定的行为无价值，而是立法者想要阻止一种对住宅权的侵害，也就是说，阻止一种被否定的结果。[387]对此，人们不能明白的是，为什么一个唆使对行为不会负责任的儿童或者精神病人，侵入邻居的住宅，以便通过侵害住宅权来进行恐怖活动的人，就不能应当是间接实行人？他通过“他人”实施了这个侵入行为，这就足够了。同样，在一个人不是自己亲自侵入，而是在其间提供一种重要的构成行为贡献时（例如，通过扶住梯子），也能不受约束地是共同实行人。

294 滥用职权（第132条）的行为构成，无疑是一个单纯的活动犯罪，在司法判决中，总是被视为

---

[384] 首先，参见他的“Lehre vom Verbrechen”，S. 203 f.，225 f.，324 f.。

[385] Engelsing，1926；其著作（S. 50）这样说：亲手犯罪是“那种行为构成的行为是由身体移动组成的犯罪”。

[386] 因此，也见Joerden，1988，84。

[387] 另外的观点，见Herzberg，ZStW 82（1970），928；与此相反，见Roxin，Täterschaft，^{7}2000，664；LK^{10}－Schäfer，§ 123，Rn. 81。

亲手的犯罪行为。〔388〕但是,对于不法来说:〔389〕就像一般认为的那样,在这个行为构成应当保护国家的权威与国家机关的形象时,通过他的人来危害这个行为构成应当包含的法益的人,还有那个借助行为控制让其他人来实施这个行为构成的行为的人。作为第一种选择中的间接实行人("一个人……借助行使一种公职行为的人"),也就是说,是这样的人,例如,一个人,穿上法院执行官的制服(涉及制服欺骗),通过欺骗外国员工向其索要钱款的。〔390〕根据第二种选择("一个人……行使了一种仅仅凭借公职才允许实施的行为"),间接实行人就是这样的人,例如,唆使一个不知情的人,放置交通信号标志的。〔391〕

295 第316条单纯的活动犯罪(醉后驾驶),在今天仍然普遍地被判定为亲手犯罪。但是,这根本不能使人明白。第316条与第132条一样,都是抽象的危险犯罪,也就是说,应当保护肢体、生命与财产免遭醉后驾驶所带来的危险。一个人通过第35条的手段,强迫一个不宜驾车的人,运送自己离开犯罪现场或者驾车去特定的目的地,为什么就不应当根据第316条作为间接实行人承担责任呢?一个人把一种麻醉剂放进一个人柠檬汁中,并且随后在其不知的情况下唆使这个不宜驾车的人开车上路,为什么不应当是间接实行人?对于这种受外人操纵的危险来说,亲手性是无关紧要的,并且,在这里也不存在脱离行为控制理论的理由。在主导性反对意见承认,只有那个"驾驶车辆"的人才是亲手干了时,这种观点是以条文理论与身体移动理论的后果性影响作为根据的。在一个人间接地("通过他人")驾驶车辆时,根据第25条第1款就足够了,并且,这是在这类案件已经描述过的例子之中。一种不同的解释就会是违背法律的情况下,能够在极少数行为构成中允许间接实行人的存在。

296 当然,一种行为控制在没有亲手性时,在单纯的活动犯罪中是很罕见的。在这里还必须完成的对亲手犯罪的认定,也就是说,也是以对典型实行人形式的一种仓促的绝对设定为基础的。此外,承认亲手性的那个司法判决,从来就没有把行为控制从实行人的领域内排除出去,它仅仅是把作为建立实行人根据所凭借的实行人故意(animus auctoris),通过亲手性的结构推向一个规则,并且,以这种方式获得正确的结果。的确,在从一开始就要追溯到行为控制理论上时,就不会需要把实行人的身份过于广泛地限制在亲手性上。所有这些并没有否认,一些单纯的活动犯罪会被正确地判定为亲手的(边码288以下)。但是,根据因此是在其他情节之中,而不是在这些规定所具有的活动犯罪的特征之上。

(三)我的意见

人们必须把亲手犯罪分为三类。〔392〕

1. 与举止行为相联系的犯罪

297 亲手犯罪首先应当在如下场合被认定:即**不法存在于一种特定举止行为的可谴责性之中**,而不是表现在一种社会危害的结果(人们如果愿意,也可以说法益侵害)之处。〔393〕这样的犯罪在早

---

〔388〕 RGSt 55, 266; 59, 81; OGHSt 1, 305。

〔389〕 参见,Roxin, Täterschaft, ^{7}2000, 408 f.; SK^{6} – Rudolphi, § 132, Rn. 4; Sch/Sch/Cramer Heine^{26}, § 132, Rn. 12。

〔390〕 改变了 RGSt 37, 55。

〔391〕 LK^{11} – v. Bubnoff, § 132, Rn. 39。

〔392〕 跟随这个方案的有:SK5 – Samon, § 25, Rn. 26 f.(但是,不同的是 SK^{7} – Hoyer, § 25, Rn. 17 ff., 20),并且,进一步深入的考虑,见 Jakobs, AT2, 21/19 ff.。

〔393〕 参见,Roxin, AT1^{3}, § 2, Rn. 3。

期有很多是在性犯罪中的（引诱通奸、同性恋、兽奸）。自从刑法不应当是保护道德的而是保护社会生存条件及其在其中的个体的认识得以贯彻之后，这些规定以及与其结合的亲手性就消失了，以至于——此外其本身也备受争议——违反道德性在没有明显社会危害的情况下就必须不受刑事惩罚。〔394〕自从 1973 年〔395〕以来，立法者通过在分则第 13 章中，不再以“违反风俗的重罪与轻罪”为题，而是以“妨害性自决的犯罪”来描述，就已经作出了考虑。由此，在这些早期属于亲手犯罪范围的性犯罪之中，今天已经基本上不再有亲手性的空间了。就像与通过直接实施的身体性动作一样，这种性自决完全能够受到间接实行人与共同实行人的侵害。特别是在那种实践中极为重要的强奸与性强制（第 177 条）案件中，今天已经通过行为构成的文本清楚地表现出来，行为控制的各种形式（例如，对妇女）都能够建立实行人的基础。

作为唯一一个与举止行为相联系的犯罪，今天还能够举出的例子是**乱伦**（第 173 条）。人们可以承认，在这里，不是对危害结果的担心导致了刑事化，而是古老的禁忌观念影响了立法者把一种举止行为本身判定为极其应受谴责的。这种必须保护家庭、必须防止参与人的心理损害以及可能造成遗传学上的伤害的看法，其实只是一种对使用刑罚来禁止在传统上总是作为无耻作为的愿望加以合理化了。这种假想的危险大多并不存在，或者，至少是由于同伴的自我负责而得以避免，以及，为了避免一种惩罚带来广泛的危害影响，从而没有成为犯罪法的合理对象。 298

由此，人们承认，道德上的可谴责性提供了这种规定本身的刑罚根据，因此，我们就面临一种亲手犯罪，即“亲属相奸”。这样一种举止行为的特别不道德性也因此不能通过一名拥有这种行为控制的局外人来实现。在李斯特〔396〕的那个很老的教学案件中，一个汉堡妓院的老鸨在知道亲属关系的情况下促成了一对兄妹苟合。但是，这对早年就分开的兄妹，对他们之间的家庭关系一无所知。在这里，根据行为控制理论，这个案件中的老鸨就会是第 173 条的间接实行人。这对兄妹则是她的无故意的工具。但是，在这种乱伦的不道德性构成第 173 条的刑罚基础时，这样一种解决方案是不可能的。这样一种不道德在面对同伴的无知性时并不存在。虽然人们也能够发现这名老鸨欺骗性举止行为是不道德的，但是，这种不道德是不同于那种立法者将其置于刑罚之下的故意并有责任的乱伦所具有的不道德的。因而，这名老鸨不能根据第 173 条而受到惩罚。 299

这个例子确实很牵强附会，但是，因此恰好富有教育意义。它展示出，对刑法保护目标的观念变化是如何使实行人理论中的一种曾经相当重要的类型失去基础的。还有，第 173 条的可适用案件，在亲手性意义上必须费力才能加以构建。它在现代刑法中是一个过时之物，长此以往是不能加以主张的。 300

2. 行为人刑法的犯罪

亲手犯罪也包括这样的犯罪，它没有规定一个具体的、在可能时通过非实施人的控制或者一起控制才能实施的构成行为，而是使一种确定的生活方式成为刑事可罚性的目标。这种犯罪在早期经常出现在**对四处游荡作为流浪者**（旧版本*第 361 条第 3 项）或者**危及生计的赌博、饮酒或游手好闲**（旧版本第 361 条第 5 项）的惩罚上。很清楚，这种行为人刑法的犯罪，在一个行为刑法中，就像《德国刑法典》所根据的那样，属于异类。〔397〕 这样，今天重要的就只有**介绍娼妓**（第 301

〔394〕 参见，Roxin，AT1³，§ 2，Rn. 12

〔395〕 参见，Roxin，AT1³，§ 2，Rn. 26。

〔396〕 v. Liszt，Strafrechtsfälle，¹⁴1929，Fall 130，2。

* 本书中如果没有特别说明，“旧版本”即指《德国刑法典》的旧版本。——译者注。

〔397〕 关于这个问题的详细论述，见 Roxin，AT13，§ 6。

181a 条)的行为构成,能够作为行为人刑法的犯罪加以适用了。[398]

302 很明显,通过强迫或者欺骗来控制单个皮条客的行为,或者在拉皮条活动中共同发挥作用,并不能满足介绍娼妓的行为构成。人们不会由此而成为皮条客,人们在能够满足这个行为构成时才会成为皮条客。第 181a 条只有在"超越具体案件的"关系中才会认定一种介绍娼妓。但是,如果存在皮条客,那么就会有一个"亲手"完成行为构成;在这一点上,根据实际情况的性质,实行人就被限制了。当然,这种类型的亲手犯罪,在今天的刑法中,看来也是作为正在消逝的残留物了。

3. 高度个人性的义务犯罪

303 一组独特的、今天仍然很重要的亲手犯罪行为,是高度个人性的义务犯罪。[399]首先属于这个犯罪组别的是**伪证犯罪**(第 153 条、第 154 条、第 156 条),自古以来,它是最少受到争议的亲手犯罪的例子。在这里,实行人只能是那个本身处于作证强制之下的尤其是有宣誓义务的人;那种建立实行人根据的义务违反,再次只能通过一个个人的虚假作证或者亲自宣誓来实施。也就是说,如果甲在第 35 条的条件下强迫乙作伪证,那么,甲虽然有行为控制,但是他不能作为第 154 条的间接实行人,因为他本人并没有违反宣誓的义务,而只能作为教唆人加以惩罚(因为根据第 26 条的教唆人,不是以一个有责任的实行人行为作为条件的)。一个人,通过欺骗唆使作证者实施一个过失的伪证行为(第 163 条),也不能是伪证的间接实行人,因为他没有面临宣誓义务。立法者也是持这种观点,这就表明,他在第 160 条中已经针对引诱虚假陈述创设了一个特别的刑法条款。

304 第 336 条也属于高度个人性的义务犯罪。[400]一个人,只有在本身对一件事务上被赋予了决定权时,才能实施表现为**枉法**(Rechtsbeugung)的背叛其公职义务的行为。也就是说,一个人,通过他人不可制止的致命威吓来强迫法官做出虚假判决的,的确不能是第 336 条的间接实行人,而只能是教唆人。即使通过还如此重要的贡献(例如,撰写虚假的判决),一个局外人也不能成为共同实行人;他总是处于帮助人的位置。高度个人性的义务犯罪的另一个典型例子是**擅自逃离军队**(《德国军事刑法》第 16 条)。在这里,也只有是那些本身有义务服兵役,并且通过离开部队即服役场所,或者缺席来不履行这种义务的人,才能是实行人。一个局外人,通过一种欺骗来排除士兵的故意,使他们脱离部队,那么就像那种使用暴力阻止他们回归部队的人一样,都不能是间接实行人。

305 这些提到的行为构成仅仅具有举例的意义。对于需要探讨的各种行为构成来说,只有一种解释能够说明,高度个人性的义务犯罪的范围可以被拉到多宽。这属于分则的工作,这项工作在这里是无法提供的。仅仅需要指出的是,在具体案件中应当很难决定,是否应当认定一种高度个人性的义务犯罪。我认为,例如,第 323a 条(完全迷醉)是这样一种高度个人性的义务犯罪,在这里,我的出发点是,对于每个人来说,只应当承担控制自身的义务,[401]这种"不应当消除可归责性的义务"仅仅涉及饮用人本身。这受到了赫茨贝格的怀疑,并且有着必须认真对待的根据。[402]事实上,在这里,他同样承认一种亲手犯罪,并且,在这里以不允许成立间接实行人的行为构成文本为基础。实际上,在这里,这个行为构成的文本与间接地实施构成行为在一点上是对立的。一个

---

[398] 但是,在这一点上,也参见 Roxin, AT13, § 6, Rn. 15。

[399] 发展出这个类型的,首先见 Roxin, Täterschaft, ^{7}2000, 392 ff. 。

[400] 详见,Roxin, Täterschaft, ^{7}2000, 428 ff. 。

[401] Roxin, Täterschaft, ^{7}2000, 430 ff., 709 ff.; Jakobs, AT ^{1}1983, 21/23(在这里是这个引文,在第 2 版中有偏离)。

[402] Herzberg, ZStW 82(1970)909f.; ders, GA 1991, 182 f. 。现在,同样的是 Jakobs, AT2, 21/23:"由于法律的这种表述,就排除了间接实行人"。

人强迫其他人自我迷醉或者使其在没有认识的情况下陷入迷醉状态的，就不能是以这种“通过他人”的方式（第 25 条第 1 款第 2 项），就像第 323a 条要求的那样，使“**本人**……陷于迷醉”。但是，这并没有阻止在此存在的意义。恰恰是这个立法者选择的文字文本，允许得出这样的结论，他想要把这个反正令人忧虑的广泛为刑法所保护的不造成迷醉的义务，限制在自我迷醉的案件中，尤其是因为在需要知道的情形中，对于局外人总归会由于在迷醉状态下实施的构成行为，需要考虑一个由于间接实行人或者过失实施构成行为的责任。

人们能够将这种高度个人性的义务犯罪称为“**不纯正的亲手犯罪**”，[403]因为它被理解为是 306
义务犯罪的一个下位组别，并且，能够通过它对这种有效的标准加以清楚的说明。在义务犯罪中的这种分类安排，就会使告别亲手犯罪成为可能，亲手犯罪的剩余例子（与举止行为相联系的犯罪与行为人刑法的犯罪）仅仅还作为早期刑法方案中的残余而延伸到现行有效的刑法之中。但是，由于这个主题的这种基本方面，亲手犯罪总是还值得重视的。因为，除此之外，在不纯正的亲手犯罪中，其不纯正性（也就是其作为义务犯罪的特征）有时会引起争议，所以，从这些根据出发，应当建议保留这种分类。

赫茨贝格[404]与哈夫特（Haft）[405]的新近研究被理解为进一步的发展，并且部分地被认为是对本书发 307
展的方案所作的修正。赫茨贝格的成果与本书所代表的观点相类似（一些相异之处也已经在本书中指出），不过，他对亲手犯罪作了另一种分类：他区分了“与实行人有关的犯罪”，[406]在这类犯罪中，实行人涉及自己身体的举止行为处于中心地位，并且，与举止行为相联系的犯罪与行为人刑法的犯罪也属于这类犯罪；然后，“那些可能通过第三人来完成但不能体现法侵害的行为构成”，[407]例如，枉法便属于这类犯罪；最终，是那些“依靠程序法的亲手性”（第 153 条，第 154 条，第 156 条）。[408]哈夫特首先——并且是正确地——指出，亲手犯罪的一些情形，他把第 323a 条也归入此类情形（参见，边码 305），其存在应当归功于立法者需要根据法治国对典型实行人的行为构成进行勾勒。哪里是这些具体案件，在什么范围内这种情节应当排除或者恰好引起吧把这种行为构成归入那种高度个人性的义务犯罪之中，或者如何能够令人满意地说清楚这种亲手性，只要这种特性的确存在，[409]都还需要加以进一步的解释。

（四）关于亲手性的新近讨论

近年来，关于亲手犯罪存在的正当性的讨论再次变得火热，但是，在很大程度上是在上述创 308
设的范围内活动的。舒巴特（Schubarth）[410]否认亲手犯罪的存在，理由是刑法只服务于防止对法益的各种侵害，而对法益的侵害也总是能够以间接实行人或者共同实行人的形式加以实现的。这在刑事政策上是恰当的，并且符合前面（边码 297 以下）所代表的命题，即纯正的亲手犯罪是一种“过时之物”与“正在消逝的残留物”。但是，这并不排除在具体案件中，立法者在偏离法益

---

[403] Roxin, Täterschaft, ^{7}2000, 392。

[404] Herzberg, ZStW 82 (1970), 896 ff.。

[405] Haft, JA 1979, 651 ff.。

[406] Herzberg, ZStW 82 (1970), 921 ff.，当然，他使用的举止行为关联性的概念与我的不同。这也是 Auerbach, 1978 博士论文提出的基本标准：“在这个构成行为只有通过实行人将自己的身体用作这个构成行为的手段才能实施时”（S. 143）。关于 Auerbach，参见 Maiwald, ZStW 93 (1981), 871ff 的评论。

[407] Herzberg, ZStW 82 (1970), 939 – 943。

[408] Herzberg, ZStW 82 (1970), 943 – 946。

[409] 在这里，例如，对第 316 条（参见边码 295）以及相应的第 315c 条有争议的那些。

[410] Schubarth, SchwZStr 114 (1996), 325; ders., ZStW 110 (1998), 827。

保护原则下，把一种单纯的举止行为无价值的实现置于刑罚之下。在舒巴特[411]承认，对乱伦的刑罚威胁服务于预防优生学上的损害时，允许间接实行人与共同实行人就完全恰如其分了。当然，人们对其前提可以怀疑（参见，边码298以下），但是，这是一个对各种行为构成的解释问题，它属于分则，在这里无法进一步讨论。

309 斯特拉滕韦特[412]提出了与舒巴特相反的立场。他开始研究亲手犯罪的持续性意义，在其中，他在许多案件中为一种单纯的“帮助性结构”解释了这个看法，每个行为构成都是在保护一种特定的法益的。[413] 实际上，“这个刑法所保护的秩序……对于与角色相关的行为规范中为数不少的一部分来说，在这些规范中，虽然总是应当涉及一种值得保护的利益，但是，这无论如何必须总是与具体的法益相联系。”[414] 也就是说，斯特拉滕韦特也赞成这种意见，即前面（边码297以下）所说的“没有法益侵害的与举止行为相关联的犯罪”，比人们迄今为止所承认的要更经常是重要的。这在什么范围内是恰当的，只能来自对分则部分对行为构成的准确分析，本书在这里无法提供这种分析。无论如何，舒巴特与斯特拉滕韦特对本书在这里发展出来的对亲手犯罪的基本立场是同意的，尽管他们得出了相反的推论。

310 还有沃勒斯（Wohler）[415]的观点，他特别将“醉后驾驶当作亲手犯罪”来处理，在他反对前面（边码295）发展出来的意见，把第315c条、第316条判定为亲手犯罪时，也没有脱离前面提出的分类。他得出的结论是，[416]在这些行为构成中，“实行人的责任与驾车人的身份及不宜驾车性的累积性同时存在相关联”，同时，他在这里谈论“积极的亲手犯罪”。根据前面（边码303以下）运用的习惯用语，这会与高度个人性的义务犯罪有关。因此，人们必须把这种在与第323a条的联系中发展出来的思想，即每个人都只能对自己本人的醉酒承担实行人的责任，转变到第315c条、第316条之上。人们能够对此提出争论，这是否是正确的。无论如何，本书在这里发展出来的亲手犯罪的案件分类，并不会通过这样一种看法而成为问题。

---

[411] Schubarth, ZStW 110 (1998), 840 ff.。

[412] Stratenwerth, SchwZStr 115 (1997), 86。

[413] Stratcnwerth, SchwZStr 115 (1997), 93, Anm. 34。

[414] Stratenwerth, SchwZStr 115 (1997), 91。

[415] Wohlers, SchwZStr 116 (1998), 95。

[416] Wohlers, SchwZStr116 (1998), 110。

第26节　参　加　人

文献:v. Buri, Zur Lehre von der Teilnahme an dem Verbrechen und der Begünstigung, 1860; v. Buri, Urheberschaft und Beihilfe, GA 17 (1869), 233; Schütze, Die notwendige Teilnahme am Verbrechen, 1869; v. Kries, Ein Beitrag zur Lehre von der Teilnahme, ZStW 7 (1887), 521; v. Birktmeyer, Die Lehre von der Teilnahme und die Rechtsprechung des Reichsgerichts, 1890; Mintz, Die Lehre von der Beihilfe, 1892; Haupt, Beiträge zur Lehre von der Teilnahme, ZStW 15 (1895), 202; Siegel, Verwechselungsfälle bei der Anstiftung, Diss. Göttingen, 1895; Heimberger, Die Teilnahme am Verbrechen in Gesetzgebung und Literatur von Sclnvarzenberg bis Feuerbach, 1896; Freudenthal, Die notwendige Teilnahme am Verbrechen, Str. Abh. 37, 1901; Heilborn, Der Agent provocateur: 1901; Nagler, Die Teilnahme am Sonderverbrechen, 1903; Hoepfner, über die rechtliche Eigenart von Anstiftung und Beihilfe, ZStW 26 (1906), 579; v. Birkmeyer, Teilnahme am Verbrechen, VDA II 1, 1908, 1; Hilgemann, Die Teilnahme an der Teilnahme, 1908; Kohler, Anstiftung und Agent provocateur, GA 55 (1908), 1; Hergt, Die Lehre von der Teilnahme am Verbrechen, 1909; Röhricht, Die rechtliche Natur der Anstiftung, 1913; Binding, Strafrechtliche und strafprozessuale Abhandlungen Ⅰ, 1915; Perten, Die Beihilfe zum Verbrechen, 1918; Coenders, Die objektive Natur der Beihilfe, ZStW 46 (1925), 1; Wegner, Teilnahme, in: Aschrott/Kohlrausch (Hrsg.), Reform des Strafrechts, 1926, 102; Zimmerl, Grundsätzliches zur Teilnahmelehre, ZStW 49 (1929), 39; Merkel, Anstiftung und Beihilfe, Frank -FG, Bd. II, 1930, 134; Drost, Anstiftung und mittelbare Täterschaft in dem künftigen StGB, ZStW 51 (1931), 359; Zimmerl, Vom Sinn der Teilnahmevorschriften, ZStW 52 (1933), 166; Oetker, Die Teilnahme am Verbrechen, Akademiedenkschrift, 1934, 116; Comad, Die akzessorische Teilnahme und sog. mittelbare Täterschaft, 1937; zu Dohna, Das RG zur Teilnahmelehre, DStR 1940, 120; Lange, Die notwendige Teilnahme, 1940; Nagler, Die Neuordnung der Strafbarkeit von Versuch und Beihilfe, GerS 115 (1941), 24; Schlutter, Zur Dogmengeschichte der Akzessorietät der Teilnahme, Str. Abh. 420, 1941; Maurach, Beihilfe zum Meineid durch Unterlassung, DStR 1944, 1; v. Weber, Grundriβ des deutschen Strafrechts, 1948; Bockelmann, über das Verhältnis von Täterschaft und Teilnahme, 1949; Lange, Die Schuld des Teilnehmers, insbesondere bei Tötungs - und Wirtschaftsverbrechen, JR 1949, 165; Maurach, Zur neueren Judikatur über Meineidsbeihilfe durch Unterlassen, SJZ 1949, 541; Hoffmann, Zur Teilnahmelehre, NJW 1952, 964; Börker, Zur Abhängigkeit der Teilnahme von der Haupttat, JZ 1953, 166; Stratenwerth, Der agent provocateur, MDR 1953, 717; Bockelmann, Nochmals über das Verhältnis von Täterschaft und Teilnahme, GA 1954, 193; Hanack/Sasse, Zur Anwendung des §56 StGB auf den Teilnehmer, DRiZ 1954, 216; Heinitz, Teilnahme und unterlassene Hilfeleistung beim Selbstmord, JR 1954, 403; Mezger, Teilnahme an unvorsätzlichen Handlungen, JZ 1954, 312; Oehler, Das erfolgsqualifizierte Delikt und die Teilnahme an ihm, GA 1954, 33; Welzel, Teilnahme an unvorsätzlichen Handlungen?, JZ 1954, 29; Ziege, Die Bedeutung des § 56 StGB fur Anstiftung und Beihilfe, NJW 1954, 179; Kielwein, Unterlassung und Teilnahme, GA 1955, 225; Martin, Beihilfe zur Anstiftung, DRiZ 1955, 290; Oehler, Die mit Strafe bedrohte tatvorsätzliche Handlung im Rahmen der Teilnahme, FS der juristischen Fakultät der FU Berlin zum 41. DJT (1955), 255; Jescheck, Anstiftung, Gehilfenschaft und Mittäterschaft, SchwZStr 71 (1956), 225; Tröndle, Zur Frage der Teilnahme an unvorsätzlicher Haupttat, GA 1956, 122; Bockelmann, Strafrechtliche Untersuchungen, 1957; Gallas, Die moderne Entwicklung der Begriffe Täterschaft und Teilnahme im Strafrecht, ZStW – Beiheft Athen, 1957, 3; Leβ, Der Unrechtscharakter der Anstiftung, ZStW 69 (1957), 43; Mayer, Taterschaft, Teilnahme, Urheberschaft, Rittler – FS, 1957, 243; Piotet, Systematik der Verbrechenselemente und Teilnahmelehre, ZStW 69 (1957), 14; Bemmann, Zum Fall Rose – Rosahl, MDR 1958, 817; Esser, Die Bedeutung des Schuldteilnahmebegriffs im Strafrechtssystem, GA 1958, 321; J. – D. Busch, Die Teilnahme an der versuchten Anstiftung, NJW 1959, 1119; Grünwald, Die Beteiligung durch Unterlassen, GA 1959, 110; Lange, Zur Teilnahme an unvorsätzlicher Haupttat, JZ 1959, 560; Franzheim, Die Teilnahme an unvorsätzlicher Haupttat, 1961; Luhberger, Strafbare Teilnahme durch Unterlassen, Diss. Heidelberg, 1962; Baumann, Beihilfe bei eigener voller Tatbestandsverwirklichung, NJW 1963, 561; Baumann, Täterschaft und Teilnahme, JuS 1963, 137; Engisch, Das Problem der psychischen Kausalität beim Betrug, v. Weber – FS, 1963, 247; Stree, Teilnahme am Unterlassungsdelikt, GA 1963, 1; J. – D. Busch, Die Strafbarkeit der erfolglosenTeilnahme und die Geschichte des § 49 a StGB, Diss. Marburg, 1964; Seebald, Teilnanme am erfolgsaualifizierten und am fahrlässigen Delikt, GA 1964, 161; Grünwald, Der praktische Fall: Der folgenschwere Rat, JuS 1965, 311; Isenbeck, Beendigung der Tat bei Raub und Diebstahl, NJW 1965, 2326; Korn, Täterschaft oder Teilnahme bei staatlich organisierten Verbrechen, NJW 1965, 1206; Lampe, über den Begriff und die Formeln der Teilnahme am Verbrechen, ZStW 77 (1965), 262; Schroeder, Der Tater hinter dem Täter, 1965; Claβ, Die Kausalität der Beihilfe, Stock – FS, 1966, 115; Loewenherm, Error in obiecto und aberratio ictus, JuS 1966, 310; Roxin., Zur Dogmatik der Teilnanmelehre, JZ 1966, 293; Hardwig, Nochmals: Betrachtungen zur Teilnahme, JZ 1967, 68; Lüderssen, Zum Strafgrund der Teilnahme, 1967; Trechsel, Der Strafgrund der Teilnahme, 1967; Gallas, Der dogmatische Teil des Alternativentwurfs, ZStW 80 (1968), 1; Armin Kaufmann, Die Dogmatik im Alternativ – Entwurf, ZStW 80 (1968), 34; Salamon., Vollendete und versuchte Beihilfe, Diss. Gottingen, 1968; Arzt; Bedingter Entschluβ und Vorbereitungshandlung, JZ 1969, 54; Samson, Die öffentliche Aufforderung zur Fahnenflucht an Nato – Soldaten, JZ. 1969, 258; Schwind, Grundfälle der„ Kettenteilnahme“, MDR 1969, 13; Spendel, Zur Kritik der subjektiven Versuchs – und Teilnahmetheorie; JuS 1969, 314; Stork, Anstiftung eines Tatentschlossenen zu einer vom ursprunglichen Tatplan abweichenden Tat, Diss. Munster, 1969; Rudolphi, Strafbarkeit der Beteiligung an den Trunkenheitsdelikten im Straβenverkehr, GA 1970, 353; Schaffstein, Die Risikoerhöhung als objektives Zurechnungsprinzip im Strafrecht, insbesondere bei der Beihilfe, Honig – FS, 1970, 169; Widmaier, Der miβverstandliche Bestechungsversuch juS 1970, 242; Zöller, Die notwendige Teilnahme, Diss. Bonn, 1970; Backrnann, Die Rechtsfolgen der aberratio ictus, JuS 1971, 113; Herzberg, Anstiftung und Beihilfe als Straftatbestande, GA 1971, 1; Müller – Dietz/Backmann, Der praktische Fall: Der„ miβglückte “ Überfall, JuS 1971, 412; Roxin, Ein„ neues Bild “ des Strafrechtssystems, ZStW 83 (1971), 369; R. Bush, Zur Teilnahme an den Handlungen des § 49a StGB, Maurach – FS, 1972, 245; Dreher, Die Kausalitat der Beihilfe, MDR 1972, 553; Dreher, Der Irrtum über Rechtfertigungsgrunde, Heinitz – FS, 1972, 207; Herberg, Die Unterlassung im Strafrecht und das Garantenprinzip, 1972; Hirsch, Zur Problematik des erfolgsqualifizierten Delikts, GA 1972, 65; Lange, Beteiligter und Teilnehmer, Maurach – FS, 1972, 235; Letzgus, Vorstufen der Beteiligung, 1972; Loewenheim, Anstiftung durch Unterlassen, Diss. Frankfurt/Main, 1972; Montenbruck, Abweichung der Teilnehmervorstellung von der verwirklichten Tat, ZStW 84 (1972), 323; Plate, Zur Strafbarkeit des agent provocateur, ZStW 84 (1972), 294; Rudolphi, Inhalt und Funktion des Handlungsunwertes im Rahmen der personalen Unrechtslehre, Maurach – FS, 1972, 51; Samson; Hypothetische Kausalverlaufe im Strafrecht, 1972; Stree, Bestimmung eines Tatentschlossenen zur Tatanderung, Heinitz – FS, 1972, 277; Vogler, Zur Frage der Ursachlichkeit der Beihilfe Fur die Haupttat, Heinitz – FS, 1972, 295; Bemmann, Die Umstimmung des Tatentschlossenen zu einer schwereren oder leichteren Begehungsweise, Gallas – FS, 1973, 273; Bockelmann, Zur Problematik der Beteiligung an vermeintlich vorsatzlich rechtswidrigen Taten, Gallas – FS,

1973, 261; Dreher, Der Paragraph mit dem Januskopf, Gallas - FS, 1973, 307; D. Meyer, Das Erfordernis der Kollusion bei der Anstiftung, Diss. Hamburg, 1973; D. Meyer, Zum Problem der „Kettenanstiftung“, JuS 1973, 755; Roxin, Unterlassung, Vorsatz und Fahrlässigkeit, Versuch und Teilnahme im neuen Strafgesetzbuch, JuS 1973, 329; Busse, Taterschaft und Teilnahme bei Unterlassungsdelikten, Diss. Göttingen, 1974; Hau, Die Beendigung der Straftat und ihre rechtlichen Wirkungen, 1974; Heinze, Die Verleitung des Tatentschlossenen zu einer Änderung seiner anfangs geplanten Tat, Diss. Heidelberg, 1974; Kühl, Die Beendigung des vorsätzlichen Begehungsdelikts, 1974; Küper, Der „agent provocateur“ im Strafrecht, GA 1974, 321; Lüderssen, Verbrechensprophylaxe durch Verbrechensprovokation?, Peters - FS, 1974, 349; Samson, Die Kausalität der Beihilfe, Peters - FS, 1974, 121; Spendel, Fahrlässige Teilnahme an Selbst - und Fremdtötung, JuS 1974, 749; Bringewat, Die Strafbarkeit der Beteiligung an fremder Selbsttötung als Grenzproblem der Strafrechtsdogmatik, ZStW 87 (1975), 801; D. Meyer, Anstiftung dorch Unterlassen?, MDR 1975, 982; Roxin, in: Roxin/Stree/Zipf/Jung, Einrührung in das neue Strafrecht, [2]1975; Schöneborn, Kombiniertes Teilnahme - und Einheitstätersystem für das Strafrecht, ZStW 87 (1975), 902; Gössel, Dogmatische Überlegungen zur Teilnahme am erfolgsqualifizierren Delikt nach § 18 StGB, Lange - FS, 1976, 219; Herzbeig, Die Problematik der „besonderen persönlichen Merkmale", ZStW 88 (1976), 68; Otto, Straflose Teilnahme?, Lange - FS, 1976, 197; Steinke, Die Problematik der Beihilfe, Kriminalistik 1976, 221; Herzberg, Täterschaft und Teilnahme, 1977; Jakobs, Regreβverbot beim Erfolgsdelikt, ZStW 89 (1977), 1; Spendel, Beihilfe und Kausalität, Dreher - FS, 1977, 167; Vogler, Die Begünstigungshandlung. Zum Begriff „Hilfeleisten“ in § 257 StGB, Dreher - FS, 1977, 405; Cortes Rosa, Teilnahme an unechren Sonderverbrechen, ZStW 90 (1978), 413; Krümpetmann, Die strafrechtlichte Behandlung des Irrtums, ZStW - Beiheft 1978, 6; Roxin, Über den Tatentschluβ, Schröder - GS, 1978, 145; Sax, Zur Problematik des „Teilnehmerdelikts“, ZStW 90 (1978), 927; Cramer, Gedanken zur Abgrenzung von Täterschaft und Teilnahme, Bockelmann - FS, 1979, 389; Franzheim, Der Einsatz von Agents provocateurs zur Ermittlung von Straftätern, NJW 1979, 2014; M. - K. Meyer, Tatbegriff und Teilnehmerdelikt, GA 1979, 252; Mühlberger, Zur strafrechtlichen Verantwurtlichkeic von Teilnehmern, Nj 1973, 287; Kogall: Die verschiedenen Formen des Veranlassens fremder Straftaten, GA 1979, 11; Schmidhäuser, Über die Anzeigepflicht des Teilnehmers, Bockelmann - FS, 1979, 683; Geppert, Begünstigung (§ 257 StGB) Jura 1980, 269; Puppe, Der Erfolg und seine kausale Erklärung im Strafrecht, ZStW 92 (1980), 863; Schutz,. Die Bestrafung des Ratgebers, 1980; Küper, Grenzfragen der Unfallflucht, JZ 1981, 209, 251; Maaβ, Die Behandlung des „agent provocateur“ im Strafrecht, Jura 1981, 514; Sieg, Die staatlich provozierte Straftat, StV 1981, 636; Sommer, Verselbständigte Beihilfehandlungen und Straflosigkeit des Gehilfen, JR 1981, 490; Vormbaum; Probleme der Gläubigerbegünstigung, GA 1981, 101; Dencker, Zur Zulässigkeit staatlich gesteuerter Deliktsbeteiligung, Dünnebier - FS, 1982, 447; Fischer, Die strafrechtliche Problematik des polizeilichen Lockspitzels, Diss. Bonn, 1982; Kühl, Grundfälle zu Vorbereitung, Versuch, Vollendung und Beendigung, JuS 1982, 189; Otto, Anstiftung und Beihilfe, JuS 1982, 557; Wolter, Notwendige Teilnahme und straflose Beteiligung, JuS 1982, 343; Bottke, Probleme der Suizidbeteiligung, GA 1983, 22; Frisch, Vorsatz und Risiko, 1983; Herzberg, Der agent provocateur und die „besonderen persönlichen Merkmale“, JuS 1983, 737; Hruschka, Alternativfeststellung zwischen Anstiftung und sogenannter psychischer Beihilfe, JR 1983, 177; Schmolter, Grundstrukturen der Beteiligung mehrerer an der Straftat, ÖJZ 1983, 337; Seelmann, Zur materiell - rechtlichen Problematik des V - Mannes, ZStW 95 (1983), 797; Seelmann, Grundfälle zu den Straftaten gegen das Vermögen als Ganzes, JuS 1983, 32; Sieber, Die Abgrenzung von Tun und Unterlassen bei der „passiven“ Gesprächsteilnahme, JZ 1983, 431; Voller, Der Staat als Urheber von Straftaten zur Berechtigung des Einsatzes von Lockspitzeln und zur Verwendbarkeit der durch sie geschaffenen Beweise, Diss. Tübingen, 1983: Bruns, Zur Frage der Folgen tatprovozierenden Verhaltens polizeilicher Lockspitzel, StV 1984, 388; Mache, Die

Zulässigkeit des Einsatzes von agents provocateurs und die Verwertbarkeit der Ergebnisse im Strafprozeβ, 1984; Puppe, Der objektive Tatbestand der Anstiftung, GA 1984, 101; Tiedemann/Sieber, Die Verwertung des Wissens von V-Leuten im Strafverfahren: NJW 1984, 753; Bloy, Die Beteiligungsform als Zurechnungstypus im Strafrecht, 1985; Gropp, Suizidbeteiligung und Sterbehilfe in der Rechtsprechung, NStZ 1985, 97; Herzog, Rechtsstaatliche Begrenzungen der Verbrechensbekämpfung, NStZ 1985, 155; Laubenthal, Zur Abgrenzung zwischen Begünstigung und BeiFulfe zur Vortat, Jura 1985, 630; Lüderssen, Die V-Leute-Problematik usw., Jura 1985, 113; Ostendorf/Meyer-Seitz, Die strafrechtlichen Grenzen des polizeilichen Lockspitzel-Einsatzes, StV 1985, 73; Ranft, Das garantiepflichtwidrige Unterlassen der Taterschwerung, ZStW 97 (1985), 268; Rebmann, Der Einsatz verdeckt ermittelnder Polizeibeamter im Bereich der Strafverfolgung, NJW 1985, 1; Rudolphi, Die zeitlichen Grenzen der sukzessiven Beihilfe, Jescheck-FS 1, 1985, 559; Schünemann, Der polizeiliche Lockspitzel - Kontroverse ohne Ende?, StV 1985, 424; Suhr, Zur Strafbarkeit von verdeckt operierenden Polizeibearnten, JA 1985, 629; Bindokat, Fahrlässige Beihilfe, JZ 1986, 421; Geppert, Mordmerkmale und Akzessorietät der Teilnahme (§ 28 StGB) Jura 1986, 106; Küper, „Sukzessive" Tatbeteiligung vor und nach Raubvollendung, JuS 1986, 862; Mitsch, Straflose Provokation strafbarer Taten, 1986; Rengier, Erfolgsqualifizierte Delikte und verwandte Erscheinungsformen, 1986; Schulz, Anstiftung oder Beihilfe, JuS 1986, 933; Schumann, Strafrechtliches Handlungsunrecht und das Prinzip der Selbstverantwortung der Anderen, 1986; Sommer, Das tatbestandslose Tatverhalten des agent provocateur, JR 1986, 485; Baumann, Nichthinderung einer Selbsttötung, JZ 1987, 131; Bitzilekis, Über die strafrechtliche Bedeutung der Abgrenzung von Vollendung und Beendigung der Straftat, ZStW 99 (1987), 723; Blank, Die Strafbarkeit und Verfolgbarkeit der vom agent provocateur gesteuerten Tat, Diss. Mainz, 1987; Bloy, Anstiftung durch Unterlassen?, JA 1987, 490; Drywa, Die materiellrechtlichen Probleme des V-Mann-Einsatzes, 1987; Herzberg, Anstiftung zur unbestimmten Haupttat, JuS 1987, 617; Herzberg, Taterschaft, Mittaterschaft und Akzessorietat der Teilnahme, ZStW 99 (1987), 49; Hünerfeld, Mittelbare Taterschaft und Anstiftung im Kriminalstrafrecht der Bundesrepublik Deutschland, ZStW 99 (1987), 228; Jescheck., Versuch und Rücktritt bei Beteiligung mehrerer Personen, ZStW 99 (1987), 111; Ranft, Rechtsprechungsbericht zu den Unterlassungsdelikten, JZ 1987, 859; Sommer, Das fehlende Erfolgsunrecht. Ein Beitrag zur Strafbarkeitsbewertung des agent provocateur, 1987; Frisch, Tatbestandsmäβiges Verhalten und Zurechnung des Erfolgs, 1988; Janβ, Die Kettenteilnahme, Diss. Bonn, 1988; Joerden, Strukturen des strafrechtlichen Verantwortlichkeitsbegriffs: Relationen und ihre Verkettungen, 1988; Just-Dahlmann/Just, „Die Gehilfen", 1988; Armin Kaufmann, Die Dogmatik der Unterlassungsdelikte, 1988; Stein., Die strafrechtliche Beteiligungsformenlehre, 1988; Keller, Rechtliche Grenzen der Provokation von Straftaten, 1989; Löwe-Krahl, Steuerstrafrechtliche Risiken typiscner Bankgescnäfte, 1989; Meyer-Arndt, Beihilfe durch neutrale Handlungen?, wistra 1989, 281; Neidlinger, Zur Abgrenzung von Anstiftung und Beihilfe, 1989; Nitze, Die Bedeutung der Entsprechungsklausel beim Begehen durch Unterlassen, 1989; Roxin, Bemerkungen zum Regreβverbot, Tröndle-FS, 1989, 177; Sippel, Zur Strafbarkeit der „Kettenanstiftung", 1989; Bohnert, Beteiligung an notwendiger Beteiligung am Beispiel der Mietpreisüberhöhung (§ 5 WiStG), K. Meyer-GS, 1990, 519; Lieberwirth, Die provozierte Tat - ein untauglicher Versuch?; 1990; Löwe-Krahl, Die Verantwortung von Bankangestellten hei illegalen Kundengeschäften, 1990; Herzberg, Akzessorietät der Teilnahme und persönliche Merkmale, GA 1991, 145; Mitsch, Urenkel von Rose und Rosahl (?), Jura 1991, 373; Müller, Das Urteil des BGH zu Anstiftung und „error in persona", MDR 1991, 830; Schwarzburg, Tatbestandsmäβigkeit und Rechtswidrigkeit der polizeilichen Tatprovokation, 1991; Streng, Die Strafbarkeit des Anstifters bei error in persona des Täters (und verwandte Fälle), JuS 1991, 910; Geppert, Zum „error in persona vel obiecto" und zur „aberratio ictus" usw., Jura 1992, 163; Gropp, Deliktstypen mit Sonderbeteiligung, 1992; Hefendehl, Examensklausur Strafrecht „Der miβbrauchte Farbkopierer , Jura 1992,

374; Ingelfinger, Anstiftervorsatz und Tatbestimmtheit, 1992; Lesch, Das Problem der sukzessiven Beihilfe, 1992; Roxin., Rose – Rosahl redivivus, Spendel – FS, 1992, 289; Schlehofer, Der error in persona des Haupttäters – eine aberratio ictus für den Teilnehmer ?, GA 1992, 307; Sowada, Die „notwendige Teilnahme“ als funktionales Privilegierungsmodell im Strafrecht, 1992; Stratenwerth, Objektsirrtum und Tatbeteiligung, Baumann – FS, 1992, 57; Weβlau, Der Exzeβ des Angestifteten, ZStW 104 (1992), 105; Wild, Bestimmtheit des Gehilfenvorsatzes und Teilanfechtung von Strafurteilen – BayObLG, NJW 1991, 2582, JuS 1992, 911; Bemman. n, Die Objektsverwechslung des Täters in ihrer Bedeutung für den Anstifter, Stree/Wessels – FS, 1993: 397; Roxin., Zum Strafgrund der Teilnahme, Stree/Wessels – FS, 1993, 365; Scheffler, Beihilfe zur Falschaussage durch Unterlassen seitens des Angeklagten; GA 1993, 341; Schumann., Die „rechtswidrige“ Haupttat als Gegenstand des Teilnahmevorsatzes, Stree/Wessels – FS, 1993, 383; Stoffers, Streitige Fragen der psychischen Beihilfe im Strafrecht, Jura 1993, 11; Altenhain, Die Strafbarkeit des Teilnehmers beim Exzeβ, 1994; Geppert, Zum Verhältnis von Taterschaft/Teilnahme an der Vortat und anschlieβender sachlicher Begunstigung (257 StGB), Jura 1994, 441; Hake, Beteiligtenstrafbarkeit und „besondere persönliche Merkmale“, 1994; Otto, Beihilfe des Bankangestellten zur Steuerhinterziehung, Zeitschrift für Kreditwesen, 1994, 775; Schroeder, Die Teilnahme des Beifahrers an der gefahrlichen Trunkenheitsfahrt, JuS 1994, 846; Hassemer, Professionelle Adäquanz – Bankentypisches Verhalten und Beihilfe zur Steuerhinterziehung, wistra 1995, 41, 81; Löwe – Krahl, Beteiligung von Bankangestellten an Steuerhinterziehungen ihrer Kunden – die TatbestandsmaBigkeit berufstypischer Handlungen, wistra 1995, 201; Lüderssen., Der Typus des Teilnehmertatbestandes, Miyazawa – FS, 1995, 449; Niedermair, Straflose Beihilfe durch neutrale Handlungen?, ZStW 107 (1995), 507; Rostele, Sachverhaltsverfälschung in der obergericntlichen Rechtsprechung, in: Grenzüberschreitungen, Eser – FS, 1995, 89; Roxin, Was ist Beihilfe?, Miyazawa – FS, 1995, 501: Wolff – Reske, Berufsbedingtes Verhalten als Problem mittelbarer Erfolgsverursachung, 1995; Schild – Trappe, Harmlose Gehilfenschaft?, 1995 (dazu die Rezension von Roxin., JZ 1996, 29); Hilgendorf, Was meint „zur Tat bestimmen“ in § 26 StGB ?, Jura 1996, 9; Jakobs, Akzessorietät – Zu denVoraussetzungen gemeinsamer Organisation, GA 1996, 253ff.; Wohlleben, Beihilfe durch äuβerlich neutrale Handlungen, 1996; Christman, Zur Strafbarkeit sogenannter Tatsachenarrangements wegen Anstiftung: Ein Beitrag von der Lehre der objektiven Zurechnung zum Strafgrund der Anstiftung, 1997; Fahl, Anforderungen an den objektiven und subjektiven Tatbestand der Beihilfe, Anmerkung zu BGH wistra 1996, 232, JA 1997, 11; Geppert, Die Anstiftung (§ 26 StGB), Jura 1997, 299, 358; Kindhäuser, Bestimmtheit des Gehilfenvorsatzes, Anmerkung zu BGH wistra 1996, 232, NStZ 1997, 273; Küper, Konvergenz; Die gemeinschaftliche Körperverletzung im System der Konvergenzdelikte, GA 1997, 301; Phleps, Psychische Beihilfe durch Stärkung des Tatentschlusses, JR 1997, 49; Ransiek, Pflichtwidrigkeit und Beihilfeunrecht, wistra 1997, 41; Rogat, Die Zurechnung der Beihilfe. Zugleich eine Untersuchung zur Strafbarkeir von Rechtsanwälten nach § 27 StGB, 1997; Scheffler, Zur Konkretisierung des Genilfenvorsatzes JuS 1997, 598; Schlehofer, Anmerkung zu BGH, Urteil vom 18.4.1996, Beihilfe zum Betrug durch Übergabe eines inhaltlich falschen Wertgutachtens, StV 1997, 412; Streng, Der Irrtum beim Versuch – ein Irrtum? Beitrag zur Struktur des Versuchstatbestandes, ZStW 109 (1997), 863; Tag, Beihilfe durch neutrales Verhalten, JR 1997, 49; Toepel, Aspekte der „Rose – Rosahl“ – Problematik: Die Perspektive des Hintermanns, das Blutbadargument und die versuchte Anstiftung, JA 1997, 248, 344; Büscher, Zur Konkretisierung des Gehilfenvorsatzes, JuS 1998, 384; Gropp, Der Zufall als Merkmal der aberratio ictus, Lenckner – FS, 1998, 55; Otto, „Vorgeleistete Strafvereitelung“ durch berufstypjsche oder alltägliche Verhaltensweisen als Beihilfe, Lenckner – FS, 1998, 193; Puppe, Die Lehre von der objektiven Zurechnung an Beispielsfällen aus der höchstrichterlichen Rechtsprechung, IV. Zurechnung bei mehreren Beteiligten, Jura 1998, 21; Schroth, Vorsatz und Irrtum, 1998; Weigend, Grenzen strafbarer Beihilfe, Nishihara – FS, 1998, 197;

Amelung, Die „Neutralisierung“ geschäftsmäβiger Beiträge zu fremden Straftaten im Rahmen des Beihilfetatbestandes, Grünwald – FS, 1999, 9; Lüderssen, Beihilfe, Strafvereitelung und objektive Zurechnung, Grünwald – FS, 1999; 329; Osamu, Die Entwicklung der Lehre von der notwendigen Teilnahme – unter besonderer Beachtung der sogenannten Begehungsdelikte, Jura 1999, 246; Theile, Tatkonkretisierung und Gehilfenvorsatz, 1999; Wohlers, Gehilfenschaft durch „neutrale“ Handlungen – Ausschluβ strafrechdicher Verantwortlichkeit bei alltäglichen bzw. berufstypischen Verhalten?, SchwZStW 117 (1999), 425; Ambos, Beihilfe durch Alltagshandlungen, JA 2000, 721; Kudlich, Die Teilnahme am erfolgsqualifizierten Delikt, JA 2000, 511; M. K. Meyer, Beteiligung am Landfriedensbruch und Teilnahme zum Landfriedensbruch, GA 2000, 459; Ransiek, Neutrale Beihilfe in formalen Organisationen, in: Amelung (Hrsg.), Individuelle Verantwortung und Beteiligungsverhältnisse bei Straftaten in bürokratischen Organisationen usw., 2000, 95; Wohlers, Hilfeleistung und erlaubtes Risiko – zur Einschränkung der Strafbarkeit gemäβ § 27 StGB, NStZ 2000; 169; Beckemper, Strafbare Beihilfe durch alltägliche Geschäftsvorgänge, Jura 2001, 163; Charalambakis, Zur Problematik der psychischen Beihilfe, Roxin – FS, 2001, 625; Kühl, Die Beendigung des vollendeten Delikts, Roxin – FS, 665; Lesch, Strafbare beteiligung durch „berufstypisches“ Verhalten, JA 2001, 986; Otto, Das Strafbarkeitsrisiko berufstypischen, geschäftsmaBigen Verhaltens, JZ 2001, 436; Pilz, Beihilfe zur Steuerhinterziehung durch neutrale Handlungen von Bankmitarbeitern, 2001; Puppe, Der gemeinsame Tatplan der Mittäter, Spinellis – FS, 2001, 915; Ambos, Der Allgemeine Teil des Völkerstrafrechts, 2002; Dencker, Beteiligung ohne Täter, Lüderssen – FS, 2002, 525; Frisch, Beihilfe durch neutrale Handlungen, Lüderssen – FS. 2002, 539; Hillenkamp, 32 Probleme aus dem Strafrecht, Allgemeiner Teil, [10]2002; Kühl, Vollendung und Beendigung bei den Eigentums – und Vermögensdelikten, JuS 2002, 729; Roso Cañadillas, Autoría y participación imprudente, 2002; Schall, Strafloses Alltagsverhalten und strafbares Beihilfeunrecht, Meurer – GS, 2002, 103; Schmoller, Sukzessive Beteiligung?, in: Kansai Univ. Review March 2002, 35.

一、参加人理论的基本问题

(一)德国刑法中的参加人概念

1　参加人是独立的一种对法益的攻击,通过非实行人对一种借助行为构成的故意来实施的符合行为构成的—违法的构成行为而故意共同发挥作用。这需要事先作一个简短的说明,在随后的论述中,这种说明将进一步加以具体化。

1. 参加人的从属性

2　任何参加人——不管是教唆人还是帮助人——就像第26条、第27条的文字所表明的那样,首先是以实行人的“构成行为”为前提的。例如,借给小偷万能钥匙从而让其成功完成构成行为的人,就实施了对既遂盗窃的帮助;如果小偷在未遂阶段被抓住,那就只存在对盗窃未遂的帮助。如果小偷处于预备阶段,那就应当根据第26条、第27条而排除参加人。然后,这里就只有一名未遂的参加人,其刑事可罚性是根据第30条确定的;根据这些规定,未遂性帮助无论如何都不具有刑事可罚性,而未遂的教唆仅仅在重罪时才具有刑事可罚性。

3　一个参加人,在没有符合行为构成的实行人构成行为的情况下,虽然在想象中是可能的(参见边码12以下),但是,这对德国刑法来说却是陌生的。例如,在自杀中的共同作用不能作为杀人中的参加人来加以处罚,因为自杀并不处于第212条的行为构成之中;更准确地说,它不具有刑事可罚性。即使在促使对提供帮助不作为（第 323c 条）是以让事故被害人死亡为目的，并且在达到这个目的时，这种促使也不能作为杀人的教唆，而只能作为——明显应当从轻处罚的——对第 323c 条的教唆来加以处罚，虽然这名教唆人是以与实行人不同的方式在积极地谋求被害人的死亡。

2. 限制的从属性

对于参加人来说所必要的实行人构成行为，必须是符合行为构成的、违法的，但不必是有罪责的。这表明，第 26 条、第 27 条对“违法的”构成行为的要求是确定的，也就是提供帮助。根据第 11 条第 1 款第 5 项，“违法的”构成行为仅仅是一个处于行为构成符合性之外的构成行为；这个构成行为不需要是有罪责的，这除了来自第 26 条、27 条的文字之外，而且还来自第 29 条的文字。根据这些规定，对每个参与人的刑罚，“不考虑其他人的罪责，而只根据其自身的罪责”进行。 4

对于每个参加人都以一种符合行为构成的—违法的实行人构成行为为条件的原则，人们称之为“限制的从属性原则”。在这里，在从属性之下，在这个关系之中，参加人的“依赖性”应当从实行人构成行为来理解；这种从属性是有限制的（有界限的），因为它并没有扩展到罪责上，而仅仅是扩展到主行为的违法性上。也就是说，参加人是——但绝不是理所当然的——可能存在于一个无罪责的构成行为中。通常，在对一个无罪责的实行人发挥作用时，虽然存在一个间接实行人（参见第 25 节，边码 76 以下，139 以下），但是在个别情形中也可能有不同。例如，在有人没有认识到由其促使去实施构成行为的人有精神病时，他就不能是间接实行人（参见第 25 节，边码 158），而是作为教唆人来受处罚的。关于这种限制的从属性，具体参见边码 32 以下。 5

3. 故意主行为的要求

参加人除了实行人的构成行为必须符合行为构成并具备违法性之外，根据第 26 条、第 27 条的文字，还必须以故意为条件。在人们符合主流观点，并且与本书所代表的观点相符合，[1] 把这种故意体系性地安排在行为构成的主观部分时，这种明确的立法性指示就是多余的。对符合行为构成的实行人构成行为的要求表明，它也必须是出于故意。但是，由于有些作者至今仍然还把故意作为罪责加以认定，而不是作为行为构成的组成部分加以认定，因此，立法者符合目的地认为，必须作出清楚的规定，从这种立场出发，参加人也应当仅仅在故意的实行人构成行为时才有可能存在。因为这种对故意的要求独立于故意的体系性位置之外也非常有争议（详见边码 35 以下，同时还有边码 7），所以，对立法者来说，作出这样的明确规定看来也是必要的。 6

因此，对故意的要求，就像从属性及其限制性那样，都不是理所当然的。虽然在“实行人”缺少故意时，故意共同作用的幕后人通常就是间接实行人，以至于不需要保留一种对参加人的处罚（参见第 25 节，边码 63 以下），但是，在这里也存在例外。例如，促使他人朝一名特定个人射击，并且从被要求人的杀人故意出发的人，在被要求人认为自己开玩笑发射的武器并没有子弹时，就不能作为杀人的教唆人加以处罚，虽然他已经造成了被害人的死亡，并且也想造成被害人的死亡（参见第 25 节，边码 159 以下）。他只能根据第 30 条第 1 款第 1 项、第 2 项的规定，由于未遂的教唆而承担在那里规定的义务性从轻的责任。对于这个规定的问题与对故意的要求，参见边码 35 以下。 7

4. 对独立侵害法益的要求

参加人对于实行人的构成行为的共同作用，对于这个构成行为来说，必须在客观上是（共同）原因性的，在主观上，就像第 26 条、第 17 条的文字所清楚说明的那样，必须是故意。但是，对于一个应受刑事惩罚的参加人来说，故意引起一种由实行人作用产生的既遂结果或者未遂结果 8

---

〔1〕 参见，Roxin，AT 13，§ 10，Rn. 62 ff.。

都还不够。例如,在一种所谓的代理挑衅人(受雇诱人犯罪而使之被捕的暗探)转送一名违法人时,他促使这名违法人作为一个犯罪行为的表面同伙,并且,让其在未遂时被捕,他就已经故意地对一个犯罪行为——一种犯罪未遂——发挥了影响,并且,在这种故意引起一个故意的—违法的实行人举止行为足以认定一名应受刑事惩罚的参加人时,就必须由于未遂而对此受到惩罚。这种今天得到一致赞同的代理挑衅人不具有刑事可罚性的意见,仅仅能够这样得到说明:他自己并不想侵犯那种为行为构成所保护的法益,而恰恰是想防止对其的损害。或者,选择另一个完全不同的例子:让他人弄残自己以借此逃避兵役义务或者获取伤残保险金的人,就发挥了一种应受刑事惩罚的身体伤害。这名实行人不能使用这名"被害人"的同意,因为根据第228条,这种同意是无效的。虽然人们必须让这名实施教唆的被害人不受刑事处罚,但是,没有人能够像自我重伤不负刑事责任所说明的那样(在第223条的观点之下),以在刑法上有意义的方式攻击自己的身体。

9　这种独立侵害法益的要求,在其他类型的案件中还需要加以说明,在参加人的要素中,就更有争议了;与从属性的具体条件不同,在法律文字中,这并没有被明确地提及。但是,从归责的一般原则出发,〔2〕这还是清楚的。根据归责的一般原则,只有一个结果是不被容许的风险创造出来的,这个结果才能被归责。因为参加人人必须故意地行为,所以,这种故意创造的一个不被容许的风险,应当通过他作为他那一面独立的对法益的侵害表现出来,而这种侵害对一个应受刑事惩罚的参加人来说是必要的。

5. 作为"次要"概念的参加人

10　参加人以他不是实行人的类型进行参与为条件。在这个范围内,参加人最终是一个次要的概念。共同实行人总是并且间接实行人至少在许多案件中,也会对实行人故意的—违法的实现行为构成共同发挥作用,因此,的确没有参加人存在。也就是说,必须先加以确定的总是,实行人的"首要"概念不能在一名参与人的共同作用可以满足参加人的资格之前就对之适用。相反,在参加人的标记中作为一个次要概念,并不是说,各种非实行人的共同作用就当然是参加人。它也可能不具有刑事可罚性,因为它缺乏一个故意的主行为(边码6、7)或者缺乏一个独立的法益侵犯(边码8、9)。也就是说,参加人是一个次要概念,但并不是一个不独立的概念。

(二)参加人的刑罚根据

1. 作为从属的法益侵害的参加人

11　在参加人的刑罚根据方面,中心的争议之点在于这个问题:参加人的不法是来自实行人构成行为的不法,还是独立的不法。从前面(边码1至10)发展出来的参加人概念中可以看出,根据本书所代表的观点,参加人的不法,部分是从实行人的不法中引导出来的,但是,部分也是不依赖于实行人的不法,是独立的。〔3〕从其从属性方面说,是从实行人的不法中引导出来的:这种实行

---

〔2〕　参见,Roxin, AT 13, § 11, Rn. 36 ff.。

〔3〕　这个方案在 Roxin, Stree/Wessels – FS, 1993, 365 ff. 中得到了发展。类似的观点,在文献中有 SK^{7} – Hoyer, vor § 26, Rn. 17 – 21; Stratenwerth, AT^{4}, § 12, Rn. 121f; Bloy, 1985, 252 ff.(带有"一定程度的保留"来反对我的观点,"因此,作为从属的法益攻击的参加人,并不应当完全是从从属性原则中可以说明的",第253页); ders., JA 1987, 492; Stein 1988, 117 f.; Jakobs, AT2, 22/9。类似的有,Geppert, Jura 1997, 300; Hake, 1994, 53 ff., 68f., 75; Ingelfinger, 1992, 117; Kindhäuser, AT2, 381 ff.; Krey, AT/2, Rn. 206 ff., 209; Otto, Lange – FS, 1976, 201 ff.; ders., JuS 1982, 558; ders., AT^{6}, § 22, Rn. 2 ff.; Sch/Sch/Cramer/Heine^{26}, vor §§ 25 ff., Rn. 17 a, 41; 同样,也许 Gropp, AT2, § 10, Rn. 102 ff.)也在参加人的处罚根据中认为,这个参加人实现了自己的、符合主构成行为不法的刑罚根据。

人干出来的故意的不法，也会归责于这个共同发挥作用的参加人（在帮助中具有一种刑罚范围内的从轻情节；参见第27条第2款）。但是，独立的仅仅存在于这个范围之中：在对实行人构成行为的共同作用同时表现为参加人自己的法益侵害时，这种归责才会是成功的。这些独立的因素，在前面（边码8、9）仅仅列出了两种，在讨论教唆与帮助时（边码57以下，183以下）还将具体加以强调。无论如何，本书所代表的作为一种“从属的法益侵害”的参加人方案就表现为一种混合的理论。这种理论把参加人的不法根据，部分地建立在对实行人不法的归责（也就是从属性）上，部分地建立在独立的因素（也就是法益侵害）上。

2. 纯粹的引起理论

12 与此相对，各种理论以不同的变种不断出现。这些理论通过以下方式来使参加人的不法独立起来：参加人不是依赖实行人的构成行为而仅仅是对由其故意造成的行为构成的结果负责。在这种理论最激进的形式中，就像吕德森（Lüderssen）〔4〕最早阐明的那样，这种观点导致放弃了从属性原则，并且导致那种已经阐述过的结论（边码3），即在促使自杀或者促使提供帮助的不作为，符合故意地引起了一种导致死亡的作用时，这种促使就将作为对杀人的教唆加以惩罚。〔5〕这位促使人已经故意地引起了一个人的死亡，并且，在其缺乏行为控制时，仅仅这一点也足以使他作为参加人来加以惩罚。

13 但是，这样一种解决方法并不能与立法相一致，法律根据自己清楚的文字，是从参加人的从属性出发的。这个方法在法政策上也是不受欢迎的，因为就像那些例子（边码3，12）所显示的那样，这个方法会导致刑事可罚性的一种显著扩张，而这种扩张是应当通过把参加人结合在实行人的行为构成的行为上来加以防止的。令人难以理解的是，当这种促使的实行要么在完全不严重要么仅仅在非常不严重的犯罪的行为人的人身上受到惩罚时，这个促使人却应当根据杀人的刑罚范围加以惩罚。

14 在现行法律的基础上，施米德霍伊泽〔6〕同样从“参加人犯罪的不法行为构成的独立性”出发，试图从那种以单纯考虑值得刑事惩罚性为条件的结果出现的必要性，来说明与实行人构成行为的这种联系：“当刑法使参加人犯罪很大程度地取决于一种已经实施的主行为时，那么，其所具有的根据就仅仅在于这种值得刑事惩罚性之中（与在实行人犯罪中的结果出现也没有什么不同）”。但是，这个结果是不法的组成部分本身，绝不是一种单纯的值得刑事惩罚性的条件。〔7〕除此之外，吕德森提到的独立的参加人刑事可罚性的例子表明（边码12），这个结果在没有从属性时也能出现；也就是说，其目的恰恰在于把参加人与实行人的不法（边码13）结合在一起，而不是仅仅在于对一种结果的要求。

15 最后，纯粹的引起理论在义务犯罪中也遭到失败。在义务犯罪中——与在控制犯罪领域中的刑事可罚性扩张不同——一种对刑事可罚性与事实不符的限制，本来是存在于与其出发点的前后一致性之中。例如，通过一名非义务人教唆进行枉法或违背沉默义务（第26条，第339条，第203条）等等，一定会是合乎逻辑地不受刑事惩罚的，因为缺乏实行人的资格，这种故意引起结果并不能满足有关义务犯罪的行为构成。但是，这种不处罚又明显违背了立法者的意图，立法者

---

〔4〕 Lüderssen,1967,161 ff.。在 Mizayawa – FS,1995,449 中，Lüderssen 在较近的讨论中修正并基本上放弃了自己的观点。在一次讨论中，Dencker, Lüderssen – FS,2002,525 从未来立法的观点出发（de lege ferenda），重新接受了一种“没有实行人的参与”的思想。

〔5〕 Lüderssen, 1967, 168, 192, 214 f.。

〔6〕 Schmidhäuser, LB AT^2, 14/57；几乎一样的，见ders., StuB AT^2, 10/9。

〔7〕 参见 Roxin, AT 1^3, § 10, Rn. 94 ff.。

对局外人只想给予第28条第1款从轻处罚的好处。尽管如此，施米德霍伊泽最初[8]仍然主张不处罚，后来当然同意了这种非义务人的刑事可罚性，尽管还总是在说"与事实不符"。[9] 但是，这样一来，纯粹的引起理论与现行法律之间的不协调就是有道理的。另一方面，吕德森[10]接受了非义务人的刑事可罚性："不是公职人员的人，能够——间接地——侵害'职务活动的纯洁性'的法益，条件是一个公职人员……出现在活动之中"；的确，他说明了这种与实行人的行为之间的联系是"纯粹的事实性质"。但是，这并不具有说服力；职务不法是这两名参与人具有刑事可罚性的中心的**规范性**条件。也就是说，就像人们在争论中也会歪曲与运用的那样：这个纯粹的引起理论并不适宜用来说明现行法律对参加人的规定。[11]

3. 罪责参加人理论即不法参加人理论

16 罪责参加人理论认为，参加人的刑罚根据不在于引起符合行为构成的结果之中，而是在于参加人使实行人牵连进罪责之中。也就是说，这个理论在内容上接受了与纯粹的引起理论相对立的立场，但是，与其相同之处在于，这个理论同样是从参加人不法的独立性与实行人不法的关系出发的。今天，罪责参加人理论仅仅还具有历史与法政策上的意义，因为现行法律明确拒绝了这个理论，就像拒绝了纯粹的引起理论一样：根据限制的从属性性原则（边码4，5），在参加人仅仅以违法的和正好不是有罪责的主行为为条件时，对于一个参加人来说，参加人使实行人牵连进罪责之中就显然是不必要的。

17 但是，在讨论中还提出了"修正的罪责参加人理论"，[12]这是在由特雷克索（Trechsel）[13]建立的"不法参加人理论"的形态中出现的。它认为，参加人的刑罚根据在于，参加人使实行人陷入不法行为之中。这虽然还没有使实行人有罪责并具有刑事可罚性，但是，例如在有人促使一个没有认识的精神病人实施犯罪行为时，就会导致刑事调查，最终也会导致对实行人适用一种保安处分，并且至少会导致实行人的社会分裂。因而，人们也称之为一种"分裂理论"。这种观点虽然不是在限制的从属性上失败的，而是在三种其他异议上失败的。

18 1）首先，就像特雷克索[14]也同意的那样，它并不适合于帮助；在帮助中，实行人是自己对构成行为作出决定的，也就是说，不是通过帮助人才被分裂的。对于这种说法，凯勒（Keller）[15]予以反对，认为帮助人支持了实行人的犯罪生涯。但是，在人们不考虑具体构成行为的引起时，这样一种对犯罪生涯的支持会是如此模糊与不确定，以至于其不能承担对参加人的刑事惩罚。

19 2）然后，在教唆人中，刑罚是根据对实行人的刑罚来安排的，也同这个分裂方案不相协调。刑罚必须前后一致地按照所造成的分裂程度来安排：引诱一个迄今为止品行端正的人就必须从重，引诱一个在很大情况下已经发生社会分裂的职业罪犯就只能轻罚。凯勒[16]认为，这个异议并不具有说服力。可能的是，"这种分裂在法律上是要作价值性的、抽象的一般化评估的"，从而

---

〔8〕参见 Schmidhäuser, LB AT², 14/98；关于批评，见 Roxin, ZStW 83 (1971), 399 f.。

〔9〕Schmidhäuser, LB AT², 14/85, 见边码25。

〔10〕Lüderssen, 1967, 137。

〔11〕通过承认独立的参加人行为构成，还有一些纯粹引起理论的学者能够归入，虽然他们承认从属性具有更大的意义，并且，因此在结果上与本书所代表的观点离得并不远：Herzberg, GA 1971, 1 ff.；M.-K. Mayer, GA 1979, 264f.；Sax, ZStW 90 (1978), 927 ff.。对于独立的参加人犯罪（也包括以"较温和的变化形式"）的详细批评，见 Bloy, 1985, 172-192）。

〔12〕Keller, 1989, 163。

〔13〕Trechsel, 1967; ders., Schweizerisches StGB, Kurzkommentar, 1989, Art. 24, Rn. 3。

〔14〕Trechsel, 1967, 107 ff.。

〔15〕Keller, 1989, 164。

〔16〕Keller, 1989, 163 f.。

使估计的分裂程度能够根据构成行为的严重性来安排。但是,这会是一种错误的评估。一个教唆所具有的分裂后果,就像立法者几乎不知道一样,在具体案件中能够非常不同,并且与构成行为的严重性相比,更多地会取决于这个实行人迄今为止的犯罪生涯,以及取决于他到底是否会被抓获。除此之外,在有罪责地实现一个犯罪的行为构成与一个人的分裂之间,根本就不存在什么相互关系,可以有说服力地对此做出同样的刑罚幅度的规定。

3)最后,参加人的刑罚根据因而也不存在于实行人的分裂之中,因为在参加人的通常情况下,实行人要对其自己的决定和行为负责。[17] 能够教唆的人不是被害人,而是教唆人的同伙,并且,不能使教唆人为其同伙的构成行为决定负责。根据分裂的观点,对实施构成行为的决定是一种实行人的自我危险;参与其中,根据一般的法律原则,是不具有刑事可罚性的。[18] 20

人们也必须考虑到,不法参加人理论的实际结果是令人惊奇的。仅仅举一下这个例子(参见边码 8)就可以看出,这个理论必须认可那名代理挑衅人或者那名具有犯罪动机的教唆人对重伤这名教唆人的刑事可罚性。在这两个别案件件中,这个被教唆人甚至牵连进一个在社会上毫无疑问的分裂的刑法上的罪责之中。一个人,就像绝对主流的意见那样,对这样一个结果不认为是正确的,就必须也在这个观点下拒绝不法参加人理论。另一方面,必须承认的是,对于这个参加人是引诱了一个品行端正者,还是他在其他情况下又是在什么程度上对实行人的社会分裂做出贡献的问题,对于在规定的范围之内的量刑来说,才具有意义。但是,参加人的不法不能由此加以说明,因为这仅仅与罪责的程度问题有关。 21

4. 与他人不法的团结性作为参加人的刑罚根据

舒曼[19] 也是从参加人不法在原则上所具有的独立性出发的。对他来说,参加人的刑罚根据在于,“参加人通过其故意的贡献而与他人故意的不法团结在一起,与他人的构成行为共同配合在一起。”[20] 在参加人与他人不法的团结性中,他看到了一种行为无价值,这种行为无价值与这种不法完全一样,“在其中,这种所谓的印象理论看到了(不能犯)未遂所具有的应受刑事惩罚的(行为的)不法。”通过这种团结性,这个参加人成为“一个对这个法社会所无法容忍的例子”。[21] 22

这个方案避免了独立的参加人不法的其他根据所带来的困难。它能够使在义务犯罪中非义务人的参加人所具有的刑事可罚性,毫不费力地变得具有说服力了,而纯粹的引起理论却不能清楚地予以说明(边码 15)。这个局外人通过其参加人也与枉法、违背保守秘密义务的实行人团结在一起了。同时,它能够使参加人的刑罚与主行为的刑罚幅度相连接,而这种连接对不法参加人理论来说是一个难题(边码 19),通过这个命题:即这种团结性的不法必须在其范围内,“根据这种团结所涉及的客体加以调整”,[22] 而得到清楚的说明。另外,它还具有这样一个优点,使前面(边码 8,9)提到但还应当补充的参加人不法的独立性方面变得显而易见了:因此,舒曼[23] 正确地为教唆要求一种“促使”,并且,让创设对构成行为的刺激是不够的(对此,参见边码 59,74 以下)。同样,对于帮助来说,在法上属于中性的日常行为(诸如把螺丝刀卖给明知是不法侵入者的人)是不够的(对此,参见边码 218 以下)。在这类案件中,一种应受刑事惩罚的参加人会被拒绝,理由是不存在与实行人的足够的团结性。 23

---

〔17〕 恰当的,见 Keller, 1989, 163 f.。

〔18〕 参见 Roxin, AT 1^3, § 11, Rn. 86 ff.。

〔19〕 Schumann, 1986, 49 ff.。

〔20〕 Schumann, 1986, 51。

〔21〕 Schumann, 1986, 50。

〔22〕 Schumann, 1986, 51。

〔23〕 Schumann, 1986, 51 ff., 54 ff.。

24 尽管如此,团结性原则还是不具有说服力。当舒曼在与实行人的团结性中看到了“一种在社会心理学上对法的适用效力的威胁”,〔24〕并且想在其基础上建立参加人刑罚的根据时,他忽略了这一点,即这种团结性本身(除了第140条之外)根本就不具有刑事可罚性。一种刑事可罚性的出现(即使在一种团结性的刑事可罚性中,也还要有最接近地出现的心理性帮助;对此,参见,边码197以下),总是在这个参加人的举止行为对结果发挥作用时。在教唆谋杀中,不把被害人的死亡而只把他与实行人的团结性归咎于教唆人,就会是一种没有生活常识的说法。此外,团结性的概念也没有正确地描述许多参加人的关系。教唆他人的人,因此必须不是在与这个实行人团结,而经常完全是在追求自身的利益。这相应地适用于帮助人,这名帮助人为了报酬而提供了自己对构成行为的贡献,但是,在其余地方,他在面对实行人的构成行为时会是完全漠然的。

25 也就是说,人们可以不放弃通过参加人造成的结果。在舒曼把“一种(间接的)法益侵害的要求”视为“对参加人不法内容的最低要求”时,他〔25〕也承认了这一点。但是,在他补充说,这种“最低要求”能够“不作为充分的刑罚根据加以认识”时,他并没有注意到,这种假定的最低要求就包含了一种重要的加重的谴责,作为他所接受的刑罚根据的谴责。一个人,故意发挥作用,使一个人通过另一个人的构成行为而死亡的,就已经做了比与这个实行人的团结更恶劣的事情。这种从参加人的刑罚根据出发,在从属性地引发结果中所具有的违反事实的逐渐消隐,在舒曼那里,是建立在这个认定之上的:这种“结果存在于主实行人的责任范围之内”。〔26〕 但是,这个作为刑罚扩张基础的参加人,是把这种对结果的归责正好也扩展到这个教唆人与帮助人上去了。

5. 以从属性为导向的引起理论

26 主流意见拒绝了所有从参加人不法具有独立性出发的观点(2. ~ 4.),并且,从引起实行人的举止行为,也就是从他人的故意不法中,引导出参加人的刑事可罚性,是这种他人的不法又转给了参加人。因此,根据司法判决,“教唆的本质”就存在于“引起一种违法的举止行为”〔27〕(《联邦最高法院刑事判例集》第4卷,第355页,第358页)。对于耶赛克〔28〕来说,参加人的不法就存在于“他对实行人违反规范发挥了共同的作用。因而,参加人构成行为的不法,在根据与程度上,就取决于主行为的不法。”毛拉赫/格塞尔〔29〕认为,“参加人的本质在于促成或者支持他人的行为构成性的不法”。同时,拉克纳/屈尔(Lackner/Kühl)〔30〕这样概括了主流意见:“教唆人与帮助人促进了也就是共同引起了那种由实行人实施的违法的构成行为”。〔31〕

27 这种把参加人当作一种间接的、通过实行人个人作用引起符合行为构成结果的意见,完美地正确评价了现行法律所采纳的从属性原则,并且,不能为实行人不法的独立性的任何理论所代替。也就是说,它的适用是坚如磐石的:没有从属性引起符合行为构成的未遂结果或者既遂结果,就没有参加人。但是,这个看法仅仅包括了参加人的一个必要的条件,而且还不是充分的条件,因为它忽略了这种从属性的引起必须表现为是参加人的独立的法益攻击。〔32〕 如果缺乏这一

〔24〕 Schumann, 1986, 50。

〔25〕 Schumann, 1986, 44 f.。

〔26〕 Schumann, 1986, 49。

〔27〕 紧密联系着帝国法院的司法判决(RGSt 5, 227, 228; 15, 315, 316)。

〔28〕 Jescheck/Weigend, AT^{5}, § 64 I 2。

〔29〕 Maurach/Gössel, AT/2^{7}, 50/57。

〔30〕 Lackner/Kühl^{24}, vor § 25, Rn. 8。

〔31〕 在主流观点的意义上,以及还有 Baumann/Weber, AT^{9}, § 37 I 1 b(在 AT^{10}, § 30 I 2 中,产生了一种与从属的法益攻击理论很类似的观点);Freund, AT, § 10, Rn. 110; Kindhäuser, AT^{2}, 382 f.; Kühl, AT^{3}, § 20, Rn. 132; Sch/Sch/Cramer Heine^{26}, vor §§ 25 ff., Rn. 17。

〔32〕 同样,见 Geppert, Jura 1997, 300。

点,就像在前面(边码8、9)提到的例子中,或者在那种借助行为构成的故意创造的一种单纯的犯罪刺激中(边码23)中那样,就不存在应受刑事惩罚的参加人,尽管一个应受刑事惩罚的实行人构成行为已经以从属的方式被引起了。

确实的是,当人们在缺乏法益攻击的情况下,试图建立一个拒绝应受刑事惩罚的参加人的基础时,也可以这样考虑:因为这种考虑是处于参加人的刑罚根据之外;由此,人们在这种限制中,就能够坚持以从属性为导向的引起。这样,例如,代理挑衅人的不受刑事惩罚性,就会得到像异口同声那样好的认定。当人们对此在必要时不是追溯到参加人的刑罚根据之上时,人们乐于满足这个论题:一个双重的参加人的故意是必要的。这个论题必须一方面指向明确对构成行为也就是对其的支持,另一方面又必须指向造成符合行为构成的结果。这在本质上是恰当的。但是,参加人的故意必须另外还指向行为构成中的法益侵害这种认定,不是从其自身建立的,而仅仅是从对法益攻击的必要性中才能建立。 28

凯勒[33]引用从属性原则来否认在参加人中法益攻击的必要性,但是,又从法治国的理由出发,在参加人中要求一种"与犯罪行为构成的主观联系",同样使这种代理挑衅人不受刑事惩罚。但是,在他决定参加人的刑事可罚性时,这种"主观联系"就存在于这个故意的攻击之中,并且,必须与参加人的刑罚根据联系在一起。最后,赫茨贝格[34]以特别简明的方式强调了故意的非从属性,也就是在参加人个人中的一种独立的完成犯罪故意的必要性。但是,在他借助故意的性质把这一点解释为第28条第1款意义上的一种"特定的个人因素"时,这又一定会导致在代理挑衅人中的一种单纯的从轻处罚;其无刑事可罚性只能建立在这个基础上:在他——不同于第28条的情况——不存在对法益的攻击时。 29

但是,坚持参加人不法的独立因素,并不仅仅是一个根据的问题。忽视一个独立的法益攻击的必要性,就已经导致参加人刑事可罚性的形形色色的扩张:另外,在必要参加人中(边码41以下),在错误地认识与法益有关的目的所具有的非从属特性时(边码161以下),在各种故意引起构成行为的决定的基础上肯定教唆时(边码75以下),以及在帮助的范围内忽略"中立的"行为的问题中(边码218以下)。这可以在各种关系中才进一步详细加以说明,但是,需要表明的是,这个经常在学术上被置于一边的参加人刑罚根据的问题,是具有显著的实践意义的。 30

那些主张参加人不法具有完全独立性的人,否定或低估其从属性并且由此**也**从实行人不法中引导出关于这个目的的特性,对于认识参加人不法的独立因素来说,的确完成了重要的部分。因此,当这种被实行人侵害的法益在面对参加人时也要受保护时(参见,边码8),才应当考虑应受刑事惩罚的参加人,这种看法首先是由吕德森[35]准确地提出来的。同时,舒曼(参见,边码23)在本质上支持了对教唆与帮助所规定的限制性解释。还有,主流意见今天也不理睬这种认识:即这种参加人不法是**部分地**独立的,不再是完全地独立。[36]这样,人们将可以希望,"从属地引起的理论"正在逐渐转变为这样的方案,在"通过从属地引起的对法益的攻击"中看到这种参加人的刑罚根据。 31

(三)限制的从属性

限制的从属性,也就是把参加人与一个符合行为构成的—违法的实行人构成行为结合在一 32

---

[33] Keller, 1989, 165 ff.。

[34] Herzberg, 1977, 129 ff. (131)。

[35] Lüderssen, 1967, 131 f.; 后来,在这个意义上的还有 Herzberg, 1977, 133 ff.; M. - K. Meyer, GA 1979, 263 f.; SK[7] - Hoyer, vor § 26, Rn. 17; Stratenwerth, AT[4], § 12, Rn. 122, 206。

[36] 参见在 Roxin, Stree/Wessels - FS, 1993, 369 f. 中提供的论据。

起,最初是通过1943年5月29日的"刑法的适应性规定"而引入的,在1975年的刑法改革中得到继续使用。到1943年为止,《德国刑法典》一直说,教唆是对一种"应受刑事惩罚行为"的明确(旧版,第48条),帮助是"对实施重罪或轻罪"提供帮助(旧版,第49条)。司法判决与主流意见因此主张:主行为无罪责,参加人就不可能成立。人们把参加人与实行人的罪责的这样一种结合称为"极端的从属性"。除此之外,在参加人仅仅是以一个符合行为构成的主行为为条件时,人们就称之为"最低的从属性";在实行人中存在的排除刑罚的基础甚至在原则上也排除对参加人的处罚时,则称之为"超从属性"。[37]

33 限制的从属性的实践意义不是非常大,因为对于一种由于精神病(第20条)、紧急状态(第35条)或者不可避免的禁止性错误(第17条第1句)而免责的人,通常就建立了一个间接实行人的基础,从而排除了参加人(边码10)。但是,当局外人在实行人的身份上没有认识那种排除罪责的缺陷时,在无罪责构成行为中就总还存在着一个参加人(参见第25节,边码158);在实行人免责的情况下,参加人也并没有完全被排除,就像在与间接实行人的关系中具体表现的那样(第25节,边码45以下,78以下,93,139)的那样。限制的从属性的首要意义存在于义务犯罪之中。在义务犯罪中,非义务人的间接实行人被排除了:例如,一个人,通过紧急状态(第35条)或者不可避免的禁止性错误(第17条)而出罪的医生,促使一名精神病人(第20条)泄露职务秘密的,能够由于对第203条的教唆而受到惩罚。在极端的从属性中,本来必须认定这一类案件没有刑事可罚性。在亲手犯罪中,限制的从属性也堵住了通过不可能成立间接实行人而造成的刑事可罚性漏洞:例如,一个人在第35条的条件下,强制他人逃离部队(《德国军事刑法》第16条)的,能够作为教唆人加以处罚。

34 也就是说,限制的从属性原则是符合实际情况的:一方面,它以法治国的方式将参与人的刑罚与行为构成上的实行人不法的存在结合起来,并且,由此防止了参加人刑事可罚性的泛滥,而这种泛滥在放弃从属性的情况下是不可避免的(参见,边码3、12、13)。但是,另一方面,它也堵住了难以理解的刑事可罚性的漏洞,而这些漏洞本来会引起对极端从属性的坚持。

(四)故意的主行为的要求

35 人们不能毫无问题地把符合实际情况的称号给予对**故意的**主行为的要求。[38] 这种称号是否包含在限制的从属性原则之内,从而使第26条、第27条中明确提到的一种"故意"实施的构成行为会在实际上成为多余,是值得怀疑的(参见,边码6)。这个司法判决在1943年之后直到战后时期已经说明,尽管存在限制的从属性原则,在非故意的构成行为中,参加人是可能的,因为这个司法判决把故意视为罪责的条件,而不是行为构成的要素。[39] 即使人们借助今天绝对主流的意见而不去跟随这种体系性的推论,也总还能这样理解限制的从属性原则,即在这个问题上,除了实行人构成行为的违法性之外,只有满足客观行为构成是必要的。无论如何,立法者本来是能够这样规定的。

---

〔37〕 对于从属性的各种等级的命名,来自 M. E. Mayer;参见他的 AT, 1915, 391, 并且,在 Mayer 之后的讨论,见 Bockelmann, 1957, 31。

〔38〕 因此,也见,例如,Sch/Sch/Cramer Heine^{26}, vor §§ 25 ff. ,Rn. 29 f. ; Jakobs, AT^{2}, 21/13 ff. 。

〔39〕 最后,见 BGHSt 4, 355 (358 m. w. N.); 5, 47。在联邦最高法院的司法判决中,这种故意的要求,自从 BGHSt 9, 370 以来一直都是受到要求的;此外,参见 OLG Koln NJW 1962, 686 m. Anm. Bindokat u. Anm. Dreher, MDR 1962, 592 f. 。

36 这个司法判决的相反意见应当得到尊重,[40]但是,也应当感到遗憾。它令人难以理解地撕开了刑事可罚性的漏洞。这首先适用于认识错误的认定,实行人是故意地行为的。一个人给了一个妻子一份毒药并且错误地认为,这个妻子想要用它来杀害自己的丈夫,在这名妻子虽然给其丈夫灌了这份毒药并产生了死亡效果,但是在当时错误地认为自己灌的是一种医药时,就不能由于帮助谋杀或者杀人而受到惩罚。因为未遂性帮助是不具有刑事可罚性的,并且,毒药提供人的故意是与过失致人死亡的认定相对立的,[41]所以,毒药提供人就必须保留在不受刑事惩罚的位置上,虽然他故意地造成了一个人的死亡,并且,在客观上,他参与的部分甚至比他自己想象的还要大。这是一个明显不公平的结果。对这个问题,第 25 节边码 158 以下有进一步的例子。

37 第二大类案件是义务犯罪。在这类案件中,坚持实行人构成行为的故意性会导致不合理的结果。例如,一个没有参与事故的搭车人告诉驾车者,他已经看了外面并且肯定什么也没有发生,[42]从而促使驾车者非法逃离了现场,这时,他由于缺乏等待义务而不能作为间接实行人加以惩罚,虽然他已经利用了一个无故意行为的工具。但是,由于缺乏故意的主行为,因此,也不可能以对第 142 条的教唆而加以处罚。也就是说,对这位促使人就必须不予处罚,虽然他确定了一名肇事者离开了现场,并且,与实行人故意行为时毫无争议的惩罚教唆的情形相比,他甚至要担负更大的责任。在与教唆人的关系中,故意行为的实行人毕竟要对整个事件承担主要的责任,同时,在对事故的存在进行欺诈的情况下,只是单独承担故意的责任。应当给予这种情形无刑事可罚性的观点,并不具有说服力。

38 在这一类案例中,最为常见的实际情况是,有人通过谎称病人或者委托人已经解除了其(医生或律师的)沉默义务,从而促使一个医生或者律师公开了被委托的秘密。[43] 在这里,一个局外人的间接实行人的身份,由于他缺少实行人的资格而不能成立,同时,根据现行法律对教唆的认定,也由于缺少实行人的故意而不可能;在这里,错误地认为一种在解除沉默义务中存在的病人或者委托人的同意,就排除了故意(罗克辛,《德国刑法学 总论》,第 1 卷,第三版,第 13 节,边码 22、83)。[44]

39 尽管如此,在这类案件中,还有一部分代表了由于教唆而主张刑事可罚性的观点。[45] 但是,这仅仅在这种双重条件[46]下才有可能。其一,就像本书所做的那样(参见罗克辛,《德国刑法学 总论》,第 1 卷,第三版,第 13 节,边码 12 以下),人们不是把同意理解为排除行为构成的根据,而是正当化的根据;其二,第 26 条、第 27 条的故意概念是在一种单纯的行为构成故意的意义上理解的,以至于也就是说,直接行为人的那种在认识错误的理论中排除故意的允许性行为构成错误

---

〔40〕 不同的仅仅是 Schmidhäuser, AT[1], 14/87 f.; ders., StuB AT[2], 10/22 ff., 他把第 26 条、第 27 条中“故意实施的构成行为”放在一种单纯的“想要的作为”的意义上理解。但是,考虑到通过法律文字覆盖的清楚的立法意志,这是一种对法律不被容许的扭曲(在 AT2, 14/68, Fn. 11, Schmidhäuser 明确地放弃了这个观点)。

〔41〕 因此,无论如何是主流观点。但是,即使人们借助这样的说明:一个过失在各种故意里是作为一种负数(Minus)加以包括的,从而想要认定一种过失的杀人,然而,由此也不能包括这个提供毒药人的故意的不法。

〔42〕 在 OLG Stuttgart JZ 9159, 579 中处理过一种类似的状况。关于这个问题在学术上的争论,首先是由这个判决激起的。对此,参见 Dahm, MDR 1959, 508; Lange, JZ 1959, 560; Rudolphi, GA 1970, 353。

〔43〕 参见,对于类似案件事实的判决,见 BGHSt 4, 355 与 OLG Köln MDR 1962, 591。

〔44〕 关于教唆人不具有刑事可罚性的问题,也见在 Geppert, Jura 1997, 303; Kühl, AT[3], § 20, Rn. 140 中提出的案件。

〔45〕 Dreher, Fleinitz – FS, 1972, 222; Freund, AT, § 10, Rn. 20; Frisch, 1983, 252; Jescheck/Weigend, AT[5], § 41 IV 2 a, Fn. 49; Lackner/Kühl[24], vor § 25, Rn. 9; SK[7] – Rudolphi, § 16, Rn. 13; Schmidhäuser, LB AT[2], 10/22 ff.; Tröndle/Fischer[50], § 16, Rn. 27 ff.。

〔46〕 参见 Kühl, AT3, § 20, Rn. 140 中的概述。

(参见罗克辛,《德国刑法学 总论》,第1卷,第三版,第14节,边码51以下),并不影响这里的共同故意。只有这些条件中的第二点,才会是被本书所代表的观点在必要时所接受。但是,因为这种应当解除沉默义务的认识错误的认定,一般地并且也在第203条的案件中是独立地排除了这个行为构成中的故意(参见罗克辛,《德国刑法学 总论》,第1卷,第三版,第13节,边码22、83),所以,这样的认定借助这种类型的结构也不能建立教唆的刑事可罚性的基础。但是,即使人们想要其他的意见,这样一个刑事可罚性的推论的确本来会停留在一种以结果为导向的权宜之计(Behelf)之上。唯一明确的解决方法在于,人们在无故意的实行人构成行为中一般允许参加人。但是,这样一种可能性只能由立法者来创造;根据现行法律,这个立法者看着被撕裂的刑事可罚性漏洞必须加以容忍。

40 的确,故意的主行为的这个要求,在文献中也有许多支持者。[47] 支持现行法律规定的主要论据在于,如果不是这样,参加人与行为构成之间的联系就会变得过于松散了。[48] 这种担心是没有根据的,因为恰恰是在义务犯罪中,客观的行为构成就已经表明了足够清晰的轮廓:他必须——在前面说的那个例子中——是事故的参与人,离开了肇事现场并且由此无法对其加以拘捕;他必须是医生或者律师,公开了其病人或者委托人的秘密。最初由韦尔策尔[49] 提出,直至今日仍然经常被提起的一个论题是,一个促使非故意地泄露他人私人秘密的刑事可罚性,会把第203条的行为构成错误地改为一种"觉察犯罪"(Ausspähungsdelikt),这就偏离目标太远了,因为这种——即使也是非故意的——泄露总是与秘密承担人的人身联系在一起的。

(五)必要的参加人

41 人们认为"必要的参加人"是指这种现象:一个犯罪是以多人的参与为条件的。人们区分了[50] 聚众犯罪(Konvergenzdelikte)与对向犯罪(Begegnungsdelikte)。在**聚众犯罪**中,多人对构成行为的贡献是以相同的方式和方向在谋求对法益的侵害。例如,在犯人暴动(第121条)、破坏社会安宁(第125条)或者在那种由多人实施的身体伤害(第224条第1款第4项)中,就是这种情况。这应当根据相应的规定,对当时所有的参与人都加以处罚。另外,聚众犯罪并没有提出需要在总则中进一步加以处理的问题。[51]

42 在**对向犯罪**中,情况有些不同。在这里,多名参与人从相互对立的方向来谋求同一个目标。例如,牟取暴利罪(第291条)总是要求两个人,即牟取暴利者与被盘剥者。被盘剥者是必要的参加人,没有他就不可能有牟取暴利;但是,他的举止行为就意味着牟取暴利者角色的颠倒。在牟取暴利者获利的同时,被盘剥者就失去利益。以类似的方式,诱人通奸者创造了那种时机,同时,被诱者利用了这个时机(第180条);破产债务人优先照顾了债权人(第283c条),同时,债权人得到了满足,等等。立法者总是明确地确定了实行人的刑事可罚性,也就是说,确定了牟取暴利者、诱人通奸者、破产债务人的刑事可罚性。立法者通常对必要参加人的刑事可罚性保持沉默,而在许多情况下,这种刑事可罚性也是有争议的。

---

〔47〕 与相反论点的具体争论,参见 Roxin, Täterschaft, 72000, 371 – 379。

〔48〕 有关说明,参见,例如 SK5 – Samson, vor § 26, Rn. 27;现在不同的,参见 SK7 – Hoyer, vor § 26, Rn. 27,这仅仅说明了限制的从属性,并且,给立法史指出了进一步的证据。

〔49〕 Welzel, StrafR11, 113。

〔50〕 与 Freudenthal, 1901 相联系;在那里,还有关于必要参加人概念来源的详细说明(5 ff.)。

〔51〕 关于聚众犯罪的系统说明,见 Küper, GA 1997, 301。

43 在下面仅仅讨论对向犯罪。[52] 在这里，出于传统的理由，必要参加人的概念将被保留，虽然它并不准确，并且更准确地说，掩盖了大多数与其有关的问题。例如，在对被托付人的性滥用（第 174 条）中，被害人通常就是对其实施的行为的参加人。但是，这种参加人并不是"必要的"；在实行人运用身体性强制（vis absoluta）时，这种参加人就不存在。另一方面，被害人的参与能够具有一种超出参加人的"间接实行人"的特性，或者，作为教唆而背离在这种行为构成中的"必要"的范围。首先，这种必要参加人的概念因此也是有问题的，因为对大部分有关状况的法律处理并不能从必要的参与中推导出来，而应当从参加人的刑罚根据中推导出来。

1. 从参加人的刑罚根据中产生必要参加人的无刑事可罚性

（1）必要参加人是行为构成所保护法益的承担者

44 这样，从任何人都不能使用在刑法上有重大意义的方式来攻击他自己的法益这个简单的情况中，产生出那个在司法判决与文献中一致承认的原则：即通过一个行为构成受到保护的人，不论其参加的方式如何，都是无刑事可罚性的。接受高利贷利息的借款人，损害的仅仅是他自己，也就是说，并没有实施第 291 条意义上的法益攻击，并且，出于这个理由，他是无刑事可罚性的。参加第 174 条意义上的性行为的青少年，并没有实施法益攻击，因为第 174 条仅仅只是保护那种性的发育不会受到他人的侵害。试图根据请求杀人（第 216 条）中的那个被害人，就不能由于教唆而受到惩罚，因为，就像自杀不具有刑事可罚性所显示的那样，没有人能够以应受刑事惩罚的方式来攻击他自己的生命。相应地，这适用于所有这些案件，在其中，一个行为构成称呼实行人与被害人：从参加人的刑罚根据可以得出这个结论，被攻击法益的承受者，在那种由他人在其之上实施的攻击中，不能是应受刑事惩罚的参加人。[53]

45 刑罚的免除与必要参加人没有一点关系，这一点表现在对非必要参加人适用同一个原则上。一个教唆医生弄残他（教唆人）的人，并不是必要参加人；通常，身体伤害是在被害人没有积极参与的情况下实施的。但是，尽管如此，这种教唆人是不受刑事惩罚的，因为第 223 条及以下诸条仅仅是对一种伤害"他人的身体"才使用刑罚相威胁，也就是说，间接的自我伤害并不表现为应受刑事惩罚的法益攻击（参见，边码 8）。[54] 一个人，为了把他人当作小偷而使之丧失名誉，就促使这个人以不法占有的目的，拿走误以为是别人的但实际上属于教唆人的财物，就是在被请求人的人身上实施了一种未遂的盗窃。[55] 他无论如何不是必要的参加人。但是，尽管如此，他是不受刑事惩罚的，因为他仅仅侵犯了他自己的财产，而这个财产相对于他自己来说，是不受刑法保护的。

（2）必要的参与人处于类似紧急状态的状况之中

46 但是，从参加人的刑罚根据出发，在必要的参与人处于类似紧急状态的状况之中时，在这类案件中也能建立参加人不受刑事惩罚的根据。教唆他人私放自己的被拘禁人（第 120 条），一定是不受刑事惩罚的。这一点不是从一种必要参加人中产生出来的（教唆人无论如何不是必要的），而是从单纯的私放自己的行为不具有刑事可罚性中产生出来的。[56] 这种国家的监管受刑

---

〔52〕 在这里，所提及的行为构成仅仅具有例示的意义。Gropp, 1992 提供了一个对所有材料，首先是在附属刑法中数量众多的相关行为构成的综合分析。

〔53〕 Gropp, 1992, 139 ff. 也有过类似的说法，他称为"自我伤害的特别参与"；ders., AT2, § 10, Rn. 163 ff.；Kühl, AT^3, § 20, Rn. 139; Sowada, 1992, 62 ff.; Sch/Sch/Cramer Heine^{26}, vor §§ 25 ff., Rn. 27。

〔54〕 其他观点，也许仅仅见 Otto, Lange - FS, 1976, 213；就像本书一样的，见 Herzberg, 1977, § 13 II 1; Jakobs, AT^2, 24/9; Wolter, JuS 1982, 345 f.。

〔55〕 这种既遂会通过财物所有人的同意而被排除，参见，Roxin, AT 13, § 13, Rn. 5, 47。

〔56〕 因此，根据案情的，还有 Gropp, 1992, 240; ders., AT^2, § 10, Rn. 173 ff.。

法保护，但针对的是其他人的侵犯，而不是针对被拘禁人本人；因而，被拘禁人能够以不是在刑法上有重要意义的方式攻击这种国家监管。〔57〕当然，被拘禁人表现为帮助私放被拘禁人，司法判决〔58〕仅仅是想让他的潜逃不受刑事惩罚，同时，这种教唆是应当具有刑事可罚性的。但是，这是"一种损害平等原则的任意的不平等对待。"〔59〕在亲手私放自己的行为不可罚时，就没有清楚的根据可以说明，为什么通过教唆他人而间接私放自己的行为就应当是应受刑事惩罚的。

47　同样，这种由应受刑事惩罚的人为了自己的利益而实施的对挫败刑罚（第258条）的教唆，不具有刑事可罚性。根据第258条，只有那些使"他人"逃脱刑事处罚的人，才是应受惩罚的。也就是说，刑事司法（die Strafrechtspflege）能够通过任何人使用在刑法上有重要意义的方式而被攻击，只是不能通过挫败惩罚的应受刑事惩罚的人自己而受到攻击。早先，司法判决也曾经表明，通过对第258条（旧版本第257条）的教唆，想要使一名应受刑事惩罚的人逃脱刑事处罚的，是具有刑事可罚性的。〔60〕今天，根据法定的规则，这一点已经不再站得住脚了；从第257条第3款第2项（对此，参见边码49）以及第258条第5款中可以看到一个相反的结论（ein Umkehrschluβ），有人想要逃脱刑罚而借助的各种行为，无论采取什么表现形式，都应当是不受刑事惩罚的。但是，这个法定的要点仅仅阐明了从参加人的刑罚根据中本来可以得出什么。

48　通过被拘禁人也就是应受刑事惩罚的人在第120条、第258条中实施的教唆不具有刑事可罚性，今天，在文献中得到了普遍的承认。〔61〕这种免受刑罚的确完全不是从参加人的刑罚根据中来加以说明的，而是从立法者赋予有关人员在类似紧急状态的状况中享有的特权来加以说明的。被拘禁人也就是被追诉者所承担的心理压力〔62〕和所具有的自利倾向，〔63〕应当为其不具有刑事可罚性提供基础。这种说明与本书给出的解释并不矛盾。它说明了为什么立法者把私放自己也就是自己逃脱刑事制裁宣布为不具有行为构成的理由。但是，在这种从立法上如此推动的决定的基础上，每一个参与人对他人以私放或者挫败刑罚为目的的行为都不具有刑事可罚性，是从以下这一点中产生的：这个受到侵害的法益，在面对这些参加人时，是不受保护的。〔64〕

49　在前后一致的方式中，通过被包庇人自己对保护好处（Vorteilssicherung）（第257条）的教唆，也一定是不受刑事惩罚的。一个人，在没有他人共同作用的情况下，保护通过自己的构成行为而获得的好处，是不能根据第257条进行惩罚的。对于自己获得好处而不具有刑事可罚性的原因，肯定仅仅在比较小的部分上，是基于一种心理的强制状态，即使泄露这种构成行为的好处能够轻松地引起对实行人的发现与定罪；对于更大的部分，它是从承担着不受刑事惩罚的事后行为〔65〕的想法来加以说明的，也就是说，这种保护赃物是通过对先行为的惩罚来清偿的。虽然，赞成无刑事可罚性的观点也适合于间接的自己获得好处，然

---

〔57〕Sowada, 1992, 197 ff. 反对这种论点。

〔58〕BGHSt 4, 396 ff.（400f）与RGSt 3, 140相联系。同样，BGHSt 17, 369（373）；相反，在共同脱逃中，那个在私放自己的利益中帮助他人的参加人是不具有刑事可罚性的。

〔59〕Gropp, 1992, 244。

〔60〕BGHSt 5, 75, 81; 17, 236 m. w. N.。

〔61〕Jescheck/Weigend, AT^5, § 64 V 2 b; Kohlrausch/Lange, StGB^{43}, vor § 47, Anm. IV; SK^7 – Hoyer, vor § 26, Rn. 74; Schmidhäuser, LB AT^2, 14/173; ders., StuB AT^2, 10/170; Stratenwerth, AT^4, § 12, Rn. 210; Welzel, StrafR^{11}, 122 f.; 对此，详见Gropp, 1992, 238 ff.; Sowada, 1992, 195 ff.（对于§ 120）。

〔62〕因此，例如，见Stratenwerth, AT^4, § 12, Rn. 210；类似的还有Gropp, AT^2, § 10, Rn. 163。

〔63〕Sowada, 1992, 202。

〔64〕相反，Wolter, JuS 1982, 347从参加人的处罚根据出发，展示了对这个论点的批评。因为这个必要参加人遵循的"完全是自身的规则"。另一方面，他承认，正好是从本书所代表的并且是由其所认同的关于参加人的处罚根据的观点出发，能够赢得"几乎完全是对这个结果的一种保障"。

〔65〕对此，见Gropp, 1992, 273 f.。

而，第 257 条第 3 款第 2 项确定了先构成行为的刑事可罚性，是这个人教唆了“一个在先构成行为中没有参与获得好处的人”。这仅仅是在不前后一致地诉诸不法参加人理论（边码 16 以下）时才是可以理解的，[66] 但是，仍然一定是作为法定的例外规则而加以容忍的。

2. 在行为构成中必要的最低共同作用

迄今为止，人们在以下方面取得了一致的认识，即在必要参加人的所有其他案件中，各种最少的共同作用是不具有刑事可罚性的，但是，超过这个程度之外，参加人的活动就要根据一般的规则予以惩罚。[67] 这就意味着，例如，在背叛当事人（第 356 条）的案件中，当获得好处的当事人只是单纯地利用对方律师的举止行为时，就不具有刑事可罚性；相反，通过支付钱款而促使对方律师进行背叛的人，就会由于教唆而可以受到刑事惩罚。作为债权人接受债务人违反第 283c 条 * 所做的给付的，不受刑事惩罚；但是，在实现行为构成的意义上积极对债务人施加影响的人，是教唆人。一个让他人无偿为自己注射自己单独所有的海洛因的人，不是由于《麻醉品交易法》第 29 条第 1 款第 6 项（喂食麻醉品）的帮助人而受到刑事处罚（柏林高等法院，《法学评论》，1991 年，第 169 页）。然而，一种范围广大的共同作用将作为参加人受到刑事惩罚。 50

不过，最近对最低共同作用无刑事可罚性的原则产生了日益增加的质疑。在第 356 条、第 283c 条的案件中，赫茨贝格、雅各布斯和佐瓦达（Sowada）[68] 也想要惩罚单纯利用或接受好处，还有格罗普（Gropp），[69] 他在前面的案例中得出不具有刑事可罚性的结论，也是从这种行为构成的结构而不是从一种一般原则中得出这一点的。如果人们从这一个位置出发，那么，“必要的参加人”本身就不再可能作为刑法一般理论的对象。在这个名义下处理的不具有刑事可罚性的各种共同作用的表现，就将部分地归入参加人的刑罚根据（前述 1 的内容），部分地从各种具体行为构成的结构中得出，并且因此是分则的材料。 51

应当补充的是，最低的共同作用不具有刑事可罚性的基本原理，虽然通过长久的传统获得了一种确定的理所当然性，但是并没有获得足够的根据。这样的论题[70] 并不具有强制性，即“当立法者在对向犯罪中想要宣布双方参与人都具有刑事可罚性时，就总是明确地对此作出规定的（例如，在第 173 条或者第 331 条及以下诸条中），在相反的决定中，就产生了至少是最低参与人无行为构成的无刑事可罚性”。第 173 条第 2 款第 1 项中特别提及的“卑亲属”与第 331 条以下各条中对受贿人和行贿人在刑事可罚性上的不同规定，也能够从刑罚幅度的权衡与刑事可罚性的确定特点中得到说明。在缺乏对必要参加人作出其他特定的刑罚威胁时，这本来可以以第 26 条、第 27 条的一般规则作为对其适用的基础。从“相反的决定”中也不能说明，为什么参加人的无刑事可罚性应当保留在对“最低的参与”的限制之上。 52

尽管如此，人们应当确定最低的共同作用是不具有刑事可罚性的。行为构成所必要的最低的共同作用，与帮助的正常形象相去甚远，二者不能相提并论。帮助是确定一种提供帮助（第 27 53

---

〔66〕 Herzberg, 1977, § 13 II 2; Lackner/Kühl[24], § 257, Rn. 8; Otto, Lange - FS, 1976, 213 f.; Wolter, JuS 1982, 347。那种由 Gropp, 1992, 276 提出的想法认为，“参与这个有关构成行为的人，更应当通过刑罚威胁来阻挡一个非参与人的腐败行为”，但是，这个想法并没有多少说服力，也没有使那种支持使自己获得好处的行为不具有刑事可罚性的理由失去效力。

〔67〕 关于帝国法院司法实践的发展，在这里不需要具体地加以证明，见 Sowada, 1992, 125 ff.。

* 《德国刑法典》第 283c 条是指偏袒债权人。——译者注。

〔68〕 Herzberg, 1977, § 13 II 2, bei Fall 101; Jakobs, AT[2], 24/12; Sowada, 1992, 116 ff.。

〔69〕 Gropp, 1992, 230 f.。

〔70〕 因此，还有 LK[11] - Roxin, vor § 26, Rn. 37; 同样的，见 Vormbaum, GA 1981, 131 f.; WoZter, JuS 1982, 345。

条)和确定对实行人的构成行为的支持。但是,必要的参加人并不为了帮助实行人(无论出于什么动机)而行为的,相反,他实现一种独立的构成行为的景象。例如,有人是否生产和传播盗版物(《著作权法》第106条及以下),是完全不同于获得这种图书的事情。生产与传播是一种对著作权的持久损害,但是,获得单独的一本书是一种如此边缘的共同作用,因而不再表现为需要刑罚的。

54 格罗普〔71〕认为,在不符合前面第1部分所说的被害人共同作用的状况与类似紧急状态的情况的范围内,必要参加人的大多数案件都是"离心型犯罪"与"向心型犯罪",〔72〕并且,那种在边缘上共同发挥作用的人的无刑事可罚性,是从实行人与特定参与人之间的"危害性落差"来说明的。这种核心的行为构成的不法是"通过一种不断重复、根据相同模式安排的潜在的乘法举止行为所形成的,在其中,特定的参与人仅仅是在边缘上进行了配合,因而,他们的参加人不法就在质量上与实行人不法不再相符合了。"在具体的分析中,佐瓦达〔73〕也完全(仅仅正好不是在第283c条,第356条之中)得出了行为构成必要的最低参与行为是不具有刑事可罚性的结论。但是,因为在大多数案件中,具体的行为构成并没有特别表明必要的最低参与行为是有刑事可罚性的还是无刑事可罚性的,而是人们必须依靠对缺乏刑罚需要性的"参加人"所作的具有一般性意义的考虑,所以,人们在那种一开始就遵循着帝国法院司法判决的原则中,过去应当保留以下意见,即这个必要参与人的最低的共同作用是保留为不受惩罚的。在实践这个原则的很长时期之内,一种刑罚的必要性从来没有被提出来过。

55 当然,这种还不能受到刑事惩罚的参与人的范围,应当根据行为构成的不同而有所不同。这样,看来完全恰当的是,那个促使对方律师背叛当事人的人,或者那个根据第283c条偏袒债务人的债权人,应当由于教唆而受到刑事惩罚;〔74〕在这里,这个必要的参与人首先使这个事件发生,并且,必须让自己对此承担责任。相反,一个人,订购了一本受著作权保护书籍的盗版版本(《著作权法》第106条),或者在邮购商店订购了一本淫秽书籍(第184条第1款第3项),他的教唆就在值得刑事惩罚性的门槛以内,处于一种边缘性参与的位置,因为各种实行人的举止行为的危险性不受单个订购行为的影响。在"必要的参与"中,无刑事可罚性的界限也就的确是分则的材料,取决于具体行为构成的特点。

3. 对必要参与的参加〔75〕

56 在原则上适用的是,对于从不受刑事惩罚的必要参与人方面共同发挥作用的人,应当保留为不受刑事惩罚。也就是说,向重症病人建议,求医生给其一针以最终解脱痛苦的人,不受刑事惩罚;〔76〕他要求的一个举止行为对于被要求人本人来说是不具有刑事可罚性的。同样,这不仅适用于进入高利贷行业的建议(第302a条),而且也适用于获取盗版的建议(参见边码55),等等。与此相对,从实行人方面共同发挥作用的人,在原则上是具有刑事可罚性的;也就是说,依请求而杀人的医生所提供的帮助,根据第27条与第216条是具有刑事可罚性的,教唆进行高利贷构成

---

〔71〕 Gropp, 1992, 206 ff. (223)。

〔72〕 离心型犯罪描述的是"那种危险物品的潜在的、多倍的发散。有特征的行为构成行为是,例如,那种物品的'传播'、'流通'或者'分发'(Gropp, 1992, 207)。向心型犯罪具有这种实施方式,"在这里,这个实行人,作为事件的中心,典型地是诱使第三人去实施这个构成行为"(出处同上,第222页);对此,他也把第283条、第283c条、第356条的行为构成看作这类犯罪(出处同上,第229页以下)。

〔73〕 Sowada, 1992, 161 ff.。

〔74〕 同样,见 Sch/Sch/Cramer Heine[26], vor §§ 25 ff., . Rn. 47 b。

〔75〕 对租金过高例子的讨论,见 Bohnert, K. Meyer - GS, 1990, 519 - 532。

〔76〕 同样,见 Jakobs, AT[2], 21/9。

行为的人，根据第 26 条与第 302a 条也是具有刑事可罚性的。只有当那个在实行人方面共同作用的人是在这个必要参与人的促使下并且是为了其利益而这么干的时候，才适用其中的一个例外。一个人，根据其请求，恳求另一个人实施依请求的杀人，或者提供高利贷贷款的，应当保留为不受刑事惩罚。这种实行人在形式上的教唆，在实际上是作为被害人方面的一种活动来表现的。

二、教　　唆

（一）概述

教唆是对故意地要求的故意构成行为的确定。[77] 在这个简单的表述背后，隐藏着困难的解释问题，这些问题只能先标记出来，并且必须有步骤地加以展开。 57

1. 对构成行为的确定（边码 65～73）

首先，教唆人必须已经“确定”了实行人的构成行为。这一点的条件是，这个实行人不是自己对这个构成行为作出决定的（一个“已经坚定地决定实施犯罪行为的人”）。也就是说，在这里实质上涉及的是构成行为的决定问题与教唆人对之的因果关系问题。 58

2. 通过要求的确定（边码 74～89）

对构成行为的确定，必须以一种要求的方式来产生，只要这种要求也能够得出结论。因此，本书所代表的观点与两种极端的立场不同：这两种极端立场要么仅仅要求单纯的故意引起行为构成的决定，要么直截了当地要求实行人面对教唆人承担实施构成行为的责任。 59

3. 构成行为的概念（边码 90～129）

实行人通过教唆人确定的那个举止行为，是不是符合所要求的一个“构成行为”，往往是有疑问的。这个问题首先是在三个大的问题组中进行处理的：教唆改变（边码 91～101），在这里，确定了实行人改变了他的构成行为计划，并且因此有可能确定一个新的构成行为；过分提高（Übersteigerung）（边码 102～108），在这里，局外人推动实行人去实施一个比他原来计划更重的犯罪，一个在可能情况下是独立的教唆对象的犯罪；最后，实行人过限（Täterexzess）（边码 109～129），在这里，实行人偏离了教唆所指明的举止行为，以致产生了这样的问题：这个实行人的举止行为是否还是那个通过教唆指明的构成行为，并且，这个局外人是否还能够作为由其促使的人来进行归责。 60

4. 教唆故意（边码 130～166）

在这里，教唆故意的双重基准点应当加以讨论：其一，引起构成行为的决定；其二，产生符合行为构成的（侵害的或者危险的）结果。当第一点在下面 1 与 2 标题下得到基本讨论的同时，第二点又涉及了两个不同的问题：一个问题是，那个促使人的故意必须多具体，才能包括这个得到实施的构成行为，从而能够作为教唆进行适用（边码 133～149）；另一个完全不同的问题是，教唆人的故意是否并且在何种程度上，不仅是指向一个“违法构成行为”的产生，而且还指向一个完成的行为构成的实现，或者，还更指向在其背后存在的法益侵害或者危险的产生（边码 150～166）。 61

5. 教唆的特殊形式（边码 167～178）

---

〔77〕 关于国际刑法中的教唆，见 Ambos，2002，644 ff.。

62　这里将讨论在结果加重犯罪、义务犯罪、亲手构成行为以及不作为犯罪中的教唆，此外，还有教唆的单数与多数以及教唆中的实行人及参加人等问题。

6. 对教唆人的处罚(边码 179～182)

63　在这个简短的最后章节中，将讨论教唆人与实行人相同的刑罚以及这个刑罚在刑事政策上的合理性问题。

64　前面提到的这个概述，目的在于使读者通过对材料的划分，能够初步了解有关资料并且能够逐步掌握这些资料。相反，这个概述没有提高对下面 1～4 中反映的主题进行一种在逻辑上很干净的划分的要求。从根本上说，这里仅仅涉及了"确定构成行为"的不同方面。在教唆的客观与主观要素之间，一种精确的划分既不可能也无必要：在应当审查教唆是否存在时，总是必须对实行人的想象与外部世界的事件一起进行观察。

(二)对构成行为的确定

1. 我的意见

65　教唆人必须"确定"实行人的构成行为。这意味着，首先，他必须对于实行人的构成行为的决定是原因，在这里，也像在其他引起情形中一样，一种共同的原因就足够了。[78] 也就是说，在被要求人已经自己对构成行为作出决定时，在他是一个"**已经坚定地决定实施犯罪行为的人**(omnimodo facturus)"[79]时，教唆就不可能了。如果有人要求另外一个人实施构成行为，不知道这个实行人对其实施已经做出决定了，那么就仅仅存在着一个未遂的教唆，根据第 30 条第 1 款(也就是仅仅在重罪时)具有刑事可罚性；除此之外，在这个要求增强了实行人的动机时，也能够考虑一种心理性帮助(边码 197 以下)。[80]

66　当然，实行人已经存在的一种构成行为倾向并不排除教唆(边码 67/68)。还有，一个自己对构成行为的实施(例如，为了获得金钱)是自愿的人，还是能够被教唆的，因为这个具体的构成行为决定是取决于这个教唆人的举止行为的。同样，在有人基本上已经准备好，根据要求或者在确定的机会中就去干犯罪行为时，教唆也还是可能的；这时，实施一个确定的构成行为的决定还没有存在。[81]

67　当然，具体来说，实行人是什么时候把实施构成行为的意志如此凝固起来，以至于人们能够将其作为决定来看待，是存在疑问的。人们不能要求一个"坚如磐石"的、不可更改的决定。毫无疑问，一个中止保留(Rücktrittsvorbehalt)(第 24 条)并不会无可置疑地排除一个决定甚至一个具有刑事可罚性的未遂，虽然实行人在这样一种意志的案件中，对于这个构成行为的实施，并不是绝对有把握的。同样，承认通过在心理上强化构成行为的决定的帮助，也是以这种沉默的前提作为出发点的：一个构成行为的决定还能够负担起一定的无把握性。实行人的一种从一开始就不可动摇地"百分之百"的意志，是不可能再被"加强"的。因此，**当那种朝构成行为拥去的动机在实行人中已经对那种还有点存在的犹豫获得了一种明显的优势时**，人们就必须认定一种教唆

---

〔78〕 RGSt 13,121,122；RG HR R 1939,Nr. 1314,1315；BGHSt 9,370,379 以下；BGH MDR (D) 1970,730；BGH NStZ 2000,421；Kühl,AT³,§ 20,Rn. 168。

〔79〕 = 一个无论如何都会实施这个构成行为的人。

〔80〕 RGSt 13,121；36,402,404；72,373,375 m. Anm. Kohlrausch,ZAkDR 1939,245；BGH 3 StR 295/52 v. 30. 4. 1953；BGH MDR (D) 1957,395。

〔81〕 RGSt 37,171；BGH MDR (D) 1957,395；BGH NStZ 1994,29,30。

不再可能进入的"**构成行为的决定**",[82]在这个实行人开始执着地努力实现自己的计划时,这一点就经常应当得到认识。实行人总是还有最后的怀疑与犹豫的,一点都不影响其构成行为的决定;这种怀疑与犹豫甚至能够一直伴随着整个实行阶段。

在实际上,这意味着:一个人对自己是否应当实施这个构成行为还在犹豫不决而摇摆不定时,就是还没有作出决定,并且,就还能够被一个局外人所教唆,只要这个人在实行人的心理中为实施构成行为的倾向创设了明显的优势。一个人"自己"对构成行为的实施作出决定,但是,仍然还心存一丝疑虑的,就不再是可以被教唆的;消除这种疑惑的人,应当作为心理性帮助进行惩罚。相反,一个先决定实施构成行为,但是后来又像人们在生活中常说的那样,"突然变卦"而重新回到未做决定状态的人,在一个局外人"怂恿"他并且重新激起他实施构成行为的意志时,就是被教唆了。 68

在"确定"构成行为的领域内,还有这种"劝阻性教唆(Abstiftung)"。[83] 在"劝阻性教唆"中,一个局外人是在说服实行人实施一种较轻的实施形式;例如,他促使实行人放弃原本计划的使用暴力或者携带武器去私自占有他人物品的方法,从而导致实行人仅仅去实施一个简单的盗窃(第242条),而不是抢劫(第249条)或者携带武器盗窃(第244条)。因为实行较重的实施方式的故意已经包含了实现第242条的特征中的故意,所以,对构成行为决定的刺激就不存在了,也就是教唆被取消了。同样,当有人在同一个行为构成的范围之内确定了实行人实施较轻的损害举止行为时,教唆也不存在。例如,在这里,他促使实行人仅仅对被害人进行轻度的殴打,而不像所计划的那样,把被害人打到必须住院的程度;或者,不是盗窃一千欧元而仅仅是盗窃一百欧元。在这种案件中,一种帮助通常是不能成立的,因为对这种起作用的风险降低是不能进行结果上的归责(参见罗克辛,《德国刑法学 总论》,第1卷,第三版,第11节,边码43)。[84] 69

在局外人想要通过要求实行人选择不太危险的实施方式来使实施这个构成行为容易一些的情况下,案件就有所不同;也就是说,例如,他促使这名实行人在抢劫中使用暴力时,不去使用声响很容易被发现的枪支,而使用橡胶警棍。在这里,虽然教唆失败,因为并没有确定实行人去实施构成行为,但是存在着一种帮助,因为尽管损害风险降低了,然而在结果上实施行为构成的风险却升高了。当然,在具体案件中,这种帮助可以依据第34条得到正当化,只要它是防止被害人生命受到损害的唯一手段。[85] 70

2. 类似的不同观点

奈德林格(Neidlinger)[86]与本书所代表的观点很相似。根据他的观点,教唆人是"一个对……推动构成行为实施的行为意志作出'决定性'激活的人"。阿茨特(Arzt)[87]的方案也与本书所代表的观点相近。他认为,"在实行人已经在努力争取这个结果,但是推迟作出最终决定的场合",就应当认定一个构成行为的决定。但是,阿茨特是这样区分与前面观点的区别的,他把这种"努力争取",也就是实行有利于构成行为的外部行为,直截了当地作为构成行为的决定,而不是仅仅作为这样一种决定(边码67)的标志来评价。只要这个实行人已经开始预备活动,那么,这种动摇的状态与这种想要以可能的方式来实施构成行为的想法,就已经应当为一个"决 71

---

〔82〕 对这个方案详细说明,参见 Roxin, Schröder - GS, 1978, 145 ff.(154 ff.)。

〔83〕 这个问题很少被讨论与澄清;有区分的论述,见 Bemmann, Gallas - FS, 1973, 276, 279; Sch/Sch/Cramer/Heine^{26}, § 26, Rn. 8; Schulz, 1980, 176 ff.。

〔84〕 参见,还有 OLG Stuttgart NJW 1979, 2573;同样,见 Geppert, Jura 97, 299, 304; Kühl, AT^{3}, § 20, Rn. 184。

〔85〕 因此,还有 Eser, StrafR II^{3}, Nr. 43, Rn. A. 10; Geppert, Jura 1997, 299, 304。

〔86〕 Neidlinger, 1989, 192。

〔87〕 Arzt, JZ 1969, 54 - 60(56)。

定”提供基础。这就走得太远了。把一种完全无决定的状态作为“决定”加以定义，在逻辑上是不可能的。此外，把那些驱使迄今为止仅仅处在试图之中的人实施构成行为，并且由此才激发出这个犯罪的人，仅仅置于较轻的帮助人刑罚之下，在刑事政策上也是不正确的。与此相反，人们绝对能够同意克里斯特曼(Christmann)〔88〕把客观归责理论运用于教唆的做法。根据克里斯特曼的观点，教唆人必须已经创设了一种“有资格的引起构成行为决定的危险”，这种危险在构成行为的决定中作为“第一个结果”而得到实现，并且间接地导致行为构成的实现这个第二个结果。〔89〕

72 另一方面，施泰因〔90〕的理论又导致了教唆刑事可罚性范围的过分扩张。因此，在一种“参加人的举止行为方式”损害了“使幕前人承担举止行为义务的驱动力”时，就是教唆。这就导致，这种“强化”、“维持”或者“阻碍放弃”这种构成行为的决定，也都是教唆；所有这些施加的影响都侵蚀了规范的驱动力。在这个思路前后一致的贯彻中，人们必须把各种对构成行为决定的强化，也就是典型的心理性帮助的案件，都加进教唆之中；规范所具有的遏制构成行为的效果由此被损害了。但是，这里并不涉及正好对参与的最弱形式判处与实行人相同的教唆刑罚，而参与的最弱形式所具有的刑事可罚性与值得刑事惩罚性经常是很有争议的。

73 普珀〔91〕完全放弃了把引起构成行为的决定作为教唆的结果。她认为，实行人对构成行为的决定是“对于实行人的刑事可罚性本身，不仅不是必要的，而且没有任何重要关系。这种决定是实行人的一种单纯的内心经历”。〔92〕相反，普珀认为，教唆的关键是实行人“通过一种不法协定而对构成行为所产生的义务，这种协定在构成行为的那一刻中，推动或者共同推动着实行人”。但是，这种观点不能获得赞同。立法者从来不要求教唆人对实行人的构成行为“负有义务”，而是要求他对实行人的构成行为加以“确定”。但是，负有义务的含义，有时会宽于确定的含义，有时又会窄于确定的含义。由此，借助负有义务的要求，就会对教唆人提出过多的要求，从而使得通过要求引起构成行为就应当是不充分的；并且，对他提出过少的要求，又会使对一种已经做出的构成行为决定在事后共同具有的驱动力(例如，通过负有义务的金钱给付来为其提供一种额外的构成行为的动机)，也应当足够了。还有，这种实施一个构成行为的“决定”，并不是单纯的“经历”，而是作为一种故意文本的一种内心活动。对这种内心活动的确定，并不比在其他情况下对故意或其他主观事实的认定更加困难。〔93〕

(三)要求确定的必要性

74 教唆必须具有一种要求的特性，只要从这种要求也可以得出结论。借助这种观点，就可以在两种极端的立场之间寻求一条折中的道路：一种立场让各种对构成行为决定的引发都足够了(边码 75 以下)；另一种立场则要求，面对教唆人，需要一种实行人的有约束力的义务(边码 88 以下)。〔94〕

---

〔88〕 Christimann，1997，90 ff.，108 ff.。

〔89〕 Christimann，1997，90 ff.。

〔90〕 Stein，1988，270 – 273(270，272f)。

〔91〕 Puppe，GA 1984，101 ff.(116 – 120)。

〔92〕 Puppe，GA 1984，118。

〔93〕 关于 Puppe 的方案，详见边码 86/87。

〔94〕 类似的，还有 Sch/Sch/Cramer/Heine26，vor §§ 25 ff.，Rn. 17 a und § 26，Rn. 4，这里要求一个有理智的影响。Geppert，Jura 1997，304 认为，这个“趋势”走向这种观点的方向。

根据一种广泛流传的观点,[95]在教唆人故意创设一种让实行人作出构成行为的决定的情形时,就足以认定教唆。根据这种观点,教唆人就会是,例如,一个把锁上的门或者关闭的窗户打开,并且期待窃贼由此作出决定盗走屋内他人财物的人。在被追捕的银行劫匪,以让追捕者捡拾和转移对其抓捕的努力而故意将现金撒在街道上时,在其计划成功时,就要也由于对这种贪污的教唆而具有刑事可罚性。但是,一个身体伤害的教唆人,就也还会是这样一个人,他将与妻子通奸的情人姓名告知她的丈夫,想让这个丈夫殴打那个情人,虽然没有明确说出但是却实现了自己的目的。同样,在有人夸耀自己实施过的构成行为,或者在唠叨那种容易的但具有刑事可罚性的挣钱方式,并且还考虑通过自己的言语,就像也已经发生的那样,促使听众去实施其所描述的犯罪,也存在着教唆。 75

但是,在这些案件中认定一种教唆就走得太远了。[96] 一个人每天都会收到许多信息或者处于这样的情况之中,这些信息或者情况都会促使他去实施一个犯罪行为。故意创设这种刺激,并没有以重要的方式增加了对法益的风险,因此,不能评价为独立的法益侵害(边码8、9、27以下)。这样一种独立的法益侵害要大于对他人法益攻击的可能性。更准确地说,为了本身成为一个法益攻击,这个教唆必须直接推动这个实行人去实施犯罪。 76

弗里施(Frisch)[97]借助客观归责理论,发展出了相同的解决办法。他否定在所说的刺激方式中,创设了一种不被容许的风险。这是与本书所代表的观点相符合的,因为法益攻击仅仅表现为对故意创设的一种不被容许的风险提供了一个概括性的标志(参见,边码9)。舒曼[98]也获得了与此相一致的结论,他在教唆人的举止行为不表现为是对构成行为的要求时(参见边码23),否定了他对参加人所要求的教唆人与实行人的"团结性"。 77

希尔根多夫(Hilgendorf)[99]要求,"教唆行为必须创造一个风险,一种超过日常风险的风险。"根据他的理论,这种风险可以通过交流以及通过非交流的影响来产生。在有人故意让嫉妒心很重的丈夫回家,使这个丈夫可以当场抓住其妻的情人痛打一顿时,希尔根多夫肯定了这是一个教唆;在这里,"日常的刺激程度是明显地超过了"[100]。相反,有人为一个"收入稳定的有钱人"提供少量金钱以实施一个杀人行为时,则不具有刑事可罚性。[101] 78

这种观点也不值得赞同。首先,这种标准过于不确定;根据这种理论,必须提供多少金钱才可以作为教唆判断,完全是凭感觉确定的。其次,人们必须说,对各种认真打算实施犯罪行为的要求都超过了这种容许的风险。因为对这种要求的允许,没有法律上应当承认的利益可以进行争辩,所以,对这种要求应当干脆加以禁止。再次,在有人通过一种要求对实行人的构成行为进行推动时,他在可能的情况下应当没有创设实施构成行为的风险,这是不具有说服力的。又次, 79

---

[95] BGH GA 1980,184;Baumann/Weber,AT[10], § 30 II 2 c。Blei,AT[18], § 79 II 2;Bloy,1985,329;Herzberg,1977,4. Teil II 2 b;Lackner/Kühl[24], § 26,Rn. 2;SK[7] – Hoyer, § 26,Rn. 5;此外,Tröndle/Fischer[49], § 26,Rn. 3(但是,现在不同的是 Tröndle/Fischer[50],出处同上);Widmaier,JuS 1970,242 f.。

[96] 同样,Kühl,AT[3], § 20,Rn. 172;Christmann,1997,145 虽然允许为教唆创设一种引诱构成行为的情势,但是,仍然要求那个所安排的行为,根据一个客观的第三人的事前判断,就能够创设一个有说服力地说明根据的、在客观上有利于构成行为的根据或者意义。

[97] Frisch, 1988, 333 – 345。

[98] Schumann, 1986, 52 ff.。

[99] Hilgendorf,Jura 1996,9。

[100] Hilgendorf,Jura 1996,10,Fn. 18。

[101] Hilgendorf,Jura 1996,12。

在对后果的展望从一开始就仅仅是很小的时候，没有后果的要求对重罪就应当不具有刑事可罚性，最后也违背了在第30条第1款中明确规定的评价。

80 教唆的方式是任意的，只要能符合其要求的特征就可以了。单纯的要求、劝说、煽动、(凭借报酬的)招募，或者(在第35条门槛之下的)威吓，都是最常见的形式。但是，还有更微妙的教唆可能性：因此，在一个丈夫请求一位一般是为堕胎准备的助产士"赶紧到他妻子身边来一下"时，就实际上是在对堕胎进行要求并且因此是一个教唆(联邦最高法院，《德国法月报》，1957年，第395页)。

81 当然，在文献与司法判决中经常没有充分注意到，在那种有意识地激发了构成行为的评论意见不能作为要求被评价时，这种"评论意见"就还不是教唆。因此，经常强调的是，一个"虚假的劝阻"也能够是教唆。[102] 但是，人们必须在这里区分：在有人对构成行为进行劝阻，并且在其中投机性地期待别人出于逆反心理而恰恰会去实施这个构成行为时，那么，在这个小算盘如愿时，他也不是进行了教唆；没有人需要就有人从反对方面对自己所作的那些事情被归责。相反，在这种"劝阻"是以如此嘲讽的口吻表达出来，从而使听者不能将其理解为是认真打算劝阻的而是一种要求时，就存在着一种教唆。

82 在联邦法院，《戈尔特达默斯刑法精粹杂志》，1980年，第183页以下中，也应当区别对待。在这里，被告人"在自己强奸女证人之后，就向当时还未决定实施构成行为的朴某问道：'你也还想干吗？'由此促使朴某同样违背了被害人的意愿并与之发生了性行为"。只有在这样的问题应当作为隐蔽的要求加以解释时，例如，在朴某一旦否定就会在其团伙中丧失声望并且被视为胆小鬼时，在这样的问题中才存在着教唆。相反，在这个问题仅仅是为了获取信息，并且不能看到被告人对朴某的举止行为方面有任何确定的期望时，就应当拒绝一个教唆。至于是这一个还是那一个理解是正确的，则只能从具体构成行为的情况中来查明。

83 在这个别案件件中，联邦最高法院肯定了一个教唆，根据是具有附条件的教唆故意就足够了，这是容易令人误解的。附条件的教唆故意是完全可以想象的，例如，有人要求他人实施一个犯罪，以便证明自己在其实施了构成行为的情况下还会容忍他时，他也不敢去干。但是，必须先予以确定的总是，是否的确存在着一个要求；如果不是这种情况，那么，"附条件的故意"就不能成为教唆的基础。

84 还有，单纯的**考虑**(Erwägungen)也不应当评价为教唆。也就是说，当有人在一个轻松的社交场合中说，人们如何能够通过逃税来增加自己的收入时，即便其中的一个听者去实施了这样的犯罪，而这名讲述者对此是予以容忍的，也不是教唆。这些关于人们如何才能有成果地实施犯罪行为的描述，在各种法院的报道中都能看到。一种真正的法益攻击，仅仅在对可能性的说明与一种(至少是可以推导出来的)对实施构成行为的要求相联系时，才能存在于其中。

85 在《联邦最高法院刑事判例集》第34卷，第63页中决定的案件事实中，就缺乏一种这样理解的教唆。在这里，被告人先是对急需用钱的实行人建议卖掉自己的汽车或者武器，在遭到实行人的反对后又说："那你恐怕必须去搞银行或者加油站了。"这位后来的实行人当时并没有对此作出回答，但是，在一天之后就抢劫了一个储蓄所。联邦最高法院拒绝了教唆，理由却令人怀疑：被告人并没有足够具体地指明那个将要实施的构成行为(对此参见，边码134以下)。但是，这里因此不存在教唆，因为对合法或不合法的挣钱方式的提示，并不具有要求的特征。对实施犯罪的"刺激"，是每个人在任何地方都能够得到的；这种刺激不能承担一种与实行人相同的教唆人刑罚。

---

[102] Schumann，1986，53f. m. w. N.，本书在这个问题上与之一致。

根据本书所代表的教唆方案，**通过不作为的教唆**[103]是不可能的。[104] 在一个不行动例外地具有一种要求的意义时，人们就必须将其作为推定的作为（konkludentes Tun）来加以评价；如果其不具有这种意义，那么，其就仅仅创设了一种构成行为的刺激（Tatanreiz），而不足以成为教唆。雅各布斯[105]对第一种情形举了一个例子："儿子声称，自己为了父亲的利益将烧毁院子，但是不允许父亲总是把他的存折锁起来"；父亲就把放存折的地方打开了。在这里，这种"公开摆放"就是在说："烧了院子吧！"布洛伊[106]对第二种情况举了一个例子：行为人答应帮助自己出门旅行的邻居清空信箱，但是却没有这样做，目的是在准确地期待，这个爆满的信箱会让人推断出主人不在家的信息，从而使他人可以进行入室盗窃。但是，在这里仅仅涉及了创设一种激起构成行为的情况而已，还不足以是一个教唆，即使这是通过积极的行为安排的（例如，通过亲手堵塞邻居的信箱），也是如此。 86

当然，有一种情况：在有人是**阻碍一个教唆构成行为的保证人**时，一个不作为人就至少必须在教唆的刑罚范围内受到惩罚。[107] 例如，一名父亲没有阻止其未成年的儿子去接受盗窃教唆。在这里，这个父亲对于阻止其儿子的犯罪行为负有责任（第 13 条）。如果他不这么干，也不可能通过不作为而成为盗窃罪的实行人，因为他既不具有占有的目的，对被害人也不具有保证人地位。还有，通过不作为来对盗窃罪的帮助也会失败，因为这个父亲并没有义务阻止那个实行人去实施犯罪行为，也不负有保护被害人免受这种侵害的义务。更准确地说，这个父亲在不阻止教唆方面是不作为的实行人。这种犯罪只能在应当阻止的构成行为（教唆盗窃）的刑罚范围内加以惩罚，虽然这不涉及一种教唆，而是涉及这样一种对阻止的不作为实行人。 87

普珀与雅各布斯对教唆都要求一种超出要求之外的**对构成行为引起人的支配**。对于普珀来说，教唆是一种"**不法的协议**（Unrechtspakt）"。一个"对构成行为的刺激仅仅处于那种一次性影响的范围之内，而所有的进一步发展则由实行人的自由意愿决定"，根据这种理论，对于一个教唆是不够的。更准确地说，教唆人必须"与实行人达成一种协议，使实行人取得对构成行为的一种承诺或者义务，这种义务虽然没有法律上的约束力，但的确具有……事实上的约束力。"[108] 这样一种约束力是否存在，应当借助一种"启发性的公式"来加以确定："在教唆人从共同的构成行为中退出的范围内，实行人也会同样放弃这个构成行为时，教唆（而不仅仅是心理性帮助）就存在了。"[109] 雅各布斯[110]也完全相似地说："也就是说，只有在实行人——就像过去的实行人理论中那样——依靠影响者的意志来做出并且坚持其构成行为的决定时，心理上的影响才是教唆。" 88

---

[103] 借助对争议状况的详细论述，（在有限的方式中）对于这样一种可能性的说明，参见 Bloy, JA 1987, 490；此外，对此（借助在具体的不同结论）参见：LK^{11} – Roxin, § 26, Rn. 61 m. w. N.；Herzberg, 1972, 119 ff.；Jakobs, AT^{2}, 29/104；Lackner/Kühl^{24}, § 26, Rn. 3；Loewenheim, 1972, 33；Luhberger, 1962, 105；Maurach/Gössel, AT/2^{7}, 51/17, 50/71 ff.；SK^{7} – Rudolphi, vor § 13, Rn. 42；Schmidhäuser, LB AT^{2}, 17/10；Spendel, JuS 1974, 753；Stein, 1988, 273，带有限制的，还见 Gropp, AT^{2}, § 10, Rn. 138。

[104] 因此，还有 Baumann/Weber, AT^{10}, § 30 II 2 c；Busse, 1974, 139；Grünwald, GA 1959, 122f；Jescheck/Weigend, AT^{5}, § 64 II 6；Armin Kaufmann, 1988, 292；H. Mayer, LB AT, 321；D. Meyer, 1973, 155 ff.；ders., MDR 1975, 982 ff.；Nitze, 1989, 157 ff.；Otto, AT^{6}, § 22 II 2 e；Roxin, Täterschaft, ^{7}2000, 484；Sch/Sch/Cramer/Heine^{26}, § 26, Rn. 5。

[105] Jakobs, AT^{2}, 29/104。

[106] Boly, JA 1987, 496，在那里，教唆得到了认定。

[107] 因此，有关的是 SK^{7} – Rudolphi, vor § 13, Rn. 42；关于完整的详细论证，参见 Herzberg, 1972, 119 – 127。

[108] Puppe, GA 1984, 112；类似的，Altenhain, 1994, 123 要求一个不法的约定；赞同的还有 Schroth, 1998, 109。

[109] Puppe, GA 1984, 114。

[110] Jakobs, AT^{2}, 22/22。

克勒[111]在对教唆人要求一种确定实行人意志的力量时,走得还更远:"在行为构成中对意志的确定,存在于外部行为力量的单方面介入,不是涉及构成行为的实施,而是通过间接实行人在其具体的财富方案或者福利方案中决定性地依赖教唆人。"作为由此能够产生这样一种确定意志的力量的例子,克勒引用了借助不利后果相威胁、许诺给予报酬、使用制度性的依赖关系与欺骗。[112] 与间接实行人的区别在这里:在教唆中,直接行为的实行人在其不法决定的框架内作为这种人是自由的。[113]

89　但是,这是不值得赞同的。[114]首先,借助法律的字面文字,这与要求实行人的一种"确定"而不是"义务"不相一致(参见,上述边码 73)。其次,这样一种解决方法在实践中是无法贯彻实施的。在幕后人掌握着构成行为的实施时,他是间接实行人;然而,教唆的条件正好是,这名**实行人**具有行为控制,并且决定着"是否"以及"如何"实施。但是,这与实行人受着教唆人的约束是相矛盾的;实行人可能存在的自我约束是自愿的,并且归根到底是不存在的。再次,下面的说法从刑事政策的角度来看,也并没有说服力:对教唆适用与实行人相同的刑罚,仅仅在雇用实行人以及在有着等级制命令关系的范围内才应当是正当的,就像它在根据普珀和雅各布斯的理论在实质上残留的那样。更准确地说,那种对完全独立的实行人进行的鼓动("打死他!"),以及那种在表面上无私的、以追求实行人利益为借口对构成行为所作的劝说,一般来说,并不具有较低的值得刑罚性。此外,教唆所具有的一种特别的危险性要素恰恰在于,在大多数情况下,教唆人一旦启动这种实施过程就再也无法停止了;因此,正是这种情节应当排除教唆的观点,是不具有说服力的。[115]

(四)作为教唆对象的构成行为

90　被教唆的构成行为,必须是一个符合行为构成的—违法的,并且是故意的行为。与此相联系的问题已经与参加人基本理论的基本问题一起处理过了(边码 32 以下、35 以下)。应当讨论的还有,在幕后人已经作出一个构成行为的决定来改变自己的计划时(1. 在教唆改变的案件中,2. 在过分提高的情况中),或者,在被教唆人偏离了通过要求加以表示的构成行为的计划时(实行人过限),幕后人还是不是这个真实地实现的"构成行为"的教唆人。

1. 教唆改变

91　教唆改变是指,幕后人引起了一个构成行为的决定来改变自己的计划(在这里,对更严重实施的动机,将作为过分提高的案件下面 2 中进行讨论)。在这里的问题是,与原计划相比,这个通过幕后人加以改变的犯罪实施是否表现为"另一个构成行为"?即一个由这名幕后人教唆的构成行为,或者说,这个受影响的构成行为的改变仅仅是对原来构成行为的修改,从而只是一种帮助。目前,与这种教唆改变相联系的问题还没有完全搞清楚。[116]对此,人们必须在实行人的变

---

[111] Köhler, AT, 521。

[112] Köhler, AT, 525 f.。

[113] Köhler, AT, 521。

[114] 迄今为止,批评主要是针对 Puppe 进行的:Jescheck/Weigend, AT[5] § 64 II 1, Fn. 11("在相反方向上走得太远了");Maurach/ Gössel, AT/2[7], 51/3("几乎不可能与实行人区分开来");Wessels/Beulke, AT[31], Rn. 568"太过分了";Gropp, AT[2], § 10, Rn. 125 ff.;Schulz, JuS 1986, 939 ff.(也反对 Jakobs);Stein, 1988, 171 ff.。

[115] Stein, 1988, 173 认为,"因为在这种案件中(也就是实行人的依赖性)存在着一种提高的机会,使实行人能够重新放弃自己的决定,所以,一种不紧迫的禁止甚至就更显得恰当了"。

[116] 迄今为止,最详细的调查见 Schulz, 1980;ders.,(在一目了然的综述中)JuS 1986, 933;此外,还有 Stork 1969 的博士论文,以及 Heinze, 1974,以及 Ingelfinger, 1992, 187 ff.。

化(1)、行为构成的变化(2)、构成行为对象的变化(3)、构成行为动机的变化(4)以及构成行为形态的变化(5)等方面,分别进行说明。

(1)实行人的变化

实行人发生更换的效果,应当始终作为教唆来看待。也就是说,一个幕后人原本计划教唆某甲去实施恐怖活动,但是却成功地教唆了某乙,这是教唆,即使在构成行为计划的其他内容都没有任何改动的,也仍然是教唆。在幕后人把其他共同实行人拉进来或者更换了其中一个人时,也同样如此。认定教唆的根据,在任何案件中都存在于没有具体的实行人就没有构成行为;实行人的变化因此总也是构成行为的变化。 92

(2)行为构成的变化

同样,人们必须把对另外一种行为构成的"教唆改变"看成教唆。也就是说,在某甲促使决定实施诈骗的某乙转而实施比较容易实施的盗窃时,他会由于对第242条的教唆而具有刑事可罚性的。相应地,这个使已经决定殴打某乙的某甲,确定最好还是去毁坏某乙的汽车的人,就是毁坏财物的教唆人。[117] 在这些案件中,对认定教唆(而不是一种单纯提供意见的帮助)的正当化根据在于,这种第26条意义上的"构成行为",存在于一种违法的行为构成的实现之中。也就是说,另一种行为构成是另一个"构成行为"。 93

在许多行为构成保护同一个法益时,这一点会部分地存在争议。例如,确定一个人从一种计划好的敲诈勒索(第253条)转为一种诈骗(第263条),在这个过程中,促使他放弃恐吓的手段而使用欺骗的手段。[118] 因为诈骗的确表现为一种不同于敲诈勒索的犯罪类型,所以人们应当将其实施看成一种"不同的构成行为"。 94

(3)构成行为对象的变化

确定选择另一个构成行为对象应当作为教唆来判定,还是仅仅作为提供意见的帮助来判定?这是一个很少得到说明的问题。最有说服力的是作出一种区分,对此,舒尔茨(Schulz)[119] 主张建议的标准是"**计划控制**(Planherrschaft)"。"有理智的教唆是对这个计划的控制,而不是对构成行为实施过程的控制。这就使其……与帮助区分开来,帮助作为纯粹支持性的活动不具有控制性,没有提供这个计划的形态或者内容。"[120]"帮助人是那种通过自己的建议加入由实行人设定的计划的人,而教唆人则是创设或者激起这种计划的人。"[121] 95

这在实践中产生的效果是:当某甲想要盗窃威士忌来款待客人时,但是,某乙却确定了他去偷伏特加,理由是:客人更喜欢喝伏特加,这样,就仅仅是一种帮助。这种"确定"补充了某甲的计划(用偷来的烈性酒款待客人)并且改进了这个计划,但是没有改变这个构成行为的同一性。相反,如果某甲确定了某乙去偷伏特加,并且自己将伏特加拿去出售,而用啤酒来款待客人时,那就是盗窃的教唆;在这里,这名局外人通过一个新计划的打算来获得这种"计划控制",并且由此 96

[117] 参见 Schulz,JuS 1986,939。

[118] 在这个案件中,支持单纯的帮助人的,见 SK^7 – Hoyer,§ 26,Rn. 24。

[119] Schulz,1980,137 ff.;ders., JuS 1986,933,937 ff.;基本跟随其观点的,Ambos,2002,656 ff.;Boly,1985,339 ff.。

[120] Schulz,1980,145。

[121] Schulz,1980,145。

而成为教唆人。[122]这样，比较有说服力的是这种区分，当然很少应当有认识错误，那种能够把什么作为在一个已经存在的机会中的补充与能够把什么作为新的计划进行适用的决定，是一个评价的问题，它在很大程度上应当通过什么对于法感情（Rechtsgefühl）来说，已经可以在一种综合的视野中将其看作是“另一个构成行为”来回答。

97 另一种解决方法认为，应当**在高度个人性的法益中**，把**对构成行为对象的变化**的确定作为**教唆**来判定，并且在其他情况下作为帮助来判定。[123]在高度个人性的法益中，这最多会导致相同的结论：一个人促使实行人不去杀害、伤害或者侮辱某甲而是某乙的，是教唆人，因为在这种案件中，这种对另一个人的损害应当评定为新的计划。但是，这样的适用并不是毫无例外：在某甲想要射杀政治家某乙，结果却由于混淆而准备杀害某丙时，如果有人向他指出这个错误并且引导他对某乙进行攻击，那么，认定为帮助人就更好；这种确定存在于实行人计划的框架之中，而没有对之通过新的加以代替。

98 另一方面，在与财物有关的法益中，一个人确定这名实行人更愿意去盗窃或者毁坏同一个法益承担人的其他财物时，就肯定仅仅存在一种帮助；这是作为单纯的构成行为计划的修改而表现出来的。相反，如果除了财物对象之外，被害人也发生变化的（甲被确定不是去盗窃或者毁坏乙的汽车，而是去盗窃或者毁坏丙的汽车），那么，认定教唆人才是更恰当的：“在这里就确定了与人的关系，并且，各种被害人也由此确定了这个构成行为的社会图景。被侵害人必须首先承担这个构成行为的不利情况。”[124]因此，在实行人被确定来选择其他被害人时，——至少在通常情况下，——就作为一个“新的计划”和一个“其他构成行为”而表现出来了。

（4）构成行为动机的转变

99 一个人，对这个实行人这样确定，对那个由他决定并且在其外部发展过程中未加改变地保留的构成行为，提供了另一个动机的，将只能作为帮助人加以判断；这个“构成行为”仍然保留原样。也就是说，这名决定盗窃威士忌酒的实行人（参见边码96）被幕后人如此加以确定，要把偷来的酒卖掉，而不要用它来招待客人，人们就不能在这里看到教唆，[125]因为这个构成行为本身并没有发生变化。当然，在这里应当认定一种帮助，就像面对买主的诈骗应当认定一个教唆一样。在这个例子中，当然也显示了计划控制标准的边界；这种出售并不存在于本来的实行人计划的范围之内。

（5）构成行为形态的转变

100 对构成行为形态（行为构成的时间、地点或者工具）转变的确定，通常仅仅只能成立一种帮助。[126]这种确定并没有创设新的构成行为计划，而是仅仅改变了现有的形态。这种由此最多以比较容易实施为目的的修改，正好是典型的帮助作用的特征。也就是说，在一个人促使那个决定实施抢劫的人不要使用左轮手枪而转用无声的刀具时，不要在计划的地点而是在更偏僻的地点

---

〔122〕 对这个例子，参见，Schulz，1980，146 ff.。相反，Jakobs，AT^2，22/26认为，这个构成行为对象的变化总是改变了这个构成行为的同一性。但是，因为对他来说，一个教唆是以这个实行人对幕后人的依赖性为条件的，因此，一个教唆通常就在这个要求上失败了。

〔123〕 对此，参见 m. w. N. Schulz，1980，156 ff.；ders.，JuS 1986，935。

〔124〕 Ingelfinger，1992，193。与此相反，Heinze，1974，62 ff. 想要仅仅认定一个帮助，并且，Stork，1969，63 ff. 也赞同这个结论。

〔125〕 因此，还有 Schulz，1980，152 ff.；ders.，Jus 1986，938；这个例子也来自他。其他的观点，见 Jakobs，AT^2，22/26，他认为动机根据的变化作为教唆也是适合的。

〔126〕 除了通过说服携带构成行为武器的“加重”场合之外（参见边码103以下）。在趋势上不同的，见 Jakobs，AT^2，22/26，他想要认定一种构成行为同一性的改变，“只要不涉及……伴随情节”；但是，因为他要求这个实行人对教唆人具有依赖性，所以，在结果上大多会导致帮助人。

进行抢劫时,或者,不要在工作日而是在周末主人不在时才破门而入时,这个人就仅仅是帮助人。

当然,在一名幕后人确定这个实行人把他原本在将来才打算实现的犯罪在当场立刻就实施时,就应当肯定这个幕后人是教唆人。〔127〕但是,在这种情形中,人们就绝对不能把这种"在以后才实施的计划"看成是确定的构成行为的决定,从而使这样一种决定要通过促使立即实施犯罪的激发才能得到实施。 101

2. 加重的场合

对加重的场合,人们谈论的是,一个幕后人确定那个已经作出决定的实行人采取一个更严重的实行形式。在这里,是否以及可能在什么范围内存在一个教唆的问题,自从《联邦最高法院刑事判例集》第 19 卷第 339 页之判决以来,就一直得到激烈的讨论。这个司法判决的案件事实是,一个已经决定抢劫的人,在一个幕后人的鼓动下携带一根棍棒,用其将被害人打得失去知觉。也就是说,这名幕后人把一种已经打算实施第 249 条的构成行为,"加重"为一种严重的抢劫(第 250 条第 2 款第 1 项;当时是第 250 条第 1 款第 1 项,第 251 条)。联邦最高法院当时认定了一种对严重抢劫的教唆。对这个认定的根据是这样的,通过"使用棍棒",这个构成行为的"不法内容""相对于原来的计划就被大大地提高了"(出处同上,第 340 页)。基于这个理由,联邦最高法院认为,教唆人从来不需要确定这个实行人去实现一个加重的行为构成。一个教唆,"在对构成行为的法律评价没有作出一点改变的情况下",就能够存在于对一种"更为危险的实施方式"的确定之中了。因此,也就是说,在有人对这个想要打被害人耳光的人这样确定,用拳头将被害人打至足以住院的程度时,就是一种身体伤害罪的教唆了。 102

与此相反,在文献中流行着一种观点,〔128〕认为根据"**分析性分离原则**",〔129〕教唆仅仅属于行为构成的这样一个部分,实施人反正没有作出实现它的决定。如果在联邦最高法院案件中的那个实行人,原本仅仅想要使用自己的身体力量,那么,对使用棍棒的确定也就仅仅只能是对严重抢劫的一种帮助。对于身体伤害来说,这个行为人已经做出决定了。相反,在这个实行人原本仅仅想要借助恐吓来实施抢劫时,那么,除了第 250 条第 2 款第 1 项的帮助之外,就还存在着一个对身体伤害的教唆。如果有人确定使决定盗窃的人转向实施抢劫,那么,根据分析性分离原则,除了对抢劫的帮助之外,就还应当根据实行人是借助暴力还是借助威胁的不同情况,分别认定对身体伤害或者强制的教唆。在从第 242 条到第 244 条第 1 款第 1a 项的加重场合下,可以考虑对非法持有武器(《武器法》第 53 条第 3 款第 1 项)的教唆;如果这名实行人拥有持枪证,那么,这种加重就只能作为对携带武器进行盗窃的帮助加以理解了。 103

不过,在这个司法判决〔130〕中的"**综合方案**"〔131〕是具有优势的。以最明显的例子来说明,抢劫不再是盗窃加强制或者盗窃加身体伤害了。一个从盗窃加重为抢劫的人,就像那种更高的刑 104

---

〔127〕 Joecks[3], § 26, Rn. 15; Stork, 1969, 57 ff.; Schulz, 1980, 163;其他的观点(帮助人)见, Heinze, 1974, 16 ff., 56。

〔128〕 Bemman, Gallas – FS, 1973, 273; Cramer, JZ 1965, 31 ff.; Eser, StrafR II[3], Nr. 43, Rn. A 8; Freund, AT, § 10, Rn. 119; Gropp, AT[2], § 10, Rn. 123; Jescheck/Weigend, AT[5], § 64 II 2 c; Joecks[3], § 26, Rn. 14; Kühl, AT[3], § 20, Rn. 183; Letzgus, 1972, 33; Puppe, ZStW 92(1980), 887; Sch/Sch/Cramer/Heine[26], § 26, Rn. 8; SK[7] – Hoyer, § 26, Rn. 19; Stratenwerth, AT[4], § 12, Rn. 145; Welzel, StrafR[11], 116。

〔129〕 这个术语源自 Schulz, 1980, passim; ders., JuS 1986, 935。

〔130〕 参见 Schulz, JuS 1986, 936。

〔131〕 跟随这个方案的,见 Baumann/Weber, AT[10], § 30 II 2 a; Hünerfeld, ZStW 99(1987), 249; Krey, AT/2, Rn. 264; Lackner/Kühl[24], § 26, Rn. 2 a; Maurach/Gössel, AT/2[7], 51/11; Otto, JuS 1982, 561; Stree, Heinitz – FS, 1972, 277(基础性的); Tröndle/Fischer[50], § 26, Rn. 3; Wessels/Beulke, AT[31], Rn. 571(没有完全明确的意见)。

罚幅度所显示的一样,发挥的已经不仅是强制或者身体伤害的作用,而是一种独立的不法,具有与其各个组成部分完全不同的分量。一个人,对一个决定对一名妇女实施强制(第240条)的男人,确定使其对那名妇女实施强奸,所造成的要多于一种身体伤害或者是一种无法为行为构成所包含的强制程度:他创设了一种具有完全独自特点的犯罪性不法,在把这种教唆降低为一种“溢出”构成行为部分时,这种不法就会从视野中消失。

105　在这种加重仅仅与一般的加重结果相联系时,就像《联邦最高法院刑事判例集》第19卷第339页中的案件那样,情况也是这样。对使用棍棒的确定已经导致了被害人的死亡,而没有携带武器的攻击人本来是能够轻易地避免这个结果的。一般说来,毕竟是这种使用武器才创设一种死亡危险,并且由此创设了另一种加重结果的不法,而这个对象就能够成为一个独立的教唆。根据联邦最高法院的观点,人们就必须将这种“通过加重的教唆”的可能性,也扩展到同一个行为构成范围内不法程度有实质性提高的案件之中。也就是说,一个人,对一个决定实施小额诈骗的人,通过提供精心策划的计划和以分赃为诱惑,说服其去实施百万金额的诈骗,就是对第263条*的教唆。一个人对一个行为人确定,不要偷一欧元而要去偷一千欧元,实施的是对盗窃等罪的教唆。在这种案件中,认定教唆是与在对不法程度进行欺骗中肯定间接实行人(第25节,边码96以下)相一致的:一个对构成行为的确定,在没有认识实行人时导致间接实行人,就必须在有认识时成为教唆的基础。

106　分析性分离原则的代表人能够肯定地指出,这种“加重人”应当比那种“完全的教唆人”受到更轻的刑罚,因为这个实行人已经作出了一个构成行为的决定,尽管是在较低的不法层级上作出的。但是,对此是能够在量刑时予以考虑的。与此相反,在拒绝“通过加重的教唆”中,毕竟就根本无法包含真正的确定性不法。虽然人们通过认定一种帮助,还可以根据所引起的构成行为的范围而得到一种尽管是较轻的刑罚,但是,在未遂的加重时,各种刑事可罚性就会都被取消了。例如,一个人,对一个决定盗窃的人徒劳地试图劝说其实施更重的抢劫的,就会由于一种仅仅未遂的帮助而不具有刑事可罚性。这是难以说服人的。

107　对于“**折衷解决方案**”也不能加以赞同。这个方案在确定实现一种加重行为构成时,有时肯定一个教唆,有时却否定教唆。格林瓦尔德(Grünwald)[132]想要在确定实行人去实现的**更严重的行为构成是一个独立的犯罪**时,肯定一种**教唆**,同时,在确定去满足的是加重的行为构成时,应当排除教唆。也就是说,一个人,在对决定实施盗窃的人确定去实施抢劫(独立的犯罪!)时,就会是教唆人;相反,确定抢劫人使用武器的(《联邦最高法院刑事判例集》第19卷,第339页),就会不是教唆。反对这个解决方案的人提出了这一点:迄今为止,把加重犯罪与独立犯罪加以区分的做法并不成功,并且,这种独立性的概念在今天也已经不再认为具有信条学的价值了。[133]这种由此产生的区别也完全不能令人明白。例如,对决定盗窃手提包的人确定实施夺走(抢劫!)手提包时,与说服原本决定使用较轻的身体暴力的抢劫者(第249条)转而使用致命武器(第250条)的情况相比,就存在着比较轻微的不法性加重。在第一个别案件件中认定教唆,但是在第二个别案件件中不认定教唆,这在刑事政策上是没有意义的。

108　舒尔茨[134]仅仅想在加重的幕后人具有那种“**规范性支配**(normative Dominanz)”时,才认定一个教唆。这种支配应当在诸如从盗窃的决定加重到抢劫的故意时,才是这种案件;对意志形成

---

* 《德国刑法典》第263条是诈骗罪。——译者注。

〔132〕 Grünwald, JuS 1965, 313。

〔133〕 参见 Roxin, AT 1^3, § 10, Rn. 135。

〔134〕 Schulz, 1980, 169 ff.; ders., JuS 1986, 939。

自由与意志确认自由的保护,是独立地与对财产与保管的保护并存的。与此相反,在决定盗窃被确定为携带武器盗窃(第244条)时,就应当排除一种教唆;在这里,存在着"一如既往地处于对财产与保管的侵犯之中的那种重点"。这种解决方案的弱点在于"规范性支配"概念的模糊性。人们能够非常怀疑的是,在携带武器盗窃中的那个"重心"就存在于第242条之中。一个人携带武器的人,在可能时也会决定进行抢劫的,从而更接近于第249条;也就是说,第244条也保护肢体与生命。立法者也是这样认为的,这一点可以从法定刑的幅度中看出来。还有,这种"规范性支配"概念必须理解为是对不法的支配,它与抽象的行为构成的关联,要少于与具体的加重幅度的关联。

3. 实行人的过限

(1)故意的过限

109 在实行人过限的概念下,在这里应当理解所有实行人在实施构成行为中偏离教唆所标示的路线的案件,无论是他实施了其他不同的行为,或者是他做得更多或更少。在教唆改变或者教唆加重中使实行人的行为发生变化的同时,在实行人的过限中,任意发生变化的是本来对其所要求的那种举止行为。这与前面发展出来的规则正好相反:在教唆改变或者教唆加重中作为教唆可以归责的那些,在这种过限中就排除了对教唆的归责。当然,应当注意那些来自故意理论的特点。具体来说,这意味着:

110 如果实行人仅仅在**实施的形态**上偏离了构成行为引发人的要求,那么,仍然存在着一个教唆。也就是说,如果这个实行人不是在星期五而是在星期六、不是在这个商场而是在那个购物中心、借助的是一辆卡车而不是一辆货车去进行盗窃的,就总还是存在一个教唆。无论如何,实施构成行为的具体细节经常是无法预见的,并且,从一开始就是无法确定的。构成行为动机的变化对于教唆也是不具有影响的:如果有人教唆抢银行,所劫得的金钱将用于资助一次恐怖活动,那么,在抢劫者决定把劫得的金钱据为己有并且由此支持其在国外的生存,对这个教唆也不会有任何的改变。

111 在**构成行为对象变更**中,恰当的是,相应地适用对教唆改变所使用的构成行为计划标准(边码95/96)。也就是说,如果甲教唆乙去痛打其所厌恶的丙,而乙在后来却决定去殴打自己的敌人丁,那么,乙实现的就是另外一个计划,而甲对此是不负责任的。但是,在对幕后人来说重要的不是被害人的身份时,情况就不一样了。也就是说,如果一个革命组织的头目要求一名恐怖分子去杀害"黑名单"上的一名工商界要人,并且向其指示了那名看起来没有什么保护措施的艾先生,那么,在这个实行人由于没有遇到艾先生而杀害了同样列在"黑名单"上的易先生时,就总是存在着一个教唆。

112 **行为构成变更**也是一种不能归责于教唆人的实行人过限。也就是说,如果被要求进行盗窃的人没有去偷而是实施了诈骗的,那么,这名局外人就不是这个构成行为的教唆人。如果被教唆去盗窃的人转而实施的是窝赃,那么,这个要求人对窝赃就不是教唆,而是不具有刑事可罚性。蒙特布鲁克(Montenbruck)〔135〕建议,在这种案件中构建一种"行为构成之外的基本行为构成",并且对幕后人由于参加了"(通过带有目的地)将他人的财物转变为自己财物"而进行惩罚,但是,他的建议不具有可行性。各种故意(包括教唆人的故意)都必须与一个确定的行为构成相联系,但是在这里却缺乏这种联系。

---

〔135〕 Montenbruck, ZStW 84(1972), 344 ff. u. passim(339)。相应地也适用于反对 Baumann/Weber, AT[10], § 30 IV 1 a 的观点,他们想要在拉来那种对查明选择时适用的基本原则下,在一种对敲诈勒索的教唆中,在这个行为人没有实施敲诈而是实施诈骗时,由于对诈骗的教唆而允许一种惩罚。与本书一样同的还有:Ingelfinger, 1992, 96 ff.。

113　在“**接近行为构成的举止行为**(bei tatbestandlichem Näheverhältnis)”中,也不可能存在例外。〔136〕在“实施的细节”〔137〕决定行为构成的归属时,就像在第249条与第255条之间的相互关系之中,或者在使用欺骗进行盗窃与诈骗之间的边界范围内,人们通常是在考虑“外行人的平行评价”〔138〕下,才能认定一种选择性故意的。〔139〕但是,在确定的行为构成选择之间发生的变更,情况就不同了。〔140〕如果被教唆使用武器攻击的人放弃使用武器,而使用一种危及生命的行为时,那么,仍然存在着对第224条的教唆;这种过限与这个行为构成无关,而与实施的形态有关。

114　**当涉及在同一个行为构成范围内不法种类与数量的过限**时,人们必须区分情况进行讨论。如果实行人干的不同于教唆人给他的指示,这就要看这个实施人是否还保持在法益损害的范围之内,以及这个攻击的种类是否还保持在通过教唆所标示的不法程度的范围之内。如果案件是这样,就存在一个教唆;否则,就应当认定一种排除对教唆进行归责的过限。〔141〕也就是说,一个人被要求去吃白食,但是,如果他没有这么干,而是通过交付不能使用的货物来欺骗店员的,那么,这个人实现的就是一个不同的构成行为,那名“教唆人”对此就不能承担责任(很自然,在这类案件中,其因果性也是很有疑问的)。但是,如果一个人被要求去“清空”一个珠宝店的橱窗,而他却洗劫了整个商店的,那么,这种实施就仍然保持在教唆的不法程度之内,并且,对这位幕后人本人应当进行归责。

115　**如果这名实施人在实现的不法数量上超出了教唆指示的范围**,也就是说,他盗窃的不是100欧元而是1000欧元,或者,他不是打了被害人**一个**耳光而是十个耳光,那么,在这些案例中,就仍然还存在着一个对盗窃或者对身体伤害的教唆。在较多的不法数量中,较少的,也就是被教唆实现的,就被包含了。但是,很自然,教唆人的这种“较轻微”的故意与实行人的过限,在量刑中必须得到体现。如果实行人保持在通过教唆标志的范围后面,也就是说,他没有像教唆人所要求的那样,盗窃那么多钱或者那么猛烈地打击被害人,尽管如此,还是存在一个教唆,因为这个对实施较大不法的教唆就在本身中包括了对实现较轻不法的教唆。教唆人的这种“过剩的”损害意志,在量刑中应当予以考虑。在可能时,也可以考虑对未遂的教唆(第30条第1款)的惩罚:在被要求去抢劫的人仅仅实施了盗窃时,这名幕后人就应当由于对盗窃的教唆,在构成行为单数中与对抢劫的未遂的教唆一并进行惩罚。

(2)非故意的过限

116　到目前为止,所有对过限情况的讨论,都是在故意的基础上进行的,即实行人故意地干了一些与教唆人要求不同的事情。更加激烈地争论的,但是在实践中意义不大的是这样一类案件:实行人非故意地偏离了教唆的路线。这应当在最具有影响力的案例中加以阐明:那种在被教唆实施谋杀时发生对象认识错误的案件。

117　早期,那个还是由普鲁士高等审判庭(1859年)处理过的罗泽—罗扎尔案(Rose - Rosahl),

---

〔136〕但是,因此见 Ingelfinger,1992,100 ff.。

〔137〕Ingelfinger,1992,101。

〔138〕Roxin,AT 1[3],§ 12,Rn. 85 ff.。

〔139〕Roxin,AT 1[3],§ 12,Rn. 78 ff.。

〔140〕对此,见 Ingelfinger,1992,102f.,m. w. N.。

〔141〕类似的,还有其他的文献;参见,例如,Kienapfel,AT[4],572(“攻击方向”);Lackner/Kühl[24],§ 26,Rn. 5(“想象一个……时间与地点的范围”);Maurach/Gössel,AT/2[7],51/8(“根据法益侵害,其他不法内容与具体的攻击方向,就像具体的攻击对象一样”);Stratenwerth,AT[4],§ 12,Rn. 147,149(“在其基本特征中的实行方式”)。Schmidhäuser,LB AT[2],14/102;ders.,StuB AT[2],10/111,甚至仅仅让这种具体化在确定的构成行为可能性上作出决定;然而,与此相对,这种受到推动而发生的举止行为在法上的性质所具有的决定性意义必须得到强调。

就是一个重要的判决。这个案件与对象认识错误有关，已经在前面提及并讨论过了。〔142〕在 130 多年之后，那个在 1990 年判决的"**庄园继承人案**（Hoferben – Fall）"，再次出现了相应的状况（《联邦最高法院刑事判例集》第 37 卷，第 214 页）。

被告人是一个农民（白某），由于经常与儿子发生争吵，就想杀害自己的儿子与庄园继承人（白石先生）。但是，他觉得自己"作为父亲不能实施这个构成行为"。于是，他通过许诺一笔酬金而成功地说服盛某来实施这个杀人。这起杀人应当在马厩中进行，因为白石先生习惯穿过马厩回家。为了不误伤他人，白某向盛某讲述了白石的习惯与相貌，并且交给他一张白石的照片；盛某还亲自见过白石先生，虽然他并没有完全记住其相貌。1985 年 11 月 25 日晚上，盛某埋伏在马厩中，伺机杀害白石先生。当时四周昏暗，仅有雪面上泛着微弱的光亮。大约 19 点时，一个邻居（纳先生）进入院子并且打开马厩的门。这个邻居身材与白石先生很相似，并且像他经常做的那样在手里拿着一个包装袋。盛某因此而将纳先生误认为是白石先生，在近距离枪杀了纳先生。 118

1）对未遂的教唆的认定

今天，对产生对象认识错误的盛某仍然应当以既遂的谋杀进行处罚，这一点已经没有争议了〔143〕：他想要杀害进入马厩的人，并且这样做了；他对被杀人身份的认识错误完全不能改变故意杀人的成立。但是，根据大多数并且是恰当的观点，〔144〕白某只能由于对谋杀的未遂教唆（第 30 条第 1 款）受到惩罚。〔145〕这里存在着盛某的非故意过限，但是不能归责于白某。虽然这种状况很少在这种视角下进行判决，但是，毋庸置疑的是，在盛某故意射杀的是纳先生而不是白石先生时，就会存在一种排除对教唆人惩罚的过限（参见边码 111）。但是，对于故意过限已经得到承认的那些，也必须对非故意适用；因为实行人的构成行为也同样偏离了教唆人的预想。 119

从过限的基本原则中得出的这个结论，会得到从错误理论中的推论的支持。在盛某这一边的对象认识错误，对于幕后人白某是一个打击错误。他发出的"箭"（就是盛某）发生了"偏离"，没有击中白石先生而是击中了纳先生。如果人们现在借助那种在司法判决与文献中占据主流地位并且为本书所代表的意见，在打击错误中，排除对既遂故意犯罪〔146〕的认定，那么，在这种观点下，也就只能考虑一种未遂的教唆。 120

这种解决方案还通过一种由宾丁提出的观点所确认。〔147〕宾丁的观点从这个假定出发，即盛某在确定自己的错误之后，本来还会继续等待白石先生，并且在其出现时将其射杀。这样，盛某就会由于双重谋杀，而白某就会由于教唆对白石先生的谋杀而具有刑事可罚性。但是，通过盛某杀死纳先生也还不能对白某进行教唆的归责，因为白某仅仅想要教唆**一个**谋杀而已。 121

2）对一种教唆未遂的认定

一些学者虽然同样否认对既遂谋杀的教唆，但是认为白某不是一个对谋杀白石先生的未遂 122

〔142〕参见 Roxin, AT 1³, § 12, Rn. 168。

〔143〕对此的详细说明，见 Roxin, AT 1³, § 12, Rn. 168 ff.。

〔144〕Schlehofer, GA 1992, 307 与 Bemmann, Stree/Wessels – FS, 1993, 397; Köhler, AT, 528/529; Jescheck/Weigend, AT⁵, § 64 II 4; SK⁷ – Hoyer, vor § 26, Rn. 53。

〔145〕在盛某对白某的认识错误是可以预见时，在必要时就还可以考虑对纳先生的一种过失杀人。

〔146〕详细的论述，见 Roxin, AT 1³, § 12, Rn. 144 ff.。

〔147〕Binding, Normen III, 214, Fn. 9；与此相反，Siegel, 1985, 39 想要使这个幕后人在可能的情况下，甚至在那个实施者持续地搞错之后，仍然对一个"整体的尸体堆"（40）承担刑法上的责任，这正是 Binding 正确地称为一个"完全令人难以置信的结论"（Normen III, 214, Fn. 9）。Siegel 把哥廷根的 Ziebarth 教授称为这种问题状况的发现者，这个教授"在其刑法学练习中作为作业提出"了这个案件。

的教唆,而是对一种未遂的杀害白石先生的教唆有罪责。[148]他们将盛某对纳先生的射击,无论如何都视为是白某所教唆的盛某杀人的未遂。但是,这种观点是不应当跟随的。[149]盛某对纳先生实施的既遂谋杀,不能同时理解为盛某的未遂杀人,因为这会以盛某具有一种双重杀人故意为条件,而盛某当时只有一个杀人故意。虽然斯特拉滕韦特[150]认为,盛某仅仅实施了**一个既遂谋杀**的情况,并"不能在最轻微的、他同时具有的、从白某的视角"上,阻止作为对白石先生的未遂谋杀加以评价。但是,这样一个"评价"会被限制的从属性原则所阻止。这个原则对于对未遂谋杀的教唆,是以现实存在的一种未遂为条件的。现实未遂的缺乏不能通过白某的"视角"而得到补充。除此之外,为什么从白某的角度看来,射杀纳先生应当被评价为射杀其子的未遂,也是不清楚的。

3)对既遂构成行为的教唆的认定

123 与此相反,普鲁士高等审判庭、[151]稍有不同的《联邦最高法院刑事判例集》第37卷第214页的判决,以及一部分文献[152]坚持认为,实施人搞错人对于教唆人来说是不重要的,就像对实行人来说不重要一样。因此,联邦最高法院对白某以对既遂谋杀的教唆进行惩罚。此外,在对过限的讨论基本没有得到关注的同时——普鲁士高等审判庭毕竟还是说了,[153]"一个真正的过限并不存在",因为在杀害错误的被害人时,并"没有实行人自己的决定"——这样,根据打击错误的规则进行处理就被否定了,原因是这不适合本案的情况。

124 联邦最高法院(出处同上,第219页)认为,打击错误的规则是"——作为因果偏离的特殊情形——为事件发生过程而发展出来的,在这里,实行人在眼前看到的是这个攻击对象,但是,在它的位置上受到损害的却是另一个对象"。[154]但是,这并没有说服力。确定一个因果过程已经离开了实行人先前标记的轨道,这是一种客观的审查结果,而不是取决于第一引起人是否亲眼发觉它。在白某已经看到盛某的射击但却无法阻止时,也不可能有不同的区别。其他学者批评说,[155]对打击错误的这个认定是以"一种纯粹机械的教唆模式"为条件的。然而,因为这个教唆总还必须是符合行为构成的结果的引起原因,[156]所以,不应当认识到的是,为什么这个为因果偏离而发展出来的规则就不应当在这里适用。

125 当实行人在确认搞错之后又等待并且射杀那位"正确"的被害人时,就不能存在对谋杀的双重教唆了(参见边码121),这种观点将通过不同的方式来对待。联邦最高法院认为(出处同上,第219页),"当实行人认识自己的错误之后,另外又杀害这名教唆人指示的被害人时……通

---

[148] Joecks^3, § 26, Rn. 27; Stratenwerth, AT^4, § 8, Rn. 98; ders., Baumann - FS, 1992, 66 ff.; Puppe, NStZ 1991, 124; SK^5 - Samson, vor § 26, Rn. 56;现在不同的是 SK^7 - Hoyer, vor § 26, Rn. 53, 参见 Fn. 141;同样的,还有 Schmidhäuser, LB AT^2, 14/123(与这里一样的现在是ders., StuB AT^2, 10/126); Streng, ZStW 109(1997), 897。

[149] 参见 Roxin, Spendel - FS, 1992, 300 ff.。从对 BGHSt 37, 214 的文献中,反对认定对未遂的教唆的,还有 Bemmann, Stree/Wessels - FS, 1993, 399; Geppert, Jura 1992, 167; Schlehofer, GA 1992, 317; Streng, JuS 1991, 910 ff.。

[150] Stratenwerth, Baumann - FS, 1992, 68。

[151] 普鲁士高级法庭, GA 1859, 322。

[152] 因此,今天也还在文献中的: Altenhain, 1994, 140; Backmann, JuS 1971, 119; Ebert, AT^3, 213; Geppert, Jura 1992, 163; Gropp, AT^2, § 10, Rn. 134; ders., Lenckner - FS, 1998, 55 ff.; Kohlrausch/Lange, StGB^{43}, § 48, Anm. VII; Loewenheim, JuS 1966, 314; Maurach/Gössel, AT/2^7, 51/57; Mitsch, Jura 1991, 373; Müller - Dietz/Backmann, JuS 1971, 416; Puppe, NStZ 1991, 124; Sch/Sch/Cramer/Heine^{26}, § 26, Rn. 23; Schroth, 1998, 109; Tröndle/Fischer^{50}, § 26, Rn. 15; Welzel, StrafR^{11}, 117, 79; Wessels/Beulke, AT^{31}, Rn. 576 ff., 579(不同的还有第20版)。

[153] 普鲁士高级法庭, GA 1859, 337。

[154] 这种思想的创始者是 Puppe, GA 1984, 120 ff.;与此相反, Roxin, Spendel - FS, 1992, 292; Schlehofer, GA 1992, 311。

[155] Puppe, GA 1984, 121;类似的,见 Mitsch, Jura 1991, 385。

[156] 参见 Roxin, AT 1^3, § 11, Rn. 27, 以及本书上文边码26以下。

常……这两个杀人都应当归责于”这个教唆人。但是,这种观点是完全站不住脚的。[157]在实行人的故意仅仅包含了杀害**一个**人时,就不可能将两个杀人归责于他。普珀[158]只想要认定**一个**教唆,但是,并没有明确,究竟应当是对这两个谋杀中的哪一个进行教唆。但是,这同样不具有说服力。当这个实行人只要是在搞错人时杀人的,根据本书所反对的观点,在我们的例子中就清楚地存在着对纳先生的既遂杀人的教唆。这个教唆后来怎么应当通过其干了第二件谋杀,就又重新变成不确定的呢?大多数持教唆解决方案的代表人,都把这**第二个**杀人视为过限,于是,也就是说,只有在盛某认识自己的错误之后又杀害白石先生时,白某才能由于对杀害纳先生的教唆而受到刑罚。[159]但是,这并没有解决问题。杀害白石先生不仅在客观上是由白某造成的,而且也是与盛某商定的。实施这样一个用钱支付的、以谋杀一个确定对象的任务,不可能是一种过限。[160]过限的最低条件是,实行人的构成行为偏离了教唆人设想的图景,并且,在这里恰好缺乏这一点。

126 普珀[161]认为,对于本书所代表的观点来说,在实行人出现打击错误的情况下,也会产生同样的问题。但是,这是不正确的。在实行人虽然瞄准了白石先生,但是没有射准而射死他人,然后又发射第二枪将白石先生打死时,就仅仅存在着**一个**对既遂谋杀的教唆,因为与随后的既遂相比,开始时的未遂就是辅助性的。

4)区分的观点

127 在上述1)到3)中所讨论的三种观点中,它们的相同点都是在实行人出现对象认识错误的全部案件中处理教唆人,尽管得出的是不同的结论。此外,最近还发展出了两种不同的理论,其中一种为联邦最高法院所代表。在判决(出处同上,第218页)中,联邦最高法院这样认为,实行人的错误“对被告人(即白某)来说,虽然表现为对所计划的构成行为完成状况的偏离,但是,这在法律上却是不重要的。因为这种偏离被认为处于根据一般生活经验可以预见的界限之内,以致对这个构成行为做出不同的评价就是不正当的。”[162]也就是说,如果纳先生的出现[163]以及将他误当成白石先生本来就是无法预见的,那么,联邦最高法院就也会仅仅认定一个未遂的教唆。但是,这种区分并不能说服人,因为对纳先生死亡可能具有的可预见性,在这里,只能仅仅成为过失的根据,而不能成为故意的根据。[164]对打击错误来说,已经得到承认的是,在这个偏差是可以预见时,除了未遂之外就还存在着过失致人死亡。在现有的状况中,为什么致使纳先生死亡的过失应当使之成为故意杀人,是不清楚的。

128 更有理由的是这种观点:应当根据这个实行人自己是否遵循了教唆人对被害人的描述来决

---

〔157〕 Bemmann, Stree/Wessels - FS, 1993, 403,“令人惊奇与惊讶”地满足了联邦最高法院的这个观点。

〔158〕 Puppe, NStZ 1991, 125;对此详见, Roxin, Spendel - FS, 1992, 297 ff.;类似的,见 Schroth, 1998, 109。

〔159〕 Geppert, Jura 1992, 168; Streng, JuS 1991, 915。

〔160〕 与此,还有 Bemmann, Stree/Wessels - FS, 1993, 402。

〔161〕 Puppe, NStZ 1991, 125;跟随她的,见 Geppert, Jura 1992, 168。

〔162〕 类似的还有: BGH NStZ 98, 294; Baumann/Weber, AT[10], § 30, 89; Freund AT, § 10, Rn. 131; Toepel, JA 1997, 248 ff., 344 ff.。

〔163〕 他的可预见性是非常可疑的,并且,被联邦最高法院没有充分说明根据地予以肯定了;参见 Roxin, JZ 1991, 680, 681; Bemmann, Stree/Wessels - FS, 1993, 402。初审否定了这种可预见性(Bemmann,出处同上)。还有, Rostek, Eser - FS 在对第一审判决(LG Bielefeld)分析的基础上确定,联邦最高法院认定这种因果关系存在于一般生活经验的框架之中的观点,是“脱离案件事实的;然而, Roxin 借助他的论述,是多么接近已经确定的案件事实”(在这里,他援引了我在 JZ 上的评论)。

〔164〕 反对“这个联邦最高法院的可预见性标准”的,还有 Schlehofer, GA 1992, 308 ff.。

定。〔165〕在遵循的情况下，实施人的认错人对于教唆人就是不重要的；相反，在不遵循时，就不能把被害人的死亡归责于教唆人。在事实上，人们必须说，在教唆人向实行人描述一位与其想要杀害的那个人不同的其他人的特征时，在他那里也存在着一种与实行人一样的不重要的对人的认识错误。在这个描述如此不准确，使之与许多人都符合时，也适用这个道理。与教唆有关的，是符合所描述的情况的；在教唆人介绍的是其他人时，这对他来说就也是一种对象错误了。

129　但是，当大多数赞成这种解决方案的人在《联邦最高法院刑事判例集》第37卷第214页的判决中也倾向于认为，这个实行人符合了这个教唆人的指示时，那就走得太远了。白某不仅将白石先生的照片交给了盛某；盛某自己还亲自见过白石先生。不可能存在一种比照片与亲自过目更具体的描述了。因为这个教唆人"交由这个实行人实施……进一步的行为"（出处同上，第214页），并且，在构成行为之前还再次"确保"盛某对白石先生"能够辨认出来"，这样，认错人的责任就转给了实行人。〔166〕无论如何，一种在实行人的构成行为符合教唆人的描述时，在教唆人中也会认定一种对人的认识错误的区别理论，是对这种打击错误解决方案的正确补充与限制。但是，这种区别理论并不能代替打击错误的解决方案，并且，也只能在一个狭小的范围内适用，这是其大多数主张者所承认的。

（五）教唆故意

1. 指向构成行为决定的故意

130　教唆故意首先必须与引起实行人的构成行为决定相联系。关于"对构成行为的确定"这一点，在（二）（边码65以下）和（四）（边码90以下）两部分中已经详细讨论过了。在第26条要求教唆人"已经故意地确定他人对这个……构成行为"时，这个故意的所有形式就都包含在其中了。也就是说，教唆具有间接故意也就足够了。〔167〕但是，在这样认定时仍然要小心。由于教唆总是必须要求具有一种要求的性质（边码74以下），因此，这种有条件故意就只能这样产生，即教唆人不是以接受其要求为目的的，而仅仅是容忍（参见，边码82的案例）。相反，创设实施构成行为的诱因是不够的，在这种诱因中，实行人仅仅是算计着那种引起构成行为决定的可能性；在这里还完全不存在那种对教唆所必需的对法益的攻击，这种对法益的攻击仅仅能够存在于对实施构成行为的一种要求上（边码74以下，82以下）。

131　相反，在一种有目的指向的要求中，轻率（Leichtfertigkeit）〔168〕也不能成为教唆的基础。也就是说，如果甲要求乙去杀害其自己（乙）的情敌，并且轻率地没有算计到，乙会造成所要求的结果，那么，教唆就被排除了；当然，这里可以考虑一种过失致人死亡。〔169〕

2. 指向构成行为的故意

132　此外，教唆故意还必须通过实行人指向构成行为的实施。从法律条文的文字上并不能清楚地看出这一点。人们也能这样说：在一个人，例如，成功地要求其他人进行盗窃，与此同时又担心

---

〔165〕因此，借助很小的区别，具体见 Jakobs, AT^2, 22/29, 21/45; Küpper, JR 1992, 296; Stratenwerth, Baumann - FS, 1992, 65/66; Streng, JuS 1991, 914 ff.; Sch/Sch/Cramer/Heine^{26}, vor §§ 25 ff., Rn. 45; § 26, Rn. 23; Wessels/Beulke, AT^{31}, Rn. 579; Weßlau, ZStW 104(1992), 105, 131/132。

〔166〕对此，也参见 Rostek, Eser - FS, 1995, 92：根据初审的确定，这个被告人确信，那个实行人"会认出……他的儿子，并且，在实现行为构成中不会给其他人带来损害"。

〔167〕RGSt 72, 26, 29; RG HR R 1937, Nr. 1681; BGHSt 2, 279, 281 ff.; BGH GA 1980, 183 ff.。

〔168〕对此，参见 Roxin, AT 1^3, § 24, Rn. 74 ff.。

〔169〕参见 Roxin, AT 1^3, § 24, Rn. 26 ff., 30。

他在未遂阶段就被抓住时,这个人就已经是对其他人确定了一个违法的构成行为了。在这样一种案件中拒绝教唆,仅仅能够从缺乏对法益的攻击与由此从对参加人的刑罚根据中得到说明(边码8以下,28)。结果,今天存在的共识是:这个教唆人的故意也应当指向通过实行人既遂地实施构成行为之上;根据本书所代表的观点,他必须另外还包括对法益的侵害(边码156以下)。在这个范围之内,人们还谈论一种**教唆人的双重故意**(参见,前述边码28)。

(1)教唆故意的明确性

133 对于一个指向实行人实施的构成行为的故意,第一个条件就是这个教唆人以足够的明确性表现了这个由实行人实施的行为;只有在这个条件下,他的故意才会指向一个"构成行为"。首先,由此产生的是,**要求实施不确定的**、没有详细说明的**犯罪行为,不能作为教唆来理解**。在这里,缺乏一种教唆人本来能够确定实行人去实施的具体的"构成行为"。帝国法院的一个早期判决(《帝国法院刑事判例集》第1卷,第110页以下)处理了一个别案件。在这个别案件中,有人对一名家庭女仆说,"你太笨了,不会利用这个机会秘密地挣钱"。即使人们在这种表达中看到那种用非法手段获得钱财的可以推定的要求,帝国法院仍然正确地拒绝判决由于教唆而导致的贪污罪;在这里,这种"指示"到底涉及哪一些行为构成(第246条?第242条?第263条?第266条?),是不清楚的。因此,作为各种教唆的最低条件,应当承认的是,教唆必须与一个确定的行为构成相联系。只有一个具体的行为构成,才能成为第26条意义上的"违法的构成行为"。

134 有争论的是,对于一个教唆来说,是否需要对准备实施的构成行为加以进一步的具体化,以及在可能时,这种具体化必须采取哪种形式。〔170〕联邦最高法院在《联邦最高法院刑事判例集》第34卷第63页的判决中,第一次讨论了这个问题。在这个前面已经讨论过的案件事实中(边码85),被告人在考虑了其他的挣钱机会之后,对这个后来的实行人说:"那你可能就必须去弄银行或者加油站了。"这个实行人当时没有回应,但是在几天之后就抢劫了一家储蓄所。根据本书所代表的观点,在这个别案件中,教唆是不能成立的,因为在那个由被告人有效使用的考虑中,并不具备要求的特征(边码85)。〔171〕但是,如果人们曾经认定了一个要求,那就会提出一个进一步的问题:被告人对这个将要实施的构成行为是否已经得到足够具体的想象与表示。这个已经实现的行为构成(抢劫,也就是作为可以考虑的抢劫型敲诈勒索的可能性),无论如何是由这个实行人的想象所包括的。除此之外,还要进行一种符合种类的具体化(抢劫储蓄所,抢劫加油站)。

135 但是,对于联邦最高法院来说,这仍然是不够的。更准确地说,联邦最高法院要求,教唆人的故意必须包含具体事件的各种**个别化要素**(对象、地点、时间以及实施构成行为的其他情节)。虽然这个教唆人"在自己的意识中,不必对将要实施的构成行为的一切实施细节都予以接受",但是,至少必须在这个教唆人的想象中,包括具体的各种个别化要素。"哪一些是当时对构成行为个别化恰当的必要要素,并没有一个一般的、抽象的确定,而只能根据各个别案件件的具体情节来加以决定"(出处同上,第67页)。〔172〕

---

〔170〕 对于Sch/Sch/Cramer/Heine[26], vor §§ 25 ff., Rn. 43来说,在实行人认识这些要素时,从中能够得出符合行为构成的结论就足够了。

〔171〕 同样,见Krey, AT/2, Rn. 272; Kühl, AT[3], § 20, Rn. 188; Lackner/ Kühl[24], § 26, Rn. 5。

〔172〕 主流观点也跟随这种观点。参见,仅仅Jakobs, AT[2], 22/27; Jescheck/Weigend, AT[5], § 64 II 2 b; Jakobs[3], § 26, Rn. 19 f; Lackner/ Kühl[24], § 26, Rn. 5; SK[7] – Hoyer, vor § 26, Rn. 46; Wessels/Beulke, AT[31], Rn. 572。类似的,还有BGH NStZ 1997, 234; 1998, 347, 348; JR 1999, 448:根据这些,判断这种明确性的标准是,是否通过包含其他人,就能够使法益出现提高的风险。这个构成行为必须能够由这个教唆人这样确定,在他想要时,他就能够使其他人来实施它。不同的是,BGH NStZ 1996, 434, 435; Sch/Sch/Cramer/Heine[26], vor §§ 25 ff., Rn. 43:在如此之多的情节被包括,以至于这个构成行为能够归属于一个刑法规范的行为构成之中时,这就足够了。

136　但是，这种观点不值得赞同。[173]更准确地说，当教唆故意在将要实现的行为构成之外，还包括了实行人构成行为的**不法的实质范围**时，这就足够了。[174]这种"实质范围"是指损害的大致范围与攻击的方向。[175]如果在案例中认定了一个要求，那么，这个标准就足够明确地得到了确定：这个实行人大致需要多少钱就是清楚的，对储蓄所或者加油站的攻击也就正确而清晰地表明了这个所计划的攻击的种类及方式。也就是说，这个教唆人的想象必须包含在教唆改变（边码91以下）和实行过限（边码109以下）中也能形成一个"构成行为"的一切。在有人促使实行人不要去抢劫甲支行而去抢劫更容易得手的乙支行，或者不要在今天而到明天才实施这个构成行为时，人们就必须不认定一种教唆，而认定一种帮助。同样，在实行人以符合目的的根据转而袭击另一家支行或者推迟实施时间时，并不存在排除教唆的过限。但是，为什么这种个别化的类型对于这个教唆人自己必须具有想象的"构成行为"应当具有重要意义，是难以理解的。

137　在没有说明具体特征的情况下要求"盗窃"、"诈骗"或者"抢劫"时，情况就有所不同。在偷窃一包香烟和巨额盗窃之间，在骗吃骗喝与诈骗数百万财物之间，在扯夺手提包与抢劫银行之间，就存在着这样的差异，以致这些举止行为方式就不能被视为是同一个构成行为了。如果无法确定这是指这个行为还是那个行为，那么，就完全不能确定一个指向"构成行为"的教唆故意。此外，对教唆的这个认定，也同样应当加以拒绝，因为在这个教唆人对不法的实质范围没有想象时，量刑就是不可能的。虽然英格芬格（Ingelfinger）[176]反对以下看法，即法官能够类推适用"存疑时有利被告（in dubio proreo）"原则，从一种在下列领域中存在的想象出发并且能够这样来处理引起人，因为他仅仅想要造成一种较轻微的损害。在事件的发生完全不具有疑问之处，对这个存疑原理就完全不可能进行类推，除此之外，这样一种解决方案恰恰表明，对于这个实行人真正实施的构成行为来说，正好就不存在一个教唆。

138　当然，更为常见的情形是，这个行为构成本身就以一种方式确定了不法的范围，即那个引起其实现的原因对于教唆来说就足够了。当甲怂恿乙，为了证明他的"勇气"或者"男子气概"应当杀害或者强奸被害人时，甲在这个构成行为的实施中就是教唆人。这时，这种不法的实质范围就存在于这个行为构成的结果本身，并且，不像在第242条、第249条、第263条*中那样，可能存在着不同的层次。

139　联邦最高法院反对本书提出的解决方案，认为根据"不法的实质范围"来进行安排，会使"教唆与主构成行为之间的联系变得如此松散，以至于这个教唆人的刑法责任……也会蔓延到那些在值得刑事惩罚性存有疑问的案件，以及那些对实行人等量齐观……不再能找到正当性根据的案件之中"（《联邦最高法院刑事判例集》第34卷，第65页以下）。但是，这并不能令人信服；[177]因为这不会像联邦最高法院认为的那样，使一种"一般的、抽象的"不法范围成为这个教唆的对象，而是这个教唆必须勾画出一个具体行为构成的轮廓。相反，那种由联邦最高法院所要求的"个别化的要素"才是对这个教唆人的值得刑事惩罚性没有关系的：是去抢劫这个支行还是那个支行，是今天干还是明天干，并不会对衡量这个教唆人的刑罚产生作用。

140　此外，联邦最高法院的观点还会导致在刑事政策上不能容忍的结果。一个指使小偷为其盗窃一条具有确定价值的东方地毯的销赃者，不可能因为让小偷自己决定实施中的个别化情节，即

---

[173] 对于它也偏离了先前的判例，参见 Roxin，JZ 1986，909；Ingelfinger，1992，25 ff.。

[174] 参见 Roxin，JZ 1986，908f；LK^{11} – Roxin，§ 26，Rn. 46 ff.；同样，Freund，AT，§ 10，Rn. 126；Köhler，AT，527。

[175] 类似的，$Lackner/Kühl^{24}$，§ 26，Rn. 5 也按照这个攻击方向来安排。

[176] Ingelfinger，1992，54。

* 《德国刑法典》第242条是盗窃罪，第249条是抢劫罪，第263条是诈骗罪。——译者注。

[177] 在这个范围内，同意的见 Ingelfinger，1992，496。

时间、地点、方式，就能够免除其教唆人的刑罚。相应地，例如，在恐怖集团的头目指使单个成员为获取组织所需资金而抢劫银行时，也同样适用。如果因为这个集团头目把这个构成行为的“个别化情节”（哪家银行？何时？何地？）留给被指使的成员自己决定，就要因此拒绝教唆的成立，那就会是极其令人诧异的。[178]

此外，这个由联邦最高法院所代表的观点也带来了违背明确性原则的法不安全性。[179]联邦最高法院完全没有确定，在教唆人的想象中究竟必须存在哪些“个别化要素”。在《联邦最高法院刑事判例集》第34卷第63页的案件决定中，对确定的银行支行的描述或者对构成行为时间的说明，对教唆是不是就足够了？或者，在没有确定这两点时，建议以一种方式进行抢劫，对教唆是不是就足够了？应当是“具体案件的情节”，并且在实践中应当因此留给法官的判断。这就让教唆的界限消失在不确定之中了。 141

赫茨贝格[180]想要把这种案件当作客观归责的问题来讨论。他把教唆评价为“创设了这种风险，使被影响人真正地去实施对其无理要求的构成行为”。在这里，缺乏这种风险，因为对被告人的提议“必须在事前被评价为看来是无关紧要的”。在这里，正确的是，构成行为缺乏一种对法益的攻击（边码85），而这种必要性能够追溯到客观归责理论上去（边码9）。被告人提出的一般性考虑，对于教唆来说是不够的。但是，赫茨贝格看起来也不想让一个要求对于教唆就足够了，而是还要求一个更好的现实机会（例如，通过提供武器，或者通过证明一个风险较低的或在财力上特别有希望的可能性），在这一点上，他的观点就不再恰当了。由此，这个教唆就以不允许的方式与帮助的观点相混淆了：教唆仅仅是一种对构成行为提出要求的确定，通过这种确定而造成的实施，总是已经意味着去实现处于这个要求之中的风险。 142

但是，除此之外，赫茨贝格还想要放弃各种超出行为构成表示的个别化。他设想了这样的案件：[181]“一个犯罪学教授为了研究刑事举报的友好性，就派出学生以不同方式、不同程度去实施侵入他人住宅，或者一名敌视外国人的人委托一名残暴的打手，对外国避难者进行身体性虐待”。但是，在这些案件中，不法的范围仍然是充分确定的。在侵入住宅的案件中，不法的程度恰恰是根据“严重的等级”而确定的；委托“残暴打手”的人知道，他应当预期的是何种程度的伤害。 143

英格芬格[182]提出了区别对待的解决方案。他要求，通常需要实行人通过这名教唆人的知识性引导，也就是说，这名教唆人必须事先给予“具体的攻击方向”，例如，构成行为的对象或者法益的承担者；[183]对攻击对象符合种类的限度是不够的。一种例外应当适用于这种情况，“在具体目标范围较小并且一目了然”时，因为这时就确定了标准的攻击方向。的确，在知识性引导以及由此在行为构成确定性方面的缺乏，就能够通过引起人的“**意愿性支配**（voluntative Dominanz）”而得到补偿。[184]在与强制类似的案件中（“在与间接实行人的边界领域中”）与在对有资格的（berufsmäβig）的犯罪实行人之中，他认定了这样一种意愿性支配。在这里，这名引起人仅仅说明了应当实现的行为构成就足够了。 144

---

〔178〕 但是，BGH NStZ 1997，281；1996，434，435 毕竟把教唆人当时在事实上选择的完全归责于他了，虽然在他的想象中包括的实施这个构成行为的可能性有很多。

〔179〕 同意的，见 Ingelfinger，1992，46。

〔180〕 Herzberg，JuS 1987，617 ff.（620）。

〔181〕 Herzberg，JuS 1987，618；对于那种由他在第111条与帮助中为了比较而提出的确定性要求，参见边码246和注释320。

〔182〕 对于这个主题的第一个与非常有启发性的著作，1992。

〔183〕 Ingelfinger，1992，221。

〔184〕 Ingelfinger，1992，234 f.。

145 但是,这样一种指向“动态的、有局限性的”确定性概念是不可能的。在实行人想象基础上,“构成行为”的一切并不能取决于那种用于引发它的各种手段。这就导致了一种超越解释可能性的概念性混淆。例如,唆使杀害一名没有详细描述的人,根据这种理论,在引发人对此给予实行人金钱时,就应当看成是教唆;而在其他情形下,他就应当是没有刑事可罚性的。但是,这名引发人的想象是否指向一个“构成行为”的实施,的确不能取决于他是否对其实施支付了金钱还是没有支付金钱!

146 英格芬格将其区别建立在对值得刑事惩罚性的考虑之上。[185]他认为,仅仅在知识性引导或者意愿性支配的场合下,教唆人才具有与实行人相同的刑事惩罚性。但是,除了这种值得刑事惩罚性的考虑缺乏说服力之外(对此,参见边码 147),人们也不允许使不法的表现形式,就像其是教唆一样,取决于具体案件刑罚尺度的观点。在具体案件中,这个教唆人可能被处以轻于或者重于实行人的刑罚;这与到底是否存在一个教唆的问题完全无关。

147 最后,英格芬格的区别所导致的那种实际结果,也缺乏说服力。他设想了这样一个别案件件:[186]敌视外国人的甲通过向杀手乙支付一大笔酬金,要其随便去杀一个外国人。英格芬格认为,甲是教唆人,因为甲通过支付酬金而处于“意愿性支配”的地位。这在结果上符合了本书所代表的观点,然而,联邦最高法院与主流观点就一定会认为无罪。在这是一种“明显违背法感情的结果”这一点上,英格芬格强调得很正确。但是,他的根据却并不能令人信服。首先,支付酬金绝不会必然导致“意愿性支配”。在一个职业罪犯能够作为“专家”向其委托人开价并谈条件时,尽管还有支付酬金的事,但是,这种“支配”都在职业罪犯一边。这的确不是关键之点。在甲没有支付酬金,而仅仅是激励乙去杀害一个外国人时,英格芬格也就必须与联邦最高法院及主流意见一起认定甲无罪了,因为这种“攻击的目标”仅仅“表达了种类”,并且,引起人缺乏这种意愿性支配。这是一个在刑事政策上不能接受的解决方案。相类似地,在英格芬格的另一个例子中,情况也一样。在这个别案件件中,一名党卫队成员在纳粹时期接到上级的要求,“再次‘做一个记号’并且杀害一个犹太人”。英格芬格有理由认定一个教唆人,并且,会从上下级关系中引出这个引起人的意愿性支配。但是,在这个引起人不是实行人的上级,而仅仅是他的熟人,并且,在这个人出于反犹主义的行动性根据来引起实行人的构成行为时,如果说这个引起人就应当不受刑事惩罚,那我是无法理解的。

148 **确定被教唆人的人身**是一个特殊问题。已经形成共识的意见是,不需要确定具体的人身,只要在一个具体确定的人群中要求任意一个人就足够了。[187]也就是说,在有人说:“在你们五个人中,谁把丙打一顿,我就给他 100 欧元”时,那么,他就是身体伤害的教唆人,只要被要求人中有一个人实施了这个构成行为。基本没有争议的一点是,在这个局外人转向一个在规模上完全不确定并且完全不能预见范围的人群中时,例如,通过广播、电视、书籍、杂志、传单等方式传播犯罪性要求的,这对教唆就不够了。[188]第 111 条*就处于这类案件之中。在这个条文中,除了保护有危

〔185〕 Ingelfinger,1992,130 ff.。

〔186〕 在这里与在下文中,见 Ingelfinger,1992,226 ff.。

〔187〕 Eser,StrafR II^3,II Nr. 44,Rn. A 1, 2;Jescheck/Weigend,AT^5, § 64 II 2 b;Joecks^3, § 26,Rn. 18;Kindhäuser,AT^2,423;Krey,AT/2,Rn. 272;Kühl,AT^3, § 20,Rn. 189;Lackner/Kühl^{24}, § 26,Rn. 5;Maurach/Gössel,AT/2^7,51/22;Rogall,GA 1979,11;Samson,JZ 1969,258;Sch/Sch/Cramer/Heine^{26}, § 26,Rn. 18;Schmidhäuser,LB AT^2,14/103;ders., StuB AT^2,10/112;SK^7 – Hoyer, § 26,Rn. 54 ff.; Welzel,StrafR^{11},117。

〔188〕 其他的观点,见 Dreher,Gallas – FS,1973,332 ff.,但是,他错误地认为,一个法益攻击要求实行人具有一种有目标的影响,而这在对那个正在考虑的人完全不清楚时,就缺乏了这样一种影响了。

* 《德国刑法典》第 111 条是“公开要求实施犯罪行为罪”。——译者注。

险的单个行为构成的法益之外，还要保护公众的安宁（参见第111条第2款！），并且，在这个条文中，人们因此另外在所要实施的构成行为的确定性方面，一般都能够满足于对所要实施的行为构成的描述。[189]

在这两类案件之间，被教唆人对人身（有待）充分的确定性的准确边界位于哪里，还是有争议的。施米德霍伊泽[190]在一个实施构成行为的单个人“感到是对自己讲的”场合，就想认定教唆人，这就走得太远了。在电视宣传或者集会宣讲中，人们也能感到是对自己讲的；还有，这名引起构成行为的人对此会毫不知情，因此，从这个根据来看，这个标准就已经不恰当了。另一方面，在萨姆松（Samson）[191]根据“这个要求者试图影响的那个人身，对他来说是否表现为一个无个人特征的不确定人员范围中的一个单纯部分，或者，他是否从他人的背景中显露出具体形象”来进行安排时，就对确定性提出了过高的要求。在这里，在基础上还的确就要求一个单个的确定的实行人，仅仅是放弃了对其人身的要求而已。最容易作为基准路线的还有罗加尔所作的区分[192]；对他来说，当这个要求人“能够……没有太大的困难地查明主要实行人，并且有可能阻止这个构成行为”时，就存在一个教唆。也就是说，在对一个能够一目了然的团体中自己不太认识的人进行要求时，就还是一个教唆。 149

（2）作为故意对象的法益侵害

教唆人的故意必须进一步指向实行人既遂地实施一个构成行为。在这个故意之外，如果确定的目的或者行动性根据也属于这个行为构成的满足，那么，这个教唆人的故意就必须包括在这个实行人心理中这种主观要素的存在。例如，一个应当是敲诈勒索的教唆人就必须知道，这个实行人在目的中是要以不法获取财物行为的（《帝国法院刑事判例集》第56卷，第171页）。如果这个要求人对实行人的人身认定了错误情节，以为这种行为构成的实现会是可以加以正当化的（例如，他以为这个实行人处于一种紧急防卫状态之中），那么，这种犯罪故意就取消了，也就没有教唆了。[193] 150

今天，没有争议的是，教唆人的故意必须包括由实行人完成的构成行为；[194]否则，就缺乏在各种参加人上都加以标示的对法益的攻击（对此，详见边码8以下、28、132）。这首先对代理挑衅 151

---

[189] 有争议的；有矛盾的，见 Rogall, GA 1979, 17f m. w. N.，他一方面想要让“那种表明有待实施的犯罪行为在法上的性质”就足够了，另一方面，又把对具体化的要求表示为与第26条的要求“具有同一性”的。但是，第111条所缺乏的与主行为构成刑罚范围的联系，并不能强迫导致同一的具体化的要求。第111条由于适用对象的不确定性，仅仅也在其他情况下不是教唆，并且，这种受侵害的公众安宁也总归会使得特别的量刑权衡变得必不可少。与 Herzberg, JuS 1987, 618 相反，人们因此不能从第111条中推导出在第26条中对具体化要求的结论。

[190] Schmidhäuser, LB AT², 14/103；类似的，ders., StuB AT², 10/112。

[191] Samson, JZ 1969, 259。

[192] Rogall, GA 1979, 14。

[193] 有争议，与本书一样的，见 Sch/Sch/Cramer/Heine²⁶, § 26, Rn. 19；其他观点，见 Jescheck, AT⁴, § 64 III 2 b，现在不同的是 Jescheck/Weigend, AT⁵, § 64 II 2 b；Köhler, AT, 529。如果这个实行人也认定一个正当化根据的事实条件，那么，就已经缺乏一个故意实施的主构成行为了，参见 Sch/Sch/Cramer/Heine²⁶, § 26, Rn. 19。

[194] 参见，仅仅 RGSt 15, 315；16, 25, 26；32, 353, 355；37, 321, 323；44, 172, 174；56, 168, 170；60, 21, 24；BGHZ 8, 86；BGH MDR 1954, 335；BGH GA 1975, 333；Baumann/Weber, AT¹⁰, 30 II 2 b bb；Blank, 1987, 65；Blei, AT¹⁸, § 79 I；Bockelmann/Volk, AT⁴, § 25 III 1 b aa；Eser, StrafR II³, Nr. 43, Rn. A 14；Herzberg, GA 1971, 11 ff.；Jakobs, AT², 23/16；Keller, 1989, 160, Fn. 1 m. w. N.；Kindhäuser, AT², 423 f.；Küper, GA 1974, 321 ff.；Lackner/Kühl²⁴, § 26, Rn. 4；Maurach/Gössel, AT/2⁷, 51/28；Otto, AT⁶, § 22 II 3 a；Preisendanz³⁰, § 26, Anm. 5 d；Rudolphi, Maurach-FS, 1972, 66f；Sch/Sch/Cramer/Heine²⁶, § 26, Rn. 20；SK⁷ - Hoyer, vor § 26, Rn. 24；Sommer, 1987, 45 ff.；Stratenwerth, AT⁴, § 12, Rn. 150f；Tröndle/Fischer⁵⁰, § 26, Rn. 8；Welzel, StrafR¹¹, 117；Wessels/Beulke, AT³¹, Rn. 573。

人(受雇诱人犯罪而使之被捕的暗探)具有实际意义,这名代理挑衅人引诱实行人实施一个构成行为,以便证明其有罪,并且在未遂阶段就让其被捕。同样,在这个引起人知道并且想要让实行人的构成行为归于失败,或者仅仅停留在不适当未遂之中时,也是如此。也就是说,一个人,一方面要求他人发射致命的枪弹,另一方面却暗中卸掉手枪的子弹时,他就不能由于教唆实行人实施不适当的谋杀未遂而受到刑事惩罚。在这里,在引诱人方面,就不存在对法益的攻击;因为人的生命并没有陷入危险之中。

152 对于另一种结果来说,当然就必须从罪责参加人理论以及不法参加人理论(边码16)才能得出:在一个实行人仅仅由于未遂而具有刑事可罚性时,这个引起人就已经把这个实行人也编织进不法(并且通常也具有罪责)之中了。然而,拒绝这种理论也就正好拒绝了这种结果(参见,边码21)。还有,那种由主流观点所代表的以从属性为导向的引起理论(边码26以下),从其角度出发,也不能正确地说明,为什么这种教唆人的故意必须包含由实行人完成的构成行为。一个故意引起符合行为构成的—违法的,并且,通常具有刑事可罚性的实行人的行为,在它借助要求人的意识与意志陷入未遂之中时,也是存在的。因此,从这种意见的立场出发,有时也要代表这种代理挑衅人的刑事可罚性。[195]只有在人们把参加人理解为从属性的对法益的攻击时(参见边码8,28,132),才能毫不牵强地说明这类案件的不可罚性。[196]

153 另一方面,在构成行为的完成由引起人的故意所包括时,原则上也应当认定一个应受刑事惩罚的教唆,即使这种教唆仅仅为了转换实行人的目的。也就是说,一个人,引诱一个光头党分子进行身体性虐待,或者引诱一个可能是外国势力的代理人进行叛国,以便在此后进行举报并且让其受到惩罚,这个人自己就已经由于教唆而应受刑事惩罚了。在这里,最多可以根据第34条考虑正当化。这种正当化应当根据在这里对此适用的标准来判断,[197]但是,仅仅只能在罕见的情况下才加以认定。因此,在那个光头党分子的案件中,这种刑事追诉的利益就无论如何不能评价为高于被害人身体完整性;也就是说,由于教唆的刑事处罚性是不可避免的。在叛国案件中,宁可考虑紧急状态下的正当化。这取决于对被怀疑者所作转换的分量(也就是说,首先是他未来叛国的可能性程度),以及取决于这个引起人在具体案件中引诱实行人公开的机密所具有的意义。

154 今天,这种紧急状态正当化的可能性,在毒品犯罪领域中具有重大的实践意义。在国家官员或者国家委托的人员(便衣侦探、毒品交易中的警方卧底)引起嫌疑人既遂地违反《麻醉品交易法》,以便随后能够将其逮捕,[198]在这种情况下,是否可以根据第34条考虑正当化,是一个争议很大的问题。[199]虽然对这个问题不应当给出一个统一的答案,但是本书倾向于持否定的回答。在许多案件中,在一个人如果不是受到引诱本来就不会去实施一个麻醉剂犯罪时,都缺乏一个现实的、在其他情况下可以避免的危险。在其他案件中,人们必须说,这个由国家参加或者国家促

---

〔195〕 Stratenwerth, MDR 1953, 717 ff.(不同的——在本书所代表的观点的意义上——ders., AT^4, § 12, Rn. 150); Jescheck, AT^1, 1969, 457(在AT^2, 1972, § 64 III 2 b以来就放弃了)。批评的,见Plate, ZStW 84(1972), 297 ff.。

〔196〕 同样, Kühl, AT^3, § 20, Rn. 201。

〔197〕 参见Roxin, AT 1^3, § 16。

〔198〕 在危害法治国的活动中,"诱骗人"是否有可能通过一种排除刑罚的根据或者一种程序上的障碍,取消对被诱骗人的国家刑罚要求,关于这个问题,参见Roxin, StrafverfahrensR^{25}, 63 ff.; EGMR NStZ 1999, 47 ff.。

〔199〕 对于一种正当化紧急状态的可能性,见Keller, 1989, 277 ff.(当然,仅仅在个人场合中成立,在挑拨使得对过去的犯罪行为进行惩罚应当成为可能时,也并不成立); Maurach/Gössel, AT/2^7, 51/40; Rebmann, NJW 1985, 1; Stratenwerth, AT^4, § 12, Rn. 150(没有完全清楚的态度)。相反,带有各种理由的,见Franzheim, NJW 1979, 2017; Herzog, NStZ 1985, 155; Jakobs, AT^2, 23/18; Lüderssen, Jura 1985, 119 ff.; Ostendorf/Meyer - Seitz, StV 1985, 79; Seelmann, ZStW 95(1983), 807f; Steg, StV 1981 636; Sommer, JR 1986, 486 ff.。

使参加的麻醉剂交易所产生的损害,并没有通过利用单个实行人的转换而被抵消。

当然,在许多犯罪中,首先是在毒品犯罪中(但也可能是在其他行为构成中),但是也在其他行为构成中,司法判决对既遂的刑事可罚性作出太严重的过度扩张。由此,代理挑衅人的刑事可罚性才成为问题,而这在正确地将实行人认定为一个单纯的未遂时,原本不会是一个问题的。例如,在便衣侦探从毒品贩子那里购买毒品,并且在他交付毒品时将其逮捕时,司法判决认为,出卖人基本上就已经具有了《麻醉品交易法》第29条第1款第1项的既遂构成行为。司法判决在"从事交易"中理解的是,各种"自私的、以销售为目的的活动,也包括仅仅是偶然的、一次性的或者仅仅是单纯的介绍活动"。[200] 如果人们就像联邦最高法院曾经有一次做过的那样,正确地在实行人"将毒品进一步交给消费者"时,才肯定"从事交易"的既遂(联邦最高法院,《刑事辩护人杂志》,1981年,第549页),在这里仅仅存在一种不适当未遂,并且,对此进行引诱的代理挑衅人的刑事不可罚性就不成问题了。[201] 当代理挑衅人在其挑拨犯罪时,能够关心毒品不能进入流通并且到达消费者手中时,人们毕竟应当总是仅仅认定一个从事交易的未遂。这个引起人总是会不可罚的,因为这个故意不是指向一个既遂犯罪的实施。相应地,这也适用于许多其他的行为构成。[202] 例如,引诱一名自己长期怀疑的人去诈骗补助金(第264条第1条第1款)的人,事先向政府部门报告了实行人所作陈述的不正确性,这个人在其故意中就不接受既遂的补助金诈骗;根据这些情节,这些由实行人说出来的案件事实对这个诈骗就并不"有利",就像刑法条文要求的那样。 155

除此之外,人们从参加人的刑罚根据出发,也就是从每个参加人都以参加人独立对法益的攻击为前提出发(边码8以下,27以下,132),能够推导出这样的结论:一个应受刑事惩罚的教唆一定会在这样的地方被排除的,在这里,引起人虽然想要通过实行人引起这个构成行为在形式上的完成,但是,同时又关心着不出现法益损害,想要阻止这个行为构成。[203] 这种状况,仅仅在那些法益损害的出现才既遂的行为构成中,才是可能的。对此,存在着各种立法结构上的可能性:抽象的危险犯罪1),有独立行为构成的准备犯罪和行动犯罪* 2),以及带有与法益相关的目的要素的行为构成3)。 156

1)抽象的危险犯罪

在抽象危险犯罪中,在实行人已经关心这个行为构成所要预防的危险完全不可能出现时,就 157

---

[200] BGH NJW 1979,1259;最新的稳定的司法判决是 NStZ 1999,467。

[201] 与本书一样的还有 Jakobs,AT², 23/27;Maurach/Gössel,AT/2⁷,51/36;Schünemann,StV 1985,429;Seelmann,ZStW 95(1983),807。

[202] Schwarzburg,1991,18 ff. 提供了详细的行为构成的解释(对第264条第1款第1项的解释,参见该书第53页)。

[203] 在司法判决与文献中,对这些问题的争论极为激烈。最基本的整理见 Keller,1989 的教授论文,这篇论文在所说的可疑案件中,也代表了那种教唆有待完成的犯罪的代理挑衅人所具有的刑事可罚性。在那之后,重要的是,许多论文都代表了所有可以想象到的解决方案,并且由此让混乱无章的争论状态出现了,但是,也发展了许多有建设性的角度,见:Fischer,1982;Voller,1983;Mache,1984;Mitsch,1986;Blank,1987;Drywa,1987;Sommer,1987;Lieberwirth,1990;Schwarzburg,1991。不可忽视的论文与评论有:Lüderssen,Peters - FS,1974,349;Franzheim,NJW 1979,2014;Maaβ,Jura,1981,514;Dencker,Dünnebier - FS,1982,447;Seelmann,ZStW 95(1983),797;Lüderssen,Jura 1985,113;Ostendorf/Meyer - Seitz,StV 1985,73;Schünemann,StV 1985,424;Suhr,JA 1985,629;Sommer,JR 1986,485;Geppert Jura 1997,362;Köhler,AT,531;Sch/Sch/Cramer/Heine²⁶,§ 26,Rn. 20;对于争论状况的简要概述,见:Kühl,AT³,§ 20,Rn. 203 ff.。

* 德文原文是"Unternehmensdelikte"。这个单词的字面意思是"企业犯罪",但是,《德国刑法典》第11条第1款第6项规定:"构成行为的行动(Unternehmen):其未遂与其既遂"。根据罗克辛教授的意见,本书将其译为"行动犯罪"。——译者注

必须否定刑事可罚性。[204]但是,这也必须适用于对这种犯罪的教唆人。在这里,首先是在毒品犯罪中,这个问题具有重要的实践意义。在一个代理挑衅人引起毒贩去购买毒品,然后他再根据事先约定自己买下这些毒品时(并且,就像所计划的那样,由这个警察保管),根据法律的文字,在这里就存在着一种对麻醉品的既遂"购买"的教唆(关于对从事交易的教唆问题,参见上述边码155)。但是,由于这个引起人关心不要让毒品进入流通,并且,这些毒品恰恰是脱离了流通,因此,就缺乏一种对法益的攻击,并且,拒绝一个教唆。[205]当这个便衣侦探在"建立信任的行动"中对毒品交易进行教唆,从而使毒品成功地进入流通并且到达消费者手中时,情况就有不同。在这样一个别案件件中,他引起了《麻醉品交易法》第29条想要阻止的犯罪;并且,让这个实行人转换这种方式的目的,并不会由于教唆而对刑事可罚性有任何改变(对于第34条,参见边码154)。

2)有独立行为构成的准备犯罪和行动犯罪

158　不具有刑事可罚性的还有对有独立行为构成的准备犯罪的教唆,只要引起人不想让这个涉及准备犯罪的行为进入这个行为构成的完成。[206]例如,在第149条中,"预备伪造金钱或者有价票证"就是这样特别地处于刑罚之下。当有人引诱实行人以第149条规定的方式进行行为时,就会由于预备伪造金钱或者有价票证而应当受到刑事处罚。但是,在引起人不想让其进入伪造金钱或者有价票证的既遂时,例如,他及时报告了警察时,那么,就不应当受到刑事处罚。当这个人在其故意中虽然接受了实行人的未遂而没有接受这个构成行为的既遂时,他就已经是不不具有刑事可罚性时,那么,当这个人的故意没有通过实行人超过预备真正的法益侵害时,他就更不具有刑事可罚性了。预备行为在行为构成上的独立性,在缺乏对法益的攻击中并不能改变什么,因为这种预备性行为构成是与侵害性犯罪的法益联系在一起的。这种类型的预备行为在法律中并不少见(参见,还有第83条、第234a条第3款、第275条、第310条、第316c条第4款)。

159　对于这个缺乏法益侵害故意的引起人不具有刑事可罚性,还可以谈论以下情节:这种类型的许多犯罪,在阻止这种"预备性构成行为的实施"时,都规定了无刑事可罚性。但是,对事后阻止所适用的规则,必须同样是对那种从一开始就计划的无既遂性也适用。[207]

160　还有,在数量众多的根据第11条第1款第6项把未遂与既遂组合在一起的**行动犯罪**[208]中,在引起人仅仅想要其达到未遂时,也同样是不具有刑事可罚性的。[209]在这类案件中,与总是发生的情况一样,在引起人的故意没有超出未遂时,就缺乏一种对法益的攻击。[210]

3)带有与法益相关的目的要素的行为构成

---

[204] 详见Roxin,AT 1^3,§ 11,Rn. 119 ff.。在这里,对于拒绝或者赞同这个危险来说,能够追溯到过失理论的基本原则上去(详见LK[11] – Roxin,§ 26,Rn. 74)。

[205] 对此的基础性论述,参见Schünemann,StV 1985,429,他正确地认为,这种一般的信条学概念"在这种诱人犯罪者的案例中,找到了一个广泛的与典型的适用范围"。但是,反对的意见有Maurach/Gössel, AT/2^7, 51/41。也参见Roxin, AT 1^3, § 11, Rn. 119 ff.。

[206] 详见,还有说明的根据,见Mitsch,1986,202 ff.。

[207] 在一些罕见的案件中,虽然出现了一种(有限的)损害,立法者甚至仍然允许一种中止(第314a条第3款第2项!)。在这里,当这个代理挑衅人从一开始就计划仅仅阻止进一步的损害时,也就是说,在他例如虽然要求的是放火,但是同时关心的是,这个火一旦燃起后,在没有造成进一步损失时就会被熄灭的时候,人们就会甚至必须把这个代理挑衅人视为不具有刑事可罚性的。对此,参见Jakobs,AT^2,23/17。

[208] 参见Roxin,AT 1^3,§ 10,Rn. 124。

[209] 对于这种实施型犯罪与对那种相应的有待处理的"不纯正的实施型犯罪"(例如,在第292条中的"追捕猎物")的论述,详见Mitsch,1986,191 ff.。

[210] 对于刑事可罚性,见Keller,1989,237:"这种实施型犯罪是既遂型犯罪,这一点在它们的未遂相似性前……具有优先性。"

带有与法益相关的目的要素的行为构成，在《德国刑法典》中属于最有名的（第146、164、242、257、265、267、288条）。在没有目的的实现时，根据案件情况，其中就仅仅存在着一个未遂（甚至仅仅是一个预备），“这种目的仅仅形成立法者对既遂犯罪的规定技巧而已”。[211] 例如，一个制作了虚假文书的人，只是为了在法律交往中进行欺骗的目的而没有干别的，根据第267条，就已经干了一个既遂的犯罪。但是，在这样一个别案件件中，所保护的法益（“证据流通的纯洁性”）并没有受到损害。这种损害只会通过为了欺骗而使用这个文书时才出现；制作文书只是这种损害的预备。当代理挑衅人虽然引起了不真实文书的制作，但是在其故意中并没有接受对证据流通的损害，例如，他对受骗人说明了这种虚假性，这样，让代理挑衅人不具有刑事可罚性就也符合这种检验结果。当实行人在这里使用了这份虚假文书时，就只存在着一种对法益侵害的不适当未遂。也就是说，这个代理挑衅人没有进行对法益的攻击，因此必须处于无罪。 161

相应地，这也适用于其他目的犯罪。如果有人引起其他人去实施诬告（第164条），并且在此知道，因为真正的罪犯已经被抓获并且坦白了自己的罪行，[212] 所以被不法指控的人并不会进入官方的程序之中，这时，虽然对诬告人应当根据第164条进行刑事处罚，但是，这个要求他这样做的人本身却并不能由于教唆而受到刑事惩罚。相应的，在代理挑衅人引起实行人伪造货币（第146条第1款第1项），但是成功地不让这些假币进入流通，而是想要通过通知警察而在事先将其逮捕时，这个代理挑衅人也是无罪的。 162

这些所描述的原则，在盗窃的行为构成中可能具有重要的实践意义。当然，如果代理挑衅人让其所教唆的小偷在未遂阶段就被捕，那么，就应当承认其不具有刑事可罚性（参见，边码8以下，28，132，152）。在这种逮捕应当在拿走之后才进行，但是财产所有者和受托管理人已经同意这样一种计划时，这也是适用的；在这种情况中，也仅仅保留在未遂之中。[213] 但是，在代理挑衅人没有事先征求有关人员的同意，而是想让这个实行人或者受其引诱的实行人直接在这个构成行为完成之后就加以逮捕时，就存在着激烈的争论。例如，有这样一个别案件例：有人为了将一个盗窃团伙一网打尽，就引诱其头目侵入一个珠宝商的家中盗窃，同时，让警察包围了这所房子，从而使这些盗贼在带着赃物离开这所房子时被逮捕。在这里，这些盗贼们已经既遂地实施了第244条第1款第3项的构成行为。但是，人们仍然必须认定这个代理挑衅人不具有刑事可罚性。[214] 这种违法私自占有是以**持续地**剥夺所有人的财产为前提的，并且，在引起人想要让实行人一旦既遂就马上被捕时，这也并没有被引起人的故意所包括。[215] 他想要的仅仅是一个短暂的（本身不具有刑事可罚性的）临时使用（furtum usus）；对珠宝商的财产所作的法益性攻击是他所不具有的。克拉默[216] 说：“在对盗窃的教唆中，不能取决于这个教唆人在实施过程中是否追求逮捕这个实行人，也不能取决于他是否想要直接在完成这个构成行为之后有目的地重新取回小偷所窃取的财物”，这时，那种在他那里更多地是从法感情中引导出来的命题，从此就能够在信条学上也是令人信服的。 163

在一定意义上，这种与法益相关的目的并不是从属性的：这个教唆人虽然自己不需要具备这种目的，但是，实行人具有这种目的而教唆人知道这一点的，也还是不够的，相反，这个教唆人必 164

---

[211] Herzberg, ZStW 88 (1976), 95。

[212] 类似的例子，参见 Herzberg, ZStW 88 (1976), 96。

[213] Roxin, AT 1^3, § 13, Rn. 2, 5, 47。

[214] 对于代理挑衅人的刑事可罚性，详见 Mitsch, 1986, 222 ff.；但是，与本书相同的，见，例如，Jakobs, AT^2, 23/17。

[215] 在人们不跟随这个论点时，就只能根据第34条来考虑这个诱人犯罪者的正当化了。

[216] Sch/Sch/Cramer/Heine^{26}, § 26, Rn. 20。

须自己有意识并且有意志,这个实行人能够实现这个行为构成所要求的目的时,才是足够的。[217]如果这个故意不是指向与法益相关的目的的实现,那么,就缺少每个参加人都必须具备的对法益的攻击。但是,这当然不是最终被说清楚了,并且仍然有着较大的争议,尤其是因为迄今为止,司法判决还几乎没有涉及这个重要的问题。

165 相反的立场认为,教唆人虽然必须想要故意导致构成行为的完成,但是不需要故意导致实现实行人与法益相关的目的。凯勒[218]最为透彻地论述了这一立场。在他看来,在引起人的故意不是指向实现相关的目的时,对引起人免除刑罚,"实行人的责任就表现出一种态度责任(Gesinnungshaftung)的倾向。在实行人由于已经完成的目的犯罪而受到刑事惩罚,并且,这个教唆构成行为的挑衅人却保持不受处罚时,这就会否定这个实行人出于法益保护的理由而承担责任的,因为这个参加人的不受处罚表明,法益保护并不要求在原则上禁止为目的所指引的行为。"对于实行人来说,刑事可罚性被前移了,在这一点上是正确的;在完成构成行为时,真正的法益损害还没有出现。但是,这也是未遂的典型状况,却没有人将其视为态度责任。因为这样一种准未遂会由于缺乏法益损害的意志而不存在于教唆人之中,所以,对其不予处罚是顺理成章并且符合刑事政策的。因为教唆人与实行人一样都处于相同的刑罚范围之中,所以,对他在主观方面要求的条件如果大大少于实施人,就会是很不适当的。

166 当然,根据本书所代表的观点,在行为构成带有不是与法益相关的目的时,例如,诈骗(第263条)与敲诈勒索(第253条),情况就不一样了。在有人要求其他人实施诈骗,并且由此在自己的故意中包括被害人的财产损失,但是不包括使实行人或者其他人获得财物时(例如,他的出发点是,这些通过欺骗获得的财物在其被拿走之前,就会在预定地点成为爆炸的牺牲品),那么,在引起人中就存在着一种对法益的攻击;他想要使相关人员遭受财产损失。这对于教唆人来说就一定足够了;[219]这种非法牟利的目的(die Bereicherungsabsicht)对于教唆人的值得刑事惩罚性来说并不重要,对于这种犯罪类型(作为取得财产型犯罪的诈骗)才是重要的,但是,这总是仅仅需要存在于实行人的人身之中。

(六)教唆的特殊形式

1. 结果加重犯罪中的教唆[220]

167 在结果加重犯罪中,在引起人故意地确定实行人去实施故意的基本犯罪,并对加重结果至少具有过失时,教唆是有可能的(《联邦最高法院刑事判例集》第2卷,第223、225页;第19卷,第

---

[217] 基本的论述见 Herzberg, ZStW 88(1976), 95 ff.; ders., JuS 1983, 742 ff.; ders., GA 1991, 151 ff.。同意的,见 BGH NStZ 1996, 384; Jakobs, AT^2, 23/17, 19, 20; Kühl, AT^3, § 20, Rn. 197; 基本上同意的,见 Mitsch, 1986, 213 ff.。不太走远的是 Herzberg 的努力,他想从第28条中而不是从缺乏一种法益攻击中得出这个结论。(对此,参见 Roxin, Stree/Wessels-FS, 1993, 374 f.; ders., LK^{11}, § 28, Rn. 30 ff.)。

[218] Keller, 1989, 212-236(236) m. w. N.; 关于反批评,见 Jakobs, AT^2, 23/20, Fn. 20。

[219] 参见,首先是 Maaβ, Jura 1981, 514; Mitsch, 1986, 216 ff.; 但是, Jakobs, AT^2, 23/20 在这个案件中认为不具有刑事可罚性。

[220] 在他的论文"Die Teilnahme am erfolgsqualifizierten Delikt", JA 2000, 511 中, Kudlich 对这个主题,特别为学生与候补官员们(Referendare)提供了一个有趣的概述,并且,为此也为笔试与家庭作业提出了结构性建议。

341页以及注释。克拉默,《法学家报》,1965年,第32页)。[221]也就是说,在甲要求乙用大啤酒杯打丙的头时,两人都过失地没有认识到,丙有可能,就像事实上发生的那样,被打死的,那么,乙将根据第227条而受刑事惩罚,而甲也会由于教唆而对此受刑事惩罚。在这里,不管实行人自己是否也是过失地行为的,都不会影响对教唆人的惩罚。如果实行人是以间接故意导致了这个死亡结果,那么,他就应当根据第212条承担责任,同时,对甲就会仅仅由于对第227条的教唆加以判处(乙的杀人故意本身就包括了身体伤害的故意)。当然,被害人的死亡是这种构成行为的结果,是教唆人在其故意中加以接受的(《联邦最高法院刑事判例集》第2卷,第223、226页;联邦最高法院,《法学家报》1986年,第764页)。一个要求殴打被害人的人,在实行人射杀了被害人时,也就是说,是不能根据第227条受到惩罚的。也就是说,实行人过限的原则(边码109以下)也适用于这种案件。如果教唆人预见到出现的严重结果与实行人不同(如根据第226条),那么,他就应当根据第26条与第226条受到惩罚,即使实行人本人只能为一个根据第223条即第224条的行为构成来承担罪责。在结构上,所有的这些结论都是基于这样的认识得出的:这个局外人的举止行为,就显示为对带有在严重结果方面具有最低过失的(同时的)实行人的基本犯罪的教唆。[222]

2. 对义务犯罪及亲手犯罪的教唆

对于那些教唆人自己不可能成为实行人的犯罪,教唆人也是可能的。这主要适用于义务犯罪(第25节,边码267以下),但是,也适用于亲手犯罪行为(第25节,边码288以下)。因为参加人独立的对法益的攻击只能以从属的方式(也就是通过实行人的人身)来产生,所以,只要这种攻击指示出这种特征,"实行人",但不正好是刑事可罚性的要素,就足够了。对于教唆人,只考虑根据第28条的减轻刑罚(对此,第27节,边码2);这样一种减轻可能性的存在就已经表明,立法者会立即支持一种参加人的。 168

认为一个人只能在他表现出实行人的特征时才能是参加人的观点,只能从纯粹的引起理论的立场出发才能得出内部合乎逻辑的结论。这种理论认为,独立的行为构成的完成是由参加人实现的,并且由此进一步要求,在其中,实行人要素的存在是条件(参见边码15)。但是,这种理论与现行法律并不一致,因而受到否定(边码12以下)。 169

3. 对不作为犯罪的教唆

不作为是义务犯罪的一种特殊表现形式,对不作为构成行为的教唆也是完全没有问题的。也就是说,如果有人要求父亲不去救助面临烧死威胁的儿子,那么,根据当时的情况,这个父亲就应当由于不作为的杀人罪而受到刑事惩罚,而这个局外人就应当由于教唆而受到刑事惩罚。阿明·考夫曼(Armin Kaufmann)以及紧接着他的韦尔策尔[223]都不同意,认为对不作为的教唆是 170

---

〔221〕 同样,见 Baumann/Weber, AT^{10}, § 30 II 1 b; Eser, StrafR II^{3}, Nr. 43, Rn. A 23; Hirsch, GA 1972, 76; Jakobs, AT^{2}, 22/29; Jescheck/Weigend, AT^{5}, § 64 II 4; Kindhäuser, AT^{2}, 384; AK – Pae ff. gen, § 18, Rn. 129(限制在轻率中); Rengier, 1986, 249 ff.; SK^{7} – Rudolphi, § 18, Rn. 6; Schmidhäuser, LB AT^{2}, 14/128; ders., StuB AT^{2}, 10/129(同时产生故意与过失的参加人); Sch/Sch/Cramer/$Heine^{26}$, § 26, Rn. 22, § 18, Rn. 7; Tröndle/$Fischer^{50}$, § 26, Rn. 16。

〔222〕 因此,还有 BGHSt 19, 142; 在文献中,仅仅参见 Sch/Sch/Cramer/$Heine^{26}$, § 26, Rn. 22, § 18, Rn. 7。还不能得到贯彻的偏离方案,见 Gössel, Lange – FS, 1976, 219 ff.; Maurach/Gössel, AT/2^{7}, 51/51; Hanack/Sasse, DRiZ 1954, 217; Oehler, GA 1954 33; Seebald, GA 1964, 161; Ziege, NJW 1954, 179。类似的还有 Schroeder, JuS 1994, 846, 849 zu § 315c, 但是,他想要把这两部分结合成一个对故意—过失结合体的教唆。

〔223〕 Armin Kaufmann, 1988, 190 ff.(下面的引文是191); Welzel, $StrafR^{11}$, 206。

“不可想象的”：“因为缺乏‘不作为的故意’，因而，也不能符合教唆的本质特征，也就是说，不能唤起对构成行为的决定。”这种观点以目的论原理（finalistisches Axiom）为基础，认为故意存在于对因果发展过程的操纵中，而这是不作为所缺乏的。然而，因为立法者已经毫无疑问地从故意的不作为犯罪的出发（参见，第13条，第138条，第323c条），所以，对不作为故意来说，实行人有意识地不介入因果发展过程，并且，在这里至少对出现符合行为构成结果的可能性予以容认的，就一定足够了。

171 除此之外，考夫曼与韦尔策尔的理论也还会导致不能容忍的结果。〔224〕根据这种理论，教唆不要进行救助的，在遇难人当时如所预见的那样死亡时，就应当是实行人通过作为实施的杀人。但是，这种结论与行为控制理论不相一致，并且最终将导致应当被否定的纯粹的引起理论（对这种解决方案的批评，参见边码13）。此外，根据这种观点，在义务犯罪中，还会出现令人不能容忍的刑事可罚性漏洞。例如，在一个非义务人（Extraneus）引起别人以不作为的方式实施背信（Untreue）（例如，不实施必要的照管财产）时，根据这种观点，他就不能受到刑事处罚：由于在实行人在想象中缺乏故意，因此不能成立教唆；由于要求人缺乏身份，也不能成立实行人。这种结论是不可接受的。

4. 教唆中的单数与多数

172 对实行人多次实施影响性行为，应当使其确定这个构成行为的，仅仅成立**一个**教唆。当有人连日游说另一个人，直到他确认了这个无理要求的构成行为时，这个人也的确仅仅实施了**一个**教唆。在有人通过一个单数的要求引起了多个独立的犯罪，或者在他通过这样的要求引起了多个实行人实施犯罪时，也仅仅存在着**一个**第52条意义上的（行为单数的）教唆。这个教唆人的“构成行为”就是他的教唆行为，而不是这个实行人或者这些实行人可能多次独立完成的行为构成。早期，从属性原则经常引导出由态度代表的观点，从而使很多真正竞合的教唆就应当像实行人的构成行为一样而得到认定；〔225〕今天，这种观点已经被放弃了。〔226〕

5. 教唆中的实行人与参加人

实行人与参加人的不同形式，在教唆中，与在实行人的构成行为一样，完全是可能的。

（1）共同实行人性质的教唆

173 例如，在多人根据事先约定，共同游说实行人，使其确定了对构成行为的“分工角色”。这种第25条第2款安排的作为“实行人”的惩罚，不仅涉及分则的行为构成，而且涉及参与的形式；这种教唆也是第25条第2款意义上的“犯罪行为”。〔227〕当然，共同实行人的一般条件（参见，第25节，边码188以下）也必须得到满足。例如，在缺乏共同行为计划（就是教唆计划），并且，各种人各自独立地通过其要求而将这个实行人带入一个构成行为的决定之中时，在共同原因性的条件下，在每个个人中就存在着一种同时实行人性质的教唆。

174 本书所代表的也是主流的意见〔228〕，受到格塞尔的反对。〔229〕他主张，这种教唆人不是实行

---

〔224〕 与 Kaufmann 进行的详细的批判性争论，见 Roxin，Täterschaft[7]，2000，510－525；Stree，GA 1963，1 ff.，这是不依赖于此而得出的同样结论。这些提到的文献（除了 Welzel 之外）都对 Kaufmann 提出了批评。

〔225〕 因此，也见 RGSt 38，26，27；51，97，101。

〔226〕 RGSt 70，26；70，334；70，344；BGHSt 37，219；BGH StV 1983，456；BGH NStZ 95，126；但是，也参见 Baumann/Weber，AT[10]，§ 30 IV 4。

〔227〕 参见 RGSt 13，121，123；53，189 ff.；71，23 ff.；RG HR R 1941，Nr. 727；BGH MDR（D）1953，400。

〔228〕 与本书一样，见 Jescheck/Weigend，AT[5]，§ 64 III 2 a；Lackner/Kühl[24]，§ 26，Rn. 8；Sch/Sch/Cramer/Heine[26]，§ 26，Rn. 6；Stratenwerth，AT[4]，§ 12，Rn. 222。

〔229〕 Maurach/Gössel，AT/2[7]，50/130。

人,并且,不是实行人的人,也就不可能是共同实行人。然而,这种教唆也是一个"犯罪行为",并且处于第25条第2款的字面范围之中,因此,就像在其他犯罪行为中一样,一种共同实行人性质的实施,是完全有可能的。另外,这个争论的问题,在实践中的意义很小。在人们拒绝共同实行人性质教唆的可能性时,任何对实行人以实施犯罪的目的施加影响的人,本身就是教唆人,或者至少是帮助人。

(2)间接实行人性质的教唆

教唆行为也能以间接实行人的方式实施。例如,当有人在第35条的条件下强迫一个第三人对他人进行教唆,或者当他通过一个受欺骗的构成行为中介人而引起实行人作出一个构成行为的决定(对于间接实行人的条件,参见第25节,边码45以下)时,教唆就存在了。如果人们像格塞尔(理由参见边码174)〔230〕一样,否认间接实行人中具有教唆的可能性,那么,人们就必须认定一个直接的教唆,因为通过幕后人"对构成行为的确定"在任何情况下都存在,这就导致一种相同的结局。当然,根据本书的观点,在间接教唆人认识到其客观存在的支配性时,才要考虑间接实行人;反之,他就缺乏这种行为控制(参见,第25节,边码158)。在这个幕后人错误地认定"这个中介人了解整个别案件件事实"时,〔231〕从这个幕后人方面来说,就仅仅存在一个未遂的教唆。 175

(3)连环教唆

特别常见的一种情形是对教唆的教唆,即所谓的连环教唆。例如,甲劝说乙,让其教唆丙去伪造文书。在这样一种"连环"中还能够有许多人,例如,在一个幕后人的犯罪指示经过多人的传达后才成功地到达实行人那里。〔232〕这种连环教唆将作为对主行为的教唆而受到惩罚。〔233〕这也是正确的,因为在链条中的每个成员都通过其贡献对这个构成行为(共同地)加以确定。这个离得较远的教唆人不需要具体认识每个"中间教唆人",也不需要具体认识这个实行人(《联邦最高法院刑事判例集》第6卷,第359页与联邦最高法院,《刑法新杂志》第94卷,第29页)。当然,对这个链条中每一个单个教唆人来说,他们对教唆故意确定性(对此,详见边码133以下)的要求必须详细加以审查。在每个中间教唆人中都必须存在这种教唆的要求特征(边码74以下);那些作为送信人出现的中间人就仅仅是帮助人。 176

近来,由于对教唆处以与实行人相同的刑罚,越来越多的观点正在努力主张,应当限制对这些假定具有较低值得刑事惩罚性的连环教唆的刑事可罚性。杨斯(Janβ)〔234〕认为,这个教唆人(即使通过送信人也一样)必须"直接出现在与实行人的联系中"。实行人必须知道,"谁提出这个说明,他与谁'串通一气'"。以相似的方式,西佩尔(Sippel)〔235〕将教唆确定为"通过一个教唆人……在另一个人中有目的地引起对构成行为的决定,这个教唆人本身明显地知道这个主实行人"。对于这两位学者来说,也就是说,最早的以及中间的匿名教唆人都不是教唆人(最多是帮助人);这就在很大程度上导致了否定连环教唆的结果。这并不值得赞同。首先,在这里没有注意到,立法者是承认连环教唆的(参见,第30条第1、2款:"实施一个重罪或者教唆重罪")。其 177

〔230〕 Maurach/Gössel, AT/2[7], 50/131;与本书一样,见 Jescheck/Weigend, AT[5], § 64 II 2 a; Stratenwerth, AT[4], § 12, Rn. 222。

〔231〕 BGHSt 8, 137, 139 m. Anm. 。Gallas, JR 1956, 226。

〔232〕 关于连环教唆的详细论述,见 Schwind, MDR 1969, 13; D. Meyer, JuS 1973, 755;此后首先是 Janβ, 1988 较新的博士论文,与 Sippel, 1989。否定连环教唆的观点,见 Maurach/Gössel, AT/2[7], 50/132－137,在那里,"大部分"(Rn. 137)都肯定了一个对主构成行为的直接教唆,从而就导致了同样的结论。

〔233〕 BGHSt 6, 359; 7, 237; 8, 137; 14, 157; BGH NStZ 95, 126。

〔234〕 Janβ, 1988, 173。

〔235〕 Sippel, 1989, 82。

次,下列事实也没有得到注意,正是在犯罪组织中,真正的幕后操纵人经常是从幕后发出指示的。正是这个最危险的人("幕后老板")使犯罪发生了,而仅仅因为他对实行人隐瞒了身份就享有特权,这是错误的。

(4)对教唆的帮助与对帮助的教唆

178 对教唆的帮助("帮助人把主实行人带来听教唆人的话")与对帮助的教唆("教唆人向一个武器持有人支付金钱,使其把武器借给主实行人"),[236] 同样只能作为对主行为的帮助进行惩罚。[237] 在这两种案件中,进行帮助的人或者进行教唆的人都没有激起任何构成行为的决定,而仅仅是间接地促进了这个构成行为。

(七)对教唆人的惩罚

179 教唆人要"像实行人一样"受到惩罚,也就是说,处于与实行人相同的刑罚威胁之下。当然,这并不排除这样的情况,即在个别案件中,由于一般量刑规则(第46条)的使用,会对实行人处以重于教唆人的刑罚,或者对教唆人处以重于实行人的刑罚。如果这个构成行为存在于未遂之中,那么,对实行人减轻处罚的可能性(第23条第2款)就也适用于教唆人。

180 在竞合理论中,较轻的参与人形式相对于较重的形式,总是辅助性的(关于辅助性的概念,参见第33节,边码190以下)。在这里,教唆尽管具有相同的刑罚幅度,但是,相对于实行人来说是一种较轻的参与人形式,因为教唆的未遂与实行人的未遂(第30条)相比,要具有小得多的刑事可罚性。因此,教唆面对实行人的各种形式,也同样是辅助性,[238] 就像帮助面对教唆一样。[239]

181 把教唆置于与实行人同等的刑罚幅度中,在刑事政策上是否有合理根据,是存在争议的。无论如何,较新的理论从这种同等性中推导出这样的合理根据:应当对教唆的概念进行限制性解释,并且,限制在至少是与实行人类似的值得刑事惩罚性的案件上。这在许多案件中都是有合理根据的;在单纯的考虑与创设构成行为的引诱因素被排除在教唆人的概念之外时(边码74以下),或者在与法益有关的目的中根据对法益攻击的必要性来进行安排时(边码161以下),情况就是这样。但是,其中有些努力却不再与法律相一致,并且是不符合目的的;在对教唆直截了当地要求实行人依赖于教唆人时(边码88以下),或者在以下列方式要求教唆人具有优势地位时,即他必须对实行人要么在知识上驾驭,要么在"意愿性支配"上时(边码144以下),情况就是这样。

182 与此相对,人们必须由此出发,立法者虽然对教唆人要求存在着对构成行为的实施的要求,但是,在教唆中并不能进一步牵强附会地要求具备知识上的或者意愿上的条件。立法者在教唆人较轻微的临近构成行为的地方,看到这样的补充:教唆人通过自己的要求为构成行为的实施提供了"原动力(Initialzündung)"。[240] 但是,不能混淆的是,对构成行为的这种单纯的"确定"(在其中,没有共同提供构成行为计划,没有支付酬金,也没有施加压力),在相同条件下(ceteris paribus),并不产生与实行人相同的值得刑事惩罚性。有些案件表明,帮助人更接近实行人,就像区分教唆与帮助的困难中所展示的那样(边码67以下、95以下、102以下)。因此,就像《刑法典

---

[236] 两个例子都源自 Jakobs, AT^{2}, 22/30,他也在结果上与此相一致了。参见,还有 Lackner/Kühl^{24}, § 26, Rn. 8; vor § 25, Rn. 13。

[237] BGH NStZ 1996, 562。

[238] RGSt 33, 401; 44, 208, 211; 62, 74 f; 63, 133 ff.。

[239] BGHSt 4, 244。

[240] Schulz, 1980, 145。

选择性建议》第 28 条第 2 款所建议的那样，对教唆人规定选择性的减轻刑罚，会是更正确的。尽管如此，这个立法规定应当加以接受，而不是像在平等原则或者符合比例原则的观点下是可以在宪法上争论的。教唆人在可能的情况下具有的较轻的值得刑事惩罚性，能够在量刑中得到平衡。〔241〕

三、帮　　助

立法者在第 27 条中，把帮助规定为对一种符合行为构成—违法的并且是故意的构成行为故 183
意地提供帮助。也就是说，其核心准则是通过那个未予进一步说明的“提供帮助”的概念来标记的。我们展开这个因素，把**帮助**理解为**一个对符合行为构成的结果所作的在因果性上的、在法上不容许的风险提高**。〔242〕区分帮助人与间接实行人和教唆人的部分困难的问题，已经在此之前处理过了（第 25 节，边码 10 以下，188 以下；第 26 节，边码 65 以下，95 以下），因此，在这里不再需要对这些问题再加以论述。

（一）帮助的因果性

1. 我的观点

每种帮助都必须——在这里首先单独处理的作为性犯罪（Begehungsdelikten）中——对结果 184
是原因性的。〔243〕这个要求是这样得出的：对**每个**完成的作为性犯罪行为（也就是说包括帮助）来说，因果性是归责的基本条件。〔244〕当然，帮助对于结果不需要是等值条件意义上的因果关系。帮助对于结果**可以**是一个不可或缺的条件：例如，帮助人为他人提供了无法得到的备用钥匙，而本来如果没有这把钥匙，小偷是不可能打开保险箱的。但是，这不是一定的：一个为入室小偷扶住梯子的人，是提供了帮助，然而即使没有这种帮助，实行人也会以其他方式固定住梯子，无论如何都会成功地进入房间的（还参见，边码 213）。对于这种因果性来说——就像本书在这里与别处论及的那样——〔245〕只要这个贡献对于那个结果来说，在其完全具体的形态中，在包括导向那个结果的全部中间因素的情况下发挥了影响的，这就足够了。也就是说，如果没有这个帮助人，

〔241〕　刑法改革特别委员会是这样，BT – Drucks. V/4095，13。关于刑事政策的问题，参见对 §§ 28，29 AE Anm. 3 说明的根据；此外，见 Roxin，[2]1975，33；Schroeder，1965，202 ff.；Gallas，ZStW 80（1968），32 ff.；Armin Kaufmann，ZStW 80（1968），37。

〔242〕　关于国际刑法中的帮助，见 Ambos，2002（619 ff.），他在书中代表的方案也出现在国际刑法之中。

〔243〕　因此，见 Claβ，Stock – FS，1966，115 ff.；Dreher，MDR 1972，553 ff.；Samson，1972，55 ff.；ders.，Peters – FS，1974，121 ff.。出于评论性的与教科书的文献，见 Bockelrnann/Volk，AT[4]，§ 25 III 2 a；Jescheck/Weigend，AT[5]，§ 64 III 2 c；Joecks[3]，§ 27，Rn. 7；Lackner/Kühl[24]，vor § 27，Rn. 2；Maurach/Gössel，AT/2[7]，52/18 ff.；Mezger，StrafR，31949，411；SK[7] – Hoyer，§ 27，Rn. 3；Schmidhäuser，LB AT[2]，14/143；ders.，StuB AT[2]，10/146；Sch/Sch/Cramer Heine[26]，§ 27，Rn. 10；Tröndle/Fischer[50]，§ 27，Rn. 2；Welzel，StrafR[11]，119。联邦最高法院也在民事案件中（NJW 1988，2794）也按照因果性进行安排：“一个帮助行为在客观上产生的是那种其行为对于主构成行为是原因的，并且，使侵害法益成为可能的”（出处同上，第 2797 页）。这种因果性是否应当是一种帮助的必要条件，当然还没有定论。

〔244〕　参见 Roxin，AT 1[3]，§ 11，Rn. 1。

〔245〕　Roxin，AT 1[3]，§ 11，Rn. 17。

入室的方式与方法就会不同,这就足够了。在没有这个帮助人的贡献,这个结果的最终结局也同样会出现时,就对因果性没有改变:就像事件的实际经过那样,这是通过扶住梯子共同造成的;这种在可能的情况下会出现在真实因果过程中的假定的因果过程,对于这种因果性是无关紧要的。

185　克拉斯(Claβ)[246]发展了这个理论:对于这种帮助来说,一个共同作用,一个修正性的因果性(Modifikationskausalität)就足够了,例如,在有人为入室者提供手套,以便后者能更好地打碎窗玻璃时,这种因果性就存在了。在这里,他谈论的是一种"被低估效果的因果部分",是一种"**支流性的或者加强性的因果性**"。人们可以对它这样描述,不过,由此——与克拉斯认为的不同——并没有表达出这种帮助的因果性特点。更准确地说,这也完全适合于等值理论的运用(详见,罗克辛,《德国刑法学　总论》第1卷,第三版,第11节,边码16以下)。[247]当然,与实行人相比,单纯"共同作用"的因果性在这种帮助中更经常地出现,因为这种因果性必需是以一个对构成行为作出决定的实行人,以及由此以一个涌向这个结果的核心因果因素为条件的。

2. 司法判决的促进公式

186　与此相对,从帝国法院的司法判决开始以来,司法实践就处于这样的立场之上:即这个帮助对于这个结果来说不是原因,而仅仅必须是促进这个结果的出现就可以了。[248]在《帝国法院刑事判例集》第58卷,第113页以下(第114/115页)的那个主导性判决中说:"主行为的结果通过帮助活动在原因上共同发生影响与促进或者变得容易,不是……必要的。那种一次性提供的帮助所具有的行为构成,不会由此被排除,以至于这种帮助活动对于那种借助其想要得到的、在实际上出现的结果并没有影响时……这个帮助人通过其提供的帮助而支持或者促进主行为的单纯目的,当然对认定一种……具有刑事可罚性的帮助是不够的。必须补充的是,这个实现了犯罪行为构成的行为,在其结束之前的某一个时间点上,就已经通过这个帮助人的活动(das Tätigwerden),在实际上受到了促进。"联邦最高法院,《德国法月报(达林格)》,1972年,第16页,并没有重新考虑这个问题,而是以类似的方式确定,一个对实行人提供保障的支持"也是符合行为构成的帮助,即使它不是这个结果的原因"。"这个帮助活动促进了主实行人的行为或者使之变得容易",这就足够了。

187　这个司法判决仅仅获得了零星的赞同,[249]但是,最主流的意见不能改变它对因果性要求的坚持。在实际上,争论涉及的可能是表面问题。在"实现犯罪行为构成的行为……必须在实际上得到促进"时,所提供的帮助对于那个包含在那些通往结果本身的中间因素的形态内的具体结果来说是必要的,就也是原因;否则,就不能说对一个行为构成行为的促进。在几十年前,梅茨

---

[246] Claβ, Stock - FS, 1966, 115 ff.(引文是125f)。

[247] 还有,Jakobs, AT^2, 22/35, 在这种"特别结构中……看不到在清晰性上的好处";此外,参见 Samson, 1972, 61 ff., 64 ff.; Bloy, 1985, 277 ff.。

[248] RGRspr. 4, 464; 9, 149; RGSt 4, 95 f.; 6, 169 f.; 8, 267 f.; 13, 265 ff.; 27, 157 f.; 28, 266 f.; 51, 136, 141; 67, 191, 193; 71, 176, 178; 73, 53; 75, 112 f.; BGHSt 8, 390; BGH VRS 8 (1955), 201; 23 (1962), 209; BGH MDR (D) 1967, 173; BGH MDR 1972, 16; BGH StV 1981, 72; BGH DAR 1981, 226; OGHSt 1, 321, 330; 2, 23, 44; BayObLGSt 1959, 132, 138; OLG Freiburg JZ 1951, 85; OLG Hamburg JR 1953, 27; OLG Hamm HESt 2, 244。司法实践的好总结,也见 Samson, 1972, 55 ff., 与 Dreher, MDR 1972, 553 ff.。

[249] Binding, 1915, 311; v. Hippel, StrafR II, 462; H. Mayer, LB AT, 323; Sauer, AT, ^{3}1955, 223; v. Weber, 1948, 72; ders., JZ 1951, 85; Wegner, 1926, 237。在当代的文献中:Blei, AT^{18}, § 80 II 2 b; Krey, AT/2, Rn. 297; Wessels/Beulke, AT^{31}, Rn. 582。

格尔(Mezger)[250]就已经表明,在这个由帝国法院借助促进公式决定的案件事实中,到处都提出了等值理论意义上的因果性:“也就是说,共同影响行为样态(特定案件中的方式与方法)的那些,对结果来说也就是真实的原因。”

联邦最高法院的司法判决也提出了同样的情景。例如,因为被告人的消息对一个“佯装的购买者”在“事件的进一步发展上并没有影响”,使得一种促进被拒绝时(联邦最高法院,《刑事辩护人杂志》,1981 年,第 72 页),也就缺少了因果性。[251]另一方面,在明显存在一种因果性时,这个促进公式就被利用了。在一辆汽车的女驾驶员根据两名坐在车内的抢劫者的要求,在他们抢劫一名女乘客时继续行驶(而不是停下来),从而使被害人的叫喊不会被人听到并且使外人没有机会进行干预时,肯定一种帮助就是正确的(联邦最高法院,《德国汽车法杂志》,1981 年,第 226 页)。联邦最高法院恰当地认为,继续行驶使这个构成行为的实施“变得容易”了。这种容易对于引起结果的方式与方法来说,当然是一个明显的原因;没有它,这个构成行为就可能根本无法实施。 188

把这个帮助的刑事可罚性扩展到在事实上缺乏修正性因果性的案件上,存在着扩展过度的危险。如果促进公式本身不承担这种危险,那么,人们本来能够满足于这个结论,并且,让作为等值理论的无害误解的促进公式发挥效力。虽然对“实现犯罪行为构成的行为”的促进,这是《帝国法院刑事判例集》第 58 卷,第 114 页所依据的,在通常情况下,就也是对结果的促进与共同产生,在这个结果中就反映了这个行为,但是,当这个行为在结果出现之前就已经找到并且不再发挥进一步作用时,它就不是原因。当人们在这类案件中肯定一种帮助时,就意味着人们以违反法律的方式,把一个不具有刑事可罚性的未遂性帮助人或者一个对未遂的帮助人,重新解释成对既遂犯罪的帮助人了。帝国法院一再地无力对付这种危险。根据《帝国法院刑事判例集》第 58 卷,第 113 页,提供堕胎工具的人,在孕妇出于利用的目的予以接受,但的确没有使用的,就应当由于帮助堕胎而受到刑事惩罚。这是错误的,因为堕胎工具在造成结果的具体方式与方法上并没有发挥影响,存在的仅仅是一种(不具有刑事可罚性的)对堕胎的帮助未遂。[252]在被告人为实行人提供了钥匙但是钥匙在锁中折断,随后实行人采取另一种方式成功进入室内的案例中,《帝国法院刑事判例集》第 6 卷,第 169 页以下认定了对既遂盗窃的帮助。这也是不正确的;在这里,钥匙虽然对未遂是原因,而对既遂就不再是原因了,因此,虽然没有未遂性帮助,也没有完成性帮助,但还是仅仅存在着一个对未遂利用钥匙盗窃的帮助。 189

也就是说,促进公式具有很大的弱点,它使得区分未遂性帮助、对未遂性帮助与对完成性构成行为的帮助变得不可能,并且由此消除了应当由实行人承担的刑事可罚性的界限。只有回归这种因果性,才能在这里画出一条安全的界线,在(共同)造成结果(帮助)、未遂(对未遂的帮助)与完全没有造成具有刑事可罚性的举止行为(不具有刑事可罚性的未遂性帮助)之间进行区分。在《帝国法院刑事判例集》第 27 卷,第 157 页中说,帮助是指“以促进构成行为的实施为目的的各种行为”,这个表述的缺陷是显而易见的:以促进为“目的”的,最多是未遂;但是,法律要求一个在实际上有结果的提供帮助。除了前面说明的那些案件种类之外,这个由司法判决确立 190

---

[250] Mezger, StrafR, ²1933, 413。

[251] 处理缺乏因果关系的案件的还有 BGH NStZ 1983, 462; BGHR StGB, § 27 I, Hilfeleisten, Nr. 4, 5; OLG Frankfurt NJW 1983, 2038 f.。

[252] 同样不正确的会是在 RGSt 58, 115 中引用过的 1913 年 7 月 11 日的一个判决,这个判决把一把钳子递给侵入者当作帮助加以处罚,虽然这个侵入者并“没有利用这个工具来实施”那个侵入行为。与此相反,正确的是 RGSt 38, 156,在这个案件中,一个侵入者并没有听从用螺丝刀把有待偷窃的录音带从底板上拧开的建议,在这里,帮助行为被拒绝了。

的促进公式,首先在所谓的心理性帮助中,就过分扩大了帮助人的范围。这个问题应当特别加以处理(边码 197 以下)。

3. 作为危险犯罪的帮助

191 与反对司法判决一样,应当提出的相类似的反对意见有:反对文献中提出的未遂,主张把帮助理解为危险犯罪,并且,在有人通过自己的贡献引起对由行为构成保护的法益的抽象危险或者抽象—具体的危险时,就应当将其作为帮助人加以惩罚。针对这种同样放弃通过帮助共同引起结果的理论,应当使之适用的是,这种理论在各种区别中,在细节上就像司法判决一样,倾向于将“未遂性帮助作为既遂的帮助加以惩罚”。[253]在人们稍微改变一下危险的术语时,这无疑是明显的。在一种故意的危险中,故意指向的是结果的引起(否则,就存在着不具有刑事可罚性的代理挑衅人的案件,参见边码 271),这除了未遂不会是别的。但是,立法者在这种帮助中,已经让这种未遂不受刑事惩罚了。

192 赫茨贝格[254]对帮助提出了最微不足道的要求,他把这些要求看成是“抽象的危险犯罪”并且对此不要求任何作为“帮助”的内容:“在实施他的构成行为中,实行人已经获得了支援,这就足够了。”因此,各种抽象危险的贡献看来都应当适用于帮助。的确,不清楚的是,应当对这种危险性提出哪些条件。例如,在赫茨贝格想要把给实行人本人递饮料看成帮助时,在这“减缓了拿走的结果”并且由此受损害时,以及在他把别的仅仅使实行人带着“更好的心情”去实施构成行为的人判定为帮助人时,不清楚的是,在以这种行为方式存在的一切中,什么应当仅仅是具有抽象危险的。无论如何,刑事可罚性的边界就以一种与明确性原则再也无法一致的方式,模糊在不确定中了。[255]

193 较少超越边界的是福格勒(Vogler)的观点,他把帮助作为混合的抽象—具体危险犯罪来看待。[256]他在考虑结果的状态下要求实行人的举止行为具有一种抽象的危险性,而这种举止行为对于这个结果的共同引起必须一般地是合适的;此外,还必须存在着对实行人的举止行为的一种具体的促进。但是,这就走得太远了。放弃帮助性贡献的因果性,就也还必须在帮助人中包括那些仅仅是未遂性帮助的案件;对结果的引起“一般合适”的,还有那些在结果出现时不再有实际作用的贡献。[257]

4. 作为团结性的帮助

194 舒曼的理论把与他人不法的团结性判定为每一个参加人的刑罚基础,这在前面(边码 22 以下)已经处理过了。与此同时,在这里还有席尔德—特拉配(Schild - Trappe)的观点[258]需要分析。这种观点特别地将帮助解释为“与实行人的团结性”,根据他们的方案,团结性的条件是,实行人自己意识到与帮助人方面的团结性,也就是说,知道帮助人对构成行为的贡献(出处同上,第 97 页,第 137 页)。这种方案具有深刻的实际影响。对于席尔德—特拉配来说,实行人不知道的秘密帮助,由于缺乏对实行人的影响,就根本不是帮助,并且不具有刑事可罚性(出处同上,第 97 页及其他各处)。也就是说,一个人——实行人所不知道的——阻碍了警察,而这名警察本来会制止这个实行人的作为的,就没有实施帮助。另一方面,根据这种观点,帮助人就不需要对主

---

[253] 对此,深入探讨的见 Samson, Peters - FS, 1974, 132;与本书一样的,见 Jakobs, AT^2, 22/35; Stein, 1988, 147 ff.。

[254] Herzberg, GA 1971, 1 ff.(7,6)。

[255] 对 Herzberg 的详细批评,见 Vogler, Heinitz - FS, 1972, 298 ff.; Samson, Peters - FS, 1974, 126 f.; Stein, 1988, 147 ff.。

[256] Vogler, Heinitz - FS, 1972, 295 ff.;跟随他的见 Preisendanz^{30}, § 27, Anm. 3 d。

[257] 对 Vogler 的详细批评,见 Samson, Peters - FS, 1974, 127 ff.;此外,见 Jakobs, AT^2, 22/35。

[258] Schild - Trappe, 1995。

行为发挥了因果性的影响（出处同上，第 137 页），也就是说，既不需要对结果，甚至也不对实行人的决定发挥因果性影响。席尔德—特拉配认为，对于一种具有刑事可罚性的帮助来说，“单纯的同意或者团结性的宣言就足够了，即使它们对一个已经做出的构成行为，在坚定性与强度上并没有影响”（出处同上，第 98 页）。这就会导致这样的结果：当一个偶然在构成行为中出现的证人“在构成行为实施期间对实行人鼓掌表示赞同”时，就要认定为“一个具有刑事可罚性的帮助人的清楚案件”（出处同上，第 132 页）。此外，通过不作为的帮助从一开始就是不可能的，因为缺乏一种对实行人的心理性影响（出处同上，第 126 页）。还有，连环帮助就不会被承认为帮助（出处同上，第 134 页）：“一种限制于对帮助人提供帮助的帮助人……由于缺乏对实行人的心理影响……而表现为不具有刑事可罚性的举止行为。”对于未遂性帮助和从其中止的结论，将在后面的论述中进行讨论（第 28 节，边码 36 与边码 88）。

不过，这是不值得同意的。[259]这些作者，借助她们的帮助方案，把具有刑事可罚性的举止行为的内容，以在法治国上令人可疑的方式，从法益侵害转移到单纯的态度宣告上了。在行为刑法中，就像我们拥有的刑法那样，帮助人也必须侵害法益，也就是说，必须对侵害法益或者危害法益具有贡献。在人们放弃这个要求而满足于对应可谴责的目的的单纯宣告（例如，通过赞同性鼓掌）时，人们就大大扩张了刑事可罚性，并且，抛弃了行为刑法的根基。 195

团结性方案导致的实践性结果，并不令人信服。例如，在有人——这个人是实行人所不认识的——通过堵住门来阻止产生怀疑的财产所有人进行干涉而使盗窃成为可能时（根据《联邦最高法院刑事判例集》第 6 卷，第 248 页，无罪），他已经使被害人丧失了自己的财物并且严重损害其财物。与帮助人对构成行为完全没有作出贡献而仅仅是鼓掌赞同相比，这更具有了刑事惩罚的需要性。不过，在第一个案件中，席尔德—特拉配想要认为不具有刑事可罚性，在第二个案件中想要认定刑事可罚性。还有，连环帮助不具有刑事可罚性也不具有说服力。提供炸药的人为什么应当不受惩罚，仅仅就因为东西是通过各种中间人送到了其所不认识的谋杀犯手中的吗？对于一种具有刑事可罚性的帮助来说，这个提供者知道这些炸药应当是为了什么样的犯罪目的，这就足够了。 196

5. 心理性帮助

迄今为止，帮助的因果性完全是在**身体性帮助**的例子中显示的。在这种案件中，帮助人对构成行为的贡献存在于提供武器、工具，或者存在于其他身体活动之中。此外，**心理性帮助**还存在于不是提供身体性的帮助，而仅仅是提供精神性的贡献，从而得以对实行人的精神发生影响。即使人们从原则上认为“心理性因果关系”是可能的，[260]这种因果关系的证明在这里经常也相当困难，并且，心理性帮助的刑事可罚性——也是基于司法判决的促进公式（边码 186 以下）——相应地也是有争议的。 197

当然，**“技术上的指导性帮助”**[261]的案件是没有问题的。在这种案件中，实行人获得指点，使构成行为变得容易，或者才从根本上变为可能。也就是说，一个向实行人说明如何“熟练地”打开保险箱的人，或者一个通知他那个将要被偷的房主什么时候不在家的人，修正了构成行为实施的具体方式与方法，并且，与提供身体性贡献的实行人具有完全一样的因果关系。在司法判决中，这样的案件也是常见的：因此，例如，帮助的有：说“婚姻法院”已经作出了在具有刑事可罚性 198

---

[259] 参见，die Rezension von Roxin, JZ 1996, 29 f.。另外，批评见 Wohlleben, 1996, 96 ff.; Ambos, JA 2000, 722, Fn. 22。

[260] 对此，见 Roxin, AT 1^3, § 11, Rn. 27。

[261] SK－Hoyer, § 27, Rn. 11。Phleps, 1997, 1，不想让这种影响故意的认识领域的案件成为心理上的帮助；不过，这更是一个术语上的问题。

的决斗中的武器类型的决定(《帝国法院刑事判例集》第13卷,第265页以下),提供了关于最符合目的的实施谋杀的建议(《帝国法院刑事判例集》第73卷,第52页以下),或者向保险诈骗者说明"如何才能烧掉汽车"(《联邦最高法院司法判决 刑法典》,第27条第1款,提供帮助,第2项)。

199 存在问题的,仅仅是那种存在着"**加强构成行为的决定**"的案件。[262]司法判决通过放弃因果性要求,当然就避免了一些根据方面的困难,从而得到了一种在法上范围广大的刑事可罚性(对此,详见边码203以下),并且,完全拒绝了其他学者提出的心理性帮助的这种公式,与此同时,还存在着一种正确的中间路线上的解决方案。这种解决方案认为,通过对实行人的决定施加单纯影响的帮助,在原则上是可能的,但是,在这里也坚持帮助性贡献必须具有因果关系,并且,由此在这个领域内达到了对刑事可罚性的限制。

200 一个为实行人提供了额外动机的人,[263]或者一个尽管实行人已经做出构成行为的决定仍然劝说他放弃现有的疑虑的人(对此,边码68),对已经实施的构成行为决定的具体特性是有因果关系的,由此也对结果有因果关系。一个共同引起这种决定的人,也对引起这种决定的结果作出了贡献:原因的原因就是结果的原因(Causa causa est causa causati)。[264]一些由司法判决决定的案件也能归类于此:向女证人许诺在其离婚程序中对其不真实的证言表示沉默的人(《帝国法院最高法官判例集》,1938年,第629号),为一名决定堕胎的孕妇提供额外的钱以实施这个构成行为的人(《帝国法院最高法官判例集》,1939年,第1275号),或者作为情人向决定谋杀妻子的男人保证以后与之结婚的人(《帝国法院刑事判例集》第73卷,第52页),都巩固了这种构成行为的决定;其贡献体现在对结果的保证之上。对这种因果性的无怀疑,也能够存在于那些心理性帮助导致了强化法益损害的场合:也就是说,以结果来鼓励实行人对被害人更剧烈地殴打的人(与教唆的区别,参见边码102,105),或者在一个士兵已经作出超假决定,还引起其乘坐更晚一趟列车回程的人(《帝国法院刑事判例集》第27卷,第157页),都已经"加强"了具体的结果,并且,因此应当作为帮助人加以惩罚。与此相反,夏拉蜡姆巴奇斯(Charalambakis)[265]想要把这种提供额外动机与打消疑虑判定为对犯罪行为的"共同确定",并且因此作为教唆。但是,根据其无价值内容,我们并没有等同于实行人的应当加以惩罚的引起构成行为,在我们面前的仅仅有一种支持性的行为。那种排除教唆的"构成行为的决定",应当不需要是"坚定不移的",只要是还完全能够加强的动机能够得到的,并且伴随着个别的疑虑就可以了(详见,边码66以下)。

201 在一种巩固构成行为决定的形式中出现的心理性帮助,在大多数案件中,也能够包括在由克拉斯[266]发现的"**事先妨害刑事公务**(vorgeleisteten Strafvereitelung)"的案例类型之中。在这里,帮助人提供一个贡献,使实行人不被发现或者不受惩罚。一个人,为实行人提供伪装服、面具或者"防尘衣"(《帝国法院刑事判例集》第8卷,第267页),由此使其不让被害人认出的,或者在警察调查的案件中谎称实行人不在犯罪现场的(联邦最高法院,《新法学周刊》,1951年,第451页),对于结果来说,在原则上都有因果关系,因为他要么排除了最后的疑虑(对此参见,边码200)并由此提升了实行人实施构成行为的准备状况,要么使得实行人在其他情况下就会在其他

---

[262] 对此,详细的论述见 Phleps, 1997, 13 ff., 118 ff.,其中借助了对由司法判决决定的案例的总结。

[263] 对此,正确的见 Rudolphi, StV 1982, 520。

[264] 在这条路线上的也许还有 Stratenwerth, AT^4, § 12, Rn. 159。

[265] Charalambakis, Roxin - FS, 2001, 635 ff.。

[266] Claβ, Stock - FS, 1966, 116 ff.,当然判定这类案例根据可适用的法(de lege lata)完全是不具有刑事可罚性的;类似的,见 Otto, Lenckner - FS, 1998, 192 ff.。

防护措施的保护下，并由此以其他方式来实施这个构成行为。夏拉蜡姆巴奇斯[267]表达了"严重的在法治国上的疑虑"，反对这种"怪论，即一个在指向构成行为之后的时间中所提供的帮助（其本身无论如何不是作为对构成行为的帮助，最多只会是作为妨害刑事公务而具有刑事可罚性），通过对加强构成行为决定的论证，就在时间上被提前了，并且由此将其作为对主行为的帮助来惩罚"。但是，对在构成行为之后才出现的好结果的期望（例如报酬），能够刺激正在实施构成行为的实行人，因而是帮助。也就是说，事先妨害刑事公务并不是一种特殊的案例。

与此相反，**与实行人的单纯团结性，对实行人采取的行动做出同意或者同情的宣告**，对于一个具有刑事可罚性的帮助来说是不够的。由此，一个构成行为的决定既没有得到巩固（就像在消除疑虑中一样），也没有处于更广泛的基础之上（就像在提供额外的动机中一样），也没有被强化（就像在扩大法益损害中一样）。这种案件不能作为帮助加以惩罚，也能够从第 140 条*中得出推论：仅仅根据这条特别的规定，并且在该规定提及的非常有限的条件下，犯罪行为才会被批准受到刑罚的威胁。 202

司法判决通过"加强构成行为的决定"来认定心理性帮助，经常是走得太远了；在《联邦最高法院民事判例集》第 63 卷，第 124 页、第 130 页将与那个非法占据房屋的参加人具有亲密关系的宣告，判定为是对由其帮助对警察实施身体伤害时，就是这样。在联邦最高法院，《交通法汇编》，第 59 卷（1980 年），第 185 页将对一名驾车者的煽动性呼喊（"快往后跑！"）评价为对道路交通中一种危险侵犯（第 315b 条）的帮助时，尽管无法确定这样的呼喊已经对实行人的这个举止行为产生了影响；或者在斯图加特州高等法院，《新法学周刊》，1950 年，第 118 页认为，与一名决定杀死妻子的男子继续恋爱关系就意味着充当对其谋杀的帮助，也都是这样。 203

还有，单纯地出现在行为现场被错误地作为帮助加以惩罚的事情也并不罕见，只要对这个构成行为的决定应当产生什么影响以及由此对行为构成的实现间接地具有了什么影响并不明显。在联邦最高法院，《德国法月报（达林格）》，1967 年，第 173 页中，就曾经把在抢劫中单纯的旁观者视为精神上的支持而作为帮助加以惩罚，尽管这个被告人甚至是为了被害人的利益的。后来的一个决定（联邦最高法院，《德国法月报（霍尔茨）》，1985 年，第 284 页）声称，"一个在构成行为的事实中没有构成行为的旁观者"也能够是一种帮助，"只要其给予了主实行人更好的安全感，并且由此表现为精神上的支持"。在这里缺乏必要的说明，指出这仅仅适用于以下场合，即根据当时的处境，这名"旁观者"应当被理解为，他这位迄今还没有作出任何行动的人，会在需要的情况下，为了实行人的利益而进行干涉。[268] 这个潜在的共同实行人的在场，加强了行为人进行攻击的准备状态，降低了被害人的防卫可能性。相反，这种能够使实行人镇静下来的感觉，一个没有作出任何行动的无所事事的人会以对被害人不利的方式而变得积极起来，对一种帮助来说是不够的（参见，边码 205）。新的司法判决接近了本书所代表的立场：联邦最高法院，《戈尔特达默斯刑法精粹杂志》，1985 年，第 233 页与《联邦最高法院司法判决 刑法典》，第 27 条第 1 款，提供帮助，第 1 项恰当地指出，对正在发生的犯罪行为已经知悉并且加以赞同的，还不能构成帮助的基础。[269] 204

在实行人自己认为，在场者不会出卖他也不会给他制造任何麻烦，因而感觉到继续自己的犯罪活动受到了激发时，这个在场但没有任何行动的旁观者也还不是一种具有刑事可罚性的帮 205

---

[267] Charalambaleis, Roxin - FS, 2001, 635。

* 《德国刑法典》第 140 条是酬劳与赞同犯罪行为。——译者注。

[268] 因此，也见 BGH NStZ 1998, 362; 1999, 609。

[269] 同样，BGH NStZ 1993, 385; BGH StV 1994, 175; BGH NStZ 1995, 490; 1996, 290; 1996, 563; 1998, 517。

助。[270] 虽然人们能够认为,这种消极状态就意味着对实行人的构成行为采用的方式与方法发挥了一种鼓励的作用,但是,单纯不作为的处罚是以保证人地位为条件的(第 13 条),因此,对其作为帮助加以惩罚就失败了。不允许通过把一种以"精神性支持"出现的不作为认成是积极的作为,来回避缺乏保证人地位的问题。正是在这个要点上,当在场者,就像实行人知道的那样,根据情况想要做出有利于实行人的干涉时,情况就不同了。在这种情况中,通常,他在行为地的出现和存在,无论如何都应当是——即使仅仅在通过有说服力的行为加以说明时——在必要时进行干涉的许诺,一种具有刑事可罚性的作为的帮助。

206 联邦最高法院的两个判决得出了相反的结论,展示了这个难题的困难性。在联邦最高法院,《刑事辩护人杂志》,1982 年,第 516 页中,[271] 被告人在从荷兰回德国的路上才注意到,那两个搭车人想要把海洛因带进德国。她因此谴责了他们,但是,对这两个人在边境上可能的盘问中假装去奥伊彭(Eupen)访问的计划,表示了沉默。下级法院以帮助为由对她加以惩罚,理由是她通过沉默激发了实行人不会被告发的期待,由此而加强了他们的构成行为决定。联邦最高法院第二审判委员会恰当地否定了这个刑罚,因为这种加强存在于一种单纯的不作为之中,而这在没有保证人地位时是不具有刑事可罚性的。与此相反,联邦最高法院第三审判委员会(联邦最高法院,《刑事辩护人杂志》,1982 年,第 517 页)在一个结构相同的案件中,错误地得出了一个处以刑罚的结论。被告人作为律师,在其事务所的两名同事与其他三个人实施敲诈勒索时,坐在旁边没有动。这个计划事先并没有透露给他,他表示了沉默,因为他相信,"他作为这个事务所的新来人员,对有着丰富职业经验的合伙人……负有尊重与照顾同事的义务"。联邦最高法院在这个案件中看到了通过积极的作为对敲诈勒索提供的心理性帮助,"他本来可以通过立即离开,或者提出反对其他参加人的要求",就能够避免这样的帮助了。但是,由此很清楚的是,这种谴责的真正对象仅仅是一种(对离开或者反对的)不作为,对其只有在存在着避免结果义务时才能加以惩罚,[272] 也就是说,在这里必须保持为不具有刑事可罚性。

207 在其他情况下,人们就将会得出这样一种不可接受的结论:即在犯罪中,在完全一般的意义上,对那些闲散无事的围观者与没有干涉的爱凑热闹者,都必须由于帮助而受到惩罚,因为他们的没有行动就会强化实行人的作为。由此,那种通过第 138 条、第 323c 条划定的非保证人帮助义务的界线,就被一种违法的方式践踏了。还有,联邦最高法院认为足以否定帮助的那种单纯地自己离开,[273] 对被害人的用处应当是什么,也是不清楚的。但是,在这对于被害人没有用处时,那些旁观的没有行动的人也就没有给被害人造成什么损害了,因而,对一种帮助的惩罚也就缺乏任何根据了。

208 通过"加强构成行为的决定"而具有刑事可罚性的帮助,也就仅仅在严格的界限之内才能予以考虑。与此相反,有些学者则想完全排除这样的可能性。萨姆松[274] 认为,这种内部作用的因果性是从来无法证明的,因此,在违背存疑时有利被告原则下对其施加的惩罚,在实际上,就包括在未遂性帮助的案件之中。正确的是,通过已经讨论过的扩张范围,在司法判决中,就会产生这种担心。但是,这没有改变以下事实:即在其他案件中,对这个构成行为的决定(以及由此间接

---

[270] 同样,Köhler, AT, 535 u. Kühl, AT³, § 20, Rn. 226, 228; Charalarnbakis, Roxin - FS, 2001, 637 f. 。

[271] 同样,在一种类似的案件中,见 BGH NStZ 1993, 233 u. MDR 96, 117(带有明确的与 BGH StV 1982, 516 的联系)。

[272] 与本书一样的,见 Ranft, JZ 1987, 861; Rudolphi, StV 1982, 518; 偏离的,见 Sieber, JZ 1983, 431。

[273] 这从他的观点看来是前后不一致的;因为在有人保持疏远,而不是为了有利于被害人而介入时,这种状况就正好能够继续使行为人活动下去。

[274] Samson, 1972, 189 ff. 。

地对这个构成行为)来说,一个有因果性的影响是很有可能得到证明的(例如,在劝说打消疑虑中,在提供其他动机中,或者在通过煽动而巩固这个构成行为中,参见,边码 200)。

因此,赫鲁斯卡(Hruschka)[275] 从一开始就否定了通过加强构成行为的决定而成立的心理性帮助,因为一种帮助总是只能对构成行为而不是对实行人施加影响的。对实行人的影响,仅仅能理解为教唆;但是,这需要一个对构成行为的"确定",因此,这种单纯的"加强"就保持为不具有刑事可罚性。然而,这种帮助仅仅能对构成行为施加影响的论点,将仅仅得到主张而没有得到证明。它也是不具有操作性的。技术上的指导性帮助与甚至提供构成行为的工具,都同样只能通过实行人的心理才能对构成行为的实现产生影响,也就是说,首先是对实行人产生影响的。[276] 很自然,它们间接地把对构成行为的影响拉到自己身上了。但是,在具有刑事可罚性的加强构成行为的决定中,这样一种影响也存在着。一种精神性支持,在司法判决中,尽管对构成行为的实现没有产生影响,也有时会作为帮助而受到处罚。这个正确的认识,不允许得出这样的结论:一个影响这个构成行为的加强构成行为的决定,在原则上是不可能的。 209

(二)作为因果性提高风险的帮助

在影响实现行为构成的具体方式与方法的意义上,对于帮助来说,共同的原因性虽然是必要的,但并不是充足的。[277] 一个人,在实行人没有注意时,使用完全相同的行为工具(Tatmittel)替换了他的武器或其他工具,[278] 对于造成结果的具体方式与方法(用的是**这个**工具)来说,这个人是原因。一个人,为小偷提供了备用钥匙,但是小偷没有使用并且从一开始就不想使用,因为这个小偷知道门没有锁,这个人也是原因。携带一把备用钥匙毕竟修正了这次实施的具体方式与方法。然而,这类"贡献"并不是法律所要求的"提供帮助",从无偏见的语感上看,这是有说服力的;这把钥匙对实行人并无用处。与客观归责的一般原则相协调,[279] 只有在一种原因性贡献对被害人提高了风险,对实行人提高了实现结果的机会时,这种原因性贡献才能是一种帮助。 210

也就是说,在构成行为的实施过程中,当有人递给实行人一瓶饮料时(参见,边码 192),这个举止行为是否能够作为帮助加以惩罚的问题,必须区分情况进行判断。如果这瓶饮料是用来使疲惫的实行人恢复体力的,那么,就应当认定一种具有刑事可罚性的帮助。这样,成功地实施构成行为的机会就由此提高了。相反,如果非法侵占住宅者(第 123 条!)的同情者拿出一瓶香槟酒来庆祝这些人的成功,他就还不是在帮助非法侵入住宅;由此,维持非法侵占的机会并没有得到改善。如果给正在着手杀害被害人的谋杀者一瓶饮料,认为这个谋杀者应当先喝上一大口的,这也不能作为帮助进行惩罚。因为这个结果的造成被以这种方式被推迟了,实行人的机会是下降了。 211

对帮助运用风险提高原则,能够追溯到参加人的刑罚根据上去:只有故意改善实行人的机会与提高了被害人的风险的人,才是采取了一个独立的对法益的攻击。具体说,帮助根据在原因性提高风险中的标准,能够分解为四个要素:根据这个标准,一个通过自己的贡献而使构成行为变 212

---

[275] Hruschka, JR 1983, 177 ff.。

[276] Phleps, 1997, 19 正确地指出,根据第 27 条的字面文字,就包含了各种以及还有那种"间接的"提供帮助。

[277] 参见,出自司法判决的例子,Scha ff. stein, Honig – FS, 1970, 175。

[278] 这个例子来自 Samson, Peter – FS, 1974, 129。

[279] 参见,Roxin, AT 13, § 11, Rn. 39, 43 ff.。Charalambakis, Roxin – FS, 2001, 633 不想要追溯至客观归责上去,而是想要直接从提供帮助的概念中引导出本书所获得的结论。在实际上,这没有什么区别,因为提供帮助与提高了机会并没有什么不同。

为可能、变得容易、得以加剧或者加以确保的人,就带来了第 27 条意义上的提供帮助。使构成行为的实现变成可能是帮助的最清晰的例子,例如,在提供了一种被谋杀者身体内无法发现并且使用其他手段无法获得的毒药的情形中,就存在着这种帮助。最常见的例子应当是使构成行为的实现变得容易:通过建议、提供武器或工具等。得以加剧存在于加强实行人的冲动,例如,通过建议、采取更猛烈的攻击、拿走更多的财物等等。最后,加以确保的例子有望风与承担其他保护功能。自然,这仅仅是一些说明性的帮助概念。也就是说,不是每一种帮助性举止行为都必须准确地符合这四种要素中的一种。关键点总是在于,一种贡献是否提高了实施构成行为的机会,也就是说,是否对实行人实施自己的计划有用处。

213　但是,就像在客观归责中一样,只有在把风险提高原则加在因果性之上时,这个原则才会得到正确的运用。与此相反,沙夫斯泰因〔280〕想要完全放弃因果性而仅仅根据风险提高来进行安排。他的理论与本书所代表的理论之间最重要的实际区别在于,他是利用假定的因果过程来否定风险提高的,从而在大多数案件中使构成行为变得容易的情况不具有刑事可罚性。如果有人在行为地为入室者扛梯子,那么,根据沙夫斯泰因〔281〕的观点,这就是不具有刑事可罚性,只要在其他情况下,这个实行人"在没有他人的帮助在行为地本来就能够而且也会登上梯子"。通过他人扛梯子"并没有提高成功盗窃的机会"。同样,他认为,在"帮助人"用汽车将小偷运送到行为地时:"没有具有刑事可罚性的帮助,只要根据这个案件的具体情节……用汽车运送并没有提高主行为成功的风险,例如,因为小偷本来也能步行或者用自行车去那不算太远的行为地"。然而,对这种意见应当加以反驳。这个真实的因果过程毕竟是通过扛梯子或者用汽车运送才实现的。拒绝风险提高只能通过引入假定的因果过程才会成为可能的,也就是要根据帮助人没有做出提高风险的因果性贡献时就会发生什么来进行安排。但是(就像在实行人中一样),这在归责的范围内是不容许的,〔282〕在刑事政策上也是不可接受的:这一定会导致如此大量的支持总是处于不具有刑事可罚性中,只要其在可能的情况下(例如,在符合团伙的团结中)本来可以由其他人提供。

214　另一方面,当一个原因性的并且在客观的事前的观察看来虽然提高了机会的情节,但是在事后表明是多余时,这样的情节就对帮助没有任何改变。这具有实际的意义,尤其是对望风而言:在这样一种确保已经不是共同实行人时(这取决于其所具有的重要性,参见,第 25 节,边码 211 以下),这种确保作为帮助的确是具有刑事可罚性的。在实行人没有这种望风本来就不会实施这个构成行为时,或者总是要以减慢速度的方式以免被别人发现时,〔283〕这种确保就不仅仅是原因性的,而且,它还会干脆是这样的:一个通过望风确保的盗窃毕竟是一种在实施的方式与方法上不同于"不受保护"的盗窃。这样一种原因性贡献也就提高了机会,因为它降低了被发现的风险与失败的风险。在没有望风时实行人本来会做什么的问题,再次转向对假定因果过程的考虑,因而从一开始就是不允许的。

215　当然,**帮助的条件是,这种机会的提高应当一直持续到既遂阶段**。在一个贡献的因果性在此之前已经中断时(参见边码 189),就不是这个案件。也就是说,如果这个入室者在半路上打发那个帮他扛梯子的帮助人回家,因为他已经决定采用另一种入室方法,那就仅仅存在着一种不具有刑事可罚性的未遂性帮助。如果这个入室者在试图登上梯子时又选择了其他方法,从而成功地进入房间的,那就仅仅是一个对盗窃未遂的帮助;这种对因果性与机会提高的帮助性贡献,都仅

〔280〕 Schafstein, Honig - FS, 1970, 169 ff.(综述见 184)。
〔281〕 Schafstein, Home - FS, 1970, 182。
〔282〕 参见,Roxin, AT 1^3, § 11, Rn. 19。
〔283〕 然而,因此见 Samson, 1972, 196。

仅能够到达未遂阶段。

216 **从根本上来说,实行人与帮助人之间不需要存在心理联系。**一个人,阻碍财物所有人去发现正在实施盗窃的小偷,或者抓住那个警察使之无法逮捕正在实施构成行为的小偷,这个人也是在实施帮助,即使那个小偷本身不知道自己正要被发现或者被逮捕,也没有觉察其他帮助人的介入(这种情况,也见《联邦最高法院刑事判例集》,第 6 卷,第 248 页的类似案件;对此以及对间接实行人的否定,见第 25 节,边码 191)。这种帮助人的贡献使那次盗窃变成可能,或者至少变得容易,也就是说,对这个实行人来说,就意味着一种原因性的机会提高。然而,当一种帮助根本没有在外在的帮助性行为中表现出来,而是仅仅存在于在必要时帮助这个实行人的决定之中时,这种帮助就应当加以否定。在一个教学中使用的例子中,一个扒手的"同伙"——为这个扒手所不知——站在这个扒手附近,以便在不得已时通过人为造成拥挤来使实行人的工作变得容易一些。[284] 这样一种行为提高了扒窃的机会,这应当是无可置疑的。但是,在既不存在与实行人的约定,也无法辨认这种举止行为的外部犯罪关系时,就不存在改变构成行为过程的原因。在这里应当受到惩罚的不是说一种帮助,而是应当对一种单纯的帮助预备(Beihilfebereitschaft)(也就是说,比一种未遂性帮助还要少)予以惩罚;[285]这就会导致一种态度刑法了。这一定会前后一致地产生出如下结果:一种不为人所知的内心的帮助性决定,总是应当作为既遂的帮助来加以惩罚;这样一种认定本身就是相互矛盾的。

217 就像在这里通过"原因性风险提高"的准则中得出的方案一样,萨姆松[286]借助他的所谓的"加剧"原则与"接管"原则,发展出了一些类似的解决方案。因此,根据这个原则,一个人,通过使结果变为可能或者得以加剧(加剧原则),或者通过接受他人的违法行为(即接管原则),而使这个构成行为变得容易,[287]因此,共同造成这个结果的人都提供了帮助。但是,通过"确保"的提供帮助,仅仅部分地为萨姆松的原则所包括,偏差由此产生了,这使其在惩罚望风时陷入困难(边码 214)。应当加以否定的还有萨姆松的这个主题:即仅仅是接管违法的贡献才表现为一种具有刑事可罚性的帮助。根据这一点,一个人,"请求不明真相的邮递员将放有定时炸弹的邮包从院门送到屋门这一小段路的,他就应当是不具有刑事可罚性的。还有,在他知道包裹里装的是什么时,也会同样适用的。"[288]然而,为什么一名故意造成死亡的人,仅仅因为一个不明真相的递送者干的是合法的行为,就应当是不具有刑事可罚性的,还不是很明白的。[289]当这个帮助人,就像容易为人们所理解的那样,在自己面对这个邮包,仅仅是因为他想要防止邮递员在递送中觉察其中的可疑内容,才会表现出转交邮包的意愿时,对那些也许才使构成行为成为可能,但是无论如何也会使之变得容易的行为放弃刑罚,那就将是极其不合适的。

(三)作为法不容许的因果性风险提高的帮助。关于"日常行为"的刑事可罚性

218 但是,存在疑问的还有,一种故意的原因性的风险提高是否总是一种具有刑事可罚性的帮助?在"中性的"行为,就像在日常生活中——大多是在正常的职业实践范围之内——无数次地

---

〔284〕 对于帮助的刑事可罚性,参见 Maurach/Gössel, AT/2^7, 52/8;同样(与 Maurach, AT^4, § 52 III A 相联系)见 Baumann, JuS 1963, 137; Schaffstein, Honig - FS, 1970, 180。

〔285〕 有关的,见 Dreher, 1972, 257。

〔286〕 Samson, 1972, 160 ff.; ders., Peters - FS, 1974, 121 ff.。

〔287〕 SK^7 - Hoyer, § 27, Rn. 10,也特别指出了那些在注释 286 中提到的出版物。

〔288〕 Samson, 1972, 171。

〔289〕 在这一点上反对 Samson 的还有 Vogler, Heinitz - FS, 1972, 312, Fn. 91,他谈论的是"所谓的承担原则的弱点"。

出现的那样，在个别案件中助长了一个犯罪性举止行为时，这样的问题就提出来了。在一个店主卖给他人锤子或者螺丝刀，由此猜测地或者担心地知道，这个人将用此工具去砍别人的脑袋或者侵入别人的住宅时，这是一种有刑事可罚性的帮助吗？一个银行职员把一个客户的钱，根据其要求，以匿名转移资本的方式转入卢森堡，并且由此知道，这个客户的转账是为了逃税的目的而进行的，这名银行职员对这种帮助负有罪责吗？一个向一家工厂提供原料的人，知道这家工厂正处于违反环境刑法的行为构成的加工过程之中，可以由于帮助而使之具有刑事可罚性吗？还有，一个委托、支付并知道一名工匠没有为其收入上税的人，是为逃税提供了帮助吗？

219 在学术中，长期不关心日常行为的刑事可罚性，在司法判决中，也仅仅是偶然地得到处理，没有一个公认的统一方案。最近才在这里出现转变，使“这个‘中性’帮助的问题几乎成为一个流行的主题”，[290]并且，对司法判决也提出了做出根本性判决的挑战。[291]尽管一种在此期间几乎无法估计的文献[292]还没有形成一种普遍认可的解决方案，但是，我想在下面——当然是在与不同意见的讨论中——提出自己的观点。[293]这种观点实质上已经为司法判决所采纳，因此具有明显的得到贯彻的机会。[294]

220 人们能够把所有的行为方式都理解为“外表中立的”行为或者“日常行为”，“这些行为是实施人在面对各种处于实行人地位的他人本来都会采取的，因为他借助这个行为——（也）在事先——在追求不依赖于构成行为与实行人的、真正的、为法所不容许的目的。”[295]本书所青睐的方案是建立在以下案件的区分基础之上的，即这个局外人认识到实行人作出的构成行为的决定，以及那些他在没有特别认识实行人的目的时仅仅算计到的情况。

1. 贡献人认识实行人的犯罪决定

221 在案件事实中，就像在开始的例子中所描述的那样（边码218），只要局外人认识实行人的犯罪决定，人们就会成为一种具有刑事可罚性的帮助人，但是，在这种构成行为的贡献表明了一种“犯罪意义上的关系”时，也必须总是作出这样的认定。[296]

---

[290] Amelung, Grünwald - FS, 1999, 9。

[291] BGH NStZ 2000, 34; BGHSt 46, 107。

[292] 最全面的概述的提供者也许是 Hillenkamp, 102002, 170 ff.。我举的例子有 Amelung, Grünwald - FS, 1999, 9 ff.; Beckemper, Jura 2001, 169; Frisch, 1988, 295 ff.; ders., Lüderssen - FS, 2002, 539; Hassemer, wistra 1995, 41, 81; Jakobs, ZStW 89 (1977), 1; ders., AT2, 24/13 ff.; ders., GA 1996, 253 ff.; Joecks3, § 27, Rn. 15 ff.; Kindhäuser, AT2, 429 f.; Lesch, JA 2001, 986; Löwe - Arndt, wista 1989; dies., 1990; dies., wistra 1995, 201 ff.; Lüderssen, Grünwald - FS, 1999, 329; Meyer - Arndt, wistra 1989, 281; Niedermair, ZStW 107 (1995), 507 ff.; Osamu, Jura 1999, 246 ff.; Otto, Zeitschrift für Kreditwesen, 1994, 775; ders., JZ 2001, 436; Pilz, 2001; Puppe, Jura 1998, 21 (27); dies., NK, vor § 13, Rn. 155; Ransiek, wistra 1997, 41 ff.; ders., 2000, 95 ff.; Rogat, 1997; Roxin, Tröndle - FS, 1989, 277; Schild - Trappe, 1995 (dazu die Rezension von Roxin, JZ 1996, 29); Schumann., 1986, 54 ff.; Tag, JR 1997, 49 ff.; Weigend, Nishihara - FS, 1998, 197; Wohlers, SchwZScW 117 (1999), 436; ders., NStZ 2000, 169; Wohlleben, 1996; Wol ff. - Reske, 1995。对于在支持国际刑法中的犯罪中，日常行为仅仅在例外情况下才考虑的，见 Ambos, 2002, 631 ff.。

[293] 它的预备形态见 LK11 - Roxin, § 27, Rn. 16 ff.; ders., Stree/Wessels - FS, 1973, 378 ff.; ders., Miyazawa - FS, 1995, 512 ff.; ders., Tröndle - FS, 1989, 196 f.。

[294] 在文献中，在这条路线上也存在着许多论文，它们并不是在所有的细节上都同意本书提出的理论：Ambos, JA 2000, 724; Amelung, Grünwald - FS, 1999, 9; Otto, StV 1994, 409; ders., Lenckner - FS, 1998, 212; Ransiek, wistra 1997, 41; ders., 2000, 95 ff.; Tag, JR 1997, 49; Theile, 1998, 69; Wohlleben, 1996。

[295] Wohlleben, 1996, 4 也提供了 35 个生动的案例。

[296] 下面的说明展现了我迄今为止在“犯罪意义关系”观点上的进一步发展（其中，Ransiek, wistra 1997, 46 的论述对我很有帮助）。

至少,在局外人有意识地支持一种具有犯罪性质的行为时,就是这种情况。也就是说,一个人在自己的家用器具商店中卖出一把锤子,并且由此知道(通过购买者自身的说明或者通过第三人的信息),购买者想用它来杀死另外一个人的,这个出卖锤子的人就会由于帮助实施杀人犯罪而具有刑事可罚性。相应地,一个人把螺丝刀以及类似工具转让给另一个人,知道对方是盗窃团伙的头目,并且知道,他想用这些工具进入他人房间的,就是实施了对入室盗窃的帮助。对于这个购买者也能够把锤子与螺丝刀用于非犯罪目的的情节,并没有改变与在犯罪意义上的关系。杀人与入室完全是犯罪行为,正是在这一点上,这个支持性贡献与其发生了联系。 222

但是,一种在犯罪意义上的关系,在直接支持的行为本身合法时,还有,在其实施的唯一目的,就像那个局外人所认识的那样,存在于使一种犯罪行为变成可能或者使之变得容易时,就也存在着一种在犯罪意义上的联系。在将资本转到卢森堡的例子中就是这样,没有预先计划的逃税,这样做就会是没有意义的。 223

与此相反,**在支持性贡献涉及一种合法的行为时,只要这个行为本身就能够独自说明对这个实行人是有意义的与有用处的,并且,只要这个行为还另外对这个实行人是一个与之相对立的、建立在独立决定基础之上的犯罪性举止行为的条件的,就缺乏在犯罪意义上的关系了**。一个提供工厂原料的人,当时或者事后知道对这些原料的加工违反了环境保护规定的,支持的就是一个合法的举止行为(工业产品的生产),这个行为本身对于那名工厂主是有意义的,并且不具有犯罪关系。对环境规定的违反并不会改变什么,并且只能产生工厂主单独的责任,即使这种提供原料是实施犯罪的条件。同样,订购手工业品和作出支付也是一种完全合法的事情,它的本身就承担了它的意义。在委托人知道,工匠想要附带地逃避缴纳其收入中的税赋时,也不能产生出犯罪意义上的关系,即使对工匠的委托是实施逃税犯罪的条件。这种委托的客观意义就限制在交付手工业品,这不是犯罪的方式。完全在本书所代表的意义上,联邦最高法院,《新法学周刊》,2001 年,第 2410 页,并没有把那些对民主德国保护边境措施的共同作用,视为对杀害与伤害那些穿越安放有地雷的边境线的“共和国逃犯”的帮助。这些措施,只要其与“边境区域的布雷”无关,就具有“独立的意义;即使没有主行为人的具有刑事可罚性的行为,它们也是有意义的……能够分开进行法律上的判定”。 224

在讨论中发挥作用的另一个例子,涉及对想要犯罪的人的款待。一个饭店老板,为客人提供了饭菜,却使这个客人在随后计划实施的身体伤害中充满了力量,就并没有对此实施帮助,即使他知道这名客人的这个计划。提供饭菜并获取收入是合法的,具有独立的意义,不管酒足饭饱后充满力量的客人随后是否想要实施犯罪。即使这个店主知道这个计划,这个计划也处于他款待的意义关系之外。 225

本书所赞成的区别对待的方案认为,在支持性行为中认识所计划的犯罪的,就完全压倒性地可以得出对有刑事可罚性帮助的认定。与此相比较,在文献中的同意意见,有些想要对帮助的刑事可罚性作出实质的限制(边码 227 以下),有些则还想要扩大这种刑事可罚性的范围(边码 240 以下)。 226

这就是说,例如,在出售者知道购买者获得螺丝刀仅仅是为了完成入室盗窃时,那么,出卖螺丝刀的行为就不具有刑事可罚性。雅各布斯想要在一般意义上将“日常生活中习以为常的交换业务”[297] 免除刑罚;人们都不能这样期待,一个入室盗窃会“由于没有普通的螺丝刀可供使用就 227

---

[297] Jakobs, AT2, 24/17;也许还有 Frisch, 1988, 295 ff.。与 Jakobs 相近的,见 Niedermair, ZStW 107 (1995), 508 ff.; Wohlleben, 1996, 81 ff.。与 Frisch 相近的,见 Niedermair, ZStW 107 (1995), 515 ff.; Wohlleben, 1996, 75 ff.。Frisch 已经在 Lüderssen – FS 2002, 539 ff. 中,从紧急状态的角度,进一步发展出了自己非常有区别性的、在结果上与本书所代表的观点有很多相一致的方案:损害法益的行为在边界上被禁止了,“在其中,根据紧急状态的标准,允许潜在的被威胁人对行为人的自由提出要求”。

不会发生”。[298]舒曼[299]得出同样的结论,因为缺乏他作为参加人的条件而认定的与实行人的“团结性”(参见,边码22以下)。出售者恰当地与主行为不是“一起的”;他“在还算合法的预备阶段中”提供自己的贡献时,并没有与主行为形成团结性。相反,当这种购买出现在实施阶段时,就应当是不一样的结论了;在这里,已经通过“接近构成行为”而形成“这种团结性的印象”。根据雅各布斯[300]的观点,“当面包店老板在出卖面包时知道购买者将对面包下毒仍然为他的顾客提供服务的”,这个面包店老板也仍然是没有刑事可罚性的。

228 我不能同意这种观点。在两种案件中,都存在着在犯罪意义上的关系,因为实行人购买的物品对他仅仅是作为实施犯罪的工具而有用的。在出售者知道这一点时,他的行为就丧失了“中性的”日常交易的特征,而变成对法益的攻击了。在购买者直截了当地告诉出售者,他想要将所买物品用作侵入住宅或者投毒谋杀时,尽管这是一种“习以为常”的销售活动,但是,人们也几乎不能争辩一种帮助的成立。[301]在他通过其他方式(例如,通过偷听或者从实行人的朋友)获知这个信息时,为什么情况就应当不同呢?

229 在雅各布斯指出侵入住宅不会由于没有螺丝刀而失败时,这不是通过这种工具而引起的构成行为性支持不具有刑事可罚性的根据。在这里,假定的因果过程(在其他地方也可能得到螺丝刀)就以不能容许的方式得出了否定帮助的结论(参见,边码213)。对于帮助来说,在没有帮助人的贡献就无法进行这个构成行为时(参见,边码184),这一点是完全不必要的。在一个利用有毒面包进行的谋杀中,为什么仅仅是提供毒品的人,而不也是提供面包的——知道了其使用目的的人,还应当具有刑事可罚性?

230 舒曼的“接近构成行为”准则也并不具有正确的说服力。在较早或者较晚提供螺丝刀一点都不会对支持犯罪的作用发生影响时,令人无法理解的是,为什么出售的时间对于帮助的存在会是决定性的?在实施阶段的一次出售中,那种较严重的“动摇法律的印象”,对舒曼来说是决定性的。但是,这种印象不能起决定性作用,因为秘密的帮助也具有刑事可罚性。如果秘密的帮助被发现,它在“动摇法律”方面的影响并不会比公开提供的帮助要少。

231 但是,首先是并不存在不言而喻的日常行为,相反,一个行为的特征是由其所服务的目的来确定的。这就是说,例如,在射击协会的体育活动中,讲授射击武器的使用方法就是一个中性的日常行为;相反,当这种讲授是在帮助实行人打中被害人时,这就是对谋杀的帮助了。扛梯子(参见,边码213的例子)在大多数案件中,是一件日常生活中司空见惯的事情;但是,在其唯一的意义就存在于支持入室者时,这个人就是在帮助了。人们甚至能够说,大多数帮助行为“本身”(也就是说,不考虑其目的)都是中性的行为;这也同样适用于,例如,武器的提供。因此,“日常行为”的概念是无法界定的,是不能局限于“日常生活中习以为常的交易业务”,并且,对区分具有刑事可罚性的帮助与允许性行为的界限也是不适当的。只有缺乏了在前面论述意义上的犯罪意义上的关系(边码228),才能使一种对实行犯罪发挥了提高机会的行为具有帮助的特征。

232 一种理论上的正当性根据能够给予前面论述的限制性努力,使人们说明日常行为具有“社

---

[298] Jakobs, ZStW 89 (1977), 20。在一个新加入犯罪计划的出租车司机把小偷送到犯罪现场或者从现场把小偷接回时,Jakobs认为——与联邦最高法院不同(GA 1981, 133 f.; BGHSt 4, 107 ff.)——它不具有刑事可罚性。

[299] Schumann, 1986, 57。与Schumann相近的,见Niedermair, ZStW 107 (1995), 512 ff.; Wohlleben, 1996, 73 ff.。团结性的想法将被采纳,见Schall, Meurer - GS, 2002, 115 ff.,他是按照“一种向外表明为‘勾结的’举止行为”来安排的,这个举止行为跨越了中性行为的范围(出处同上,第116页以下,第121页)。借助这种有些模糊的准则,他接近了本书在“犯罪意义关系”下所理解的观点。

[300] Jakobs, AT2, 24/17。

[301] 对于在这个案件中的刑事可罚性,明确地见Schumann, 1986, 69。

会恰当性”。[302] 在这个令人感兴趣的领域中，哈塞默（Hassemer）[303] 已经通过**“职业上的恰当性”的惯用表达**来准确地表达了这个在法律上还不确定的概念（对此，详见，罗克辛，《德国刑法学 总论》，第 1 卷，第三版，第 10 节，边码 33 以下）。职业上的恰当性描写的是“通常的、中性的、社会接受的并且受规则引导的专业性行为，这种行为不需要在刑法分析面前隐藏起来”，即使职业上的支持者知道实行人的这个犯罪计划。

不过，在这里并不存在着解决方案。社会的或者职业的传统对规范上的正确并没有提供标准。[304] 除此之外，提出的问题正好是：在所谈及的案件事实类型中，有意识地支持他人的犯罪计划在社会上也就是职业上是不是恰当的；这个问题不能用简单的主张来回答是还是不是。在一个行为支持犯罪时，宁可说更接近于对立的一面。因而，联邦最高法院正确地谴责了这个方案（《联邦最高法院刑事判例集》，第 46 卷，第 113 页）：“‘中性的’、‘典型的专业性的’或者‘职业上恰当的’行为具有一种一般的无刑事可罚性，是……不考虑的。日常行为与典型的职业行为，都不是在任何情况下都是中性的。几乎每一种行为都可能陷入具有刑事可罚性的情境之中。[305] 因而，所谓的概念本身，并不适合于单独区分……具有刑事可罚性的帮助与允许的行为。”[306] 233

在特定的案件中，在人们认为还算恰当的领域被超越时，例如——在银行参与逃税的案件中——“在隐匿性转移资金中或者在提供使逃税变得容易的具体建议中”[307] 或者在“调整规定以适应他人的犯罪计划中”，[308] 这种职业上的恰当性的观点，对于限制帮助的刑事可罚性来说，不是一种可以使用的标准。一家银行所要求的工作所具有的唯一目的，就存在于使逃税变成可能，在知道这一点之后，就建立了帮助的刑事可罚性的基础。[309] 234

另一种限制性努力存在于这里：通过其自身才会有意识地支持一个犯罪性举止行为的那些中性行为，只有在其涉及第 138 条所说的犯罪，或者在根据第 323c 条才会引起一个提供帮助的义务时，[310] 才是应当受到惩罚的。这种想法的基础是，在这种不进行活动具有刑事可罚性时，一种积极地参与发挥作用才更加一定是具有刑事可罚性的。不过，与此相反，[311] 第 138 条与第 323c 条（还有第 13 条）提出了对行为的要求与对不作为的惩罚，同时，第 27 条禁止通过积极的行为去对结果提供一种支持。因此，非常正确的是，在单纯的不作为已经具有刑事可罚性之处，积极的贡献就更必须是具有刑事可罚性的；而以下结论就是没有什么根据的：在积极的中性行为有意识地对犯罪的产生作出贡献时，对其只允许根据不作为刑事可罚性的标准来评价为是帮助。 235

---

[302] 对此的证据，参见 Hillenkamp, 2002, 173。

[303] Hassemer, wistra 1995, 41, 81(85)。在 Hillenkamp, 2002, 174）以及在 LG Wuppertal, wistra 1999, 474）中，都列举了这种观点（首先出自税收刑法的文献）的广泛支持者。

[304] Amelung, Grünwald – FS, 1999, 11。因此，在引入利息税时，以急迫的方式建议将资本转移到国外是银行习以为常的做法（Carl/Klos, wistra 1994, 211）。但是，由此并不能得出对这种由银行为逃避税收提供的帮助就不具有刑事可罚性的论点。

[305] 根据是 Roxin, Miyayawa – FS, 1995, 515。

[306] 拒绝的，见 LG Wuppertal（wistra 1999, 474）：“在‘职业恰当性’的道路上对帮助的刑事可罚性进行的限制……就在不可容忍的方式中导致这个结论：即使在一种对帮助人有相应认识的情况下，典型的帮助性举止行为所具有的宽广范围也会是不具有刑事可罚性的。在原则上，各种举止行为都会作为对构成行为的客观贡献来考虑的。”

[307] LG Wuppertal wistra 1999, 474 m. w. N. 。

[308] Hassemer, wistra 1995, 86。

[309] 对国家的税收要求与欧洲自由的资本流通分开进行评价的，见 Lüderssen, Grünwald – FS, 1999, 329 (337 ff.)。

[310] Frisch, 1988, 295 ff.; Hefendehl, Jura 1992, 374, 376; Tag, JR 1997, 54 ff.（当然，这是按照第 13 条而不是第 323c 条进行安排的）。

[311] 关于批评，参见 Niedermair, ZStW 107 (1995), 519 ff.; Beckemper, Jura 2001, 166。

236 另一种区别对待的方式出现在普珀的论述中。[312] 在那些由于其危险性而不能自由出售的物品("枪支、麻醉药品或者毒药")中,在知道犯罪性使用目的而予以提供的,就应当总是导致帮助的刑事可罚性。与此相反,在提供通常能够得到物品时,就应当取决于接近构成行为的程度。如果这个构成行为还没有直接临近,那么,在知道实行人用于犯罪的意志时,这也不具有可罚性。因此,面包师应当允许"出售一个面包或者一盒巧克力"而不受惩罚,"虽然这个人已经告诉他,自己要用这些食品去以毒死自己的妻子或者客人。"与此相反,当邻居把这些食品在实行人直接"见到客人"之前向其提供的,就应当由于帮助而进行惩罚。[313]

237 但是,在自由买卖物和非自由买卖物进行的区分,以及根据接近构成行为的程度来进行的安排,都不具有说服力。"在一次计划投毒中,具有恶意的出售者的刑事可罚性,是否能够取决于实行人购买的是需要登记的毒药还是可以自由获得并自己配置的成分吗?[314] 这不仅是从值得刑事惩罚性的角度看来难以理解,而且还没有触及以下问题:即对自由买卖的禁令,在阻止故意犯罪——那些人们能够借助各种可能自由获得的物品来实施的犯罪——中的使用,要少于在阻止意外事故与过失对法益的损害中的使用。

238 普珀支持接近构成行为标准的理由是:人们在预备阶段从来不可能知道,这个实行人是否真的要实施这个构成行为,是否在直接来临的构成行为中,大多不再能够获得其他手段,从而需要依赖这名提供者的帮助。但是,这个实行人在这个构成行为直接开始之前,或者在其开始之后,也还自己掌握着是否想停止或者想中止*的能力。因为帮助大多数是在预备阶段提供的,所以,这个情节为什么应当在这里导致不具有刑事可罚性,也还不是显而易见的。还有,这个实行人——例如,决定投毒的主人)——"在直接遇到客人之前"是依赖这名提供者的,这也不具有说服力。这个主人的确总是能够在其他食物中下毒,或者在遇到客人之后,让他拿走面包或者巧克力。这类区别,不仅是任意的,而且以令人怀疑的方式使法的基本要求具有局限性了,也就是说,物质的供应,在人们知道由此应当有人会被杀时,就无论如何必须停止。

239 沃勒斯[315] 想要把日常行为的刑事可罚性限制在三种从客观上可以确定的状况上:[316] 违反确定的谨慎规范(例如,在购买枪支、危险药品或者银行法的规定中),负有保管或者帮助义务(第13条,以及可能时,还有第138条,第323c条),以及那种举止行为仅仅能够作为支持犯罪目的的设定加以解释的案件(在一种合法的连接行为在实际上被排除时)。第三种案件也符合本书称为在犯罪意义上的关系的一种表现形式(边码223),而前两种案件已经在前面(边码235,236)讨论过并且作为过分限制而加以评价。由此,总的来说,帮助的刑事可罚性就变得非常有限了。在出售螺丝刀或者面包的教学案例中,提供者知道,购买者将借此实施侵入住宅以及谋杀,就必须保持为无刑事可罚性,虽然存在着一种在犯罪意义上的关系,并且,这种举止行为方式在值得刑事惩罚性的程度上,并不比沃勒斯认为具有刑事可罚性的状况更低,即螺丝刀与面包是完全可以用于犯罪目的的。

240 另外一大类意见想要——至少,在局外人知道实行人的构成行为决定时——(几乎)完全不

[312] Puppe, NK, vor § 13, Rn. 155 ff.。

[313] Puppe, NK, vor § 13, Rn. 157。

[314] Niedermair, ZStW 107 (1995), 536。

* 德语原文是动词"zurücktreten",另一个词是名称"der Rücktritt",本书一般将这两个词都译为"中止"。——译者注。

[315] Wohlers, SchwZStr 117 (1999), 425; ders., NStZ 2000, 169。

[316] Wohlers, SchwZStr 117 (1999), 436; ders., NStZ 2000, 173(在这里是这个引文)。

承认对帮助刑事可罚性的限制。[317]的确,这一类学者中的大多数人,由于缺乏犯罪意义上的关系,就在这里从帮助的刑事可罚性抽取出的案件中,同样否定一种刑事可罚性,但是,他们对一般帮助标准的存在是有争论的。在委托工匠的案例中,委托人知道自己所支付的钱并没有交税时,尼德迈尔(Niedermair)认为,[318]"仅仅参与一个交易没有提高那种作出虚假说明的危险;有义务作出说明的人无论在意志上还是在能力上都没有在此得到加强。"但是,这个委托人为这个实行人的确创造了实施构成行为的可能性。还有,这种使构成行为变成可能的案件,的确是一种可靠的帮助案件——在缺乏犯罪意义上的关系时!在本书作为不具有刑事可罚性加以说明的案件中,魏根特[319]反对主行为具有那种他对帮助所要求的"实质性支持"。但是,使具体的因果现象成为可能,为什么不是实质性的呢?贝肯配尔(Beckemper)[320]提出这样的例子,有人向"一名妇女发放福利救济金,虽然他知道,这名妇女在社会福利局并没有登记并由此实施了假冒福利金领取人的欺骗。"根据本书所代表的观点,这应当由于缺乏犯罪意义上的关系而不具有刑事可罚性。贝肯配尔正确地得出了同样的结论,她说:"发钱虽然是欺骗政府必不可少的条件,但是,它并没有以不被容许的方式提高对法益的危险,因为构成行为的实施并没有变得容易或者受到支持"。但是,使构成行为变成可能甚至要多于使之变得容易。当贝肯配尔说,这里不存在一种"具有不容许价值"的风险提高时,这的确是正确的;这种缺乏不容许性是建立在金钱支付不具有犯罪关系的基础之上的。无论如何,可能会有少量例子表明,在结果上,本书所拥护的理论与那些学者之间没有什么区别,这些人在可靠地认识实行人的犯罪性行为意志中,对日常行为的帮助性刑事可罚性,并不想承认具有什么特殊性。

2. 作出贡献人仅仅估计到实行人的犯罪性举止行为

在许多案件中的情况是这样的:局外人并不知道实行人的构成行为的决定,而仅仅是考虑到自己的贡献被用于犯罪的可能性。例如,在螺丝刀案件(边码218)中,出售者并不知道购买者想要将螺丝刀用于非法侵入的目的,而是由于其可疑的表现而认为这是可能的并且加以容忍,情况就是这样。应当考虑到,在这类案件中,帮助是否与有条件故意存在的。这样一种帮助本身有可能,但是,在通常情况下,应当根据**信赖原则**予以否定。根据信赖原则,每个人都可以对以下情况表示信赖,即他人不会实施故意犯罪,只要他人没有一种"可以看出的构成行为倾向"来反驳这个认定。这是——本书在这里必须指出——在与过失犯罪的关系中必须详细说明的,[321]但是,对故意的参加人也同样适用。在对客观的行为构成的归责,由于通过信赖原则为基础的被容许风险而已经加以排除之处,对故意就不再提出这样的问题。在这个案例中,应当否定一种帮助,因为一种以主观印象为基础的"可疑的表现"并不足以建立可以看出的构成行为倾向。对此需要具体的根据性要点,详细说明一种犯罪性使用目的的极其可能性(Wahrscheinlichkeit)。例如,在一场由愤怒导致的街头骚乱中,参加者在一家视域之内的商店中购买武器的,这样一种案件就会存在了。在这里,当出售者估计到武器应当会被用来实施身体伤害时,他就能够由于一种以有条件故意实施的帮助而对这个构成行为承担责任。 241

因为在大多数"日常行为"中,首先是在日常生活中的交易业务中,可靠地知道一种在可能时计划的犯罪性使用所提供的物品的,仅仅在很少的情况下存在,并且,这种认定以有条件故意 242

[317] 因此,例如,Niedermair, ZStW 107 (1995), 507; Weigend, Nishihara-FS, 1998, 197; Beckemper, Jura 2001, 163; Krey, AT/2, Rn. 300 ff.。

[318] Niedermair, ZStW 107 (1995), 527

[319] Weigend, Nishihara-FS,1998, 208。

[320] Beckemper, Jura, 2001, 165。

[321] 参见,Roxin, AT 1^3, § 24, Rn. 26 ff. m. w. N.。

实施的帮助大都会由于信赖原则而失败,因此,日常行为导致刑事可罚性的情形并不常见。因为在有条件故意的案件中,局外人的故意本身并不会包括不被容许的风险,所以,它缺乏一种对法益的攻击。在第二类案例中,也就是说,对刑事可罚性发展出来的界定,也建立在参加人刑罚根据与一般归责原则的基础之上。

243 在文献中,本书所采取的对可靠地知道实行人的构成行为决定与单纯地估计到这样一种可能性的两种情况进行区分的观点,赢得了很多赞同者,[322]但是,也有一些反对意见。不过,这些反对意见是由于误解造成的。

244 魏根特[323]认为,还是缺乏"有分量的理由来支持"信赖原则虽然应当在对结果有估计时适用,但是不应当在可靠地认识到其出现时适用。在这里,被忽略的是,信赖原则是一般公认的客观归责的原则。一个准确地知道一件事情的人,就能够并且可以合乎逻辑地不信赖相反的事情。但是,一个人,在无法从这个情节中看出这个有待支持的人具有可以看出的构成行为倾向时,仅仅抱有一般的担心,就必须允许向他提供所请求的支持并且信赖其合法的举止行为,因为,在其他情况下,一个功能性的社会生活就会是不可能的。这种日常行为就处于容许性风险之中,信赖原则也属于其表现形式之中。也就是说,这里采纳的区别对待并不是一种特殊的结构,而是对具有一般适用效力的归责原则的一种应用。

245 态度刑法的责备也是错误的。[324]在——于本书所作的在犯罪意义上的关系的条件下——直接故意地造成行为构成结果作为帮助加以惩罚时,这就满足了行为刑法的全部条件。在其他情况下,犯罪性地支持行为仅仅可能存在于容许风险的范围之内,因此是不能归责的。这一点,并没有使可以归责的故意对法益损害的制裁变成一种态度刑罚。

246 贝肯配尔[325]认为,这是"正确的,每个人通常都能信赖他人不会实施故意的犯罪行为,但是,在存在有条件故意时,这个帮助人正好是不信赖这个实行人会不去实施犯罪行为。"[326]例如,与此相反,如果出售螺丝刀的人已经考虑过,这个看来可疑的购买者[327]是否想要借此实施非法侵入,但是仍然信赖实施犯罪不会发生,那么,他就仅仅是以有认识的过失行为的,并且不具有刑事可罚性。也就是说,这个主题是,"有怀疑的"贡献人的刑事可罚性仅仅涉及有条件故意与有认识过失的一般区分,并且,信赖原则对此并没有补充什么。不过,这是错误的。信赖原则作为对容许性风险的塑造,已经涉及对客观行为构成的归责。在信赖原则介入时,因为在所提及的例子中,螺丝刀的出售者并不知道看起来可疑的购买者的使用计划,所以,由于帮助的客观行为构成已经不存在,这样,就不再取决于主观行为构成以及有条件故意与有认识过失的区分。这个出售者是否会严重担忧购买者去实施犯罪,或者,是否最终信赖了他的法忠诚,都是无关紧要

---

[322] 至少在结论上:Otto, Lenckner - FS, 1998, 210,他的出发点是"这种考虑:在有条件故意的案件中,这个局外人的故意并不包括一座不被容许的风险";Schild - Trappe, 1995;Amelung, Grünwald - FS, 1999, 22 ff.。Ransiek, 2000, 99 想要"因此区分,对于这个帮助人来说,这种违法的构成行为得到实施是肯定的,还是的确至少是非常接近的,或者,这一点是否并不清楚。"还有,Ambos, 2002 也是与本书所代表的观点联系在一起的。

[323] Weigend, Nishihar - FS, 1998, 199 f.。

[324] Tag, JR 1997, 51;Weigend, Nishihara - FS, 1998, 200;Wohlers, SchwZStr 177 (1999), 434。反对这种批评并带有进一步论点的,也见 Amelung, Grünwald - FS, 1999, 25。

[325] Beckemper, Jura 2001,168;类似的,见 Schall, Meurer - GS, 2002, 110 ff.。

[326] 类似的,在这个范围内,见 Amelung, Grünwald - FS,1999, 18 f.。

[327] 在文本上错误地出现的是"购买者"!

的。[328]

3. 司法判决

帝国法院已经个别地关注过这些属于日常行为范围的案件。《帝国法院刑事判例集》第39卷、第44卷、第48卷,都拒绝把向妓院老板提供面包与肉作为帮助拉皮条来加以惩罚。这是正确的(参见,边码225):消费食物是合法的,无论如何都没有单独地服务于促进犯罪(参见,边码222)。也就是说,这里缺乏在犯罪意义上的关系。在向妓院提供酒类的情况下,帝国法院想要做出不同的决定,因为酒的消费是拉皮条行为的特别方式。但是,这太严厉了:酒是一种一般的平常的消费品,不仅仅是妓院的嫖客们才享用的,因此,在这个范围内,就缺乏了一种犯罪意义上的关系。 247

联邦最高法院[329]恰当地批评了以下意见:即"各种共同作用——例如,雇员的共同作用——在业务中认识这个纳税义务人随后要实施逃税的,都应当值得作为对逃税的帮助来惩罚。"在前面,一起具有相应结构的案件(边码224)已经作为缺乏犯罪意义上的关系的例子加以处理了。符合逻辑的还有,"在那个帮助人共同发挥作用的整个企业,是以通过逃税来获得利润作为唯一目的时",联邦最高法院在这种案件中就认定了一种具有刑事可罚性的帮助。在这样一种案件中,在支持犯罪中就存在着共同发挥作用的唯一目的,从而应当肯定一种犯罪意义上的关系。 248

与此相反,一个用出租车将贩毒者运送到行为地[330]或者从那里接回非法侵入住宅者的人,[331]就应当正确地作为盗窃的帮助人或者包庇人(Begünstiger)加以惩罚。这种出租车的运送对于盗窃来说,就完全具有一种促进犯罪的功能。 249

1993年,瑞士联邦法院首先发起了对日常行为刑事可罚性的现代讨论。在这场讨论中,这个法院认同本书所提出的观点。[332]被告人在正确的标识之下,把非洲羚羊肉卖给了可疑的顾客,他们从这些人那里知道,这些人会把这些肉作为"欧洲的野生动物肉"并且在实施一种诈骗下出售这些肉。这个法院认定了一种具有刑事可罚性的帮助,因为一种带来利润的买卖,就像提供者认识的那样,只有在欺诈的情况下,即在涉及欧洲野生动物肉时,才是可能的。"这种提供在没有无刑事可罚性行为时会是没有意义的;也就是说,在犯罪意义上的关系应当加以肯定。"对此,无须再作什么补充。 250

在1998年、1999年与2000年间,第五审判委员会的三个基本原则性判决,也在联邦最高法院的司法判决中,使中性行为成为重要的帮助问题。第一个判决[333]涉及一个公证员,他由于帮助背信而受到指控。这个人说自己的举止行为无罪并提出以下理由:他"处于专业的恰当性范围之内;他仅仅是根据委托从事与公证员专业相符合的任务,这些任务本身是被视为中性的,并且没有被说成是具有刑事可罚性的行为。至少,在这样一种举止行为中,一个仅仅是有条件的故意——就像本书所确定的那样——是不足以能够对一个帮助……作出认定的。"联邦最高法院反对这种看法,认为被告人已经超出了"专业上典型的被容许的风险",并且能够"支持……'实 251

[328] 类似的,对 Amelung, Grünwald - FS, 1999, 18f 也同样适用,他反对我的观点,在算计到这个结果中,人们就不能信任这个结果不会出现。但是,这种在信赖原则中的"信任",不是心理上的结果,而是一种规范性的原则,限制着对客观行为构成的归责。

[329] BGHR StGB § 27 Abs. 1 Hilfeleisten 3。

[330] BGH GA 1981, 133。

[331] BGHSt 4, 107。

[332] Schweiz. BGE 119 (1993), 289, Nr. 55。参见,其他关于瑞士最高法院司法判决,见 Wohlers, NStZ 2000,171。

[333] BGH NStZ RR 1999, 184。

行人可以看出的构成行为的倾向'"。[334]"在这些条件下,认定一种仅仅是有条件的故意,对于帮助背信来说,就足够了……"。由此,对于这些没有可靠地知道实行人的构成行为决定的案件,就借助本书所赞同的观点,根据信赖原则来进行安排了,而这个原则的介入,在这种表现中使用的可以看出构成行为倾向性的标准基础上,就会被正确地加以拒绝了。

252 第二个判决[335]涉及一个律师,他受到了帮助诈骗的指控。他为一家"唯一的目的就在于以欺骗方式获得投资资金"的公司,制作了一份内容正确的"用以向顾客做广告的小册子,说明期货交易的经济关系与风险。"这家公司想要以这种方式给人以"可靠的印象",使被骗的顾客无法对风险说明提出反对意见。

253 在这个案件中,联邦最高法院根据"一般对专业上典型的、中性的行为"适用的原则,对帮助的刑事可罚性作出判决:"如果主实行人的行为就完全在于实施一种具有刑事可罚性的行为,并且,提供帮助者也知道这一点的,那么,他对构成行为的贡献就应当评价为帮助行为……在这个案件中,他的作为总是丧失了'日常的特征'……与此相反,如果提供帮助者不知道,自己提供的贡献会如何被主实行人加以利用,他仅仅认为自己的作为有可能被用于实施犯罪的,那么,他的行为经常就还不能作为具有刑事可罚性的帮助行为加以判决,除非他可以看出自己所支持的举止行为所具有的刑事可罚性风险已经高到这样的程度,以至于他能够借助自己提供的帮助'来支持实行人可以看出的构成行为的倾向'……"。[336]鉴于还不可靠地知道,这里就要与过去对背信的判决原则相联系,但是,除此之外,还要接受在可靠地知道一种犯罪性构成行为的决定与单纯地认为有可能这两种情形之间所作的区分。在犯罪意义上的关系的必要性并没有明确地被提到,而是通过"主实行人的行为就完全在于实施一种具有刑事可罚性的行为"这样的文字默示地提到了。也就是说,人们大概能够说,本书发展出来的解决方案已经在较新的司法判决中得到了贯彻。[337]

254 在第三个判决中,[338]联邦最高法院把已经在广告册子一案中发展出来并且作为"一般适用"的原则,运用到那个有着很多讨论的银行职员在为逃税而将资本转移至国外中的共同作用问题上。联邦最高法院在措辞上重复了在那个案件中确立的(边码 253 已经引用的)判决原则,并且,否定了正是在这种案件事实中在文献上提出来的为数众多的相反意见(参见,对于"职业上的恰当性"的引证,边码 233)。在这里,联邦最高法院的出发点是,被指控的银行职员在将金钱进行"掩饰性地转移"中部分地已经肯定知道了这个顾客的逃税目的,并且,也是在那里,在他具有这种目的的仅仅作出估计之处,但是并不是肯定地知道,这名顾客可以看出的构成行为的倾向性就具有了一种帮助的刑事可罚性。对此,应当全部予以同意。

(四)帮助的时间

255 在有些案件中,**帮助是在主构成行为实施的过程中提供的**。在这里,它必须涉及较不重要的贡献,因为在控制犯罪中,在实施阶段的一个实质性共同作用就提供了间接实行人的根据(参见

---

〔334〕 在文字上涉及"标准"的,见 LK[11] – Roxin, § 27, Rn. 21。

〔335〕 BGH NStZ 2000, 34。

〔336〕 在具体的案件中是否存在这些条件,联邦最高法院将交由上诉法院作进一步的审查。

〔337〕 同样,见 Wohler, NStZ 2000, 170:"联邦最高法院经过考虑,并且一直到在这个表述中,才由此接受了罗克辛建议的解决方案。"还有,Ambos, JA 2000, 724:"一直到这个用语的选择中"。关于联邦最高法院采纳这个"犯罪意义关系"的准则,也参见已经在边码 224 中重新给出的决定,BGH NJW 2001,2410。

〔338〕 BGHSt 46, 107。

第25节,边码188以下)。微小的出手帮忙、进行外围的保护功能以及加强构成行为的心理性支持,将是主要的情形。

大多数帮助性行为出现在预备阶段。这样一种帮助无疑是可能的,并且是可罚的[339](不是像那种对无刑事可罚性的预备共同发挥无刑事可罚性的作用),只要其作用持续到完成阶段或者未遂阶段(边码217,189)。也就是说,一个人,在构成行为前三天,给了小偷一把万能钥匙,然后就停止了自己的帮助活动,当这把钥匙在实施过程中得到利用时,这个人就会理所当然地由于对既遂的构成行为的帮助而具有刑事可罚性。这个帮助甚至能够在实行人做出构成行为的决定之前就已经提供了。[340]例如,一个人,对具有构成行为的倾向但还没有作出决定的实行人(对此,参见,边码66以下),无论如何但又不是教唆地在购买一把合适的行动武器中提出劝告的,在实行人此后作出决定并且在实施构成行为中使用了所建议的武器时,就要承担帮助的罪责。在将资本转移到国外的案件中,"一种到期支付的税收要求在实施帮助时还根本不存在,而是通过在国外的投资才会创造出来"这一点,就同样没有排除对逃税的帮助(《联邦最高法院刑事判例集》,第46卷,第115页)。 256

关于可能的最晚帮助时间的问题是存有争议的。根据持续的司法判决[341]和一种在文献中广泛流传的意见,[342]帮助是可能超越(形式的)实现行为构成的时间一直到"实质性完成"这个构成行为为止,也就是说,一直到这个结果得到保障为止。[343]例如,在小偷从有篱笆围着的一块地里盗窃废品并把废品隐藏起来时,这就是一次完成的盗窃。那个受小偷之托后来将赃物从隐藏处取走的人,虽然不一定能由于包庇(第257条)而受到刑事惩罚,而更可能不是由于包庇而是由于帮助而受到刑事惩罚,因为他是在这个盗窃实质性结束(保障赃物的安全)中进行帮助的(《联邦最高法院刑事判例集》,第4卷,第132页)。在形式上完成与实质性结束之间的时间段内对帮助与包庇的区分的关键,应当是"实行人的想像与意志"。"是否存在帮助还是包庇,实际上是一个构成行为的问题"(《联邦最高法院刑事判例集》,第4卷,第133页)。与此一样,在有人阻止财物所有人追赶带着赃物逃走的小偷时,就应当能够同样(gleichermaβen)存在帮助与包庇(《联邦最高法院刑事判例集》,第6卷,第251页;类似地,联邦最高法院,《德国法月报(达林格)》,1967年,第726页)。 257

在构成行为已经实质地完成之后,司法判决就不再允许成立帮助了。在抢劫者将赃物带到其情人的住处,并且在那里,这个情人帮助他消除指纹时,帮助也就是被排除了。借助对赃物的隐藏,这个构成行为就已经实质地完成了。在这个案件中,联邦最高法院也强调,抢劫完成的时 258

---

[339] RGRspr. 9, 149; RGSt 4, 95 f.; 28, 287; 51, 136, 141; 58, 113 f.; BGHSt 2, 344, 346。

[340] RGRspr. 3, 464; RGSt 8, 267 f.; 16, 350; 38, 417 ff.; 58, 113 f.; 59, 376, 379; 67, 191, 193; 75, 112 f.; BGHSt 2, 345 ff.。

[341] RGSt 23, 292; 58, 13 f.; 71, 193 f.; RG JW 1934, 837 m. Anm. Mezger; RG HRR 1940, Nr. 469; OGHSt 2, 50, 59 f.; 2, 209 ff.; 3, 1, 3; BGHSt 3, 40, 43 f.; 4, 132 f.; 6, 248, 251; 19, 325; BGH VRS 16 (1959), 267; BGH MDR (D) 1967, 726; OLG Köln NJW 1956, 154; OLG Hamm JZ 1961, 94 m. Anm. Stratenwerth; OLG Karlsruhe GA 1971, 281; BayObLG NStZ 1999, 568; 2000, 31。

[342] Baumann/Weber, AT[10], § 31 II 2 b; Blei, AT[18], § 80 I; Bockelmann/Volk, AT[4], § 20 III 2 b; Hau, 1974, 119 ff.; Jescheck/Weigend, AT[5], § 64 III 2 b; Krey, AT/2, Rn. 306; Lackner[20], § 27, Rn. 3(注意:"应当……是可能的");Preisendanz30, § 27, Anm. 3 c; Schmidhäuser, LB AT[2], 14/137; 限制性的, ders., StuB AT[2], 10/138; Sch/Sch/Cramer Heine[26], § 27, Rn. 17; Wessels/Beulke[31], Rn. 583 — 有区别的,见 Gropp, AT[2], § 10, Rn. 143;Kühl, 1974, 94 ff.; SK[5] – Samson, § 27, Rn. 18; 现在拒绝的,见 SK[7] – Hoyer, § 27, Rn. 18。

[343] 关于"既遂犯罪的完成"的一般论述,参见 Kühl, Roxin – FS, 2001, 665。

间“不允许延伸得太远”。[344] 与此一样,联邦最高法院拒绝这样一名被告人是对抢劫的帮助。这名被告人在实行人抢劫加油站之后用车将其送到荷兰,但是,他是在实行人上车时才知道那个构成行为的(联邦最高法院,《法学家月报》,1989 年,第 759 页)。[345] 此外,根据司法判决,在赃物已经被警察控制之后,为了隐藏赃物所作出的努力就不能再是帮助了。[346] 当对法益的攻击得出“其不可改变的结论”时,“这个构成行为就已经因此完成了”。

259 但是,正确的是,人们从来不能把这种行为视为帮助,这是指在满足行为构成之后采取的有利于实行人但并没有实现其行为构成要素的行为,而只允许在第 257 条、第 258 条* 的观点进行评价。[347] 支持这种立场的,有三个理由。

260 首先,令人疑虑的是,在完成了行为构成的满足之后,帮助的结构在许多案件中都打开这样的可能性,使被告人可能会受到比根据第 257 条、第 258 条更严厉的惩罚。如果人们思考一下这样的案件,即有人在保障赃物安全中支持了一个抢劫者,那么,尽管有第 49 条第 1 款第 1 项的从轻情节,对这个帮助仍然能够以十年以上自由刑进行威胁,然而,第 257 条(就像第 258 条一样)规定的最高刑罚是五年。但是,一种“实质性完成”的制度,使这种刑罚加重成为可能的制度,并不能从这部法律中得出来。第 257 条包括了各种对“已经实施一种违法的构成行为”的实行人有利的提供帮助。因此,重新使用帮助的刑罚幅度,就使得这种刑事可罚性扩大到超越法律的字面意思的地步,从而违反了“刑罚法定”的原则。这不是在完全地谴责一种“实质性完成”的结构。但是,它应当仅仅在限制这种刑事可罚性的场合予以运用,就像在正当防卫中一样。[348] 它不适合于刑事可罚性的扩张。

261 因而,“实行人的想像与意志”应当如何能够决定包庇与帮助的区分,就不是显而易见的。从行为人的意识与意志中,只能包括他对实行人在这个构成行为完成之后提供的帮助的情节。这样一种举止行为是包庇还是帮助,是他所没有考虑到的。[349] 还有,在他这样干时,是不可能取决于这一点的。这涉及的一个法律问题,这个问题不是根据实行人的意见,而是必须根据法律制度的标准来进行决定。也就是说,“实行人的想像与意志”一个空洞的公式,能够由法官根据自己的喜好来填充;联邦最高法院的评论也是朝这个方向走的,这个区分“实际上是一个构成行为的问题”。

262 最后,对一种在构成行为完成之后介入的、对帮助还合适的“完成时间”的想法,也还缺乏各种清晰的区分,并且,由于与之相关联的法不安全性而必须受到谴责。在侵占犯罪(Zueignungsdelikten)中,“保障赃物安全”的标准至少提供了一个支点(但是,赃物在什么时候才“最终”得到保障了?),与此同时,在其他犯罪中,则缺乏任何明确的标准。因此,“在实行人虽然已经‘离开了’事故地点,但是还没有到达行程的目的地,也还没有最终将自己带入安全状态

---

〔344〕 BGH StV 1981, 127,带有 BGHSt 8, 390; 19, 323; 21, 377 对实质性(materiellen)完成问题的提示; BGHR StGB, § 27 I, Hilfeleisten, Nr. 1。

〔345〕 但是,在第 257 条、第 258 条的两种案件中自然应当是予以肯定的。

〔346〕 BGH JZ 1985, 299; 对此,见 Laubenthal, Jura 1985, 630; Küper, JuS 1986, 862。

* 《德国刑法典》第 257 条是包庇(Begünstigung),第 258 条是妨害刑事公务(Strafvereitelung)。——译者注。

〔347〕 基本与本书一样的,见 Bitzilekis, ZStW 99 (1987), 733 ff.; Bottke, JA 1980, 379; Gallas, ZAkDR 1937, 438 f.; Herzberg, 1977, § 5 III 2; Isenbeck, NJW 1965, 2336; Jakobs, AT^2, 22/40 f.; Joecks^3, § 257, Rn. 7 f.; Kühl, 1974, 94 ff.; ders., JuS 1982, 189; ders., Roxin - FS, 2001, 680; ders., Roxin - FS, 2001, 680; ders., AT^3, § 20, Rn. 238; Küper, JZ 1981, 209, 251; Maurach/Gössel, AT/2^7, 39/7 ff., 32 ff.; Rudolphi, Jescheck - FS, 1985, 559; ders., SK^6, vor § 22, Rn. 9; SK7 - Hoyer, § 27, Rn. 18; 同样,见 Köhler, AT, 536。

〔348〕 Roxin, AT 1^3, § 15, Rn. 27。

〔349〕 同样,见 Geppert, Jura 1994, 441, 443 m. w. N.。

时,”巴伐利亚州高等法院〔350〕仍然允许一种对逃离肇事现场(第 142 条)的帮助。在屈尔把这种完成时间的随意确定称为“完全任意”时,人们必须同意他的观点。〔351〕第 142 条惩罚对事故现场进行调查的阻碍,到达行程的目的地或者最终的“安全”与此并没有任何关系。

但是,当帮助人在参与中已经有一些行为构成要素得到满足时,根据本书所代表的观点,也可以考虑一种帮助。〔352〕也就是说,在诈骗中,如果实行人已经开始欺骗与引起认识错误,局外人随后才接着参与对被害人的损害的(例如,通过运走所骗得的财物),那么,这就应当作为帮助加以惩罚。与此一样,一个人,在使用暴力之后才加入,并且现在——在认识实行人使用的暴力中——共同帮助拿走财物的,就是实施了对抢劫的帮助。这样的观点为一些学者所质疑。〔353〕因为一个在实施构成行为之前提供的帮助不需要包括所有的行为构成要素,所以,令人无法理解的是,为什么这对于在实行阶段的帮助人就应当有所不同。那些在共同实行人中反对对已经实现的加重理由作这种评价的根据(参见,第 25 节,边码 227),是完全不适用于这种帮助的。 263

即使一个诈骗的实行人在造成一种“财产危险”之后,就已经可以由于完成的犯罪而承担责任,那么,那种造成(或者共同造成)最终损害的人,就能够是帮助人,因为他在符合行为构成的损害行为中,还提供了共同帮助。〔354〕与此一样,在持续犯罪(Dauerdelikten)中,帮助也是可能的,只要这种违法状态仍在持续(《帝国法院刑事判例集》,第 38 卷,第 417 页)。也就是说,在甲把乙关在一个房间里并且堵住门(第 239 条),在甲的请求下,丙向甲提供了锁门的钥匙,从而就能够提供帮助。这种贡献为维持那个还在进行过程中的行为构成的完成,提供了服务。〔355〕 264

与此相反,在状态犯罪(Zustandsdelikten)中,在后来加入者的贡献服务于实现一种在行为构成上有意义的目的时,或者,在服务于迅速实现一种由实行人追求的结果时,在既遂之后就也排除了一种帮助。也就是说,在被勒索者以留在邮局等待领取的方式把钱寄给勒索者,被告人为此在邮局领取了的,就不是帮助,而是包庇。〔356〕对被害人的最终损害已经出现了。实行人获得财物就不再属于这个行为构成。还有,一个人,在点火结束之后,也就是说,在行为构成上完成第 306 条或者第 306a 条之后,把汽油倒在正在燃烧的建筑物上,并且由此产生迅速烧毁效果的人,就并没有实施,就像司法判决认定的那样,对放火的帮助;〔357〕他应当作为放火的同时实行人进行惩罚,因为他的举止行为表现为一个独立的放火。〔358〕 265

与本书发展出来的方案相反,有一些学者虽然同样在批评这些司法判决区别对待的观点 266

---

〔350〕 BayObLG JZ 1981, 241;否定的,见 Bottke, JA 1980, 379;Kühl, JuS 1982, 191;SK^6 – Rudolphi, § 142, Rn. 53。

〔351〕 Kühl, JuS 1982, 191;ders., Roxin – FS, 2001, 675 f.;ders., AT^3, § 20, Rn. 239。

〔352〕 Kühl, 1974, 80 ff., 101 ff.;参见,还有ders., Roxin – FS, 2001, 681。

〔353〕 参见,上文第 25 节,边码 186 带有进一步的证明;此外,见 Rudolphi, Jescheck – FS, 1985, 576。偏离的还有 Jakobs, AT^2, 22/40:帮助人仅仅是“一个帮助完全实现行为构成的人”。尽管如此,Jakobs 会在暴力的影响能够通过这个实行人倒转时,由于对抢劫的帮助而惩罚那个在拿走时提供帮助的人。

〔354〕 详见 Kühl, 1974, 101 ff.。在司法判决中,在本书所代表的意义上,见 RG JW 1934, 837,并且,——在一起敲诈勒索的相应案件中——,参见 RG HR R 1940, Nr. 469。

〔355〕 对于在这个案件中的帮助,也见 Jakobs, AT2, 22/24。Rudolphi, Jescheck – FS, 1985, 565 ff. 认定对一种持续的不作为实行人的帮助人,或者,在可能的情况下,也认定了一个根据第 239 条的同时实行人的构成行为。

〔356〕 Kühl, JuS 1982, 189 m. w. N.。

〔357〕 RGSt 71, 193 带有 Gallas 的否定说明, ZAkDR 1937, 438;OLG Hamm JZ 1961, 94 带有 Stratenwerth 的肯定的说明。

〔358〕 详见 Rudolphi, Jescheck – FS, 1985, 563 ff.。Kühl, 1974, 104 ff.(105)想要认定一个帮助,在这里,他把“点火”扩张得如此广阔,以至于包括了“一直到完全烧毁所点燃的物体的阶段”。但是,根据第 306e 条的字面条文,这样一个解释是不可能的。Jakobs, AT2, 22/24 认为:“一个人帮助实行人把汽油倒在正在燃烧的建筑物上,会由于对加重的毁坏财物,在第 27 条、第 305 条上负有责任,但不是对放火的帮助负有责任。”

(边码 259),但还是赞成以下意见:即在行为构成的形式上完成与实质上结束之间提供的帮助,总是仅仅允许作为帮助(并且不是在包庇或者妨害刑事公务的观点下)进行评价的。[359]这种反对司法判决而提出的论点,在其中存在着违反刑罚法定原则(边码 260),在这里应当适用的就是像在边码 264 中提出的那种反对意见。

(五)帮助人的故意。实行人过限

267 对帮助人的故意和实行人的过限,在实质上适用——经过必要修正的——与教唆相同的理论,因此,在这里就可以参考在那里已经给出的说明(边码 130 以下,109 以下)。在这里,只要做出一个带有在帮助中产生的补充和修正的简略概述就足够了。

268 因为帮助必须故意提供,所以,过失甚至轻率的提供帮助都不够。[360]但是,例如,在向一个具有可以看出构成行为倾向的人转让武器时,就能够存在一个过失的实行人。[361]相反,对于帮助人的故意来说,有条件故意就足够了。[362]的确,以有条件故意的帮助是很少的,因为从根本上说,可以信赖的是,他人不会实施故意犯罪;一种帮助人——就像过失归责一样——只有在实行人具有可以看出的构成行为倾向时才加以考虑(详见,边码 241 以下)。一种根据外部可以看出的或者仅仅是内心的"赞成"这个构成行为,对于帮助来说并不是必要的。[363]一个不赞成这个构成行为(例如,家属的构成行为)的人,但是仍然不情愿地提供了所请求的帮助的,就要使自己承担这个帮助的罪责。还有,在其他情况下,内心的保留也不会对帮助有任何改变。[364]

269 当然,司法判决对帮助人要求一种以下意义上的"促进故意":即他必须估计到自己的贡献是对实行人有帮助的。[365]在较近的司法实践中,这个标准越来越多地得到应用,以便从主观方面来重新限制那种通过"促进公式"(边码 186 以下)使客观方面变得过于宽泛的行为构成。因此,《联邦最高法院司法判决 刑法典》强调,第 27 条,第 1 款,故意,第 4 项,"在这个'帮助人'对这个构成行为的成功所作的贡献,对于这种成功明显在本身上是不必要的,并且,对于这个构成行为的实施方式也没有意义时,对于认定帮助人故意……就能够存在怀疑。"正确地说,在这样一种案件中,就必须否定原因上的风险提高(边码 210 以下),并且由此否定一种客观上的"帮助"。类似地也适用于这种情况:"在这个'帮助人'的行为明显不能对这个构成行为的成功作出什么贡献时",就应当提出一个帮助人的故意的问题;在这里,可能宁可涉及的是这种贡献在客观上的无用性。[366]

---

〔359〕 Geppert, Jura 1980, 274 f.; Laubenthal, Jura 1985, 632 f.; Sch/Sch/Stree^{26}, § 257, Rn. 8; Seelmann, JuS 1983, 33 f.; Vogler, Dreher-FS, 1977, 417;还有 Wessels, BT/2^{21}, Rn. 746(但是,现在与本书类似的,见 Wessels/Hillenkamp, BT/2^{24}, Rn. 804)。区别对待的,见 Lesch, 1992, 272 ff., 310 ff.,无论如何,在存在一个"集体的组织体"中,会容许帮助的。

〔360〕 因此,见上文先前的司法判决:RGSt 39, 214; BGHSt 1, 283。

〔361〕 参见,Roxin, AT I^{3}, § 24, Rn. 24 ff.。

〔362〕 RGSt 59, 246; 70, 24; BGHSt 2, 281; BGH NJW 1966, 676 f.; BGH MDR (D) 1957, 266;也参见,Eser, StrafR II^{3}, Nr. 46, Rn. A 13; Sch/Sch/Cramer Heine^{26}, § 27, Rn. 19; Tröndle/Fischer^{50}, § 27, Rn. 8。

〔363〕 LK^{11} - Roxin, § 27, Rn. 46; Jescheck/Weigend, AT^{5}, § 64 III 2 d。

〔364〕 RGSt 56, 168; BGHR StGB, § 27 I, Vorsatz, NRn. 1 und 5; BGH NStE, § 27 StGB, Nr. 4; BayObLGSt 195; OLG Karlsruhe GA 1971, 281; OLG Stuttgart NJW1950, 118 f.。

〔365〕 RGSt 72, 20, 24; BGHR StGB, § 27 I, Vorsatz, Nr. 2。

〔366〕 此外,对促进性故意的否定见 BGHR StGB, § 27 I, Unterlassen, Nr. 1; BGH StV 1981, 549; BGH wistra 1990, 20。

270 另外,这个帮助人的故意就像教唆人的故意一样,具有两个联结点:它必须指向在对实行人的故意行为提供帮助,以及必须指向通过实行人损害由行为构成保护的法益(所谓的**帮助人的双重故意**)。[367]在这里,提供帮助的概念,也就是说,帮助人故意的第一个联结点,在法不容许的原因性风险提高的意义上,已经作出了详细的说明(边码 186 以下,210 以下,221 以下)。帮助人的故意除了指向提供帮助,也指向通过实行人在损害法益形态上存在的构成行为,这是从参加人作为对法益的攻击的特征中得出的结论,并且完全符合在教唆中的论述(边码 150 以下)。因此,在局外人想要让这个构成行为仅仅处于未遂时(例如,他提供一种不合适的堕胎工具,或者他知道这个构成行为是不能完成的,因为已经通知了警察),就首先缺乏一个帮助了。[368]

271 但是,当局外人在抽象危险犯罪中排除危险的实现时(参见,边码 158);当他在行为构成上独立的准备犯罪与行动犯罪中,与这种预备或者未遂相联系,但并不想让这个构成行为完成的(边码 158 以下);还有,当他在带有与法益相关的目的要素的行为构成中,没有在自己的故意中包括通过实行人实现这个目的时(边码 161 以下),都不存在一种具有刑事可罚性的帮助。这个有关故意问题的重心虽然由于代理挑衅人在教唆中的广泛介入而存在,然而,联邦最高法院的一个最重要的判决对毒品案件中代理挑衅人的刑事可罚性,就涉及到帮助的案件(《联邦最高法院刑事判例集》,1981 年,第 549 页;对此,参见,边码 157)。

272 在**帮助人故意的确定性中**涉及的那些问题,不应当毫无限制地采纳对教唆人故意制定的规则(边码 133 以下)。在大多数案件中,帮助人会认识到在教唆中安排的"不法的实质范围"(边码 136)。在这种支持存在于事实性贡献或者存在于技术建议上时,有效的帮助通常只有在这个帮助人准确地知道这个实行人的计划时才能提供。的确,在这个帮助人仅仅认识那个有待实现的行为构成,而不知道损害的大体范围与所计划的攻击的方式与方法时,人们就还必须认定一个帮助。[369]也就是说,一个人"为了一次抢劫"而出借手枪,但是还不知道实行人计划的其他任何进一步信息的,他在实施这个构成行为中,就的确应当由于帮助而受到惩罚。[370]在帮助人的故意与教唆人的相比较必须更不确定时,其理由就在于,这个教唆人预先就确定了这个构成行为,并且,在这个事件的发生应当由他承担时,他就必须至少是已经概略地知道了。与此相反,这个帮助人发现了这个实行人的构成行为决定,并且由此准备了所计划的构成行为的方案,不必再说明其进一步的轮廓了。

273 在帮助人故意的确定性上提出较低的要求这一点,也表现出与第 257 条、第 258 条的"事后帮助"的对比。在那里,包庇以及妨害刑事公务的故意不是指向一种确定的行为构成,而仅仅是指向先行为人的"违法的构成行为"。因为两个条款各有各自的刑罚幅度,所以,立法者甚至能够放弃对一种确定的、由实行人实现的行为构成的认识。这在帮助中,由于其指向主行为的刑罚幅度,因此,是不可能的。但是,在"事后帮助"中,在对任何一种非特定的违法构成行为具有的想象已经足够时,就可以适当地在第 27 条的案件中,在可能的条件下满足帮助人对由实行人实

---

[367] Eser, StrafR II^3, Nr. 46, Rn. A 2; Jescheck/Weigend, AT^5, § 64 III 2 d; Lackner/Kühl^{24}, § 27, Rn. 7。

[368] RGSt 15, 315, 317; 17, 377 ff.; 56, 168, 170; 60, 23 ff.; 也参见,OLG Koblenz HESt 2, 279。

[369] 这种观点已经深入到文献之中。它为下列学者所代表:Herzberg, JuS 1987, 617 (619 ff.); Ingelfinger, 1992, 156 f.; Sche ff. ler, JuS 1997, 598 (599); Wild, JuS 1992, 911 (913); Wolf, JR 1991, 427 (429)。与此相反,Theile, 1999,144 ff. 要求帮助人具有一种"抽象生动的想象内容",但是,在他——例如,在提供一种构成行为工具时——满足于这个帮助人会自己想象到那个被害人将"陷入这个真实的构成行为工具的作用领域之中"(出处同上,第 147 页)时,就与这个观点没有实质性的区别了。自然,这个帮助人必须想象到,他的举止行为促进了一个通过清晰地描绘了行为构成的主构成行为的实现;但是,这也就足够了。

[370] 因此,在结论上还有,Herzberg, JuS 1987, 618; Ingelfinger, 1992, 156 f.。

现的行为构成的认识。那种要求教唆人的故意具有更高确定性的量刑问题(边码 137),在帮助人中比较不重要,强制性的减轻刑罚就给了法官降低刑罚的更大空间。

274　联邦最高法院有时对帮助人故意的确定性,也提出了比对教唆人故意更低的要求,但是,还没有成功地形成一种统一而清晰的方案。一个较新判决[371]建立在这样的案件事实基础之上,被告人卖了一个闹钟,而这个闹钟又被"革命组织"用作"对位于科隆的汉莎航空大楼实施炸弹攻击的定时器"。在出卖闹钟时,被告人已经知道,自己通过提供闹钟是在支持"对政治反对派目标实施的炸弹攻击"。不过,她并不知道攻击的具体目标以及实施构成行为的其他具体细节。尽管如此,联邦最高法院还是肯定了对"引起爆炸"(第 308 条)的帮助,也就是说,放弃了《联邦最高法院刑事判例集》,第 34 卷,第 63 页(边码 134 以下)对教唆人故意提出的确定性要求。这个判决避开了对这个裁决的争论:"在教唆人的想象中,是否应当对这个构成行为的确定性适用更严格的标准? 这个问题(《联邦最高法院刑事判例集》,第 34 卷,第 63 页……),并没有被提出来。"也就是说,这个做出判决的审判委员会,在可能的情况下,是否本来也想疏远《联邦最高法院刑事判例集》第 34 卷第 63 页的教唆人故意,这一点还是悬而未决的。同样悬而未决的是,对于帮助来说,是否对由实行人实现的行为构成具有认识就应当足够了。被告人的想象内容包括了"重要的不法内容与由其所支持的构成行为的攻击方向",并且,对帮助人故意的这种具体化就足够了,这个说法赞成本书对教唆人发展起来的方案所代表的方向,也就是根据"不法的实质范围"来进行安排。另一方面,引起爆炸物爆炸以及由此对他人财物的危险都属于第 308 条的行为构成要素,因此,这个判决也应当与这样一种意见相一致,即对于帮助人的故意来说,仅仅要求认识由实行人实现的行为构成。这本来也是与早期的司法判决相一致的,根据那个司法判决,就不需要帮助人认识准确的构成行为的发生过程、地点、时间和被害人。[372]

275　联邦最高法院[373]进一步的判决是一个有关做过宣誓的宝石鉴定专家的案件。这位鉴定专家背离更好的知识而向委托人提供证明,说这些宝石大约价值 30 万马克,然而,这些宝石由于其低劣的品质实际是卖不出去的,其交换价值不到 4 万马克。在这里,在这份"专家意见"应当标示过高的价值并且为欺诈行为服务这一点上,是由默认的一致性支配着。被告人承认,借助虚假的价值宣示,这些宝石要么应当会以过高的价值被转让或者被出借。他对这两种后果都加以容忍了。实际上,宝石的所有人依据被告人的估价,将他的收藏品作抵押,获得 27 万马克贷款。他无法偿还这笔贷款。银行也没有成功地将宝石卖出。宝石的占有人就由于诈骗罪,被告人就由于帮助诈骗而被判决。

276　这在结果上是正确的。被告人已经估计到实行人的诈骗。这种对行为构成的抽象的想象,对于帮助的故意就足够了,即使没有认识到所计划的构成行为实施中的具体细节。与前面的说明(边码 272 以下)和闹钟的判决(边码 274)完全一致,联邦最高法院在这里对帮助人故意也设置了不同于教唆人故意的"其他标准",并且,使之回溯到不同的刑罚威胁与参加人的结构以及与构成行为的不同距离上来了。"这个教唆人在眼前有着一个确定的构成行为,特别是一个确

---

[371] BGHR StGB, § 27 I, Vorsatz, Nr. 6。关于帮助故意的确定性的早期判决,见:RGSt 1, 110; 4, 95; 31,35; 59, 245; 67, 343; BGH MDR 1955, 143; BGHSt 11, 66; BGH GA 1959, 185; GA 1967, 115; GA 1981, 133。对这些司法判决的说明与分析,在面对较新的司法判决时具有追溯意义,是由 Theile, 1999, 110 ff. 提供的。

[372] 参见,RGSt 67, 343; RG JW 1938, 2198, Nr. 8 a. E.; BGH MDR (D) 1955, 143; BGH GA 1967, 115。

[373] BGHSt 42, 135 m. Anm。Roxin, JZ 1997, 210 (= Roxin, HR R AT, Fall 83, 125f. u. 206 f.; Fall 84, 126 ff. u. 207; Fall 85, 128f. u. 207 f.); Büscher, JuS 1998, 384; Fahl, JA 1997, 11; Kindhäuser, NStZ 1997, 273; Loos, JR 1997, 297; Otto, JK 97, - -27/11; Sche ff. ler, JuS 1997, 598; Schlehofer, StV 1997, 412。对各种意见的深入说明与分析,见 Theile, 1999, 16 ff. 。

定的行为构成结果。与此相反,这个帮助人带来一种与主行为相分离的贡献。"完全恰当的是,在指导原则上(就像在这个文本中,出处同上,第138页),这个帮助人也就已经回溯到客观归责的原理上去了。因此,帮助的实施就是,一个人为实行人提供行为工具,并且"由此意识到提高了风险","通过这种介入,正好使这个工具为一种……主构成行为得到实施。对于被害人、构成行为的时间或者具体实施方式的细节,不是帮助人一定需要认识的。"

当然,在这个指导原则中,这个判决所具有的正确的基本理解,通过以下补充被模糊了:这种补充部分地是由不正当的限制造成的,部分地是由不容许地扩大帮助的刑事可罚性造成的。不正当的限制存在于帮助人为实行人提供了"一种决定性的行为工具"的表达之中。[374]在其他情况下,提供不太关键的帮助就已经提供了帮助的基础。扩大帮助的刑事可罚性存在于,这个帮助人故意必须涉及的不应当是诈骗的行为构成要素,而是"一种借助欺诈侵害他人财产的主构成行为"。这样的扩大会是信用诈骗(第265a条)或者引起非法的税前返还(《税收条例》第370条)。就像进一步的判决理由所表明的那样,[375]联邦最高法院在实际上想在那个案件中认定一种帮助。在其中,这个实行人借助虚假的专家意见已经实施了这两个其他犯罪中的一个。但是,在这个专家仅仅是估计到一种诈骗(要么是通过出让要么是通过出借)时,这就走得太远了。就像其他故意一样,这种帮助人的故意也必须涉及一个确定的行为构成。 277

联邦最高法院对帮助人故意的说明,早期的清晰性通过根据中的其他说法而进一步被遮蔽了。这个说明是这样的(出处同上,第138页):"对参加人故意的确定性要求,最终是建立在这个认定基础上的:仅仅这个已经认识到构成行为计划的重要细节的参加人,才会认真地估计到这个主构成行为的实施。那些构成行为的情节,应当认定为对参加人故意很重要的,对其认识就充分地使主构成行为的实施变为极其可能。" 278

这明显是与对支持这个结果与重新找回这个判决中的指导原则的考虑相违背的。这个作为帮助人受到惩罚的专家不仅不认识这个构成行为计划的"重要的"细节,而且根本不知道其细节,并且,的确具有一种充分的帮助人故意!不正确的还有,在帮助人的想象中,实施构成行为的充分的极其可能性还取决于他认识了这个构成行为计划中的哪些细节。更准确地说,它取决于实行人的执行能力与这个计划可实施性的难易程度。对实施构成行为的严肃估计在多小的程度上,是以对构成行为计划细节的认识为条件的,就恰恰展示了我们的案件:这个帮助人明确地完全不与实行人谈论犯罪计划,他仅仅是推测到了这个犯罪计划,从而不能知道具体的细节。但是,人们借助一种被过分提高的专家意见来实施欺骗性的出卖或出借,这一点是如此明显,以致于人们借助其实施就能够并且必须严肃地估计到,即使人们对这个构成行为计划还是一无所知。就像在所引用段落中具有的现象一样,这个帮助人并不是必须认识"构成行为计划的重要细节";恰恰相反,就像在这个判决的指导原则中也已经恰当地表述的那样,他并不需要认识这一点。 279

有问题的还在于,当在这个判决中说(出处同上,第38页下):"通过在这个估算中包含的错误的价值说明,一方面对于所争取的财产好处的范围,另一方面对于应当担心的损害,都进行了充分的限制,以描述这种'在考虑中的构成行为所具有的不法范围'(罗克辛,《法学家报》,1986年,第908页)。"[376]在这里——比在闹钟判决中更加明显(边码274)——一种由我对教唆人故意所要求的条件(认识"实行人行为"的不法范围),被转移给了那种帮助人故意。虽然这个鉴定专家在这里实际上认识了可能的损害程度,但是,在帮助人中,这一点恰恰不是重要的(参见,边 280

---

[374] 反对这个"决定性的构成行为工具"准则的,见 Theile, 1999, 133 ff. m. w. N.。

[375] 印刷出来的见 JZ 1997, 210,而不是在 BGHSt 42, 135。

[376] 反对在帮助人中按照对"不法的实质维度"的认识进行安排的,见 Theile,1999,121 ff.。

码 272)。这个判决在别的位置上(参见,边码 276)甚至正确地说,在帮助人故意上,必须适用不同于教唆人故意的"其他标准"。

281 也就是说,这个判决虽然有着正确的基础原理,但是,在许多方面存在着混乱。[377]还有,第五审判委员会稍后的一个补充性判决(《联邦最高法院刑事判例集》,第 42 卷,第 332 页)也没有走得更远,它在《联邦最高法院刑事判例集》,第 42 卷,第 135 页中说:"参加人的故意——要么是教唆人要么是帮助人——必须指向实施一个不是在所有细节、但可能在其重要的要素中或者基本要素中加以具体化的构成行为;作为对这个参加人的故意很重要的,无论如何都应当认定的是其情节,而对这些情节的认识就会使主构成行为的实施充分具有极其可能性……对于这个参加人来说,在这里不需要他在自己的想象中……接受像构成行为的地点、时间与被害人这样的细节,并且在具体案件中,每次都个别地认识直接行为的人……"正确的是第二个原理。但是,在一个人对实行人、被害人、构成行为的地点与时间都不知道时,应当如何认识这种"实施一个具体化的构成行为"中的"那些重要的要素"?

282 富有启发性的还有巴伐利亚州高等法院的一个判决。[378]在这里,被告人向实行人出售"两根掏空水星牌自动下注机(Geldspielautomaten)中的马克的特别细丝"。实行人用这两根细丝对这种自动下注机实施了 21 次盗窃。陪审法院(Schöffengericht)宣告被告人不构成帮助,因为在他的想象中,"不确定地存在着缺乏进一步的个别化要素(地点、时间与实施构成行为的其他情节)"。巴伐利亚州高等法院正确地肯定了帮助的刑事可罚性。只要想象到,所提供的对构成行为的贡献会符合确定性地为盗窃所使用,这就足够了。这个帮助人不需要进一步认识"各种具体的要素"。

283 对于**实行人的过限**,同样适用在教唆人中完成的那种理论(边码 109 以下),标准是,实行人偏离帮助人的想象,只要这种偏离处于同一个行为构成的范围之内的,就不改变帮助的成立(参见,边码 114,在教唆中的狭义解决方案)。也就是说,如果入室人没有像那个局外人设想的那样,利用交给他的万能钥匙进入一家私人住宅,而是用它来打开一个银行的保险箱,那也同样存在着一个帮助。在这个帮助故意毕竟仅仅需要包含这个行为构成,并且这个行为构成的实现与这个帮助有关时,这个计划的改变在同一个行为构成的范围之内就不能影响帮助人的故意了。

(六)帮助的特别形式

284 那些在教唆中发展出来的基本原则(边码 167,168 以下,边码 170 以下),也相应地适用于对结果加重犯罪、义务犯罪、亲手犯罪以及不作为构成行为的帮助。在教唆(边码 173 以下)中,关于实行人与参加人的规则,能够根据精神转用到帮助之上。通过不作为的帮助(参见,边码 205)在不作为犯罪中才加以说明。

285 对帮助的单数与多数的处理,同样地与教唆人中的情况(边码 172)相适应。在这里,的确需要对产生的问题进行进一步详细的论述,因为这些问题与教唆相比,是司法判决与文献更加重视的。这个基本原则是,在帮助者通过**一个**行为支持不同的主构成行为,或者通过不同的行为支持**一个**主构成行为时,就仅仅存在着第 52 条意义上的**一个**帮助。在第一种案件中,根据的是,帮助人仅仅实施了一个行为动作,也可能使建立其刑事可罚性根据的主构成行为具有多样性。在从属性原则的基础上,"主构成行为"的数量也对帮助行为的数量具有决定性,这种看法在今天已

---

〔377〕 还有 Loos, JR, 1997, 298 也认为,她的思维过程"恰恰不是特别让人明白的"。

〔378〕 NJW 1991, 2582。对此,见 Wolf, JR 1992, 428; Wild, JuS 1992, 911。

经不再被认同。[379]也就是说,如果甲卖给乙一箱用于侵入住宅的工具,并且,甲从乙那里知道,这些工具应当分发给入室人,那么,就仍然仅仅存在着一个帮助的动作(在真正竞合中)。在第二种案件中,在较多的帮助行为涉及一个构成行为时,就仅仅产生一个帮助,这个解决方案建立在把参加人的刑罚基础建立在一种从属的对法益攻击的基础之上(边码 2 ~ 9 及其他各处)。这个帮助人通过对实行人的人身(也就是以从属的形式),运用一种构成行为对法益进行了攻击。

在这个帮助人通过多个提供帮助来支持同一个或者不同的实行人的不同构成行为时,就存在着多个帮助行为(第 53 条意义上的真正竞合)。如果不同的实行人攻击同一个行为对象,那么,在其作为共同实行人行为时,在其支持中就当然仅仅存在着一个帮助;在这种情况下,共同实行人支持的仅仅是一个构成行为。如果这个局外人为不同的同时实行人提供帮助,那么,与此相反,就存在着多个帮助行为。 286

(七)对帮助人的刑罚

第 27 条第 2 款规定,根据主构成行为的刑罚幅度确定对帮助人的刑罚幅度,但是,也规定了一种强制性的减轻刑罚。这符合了在"实施人"与"引发人"的比例关系上,这种构成行为通常在帮助人的贡献中具有从属的意义。但是,这种刑罚幅度的减轻并不排除这种情况:即这种在具体个别案件中,在减轻的刑罚幅度内加以分配的刑罚,可以达到甚至超过对这个实行人的刑罚(《帝国法院刑事判例集》,第 51 卷,第 106 页)。对于是否与帮助有关的一种或多或少的严重情形的判断,首先就取决于这种帮助人的贡献具有多大的重要性;不过,也应当考虑这个主构成行为的分量。[380]那些降低这个构成行为的结果无价值的情节,在帮助人对之没有认识时,必须出于从属性的根据而原谅这个帮助人(联邦最高法院,《刑事辩护人杂志》,1983 年,第 326 页);帮助人的这个指向造成较大损害的意志,是在这个范围内不具有刑事可罚性的未遂的范围内活动的。对这个帮助人的刑事惩罚,独立于对这个实行人的刑事处罚。在对这个实行人适用刑罚之前,就能够产生这种刑事处罚;真的,甚至在主实行人还一点都不知道时,这种刑事处罚就已经是允许的(汉堡高等法院,《法学评论》,1953 年,第 27 页)。 287

在一个帮助同时与一个不那么严重的主构成行为(例如,根据第 250 条第 3 款)一起存在时,就应当实行双重的刑罚减轻。[381]在这个构成行为卡在未遂阶段时,就能够发生这样的情况,从而仅仅存在一种对未遂的帮助。当然,在这样一种案件中,双重的减轻仅仅是选择性的,因为对于未遂的刑罚减轻,在这样一种案件中,并不是强制性的(第 23 条第 2 款)。如果法官想要利用双重减轻的可能性,那么,首先就应当确定对主构成行为未遂减轻刑罚的幅度,然后根据第 27 条第 2 款的标准再一次减轻。[382]根据第 13 条第 2 款和第 27 条第 2 款,对通过不作为的帮助也规定了一种选择性的双重减轻。关于在对纯正义务犯罪的帮助中存在的双重减轻的复杂问题,应当根据第 28 条第 1 款和第 27 条第 2 款,并参考第 27 节边码 82 以下的论述。对一种帮助行为的帮助,并不引起双重减轻刑罚;因为这种双重的减轻刑罚必须在结果中发生影响,所以,这是间接的对主构成行为的一种帮助(《帝国法院刑事判例集》,第 23 卷,第 300 页)。 288

---

〔379〕 在 RGSt 70, 26 文本的意义上反对这个早期的司法判决;BGH MDR (D) 1957, 266; MDR (H) 1980, 272; BGHR StGB, § 27 I, Hilfeleisten, Nr. 2; BayObLG NJW 1989, 2142 f.; Lackner/Kühl[24], vor § 52, Rn. 22; BGH NStZ 1999, 451, 513。

〔380〕 BGH NStZ 1981, 394; 1982, 206; BGH wistra 1983, 116; BGH StV 1985, 411。

〔381〕 BGH GA 1980, 255; BGH NStZ 1988, 128。

〔382〕 RGSt 2, 383; 61, 77。

第 27 节　特别的人身要素。从属性的放宽与代表人的责任

关于第一部分的文献：Bauer, Die akzessorische Natur der Teilnahme, 1904；Redslob, Die persönlichen Eigenschaften und Verhältnisse, 1909；Kohlrausch, Täterschuld und Teilnehmerschuld, Bumke – FS, 1939, 39；Schlutter, Zur Dogmengeschichte der Akzessorietät der Teilnahme, 1941；Theis, Das Merkmal der Böswilligkeit und die persönlichen Eigenschaften und Verhältnisse, SJZ 1946, 213；Class, Zum Verhältnis des §211 zum §50 StGB, NJW 1949, 83；Lange, Die Schuld des Teilnehmers, insbesondere bei Tötungs – und Wirtschaftsverbrechen, JR 1949, 165；Eb. Schmidt, Zum Verhältnis der §§211ff. zum §50 StGB, DRZ 1949, 272；Welzel, Zur Systematik der Tötungsdelikte, JZ 1952, 72；Börker, Zur Abhängigkeit der Teilnahme von der Haupttat, JR 1953, 166；Hardwig, §50 StGB und die Bereinigung des StGB, GA 1954, 65；Hardwig, Die Gesinnungsmerkmale im Strafrecht, ZStW 68（1956）, 14；Schmidhäuser, Gesinnungsmerkmale im Strafrecht, 1958；Furtner, Zur Frage der Anrechnung erschwerender Umstände bei nachfolgender Beihilfe und nachfolgender Mittäterschaft, JR 1960, 367；Baumann, Täterschaft und Teilnahme, JuS 1963, 51；Maihofer, Objektive Schuldelemente, H. Mayer – FS, 1966, 185；Schaffstein, Zur Auslegung des Begriffs der „heimtückischen Tötung“ als Mordmerkmal, H. Mayer – FS, 1966, 419；Blauth, „Handeln für einen anderen“ nach geltendem und nach kommendem Strafrecht, 1968；Gallas, Beiträge zur Verbrechenslehre, 1968；Gallas, Der dogmatische Teil des Alternativentwurfs, ZStW 80（1968）, 1；Baumann, Vorsicht bei Verjährung von Gewaltverbrechen!, NJW 1969, 1279；Gehrling, Nochmals：§50 II StGB n. F. und die Verjährung für Teilnahme an Mord, JZ 1969, 416；Jakobs, Niedrige Beweggründe beim Mord und die besonderen persönlichen Merkmale in § 50 II und III StGB, NJW 1969, 489；Koffka, Ist § 50 II StGB auf Gehilfen anwendbar, wenn der Haupttäter aus dem Gehilfen bekannten niedrigen Beweggründen tötet, die beim Gehilfen fehlen?, JR 1969, 41；Maurach, Die Mordmerkmale aus der Sicht des § 50 StGB, JuS 1969, 249；Niethammer, Sinn und Wirkung des § 50 StGB, JuS 1969, 249；Samson, § 50 II n. F. StGB und die Verjährung, ZRP 1969, 27；Schröder, Der § 50 StGB n. F. und die Verjährung beim Mord, JZ 1969, 132；Schröder, Roma locuta...?, JZ 1969, 418；Stree, Das Versehen des Gesetzgebers（§50 II, III）, JuS 1969, 403；Geppert, Zur Problematik des § 50 II StGB im Rahmen der Teilnahme an unechten Unterlassungsdelikten, ZStW 82（1970）, 40；Heidland, Die besonderen persönlichen Merkmale, Diss. Heidelberg, 1970；Langer, Das Sonderverbrechen, 1972；Roxin, Über den Rücktritt vom unbeendeten Versuch, Heinitz – FS, 1972, 251；Arzt, „Gekreuzte Mordmerkmale?“ Zur Tragweite des § 50 II StGB, JZ 1973, 681；Bockelmann, Zur Problematik der Beteiligung an vermeintlich vorsätzlichen rechtswidrigen Taten, Gallas – FS 1973, 261；Jährig, Die persönlichen Umstände des § 50 StGB, Diss. Köln, 1974；Roxin, Schuld und Verantwortlichkeit als strafrechtsdogmatische Systemkategorien, Henkel – FS, 1974, 171；Gerl, Die besonderen persönlichen Merkmale usw., 1975；Wagner, Amtsverbrechen, 1975；Herzberg, Die Problematik der „besonderen persönlichen Merkmale“ im Strafrecht, ZStW 88（1976）, 68, 178；Langer, Zum Begriff der „besonderen persönlichen Merkmale“, Lange – FS, 1976, 241；Vogler, Zur Bedeutung des §28 StGB für die Teilnahme am unechten Unterlassungsdelikt, Lange – FS, 1976, 265；Herzbeg, Täterschaft und Teilnahme, 1977；Roxin, Strafzumessung im Lichte der Strafzwecke, Schultz – FS, 1977, 463；Steinke, Welche persönlichen Merkmale des Haupttäters muβ sich der Teilnehmer zurechnen lassen?, MDR 1977, 365; Cortes Rosa, Teilnahme am unechten Sonderverbrechen, ZStW 90 (1978), 413; Schünemann, Unternehmenskriminalität und Strafrecht, 1979; Schünemann, Besondere persönlichen Verhältnisse und Vertreterhaftung im Strafrecht, ZSchwR 1978, 131; Arzt, Zur Garantenstellung beim unechten Unterlassungsdelikt, JA 1980, 553; Schünemann, Die Bedeutung der „besonderen persönlichen Merkmale" für die strafrechtliche Teilnehmer - und Vertreterhaftung, Jura 1980, 354, 568; Herzberg, Der agent provocateur und die „besonderen persönlichen Merkmale" (§28 StGB), JuS 1983, 737; Bloy, Die Beteiligungsformen als Zurechnungstypus im Strafrecht, 1985; Geppert, Mordmerkmale und Akzessorietät der Teilnahme (§ 28 StGB), Jura 1986, 106; Schünemann, Die deutschsprachige Strafrechtswissenschaft nach der Strafrechtsreform im Spiegel des Leipziger Kommentars und des Wiener Kommentars, 2. Teil, GA 1986, 293; Vormbaum, Der strafrechtliche Schutz des Strafurteils. Untersuchungen zum Strafrechtsschutz des strafprozessualen Verfahrenszieles, 1987; Stein, Die strafrechtliche Beteiligungsformenlehre, 1988; Grünwald, Zu den besonderen persönlichen Merkmalen, Armin Kaufmann - GS, 1989, 555; H. J. Hirsch, Zum Spannungsverhältnis von Theorie und Praxis im Strafrecht, Tröndle - FS, 1989, 19; Keller, Rechtliche Grenzen der Provokation von Straftaten, 1989; Herzberg, Akzessorietät der Teilnahme und persönlichen Merkmale, GA 1991, 145; Küper, „Besondere persönliche Merkmale" und „spezielle Schuldmerkmale", ZStW 104 (1992), 577; Schwerdtfeger, Besondere persönliche Unrechtsmerkmale, 1992; Holthausen, Täterschaft und Teilnahme bei Verstößen gegen Genehmigungspflichten des KWKG und AWG, NStZ 1993, 568; Hildesheim, Die strafrechtliche Verantwortung des faktischen Mitgeschäftsführers in der Rspr. des BGH, wistra 1993, 166; Hake, Beteiligtenstrafbarkeit und „besondere persönliche Merkmale", 1994; Niedermair, Tateinstellungsmerkmale als Strafbedürftigkeitskorrektive, ZStW 106 (1994), 388; Fischer/Gutzeit, Grundfragen zu §28 StGB, JA 1998, 41; Grunst, § 370 I Nr. 2 AO - Sonderdelikt und besonderes persönliches Merkmal (§ 28 I StGB). Anmerkung zu BGH, NStZ 1995, 405, NStZ 1998, 548; Fr. - Chr. Schroeder, Eine irreführende Legaldefinition: der Beteiligte (§ 28 11 StGB), JuS 2002, 139.

关于第二部分的文献: Bruns, Können die Organe juristischer Personen, die im Interesse ihrer Körperschaften Rechtsgüter Dritter verletzen, bestraft werden?, Str. Abh. 295, 1931; Bruns, über die Organ - und Vertreterhaftung im Strafrecht, JZ 1954, 14; Bruns, Faktische Betrachtungsweise und Organhaftung, JZ 1958, 461; R. Schmitt, Strafrechtliche Maβnahmen gegen Verbände, 1958; Rimmelspacher, Strafrechtliche Organ -, Vertreter - und Verwalterhaftung, erörtert am Beispiel der Vollstreckungsvereitelung, JZ 1967, 472; R. Schmitt, Die strafrechtliche Organ - und Vertreterhaftung, JZ 1967, 698; Blauth, „Handeln für einen anderen" nach geltendem und nach kommendem Strafrecht, 1968; R. Schmitt, Nochmals: Die strafrechtliche Organ - und Vertreterhaftung, JZ 1968, 123; Demuth/Schneider, Die besondere Bedeutung des Gesetzes über Ordnungswidrigkeiten für Betrieb und Unternehmen, BB 1970, 642; Wiesener, Die strafrechtliche Verantwortlichkeit von Stellvertretern und Organen, 1971; Bruns, Ungeklärte materiell - rechtliche Fragen des Contergan - Prozesses, Heinitz - FS, 1972, 317; Langer, Zum Begriff der „besonderen persönlichen Merkmale", Lange - FS, 1976, 241; Tiedemann, Wirtschaftsstrafrecht und Wirtschaftskriminalität, Bd. 1, 1976; Tiedemann, Grundfragen bei der Anwendung des neuen Konkursstrafrechts, NJW 1977, 777; Binz, Nochmals: Vertreterhaftung bei Bankrotthandlungen einer GmbH, NJW 1978, 802; Fleischer, Vertreterhaftung bei Bankrotthandlungen einer GmbH, NJW 1978, 96; Schünemann, Besondere persönliche Verhältnisse und Vertreterhaftung im Strafrecht, ZSchwR 1978, 131; Schünemann, Unternehmenskriminalität und Strafrecht, 1979; Tiedemann, Strafrechtliche Grundprobleme im Kartellrecht, NJW 1979, 1849; Schünemann, Die Bedeutung der „besonderen persönlichen Merkmale" für die strafrechtliche Teilnehmer - und Vertreterhaftung, Jura 1980, 354, 568; Bruns, Grundprobleme der strafrechtlichen Organ - und Vertreterhaftung (§ 14 StGB, § 9 OWiG), GA 1982, 1; Schünemann, Strafrechtsdogmatische und kriminalpolitische Grundfragen der

Unternehmenskriminalität, wistra 1982, 41; Meurer/Bergmann, Tatbestandsalternativen beim Glücksspiel, JuS 1983, 668; Schulte, Abgrenzung von Bankrott, Gläubigerbegünstigung und Untreue bei der KG, NJW 1983, 1773; Bruns, Die sog. „tatsächliche" Betrachtungsweise im Strafrecht, JR 1984, 133; Cadus, Die faktische Betrachtungsweise, 1984; Herzberg, Die Verantwortung für Arbeitsschutz und Unfallverhütung im Betrieb, 1984; Stein, Das faktische Organ, 1984; Weber, Grundsätze des Wirtschaftsstrafrechts, ZStW 96 (1984), 376; Kratzsch, Das„faktische Organ" im Gesellschaftsrecht, ZGR 1985, 506; Labsch, Die Strafbarkeit des GmbH – Geschäftsführers im Konkurs der GmbH, wistra 1985, 1, 59; Schünemann, Die deutschsprachige Strafrechtswissenschaft nach der Strafrechtsreform im Spiegel des Leipziger und des Wiener Kommentars, 2. Teil, GA 1986, 293; Tiedemann, Die strafrechtliche Vertreter – und Unternehmenshaftung, NJW 1986, 1842; Winkelbauer, Strafrechtlicher Gläubigerschutz im Konkurs der KG und der GmbH & Co. KG, wistra 1986, 17; Lampe, Unternehmensaushöhlung als Straftat, GA 1987, 241; Marxen, Die strafrechtliche Organ – und Vertreterhaftung – eine Waffe im Kampf gegen die Wirtschaftskriminalität?, JZ 1988, 286; Fuhrmann, Die Bedeutung des„faktischen Organs" in der strafrechtlichen Rechtsprechung des Bundesgerichtshofs, Tröndle – FS, 1989, 139; Löffeler, Strafrechtliche Konsequenzen faktischer Geschäftsführung, wistra 1989, 121; K. Schmidt, Die Strafbarkeit„faktischer Geschäftsführer" wegen Konkursverschleppung als Methodenproblem, Rebmann – FS, 1989, 419; Achenbach, Die Sanktionen gegen die Unternehmensdelinquenz im Umbruch, JuS 1990, 601; Arloth, Zur Abgrenzung von Untreue und Bankrott bei der GmbH, NStZ 1990, 601; H. Schäfer, Die Entwicklung der Rechtsprechung zum Konkursstrafrecht, wistra 1990, 131; Bottke, Empfiehlt es sich, die strafrechtliche Verantwortlichkeit für Wirtschaftsstraftaten zu verstärken?, Wistra 1991, 81; Bottke, Täterschaft und Gestaltungsherrschaft, 1992; W. Schmid, Strafrechtliche Einstandspflichten, in: Müller – Gugenberger (Hrsg.), Wirtschaftsstrafrecht, 21992, 387; Gübel, Die Auswirkungen der faktischen Betrachtungsweise auf die strafrechtliche Haftung faktischer GmbH – Geschäftsführer, 1994; Bittmann/Pikarski, Strafbarkeit der Verantwortlichen der Vor – GmbH, wistra 1995, 91; Deutscher/Körner, Strafrechtlicher Gläubigerschutz in der Vor – GmbH, wistra 1996, 8; Dierlamm, Der faktische Geschäftsführer im Strafrecht – ein Phantom?, NStZ 1997, 153; Biletzki, Strafrechtlicher Gläubigerschutz bei fehlerhafter Buchführung durch den GmbH – Geschäftsführer, NStZ 1999, 537.

一、第 28 条、第 29 条的从属性规定

（一）法律规定的意义

1 在第 28 条与第 29 条中涉及的规定所具有的那种（将在下文进一步说明的）意义，存在于这里：一个特别不法或者一个特别罪责的要素，仅仅存在于多个参与人中的一个人之中（只要其是为刑罚提供根据的，从重处罚的，减轻处罚或者免除处罚的），对缺乏这些要素的其他人，就不进行或者不在完全的范围内进行归责。

2 例如，在一个人私下唆使一个法官枉法裁判（第 26 条，第 339 条）时，一个“特别不法”的案件就存在于一个参与人的人身之中。虽然在这样一种案件事实中，这个局外人就通过引起错误裁判而攻击了司法，并且因此会由于对第 339 条的教唆而受到惩罚，但是，他不能够实现那种特别的“额外”的不法，那种不法是实行人通过违反其法官职务中的最重要义务来实施的。立法者原谅了局外人，并且在第 28 条第 1 款中为其规定了减轻处罚。

3 一个“特别罪责”的要素可以在一个父亲促使其怀孕的女儿堕胎的案件中得到说明。在这

个案件中，立法者从典型性地处于一种冲突处境下行为的孕妇具有减低的罪责出发，在第 218 条第 3 款中体恤了这一点，规定了一种与为他人堕胎相比大大降低的刑罚威胁。在这个父亲那里，并不存在这种特别的减轻罪责，因此，他会由于对第 218 条第 1 款的教唆而受到惩罚。这个解决方案究竟是从第 28 条第 2 款还是从第 29 条中推导出来的，仍然存在着争论（对此，边码 7 以下），但是，结果都是一样的。反过来说，在这个孕妇促使第三人对自己进行堕胎时，她就仅仅会由于对第 218 条第 3 款的一个构成行为而有罪责（当然，这种教唆会作为辅助的而退居第 218 条第 3 款的实行人之后，存在于为堕胎行为提供自己的身体之中）。

所有适用第 28 条与第 29 条的案例，都意味着一种从属性的放宽。这个教唆人——为了仍然停留在这个案例上——与第 26 条的规则相反，引起的不是“同一个实行人”（也就是说，根据实行人构成行为的量刑范围），而是根据另一个、更轻或者更重的量刑范围来承担责任的。在这种“特殊罪责”的案件中，就与那个已经在第 26 条与第 27 条中说过的限制的从属性原则协调一致（对此，参见第 26 节，边码 32 以下）。当一个对参加人的惩罚甚至在实行人完全缺乏罪责中也有可能时，合乎逻辑的就是，在其他情况下，也应当根据实行人与参加人各自的罪责程度来确定刑罚。相比之下，这种“特殊不法”对刑罚范围上的作用也进一步放宽了这个限制的从属性原则。这是否以及如何能够与参加人的刑罚根据（第 26 节，边码 11 以下），首先是与广为认可的从实行人不法中引导出来的参加人不法相一致，就是一个在下文中还要讨论的有争议的问题（边码 16 以下）。 4

（二）第 28 条与第 29 条之间的关系

首先，不存在争议的是，第 29 条说出了限制的从属性原则（对此，参见第 26 节，边码 32 以下），并且，由此也作为总则的排除罪责根据适用。也就是说，只要不应当认定间接实行人（第 26 节，边码 33），在不可避免的禁止性错误中（第 17 条第 1 句），在无罪责能力中（第 19 条，第 20 条，在可能时还有《青少年法庭法》第 3 条），在免除处罚的中止中（第 24 条），[1] 在紧急防卫过限中（第 33 条），以及在免除罪责的紧急状态中（第 35 条），尽管实行人无刑事可罚性，参加人也可能是具有刑事可罚性的，这是从第 29 条中（并且，也是从不法方面以及从第 26 条与第 27 条的字面含义中）得出的结论。但是，第 29 条并不仅仅局限于这种限制的从属性。在一个参与人仅仅提供了一种一般的减轻罪责的根据时（第 17 条第 2 句，第 21 条，第 35 条第 2 款），这种减轻的刑罚范围就仅仅应当适用于存在着其条件的情况。第 29 条也可以适用于总则中那些不适用从属性原则的共同作用的关系。例如，在共同实行人中有一人不具有罪责，或者是在第 21 条的条件下行为时（参见，第 25 节，边码 185，关于在这些案例中的一种间接实行人的问题），共同实行人也是可能的。 5

与之相对，所有个人的**不法要素**都没有争议地属于第 28 条的适用范围，只要这是为刑罚提供根据的（第 28 条第 1 款），只要这是从重处罚或者减轻处罚的（第 28 第 2 款）。因为第 29 条根据本身明确的字面含义就限制在罪责上，所以，在不法领域中的从属性放宽就是单独地从第 28 条中得出的结论。也就是说，从第 28 条第 1 款得出的结论是，这种在真正的职务犯罪中不符合资格的参加人将受到减轻处罚（参见，边码 1 中的案件）。相应地，应当从第 28 条第 2 款中得出结论：在不真正的职务犯罪中的参加人（例如，职务中的身体伤害，第 340 条）就只能在一般犯罪的减轻处罚范围内受到惩罚（这里是第 223 条）。 6

---

〔1〕 只要人们认为这是排除罪责的根据（参见，第 30 节，边码 29 以下）。

7　但是,有争议的是对那些特别的、在分则的行为构成中包含的罪责要素的归类;这不仅适用于为刑罚提供根据的要素,而且适用于调整刑罚的要素。**为刑罚提供根据的罪责要素**是,例如,"恶意"(第90a条,第130条第1款第2项,第225条),"毫无顾忌"(第315c条第1款第2项)与"符合行业性"(第180a条第1款)。**调整刑罚的罪责要素**的从重种类,在人们借助绝对主流的观点把谋杀视为杀人的符合资格的案件时,首先是第211条的第1个与第3个要素组中的谋杀要素。如果人们借助判例把这种谋杀视为一种面对杀人而独立的犯罪,那么,在这个范围内,也就涉及了为刑罚提供根据的要素。作为一种减轻处罚的罪责要素的例子,例如,那个已经提到的堕胎案件,就能够用来进行或者允许孕妇对自己实施的堕胎(第218条第3款,参见,边码3)。另外,还存在着免除处罚的特别罪责要素,例如,在第258条第6款中的家属身份。[2]

8　对于把特别的罪责要素归入第28条,第29条之中,在讨论中提出了三种可能性。主流观点[3]以及还有判例[4]都根据第28条第1款与第2款来处理所有特别的罪责要素;第28条与第29条之间的分界线是这样展开的:即所有特别的个人要素都属于第28条,相反,所有一般的罪责要素都属于第29条。与此相反,第二种观点[5]想要把所有的罪责要素,一般的与特别的,都归入第29条之中;也就是说,在这里,对于划分来说,关键的是不法与罪责的犯罪种类。第三种观点[6]在特别罪责要素上,又重新在为刑罚提供根据的与调整刑罚的之间进行了区分(参见,边码7);第一组案例被归于第29条,第二组被归于第28条第2款。

9　人们必须弄清这个争论的实际意义,才能作出决定。这样,得出的结果是,这个争论对于调整刑罚的罪责要素不具有作用(参见,边码3中的案件);这种罪责要素在第28条第2款的适用中与第29条的适用一样,只能归责于存在该要素的人。然而,在为刑罚提供根据的罪责要素上,就存在着重大的差别,这种罪责要素仅仅在实行人中才具有,而参加人却是缺乏的。人们认定,有人在自己本身没有恶意行为时,也可以参加对联邦德国的恶意污蔑(第90a条)!或者,有人在还没有给实行人的精神标记上毫无顾忌的特征时,就可以教唆第315c条第1款第2项的危害道路交通!如果人们在这里适用第29条,那么,局外人就不可能受到刑罚,因为其罪责(缺乏恶意或者毫无顾忌)并没有达到那种在相关的行为构成中所要求的程度。相反,如果人们根据第28条第1款来处理,那么,这个局外人就是具有刑事可罚性的。虽然他缺少实行人的一种特别的个人要素(他的恶意或者毫无顾忌),但是,这并不能导致不受惩罚,而只能导致根据第49条第1款的解决方案来减轻处罚。

10　在相反的案例中,在参加人中存在着实行人所不具有的恶意、毫无顾忌,以及其他,与一种广泛流传的

---

〔2〕 详见 Roxin, AT 1^3, § 22, Rn. 130 ff.。

〔3〕 Blei, AT[18], § 76; ders., PdW AT[11], Fall 332; Ebert AT[3], 209 f.; Gallas, 1968, 155 f.; Grünwald, Arm. Kaufmann – GS, 1989, 566 ff.; Kindhäuser, StGB, § 28, Rn. 8; Köhler, AT, 551; Lackner/Kühl[24], § 28, Rn. 1; Niedermair, ZStW 106(1994), 400 ff.; 还有 SK[5] – Samson, § 28, Rn. 8, 14; 但是,今天不同的是 SK[7] – Hoyer, § 28, Rn. 6 ff.(9); Sch/Sch/Cramer/Heine[26], § 28, Rn. 3 ff.; § 29 Rn. 4; Schünemann, Jura 1980, 363; Stratenwerth, AT[4], § 12, Rn. 185 f.。在结论上,还见 Maurach/Gössel, AT[27], 53/144。

〔4〕 参见,例如,RGSt25, 266; 59, 140; 72, 373 f.; BGHSt 1, 235, 240; 17, 215, 217;22, 375, 378;25, 287, 289; BGHR StGB, § 28 Ⅰ, Merkmal, NRn. 2, 3。

〔5〕 Hake, 1994, 160 f.; Jakobs, AT[2], 23/5; Jescheck/ Weigend, AT[5], § 42 Ⅲ 2, § 61 Ⅶ 4 c; Kühl, AT[3], § 20, Rn. 155 ff.; Schmidhäuser, LB AT[2], 14/89, 96; ders. StuB AT[2], 10/33 ff.; Stratenwerth, AT[1], Rn. 980 ff.; Wessels/Beulke, AT[31], Rn. 422 f., 559。

〔6〕 Gropp, AT[2], § 10, Rn. 119 f.; Herzberg, ZStW 88 (1976) 70 ff.; ders., 1977, § 11 Ⅲ; Kühl, AT[3], § 20, Rn. 155 f.; SK[7] – Hoyer, § 28, Rn. 6 ff.(9), 以及还有 LK[11] – Roxin, § 28, Rn. 14 ff.。

观点〔7〕相反，所有的观点又重新回到参加人不具有刑事可罚性的相同结论上了。如果人们把第 28 条第 1 款适用于这些要素之上，那么，自然就可以得出这个结论；这一条并没有处理这种案例，因此，实行人不具有刑事可罚性就可以对参加人也发生效力。但是，即使在适用第 29 条中，也不能肯定参加人的刑事可罚性。每个参加人都是以存在着实行人构成行为的所有要素的条件的，也就是说，有关条文的保障性行为构成都得到了满足。〔8〕在恶意污蔑联邦德国，毫无顾忌地危害道路交通等完全没有实行人之处，也就不能有参加人了。

11 关于参与人刑事可罚性的作用，各种观点的差异（边码 8）可以归结为下列问题：让这个参加人，这个在其自身中没有指明确定的、以实行人为条件而为刑罚提供根据的罪责要素（恶意、毫无顾忌与符合行业性）的参加人，不具有刑事可罚性（边码 8，观点 2 与 3），是正确的吗？或者，一种借助第 28 条第 1 款减轻处罚的刑事可罚性才是适当的（边码 8，观点 1）？

12 更好的根据赞成，应当根据第 28 条第 1 款处理这种案例，并且，因此应当认定——即使在根据第 49 条第 1 款予以减轻时——参加人的刑事可罚性。在实行人以每个行为构成所要求的方式恶意地、毫无顾忌地、或者符合行业性地采取行动时，就产生了一种社会混乱，就必须根据立法者的规定以刑事制裁对之予以反对。在局外人也参与时，他就间接地（通过实行人的人身）以满足行为构成的形式对受保护的法益进行了攻击，并且必须受到惩罚；〔9〕没有人能够不受惩罚地以一种实现参加人的刑罚根据的方式，参与一种具有刑事可罚性的行为。

13 仅仅在表面上，参加人不具有刑事可罚性才会更好地符合罪责原则。〔10〕罪责原则仅仅说明，没有罪责的人就不允许受惩罚，并且，每个人都必须“根据自己的罪责”受惩罚。但是，它并没有说明，只有指明与实行人一样罪责的人才允许受到惩罚。肯定的是，这个恶意的、毫无顾忌的或者符合行业地行为的实行人，与没有指明这些特征的参加人相比，就承担着“特别罪责”。但是，这会在第 28 条第 1 款规定的减轻的量刑范围之内给予充分的考虑。

14 这个解决方案遭到进一步的反对，认为它把参加人置于比实行人更为糟糕的境地。〔11〕如果实行人缺乏相应的罪责要素，他就不受刑事处罚；如果参加人缺乏这些要素，即使以减轻的形式，他也保留着刑事可罚性。但是，这不是反驳的论据，因为根据第 28 条第 1 款的规则，这是对所有为刑罚提供根据的特别的个人要素（并不是仅仅对少数为刑罚提供根据的罪责要素）适用的：这些要素必须全部在实行人中存在，而不是在参加人中存在，参加人缺乏这些要素只能引起减轻处罚。如果不是这样，参加人就不需要指出说明实行人构成行为特征的全部要素（例如，盗窃中的占有目的）；并且，经常（就像也包括在第 242 条中的案例一样，参见，边码 73）在参加人缺乏这些说明实行人特征的要素时，就一次也不能获得减轻处罚的优待。

15 最后，法律形成的历史也支持本书主张的解决方案。〔12〕一直至 1943 年，我们的刑法典都没有符合今天的第 29 条的条文，以至于这种在当时（在旧版第 50 条中）单独规定的调整刑罚的罪

---

〔7〕 Gallas, 1968, 156; ders., ZStW 88(1976) 173; Sch/Sch/Cramer/Heine[26], § 28, Rn. 5; Schünemann, Jura 1980, 363; Stratenwerth, AT[4], § 12, Rn. 187; Vogler, Lange – FS, 1976, 267。

〔8〕 Herzberg, ZStW 88 (1976) 72; ders., § 11 Ⅲ a. E.; SK[7] – Hoyer, § 28 Rn. 11; LK[11] – Roxin, § 28, Rn. 15 m. w. N.。

〔9〕 有说服力的，见 Niedermair, ZStW 106 (1994), 397。

〔10〕 但是，持这个观点的，见 Hake, 1994, 161; Herzberg, ZStW 88 (1976) 70 ff.; ders., 1977, § 11 Ⅲ a. E.; Jescheck, ZStW 88 (1976) 173; Jescheck/Weigend, AT[5], § 61 Ⅶ 4 c, d; Kühl, AT[3], § 20, Rn. 157; Küper, ZStW104 (1992) 587 ff.; 迄今为止，还有 LK[11] – Roxin, § 28, Rn. 14。

〔11〕 Herzberg, 1977, § 11 Ⅲ，相反，见 Niedermair, ZStW 106 (1994), 399 f.。

〔12〕 参见，Niedermair, ZStW 106 (1994), 400 f.。

责要素，就正像那些特别的个人不法要素一样，是根据今天的第 28 条第 2 款的规则加以处理的；现在，这还反映在第 28 条第 2 款中提及的一些排除刑罚的要素上，这些要素并不能涉及一种对所有都适用的排除不法的案例。但是，在这种调整刑罚的罪责要素总是根据第 28 条第 2 款进行处理的，并且，在今天也是这样处理时，合乎逻辑的就是，应当把为刑罚提供根据的罪责要素置于第 28 条第 1 款之下。此外，从符合今天的第 28 条的《1962 年刑法典草案》第 33 条的根据中，还可以作出这样的推论：[13] 有待新创制的第 28 条第 1 款(《1962 年刑法典草案》第 33 条第 1 款，1968 年引入后作为第 50 条第 2 款)也应当对为刑罚提供根据的特别罪责要素适用。这个草案中的根据，在特别个人要素下，也提到了诸如"恶意的"、"缺乏良知的"情节，这些在当时法律中仅仅是作为一些为刑罚提供根据的罪责要素而出现的。

(三)第 28 条与参加人的刑罚根据

16　一个进一步的同时也具有实际意义的争议问题是，第 28 条第 1 款与第 2 款在一个参与人的人身中缺乏特别的个人要素时所规定的减低刑罚的不同形式，如何能够与参加人的刑罚根据协调一致。根据通行的对这个条文的理解，参加人在第 28 条第 1 款的适用范围之内，将根据与实行人一样的行为构成被判决；只是，其刑罚将根据第 49 条第 1 款被减低。与之相反，他在第 28 条第 2 款的案例中，应当根据他自身缺乏或者存在特别的个人要素，按照较轻或者较重的行为构成被判决。

17　在涉及罪责要素的范围之内，这种对减低刑罚的不同运用都是可以接受的。因为罪责处于限制的从属性之外，所以，立法者能够自由决定，一个参与人的"特殊罪责"应当如何对他人的刑事可罚性发挥影响(参见，边码 7～15)。相反，在特别的个人不法要素中，对不具有资格的人的判决提出不同的行为构成，就意味着一个无法解决的问题。这应当如何解释，这个局外的对枉法裁判的教唆人应当根据第 26 条，第 336 条，也就是说，按照由实行人满足的行为构成受到惩罚，但是，相应的对职务中的身体伤害的教唆，就不是根据第 26 条，第 340 条，而是根据第 26 条，第 223 条进行惩罚了？

18　那种在这里同时也是由通说主张的"从属的对法益的攻击"，作为参加人的刑罚根据(第 26 节，边码 11 以下)，仅仅符合了第 28 条第 1 款的规定。根据这种情况，实行人构成行为(也就是说，在枉法裁判的案例中)的不法就归责于参加人(尽管存在着独立的参加人不法的要素)；在参加人中缺乏特别的个人要素，就仅仅对量刑具有意义。与之相反，教唆在职务中的身体伤害(第 340 条)就只能根据第 26 条，第 223 条判决，而这就不应当与参加人的刑罚根据协调一致了。那样，与一般的从属性规定相反，参加人的不法就不是从实行人的构成行为中推导出来的，而是独立地确定的。这样一种解决方案符合了纯粹的原因理论(第 26 节，边码 12 以下)，对参加人仅仅由于其自身所造成的不法而受到惩罚。这种理论也必须认为，对第 28 条第 2 款的通行解释是依据事实的。与之相反，对于这个理论来说，第 28 条第 1 款是无法解释的并且在事实上是错误的。[14] 因为参加人不能亲身实现这个枉法裁判的不法，所以，他本来就必须前后一致地保持不受刑事惩罚。人们总是这样选择参加人的刑罚根据：在人们遵循第 28 条的传统含义时，要么是第 2 款，要么是第 1 款，就与参加人的刑罚根据无法协调一致。

19　一个和谐的并且独自与从实行人构成行为的不法中推导出来的参加人不法协调一致的解决

---

〔13〕 BT－Drucks. IV/650, 152。

〔14〕 对这个由 Schmidhäuser 代表的观点，详见 § 26, Rn. 15。

方案,只有当人们在特别的个人不法要素中,把第 28 条第 2 款仅仅理解为量刑规则时才能获得,但是,这些要素就像在第 28 条第 2 款中那样,是单独地根据实行人的构成行为,由对作为基础的行为构成的判决确定的。在一个私人教唆一个公职人员实施职务中的身体伤害时,他也就不应当,就像符合流行的观点一样,根据第 26 条,第 223 条,而应当——完全符合在第 28 条第 1 款中的规定——根据第 26 条,第 340 条来进行惩罚;只是这个刑罚幅度必须保持在那种通过第 223 条确定的范围之内。这个与第 28 条第 2 款的字面意思完全协调一致的解决方案,对于这些正在考虑的犯罪中的一部分来说,最先是由瓦格纳(Wagner)〔15〕发展起来的,然后,又由科特斯·罗萨(Cortes Rosa)〔16〕详尽地提供了基础。从那以后,它就赢得了众多的追随者。〔17〕

也就是说,在特别的个人要素中,第 28 条第 2 款不是一个适用行为构成的规则,而仅仅是一个量刑的规则。这不仅具有在理论上澄清的价值,而且还具有重大的实践意义。例如,如果一个示威者为了取得一种政治效果而同意警察对自己的殴打,那么,这种同意在第 223 条中就发挥了排除行为构成的效果或者发挥了正当化的效果。〔18〕但是,在第 340 条中,这种效果就不会出现,因为其法益是不能由私人被害人处置的。如果这个示威者的一个同伙朋友教唆这个警察进行殴打,那么,根据本书所代表的观点,他就要根据第 26 条,第 340 条受到惩罚;只是他的刑罚幅度必须保持在第 223 条规定的范围之内。相反,如果人们认定对第 223 条的教唆,那么,这个教唆就必须由于有关人的同意而不具有刑事可罚性。这是一种考虑到第 28 条第 1 款的错误的解决方案:这个对实施职务犯罪的故意确定,必须受到符合参加人的刑罚根据的惩罚;在参加人中缺乏实行人的“特殊不法”,只能得到减低刑罚的优待。在相应的方式中,一个人诱使一名邮政工作人员私自开拆他人信件的,就应当由于对第 354 条的教唆(即使在第 202 条的刑罚范围之内)而受到惩罚;如果人们本来想要认定对第 202 条的教唆,那么,刑事可罚性就会依赖于被损害人提出的刑事告诉,而在诱使一个不依赖于刑事告诉的职务犯罪中,这就会是不符合实际情况的。〔19〕 20

这个有争议问题的实践意义并不仅仅局限于同意与亲告犯罪。例如,根据本书所代表的观点,一个非公职人员教唆一个公职人员为了一个(非公职人员的[Extraneus])家属而实施妨害刑事公务,就必须由于对第 258a 条的教唆而受到惩罚,即使根据第 258 条的刑罚范围也是如此,与此同时,根据相反的观点,他就会根据第 258 条第 6 款而不受刑事惩罚。最后,在那些对非真正的职务犯罪共同作用的非公职人员中,只有在他也根据职务犯罪的行为构成被判决时(第 358 条),才有可能剥夺这种职务能力。〔20〕在人们对一个官员只能够根据基本行为构成进行判决时,在他具有刑事可罚性的不作为中,对非公职人员的刑事惩罚也已经遇到了困难。〔21〕 21

根据本书所拥护的观点,也就是说,非公职人员,在不存在缺乏特别的个人不法要素时,也应当在第 28 条第 2 款的适用范围内,从实行人构成行为的行为构成中去进行判决。这会导致在事实上有说服力的结论,这一点是大多数持不同意见的学者也不会争辩的。人们仅仅坚持说,割裂 22

〔15〕 Wagner, 1975, 398 ff.(对于那些他称之为所谓的不纯正的归责于国家的犯罪)。

〔16〕 Cortes Rosa, ZStW 90 (1978), 413 ff.。

〔17〕 在个别之处存在着一定的区别,见 Bloy, 1985, 187; Hake, 1994, 141 ff.; Hirsch, Tröndle-FS, 1989, 35; SK[6]-Horn, § 211, Rn. 24, 26; LK[10]-Jescheck, § 331, Rn. 12; Keller, 1989, 170 f.; SK[5]-Rudolphi, vor § 331, Rn. 5; Schünemann, GA 1986, 340。

〔18〕 对此,参见 Roxin, AT 1[3], § 13。

〔19〕 对这两个案件的进一步论证,参见 Cortes Rosa, ZStW 90 (1978), 413 ff.。但是,对于刑事告诉的必要性,见 RG JW 1938, 1583。

〔20〕 最后一个案例,见 Stein, 1988, 40。

〔21〕 详见 Cortes Rosa, ZStW 90 (1978), 425 ff.; 关于这个问题的讨论,见 Cortes Rosa selbst aaO., 429 ff., 440; Stein, 1988, 44 f.。

统一表述的第28条第2款对法律后果的规定,并且,谈论在不法要素中应当从由实行人实现的行为构成去进行判决,但是在罪责要素之中仅仅将基本犯罪作为判决的基础,这是不符合法律的。因此,萨姆松〔22〕说:罗克辛设计的模式虽然完全符合那种参加人刑罚根据所依据的基本原则,但是,他是否与法律协调一致,却一定是值得怀疑的。格林瓦尔德〔23〕也认为,本书所代表的观点"不是对法律的一种解释,而是对法律的一种更正。"〔24〕但是,这种疑虑是没有根据的。〔25〕第28条第2款仅仅限制在规定,哪些刑罚范围应当在量刑时予以召唤。哪一个行为构成应当判决的基础,并不能从第28条第2款中得出结论,而应当从与参加人刑罚根据相联系的限制的从属性中得出结论。但是,这个处于上位的法律规则导致了那种在本书中发展出来的区别。

(四)什么是"特别的个人要素"?

1. 个人要素

(1)要素的概念

23 第28条第1款把"特别的个人要素"更近一步的标记指向第14条第1款,在这里,这是作为"特别的个人属性、关系或者情节"来描述其特征的。作为"属性"被看待的,大多数是那些"与实行人本质相联系"的(《联邦最高法院刑事判例集》,第6卷,第262页)并且不可分离地附属于实行人的事实,例如,其性别。在"关系"中被理解的是"与其他人或者物品的关系"(《联邦最高法院刑事判例集》,第6卷,第262页),就像公职人员身份以及其他以实行人身份为基础的义务地位。借助从1968年才为法律所接受的特别的个人"情节",能够包括的要素,就像那些符合行业性或者符合习惯性一样,既没有资格作为身份也没有资格作为关系。首先,通过这种要素,应当纳入第28条的范围之中的是"已经消逝的精神姿态",例如,就像第211条第1个以及第3个谋杀要素群中的标准。〔26〕帝国法院最初的观点是,特别的个人要素必须与具有该要素的人通过一定的"持久性"相联系,但是,这个观点已经不再站得脚了。

(2)与事实要素的区分

24 但是,通过在第28条中提到的对要素的分类,并没有特别地在属性、关系与情节中赢得很多清晰性。关键的并且还不是最终得到解决的区分困难不是存在于"要素"这个概念之中,而是由于第28条是以"特别的个人"要素作为条件的。其中,又有**两个**问题。首先,"个人的"要素必须与"事实的"要素加以区别。其次,——无论如何,根据完全优势的观点——那种应当根据第28条进行处理的"特殊的"个人要素必须与其他不应当适用第28条的个人要素加以区别。这个主要问题将在下面第2个标题下单独详细地进行分析。

25 与此相对,相对简单的还是个人要素与事实要素之间的区别。在一个要素完全与实行人的人身没有关系,而是仅仅表明了外部的构成行为过程时,就已经存在着一个清楚的事实要素,第28条在其中不起作用。例如,在"具有一般性危险的手段"的谋杀要素中,就存在着这种情况。也就是说,一个人确定另一个人去进行炸弹暗杀,就应当根据第26条,第211条进行惩罚;从一

---

〔22〕 SK[5] – Samson, § 28, Rn. 6 b;现在,如同此处的论述,见 SK[7] – Hoyer, § 28, Rn. 1 ff., 5。

〔23〕 Grünwald, Armin Kaufmann – GS, 1989, 565。

〔24〕 相似的顾虑,见 Jakobs, AT[2], 23/24; Küper, ZStW 104 (1992), 577 ff.。

〔25〕 关于 Cramer 与 Jakobs 的进一步——无根据的——异议,参见 LK[11] – Roxin, § 28, Rn. 7, 8;关于 Jakobs,也见 Stein, 1988, 43。

〔26〕 E 1962 的立法说明作了如此论述,BT – Drucks. IV/650, 152。

开始,根据第28条的减轻处罚就失败了。但是,在“残暴”的谋杀要素中就比较困难,司法判决将其视为事实要素,并且,相应地作为完全从属的来进行处理。也就是说,一个人,在自己不应当通过残暴性加以标志时,在一个残暴的杀人中共同发挥作用的,就会根据第211条,第26条或者第27条受到惩罚,不应当享受第28条的减轻规定(《联邦最高法院刑事判例集》,第24卷,第106页,第108页)。的确,判例对“残暴”的定义激起了对这个要素的纯粹事实特征的怀疑。在残暴杀人时,“一个人出于无情与缺乏怜悯的态度……使这个被害人遭受特别的痛苦或者折磨”(《联邦最高法院刑事判例集》,第3卷,第180页),虽然遭受痛苦是一个事实的标准,但是,在其旁边的必要的特别的态度却是一个个人的标准。因此,就有这样一些要素,部分是事实的,部分是个人的,以至于在考虑这个要素的“个人”部分时,无论如何应当考虑第28条的适用(对此以及对“阴险”要素中的相关问题,详见边码76)。

这样一种要素具有事实性质还是个人性质,有时会是令人疑惑的。例如,以前的司法判决就 26
曾经将“结伙实施”(《德国刑法典》第244条第1款第3项;《税收条例》第373条第2款第3项;《麻醉品交易法》第30条第1款第1项)作为事实要素来理解(《联邦最高法院刑事判例集》第6卷,第260页,第262页;第8卷,第70页,第72页;第205页,第209页),同时,这个标准在《联邦最高法院刑事判例集》第12卷,第260页,第226页以下之后,就是作为特别的个人要素而被置于第28条的适用范围之内。但是,以前的那个司法判决是正确的:这种结伙实施表示了一种特别危险的构成行为的实施方式,并且,与实行人的个人属性(除了其参与其中之外)没有关系。也就是说,一个人虽然是共同发挥作用的人但不属于这个团伙的,就应当在不适用第28条的减轻状态下受到惩罚。

2. 特别的个人要素

更加困难得多的是,在这种明确的个人要素之中,在那种尽管应当完全从属地加以处理的 27
要素与那些应当适用第28条的要素之间,找出一条具有说服力的分界线。例如,在第183条中,作为一个“男子”的属性(“一个以露阴行为骚扰他人的男人”),肯定是一个个人要素。但是,通行的观点认为,第28条是与此不相关的,因此,一个教唆男人实施这种行为的女人,就应当在不考虑各种减轻处罚的情况下,根据第26条,第183条进行惩罚。也就是说,在人们遵循这个观点时,这种一个“男人”的属性,虽然是一个个人要素,但还不是一个第28条意义上的“特别”的个人要素。相反,第218条第3款作为“孕妇”的属性就是一个个人要素,根据普遍的观点,这个要素会具有了“特别”的资格并具有这样的效果,即那个教唆孕妇的第三人不应当根据第26条与第218条第3款,而是根据第26条与第218条第1款进行惩罚(参见,边码3)。在主观的个人要素上,也可以进行类似的区分。一个没有自己的占有目的而教唆小偷实施其构成行为的人,根据主流观点,会完全从属地根据第26条,第242条受到惩罚。也就是说,占有目的虽然被视为一个个人要素,但不是作为一个“特殊”的个人要素来考虑的。与之相反,第211条中的“卑劣的动机”就被一般地视为“特别的个人要素”,从而使不具有这些动机的参加人可以得到第28条的减轻的好处。在“简单的个人”要素与“特别的个人”要素之间所作的这种区分是不是正当的,以及根据哪一种标准来对其在可能的情况下进行区分,一直是热烈讨论的对象并且还远远没有定论。

(1)关于构成行为的要素与关于实行人的要素之间的区分

联邦最高法院的司法判决,对第28条范围内关于构成行为的要素,与完全从属地加以处理 28
的关于实行人的要素进行了区分。这种区分的问题在于,完全与构成行为有关的情节属于事实要素,也就是说,对在个人要素领域中的区别是没有用处的。因为这样一来还有具有个人性质的关于构成行为的情节,也就是说,必须具有与实行人的一种关系,所以,人们只能按照与实行人及构成行为的关系程度来进行安排的方式，来作出这种区分；这已经导致在司法判决中的不安全与动荡。因此，“结伙”进行的走私（以前的《税收条例》第401 b条）原来是作为与构成行为有关的要素来看待的（《联邦最高法院刑事判例集》，第6卷，第260页，第262页；第8卷，第70页，第72页；第205页，第209页），因为在这里，“事实的情节是占优势的”（《联邦最高法院刑事判例集》第8卷，第72页），同时，自从《联邦最高法院刑事判例集》，第12卷，第260页，第226页以下之后，这个要素就一直是作为与实行人有关的要素来进行判决的。“卑劣的动机”这个谋杀要素，首先是归入关于构成行为的之列的，“因为它最先使这个构成行为显得特别地困难，有时还另外要说明实行人的特征”（《联邦最高法院刑事判例集》，第17卷，第217页；也许还有《联邦最高法院刑事判例集》，第1卷，第368页）。相反，根据后来的以及今天稳定的司法判决（自从《联邦最高法院刑事判例集》，第22卷，第375页，第378页以后），卑劣的动机，就像第1与第3个要素组中的其他谋杀标准，就是关于实行人的：“实行人的动机存在于其人身之中，而不在其他地方。”

29　《联邦最高法院刑事判例集》，第17卷，第215页，第217页把“敌视宪法的目的”（旧版本，第94条）解释为与构成行为有关的；“在一些边缘案件中……关键的是，这个法定要素主要标示的是这个构成行为还是主要标示的是这个实行人”。自从帝国法院时期以来，作为特别的个人要素，并且由此作为与实行人有关的加以判决的，有符合行业性，[27]符合习惯性，[28]再犯，[29]公职身份[30]与第246条中的受委托关系（Anvertrautsein）。[31]

30　联邦最高法院的司法判决，自从《联邦最高法院刑事判例集》，第22卷，第375页以来，关注的主要是谋杀的要素。《联邦最高法院刑事判例集》，第23卷，第39页把谋杀中的隐瞒目的解释为一种关于实行人的个人要素，同时，根据《联邦最高法院刑事判例集》，第23卷，第103页，第105页，“阴险”与，根据《联邦最高法院刑事判例集》，第24卷，第106页，第108页，“残暴”，就都是关于构成行为的要素，因此，不能归属于第28条之列。《联邦最高法院刑事判例集》，第25卷，第287页，第289页，就重新顺带地研究了“阴险”与“卑劣的动机”：“在这里，一个要素依据的是在这个构成行为的实施方式中所具有的特别的可谴责性，在这里，其他要素在于这个实行人的内心态度之中。与此相适应，卑劣的动机与阴险相反，是特别的个人要素……”联邦最高法院，《德国法月报（霍尔茨）》，1980年，第628页把这种“为了使另一个犯罪行为成为可能”的要素，联邦最高法院，《刑法新杂志》，1981年，第229页把“贪欲”，都解释成一个关于实行人的，因此也是特别的个人要素。联邦最高法院，《新法学周刊》，1982年，第2738页肯定了“贪欲”与“卑劣的动机”具有实行人的相关性，以及“阴险”具有构成行为的相关性，同时，联邦最高法院，《刑事辩护人杂志》，1984年，第69页重新把“卑劣的动机”与“隐瞒目的”判定为特别的个人要素。

31　三个进一步的决定[32]都研究了背信，并且，在没有详细根据的基础上，就把第266条中的信任关系视为特别的个人要素。《联邦最高法院刑事判例集》，第39卷，第326页就第一次将乱伦在第28条的观点下进行处理，并且认为“亲戚关系不是第28条第1款意义上的特别的个人要素。”刑罚根据是“对一个领域进行的客观干涉，而这个领域……应当让性关系……保持开放。这表示的不是实行人，而是构成行为。”还有，《联邦最高法院刑事判例集》，第42卷，第1页坚持区分关于构成行为的与关于实行人的情节，但是，把不法领域内的关于实行人的要素，根据情况，

---

〔27〕 RGSt 23, 378; 25, 266; 26, 3; 36, 154; 61, 268; 71, 72, 73; RGJW 1934, 170, Nr. 16。

〔28〕 RGSt 23, 378; 25, 266。

〔29〕 RGSt 23, 378; 54, 274, 275。

〔30〕 RGSt 55, 181, 182; 63, 31, 35; 65, 101, 104; 68, 90, 91; 75, 289; RG JW 1938, 1583 f., Nr. 2。

〔31〕 RGSt 72, 326, 328。

〔32〕 BGHSt 26, 53; BGH NJW 1983, 1807, 1809; BGH StV 1983, 330（指导原则）。

与在本书(下文,边码 51 以下)以及在前面已经[33]代表的观点相联系,在符合资格的义务地位的意义上进行了解释。在这里是否开辟了司法判决向特别的个人要素的一种基本转变,还有待观察(详见,《联邦最高法院刑事判例集》,第 42 卷,第 1 页,见边码 62,74)。

虽然在文献中有一大部分都跟随这个司法判决,[34]并且,其结论应当绝大部分得到承认, 32
但是,这种概念性区分仍然不能令人信服。构成行为与实行人的相关性在大多数案件中都不能分开,以至于在关于构成行为的要素部分或者关于实行人的要素部分所具有的想象中的绝对优势,只能通过没有理性检验的感觉判断来加以确定。例如,在枉法裁判(第 336 条)中的公职人员身份,在没有这种身份就根本不存在这个犯罪以及根本不存在一个刑法上有重要意义的"构成行为"时,就是与构成行为相关的。另一方面,这种身份自然也表示了这个犯罪主体,这时也就是与实行人相关的。人们的确不能说,在这两个判断方面,一个具有超过另一个的优势。更准确地说,两者是相互交织在一起而无法解开的,并且,在一定程度上是同一块硬币上的正反两面。相应地,例如,这也适用于背信(第 266 条)中的"财产照管义务"。这种身份构建了这个构成行为的事实成分,但是,也同样是这个实行人的特征。在司法判决与主流观点把上述要素归属于第 28 条之下时,这在结果上是值得一定的赞同的(参见,边码 55,58);但是,这应当以实行人的相关性所具有的"绝对优势"作为根据,却是不太具有说服力的。同样,当第 173 条中的亲戚身份在这里不是作为特别的个人要素来看待时,人们能够赞同《联邦最高法院刑事判例集》,第 39 卷,第 326 页。但是,作为亲戚的身份为什么应当比作为公职人员的身份具有更少的与实行人的相关性,从这个概念中是得不到解释的。

不可能的还有这样的区分方式:即把主观的个人要素作为与实行人相关的,而把客观的个人 33
要素作为与构成行为相关的来进行观察。[35]主观要素,就像在盗窃中的占有目的或者在诈骗中的获利目的,被整个主流观点都判定为是与构成行为相关的,相反,客观情节,就像第 218 条第 3 款中的怀孕以及公职人员的身份是被判定为与实行人相关的。当人们,就像《联邦最高法院刑事判例集》,第 22 卷,第 378 页在谋杀中考虑卑劣的动机中所做的那样,从一个要素的条件仅仅存在于这个实行人的人身而"不在其他地方"中(参见,边码 28),推导出一个要素的实行人相关性时,也并没有提供进一步的帮助。虽然这种说法适合卑劣的动机,但是,例如,一个男人的身份,在露阴(第 183 条)中仅仅存在于这个实行人的人身中,并且,根据几乎一致的观点,这个要素不是作为与实行人有关来看待的,因此,一个对第 183 条的构成行为进行教唆的女人,就应当在没有根据第 28 条第 1 款的减轻的状况下,完全根据第 183 条进行刑罚。还有,例如,盗窃中的占有目的也是仅仅存在于实行人的人身中,并且,的确是被司法判决视为与构成行为相关的。也就是说,实行人相关性与构成行为相关性的概念,并不能清晰地解释哪些个人要素应当归属于第

---

〔33〕 在 LK^{11}, § 28, Rn. 60 ff. 之中。

〔34〕 Arzt/Weber, BT/1^{3}, C III; Baumann/Weber, AT^{10}, 32 I 2 a; Blei, AT^{18}, § 76 II 1; Bockelmann/Volke, AT^{4}, § 25 V 2 a; LK^{9} – Busch, § 50, Rn. 18; Eser, StrafR II^{3}, Fall 42, Rn. A 7; Gallas, 1968, 125; SK^{7} – Hoyer, § 28, Rn. 18 ff.; Jeschek/Weigend, AT^{5}, § 61 VII 4 a; Kindhäuser, StGB, § 28, Rn. 5 ff.; Köhler, AT, 548 也有类似的论述,但是,他精确地对特别的个人要素的概念作了这样的描述,即它涉及的要素是那些特别的行为不法,特殊的义务,或者特殊形式的过错;Kühl, AT^{3}, § 20, Rn. 154; Lackner/Kühl^{24}, § 28, Rn. 3 f., 6(保持距离); Maurach/Gössel, AT/2^{7}, 53/148; Preisendanz^{30}, § 28, Anm. 2; Sch/Sch/Cramer/Heine^{26}, § 28, Rn. 10, 15 ff.; Tröndle/Fischer^{50}, § 28, Rn. 3 f.; Wessels/Beulke, AT^{31}, Rn. 558。基本持批评态度的观点见: Herzberg, ZStW 88 (1976), 78 ff.; ders., 1977, § 12; Schimdthäuser, LB AT^{2}, 14/73 ff.; Stratenwerth, AT^{4}, § 12, Rn. 195 ff.。

〔35〕 详见 Bockelmann/Volke, AT^{4}, § 25 V 2a; Herzberg, ZStW 88 (1976), 78 ff.。

28 条第 1 款,而哪些不应当归属于该条之下。[36]

(2)与法益无关的特别的个人要素

34 一个正在流传的观点是,把构成行为相关性理解为法益相关性,也就是说,在一个个人要素涉及由行为构成保护的法益时,就总是排除对第 28 条的适用。"这就导致,只有在参加人也指出这些要素时,这些表述实行人的要素而不是那些通过这个行为构成包含的法益损害的要素,才能归责于参加人。反过来说,那些仅仅存在于主实行人的个人要素,只有在其涉及一个法益损害时,才能归责于这个参加人。"[37]也就是说,对于伪造文件(第 267 条)的教唆人将在没有减轻的情况下,根据第 267 条,就像实行人一样受到惩罚,即使他本人并不是"为了在法律交往中进行欺诈"而行为的;这个要素涉及了被保护的法益(证据交往中的纯洁性)。相反,如果对杀人犯罪的教唆人缺乏对实行人要求的贪欲,那么,对他的刑罚就必须根据第 28 条予以减轻;这种贪欲并不涉及被保护的法益(生命),而是物质价值。

35 但是,即使这种观点也不值得赞同。它虽然在所提到的那些行为构成中导出了合适的结论,但是,在另一些案件中却行不通。一个最不具有争议的特别的个人要素的例子是第 331 条以下的公职人员身份的属性。例如,在一个私人个人教唆一个法官枉法裁判时,即使根据立法者的明确的意志,[38]他的刑罚也应当根据第 28 条第 1 款予以减轻。但是,正是在这个案件中,公职人员身份的法益相关性是不能否定的。[39]公职人员身份的这个属性,就构成了枉法裁判;没有这个身份,本来就完全不存在对法益的损害。相应地,所有的职务犯罪都是如此,但是,大多数其他的特别义务也不例外:例如,在第 203 条中,作为医生和律师等的属性,也无疑是与法益相关的,因为没有这个属性,违反沉默义务以及由此而来的法益损害就是不可能的。

36 格林瓦尔德同样也持这种观点,认为"那些体现对被保护法益的侵害的要素,并不处于第 28 条规则之下,而应当不受限制地受到从属性的对待",[40]就同意了公职人员身份具有法益相关性。[41]他想要在考虑立法者意志的情况下,仍然把这些要素作为"有历史条件的特殊性"而归入第 28 条之下,但是,将其余可以比较的义务地位从第 28 条的适用范围中加以切除,从而使不具有资格的参加人在第 203 条,第 266 条等犯罪中,不能享受减轻处罚的优待。[42]然而,一个被立法者作为"特别的个人要素"的主要例子加以看待的标准,就像公职人员身份,仅仅还作为一个实际上与法定规则不相符合的例外来加以承认,这的确是不正确的。更准确地说,正是这个以这样一种范例为基础的想法,必须得到强调,并且,作为区分的基准线。还有,在构造上属于相同种类的义务地位应当完全不同地加以处理,这也是不能令人信服的。

37 另外,在前后一致的适用中,法益相关性的标准所导致的结论也是令人奇怪的。因此,萨姆

---

〔36〕 对主流区分方法的批判,也见 Bockelmann/Volke, AT[4], § 25 Ⅴ2a; Herzberg, ZStW 88 (1976), 78 ff.。

〔37〕 SK[5] – Samson, § 28, Rn. 19 a (同样,SK[7] – Hoyer, § 28, Rn. 21); 以法益相关性作为"构成行为相关性"标准来安排的,还有 Blauth, 1968, 63 ff., 100 ff.; Gallas, ZStW 88 (1976), 175; Geppert, ZStW 82 (1970), 40, 64 ff.; Grünwald, Arm. Kaufmann – GS, 1989, 559 ff.; Lackner/Kühl[24], § 28, Rn. 4; Sch/Sch/Cramer/Heine[26], § 28, Rn. 16, 20。

〔38〕 参见 E1962, BT – Druck. Ⅳ/650, 152 f.。

〔39〕 Gallas, 1968, 159; Herzberg, ZStW 88 (1976), 81; Vogler, Lange – FS, 1976, 270; 偏离的见 Blauth, 1968, 76; Geppert, ZStW 82 (1970), 72。

〔40〕 Grünwald, Arm. Kaufmann – GS, 1989, 559。

〔41〕 Grünwald, Arm. Kaufmann – GS, 1989, 561。

〔42〕 Grünwald, Arm. Kaufmann – GS, 1989, 562 f.; 同样见 Sch/Sch/Lenckner[26], vor §§ 153 ff., Rn. 42; § 203, Rn. 73; § 266, Rn. 52。

松[43]想要把盗窃中的占有目的(第 242 条)分解成拿走(Enteigung)部分与侵占部分。只有持续拿走的条件才应当严格地作为从属来处理,因为它涉及被保护的法益(财物)。相反,通过实行人的侵占目的,由于依赖于法益,将作为特别的个人要素加以考虑,因而,在盗窃中的参加人本人不想要侵占这个物品时,他就只能获得一个根据第 28 条第 1 款得到减轻的刑罚。同样,第 253 条,第 259 条,第 263 条中的获利目的,都不是与法益有关的,因为被保护的法益(财产)在缺乏获利目的的情况下也能被损害。这些犯罪中缺乏获利目的的参加人,根据萨姆松的观点,因此就仅仅应当以第 28 条第 1 款减轻处罚。

所有这些论述都不具有说服力。在根据参加人的刑罚根据,把实行人构成行为的不法转移给教唆人或者帮助犯时(参见,第 26 节,边码 11 以下),不清楚的是,为什么这种从属性恰恰应当在不具有法益相关性的要素中被放宽的,虽然这种侵占目的与获利目的,就像具有法益相关性的不法要素一样,都在相同的程度上对那些犯罪类型打上了烙印。萨姆松提出了这样的根据:"那些既不想使自己也不想使他人获利的参加人……处于……与那些仅仅具有毁坏的故意但不具有获利目的而行为的实行人同等的地位。正像与这些人不受刑事惩罚一样,在参加人中,至少适用第 28 条第 1 款是正当的。"如果这会是适当的,那么,人们本来就必须在参加人中甚至进行无刑事可罚性的辩论。但是,在这里被忽视的是,在一种没有获利目的地行为的实行人中,根本就没有满足犯罪性行为构成,同时,同样没有获利目的的参加人引起了或者支持了一个第 253 条,第 259 条与第 263 条的完全的犯罪性行为,并且,在他仅仅想要实施这个犯罪时,就将是**为此**而不是为了他的个人目的而受到刑事惩罚了。 38

哈克(Hake)[44]调整了在这里讨论的区别标准。他的方式是,把所有"内容……不仅包括了本身详细描述法益损害的"个人要素,都包括在第 28 条的适用范围之中。由此,他就能够在自己对其法益相关性没有争论的所谓的义务犯罪中,直接得出第 28 条意义上的放宽从属性的结论。但是,他已经在很大程度上放弃了区分的指导性观点;这正好不再是缺乏那种表现特别的个人要素的法益相关性。 39

哈克在占有犯罪与获利犯罪中,也陷入了困境。第 242 条,第 253 条,第 259 条与第 263 条的目的,不是绝对具有法益相关性的(参见,边码 37),因此,一个不具有这种目的的局外人,从他的角度出发,本来就必须根据第 28 条第 1 款享受减轻处罚的优待。哈克想要避免这种他所不希望的结论而去遵循主流的观点。因此,他就把侵占目的解释为"整个地具有法益相关性",[45]因为"从实行人方面说明自己占有(Eigenbesitz)的根据……在损害财产的观点中,也是与单纯的拿走财物有些不同的"。同样,获利目的将作为完全与法益相关的来判决,因为它标志着"法益损害的种类和方式"。但是,在人们使用对法益攻击的模式来排除第 28 条时,就是真的按照犯罪类型来安排的。在这里,存在着一个正确的想法(参见,边码 50),但是,这个法益标准就因此被完全放弃了。 40

(3)许内曼的统一解决方案

许内曼将所有的个人要素,都根据第 28 条来处理,不管它们是哪一种个人要素。[46]也就是说,即使一个人在没有占有目的时教唆进行一个盗窃,或者一个女人引起一个男人实施第 183 条 41

---

[43] SK² - Samson, § 28, Rn. 20(同样见 SK⁷ - Hoyer, § 28, Rn. 25f.)。

[44] Hake, 1994, 139。

[45] 这里及以下,见 Hake, 1994, 139。

[46] Schünemann, ZSchwR 1978, 131, 149 ff., 158; ders., 1978, 131 ff.; ders., Jura 1980, 354, 365 ff.; ders., GA 1986, 336 ff.。

的构成行为,都会出现根据第28条第1款的减轻处罚。这个方案具有这种优势:即它使得在区分"简单的个人"与"特别的个人"要素中具有的所有问题,都成为多余的。在目的论上,这个方案依据的是这个想法:即第28条的意义在于,一种"不正当的对实行人与参加人的不同等对待应当加以排除或者在尽可能的情况下加以减轻……这种不正当的对待是一种未加改正的从属性原则……可能带来的……"〔47〕许内曼在一个例子中对此进行了阐释:一个未婚母亲教唆为了不支付给私生子的生活费而出于贪欲地行为的父亲,在孩子一出生就将其杀死了。这个父亲根据第211条是具有刑事可罚性的,并且,这个母亲的构成行为,在一个未放宽的从属性原则中,应当根据第26条、第211条以终身监禁刑进行惩罚,同时,如果是她亲手杀死孩子的,那么,就应当根据第212条(并且,从前是根据自1998年被废除的第217条)在很大程度上减轻对她的惩罚。根据许内曼的观点,第28条是用以消除这种不公正的:该条第2款在我们的案例中允许对这个母亲,仅仅根据第26条、第211条(也就是从前的第26条、第217条)追究责任。

42　这在罪责要素中是完全具有说服力的,也是与限制的从属性原则协调一致的;每个人都应当(并且能够在第28条的基础上)根据自己的罪责受到刑事惩罚。但是,在个人的不法要素中,许内曼也同样无一例外地包入第28条的适用范围之内,这个想法就不那么令人信服了。为什么一个盗窃的教唆人,在他,就像通常那样,自己不想占有那件物品时,就应当受到比第26条规定更轻的惩罚?许内曼运用与在罪责要素中相同的论证模式:〔48〕"一个妻子,在自己鲁莽的丈夫购买了一匹野性十足因而对生命有危险的马时,因为担心丈夫的安全,就教唆他人偷走了这匹马,这样,根据主流的观点……她就必须在没有减轻处罚可能性的情况下,承担第242条、第26条的完全的刑罚,尽管她本人仅仅是以一种拿走物品的目的在行为,这种目的对于这个案件来说,在她自己干了更多事情并且本来应当作为实行人出现的案例下,甚至是为她完全不受刑事惩罚提供一个根据的。"

43　但是,这是一个不完全正确的比较,它忽略了拿走物品与盗窃之间的区别。如果这个女人教唆的是拿走物品,那么,她就正好是不具有刑事可罚性的,就像实施了这样一个"构成行为"的实行人一样。但是,她又进了一步,确定这个实行人去盗窃!这正好就像在这个女人出于如此无私的根据时那样,就像一个盗窃的女实行人会出现的那样,就具有刑事可罚性了。因为这个实行人的构成行为的不法,在原则上可以转移给这个参加人,所以,在他想要让一个盗窃得到实施(对在诈骗中的有关问题,参见,边码37)时,这个实行人的占有目的也就应当归责于这个人。如果对她仅仅应当承担拿走物品目的的责任,那么,这种前后一致的方式也就必须导出不具有刑事可罚性,而不是刑罚的减少。在这个案件中,当在一般量刑范围内也应当达到的一种减刑,有说服力地说明了法情感时,这就是建立在这个女教唆人所具有的与紧急状态相类似的动机之上了。但是,在出于贪利或者复仇的教唆的"一般案例"中,根据限制的从属性的基本思想,一种减轻处罚就是不适当的。

44　反对将占有目的和获利目的列入特别的个人要素的,还有这种情节:即这些目的仅仅是用于将完成的刑事可罚性向前移动的,其本身并不能使从属性的放宽得到正当化。如果在第242条中规定的是:"一个人拿走他人的动产并且违法占为己有的,处……刑罚",那么,对教唆人的减轻处罚就不在考虑之列了,因为这种占有作为事实要素并不处于第28条的适用范围之内。但是,将完成向前移动至拿走财物,并不能导致使参加人享有特权!

45　对占有目的和获利目的所作的说明,也适用于客观的个人不法要素。当一个女人教唆一个

〔47〕　这样(在进一步的解释下)几乎与 Schünemann, Jura 1980, 365 与ders., GA 1986, 339 的论述在字面上是一致的。
〔48〕　Schünemann, GA 1986, 340。

男人实施露阴行为(第 183 条),就应当受到不予减轻的实行人的刑罚,因为她引起的犯罪,也会存在于一个由男人教唆的犯罪之中。这个情节,即女人作为直接实行人就不会受到刑事惩罚,并不会使对她作为教唆人的减轻处罚得到合理化。女性的露阴不会引起构成第 183 条刑罚根据的害怕与恐慌。这样,通过一个女人对一个男人的教唆中在完全范围中存在的那种值得刑罚的结果,在这里就完全不存在了。

46 许内曼也采用了反证法。根据这个论证方法,放弃从属性的放宽就会有可能得出"荒唐的结论":"这个……符合资格的参与人就能够通过把无资格的实行人提到前面,而几乎把自己隐藏在其背后"。[49]但是,这种想法也仅仅在罪责要素中才是正确的。例如,那个有贪欲的父亲(边码 41)因此不会由于教唆谋杀而受到惩罚,因为他自己隐藏在作为一个不具有谋杀要素而行为的女实行人的孩子母亲后面,但是,这在实际上是不正确的。但是,在个人不法要素中,这个情况就不同了。例如,这个男人教唆一个女人露阴,并没有引起任何具有刑事可罚性的事,并且,自己也因此没有躲藏在什么实行人背后;另一方面,一个公务员,利用一个无资格的掩人耳目的犯罪工具,就将作为间接实行人受到惩罚(参见,第 25 节,边码 153 以下),并且,出于这种原因而没有可能先利用一个享有特权的实行人以达到减轻处罚的效果。也就是说,结论就是:在个人的不法要素中,这种统一解决方案并不能令人信服。

(4)赫茨贝格仅仅将犯罪类型化要素从第 28 条的适用范围中加以排除的理论

47 赫茨贝格的学说经历了形形色色的(首先是术语上的)变化,[50]但是在核心部分仍然保持未变,并且,在其最新的版本中是这样说的:在个人要素中,那种"功能上的事实的个人要素"与那种对构成行为的实质无价值不具有意义的"纯粹的类型化的要素",应当从第 28 条的适用范围之中排除出去。[51]

48 第一组包括的是那些本来就具有事实性质,只是出于语言上的原因才被转换为个人要素的情节。赫茨贝格对其响亮地提出自己的主张的第 183 条,[52]即属于这一组:"一个人,以男性的露阴来骚扰他人的……"在这样一种版本中就会是,就像它在事实上本来显示的那样,一个女人的间接实行人身份(例如,通过利用一名精神病人)也是可能的,并且,第 28 条的适用,由于在行为构成中缺乏一种个人要素,从一开始就被排除了。根据赫茨贝格的理论,现行的第 183 条在语言上形象的说法,并不能对事实上的结论作出任何改变。同样,在第 142 条中,这种"交通事故参与人"的个人要素,根据情况,也应当作为"事故参与人在客观上从事故现场的离开"[53]来加以理解,并且,第 172 条中的"已婚"也应当作为一个事实的、以禁止重婚为目的的要素来理解。

49 赫茨贝格归入"纯粹的类型化的要素"第二组的是这样一些情节:即那些形象地通过使用个人要素加以确定的犯罪形象来表示并且由此构建该行为构成的情节,但是,这些情节并不表达实行人与参加人之间特别的无价值区别,因此不应当属于第 28 条的范围。[54]对此,他[55]计入的情节有"被监禁人"(第 121 条),"执行债务人"(第 288 条),第 323a 条中的自己迷醉(Selbstberauschung),第 314c 条、第 316 条中的机动车驾驶员,根据第 173 条的亲戚身份,以及第 263 条的获利目的。

---

〔49〕 Schünemann, Jura 1980, 365 und ders., GA 1986, 339。

〔50〕 详见 Lk^{11} – Roxin, § 28, Rn. 44 ff. 。

〔51〕 Herzberg, , GA 1991, 170。

〔52〕 Herzberg, , GA 1991, 170 f. 。

〔53〕 Herzberg, , GA 1991, 170 f. 。

〔54〕 Herzberg, , GA 1991, 174。

〔55〕 Herzberg, , GA 1991, 177 ff. 。

50 人们可以将这两组赫茨贝格不想允许从属性从宽的个人要素合并在一起：这仅仅涉及到那些在犯罪类型化中使用的个人要素。在功能性的事实要素中，就像赫茨贝格在第183条与第142条中看到的那样，也是这样：即那些只能在实践中考虑的实现行为构成的案件，通过一个人也就是交通事故参与人而成为有关了。一个局外人的实行人行为控制，在这种情况下是罕见的、不典型的，以至于立法者——考虑到刑法的零碎性质——就放弃了对之进行惩罚。[56]这个现象，与我们在赫茨贝格的“纯粹类型化的”要素中发现的一样。实际上，由此就发现了一个标准，为不适用第28条找到了合理的理由。除此之外，也有必要在正面表明那些应当作为特别的个人属性而处于第28条范围之下的要素的自身属性。这应当在下文（边码51以下）中进行。

（5）我的意见：在不法之外具有刑事可罚性意义的要素与作为特别的个人要素的符合资格的义务要素

51 适用第28条的指导思想只能是，一种对参加人适用的从属性放宽的减轻处罚或者从严处罚，只有在实行人与参加人之间的不法落差由于一个参与人人身中的特别情节超出了通常的实行人或者参加人关系的区别之处，才会显示出来。在两种个人情节中，情况就是这样，因此，这两种个人情节应当作为“特别的个人要素”，以第28条的法律后果进行处理：在不依赖于不法的罪责要素、责任要素以及刑事可罚性的要素中，以及在符合资格的义务地位中。

52 第一个案件组在实践中没有争议，因为其符合限制的从属性的基本原则。在有人——为了以主要例子开始——指出一种他人缺乏的罪责要素时，这个要素就应当归责于存在这种要素的人身上。也就是说，如果人们把第211条中第一个与第三个要素组中的谋杀标准看成是更重罪责中的一个要素，[57]那么，对没有指出这种要素的参与人，就应当不依赖于他作为实行人与参加人的其他地位，根据第212条进行惩罚，但是，其他人则应当根据第211条进行惩罚。如果人们借助这个司法判决（与绝对主流的观点相对）错误地把谋杀判决为一个与杀人相比不是符合资格的行为构成，而是独立的行为构成，那么，就应当把这种相应的情节作为刑罚根据的罪责要素加以判决，以产生这种效果：这个没有满足谋杀要素的参加人，将根据第211条，第26条，第27条并且带着第28条第1款的减轻处罚来加以判处。在相反的案件中，这个实行人对一个杀人是有罪责的，但是，这个参加人却实现了一个谋杀的要素，对其的惩罚只有根据第26条，第212条才是可能的；那个由这个司法判决错误代替的第2款而被考虑的第28条第1款，没有包含这个案件。

53 对所有其他的罪责要素也是如此。对于第218条第3款中的妊娠这样一个客观标准，就已经表现了这种作用，引起了对第28条第2款的适用（边码3）。在少见的为刑罚提供根据的罪责要素中，例如“恶意”（第90 a条，第130条第3项，第225条）或者“轻率”（第315c条第1款第2项），对实行人为刑罚提供根据的态度要素[58]所不带有的参加人的惩罚，就应当根据第28条第1款予以减轻（详见，边码64，81）；如果参加人通过这个要素而表现突出[59]而实行人却缺乏这个要素，那就出现了不具有刑事可罚性。

54 属于第28条的，还有其他在不法之外具有刑事可罚性意义的其他要素。自从帝国法院时代以来，符合行业性与符合习惯性就属于这种要素，是提供了特殊预防的制裁需要的根据，从而在

---

〔56〕 Roxin, AT 1^3, § 2, Rn. 28。

〔57〕 对此见 Roxin, AT 1^3, § 10, Rn. 70－77。

〔58〕 这是分则的问题，因此在此不予详细讨论（但是，也参见边码75）。

〔59〕 参见 Roxin, AT 1^3, § 10, Rn. 78。

责任的观点下是具有意义的。[60]也就是说,例如,一个人,在自己不符合行业地行为时,教唆符合行业的窝赃的,就要根据第 28 条第 2 款,根据第 26 条、第 259 条进行惩罚,虽然这个实行人应当根据第 260 条加以判处。在可能的情况下,符合行业性也能作为为刑罚提供根据的责任要素出现(第 180a 条第 2 款第 1 项),这对于参加人来说具有一种根据第 28 条第 1 款的减轻处罚的后果。这些个人的排除刑罚的与撤销刑罚的根据更是不可转移的。也就是说,如果人们借助主流观点,把未遂的自愿中止(第 24 条)视为个人的撤销刑罚的根据(对于我的观点,参见,第 30 节,边码 29),那么,这种自愿性就是一个特别的个人要素。如果实行人在未遂阶段就自愿地中止,那么,他就不具有刑事可罚性,同时,没有参与中止的教唆人与帮助人,由于参加了未遂,根据第 28 条第 2 款就保留了刑事可罚性。当然,对于不法之外的所有要素,即使没有第 28 条,从限制的从属性原则之中,本来也能够推导出与此一样的结论。

也就是说,第 28 条本来的问题就存在于其对个人不法要素的适用性上,这些要素应当根据第 26 条、第 27 条在原则上以完全从属性来进行处理,并且,给第 28 条带来一个从属性放宽的例外。对此加以正当化的"特点",在这里可以这样看到:实行人的一个符合资格的义务地位,让教唆人与帮助人显示出比习惯性参加人更少的值得刑罚性。这应当在那个很久以来一直作为第 28 条主要适用例子的职务犯罪中,是最显而易见的。例如,如果一个个人确定让法官枉法裁判(第 339 条),使他做出错误判决,由此造成严重的社会危害,并且,根据一般的从属性基本原则,他被正确地判定为教唆人。但是,他在增高的行为无价值中却不具有份额,这种份额是在法官背叛自己职业的特别责任中存在的。这种滥用法官职务为一种"特别的不法"提供了根据,[61]犯罪的特征与刑罚的幅度(犯罪!)就是为这种不法设置的,并且,缺乏这种不法的参加人就根据第 28 条第 1 款使得减轻处罚得到正当化了。 55

对于不纯正的职务犯罪来说,也没有什么不同。如果一个个人教唆一个公职人员实施职务中的身体伤害(第 340 条),那么,他就引起了一个身体伤害的不法而应当受到刑罚:但是,根据第 28 条第 2 款,仅仅是第 223 条的刑罚。那种在第 340 条的刑罚幅度中考虑的公职人员的"特殊不法",损害了作为国家代表的特殊义务,在量刑时不应当归责于非公职人员的外部人身上。 56

福格勒对此也进行了完全相似的论证:[62]"义务违反的特别值得刑罚性所具有的深层原因,存在于实行人所处的社会关系之中。这种(不依赖于刑法的)社会角色创设了一种信赖性行为构成(Vertraunstatbestand),让这种对法的显得特别应当受谴责……这种质量上的差别,存在于只能由公职人员而不能由局外人享有的个人信赖的基础上,在职务犯罪中为从属性的放宽也就是突破提供了正当化。" 57

但是,符合资格的义务地位所具有的这种已经说明的方式,在职务犯罪之外也可以找到,并且,在所有的案件中,都应当作为"特别的个人要素"在第 28 条的意义上去进行判断。属于其中的就有,例如,第 203 条的缄默义务。这种义务与特别突出的受信赖的职业相联系。滥用这种信赖以及与此相联系地否定这种社会角色,都为局外人所缺乏的一种特别的行为不法提供了根据;在第 203 条第 3 款中,把这种缄默义务转移到职业帮助人及其他人身上,并不构成反驳的论据,因为这种转移服务于保障那种从这种社会角色中产生的缄默义务。但是,第 226 条的财产照管义务以及在贪污的符合资格的案件中的受委托(第 246 条)都是特别的个人要素。在这两种案件中都存在着这种情况:实行人都被赋予了一种特别的信赖,而这是局外人所不享有的,并且,对 58

---

[60] 参见,对此带有根据从前判例所作的进一步证明:Vogler, Lange - FS, 1976, 274 ff.。

[61] Langer, Lange - FS, 1976, 261。

[62] Vogler, Lange - FS, 1976, 279。

其侵犯都会导致一种超出纯粹损害的特殊不法;缺乏这种侵犯,在不符合资格的案件中,就应当根据第 28 条第 1 款也就是第 2 款得到刑罚减少的优惠。

59 但是,并不是所有的义务地位都是这种类型。因此,人们将必须根据第 288 条,把通过债务人来妨碍执行债务(Vollstreckungsvereitelung)的,在其通过引起一个非债务人也能作为实行人来实施这种犯罪的意义上,看成是一种单纯的义务犯罪。对于确定其朋友来隐匿财产的逃跑债务人,将作为间接实行人根据第 288 条来进行惩罚,同时,直接的行为人是帮助人(参见,第 25 节,边码 275 以下)。但是,债务人的身份并不能为符合资格的义务地位提供根据,并且,不是第 28 条意义上的特别的个人要素。这个债务人不具有承担增高责任的社会角色,不是一个特别的信赖的承担者。他只有义务不从事通过隐匿财产而损害债务人的义务,就像他也负有不实施身体伤害、毁坏财物以及诈骗的义务一样。在立法者不是像在上面提及的犯罪中那样,把实行人限制在特定的人(债务人)身上时,这在犯罪的类型化中,在根据形象地描述构成行为的完成中,就有了理由。一个非债务人拿走债权人的财产而不是与债务人一伙的,是如此罕见以至于立法者已经对这种案例不予考虑。但是,那个卷入一个典型构成行为中的参加人,在例如教唆债务人隐匿财产或者帮助他转移财产时,这就不是他应当得到减轻处罚的理由。也就是说,第 28 条对他是不适用的。〔63〕

60 相应地,这也适用于"事故参与人",第 142 条就把实行人限制在这种人上。他并没有特别的职业上的或者信赖性的地位,而仅仅具有一般的义务,即不能通过未经允许就离开事故现场从而对他人造成损害。因此,在这里不存在对参加人适用比第 26 条、第 27 条规定得更轻的刑罚。在这里也涉及一个简单的义务犯罪:立法者仅仅把事故参与人称为实行人,以便给这个行为构成提供清楚的轮廓,并且将事故参与人限定在具有实践意义的案件之中。一个未参与的人未经参与人同意或者违背其意志而离开参与人的,虽然在理论上是可以想象的,但却是如此反常,以至于对这种案件的考虑是能够放弃的。把这种可能性包括进去的表述就是:"一个人,在道路交通的事故之后,在这个事故参与人之前离开事故现场的未参与事故的人……",〔64〕这种表述是如此笨拙与不清楚,以至于正好从反面证明了现行法律版本的犯罪类型化的特征。也就是说,作为事故参与人的身份不是第 28 条意义上的特别的个人要素。

61 在第 288 条、第 142 条中,但是,还包括在像第 183 条("男人")或者第 121 条("被监禁人")这样的行为构成中,实行人的名称并没有描述刑法之前的特别义务,而是说明了一种刑法对每个人的要求,即使在这种实行人的范围是出于刑事现象学的考虑时,也就是说,是在犯罪性轮廓的利益中而在事实上受限制时,都是这样的。限制,联邦最高法院也同意这一点(《联邦最高法院刑事判例集》,第 42 卷,第 1 页)。联邦最高法院虽然在原则上坚持关于行为构成的与关于实行人的要素之间的区分(出处同上,第 2 页),并且"看不到对迄今为止的司法判决……提出问题的机会",但是,把这种在本书所赞同意义上的区分解释为,其中也同意了这种观点:"对于在这个通过义务加以标记的要素领域中确定界限具有最终的关键意义的是,这个要素规定了哪一种义务。如果这个要素规定了一种刑法之前的特殊义务,那么,更确切地说是标记了这个实行人的人格,这个要素就是关于实行人的。相反,如果它涉及的是罗克辛意义上的一种'刑法对每个人的要求',〔65〕那么,更确切地说是标记了那个构成行为,并且,这个要素就是关于构成行为的。"

62 本书所代表的观点,在近期的文献中广为流传,迄今还没有形成一个完整的思想组别。它与

---

〔63〕 带有类似论证的一致观点,例如,Herzberg, ZStW 88 (1976), 111; Sch/Sch/Cramer/Heine[26], § 28, Rn. 18。

〔64〕 Herzberg, GA 1991, 171 中的表述。

〔65〕 在这里援引的是 LK[11] – Roxin, § 28, Rn. 67。

加拉斯的理论特别接近，〔66〕都是把特别的罪责要素与最高的个人不法要素称为“特别的个人要素”，加拉斯对此将其作为主要例子来说明公职人员的身份。斯特拉滕韦特〔67〕与福格勒（边码57）的做法也指向本书所追求的方向。类似的解决方案还可以在雅各布斯〔68〕与施泰因〔69〕那里见到。朗格尔（Langer）〔70〕同样想要把这种独立的罪责要素“仅仅归责于那些具有这样要素的人”（这是他从“一般的参加人基本原则”与第 29 条中推导出来的），并且，在其他案件中，首先把那些他理解为特别的义务地位的“特殊不法”的要素，标记为第 28 条意义上的“特别的个人要素”。还有，赫茨贝格的理论能够在其最近的版本中（边码 47 ~ 50）广泛地为本书所代表的方案所使用。〔71〕在人们把这些被赫茨贝格称为仅仅具有犯罪类型化意义的特别的要素排除于第 28 条的适用范围之外时，在这里使用的标准（在不法之外的要素与符合资格的义务地位）就只剩下作为特别的个人要素所具有的正面特征了。当赫茨贝格现在是根据“……实行人的要素表达的是一种特别的责任，还是仅仅应当给予这个不清楚的‘一个人’那种典型的实行人的轮廓”进行安排时〔72〕，这就一定符合了本书所赞成的那种区分了。〔73〕

（6）具体确定界线

63 根据所说明的原则，在整个行为构成中，应当使用个人要素进行确定界线。对此，在这里只能描绘出粗略的线条；详细地分析各个具体要素是分则的事情。

1）根据第 28 条第 1 款为刑罚提供根据的特别的个人要素

64 除了已经提到的少数几个责任要素（边码 53）之外，属于这里的首先是那些纯正的职务犯罪，例如第 331 条、第 332 条、第 339 条、第 344 条、第 345 条、第 348 条。此外，基本没有争议的特别的个人要素是在纯正的军人犯罪中的军人身份（例如，根据与《军事刑法》第 1 条相联系的第 16 条规定的临阵脱逃，或者根据与《军事刑法》第 1 条相联系的第 27 条规定的哗变），〔74〕第 278 条〔75〕中的医务人员的特别义务，以及第 356 条中的律师与法律援助者的特别义务，第 266 条中的财产照管义务，〔76〕第 170 条中的供养义务，〔77〕第 171 条中的照管与管教义务。〔78〕

65 其他规定仍然处于热烈的争议之中。因此，伦克纳（Lenckner）〔79〕主张，在第 203 条中提到的职业不是特别的个人要素（对于出自第 203 条第 3 款的论据，参见，边码 58）。实行人身份表示的“不是一种特别的个人义务损害，而仅仅是这种关系，在这种关系之中首先被保护的法益——信赖特定职业中的缄默——毕竟是能够被损害的。但是，这并不能令人信服。同样正确的是，人们也能把整个符合资格的义务地位放在受保护的法益能够单独受到损害的关系之中，重

〔66〕　最后总结见：ZStW 88（1976），173 ff.。

〔67〕　Stratenwerth，AT^4，§ 12，Rn. 198 ff.。

〔68〕　Jacobs，AT^2，23/12 ff.。

〔69〕　Stein，1988，332 ff.。

〔70〕　Langer，Langer－FS，1976，241 ff.（260）。

〔71〕　在此明确强调的是，Herzberg 的文章对本书主张的观点产生了深刻的影响。

〔72〕　Herzberg，GA 1991，179。

〔73〕　类似的还有 Köhler，AT，548：特别的个人要素是那些表明特别的行为不法，特殊的义务，或者特殊形式的过错的要素。

〔74〕　关于一贯不同的 Grünwald 的观点，见边码 36。

〔75〕　有争论的意见，参见 Lackner/Kühl^{24}，§ 278，Rn. 1；Tröndle/Fischer^{50}，§ 278，Rn. 6；其他观点，见 Heidland，1970，64。

〔76〕　BGH wistra 1994，139；1997，100；BGH StV 1995，73；BGH NStZ 1997，281。

〔77〕　其他观点，见 Sch/Sch/Lenckner^{26}，§ 170，Rn. 35。

〔78〕　其他观点，见 Sch/Sch/Lenckner^{26}，§ 170 d，Rn. 11。

〔79〕　Sch/Sch/Lenckner^{26}，§ 203，Rn73；其他观点，见 Köhler，AT，549。

新进行思考。事实上,由此仅仅是相应要素的法益相关性得到了标记,但是,这种法益相关性绝对没有排除其在第 28 条之下的地位(参见,边码 34 以下)。

66 与伦克纳〔80〕相反,根据第 153 条,作为证人或者鉴定人的身份,也属于一个特别的个人要素;每一个提供证词的人所承担的说明真相的义务,是与其在司法程序中的角色相联系的,并且,由此具有最高的个人的特征,就像在排除间接实行人中也展示的那样。在第 160 条的案件(根据行为支配原则是一个间接实行人的案件)被处以明显减轻的刑罚时,就不能拒绝根据第 28 条第 1 款给这个参加人减轻处罚的范围了。

67 与一个广为流传的观点〔81〕相反,根据第 174 条、第 174a 条与第 174b 条,实行人的照顾义务也应当视为特别的个人要素。〔82〕这种义务正好是以那些表明符合资格的特别义务特征的信赖关系为基础的。相反的见解认为,在第 174 条、第 174a 条与第 174b 条中仅仅确定,应当表明对青少年特别危险的依赖关系,并不具有说服力。这种依赖关系正好由于其危险性而通过特别义务的规定在更高的程度内受到保护。还有,根据第 174b 条的实行人资格应当是一个特别的个人要素,这也是一个奇怪的结论,因为"这种构成行为是职务犯罪",〔83〕同时,它应当不是第 174 条,174a 条,第 174c 条的那种在结构上完全相同的实行人地位。

68 在不纯正的不作为犯罪中的保证人义务,也是一个特别有争议的案件。人们必须将其算作特别的个人要素。〔84〕保证人被特别委托来保护确定的法益与监控这些危险源。在损害那种由此产生的特别的义务中,存在着一种特别的不法,使得作为与不作为可以具有同样的地位,并且在局外人中不具有相似的情况。肯定的是,一种法益损害(例如,通过不作为的杀人)是由于这种保证人地位才形成的;但是,这在职务义务中——也在这里通过实行人的职务位置才产生这个职务犯罪——也并无不同,并且证明的仅仅是这种要素的法益相关性,这种相关性在这里与其他地方一样都不反对第 28 条的适用(参见,边码 34 以下)。另外,公职人员、财产照管人、军人等等保证人,他们的不作为在可能情况下满足的是有关的行为构成;在这里的保证人的不作为是一个特别的个人要素时,这就必须是一般适用的。

69 赫茨贝格主张一种区分性的方案。〔85〕他认为,那种"保护人保证义务"是一个特别的个人要素,但是,"监督保证人"的义务却不是。的确,有人是否必须保护他人或者物品,或者,必须确定地在于他的控制下

---

〔80〕 Sch/Sch/Lenckner[26], 在 §§ 153 ff., Rn. 42 之前; 也见 Lackner/Kühl[24], § 278, Rn. 6; 与此处一样的, 见 Köhler, AT, 550; SK[6] – Rudolphi, vor § 153 ff., Rn. 9; Vormbaum, 1987, 282 ff.。

〔81〕 SK[7] – Horn/Woltersr, § 174, Rn. 10; LK[10] – Laufhüte, § 174, Rn. 20; Maurach/Schröder, BT/1[7], 18/45; Sch/Sch/Lenckner[26], § 174, Rn. 20; Schwerdtfeger, 1992, 232; ; Tröndle/Fischer[50], § 174, Rn. 1 b。

〔82〕 与此处一样: Gössel, BT1, 25/30; Jakobs, AT[2], 549; Otto, BT[5], § 66 V 4 b。

〔83〕 Sch/Sch/Lenckner[26], § 174 b, Rn. 10。

〔84〕 Roxin, Täterschaft,[7]2000,515 已经有这样的论述。详细的论证首先见 Vogler, Langer – FS, 1976, 265 ff.。与此处相似的还有 Arzt, JA 1980, 553; Baumann/Weber, AT[10], 32 I 2 b; Eser, Straf II[3], Fall 42, Rn. 12; SK[7] – Hoyer, § 28, Rn. 35; Köhler, AT, 550; Langer, Langer – FS, 1976, 262; Stratenwerth, AT[4], § 12, Rn. 191; Tröndle/Fischer[50], § 28, Rn. 6。相反观点极为详尽的论述,见: Geppert, ZStW 82 (1970), 40 ff.。这个观点还另外被主张的,见: Jescheck/Weigend, AT[5], § 61, VII 4 a; Lackner/Kühl[24], § 28, Rn. 6 (对于大多数案例来说); Preisendanz[30], § 28, Anm. 3; Sch/Sch/Cramer/Heiner[26], § 28, Rn. 19; Stein, 1988, 337。BGHSt 41, 4 在判决中并未明确,"是否并且在何种程度上,这种由不纯正不作为犯罪产生的义务是《德国刑法典》第 28 条第 1 款意义上的特别的个人要素。"的确,这种基于我在 LK[11], Rn. 64, 67 中对第 28 条评论的各种说法,都好像更倾向于肯定这个问题了。

〔85〕 Herzberg, GA 1991, 161 ff.; 相似的论述见 Jacobs, AT[2], 23/24 f., 29/112。

监管存在的危险源:在两个案件中都涉及要承担更高责任的特别义务,都涉及承担起一种特别的保护功能。这两种义务经常也能够是完全不能分离的;游泳救生员对游泳顾客来说是提供保护的保证人,通过监管游泳中存在的危险源来履行这种功能。人们是这样还是那样表述这种保证人地位的,对第 28 条的适用来说,并不能具有决定性的意义。

与此相反,在实行人的身份不表示一种特别的保证人地位或者受信赖地位,而是仅仅为形象地描述行为构成所包括的部分事件服务时,这种身份就不是特别的个人要素。这在第 288 条、第 142 条中就已经作为示例有所表现了(边码 59,60)。同样,这也适用于像"男人"(第 183 条)与"被监禁人"(第 121 条)〔86〕这样的要素中,也适用于在第 323a 条中的自我迷醉,以及第 315c 条、第 316 条中的"驾驶"一个交通工具。〔87〕 70

一个仅仅描述案件事实的要素还有第 173 条中的亲属关系。〔88〕它表明了立法者为了婚姻与家庭的利益想要禁止的性关系形式。《联邦最高法院刑事判例集》,第 39 卷,第 326 页〔89〕正确地确认,在这种犯罪中涉及的不是"损害一种特别的、实行人为了保护托付给自己的法益而承担的义务",而是涉及对一个不应当发生性关系的领域的攻击。这完全符合本书所赞成的界线区分。在联邦最高法院在这个关系中谈论构成行为相关性时("这表明的不是实行人,而是构成行为"),肯定应当作出如下保留:被其正确地置于第 28 条之下的"保护被托付法益的特别义务",不仅标明了这个实行人,而且还表明了这个构成行为(例如,在背信、枉法裁判或者不纯正不作为犯罪中)。借助把这个"特别义务"安排为特别的个人不法要素的条件,这个司法决定的确就像后来的《联邦最高法院刑事判例集》,第 41 卷,第 1 页(参见,边码 62,74)一样,完全符合了本书提出的观点了。 71

作为仅仅与构成行为相关的、从而不根据第 28 条第 1 款来处理的要素,《联邦最高法院刑事判例集》,第 42 卷,第 1 页〔90〕也根据《税收条例》第 320 条第 1 款第 2 项,处理了这种义务。根据这个条文,一个人,违反义务对财政机关隐瞒重大税务,以此少交税收或者为自己或者他人获得不正当的税务利益的,就具有刑事可罚性。联邦最高法院强调,这种告发义务"既不能与公职人员或者背信的实行人所具有的特殊义务相比较,也不能与一个在其他情况下是不纯正不作为犯罪的保证人的特殊义务相比较"(出处同上,4/5)。"在其他情况下是不纯正不作为犯罪的保证人经常为一个特定的生活领域承担责任(罗克辛,出处同上,第 28 节,边码 64)。〔91〕他的担保根据的往往是一种带有强烈个人色彩的刑法之前的特别义务。正好是这种个人色彩,就缺乏《税收条例》第 370 条第 1 款第 2 项中提到的面对财政机关进行税务说明的义务。这就为一个不是 72

---

〔86〕 其他观点,见 Tröndle/ Fischer^{50}, § 28, Rn. 5。但是,与本书一致的还有 Lackner/Kühl^{24}, § 121, Rn. 2。

〔87〕 关于第 323a 条、第 315c 条与第 316 条,详见 Herzberg, GA 1991, 182 f.; Kühl, AT^{3}, § 20, Rn. 158。

〔88〕 赞成认定一种特殊的个人要素的,见 Baumann/ Weber, AT^{10}, § 32 I 2 b; Tröndle/Fischer^{50}, § 28, Rn. 7; 也许还有 Herzberg, ZStW 88 (1976), 105, Fn. 89; 反对的,见 Blei, JA 1969, 610; Herzberg, GA 1991, 184; Lackner/Kühl^{24}, § 173, Rn. 6; Schmiderhäuser, LB AT^{2} 14/82; ders., StuB BT^{2}, 13/11; Sch/Sch/Lenckner^{26}, § 173, Rn. 8 m. w. N。

〔89〕 同意的,见 Dippel, NStZ 1994, 182, 以及作为结论的,也包括 Stein, StV 1995, 251, 253。Stein 指出(a. a. O., 254),一种提高的义务联系主要在两类案例中出现,这两类案例并没有包括在本书谈论的案例之中:它们是通过委托动作来说明根据的义务地位与面对子女的父母照管义务(第 174 条第 1 款第 3 项,第 180 条第 3 款,以及第 221 条第 2 款)。关于判决,也参见 Jung, JuS 1994, 440。

〔90〕 同意的,见 Ranft, JZ 1995, 1186; Hake, JR 1986, 162, 他——也许正确地——将《税收条例》第 370 条第 1 款第 2 项视为纯正的不作为犯罪,并且由此摆脱了关于第 28 条第 1 款在不纯正不作为犯罪上的可适用性的争论。反对的,带有值得重视的理由,见 Grunst, NStZ 1998, 548, 是以一致作为不纯正不作为犯罪的分类为基础的。

〔91〕 这个引文以及下文,都涉及 LK 的第 11 版。

通过个人性要素来标明的人群,规定了一个刑法上的对每个人的要求,这个人群在实际上也是受限制的"(参见,罗克辛,出处同上,第28节,边码67)。这是对本书主张观点的一个恰当应用。

73 不是特别的个人要素的还有目的要素,只要其属于不法(也就是主观行为构成)而不是罪责。[92]值得一提的有,例如,在第164条、第242条、第253条、第257条、第259条、第263条、第267条中的目的。虽然这些与法益有关的目的(例如,在第164条、第242条、第257条,第267条中),在一个局外人也必须想要实现它们的范围内(详见,第26节,边码161以下),就不应当完全从属性地加以处理,但是,这是从参加人的刑罚根据中得出的结论,而不是从第28条第1款中得出的结论,这种刑罚根据也只能导致刑罚的减轻而不是免除处罚,免除处罚只有在这个局外人缺乏通过这个实行人实现这个目的的意志时才必须出现。

2)根据第28条第2款从重处罚、减轻处罚与免除处罚的要素

74 第28条第2款中从重处罚的不法要素是,不纯正职务犯罪中作为公职人员的义务地位,[93]第246条贪污中的受委托状态,[94]以及第221条第2款第1项中的特别照管关系。**提高刑罚的罪责要素即责任要素**,除了大多数谋杀标准以外(对此,边码75),首先是以特殊预防为导向的符合行业性[95]与符合习惯性[96](对此,边码54)以及谋利[97]的资格性根据。从重处罚的个人要素总是以一个特别的义务地位为基础的,或者是在提高的罪责与责任的基础之上的,也就是说,总是根据第28条第2款来处理的,并且,不会引起从第28条第1款中引出来的划分困难,即一些个人要素仅仅是为犯罪的类型化服务的。

75 司法判决也应当将第221条谋杀标准中第一个与第三个要素群作为特别的个人罪责要素进行归类。[98]有关的司法实践在边码28中已经加以说明了。那里所说的谋杀要素,在人们借助绝对主流的与本书所代表的观点把谋杀看成是杀人的加重案件时,就属于提高刑罚的罪责要素。这些要素就应当根据第28条第2款来处理。相反,如果人们借助司法判决把谋杀看成一个独立的行为构成,那么,这些要素就表现为作为刑罚根据的罪责要素,应当适用第28条第1款,这种观点在实践上的作用已经讨论过了(边码52)。

76 在谋杀的第二个要素群中(阴险、残暴、使用具有公共危险性的手段),出现了一些另外的问题。具有公共危险性的手段,毫无争议,是一个事实要素,也就是说,不属于第28条之中。除此之外,"阴险"与"残暴"的特征也被司法判决作为事实要素来处理了,因此第28条对其不适用(参见,在边码28以下的说明)。在谈论两个要素的事实性组成部分的范围(在阴险中也就是利用轻信与没有防备,在残暴中是施加特别的疼痛或者折磨)之内,这是值得赞同的。但是,根据司法判决,两个标准也包含了个人的要素成分。对于阴险,应当要求实行人是一种"敌对的意志性方向"(《联邦最高法院刑事判例集》,第9卷,第385页),对于残暴要求的是一种"冷酷的、无同情心的态度"(《联邦最高法院刑事判例集》,第3卷,第180页)。这些个人成分是罪责的因

---

〔92〕 关于这个划分,见 Roxin, AT 1^3, § 10, Rn. 70 ff.。

〔93〕 BGHSt 5, 71, 81; 6, 308, 309; BGH LM Nr. 12 zu § 50 a. F. = NJW 1955, 720(指导原则); Fischer/ Gutzeit, JA 1998, 41; Kindhäuser, StGB, § 28, Rn. 3。

〔94〕 BGHStV 1995, 84; Köhler, AT, 549。

〔95〕 § 260: BGHSt 3, 191, 192; 4, 41, 43; §§ 292 III, 293 III; 在走私中(今天: § 373 I AO): BGHSt 6, 260, 261; 以及在 §§ 29 III Nr. 1, 30 I Nr. 2 BtMG; 此外还包括高利贷, §§ 291 II Nr. 2。

〔96〕 §§ 292 III, 293 III。

〔97〕 §§ 283a Nr. 1, 283d III Nr. 1。司法判决并没有将牟利在旧版第50条之下加以认定; RGSt 53, 31, 35; 62, 203, 206; BGHSt 17, 215, 217。这种司法的确允许被超过,在此之后,那些内在的态度在借助那种"个人情形"中,就被毫无"迟延"地包括在第28条之中了。

〔98〕 参见 Roxin, AT 1^3, § 10, Rn. 70 ff.。

素,〔99〕根据本书代表的立场必须根据第28条第2款来进行处理。也就是说,在一个教唆杀人者不具有“敌对的意志性方向”或者“冷酷的、无同情心的态度”时,对他就应当仅仅根据第26条、第212条进行惩罚。

减轻处罚的特别的个人要素是比较罕见的。这种属于总则部分的减轻罪责的根据,就像减弱的罪责能力(第21条)或者可避免的禁止性错误(第17条第2句)一样,应当根据第29条进行处理(边码5)。因此,作为一个减轻处罚的罪责要素的主要案件,作为孕妇的身份就仍然存在于第218条第3款之中;至于第28条第2款是如何对第218条第3款发挥作用的,已经说明过了(边码1)。存在争议的是,在第216条中,通过被杀害人的要求而产生的动机是不是一个应当按照第28条第2款处理的减轻罪责的情节呢?人们在其中看见一个减轻罪责的情节时,就能够给予肯定的回答;能够享受这种特权的,只有那种从自己这方面通过被害人的意愿对其行为进行确定的人。当然,主流观点在第216条中看到了一个减轻不法的案件。通过被害人的确定就应当完全从属性地加以处理,因为这种减轻处罚不是基于一种减轻的义务,而是基于一般从属性规则可以适用的较轻的法益损害。〔100〕 77

免除处罚的特别的个人要素,是那些分则所包含的(总则的那些根据处于第29条之中;参见,边码5)排除责任的根据,此外,还有个人的免除处罚的与撤销刑罚的根据。这样的例子有,例如,第173条第3款,第257条第3款以及第258条第4款。这些要素在体系上的分类,在细节上是有争议的,〔101〕但是,在这里并不重要,因为它是独立地同样地处于第28条的范围之中。在人们将未遂中的自愿中止作为个人的撤销刑罚的根据来理解时(详见,边码54),它就应当归入第28条第2款之中。如果人们把它就像在这里完成的那样,作为一般的排除责任的根据加以理解,〔102〕那么,借助第29条就可以得到相同的结论了。 78

(五)第28条在特殊案件下的适用

1. 未遂教唆中的第28条

第28条也适用于根据第30条的未遂参加人的案件(《联邦最高法院刑事判例集》,第6卷,第308页,第311页)。虽然这个条文不能直接适用,因为在未遂的教唆中缺少一个实行人,并且因此也缺乏一个参加人,但是,无论如何,这里有一种计划好的实行人与参加人的关系,在这种关系之上就可以适用第28条的“法观念”(《联邦最高法院刑事判例集》,第6卷,第311页);否则,这些特别的个人要素在一个未遂的参加之中处理得与在既遂中不一样,那就太荒谬了。关于第30条在第28条范围内适用的具体问题,参见第28节,边码22以下,56以下。 79

2. 第28条、第29条对结果加重犯罪参加人的可适用性

就像已经阐述过的那样(第26节,边码167),结果加重犯罪的参加人作为对故意的基本犯罪的参加人,在严重的结果方面,是可能与过失的并行实行人(Nebertaeterschaft)相连接的。司法 80

---

〔99〕 参见 Roxin, AT 1^3, § 10, Rn. 78 ff.。

〔100〕 这样认为的还有 SK^5 – Horn, § 216, Rn. 13(但是,今天不同的见 SK^6 – Horn, § 216, Rn. 13);在 Otto, BT^5, § 6 IV 1 中,主张的是不法减轻与从属性处理的前后一致方式的主题;其他观点,见 Jescheck/Weigend, AT^5, § 61 VII 4a bb,在这里,正是由于不法减轻而想要使用第28条第2款而不是使用第29条;同样的,还有 LK^{10} – Jähnke, § 216, Rn. 10; Lackner – Kühl^{24}, § 216, Rn. 2; Maurach/Gössel, AT/2^7, 53/174; Maurach/Schröder, BT/1^7, 2/61; Sch/Sch/Eser^{26}, § 216, Rn. 18; Tröndle/Fischer^{50}, § 216, Rn. 5; Wessel/Hettinger, BT/1^{24}, Rn. 158。

〔101〕 参见 Roxin, AT 1^3, § 23, Rn. 1 ff.。

〔102〕 Roxin, Heinitz – FS, 1972, 273 ff.; SK^6 – Rudolphi, § 24, Rn. 6。

判决原则上也是从这一点出发的(《联邦最高法院刑事判例集》第2卷,第223页;第19卷,第339页)。由此可以得出:例如,在实行人本人对加重结果故意行为时,对第226条或者第251条的教唆也是可能的;过失的并行实行人并不依赖于实行人与加重结果之间存在着什么样的关系。但是,不正确的是,联邦最高法院想要借助第50条(今天的第28条第2款,第29条)来为这个结论提供根据(《联邦最高法院刑事判例集》,第2卷,第226页;第19卷,341页以下)。第一,这种故意相对于过失来说,并不是从重处罚的罪责要素;更准确地说,二者都属于行为构成。第二,与加重结果关系有关的,在基本犯罪参加人中的过失并行人与实行人可能的故意之间,也不存在着第28条、第29条可以适用的实行人与参加人的关系。

(六)第28条的刑罚

81 第28条包含了一个刑罚幅度的规定;但是,这在第28条第1款中为刑罚提供根据的特别的个人要素中,是与第28条第2款中其他的个人要素不同的方式加以规定的。在第1款的案件中,参加人由于教唆或者帮助而引起了由实行人实现的行为构成,但是,刑罚却根据第49条第1款的规定得到减轻。在第28条第2款的适用范围中,还应当重新进行区分:在不法要素中,这个参加人将出于与实行人相同的行为构成而被判决,同时,在本书所提到的其他要素中,应当把这种判决作为这个行为构成的基础,而这个行为构成在存在或者缺乏有关要素时就存在于各个参与人的人身之中。但是,这个刑罚幅度应当不依赖于这些,并且在两种案件中,是从这个行为构成中推断出来的,而这个行为构成在从特别的个人要素的归责或者不归责中引出来的。也就是说,对职务行为中身体伤害的教唆,应当根据第26条、第340条进行判处,但是,应当在第223条的刑罚幅度中加以惩罚,同时,对第218条第3款的教唆人应当根据第26条、第218条第1款进行判处与惩罚。这个有争议的方案的理由以及细节,已经在边码16以下详细加以说明了。

82 一个特别的问题存在于对加重义务犯罪的帮助之中。可以作为例子是这样一个案件:一个没有财产照管义务的人参加进第266条的行为构成之中。他只能是帮助人,并且,对此包含了一种根据第27条第2款第2项的减轻处罚。但是,由于缺乏一个特别的个人要素,对他的刑罚就应当根据第28条予以减轻。这就得出这个结论:同一个情节(缺乏财产照管义务)会被两次给予减轻处罚的考虑。这是否正确,存在着很大的争议。联邦最高法院(《联邦最高法院刑事判例集》,第26卷,第53页;联邦最高法院,《经济、税收和刑法杂志》,1988年,第303页)虽然不遵循在这种案件中基本只考虑一**次**减轻的观点,那样,"这种对教唆的阶梯关系就会是错误的"(《联邦最高法院刑事判例集》,第26卷,第55页),因为教唆与帮助都包含着同样的刑罚幅度,但是,联邦最高法院的确只有在缺乏特别的个人要素会单独导致对帮助人的判决时,才会进行一种一次性的减轻处罚。[103]

83 根据这种说法,也就是说,在这个案件中,关键之点在于这种没有第266条义务地位又在背信中共同发挥作用的人是不是具有行为支配即实行人意志。在第一种案件下就应当进行一次性减轻处罚,在第二种案件下就应当进行两次。但是,由此对教唆的阶梯关系就会是错误的;一个人——例如在一种对背信的强制(第35条)中或者在利用精神病实行人中——仅仅由于其缺乏义务地位而不能是(间接的)实行人的,仍然能够根据第28条第1款获得减轻处罚,也就是说,这

---

〔103〕 赞同的,见 Bruns, JR 1975, 510; SK[7] – Hoyer, § 28, Rn. 45, 以及 § 27, Rn. 39; Sch/Sch/ Stree[26], § 49, Rn. 6; Tröndle/Fischer[50], § 28, Rn. 12; Willms, LM, Nr. 1 zu § 49。怀疑的,见 BGH wistra 1994, 139; Blei, JA 1975, 447; Vogler, Lange – FS, 1976, 272。

个帮助人就像在其他都一样的情况要处于同样的刑罚幅度之中。这就违背了对帮助人应当处以比教唆人更轻的刑罚的法律规定。对于各种形式的帮助所进行的双重减轻处罚,也可以由于在加重义务犯罪中,在实行人与参加人之间特别重大的无价值落差而得到容忍。

二、第 14 条的机构责任与代表人责任

(一)本条的目的与背景

这条规定是通过 1968 年 5 月 24 日《关于违反秩序法的引导法》而加入《德国刑法典》的,自那以来,仅仅做了一些很小的修改。其目的是:把那些不具有法律所要求的实行人资格而为别人行为的人,在刑法上加以包括。例如,在一个股份公司的董事会成员在一个威胁公司的强制执行中,设法隐匿财产,以妨碍偿还债权人的公务时,这个股份公司,只要德国法律在此期间不承认团体刑事责任(Verbandsstrafbarkeit),就不能受到刑事惩罚,它缺乏行为能力。[104] 但是,这名董事会成员在这个条文引入之前是不能承担责任的,因为这个强制执行威胁的不是他个人,而是这家股份公司,并且,他也不是把**自己**财产的一部分,而是把公司的财产设法隐匿起来了。也就是说,他在当时必须是保持无罪的(《帝国法院刑事判例集》,第 16 卷,第 121 页),同时,他在今天根据第 14 条第 1 款第 1 项是能够像一名真正的债务人一样受到惩罚的。类似的状况也出现在《德国刑法典》的一些其他条文中(第 170 条,第 266a 条,第 283 条以下),但是,首先是在数量众多的附属刑法的规定之中,例如,在有人不是作为被标记为实行人的“行业推动人”,而是作为“雇主”或者“企业主”行为时。这些案件非常经常地也是《违反秩序法》的案件,这部法律的第 9 条就规定了一条在字面上相同的规定。 84

第 14 条没有涉及本来意义上的参加人,而是规定了把实行人的责任转移到那些没有表明有关行为构成的实行人要素的个人身上。这涉及了在一种**实行人扩展**形式中的**刑罚扩张的根据**。也就是说,这个条文以符合目的的方式在一个关于“实行人与参加人”的部分中得到处理,尽管立法者在那里并没有不使用这个条文。这个在法律中进行的与在特别的个人要素方面指向第 14 条的第 28 条之间的连接,引起了一个与第 28 条相联系的讨论,即使在表明这两个规定中的共同标准在这里或者那里可以具有一种不同的解释时(边码 97 以下,100 以下)。 85

根据一个条文在第 14 条的方式中出现的那种需要,总是出现在立法者把实行人不是连接于一种确定的、每个人都可以实施的行为(例如,在目的中隐匿财产,以便妨碍偿还债权人的公务)之上,而是连接于一种状态身份(Statuseigenschaft)(在第 288 条中的债务人)之上时。[105]《第二部反经济犯罪法》的立法者在新的第 266a 条中,还不惩罚诸如那种在确定的形式中出现的扣发(Vorenthaltung)或者挪用(Veruntreuung)工人工资,而是明确要求实行人应当是“作为雇主”进行行为的。在通过这种状态身份对实行人的描述中,出现了两方面不可避免的、但也是不可容忍的刑事可罚性漏洞,这只能通过像第 14 条所包含的那种特殊条文来加以封堵。 86

第一个漏洞产生于这个地方,这个在法律中标记的实行人本身根本不能以在刑法上有重要意义的方式进行行为。这是在法人(bei juristischen Personen)与人的商业公司 87

---

[104] Roxin, AT 1^3, § 8, Rn. 55 ff.。

[105] 在这里以及在下文中,见 LK^{11} – Schümann, § 14, Rn. 1。

(Personenhandelsgesellschaften)中的情况,但是,也是刑事未成年的青少年的情况(第19条)。[106] 在这里,对于这些代替与为了作为实行人标记的人而行为的人来说,第14条使对他们的惩罚成为了可能。

88 第二个漏洞产生于现代经济生活的发展;工厂与企业的形式本身达到了这样巨大的规模,以至于那种通过确定的状态(雇主、企业主等等)作出的标记,不再处于这种从自己的位置成长起来的义务本身就应当代表它的地位了。这种标记必须通过其他(代替者)来代表这些义务。带有一种确定的强制运动,可以得出这个结论:这种代替者也必须为违反由实行人承担的义务在刑法上承担义务。这在第14条第2款中得到了安排。这个条文在《1962年刑法典草案》中还没有包括。但是,立法者的确考虑了这种经济发展,并且,把这种刑法上的责任扩展到了确定的任性的(gewillkürte)代表人身上。不把刑事可罚性扩展到所有任性的代表人身上是否会更好,直至今日仍然是激烈争论的对象(参见,边码110)。

89 在第14条引入之前,司法判决与立法以非常不同的方式处理了这种今天通过这个条文规范的问题。部分是,就像在第288条的案件中,现有的刑事可罚性的漏洞被接受了;部分是,立法者在大量单个条文(最早是在1877年早期的《破产条例》第244条之中)中把刑事责任扩展到代表人身上了,但是,这些规定在相互之间表现出重大的差别。[107]

90 在其他的案例中,司法判决在司法解释的道路上借助一种"事实的思考方式",将刑法上的责任扩展至代理人的行为上。[108] 一个女质权人是一个产业的唯一所有人,然而,《帝国刑事法院判例集》,第8卷,第269页仍然根据第290条,把她的丈夫同样作为"质权人"进行惩罚,因为他——尽管不承认——在"事实上"经营着这个产业。《帝国刑事法院判例集》,第24卷,第353页把一个酿造商的监护人视为酿酒法意义上的酿造商,因为他原本是这个酿造坊的主管。还有,《联邦最高法院刑事判例集》,第11卷,第102页在一个案件中,把一个在证券法意义上是经纪人的法人,在刑法上看成是事实上为自己经营经纪业务的经纪人。

91 在一些判决中,帝国法院重新选择了另外一条道路,发展了一个"转移刑法上的责任或者行为构成的补充的原则",[109] 结果,"法人的代表人……有义务在法人的位置上"履行其义务,因此他"根据一般的法律原则"也在其位置上要承担刑法上的责任。[110] 在这种历史发展的背景下,第14条因此不是仅仅以填补刑事可罚性的漏洞为目的的,而是以统一一个分裂并且自相矛盾的法律状态为目的的。

(二)对第14条法政策的评价

92 立法者是否当然已经实现了自己的目的,仍然还是众说纷纭的。第14条的条文在其具体安排上遇到了激烈的批评,经常被称为是完全"不成功"[111] 或者"在语言上与实质上的不幸"。[112]

---

〔106〕 根据这个刑法信条学的种类,在这个种类中加以排除的不是行为能力,而仅仅是责任(Roxin, AT 1^3, § 20, Rn. 49 ff.)。在这个关系中,这一点的确是不起什么作用的。

〔107〕 关于对E 1962根据的一个概述,见BT-Drucks. IV/650;此外,见Blauth, 1968, 41-46。

〔108〕 对此的简短概述,见Dierlamm, NStZ 1996, 153;详见:Gübel, 1994, 47 ff.。

〔109〕 这个说法出自Bruns, 1931, 15。

〔110〕 对这个过程的基本性批评,见Bruns, 1931, 86-92,他认为在其中违反了类推禁止;此外,参见Blauth, 1968, 35-37; Wiesener, 1971, 108 f.。

〔111〕 Wiesener, 1971, 190。

〔112〕 Tiedemann, 1976, Bd. 1, 302。

事实上，立法者在试图消除迄今为止所缺乏的法律状态中，一直没有一个在法律上作为基础的共同方案。这特别影响到以下四个方面的问题。

1. 第 14 条与"事实的思考方式"

在一直具有争议的"事实的"思考方式的适用范围上（边码 90），第 14 条与自己的意图（Intention）相反，没能实现清晰性。在《1962 年刑法典草案》[113]的根据中，为了将今天的第 14 条第 1 款加以正当化而指出，"根据现行法律，有疑问的是，在一个有法定资格的团体（Verein）的董事为了这个团体进行行为时，但是，在不是他而是这个团体是这场赌博的主办者时，他就能够由于未经允许的赌博而根据《德国刑法典》第 284 条而受到刑罚"。然而，就像全面分析所建议的那样，[114]在人们将这名董事视为"主办者"时，第 284 条就应当直接对他进行适用，从而第 14 条第 1 款就不加以考虑了，因此也就不能带来任何清晰性了。第 14 条在第 284 条的范围之内是否具有作用，[115]直至今日也还众说纷纭。对此，在一个对这种"主办"以真正的活动为指向的解释中，在前后一致的适用中，每一个任性的代理人都能够是实行人，同时，第 14 条第 1 款仅仅为机构与股东规定了一种刑法上的责任，这种说法就是一种无稽之谈。相应的问题存在于所有可以采用事实的思考方式的案件之中。第 14 条对于清除与此相联系的争议问题，是没有帮助的。 93

2. 第 14 条与根据第 2 款的代理人责任

一个特别值得批判的问题，出现在把第 14 条第 2 款的代理人责任限制在特别强调的代理人中（工厂主，明确声明自负责任的委托代理人）。从通过直接解释而把行为构成扩展到各个任性的代理人的事实的思考方式出发，必须认识到其中对代理人责任的不适当限制。[116]但是，除此之外，受到批判的还有，这种仅限于几种任性的代理人的限制，也造成了一些刑事可罚性上的漏洞与区分问题，同时，引起了"违法行为应当通过让那些不会引起刑法上的代理人责任的代理人来实施"。[117]另一方面，在代理人责任的扩张面前必须进行警告，它将"会在企业等级的上层领域导致进一步的责任减轻"。"虽然这种代理人责任在法律上并不排除对被代理人采取行动，然而，人们应当现实地看到：这种对直接行为人的追究责任在事实上大多都阻碍了对行为发起人的追究。"[118] 94

还有，这个立法发展也展现了一幅充满矛盾的画卷。在大刑法委员会的咨询中（1954 年以后），[119]刑事可罚性仅仅扩展至一部分任性的代理人身上，就也被认为是过于广泛的建议，因为人们害怕，通过把最高的个人的忠诚义务转嫁给代理人，就会过分地扩张了这种责任。[120]这是对第 14 条提到的各种义务所具有的特征的一种错误认识（参见，边码 98 以下）；这种错误认识已经导致《1962 年刑法典草案》根本不想要在计划的条文中接受任性的代理人。但是，在"第二部反经济犯罪法的政府草案"中，原本规定的扩大在第 14 条第 2 款中所包括的任性的代理人的范围，也在立法过程中失败了。[121] 95

---

〔113〕 BT－Drucks. IV/650, 127。

〔114〕 Bruns, 1931, 61 ff.; Blauth, 1968, 130 f.; Wiesener, 1971, 49－53。

〔115〕 关于争议，参见 Sch/Sch/Eser^{26}, § 284, Rn. 13。

〔116〕 Wiesener, 1971, 14 ff., 185 ff.; 也参见 Rimmelspracher, JZ 1967, 479。

〔117〕 R. Schmitt, JZ 1968, 124。

〔118〕 Maxen, JZ 1988, 290; 也见 Jescheck/Weigend, AT^{5}, § 23 VIII 3，表示反对第 14 条扩展到为他人行为的所有案例。

〔119〕 参见 Roxin, AT 1^{3}, § 4, Rn. 16。

〔120〕 参见，例如，Ko ff. ka, Gallas 与 Baldus 在大刑法委员会咨询中的观点，NiedStrKomm 4, 1958, 313, 315, 316。

〔121〕 详见 LK^{11}－Schünemann, § 14，发生的历史。

3. 第14条与其刑事可罚性扩张的法律根据

96 此外,立法者自己对此也不很清楚,在哪里——在实践需要那一面——存在着在法律上把刑事可罚性扩张到机构、代理人和受委托人的合理性。这部法律说,为刑罚提供根据的个人要素,虽然存在于被代理人或者企业主身上,但是却不存在于代理人或者受委托人身上。但是,在根据第28条第1款,由于缺乏为刑罚提供根据的特别的个人要素而产生一种有义务的减轻处罚时,如何说明对这些人施加的完整的实行人刑罚呢?把没有减轻的刑法责任转嫁到局外人身上,只有通过这种设想才会被理解,即这个作为实行人被标记的法人或者自然人的义务被转移到这个局外人身上了(参见,边码98以下)。但是,这个决定性地为刑罚提供根据的要素,也的确同样存在于这个代理人或者受委托人。这样,立法者就陷入了矛盾,使解释变得很困难。

4. 第14条与特别的个人要素的概念

97 在边码95,96中的论述中就已经可以得出这个结论:关于第14条法律基础的不清楚性一定也影响了对特别的个人要素概念的理解。看起来,立法者是未经深思熟虑就认为,在第14条中的概念就应当与在28条之中完全一样地加以确定。对此,可以谈到第28条与第14条一样的文字与对第14条所作的明确援引。然而,在第28条第1款涉及符合资格的义务地位,涉及一种不能转移给非义务人的特殊不法的同时(边码55以下),第14条正好设立了条件:那些涉及作为实行人而被标志的人的义务,将由代理人或者受委托人来承担。这种不一致迫使得出这个结论:那些由第14条与第28条所包括的特别的个人要素绝不是相同的,而是必须根据不同的观察角度来加以确定。这符合了这个结论:例如,在第288条中作为"债务人"的地位,根据第14条,在可能的情况下也可以适用于在那里提到的代理人,就正好不表现为在第28条意义上的特别的个人要素(边码59)。但是,那种在与第28条相比中应当为确定第14条的"要素"找到独立标准的必要性(Notwendigkeit),就通过这种同样的法律文字,以令人困惑的方式掩盖了。[122]

(三)第14条作为承担义务的标志

98 从前文中可以推导出:一个扩展到不符合实行人标志的人上去的条文,应当仅仅在目的论上运用这种思想加以正当化,即这种与实行人地位相连接的义务将转移给那个局外人(代理人)。也就是说,第14条是从那种"补充性地代理一种义务领域的可能性"中得出这个刑法的后果的。[123]因此,我在早先曾经说过,这种"补充性代理"是作为第14条的基本思想。[124]马克森(Maxen)[125]已经在这件事情上与这种思想相联系了,但是,不是使用这个术语,而是提出了"义务合作承担(Pflichtenteilhabe)"的术语,因为"补充性代理"的概念可能会给人产生这种错误的印象,好像这个代理人会把那个原本作为实行人标记的人从刑法责任中排挤出去。这自然不是事实,就像第14条第1款与第2款的法条文字("也"应当适用于这个代理人与受委托人)所清晰表述的那样。人们最好说的可能是义务的承担。一个承担根据第14条的义务就不再是对其

---

〔122〕 这首先在Blauth的专著(1968年)中清晰地得到说明,并且,与他有关系的是在他的著作出版之前,他的老师Callas就在明斯特(Münster)的一次刑法教师会议上精确地对此进行了总结,ZStW 80(1968),21 f.。

〔123〕 Wiesner, 1971, 71。

〔124〕 参见LK^{10} – Roxin, § 14, Rn. 9。

〔125〕 NK – Maxen, § 14, Rn. 15 ff.;与此相类似的也见Jakobs, AT^{2}, 21/11。

的"合作承担",但是,这种在法律中标明的实行人的义务地位也能够保持不受影响。〔126〕

许内曼发展了更进一步的思想,〔127〕在代理责任中涉及了一种接受各种法律地位的所有人的保证人地位的接管形式。这个代理人实现了这种保证人特种犯罪所具有的实质性不法,但是,因为缺乏行为构成中要求的实行人这个地位性标记,只能在第 14 条的范围内具有实行人的资格。这基本上符合了在边码 98 中说明的方案,并且对其产生了影响。但是,面对一种与不纯正不作为犯罪的保证人理论完全相同的地位,也产生了同样的思考,因为从本书所代表的立场出发,不是所有的实行人的身份标记都能够为保证人地位提供根据。这样,第 288 条中的债务人的义务就能够根据第 14 条毫无争议地也由代理人来履行了。但是,在这里并不涉及到一种保证人的地位,因此,第 28 条就不能适用于这个要素(参见,边码第 59,68)。对于许内曼来说,这个问题不会出现,因为他从自己统一解决方案的立场出发(边码 41 以下),把所有的义务犯罪都置于第 28 条之下,并且,从中引导出他们的保证人地位。 99

从这些说明中能够推断出,第 14 条的个人要素是与第 28 条的个人要素不相同的。那样一种相同性,是立法者在表面上认为的(边码 97);今天,这种观点几乎已经被放弃了。〔128〕这个"相同性命题"错误地认为,对于第 28 条的减轻处罚,"不需要依赖于"这种在局外人中没有实现的要素是否"本身就是可以由其代理的,或者不可以,同时,第 14 条的实行人资格的扩展性规范是以实行人要素的可代理性为条件的。"〔129〕但是,另一方面也不存在这种排除关系,即第 14 条意义上的特别的个人情节仅仅可能是那些恰恰不会导致一种根据第 28 条第 1 款的减轻处罚的。〔130〕这在第 288 条中的债务人身份上是合适的,它是第 14 条意义上的特别的个人要素(边码第 84,99),但并不是第 28 条第 1 款的(边码第 59,97)。然而,"交通肇事参与人"的要素(第 142 条第 4 款)也不处于第 28 条第 1 款的范围之下(边码 60),尽管如此,也不是第 14 条意义上的要素。第 142 条的义务是与交通肇事参与人的人身相联系的,对这些的认识、举止行为以及身体状态,对澄清事故具有非常关键的作用;这些都不能转移给代理人。 100

有一种认识,就像布劳特(Blauth)〔131〕和格拉斯〔132〕所代表的一种广泛传播的观点那样,认为第 28 条意义上的最高的个人义务地位基本上不能被置于第 14 条的范围之下。但是,这种认识是不合适的。对最高的个人义务地位的所有人所赋予的特别信任,虽然不是外部的"每个人"都能享受到的,但是,这种义务地位可以转移到确定的结合在实行人地位中的代替人身上却并不排除这一点。例如,根据第 11 条第 1 款第 2 项,把国家公职人员的义务扩展到其他公职人员身上,以及根据第 203 条第 3 款,把缄默义务扩展到职业协助人和死后的知情人身上,就表现出这种情况,以至于立法者并不介意也把最高的个人义务转移至其他人员群体上去,只要根据案例,这是可能的而且对保护有关的法益是必要的。第 203 条与第 331 条以下的特别的个人要素,在结论上当然不属于第 14 条的范围之中。但是,其中的理由仅仅在于,在第 11 条第 1 款第 2 项与 101

---

〔126〕 这符合 Bottke(Wistra 1991, 85)的立法建议:"如果通过一个作为引起一个结果仅仅在违反一种特殊义务的附加条件下才具有刑事可罚性,那么,作为实行人负责的就不是这种特殊义务人,而是那种承担了这种相关义务并且实施行为的人。"

〔127〕 最后,详见 LK[11] - Schünemann, § 14, Rn. 12 ff.。先前,同样的论述见 ZSchwR 1978, 131, 152 ff.; 1979, 92 ff., 137 ff.; ders., Jura 1980, 568 ff.; ders., Wistra 1982, 41, 46 ff.; ders., GA 1986, 293, 331 – 336。

〔128〕 只有 Langer, Lange – FS, 1976, 255, 谈论一种第 14 条要素与第 28 条要素在"概念上的同一性"。

〔129〕 LK[11] – Schünemann, § 14, Rn. 32。

〔130〕 但是,持这个观点的有 Herzberg, ZStW 88 (1976), 110 ff. (114)。

〔131〕 Blauth, 1968, 52 ff., 92 ff., 109 ff. (114)。

〔132〕 Gallas, ZStW 88 (1976), 110 ff. (114)。

第 203 条第 3 款中的义务转移,已经找到了一个特殊规定,而并不在于这种义务转移基本上会被排除。[133] 人们必须把第 170 条中的供养义务视为第 28 条第 1 款意义上的特别的个人要素(参见,边码第 64),这种情节因此并不是第 14 条也不适用于第 170 条的原因。因为在供养义务中,一种累积性的债务承担[134] 是允许的,所以,一种义务承担也必须是可能的。因此,一个对管理被监护人财产负有供养义务的监护人,在可能的情况下,应当适用第 14 条第 1 款第 3 项,根据第 170 条予以刑罚,[135] 就不存在疑义了。

102 一个实行人要素是否能够作为第 14 条意义上的"特别的个人要素"进行看待?对这个问题的回答,就不应当考虑第 14 条与第 28 条二者之间的关系,而应当在回答时仅仅考虑一种通过行为构成加以描述的义务,是否也能够通过另外一种行为构成作为那个在那里被描述的人来得到代理;如果这样一种代理在原则上是可能的,并且,如果在具体案件中也发生了,那么,第 14 条就把这种刑法责任转移给了这个代理人或者受委托人。如果人们想要把这种实行人的要素群在其中彼此存在的关系,通过一个圆形模式来解释清楚,那么,就存在着两个互相交叉的圆:一些要素应当同样地归入第 14 条与第 28 条,另一些则只应当归入第 14 条或者第 28 条。

103 从这里发展起来的解决方案也说明,在第 14 条中区分"身份"、"关系"与"情节"并不具有实际意义。在"身份"是这样一些不可脱离地紧密依附于实行人的要素时(参见,边码 23),它们从一开始就无法转移到其他人身上去,因此,第 14 条的适用就不在考虑之列。还有,个人的"情节"对于第 14 条来说是几乎不相关的,因为这个概念首先标记的应当是"短暂的精神状态"(参见,边码第 23),然而,这在第 14 条中根本就没有地位。巴伐利亚州高等法院,《刑法新杂志》,1969 年,第 1495 页虽然把停止支付与启动破产标记为特别的个人"情节",但是,在这里同样引起了一种对个人"关系"的认识。在那些允许在其任务范围内有一个代理并且可以单独置于第 14 条之下的义务犯罪中,因此,就完全与个人的"关系"[136] 有关了,而立法者对这种说法本来是能够限制其范围的。[137]

104 人们能够总结性地与提示性地这样说:第 14 条的规定从一开始就仅仅与义务犯罪有关(第 25 节,边码 267 以下)。但是,在这些义务犯罪中,提出适用第 14 条仅仅在两个前提下才会被考虑:一是这个刑法条文不允许根据自己的字面含义并且不依赖于第 14 条就扩展到其他人行为的案件上去(参见,下面四中的进一步论述);二是第 14 条只能适用于一个人根据义务范围的种类能够作为原本的义务人来履行这种义务范围的案件之处(参见,下面五中的进一步论述)。

(四)为他人行为的刑事可罚性作为不依赖于第 14 条的行为构成解释的结果

105 在一个行为构成从一开始就涉及代理人之处,第 14 条就不能加以使用;在这些案件中,这个行为构成不需要扩展。在这里,涉及早先所谓的事实的思维方式的适用范围(参见,边码 90,93)。今

[133] 对此,详见 LK[11] – Schünemann, § 14, Rn. 33 f.。

[134] Sch/Sch/Lenckner[26], § 14, Rn. 10/11。

[135] 详见,Blauth,1968, 125 ff.; Bruns, GA 1982, 17 f.; Jakobs, AT[2], 21/11; Sch/Sch/Lenckner[26], § 14, Rn. 10/11; Wiesener, 1971, 176 f.; 由于供养义务的"高度个人性"的其他观点,见 NK – Maxen, § 14, Rn. 27; Tröndle/Fischer[50], § 14, Rn. 2。

[136] 也见 Sch/Sch/Lenckner[26], § 14, Rn. 9 – 12 (10/11)。

[137] Blauth, 1968, 162 提出建议,只提"特殊个人关系"的说法。

天,它出于方法学上的原因已经几乎被拒绝了。[138]的确,不同意见基本上仅仅针对那些可能引起错误印象的术语,好像在这里是以自然主义的方式从一种纯粹的事实(Faktum)中得出的法的结论。实际上,这与一种目的论的阐释有关[139],而这种阐释必须在每个单独的行为构成中分别进行,在这里,只能借助几个例子加以清楚的说明。[140]

联邦最高法院已经正确地把"事实上的企业领导人"判定为《有限责任公司法》第 84 条第 1 款第 2 项与第 64 条第 1 款的规范对象(Normadressat)(《联邦最高法院刑事判例集》,第 31 卷,第 118 页,第 122 页)。在形式上被指定与登记为企业领导人并不是关键的:"其他观点将会出现……保护公众免受不诚实的做法……《德国刑法典》第 14 条在这里不能适用。"支持这种解释的一个重要的观点在于,第 14 条最主要地是为法人与企业主设置的,而他们却可能不是企业领导人。 106

另外,关键在于,立法者是否运用民法的法律地位概念或者确定的行为实施来标示实行人。第一种案件存在于诸如"债务人"或者"雇主"之类的概念之中。它们与确定的法律地位相连接,是代理人所不具有的,因此,在这里,一种在刑法上的理解仅仅通过第 14 条才有可能。相反,主办赌博游戏或者抽奖(第 284 条与第 287 条)是不与确定的法律关系相联系的,因此,代理人与受委托人也可以被视为主办人,也就是说,第 14 条就不能提起了。[141]当然,这就导致这个结论:这个"富裕的退休人员的财产管理人"[142]在可能的情况下,也能够根据第 284 条与第 287 条而受到惩罚,虽然第 14 条本来并不包含这样一种任性的代理地位(关于法政策的问题,参见,边码 110)。还有,"承包人"这个概念(第 323 条),就像从立法者以"计划、指导或者实施建筑"为依据所做的安排中可以得出的结论那样,也可以对在事实上从事这种活动的每一个人适用。关于"质权人"与"酿造商"的案件,参见边码 90。 107

这个行为构成在不是通过特别的标志强调实行人,而是通过确定的行为表明描述他之处,就更能直接扩展到代理人身上去了。这种案件的例子是背信的行为构成(第 266 条):在这里,这个具有财产照管义务的代理人或者受委托人在充分的独立性中,从自己那一面也应当看成是具有忠诚义务的,因此,对于刑法责任来说,并不依赖于第 14 条。在被照管人从来不知道受他委任的财产照管人已经请其他人满足这个任务时,也适用这一点。[143]相应地,还存在于"交易活动(Handeltreiben)"(《麻醉品交易法》第 29 条第 1 款第 1 项),[144]"购买"(《武器法》第 259 条,第 108

---

[138] 参见 Tiedermann, 1969, 66 ff.; ders., NJW 1977, 777, 779; ders., NJW 1979, 1849, 1850; Cadus, 1984, 146f. und passim; NK-Maxen, § 14, Rn. 22; 不同观点,见 Dierlamm, NStZ 1997, 153。

[139] Cadus, 1984, 146; NK-Maxen, § 14, Rn. 22; K. Schmidt, Rebmann-FS, 1989, 433 ff.; Sch/Sch/Lenckner^{26}, § 14, Rn. 4。

[140] LK^{11}-Schünemann, § 14, Rn. 19 ff. 进行了系统化的加工。

[141] 参见,边码 93 与注释 114 的论证。可是,司法判决与文献在对待第 284 条与第 286 条的解释时,犹豫不决而且存在矛盾。与本书一样,在注释 114 中提到的,还有 Cadus, 1984, 65 f., 138-140; NK-Maxen, § 14, Rn. 20; Meurer/Bergmann, Jus 1983, 668, 673 以及已有的(对于第 286 条的)RGStG 34, 447; 36, 124。不同意见,见 Jescheck/Weigend, AT^{5}, § 23, VI 2; Maurach/Schröder, BT/17, 44/9, 16; LK^{11}-Schünemann, § 14, Rn. 21 以及(对于第 284 条)还有 RGStG 3, 278; 57, 190。不同的,更准确地说是矛盾的,见 BayObLG NJW 1979, 2258 f.; LK^{10}-v. Bubno ff., § 284, Rn. 12 与 § 286, Rn. 14, 19; Sch/Sch/Eser^{26}, § 284, Rn. 13 与 § 287, Rn. 21; Tröndle/Fischer^{50}, § 284, Rn. 12 与 § 287, Rn. 11。尚未决定的,见 Bruns, GA 1982, 1, 23f.,以及 Sch/Sch/Lenckner^{26}, § 14, Rn. 5。

[142] Wiesener, 1971, 53。

[143] 参见 BGHSt 2, 324 f.; 13, 330 ff.; 关于整体,见 Sch/Sch/Lenckner^{26}, § 14, Rn. 5; § 266, Rn. 33, 34; NK-Maxen, § 14, Rn. 20; LK^{10}-Roxin, § 14, Rn. 11.; LK^{11}-Schünemann, § 14, Rn. 22 m. Fn. 97, 98。

[144] BGHSt 29, 239; BGH NJW 1979, 1259。

53 条第 1 款第 1 项字母 b)以及“出售”(《肉品检验法》第 26 条第 3 项)之中。在所有这些案件中,关键的都不是购买人或者出售者在民法上的地位,而是进行引起这种销售的活动。也就是说,一个作为代理人或者其他受委托人促进了他人销售业务的人,自己就是在《麻醉品交易法》意义上的交易活动具有罪责的;一个为公司购进赃物的人,自己就必须由于第 259 意义上的购买而承担责任,等等。〔145〕还有,“经营”一台第 325 条与第 327 条意义上的装置,不仅存在于政府批准的对象之中,而且同样存在于那些在实际上经营这台设备的人之中。〔146〕

109　这样一种结合方式也是可能的:对于确定的代理人,这个行为构成就可以直接适用,但是对其他人,仅仅在借助第 14 条时才可以适用。这样,一辆机动车的“车主”(《道路交通法》第 21 条),就是一个自己承担使用费用并且对其拥有支配权的人;就这个方面,也就是说,不是与一个特定的法律地位,而是与一种经济现实相联系的。一个在一名这样标示的车主的委托中活动的人,就在刑法上对其负有责任,但是,仅仅是根据《德国刑法典》第 14 条(也就是在违反秩序法中根据《违反秩序法》第 9 条)。〔147〕

110　当然,行为构成的解释与刑事可罚性的扩展一起,导向了刑法责任的一种非常不同的影响范围,取决于一个法条是直接适用还是只能通过第 14 条才能适用于代理人。在第一种案件中,所有任性的代理人都负有责任;在第二种案件中,只有那些在法律中提及的人才负有责任(参见,边码 93,94 与在边码 107 中的例子)。鉴于《德国基本法》第 3 条,这个情节已经从未来立法的观点出发(de lege ferenda),让第 14 条扩展到所有任性的代理人身上看起来是必需的;支持这一点的还有这种情节:第 14 条的案件很难清楚地与那些通过行为构成的解释而得出的代理人责任加以区分。人们担心,第 14 条扩展到所有任性的代理人可能使各种企业领导人在刑法上免除责任(边码 94)。这种担心看起来是没有根据的;因为除了代理人以外,法律地位的所有人也是有责任的(边码 98),所以,在根据情节考虑其刑事可罚性时,他为什么不应当受到追究,就正好是令人难以理解。那个对实行人有利的对第 14 条的类推是很难实施的,借助这种类推的帮助,马克森〔148〕在这种行为构成的解释案件中,想要在“事实上接近这个代理人的规定”。在那里,第 14 条就会利用一种对行为构成的纠正,而第 14 条正好是不能适用于这些纠正的。

111　这些所说明的原则也适用于不作为犯罪。第 14 条仅仅在行为构成标志出代理人不具有的法律地位时,才对其具有适用性。这特别会出现在不纯正不作为犯罪之中。例如,根据第 266a 条,“一个作为雇主的人,截留雇员应向代收公司……缴纳的社会保险”,应当受到惩罚。在一名受委托缴纳保险金的商事代理人截留这笔钱时,〔149〕对他就只能在第 14 条第 2 款的条件下,根据第 266a 条予以惩罚,因为这名商事代理人不是“雇主”,也就是说,第 266a 条不能对其直接适用。只有在行为构成是以一种超出一般保证人地位的实行人资格作为条件,而一名代理人并不具有这种资格时,〔150〕在不纯正不作为犯罪中才不适用第 14 条。《联邦传染病法》第 64 条也许提供了一个例子:“一个人作为企业主……提供不符合法律规定的……水作为饮用水……”这个企业

---

〔145〕 更多的司法判例,见 NK - Maxen, § 14, Rn. 19 f.。

〔146〕 这个问题在文献中仅有零星的不清楚的探讨;详见,LK[11] - Schünemann, § 14, Rn. 20, 临近并且在注释 87 之中。水污染(第 324 条)更不是第 14 条的案例;对此也见 m. w. N. LK[11] - Schünemann, § 14, Rn. 42, 临近并且在注释 170 之中。

〔147〕 参见,例如 BayObLG VRS 51 (1976), 234; OLG Düsseldorf VRS 72 (1987), 118; OLG Koblenz VRS 50 (1976), 53。进一步的论证,见 Sch/Sch/Lenckner[26], § 14, Rn. 10/11。

〔148〕 NK - Maxen, § 14, Rn. 21。

〔149〕 LK[11] - Schünemann, § 14, Rn. 24 中的例子;BGH NStZ 1997, 125 在一个有限责任公司经理的案件之中。

〔150〕 同样,见 Sch/Sch/Lenckner[26], § 14, Rn. 6; Kinderhäuser, StGB, § 14, Rn. 15 ff.; 17(没有非常清楚的观点)。

主的代理人在饮用水通过不实施必要的措施而被污染时，就只能通过第 14 条受到惩罚，因为他本人并不是企业主。

相反，第 14 条不能适用于那些能够通过每个人的积极行为实施的不纯正不作为犯罪。在这些犯罪中，代理人在可能的情况下本身就应当被赋予一种保证人地位，为直接的刑法责任提供基础。[151]在一个经营交通企业的有限责任公司的领导人，对交给他的贵重仪器不加保护使其遭受损坏的，[152]就应当出于第 303 条加以惩罚。此外，例如，技术主管在一家由股份公司经营的登山铁道中对于运营安全（联邦最高法院，《戈尔特达默斯刑法精粹杂志》，1971 年，第 334 页），团体董事对于一个属于该协会的建筑的交流安全状况，或者在一个工厂中负责设备安全的职员，都已经根据公共交通安全的义务而成为第 13 条意义上的保证人，因而，对于他们违反义务的不作为来说，就不需要第 14 条来建立刑法上的责任。当然，这一点在这里又导致大大超出第 14 条界限的代理人责任（参见，关于法政策问题，边码 100）：例如，这样就存在着一种"对于负责私人停车场的管理人的保证人义务"或者一种"在事故中为他人提供帮助的第三人的保证人地位"。[153] 112

（五）关于第 14 条在具体案例中的可提起性

尽管如此，作为第 14 条的适用案件，就只剩下那些带有可转移的实行人义务的行为构成了，在这些行为构成中，这种义务的履行不应当以解释的方法，通过代理人而归类进入有关的条文之中。这也表明，尽管有大量能够适用 28 条的条文，但是，在《德国刑法典》中要找到第 14 条能够发生作用的行为构成，仍然是很困难的。在根本上很清晰的适用案件，仅仅是在破产（第 283 条以下），强制执行（第 288 条）中，以及在履行供养义务（第 170 条，对此参见，边码 101）中作为"债务人"的实行人标记。应当补充的还有，通过第 1 部与第 2 部《反经济犯罪法》，把"补助金领取人"（第 264 条第 1 款第 2 项）[154]以及雇主（第 266a 条）作为实行人资格。更多的是那些在附属刑法中带有相关实行人要素的行为构成。没有要求完整性的列举如下：在这里还有"雇主"这个要素（《青少年劳动保护法》第 58 条第 5 款，联系第 1 款的第 6 款，[155]《母亲保护法》第 21 条第 3 款，联系第 1 款的第 4 款），此外还有"企业主"（《联邦传染病法》第 64 条；参见，前面边码 111），"销售店或者理发店的所有人"（《商店停止营业时间法》第 25 条）。但是，在这个领域中，第 14 条的范围也由此缩小了，以至于在附属法中，许多违反法律的行为只能作为违反秩序行为受到制裁，对这些行为适用完全符合第 14 条的《违反秩序法》第 9 条；司法判决中的例子有，例如，"酒吧店的店主"（《饮食业法》第 28 条第 1 款第 6 项）。[156] 113

在主观上，实行人的心理标准决不能根据第 14 条来处理，即使它们是第 28 条第 1 款意义上的特别的个人要素（就像"恶意"或者"鲁莽"，参见，边码 7，11 以下）；它们是无法转移的。还有，像"恶意"或者"鲁莽"这样的要素，也不可能在根本不能行为或者根据情况还没有行为的被代理人中存在。[157] 114

---

〔151〕详见 Blauth, 1968, 114 f.。

〔152〕简化的例子，见 Blauth, 1968, 115 f.。

〔153〕Sch/Sch/Lenckner^{26}, § 14, Rn. 6。

〔154〕BGH JR 1981, 468f. m. Anm. Tiedermann; BayObLG NJW 1982, 2202。

〔155〕OLG Karlsruhe JR 1985, 479 并没有明确第 14 条的适用性。

〔156〕BayObLGSt 1991, 43。

〔157〕Blauth, 1968, 57 f.；在结论上，也见 Sch/Sch/Lenckner^{26}, § 14, Rn. 8。

（六）第 14 条第 1 款的代理人

1. 第 14 条第 1 款第 1 项的机构与机构成员

115 这个法条的条件是，有人作为一个法人有代理权的机构，或者作为这样一个机构的成员实施行为。这个法人可以是一个民法的（团体［Verein］，股份公司［AG］，两合股份公司［KGaA］，有限责任公司［GmbH］，合作社［Genossenschaft］，具有法定资格的基金会［Stiftung］）或者公法的（具有法定资格的机关［Anstalt］与社团［Körperschaft］）。法人必须是有效成立的（除非仅仅根据事实上的公司［Gesellschaft］在私法上的基本原则成立）。〔158〕

116 这个实行人必须作为有代理权的机构或者机构成员行为。**机构**是这些人与委员会，法人通过他们作出决定与行为；也就是说，例如，董事会（Vorstand），成员大会（Mitgliederversammlung）或者在可能的情况下的监事会（Aufsichtsrat）。**有代理权**的是这个为了法人对内对外引导业务的机构；这也适用于董事会，但是不适用于成员大会与监事会。这种代理权的要求并不意味着，这个由机构实施的行为必须在法律上是有效的，这在具有刑事可罚性的行为中大都不是这样的。它也不需要存在于一个法律交往之中。还有，委任行为也不一定是有效的，就像从第 14 条第 3 款中得出的结论。〔159〕从提到**机构成员**中能够推断出，一个单独的董事会成员的行为就能够引起这种代理人的责任；至于这个成员是否根据董事会内部的事务分配对所实施的行为负责，是不重要的。〔160〕

2. 第 14 条第 1 款第 2 项的有代理权的股东

117 人员性商业公司（Personenhandelsgesellschafte）应当理解为开放的商业公司与股份两合公司（Kommanditgesellschafte）（无限公司［OHG］与股份两合公司［KG］）。立法者已经在法条中对其（与《1962 年刑法典草案》第 14 条不同）予以采纳，因为这种公司即使不是法人，也能够在其商号下获得权利与承担义务，也能够在法庭上起诉或者应诉（《商法典》第 124 条，第 161 条第 2 款）。因此，立法者认为，这些公司也应当能够归入民法上的法律地位的标志之中，而这种标志是根据第 14 条承担代理人责任所必需的。

118 然而，这种立法行动的合理性仍然处于争议之中。人们经常认为，第 14 条第 1 款第 2 项落空了，因为，例如第 288 条意义上的债务人是股东，因此，根据这个条文，他在债权人采取行动之前隐匿公司财产的，就为自己创设了直接的责任。〔161〕这一点，在这个案件以及其他许多案例中，都是恰当的。的确，在第 14 条第 1 款第 2 项赢得一种单独适用范围的状况下，就总还是能够令人深思的。例如，在人们为了机动车所有人的身份要求一种自己对这辆车的支配时（边码 109），这个股东只有在满足这个条件时才是"所有人"。否则，这个公司就是"所有人"，并且，这个股东仅仅根据第 14 条第 1 款第 2 项才是可以理解的。〔162〕但是，第 14 条第 1 款第 2 项首先能够对第 283 条（破产）很重要，因为根据《破产条例》第 209 条，对人员性商业公司的财产也能够独立地宣告破产。第 283 条第 6 款的条件，因此仅仅存在于这种公司，从而能够单独借助第 14 条第 1 款

---

〔158〕 对此，见 m. w. N. LK[11] – Schünemann，§ 14，Rn. 43。

〔159〕 关于事实上的机构的问题，见 NK – Maxen，§ 14，Rn. 42 ff.。

〔160〕 OLG Koblenz VRS 39（1970），118；Kinderhäuser，StGB，§ 14，Rn. 22 f.；Sch/Sch/Lenckner[26]，§ 14，Rn. 18。

〔161〕 Herzberg，1984，80 ff.；Sch/Sch/Lenckner[26]，§ 14，Rn. 20/21。

〔162〕 LK[11] – Schünemann，§ 14，Rn. 46。

第2项就把这种股东包括进去。[163]

119 第 14 条第 1 款第 2 项仅指有代理权的股东；在无限公司中，这是指所有未被排除在企业领导之外的股东(《商法典》第 125 条)；在股份两合公司中，这是指承担个人责任的股东(《商法典》第 161 条，第 170 条)。在有限两合公司(Co. KG)中，有代理权的股东本身就是这家有限责任公司。的确，司法判决也把其公司领导人视为有代理权的股东。[164] 部分地，第 14 条第 1 款第 1 项也适用于这种有限责任公司，第 2 项适用于这种股份两合公司。[165] 另外，在边码 116 中完成的论述也适用于这种代理权限。

120 对不具有法定资格的其他种类的人员性公司(Personengesellschaften)(无法定资格的团体，民法公司[BGB - Gesellschaften])，第 14 条第 1 款第 2 项并不适用。也就是说，在这里，根据立法者的意见，股东应当直接(作为债务人，雇主等)承担责任。[166]

3. 第 14 条第 1 款第 3 项的法定代理人

121 在这个条文意义上的法定代理人，应当不仅理解为自然人的法定代理人(父母，非婚生子的母亲，监护人，保护人)，而且理解为所谓的凭借职务的人员(破产管理人、调解人，遗产管理人，清算人，遗嘱执行人)。

4. “作为”机构、股东与代理人的行为

(1) 为被代理人的行为

122 第 14 条第 1 款意义上的“行为”也包括了违反义务的不作为。条件是，这个行为人是为了被代理人活动的，或者在他的工作中违反义务地不履行要求。也就是说，一个利用自己的地位只为自己的利益行为的人，不是“作为机构”等在实施这个构成行为，因此，就不能对其适用第 14 条。[167] 例如，“在企业领导人的自私行为给这个公司带来损失，尤其是在通过背信隐匿财产时”(联邦最高法院，《新法学周刊》，1969 年，第 1494 页)，这个代理人由此在公司财产中妨碍了强制执行的，也不是根据第 14 条与第 288 条来承担责任。一个企业领导人自己拿走了有限责任公司的财产，“仅仅是为了在其所担忧的倒闭发生时，不会出现自己囊中一无所有的情况”，就不应当根据第 283 条与第 14 条第 1 款第 1 项，而仅仅应当根据第 266 条进行惩罚(《联邦最高法院刑事判例集》，第 30 卷，第 127 页，第 129 页)。当然，如果一个股份两合公司的企业领导人在无限责任股东的同意下行为，那么，在他出于私利进行时，就是根据第 283 条第 1 款第 1 项具有刑事可罚性的；这种同意使得他的作为“总是一个为了债务人利益的行为”(《联邦最高法院刑事判例集》，第 34 卷，第 221 页，第 223 页以下)。还有，中性的举止行为，就像在不作为犯罪或者过失犯罪中存在的那样，也能够根据第 14 条加以处理；在这些案件中，代理人不是有意识地转向实施对被代理人不利的行为，也就是说，他还是在自己的职位上行为的并且在这个范围内是为了被代理人

---

[163] 对此详见 NK - Maxen, § 14, Rn. 48; LK[10] - Tiedemann, vor § 283, Rn. 62。

[164] BGHSt 19, 174, 176; 28, 371, 372; KG JR 1972, 121 m. Anm. Göhler; OLG Hamm NJW 1973, 1851; OLG Köln JMBI. NW 1973, 39; OLG Stuttgart MDR 1976, 690; 同意的，见 Bruns, GA 1982, 11 f.; Demuth/Schneider, BB 1970, 643; Kinderhäuser StGB, § 14, Rn. 26; Lackner/Kühl[24], § 14, Rn. 2; Sch/Sch/Lenckner[26], § 14, Rn. 23; Tröndle/Fischer[50], § 14, Rn. 3。

[165] BGH NStZ 1984, 119; Schünemann, 1979, 144; ders., LK[11], § 14, Rn. 47。

[166] 关于有限责任公司之前的问题(即在有限公司注册申请提交之后与核准注册之前的中间状态产生的问题——译者注)，见：Bittmann/ Pikarski, wistra 1995, 91; Deutscher/Körner, wistra 1996, 8, 13。

[167] BGH NJW 1969, 1494 f., BGHSt 30, 127, 34, 221 (m. Anm. U. Weber, StV 1988, 16; Winkelbaur, JR 1988, 33); Biletzki, NStZ 1999, 537(539); 不同的意见，见 Deutscher/Körner, wistra, 1996, 8; Kinderhäuser, StGB, § 14, Rn. 29; Köhler, AT, 557。

的。[168]

123 在行为与被代理人的“委托范围与义务范围”处于“一种功能性关系”时,伦克纳[169]想要进一步让其得到满足。“因此,例如,这个债务人的法定代理人在实施“这个构成行为——例如,伪造账簿时,——仅仅是为了自己的利益,例如,为了掩盖所犯的差错”,他根据第283条第1款第5项就是具有刑事可罚性的。这的确不再符合法律的原文(《基本法》第103条第2款)。在这样一种案件中,实行人不是作为代理人,而是作为为了自己利益的伪造人,并且,应当由于伪造文书(第267条),而不是根据对债务人适用的规范加以惩罚的。[170]

(2)在多人不作为中“作为”机构等的行为

124 困难的还有这个问题:包括在多个董事会成员或者股东的不作为中,是谁在“作为”机构、股东或者代理人行为的?就本身而言,在可能的情况下,采取措施的义务或者其他对所要求的行为的义务就是**一切**。因为内部的业务分工由于有待履行的义务多样性的确是绝对必要的,所以,在有人没有实施一种处于他人任务范围内要求的行为,或者违反他人的义务而不采取措施时,[171]通常就缺乏一种不作为的违反义务性。只有在他虽然已经认识到他人的违反义务性,或者由于其显而易见本来就必须认识到,而他还在具体案件中保持不活动时,情况就有点不同了(联邦最高法院,《经济、税收和刑法杂志》,1990年,第97页)。[172]

125 与此相反,许内曼[173]想要把在一个同志般机构中的成员所承担的责任,在原则上限制于本人的业务范围之内,并且,仅仅容许三种例外情况:通过积极作为扩展自己的管辖范围,在一种同志般决定中同意共同发挥作用(《联邦最高法院刑事判例集》,第37卷,第129页以下:皮革喷雾剂案),以及那些涉及整个企业的案件(《联邦最高法院刑事判例集》,第37卷,第124页)。这个解决方案的优点是,提供了更大的法安全性,并且防止刑法责任的过度扩张。

(七)第14条第2款的受委托人

126 立法者在第14条第2款中,已经将代理人责任扩展到一部分任性的代理人身上(关于立法史与法政策的问题,见边码94以下,110)。这种“折衷解决方案”没有把全部任性的代理人都包括进代理人责任之中,但是,在原则上也没有将其排除,这就导致严重的区分上的困难,直至今日,都没有作出有一点说服力的划分。但是,人们还不能认为,在这里违反了宪法的明确性原则

---

[168] 详见 LK[11] - Schünemann, § 14, Rn. 51。

[169] Sch/Sch/Lenckner[26], § 14, Rn. 26 m. w. N.。

[170] 一致的观点,见 LK[11] - Schünemann, § 14, Rn. 51;NK - Maxen, § 14, Rn. 33。

[171] BayObLG NJW 1974, 1341; OLG Koblenz VRS 39 (1970), 118;OLG Hamm DAR 1975, 51;详见 Rebmann/Roth/Herrmann, OWiG[3], § 9, Rn. 29 - 32。

[172] BayObLG NJW1974, 1341; OLG Düsseldorf NStZ 1981, 265 m. Anm. Göhler, NStZ 1982, 11; OLG Hamm NJW 1971, 817 f.; OLG Hamm DAR 75, 51, 52 f.; OLG Koblenz VRS 39 (1970), 118;OLG Schleswig SchlHA 1975, 194; Bruns, GA 1982, 46; ders., Heinitz - FS, 1972, 330; Demuth/Schneider, BB 1970, 644 ff.; Kinderhäuser, StGB, § 14, Rn. 23; Sch/Sch/Lenckner[26], § 14, Rn. 19。

[173] LK[11] - Schünemann, § 14, Rn. 52。

(《基本法》第 103 条第 2 款)。[174]

1. 委托领导或者部分领导一种经营或者一个企业

127 一种经营(Betrieb)是一种人员与物资有计划的(大多也是在空间上结合在一起的)统一体,在统一领导下,在一定期限内为了一个目的,生产商品或者提供物质性的或者非物质性的服务。这种目的不需要是经济性的。属于这个概念的,不仅有工业的、商业的或者手工业的经营,而且也有律师事务所、医疗诊所、药店、医院、慈善机构、剧院等。私人住宅不是经营,因为其目的不是为第三人提供商品或者服务。

128 “企业”(Unternehmen)的概念(第 14 条第 2 款第 2 项第 2 句),在经营的概念以外,没有特别的含义,因为在边码 127 给出的概念界定也包括了企业。立法者为什么在第 14 条中也提到企业的理由,是在于这个概念出现在附属刑法之中,并且应当清楚地说明,企业在任何情况下都属于第 14 条的规定之内。[175]

129 经营领导人是那些受委托进行经营领导工作,独立代替所有人进行行为的人。在这里,不要求一种如同在第 2 项那样的**明示的**委托,因为转移经营领导工作也就立即包括了转变所有人的义务。当然,前提是这个代理人不仅被委托了经营领导工作,而且在事实上也接受了这个工作。至于有人是不是经营领导人,并不取决于称呼(经理或者诸如此类的头衔),而是取决于其职能。在多人必须共同领导这个共同的经营单位时,有多名经营领导人就是可以想象的。相反,一个仅仅受委托监督一项经营的人,就还不是经营领导人,而只能在第 2 项的条件下处于第 14 条的适用范围之中。[176]

130 部分领导经营或者企业的人是与经营领导人一样的。在这里,领导一个与其他经营在空间上相分离的分支经营(作为特殊生产设施的“分店”,“分部”,“支部”,“车间”),但是也可以理解为领导整个经营中一个分部(“购买”,“销售”,“生产”,“技术管理”,“商务管理”)。但是,在第二种案件中,部门领导人在整个经营领域中,必须具有确定的意义与独立性。一个在仓库中仅仅受委托销售具体物件的人,因此就还不是部分经营的领导人。也就是说,“分部领导人”的称呼,正好就像商事代理人的位置(哈姆州高等法院,《德国法月报》,1974 年,第 425 页)或者单项商务代理的位置,本身还不构成分部的领导工作;更准确地说,关键的永远是具体案件的情节,也就是说,在经营中的具体作用。[177]

131 委托必须由经营所有人或者其他委托人给予;委托也可以(与根据第 2 项不同)是推断形成的(联邦最高法院,《德国法月报》,1990 年,第 41 页)。在所有人是一个法人时,其经营领导机构就有权进行委托;在多个机构中,则根据业务的分工来确定。在其他授权委托人项下,应当理解为这些人:基于所有人或者(在法人中)其业务领导机构全权委托的人,或者基于法律(例如,在《证券法》第 265 条中由法庭指定的清算人,或者在《民法典》第 30 条中通过已注册协会的成员大会所指定的特殊代理人)允许转移领导权的人。

---

〔174〕 Sch/Sch/Lenckner^{26}, § 14, Rn. 3;违宪的担忧,见 Demuth/Schneider, BB 1970, 645;Jakobs, AT^{2}, 21/12;Jescheck/Weigend, AT^{5}, § 23 VIII 2。在 Schünemann, 1979, 144 ff. 中,说明了许多因法律版本出现的刑事可罚性的漏洞。

〔175〕 参见 Göhler, Protokolle des Sonderausschusses, 1104。

〔176〕 详见 EEGOWiG, 64。

〔177〕 NK - Maxen, § 14, Rn. 56 (m. w. N.)抨击一种在司法判决与文献中有待扩张的“部分企业领导”的概念。因此,根据 OLG Stuttgart Justiz 1980, 419 f.,甚至一个“过磅员”都应当是部分企业领导!以这种方式(在法政治上是正确的,但是,与立法者的意图不符),试图将这种责任扩展到尽可能多的委托代理人身上。

2. 自担责任履行经营任务的明示委托

132 在有些案件中,有人不是完全或者部分领导一项经营(第1项),而只是应当具体地为经营所有人履行所承担义务的任务。在这种案件中,立法者把代理责任的出现与一种**明示的**委托紧密地连接在一起:〔178〕“这种限制看来是必要的,因为单纯为他人履行任务本身并不意味着,在这个范围内也要承担他人的义务。也就是说,这个经营领导人或者其他接受授权的人必须明确表明这一点”(《违反秩序法引导法草案》,第65页)。这种书面的授予委托是符合目的的,但是,立法者却不认为是必要的。口头的、不为第三人所知的委托就已经足够了(柏林高等法院,《交通法汇编》,第36卷(1969年),第269页)。相反,默示的委托由于缺乏明示性就还不够。〔179〕在这里,任务的范围也必须在事实上已经接受了(参见,边码127)。

133 受委托人必须以自担责任的方式来履行转交给他的与经营有关的任务,这就是说,他必须能够在没有指示的情况下独立作出决定。当然,那种事后控制的可能性并不排除自我负责地履行任务。〔180〕根据主流观点,一名经办人也能够自我负责地履行与经营有关的任务;〔181〕在商事代理人中,则取决于具体案件(哈姆州高等法院,《德国法月报》,1974年,第425页)。〔182〕这个受委托人不一定是这项经营所属的成员。他也可能是会计师、税务顾问、律师等人,只要这样处于经营外部的人员不仅执行顾问性的功能,而且能够在其任务范围内为了企业的利益独立作出决定。〔183〕

134 根据立法理由,把一项任务的范围转移给自我负责的人去履行,“在这种转移存在于社会恰当性之外时,例如,在零售店的店主委托给女学徒以其‘自己的责任’注意遵守商店关门的时间,甚至同意她可以享有根据自己的判断开始营业或者打烊的决定权时”,应当是不允许的,(《违反秩序法引导法草案》,第65页)。这在文献中赢得了一些称赞,〔184〕也受到了一些批评。〔185〕在事实上,从法律的文字中并不能推导出这种限制。这种限制也是不应当做的。由于社会恰当性概念所具有的模糊性,导致了无法解决的区分性困难。在这名委托人把自己的义务转让给一个完全无资格的人,让其“自己承担责任”时,这名委托人反正是不能减轻自己的负担的(边码137以下),同时,这名一无所知的受委托人在可能的情况下,能够由于禁止性错误或者其年轻的无责任能力而非常得意;但是,如果不存在排除罪责的情节,他也不需要成为免受刑罚的人。

3. 为履行公共管理任务的职位而实施符合任务的行为

135 根据第14条第2款第3项,在为所提到的职位实施的行为上,第14条第2款第1句应当“按照其意义加以适用”。这些“服从于多种多样的专业领域的义务,自然人违反这些义务就具有刑事可罚性。为这些职位而行为的人,相对于在经营中与企业中工作的人来说,在他们由于同

---

〔178〕 对这个规定的尖锐批判,见 Schünemann,1979,148 ff.,在那里涉及一些实证的调查,根据这些调查,证明一个明示委托的必要性,就大大增加了对相关犯罪进行追究的困难。

〔179〕 OLG Stuttgart Justiz 1969,126;OLG Düsseldorf VRS 63(1982),135 m. Anm. Göhler,NStZ 1983,64。

〔180〕 Demuth/Schneider,BB 1970,645;Göhler,OWiG^5,§ 9,6 B b;SK^5 – Samson,§ 14,Rn. 5;Tröndle/Fischer^{50},§ 14,Rn. 13。

〔181〕 质疑的,见 NK – Maxen,§ 14,Rn. 62。

〔182〕 关于受企业委托的人对环境保护、水保护与垃圾自担责任的争论,参见 m. w. N. LK^{11} – Schünemann,§ 14,Rn. 61。

〔183〕 Demuth/Schneider,BB 1970,645;Göhler,OWiG^5,§ 9,6 B;Rebmann /Roth/Herrmann,OWiG^3,§ 9,Rn. 50。

〔184〕 Demuth/Schneider,BB 1970,645;Rebmann/Roth/Herrmann,OWiG^3,§ 9,Rn. 48;Tröndle/Fischer^{50},§ 14,Rn. 13;也见 StA Mannheim,NJW 1976,585;NK – Maxen,§ 14,Rn. 67 – 69。

〔185〕 KK – OWiG^2 – Cramer,§ 9,Rn. 48;Kinderhäuser,StGB,§ 14,Rn. 45(没有非常清楚的观点);Rotberg,OWiG^4,§ 9,Rn. 27;Sch/Sch/Lenckner/Perron^{26},§ 14,Rn. 36;Schünemann,1979,146 – 148;ders.,LK^{11},§ 14,Rn. 62。

样违反义务而在刑法上不能引起责任时,会受到优待的”(《违反秩序法引导法草案》,第 65 页)。这个条文不仅涉及真正的管理职位,而且还涉及所有“履行公共管理任务”的职位;例如,也涉及公法上的机关与社团。然而,从与经营及企业同等的地位可以得出结论:这些“职位”如果不是国家事务的,就是至少具有符合经营所有人义务的职责,例如,机动车的车主或者财物的所有人。[186] 因此,立法者仅仅规定了第 1 句的“按照其意义加以适用”,因为在公共职位中,不存在其义务可以被履行的“所有人”;在经营所有人的职位上,就会出现这种职位的领导人或者其他有权转移任务的人。当然,第 1 句的按照意义的适用,绝不会导致非公职人员由于一个真正的职务犯罪而受到惩罚;公职人员的身份不属于第 14 条的范围(边码 101)。

4. “基于委托”的行为

因此,就像根据第 14 条第 1 款“作为”规范对象的代理人,也就是为了被代理人必须行为一样(边码 122),这个第 14 条第 2 款的意义上的代替人必须“基于委托”,也就是在转让为了自担责任而完成的任务范围的框架中行为;在这里,属于行为的还有不作为。很自然,借助一个“基于委托”的行为不是指这种完成,而正好是指违反了这种与经营有关的义务。 136

(八)被代理人、经营所有人或者职位领导人继续存在的责任

除了代理人或者其他受委托人之外,应当承担责任的原则上还有被代理人、委托人或者职位领导人,就像在第 14 条第 1 款、第 2 款中“也”能从文字上看到的那样。也就是说,除了他们之外,在他自己通过积极的行为违反了相关的规范时,就根据第 14 条也是具有刑事可罚性的。[187] 当然,更经常的案件是,被代理人等认识到这种违反义务,仍然不加干涉。因为他具有保证人地位,所以,会由于不作为的故意实施犯罪而承担责任。 137

当然,被代理人在刑法责任上的显著减轻,会在过失的刑事可罚性中产生。把任务转交给在第 14 条中描述的人,意义就正好在于使这个不能自己去履行全部任务的原本义务人,从自己的责任中解脱出来。因此,只有在具体的情况证据(Indizien)必须已经迫使这个“业务领导”认识到这个代理人或者受委托人的违反义务时,或者当一种过错(ein Verschulden)在代理人的挑选或者监督中表现为在过失行为构成范围内创设了不容许的风险时,才能考虑这个“业务领导”自己的过失责任。[188] 138

(九)实际上的代理关系

根据第 14 条第 3 款,在那种应当为代理权或者委托关系提供基础的法律行为无效时(例如, 139

---

〔186〕 Tröndle/Fischer[50], § 14, Rn. 15。

〔187〕 RGSt 58, 130; BGHSt 8, 139; 9, 67, 319; 25, 158; BayObLG VRS 51 (1976), 234; BayObLG DAR 1988, 370; KG VRS 36 (1969), 269; KG JR 1972, 121 m. Anm. Göhler; OLG Celle NJW 1969, 759; 1974, 72; OLG Düsseldorf VRS 39 (1970), 446; VRS 74 (1988), 302; 78 (1990), 126; OLG Hamm NJW 1971, 817; OLG Karlsruhe Justiz 1981, 21; OLG Koblenz MDR 1973, 606; OLG Köln VRS 66 (1984), 157。

〔188〕 具体见:KG VRS 36 (1969), 269; BayObLGSt 1976, 47; BayObLG VRS 51 (1976), 234; BayObLG DAR 1988, 370; OLG Celle NJW 1969, 759; OLG Hamm NJW 1974, 72; OLG Köln VRS 66 (1984), 157; 宏观见 OLG Karlsruhe Justiz 1981, 21; Sch/Sch/Lenckner[26], § 14, Rn. 7; Göhler, OWiG[5], § 9, Rn. 37; Rebmann/Roth/Herrmann, OWiG[5], § 9, Rn. 57 – 60; LK[11] – Schünemann, § 14, Rn. 66 构建了公司领导人自己违反谨慎义务的五种不同形式。

由于缺乏形式），就也应当适用代理责任的规定。[189]由此应当明确的是，这仅仅取决于，是否"代理人或者受委托人在原来规范对象的作用范围内，借助他们的同意或者对此有权人的同意，已经在事实上接受了他们的位置"（《违反秩序法引导法草案》，第65页）。有争议的是，授予一项任务的权限，根据第2款，是否至少必须在法律上已经有效地存在了。正确的是，不应当进行这种要求，[190]因为这个代理人的或者受委托人的地位所具有的可以独立作出决定的现实并没有改变，而且，无法理解的是，为什么一项接受事实上的经营领导人的任务就不应当再委托给其他代替人。[191]当然，在缺乏这种事实之处，并且，在一个被推向前来的替罪羊真正地完全没有活动之处，即使借助第14条第3款也不能为一种刑法责任提供基础。[192]

---

〔189〕对此详细的更进一步的观点，见 LK[11] – Schünemann，§ 14，Rn. 67 ff.。

〔190〕同样，见 Köhler，AT，556。

〔191〕Sch/Sch/Lenckner/Perron[26]，§ 14，Rn. 44，38；Tröndle/Fischer[50]，§ 14，Rn. 18；不同的，见 LK[9] – Busch，§ 50 a，Rn. 27；Gübel，1994，107 f.；赞同的，见 LK[11] – Schünemann，§ 14，Rn. 71；反对的，见 NK – Maxen，§ 14，Rn. 66，64。

〔192〕Sch/Sch/Lenckner/Perron[26]，§ 14，Rn. 42/43；LK[11] – Schünemann，§ 14，Rn. 71。

第 28 节　参与的预备阶段

文献:Dreher, Die Grundsätze und Probleme des § 49 a StGB, GA 1954, 11; Heinitz, Gedanken über Täter - und Teilnehmerschuld im Deutschen und Italienischen Recht, Berlin - FS, 1955, 93; Niese; Die Rechtsprechung des Bundesgerichtshofs in Strafsachen, JZ 1955, 320; Börker, Moderne Wandlungen der Verbrechenslehre, JR 1956, 286; Meister, Zweifelsfragen zur versuchten Anstiftung, MDR 1956, 16; Busch, Die Teilnahme an der versuchten Anstiftung, NJW 1959, 1119; Creissinger, Der Einfluβ der besonderen persönlichen Merkmale im Sinne des § 50 Abs. 2 auf die versuchte Anstiftung zu einem Verbrechen gem. § 49 a StGB, Diss. Frankfurt a. M., 1960; Maurach, Die Problematik der Verbrechensverabredung (§ 49 a StGB), JZ 1961, 137; Busch, die Strafbarkeit der erfolglosen Teilnahme und die Geschichte des § 49 a StGB, 1964; Schröder, Grundprobleme des § 49 a StGB, JuS 1967, 289; Gallas, Der dogmatische Teil des Alternativ - Entwurfs, ZStW 80 (1968), 1; Schwind, Grundfälle der „Kettenteilnahme", MDR 1969, 15; Brose, Die versuchte Verbrechensbeteiligung (§ 49 a StGB), 1970; Busch, Zur Teilnahme an den Handlungen des § 49 a StGB, Maurach - FS, 1972, 245; Dreher, Bemühungen um das Recht, gesammelte Aufsätze, 1972; Letzgus, Vorstufen der Beteiligung, 1972; Otto, Personales Unrecht, Schuld und Strafe, ZStW 87 (1975), 540; Langer, Zum Begriff der„besonderen persönlichen Merkmale", Lange - FS, 1976, 241; Vogler/Kadel, Eine verhängnisvolle Bitte, JuS 1976, 249; Roxin, Über den Tatentschluβ, Schröder - FS, 1978, 145; Vogler, Funktion und Grenzen der Gesetzeseinheit, Bockelmann - FS, 1979, 751; Bottke, Strafrechtswissenschaftliche Methodik und Systematik bei der Lehre vom strafbefreienden und strafmildernden Täterverhalten, 1979; Kühl, Grundfälle zu Vorbereitung, Versuch, Vollendung und Beendigung, JuS 1979, 874; Bottke, Rücktritt vom Versuch der Beteiligung, 1980; Küper, Zur Problematik des Rücktritts von der Verbrechensverabredung, JR 1984, 265; Jakobs, Kriminalisierung im Vorfeld der Verbrechensverabredung, ZStW 97 (1985), 751; Herzberg, Rücktritt vom Versuch trotz bleibender Vollendungsgefahr, JZ 1989, 114; Lohberger, Höchstrichterlicne Rechtsprechung zu § 4a, 16 I Nr. 7 des Gesetzes über die Kontrolle von Kriegswaffen (KWKG), NStZ 1990, 61; Oswald, Versuchte Vermittlung von Kriegswaffengeschäften, BayOblG Urt. v. 31. 3. 1989, NStZ 1991, 46; Herzberg, Grundprobleme des Rücktritts vom Versuch und Überlegungen de lege ferenda, NJW 1991, 1633; Bloy, Grund und Grenzen der Strafbarkeit der miβlungenen Anstiftung, JR 1992, 493; Geppert, Die versuchte Anstiftung (§ 30 Abs. 1 StGB), Jura 1997, 546; Kretschmer, Anforderungen an die versuchte Anstiftung, NStZ 1998, 401; Lagodny, Strafrecht vor den Schranken der Grundrechte, 1996; Fieber, Die Verbrechensverabredung, § 30 Abs. 2, 3. Alt. StGB, 2001.

(一)第 30 条的体系性位置

人们今天已经承认,第 30 条不是根据分则规定的方式形成的独立的行为构成,[1]而是一种 1

---

〔1〕 BGHR StGB, § 30 I 1, Konkurrenzen, Nr. 2。

限制在重罪(Verbrechen)*上的刑罚扩展的根据,不仅根据的是法律上的分类,而且也在体系性观点下属于《德国刑法典》的总则。[2] 参加人与未遂已经是刑罚扩展的根据,因为它们将刑事可罚性扩展得超出了原本行为构成实现的范围。与此相反,在第30条中规定的那些未遂的参加人与约定,包含了一种扩大的刑罚扩展,其中,刑事可罚性在重罪上扩展到一些在时间上存在于参加人、共同实行人或者是实现行为构成的未遂之前的举止行为方式上。

2 **对于第30条在总则内部中的体系性位置这一问题,应当这样回答:这既不是涉及未遂的特别规定,也不涉及参加的特别规定,而是涉及多人(至少是争取)参与下犯罪准备特别形式的独立刑事可罚性**。[3]尽管法律上也有"参加人的未遂"这个说法,但是,第30条包含的首先不是未遂刑事可罚性的特别形式;未遂要求一个对行为构成实现的直接着手(Ansetzen)(第22条),这在这里是没有的。未遂的教唆,在满足行为构成满足方面并不是未遂,而是一个准备;另外,第30条的一些变化形式(表示愿意、约定)根本就不是未遂性参加人的案件。同样,第30条也不是参与人的特别规定。[4]根据附属性的规则,一个参加人是以实行人为条件的,这在这里也是没有的;还有,表示愿意与约定也从来不是一种先行参加人的形式。更准确地说,值得称赞的是"**准备理论**"。根据这个理论,第30条就把犯罪准备的特别危险的形式置于刑罚之下了;它也为司法判决[5]所代表。

3 在第30条因此也不是未遂的或者参加人的表现形式时,两个内容的重要法思想至少也在意义上能够适用于第30条。下文将对此进行具体阐述。在这里,这个为教唆制定的基本原则(见上文,第26节,边码57以下),在很大程度上可以转用于这个在第30条中处于主导地位的未遂性教唆,并且,许多共同实行人的原则(见上文,第25节,边码188以下)可以转用于这种约定,同时,这个未遂的规则在第30条中仅仅发挥了很小的作用,在第31条的中止规定中才发挥了主要作用。这与法律上的分类一起,为在关于"实行人与参加人"这一章中对第30条与第31条所作的处理提供了正当性。

4 这个条文(在多次修改的版本中,当时是第49a条),在最初生效(自1876年)的最初几十年里,大多被理解为独立的、根据内容属于分则的刑罚规定。人们将其视为一种违反"公共秩序",违反"法和平",违反"国家力量的权威"或者违反"公民忠于法律的态度"的应受刑事惩罚的构成行为。[6]今天,这不再能够坚持了,因为第30条——与早期的第49a条不同——不再指明独立的刑罚范围,而是根据这个行为构成——其实现是有目的的——来指出对它的刑罚威胁。除此之外,很难有根据说明,为什么这里提到的这些模糊的、涉及公众影响的法益,恰恰应当在这种隐蔽进行的、在这里涉及到的准备中遭受损害。

(二)关于这个条文的立法目的与法政策评价

5 第30条的条文包含了我们刑法的一个基础性原则的例外,根据这个原则,只有行为构成的实现,最多还有未遂的与参加人的行为才会被处以刑罚。这个例外仅仅限于最严重的犯罪,也就

---

* 《德国刑法典》第12条对"重罪"(Verbrechen)与"轻罪"(Vergehen)有区分。在本书第一卷第12页注释4中,作者指出,"重罪"与"犯罪"这两个词在不产生重大误解时可以不加区分。本书也采取同一立场。——译者注

〔2〕 取代全部的是:Jescheck/Weigend, AT^5, § 65 I 2, 3; Sch/Sch/Cramer/$Heine^{26}$, § 30, Rn. 2。

〔3〕 Bloy, JR 1992, 494 谈论的是"前沿地带的犯罪(Vorfeldkriminalität)"。

〔4〕 但是,因此见 Baumann/Weber, AT10, § 32 II 1; Blei, AT18, § 81 II, vor 1(带有限制);Jescheck/Weigend, AT^5, § 65 I 3(但是,这也让"前沿地带的犯罪"可以适用);Maurach, JZ 1961, 138; Maurach/Gössel, $AT/2^7$, 53/3 ff.; Schmidhäuser, StuB AT^2, 11/108。

〔5〕 BGHSt 9, 131, 134; 14, 378, 379; 类似的,见 BGHSt 10, 388, 389。

〔6〕 详见 Letzgus, 1972, 212 ff.。

是重罪，而且在这些重罪中，也只适用于这样一些准备行为，立法者对其赋以了一种完全特别的、超出通常情况的危险性。这种危险性能够归结到两种不同的观点上，各适用于第30条四种变化形式中的两种情况。[7]第一个被强调的危险性要素，存在于启动了**一个无法再控制的因果过程**，就像我们在未遂的教唆或者在接受他人的自告奋勇中见到的一样。一个人，在要求另一个人实施重罪或者接受其自告奋勇去实施该罪时，他所做的就像其他推动犯罪发生的人一样，只能在自愿中止（这里，第31条）的条件下，才能以免除刑罚的效果停止下来。[8]特别危险性的第二个要素在于，在一个计划重罪的人与他人约定或者在他人已经向其明确表示要进行一项重罪时，他接受了一种"**意志联系**"。[9]一个以这种方式"处在文字中"并且受约束的人，比那个随时可以任意放弃计划的单独行动人更难以解决。

这个条文同时是**法政策上批评的对象**，这些批评一部分根本否认其存在的合理性（边码6），另一部分又建议对这种刑事可罚性进一步限制（边码7）。朗格（Lange）[10]指责说，这个条文对相同的事做了不同的处理（《基本法》第3条），并且通过"对态度要素的偏重"违反了明确性原则（《基本法》第103条第2款）。的确，第30条的案件不同于既遂与未遂，而是从轻予以处罚；并且，与不处罚的单独实行人的准备相比，毕竟还存在着在边码5中说明的更大危险性的标准。还有，受到处罚的不是模糊的态度，而是明确描述的犯罪准备。由于刑事可罚性的向前移动，这在法治国的意义上就不是没有问题的；但是，这又没有违反明确性原则。雅各布斯[11]想要完全删除第30条，因为在一部"公民刑法"（Bürgerstrafrecht）中，就像《德国刑法典》的基础一样，国家不允许侵犯私人领域；但是，在单纯的要求、约定等中，这一点都还没有离开私人领域这一范畴："在没有外部干扰性的举止行为时，不允许对一个主体的内部状态做出确切的论断，在这里，这个内部状态包括了整个私人领域，而不仅仅是思想。"[12]可是，人们不能像处理在自己家中伪造证件或者假钞的案件那样，把商业化的招募刺客或者是密谋杀人也划归私人领域。人们不能正确理解的还有，为什么国家不允许对那些在私人领域内极其危险的举止行为处以刑罚，却可以为了查明犯罪行为而不受责难地侵犯人身、搜查住处、监控信件与电话，等等？ 6

布施（Busch）[13]认为，把第30条的各种变化形式不加差别地适用于所有重罪，这样扩展刑事可罚性是令人忧虑的。他为自己辩护说，只有在具有一种真正的刑事政策需要时，才应当具体案件具体分析地用刑罚威胁第30条的这种或者那种选择性。与这种观点相对立的是，那些会允许这种细致的区分各种实证性认识，迄今为止都还不存在；但是，在缺乏这种认识中，各种复杂的区分就只有可能仅仅作为不公正的区别对待发挥作用了。莱茨古斯（Letzgus）[14]重新又在建议 7

---

〔7〕 同意的，首先见 Kühl, AT^3, § 30, Rn. 244, 245。早先的，见 Roxin, JA 1979, 170 f.; Kühl, JuS 1979, 875。

〔8〕 在这个意义上的，还有 BGHSt 1, 309; BGH NStZ 1998, 347 m. Anm. Kretschmer, NStZ 1998, 401; BGHSt 44, 103 m. Anm. Roxin, NStZ 1998, 616; Geppert, Jura 1997, 547; Kühl, AT^3, § 20, Rn. 244。

〔9〕 同样，见 BT - Drucks. V/4095, 12；类似的，已经有对 E 1962 的论证，见 BT - Drucks. IV/650，还有 Geppert, Jura 1997, 547; Kühl, AT^3, § 20, Rn. 245; Schäfer, NiedStrKomm 2, 1958, 207。还有 BGHSt 44, 95 m. w. N. 使用了这个观点，但是，值得注意的是，用于一个未遂教唆的案件："参与未遂的刑罚基础存在于这种多名参与人之间的密谋性联系上，因此，这种面对其他准备性行为的行为就指明了一种更大的危险。"

〔10〕 Kohlrausch/Lange, StGB43, § 49 a, Anm. II, III；减弱的，见ders., NiedStrKomm 2, 1958, 212 f.；类似的关于这种态度的人格化，也见 Köhler, AT, Rn. 545。Fieber, 2001 在考虑到自己认为惩罚违宪的约定案件的情况下，继续进行了批评。对此，参见边码44。

〔11〕 Jakobs, ZStW 97 (1985), 751ff.；有保留并且与本书多有一致的，见ders., AT^2, 27/2；对此批评的，见 Lagodny, 1996, 226 ff.。

〔12〕 Jakobs, ZStW 97 (1985), 773。

〔13〕 Busch, Maurach - FS, 1972, 245, 256。

〔14〕 Letzgus, 1972, 127; 128, 143, 145, 176, 225 u. passim。

心理学(suggestionspsychologische)研究的基础上提出了一个方案。根据这个方案,那种由教唆人作出的单方面建议效果,与在约定时存在的双方面建议效果,会使这个实行人特别难以从曾经作出的决定中解脱出来。在这种建议效果中,他看到了第30条的真正的刑罚根据具有这个效果:他认为没有结果的自告奋勇与没有导致构成行为决定的要求都是不需要受到惩罚的。在这里正确的是,这种意志联系,就像在约定中可能产生的那样,是一个能够提出第30条合理性的要素(参见,边码5)。但是,这个情况并没有穷尽需要惩罚的举止行为的全部范畴。因此,例如,被雇佣的职业罪犯就很难陷入对其雇主的建议心理学的依赖之中,而是能够冷静的权衡利弊。尽管如此,这样一种重罪的教唆人还是启动了一个非常危险的因果过程,并且应当受到惩罚。

8 尽管如此,前文(边码5)说明的第30条的双重刑罚根据(启动了一个无法再控制的因果进程与意志联系)是最具有说服力的。但是,即使从这个立场出发,**这种"表示愿意"的需要刑罚性也是很难说明的**(第30条第2款,第一种变化),只要有人仅仅是毫无成果地自告奋勇去实施一项重罪。一是在这里没有推动不可控制的因果过程,因为甚至在自告奋勇被采纳的情况下,这种实施也完全取决于那个自告奋勇的人;二是意志联系也没有出现,因为根本没有第二个人的参加。在有人以有约束力的方式接受另一个人的要求,或者自己另外在自告奋勇被采纳后确定了构成行为的实施时,人们才能在表示愿意中谈论一种(尽管与约定相比已经明显减弱了的)意志联系。因此,从未来立法的观点出发,建议通过承担实施重罪的义务这一标准来取代表示愿意这个要素。

(三)未遂的教唆(第30条第1款)

1. 未遂的教唆的表现形式

9 一个未遂的教唆以一个教唆的举止行为为条件的,而这个教唆的举止行为还没有导致既遂的或者至少是未遂的实行人构成行为。面对这个统一的结构,区分未遂的教唆的各种不同形式,并没有多大的意义。下文列出的一些最常见的案件情况,符合传统的区分,[15]但是并不完整(参见,边码20),并且,在概念上也不必然是相互排斥的,但是可能发挥一个好的导向作用。

(1)不成功的教唆

在这里,还没有构成决定的决定,例如,因为被要求人拒绝了建议。

(2)没有结果的教唆

在这里,"实行人"虽然做出了构成行为决定,但还没有进展到未遂,因为他在那之前就失败了或者又放弃了计划。

(3)不适当的教唆

这种案件存在于被要求人已经对构成行为做出了决定(有人已经坚定地决定实施犯罪行为)或者这个构成行为从一开始就是无法实施的时候。

(4)无效的教唆

在这种情况下,被要求人先是做出了构成行为的决定,但是又放弃了这个决定,后来又做出了一个新的决定,而这个决定与之前的教唆无关。

---

〔15〕 详细描述而又有不同安排的,见 Letzgus, 1972, 24 ff.。对(1)至(4)的标记来自 Dreher, 1972, 95; 在(5)中的状况是 J. D. Busch, 1964, 143 提出的;在(6)中的案件事实的名称,见 Maurach, AT[4], § 51 III B 2, 在(7)中的案件组所具有的特征,存在于 Letzgus, 1972, 60。从(1)到(4)的术语,在 Geppert, Jura 1997, 547; Gropp, AT[2], § 9, Rn. 101 ff.; Jescheck/Weigend, AT[5], § 65 II 1 与 Sch/Sch/Cramer/Heine[26], § 30, Rn. 21 中都采用了。

(5)不完全的教唆

不完全的教唆是指听到说明的人误解了要求,并且在这一点上非故意地实施了构成行为。考虑到这个由局外人计划的故意的构成行为,就存在着一个未遂的教唆。

(6)质量性的实行人过限

被要求人虽然能够确定实施一个犯罪行为,但是,决定的却是实施另一个在质量上偏离要求的犯罪。因为这不能归责于那个幕后人,所以,他只对自己原本计划的犯罪的未遂的教唆负有罪责。

(7)部分完成的教唆

这种教唆存在于,被要求人仅仅能够确定实施基本的行为构成,并且也实现了这个行为构成,同时,这个教唆涉及的是加重的行为构成。例如,幕后人要求的是作伪证(第 154 条),听到说明的人仅仅能够有进行非宣誓的虚假陈述(第 153 条)的动机。在虚假陈述方面,这就存在一个完成的教唆,在伪证方面,这又存在一个未遂的教唆。

2. 未遂的教唆的客观条件

未遂的教唆在其外部形式上,与对完成的或者未遂的构成行为的教唆没有区别。也就是说,它必须——根据本书所代表的但是仍然非常有争议的观点(参见,第 26 节,边码 74 以下)——存在着一个要求;单纯的权衡与刺激,与创设了一个吸引人实施犯罪的情境一样,都是不够的。也就是说,一个借助引起实施犯罪可能性的有条件故意而谈论犯罪性地获取钱财的人,或者把一名妇女带入容易招来强奸危险的环境之中的人,只要没有人受到鼓励去实施一个犯罪,那么,那个人就是不是可以根据第 30 条第 1 款受到惩罚。相反的观点认为,在实施相关的犯罪时就要认定一个教唆(参见,第 26 节,边码 75),因此主张,在构成行为没有发生的情况下,就根据第 30 条肯定这种刑事可罚性。这就过分地扩展了刑事可罚性,使得这种刑事可罚性甚至在那种要求的案件中就已经处在法治国可以说明的边界上了。 10

把未遂的与仅仅是准备的因此无论如何都不处罚的教唆加以区分的做法,是有争议的。早期的第 49a 条,也就是今天第 30 条的前身,就曾经明确要求一个对实施重罪的"要求",就像它在本书所代表的观点基础上,也应当根据现行法律要求的那样(参见,第 26 节,边码 74 以下)。由此,在适用第 49a 条的情况下,一般会——也在司法判决中——得出这个结论:刑事可罚性只有在这个要求的接收人已经获悉,或者这个要求至少在他随时有可能获知的情况下,才可以开始使用。[16]《联邦最高法院刑事判例集》,第 8 卷,第 261 页,第 262 页就脱离了这个司法实践,并且在一个案件中认定了一个对伪证(第 154 条)的未遂的教唆。在这个案件中,一名在监狱中的犯人想要把一封要求实施犯罪的信,扔过监狱的高墙给等候在外面街上的接收人,但是,这封信落到了监狱院内并在那里被没收了。[17]联邦最高法院根据法律的文字,认为一个确定的未遂在该信送出(也就是说,在这里是扔出)时就已经存在了。在一部分文献同意的同时,[18]可能的主流观点仍然坚持从前的观点,认为教唆人的表达必须已经送达那个接收人,或者他甚至必须已经获悉 11

〔16〕 具体说,部分要求的是认识的可能性与感知的可能性(RGSt 30, 142; 36, 229),部分要求的是一种真正的感性认识(RGSt 47, 230),部分要求的甚至是一种精神上的从接收人方面的理解(这也许是 RGSt 26, 81, 82)。关于当时的文献,参见 Letzgus, 1972, 42, Fn. 90。

〔17〕 Roxin, HR R, Fall 72,106 f. u. 201 (= BGHSt 8, 261)。

〔18〕 Blei, AT^{18}, § 81 II 1; Bockelmann/Volk, AT^{4}, § 27 VI 1 a aa; Dreher, 1972, 196; Joecks^{3}, § 30, Rn. 9; Kühl, JuS 1979, 877; Maurach/Gössel, AT/2^{7}, 53/15 f.; Preisendanz^{30}, § 30, Anm. 3 d; Sch/Sch/Cramer/Heine^{26}, § 30. Rn. 19, Tröndle/Fischer^{50}, § 30, Rn. 9。

这个要求。〔19〕这个观点是这样加以说明的:在那之前还没有达到刑罚需要性所需要的危险程度。

12 但是,应当同意联邦最高法院。对于它的观点,能够提出三个根据加以支持。首先,从语法的解释可以得出,立法者是根据对这种确定的未遂,也就是说,根据对教唆(第22条)的直接着手来进行安排的。但是,当潜在的教唆人把含有犯罪性要求的信发出时,这样一种着手就存在于任何案件之中。在这里,甚至还存在着一个完成的教唆未遂,因为这个幕后人借助把这封信发出其控制领域,就根据自己的想象做完了可以引起成果的一切必需行为。这个结果通过一种目的论的解释而得到支持。在未遂的教唆的刑罚根据存在于幕后人启动一个他自己不再能够控制的因果过程时(边码5,8),这个条件就借助这封信的送出(或者也可以是借助这个消息的扔出去)而立即得到满足。最后,第三点是,在人们把刑事可罚性取决于收信人已经获悉或者能够随时获悉这个要求时,就会导致非常荒谬的结果。在邮局中,对书信形式的犯罪要求予以没收,就会必须总是伴随着寄信人不具有刑事可罚性。也就是说,刑事追究机关在想要达到对寄信人的惩罚时,就会必须总是要先让邮件送达这个接收人。这将会创设一种无法说明的实施犯罪的风险。刑事追究机关是早一些还是晚一些把这些危险的邮件置于自己的保管之下,对于寄信人举止行为的刑罚需要性是无关紧要的。

13 这并不意味着,每一个以教唆犯罪为目的的活动,根据第30条第1款都是具有刑事可罚性的。在一个要求不是通过直接的口头接触从一个人传给另外一个人,而是通过信件、传真、电报、信使等等来传达时,那么,在这个要求人将其消息从手中给出之时(也就是在这封信扔进信箱,把信使派出去,等等),才会存在一个未遂的教唆。〔20〕从现在起,这件事情就开始了自己无法再受到控制的过程。相反,一个人只是写下了一项犯罪要求,或者只是携带其而处于前往邮筒的路上,那么,他就还是在准备一项教唆,并且还是不具有刑事可罚性的。〔21〕也就是说,在这种"距离性要求"中,未遂就总是一项已经完成的未遂。但是,不正确的是这样一种论点:没有完成的教唆行为就始终都应当"被评价为教唆人的一种准备行为",并且因此是不具有刑事可罚性的。〔22〕在口头(也包括电话)教唆时,未遂从要求时就开始了,即使未遂并没哟完成,因为那个幕后人为了确定这个潜在的实行人做出犯罪的决定,还必须对他继续做工作。如果人们在这样一种案件中否认教唆已经开始,那就会违反未遂理论的基本规则;另外,第31条第1款第1项也是以这里为出发点的。人们必须在口头要求的情况中,在教唆人对构成行为已经做出这样的描述,在实行人想要时就能够实施这个行为之处,设定准备与未遂之间的界限;〔23〕现在,进一步的事件就取

---

〔19〕 Brose, 1970, 115 ff.; J. – D. Busch, 1964, 172ff.; Eser, StrafR II³, Fall 47, Rn. 19; Jescheck/Weigend, AT⁵, § 65 II 1; Letzgus, 1972, 41, Fn. 89; 因此,在那个时代,见 SK⁵ – Samson, § 30, Rn. 14; Schroeder, JuS 1967, 290; Stratenwerth, AT⁴, § 12, Rn. 175; 因此,更早的,也见 LK⁸ – Mezger, § 49 a, Anm. 4 a, b 与 Jakobs, AT², 27/4, 他们甚至都要求一种通过接收人告知的获悉。

〔20〕 与本书一样的,见 Bloy, JR 1992, 496; Geppert, Jura 1997, 551; Kühl, AT³, § 20, Rn. 249。

〔21〕 与此相反,Maurach/Gössel, AT/2⁷, 53/16 想要在这个教唆人"还没有让那封包含着教唆的信给收信人"时,或者,在最后一分钟放弃一个有影响的未遂时,就已经认定一个教唆未遂了。但是,在这里明显涉及的是准备。太宽泛的还有 LK⁹ – Busch, § 49 a, Rn. 16, 他仅仅把写教唆信看成是准备,但是,对那些"应当把这封信从教唆人的范围带到收信人的范围"的各种行为(也就是说,还有去往邮箱的途中?),都想要加以惩罚。在主流观点的基础上,在最后一个案例中有怀疑的,还有 Schroder, JuS 1967, 290。正确的,见 Schäfer, NiedStrKomrm 2, 1958, Anhang, 114。相反,在这封信在邮寄中丢失时,就已经存在着一个教唆未遂了。在 Maurach/Gössel, AT/2⁷, 53/16 中,对于不法来说,并不区分这是由寄信人(不受刑事处罚的)还是邮递员(应受刑事处罚的)来丢失这封信的。

〔22〕 Letzgus, 1972, 40。

〔23〕 同样,见 BGH NStZ 1998, 347 (348); Kühl, AT³, § 20, Rn. 249。

决于这个被要求人了。相反，只要这个教唆人在一般的开场白中活动，而实行人借此并不能开始做任何事情时，人们就必须认定一个准备行为。在这个阶段，这个幕后人还独自把事件控制在手中，使得第 30 条第 1 款(边码 5)的刑罚根据并不能看成是已经存在了。

3. 未遂的教唆的主观条件

这个要求人的故意，在未遂的教唆中，在原则上是与在完成的教唆或者对未遂的教唆(参见，第 26 节，边码 130 以下)中的故意没有区别的。但是，在第 30 条第 1 款的框架中，还有必要进行几点解释性的说明。 14

(1)教唆未遂的“认真性”

一个在理论中也得到许多支持的早期国家司法判决要求，教唆未遂必须是“认真的”。〔24〕这是一种很不准确的语言方式，因为这在实际上涉及一个纯粹的故意问题。〔25〕一个要求他人谋杀自己的岳母的人，在他不是认真地说这个话，并且因此认为听者也不会当真时，肯定是不具有刑事可罚性的。但是，他在那时缺少那种指向杀害一个人的故意，而这对于任何一种形式的杀人教唆(即使是未遂的)也是必不可少的。另一方面，在这个要求人考虑到自己的杀人要求可能被认真地采纳并实施时，就存在着一个具有刑事可罚性与有条件故意的未遂的教唆；这些话在幕后人看来有多“认真”，则是无关紧要的。《联邦最高法院刑事判例集》第 18 卷，第 160 页以下提供了一个生动的案例：在这里，这个被告人“教唆”他人去抢劫，但是，没有详细地描述被害人，从而使被教唆人只能与被告人一起才能实施这个构成行为。因为这个要求人从来没有认真地想干这个构成行为，所以这个构成行为就没有发生。在这里，根据第 30 条第 1 款的刑事可罚性也取消了。但是，这根据的又是要求人缺少抢劫故意；这个要求人并不是认真地想要这个构成行为这一点，仅仅作为对缺少故意的基础才是有意义的。 15

更自然的是，那些代理挑衅人(参见，第 26 节，边码 151 以下)在第 30 条第 1 款的框架下也是不具有刑事可罚性的。这个要求他人实施犯罪的暗探(Lockspitzel)，并不想让这个犯罪去损害法益，并且在那之前就想要逮捕这个违法人，在这个违法人看穿他并且拒绝他的建议时，他就不能根据第 30 条第 1 款来承担责任。但是，也是在这里，这种不具有刑事可罚性应当仅仅以缺乏教唆人的故意为根据，而不应当以这个要求人并不想认真地实施这个构成行为为根据。 16

现在，这个“文献中较新的观点”也已经明确地在《联邦最高法院刑事判例集》，第 44 卷，第 99(102)页〔26〕中得到了同意。它强调，这关系到“一个纯粹的故意问题……通过‘认真’这个概念没有得到明确反而更加不清楚”了。“在间接故意对完成的教唆就足够了，并且，不需要另外要求教唆人必须认真地对待这个教唆时，这就必须也适用于未遂的教唆。实行人除此之外还必须认真地看待这个要求，即认真地想要有这个主要的构成行为，都不是必需的。否则，对未遂的刑事可罚性提出的要求，就会比完成的犯罪的刑事可罚性的要求更加严格。” 17

抽象地说(in abstracto)，这是完全正确的。当然，具体案件是否会正确地得到决定，就不一定了。根据案情，一个“小流氓”向两个朋友建议去烧一栋外国人的宿舍。在两个朋友严词拒绝 18

---

〔24〕 RGSt 15, 359, 360; 57, 171, 172; RG GA 1942, 122; BGHSt 7, 234, 238; 没有解决的，见 BGHSt 18, 160 f.; BayObLG NJW 1970, 769 f.; Blei, AT[18], § 81 II 1; LK[9] – Busch, § 49 a, Rn. 7; Kohlrausch/Lange, StGB[43], § 49 a, Anm. IV 6; Maurach/Gössel, AT/2[7], 53/12; Schmidhäuser, StuB AT[2], 11/108; 还有 Tröndle[48], § 30, Rn. 9 (不同的，见 Tröndle/Fischer[50], § 30, Rn. 9)。

〔25〕 因此，首先是 Schröder, JuS 1967, 294。同样，还有 J. – D. Busch, 1964, 163 f.; Eser, StrafR II[3], Fall 47, Rn. 20; Jakobs, AT[2], 27/3; Jescheck/Weigend, AT[5], § 65 II 2; Letzgus, 1972, 182 f.; Sch/Sch/Cramer/Heine[26], § 30, Rn. 28; Geppert, Jura 1997, 550。

〔26〕 M. Anm. Roxin, NStZ 1998, 616; m. Anm. Bloy, JZ 1999, 157。

时，这个构成行为也没有发生。联邦最高法院正确地认为，关键不在于这个被告人"说的话是不是认真的"，重要的在于他是否考虑到两个朋友会把这个要求当真，并会去实施这个行为（出处同上，第100/101页）。当然，当这个被告人相信——这也有待验证——这个被要求人在没有他时就不会实施这个构成行为时，一个不被当真的要求就会导致不具有刑事可罚性。但是，那就又是缺少故意了。

（2）未遂的教唆与未遂的（以及准备的）间接实行人之间的区别

19 在这里，关键仅仅在于，在实施这个构成行为时，这个幕后人的举止行为是应当被判定为教唆还是间接实行人。如果有人要求一个精神病人实施一项重罪，而这项重罪并没有发生，也就不存在第30条第1款的案件了；更准确地说，应当在间接实行人中检查一个未遂（对此，第29节，边码226以下）。当然，如果这个要求人不知道这位被徒劳要求的被要求人的精神病况，那么，就存在第30条第1款，就像在实施这个构成行为中存在一个教唆一样（参见，第25节，边码158）。相应地，也适用于被要求人缺少的故意。如果这个要求人对此进行传授的，那么就要考虑间接实行人中的未遂；如果他错误地相信了听取说明人的故意，那么就应当肯定一个未遂的教唆（"不完全的教唆"，边码9）。在以全面方式区分间接实行人与教唆之处，就必须具体指出对间接实行人的说明（第25节，边码45以下）。

（3）教唆人故意的明确性，转教唆、超过与实行人过限

20 所有这些主题都正好能够在未遂的教唆中获得特别的重要性，但是，这些主题也同样应当根据对教唆适用的规则来处理。在这里，仅仅需要提醒一下这些规则。这个没有得到反应的进行抢劫的要求，也就由于缺乏**教唆人故意的明确性**还是不具有刑事可罚性的，同时，而那个对实施抢劫银行或者强奸的没有结果的要求，根据第30条第1款是已经具有刑事可罚性了（非常严格；详见，第26节，边码133以下）。联邦最高法院[27]在根据第30条第1款对要求的明确性方面，比在教唆中表达得更为谨慎。这个要求必须涉及一个"充分具体的构成行为"。"判断明确性的标准是，通过把他人包括进来，受保护的法益是否已经出现了更大的危险。这个构成行为必须由教唆人如此确定，以至于另一个人在愿意时就能够实施。"在具体案件中，被关押的被告人会试图争取一名共同关押人去谋杀承办其程序的检察官。这样，根据本书所代表的观点，不法的程度也足够清晰地被勾勒出来了，这一点是非常明确的。[28]

21 一种未遂的**转教唆**（甲徒劳地要求乙，不实施计划好的强奸而去进行抢劫），也总是一个未遂的教唆，因此，在这个案例中，也就存在着一个根据第30条第1款与第249条的刑事可罚性（详见，第26节，边码91以下）。相应地，也适用于未遂的**超过**（详见第26节，边码102以下）：如果甲逼迫乙在由其计划的抢劫时携带一件射击武器，那么，他在乙拒绝时就仍然根据第30条第1款与第250条第1款第1a项是具有刑事可罚性的。在一个**故意的实行人过限**中（详见，第26节，边码109以下），缺少对已经实施的构成行为的教唆，但是，仍然存在的是一个对原先计划犯罪的未遂的教唆（参见，上述边码9）：在甲要求乙抢劫徐某，而乙也对此先表示愿意后又放弃了抢劫而杀害了徐某时，甲就应当根据第30条第1款与第249条，而乙应当根据第212条来进行惩罚。甚至在一种实行人发生对人身的认识错误的形式中出现**过失的过限**时，这个幕后人由于未遂的教唆也是具有刑事可罚性的（详见，第26节，边码116以下；非常严格）。

（4）教唆的不适当未遂

22 具有刑事可罚性的还有教唆的不适当未遂。这种未遂不仅存在于对一个已经作出的构成行

---

〔27〕　BGH NStZ 1998, 347，援引的是 BGHSt 10, 389; 18, 161。深入的分析，见 Graul, JR 1999, 249。

〔28〕　Kretschmer, NStZ 1998, 401 的注释，强调了我所喜欢的明确性标准。

为决定的未遂的教唆中，[29]而且也存在于这个构成行为从一开始就无法实施的情况下：那个被教唆去实施暗杀的被害人，就在行刺中被害了；追究一名无罪者（第344条）的要求，就涉及一个实际上有罪的人；引诱作证，请求的却是为一个错误地被当成是虚假的陈述（第154条）作证。

不适当教唆未遂的刑事可罚性，部分地遭到了怀疑[30]与争论。[31]它在法政策上其实意义不大，因为并没有无法控制的危险的因果过程得到启动，并且，无论如何，在离成果这么远的准备行为中，惩罚不适当未遂的需要性也不明显。但是，根据现行法律，这种刑事可罚性是毋庸置疑的，因为第30条第1款第3项就明确规定了第23条第3款的相应适用性，它从不适当未遂的刑事可罚性出发，只允许对重大无知的案件减轻或者免除刑罚。[32] 23

（5）在教唆未遂中的认识错误

对认识错误的处理遵照一般规则。也就是说，在这个要求人不认识使这种无理要求的构成行为成为犯罪的情况时，他就缺少故意。一个要求实行人作出虚假陈述（第153条）的人，并且在这里没有考虑使其作出宣誓（第154条！）的可能性的，不具有刑事可罚性，因为他只是想要教唆一个轻罪（Vergehen）（巴伐利亚州高等法院，《新法学周刊》，1995年，第1120页）。在甲确定乙去射杀丙，并且在这里错误地认为，乙处在一个可以正当防卫这个构成行为的紧急防卫状况之中，他的故意就完全不是指向实施一个具有刑事可罚性的行为，因此，第30条第1款就被排除了；能够考虑的最多是过失杀人。当然，把一个重罪错误地当成是轻罪，是一个不重要的归类性认识错误：对抢劫的要求，却错误地认为抢劫是轻罪，也是根据第30条第1款具有刑事可罚性。反过来，在有人徒劳地要求实施入室盗窃（第243条第1款第1项），并且将其视为对一个重罪的具有刑事可罚性的未遂的教唆时，就存在着一个不具有刑事可罚性的臆想犯罪。 24

4. 重罪的资格与特别的个人要素

第28条不能直接适用于第30条第1款，在这里存在着一致的意见，因为以第28条为条件的实行人与在在第30条第1款案件中的参加人并不真实地存在，同时存在一致意见的是，第28条的“法思想”在未遂的教唆上也必须适用。[33]也就是说，一个对法官进行枉法的教唆而没有结果的未遂（第339条），对其判处的刑罚，不仅会根据第30条第1款第2项减轻，而且还会根据第28条第1款再一次减轻。 25

但是，一直以来都非常有争论的是，第30条第1款的条件是不是这样：教唆未遂涉及的犯罪必须是在要求人或者被要求人的人身上作为重罪才具有刑事可罚性？这个问题只能出现在第28条所提出的不同刑罚范围，部分处于重罪范围之中，部分处于轻罪范围之中的情况下。一个例子是，例如，职务中的逼供（第343条），这作为强制的加重案件是重罪，同时，第240条仅仅是轻罪。如果一个非公务员徒劳地要求一个公务员进行逼供时，那么，根据第30条第1款，这是否具有刑事可罚性？ 26

另一个例子来自《第6部刑法改革法》生效前版本中的第313条。这一条是这样的：

第313条　造成对财物有危险的水灾

（1）对财产造成有共同危险水灾的人，处1年以上自由刑。

（2）实行人的目的只是为了保护自己财产的，处6个月以上5年以下自由刑。

---

〔29〕 RGSt 37, 171, 172; 72, 373, 375。

〔30〕 J. -D. Busch, 1964, 163 ff. 。

〔31〕 Letzgus, 1972, 185 ff. 。

〔32〕 赞同的，见 Geppert, Jura 1997, 551。

〔33〕 BGHSt 6, 308, 311；参见，上文第27节，边码79。

在这个旧版本中，这个构成行为根据第1项表现为重罪，同时，在第2项中，在"实行人的目的只是为了保护自己财产的"，就仅仅是轻罪。

在这个相互关系中产生的问题是，在有人只是为了保护自己的财产而试图确定另一个没有这个动机的人去实施根据旧版第313条的构成行为时，是否应当在考虑第28条第1款的情况下根据第30条第1款而具有刑事可罚性？

27　在人们遵循这个在此代表了对第28条与对参加人的刑罚根据的观点时（第27节，边码16以下），这个结果就是预先确定的。因为在没有资格的参加人所具有的**修改刑罚的不法要素**中，仍然还要出于加重的行为构成被判决，仅仅是对他的刑罚是从基本行为构成的刑罚范围中提取出来的（第27节，边码19以下），所以，在一个没有资格的人对公职人员进行徒劳地要求中，要他实施逼供，就存在着一个未遂的对重罪的教唆，这根据第30条第1款是具有刑事可罚性的。在这个构成行为的实施中，这个局外人也由于对第343条重罪的教唆而会被判处；只是刑罚范围应当从第240条提取。相应地，在未遂的教唆中，刑罚范围应当以根据第30条第1款第2项减轻的第240条的刑罚范围作为基础。

28　在**修改刑罚的罪责要素**中，应当作出不同的决定。在旧版第313条第2款中提到的"保护自己财产的……目的"，就与这种要素有关，在这里应当给予与紧急状态类似的处境一种优惠，这种处境在体系上应当归入减轻的责任性。因为罪责特征根据有限附属性的基本原则，只应当归责于它们在其中存在的这个人，所以，在有人为了保护自己的财产而无结果地要求旧版第313条第1款的构成行为时，就只能因此作为不具有刑事可罚性的对旧版第313条第2款的未遂教唆来判处。反过来，一个没有保护自己财产目的的人，要求别人造成对财物有危险的水灾，在实施旧版第313条第2款的构成行为中对他进行帮助的，就应当由于对旧版第313条第1款的未遂的教唆而加以惩罚。因为在完成的构成行为中，这个局外人本来也应当根据第26条、第28条第2款与旧版第313条第1款进行判处，所以，一个确定的未遂也必须合乎逻辑上作为对一个重罪的未遂的教唆来看待。

29　与此相对，根据司法判决，第30条第1款的适用性，在原则上只取决于"根据没有结果的教唆人的想象，他所试图教唆的那个人，在实施这个对他过分要求的构成行为时，是否会实施一个重罪"（《联邦最高法院刑事判例集》，第6卷，第308页，但是，还有《帝国法院刑事判例集》，第32卷，第267页）。[34]这个解决方案与本书为不法要素所代表的相一致，本来也是立法者想要采取的（《1962年刑法典草案》，第35条第3款）。但是，刑法改革特别委员会由于对这个问题的争论，把这个条文划掉了，并且"把决定……就像迄今为止的那样，留给了司法判决。"[35]主流观点代表了正好完全相反的解决方案，根据这个方案，第30条第1款总是只有在这些使构成行为成为重罪的特别的个人要素存在于这个教唆人的人身上时，才可以适用。[36]这符合了这里为特别

---

〔34〕 在文献中跟随这个司法判决的，见 Bockelrnann/Volk, AT[4], § 27 VI 1 a bb; Börker, JR 1956, 286; LK[9] - Busch, § 49 a, Rn. 21ff.; J. D. Busch, 1964, 149 f.; Eser, StrafR II[3], Fall 47, Ru. 12; Meister, MDR 1956, 16; Niese, JZ 1955, 324; Welzel, StrafR[11], 118。

〔35〕 BT - Drucks. V/4095, 13。

〔36〕 Brose, 1970, 142ff.; Geppert, Jura 1997, 549; Greissinger, 1960, 110ff.; Heinitz, Berlin - FS, 1955, 117; Jakobs, AT[2], 27/6, Joecks[3], § 30, Rn. 8; Kohlrausch/Lange, StGB[43], § 49 a, Anm. IV 3; Kühl, AT[3], § 20, Rn. 247; Lackner/Kühl[24], § 30, Rn. 2; Langer, Lange - FS, 1976, 249; Mararach/Gössel, AT/2[7], 53/29; Schmidhäuser, StuB AT[2], 11/111; Sch/Sch/Cramer/Heine[26], § 30, Rn. 14 f.; Schröder, JuS 1967, 292 f.; Vogle/Kadel, JuS 1976, 249。在第218条中，根据其早先的文本，为他人堕胎是重罪，自己堕胎是轻罪，这个观点也是司法判决所代表的（BCHSt 3, 228; 14, 353）。

的个人罪责特征所代表的观点。一个文献中的第三种看法〔37〕与本书所代表的观点一样,根据这个为犯罪提供根据的特别的个人要素是归入不法还是归入罪责来进行区分。在第一种案件中,应当就像在这里认定的那样,取决于这个构成行为在实行人人身上的犯罪特征。相反,为犯罪提供根据的罪责特征,与本书(边码 28)所代表的观点不同,对根据第 30 条第 1 款的刑事可罚性,完全置于应当考虑的行列之外,从而,根据这个观点,也就是说,就会使这个出于纯粹的报复心而发生的对一个通过旧版第 313 条第 2 款(参见,边码 28)而获得优惠的实行人的要求,保持着不具有刑事可罚性。

这个有争议的问题在今天的实际意义并不大,因为与从前不同,特别的个人要素还仅仅在犯罪是归入重罪还是轻罪的极少数案件中起了决定的作用。除了提到的例子之外,在人们把对无罪人剥夺自由的刑罚执行看成是剥夺自由的加重案件(第 239 条)时,作为一个提高刑罚的不法要素的案件,还应当考虑,例如,那种根据第 345 条的公职人员身份。作为减轻刑罚的罪责要素,通过第 216 条对被杀害人的要求,就能够看到实行人的明确存在(Bestimmtsein),在与第 212 条的比较中,这种存在就把这个构成行为降为轻罪了。〔38〕无论如何,这个有争议的问题就一直具有巨大的“潜在的现实意义”,因为立法者能够随时改变这个刑罚范围,并且能够让这个重罪特征重新取决于特别的个人要素的更大规模的存在或者缺失。 30

5. 第 30 条第 1 款中的参加人问题

(1)未遂的连锁教唆

第 30 条第 1 款第 1 项也明确地——通过“或者对其教唆”的文字——把未遂的连锁教唆,也就是对重罪的未遂的教唆,置于刑罚之下。也就是说,一个人徒劳地试图确定他人,“他想促使一个第三人,让其去杀一个人”,〔39〕这个人就正好与那个自己要求一个潜在的实行人去实施重罪一样,都具有刑事可罚性了。这在适用过去的总则时就已经在司法判决中被承认了(《联邦最高法院刑事判例集》,第 7 卷,第 234 页,第 236 页以下),但是,因为在文献中有争论,还是被立法者明确地澄清了。另外,在完成的或者未遂的构成行为中,可以找到适用于连锁教唆的那些规则(第 26 节,边码 176 以下),这些规则也适用于未遂的连锁教唆。作为未遂的连锁教唆,具有刑事可罚性的还有这样的案件:对教唆进行教唆的人被赢得进入这个项目之中,但是,这个人在试图找到一个实行人时却失败了(对未遂的教唆的教唆)。〔40〕 31

(2)对未遂教唆的教唆

这种状况描述的是这样的案件:这个连锁教唆人成功地确定了这个中间人成为一个对犯罪要求进行考虑的实行人,但是,这个人却拒绝了或者出于其他理由而没有推进到未遂。这种案件比在边码 31 中处理的案件具有更高等级的刑罚需要性;因为这个要求人在第一个要求中没有失败,所以她就更接近实现这个重罪了。正确的方式是,人们在这样一个的案件中,不是由于对未遂教唆的教唆(第 26 条,第 30 条第 1 款),而是直接由于对相应的重罪行为构成的未遂的教唆来 32

---

〔37〕 Dreher, 1972, 198 f. = GA 1954, 16; ders., MDR 1955, 119; Gallas, ZStW 80 (1968), 33; SK[7] – Hoyer, § 30, Rn. 19 ff.; Jescheck/Weigend, AT[5], § 65 I 4; Letzgus, 1972, 205; Preisendanz[30], § 30, Anm. 3 a; Stratenwerth, AT[4], § 12, Rn. 173 f.; Tröndle/Fischer[50], § 30, Rn. 6; 在这个意义上,进行论证的还有特别委员会,见 BT – Drucks, V/4095, 13。

〔38〕 但是,第 216 条也经常是作为减轻不法来理解的;对此,详见第 27 节,边码 77,进一步的证明见边码 100。

〔39〕 对 E 1962 的论证,见 BT – Drucks. IV/650, 153 f. 。

〔40〕 Sch/Sch/Cramer/Heine[26], § 30, Rn. 35; Kühl, AT[3], § 20, Rn. 250; Geppert, Jura 1997, 552。

进行惩罚的。[41]这样,就像对教唆的教唆是作为对主要构成行为的教唆来进行惩罚一样(第26节,边码176),对未遂教唆的教唆,在结果上就是一种未遂的教唆。

(3)对一个根据第30条第1款具有刑事可罚性的未遂的教唆的帮助

33 这样的案件存在于,例如,在有人给重罪教唆人出主意,他最好如何才能说服那个假定的但后来并没有卷入到这件事情中间来的实行人。虽然这个要求人本身根据第30条第1款具有刑事可罚性,但是,《联邦最高法院刑事判例集》,第14卷,第156页以下与主流观点[42]都认为,这个帮助对此是不具有刑事可罚性的。联邦最高法院根据的理由有两条。一是第30条第1款(当时的第49a条)不是独立的行为构成,从而使在这样一种准备中的参加人,只能在明确的法律规定中才能具有刑事可罚性;二是对未遂的教唆的帮助,并不比立法者已经明确同意不具有刑事可罚性的未遂的帮助,更具有刑罚的需要性。

34 少数观点对这样一种帮助的刑事可罚性持赞成态度,德雷埃尔(Dreher)[43]对这种观点作了最深刻的论述。他说明,在分则中也有很多独立化的准备行为被置于刑罚之下,在这些行为中,帮助大多是作为具有刑事可罚性来认定的。还有,未遂的帮助所具有的无刑事可罚性也不是反对帮助未遂的教唆的人具有刑事可罚性的理由。在第一种案件中,支持的是一个在刑法上不重要的行为,在第二种案件中,支持的则是一个具有刑事可罚性的举止行为。[44]

35 然而,还有更好的根据来支持帮助未遂的教唆不具有刑事可罚性。其中,尚未肯定的是,对在分则中独立化的准备行为的帮助,在多大程度上真的能够正确地受到惩罚。换句话说,在立法者已经规定未遂的连锁教唆的刑事可罚性,并且由此规定在第30条第1款中对未遂的教唆的教唆也具有刑事可罚性时(边码31、32),这就只能理解为,这个对未遂的教唆的帮助,在缺乏这种规定时,就应当是不具有刑事可罚性的。此外,人们也必须让这种从未遂的帮助不具有刑事可罚性中引导出来的目的论观点,在反对德雷埃尔时适用。一个人给了实行人一把手枪,但是他却没有使用——一个未遂的帮助案件——是不具有刑事可罚性的,并且,的确比这个人更接近这个构成行为。这个人给了教唆人一把手枪,让他再给那个有待赢取的实行人,但是,这个人拒绝了实施这个构成行为。第一种情况是不具有刑事可罚性的,第二种情况——对未遂的教唆的帮助——也不适宜是有刑事可罚性的。提供支持者在第一种案件中不具有刑事可罚性,但是在第二种案件中却具有,并没有对这个结果作出任何改变。这仅仅是基于立法者的决定,宣布了进行准备的单独的实行人是不具有刑事可罚性的,但是,宣布了未遂的教唆却是具有刑事可罚性的。对此提出的根据(边码5)并不允许推断出在准备阶段提供帮助的人所具有的刑事可罚性来。

(4)对未遂的帮助的教唆与帮助

36 这些案件毫无争议地根据一般的附属性原则,都是不具有刑事可罚性的;未遂的帮助不处于刑罚之

---

〔41〕 J. D. Busch, NJW 1959, 1119; ders., 1964, 147, 170; Preisendanz[30], § 30, Anm. 3;对于根据§§ 26, 30 I进行的惩罚,见Schröder, JuS 1967, 293。

〔42〕 Baumann/Weber, AT[10], § 32 II 2 a; Bockelmann/Volk, AT[4], § 27 VI 1 a ee; Brose, 1970, 127 f.; J. – D. Busch, NJW 1959, 1119, 1120; ders., 1964, 171 f.; Jescheck/Weigend, AT[5], § 65 II, vor 1; Joecks[3], § 30, Rn. 14; Maurach/Gössel, AT2[7], 53/11; Maurach, JZ 1961, 143; Preisendanz[30], § 30, Anm. 3 g; Schmidhäuser, StuB AT[2], 11/113; SK[7] – Hoyer, § 30, Rn. 57; Sch/Sch/Cramer/Heine[26], § 30, Rn. 34; Schröder, JuS 1967, 293; Schwind, MDR 1969, 15; Welzel, StrafR[11], 118。

〔43〕 Dreher, NJW 1960, 1163; ders., 1972, 200;跟随他的,见R. Busch, LK[9], § 49 a, Rn. 37; ders., Maurach – FS, 1972, 252 ff.;在这个意义上,先前还有LK[8] – Mezger, § 49 a, Anm. 4 f.。

〔44〕 Dreher, NJW 1960, 1163 f.。

下。这里的困难仅仅在于清楚地区分不具有刑事可罚性的未遂的帮助与具有刑事可罚性的帮助(参见第 26 节,边码 183 以下)。

6. 竞合

37 未遂的教唆,根据一般的竞合原则,会作为辅助的而退居到对未遂的或者完成的构成行为的教唆之后。[45]也就是说,一旦被要求人进入未遂阶段,第 30 条第 1 款就要以有利于对未遂的教唆而取消,这种教唆从其本身方面说,在犯罪实施时会退居到由于对完成的构成行为的教唆而产生的刑事可罚性之后的。[46]

38 相反,在实行人以不那么严重的形式实施实施这种对其无理要求的构成行为时,就在第 30 条第 1 款与对完成的较轻的实施形式的教唆之间存在着想象竞合。一个要求做伪证的人,也就是说,在没有要求这个实行人宣誓并且仅仅实施了根据第 153 条的虚假陈述时(《联邦最高法院刑事判例集》,第 9 卷,第 131 页),根据第 30 条第 1 款,第 154 条,第 26 条与第 153 条就是具有刑事可罚性的。当然,这不是完全没有争议的。[47]个别人也这样认为,第 30 条第 1 款要退居于对完成的较轻的犯罪的教唆之后,或者,反过来认为,只应当根据第 30 条第 1 款来进行惩罚。但是,两种说法都不正确。先提到观点的失败之处在于,一个完全没有结果的教唆,不可以比一个部分成功的、至少导致了实施一个较不严重的犯罪的教唆,根据更严厉的刑罚范围来加以惩罚。反对的理由认为,一个单纯的资格不能成为一个教唆的对象,并且在这里也不能成为一个未遂的教唆的对象,但是,这个理由是错误的;在对加重行为构成的教唆形式中的超过,是非常有可能的(参见,第 26 节,边码 102 以下)。[48]但是,一个单纯由于未遂的教唆的惩罚,也是不合适的。它会造成这样的印象,似乎没有达到什么结果,同时,这个教唆人却的确达到了大部分自己的目标。

39 但是,当这个要求人在他的努力失败后,自己作为实行人或者共同实行人来实施这个构成行为时,这个未遂的教唆就是辅助性的(《联邦最高法院刑事判例集》,第 8 卷,第 38 页)。因为即使这个共同实行人的成功招募也要退居到自己的实行人身份之后,所以,这就更必须适用于这种未遂的教唆了。当有人在徒劳地要求一个重罪之后,找到了另一个人来实施[49]或者还仅仅是试图实施这个犯罪时,这个未遂的教唆就也是辅助性的。这个要求人所有的犯罪性的操作活动都危害了同一个法益;而第 30 条第 1 款要退居于任何损害或者更严重的危害之后。只有在所实施的构成行为退居无结果的准备之后时,才会——与边码 38 中的论述相符合——有所不同:如果有人教唆进行第 250 条的构成行为,并且在这个努力没有结果后自己去实施这个以简单的抢劫(第 249 条)为形式的犯罪,那么,就会出现根据第 249 条的刑事可罚性与第 250 条与第 30 条第 1 款的想象竞合。

40 有争议的问题是,未遂的教唆与对未遂或者完成的构成行为的帮助是如何相互对待对方的?

---

〔45〕 BGHSt 1, 131, 135; 241, 242; 305, 306 f.; 6, 308, 311; BGH NStZ 2000, 197 (199)。

〔46〕 但是,在教唆未遂落空时,在后来另外一个行为人受到杀害同一个被害人的教唆时,适用就有点不同,因为这时这个未遂的落空就具有了一种停顿的作用,参见 BGH NJW 1998, 2684 与对此作出的决定,见 NStZ 1998, 189,其中带有 Geppert, NStZ 1998, 190 的赞同的评论。

〔47〕 更详细的证明,见 LK^{11} – Roxin, § 30, Rn. 53。

〔48〕 由此完成的,还有 J. – D. Busch, 1964, 136 的区分性意见,在这里,只有在较重的犯罪是重罪与较轻的犯罪是轻罪时,才应当存在一种想象竞合;在同样的犯罪性质中,这种未遂的教唆应当是辅助性的。

〔49〕 BGHR StGB, § 30 Abs. 1, S. 1, Konkurrenzen, Nrs. 1, 2。

正确的方式是,人们必须借助主流的观点,〔50〕让第30条第1款也在这里退居辅助位置。在真正的帮助中,存在着一个比仅仅是未遂的参与更严重的损害法益。〔51〕这个在一个较不严重的实施犯罪实施中有说服力的刑罚范围的理由(边码38),在这里不能赢得任何意义,因为第27条第2款就像第30条第1款一样,都指向相同的刑罚范围。应当拒绝的还有这样的认识:在这个参加是基于一个在教唆努力没有结果之后而作出的"新的决定"〔52〕时,在第30条第1款与参加完成的犯罪之间就存在着真正的竞合。在这个案件中,同一个法益也会通过真正的参加人而在更严重的形式中遭到损害。

41 相反,在未遂的教唆与另一个犯罪同时发生时,就不言自明地存在着想象竞合。一个试图强迫一位母亲杀害自己孩子的人,根据第22条、第240条、第30条第1款、第211条与第52条就是具有刑事可罚性的(《联邦最高法院刑事判例集》,第1卷,第305页,第306页以下)。同样,在主动贿赂(第334条)与对职务重罪的未遂的教唆之间,也存在着想象竞合。〔53〕

42 在第30条第1款与在分则中特别置于刑罚之下的准备行为同时发生时,就取决于各个条文的具体安排,究竟是哪一个排斥另外一个。因此,这种对绑架的未遂的教唆,就应当根据第30条第1款与第234a条第1款,而不是根据第234a条第3款受到惩罚,因为第30条以更严厉的刑罚相威胁(《联邦最高法院刑事判例集》,第6卷,第85页,第86页)。因此,第234a条第3款仅仅适用于进行准备的单独实行人。在相应的方式中,叛乱活动的准备(第83条)必须退居对叛乱的未遂的教唆之后。〔54〕另一方面,第357条(引诱下属进行犯罪)就排斥了对这个构成行为的未遂的教唆(《帝国法院刑事判例集》,第68卷,第90页,92页)。第357条作为引诱的条文,是一个特别的犯罪,并且,与第30条第1款不同,是以完全的实行人刑罚相威胁的。

(四)约定(第30条第2款)

1. 参加人的意志一致性

43 在第30条第2款中处于刑罚之下的约定,是指至少是两个人(《帝国法院刑事判例集》,第55卷,第87页)对以共同实行人方式实施一个在其基本特征上非常确定的重罪在意志上的一致性。〔55〕约定的刑罚需要性可以从各个参与人在意志上的联系中得到解释,这种意志联系使对约定的违背比对一个个人决定的放弃要更加困难(边码5,8)。这种意志联系的形式(口头的、书面的、通过中间人的)是无关紧要的;约定也能够从推理得出(例如,通过参加一伙夺取赃物的强盗)。同样不重要的是,约定是由谁倡议的(《帝国法院刑事判例集》,第59卷,第214页与第215

---

〔50〕 LK[9] – Busch, § 49 a, Rn. 11(与本书一致的,还有 LK[11] – Roxin, § 30, Rn. 56);J. – D. Busch, 1964, 140;Maurach, JZ 1961, 144;Sch/Sch/Cramer/Heine26, § 30, Rn. 38(有点不清楚的是在一种"新的决定"的案件中);Schroeder, JuS 1967, 295。很多学者对这个问题不加讨论。

〔51〕 持有相反意见的,见 Dreher 1972, 204(同样,还有 Tröndle[49], § 30, Rn. 16;但是,现在不同的,见 Tröndle/Fischer[50], § 30, Rn. 16),他认为这种未遂的教唆是"更强烈的参与形式"。

〔52〕 因此,更早的,见 SK[5] – Samson, § 30, Rn. 4;SK[7] – Hoyer, § 30, Rn. 59,跟随了主流观点。

〔53〕 BGHSt 6, 308, 311f.,对应的是更早的第347条的案件;同样,还有已经出现的 RGSt 3, 390;12, 55;61, 269;偏离的意见,见 Dreher, 1972, 203。

〔54〕 非常有争议;与本书一致的,例如,见 Joecks3, § 30, Rn. 10;Lackner/Kuehl[24], § 83, Rn. 7;SK[6] – Rudolphi, § 83, Rn. 11;Sch/Sch/Stree/Sternberg – Lieben[26], § 83, Rn. 13;不同意见的,见 OLG Köln NJW 1954, 1259;LK[9] – Busch, § 49 a, Rn. 13(与本书一致的,见 LK[11] – Roxin, § 30, Rn. 59);Tröndle/Fischer[50], § 30, Rn. 17。

〔55〕 类似的与部分相同用词的定义,例如,见 Jescheck/Weigend, AT[5], § 65 III 1;Letzgus, 1972;Maurach, JZ 1961, 139;Maurach/Gössel, AT/2[7], 53/39;Sch/Sch/Cramer/Heine[26], § 30, Rn. 25。

页以下)。

44 菲贝尔(Fieber)〔56〕认为,重罪约定作为态度刑法的刑事可罚性是违反宪法的(参见,前述边码 6)。他认为,要么这种相互联系是如此紧密,以至于个人具有"通过违背密谋来阻止整个构成行为的实施"这样的可能性。在这里,个人在不可控制的事件发展中的风险就被降低了;要么个人也能够不依赖另一个人来实施这个构成行为。在这里,与个人的决定相比,就不会对法益创设升高的危险了。

45 但是,在这里没有注意的是,在约定的两种案件中所具有的那种与个人的决定相比升高的危险性,存在于这里:人们从一个协定中(一种相互之间的"义务")解脱出来,要远比从一个没有拘束力的内心决定中困难得多,人们对这种没有约束力的内心决定,能够随意地迅速放弃,就像当初作出时那样。每个人都能够在自己身上确认,在人们不再有兴趣,并且是个人决定早就放弃的时候,人们也还经常会坚持一个约定:人们处于承诺之中,并且不想要表现得反复无常或者不可信赖。还有,在犯罪性约定中,退出的密谋者对其他人会是一个危险,必须考虑遭到严重报复。所有这些是否足以说明每一个犯罪性约定刑事可罚性的正当性,还尚不确定。但是,人们还不能把立法者决定的刑事可罚性说成是违宪的。这种个人的决定并不是停留在内心之中,就像对态度刑法所表明的那样,而是已经表现在一个有拘束力的项目之中,而这个项目对人产生了危险的实施压力。

46 约定在内容上符合一种未遂理论意义上的共同构成行为决定(第 29 节,边码 59 以下)。〔57〕它的确比个人停留在内心的构成行为决定更容易被确认,因为它在外部是一种订立合同的形式出现的。〔58〕人们在这里使用民法上的标准时,的确必须小心。这个"合同"当然是无意义的,并且,在一个例如通过威胁或者错误而赢得的参与人中,意志缺失只应当根据刑法的规则予以判定。无论如何,符合合同模型是,准备性会谈或者还没有签署的实施重罪的"合同性"草案,在第 30 条第 2 款的观点中,都还是不具有刑事可罚性的(当然,在这个阶段中,可能已经存在未遂的教唆,参见,边码 71)。在这里,那种单纯的构成行为倾向,就像在未遂理论中一样,还不是构成行为决定的根据(柏林高等法院,《戈尔特达默斯刑法精粹杂志》,1971 年,第 55 页)。与此相反,就像未遂实行人的构成行为决定一样,一个约定在不确定的事实基础上也是可能的:在两个囚犯为了能够成功越狱而约定共同抢劫时,就已经存在着一个根据第 30 条第 2 款与第 249 条的具有刑事可罚性的约定了。〔59〕

2. 假参与

47 就像在未遂的教唆中一样(边码 15 以下),也广泛存在着一种关于约定观点:在所有参与人中,约定都是以实施重罪的"认真的"意志为条件的。〔60〕这里与那里一样,的确都是非常不精确的。人们必须区分三种情况。

48 (1)在两个以上的参与人中有一人只是假参加的,其他人就根据第 30 条第 2 款仍然具有刑

---

〔56〕 Fieber, 2001, 187;这个学者在其作品的第一章(第 17 页至第 53 页)中,也提供了一个关于密谋的刑事可罚性历史发展的有指导意义的概要。

〔57〕 BGHSt 12, 306, 309。详见,LK[10] – Vogler, § 22, Rn. 2ff., 以及 Roxin, Schroder – GS, 1978, 145。

〔58〕 参见 Maurach, JZ 1961, 138, 他正好谈的是一种"社会合同"。

〔59〕 BGHSt 12, 306, 309 f.;对此,也参见 Roxin, HRR, Fall 45, 67f. u. 183 f.; BGHSt KG GA 1971, 55;同样,zum Fall des Sichbereiterklarens OLG Hamm NStZ – RR 1997, 133。根据《德国武器控制法(KWKG)》第 16 条第 1 款第 7 项(旧版本,今天是第 22a 条第 1 款第 7 项),对一个犯罪的约定,也可以在案件事实中呈现出来,对此,BayObLG NStZ 1990, 85 仅仅是在未遂的观点下加以审查的;对此,见 Lohbeiger, NStZ 1990, 61; Oswald, NStZJ 1991, 46。

〔60〕 RGSt 58, 392, 393; BGH NStZ 1998, 403, 404; Maurach, JZ 1961, 139, 根据他的观点,这种内心的保留,在第 30 条第 2 款的范围内,也应当是"非常合适的"。

事可罚性。在这个假参与人(共同)引起了其他参与人(或者即使是其中一人)的构成行为决定时,他本人就应当根据第 30 条第 1 款(由于未遂的教唆)而承担责任。

49 (2)如果在两个约定人中只有一个人是假参加,那么,另一个人就仍然具有刑事可罚性;当然,正确的方式不是由于约定,约定至少是以两个潜在的共同实行人为条件的,〔61〕而是由于对重罪的一种表示愿意。〔62〕此外,在可能的情况下,这个假参与人就可能以一个根据第 30 条第 1 款具有刑事可罚性的方式,已经促使另一个人去犯罪了。

50 (3)只有在这个假参与人不想让这个构成行为进展至既遂时,他才无论如何是不具有刑事可罚性的;无论他是作为代理挑衅人(第 26 条,边码 151 以下),想要把其他密谋者诱入陷阱;或者他是出于这个构成行为具有不可完成性(他知道,这个定时炸弹不会爆炸,或者约定要杀害的那个人已经死了);或者,最后,这个构成行为在没有假参与人的共同作用下就不可能完成,例如,只有他认识那个潜在的被害人或者知道他的居住地点。〔63〕所有这些案件在这一点上都是相同的:这个假参与人缺乏指向完成构成行为的故意;还有,在这一点上,对认真性的需求也是一个故意的问题(参见,边码 15 以下)。那些不知道这个构成行为具有无法实施性的共同密谋人就当然是具有刑事可罚性的;如果是多人,即由于"约定"而具有刑事可罚性;如果只有一个人,即由于"表示愿意"而具有刑事可罚性(参见,边码 49)。当然,在一个参与约定的人直到计划的抢劫完成后,才想给警察提供查清这个构成行为的信息时,就不存在不具有刑事可罚性的假参加。〔64〕在这里,即存在着一种完成的故意,以及由此存在着一个根据第 30 条第 2 款具有刑事可罚性的约定。根据第 34 条的正当化,在理论上是可以考虑的,但是在实际中,却几乎不可能(参见第 26 节,边码 153 以下)。

51 (4)在两个参与人都不是认真地看待约定时,就更没有一种具有刑事可罚性的约定了。在一个由联邦最高法院〔65〕决定的案件中,这个案件也引起了公众的注意,两个被告人在互联网上,以七千至一万马克的价格,提供一个女性儿童"用于极端的施虐活动"。但是,因为他们既没有把一个儿童置于其支配的暴力之中,也没有任何迹象表明他们"弄到"了一个这样的人,所以,面对两位被告答辩说,这个约定以及各种在第 30 条第 1 款中被考虑到的变化形式都不是他们认真看待的,联邦最高法院与审前程序都认为是不可反驳的。这是正确的,在这里的确涉及了一个纯粹的故意问题:他应当从这里出发,即两个被告人从一开始就没有实现他们的提议的故意。

3. 约定中的意志缺失

52 如果约定的一个人是在**威胁**的影响下行为的,那么,在这种威胁是在第 35 条的条件下发生时,他就不具有刑事可罚性。约定本身不会改变什么。〔66〕第 29 条也适用于共同实行人(参见第 27 节,边码 5);并且,为约定的刑罚需要性提供根据的那种意志联系的危险性(边码 5,8),也在一个参与人只是迫于压力才一起干的时候,才会存在。一个威胁者在构成行为的实施中还另外

---

〔61〕 因此,还有 Maurach, JZ 1961, 139; Maurach/Gössel, AT/2^{7}, 53/40; Schmidhäuse, LB AT^{2}, 15/110; Tröndle/Fischer^{50}, § 30, Rn. 48。相反,Eser, StrafR II^{3}, Fall 48, Rn. 14; Letzgus, 1972, 183; Sch/Sch/Cramer/Heine^{26}, § 30, Rn. 29 想要否认这种假说明对一种约定的存在具有各种影响。但是,在实践中,对于本书所代表的观点来说,并没有什么区别。

〔62〕 参见 BGH v. 13. 6. 1961, 1 StR 201/61, zit. bei Tröndle/Fischer50, § 30, Rn. 12。在这里的条件是,他从一开始就不是一个已经决定实施构成行为的人(omnimodo facturus),而在那个犯罪中本来却会出现无刑事可罚性(参见,LK^{11} – Roxin, § 30, Rn. 89)。

〔63〕 BGHSt 18,160,在这里的案件事实仅仅在未遂教唆的观点下加以讨论。

〔64〕 BGHR StGB, § 30 II, Verabredung, Nr. 1。

〔65〕 BGH NStZ 1998, 403 m. Anm. Ceerds, JR 1999, 426。

〔66〕 其他观点,见 BGH NJW 1956, 30。

是间接实行人时，一个约定的存在也不会失败；间接实行人的身份与共同犯罪人的身份很有可能同时存在（第 25 节，边码 237）。

在约定伙伴中的一方仅仅是在一种**不排除罪责的强制**（例如，基于不利的经济情况的威胁）的印象之下参与一项密谋时，他根据第 30 条第 2 款就仍然是具有刑事可罚性的；〔67〕他遭受的压力，只应当在量刑时才作为减轻的因素加以考虑。当然，如果这个以这种方式被威胁的人阻止这个构成行为，或者从共同作用中退出，那么，他由于缺少完成的故意就不具有刑事可罚性。如果被威胁的人不知道，自己是否能够成功地阻止这个构成行为，或者至少从这种参与中退出，那么，只要他不相信自己努力的结果，就仍然是具有刑事可罚性的。他在考虑一个在自己共同作用下产生的构成行为的完成时，总还是带着有条件故意的；只有在第 31 条第 2 款的条件下，他才能在可能的情况下获得无刑事可罚性。联邦最高法院说（联邦最高法院，《新法学周刊》，1956 年，第 30 页）："一个人在威胁的影响下，带有明显的抵触而顺从地在一个重罪中……共同发挥作用，然而想要根据可能性阻止这个重罪或者从这种共同作用中退出的，就没有约定"。这时，联邦最高法院看来是想要在一种法学上非常不清楚的方式中，认定一种继续下去的无刑事可罚性。 53

两个参与人中的一人对行为构成的认识错误就阻碍了一个约定，因为缺少了一种准备好的共同实行人身份。也就是说，如果甲与乙约定共同向一个人影射击，甲认出是一个人，而乙却错误地认为是稻草人，那么，两个人都不具有刑事可罚性；还有，人们在甲那里也必须否定一个"表示愿意"，因为这种行为构成的变化形式涉及了对一个教唆的认定。 54

一个伙伴的**罪责无能力**很少排除约定，就像排除责任的强制一样（边码 52）。在实施一个构成行为中，虽然除了共同实行人之外，还存在着一个间接实行人（通过无归责能力的工具）（第 25 节，边码 237）；但是，在准备阶段中，只有准备好的共同实行人才应当作为根据第 30 条第 2 款的约定加以理解。与这里相对，根据一种在文献中广泛流传的观点，〔68〕约定只应当存在于其中一方不知道另一方的罪责无能力的时候。否则，应当适用的就只有间接实行人的规则了。对此是能够反驳的，因为在间接实行人自己参与到实施中时，间接实行人与共同实行人就完全有可能在一起存在。 55

4. 在约定中的具体化要求

约定必须如此具体，就像在共同实行人作为基础的共同构成行为计划中那样（第 25 节，边码 190）。这个为教唆人故意的确定性拟就的基本原则也能够相应地得到考虑（第 26 节，边码 133 以下）。实际上，这意味着除了有待实现的行为构成之外，这个不法的基本范围（也就是损害的大概规模以及攻击的方式与方法）必须在约定中加以确定，同时，实施计划的时间、地点与形式都能够在细节上不加确定。〔69〕在司法判决中，对此经常这样表达，必须确定"约定的重罪的形式"。〔70〕联邦最高法院，《刑事辩护人杂志》，1994 年，第 528 页至少还要求，各个共同实行人作出的构成行为贡献，必须在一定程度上加以具体化，因此，当四个人对应当在下一次机会中射杀一个确定的人达成一致，而没有把"安排给每一个被告人的构成行为贡献"加以具体化时，这对于 56

---

〔67〕 因此，还有 Maurach, JZ 1961, 139。

〔68〕 Maurach, JZ 1961, 141; Sch/Sch/Cramer/Heine26, § 30, Rn. 31; 在实质上，还有先前的 LK^9 – Busch, § 49 a, Rn. 31。

〔69〕 RGSt 69, 164, 165; BGH MDR 1960, 595; OLG Köln NJW 1951, 612 f.; 太狭窄的，见 OLG Hamburg MDR 1948, 368。

〔70〕 BGH NJW 1951, 666 f.; 1973, 156, 157; BayObLG NJW 1954, 1257。更严格的，见 Jakobs, AT^2, 27/11："这种通过抢银行来获得金钱的约定，在手段的清晰性上也还没有相应地具体化，但是，这种袭击一个区银行的约定，就在一种最不足的控制上指明了这些银行的安全设施。"

具有刑事可罚性的约定来说,就还是不够的。

57 有争议的是,必须在多大程度上对被害人的人身加以具体化,才能使一个有效的约定存在。被害人的人身无论如何必须加以确定(汉堡高等法院,《德国法月报》,1948 年,第 368 页),这种观点几乎不再被人代表了。一种广泛的意见是,在针对人身的犯罪时,被害人必须确定,同时,在针对财产的犯罪时(例如,根据第 244a 条),就还没有确定的被害人必须考虑。〔71〕但是,人们最好是这样安排,根据构成行为的计划是否取决于被害人的人身,〔72〕这在所有物犯罪与财产犯罪中实际上是很少的案件。但是,在攻击最高的个人法益中,这种法益在第 30 条第 2 款中由于犯罪的要求反正就是处于中心地位的,被害人的人身对于构成行为计划有时也是不重要的。如果两个男人决定,躲藏在树林中以便共同强奸一位例如路过的年轻妇女,那么,根据第 30 条第 2 款的刑事可罚性就非常合理地不能取决于一个对被害人个人的约定,这个人是实行人不认识的,并且这个人是谁对他们来说也是无所谓的。〔73〕即使是在一个谋杀计划中(例如,约定抢劫杀害一位银行的缴款员或者营业员),这个被害人的人身对于这个构成行为计划来说,也能够是不重要的,因此,约定的刑事可罚性就不应当取决于对这个人身的确定。在这里,在联邦最高法院认为,"实行人计划埋伏在街边,以便在确定好的时间袭击并抢劫一位对他们来说合适的路人或者汽车司机",对根据第 30 条第 2 款的刑事可罚性来说就足够的时候,〔74〕就应当在结果上赞同联邦最高法院。

5. 不适当的约定

58 就像不适当的教唆(边码 22 以下)一样,不适当的约定也是具有刑事可罚性的,因为第 30 条第 2 款("同样处以刑罚")指出了第 30 条第 1 款的刑事可罚性条件。也就是说,一个在其他地方就足够具体的重罪约定所具有的刑事可罚性,不会在例如被害人从来都不存在、已经死亡或者不在场而失败。〔75〕当然,一个严重不理智的约定应当根据第 23 条第 3 款来处理,同时,一个迷信的约定(例如,共同诅咒一个人死亡)则是不具有刑事可罚性的。

6. 选择性的约定

59 许多重罪是以选择性的方式,或者在可能的情况下是累积性的形式加以约定的,这并不罕见。一些男人,例如,对袭击一名妇女达成了一致,只是还不确定或者要根据情况确定,他们是想要抢劫、强奸她或者两者都干。在这样一个案件中,并不存在不明确的因而是不具有刑事可罚性的事先协定,而是"已经约定了每一个已经为实行人的认真意志所接受的构成行为"。〔76〕也就是说,存在着一个对两个重罪的约定。如果在选择性约定的犯罪中只有一个是重罪(密谋者想要根据物品的位置,对被害人使用或者不使用暴力拿走他的东西),那么,这个重罪(这里也就是抢劫)就是以具有刑事可罚性的形式加以约定的(《联邦最高法院刑事判例集》,第 12 卷,第 308 页)。〔77〕只有在这些潜在的实行人还不清楚自己是想要使用暴力还是要放弃这个构成行为,在

---

〔71〕 这样特别清楚的,见 Maurach, JZ 1961, 140; 但是,还有 LK^9 – Busch, § 49 a, Rn. 29; Sch/Sch/Cramer/Heine^{26}, § 30, Rn. 6.; BayObLG NJW 1954, 1257。

〔72〕 类似的,见 Jakobs, AT^2, 27/11。与本书一致的,见 Fieber, 2001, 71。

〔73〕 与本书一致的,见 Kühl, AT^3, § 20, Rn. 253; 不同的意见,见 LK^9 – Busch, § 49 a. Rn. 29; Maurach, JZ 1961, 140; Maurach/Gössel, AT/2^7, 53/40。正确地摇摆不定的,见 SK^5 – Samson, § 30, Rn. 19:"在对高度个人性利益的攻击大多数都要求必须确定这个被害人时,这是很可疑的"。

〔74〕 BGH MDR 1960, 595 unter Hinweis auf OLG Köln NJW 1951, 612。

〔75〕 BGHSt 4, 254; BGH MDR 1960, 595; BGH GA 1963, 127。

〔76〕 BGH NJW 1923, 157; 同样,见 BGHSt 12, 306; KG GA 1971, 55; BayObLG NJW 1954, 1257, 1258; Kühl, AT^3, § 20, Rn. 252。

〔77〕 BGH NStZ 1998, 510; 对于这个 Sich – Bereit – Eiklarens 的案件,也参见 OLG Hamm NStZ – RR 1997, 133。

这些计划拿走的物品无法在不使用暴力的情况下获得时,才不算是对抢劫的约定,因为在这里就还缺少一个对抢劫的决定。

7. 约定作为共同实行人的预备阶段

60 约定是共同实行人的预备阶段,[78]也就是说,约定以这些参与人相互承诺提供共同实行人的贡献为条件。[79]对帮助的约定,也就是说,例如,承诺把手枪借给决定进行抢劫或者谋杀的人,不是第 30 条第 2 款意义上的约定。更准确地说,两者都不具有刑事可罚性。对于承诺借出手枪的人来说,这是一个强制性地从未遂的帮助不具有刑事可罚性中得出的结论:在甚至给出一把后来并没有用上的手枪都不具有刑事可罚性的时候,承诺借出一把手枪就更必须是无刑事可罚性了。但是,无刑事可罚性的还有那个让人作出帮助自己承诺的潜在实行人;在这里,并不存在第 30 条第 2 款意义上的"表示愿意"(参见,边码 76 以下),因为面对一个单纯的帮助人(不同于面对教唆人),并没有产生为意志联系提供基础的刑事可罚性(参见,边码 5)。同样,根据司法判决,对重罪答应提供帮助也是不具有刑事可罚性的。[80]

61 就像在帮助的案件中那样,出于同样的根据,在重罪之后答应包庇(第 257 条)或者窝赃(第 259 条)的,都不是第 30 条第 2 款的案件。还有,在教唆人与实行人之间作出重罪协议,在缺少共同实行人的商定时,也不是第 30 条第 2 款的案件。但是,教唆人根据第 30 条第 1 款,假定的实行人由于表示愿意根据第 30 条第 2 款,都是具有刑事可罚性的。与之相对,多人之间约定共同进行重罪的教唆,应当在第 30 条第 2 款的法律文字的基础上进行制裁("一个人……约定实施重罪,或者对其进行教唆的")。另一方面,多人之间为一个重罪提供共同帮助的约定,则是不具有刑事可罚性的。这是从未遂的帮助的无刑事可罚性中得出的结论——对帮助的约定甚至只是一个准备的帮助——这也是从在第 30 条第 2 款中没有提及的这种案件中得出的结论。

8. 约定与特别的个人要素

62 这里涉及的问题是,在两个人约定的构成行为基于特别的个人要素,对其中的一个参与人是重罪,而对另一个是轻罪时,是否存在着第 30 条第 2 款的案件?这个在未遂的教唆中对相应案件拟就的解决办法(边码 25 以下),不能立即转用在这种案件上,因为在那里应当考虑的第 28 条的法思想仅仅涉及实行人与参与人,但是,没有涉及两个共同实行人之间的相互关系。根据第 29 节,每个参与人将在不考虑另一方罪责的情况下,根据其自身的罪责加以惩罚,这一条也当然适用于共同实行人(第 27 节,边码 5)。

63 在这个基础上,在约定中也应当这一点加以区分,即这个构成行为在参与人身上所具有的异常的犯罪特征,是以罪责上的差异还是不法上的差异为基础的。如果这个对于犯罪的资格起决定性作用的标准是一个罪责要素,那么,一方约定的就是重罪,而另一方约定的就是轻罪。也就是说,当甲与乙在旧版第 313 条适用的时间中,对造成一场损害财物的水灾进行了约定——甲是为了保护自己的财产(旧版第 313 条第 2 款),但是乙的行为却没有这个动机(旧版第 313 条第 1 款)——这样,乙就应当根据第 30 条第 2 款加以惩罚,而甲就不具有刑事可罚性。这个进行准备的共同实行人,根据旧的法律版本,在乙的人身上是重罪,在甲的人身上则只是轻罪,并且,根据第 29 条,重要的也必须在这里。

---

[78] OLG Hamm NJW 1959, 1237。

[79] 现在一致的观点;取代全部的,是 Jescheck/Weigend, AT^5, § 65 III 1; Maurach/Gössel, AT/2^7, 53/42; Sch/Sch/Cramer/Heine^{26}, § 30, Rn. 25; 偏离的,见先前的 § 49 b RGSt 58, 392, 393; 59, 376, 379。

[80] BGH NStZ 1982, 244,案件是在一起计划的绑架人质中答应提供帮助(§ 239 b I);此外,见 BGH NStE Nr. 1 zu § 30; BGH NStZ 1988, 406。

64 如果不同的犯罪分类是以特别的个人不法要素为基础,那么,就不存在第 30 条第 2 款的案件,因为其中涉及的义务地位就排除了不具有这个地位的人的共同实行人身份。例如,如果一个公职人员与一个私人约定共同进行逼供,那么,这个非公职人员就始终只能是帮助人。但是,一个有约定的帮助是不能建立根据第 30 条第 2 款的刑事可罚性的基础的(边码 60)。当然,如果在这个约定中,存在着来自非公职人员的教唆,那么,他由此根据第 30 条第 1 款就是具有刑事可罚性的(边码 27),同时,那个在这个教唆下进入共同实施构成行为中的公职人员,就由于表示愿意而根据第 30 条第 2 款与第 343 条而承担责任。

65 在文献中,迄今为止对这个问题只进行了很少的讨论,存在着三种不同的立场。但是,根据前面的说明,这三种观点全都是不值得赞赏的。按照第一种观点,第 30 条第 2 款的刑事可罚性的条件是,处于两个参与人人身上的计划的构成行为是重罪;[81] 根据第二种观点,对于两个人的刑事可罚性来说,这个构成行为只要在一个密谋者的人身上表现为重罪(其中另一个人能够按照轻罪的刑罚范围处以刑罚)就足够了;[82] 根据第三种观点,只有在那个人的人身上,被实施的构成行为会是一个重罪的,才应当由于约定而受到惩罚。[83]

9. 参加约定的重罪

66 人们把对重罪约定的教唆视为必须具有刑事可罚性。这种教唆通常应当至少作为未遂的连锁教唆(边码 31)根据第 30 条第 1 款予以制裁;例如,在甲要求乙与丙进行约定,乙就必须对丙进行教唆时,从而就存在了一个对教唆的未遂的教唆。在有人促使另一个人与一个已经决定实施构成行为的人(omnimodo facturus)进行约定时,就无论如何在被要求人方面还存在着一个第 30 条第 1 款的案件。只有在很罕见的案件中,有人把两个已经决定决定实施构成行为的人带到一个约定之中,才会单独考虑对第 30 条第 2 款的教唆。人们必须把他们视为具有刑事可罚性的。[84] 在一个对教唆的约定根据第 30 条第 2 款的文字具有刑事可罚性时,让对约定的教唆不具有刑事可罚性是没有意义的。

67 与此相反,对约定的帮助是不具有刑事可罚性的。[85] 这样一种情况存在于,例如,在有人提供一间僻静的后面的房间供约定使用时。考虑到行为构成的实现,这就涉及了一个未遂的帮助(在这里,通过在准备阶段的支持)。[86] 一个人,答应给共同拘押的人提供帮助,而这些人已经约定了劫持人质,这个人就既不能由于重罪的约定(参见,边码 60)也不能由于对第 30 条第 2 款的帮助而具有刑事可罚性。同样,第 138 条第 1 款第 7 项在这样一个案件中也没有得到满足。[87]

10. 未遂的约定

68 在潜在的共同实行人努力要达成一个重罪协定,但是,这个协定却没有未达成的时候,未遂的约定就经常发生。未遂的约定本身是不具有刑事可罚性的。这个结论是这样得出的:从 1943 年到 1953 年有效的"进入认真的协商"的刑事可罚性意味着一种实际的未遂的刑事可罚性,然而,这种刑事可罚性已经取消了。当然,在失败的重罪协定中经常存在着未遂的教唆,或者存在

---

〔81〕 Welzel, StrafR^{11}, 125。

〔82〕 LK^{9} - Busch, § 49 a, Rn. 32。

〔83〕 Maurach, JZ 1961, 1141; Sch/Sch/Cramer/Heine^{26}, § 30, Rn. 14; 不安全的,见 BGHSt 12, 307。

〔84〕 偏离的,见 Fieber, 2001, 178。

〔85〕 Maurach, JZ 1961, 143; Sch/Sch/Cramer/Heine^{26}, § 30, Rn. 34。

〔86〕 对于刑事可罚性,见 Dreher, 1972, 201; LK^{9} - Busch, § 49 a, Rn. 37。

〔87〕 对于这个案件,参见 Roxin, HR R, Fall 74, 108 ff. u. 201 f. (= BGH NStZ 1982, 244)。

着愿意实施重罪的声明，它们应当根据对此有效的规则加以惩罚。

11. 在约定中的竞合问题

(1) 相对于未遂的以及完成的构成行为的辅助性

69 就像未遂的教唆（边码 37）一样，在密谋者进入未遂阶段或者已经完成了构成行为时，约定也作为辅助的而退居了（《联邦最高法院刑事判例集》，第 14 卷，第 378 页）。[88] 只有在已经实施的构成行为退居约定的构成行为之后，这才有不同，例如，在没有进行协商好的严重抢劫（第 250 条）而只是进行了简单抢劫（第 249 条）。[89] 在严重抢劫的未遂中或者在其实施计划中没有存在中止时，第 30 条第 2 款与第 249 条就处于真正的竞合之中；这就符合了在未遂的教唆中可比较的情形（边码 38），同时带有这样的差别：在那里存在的是想象竞合。反过来，如果实施的是比约定的更严重的犯罪（约定的是简单抢劫，但是实际实施的是严重抢劫），那么，约定就重新居于辅助性地位。

70 在共同实行人在未遂中自愿中止时，约定相对于未遂也是辅助的（《联邦最高法院刑事判例集》，第 14 卷，第 378 页，第 380 页）；约定的刑事可罚性绝不会随着未遂的刑事可罚性的取消而重新复活。[90] 这个通过自愿中止而引起的刑事可罚性的取消，包括了这个构成行为的所有阶段，也包括了这个构成行为的准备；在这个实行人仍然由于约定而具有刑事可罚性时，这个中止对他就基本没什么意义了。更困难的是对这个问题作出判断：在未遂的是一个比约定的更不严重的犯罪时，这个中止是否也包括了约定：例如，这些共同实行人约定一个严重抢劫（第 250 条第 1 款第 1 项），但是由于缺少一件武器，只能试图进行一个他们在其中自愿中止的简单抢劫。《联邦最高法院刑事判例集》，第 14 卷，第 380 页没有作出决定，在这里应当如何作出决定。很容易想到，在这样一个案件中，应当让根据第 30 条第 2 款的刑事可罚性存在，就像在实施的是较轻微的犯罪时它也存在一样（边码 69）。[91] 更好的赞成这种意见的理由也许是，这个中止也排除了更严重的约定的刑事可罚性。[92] 在实行人能够无限制地实现其目标（获得这个赃物）却自愿放弃时，这就必须看成是对整个犯罪计划（包括武器的使用）的放弃。在根据第 30 条第 2 款的刑事可罚性仍然存在时，人们也会认为这些共同实行人中止了各种动机。

(2) 第 30 条第 2 款与参与的其他准备阶段的关系

71 根据第 30 条第 2 款的约定，通常会与满足第 30 条的其他变化形式同时发生在这些参与人之中。一个人为自己的犯罪计划与共同实施而赢得了另一个人，也总是使自己根据第 30 条第 1 款而具有罪责，同时，在这些其他人中还存在着一个根据第 30 条第 2 款的愿意声明。一个约定甚至能够以相互未遂的教唆与愿意声明的方式产生。第 30 条不同实施形式之间的竞合，在原则上应当这样解决：让离行为构成较远的准备退居到离行为构成较近的之后。[93] 在案例中，这就意味着，应当仅仅根据第 30 条第 2 款来进行惩罚，因为参与人较早的声明完全并入到已经达成的协定之中了。当然，如果这个约定失败，那么，未遂的教唆就根据第 30 条第 1 款是具有刑事可罚性的。但是，这个约定也能够是辅助性的：例如，在两个人基于一个约定共同试图教唆另一个

---

〔88〕 对于这个案件，参见 Roxin, HR R, Fall 73, 107f. u. 201 (= BGHSt 14, 378)。

〔89〕 BGHSt 14, 379 f.; Maurach, JZ 1961, 144。

〔90〕 BGH NStZ 1999, 449, 451。

〔91〕 因此，还有 LK^9 – Busch, § 49 a, Rn. 11; Maurach, JZ 1961, 146; Tröndle/$Fischer^{50}$, § 30, Rn. 16; Vogler, Bockelmann – FS, 1979, 728 f.。

〔92〕 因此，见 Bottke, 1979, 560ff.; Jescheck/Wergend, AT^5, § 65 IV 1; Schmidhäuser, StuB AT^2, 11/113; Sch/Sch/Cramer/$Heine^{26}$, § 30, Rn. 40。

〔93〕 BGH v. 13. 6. 1961, 1 StR 201/61, zit. bei Tröndle/$Fischer^{50}$, § 30, Rn. 15。

人实施重罪时(巴伐利亚州高等法院,《新法学周刊》,1956年,第100页以下),这个要求就是以一个已经退到后面的约定为基础的,从而使第30条第2款退居于第30条第1款之后。第30条的不同变化形式之间的真正的竞合,最终会存在于它们涉及了不同的行为构成时:例如,甲对乙表示愿意去实施一个谋杀;但是,两个人"仅仅"对一个抢劫(第249条)达成了协议。〔94〕

12. 第30条第2款中对刑罚范围的选择

72 很多重罪对比较不严重的案件都规定了重大减轻的刑罚范围(仅仅参见,例如,第154条、第177条、第249条、第250条)。约定的是相关犯罪是一个普通案件还是比较不严重的案件,对于量刑非常重要。根据司法判决,这一方面取决于这个犯罪在其实施的案件中本来应当是如何实施的,但是,另一方面也取决于这个准备有多么细心以及已经进展了多远。也就是说,对此应当进行全面观察。〔95〕

73 另外,在约定一个比较不严重的案件中,刑罚范围能够会加倍或者简单地被减轻。〔96〕当一个比较不严重的案件的存在与不了了之的约定无关时,那种为此规定的刑罚范围就应当根据第30条第2款与第1款第2项再一次加以减轻。与此相反,如果仅仅认定一个比较不严重的案件,或者还能追溯到一个纯粹的约定的存在,那么,根据第50条,适用对比较不严重的案件的认定就行了,不必根据第30条再一次进行减轻。

(五)表示愿意

1. 表示愿意的两种表现形式

74 在表示愿意中存在两种不同的重罪准备形式,它们的共同点在于,与在未遂的教唆与对自告奋勇的接受不同,这个假定的实行人表达了自己实施重罪的意志。〔97〕第一种表现形式是**对一个要求的接受**(也称为对教唆的接受),也就是说,这个案件是有人让自己被一位教唆人赢去实施一个重罪并且答应了这件事。第二种表现形式涉及**自告奋勇**,在其中,这个潜在的实行人自发地走近别人,并且表达自己在特定条件下能够确定对一个重罪的意志。

75 正是第二种类别的一个案情,促使了在1876年得以引进早期的第49a条,即现在第30条的前身:〔98〕一个比利时的名叫杜切斯尼(Duchesne)的锅炉制造工,通过书信形式向巴黎的大主教自告奋勇,以6万法郎的报酬去刺杀俾斯麦(Bismarck)。帝国政府要求比利时,今后要把这类建议宣布为具有刑事可罚性的,并且对此也对《德国刑法典》作出了相应补充。这件事情在1876年2月26日的法律中实现了。这个所谓的杜切斯尼条款,把大多数也在第30条中包含的举止行为,以与今天略有不同的条件置于刑罚之下。值得注意的是,在这里,正是这个为引进该条文提供动机的自告奋勇在其刑罚需要性上遭到了最多的质疑(参见,边码8)。

2. 对一个要求的接受

76 在这里,没有争议的是,这种愿意声明必须是认真的,甚至一种隐蔽的保留,不愿意去实施犯

〔94〕 Schröder, JuS 1967, 295; Tröndle/Fischer[50], § 30, Rn. 15,但是,在这里"构成行为单数"被认定了。

〔95〕 BGHSt 32, 136; BGH GA 1986, 559。

〔96〕 BGHR StGB, § 30 Abs. 1 Satz 2, Strafrahmenwahl, Nr. 1; BGH NStE Nr. 3 zu § 30; BGH NStZ 1990, 96; BGH MDR (H) 1990, 486。

〔97〕 Letzgus, 1972, 87。

〔98〕 关于产生的历史,见LK[11] – Roxin, vor § 30;此外,深入的,见J. – D. Busch, 1964, 47 ff.,以及综述性,见Letzgus, 1972, 87f., bei und in Fn. 7。

罪，也能够不顾一个完全相反的声明而排除这种刑事可罚性。[99]在这个抱有希望的实行人不想去实施这个构成行为时，就绝对不存在加以惩罚的理由了。根据情况，在这里也涉及缺乏被确定人进行实施的故意（参见，边码 15 以下，边码 47 以下）。与此相反，在教唆人中，重要的不是在于认真性，而是在于他考虑到这个假定的实行人认真地接受了这个要求，并且实施了这个构成行为（边码 15）。[100]如果这个潜在的实行人认真地接受了要求并且作出了反应，那么，他根据第 30 条第 2 款就具有刑事可罚性了。至于这个构成行为是不是可以实施的，在这里与在别处一样（边码 22 以下，边码 56）是无所谓的。即使在那个要被谋杀的人，在愿意声明的那个时刻就已经死了，根据第 30 条第 2 款的刑事可罚性也仍然存在。[101]

77 对一个教唆的接受在还没有送达教唆人时，也就已经具有刑事可罚性了。[102]这个重罪决定的危险性与愿意声明的到达无关。人们可能提出这样的问题，即这种接受是否必须完全面对教唆人进行声明。虽然一个停留在内心的决定是不够的，因为它缺乏可确认性，并且也没有恰当地符合要求愿意**声明**的法律文字；但是，人们能够让一个面对另一个人（帮助人、熟人）的声明成为足够的。但是，应当坚持的是，这种声明必须是面对教唆人进行的：只有面对他，才能产生意志联系，而正是这种意志联系，为已经宣布的构成行为决定的刑罚需要性提供了基础。

3. 自告奋勇

(1)纯正的自告奋勇作为未遂的连锁教唆

78 纯正的自告奋勇[103]的条件是，这个自告奋勇人把构成行为的实施搞成取决于对自告奋勇的接受。也就是说，这个构成行为决定应当先通过接受这个声明的人来作出。在这一点上，这个纯正的自告奋勇就是一个对教唆的未遂的教唆，并且由此是一个未遂的连锁教唆。这种未遂的连锁教唆也是在不取决于第 30 条第 2 款的情况下，至少能够根据法律文字而被归类于第 30 条第 1 款之下（边码 31）。特别之处在于：在未遂的连锁教唆的通常案件中，至少有三个人身在局中（第一个教唆人、假定的第二个教唆人、纳入考虑的实行人），而在纯正的自告奋勇中，第一个教唆人与纳入考虑的实行人是同一个人。[104]在第 30 条第 2 款中，对这类案件的独立列举，尽管其可以列入未遂的连锁教唆之中，也不是多余的，[105]而是在不依赖将其单独提出的历史背景下（边码 75）作出的一种必要的澄清。没有在第 30 条第 2 款中明确的对刑事可罚性的声明，这样的案件就应当被视为是不具有刑事可罚性的，因为这个自告奋勇人与一般的连锁教唆不同，是作为未来的实行人亲手掌握着因果过程的（边码 8）。当然，自告奋勇就像对一个要求的接受一样，并且出于与此相同的根据（边码 76），必须是认真地想干的（《帝国法院刑事判例集》，第 63 卷，第 197 页，第 199 页）。无论如何，自从在第 30 条第 2 款中作出了一个特别的规定之后，这个自告奋勇就应当仅仅根据第 2 款而不再根据第 1 款进行惩罚了。

(2)不纯正的自告奋勇

79 在有人（或者面对公众，或者面对个人）自告奋勇要实施重罪，并且在这里要么已经坚决地

---

〔99〕 RGSt 57, 243, 245; 60, 23, 25; 63, 197, 199; BGHSt 6, 346, 347; BGH NStZ 1998, 403, 404。

〔100〕 RGSt 57, 243, 245ff. 反对的是 RG GA 1942, 122; BGHSt 18, 388。

〔101〕 BGH GA 1963, 126, 127，对应的是第 218 条（旧版本）的案件。

〔102〕 完全是主流意见；不同的意见，仅仅是 Tröndle/Fischer[50]，§30, Rn. 10。与本书一致的，例如，Jescheck/Wergend, AT[5]，§ 65 III 3 a. E.; Letzgus, 1972, 94, Fn. 27; Maurach/Gössel, AT/2[7], 53/47; Sch/Sch/Cramer/Heine[26]，§ 30, Rn. 23（在 Jescheck 那里，错误地引证为反对意见了）；Schröder, JuS 1967, 291。

〔103〕 这个说法出自 Letzgus, 1972, 98 ff.。

〔104〕 详见 Letzgus, 1972, 98 ff.。

〔105〕 但是，见 H. Mayer, LB AT, 342。

作出了构成行为决定(已经决定实施构成行为的人)或者还不想把他的构成行为决定依赖于对自告奋勇的接受时,就存在了一个不纯正的自告奋勇。〔106〕这种案件是不具有刑事可罚性的。〔107〕在这里,面对一个有待赢取的教唆人,甚至还缺乏一种有意图的意志联系。在这里,仅仅存在着一个不具有刑事可罚性的重罪决定,或者一个单独实行人实施重罪的倾向,它们不具有刑事可罚性是即使对其宣布也不能改变的。更准确地说,这种刑事可罚性是随着这个构成行为决定转化为未遂行为时才开始的。对于不纯正的自告奋勇的刑事可罚性,当然,雅各布斯〔108〕提出了这个理由:一个这样的声明也能够是"在事实上产生关联"的,并且也能够表现为同一种"对规定的否认",就像一种取决于对自告奋勇的接受的愿意那样。但是,这没有说服力:在一个人没有对另一个人负有义务(或者至少是想要承担义务)时,他就能够随时改变自己的意志;并且,在第30条第2款中,惩罚的不是对规定的否认,而是准备的一种特别危险的形式。

(3)愿意声明必须在纯正的自告奋勇的形象中送达接收人吗?

80　原则上,对未遂的教唆适用的,就对纯正的自告奋勇适用,因为在这里根据案件情况涉及的未遂的连锁教唆,遵循的是未遂的教唆的规则。只有在对自告奋勇的刑事可罚性必须要求,愿意声明必须送到接收人的范围内,才应当作出例外。在未遂的教唆中,根据虽然有争议但却是正确的观点,这种送达并不是必需的(边码10以下),而在这里却不同,因为这个自告奋勇人没有对因果过程放手。这意味着:愿意声明的送达对于自告奋勇的两种形式,也有着不同的意义:在接受教唆中,刑事可罚性并不取决于此(边码77),但是,对于纯正的自告奋勇而言就取决于此了。〔109〕因此,策勒州高等法院(《德国法月报》,1991年,第174页)对这种建议声明还没有送达接收人的案件,恰当地拒绝了一个对秘密警察性质的间谍活动(第99条第1款第2项)的自告奋勇。

(4)自告奋勇中的竞合问题

81　愿意声明对于未遂的与完成的构成行为来说,也是辅助性的。另外,在纯正的自告奋勇中的竞合关系,也适用那些对未遂的教唆具有决定意义的规则(边码37以下);愿意声明是未遂的教唆的一种特别情况(边码78)。在这里,只需要很少的补充性注释。在自告奋勇被接受,并且导致自告奋勇人的一个构成行为决定时,就存在着两种具有刑事可罚性的愿意声明:首先是自告奋勇,然后是对通过自告奋勇引起的教唆的接受。在这里,自告奋勇就退居更接近构成行为的对教唆的接受了,因此,只能由于愿意声明而受到惩罚。同样,在愿意声明为约定的准备服务时,就退居约定之后了。如果约定没有形成,那么,自告奋勇根据第30条第2款(不再根据第30条第1款,参见,边码78)而保留了刑事可罚性。只有已经决定实施构成行为的人所做的没有结果的约定未遂,才应当根据第30条第1款加以惩罚,因为这种不纯正的自告奋勇不能处于第30条第2款之下(边码79)。

---

〔106〕"不纯正的自告奋勇"这个说法,出自 Letzgus, 1972, 89,然而,他仅仅提到了已经决定实施构成行为的人的案件。

〔107〕详见 J. - D. Busch, 1964, 187 f.; Letzgus, 1972, 89f. 出自其他文献的,见 Jescheck/Weigend, AT^5, § 65 III 3; Maurach/Gössel, AT/2^7, 53/47; Sch/Sch/Cramer/Heine^{26}, § 30, Rn. 23; Schröder, JuS 1967, 291。

〔108〕Jakobs, AT^2, 27/10。

〔109〕对于这种区分,首先见 Schröder, JuS 1967, 291;跟随他的,见 Jescheck/Weigend, AT^5, § 65 III 3; Letzgus, 1972, 94, Fn. 27。在表明愿意的两个案件中要求的对愿意的表明,还见 Tröndle/Fischer^{49}, § 30, Rn. 10(但是,现在不同的,见 Tröndle/Fischer^{50}, § 30, Rn. 10),在此期间,主流观点在这两个案件中,不认为愿意的表明是必要的:Maurach/Gössel, AT/2^7, 53/47; Sch/Sch/Cramer/Heine^{26}, § 30, Rn. 23。

（六）对自告奋勇的接受（第 30 条第 2 款）

1. 对自告奋勇的接受作为未遂的教唆

对自告奋勇的接受是一个未遂的教唆（参见，前述边码 78）。[110]一个人接受了另一个人想要进行一个重罪的建议，通过把自告奋勇人的构成行为倾向转化为一个坚定的构成行为决定的方式，就对这个自告奋勇人进行了教唆。因此，未遂的教唆的所有规则（边码 9 以下）也适用于这里。一个人接受了另一个人对重罪进行教唆的自告奋勇，根据第 30 条第 2 款的文字，同样是由于对自告奋勇的接受而具有刑事可罚性；在结构上涉及一个未遂的连锁教唆（在《联邦最高法院刑事判例集》，第 10 卷，第 388 页中的案件就是这样）。在每一个案件中，对自告奋勇的接受都是根据第 30 条第 2 款中的特别规定，并且除此之外不再根据第 30 条第 1 款来进行惩罚了。 82

2. 接受自告奋勇作为未遂的心理性帮助？

与此相对，另一种观点的出发点是：随着接受一个自告奋勇，一个未遂的心理性帮助会就其本身[111]或者至少也会同时[112]被宣布为具有刑事可罚性的。在一个已经决定实施构成行为的人自告奋勇，而那个声明的接收人已经认识到这个自告奋勇人作出了构成行为决定，也就是说，通过这个接受只是加强了他的构成行为决定，并且由此提供了心理性帮助的，就存在着这样一种案件。 83

但是，这种观点是应当加以拒绝的。它的不正确性是这样得出的：一个已经决定实施构成行为的人的自告奋勇，作为不纯正的自告奋勇，是不具有刑事可罚性的（边码 79），并且，因此同样不能以具有刑事可罚性的形式被接受。除此之外，在恰恰会把未遂的心理性帮助的一种特别情况在这里宣布为具有刑事可罚性时，而这种帮助在一种仅仅是加强了这个构成行为决定中的刑罚需要性是很可疑的，并且无论如何都是很小的时候（参见，第 26 节，边码 197 以下），这就会严重违背立法者对未遂的帮助免除刑罚的价值决定。虽然正确的是，在人们把这个“对一个自告奋勇的接受”的变化形式仅仅理解为未遂的教唆的特别情况时，它并不具有独立的意义；但是，从法律资料本身又表明，这种变化形式被理解为未遂的教唆，并且仅仅是“为了明确性起见”（参见，注释 110）才被收入法律条文之中。有一种看法认为，随着接受一个自告奋勇，本来就应当也（或者单独）考虑这种未遂的心理性帮助，然而，对此在立法史上并没有提供任何根据。 84

3. 接受一个并不认真的自告奋勇也有刑事可罚性吗？

在第 30 条的这种变化形式中，一个主要争论点在于，认真地接受一个并不认真的自告奋勇的，是否也具有刑事可罚性？《联邦最高法院刑事判例集》，第 10 卷，第 388 页肯定了推翻帝国法 85

---

〔110〕 J. – D. Busch, 1964, 188 f.; Dreher, NiedStrKomm 2, 1958, 211（在其先前观点的任务下，见 1972, 201）; Letzgus, 1972, 96ff.; Maurach/Gössel, AT/2^{7}, 53/48; Schröder, JuS 1967, 290 f.; Jakobs, AT^{2}, 27/9。还有，德国联邦司法部的专家们在大刑法委员会的咨询中，看到了“认定一种提供保障……是一种教唆的特殊形式……，但是，这在清晰性上应当只提到了一半”，NiedStrKomm 2, 1958, Anhang Nr. 42, 121。同样，在 BGHSt 10, 388 中的决定是基于这样的前提的：对一种自告奋勇的认定，就是未遂的教唆。

〔111〕 Blei, NJW 1958, 30; ders., AT^{18}, § 81 II 3; Jescheck/Weigend, AT^{5}, § 65 III 2。

〔112〕 LK^{9} – Busch, § 49 a, Rn. 35 f.; Dreher, 1972, 201; Fränkel, NiedStrKomm 2, 1958, 118; Tröndle/Fischer^{50}, § 30, Rn. 11。

院[113]的司法判决，因此在一部分文献中得到了支持，[114]但是在另一部分中却遭到了反对。[115]反对的意见提出的理由是，在这个与自告奋勇人同一的假定的实行人根本不想实施这个构成行为时，接受一个自告奋勇是完全没有危险的，并且在这里也是不需要刑罚的。与此相对，联邦最高法院指向不适当未遂的基本原则，同时指出，一个对其自告奋勇还不认真的人，“有可能正好通过接受自告奋勇而产生那个认真的决定”（《联邦最高法院刑事判例集》，第10卷，第389页）。

86　结果，应当支持联邦最高法院。因为一个不成功的教唆的刑事可罚性（边码9），也就是说，一个没有人响应的要求的刑事可罚性，是完全没有争论的，并且，一个不适当教唆的未遂的刑事可罚性，至少在绝大多数时是被承认的（边码22以下），所以，正好让一个没有结果的教唆未遂的这种案件不具有刑事可罚性就会是荒谬的。有问题的仅仅是，根据第30条第2款惩罚接受一个并不认真的自告奋勇，就像联邦最高法院想干的那样，是否就是正确的。一个假自告奋勇者，根本就不是第30条第2款意义上的自告奋勇（参见，边码78，76），因此，那种在第30条第2款中规定的接受自告奋勇就几乎不涉及这样的案件。但是，根据第30条第1款对接受者的刑事可罚性仍然存在着：他无论如何都在试图确定自己的声明的接受者去实施一个重罪。[116]

4. 在接受自告奋勇中的竞合问题与错误问题

87　如果接受自告奋勇服务于准备重罪的约定，那么，它在约定达成时就退居于约定之后，并且更加退居这个犯罪的未遂与完成之后。如果这个自告奋勇人是一个已经决定实施构成行为的人（边码79），那么，这个对此不知情的接受者就会由于不适当教唆的未遂，根据第30条第1款而具有刑事可罚性（参见，边码86中不认真的自告奋勇的并行案件）。如果这个自告奋勇人是无罪责能力的，那么，在这个接受者没有认识这个自告奋勇人的罪责无能力时，根据第30条第2款，一种具有刑事可罚性的接受自告奋勇就仍然是可能的；根据限制的附属性原则，一个无罪责能力人也能够被教唆。如果这个接受者看清了这个自告奋勇人的无罪责能力，那么，与此相反，考虑的就仅仅是在间接实行人中的一个未遂了。

（七）未遂的参与中的中止（第31条）

1. 这条规定的类别与适用范围

88　第31条作为中止的条文，基本上处于那个在这里必须提到的未遂理论（第24条）的规定之下。对一个故意的“放弃”意味着什么，它在什么时候是“自愿”的，也就是说，必须在与第24条的关系中进行考察（下文第30节，边码354以下），从而在这里基本上只应当特别对那些在未遂参与的中止中出现的问题进行讨论。的确，对于自愿性标准在第31条的适用上，至少应当从司法判决中举出两个案例。根据《联邦最高法院刑事判例集》，第12卷，第306页，第311页，在密谋者已经考虑两种可能的实施方式，并且在另一种已经证明不可行之后，在没有外部诱因的情况下，从其中的一种退回时，一种从重罪约定中的中止就是自愿的。与此相反，在教唆人只是因为

---

[113] RGSt 1, 338; 57, 243。

[114] Jakobs, AT², 27/9; Lackner/Kühl²⁴, § 30, Rn. 6; Maurach/Gössel, AT/2⁷, 53/48; Otto, ZStW 87 (1975), 569, Fn. 105; Preisendanz³⁰, § 30, Anm. 4 b; Sch/Sch/Cramer/Heine²⁶, § 30, Rn. 24; Schröder, JuS 1967, 294, Fn. 36; Tröndle/Fischer⁵⁰, § 30, Rn. 11。

[115] Blei, NJW 1958, 30; LK⁹ – Busch, § 49 a, Rn. 35; J. – D. Busch, 1964, 190; Jescheck/Weigend, AT⁵, § 65 III 2; Kohlrausch/Lange, StGB⁴³, § 49 a, Anm. V 3; Letzgus, 1972, 184 f.。

[116] 对于根据第30条第1款的刑事可罚性，也见 Blei, NJW 1958, 30; LK⁹ – Busch, § 49 a, Rn. 35，也就是说，这种观点大多都被在注释104中提到的意见的其他代表人搞错了，但是在结论上却导致了一种惩罚。

那封教唆信件落入了诉讼对手手中，因此而努力阻止由他引起的伪证时，一个从教唆未遂中的中止就不是自愿的（图宾根州高等法院，《德国法杂志》，1949 年，第 43 页以下）。

第 31 条的适用范围超过了第 30 条。第 159 条把第 30 条第 1 款、第 31 条第 1 款第 1 项，第 2 项扩展到第 153 条与第 156 条的轻罪构成行为上。此外，这也符合中止规定的意思，这个规定应当相应地适用于那些在分则中作为独立行为构成规定、但没有包含中止条文的准备行为之中。[117] 89

2. 未遂的教唆的中止（第 31 条第 1 款第 1 项）

（1）在教唆未遂中的三种“停止”案件

1）第一种案件是这样的，有人明确拒绝了一个重罪要求，使得教唆人只得停止了继续的努力。这里不是第 31 条第 1 款第 1 项中的情况。这里存在的是落空的教唆未遂，其中的中止是不可能的（关于落空的未遂，见第 30 节，边码 77 以下）。[118] 对于一个失败的未遂，人们是不能“停止”的，就像第 31 条第 1 款第 1 项中要求的那样。没有一种根据第 31 条第 2 款的免除刑罚是在考虑之内的，因为在没有实施构成行为的威胁之处，就不可能有阻止一个构成行为的努力。 90

2）第二种案件存在于，在教唆人确定这个假定实行人去实施构成行为的努力还没有结果，但是，在继续强化中（例如，提高承诺的报酬）却有可能引起一个构成行为决定时。在这里，在教唆人自愿“停止未遂”，也就是说，不再为了他的计划而进行赢得实行人的工作时，根据第 31 条第 1 款第 1 项，对一个免除刑罚的中止就足够了。与此相对，把这个实施单纯向更好时机的推迟，根据司法判决，就像调换一个为了使用暴力而计划的手段（用“恐吓性射击用的自卫手枪取代氯仿*”）一样，都很难算是中止。[119] 91

3）第三种案件的条件是，到目前为止的各种教唆努力，都创设了一种“另一个人实施构成行为的危险”，就像主要是在这个被要求人对实施构成行为表示愿意时一样。在这里，教唆人只有在他“防止……这种危险”时才可能获得无刑事可罚性。这能够以不同的方式实现：教唆人对假定实行人确定，还是不要实施这个构成行为（《帝国法院刑事判例集》，第 56 卷，第 210 页；第 70 卷，第 295 页）；教唆人及时向被害人发出警报（《帝国法院刑事判例集》，第 38 卷，第 255 页）；或者他成功地让警察介入进来。在实行人对实施构成行为还要依赖教唆人的进一步指示时，对其不作为就足够了：这个教唆人还没有最后提出那名由他为虚假陈述确定的证人，从而不能进展到这个构成行为。[120] 详细说来，防止危险的义务还会出现很多问题，这将在下文中（2，3，4）进一步讨论。 92

（2）“另一个人实施构成行为的危险”是否以其构成行为决定为条件？

被要求人的构成行为决定，是一种典型的情况，在其中，免除刑罚的中止与防止危险并且由此与阻止构成行为相联系。但是，这是唯一的情况吗？当《1962 年刑法典草案》的说明[121] 说：“归根到底，只有在被教唆人作出了决定，教唆在这个范围内已经取得了成果时，一个行为才能 93

---

[117] 因此，还有 BGHSt 6, 85, 87 对于第 234 条的案件；其他观点，见 BGHSt 15, 198, 199 对于旧版本的第 122 条第 2 款（今天的第 121 条第 1 款第 2 项），带有一种当然仅仅是为这个行为构成所裁剪的论证。与本书一致的，见 Sch/Sch/Cramer/Heine[26], § 31, Rn. 12；其他观点，见 LK[9] – Busch, § 49 a, Rn. 49。

[118] 参见，对 E 1962 的论证，见 BT – Drucks. IV/650, 155。关于区分落空的未遂与未实行终了的教唆未遂，见 BGHR § 31 I，自愿性，Nr. 3；也参见，BGH NStZ – R R 1997, 260。

* 氯仿（Chloroform）是一种麻醉剂的名称。——译者注。

[119] 关于两种案件的形象，见 BGH NStZ – R R 1997, 134。

[120] BGHSt 4, 200 f.; BGH NStZ – RR 1997, 289。

[121] BT – Drucks. IV/650, 155。

被阻止”,从而提出了这个问题。但是,这是不正确的。在被要求人还处于摇摆之中,或者在一个书信式的教唆未遂还从来没有送达他时,人们就必须考虑这样的可能性,即他将实施这个构成行为。在教唆人开始袖手旁观时,就给予他免除刑罚,这在刑事政策上是没有意义的。更准确地说,人们必须期待他通过主动的阻止性活动来消除所造成的风险。[122]这是立法者赋予的保护法益的义务所要求的,也是法律的文字所要求的:这里说的不是一个构成行为决定的实现,而是一种“危险”应当被防止。实际的结果就是,一个教唆人,对自己努力的成果并不清楚并且也不再继续进行任何工作的,在那个以此为前景的实行人最终拒绝实施这个构成行为时,也要根据第30条第1款使之具有刑事可罚性。在拒绝之前缺少的是阻止性努力;在那之后,停止又不再可能了(边码90)。

(3)“另一个人实施构成行为的危险”应当在客观上还是主观上来确定?

94 第31条第1款第1项意义上的“危险”的存在是取决于现实的实际情况还是取决于教唆人的想象,这个问题是很有争议的。《1962年刑法典草案》的说明在这里是这样说的:[123]这里最重要的“仅仅是,这样一个危险是否真实存在。如果这个教唆人,即使是在可以免责的情况下,对这种危险的存在认识错误,并且出于这个原因没有活动,那么,就不会出现免除刑罚。”这在文献中得到了一部分支持,[124]一部分反对,反对的理由是根据教唆人的想象提出的。[125]一个实际的案件应当说明这种意见分歧:甲要求乙犯重罪,没有能够从他那里获得一个愿意声明。他对继续努力保持不作为,尽管他认为,继续努力会是很有希望的;对于通过乙实施构成行为的危险,他根据眼前事物的状况,认为是不存在的。但是,乙却与甲的预料相反,还是做出了一个构成行为决定,而他后来又放弃了这个决定,以至于从结果上看,什么都没有发生。根据客观的观点,在这里本来存在的是实施构成行为的危险,从而根据第30条第1款,甲就具有了刑事可罚性,因为他没有防止这种危险,并且连防止的努力也没有做出。相反,根据主观的观点,甲已经从教唆未遂中带着免除刑罚的效果而中止了,在他看来,不存在实施构成行为的危险,从而使他单纯的自愿的“放弃”就为他获得了刑罚的免除。

95 主观理论由于三个理由而具有优越性。第一,立法者在把教唆人置于与各种条件相联系的可供选择的举止行为之前时,仅仅以理性的方式把这个关于危险存在的判断作为基础。在停止进一步努力的教唆人,必须还在自己看不到实施构成行为的危险之处考虑一个刑罚时,他本来就必须谨慎地始终作出阻止的努力,从而纯粹“放弃”的这种中止变化形式,就会在实际上消失了。[126]第二,只有主观的观点对那些也适用于根据第22条的未遂的规定是恰当的。那种未终了的未遂(der unbeendete Versuch),在其中,一个单纯的自愿的放弃,根据第24条第1款第1项导向无刑事可罚性,存在于这个实行人**根据自己想象的标准**还没有干完对实施重罪所必需的一切时。[127] 但是,对从未遂中中止适用的内容,必须同样对从未遂的参与中中止具有重要性。否则,

---

〔122〕 参见,Herzberg, NJW 1991, 1637。

〔123〕 BT-Drucks. IV/650, 155。

〔124〕 LK^{9}-Busch, § 49 a, Rn. 45; Maurach/Gössel, AT/2^{7}, 52/62; 还有Tröndle^{49}, § 31, Rn. 4(不同的,见Tröndle/Fischer^{50}, § 31, Rn. 3)。

〔125〕 Herzberg, JZ 1989, 114; Jescheck/Weigend, AT^{5}, § 61 IV 2; Kühl, AT^{3}, § 20, Rn. 258; Lackner/Kühl^{24}, § 31, Rn. 3; Sch/Sch/Cramer/Heine^{26}, § 31, Rn. 3; Bottke, 1980, 54 ff:,虽然在原则上要求一种符合法律字面意思的客观的解释,但是,得出的却是与主观解释相同的结果,在这里,他把教唆人停止自认为已经吸引的危险的,判定为是第31条第2款意义上的“认真的努力”。

〔126〕 也参见,Sch/Sch/Cramer/Heine^{26}, § 31, Rn. 5。

〔127〕 联邦最高法院在JZ 1984, 290, 291中也是根据这种主观标准安排的;当然,这个案件惩罚的是从约定中的中止,第31条第1款第3项。

这个教唆人在可以比较的情况中,就会受到比实行人更坏的处理。〔128〕第三,从第 31 条第 2 款中能够得出结论:立法者在教唆的已终了的未遂(der beendete Versuch)上主观地区分:一个错误地肯定了一个危险并且进行了多余的防止性努力的人,根据第 31 条第 2 款,是不具有刑事可罚性的;但是,同样,在未终了的未遂中,也应当在主观上进行区分,结果是在一个具有刑事可罚性的行为未发生时,从这个教唆人方面发生的自愿放弃就可以导致无刑事可罚性。

(4)应当阻止的危险必须是教唆人自己造成的吗?

这个问题在一个已经决定实施构成行为的人的未遂的教唆中,获得了实际的意义。在这个要求人没有认识到,被要求人已经在教唆行为之前就对这个构成行为作出了决定,并且,他对自己的教唆信件没有得到回答作出的解释是,继续进行确定的努力是必需的并且是会有成果的,因此,在第 31 条第 1 款第 1 项仅仅是要求阻止自己造成的危险时,对这些努力的不作为就给他带来了免除刑罚;这种被要求人威胁的危险不是通过这个要求造成的,从而一个自愿放弃继续努力对于不具有刑事可罚性来说就足够了。另外,在人们让不依赖要求的实施构成行为的危险成为足够时,情况就不同。在这里,只有阻止性的努力才会导致无刑事可罚性;条件是,人们除此之外还把自己置于这样的(应当拒绝的)立场上的:一个危险的存在应当根据客观的而不是主观的标准来判定(参见,边码 94,95)。然而,人们只允许在自己造成的危险中,要求教唆人作出防止性努力。〔129〕这符合一般的归责基本原则,即人们只允许对这些自己参与其产生的危险所造成的后果引出责任。还有,这个法律说明〔130〕也仅仅提到这样的案件,即"这个教唆未遂已经造成了实施构成行为的危险",并且由此把防止性要求的限制在自己造成的危险之内了。 96

(5)限制在准备行为上的第 31 条第 1 款

第 31 条第 1 款第 1 项规定的只是未遂的教唆的中止,这个规定对一个可能的教唆未遂的或者完成的构成行为没有影响的。〔131〕这可以从第 31 条第 1 款的文字中得出,在那里提到的自愿中止的条件并没有规定无刑事可罚性,而是仅仅有限制性地说:"一个人……根据第 30 条不进行惩罚"。也就是说,在一个教唆人在一个时间点上停止了进一步的他认为是必需的影响性努力时,因为这个实行人根据先前的要求已经实施了这个构成行为时,就存在了一个对完成的构成行为的教唆,并且,就不考虑中止了。这甚至适用于,在这个实行人自愿放弃进一步的、在他看来是必需的教唆努力,并且这个实行人也是在那之后才基于开始时的要求而完成这个构成行为时。〔132〕虽然,埃泽尔(Eser)〔133〕想要在这种案件中允许一种免除刑罚的中止,但是,反对的理由认为,根据第 24 条第 1 款第 2 项与第 31 条第 2 款,在已经终了的未遂中,这个结果在原来的实行人行为或者教唆人行为的基础上仍然还是出现的时候,中止努力就不会导致刑罚的免除刑罚。在这里,在一个未终了的教唆未遂导致这个结果时,也不可能是别的样子。如果这个实行人基于这个教 97

---

〔128〕 参见,如先前那样的,见 SK5 – Samson, § 31, Rn. 11。相反(带有进一步的证明),SK7 – Hoyer, § 31, Rn. 2,仅仅确定了这个立法根据对于第 31 条与第 24 条中的不受刑罚都是一样的。

〔129〕 Bottke, 1980, 54; SK7 – Hoyer, § 31, Rn. 11; Sch/Sch/Cramer/Heine26, § 31, Rn. 4;不同的,见 Baumann/Weber, AT10, § 32 II 3(不清楚)。

〔130〕 E 1962, BT – Drucks. IV/650, 155。

〔131〕 与本书一样的,见 SK7 – Hoyer, § 31, Rn. 5; Herzberg, JZ 1989, 119,带有进一步的思考。

〔132〕 参见,仅仅是 Jescheck/Weigend, AT5, § 51 III 3; SK6 – Rudolphi, § 24, Rn. 16; Schmidhäuser, StuB AT2, 11/73; Stratenwerth, AT4, § 11, Rn. 81。详见 Bottke, 1980, 64 ff.,他把这种失败的中止理解为归责问题,并且,由此得出了一定的区别的结论。此外,参见ders., 1979, 538 ff.,在那里,他想要在一种未遂的失败中止(一个实行人或者教唆人)中,把这种主观的归责关系认定为已经中断的,并且,仅仅由于未遂(未遂的教唆),根据情况与一种过失犯罪竞合,加以惩罚。

〔133〕 Sch/Sch/Eser26, § 24, Rn. 24, 82; Eser, StrafR II3, Fall 33, Rn. 47 ff.。

唆而进入未遂阶段，那么，这个教唆人的中止就同样不是根据第 31 条第 1 款第 1 项，而是根据第 24 条第 2 款（对此，见第 30 节，边码 301 以下，307 以下）。

3. 从愿意声明中的中止（第 31 条第 1 款第 2 项）

98 根据第 31 条第 1 款第 2 项，从愿意声明中的中止，除了这个潜在的实行人"停止他的计划"之外，没有别的条件。这其实是不言而喻的，几乎不需要解释。因为这个自告奋勇人就像那个接受要求的人一样（关于这个变化形式，参见边码 74），想要自己实施这个构成行为，所以，在他自愿放弃自己的决定时，也就排除了任何危险。[134]

99 这种中止变化形式的唯一问题是，人们应当在法庭上如何确定这个"放弃"。因为在这里涉及一种难以检查的内心过程，所以很容易产生这种危险，即这些违法者在被发现之后能够这样来避开刑罚，他们以无可辩驳的方式断言，自己已经放弃了他们的构成行为决定。为了避免这种情况，联邦司法部原来建议了一个法律文本。根据这个文本，这个自告奋勇人必须"以明显的方式"放弃自己的计划。这个文本没有得到大刑法委员会的赞同，因为占据主导地位的观点认为，在其中能够看到一种违反罪疑从轻基本原则的举证责任规定。[135] 然而，从"放弃"这个词上就能得出，这种"放弃"必须是向外显露的。这还应当在法律说明中明确地予以澄清。在那里[136] 也是这样写的："中止人……以一种对外可辨认的方式放弃自己的计划"的，这就足够了。

100 然而，这样一种"可辨认性"的必要性不能硬加进法条之中。放弃一个决定与其外在的可辨认性，就像一个构成行为决定的作出与其对外显露一样，是两回事。这个自告奋勇人是否放弃了自己的计划，这个问题是处于法官对证据的自由评判之下的。这种中止变化形式的可行性由此会被"认真质疑"的担心，[137] 是有些过分了。允许对一个计划是"放弃"还是"继续存在"得出结论的情况证据，在这里，并不比它们在确认内心案件事实中通常的情况那样，来得更不确定。因此，反对这个计划自愿放弃的观点认为，这个被告人在构成行为的准备时就被发现或者失败了，同时，中断许诺结果的准备，或者在本来根据愿意声明至少应当期待准备性活动时却保持不活动的，就表明是一个自愿的中止。

4. 从约定中的中止（第 31 条第 1 款第 3 项）

（1）阻止构成行为的必要性

101 从一个约定中退出的，人们并不能就消除刑事可罚性。更准确地说，立法者要求——就像在多人的未遂中根据第 24 条第 2 款第 1 项那样——中止人要阻止这个构成行为。这里根据的思想是，"另一个人实施构成行为的危险"（第 31 条第 1 款第 1 项），在这样一种案件中，总还是存在的，并且，就像在未遂的教唆中那样，在中止人想要获得刑罚的免除时，就必须由他来排除。如果他没能成功地阻止构成行为，那么，他虽然由于提前退出而不是作为共同实行人，但是还要由于约定而根据第 30 条第 2 款来具有刑事可罚性。当然，在这个构成行为"不依赖于他先前的举止行为而实施"时，他认真地阻止构成行为的努力，根据第 31 条第 2 款，能够帮助他免除刑罚。在后来的离开者原先教唆另外那个把构成行为进行至底的人，并且已经将其赢得作为共同实行人时，这样一种可能性就被排除了；在这里，他的贡献继续起了作用。相反，在那个退出者从自己那方面，是被一个已经决定实施构成行为的人招募来的，并且又很快自愿退出时，他就能够根据第 31 条第 2 款，在他徒劳地努力阻止构成行为时，获得无刑事可罚性。在这里，这个另外的人实

---

〔134〕对于这种形式的一个案件，参见 BGHR StGB，§ 31 I，Aufgeben，Nr. 1；OLG Hamm NStZ – RR 1997，133。

〔135〕NiedStrKomm 2，154。

〔136〕E 1962，BT – Drucks. IV/650，115。

〔137〕Sch/Sch/Cramer/Heine^{26}，§ 31，Rn. 8。另外，Crame/Heine 同意了本书所代表的观点。

施了这个构成行为，不依赖于他先前同谋的举止行为。

(2) 阻止构成行为的形式

在通常情况下，阻止构成行为是由中止人主动活动的[138]（关于主动阻止构成行为的各种可能性，参见，边码 92）。但是，在他知道，这个构成行为没有他就不可能被实施时，这个中止人自己保持不活动也就足够了，[139]因为他，例如，可能是唯一能够打开保险箱的人，或者只有他认识那个预期的被害人。一个阻止甚至存在于这样的情况下，在有人脱离了其同伙并且正确地认为，他们不会考虑这个构成行为没有他就不能实施时。[140]联邦最高法院认为（《法学家报》，1984 年，第 290 页，第 291 页），他通过没有作出自己的构成行为贡献，已经做了在他看来为阻止这个犯罪行为所必需的一切。 102

(3) 不顾想象的阻止而实施构成行为

在那个从约定中中止的人的确接受了不法时，只要在这个约定中，其他人没有他就不能或者不愿意实施这个构成行为的，那么，他通常还是具有刑事可罚性的。如果他已经在那些没有他就实施了构成行为的人中，原本就为这个重罪赢得了一个（或者几个）人了，那么，甚至就还存在着一个对完成的构成行为的教唆（参见，边码 97）。如果这个实施构成行为的人本来就是一个已经决定实施构成行为的人，那么，在没有能够成功阻止构成行为的退出者中，就存在着一个由于约定（第 30 条第 2 款）的刑事可罚性。第 31 条第 1 款第 3 项的条件并不存在，并且，在人们仅仅带着这种想法，这个人不会实施这个构成行为，而撤离一个已经决定实施构成行为的人时，也很难谈得上一种第 31 条第 2 款意义上的“认真的努力”。最多，一种根据第 31 条第 2 款的免除刑罚，会在下列情况下被考虑。这时，这个退出者不知道另一个人是一个已经决定实施构成行为的人，并且，他认为通过自己的退出就已经阻止了这个构成行为时。[141]是否给予中止的优惠，取决于人们是否在前面提到的条件下，能够对自己退出的人适用“认真的努力”。 103

(4) 在其他形式中或者与其他密谋者实施构成行为

极大的困难出现在这个案件上，即这个撤离人通过自己的退出或者也通过额外的阻碍活动，使这个构成行为的实施不可能在原来计划的形式中进行，但是，不能避免它以其他的方式被实施。联邦最高法院正确地把在这种案情中“构成行为是否被阻止”的问题，取决于这个已经实施的构成行为是否能够与原来计划的视为同一个。“一个构成行为的参与人，在他的构成行为贡献得以中性化之后，原来的行为计划以变化的形式继续下去，而这个接着发生的构成行为事件的确在对象、手段或者其他空间—时间的形态方面，都与原先约定的构成行为计划大相径庭，以至于表现为……这个构成行为实施人的过限，这时，他因此也在这里能够在没有继续进行阻碍的努力中，就获得刑罚的免除。”[142]这个为在教唆中的实行人过限而发展出来的基本原则（第 26 节，边码 109 以下）在这里也能够相应地得到适用。当然，司法判决并不总是明确地对此表示接受。联邦最高法院，《刑法新杂志》，1987 年，第 118 页涉及了这样一个案件：被告人作为三名约定者之一已经从这个联系中退出，第二个人也接着同样退出了，并且，是在后来才被第三个人通过一笔赠款与作为替补者又重新赢回去的。在这里，这个法庭仅仅考查了第 31 条第 2 款（“不依赖于 104

---

〔138〕 BGHSt 32, 133, 134; BGHR StGB, § 31 I, Untätigbleiben, Nr. 1。

〔139〕 参见，BGH GA 1974, 243 zu § 49 a IV a. F. m. Anm.。Blei, JA 1974, 675 f.，在这里，应当拒绝一种联系的理由，只能是这个被害人反正是受到了另外一个密谋同伙的威胁；Kühl, AT3, § 20, Rn. 260。

〔140〕 因此，还有 BGHSt 32, 133; BGH JZ 1984, 290 m. Anm. Kühl, aaO., 292 对两个判决；关于最后提到的决定（在实质上是同意的），见 Küper, JR 1984, 265。在同样的意义上，见 BGH NStZ – RR 1997, 289。

〔141〕 因此，还有 BGH NStZ 1987, 118。

〔142〕 BGH NStZ 1992, 537f.。

其过去的举止行为”)，而没有检查这个已经实施的构成行为是否还是原先计划的那个。只有先假定这种构成行为的一致性，才能使通往第31条第2款中这种变化形式的道路没有障碍。无论如何，人们承认，一个构成行为的一致性总是在这种情况下会被排除，这时，“这个构成行为计划是以一个共同实行人的退出被另一个共同实行人首先放弃为基础的，但是，这另一个共同实行人后来又基于一个新的构成行为决定去实施了这个构成行为。”〔143〕

105　但是，在两个共同实行人中有一个退出而另一个却坚持计划并且独自实施了这个构成行为时，情况就又不同了。在一个由联邦最高法院〔144〕决定的案件中，兄妹二人为了杀害自己的父亲而去探望他。那个本来应当刺杀父亲的哥哥放弃了这个计划，接着妹妹就带着杀害的目的刺向父亲，但仅仅是刺伤了他。在这里，联邦最高法院认为涉及的是同一个构成行为(因为根据构成行为计划，也可以通过妹妹来进行杀害行为并没有被排除)。因为哥哥的构成行为贡献(制定构成行为计划、探望父亲)继续起着作用，所以，联邦最高法院甚至肯定了哥哥的共同实行人身份(更正确的会是由于帮助而加以惩罚，参见，第30节，边码318)。在这里，哥哥为了获得刑罚的免除，就必须阻止这个构成行为。另一方面，如果根据构成行为计划，会排除直接的杀害行为也可以通过妹妹来进行，那么，就会提出另外一个构成行为。在这里，哥哥就会是免除刑罚的，因为他会通过自己的“放弃”而阻止原先的构成行为。

5. 从接受自告奋勇中的中止(第31条第1款第3项)

106　尽管接受一个自告奋勇是未遂的教唆的一种特别情况(边码82)，但是，立法者也在这里使免除刑罚取决于对构成行为的阻止；就像在第31条第1款第1项中那样的一种单纯的“放弃”，就不能引起无刑事可罚性。这种区别是这样加以解释的，即在接受者看来始终存在“另一个人实施构成行为”的危险；这个另一个人通过自告奋勇，已经对此表示了愿意。即使在这个(具有刑事可罚性的)接受一个假的自告奋勇中(边码85/86)，那个在接受之后想要以免除刑罚为效果而中止的人，就也必须进行主动的阻止性努力。这些努力虽然不能根据第31条第1款第3项导向免除刑罚，因为没有什么可以被阻止，但是，却可以根据第31条第2款(“这个构成行为可以在没有中止人的协助下而不发生”)。此外，应当对从未遂的教唆中的中止所说的一切，也都能适用于这里(参见，边码90以下)。

6. 自愿与认真的努力(第31条第2款)

(1)第31条第2款的两种变化形式

107　对第31条第1款的阐释就已经把第31条第2款中以替代方式介入的中止可能性包括在这个说明之中了(边码101，103，104，105)。在这里，还应当再一次总结性地指出两种情况典型的使用范围所具有的特征。

108　对于第一种可能性(“这个构成行为可以在没有中止人的协助下而不发生”)，可以考虑两组案件。第一组是，甲先是确定乙去实施这个构成行为，但是，乙后来不是在这个教唆人阻止性努力的影响下，而是出于其他原因才又放弃这个计划的。第二组的情况是，在有人错误地相信已经教唆了另一个人并且现在认真地进行阻止性努力时，然而，那个人根本就没有作出构成行为决定；接受假自告奋勇的案件也属于这个范围(边码106)。

109　第二种可能性(“它在不依赖于其以前的举止行为而被实施”)涉及这样的案件，即实施这个构成行为的人就是一个已经决定实施构成行为的人，〔145〕这个人能够通过想象的教唆人或者那

〔143〕 BGH NStZ 1999，450；同样的还有BGH NStZ 1992，527。

〔144〕 BGH NStZ 1999，449。

〔145〕 在这个意义上，还有BGH NStZ 1987，118。

个约定的伙伴在事后的阻止性努力，也从这个构成行为的实施上离开（边码 103）。在这里，在使用第 31 条第 2 款中，出现了这个困难的附加问题，即那种能够与原先的约定或者未遂的教唆联系在一起的一种心理性帮助，会被赋予什么意义。人们必须说，即使在这个意义存在时，这个构成行为的实施，通过那个已经决定实施构成行为的人也不依赖于这样的影响，从而这些认真的阻止性努力就排除了根据第 30 条的一种刑事可罚性。但是，在通过这个已经决定实施构成行为的人来实施犯罪时，就始终应当考虑，是否并不存在一种对完成的构成行为在心理上的帮助。正确的方式是，这应当加以否认，因为在这个原先的参与人试图使这个实行人重新离开他的计划时，就削弱了一种“对构成行为决定的强化”。[146]

（2）自愿与认真的努力

一个阻止努力在什么时候是“认真的”，具体说来是非常有争议的。然而，这个概念的解释，不应当不同于根据第 24 条第 2 款第 2 项对多人未遂的中止所作的解释；[147]在这里，对于所有原则性的问题，都必须参考这一条处于中心地位的中止规定（参见，第 30 节，边码 301 以下，边码 265 以下）。这里仅仅补充一些个别的决定，在其中，司法判决特别在第 31 条第 2 款（即早先的第 49a 条第 4 款）的框架内讨论了“认真性”。 110

根据联邦最高法院，《戈尔特达默斯刑法精粹杂志》，1965 年，第 283 页，“对约定的不遵守”，也就是不活动，通常还不能算作是认真的努力；必须再加上一种积极的阻止性举止行为。只有在这个不活动人知道，没有他这个构成行为就不能实施时，情况才不一样（参见，上述边码 102）。因此，在联邦最高法院，《戈尔特达默斯刑法精粹杂志》，1974 年，第 243 页以下是这样的：妻子没有开车把丈夫带到约好应当将他谋杀的地方；但是，丈夫却从其他方面得知了这个阴谋。 111

还有这样一个问题也是很难回答的，即这种阻止性努力必须到达什么程度，才是足够“认真的”？根据巴伐利亚州高等法院，《法学评论》，1961 年，第 269 页，第 270 页，“这个悔过者必须完整地干出自己为阻止这个重罪所可能做的一切”。在这里，被告人已经教唆了一个证人去作伪证，但是，后来又试图通过放弃由他提名的那个证人这种方式，来阻止这个构成行为。然而，法官还是询问了这个证人并让他宣了誓，而这个被告人已经无法为阻止这个伪证再做些什么了；然而，这个证人基于法官的警告还是说出了真相。在这里，第 31 条第 1 款的第一种可能性就得到了考虑。但是，这对他来说没有用，因为一个参与人“只是暂时——就像这里一样——想要使其影响的效果成为无害的，但是，后来什么也没做，尽管他认识到，这个重罪的准备通过他继续在起作用，并且直奔实施而去了，”这是不够的。人们必须对此表示赞同。 112

---

〔146〕 关于先前部分与本书偏离的，见 SK^5 – Samson，§ 31，Rn. 16。

〔147〕 同样是这样的，关于自愿的概念，见 BGH NStZ 1998，510。

第九章　未遂的理论

第29节　未　　遂

文献:Bünger, Über Vorstellung und Wille als Elemente der subjektiven Verschuldung, ZStW 6 (1886), 291; Thomsen, Über den Versuch der durch eine Folge qualifizierter Delikte, 1895; Horn, Der Versuch. Begründung einer objektiven Versuchstheorie im Hinblick auf empirische Psychologie und Physopsychologie, ZStW 20 (1900), 309; Kriegsmann, Wahnverbrechen und untauglicher Versuch, 1904; v. Liszt, E., Zur Lehre vom Versuch. Eine Besprechung der in dem Werke Ernst Delaquis': „Der untaugliche Versuch. Ein Beitrag zur Reform der Strafgesetzgebung" (Berlin, 1904) dargelegten Theorie, ZStW 25 (1905), 24; v. Bar, Gesetz und Schuld im Strafrecht. Bd. 2: Die Schuld nach dem Strafgesetz, 1907; Beling, Grundzüge des Strafrechts, [11]1930; Henckel (Hans), Der Gefahrbegriff im Strafrecht, 1930, Neudruck 1977; Robert v. Hippel, Deutsches Strafrecht, Bd. II: Das Verbrechen, 1930, Neudruck 1971; v. Gemmingen, Die Rechtswidrigkeit des Versuchs, 1932; zu Dohna, Der Aufbau der Verbrechenslehre, [3]1947; Bockelmann, Zur Reform des Versuchsstrafrechts, in: ders., Strafrechtliche Untersuchungen, 1957, 150; Niese, Die Rechtsprechung des BGH in Strafsachen (Rechtsprechungsbericht) zu: Bd 6 – 9 der Amtlichen Sammlung – Entscheidungen zum materiellen Strafrecht, JZ 1957, 658; Maihofer, Der Versuch der Unterlassung, GA 1958, 289; Grünwald, Der Versuch des unechten Unterlassungsdelikts, JZ 1959, 46; Stree, Zur Auslegung der §§ 224, 226 StGB (Zugleich ein Beitrag zum Versuch erfolgsqualifizierter Delikte), GA 1960, 287; Schröder, Grundprobleme des Rücktritts vom Versuch, JuS 1962, 81 Lönnies, Rucktritt und tätige Reue beim unechten Unterlassungsdelikt, NJW 1962, 1950; Androulakis, Studien zur Problematik der unechten Unterlassungsdelikte, 1963; Baumann, Täterschaft und Teilnahme, JuS 1963, 85; Reinhard v. Hippel, Untersuchungen über den Rücktritt vom Versuch, 1966; Ulsenheimer, Zur Problematik des Versuchs erfolgsqualifizierter Delikte, GA 1966, 257; Rudolphi, Die Strafbarkeit des versuchten unechten Unterlassungsdeliktes, MDR 1967, 1; Dicke, Zur Problematik des untauglichen Versuchs, JuS 1968, 157; Ulsenheimer, Das Personensorgerecht der Eltern im Widerstreit mit dem Gewissen und dem Strafgesetzbuch. Eine Stellungnahme zum Urteil des OLG Hamm, FamRZ 1968, 221 (Teil 1); 568 (Teil 2); Roxin, Offene Tatbestände und Rechtspflichtmerkmale, [2]1970; Arzt, Die Neufassung der Diebstahlsbestimmungen, JuS 1972, 576; Rudolphi, Inhalt und Funktion des Handlungsunwerts im Rahmen der persönlichen Unrechtslehre, Maurach – FS, 1972, 51; Wessels, Zur Problematik der Regelbeispiele für „schwere" und „besonders schwere Fälle", Maurach – FS, 1972, 295; Blei, Das Wahnverbrechen, JA 1973, 237, 321, 389, 459, 529, 601; Herzberg, Der Versuch beim unechten Unterlassungsdelikt, MDR 1973, 89; ders., Aberratio ictus und abweichender Tatverlauf, ZStW 85 (1973), 867; Tiedemann, Der Versuch der Zweckentfremdung im Steuerstrafrecht, JR 1973, 412; Grünwald, Zum Rücktritt des Tatbeteiligten im künftigen Recht, Welzel – FS, 1974, 701; Kölz – Ott, Eventualvorsatz und Versuch, 1974; Herdegen, Der Verbotsirrtum in der Rechtsprechung des BGH, BGH – FS, 1975, 206; Roxin/Stree/Zipf/Jung, Einführung in das neue Strafrecht, [2]1975; Schilling, Der Verbrechensversuch des Mittäters und des mittelbaren Täters, 1975; Gössel, Dogmatische Überlegungen zur Teilnahme am erfolgsqualifizierten Delikt nach § 18 StGB, Lange – FS, 1976, 219; Maiwald, Literaturbericht Strafrecht – Allgemeiner Teil (Teilnahmelehre), über: Schilling, Der Verbrechensversuch des Mittäters und des mittelbaren Täters, 1975, ZStW 88 (1976), 712; Womelsdorf, Zur

Problematik des Versuchs beim unechten Unterlassungsdelikt, 1976; D. Meyer, Abgrenzung der Vorbereitung vom Versuch einer Straftat, BGHSt 26, 201, JuS 1977, 19; Wolter, Der Irrtum über den Kausalverlauf als Problem objektiver Erfolgszurechnung – zugleich ein Beitrag zur versuchten Straftat sowie zur subjektiven Erkennbarkeit beim Fahrlässigkeitsdelikt, ZStW 89 (1977), 649; Küper, Versuchsbeginn und Mittäterschaft, 1978; Meine, Die Abgrenzung von Vorbereitungshandlung und Versuchsbeginn bei der Hinterziehung von Veranlagungssteuern unter Zuhilfenahme einer falschen Buchführung, GA 1978, 321; Tiedemann, Die Überschuldung als Tatbestandsmerkmal des Bankrotts, Schröder – FS, 1978, 289; Geilen, Raub und Erpressung (§§ 249 – 256 StGB), Jura 1979, 613f.; Küper, Versuchs – und Rücktrittsprobleme bei mehreren Tatbeteiligten, JZ 1979, 775; Roxin, Tatentschluβ und Anfang der Ausführung beim Versuch, JuS 1979, 1; Rudolphi, Zur Tatbestandsbezogenheit des Tatherrschaftsbegriffs bei der Mittäterschaft, Bockelmann – FS, 1979, 383; Sonnen, Abgrenzung zwischen Vorbereitungshandlung und Versuch beim Diebstahl, JA 1979, 334; Tiedemann, Der BGH zum neuen Konkursstrafrecht, NJW 1979, 254; Ulsenheimer, Zur Problematik des Rücktritts vom Versuch erfolgsqualifizierter Delikte, Bockelmann – FS, 1979, 405; Borchert, Unmittelbares Ansetzen durch Aufsuchen des Tatortes, fehlgeschlagener Versuch oder unfreiwilliger Rücktritt, Mittäterschaft des im Fluchtauto wartenden Komplizen, JA 1980, 254; Otto, Versuch und Rücktritt bei mehreren Tatbeteiligten, JA 1980, 641; Puppe, Grundzüge der actio libera in causa, JuS 1980, 346; Backmann, Strafbarkeit des vor Tatbeginn zurückgetretenen Tatbeteiligten wegen vollendeter Tat? – BGHSt 28, 346, JuS 1981, 336; Kühl, Grundfälle zu Vorbereitung, Versuch, Vollendung und Beendigung, JuS 1981, 193; Küper, Versbeginn und Mittäterschaft, ZStW 93 (1981), 879; ders., Objektive und personale Zurechnung von Verhalten, Gefahr und Verletzung in einem funktionalen Straftatsystem, 1981; Stree, Zur Frage, bei welcher Sachlage das Delikt der Strafvereitelung als Wahnvergehen begangen wird, JR 1981, 297; Wolter, Zur Struktur der erfolgsqualifizierten Delikte, JuS 1981, 168; Borchert/Hellmann, Die Abgrenzung der Versuchsstadien des § 24 I 1 StGB anhand der objektiven Erfolgstauglichkeit, GA 1982, 429; Burkhardt, Zur Abgrenzung von Versuch und Wahndelikt im Steuerstrafrecht, wistra 1982, 180; Hruschka, Die Herbeiführung eines Erfolges durch einen von zwei Akten bei eindeutigen und mehrdeutigen Tatsachenfeststellungen, JuS 1982, 317; Cünther, Besprechung von Küper, Versuchsbeginn und Mittäterschaft, 1978, GA 1983, 330; KadeI, Versuchsbeginn bei mittelbarer Täterschaft – versuchte mittelbare Täterschaft, GA 1983, 299; Kühl, Versuch in mittelbarer Täterschaft – BGHSt, 30, 363, JuS 1983, 180; Küper, Der Versuchsbeginn bei mittelbarer Täterschaft, JZ 1983, 361; Lenckner, Betrug gegenüber einem Makler, NStZ 1983, 409; Samson, Irrtumsprobleme im Steuerstrafrecht, in: Kohlmann (Hrsg.), Strafverfolgung und Strafverteidigung im Steuerstrafrecht, 1983, 99; Wolter, Vorsätzliche Vollendung ohne Vollendungsvorsatz und Vollendungsschuld? Zugleich ein Beitrag zum „Strafgrund der Vollendung", Leferenz – FS, 1983, 545; Bloy, Betrug zum Nachteil eines Maklers, JR 1984, 123; Maaβ, Betrug gegenüber einem Makler – BGHSt 31, 178, JuS 1984, 25; Puppe, Der objekcive Tatbestand der Anstiftung, GA 1984, 101; Wolter, Der „unmittelbare" Zusammenhang zwischen Grunddelikt und schwerer Folge beim erfolgsqualifiziertein Delikt, GA 1984, 443; Bloy, Die Beteiligungsform als Zurechnungstypus im Strafrecht, 1985; Herzberg, Die lebensgefährliche Verwechslung oder der wütende Dackel – Ein Bericht über eine strafrechtliche Examensklausur, JuS 1985, 708; Armin Kaufmann, „Objektive Zurechnung" beim Vorsatzdelikt?, Jescheck – FS, Bd. 1, 1985, 251; Kratzsch, Verhaltenssteuerung und Organisation im Strafrecht, 1985; Nierwetberg, Der strafrechtliche Subsumtionsirrtum – Tatbestands – oder Verbotsirrtum, Wahndelikt oder untauglicher Versuch?, Jura 1985, 238; Otto, Der Versuch des erfolgsqualifizierten Delikts, Jura 1985, 671; Fabry, Der besonders schwere Fall der versuchten Tat, NJW 1986, 15; Jakobs, Zu den Voraussetzungen einer Verurteilung wegen Körperverletzung mit Todesfolge, JR 1986, 380; Küpper, Anspruch und wirkliche Bedeutung des Theorienstreits über die Abgrenzung von Täterschaft und Teilnahme, GA 1986, 437; Maier, Die mittelbare

Täterschaft bei Steuerdelikten, MDR 1986, 358; Reiβ, Zur Abgrenzung von untauglichem Versuch und Wahndelikt am Beispiel der Steuerhinterziehung, wistra 1986, 193; Rengier, Erfolgsqualifizierte Delikte und verwandte Erscheinungsformen, 1986; Sternberg - Lieben, Versuch und § 243 StGB, Jura 1986, 183; Valdάgua, Versuchsbeginn des Mittäters bei den Herrschaftsdelikten, ZStW 98 (1986), 839; Kuhlen, Die Unterscheidung von vorsatzausschlieβendem und nicht vorsatzausschlieβendem Irrtum, 1987; Laubenthal, Der Versuch des qualifizierten Delikts einschlieβlich des Versuchs im besonders schweren Fall bei Regelbeispielen, JZ 1987, 1065; Frisch, Tatbestandsmäβiges Verhalten und Zurechnung des Erfolgs, 1988; Papageorgiou - Gonatas, Wo liegt die Grenze zwischen Vorbereitungshandlung und Versuch?, 1988; Stein, Die strafrechtliche Beteiligungsformenlehre, 1988; Naka, Der Strafgrund des Versuchs, in: Hirsch/Weigend (Hrsg.), Strafrecht und Kriminalpolitik in Japan und Deutschland, 1989, 93; Puppe, Urkundenechtheit bei Handeln unter fremdem Namen und Betrug in mittelbarer Täterschaft - BayObLG, NJW 1988, 1401, JuS 1989, 361; Stoffers, Mittäterschaft und Versuchsbeginn, MDR 1989, 208; Struensee, Versuch und Vorsatz, Armin Kaufmann - FS, 1989, 523; Weigend, Deliktsopfer und Strafverfahren, 1989, 117; Zaczyk, Das Unrecht der versuchten Tat, 1989, 311; Küpper, Fahrlässige Brandstiftung mit tödlichem Ausgang, JuS 1990, 184; Heidingsfelder, Der umgekehrte Subsumtionsirrtum, 1991; Vehling, Die Abgrenzung von Vorbereitung und Versuch, 1991; Eschenbach, Zurechnungsnormen im Strafrecht: BGH v. 11. 7. 1991 - 1 StR 357/91 -, Jura 1992, 637; Küper, „Teilverwirklichung“ des Tatbestandes - ein Kriterium des Versuchs? - Zugleich eine Besprechung des BGH - Urteils vom 16. 1. 1991 -, JZ 1992, 338; Mitsch, Sturz aus dem Fenster: BGH, Urt v. 17. 3. 1992 - 5 StR 34/92 = NJW 1992, 1708, Jura 1993, 18; Puppe, Vorsatz und Zurechnung, 1992; Vogel, Norm und Pflicht bei den unechten Unterlassungsdelikten, 1993; Vogler, Der Beginn des Versuchs, Stree/Wessels - FS, 1993, 285; Hauf, Neuere Entscheidungen zur Mittäterschaft unter besonderer Berücksichtigung der Problematik der Aufgabe der Mitwirkung eines Beteiligten während der Tatausführung bzw. vor Eintritt in das Versuchsstadium: Zugleich eine Besprechung der Urteile des BGH, NStZ 1991, 280 und NStZ 1993, 489; NStZ 1994, 263; Krüger, Der Versuchsbeginn bei mittelbarer Täterschaft. Eine strafrechtlich - rechtsphilosophische Untersuchung, 1994; Niepoth, Der untaugliche Versuch beim unechten Unterlassungsdelikt: 1994; ders., Der untaugliche Versuch beim unechten Unterlassungsdelikt, JA 1994, 337; Erb, Zur Konstruktion eines untauglichen Versuchs der Mittäterschaft bei scheinbarem unmittelbarem Ansetzen eines vermeintlichen Mittäters zur Verwirklichung des Straftatbestandes: Zugleich eine Besprechung des BGH - Urteils vom 25. 10. 1994, NStZ 1995, 424; Ingelfinger, „Schein" - Mittäter und Versuchsbeginn, JZ 1995, 704; Joerden, Scheinmittäter und Versuchsbeginn, JZ 1995, 735 f.; Jung, Strafbarkeit des untauglichen Versuchs bei vermeintlicher Mittäterschaft, JuS 1995, 380; Kühne, Strafbarkeit der versuchten Mittäterschaft?, NJW 1995, 934; Küpper/Mosbacher, Untauglicher Versuch bei nur vermeintlicher Mittäterschaft - BGH, NJW 1995, 142, JuS 1995, 488; Zieschang, Mittäterschaft bei bloβer Mitwirkung im Vorbereitungsstadium, ZStW 107 (1995), 361; Sancinetti, Subjektive Unrechtsbegründung und Rücktritt vom Versuch, 1995; Ahrens, Vermeintliche Mittäterschaft und Versuchsstrafbarkeit, JA 1996, 664; Behm, Nichtzahlung des Lohns für „Telefonsex": Betrug, versuchter Betrug oder Wahndelikt? - Zugleich Besprechnung von LG Mannheim, NJW 1995, 3398 -, NStZ 1996, 317; Dencker, Kausalität und Gesamttat, 1996; Radtke, An der Grenze des strafbaren untauglichen Versuchs, JuS 1996, 878; Roxin, Zur Mittäterschaft beim Versuch, Odersky - FS, 1996, 489; Scheffler, Von Telefonsex, Sittenwidrigkeit und Betrug, JuS 1996, 1070; Schlehofer, Vorsatz und Tatabweichung, 1996, 20; Zopfs, Vermeintliche Mittäterschaft und Versuchsbeginn, Jura 1996, 19; Abrahams/Schwarz, Nichtzahlung des Entgelts für „Telefon - Sex“ - Vollendeter Betrug, untauglicher Versuch oder Wahndelikt?, Jura 1997, 355; Fahl, Abgrenzung von Vorbereitung und Versuch, JA 1997, 635; Küper, Der Rücktritt vom „erfolgsqualifizierten Versuch“, JZ 1977, 229; Streng, Der Irrtum beim Versuch - ein Irrtum? Ein Beitrag zur Struktur des Versuchstatbestands, ZStW 109 (1997), 862; Buser,

Zurechnungsfragen beim mittäterschaftlichen Versuch, 1998; B. Heinrich, Die Abgrenzung von untauglichem, unverständigem und abergläubischem Versuch, Jura 1998, 393; Krack, Der Versuchsbeginn bei Mittäterschaft und mittelbarer Täterschaft, ZStW 110 (1998), 611; Malitz, Der untaugliche Versuch beim unechten Unterlassungsdelikt, 1998; Rath, Grundfälle zum Unrecht des Versuchs, JuS 1998, 1006, 1106; Schliebitz, Error in persona, JA 1998, 833; Weber, Probleme der Versuchsstrafbarkeit bei mehreren Tatbeteiligten, Lenckner – FS, 1998, 435; Wolters, Versuchsbeginn bei Einsatz eines sich selbst schädigenden Tatmittlers, NJW 1998, 578; Beier, Die versuchte Tötung durch Einsatz einer Giftfalle – BGHSt 43, 177, JA 1999, 771; Böse, Der Beginn des beendeten Versuchs: Die Entscheidung des BGH zur„ Giftfalle“: JA 1999, 342; Herzberg, Mordauftrag und Mordversuch durch Schaffung einer Sprengfalle am falschen Auto, JuS 1999, 224; ders., Vollendeter Mord bei Tötung des falschen Opfers?, NStZ 1999, 217; Krack, Mordauftrag und Mordversuch durch Schaffung einer Sprengfalle am falschen Auto, JuS 1999, 832; Murmann, Versuchsunrecht und Rücktritt, 1999; Rath, Grundfalle zum Unrecht des Versuchs, JuS 1999, 32; 140; Streng, Wie „objektiv“ ist der objektive Versuchstatbestand?, Zipf – FS, 1999, 325; Bottke, Untauglicher Versuch und freiwilliger Rücktritt, BGH – FG, Band 4, 2000, 135; Gorka, Der Versuchsbeginn des Mittäters, 2000; Jäger, Freiwilligkeit des Rücktritts: Beginn des Versuchs, Anmerkung zum BGH – Urteil v. 22. 4. 1999 – 4 StR 76/99, NStZ 2000; 415; Küper, Der Rücktritt vom Versuch des unechten Unterlassungsdelikts, ZStW 112 (2000), 1; Herzberg, Zur Strafbarkeit des untauglichen Versuchs, GA 2001, 257; ders., Der Versuch, die Straftat durch einen anderen zu begehen, Roxin – FS, 2001, 749; Hillenkamp, Zur „Vorstellung von der Tat“ im Tatbestand des Versuchs, Roxin – FS, 2001, 689; ders., 32 Probleme aus dem Strafrecht. Allgemeiner Teil, 10 2001; Hirsch, Untauglicher Versuch und Tatstrafrecht, Roxin – FS, 2001, 711; Lüderssen, Irrtum und Prävention, Roxin – FS, 2001, 456; Mir Puig, Untauglicher Versuch und statistische Gefährlichkeit im neuen spanischen StGB, Roxin – FS, 2001, 729; Ambos, Der Allgemeine Teil des Völkerstrafrechts, 2002, 725; Guhra, Das vorsätzlich – tatbestandsmäβige Verhalten beim beendeten Versuch, 2002; Hardtung, Versuch und Rücktritt bei den Teilvorsatzdelikten des § 11 Abs. 2 StGB, 2002; Heckler, Die Ermittlung der beim Rücktritt vom Versuch erforderlichen Rücktrittsleistung anhand der objektiven Vollendungsgefahr, 2002; M. – K. Meyer, Das Unmittelbarkeitsprinzip am Beispiel des Versuchs, GA 2002, 367; Schliebitz, Die Erfolgszurechnung beim „miβlungenen“ Rucktritt, 2002.

一、未遂的定义和刑罚基础

(一)未遂的概念

1 **未遂是一种以行为人的想象为基础加以判断的、借助真实手段引起的接近构成行为的危害,或者,是在行为人事前可以认识的无危险性中的确肯定会发生的一种接近行为构成并且根据立法者的判断或多或少地动摇了法律的违反规范**。这个描述并不标志着未遂具有不依赖于法律的“本质”,相反,这个描述是符合现行法律(第22条,第23条)的规定与由此引导出来的未遂的刑罚基础。

2 首先,未遂是一种**借助实现行为构成的故意而实施的接近行为构成的行为**。从第22条能够推断出,未遂要求一种为了实现行为构成的直接着手。在这种“直接着手”之前存在着的是——构成行为的准备——,也就是说,还不是未遂。在区分准备与未遂之中,存在着第22条的重点。与该节的标题不符的是,第22节并没有包含自身在概念上的确定性。但是,无论如何,从这个“着手公式”中,人们还是能够推断出未遂定义的本质因素。

就像人们能够从第 22 条中推断的那样,这个接近行为构成的行为必须**以行为人的想象为基础**("根据其对构成行为的想象"〔1〕)来查明。从这个概念性因素中,能够推断出未遂的三点重要内容: 3

1)各个未遂首先是以一种指向完成这种犯罪的**构成行为决定**为条件的。这种构成行为决定(等于故意),虽然不同于第 22 条涉及的"对构成行为的想象",〔2〕但是,这种故意的意识因素符合了这个构成行为的行为人所具有的想象。一个仅仅过失地创设了一种接近行为构成危险的人,就是还没有根据自己实现这个行为构成的想象而着手,因为他要么没有看到这种危险(无意识的过失),要么相信这种危险不会真的实现(有意识的过失)。也就是说,在德国法律中并没有过失性未遂。那种未遂最多只能被归入危险犯罪之中(例如,过失性危害道路交通,第 315 c 条第 3 款)。 4

2)但是,"对构成行为的想象"不仅只是指出了故意的一部分因素,而且也指出了这个故意的实现种类和方式。在有人用枪瞄准另一个人时,也就是说,一个杀人未遂的存在,不仅取决于这是以杀人的故意还是出于威胁的目的来进行的,更准确地说,这还取决于这个行为人——在现有的故意中——是立即还是其后的一段时间里,例如,在争吵很长时间之后,才想要扣动扳机的。在第一种案件中,因为有瞄准,所以就存在着未遂;在第二种案件中——由于缺少接近行为构成,因此未遂就还不存在。也就是说,未遂的存在虽然是**根据客观标准**来判定,但是,应当以**主观判断为基础**。这种"对构成行为的想象"因此也就包括了这个行为人"对过程的想象",也就是他的构成行为计划。〔3〕 5

3)最后,从根据行为人想象的安排中,也产生了对**各种形式的不适当未遂的刑事可罚性**。〔4〕在有人怀着谋杀目的,把一种明显无害的、但行为人却认为是致命的药物放入他人的咖啡之中时,他由此并没有在事实上,而仅仅是根据自己对实现这个行为构成的想象去直接着手的。根据不仅第 22 条还有第 23 条第 3 款,人们可以得出这个结论:根据现行法律,这是一种具有刑事可罚性的未遂。在这里,人们会承认,这种特别愚蠢的不适当未遂,为法官在刑罚方面提供了很大的裁量空间,而这至少是以应当认定一种在原则上具有刑事可罚性的未遂为条件的。在第 22 条中应当得到的情况中,也的确能够得出这个法律根据。〔5〕 6

这里所描述的危害,必须是**接近行为构成的,还不一定是接近法益的**;这时必须存在一种"对实现行为构成"的直接着手(第 22 条)。也就是说,未遂的刑事惩罚的基准点,不是受保护的法益,而是行为构成。这一点非常重要,因为这样一来,从受保护的法益方面考虑,在行为还远远地处在准备阶段之中时,这些行为就也有能够是未遂了。因此,在行为人着手伪造的动作时,就存在着一种具有刑事可罚性的伪造货币(第 146 条)的未遂;但是,那种受保护的法益——货币——最早也要在假币投入流通时才会受到损害。 7

最后,未遂只有在行为人为了达到自己的目的而使用真实的手段时才存在。**那种使用非真实手段的迷信性未遂**(例如,使用巫术伤害他人的努力),从一开始就**不具有刑事可罚性**。虽然从法律的文字中并没有得出这个结论,第 23 条第 3 款在理论上也包含了这种迷信性未遂,但是, 8

---

〔1〕 对"构成行为的想象"的一个原则性分析,以立法以及司法判决为背景,见 Hillenkamp, Roxin - FS, 2001, 689。

〔2〕 详见 Hillenkamp, Roxin - FS, 2001, 700 ff.。

〔3〕 详见 Hillenkamp, Roxin - FS, 2001, 703 f.。

〔4〕 详见 Hillenkamp, Roxin - FS, 2001, 690 ff., 699。

〔5〕 E 1962,143:"这种不适当未遂是应当受刑事惩罚的……在这个草案中,通过第 26 条第 1 节(今天经过修改的第 22 条的文字)的文本可以看到:那些仅仅根据行为人的想象进行的行为……也构成了这种实行的开始,在原则上由于未遂而导致了刑事惩罚。

从未遂的刑罚基础中应当推断出,这种类型的行为在任何情况下都不能引起一种对刑罚的需要。只有在向真实基础上运动时,现代的刑法才会认为一种以实现行为构成为指向的活动是值得与之斗争的。在迷信性未遂中,不仅缺乏创设一种在法律上不允许的风险,以标志那种危险的未遂,而且也缺乏对和平的扰乱("动摇法律的违反规范"),以提供对无危险未遂的刑事可罚性的基础。

(二)未遂的刑罚基础

9 未遂的刑罚基础涉及到一个问题:立法者为什么要把指定范围内的未遂置于刑罚之下?对这个问题的回答是非常有意义的,因为它为未遂理论的许多问题提供了解释性帮助,也为各种在法政策上对未遂刑事可罚性的判断提供了基础。我在下面首先要概述我的个人观点,然后再进一步与各种最主要的不同方案进行深入的讨论。

1. 联合理论:未遂作为接近构成行为的危害或者接近构成行为并动摇法律的违反规范

10 这个标题用流行的说法来表示,能够用一句话这样表达:未遂的刑罚基础存在于一般预防或者特殊预防的刑罚需要上,这通常是从故意的接近构成行为的危害中推导出来的,在例外情况下,也能够从一个接近构成行为的行为中表现出来的动摇法律的违反规范中推导出来。

11 这个观点的特征就存在于它**将未遂的刑罚基础追溯到两个不同的根源上**。首先,它是按照接近构成行为的危害来安排的,这就给适当的、但也是有危险的不适当的未遂,并且由此在最多数量上给所有的未遂,都进行了标记。因为未遂的危险性只能在事先进行判断——事后会证实各种失败的未遂都是无危险的——所以,只要一个有洞察力的第三方判断者,看出行为人的目的并且拥有能够的专门知识,一定算计到了这个结果的发生,那么,一个不适当的未遂也会是有危险性的。也就是说,有人在杀人目的中扣动左轮手枪的扳机,但在那里不能认识到一个第三人已经为他偷偷地退出了子弹,这就是一个危险的未遂,即使是一种借助不适当手段来实施的未遂。这就是那种在1930年左右居于统治地位的,以冯·李斯特(v. Liszt)和冯·海波尔(v. Hippel)为代表的新的危险性理论作出的判断(详见,边码27以下),并且,这在最新的讨论中——虽然有种种其他的分歧——希尔施(Hirsch),〔6〕米尔·普伊格(Mir Puig)〔7〕和赫茨贝格〔8〕又这样看了。

12 只有在上文提到的明智的第三方判断者已经在事前认识到一个不适当未遂不能导致结果时,这个未遂才是无危险的。这存在于,例如,使用根据一般认为是无害的手段去投毒的未遂,或者这个视力特别差的行为人对一个任何视力正常的人都能轻松看出来的木偶人实施的杀人未遂。根据现行法律,这种无危险的不适当未遂也是具有刑事可罚性的,就像这样得出的结论:第22条是单独按照行为人的主观想象安排的,第23条第3款甚至将严重不明智的未遂宣告为在原则上是具有刑事可罚性的。这个刑事可罚性不再能够从危害意图(Gefährdungsgedanke)中得到说明,而只能由此宣告:在有人将一个犯罪决定转化为一种实施时,即使这是无危险的,立法者也已经——或多或少地——将其认定为需要刑罚了。立法者在这里看到了一个动摇法律的违反规范,并同样作为一种在能够情况下就具有刑事可罚性的未遂来加以判定。

---

〔6〕 Hirsch, Roxin-FS, 2001, 711。
〔7〕 Mir Puig, Roxin-FS, 2001, 729。
〔8〕 Herzberg, GA 2001, 257。

在这里,也就是说,在我们面前的就是一个**二重性的方案**。[9]危害原则在这里的确享有绝对的优先地位,就像人们能够从以下四个原因中看出的那样(边码14~17)。立法者的权利在此是毋庸置疑的,包括在动摇法律的违反规范的观点下,把无危险的未遂宣告为在原则上具有刑事可罚性的权利(边码18-24)。 13

第一,未遂能够受到比既遂更轻微的惩罚(第23条第2款),这个情况说明了危害意图是未遂的首要基础。危害(Gefährdung)与损害(Verletzung)相比是比较轻微的,这也是我们的刑法在其他情况下贯彻的一种意图;例如,与相应的损害犯罪相比,对故意的危害犯罪就会受到较轻的惩罚,或者,对过失的危害就基本不进行惩罚。相反,如果"违反规范"的意图处于惩罚所关心的中心地位,那么,与此一致的就会是应当对未遂和既遂在原则上同样给予惩罚,在犯罪意志方面,既遂与未遂并没有什么区别。 14

第二,在对未遂的惩罚中,危害意图的优先意义能够使以满足构成行为为目的但是,又明显无害的行为,在极其有限的范围内受到处罚或者完全不受处罚,就像严重不明智的未遂(第23条第3款)以及迷信未遂(边码8)中展示的那样。与此相反,在这里也存在着根据行为人的想象进行的实施犯罪的行为;如果在这种主观要件中(在"违反规范"中)存在着未遂基本的刑罚基础,那么,一种如此大规模地取消刑事可罚性就会是荒谬的。 15

第三,那种在法律中经常见到的对准备行为的惩罚,也只能这样解释:虽然离结果还有很大距离,立法者还是将准备行为视为特别危险的。例如,当这个重罪约定与一个单独行为人在强有力的准备行为中表现出来的犯罪决定相反而具有刑事可罚性时(第30条第2款),这就是以那个来自允诺的义务即意志联系的特别危害为依据的(详见,第28节,边码5,8,43)。在犯罪意志与接近行为构成方面,这二者的举止行为方式并没有区别,从而不能由此说明它们在法律上受到的不同对待。但是,如果对危害意图的准备行为的惩罚明显地处于中心地位,那么,对未遂的刑罚基础适用其他完全不同的标准,就会是一种评价上的矛盾。 16

第四,只有危险未遂的刑事可罚性才能与我们刑法的法治国与信条学的基础毫无问题地协调一致,同时,无危险未遂作为信条学的特点需要另外的正当性(边码18以下)。德国犯罪法是一个行为构成刑法。[10]适当的未遂就像危险的不适当的未遂一样,坚守在与此有关的框架之内:这个适当的未遂是一个几乎得到满足的行为构成,也是一个自此一类(sui generis)的危害犯罪行为,与具体的危害犯罪相似[11]并且因此算作一种得到承认的犯罪形式。与此相符的是,适当的未遂就像危害一样,都是到达既遂的一个必经阶段。这个危险的不适当的未遂总是与一个抽象的危害犯罪相似,因为在一个判断中,事后的一种实现行为构成必须显现出认真的能够性来。[12]无危险的未遂缺乏所有这些条件,既没有行为构成意义又没有危险,不能进一步引导出其他什么来。符合客观归责[13]中构建行为构成理论的,也只有危险的未遂[14]了,危险的未遂创设了一种不允许的风险,而这正好是无危险的未遂所缺乏的。 17

---

〔9〕 本书所代表的"联合理论"涉及到我在 Nishihara - FS, 1998, 157 ff. 发表过,又在 Heckler, 2002, 65 ff. 扩充的这个方案先前的文本。

〔10〕 参见,Roxin, AT1^3, § 10, Rn. 2。

〔11〕 同一性并不存在。在具体的危害犯罪中——仅仅是为了称呼一种偏离——这个结果只是偶然地没有出现(参见 Roxin, AT 1^3, § 11, Rn. 117),与此同时,在适当未遂中,这种失败是以有计划的防止行为为基础的。

〔12〕 这里也不存在同一性,因为在抽象的危害犯罪中,这种可能陷入陷入危险之中的法益是完全不包括在行为构成之中的。这种与具体和抽象的危害犯罪的比较,见 Mir Puig, Roxin - FS, 2001, 744。类似的,见 Kratsch, JA 1983, 420 ff.; 578 ff.; ders., 1985, 63, 430。

〔13〕 对此,Roxin, AT 1^3, § 11。

〔14〕 类似的,见 Weigend, 1989, 127。

18 另一方面,这种无危险的未遂与有危险的未遂之间,还是有着如此多的相似之处,以至于人们不能剥夺立法者在原则上将其作为未遂的不足形式(defizitäte Art)包括在其刑事可罚性之内的职权。那个进行了一种根据明智的第三人的判断从一开始就无危险的未遂的人,他的意志性罪责符合了任何其他未遂行为人的意志性罪责,因为它正是以他的犯罪计划的可完成性作为出发点的。在特殊预防的观点下,他的举止行为也并不比危险的未遂行为人的具有更少的制裁需要性。他通过进入实施阶段(即使这只有在其想象中才能产生)来展示,他有能力也想要去实施这个由他计划的犯罪。不正确的在于,这种对无危险未遂的惩罚会在结果上导致态度刑法。[15]这个行为人不仅证明了恶的意志(böses Willen),而且还将其转化为实施行为。

19 只有在一般预防的角度下,危险的未遂和无危险的未遂之间才存在着重大区别。在一个接近行为构成的风险创设所具有的危险性,能够按照法益保护的观点立即为一种制裁提供合理性的同时,这个根据却在无危险的未遂中失败了。然而,只要立法者在法律后果方面充分考虑了缺少危险性,那么,立法者的这种塑造自由也就允许,将一种仅仅在主观上完整的实施行为在行为构成上具体化为扰乱和平,并在原则上宣告为具有刑事可罚性。但是,这在第46条第2款以及第23条第3款中都实现了。

20 人们不能把各种无危险的未遂都看成是第23条第3款意义上的严重不明智。有人由于有限的视力,借助杀人目的,把一个纸人当成真人射击。这时,只要一个平均视力的观察者一眼就能辨认出纸人的真假,这就是一个无危险的未遂。但是,人们不能将行为人的失误归之为严重的不明智。与此相一致,这也适用于一个想要向被害人下毒的行为人,由于激动而将一种任何人都能看出完全无害的物质倒入汤中的情况。在这种案件中,在量刑时就要考虑这种未遂的无危险性(第46条第2款作为量刑要素来称呼的"构成行为的影响")。

21 当然,在无危险的未遂是以错误地认识自然规律的联系为基础时,以甘菊煎汁堕胎未遂或者以白糖投毒未遂是这一类中特别明显的例子,这种无危险未遂经常就是严重不明智的,并且,根据第23条第3款就会导致放弃刑罚或者重大的减轻刑罚。在这里,人们会相当重视这样一种未遂的无危险性,以至于危害意图在这里虽然是有局限性的,但并不是没有意义的。

22 赫茨贝格[16]想要宣传一种一元的理论,并且把危害看成是所有不适当未遂(包括在这里被称为"无危险的"未遂)的刑罚基础,因为行为人的想象对于立法者来说是用作"为满足行为构成的真正危险所作的标志"。但是,在无危险的未遂中,这种标志早已通过事前判断被驳斥了,并且,在那里,这种危险性也不再能够被视为刑罚基础。赫茨贝格自己看到了这一点但指出,第23条第3款已经注意到这些危险性的情况。但是,他在这里却无视第23条第3款并没有把无危险未遂的所有表现形式都加以包括,并且无视甚至在严重不明智中与在一种建立在其基础上的——仅是选用性的——放弃刑罚中,一个未遂犯罪的行为人应当说是有罪责的并且应当承担缴纳费用的义务。当然,正确的是,危害作为未遂的刑罚基础绝对是处于中心地位的,因此本书所代表的观点仅仅在边缘地带偏离了赫茨贝格的观点。

23 当未遂在这里从一种双重根源中引导出来时——主要的是从接近行为构成的危害,辅助的是从接近行为构成的动摇法律的违反规范中引导出来时——这就应当加强这种理解,因为这种不适当未遂(或者一部分它的表现形式)的刑事可罚性并不是如此不言而喻的,就像在德国大多

---

[15] 在这个意义上,见 Hirsch, Roxin - FS, 2001, 722 ff.。

[16] Herzberg, GA 2001, 257 ff. (265 f.)。

认识的那样。[17]在1930年前后,几乎整个德国学术界还在危害中看到未遂的唯一的刑罚基础;还有今天,在外国法(例如,奥地利、意大利、荷兰、美国、日本)中,不适当未遂在很多情况下都是不具有刑事可罚性的。[18]德国学术界长期以来,对不适当未遂或者至少是无危险的或者不明智的未遂的刑罚需要性,很少提出问题,这是与20世纪逐渐增强对不法主观化的趋势相联系的,这个趋势完全没有受到限制而停留在目的行为理论上,[19]并且通过主观归责的理论获得了一定的修正。因为不适当未遂在其各种表现形式中,以同一种方式表达了行为人的犯罪意志,就像适当未遂一样,所以,它的刑罚需要性就毋庸置疑了。在这里被忽略的是,一种特殊的结果无价值也是这个未遂所特有的,这种结果无价值在程度上相差很大,并且对刑罚需要性也有重要的影响。

因此,**无危险的或者至少是严重不明智的未遂不具有刑事可罚性的重要理由**就提出来了。 24
人们可以思考,一个行为人借助自己适当的并且高度危险的犯罪计划,在紧邻未遂边界前才失败,因此保持不具有刑事可罚性,这时,一种事前对任意第三人都可以看出来的无危险未遂还真的需要刑罚吗?人们因此也有理由怀疑刑罚的必要性,因为无危险的未遂大多是以非典型犯罪的形式实施的(例如,决定投毒的人出于看错而把白糖投入咖啡),应当很少被发现,并且因此通常出于这个原因而保留了不具有刑事可罚性。根据现行法律,不适当未遂的所有形式在原则上都具有刑事可罚性,这个结论不是来自对《德国刑法典》也具有绝对重要意义的由接近行为构成的危害而形成的刑罚基础,而是需要一个对此加以补充的立法决定,这个决定是能够的,但不是强制性的。

2. 客观未遂理论

客观未遂理论于20世纪前十年在德国学术界还是占据着统治地位的(参见,边码23);但 25
是,1871年刑法典也明确地对不适当未遂的刑事可罚性没有加以规定。[20]由于这种根据现行法律而有待认可的一切不适当未遂的刑事可罚性,这种理论在今天已经不再对详尽地说明未遂的刑事可罚性是合适的。但是,对它还需要继续进行探讨,因为根据本书所代表的意见,它至少在较新的危险性理论的表现形式中,在今天对未遂的刑罚根据也还发挥了决定性的影响。然而,这种阐述能够暂时搁置,因为其内容在其自身位置(边码10~24)的框架内已经被评价了。与此相反,这个区分适当未遂与不适当未遂的有些困难的问题不再需要进一步讨论,因为由于所有不适当未遂的刑事可罚性,这个问题不再是重要的。

把这个理论称为“客观”是有误导性的。各种“客观”理论都必须将主观因素包括在内:根据各种客观 26
理论,故意(边码4)和构成行为计划(边码5)对于未遂的确定都是重要的。也就是说,也许称之为危害理论或者最多称为占优势的客观理论会更加恰当。但是,为了不使理解变得困难,在这里还是使用这个传统的术语。

人们把(较新的)**危险性理论**[21]看作是客观理论的正确形式,它认为只有危险的未遂才具 27
有刑事可罚性,并且这样确定了危险,就像以前的适当理论已经干的与今天的客观归责理论正在

---

〔17〕 在同样的意义上,见Dicke,JuS 1968,157 ff.;Hirsch,Roxin-FS,2001,713;Rudolphi,Maurach-FS,1972,51 ff.(70 ff.);Weigend,1989,128。有关观点的概述,见Malitz,1998,132 ff.,追随的同样是危险性理论。

〔18〕 参见,Jescheck/Weigend,AT^5,§ 49 IX,特别是对于日本法律,见Naka,1989,93 ff.。

〔19〕 对此,也参见,Hirsch,Roxin-FS,2001,713 ff.。

〔20〕 对此,仅仅参见RGSt 1,439(441);v. Hippel,StrafR II,1930,418 m. w. N.。

〔21〕 这个说法出自v. Hippel,StrafR II,1930,418。

干的那样。〔22〕根据这个理论,在一个有洞察力的平均水平的观察者,看出行为人的目的并且拥有能够的专门知识,一定会在事先认真地认为这个结果是能够的时候,一个未遂就是危险的。人们能够形象地这样说明,如果让所描绘的假定观察者评论这件事,那么,在危险的未遂中,这个观察者会对这个行为人喊:"不要去!",在无危险的未遂时则是:"你这个傻瓜!"〔23〕

28　危险性理论首先是冯·李斯特以这种方式代表的,〔24〕后来冯·海波尔又出色的完善了这个理论。〔25〕这个理论相对于其他客观理论的表述,已经争得了自己的优势,因为它与客观归责理论的危险概念是相一致的(参见,边码 27),并且,因此与行为构成理论的信条学基础相适应。这个理论与其他根据行为人行为的适当性来安排的客观未遂理论有着相同的弱点,这就是危险性的概念没有建立区分未遂与不具有刑事可罚性的准备的标准:准备也会形成一种危险,继续下去就会发展到结果。根据具体危险的安排〔26〕对提供周围的边界会更好。但是,并不是每一个适当的未遂在我们今天对这个概念的理解〔27〕意义上,都是具体的危险。在这里,人们应当该更好地谈论一种接近行为构成的危险,从而由此谈论一种自此一类的危险。

29　客观理论的其他表现形式,在今天拥有的更多是历史意义,在这里仅仅需要简短地提到。在 1870 年之前占主导地位并且在后来也有很多代表人的"旧客观理论",〔28〕应当在与不具有刑事可罚性的**绝对不适当未遂**与能够具有刑事可罚性的**相对不适当未遂**之间进行区分。因此,绝对不适当的是一种从一开始就不能导向既遂的未遂;相对的不适当性存在于这里,当一种使用与本身是适当的手段只有在具体使用中才被证明为不适当时(毒药的分量太少,射程不够的手枪)。但是,这个区别是不可实施的,至少是没有说服力的。难道只因为二十片安眠药能够致死,就应当说使用**一片**安眠药的杀人未遂是相对不适当的吗?

30　在 1930 年前后,**"缺乏行为构成"**〔29〕的理论得到了进一步的传播。根据这个理论,只有在外面的结果还没有出现时,例如,带着杀人目的开枪射击而未击中目标的,才存在未遂。在其他行为构成情节并不存在时,——例如,那种在盗窃目的中拿走的物品不是"他人的",那个为了一个根据第 224 条第 1 款第 1 项的行为构成而确定的手段不是"毒药",或者带有杀人目的进行射击的对象不是"人"——因此,这样一种"缺乏行为构成"从一开始就是不具有刑事可罚性的。的确,所有的行为构成要素在其对于刑事可罚性的意义而言都具有同等的价值。〔30〕人们是把一个行为构成要素理解为结果的组成部分还是理解为不依赖于结果的准则,也经常是任意的:这样,人们就能够——借助根据这个理论得出的不同成果——视为盗窃行为的结果有,拿走一个"物品",但也是"他人的物品"。〔31〕这个结论也是没有说服力的。〔32〕为什么对不适

---

〔22〕　Roxin, AT 1[3], § 11, Rn. 32, 46。

〔23〕　v. Hippel, StrafR II,1930, 428。

〔24〕　在他教科书的所有版次中,最后是[21/22]1919,200。后来 Eb. Schmit 所作的加工([25]1927, 302 ff.)就转向了"行为构成的缺乏"理论。v. Hippel(StrafR II,1930, Fn. 4)对此进行了评论:"这样,这个理论就处于远离冯·李斯特教科书的辉煌之处。"

〔25〕　v. Hippel, StrafR II,1930;这个理论的其他追随者见,aaO. 427, Fn. 1。对此也参见 Hippel 的学生,Hans, Henkel, 1930, 37 ff. 。

〔26〕　v. Hippel, StrafR II,1930, 425 ff. 。

〔27〕　参见 Roxin, AT 1[3], § 11, Rn. 114 ff. ; 关于这个区别的阐述,参见上文注释 2。

〔28〕　命名,见 v. Hippel, StrafR II,1930,417;其中,充分的证明见先前的文献。

〔29〕　首先,见 Binding, Handbuch StrafR, 1885, 691 ff. ;后来是 Binding, Normen III, 1918, 401 ff. ; 其他的主要代表人: Frank, StGB, [18]1931, § 49, Anm. I; v. Liszt/ Schmidt, StrafR, [26]1932, § 46 I 2; Mezger, StrafR, [2]1933, § 53 III 2; 重要的论文:zu Dohna, Güterbock – FS, 1910, 33 ff. 。进一步的说明,见 v. Hippel, StrafR II, 1930, 431, Fn. 1。

〔30〕　v. Hippel, StrafR II, 1930, 432。

〔31〕　Jakobs, AT[2],25/ 16。

〔32〕　v. Hippel, StrafR II, 1930, 434。

当客体的堕胎(这里指缺少胎儿的要素)就应当是不具有受刑事可罚性的,而与此相反,使用不适当手段的堕胎,仅仅是未发生结果的,就应当具有刑事可罚性呢?还有,为什么这个把一种无害物质错误地当成毒药的行为人,在规定"毒药"是一个行为构成要素的第224条第1款第2项中,应当排除未遂的刑罚,但是,在第221条中就不行?

施彭德尔(Spendel)[33]发展了客观理论的另一种变化形式。他代表的主题是:人们允许把这种"用以确定危险的未遂的"事前的观察……**仅仅与**那个在未来中指明的、显示出一种确定的损害法益的客观趋势的**行为**相联系,而不允许与现在的、不依赖于行为人而存在的其他行为构成情节,尤其是行为构成的客体**相联系**。"据此,在一个行为人相信通过"施加一个无害的划伤"[34]就能够杀死他的被害人,而他的行为基于无法看出的被害人血友病的原因,在事后证明是危险的时候,一个适当的杀人未遂就应当存在于这个行为人。但是,这是不正确的。[35] 在这里,当那个在雷雨中被派出去的人真的死于雷击时,既遂的谋杀甚至就必须存在于那个雷雨案件之中了(罗克辛,《德国刑法学 总论》,第1卷,第三版,第11节,边码36,45)。也就是说,在施彭德尔的例子中,也只存在着不适当的未遂,在这里甚至应当提出这个问题:他是否不作为严重的不明智而被置于第23条第3款之下呢?另一方面,施彭德尔想要在一位女士服用了恰当的堕胎药,而"根据有经验的专业医师的确诊,就像后来……证实的那样,她并未怀孕"时,就认定一个不适当的未遂。[36] 但是,这样一种行为是与一种出于其他原因而失败的未遂是同样危险的(根据现行法律,通过妇女进行的未遂的堕胎无论如何都是不具有刑事可罚性的)。 31

3. 主观未遂理论

根据主观理论,就像其坚决维护的司法判决那样,未遂的刑罚根据存在于通过行为人**操纵敌视法律的意志活动**中。这个观点向来为帝国法院所代表,并且也为联邦最高法院在没有做出独立解释努力的情况下所接受。[37] 人们主张,它从1975年起就是现行法律的基础。刑法改革特别委员会这样说:"在新的刑法典中明显得到承认的主观未遂理论。"[38] 此外,这个理论在文献中也有不少的追随者。[39] 32

主观理论的基础,首先是以两个论据为依据的,已经包括了帝国法院统一刑法委员会的一个早期判决(《帝国法院刑事判例集》,第1卷,第439页)。首先,帝国法院认为,"毫无疑问,在未遂中,犯罪意志是指那些刑法作为反对对象所指向的表现,是与那些在既遂中显露出来并从这种犯罪意志中产生的违法结果相对立的表现。基本上,各种涉及作为未遂对立面的既遂的关系,都不应当予以考虑,并且,在这种犯罪意愿本身已经显示在外部行为之中时也不应当再被要求"(出处同上,第441页以下)。 33

除了强调这个犯罪意志之外,作为第二个主要论据的是这种想法:因为在各种未遂中都缺乏与结果的因果关系,所以,在危险的未遂和无危险的未遂之间是无法区分的。因为在因果关系或者非因果关系的不同形式之间无法区分,所以,所有的未遂都是无危险的。"这个行为在具体情况下没有损害这个法益,这就证实这个行为在具体案件中不能损害这个法益是不容反驳的,并 34

---

〔33〕 Spendel, Stock - FS, 1966, 105。

〔34〕 Spendel, Stock - FS, 1966, 104。

〔35〕 这里以及下文有说服力的反批评,见 Wolter, 1981, 84 ff.。

〔36〕 Spendel, Stock - FS, 1966, 105。

〔37〕 RGSt 1, 439; 1, 451; 8, 198; 17, 158; 24, 382; 38, 423; 42, 92; 47, 189; 49, 20; 50, 35; 58, 303; 60, 138; BGHSt 11, 324 (327)。

〔38〕 赞同的,见 Baumann/ Weber, AT[9], § 32 I 2 c (在 dies., AT[10], § 26 Ⅰ3 c 中,与此相对,代表的是一种带有强烈主观特性的折中观点);正确的批评,见 Meyer, ZStW 87 (1975), 603。

〔39〕 参见,仅仅出自较新的文献:Baumann/ Weber, AT[9], § 32 Ⅰ2 c;Lackner/ Kühl[24], § 24, Rn. 11;这种接近主观理论的,还有 Otto, AT[6], § 18 Ⅰ3,他试图消除主观理论和客观理论之间的对立;还有 Tröndle/Fischer[49], § 22, Rn. 24(现在代表一种折中理论的,见 Tröndle/Fischer[50], § 22, Rn. 24)。

且,如果这个行为对此是没有能力的,那么通过这个行为,这个法益就在客观上没有受到危害……"(出处同上,第441页)。

35 这个理由并没有说服力,[40]并且,在人们借助现行法律从所有不适当未遂在原则上的可罚性出发时,在那里也没有说服力。首先,涉及作为未遂刑事可罚性基础的被证实的犯罪意愿的一切,与此相反,说的是三种不同的事。这个认识一是不能解释,为什么未遂只在一部分案件中并且在那里通常也要比既遂受到更轻的刑罚,为什么在根据第23条第3款的严重不明智未遂中能够进一步减轻处罚,甚至放弃处罚,为什么那种迷信的未遂就干脆是不具有刑事可罚性的。一个证实的敌视法律的意志在所有这些案件中都一样存在着,因此,这种刑事可罚性的差别只能从危险性的分级中来加以宣告(参见,边码14,15)。

36 其次,主观理论也无法清楚地使人理解,为什么准备行为基本上是不具有刑事可罚性的;在这些行为中也显示了一种敌视法律的意志。主观理论也在帝国法院的司法判决中引起了一场令人忧虑的未遂刑事可罚性的前置,[41]新总则的立法者已经试图通过第22条的着手公式来改正这个前置。这个情况已经展示出,在这个特别委员会(边码32)谈论在法律上承认主观理论时,是多么的不恰当。与此相反,准备行为通常的不具有刑事可罚性是立即从其微不足道的危险性中得出的结论(参见,上述边码16)。

37 最后,没有说服力的还有,未遂应当完全是既遂的对立面(《帝国法院刑事判例集》,第1卷,第441页,参见,边码33),其中,刑罚根据在未遂中应当存在于意志中,相反,在既遂中应当存在于结果中。由此,错误认识的是,未遂在通常情况下表现为既遂的实行阶段与早期阶段,即便仅仅在危害的形式中,也由此表现为一个真实的对法益的侵害。认定一种对立关系就消除了行为构成的这种未遂,将这个刑法体系分成两个互不联系的部分。这是不符合我们刑法的信条学基础的(参见,边码17)。

38 帝国法院的第二条论据,即结果的没有发生总是证明行为人行为的无危险性,出于这个理由,在危险的和无危险的行为人行为之间,就不能加以区分(边码34),今天已经被明显地驳倒了,没有什么人代表。[42]这是以冯·布里(v. Buri)的等值理论[43]与那种只能给出因果区别的自然主义错误结论为基础的;那种犯了相似错误的主观的参加人理论也根源于此(参见第25节,边码17以下)。但是,就像很久以来等值理论和客观归责理论所做的那样(边码27),在事前的有危险的行为与无危险的行为之间,当然是能够加以区分的。立法者也使用了危险这个概念,尽管内容并不总是相同,还处于不同的相互联系之中(参见,仅仅第34条,第35条,第224条,第315a、b、c各条),如果这些并不存在,那一切不好就是能够的。冯·海波尔[44]曾经语带嘲讽而又确切的评价说:"根据冯·布里和帝国法院的说法,我们全部的回到家乡的参战人员就绝对不曾处在危险之中。他们虽然这样认为……但这是一个……错误……处于危险之中只有阵亡者!因果过程是在客观上必要的,谁还活着,谁也就不处于危险之中!"

---

〔40〕 对主观未遂理论的批评,仅参见 v. Hippel, StrafR II, 1930, 421 ff.; Spendel, NJW 1965, 1881; Dicke, JuS 1968, 157; Weigend, 1989, 123 ff.; Jakobs, AT^2, 25/17。

〔41〕 这个司法实践令人印象深刻的汇编,见 Maurach/ Gössel, $AT/2^7$, 40/29 ff., 在这里,恰当地强调了"极端的主观主义炸毁了这个法律"(参见边码39)。

〔42〕 一个例外适用于 Baumann/Weber, AT^9, § 32 Ⅰ2 c(不同的,见 dies., AT^{10}, § 26 Ⅰ3c);各种未遂表明"通过自身的未完成状态"来指明"它在成长为完成的犯罪行为时是不适当的"。

〔43〕 对此,见 Roxin, $AT1^3$, § 11, Rn. 7。

〔44〕 v. Hipeel, StrafR II, 1930, 422。

也就是说,主观理论在其今日的形式中也是站不住脚的,并且与现行法律相矛盾。主观理论的两种现代变化形式更好地表达了它的正确方面,但是,也不适合作为未遂的唯一刑罚根据。 39

一个从来没有被全面制定,但是,值得重视的"主观主义未遂理论的分支"〔45〕导致了一个"对行为人危险性的特殊预防的方向"(**行为人理论**)。这个方案源自爱德华·冯·李斯特(E. v. Liszt),〔46〕"未遂的刑罚根据"是"曾经得到证明的与根据所有的极其能够性而持续的恶的意志","这种恶的意志还能够产生上千种新的危险行为。"朗格〔47〕也认为,在这个行为证明"这个行为人是"这个法益"危险的攻击者"时,一个有刑事可罚性的未遂就已经存在了。博克尔曼的观点〔48〕是,"未遂首先能够存在于犯罪故意经受住紧急情况的考验之处",也同样能够对行为人理论要求。 40

这个观点正确地认识到惩罚未遂所具有的特殊预防的要件(参见,边码18)。它也能比纯主观的根据"意志"安排的理论,更好地说明单纯的准备不具有刑事可罚性与严重不明智的未遂的减轻刑罚。是否有人具有能力去实施犯罪,是否他是一个"危险的进攻者",都只有在他——以其想像为基础——超越了未遂的界限时才表现出来。严重不明智的行为人所具有的轻微危险性,也是有说服力的。 41

但是,在人们想要把对未遂的惩罚仅仅建立在行为人理论之上时,这个理论就看不到这种反对意见:在一个行为刑法中,一个还如此之大的危险性单独对惩罚来说是不够的。众所周知,一种特殊预防的惩罚需要本身,在既遂犯罪行为中绝不是始终存在的;〔49〕在不适当未遂中,这还是更经常是缺乏的。也就是说,为了未遂惩罚的正当性,人们必须也始终追溯到客观危害或者至少追溯到由行为人引起的对和平的扰乱上去。 42

作为主观理论的变化形式,人们也能够看到雅各布斯〔50〕的观点。根据他的观点,"**未遂的刑罚根据是违反规范的表现**"。在迷信的未遂中,应当就缺少这样一种违反规范:"当行为人在建立故意,尤其是在选择工具中,以一种在交往上没有重大意义的世界观作为出发点时,一种真实存在的规范就没有被违反。" 43

这个理论通过对比"表现性",在其客观方面也发挥了作用,从而非常好地宣告了那种不适当无危险的未遂的刑事可罚性。它也避免了在以结果为导向的既遂与从司法判决的主观理论出发的带着意志的未遂之间作出严格的区分;它在未遂和既遂中看到了同样"一种对规范适用的完美攻击"。〔51〕但是,这个理论证明得太多了:在既遂的构成行为与未遂的所有形式之间在不法方面根本不再存在任何区别时,这就恰恰成为不法的典型。在这里,雅各布斯在重罪中"没有首先看到引起了对利益(Güter)的损害",而是"对于规范适用的损害",〔52〕他消除了行为刑法的客观基础,有利于更接近态度刑法的主观化。在所有既遂、未遂以及严重不明智未遂的行为方式中都包含了同样的"对规范适用的完美攻击"时,所有这些行为方式之间的刑事可罚性等级区分, 44

〔45〕 在这里以及以下,见 Weigend,1989,118。

〔46〕 E. v. Liszt, ZStW 25 (1905), 24, 27, 36。

〔47〕 Kohlrausch/Lange, StGB^{43}, vor § 43, Anm. III 3。在这里,当然会避免一种单方面的根据有利于本书也支持的联合理论的行为人理论(参见边码10以下)。

〔48〕 Bockelmann, JZ 1954, 473(= Untersuchungen, 146)。

〔49〕 参见 Roxin, AT1^{3}, § 3, Rn. 19。

〔50〕 Jakobs, AT^{2}, 25/21。类似的,还有 Guhra, 2002,他在"一种损害规范适用的危险的论证"中看到了未遂的刑罚根据。

〔51〕 Jakobs, AT^{2}, 25/17。

〔52〕 Jakobs, AT^{2}, 25/15。

就再也得不到说明了。

45 如果这在着手的结果中存在,那么,准备行为就已经应当作为"表现出来的违反规范"予以惩罚了。雅各布斯虽然想要通过对一种"接近行为构成的"违反规范的要求来回避这一点,〔53〕但是,这本身正确的限制并不能从其理论方案中建立起来。〔54〕当在行为构成中受保护的利益的损害对不法根本不重要时,为什么违反规范应当是"接近行为构成的"呢？人们必须同意魏根特〔55〕的总结:"在具有刑罚需要性的不法存在于积极对抗在刑法上受保护的社会价值时,在这里缺乏的不仅是在理论上站得住脚的区分准备和未遂的标准,而且甚至还有对如下案件事实的说明:'单一的'准备行为完全是从刑事可罚性中拿出去的。"

4. 印象理论

46 一种早期偶尔出现,〔56〕今天借助不同接受的理由而得到很多支持〔57〕的理论,把未遂的刑罚基础建立在那种引发行为人举止行为的**动摇法律的印象**的基础上。即使结果没有发生,行为人的举止行为也对需要予以制裁的扰乱社会和平提供了基础。这个理论在主观与客观、意志不法与危害不法之间保持了中间立场,不仅利用证实的犯罪意志,还利用其对公众的印象的机会来进行惩罚,然而,不要求一种在所有未遂中都不存在的危害。这个理论也把在既遂、习惯性的、严重不明智的未遂与迷信的未遂之间的刑事可罚性的区别,进行了非常好的说明:动摇法律的印象与由此的刑罚需要性,总是按上文所述顺序减少的。同样能够说,准备行为一律保持无刑事可罚性,因为准备行为还没有引发动摇法律的印象,或者这个印象如此短暂,以至无法引起刑事可罚性的产生。

47 虽然这个理论在今天几乎已经占据了统治地位,但是,在较新的出版物中也有着坚定(dezidiert)的矛盾,而这些矛盾是正确的。〔58〕当然,反对意见认为,"动摇法律的印象"在现实中是如此的过于易变与不确定,以至于不能以此来说明什么,这却是不恰当的。重要的不是在构成行为中根本不需要在场的事实观察者的印象。起决定性作用的必须是,在一个认识所有外在与内在要素的打算使用的平均水平观察者看来,这个行为人的行为是否适合引起一个动摇法律的印象。也就是说,这涉及了一个价值判断。但是,这个价值判断始终是不明确的,并且仅仅是一个对法律上刑罚需要性判断的描述。对此需要进一步的思考。

48 首先——就像在接近于印象理论的"表现出来的违反规范"(边码 44)理论中那样——应当批评的是,这个方案适合于犯罪性举止行为的全部表现形式,包括既遂,也就是说,根本上不包含任何未遂的特殊性,并且,所有具有刑事可罚性的行为都的确追溯到一个观点上,而这个观点恰恰只是为不适当未遂的确定形式设置的。在人们把第 23 条第 3 款的刑罚降低追溯到动摇法律印象的轻微性时,就忽略了以下事实:这种轻微性仅仅是严重不明智未遂无危险性的结果而已。

---

〔53〕 Jakobs, AT^2, 25/21。

〔54〕 这样的,还有 Weigend, 1989, 125, Fn. 64。

〔55〕 Weigend, 1989, 125。

〔56〕 关于历史发展,详见 Zaczyk, 1989, 21 ff. 。这个理论的早期代表人,见 v. a. Bünger, ZStW 6 (1886), 291 ff., 361; Horn, ZStW 20 (1900), 309 ff., 357; v. Bar, 1907, 490f., 527 ff.; v. Gemmingen, 1932。

〔57〕 参见,仅仅是 Gropp, AT^2, § 9, Rn. 48; Grünwald, Welzel－FS, 1974, 712, Maurach/Gössel, $AT/2^7$, 40/40 ff.; J. Meyer, ZStW 87 (1975), 604; Papageorgiou－Gonatas, 1988, 200 ff.; Roxin, JuS 1979, 1; SK^6－Rudolphi, vor § 22, Rn. 13 ff.; $Sch/Sch/Eser^{26}$, vor § 22, Rn. 22; Schünemann, GA 1986, 311; Streng, ZStW 109 (1997), 862, 865; LK^{10}－Volger, vor § 22, Rn. 52; Wessels/Beulke, AT^{31}, Rn. 594; Wolter, 1981, 79(但是,仅仅对不适当未遂的例外形式)。

〔58〕 例如,见 Herzberg, GA 2001, 266 f.; Hirsch, Roxin－Fs, 2001, 714 ff.; Jakobs, AT^2, 25/20; Köhler, AT, 454; Kühl, JuS 1980, 507; ders., AT^3, 15/40 ff.; Weigend, 1989, 121 ff.; Zaczyk, 1989, 21 ff.。

49 其次,在考虑这种"动摇法律的印象"时,未遂与准备只能非常不准确地加以区分。已经决定的准备措施也已经恰当地动摇了对公众对法安全的感觉。虽然这种动摇法律的印象会随着向既遂的靠近而不断变得更加持久,但是,在无刑罚可罚性与刑事可罚性之间的界限应当在什么地方消失,不能从印象标准中得出,而只是从导向我们刑法的法治国基础的接近行为构成的观点中得出。

50 最后,那种看起来统一的印象标准也完全没有改变以下事实:这个以未遂刑事可罚性为基础的"动摇法律的印象",部分是从客观危害中推导出来的,部分也是从违反规范所产生的扰乱和平中推导出来的。那种在事实上无法避免的未遂根据的双轨性,也就是说,通过印象理论在形式上的妥协,也不能在实际上加以克服。

5. 为了限制未遂刑事可罚性的新努力

51 施米德霍伊泽〔59〕与他的学生阿尔瓦特〔60〕发展了一种二元的未遂理论。根据这个理论,一个具有刑事可罚性的未遂要么必须拥有实现行为构成的目的,要么必须导致一种客观的危害。在实践中,这意味着,不适当未遂只有在有目的的行为中才具有刑事可罚性,但是,在这个未遂是由直接故意或者间接故意来实施时,就不具有刑事可罚性。这个理论还没有支持者,〔61〕因为从法律中不能找到一个要点,来支持不适当未遂仅仅在行为人采取有目的的行为时才应当具有刑事可罚性。

52 察克奇克(Zaczyk)〔62〕在唯心主义哲学的基础上发展了一种理论。根据这种理论,"一个构成行为的未遂,就表现为各种有关法益的构成成分中的一种从这种承认到那种损害的过渡";在这里,这种未遂的不法是根据不同的"法益等级"(个人的法益,社会的法益,国家的法益)加以区分的。但是,无论如何,这种承认关系必须是"为了使被损害成为能够而存在的……因此,对死人开枪就不是未遂的杀人……损害信任不再能够发生也因此不能进行……还有,把一个树干误认为"一个人"而向其射击的就也……不是未遂了"。与此相反,"把手伸进空口袋,向被害人刚刚离开的空床射击",以及"把树干当成跟踪行为人的张三而向其射击的",就应当建立了具有刑事可罚性的未遂的基础,因为一种具体的承认关系受到了损害。这种区分不应当与那种由立法者规定的不适当未遂在原则上具有的刑事可罚性相一致,并且,至少根据现行法律是不能说明其刑罚根据的。

53 克勒〔63〕在相似的哲学基础上(援引康德[Kant]与费希特[Fichte])认为:在"客观实现条件……根据经验确定性被排除或者完全不能够时",就不存在未遂不法。"更准确地说,根据客观的事前预测……损害的能够性必须已经接近了。"这里没有把"刑罚不法"排除在外。这些论点具有哲学乃至法政策上的优势,就像上文对未遂的刑罚根据所代表的观点所展示的那样(边码10~24)。但是,他们并不符合从所有不适当未遂的刑事可罚性出发的现行法律(边码6)。最后,克勒〔64〕也同意,因而,他的理论只是重新给出了那个他自认为是正确的方案,但却不能视为对现行法律的解释。

54 克拉奇(Kratzsch)〔65〕把未遂看作是抽象的危害犯罪。"实现了第22条要素的行为人,因此也同时把有关的法益带入危险之中,这对一种确定的极其能够性就足够了。在具体的个别案件中,是否归入这一点或者能够归入这一点,在此还尚不确定……在这种统计学上极其能够性判断所具有的抽象意义上,也能

---

〔59〕 最后,见 Schmidhäuser, StuB AT2 ,11/16 f.。

〔60〕 Alwart, 1982, 122 ff.。

〔61〕 参见,批评仅仅见,SK6 – Rudolphi, vor § 22, Rn. 14; Sch/Sch/Eser26, vor § 22, Rn. 23; Weigend, 1989,121; Zaczyk, 1989, 27, Fn. 41。

〔62〕 Zaczyk, 1989, 255f., 327 f.; Murmann, 1999, 5, 跟随了 Zaczyk 给出的未遂不法的根据。批评的,见 Herzberg, GA 2001, 260。

〔63〕 Köhler, AT, 451 – 459 (458); 批评的,见 Herzberg, GA 2001, 258 f.。

〔64〕 Köhler, AT, 463。

〔65〕 Kratzsch, JA 1983, 420 ff., 578 ff. (581); ders., 1985, 63, 430。

够由那种绝对不适当未遂认定,这种未遂虽然不是为单个的保护对象,而是在整体上作为带有在其他现实领域中的丁、庚、辛要素的行为,能够完全给有关的法益带来危险。"然而,在人们把不适当未遂确定为无危险未遂时(参见,边码27),这个未遂也就不具有抽象的危害了。它在那些不存在的情节下能够会是危险的这一点,并不能成为抽象危害的根据。还有,这种抽象的危险犯罪的确是以这个想法为根据的:在它们中结果出现的能够性从来不(或者几乎从不)能够被排除,〔66〕同时,在无危险未遂中,这种结果出现的能够性在事前就肯定能够被排除了。

55　拉特(Rath)〔67〕原则上承认不适当未遂的刑事可罚性。然而,他对不适当未遂的刑罚根据的看法,部分地结合了察克奇克与克勒的观点。其中认为,对实现行为构成的着手,把被害人从与行为人平等的地位中排挤出来了:"行为人处理得就像有一个对象在伴随着他。"因此,不适当未遂刑事可罚性的一个例外就必须"至少对这种案件适用,在这里,被害人立即认识到……这种不适当性或者利益的承担者不再存在了。"在这样一种情况下,在行为人与被害人之间缺乏一种"法律关系的破坏"。这肯定是一种理论上有趣的推论。但是,即使是这种推论不能在现行法律中找到根据;因为它的价值仅仅在于行为人的想象,而不是根据被害人的存在或者认识来安排的。

56　博特克〔68〕借助主流观点,把《德国刑法典》将不适当未遂判定为具有刑事可罚性作为自己的出发点。但是,他认为这种刑事可罚性是违背宪法的。换句话说,在适当未遂中——如杀人——一种他的所谓的宪法利益与犯罪行为的利益,人的生活,受到了攻击,与此同时,不适当未遂仅仅威胁了法和平与由此威胁了一种几乎毫无价值的,他的所谓的刑法利益。在未遂的两种形式受到程度相同的惩罚中,他看到了对不同事情的同等评价,这违反了《德国基本法》的符合比例原则与法治原则。尽管如此,正确的是,就像这里也强调的(边码17),不适当未遂比适当未遂具有更少刑罚需要性,并且也部分地基于其他基础(因此,那种在这里受到辩护的二元的刑罚根据)。的确,由于这种毕竟存在的相似性(边码18~21),对它的惩罚就还不能被视为违反宪法,特别是,不适当未遂具有更微量的无价值内容,在量刑中与在能够的情况下,就能够根据第23条第3款来考虑。

57　希尔施〔69〕区别了危险的与无危险的不适当未遂,想要仅仅惩罚危险的不适当未遂。在这里,他借助"新的危险性理论"(详见,边码27,28)来理解危险的不适当未遂。根据这个理论,一个知道了一个构成行为计划的明智的第三人,用他事前的眼光理解了这种未遂的,就存在着一种实现行为构成的具体风险。〔70〕在这个范围内,这是应当加以肯定的。与此相反,他想要让无危险的不适当未遂不具有刑事可罚性,因为这种未遂在他看来就是在走向一种态度刑法,并且不应当与现行行为刑法的基础相一致。这个方案值得深思之处也在于,它在与现行法律协调方面,的确不能比其他努力限制刑事可罚性的学者们做得更多了。第23条第3款宣告,那种从第三人事前的眼光看来完全是无危险的与严重不明智的未遂,在原则上是具有刑事可罚性的。当希尔施在应当预防一种错误的主观解释造成"最令人愤怒的后果"之处,看到了这个规定的作用时,就的确不应当否认,这种由希尔施坚决反对的立场就正是现行法律的立场。第22条现在一次也不是按照一个明智第三人的眼光来安排着手的,而仅仅是按照行为人的想象来安排的。

58　无论如何,各种限制未遂刑事可罚性的新努力所具有的数量如此众多而又彼此大相径庭的方式,展现出人们对于不适当未遂至少是确定形式的刑事可罚性,还远远没有把话说完呢!

---

〔66〕详见 Roxin, AT 1^3, § 11, Rn. 119 ff.。

〔67〕Rath, JuS 1998, 1111 f.;对此,批评的,见 Herzberg, GA 2001, 259 f.。

〔68〕Bottke, BGH-FG, Bd. 4, 2000, 135;对此,批评的,见 Herzberg, GA 2001, 262 ff.。

〔69〕Hirsch, Roxin-FS, 2001, 711;对此,批评的,见 Herzberg, GA 2000, 260 ff.。

〔70〕Hirsch, Roxin-FS, 720 ff., 727。

二、构成行为的决定

(一)作为主观犯罪行为构成的构成行为决定

完整的故意犯罪,是从构成行为决定开始,经过准备与实行阶段,一直发展到既遂。在未遂中,缺少了最后一个阶段,其他三个阶段都与既遂犯罪的阶段相符合。也就是说,开始时也存在着构成行为的决定,这当然是作为其本身,并且——以通过特别条文才进行惩罚为条件——在准备时也还不具备刑法上的重要意义。在这种决定应当进入一种能够时就具有刑事可罚性的未遂时,它的出现也还必须仍然处于未遂阶段之中。在通常情况下,这个决定在那之后还会继续存在下去;如果它在后来为行为人所放弃,那么,这对未遂的存在也毫无改变,但是,在能够的情况下应当被判定为免除刑罚的中止(第24条)。 59

一个构成行为决定的必要性,在未遂规定最初的文本中就清楚地阐明了。1871年《刑法典》第43条第1款称:"一个人,通过那些包含了一种实施开始的行为……已经证实那个去干重罪或者轻罪的构成行为决定的,是……应当由于未遂而受到惩罚。"今天,对构成行为决定的要求能够从第22条中"根据其想象"的文字中推断出来,虽然在其中,准确地说,仅仅包括了故意的理智要素,而不包括意愿要素。[71] 这的确取决于决定要素的条文化(Positivierung)。其必要性是这么得出的,一个过失的未遂绝不会处于刑罚之下,并且,未遂的故意犯罪一直到实施阶段都没有与既遂的区别开来。 60

人们经常**把构成行为决定与未遂相提并论**。[72]在这里,不准确的说法是:除了总是必需的故意之外,属于构成行为决定的还有主观行为构成的其他要素。也就是说,实施盗窃的决定不仅要求有拿走的故意,而且还占有的目的;诈骗的决定仅仅在其包括了符合不法的谋利目的时才存在,[73]诸如此类。 61

与此相对,一种赢得越来越多支持者的新**观点**[74]是以此为出发点的:**故意要求的比构成行为决定更多,并且只有在行为人放手让事件发生时才成立**,也就是说,未遂就终止了。只要未遂没有终止,行为人在这里就还必须继续保持主动性,这种故意仅仅是不完整的,是一个"主观上的缺失体",[75]因为还不存在结果能够从中独立发展出来的危险情况。这个构成行为决定在其后只建立了一个足以开始未遂的"起始故意(Initialvorsatz)",一种应当与自身的故意,即"既遂 62

---

〔71〕 参见Roxin, AT1^3, § 12, Rn. 61 f.。

〔72〕 SK^6 – Rudolphi, § 22, Rn. 1。§ 26 I E 1962 甚至明确表示:"一个人……通过一个行为来完成这个构成行为的故意的,就是试图进行犯罪"等等。

〔73〕 类似的还有,Gropp, AT^2, § 9, Rn. 15 ff.。

〔74〕 Freund, AT, § 7, Rn. 144 ff.; Frisch, 1988, 602 ff., 623; Gropp, AT^2, § 9, Rn. 62 ff.; Herzberg, ZStW 85 (1973), 882 ff.; Hruschka, JuS 1982, 320 f.; Jakobs, AT^2, § 8/76; 26/13(但是,相反的意见,见ders., AT^2, 25/24,参见边码87); Armin Kaufmann, Jescheck – FS, Bd. 1, 1985, 263 ff. mit Fn. 28; Puppe, 1992, 33 f, 56 ff.; dies., NK, § 16, Rn. 108 f.(但是,不同的——对于反对意见——见dies., NK, § 16, Rn. 164, 173; 参见边码87); Sancinetti, 1995, 65 f.; Schliebitz, 2000, 66 ff.; LK^{11} – Schroeder, § 16, Rn. 34; Struensee, Armin Kaufmann – GS 1989, 523 ff., 533 f., 538; Wolter, Leferenz – FS, 1983, 548 f., 558 ff., 565 f.。

〔75〕 Struensee, Armin Kaufmann – GS, 1989, 523。

故意”相区别的故意,“未遂故意”。[76]

63 这个理论产生了重要的实践后果。它导致以下结论:在这个结果以可归责的方式已经进入未完成未遂的阶段时,就不存在既遂的故意的构成行为。也就是说,在那个已经决定杀人的行为人在瞄准时,致命的一枪就已经走火时,就缺乏一个故意的既遂的谋杀。行为人还没有既遂的故意。也就是说,根据这个观点,未终了的未遂也不足以作为一个既遂的故意犯罪的基础。[77]一个谋杀未遂只能存在于与过失杀人的想象竞合之中。

64 这个区分未遂故意与既遂故意的理论,对中止也具有深刻的影响。在投毒杀人者想要通过分几次下毒(例如,通过在早餐咖啡中添加毒药)来毒杀被害人时,但是,他的计划在进行两次之后就自动放弃了,虽然他认为杀死被害人需要五次投毒,但是,根据这里介绍的观点,他不能由于完成的谋杀而受到惩罚。他缺乏那种(既遂的)故意。相反,如果人们认为,这个行为人在最初的一次中就已经有了杀人故意,那么,人们就会倾向于认定一个既遂的谋杀,并且把过早出现的死亡作为不重要的因果偏离来判定。[78]

65 还有,对认识错误理论有影响的观点认为,不能把未终了未遂阶段中的故意还视为既遂的故意。根据第 16 条第 1 款,为故意所必需的对构成行为情节的认识,必须由此与有点真实的,与一种已经知晓的结果危险相关,这种结果危险在构成行为决定中与在未终了未遂阶段还根本不存在。[79]对早期阶段中构成行为情节的错误想象,不应当根据第 16 条第 1 款来处理,而应当根据第 22 条(“根据其想象”)来处理。

66 但是,这种提出来的理论还是有其可取之处的,它认为构成行为决定就包含了故意。这种故意并不仅仅涉及已发生的,而且还总是涉及这个行为人想要达到的、他“先一确立”的那些。这种由韦尔策尔分析的目的性结构(Finalstruktur),正是建立在通过行为人意志主导的故意对因果过程预期的基础上。

67 但是,在过早出现的结果中所具有的这种实践后果[80]也不能使人信服,在这里被拒绝的理论也许要将其所产生的反响主要归功于这些结果。例如,在行为人以杀人故意扼住被害人的咽喉,并且使他因此在一个时间点上死亡,在这个时间点上,行为人认为继续勒住被害人的咽喉是必要的,[81]那么,把一个既遂的故意杀人归责于这个行为人,在刑事政策与信条学方面都是适当的。他通过扼住咽喉创设了这种不允许的死亡危险,而这种危险也实现了;也就是说,这个死亡在客观上是可以归责于他的。但是,在人们借助本书发展出来的观点,[82]把“实现计划”看作是对主观行为构成归责的指导性标准时,这个死亡就可以在主观上归责于他了。这个行为人在对这个事件所作的一个规范性判断中,实现了自己的杀人计划,即使被害人的死亡有点比行为人的预期更早出现。这个微小的提前是对(在所有细节从来不可操纵的)因果过程的一点不重要的偏离。行为人已经达到了一切他想要达到的,并且,也认为自己的计划是完全成功的。一个纯粹未遂的认定看来只是一种脱离现实的虚构。

68 这还适用于存在着“可以清楚区分的行为动作”[83]时的情况。在行为人想先通过扼住被害

---

〔76〕 直观的表述,参见,Küper, ZStW 112 (2000), 35 f.。

〔77〕 Wolter, ZStW 89 (1977), 700; ders., Leferenz-FS, 1983, 557 ff., 567 f.。

〔78〕 参见,对中止问题,详见 § 30, Rn. 113 ff.。

〔79〕 Herzberg, JuS 1999, 224 f.; Schlehofer, 1996, 20; Streng, ZStW 109 (1997), 862 (866 ff.)。

〔80〕 参见,上文 Roxin, AT1^3, § 12, Rn. 170。

〔81〕 例子,见 Schliebitz, 2002, 他只是想要认定一个未遂。

〔82〕 参见,仅仅是 Roxin, AT1^3, § 12, Rn. 6。

〔83〕 Schliebitz, 2002, 72; 本书也使用这个例子。

人的咽喉使其失去知觉,而后想通过勒紧来杀死他,但是,这个被害人就已经被扼住咽喉的行为掐死了,也就是说,一种故意-既遂的杀人犯罪就存在了,只要通过扼住咽喉导致的死亡在客观上是可以归责的,并且,在客观判断中看起来是实现了行为人的计划。在对于行为人来说,就像通常那样,重要的是杀人,而不是造成死亡的方式,这就是这样的案件。造成死亡的有点不同的方式,在这里就又是一个不重要的因果过程的偏差。〔84〕

仅仅在这个行为人的计划例外地处于一种特定杀人方式的实现并且失败时,情况才有不同。 69
例如,为了阻止一种否则行为人就被不可避免地发现了,就应当伪造一起意外事故,这时,那种对任何一个专家来说都可以看出被害人是被勒死的情况,都会使这个行为人的计划失败。在这种情况下,就只存在着一个未遂与一个过失杀人。

这里并不存在任何机会,应当根据第22条而不是第16条来处理行为人在未完成未遂阶段 70
中的认识错误。也就是说,一个归类错误或者一个对人身的认识错误,在这样一种情况下也是不重要的,因为第16条并没有将其包含在内,而不是因为缺乏根据第22条的想象。〔85〕立法者借助第22条达到的目的不是为了"通过想象来替代故意……更确切地说,只有行为人事实上的想象仅仅应当用作对实施的主观判断基础,并且,仅仅为此才把能够的认识错误的内容宣告为无关紧要的。"〔86〕这种根据"行为人的想象"而做的安排,描述的是不适当未遂的刑事可罚性,但却不是补充第16条的认识错误的理论。

也就是说,这个结论是:在未遂中的故意符合了在完成的构成行为中的故意。〔87〕在未遂中, 71
故意能够以目的、直接故意、间接故意这三种形式出现。特别需要指出的是那种借助间接故意的未遂,整个主流观点以及还有司法判决〔88〕都认为这种未遂是具有刑事可罚性的,然而,也出现了一种相对重要的少数派观点,认为其不具刑事可罚性。〔89〕支持解除刑罚的人所依托的基础,大多是这种带有间接故意的未遂并不具有足够的刑罚需要性。

缺少刑罚需要性的,应当首先在选择性故意〔90〕之中。 72

案例1:甲向乙开枪并致其死亡,但是,在能够的情况下也容忍了站在乙旁的丙的死亡。

案例2:甲把遭受事故的乙的证件夹偷走,不知道被害人是已经死亡(在这里是第246条)还是仅仅失去了意识(在这里是第242条)。

人们能够支持这个观点:在案例1中由于实现了故意杀人就已经足以使用刑罚了,因为甲仅 73

〔84〕 因此,也见可比较的案件:RG DStR 1939, 177; BGH GA 1955, 123 f.。

〔85〕 详见,Hillenkamp, Roxin-FS, 2001, 705 ff.。

〔86〕 Hillenkamp, Roxin-FS, 2001, 706。

〔87〕 这也符合整个主流观点:Baumann/Weber, AT[10], § 26 III; NK-Puppe, § 16, Rn. 164, 173; 事实上,同样的还有 Blei, AT[18], § 65 I; Ebert, AT[3], 120; Gropp, AT[2], § 19, Rn. 17; Haft, AT[8], 233; Jakobs, AT[2], 25/24, Joecks[3], § 22, Rn. 3; Kühl, AT3, § 15, Rn. 23; Otto, AT[6], § 18 II 1a; SK[6]-Rudolphi, § 22, Rn. 2; Schmidhäuser, Stub AT[2], 11/61; LK[10]-Volger, § 22, Rn. 2; Wessels/Beulke, AT[31], Rn. 598。

〔88〕 RGSt 68, 339 (341); 70, 201 (203); BGHSt 22, 330 (332); 31, 374 (378); BGH VRS 56 (1979), 139 ff.; OLG Karlsruhe MDR 1977, 600 (601)。

〔89〕 Binding, Normen II/2, 1916, 819 f.; Lampe, NJW 1958, 332; Salm, Das vollendete Verbrechen I/1, 1963, 49 f.; Kölz-Ott, 1974, 39 f., 98 ff.; Schmidhäuser, StuB AT[2], 11/19; Alwart, 1982, 219 f.(当然,最后提到的两处仅仅认为带有间接故意的不适当未遂才具有刑事可罚性,参见边码51); Puppe, NStZ 1984, 491。从未来立法的观点出发的,还有 Streng, JZ 1990, 219。

〔90〕 对此,见 Roxin, AT1[3], § 12, Rn. 79 f.。

仅想要杀死一个人并且也杀死了。在司法判决另外认定乙的一种未遂杀人时,但是,在这个范围内同时倾向于肯定一个自愿的中止时(对此,第30节,边码47),在错误的认定中就表明了这种正确的感觉:间接故意的未遂本身就是不具有刑罚需要性的。[91] 在案例2中,人们只能使对事实上实现的犯罪的刑罚,仅仅适用于在这两种有条件故意后面,还隐藏着一种可供选择的直接故意。[92]

74 但是,这样的解决方案是荒谬的与不可行的,[93] 既不必要也不适当。不必要是因为以第52条为根据的刑罚反正是仅仅从以最严厉的刑罚所威胁的刑法中推导出来的。不适当是因为这符合事实:从基本内容中得出的印象是,这个行为人不仅杀死了乙,而且还拿丙的生命当儿戏,或者说,不仅实施了侵占,而且还冒着盗窃的风险。对一个针对丙的杀人未遂自愿中止的认定,在案例1结构的案件事实中(参见,第30节,边码58)是缺乏的,并且,因此没有论据能够说明,这种未遂本身就应当安排为不具有刑事可罚性。在不考虑这一点时,这种选择性故意的案件就仅仅包括了未遂中借助间接故意来实施的很小的一部分。

75 普珀[94] 对间接故意未遂不具有刑事可罚性,依据的是在她看来可以比较的、根据第24条第1款第1项免于刑罚的阻止结果发生的情况:"在这部法律……通过使行为人免于刑罚的效果而得以阻止结果的发生时,这样,前后一致的就会是同样应当放弃对间接故意未遂的刑罚,因为这个行为人在最终效果上预防或者避免了这个结果。"但是,这个平行说明并不是很有说服力的。这个从终了未遂中自愿中止的人,放弃了自己的故意,并且值得通过主动的阻止性努力来获得无刑事可罚性。在这个间接故意未遂中,缺乏这两种对免于刑罚起决定性作用的因素。[95]

76 最后需要指出的是,[96] 在这种溢出性内部趋向的犯罪中(例如,第164条,第236条,第259条,第267条),根据实际情况,都包含了既遂刑罚的一种前置,并且在这一点上指出了一种与未遂相近的结构,通常,对不需要在客观上相似的主观要素来说会要求一个目的,也就是说,间接故意是不够的。但是,这个结论,未遂也仅仅在存在目的中(或者无论如何,在直接故意中)才应当宣告为具有刑事可罚性,就与这个情况相对立了,立法者也在目的犯罪中理所当然地就让间接故意对这个**故意**足够了。也就是说,在盗窃证件夹一案中(案例2),被害人仅仅是失去了意识,这时,这个行为人(不依赖于第22条,第246条的存在)就应当由于既遂的盗窃而受到刑罚,虽然他在拿走时仅仅是借助间接故意在行为。也就是说,对于溢出性内部趋向所适用的一切,不能套用到这个故意上来。

77 对间接故意未遂的刑事可罚性具有决定意义的论据,来自法律条文以及这种案件所具有与低估倾向相反的明确的刑罚需要性。在未遂本来应当是一种目的犯罪时,立法者本来就能够毫不费力的说:"一个人根据自己对构成行为的想象,着手这个行为构成的有目的的实现"。因为他没有这样做,所以就应当以此作为出发点,即未遂仅仅通过这个——至少是部分的——客观行为构成的缺失,而不是在主观要件中,与既遂相区别。

78 间接故意未遂不具刑事可罚性,在刑事政策上会导致一种令人难以忍受的结论。[97] 人们认

---

〔91〕 Herzberg, NStZ 1990, 311。

〔92〕 Lampe, NJW 1958, 332。

〔93〕 Roxin, AT1^{3}, § 12, Rn. 80。

〔94〕 Puppe, NStZ 1984, 488 (491)。

〔95〕 参见 Puppe 本人著作, NStZ 1984, 491, 她最终同意,"中止的论点,从本身来看,对于带有间接故意未遂不具有刑事可罚性的论证来说,是一个过于单薄的基础。"

〔96〕 Herzberg, NStZ 1990, 315。

〔97〕 同意这一点的,还有 Herzberg, NStZ 1990,315。

定,一个强奸的行为人为了制服被害人,使用对生命造成威胁的方式扼住其咽喉;被害人是否因此死亡,对他来说都是完全无所谓的!在这里,仅仅因为行为人对死亡不是有意的,就拒绝一个杀人未遂,这是不适当的。在有人为了强奸的缘故而毫无顾忌地把人命当儿戏时,行为人的**目的**指向另一个犯罪的情况,就不应当成为说明对其实现服务的杀人故意在刑法上不具重大意义的理由。但是,在间接故意未遂与其他犯罪目的发生竞合之处,前者也还保持着刑罚需要性。在《联邦最高法院刑事判例集》,第33卷,第295页中,行为人为了"惩罚"被害人,但是,没有杀人目的,把子弹射入其太阳穴。联邦最高法院正确地在其对中止的分析中,不经争论就把一个具有刑事可罚性的杀人未遂作为理所当然的条件了。

自然也存在着应当进行更宽容判断的情况;当间接故意在向有认识过失的界限移动,并且未遂也还有点不适当时,就存在着这种情况。但是,对此也存在着减轻的能够性,在更轻微的案件中,这还可以达到停止。把间接故意未遂一般地用类推第23条第3款的方式来对待,就像赫茨贝格所建议的那样,[98]是不能够的。间接故意未遂的各种案件,对于第23条第3款规范的那些"严重无知"的案件来说,是完全没有相似性的,因此也不能得出一个类推的结论。 79

另外,在未遂中的故意也不能与既遂犯罪中的未遂加以区分。也就是说,未遂故意是以行为人的故意为条件的,这个故意指向犯罪的既遂,甚至是指向在行为构成上受保护的法益所受到的损害;如果这个行为人没有这种故意,那么,他就不具有刑事可罚性,并且,在最常见的准教唆案件中,也仅仅是代理挑衅人(详见,第26节,边码150以下)。此外,故意必需指向那些满足一种法定行为构成的要素的实现。一个人相信,通过实行同性恋行为会使自己具有刑事可罚性,他并没有实施未遂,而是一种不具有刑事可罚性的臆想犯罪(Wahndelikt)(详见,边码381)。 80

(二)无条件的与有条件的构成行为决定

在"构成行为决定"这个概念中存在着以下内容:行为人对实施犯罪的"决定",也就是说,是在构成行为的实施上具有足够的坚定性来确定的,并且必须已经离开了不承担义务的考虑阶段。因此,司法判决也历来要求一种"**无条件的构成行为决定**",并且让一种"有条件的构成行为决定"不足以满足未遂的刑事可罚性。这听起来是不言而喻的,在具体案件中确定这样一种构成行为决定却能够非常困难。在这里,在未遂中就出现了一个问题,这个问题在完成的构成行为中通常[99]没有出现。从完成中,通常能够看出这个决定。无论如何,在这里,在这种对故意与过失的决定中,以及因此仅仅在相对轻微的犯罪中,能够出现证明的困难性;并且,在其中,也大多能够从实施的方式中看出这种构成行为决定来。但是,在大多数犯罪行为中,就像在财产犯罪与财物犯罪(Eigentums - und Vermögensdelikten)中,过失犯罪就是不能想象的。例如,在有人从他人住宅中偷出了物品,他的构成行为决定就应当是毋庸置疑的。这在未遂中就经常不一样。只要一个结果没有出现,就很难判断行为人想要干什么,也就是说,很难判断一个构成行为决定是否真的存在了。 81

主流观点以施密德(W. Schmid)[100]为榜样,区别了**构成行为倾向**(边码83)、**在有意识的不安全的案件事实基础上的决定**(边码84),以及**有中止保留(Rücktrittsvorbehalt)的决定**(边码 82

[98] Herzberg, 1990, 317 f.。

[99] 除了在无意间提前引起结果,或者在带有提前的既遂刑罚的犯罪行为之外(第267条:伪造证件者还不知道,自己是否想要使用这个假证件在法律交往中进行欺骗)。

[100] W. Schmid, ZStW 74 (1962), 48;在那里,那些在这里不能为细节提供证据的帝国法院的司法判决,就完整地得到了利用。

85)。在第一组案件中，人们拒绝了一个构成行为决定，在其他两组中则相反，对构成行为决定加以肯定。

83 案例3(《帝国法院刑事判例集》，第68卷，第339页)：被告人想要用已经上膛的手枪对准其继父，先仅仅进行威胁与恐吓，但是，也算计到了自己向其射击的能够性。

案例4(类似的，见帝国法院，《莱比锡德国法杂志》，1916年，第389页；1922年，第594页；《帝国法院刑事判例集》，第75卷，第25页)：行为人着手伪造一份证件。起初，对他来说重要的只是以游戏的方式来证明自己的技术。但是，后来他也有了把这份伪造品在能够情况下用于欺骗目的的打算。

在此种类型的案件中，行为人虽然有构成行为的倾向，但是，还不知道自己是否想要犯罪。在这里就不存在一个构成行为决定，并且，由此也还不存在一个刑事可罚性。

84 案例5(哈姆州高等法院，《德国法月报》，1953年，第568页)：行为人开始去找一座(假定为青铜的)坟墓塑像，并带有这样的目的：如果检验之后查明塑像应当是用合适的材料制成的，就立即偷走塑像的头。

案例6(联邦最高法院，《德国法月报(达林格)》，1953年，第19页)：一个决定进行堕胎的行为人，对这名孕妇作检查，以确定手术是否能够无危险地进行。在调查得到肯定的结果时，他就想要立即实施这个构成行为。

在这几种案件事实中，行为人已经作出了一个(无条件的)构成行为决定。不确定的不是这个构成行为决定，而仅仅是其实施的能够性。在这里，应当肯定的是一个构成行为决定，以及在达到未遂阶段时(对此，边码160)，应当肯定的一个未遂。[101]这里存在着一个**在有意识的不安全的案件事实基础上的决定**。

85 案例7(根据帝国法院，《莱比锡德国法杂志》，1928年，第1552页)：妻子一直到最后都在犹豫，是否应当杀死熟睡中的丈夫。最后，她进入卧室，打开天然气阀门，自己走进旁边的房间，她在那里等了几个小时；在这里，她保留着通过关闭天然气阀门来救活自己丈夫的能够性。

案例8(巴塞尔市刑事法庭，1953年4月26日，见施密德，《全体刑法学杂志》，1962年，第74卷，第70页以下)：行为人想要对一个幼女实施性犯罪，并且已经把其锁入一个专门为此准备的地窖。但是，他从一开始就打算放弃自己的活动，并且"一旦她哭，就悄悄地把孩子放了。"

在这些情况中，行为人首先是作出了一个构成行为决定的，但是，考虑到在构成行为完成之前进行一个自愿中止的能够性。在这种中止保留中，一个构成行为决定与在能够情况下的一个未遂都要加以肯定。[102]

86 这种三分法能提供一种很有用的方向性帮助(Orientierungshilfe)，在内容上也很有说服力。但是，它也有这个弱点：人们应当把一个案件事实归入这三类中的哪一类，经常仅仅是一个说法问题。[103]因此，被告人能够让一种在有意识的不安全的案件事实基础上的未遂(案例5，6)轻易地显现为不具有刑事可罚性的单纯的构成行为倾向的案件，只要他宣称，自己是在检查了这个坟墓塑像或者那个妻子之后，才想要做出一个最后实施构成行为的决定。因为这个行为人还能够没有对其构成行为决定的"坚定性"做出具体的想法——为什么他也应当该这样做？——所以，这样的答辩能够不是完全错误的，而是一种对在心理上不清楚的案件事实所作的能够的解释。同样，人们能够立即这样来描述中止保留，他们还没有对这个构成行为的完成做出最终的决定，并且在这里还仅仅是倾向于构成行为。

87 从这个两难选择中只能引出对构成行为决定的一种确定，这种确定给予这个构成行为决定

---

[101] 不同的，见Köhler，AT，459。

[102] 一个中止保留(而不是像联邦最高法院认定的那样，是一种单纯的准备行为)，也存在于BGH NStZ 1999，395(对此，见边码154)的案例之中。

[103] Arzt，JZ 1969，54 f.；Roxin，Schröder－GS，1978，149 f.。

一种在法学上明确的、避开了任意做出曲解的内容。[104]这就展示出,这种单纯的构成行为倾向(第一组)与一种"最终的"、"最后的"、"坚定不移的"构成行为决定相对而立是不能够的,这种构成行为决定应当是其他两组案件的标志。一个人保留着中止,就还没有最终确定这个构成行为的实施,并且,就的确已经做出了一个构成行为决定,就像从那个法律上的中止规定中(第24条)不容辩驳地得出的那样。各种中止都是以一种包含了构成行为决定的未遂为条件的。在有意识的不安全的案件事实基础上的未遂中,这个行为人没有理由最终确定这种外部情况允许这个构成行为发生的案件,因此,他对自己进一步的行动通常不会进行决定性的——并且首先是没有法官论断介入的——考虑。只要中止能够性还存在,一个构成行为决定的"最终性"就几乎是无法证明的。

因此,**在这种挤向实施犯罪的动机已经获得了对阻碍性想象的优势时**,人们必须认定一种**构成行为决定**,也还应当保留着最后的怀疑。一个人仅仅考虑了实施犯罪的能够性或者在没有决定时的左右犹豫,他就还没有作出决定。但是,一个人带着优势的实施犯罪的意志进入实施阶段的,他还有点存在的疑虑并没有阻碍认定一个构成行为决定与一种未遂,而是应当总是作为根据第24条的中止保留来进行判断。 88

这是符合人的心理经验的:在充满冲突的决定过程中,这个决定是在一种优势的确定行为的动机中进行的,不会把相反的动机(例如,恐惧或者内心的犹豫)完全排除。人们在涉及令人忧虑的与有危险性的决定之处,找不到那种"最终的"、坚定不移的、没有其他保留能够性的构成行为决定。这也符合第24条的基本思想,在只有一种内部与外部可以反复的运动还阻止了结果的产生之处,也就是说,在一个处于实施阶段中的行为人再次放弃了一个占优势的(还不是"最终的")实现意志之处,就应当在那里认定一个中止(并且不是已经缺失的构成行为决定)。 89

在文献中,本书所代表的观点找到了绝大多数的支持,并且今天仍然占据着统治地位。[105] 90
在法庭中确定那种挤向构成行为的动机具有统治性是很困难的,但是,这种困难通常能够通过对外部行为过程作出符合事实的评价来加以克服。因此,在有人开始实施那些作为着手实现行为构成的表现的外部行为之处,人们就能够以典型的方式从一种实施犯罪的意志所具有统治性作为出发点了。一个人借助盗窃的想法闯入一处他人住宅,对于未遂盗窃的控告来说,不能以他当时还想保留对盗窃的最终决定作为基础;在闯入中,就表现了这个实施犯罪的意志所具有的统治性了。一个人对一名妇女使用暴力扯下她的衣服,并且要求其同意性交的,人们就不能听他说,他是希望这位妇女自愿委身于他的,并且,还没有对强奸作出最终的决定;在他已经作出的行为中,就已经给人留下一个至少是占据统治地位的实施犯罪意志的印象。

当然,在一个行为有两种意思之处,一个可以理解为实施行为的举止行为的结论,对占统治地位的实施犯罪的意志来说,是没有说服力的。一个人拿着手枪在他人面前来回挥舞(案例3),就能够已经作出了构成行为决定,并且马上就要扣动扳机了;在这里就存在着一个未遂杀人。但是,他起初也能够是用枪进行威胁,并且,把在此期间能够发生的射击仅仅作为一种相距甚远的能够性来考虑;在这里,最多是肯定一种根据第240条,第241条的犯罪。应当认定这种案件还是那种案件,必须根据具体情况确定。如果行为人把自己的举止行为与长久的谈话和讨论联系 91

---

[104] 详见 Roxin, Schröder – GS, 1978, 157; ders., JuS 1979, 1 ff.。对于那种要求确定构成行为以及由此要求引起"构成行为决定"的教唆案例,那些完全平行地存在于第26节边码65以下的有关"决定"的难题,将在与那里的有关文献的争论中,进行详细探讨。

[105] 明确同意的,见:Günther, JZ 1987, 22; Kühl, JuS 1980, 275 f.; ders., AT[3], § 15, Rn. 36; Rath, JuS 1998, 1012; SK[6] – Rudolphi, § 22, Rn. 5; Sch/Sch/Eser[26], § 22, Rn. 18; 类似的还有 LK[10] – Vogler, § 22, Rn. 4 ff.; Jakobs, AT[2], 25/29 ff.。批评的,见 Puppe, GA 1984, 116。

在一起，那么，人们就能够以他还没有作出一个构成行为决定为出发点。相反，如果那把飞快拔出的与无声的或者不为被害人察觉地瞄准的手枪，从他手上被夺下来了，那么，就应当认定一个居于统治地位的实施犯罪的意志以及由此认定一个构成行为决定。

92　相应地也适用于造假活动，这种活动能够意味着暂时不产生义务的技巧性训练，但是，也能够意味着一种手段，是为了进行一种在法律交往中已经决定的欺骗目的使用的（案例4）。在对一种直接凭肉眼可以看出的使用能够性没有产生出根据时，人们最多就只能谈论一种构成行为的倾向。但是，在已经存在一个借助伪造品、为了实现而制定的犯罪计划时，人们就必须认定，这个行为人已经在统治地位上决定了“为了在法律交往中进行欺骗”，并且由此对一个根据第267条的构成行为作出了决定。

93　另一方面，在朝目标努力的准备行为中，也得出了一个构成行为决定的印象。一个人把钱缝进鞋垫中，以便在带钱出国的申请没有结果时将其秘密走私出境，这就证明了一种清楚的占统治地位的构成行为决定（当然，建立在有意识的不安全的案件事实基础之上）。也就是说，当《帝国法院刑事判例集》，第71卷，第53页在这里仅仅认定了“有条件的构成行为决定”以及由此认定了一种单纯的构成行为倾向的说法，这就不正确了。当然，因为对实施走私犯罪还没有着手，所以，这种认定不具刑事可罚性在结果上就是正确的。在什么范围内，能够从准备行为中得出构成行为决定的推论，因此具有很少的实际意义，也不需要进行深入探讨；在个别案件中，例如在第30条第2款意义上的有说服力的约定中，能够是有重要意义的。

94　另外，司法判决在结果上是完全处于本书所遵循的路线上的；这就是说，它根据案件事实，符合了以上文为基础的三分法，当然，没有对构成行为决定的概念提出进一步的问题。据此，以盗窃未遂为例，在有人侵入一座房屋，为了拿走自己找到的一点有用的东西（《帝国法院刑事判例集》，第70卷，第201页；类似的见，哈姆州高等法院，《德国法月报》，1976年，第155页）；在有用性的决定中存在的不安全因素，并不能阻碍这种处于统治地位的构成行为决定的性质。在“检查案件”（案例5，6）中，当行为人在实行问题上还留有一个最后的退路时，甚至也存在着一个构成行为决定。一个人彻底检查了对构成行为的客体实施有结果的犯罪的能够性，在这个检查得出有利结论的条件下，无论如何，对实施构成行为的决定就居于统治地位了；不需要更多了〔106〕。

95　阿茨特〔107〕发展了一种解决方案。据此，在这个行为人“努力争取一个符合行为构成的结果，并且算计到这个准备工作对于这个结果会成为原因”时，这种单纯的构成行为倾向性对构成行为决定而言就足够了。在这里存在着一个对决定而言就足够的间接故意。但是，这是不值得同意的。〔108〕一个取决于行为人后来决定的决定，就还不是决定，并且，也不是间接故意；这个后面的决定是以一个实施行为构成的行为的无条件决定作为条件的，在这个决定中，只有结果的出现是不安全的，并且也还没有得到追求。

96　阿茨特获得的结论，与本书发展出来的解决方案并没有什么区别。虽然他在行为人起初仅仅想用手枪进行威胁，后来也仅仅把一个杀人决定看成能够的时候，就想要在案例3中认定一个构成行为决定（这是错误的，因为他曲解了在一个决定中的完整的不坚决性）。但是，他也拒绝认定一种具有刑事可罚性的杀人未遂，理由是在如此创设的意识状态中，还不存在对实施的着手。相反，阿茨特正确地认为，在潜在的

---

〔106〕 出自司法判决，应当进一步提到的，见 BGHSt 5, 149; 12, 306, 309; 21, 14, 17; 21, 319, 322; BGH GA 1963, 147; KG GA 1971, 54。

〔107〕 Arzt, JZ 1969, 54 (60)。

〔108〕 详见 Roxin, Schröder – GS, 1978, 151 ff.，带有来自文献之中的进一步批评。此外，反对的，见 LK[10] – Vogler, § 22, Rn. 12; Papageorgiou – Gonatas, 1988, 140; Zaczyk, 1989, 246。类似的，就像 Arzt Walder, SchwZStr 99 (1982), 251 f.，他在有目的争取结果的工作中，肯定了一个构成行为的决定。

小偷把有毒的香肠喂给看守犬吃时,就有了一个构成行为决定,“即使他对狗的死亡还没有在实施构成行为意义上的最终确定”。[109] 但是,这里也不再存在着一种单纯的构成行为倾向性;一个人如此严重地侵入被害人的领域,至少是已经在统治地位上对盗窃的实施作出了决定。

三、准备与未遂

97 除了构成行为的决定之外,未遂的第二个概念性要素是一个超越准备阶段的外部行为。它原来根据旧版本第43条被标志为“实施的开始”,今天,人们是这样为它标志的:行为人必须“根据自己对构成行为的想象,直接”着手了“实现这个行为构成”。在这里,插入了一个单独的—客观的方案:未遂应当在单独的行为人想象的基础上根据客观标准加以确定(参见,边码5)。

98 人们在着手中应当理解的一切,在行为人身份的不同表现形式中是非常不同的。法律的文字是在直接的单个行为人未终了的未遂上安排的。它谈的是“一个人(wer)”,这个人看起来没有同伙,独自开始有待继续的实施。我们把一个未遂称为“未终了”,在这里,行为人还没有干完根据其想象对于引起构成行为的结果所需要的一切;也就是说,他必须扣动手枪扳机,拿走要盗窃的物品,等等。值得建议的是,首先,根据这种未遂犯罪的法律样板来处理区分(一)。随后是探讨单个行为人中的已经终了未遂(二)。在这里,我们把“已经终了”未遂理解为一种实施行为,在其中,这个行为人根据自己的想象已经做了实现行为构成所必需的一切;例如,他已经把应当杀死被害人的炸弹装在其汽车上了。在这里,就是分别确定与讨论在间接实行人(三),在不作为(四),以及在共同实行人的行为(五)中的未遂。

(一)直接行为的单独行为人在未终了未遂中开始实施

1. 不能够从理论中推导出未遂的刑法基础

99 从对未遂的刑法基础有决定性作用的标准中,不能为区分无刑事可罚性的准备与具有刑事可罚性的未遂发展出进一步的解决方案,[110] 同样的问题是,人们是否能够把操纵敌视法律的意志(边码32)、违反规范的表现(边码43)、行为构成恰当性的危害(边码27)、动摇法律的印象(边码46),或者一种其他要素作为基础。所有这些观点也或多或少地对准备行为是合适的。

100 这在大多数主观理论中——除了“行为人理论”之外,边码40,41——都是显而易见的,因为实施犯罪的意志与表现出违反规范,也在准备行为中就已经表现出来了。因此,这些理论也有理由,停止指责支持了过早的未遂开始的着手。

101 这些更多地与客观标准相联系的理论,因此能够恰当地指出,未遂比单纯的准备更危险,或者由其产生的动摇法律的印象更加严重。由此说明了,行为人的举止行为所具有的危险性或者印象的强度,在区分准备与未遂的努力中,会在不同情况下发挥作用(参见,边码121以下)。由此的确得出这个结论:在立法上区分准备与未遂的这些理论,在发展趋势上比所谓的主观刑罚基础的方案更加公正。但是,这些理论也不能提供一种更准确的区分,因为这种以行为人的举止行为作为出发点的危害及其动摇法律的印象,在准备阶段就已经存在了,并且不断增强直到既遂。

---

〔109〕 Arzt, JZ 1969, 59。

〔110〕 不同的是 Kühl, AT^3, § 15, Rn. 38:“未遂与准备的区分,关键在于人们怎样确定未遂的刑罚基础。”

如果人们为这些危害与印象程度方案一支从一到一百的刻度尺,那么很明显,从这种危害想法或者印象想法中无法得出标准来确定,在这个刻度尺的哪一点上,未遂的界限会被超过。人们最多能够以一种普通的方式说,行为人的举止行为作用得越危险,对法律的动摇越厉害,未遂就更会存在;但是,这对更准确的区分来说是不够的。

2. 接近行为构成作为未遂开始的主导观点

102 这种在理论上能够与所有刑罚基础理论相连接的决定性的观点,是**接近行为构成**。它首先是从我们刑法的法治国基础上得出的结论。据此,对刑罚来说,恶意的态度、计划以及准备(Zurüstung)都是不够的;更准确地说,一种行为构成的实现才是必需的(对于行为刑法与行为人刑法,参见,罗克辛,《德国刑法学 总论》,第1卷,第三版,第6节)。这种未遂在这里表现为一种刑罚扩展的基础,在其中,未遂把确定犯罪中的刑事可罚性的边界提前到接近行为构成的行为上了。这个方案在法律中也找到了自己的表达。第22条要求,行为人"直接着手实现行为构成"。这种对行为构成的依赖与那种处于行为构成边缘的"直接着手"展示了,立法者"硬把未遂移到行为构成的行为的边界上"。[111]法律的根据[112]也指出,应当借助把行为构成吸收进法律文字中来预防"未遂刑事可罚性起点的前移"。

103 另一方面,很清楚的是,接近行为构成这个概念不是那种能够从适用于具体案件的结论中直接演绎出来的要素。更准确地说,它仅仅涉及——很像在行为人理论中"核心人物"(参见第25节,边码12)——一个最高的标准,涉及一个应当把法律材料具体展开的指导性方面。[113]

3. 未遂的确定是行为构成的解释问题?

104 形式—客观理论是一种把未遂并入行为构成的理论,因此也是一种看起来最符合行为构成刑法理想的理论,这种理论已经对未遂提出了一种部分实现行为构成的要求。在1930年前后,这种理论在文献中[114]有着数量众多的支持者,并且,尽管司法实践上占据统治地位的偏离,但是,在帝国法院的司法判决中也可以找到这种理论在文字上的体现。《帝国法院刑事判例集》,第70卷,第151(157/158)页中有如下内容:"未遂开始于实施行为,也就是行为人的举止行为,这个举止行为在概念上已经符合行为构成地处于这个犯罪行为的行为构成之下了……与此相对,应当作为准备行为的是这种行为,其应当在行为构成的行为之前进行,并且使其进行成为能够或者便得容易,但是,本身还不处于具有刑事处罚性的行为构成之中。"据此,例如,在第212条的案件中,扣动手枪的扳机作为本身意义上的杀人行为是未遂,但是,把武器移近与用武器瞄准就不是未遂,毕竟这些行为是发生在行为构成的行为之前。

105 今天,已经不再有人主张这种单纯形式的形式——客观理论了。根据法律的文字,行为构成的部分实现不是必需的,而是仅仅一种实现行为构成的着手才是必需的。在法律委员会的根据中,采纳并对《刑法典选择性建议》第24条的文本做了轻微的修改,[115]其中指出,除了着手之外

---

〔111〕 Roxin, 见:Roxin/Stree/Zipf/Jung, ^{2}1975, 15 f.。

〔112〕 BT – Drucks. V/4095, 11。

〔113〕 完全类似的,见 Weigend, 1989, 117, 他正确地反驳了一种"抽象的–便于使用的并且毫无问题地可以在实践中加以适用的公式"的可能性。Ambos, 2002, 725 ff. 也得出了相同的结论,他试图根据在德语的与盎格鲁–美利坚法律圈中区分未遂的基本表述,来发展出一种"国际刑法的近似公式"(738 ff.),这个公式也利用了在下文中使用的标准。还有,M. – K. Meyer, GA 2002, 377 也得出了那种"不能为未遂的界限的确定性制定出一种精确公式的认识",并且试图通过"主要案件与类型比较"(367)来得出那些精确的结论。

〔114〕 v. Beling, ^{11}1930, 57 f.; v. Hippel, StrafR II, 1930, 398 ff.; v. Liszt/Schmidt, StrafR, ^{26}1932, 182, 305; 最后,还有 zu Dohna, ^{3}1947, 17 f.。

〔115〕 这个着手公式,最早出自 Welzel;最后,见 StrafR^{11},190。

“行为构成实现的开始本身更也被包括在未遂之内”,[116]因此,这个结论就一目了然了:未遂的范围不应当限制在行为构成的部分实现上。

福格勒[117]目前仍然支持一种与形式——客观理论相近的观点。对他来说,行为人“开始干一个行为……这个行为——在没有行为不法时甚至就会自己实现——对于各种行为构成的行为不法来说的确是特殊的”,这时就存在着一种第22条意义上的着手。未遂与准备的区分问题,在这里就是一个“行为构成的特殊性问题”。[118]这涉及到“一个**行为构成的解释问题**,这个问题违背了一个概括性的决定。”[119]未遂是一种举止行为,“能够通过可许可的解释在语言上与事实上包括在各种行为构成之内”。当然,在这里,应当放松与“能够的词义”的联系。“那个有待判定的行为通过存在于行为构成内部的禁止性意义在事实上包括在内”,这就足够了。这里涉及的事情经过是,“虽然这个构成行为还没有达到形式上的实现行为构成,但是,根据案件事实已经表现为具体构成行为不法中的一个构成部分了”。 106

这样一种方案就使得准备与未遂的区分成为一个分则中的问题,在这里,它是完全按照个别行为构成的解释来安排的。在前后一致的方式中,福格勒也放弃了司法判决与文献发展出来的所有抽象的区分公式。这些公式作为解释的帮助,“就算不是有危险的,也在很大程度上是多余的。” 107

福格勒的方案在这个范围内是值得赞同的,在这里,这个方案试图使接近行为构成的指导性原则尽能够地公正合理。事实上,不考虑具体行为构成的结构,就不能够说明什么是实现行为构成的着手(对此,还有边码139以下,135)。但是,仅仅这个观点是不够的,就像人们在总则中能够看到的立法对这些材料的处理一样。因为这里的未遂并没有限制在行为构成及其“能够的词义”上,而是把刑事可罚性扩张到行为构成的界限之外,所以,抓住单纯的行为构成的解释就不够了。它无法考虑那种临近领域,这种领域虽然必须考虑到行为构成,但是,仍然必须同时在提出一般标准的条件下加以确定。“第22条对于分则的行为构成来说是处于一种补充关系之中,而不是处于一种通过解释来调查的牵连关系之中。”[120] 108

应当补充的是,朝向行为构成的方向,仅仅在存在着一种对行为构成的行为进行具体描述之处,对于未遂的确定才是有帮助的。例如,在盗窃中可以想到的是,对于未遂来说,虽然不要求拿走的行为,但会是一种接近拿走的行为(在这里,放松保管或者影响保管之类的概念能够是有帮助的)。立法者在纯粹的结果犯罪(杀人,身体伤害,损害财物)中,并没有描述这些构成行为的行为。在仅仅一个故意的造成杀人或者造成其他损害就构成这种行为构成之处,从这种行为构成中就不能清楚地推断出准备与未遂的区分来。[121] 109

4. 行为构成的部分实现作为安全的未遂标准?

在未遂因此也还不是以行为构成的部分实现为条件时,就接近了这个反过来的认定,也就是不依赖于所有其他的区分理论,在行为人开始干一个行为构成的行为,或者不然就已经实现了这个行为构成的一个要素时,一个未遂就无论如何都始终存在了。法律的根据是以这种方案为出 110

---

[116] BT－Drucks. V/4095, 11;在同样的意义上,也见 die Begründung des AE, ^{2}1969, 63。

[117] LK[10]－Volger, § 22, Rn. 23 ff., 58－70; ders., Stree/Wessels－FS, 1993, 285。

[118] LK[10]－Volger, § 22, Rn. 23 ff., 59;相应地,见ders., Stree/Wessels－FS, 1993, 291 ff.。

[119] LK[10]－Volger, § 22, Rn. 60。

[120] Küper, JZ 1992, 347, Fn. 56。

[121] 对此,也参见出自旧文献的 Burkhardt, JuS 1983, 427 m. N.。

发点的(参见,边码 105),大部分文献也都遵循这个方案。1993 年,福格勒[122]还曾写过:"在文献中到处都承认,《德国刑法典》第 22 条中的说法表达了着手的最低条件,以至于在客观行为构成的部分实现中,可以立即由此得出对一个未遂的认定。"班贝格州高等法院,《刑法新杂志》,1982 年,第 247 页宣称:"如果行为人实现了行为构成的一个要素,那么,在不考虑其取决于《德国刑法典》第 22 条的特殊问题下,一个未遂就总是存在着。"

111 然而,这个貌似明确的规定在此期间陷入了动摇。[123] 例如,今天一个一致的意见认为:伪证罪只有在说出誓词时才成功地进入未遂阶段,而不是在作出错误的陈述时就进入未遂阶段的。然而,因为第 154 条是第 153 条的加重案件,所以,不真实的陈述无论如何都是"伪证的行为构成的要素"(《联邦最高法院刑事判例集》,第 8 卷,第 310 页)。人们能够试图在这种案件中,通过要求一种部分实现了"本身的"伪证行为(宣誓)[124]来挽救这个部分实现的规则。但是,这个规则已经由此被大部分放弃了。它所涉及的再也不是全部的行为构成要素,而仅仅是行为构成所具有的特别的实施行为。

112 但是,即使带有这种限制,这个规则在一些行为构成中也不可以使用。这样,行为人携带能够会使用的武器进行的盗窃(第 244 条第 1 款第 1 项第 1 目),在一开始拿走时,就总是已经构成抢劫未遂了。这是一种抢劫的实施行为,也还能够就要使用暴力。但是,在这种案件中认定一个抢劫未遂,就不能是正确的,因为在这里第 244 条第 1 款第 1 项第 1 目就成为多余的。同样,当行为人在盗窃中决定,如果当场被抓就以暴力保护其赃物时,其中也不能存在第 255 条的未遂。也就是说,无论如何,部分实现的规则在多动作犯罪中是不可以使用的。

113 但是,这个规则在加重行为构成中却同样是不令人信服的,对这些行为构成来说,伪证案件的问题(边码 111)仅仅是一个例子,并不能构成这个规则的一个例外。

案例 9:[125]行为人为了能够在以后放火时有更大的成功机会,就使建筑里的灭火设施失去作用。

在这里,毫无无疑的是,那种根据第 306b 条第 2 款第 3 项的加重行为构成,已经开始实现了。不能使人信服的是,这里应当存在一个未遂的特别严重的放火(处五年以上自由刑),而放火本身却也许应当在几个星期或几个月以后才会开始。在相反的案件中,很难使人明白的是,一旦行为人还没有部署阻止或者妨碍灭火工作,那么,开始放火就应当成为根据第 306b 条第 2 款第 3 项的未遂的根据了。

114 与此相适应,这对实现加重刑罚的规则事例也适用,这些例子虽然不是行为构成的要素,但是,却与其非常相似。[126]

案例 10(根据《帝国法院刑事判例集》,第 7 卷,第 341 页):行为人用力使一间房屋屋顶上的两块木板松脱。他想要在第二天晚上,通过这个缝隙进入这个建筑进行盗窃。

在这里,行为人已经开始了加重刑罚意义上的入室盗窃(第 243 条第 1 款第 1 项)。还有,

---

〔122〕 Vogler, Stree/Wessels – FS, 1993, 300 m. w. N;同样,也见 Freund, AT, § 8, Rn. 50;Köhler, AT, 460;Murmann, 1999, 13 ff.。

〔123〕 首先,是由于 Stree, Peters – FS, 1974, 179;Burkhardt, JuS 1983, 426;Küper, JZ 1992,338 的论文。

〔124〕 Vogler, Stree/Wessels – FS, 1993, 300。

〔125〕 Roxin, JuS 1979, 7, 紧随着 Stree, Peters – FS, 1974, 184 f.。

〔126〕 参见,Roxin, AT1^3, § 12, Rn. 127 ff.。

《1962年刑法典草案》的理由代表了这个观点，[127]认为在任何情况下，都构成未遂的"还有一个行为，行为人通过这个行为，开始或者直接着手实现一个规则事例所具有的行为构成的要素"。与此相反，今天正确地占据统治地位的观点是，实现加剧（Erschwerungs－）或者加重（Qualifikations－）要素，仅仅在其中对实现基本行为构成的着手同时存在时，才足以成为未遂的根据。[128]在行为人至少也着手去实现基本行为构成时，人们才仅仅能够谈论一种接近行为构成的举止行为。

在迄今为止提到的事例基础上，能够得到代表的是这个观点：这个部分实现的规则虽然在多动作的行为构成中与在带有加剧及加重要素的行为构成中并不总是合适的，在这里的确涉及一些在其他行为构成中不能损害这个规则适用的特殊案件，但是，这样一种认定仍然是需要考虑的。 115

案例11（卡尔斯鲁厄州高等法院，《新法学周刊》，1982年，第59页）：[129]女被告人（甲）在路上佯装与女路人李某有亲属关系，想以此方式骗取李某的信任。她想要随李某进入其住宅，以便在那里得到李某的借款，以后不再归还。但是，这都没有发生，因为甲在街上时就由于其引人瞩目的举止行为被拘留了。

卡尔斯鲁厄州高等法院在这里正确地仅仅认定了一个诈骗的准备行为，尽管欺骗已经存在了。该法院试图与部分实现的规则保持协调一致，在其中，那种仅仅用于骗取被害人信任的欺骗，还没有作为第263条意义上的符合行为构成的欺骗来适用。据此，一个欺骗，仅仅在其适宜直接引起被害人对财产进行会造成损害的处分时，才是符合行为构成的。[130]肯定有能够的是，应当以这种方式对行为构成而不是部分实现的规则加以限制。但是，这毕竟存在着一种欺骗，这种欺骗，即使是与其他欺骗一起，是以被害人的财产损害为目的，并且，应当通过创设一个信任的基础才能使这种财产损害成为能够。当人们在其中看不到符合行为构成的欺骗时，这就已经使部分实现的规则具有了局限性。[131]人们必须在没有法律文字依据的情况下，对不同样子（Dignität）的财产损害性欺骗加以区别。人们是否不这么说，而去说不是所有符合行为构成的欺骗都已经为一个未遂提供根据，这仅仅是一个表达的问题。因此，早在1908年，巴伐利亚州高等法院[132]就已经让那种在诈骗中仅仅形成"准备最终活动"的欺骗，还不足以成为一个诈骗未遂。但是，其理由并不是这种欺骗不符合行为构成，而是说明这种部分实现的规则是不可以适用的："据此，在行为人已经实现了一个具体行为构成的要素时，例如，在已经实现了在第263条意义上的引起误解的要素时……在这种已经标志方式的案件中，就还不足以认定一个具有刑事可罚性的未遂。" 116

联邦最高法院也曾经两次决定，尽管有以财产损害为目的的欺骗，但还是否定了一个诈骗未遂。在《联邦最高法院刑事判例集》，第31卷，第178页[133]中说明：在委托人着手完成经过居间 117

[127] BT－Drucks. IV/650，144（也参见该文，403与409）。

[128] Arzt，JuS 1972，578；Baumann/Weber，AT[10]，§ 26 IV 2 b；Blei，JA 1969，613；Jescheck/Weigend，AT[5]，§ 49 IV 4；Sch/Sch/Eser[26]，§ 22，Rn. 58；Kühl，JuS 1980，509；Laubenthal，JZ 1987，1066；Maurach/Gössel，AT2[7]，40/113 ff.；Roxin，JuS 1979，7 f.；SK[6]－Rudolphi，§ 22，Rn. 18；Stratenwerth，AT[4]，§ 11，Rn. 43；Stree，Peters－FS，1974，179 ff.；Wessels，Maurach－FS，1972，305 f.；Weseels/Beulke，AT[31]，Rn. 605；也参见BGHSt 31，182与Küper，JZ 1992，338。

[129] 对此，见Burkhardt，JuS 1983，426。

[130] 在这个意义上，主要也有Vogler，Stree/Wessels－FS，1993，298 ff.；Murmann，1999，17。

[131] 对此，恰当的是Küper，JZ 1992，347。

[132] BayObLGSt 69，65。Burkhardt，JuS 1983，428，使这个决定免于被人遗忘。

[133] 对此，见Lenckner，NstZ 1983，409；Bloy，JR 1984，123；Maaβ，JuS 1984，25。

斡旋的商务时，经纪人的委托只有在通过一个完全没有支付能力的顾客之后，才能成为一个诈骗未遂。在这个由经纪人介绍的商务完成之前还不存在支付请求时，因此，这个经纪人的委托，即使已经包含了符合行为构成的欺骗，也才不过是一种准备行为。在这里，很明显的是，一个未遂在“行为人已经进行一个符合法定行为构成所描述的行为之前”，就能够存在，但是，在例外情况下也能够不存在，“虽然这已经发生，也就是说，在这个行为人由此还没有着手那种为刑事可罚性……提供根据的违反法律时。”由此，部分实现的规则所具有的牢不可破性，就明显地被放弃了。

118　在《联邦最高法院刑事判例集》，第37卷，第294页中，有人想要通过欺骗从一家银行的分行诈取一笔款项，然后把这笔有待支出的款项再存入这家银行的总部。联邦最高法院并不认为其中存在着未遂的诈骗，因为只要这家银行没有接受这笔钱的存入，就不存在一种损害危险。在这个决定中——就像卡尔斯鲁厄州高等法院作出的决定那样，见边码116——在形式上坚持部分实现的规则下，一种符合行为构成的欺骗的存在又再次受到了争辩：“只有在行为人引起了那个人的误解，使那个被骗人确定了进行损害财产的处分时，这个行为人才是进行了《德国刑法典》第263条意义上的符合行为构成的欺骗……”（出处同上，第296页）。但是，其中存在的对部分实现规则的限制，是要得到肯定的。

119　最后，一种被广泛接受的观点也不能与部分实现规则相协调。这种观点认为：只要行为人仍然控制着事件，并且被害人还没有进入构成行为手段的作用范围（详见，边码195以下），[134]那么，在已终了的未遂中，尽管行为人的行为已经结束，也仅仅认定一个准备。也就是说，当妻子在其出门在外丈夫的伏特加酒瓶中投入致命的毒药，并继续保管着这个酒瓶时，那么，只有在回家的丈夫正要从这个酒瓶中倒酒来喝的时候，杀人未遂才开始。但是，这种本身的行为构成的行为，在此之前很久，在把毒药混入酒中时就已经完成了。当然，人们想要争论，在这种案件中的未遂是什么时候开始的。但是，一个为早些开始的未遂进行辩护的人，就无论如何不能通过单纯指向部分实现的规则来为其得出一种独立的根据。

120　这个部分实现的规则，也就是说，不能保持在一个严格的形式之中，在行为人已经至少是部分地实现了一个行为构成的要素或者一个行为构成的行为时，一个未遂就**总是**已经存在了。即使在人们把接近行为构成视为区分准备行为与未遂的指导原则时，认定这个“规则”也保留着缺陷。第22条的条件是：“一个对‘实现这个行为构成’的着手，也就是说，对全部行为构成的行为，包括结果，并且不仅是对实现一个具体要素的着手”。[135]当然，人们在大多数情况下都能够说，在这个（部分）实现一个行为构成的要素中，应当认定一个未遂。但是，这种案件具体在什么时候是以及在什么时候不是，并不能推断出部分实现的规则，而必须根据其他区分标准来进行确定。

5. 区分公式

121　那种影响最大的区分准备与未遂的方法，存在于各种公式的使用之中。这些公式应当把未遂的开始，也就是着手的概念加以具体化。司法判决以不固定的方式使用着这些公式，并且为了达到更高的准确性，经常在同一个判决中把其中几种并列使用。

122　首先，在旧的司法判决中，使用的是今天又重新回来的弗兰克公式的标准，还有那种使人回

---

〔134〕 参见，Burkhardt，JuS 1983，428。

〔135〕 Roxin，JuS 1979，7；同样，见 Berz，Jura 1984，511；Burkhardt，JuS 1983，426；Jakobs，AT^2，25/70；Kratzsch，JA 1983；Maurach/Gössel，$AT/2^7$，40/18；SK^6 – Rudolphi，§ 22，Rn. 7. a；$Sch/Sch/Eser^{26}$，§ 22，Rn. 37。

忆起作为未遂刑罚基础的客观理论的“直接危害”。根据**弗兰克公式**,〔136〕属于未遂的是所有“依靠其与行为构成的行为之间的必然联系而为自然的观点看成其构成部分”的行为(《帝国法院刑事判例集》,第77卷,第162页)。借助一种通过引起了这个新的第22条而对构成行为计划所作的重新安排(“根据其想象”),联邦最高法院,《新法学周刊》,1980年,第1759页以下也说,一个直接着手存在于所有“由于与根据行为人计划的构成行为的行为所具有的必然联系而被看成其构成部分的行为之中,因为这些行为在空间与时间上相互衔接,并且借助它们就在其实施的案件中形成一个整体”。〔137〕

123 在司法判决〔138〕与文献中〔139〕一再重新追溯到**直接危害的观点**。“在犯罪意志明显暴露在一个行为之中,这个行为根据行为人的整体计划会直接导致对有关行为构成所保护客体的危害时”,〔140〕这个危害就会被认定。这两个公式经常是相互联系的。

124 案例12(《联邦最高法院刑事判例集》,第22卷,第380页):几个行为人想要侵入一家纺织品商店,想用绞盘把窗栅栏拉开。他们“准备了这样一个绞盘,把它带到行为地点并把它藏在房子与房前的铁支架之间。三天后,他们来到行为地点,把绞盘从隐匿处取出,想要借助它打开窗栅栏。但是,他们被守卫发现,就逃走了”。

联邦最高法院认为,具有决定意义的是,“这些为同一目的服务的不同的行为,对于自然的观点来说——也就是说,从正在观察的第三人的观点出发——是否由于与行为构成的行为之间的归属关系已经形成这个行为构成的一个构成部分,也就是说,这种如此联合在一起的几个单个行为,在其整体中是否包含了一种以这个方式对受保护法益的直接攻击,以至于这个法益已经由此受到危害,并且一个最终结果直接的随后的产生已经接近了(《帝国法院刑事判例集》,第51卷,第342页;第54卷,第254页;第69卷,第329页)。绞盘的取出与放置,应当马上开始的使用,在这里就直接危害了受保护的法益。”也就是说,在这里,这个直接危害标准被用于填补弗兰克公式了。

125 在1975年《德国刑法典》适用之后,着手公式被修改了,旧的区分要素也有些被放弃了。根据联邦最高法院的观点,现在不再按照旁观者的自然观点来进行安排了,而仅仅是按照行为人的计划来安排,因为新的第22条强调了行为人的想象(《联邦最高法院刑事判例集》,第26卷,第203页)。因此,弗兰克公式,只要还被使用,就被相应地重新表述了(参见,边码122中的引文)。当然,其中还存在着一种误解;这个区分必须一如既往地根据客观标准,即使是从主观的判断基础中实现的(边码5)。此外,联邦最高法院还相信,在新的法律中,必须考虑到“没有提到对受保护法益直接危害的想法”(《联邦最高法院刑事判例集》,第26卷,第203页)。即使这种危害想法对于区分并不是很有帮助(参见,边码129),**这种**与之保持距离的说明的确是不清楚的。在人们想要准确表达这些法律文字时,这能够以必要的方式仅仅通过使用才实现,而这种使用是在文

---

〔136〕 Frank, StGB[18], § 43 II b。

〔137〕 此外,见 BGHSt 2, 380 (381); 4, 273。

〔138〕 RGSt 54, 254 f,; BGHSt 2, 380; 3, 297, 299; 4, 333, 334; 6, 98; 9, 62, 64; 20, 151 f.; 22, 80, 82; 30, 363, 365; BGH NStZ 1983, 462; 1987, 20; 1989, 473; 1993, 77; BGH StV 1994, 240。

〔139〕 这种危害性思想被单独地或者补充地加以考虑的有 Baumann/Weber, AT[10], § 26 IV 2 a; Blei JA 1976, 103; v. Hippel, 1966, 18 f.; D. Meyer, JuS 1977, 21 f.; J. Meyer, ZStW 87 (1975), 598, 605; Otto, NJW 1976, 579; ders., AT[6], § 18 II 3 b; Sch/Sch/Eser[26], § 22, Rn. 42; Sonnen, JA 1979, 334; Tiedemann, JR 1973, 412; Tröndle/Fischer[50], § 22, Rn. 10。

〔140〕 OLG Celle NJW 1972, 1823; OLG Hamm JMBl. NW 1967, 238 f.。

字中所不包含的。

126　在较新的司法判决中占据统治地位的是另外五种标准。未遂体现在这样的行为中：其**在不断发展中直接导致行为构成的实现**，[141]处**在直接通向行为构成的行为之中**，[142]或者与其**处在一种紧密(或者直接)的时空联系之中**。[143]在司法判决的最新阶段中，又以不断增大的规模使用了另外两个标准，应当标志着未遂的主观与客观两个方面，并且因此大多相互联结在一起。据此，——根据德雷埃尔[144]的观点——未遂开始在主观上着手的时间点在于，行为人**越过了"现在开始干吧"这个界限**，[145]并且给予了最后的"意志推动"(Willensruck)(联邦最高法院，《刑事辩护人杂志》，1987年，第529页)。除此之外，在客观方面，在司法判决[146]中也越来越多地出现了在这个时期的文献中占统治地位的[147]**部分动作—或者中间动作理论**。这个理论认为，未遂开始的着手，是真正的构成行为的行为之前的那个最后的部分动作；也就是说，在进入未遂阶段之后，就不再继续跟随"中间动作"了，下一个行为就已经是那个引起那个结果的行为了。下面两个例子可以说明，联邦最高法院是以什么方式把这些标准相互结合在一起的。

127　案例13(《联邦最高法院刑事判例集》，第26卷，第201页)：几个被告人想要抢劫一名加油站职工。他们在进门之前带上了丝袜面罩。这时，共同被告人丁某按响了门铃，把带来的手枪拿在手中。被告们认为，按铃后会有加油站职工或者其他什么人出现。一旦有人出现，就用手枪威胁他、绑住他、强迫他容忍并协助拿走财物。但是，在按铃后却没有任何人出现。

在这里，联邦最高法院认定了抢劫未遂，理由如下：这些行为人"带上了面罩，并在手中持有武器准备行动。他们在主观上已经越过了'现在开始干吧'……这个界限，而在客观上也着手进行符合行为构成的攻击行为，因为他们的作为不经过中间动作就应当导向行为构成的实现(以手枪威胁出现者)……"(出处同上，第203/204页)。

128　案例14(《联邦最高法院刑事判例集》，第28卷，第162页)：行为人私配了三辆汽车的钥匙，"以便自己在任何时候都有打开这些汽车的车锁而加以使用的能够。"

初审法院与联邦总检察长在这里都认定了一个未遂的盗窃，但是，被联邦最高法院拒绝了。"未遂阶段包括……这些行为，其应当在不断的发展中直接导致行为构成的满足，或者与其处于在直接的时间上或者空间上联系之中……在行为人主观上越过'现在开始干吧'这个界限，在客观上着手进行符合行为构成的攻击行为，从而使他的作为不经过中间动作就转入行为构成的满足……"在这里，得到说明的是，后两个条件没有得到满足，因为行为人还从来没有处在通往实施构成行为的道路上。

---

[141] BGHSt 26, 203; 31, 178; BGH NStZ 1981, 99; 1983, 364; 1987, 20; MDR (H) 1980, 272; 1989, 1050; BGH NJW 1980, 1759; 1991, 1963; 1993, 2125; 1994, 3019。

[142] 参见边码138。在这个决定中，两种观点互相联系在了一起。

[143] BGH NStZ 1989, 473; 1993, 77; 133; BGH StV 1994, 240。

[144] 最后，见 Tröndle/Fischer[50], § 22, Rn. 10。

[145] BGHSt 28, 163; BGH NStZ 1989, 473; 1993, 77; BGH StV 1994, 240。

[146] BGHSt 26, 203; 28, 163; 35, 8 f.; 36, 250; 37, 297 f.; BGH NStZ 1996, 38; 1997, 31; 1997, 83。

[147] Berz, Jura 1984, 514; Kühl, JuS 1980, 650 f.; Lackner/ Kühl[24], § 22, Rn. 4; SK[6] – Rudolphi, § 22, Rn. 13; Sonnen/Hansen – Siedler, JA 1988, 17; Tröndle/Fischer[50], § 22, Rn. 10; 类似的，也见 Gropp, AT[2], § 9, Rn. 36。

6. 对区分公式的批评

129 所有这些公式作为法律文字的阐明都有一定的价值。但是,它们的弱点在于,他们说的内容不能涵盖在第22条中包括的从“直接着手”向行为构成实现的转变,不能涵盖接近行为构成的指导原则(边码102)。其中的四个使用了法律已经包括的关于直接性的术语(直接危害;在不断的发展中直接导致行为构成的满足;直接通向;与其有直接的——或者同等意义的:紧密的——在时间上与空间上的联系)。很明显,这个法律上的核心概念不能仅仅用不断重复来进行解释。但是,在人们不考虑法律上关于直接性的术语时,这些公式剩下的也就对于解释没有贡献了。“危害”这个标准——即使人们在不适当未遂中仅仅以一个想象的危害作为基础——虽然其在趋向上与适当未遂的刑罚基础相一致(边码10以下),不如“着手”的标准那么合适,因为连人们还谈不上“着手”的准备行为都已经包含有危害了(边码101)。这个要素在抽象与具体的危害犯罪中也是不可以使用的,因为这里的危害所具有的确定方式就已经标志着既遂了。[148]一个行为在不断的发展中直接导致行为构成的满足或者通向其中,这一点就能够使人们对很多准备行为说,例如,当行为人正在去往行为地点的路上时,这些行为就不停顿地在实施与既遂中转变了。同样,在以最终结果为目的的各种准备中,同样存在着一种与行为构成的满足在时间上与空间上的联系。使确定的动作成为未遂的,仅仅是与行为构成的实现之间联系所具有的直接性,法律也已经强调了这一点直接性。

130 在法律文字很大程度上消除的三个司法判决的公式之中,那个超越“现在开始干吧”界限的主观标准是最有问题的。即使人们不考虑这种不寻常的语言表达方式,它也无法说清楚,这种——即使以行为人计划为基础,也必须仍然根据客观标准来进行的区分,就应当依赖于行为人的默想(“现在开始干吧”)。当行为人处于那种对自己来说——大多是不知道的——是准备与未遂的界限上就应当自言自语“现在开始干吧”的时候,他本来就必须比大多数法律解释者更聪明。

131 即使人们不要求——通常没有的——这种方式的默想,而是要求一种处于决定形式之中的“意志推动”,这种类型的主观现象就经常还处在准备阶段,或者才必须,即使它们表示了进行实施构成行为的意志,转换为相应的外部动作。一个调制毒药的人,想要将其放入被害人的汤中,在他开始制作毒药时,就能够说:“现在开始干吧”(也就是说,现在我去干我的活,把我的计划变为现实),但是,仍然处于准备之中。另外,一个在致命射击之前给出推动的人,决定“现在开始干吧”,在能够谈论未遂之前,就还必须把手伸进口袋,把放在里面的手枪的保险栓打开。

132 这个主观标准因此无法在大多数情况下作出有说服力的区分。它在较新司法判决中的继续存在,是以下面的内容为根据的:人们希望通过使用这个标准,能够把1975年以来处于法律条文中的这个词语“根据其想象”加以合理化。但是,这仅仅具有一半的正确性。当然,在根据行为人想象应当还没有“开始干”时,就从来不存在一个未遂。一个拔出手枪的人,在他想要在两小时后才用这个武器射击时,就还没有实施杀人或者伤害犯罪(参见,边码5)。但是,就像所说的那样(边码131),这是不可以反过来说的。一个人对自己说:“现在开始干吧”,他也能够还处在准备阶段之中。

133 在实践中使用的“现在开始干吧”界限公式,也无一例外地仅仅与部分动作理论的主观标准相联系(参见,仅仅边码127以下)。它是否应当独立地标记未遂的界限,仍然不清楚;它无论如何不能完成这个任务。与此相反,在它应当仅仅表现一种其余客观区分的主观条件时,借助“现

---

〔148〕 Berz, Jura 1984, 513。对于作为物质标准的直接危害(与中间动作理论相联系),今天主要还有 Sch/Sch/Eser[26], § 22, Rn. 42。

在开始干吧”这个界限的暗示就不再能够得到表达,就像在这个法律文字中(“根据其想象直接着手”)已经包括的那样。这个公式在这里就不再具有独立的表现力了。在一个人认为,这还不应当是开始实施的时候,自然就没有人能够根据其想象来着手实现行为构成了。

134 “现在开始干吧”这个界限的转变,很像博克尔曼发展起来的“**紧急情况考验**”标准。据此,未遂存在着于“犯罪故意通过了紧急情况考验之处。在行为人在放弃之前就已经看到,那个……导致行为构成实现的……行为将要实施时,这种紧急情况就存在了。它是指对构成行为的是否发生作出最后关键性决定的那一刻。在这一刻中决定对构成行为的实施的,就是未遂。”[149] 这个理论也有一个客观的着眼点,在这里,这个理论把一个“导致行为构成实现的行为”作为基准点。但是,这太过于模糊了;准备行为也会导致行为构成的实现。自然,对最后的部分动作也可以这么说;但是,这还是不肯定的。不明确的还有,在行为人内心中,这个客观要素与那种推向中心地位的决定过程之间的关系。这种“对构成行为的是否发生作出最后关键性的决定”的确已经属于一种绝对的构成行为决定的表述了!后面还应当作出怎样的决定,就正是不清楚的。

135 相对来说最成功的未遂区分,是通过弗兰克公式(边码122)与通过对这个公式的进一步发展而表现出来的部分动作理论(边码126)来标志的。与形式—客观理论(边码104)相近的弗兰克公式,使本书也遵循的接近行为构成的主导观点出色地表现出来了。这个公式的弱点在于,它把一个根据案件事实不属于行为构成的举止行为,由于一种“自然观点”而仍然说成是其构成部分。由此,在那些处于行为构成之前的行为中,有哪一些已经属于未遂?这个问题就交给一种感觉去判断,而这个感觉判断就不再能够作为一般理解来推断出,未遂必须硬处在行为构成的边界上。如果人们借助新的司法判决,把“自然观点”替换为“行为人计划”(边码122),那么,一种客观区分就会被完全放弃了。

136 这种部分动作理论是按照真正的行为构成的行为之前的那个最后部分的动作来安排的。它试图克服弗兰克公式所不能摆脱的不确定性。在人们就像这个理论原来试图的那样,把每一个独立的身体运动都说成是“部分动作”时,这就使一种真正精确的区分成为能够。在这里,未遂就会是作为扣动扳机之前的最后一个部分动作的摸枪;但是,拔出手枪就还会仅仅是准备行为,因为在拔枪与扣动扳机之间还存在着一个进一步的部分动作。未遂就会是手臂向要偷的东西的伸出;撬开装有东西的箱子就仅仅是一种准备,因为在拿走之前还有一个进一步的动作要伸出。人们能够把行为人向攻击对象方向所作的每一个步骤,都看作是独立的部分动作,并且,在这里,仅仅借助最后一个步骤才会达到对未遂的认定,只要在这个步骤之后,在使用武器或工具之中不再有进一步的“中间动作”发生。

137 这很明显是过于狭隘了,并且也会使这种区分以一种很难有说服力的方式,去依赖外部行为形态的偶然性。这样,在有人把手伸进打开的车窗,想要拿放在前座的包时,未遂就会大概存在了。但是,在行为人先去抓放在前面的散步用手杖,想用它接着钩取放在后座上的包时,这就会是一个准备,因为这个行为是处于那个最后的部分动作之前的。

联邦最高法院因此早就对以这种方式形式地理解部分动作的概念提出警告。例如,在案例13中(边码127,加油站职工案),行为人在被害人的门上按铃时,联邦最高法院就已经在其中看到并指出了最后的部分动作:“一种过于狭隘的、根据身体运动来分别观察的看法就会是,把手枪的举起与瞄准看成是中间动作。”与此相一致,今天部分动作理论的代表人者在这里大多会只

[149] Bockelmann, JZ 1954, 473 (= Untersuchungen, 146 f.)。

要求,在未遂开始与本身上的构成行为的行为之间“不存在进一步的**重要的**部分动作。”〔150〕屈尔是这样解释的:〔151〕“在这种……部分动作理论的使用中,应当注意的是,行为人的整个举止行为都不能人为地分开。一个带着已经拔出的手枪,以杀人目的走向被害人的人,并不因为他还应当在进行致命的射击之前,还要经过像拔出手枪、瞄准以及弯曲手指放到扳机上等中间步骤而还处在准备阶段之中。这样一部‘慢动作—刑法’不是部分动作理论所喜爱的,因为这种不重要的中间动作……并不是这个理论意义上的独立的部分动作。”

这在结论上是很有说服力的,但是,却又重新放弃了部分动作理论在与弗兰克公式比较中获得的明确性好处。〔152〕哪一些部分动作是“重要的”,这是一个评价问题。但是,对这种评价的标准,是“重要性”概念与弗兰克公式的“自然观点”都同样无法提供的。也就是说,部分动作理论就需要一种在随后应当试图进行的进一步具体化。〔153〕如果这个具体化成功,那么,这样一种部分动作理论相对于其他理论来讲就具有了很大的优越性,因为它最精确地表述了这个事件的“最终阶段”,一个位于行为构成的行为之前但又不被未遂所包括的狭窄区域。 138

7. 具体化的部分动作理论

根据本书所代表的观点,最后部分动作的步骤应当通过两个辅助概念来确定,这就是“紧密的时间联系”与“对被害人的即行为构成的领域的作用”。〔154〕 139

案例14:有人想从一辆汽车中偷点什么,并以此为目的把手通过打开的车窗伸入汽车内部。

在这个举止行为中存在着一个盗窃未遂。它存在着一个紧密的时间联系(拿走应当现在,在这个地方发生),并且,行为人已经侵入了被害人的领域(车子的内部,被盗窃人的保管范围)。他是否马上拿走要偷的东西,或者想要拿一根棍子把这个要偷的东西从车子里面钩出来(参见,边码137),对于认定未遂并不起任何作用。在这两个决定性的标准(紧密的时间联系,领域影响)都得到满足时,这种“中间动作”是不重要的。

这两种标准必须同时存在,只有其中一个标准是不够的。在小偷站在他正想要侵入的车前时,就已经存在了一种紧密的时间联系,但是,未遂还不存在。这时还缺少对被害人领域的作用,这是这个事件最终阶段的特征。反过来说,在缺少紧密的时间联系时,走近被害人的领域也还不够:一个人用枪对准另一个人,但是,暂时还不想开枪的,也还没有实施杀人未遂。 140

案例15(柏林高等法院,《戈尔特达默斯刑法精粹杂志》,1971年,第54页):一个计划抢劫的行为人按响了被害人的门铃。他本来应当根据行为计划,首先独自进入这个住宅,与被害人“上床”——这种案件发生在同性恋环境中——然后,应当“在适当时机”让另外两个同伙进屋,与他共同实施抢劫。但是,那个门没有打开。

在这里,通过按铃产生了与被害人领域的联系。然而,因为这个抢劫应当是“在以后的机

---

〔150〕 SK[6] – Rudolphi, § 22, Rn. 13; Rudolphi借助其在JuS 1973, 20中的论文,可以被看作是部分动作理论的建立者。

〔151〕 Kühl, AT[3], § 15, Rn. 60。

〔152〕 Jakobs, AT2, 25/62强调,由此“这个部分动作的解决方案就丧失了其强有力的行为构成联系。”类似的见Sch/Sch/Eser[26], § 22, Rn. 41:“在概念上的精确记录……几乎是不可能的。”Kratzsch, JA 1983, 422:“精确性……在实践中再次被放弃了。”

〔153〕 因此,还有SK[6] – Rudolphi, § 22, Rn. 13。

〔154〕 对此,见Roxin, JuS 1979, 4 ff.。

会”中实行的,所以在这里缺少那种未遂所必需的紧密的时间联系。柏林高等法院在其判决中正确地强调,即使行为人被放进屋里,在这里也还不会存在未遂。只有在其同伙进来之后,未遂才会开始。在对被害人领域的作用与紧密的时间联系都不存在时,行为所具有的准备特征就再清楚不过了。在《联邦最高法院刑事判例集》,第28卷,第162页(案例14,边码128)中,就是这样。人们必须感到奇怪,为了反对初审法院与联邦总检察长而确定一个单纯准备行为的存在,才需要一个联邦最高法院的决定。

141 案例16(联邦最高法院,《刑法新杂志》,2000年,第418页):被告人(甲)想闯入一位妇女的庄园,以便——就像以前那样,“既强迫她与其发生性交,又拿走她的钱供自己使用”。但是,他失败了,因为他试图撬开的地下室的窗户上现在已经装上了金属栏杆来确保安全了。

在一个与此相类似的案件中,人们可以清楚地看到这个发展了的标准,未遂开始在能够的情况下必须分别在不同的行为构成中加以判断。这里存在着一个未遂的盗窃(第243条第1款第1项),因为随着撬开窗户的努力,就产生了与被害人领域(与保管范围)的联系。与此相反,这里还不应当认定未遂的强奸(第177条第2款第1项),因为这个妇女的身体领域由于她作出的安全预防措施还没有被触及。联邦最高法院得出了自己的结论,但是却放弃了作出进一步的说明:还不存在“这个被告人对性有影响的强迫性举止行为的直接着手”。

142 这两个提到的标准,在文献中经常被承认为是很有帮助的。[155]自然,批评意见[156]在这里也应当予以重视,即人们只能在无论如何有被害人领域的行为构成中,才会注意这样的领域。当然,这不仅是在个体的法益中,而且经常同样是在公众法益的案件中;国家与其他公法机构也能够成为不法攻击的被害人。但是,在被侵害者方面缺少一种特殊的“领域”之处,人们就必须按照行为构成领域来安排。例如,通过模仿来伪造货币(第146条第1款第1项)的,开始于走近造假动作,也就是说,例如,提供那些在第149条中提到的东西,以便毫不拖延地进入有待进行的造假工作;炸药爆炸的未遂(第308条)开始于引入爆炸的过程,等等。

143 在紧密的时间联系方面,应当注意的是,这个联系必须与行为构成的行为共同存在,而不是与结果共同存在。一个着手把钻头放在有待打开的保险柜上的人,就已经处在未遂阶段了,即使他还要继续钻一个小时才能“喀嚓一声”打开保险柜。[157]当然,在这种案件中,必须补充与这种结果的联系,这是一种应当根据行为人的计划在不断发展中会发生的结果。如果没有发生,即使是“部分实现”的,在能够情况下也仅仅存在着一种准备(参见,边码110以下,还有边码170以下)。

144 这种以所建议的方式加以具体化的部分动作理论,采纳了其他理论与公式的一些因素,它们

---

〔155〕 因此,Lackner/Kühl^{24}, § 22, Rn. 4 称其是一种“对通常案件很恰当的具体化”;SK^{6} – Rudolphi, § 22, Rn. 9 把其用作“情况证据(Indizien)”;Jakobs, AT^{2}, 25/66, 68 把这种“在时间上的接近”与那种“行为人对受侵害人保护范围的侵入”称为对认定未遂的肯定性决定标准;Berz, Jura 1984, 517 认为,在各种“借助具体的被害人联系来保护法益”的行为构成中,本书所代表的“解决方案就完全表现为一种在这个状况中更确定的着手时间点,就像‘中间动作理论’可能做到的那样”;Kratzsch, Jura 1983, 424 f. 强调,“罗克辛成功地把准备与未遂作出了比司法判决可以比较的公式更加精确的区分”。批评的观点:Vehling, 1991, 56 ff. 首先反对从一种——自然主义地被误解的——印象理论中引导出我的标准,但是,我的标准并不一定必须与之相联系。批判观点的还有 Rath, JuS 1998, 1109,指出了那种“在时间与空间的行为过程中几乎没有穷尽的可分解性”;的确,正是这种在时间上的接近与在范围上的接触相结合,在实质上限制了这种划分界限的裁量性空间。

〔156〕 首先是 Berz, Jura 1984, 516。

〔157〕 Jakobs, AT^{2}, 25/67。

仅仅在其那一方面是不充分的。这个由福格勒（边码 106 以下）正确地要求的涉及各个行为构成的结构与解释的关系，因此就存在于按照被害人的也就是行为构成的领域所作的安排之中。还有，一些司法判决公式，要求各种行为，“在不断发展中”导致行为构成的实现，或者与其处在很近的时空关系之中（边码 126），非常正确地表明了那种有待要求的紧密的时间联系，[158]但是，必须通过对被害人的也就是行为构成的领域的作用来加以补充。

8. 困难的案件分组[159]

（1）靠近的案例

行为人靠近行为地点以及被害人所具有的多种多样的能够性，使许多问题有了很多得以争论的机会。但是，这些问题大多都可以用本书所建议的标准恰当地予以回答。在屈尔所举的例子中（边码 137），行为人“带着已经拔出的手枪，以杀人目的走向被害人”，在他马上就要扣动扳机时，只要他还必须再干一点进一步的步骤并且以此为目的，那么，在这里就存在着未遂。这个紧密的时间联系得到了维护，并且，与被害人领域的联系也通过其威胁而产生了。出于同样的理由，只要行为人把梯子靠在房子上，想要通过上面开着的窗户直接爬进去的，人们就必须根据第 243 条第 1 款第 1 项认定一个未遂。在这里，所有还需要的“中间步骤”都是不重要的。相反，在他靠了梯子，想要在几小时后天完全变黑了才攀爬的，就仅仅是一个准备。 145

案例 17（联邦最高法院，《戈尔特达默斯刑法精粹杂志》，1980 年，第 24 页）：两个行为人想要抢劫一家邮政所。为了保证安全逃离，其中一人骑着一辆马达开动着的摩托车在附近守候，同时，另一个人进入营业大厅。但是，他发现大厅里有很多顾客，就想等顾客们离开。为了不浪费时间，他在一张付费单上写了要求交出的钱款数以及这样一些字：“不许反抗，否则我就开枪”，打算递给柜台服务小姐。但是，营业大厅始终有人，因为新的顾客不断进来，在这种状态下，他认为抢劫不能够进行了，最后只好一无所获地离开了这家邮政所。 146

这个案例是很有争议的。[160]联邦最高法院认为是一种未遂，并且在《联邦最高法院刑事判例集》，第 26 卷，第 201 页；第 28 卷，第 163 页（边码 127/128）上发表的主客观综合公式中支持了这一点：被告们已经越过了“主观上‘现在开始干吧’的界限，客观上已经着手符合行为构成的攻击行为，因为他们的作为应当在无中间动作的情况下通向行为构成的实现。”这在所使用标准的基础上是没有说服力的。行为人已经对自己说了：“可惜还不能动手，只要营业大厅里还有这么多顾客。”还有，在行为构成实现之前，至少还存在那个顾客所没有看见的走近柜台来作为进一步的“中间动作”。人们不能把这个步骤作为“不重要的”来轻易地搁置一旁，因为这是整体计划成功绝对需要的一个步骤。

根据本书使用的区分标准，更不存在未遂了。只要一个“不断发展”在其进行中为顾客不可确定的在场所阻碍，那就缺少了这种与行为构成实现之间的紧密的时间联系。并且，只要行为人不引人注目地在任何人都可以进入的营业大厅里停留，对被害人领域的作用也就还不存在。这 147

---

〔158〕对空间的联系可以不提，因为这种联系与时间通常是结合在一起的。在它不存在时（例如，在汽车或者飞机中的构成行为中），人们最好放弃它。

〔159〕下面根据案例组进行的划分，在实质上已经出现在 Roxin，JuS 1979，5 ff. 之中了。Walder，SchwZStr 99（1982），225（260 ff.）随后从瑞士的实践中，提供了一些有趣的案例材料。

〔160〕支持未遂的，见 Borchert，JA 1980，254；Kühl，AT[3]，§ 15，Rn. 63；SK[6] – Rudolphi，§ 22，Rn. 15。反对的，见 Berz，Jura 1984，519；Papageogiou – Gonatas，1988，123；Sch/Sch/Eser[26]，§ 22，Rn. 44；LK[10] – Vogler，§ 22，Rn. 69；Zaczyk，1989，313 f.。BGH NStZ 1996，38 在一个类似的案例中成功地认定了一个准备行为。

种作用只有在递上纸条后才会存在。

148　在相应的方式中，走进一家杂货店或者百货店，带有在那里盗窃的目的，也才是一种准备。[161] 与此相对，在带有武器并蒙着面的劫匪冲进一家银行的营业大厅，就应当认定一个未遂。在这样一个案件中，在这种进入银行的方式与方法中，就已经存在着一种对被害人领域的作用，并且也是在这里，还存在着一种紧密的时间联系，因为（与案例17不同）在威胁之前没有可以延缓的时刻。

149　案例18（《联邦最高法院刑事判例集》，第9卷，第62页）：一个女行为人想要帮助其被拘留的未婚夫逃跑（第120条）。她因此把铁锯片藏在巧克力与牙膏中，到警察大楼与其被指控的未婚夫会面，但是，一进门就被逮捕了。

联邦最高法院认定了一个根据第120条第3款具有刑事可罚性的未遂，并且在那种旧司法判决中占统治地位的、确实可作多种解释的直接危害标准的基础上对此予以支持。但是，这仅仅涉及一个单纯准备的具有单个意思的案件。一直到移交铁锯片之前（这个第120条意义上的支持人），还有许多中间步骤要做。没有进行的部分行为也是"重要的"：直接的与移交的时间联系还不存在，移交的成功从一开始就一定是值得怀疑的；还有，对国家拘留的影响[162]本来只有在递交逃跑工具时才开始。

150　还有，在其他情况下，行为工具的储备、隐藏或者取出，在应当将其用于越过拘留领域之处，也还不是未遂。因此，人们在绞盘案中（边码124，案例12），在取出绞盘时还不能认定一个未遂，只有在行为人带着绞盘向有待打开的栅栏走去时，才能认定。只有这样才开始了对被害人领域的作用。[163] 在一个较新的案件中，联邦最高法院（《刑法新杂志》，1989年，第473页）在放好一支"螺丝刀"时还不认为是未遂，当然，在理由中也提出了这个情况：这个行为人在开始撬锁之前，还想先抽一支香烟。但是，这个说法也是正确的：在行为人"带着螺丝刀离开，以便径直走向加油站，并且……开始撬锁"时，未遂就应当才开始。

151　案例19（联邦最高法院，《刑事辩护人杂志》，1984年，第420页）：行为人想要杀死他的妻子，并且打电话告诉了她。然后，他带着武器来到妻子居住的出租公寓，在楼下按响了门铃。毫无疑问，门并没有打开，相反，他被逮捕了。

在这里，联邦最高法院也否认了一个未遂，并且使用中间动作理论进行说明。一直到进入妻子的房间之前，还会要经过太多的步骤。这被本书所建议的区分标准所证实了。在这里，按门铃（不同于加油站职工案，《联邦最高法院刑事判例集》，第26卷，第201页；边码127，156）还不足以成为对被害人领域的作用，因为由于行为人的警告，按铃并没有对妻子的保护造成损害，也不能确保任何结果。另外，人们还不能谈论一种紧密的时间联系，因为一种"不断发展"的靠近已经被排除了。

152　案例20（联邦最高法院，《刑法新杂志》，1987年，第20页）：行为人想要击毙史先生。他用步枪的枪托强行打开史先生房间的门，冲了进去。这时，史先生已经从窗户逃了出去。

---

[161] 与RG HR R 1930，1671相反，为了堕胎而寻求进入疗养院的，就更不是未遂了。

[162] 虽然第120条保护了一种公共的法益，但是，这个行为构成却表明一种明显可区分的被害人领域！

[163] 与本书一致的，见Jakobs，AT^2，25/68，Fn. 99；LK^{10} – Vogler，§ 22，Rn. 68。

州法院原来认为,“在行为人把上了膛的枪瞄准被害人时,”未遂才开始。这将完全符合一种狭义表达的部分动作理论。与此相对,联邦最高法院肯定了未遂,并且说明理由如下:行为人主观上已经越过了“现在开始干吧”的界限,并且其“作为应当在无中间动作时去满足行为构成”。这种中间动作的缺失应当如何说明,仍然是不清楚的。但是,在结论上,联邦最高法院是正确的:闯入住宅就是一种对被害人领域的持续侵害;同时,一种与计划射击之间的紧密的时间联系也存在了,因为行为人是以被害人在场作为出发点的,并且想要马上开始干他的构成行为。

一个特别问题是,在进口麻醉剂(《麻醉品交易法》第30条第1款第4项)中,行为人必须多么靠近国界才能使一个未遂存在?《联邦最高法院刑事判例集》,第36卷,第250页在这里也与“‘现在开始干吧’的界限”,以及中间动作理论一起工作,并且在这个基础上,在步行者、骑自行车者、机动车驾驶者中得出这个结论:未遂“只是在很快就要抵达边界线或者根据其建立的关卡站之前”,才会开始。在行为人“还差几公里就要越过边界”时,就会认定一个单纯的准备。对这一点,人们可以确定。行为构成的领域开始于国界或者一个位于其之前的关卡站。只有驶近这条界线,才会开始对那种处于德国领土主权下区域的作用。在驾驶飞机或者火车中是否有不同,就没有加以说明。《联邦最高法院刑事判例集》,第36卷,第250页,对一个行为人在火车站里,对德国海关官员提出的应税货物的问题作出否定的回答时,就把那种不允许的进口看成是已经完成的。事实上,在飞机与火车上,这种区分是根据有点不同的原则进行的。这存在于这种情况,在这里,通常就存在着一个已经终了的未遂,而这种未遂的界限就随着放手进行进一步事件的进程而开始了。对此详见,边码196以下;关于靠近行为地点与逗留的进一步问题,见边码177以下。 153

案例21(联邦最高法院,《刑法新杂志》,1999年,第395页):被告人(甲)想要对史密斯夫人进行勒索性绑架。他计划装作包裹投递员到她家按门铃,在她开门后将其绑架。他还与一个同伙事先约好,在史密斯夫人带着她十个月大的孩子出现时就停止绑架。事实上,在她开门时,怀里确实抱着她的孩子。于是,甲就按照约定,假装自己递错了包裹,离开了史密斯夫人的家。 154

联邦最高法院在这里拒绝了一个根据第239a条的未遂性构成行为。联邦最高法院在这里以已知的标准作为支持:主观上必须越过“现在开始干吧”的界限,客观上,这个行为必须在无中间动作时转为对行为构成的满足。在本案中缺少了这一点,因为由于小孩的出现,当时就还需要“进一步的意志推动”。这是错误的。[164] 在按门铃时,由于对被害人领域的作用以及与实施之间的紧密的时间联系,一个未遂就已经存在了;这一点,联邦最高法院在其他案件中也已经承认(参见,边码127与156)。在实际上,就存在着一种带有中止保留的未遂(参见,边码85)。这个中止在能够的情况下能够是自愿的(在甲估计到孩子而后退时,他就是这样,但是,在孩子的叫喊使他害怕被发现时,则不是),但是,不能把这个构成行为当作一个单纯的准备行为。

(2)伏击案件及期待案件

一种一再重复发生的情况[165]是:已经做好攻击准备的行为人一直在期待着被害人的出现,但是,事情没有发生。 155

案例22(联邦最高法院,《新法学周刊》,1952年,第514页):几个被告人想要袭击一位送款员,就开车

---

[164] 对此,批评的意见,见 Jäger, NStZ 2000, 415。

[165] 参见,对旧文献以及司法加以综述的,见 Otto, NJW 1976, 578 f.。

在这个人平时下车的车站不远处等候。根据他们的计算,被害人一定会马上乘有轨电车到达。他们准备好了胡椒粉,以便到时撒向被害人的眼睛,并且,在每一辆有轨电车开来时都发动汽车的马达,以便在实施构成行为之后立即逃离。他们等了四辆有轨电车之后,认识到他们在那一天错过了这位送款员,于是就离开了。

联邦最高法院肯定这是一个未遂,并且以此为根据:行为人的行为"在不断发展中已经直接导致了法定行为构成的满足",并且"根据行为人的想象发生了一个对被攻击法益的直接危害"。在文献中,这个决定被正确地完全否决了。〔166〕在这里,在行为人的行为与抢劫之间,还存在着驾车驶近这个中间动作。这也是重要的。在人们以行为人的想象即送款员马上会到来为根据时,虽然能够肯定一种紧密的时间联系,但是,对被害人领域的作用只能在这位送款员已经出现与汽车紧接的开动时才能开始。后来,在一个关于几个行为人等待他们准备抢劫的女出纳员出现的案件中(《新法学周刊》,1954 年,第 567 页),联邦最高法院也把"胡椒袋案件"决定的正确性置于一旁,只要被告人不知道女出纳员当时身处何处,就拒绝一个未遂:"只有在女出纳员已经走进那条昏暗的巷道,并且已经靠近行为地点时……才能因此认定一个直接危害以及由此而来的未遂。"

156　那个有很多讨论的"加油站职工案件"(上文,案件 13,边码 127)与这个"胡椒袋案件"之间的区别很小,但是,在决定性的要点之处却有不同。那个蒙面持械按响被害人门铃的行为人,他的出发点是——并且仅仅是在他们的想象中——这个行为人不是应当才出现,而是已经在场,并且,在开门后马上就会看到拔出手枪的过程。在这种情况下,不仅存在着那种紧密的时间联系,也存在着在按铃中就已经产生的一种进入实施的对被害人领域的作用。〔167〕同样,持械伪装的抢劫者在按响有待抢劫的首饰商家的门铃时,也被正确地判定为未遂。〔168〕

157　还有,司法判决对其他"按铃案件"的决定,也以本书所赞同的观点相一致:在被害人本来应当马上出现的门前等候的(《帝国法院刑事判例集》,第 77 卷,第 1 页);请求进入一间住宅,应当在那里进行欺骗性盗窃的(联邦最高法院,《德国法月报(霍尔茨)》,1985 年,第 627 页)。与此相反,等待尚未到场的被害人的,被判定为准备(联邦最高法院,《德国法月报(达林格)》,1973 年,第 728 页,第 900 页);同样,在抢劫不应当在进入后立即进行的按铃(联邦最高法院,《戈尔特达默斯刑法精粹杂志》,1971 年,第 54 页),或者在为了确定有待被抢者是否在场才按了一下铃的(联邦最高法院,《刑事辩护人杂志》,1984 年,第 420 页)。

158　联邦最高法院,《德国法月报(达林格)》,1966 年,第 726 页提供了这种情况的一种有趣的变化形式:几个被告人想要趁女会计在一家银行分行提取薪金时进行袭击,就在附近的走廊里等她。她也出现了,但是,这些行为人没有认出她。在这里,联邦最高法院认定了一个未遂抢劫,但是,这是错误的。〔169〕对于未遂开始来说,重要的是行为人的想象,而根据他们的想象,这个被害

〔166〕参见,仅仅是 Berz, Jura 1984, 517; Bockelmann, JZ 1954, 472(= Untersuchungen, 145); Gössel, JR 1976, 251; Mezger, NJW 1952, 514; Rudolphi, JuS 1973, 24; ders., SK[6], § 22, Rn. 15; Sch/Sch/Eser[26], § 22, Rn. 42; Stratenwerth, AT[4], § 11, Rn. 41; Tröndle/Fischer[50], § 22, Rn. 12; LK[10] – Vogler, § 22, Rn. 69; Wessels/Beulke, AT[31], Rn. 603;这个"胡椒袋案例"作为"经典",在 Fahl, JA 1997, 636 中进行了讨论。

〔167〕与联邦最高法院一样认定为未遂的有:Berz, Jura 1984, 518 f.; Kühl, JuS 1980, 654; ders., AT[3], § 15, Rn. 64; Sch/Sch/Eser[26], § 22, Rn. 44; Vehling, 1991, 145 ff.; LK[10] – Vogler, § 22, Rn. 69; Zaczyk, 1989, 314 f.;但是,反对未遂的有 Gössel, JR 1976, 251; Otto, NJW 1976, 578 f.; SK[6] – Rudolphi, § 22, Rn. 15。

〔168〕BGH NStZ 1984, 506;在同等意义上的,见 BGHSt 39, 238 m. w. N.。

〔169〕相反,支持未遂的,见 Fahl, JA 1997, 639。

人还没有出现呢！一个未遂只有在认识这一点时才会存在。

案例23（联邦最高法院，《刑法新杂志》，2000年，第422页）：几个被告人把燃烧瓶扔到“选择性文化咖啡屋”门前，“以便促使那些看来想在那里停留的被害人离开那家咖啡屋，从而可以随后直接在街上对他们加以殴打”。但是，没有人离开那家咖啡屋，所以无法进行计划中的身体伤害。 159

联邦最高法院在这里也——没有说明理由地——认定了一个危险的身体伤害的未遂（第224条第1款第4项）。只有在这些客人事实上打算离开这家咖啡屋时，一个未遂才应当正确地被肯定。只有在这种案件中，才会产生一种与被害人领域的联系，而只要客人们还不关心街道上发生的事情，那就还缺少这种联系。这个案件事实存在着一个——决定性的——不同于“按铃案件”的细微差别：在按铃时立即能够得出那个在家的住户会把门打开的结论，与此同时，对这些客人会去往危险的街道区域的期待，还仅仅是一种模糊的希望。

（3）试验案件及检查案件

这里涉及的案件事实是，行为人仅仅是想要检查一下，这个构成行为的实施是否能够或者是否值得，并且，行为人这时的检查就已经受到了干扰。在这种案件中，一个构成行为决定的存在，已经能够怀疑了，因此，对这种状况已经引用过两个例子了（案例5，边码84：检查一尊墓地塑像，应当在这种材料具有可使用价值的特征时就把塑像头盗走；案例6，边码84：对怀孕者进行检查，以确定堕胎是否能够没有危险）。进一步的例子是这个案件提供的（联邦最高法院，《德国法月报（达林格）》，1958年，第12页），一个掏包贼去触碰一个潜在被害人的大衣口袋，以确定其中是否有钱包。 160

案例24（《联邦最高法院刑事判例集》，第22卷，第80页）：被告人原来想要盗窃两辆确定的汽车，并且以此目的晃动汽车的前轮，以确认那个左轮是否已经被锁住了。他想要在没有这个障碍时就直接动手偷车。 161

联邦最高法院在行为人想要通过试验取得成果后就直接接着实施拿走以及堕胎时，就像前面提到的案件那样，在这里也认定了一个未遂。这也是正确的。[170]在调查中就已经存在一个对（保管所有人的或胚胎的）被害人领域的作用了。在这个构成行为应当紧接着调查没有其他中断地得到“不断的发展”的实施时，也应当肯定这种紧密的时间联系。在缺少这两个未遂条件之一时，在“调查案件”中自然也只能存在一个单纯的准备。在这个调查怀孕者的庸医，在能够的情况下想要在一个星期后才进行手术时，这就会缺少时间上的联系，并且这个调查也还不是具有刑事可罚性的。但是，另一方面，这个想要盗窃贵重的墓地塑像部分的人，没有对墓穴进行侵犯，而是以散步者的方式仅仅做了调查式的观察，那么，当他想要在有盗窃价值的发现之后马上认定行动时，在这里也还不存在未遂。在这里，还缺少对被害人领域的任何作用。

（4）减弱保护的案件

一个范围广泛的案例组形成了这种状况，行为人清除了或者破坏了被害人对其领域的保护。因为在这里由定义可知，发生了对被害人领域的一种侵犯，对一个未遂的肯定仅仅还取决于，是 162

〔170〕 主流观点。不同的意见，见 LK[10] – Vogler，§ 22，Rn. 47 ff.，70；Sch/Sch/Eser[26]，§ 22，Rn. 45。在方向盘锁案件中（BGHSt 22，80），Eser，StrafR II[3]，Fall 31，Rn. 42 想要至少在“还必须有为了占有汽车而进行的撬锁”时才否认未遂。

否存在着一种足够紧密的与行为构成的行为之间的时间联系。减弱保护的案件与大多数这里引用过的案例组是相互交叉的;例如,案例20,边码152(砸开房门),在这里被称为靠近的案件,就是一个明显的减弱保护的例子;还有,在后面的滥用案例与加重情节案例中,也可以找到减弱保护的状况(边码167,170以下)。这个分组的特别称谓就证明这个合理性:这种减弱保护在被害人领域方面就表现了一种特别重要的区分观点。[171]

163 案例25(《帝国法院刑事判例集》,第53卷,第218页):被告人进入一家农庄,想要进行盗窃。因为锁在院子里的狗会吠,所以他就把锁住狗的链子解开,把狗牵出农庄。他本想马上返回,但是,这个想法落空了,因为他在外面拴狗的时候就被逮住了。

帝国法院在认定一个未遂盗窃上是应当赞同的。[172]清除了守门犬就减弱了农庄的保护,并且,当行为人在拴住狗之后想要不停顿地在"不断的发展"向拿走转化,这种与拿走之间的紧密的时间联系就得到了保障。肯定的是,达到这一点还需要更多的中间步骤;但是,考虑到这种随着清除守门犬而插入的对保管权的作用,这些步骤都是不重要的。

164 案例26(《联邦最高法院刑事判例集》,第3卷,第297页):几个行为人想要抢劫这个被害人,并且"为了达到这个目的……首先要把在旁边能够有所妨碍的"陪同者清除掉。他们想通过一场借故挑起的争吵把他赶走。然后,他们要"继续沿着路走下去",诱使被害人"走进路边浓密的灌木丛"并且在那里抢劫他。

在这里,在清除陪同者中,也存在着一种减弱保护,但是,那种时间上的联系就很值得怀疑,因为行为人不是直接就随后进行抢劫的,而是还要跟着被害人走进"北方公园"。[173]的确,在联邦最高法院看来,在本案中,未遂开始就应当在排除妨碍的时间点上,就已经着手了。这个行为人在驱赶陪同者中,就已经处在"去往北方公园的路上"了。也就是说,这个没有多余迟延地通向结果的行为,已经处在顺利的实行之中了;每一个步骤都把这个与其潜在帮助者分开的被害人,引向无保护的荒僻地方(在滥用案件中的平行情况,参见,边码167)。另一方面,这种把被害人分开是在启程去往行为地点之前发生的,这时,本来就还应当认定一个准备行为(就像在一家所有客人都友好地围坐成一圈的小酒店里)。

165 案例27(联邦最高法院,《新法学周刊》,1980年,第1759页):这些行为人想要抢劫一名运送有价证券及货币的银行职员。他们刺穿了这个职员停在一个车位上的汽车轮胎,并且在他要出现的地方附近等着。他们的想法是:这些轮胎在大约行驶500到1000米后就会"扁掉",从而这个银行职员就必须停车。这些行为人想要开车跟着他,在他停车后实施抢劫。

联邦最高法院认定了一个抢劫未遂,认为行为人已经越过了"现在开始干吧"的界限。除了反对这个标准的基本考虑之外(边码130以下),这个案件也展现了那种由此有待达到的结论所具有的相对任意性。不仅被害人不在场,构成行为的情况也没有产生。人们本来能够更加正确地在银行职员出现中,或者在他走向停着的汽车时,才看到这个界限已经被越过了。考虑到还有

〔171〕 对此,参见BGH NStZ 1997, 83,这里拒绝了未遂,此外,是因为对被害人的保护范围还没有受到侵害。

〔172〕 同样,见 SK^6 – Rudolphi, § 22, Rn. 17; Walder, SchZStr 99 (1982), 268; 反对的意见,详见 LK^{10} – Vogler, § 22, Rn. 49 f.。

〔173〕 支持单纯的准备的,见 Berz, Jura 198, 518; SK^6 – Rudolphi, § 22, Rn. 17。

许多必需的中间动作,联邦最高法院自己提出了在此之前加以排除的考虑:"中间动作概念所包括的全部内容,能够尚不确定。属于中间动作的,无论如何,不是这种行为,它由于与构成行为人的行为之间必要的共同从属性,根据行为人的计划而看起来是其构成部分的……"也就是说,在这里通过中间动作理论完全的"去形式化",而实现向弗兰克公式的回归。正确的本来应当是认定一个单纯的准备。[174]虽然人们已经能够把刺破轮胎看成是减弱保护被害人领域的作用,但还是缺少这种紧密的时间联系,因为对银行职员的等待就妨碍了事件的顺利进展,也形成了停顿。随着靠近被害人遭损坏的汽车,才会产生必要的时间上的接近。

(5)滥用案件

旧的司法判决在儿童性滥用中,出于刑事政策的原因,让未遂特别早就开始了:"坚决保护儿童免遭不道德请求伤害的必要性,为大大提前未遂与准备之间的界限提供了根据"(《联邦最高法院刑事判例集》,第6卷,第304页)。因此,《联邦最高法院刑事判例集》,第6卷,第302页已经根据旧版本第176条第1款第3项,[175]把对性行为作出决定的行为人对一个儿童提出"应当跟他走"的要求,甚至是几个小时之后"去玩旋转木马"的建议,都作为未遂来判定。这几乎遭到了一致的反对,[176]因为事情的进展完全取决于这个女孩的决定,在这两个案件中,这个女孩都拒绝了,因此没有发生任何事。 166

《联邦最高法院刑事判例集》,第34卷,第6页,现在已经把这个司法判决置于一个新的基础之上。据此,未遂应当开始于对儿童进行**违背其意志**的性行为之时,只要这个行为人"——坚定地对这个构成行为作出了决定——把这个儿童引到一个特别适合进行性行为的地点……"(出处同上,第9页)。当这个构成行为在抵达目的地之后应当毫不犹豫地被实施时,这个观点是应当同意的。借助这种带离原地,这个儿童就丧失了"自己所熟悉的环境保护,而每一个更远的步伐都直接引向了这个结果"。[177]在这种"减弱保护"中(参见,平行案件,边码164),就存在着一种对被害人领域的作用,并且,这种紧密的时间联系也会通过向完成构成行为的顺利进展而产生。 167

相反,在行为人进行了"**在自愿基础上**"的性行为,并且想要尊重儿童能够的拒绝时,联邦最高法院想要让未遂不是在去往行为地点的路上,而是在"才有成效地诱走这个构成行为的被害人"时就开始了(出处同上,第9页)。这在趋势上是正确的;只要这个儿童还没有"跟着一起干",其保护领域就保留着完整无损,并且,这个构成行为也不能继续发展下去。只是"有成效地诱走"这个可以有多种理解的说法应当由"同意"来代替。在已经发生了性行为——人们大多把有成效地诱走的概念与这个想象联系在一起——时,这个行为构成就已经完成了。 168

联邦最高法院指出:据此,在第176条第2款中的未遂,就已经能够早于在最后提到的第1款的案件事实中开始了。第2款把"一名儿童同意对第三人实行性行为或者让第三人对其实行性行为"都置于刑罚之下了。也就是说,在这里标记的同意已经是完成的构成行为,而不才是未遂。联邦最高法院正确地把这个"差异"追溯到在第176条第1款、第2款中对"不同的行为构成的描述"上去。这个案件为未遂的行为构成关系,提供了一个很好的例子。自然,立法者能够——并且他也经常这样做——把既遂的刑罚提前。对此,未遂的区分必须遵循。这种由立法者创设的"差异"是否在存在的案件中得到注意以及是否有意义, 169

---

〔174〕 与本书一致的,见 Berz, Jura 1984, 515; Jakobs, AT², 25/68, Fn. 98; Kühl, AT³, § 15, Rn. 65; SK⁶ - Rudolphi, § 22, Rn. 16; LK¹⁰ - Vogler, § 22, Rn. 70。支持未遂的,见 Papageorgiou - Gonatas, 1998, 124 f.。

〔175〕 这大致符合了今天的第176条第1款。

〔176〕 详见 Roxin, JuS 1979, 8 m. w. N.。

〔177〕 Roxin, JuS 1979, 8。

则要另当别论了。

(6)加重情节与规则事例

170　人们能够把这里出现的问题与对"部分实现规则"的提早实施联系在一起(边码110以下)。据此,一个加重情节要素的实现或者与早期主流观点相反的复杂的规则事例当然(eo ipso)还不是未遂,而只有当这种在其他情况下也普遍适用的条件对此也存在时,才是未遂。也就是说,当有人在他放火烧一座建筑之前,把灭火器搞得无法使用的(第306b条第2款第3项,上文案例9,边码113),或者在他把自己想侵入的屋顶的木板弄松时(第243条第1款第1项,上文案例10,边码114),就总是已经存在一个对被害人领域的作用了。但是,未遂只有在行为人想要于实现这种有加重情节的情况或者规则事例之后,在没有时间中断的"不断的发展"中,对这所房子实施放火或者进行盗窃时,才会存在。只有在这里,才存在着必需的紧密的时间联系。与此相反,如果行为人想要在后来的机会中,例如在另外一天,才动手放火或者盗窃的,那么,就应当仅仅认定一个准备行为。

171　相反,在实现基本行为构成的未遂中,当这个行为人从一开始就想干这个事情时,也还不存在有加重情节的构成行为的未遂。也就是说,在行为人从一开始就决定破坏灭火器或者进行错误的宣誓时,对一个房子的放火也就还不是第306b条第2款第3项的未遂,提供假证词也不是第154条的未遂。在这些案件中,行为人在实现基本行为构成之后直接继续进行加重情节的,还一点都不足以形成有加重情节的构成行为的未遂。因为人们只要满足基本行为构成也就行了,在其开始中还缺乏与加重情节领域的联系:在行为人也想要使灭火器无法使用,提供假证词并没有指明提供证词者是否准备对其证词宣誓的基础上,放火还不允许得出结论。在这里,未遂的开始才带有对有加重情节领域的作用:也就是说,当——在我们的例子中——行为人开始对灭火器下手,或者举起用以宣誓的手时。

172　总结起来,人们能够这样说:一个复杂犯罪的未遂,并不就像以前人们认为的那样,开始于复杂情况**或者**基本行为构成的实施。更准确地说,行为人必须已经直接着手实现基本行为构成**与**复杂情况,〔178〕其中除了实现基本行为构成之外还需要对有加重情节领域的作用,除了实现有加重情节的要素或者规则事例之外还需要一种与实现基本犯罪的紧密的时间联系。无论如何,人们能够以此为出发点:在这个开始实现一个复杂情况要素中,通常也存在着一个基本犯罪的未遂。因此,在行为人已经撬开挂锁,并且在他想要盗窃的地方被警察当场逮住的时候(联邦最高法院,《刑事辩护人杂志》,1985年,第183页),就应当认定一个未遂的盗窃。同样,行为人侵入一个自己想从中拿走点什么的封闭场所,根据第242条,第243条第1款,也是未遂(哈姆州高等法院,《德国法月报》,1976年,第155页)。〔179〕

9. 典型的准备行为

173　在前面根据有代表性的案件事实分组指出未遂存在的条件之后,典型表现为单纯准备行为的状况,就只需要加以总结与补充;它们已经完全在未遂案件中作为相反方面的比较事例提过了。但是,对其进行简述还是必要的,因为首先是帝国法院在过度倾向于扩展未遂的刑事可罚性

---

〔178〕 在这个范围内,这一点在今天也许是主流观点。此外,与本书一致的,见 Arzt, JuS 1972, 578; Stree, Peters - FS, 1974, 179; Kühl, JuS 1980, 509; Burkhardt, JuS 1983, 428 f.; Fabry, NJW 1986, 18; Sternberg - Lieben, Jura 1986, 185; Laubenthal, JZ 1987, 1066; Kühl, AT^{3}, § 15, Rn. 48 ff.; Maurach/Gössel, AT/2^{7}, 40/115; SK^{6} - Rudolphi, § 22, Rn. 18; Stratenwerth, AT^{4}, § 11, Rn. 43; LK^{10} - Volger, § 22, Rn. 77 ff.; Wessels/Beukel, AT^{31}, Rn. 607 f.; 也可参见 BGHSt 31, 182 以及 Küper, JZ 1992, 338。

〔179〕 M. Anm. Hillenkamp, MDR 1977, 242 f.。

的基础上(对此,边码36),也有部分还没有使用第22条着手公式的早期战后判决,在一些今天清楚地应当判定为准备的案件中也已经肯定了未遂。州高等法院的司法判决直到今天还在对未遂的范围进行过度的扩展(仅仅参见,边码176)。根据现代的观点,[180]主要是三组总是重复发生的案件会被判定为准备行为:设法获得与占有构成行为的武器与工具,以及制造决定性的构成行为条件(1);进入行为地点并在该地作(还)不引人注目的停留(2);侦察与制造构成行为的机会(3)。自然,这里也存在着相互交叉的情况。

(1)设法获得与占有构成行为的武器与工具,以及制造决定性的构成行为条件

不言而喻,搞到构成行为的武器、制造备用钥匙、准备毒药等等,仅仅属于准备。这不仅可以 174
从第22条,还可以从第149条的反向结论中得出。在那里,制造与获得伪造货币与有价值符号的材料就被独立地置于刑罚之下了,这些行为就不能是第146条、第148条规定的未遂了。但是,值得一提的是,在实现行为构成的早期阶段实施的行为显露出很高的犯罪能量,并且要么作为其他方式的独立罪行而具有刑事可罚性,要么还构成了对构成行为的最重要贡献时,也适用这个结论。

也就是说,在有人假造了入室盗窃[181]或者放火烧屋以实施保险诈骗时,只有在提出保险理 175
赔时才开始一个诈骗未遂(这里,参见,第265条)。人们想要实现违反"对外经济法"的目标[182]或者未经允许进口麻醉剂,在把商品装上卡车时,还不是未遂;这种未遂要在越过国界之前才开始(参见,边码153)。还有,一个设法搞到假证明[183]或者把驾驶执照上的作废印章消除的人,想要继续使用[184]的,在他着手使用这张纸时,一个诈骗未遂才开始。安装一个行为人应当在以后才会启用的放火设施的,由于缺乏时间的联系,就仍然是准备。[185]

人们对两个州高等法院的判决进行了大量的讨论,并且认为它们是未遂的过度扩展而完全 176
予以否定。巴伐利亚州高等法院[186]把下面的行为视为逃避进口税的未遂:有人在离开联邦德国时出示了自己携带的发动机燃料数量的假证明,以便在回国时能够免交进口汽油税。肯定的是,在伪造证件中就已经存在了那个对犯罪的成功最重要的行为了。尽管如此,免税进口的未遂还是在回国时才开始。根据科布伦茨州高等法院,[187]对重新使用根据第148条第2款官方价值符号的着手的认定,应当根据行为人在首次使用中准备了这个价值符号,以便能够在后来清除作废章印的事实。未遂的确存在于对这种标志的重新使用中。

(2)进入行为地点并在该地作(还)不引人注目的停留

走近或驶近行为地点都是准备,但并不是没有例外(例外情况,参见,边码164与167:在这 177
里,被害人在保护削弱的条件下被带到一个适于实施犯罪的僻静地点)。还有,在行为地点出现也还不是未遂,只要行为人还没有开始对被害人领域发生作用。这一切都已经在靠近案件与期待案件(边码145以下,155以下)的联系中,依靠许多事例说清楚了,在这里仅仅需要一点补充。

---

[180] 仅参见 LK^{10} – Vogler, § 22, Rn. 68 ff.; SK^{6} – Rudolphi, § 22, Rn. 14 ff.。

[181] BGH NJW 1952, 430;不同的意见,见 RGSt 72, 66 f.。

[182] 不同的意见,见 BGHSt 20, 150;对此,见 Roxin, JuS 1979, 5。

[183] BGH wistra 1984, 142;不同的意见,RGSt 77, 173。

[184] OLG Düsseldorf NJW 1990, 924。

[185] BGH NStZ 1981, 99。

[186] 186 BayObLG JR 1978, 39 m. Abl. Anm. Hübner;此外,还有 Berz, Jura 1984, 515;Höser, 1984, 213 ff.;Kratzsch, JA 1983, 578;Kühl, JuS 1980, 653;Meine, GA 1978, 324 f.;SK^{6} – Rudolphi, § 22, Rn. 14;Sch/Sch/$Eser^{26}$, § 22, Rn. 44;Tröndle/$Fischer^{50}$, § 22, Rn. 15;Zaczyk, 1989, 316 f.。

[187] OLG Koblenz NJW 1983, 1625 m. Abl. Anm. Lampe, JR 1984, 163;拒绝的,也见 Küper, NJW 1984, 777。

例如，当劫匪把车开到他们想要抢劫的银行门前，但是，武器还没有从车上取下，他们也没有戴上面具，这时就仅仅存在着一个准备。[188]至于在袭击银行中的进一步状况，参见，边码146－148。一个作为受邀客人进入房屋并想在里面盗窃的人，在进入房屋时还没有实施未遂。与此相反，在小偷潜入或闯入时，在这个活动的着手中就已经存在一个未遂了。

178　在一个经常被引用的案件，《帝国法院刑事判例集》，第69卷，第327页中，也存在着一个未遂。[189]两个行为人想要抢劫一个店主。他们在进入店铺之后，开始假装商谈买卖以转移注意力，并且把店门锁上，“从而使店主……既不能向第三人呼救，又不能携带钱款逃出店铺以自救”（出处同上，第330页）。抢劫本来应当随后直接进行。在这里，在关门中，就存在着一个对被害人领域的明显攻击，尽管是以一种减弱保护的形式（参见，对此，边码162以下）；同样，这个紧密的时间联系也是确凿无疑地存在的。这个未遂就通过这两个情节得到说明，而不是通过身处店中这个情节来说明的；与邮政所案件（上文，案件17，边码146）的比较，就非常直观地说明了这一点。

(3) 侦察及制造构成行为的机会

179　单纯的侦察及制造构成行为的机会，在普通案件中就已经是一种准备，因为真正的构成行为的实施应当在后来才进行。与此相反，如果这种实施应当同时发生了，那么，这个未遂就取决于一个对被害人领域的作用的存在；在调查案件与减弱保护案件的联系中，就列举了有关事例（边码160以下，162以下）。应当补充的是，在紧密的时间联系中，创设一个构成行为的机会还不是未遂，只要其由于社会允许性还没有包括对被害人领域的作用（例如，掏包贼在拥挤的地铁中贴近过来）。还有，只要这个构成行为的继续还取决于另外一个人的自由意志决定，那么，开辟构成行为的机会就还是准备。我们已经在滥用儿童的犯罪中认识了这种情况，在那里，行为人把被害人带到一个适于实施构成行为的地点，但是，仅仅想要在儿童同意之后才与其发生性行为（边码168）。在与其相适应的方式中，提议运送假币[190]或者隐瞒自己病情的艾滋病毒感染者提出的性交请求，[191]都还仅仅是一个准备。

10. 较新文献中的其他观点

(1) 施米德霍伊泽的整体理论

180　施米德霍伊泽[192]提出一种所谓整体的方法。根据这种方法，在区分准备与未遂时，“所有处在考虑范围之内的因素都必须分别放入其所属的整体中观察，其中的重点……能够在这次就存在于这个事件进程中，下次就存在于另一个事件进程中”（边码51）。在这里，“一种对事物的整体性的、典型化的—与个别情况有关的观点，必须扮演决定的基础的角色；如果不是这样，那么，法律的决定就在某种程度上说是预先规定好的”（边码66）。法律在这里作出这样的处理，使得它对不同的犯罪，例如，盗窃、抢劫、诈骗、放火，都要列举出典型的状况，并且大多要在符合占优势的观点中来作出决定。偶尔地，它也会宣告，不同的解决方案是同样正确的。例如，在加油站职工案中（上文，案件13，边码127），认定一个抢劫未遂就能够是“肯定得到支持”的；但是，认定一个单纯的准备也能够得到“不会更少的支持”。

181　这种解决方案是应当加以反对的，它通过放弃各种事件因素的不同分量，基本上就把这种区

---

〔188〕 BGH MDR (H) 1978, 985。

〔189〕 详见 Zaczyk, 1989, 312; 还有 Vehling, 1991, 150 f.。

〔190〕 BGH StV 1987, 101。

〔191〕 BayObLGSt 1989, 143。

〔192〕 最新的文本，见 Schmidhäuser, StuB AT^2, 11/49－58。

分转交给了法官的判决。这是与法律明确性的基本原理不相一致的,就像已经指出的那样,施米德霍伊泽在可疑的案件中宣称,互相对抗的解决方案是同样可以获得支持的一样。

(2)于尔根·迈尔(Jürgen Meyer)的非双重含义性理论

182 迈尔[193]提醒人们注意一个在国外得到许多承认的理论。根据这个理论,"在行为人的犯罪意志已经在其外部举止行为中非双重含义地表现出来时",也就是说,在这个事件"只能通过这个犯罪故意来说明"时,一个未遂就存在了。据此,例如,把不久就应当以具有刑事可罚性的方式出口的货物装上一辆卡车的,就还是一个准备行为(参见,边码175)。货物装车是一个"价值中性的过程,同样……能够合法地在国内运输之前进行"。与此相反,例如,行为人把要走私的货币缝入鞋垫以便成功穿过边界的(参见,对此,边码93),或者在汽车油箱中设有秘密夹层以便把隐藏其内的支付手段带过边界的(帝国法院,《最高法官判例集》,第40卷,第1051点),就已经是未遂了,只要这个行为人马上就要带着钱驶过边界。关于迈尔另外使用的"强制进行(Zwangsläufigkeit)"的观点,参见,边码194,211。

183 这个"非双重含义性"的思想来源于印象理论,并且,在一种处于与行为构成的行为之间紧密联系的对被害人领域或者行为构成领域的作用,使行为人的犯罪意志通常能够得到非双重含义的认识时,这个思想就与本书发展出来的方案具有了一种确定的相似性。但是,这种非双重含义性——就像作为其基础的印象理论一样,边码101——并不适合作为唯一的区分观点,因为准备行为就已经能够指出这种非双重含义性了。在非双重含义的行为在"早期阶段"被视为未遂时,这就走得太远了。这正是迈尔说的两起货币藏匿案说明的,由于没有对被害人领域的作用与缺少一种紧密的时间联系就仅仅存在着一个准备。同时,其他例子(逃避进口税,重新使用价值符号,见边码176)也使人们认识到,这个非双重含义性理论就与未遂的范围重叠了。[194]人们必须正好对其保持警惕,因为这个司法判决,就像我们的例子指出的那样,在这种案件中始终倾向于认定一个未遂,并能够为此以这个理论为根据的。

(3)克拉奇的法益保护最优化

184 克拉奇(参见,上文边码54)[195]把"为法益保护提供有效保障而需要使用刑法工具与之斗争"[196]的所有举止行为方式,都定义为不法。未遂规范的任务在于,对"(有能够无法恢复的)法益损害的危险,在刑法对结果的防止由于是所要求的并且还有能够的那个时刻,进行适时的抵抗"。[197]未遂存在于这个行为人引起了这种状态,这时,"使刑法不再能够予以容忍,因为在不加阻挡时……就会不再能够为法益保护提供足够有效的保障"。[198]"在随着一个部分动作同时……使实现这个整体的行为构成的行为得以进行时",[199]就是这样了。其中,重要的不是那个"字面上的最后的部分动作",而是那个"作用的统一性"(例如,武器的目标、举起、瞄准),这个作用必须与整体的行为构成的实现构成一个统一体。

185 这在结果上就大概导致了这个本书也代表的具体化部分动作理论。也就是说,即使这个"作用统一性"的概念,在那种不停顿地通向最终结果的准备能够与导致"作用统一性"的未遂行

---

[193] J. Meyer, ZStW 87 (1975), 611。

[194] J. Meyer 自己认为(aaO., 611, Fn. 69),人们在明确的含义中也不能放弃这种"在时间上接近侵害法益",但是,这个标准执行起来非常松散,就像他所列举的藏匿货币的例子所表现的那样。

[195] Kratzsch, JA 1983, 420 ff., 578 ff.。

[196] Kratzsch, JA 1983, 425。

[197] Kratzsch, JA 1983, 578。

[198] Kratzsch, JA 1983, 429。

[199] 这里及以下,见 Kratzsch, JA 1983, 582。

为联合起来时,保持着模糊性,这个理论也应当很少受到批评。更有问题的是,这个解决方案的来历:一个优化的法益保护会要求尽能够提前的刑法干涉,那么就必须把未遂扩展到准备领域去。克拉奇仅仅是通过把立法者约束在符合比例原则,尤其是约束在过分禁止(Übermaβverbot)之上,从而避免了自己不法概念的这个结论。这个原则应当阻止的是一个如此广泛的惩罚。〔200〕但是,他由此也处于一个摇摆不定的境地。在一个行为构成刑法之中,未遂已经是一个扩展刑罚的根据(参见,边码 102)。因此,对准备行为的惩罚不仅符合了(unterfällt)那个过分禁止,并且根本就没有把任何刑法上的不法包括进来。另外,人们总是能够对符合比例性进行争论。无论如何,从符合比例原则性中,并不能得出克拉奇在这里也是从一种通过其不法方案绝对不会要求的具体化的部分动作理论中得到的任何具体结论。〔201〕

(4)察克奇克的"掌握"受攻击法益

186 对于察克奇克(对其理论的哲学背景,参见,边码 52)来说,"在行为人要么开始进行符合行为构成的行为,要么以自己的行为如此'掌握'了当时受攻击的法益,以至于他已经在一种处于优势的,当时受到攻击的自由的存在因素中,面对**自己**而陷入一个劣势的地位时",〔202〕行为人就进入了未遂阶段。一个行为人在什么时候赢得"对这种状态的优势",就"取决于最后只能在个别情况下加以权衡的各种情节"。不同的区分公式(边码 121 以下)能够对此是有帮助的。

187 也就是说,这个理论在真正的内容上并没有带来多少新意,而是借助"掌握"与"受攻击者的劣势地位"这些公式,仅仅提供了一种对迄今为止的区分努力所作的一种综述性解释。这个解释也通常是恰当的:当行为人在紧密的时间联系中借助构成行为的行为对被害人领域发挥作用时,这个受攻击者就经常处于一种劣势的地位,并且,这个攻击者看来就是这种状态的主导者。这样一种特征化的确不如一种具体化的部分动作理论那么准确,〔203〕并且也不总是恰当的。这个被害人也能够在准备阶段就已经送交给行为人了。在甲想要杀死乙,并且怀揣手枪出现在与乙约好的一处偏僻地方时,乙从一开始就被甲牺牲了;还有,只有在甲拔出枪时,未遂才开始。反过来,未遂偶尔也在被害人还谈不上处于"劣势"时存在;在一个攻击被更强大的对手轻松击退时,这并不能改变未遂的存在。甚至还存在着这样的案件,受攻击人使行为人落入圈套或者一个代理挑衅人从一开始就早已掌握了这个事件。也就是说,这种"掌握"的观点并没有带来一个认识上的进步。在他处理的案件的实践结果中,〔204〕察克奇克当然也达到本书追求的解决方案。这不是偶然的:在一种紧密的时间联系与行为构成的行为一起对被害人领域发挥的作用存在时,这个行为人通常就"掌握"了这个状态。

(5)费林的角色不相当风险

188 费林(Vehling)〔205〕发展了一种社会学的——规范性的方案。根据这个方案,未遂开始于"这个时间点,这时,这个不发生行为构成的实现的有规范性理由的期待,不再能够通过这个社会地位与由此联系的角色……来说明了"。在"行为人通过与其角色不相当的举止行为确立了

---

〔200〕 Kratzsch, JA 1983, 578/79。

〔201〕 对 Kratzsch 持批评态度的,见 Vehling, 1991, 61 ff.; Zaczyk, 1989, 311; 跟随他的,见 Murmann, 1999, 25。

〔202〕 Zaczyk, 1989, 311。

〔203〕 对 Zaczyk 的批判,参见 SK^6 – Rudolphi, § 22, Rn. 12a("优越性标准在最大程度上是不确定的,并且不再满足……确定性的需要。"); Vogler, Stree/Wessels – FS, 1993, 289:"与至今……以来发展起来的公式相比,Zaczyk 的方案无法与在清晰性以及选择性方面的好处联系起来"; Vehling, 1991, 72。

〔204〕 售票大厅案例(上文案例 17, 边码 146),加油站职工案例(上文案例 13, 边码 127);价值标志再使用案例,(上文边码 176);逃关税案例(上文边码 176)。

〔205〕 Vehling, 1991, 131。

一个在法律上反对的风险，并且，这个由行为人不适当确立的风险表明了这个想要实现的行为构成"的时候，就是这种情况。

189 以客观归责理论的类型对未遂做这样一种描述，在真正仅仅适合这个危险的未遂时，本身也是能够的与有意义的（参见，边码15）。[206] 当然，人们几乎不能通过允许性风险的概念来标记一种危险的准备行为；因为人们在能够的情况下可以在预防性紧急避险的道路上对其进行抵制，[207] 所以，这种危险的准备行为的确是不能被允许的，尤其是因为在许多案件中，它就具有独立的刑事可罚性。也就是说，人们在未遂中将无法更准确地谈论一种在能够的情况下就具有刑事可罚性的风险，或者无法更准确地在准备中谈论——以特别规则为条件——不具有刑事可罚性的风险。但是，在这个区分问题上，这个整体的风险术语无法延续下去，因为风险这个概念正好就像危险或者动摇法律的印象的概念一样，都是一种增加性概念（Steigerungsbegriff）（参见，边码101）。这个由行为人建立的风险，从准备一直到完成总是在不断地增加，不能从这个风险概念中推导出一个依据，以支持在什么地方就存在着未遂与准备的界限。这个批评抨击的也是这个区分的不确定性。[208]

190 一个具体化只能通过指明行为构成实现的附加标准来进行，但是，这个标准几乎从来没有得到阐明。[209] 费林看来是想要认定这样一种指明性表述的，"在……行为构成实现的不发生还仅仅表现为偶然时"。[210] 但是，由此仅仅说中了未遂案件中的一个——甚至不是大多数的——部分。在加强的规模中，在这里适用的就应当是为反对察克奇克的"掌握"标准而提出的一切（参见，边码187）：许多打击，在其他情况下，就会由于被害人及其帮助者的警惕性或者行为人的笨拙而符合计划地被破坏或者失败。在这里，还根本谈不上一个结果的偶然不发生。也正是在这里，这个适当未遂本身不能说成是具体的危害犯罪（参见，边码15）。当然，在这种实际结果中，费林基本上是与本书所追求的解决方案相一致的：[211] 在行为构成的行为被移到非常靠近时，并且，在对被害人领域的作用已经发生时，结果的不发生经常就是建立在偶然的基础上了。

191 然而，费林的"角色不相当的举止行为"标准包含了一个确实深入的观点。他采用了本书所使用例子，行为人以盗窃目的把手伸进别人汽车的（上文，边码137），正确地认定其中存在着未遂。[212] 但是，在涉及一名受委托对车辆进行检查的汽车修理工时，他却怀疑这个认定了。在这里，正确的是，当行为人在其社会角色框架里活动时，就还不存在对被害人领域具有刑事可罚性的作用。因此，在一名"完全陌生的男子"想要违背一名儿童的意志对其进行滥用而将其带到树林里时（上文，边码167），一个根据第176条第1款的未遂就已经存在了，但是，在孩子自己的父亲带着这种目的把儿童带至树林里时，却不存在。因为带自己的孩子散步存在于一个正常父亲的举止行为的框架之中，所以在这里，一个在刑法上有重大意义的对被害人领域的作用，只有在这个父亲正要进行滥用性的身体接触时，才会开始。相应的，在清洁女工带着盗窃目的进入女主人交给她清扫的房间时，就还不存在具有刑事可罚性的盗窃未遂，但是，在一个作为小偷遛进房间的陌生人这样做的时候，就能够存在未遂了。然而，这个角色不相当的想法对于本书发展起来

---

[206] 对于 Vehling 自己对解决这个问题的努力，见 aaO.，146。

[207] 参见 Roxin，AT1^{3}，§ 16，Rn. 72 ff.。

[208] SK^{6} – Rudolphi，§ 22，Rn. 12 b："大量高度——规范性的特征"，"在很大程度上是不确定的"。Vogler，Stree/Wessels – FS，1993，288："一种扩展至危害思想以外的具体化，在这里应当是……无法加以承认的。"

[209] SK^{6} – Rudolphi，§ 22，Rn. 12 b 指责说："Vehling 并没有详细解释这个公式到底是怎么回事。"

[210] Vehling，1991，140。

[211] Vehling，1991，145 – 146。

[212] 这里及下文见 Vehling，1991，136。

的方案是固有的：一种在能够情况下具有刑事可罚性的对被害人领域的作用，总是只有在这个行为人越过了那个由其社会角色而分配给他的范围并处在一种损害被害人的方向中，才会存在（参见，例如，上文，通过客人或者入室盗窃者而进入房屋的事例，边码 177，或者，也见营业大厅案，边码 146 以下，以及边码 148 的案件事实）。

（二）单独行为人的直接行为在已终了未遂中实施的开始

1. 争议的观点

192 在行为人已经做了所有根据其想象对造成结果所必需的一切时，一种已终了未遂就存在了（参见，边码 98）：被害人应当喝的有毒的威士忌已经准备好了；爆炸后应当杀死政治家的定时炸弹已经安装在汽车上了；勒索信已经寄出了。在这类案件中，行为人的出发点是：这个结果现在不需其进一步的添加就会按时出现。在这类案件中，未遂什么时候开始的问题，是还有争论的，并且，对这个问题的回答，会部分地不同于对迄今为止单独讨论的未终了未遂问题的回答。这个状况基本符合在间接实行人中的未遂的状况，很多学者甚至把它们同等对待。在人们以这些案件中被害人本身就是构成行为的手段（工具）为出发点时，这是能够的。无论如何，区别在于，这里涉及的是一种两个人关系（行为人/被害人），而不是像间接实行人的通常例子那样，是一种三个人关系（实行人/构成行为中间人/被害人）。《联邦最高法院刑事判例集》，第 43 卷，第 180 页因此补充道，这类案件仅仅是一种“与间接实行人[213]相似的结构”。即使在这里把“已终了未遂的开始”与在间接实行人未遂中实施的开始区分开来，也还是符合这一点的。在其中的讨论中，基本是三种观点在彼此对立着。

（1）被害人进入构成行为手段的作用范围作为未遂的开始

193 根据第一种看法，[214]当被害人“自己前往构成行为手段的作用范围”时，就存在着一个未遂；这必须是“这个自己的行为或者那些当时使用的工具直接通向了行为构成的实现”。据此，也就是说，在所描述的事例中，只有在被害人拿起威士忌酒瓶，准备上车，或者在清空邮箱时，才存在一个未遂。当然，在这里反映出了行为人的想象：[215]也就是说，如果勒索信在邮递途中被截获，那么，只要行为人错误的认为，这封信已经成功地寄到被害人手中的，就肯定一个未遂的存在。这个观点以区分未遂与准备是依赖于对构成行为对象的直接危害这个想法为基础的。[216]但是，这个观点也能被说成是把在未终了未遂中对这里的区分使用的两个辅助概念转用到已终了未遂之中去：根据这个观察方式，只有在被害人进入构成行为手段的作用范围时，才会存在对被害人领域的作用与一种紧密的时间联系。

（2）完成行为构成的行为作为未遂的开始

194 这个极端的相反的位置，在所有的案件中，都是按照行为人行为的完成来安排的：掺有毒药的威士忌已经放好，定时炸弹已经装好，勒索信已经寄出，就标准着未遂的开始。这个观点在过去是一般的主流观点。布施这样写道：[217]“毋庸置疑，在行为人没有任何进一步的活动……属

---

〔213〕在 Maurach－FS，1972，213 中，我的一篇文章就已经以此为题目了。

〔214〕出自旧的文献，见 Gössel，JR 1976，250；Otto，JA 1980，644。对于新的文献，参见对 BGHSt 43，177（Rn. 215，Fn. 233）以及对在间接实行人未遂中的所谓“整体解决方案”（Rn. 228，Fn. 238）的观点的证明。

〔215〕因此，至少见 Gössel 与 Otto aaO.。

〔216〕Vogler（关于他的理论，参见边码 106 以下）谈到——在结论上具有相同的意义——一种“对于实现行为构成的特殊直接性”的必要性（LK^{10}，§ 22，Rn. 74）。

〔217〕LK^{9}－Busch，§ 43，Rn. 43 a；因此，今天在结论上也还又有 Vehling，1991，165 ff.。

于结果的出现时,就存在着一种实施行为了”。特伦德勒(Tröndle)[218]在进行一点小小的限制之后,今天仍然代表着这个观点,对他来说,在行为人的行为结束之后,只要行为人决定“不再改变了”,一个未遂就存在了。当然,在行为人对及时排除这个危害还有保留时,就应当缺少一个绝对的行为意志并且由此已经缺少一个构成行为的决定了,从而,出于这个原因,就没有未遂的存在了。迈尔[219]坚决拥护这个完全按照行为人行为来安排的理论的另一种变化形式。在他看来,未遂开始于行为人行为的结束,这时,这个由行为人启动进程的因果顺序,就根据其想象而“几乎万无一失”地导向这个结果了。[220]把未遂的开始确定在行为人举止行为的结束上,能够这样来说明理由:人们对这个行为人的未遂不再能够提出比造成那个结果所需要的更多的要求了:他已经,人们能够这样说,随着所有必要行为的实施,再次“停止”了,并且,由此甚至实施得比在第 22 条中要求的“着手”更多。

(3)“离开自己的控制范围”与“直接危害”作为确定未遂的选择性标准

今天,占统治地位的是一种在两个极端之间进行调解的,但是更接近(2)中所说观点的理 195
论。这个理论是借助**“选择性公式”**进行工作的。据此,在这个行为人要么已经使事件过程离开他自己的控制范围,要么以在与行为构成的实现有紧密的时间联系而作用于被害人领域[221]的方式,直接危害了被害人时,一个未遂就存在了。也就是说,在行为人对饮料下毒之后或者安装好定时炸弹离开时,或者寄出勒索信时,就总是存在着一个未遂,因为现在事情在通常情况下的发展已经不依赖于行为人了。与此相反,如果行为人已经安排好的因果链条还在其控制范围之内,——那封勒索信应当在第二天早上才由邮递员送出,妻子在她想毒害的丈夫回来之前还保管着那瓶掺了毒药的威士忌酒——那就不存在未遂了,因为这个行为人与在一个未终了未遂中的准备一样,以同样的方式控制着事件,并且,这个犯罪还处在这个行为构成实现的早期阶段。

2. 关于选择性公式的进一步说明

(1)与被害人进入构成行为手段的作用范围作为决定性时间点理论的商榷

选择性公式是有优点的。这首先是面对这个理论适用的,这个理论把被害人进入构成行为 196
手段的作用范围提高为区分的标准。未遂开始的着手在于因果过程脱离了行为人的控制范围,是根据法律条文 1),以及出于信条学的原因 2),并且在一种刑事政策上合理的结论的观点下 3)都是合适的;这种偏离在未终了未遂中存在的区分,并不是任性的,而是有实际根据的 4)。

1)首先,第 22 条说,**这个行为人**必须已经根据自己的想象着手实施这个构成行为了。反对 197
意见要求以**通过被害人的着手**来取代,被害人必须把自己(无意识地)交给构成行为的手段。这个用行为人的行为来帮助未遂开始的做法,违反了法律的方案。这个按照被害人行为来安排的理论的代表人想要避免这个矛盾,他们把被害人视为行为人的工具,并且把被害人的举止行为作为行为人自己的行为来归责于这个行为人。格塞尔[222]以不是完全清楚的形式这样表达:“《德国刑法典》第 22 条意义上的直接性不允许单纯地与行为人自己的行为发生联系,而是应当也考虑到那些被行为人作为其计划的工具而使用的人的行为。”在这里,还没有说明这一点应当如何

---

[218] Tröndle/Fischer[50], § 22, Rn. 19。

[219] Meyer, ZStW 87 (1975), 609。

[220] Herzberg 在 JuS 1985, 1 ff. 中放弃了自己同样纯粹的以行为人行为为导向的观点(MDR 1973, 80)。

[221] Roxin, Maurach – FS, 1972, 213 ff; ders., JuS 1979, 10 f. 对这个观点进行了论证。在实质上遵循这个观点的,见:Burkhardt, JuS 1983, 430; Herzberg, JuS 1985, 6; Jakobs, AT[2], 21/105; Jescheck/Weigend, AT[5], § 62 IV 1; Kratzsch, JA 1983, 585 f.; Murmann, 1999, 16 ff.; Puppe, JuS 1980, 348 f.; SK[6] – Rudolphi, § 22, Rn. 20; Tröndle/Fischer[50], § 22, Rn. 21; Wessels/Beulke, AT[31], Rn. 600 ff.; Zaczyk, 1989, 320 ff.。

[222] Gössel, JR 1976, 250。

与法律条文保持一致。但是，奥托[223]在这里非常明确地指出："因为被害人与善意的工具是作为认识错误的人，通过行为人被插入这个构成行为计划的实现之中的，所以，他们的行为应当作为行为人自己的行为而归责于这个行为人。他是通过他们来着手这个构成行为的！"

198 但是，这是一种没有操作性的结构。在这里，就几乎没有直接实行人，而只有间接实行人了，因为行为人每次都必须把被害人的举止行为插入自己的计划之中。还有，在一个盗窃中，被害人就必须前往行为人的附近，就必须离开自己的房屋，等等，以便由此使这个构成行为成为能够。因此，不能够说这些都应当是行为人的行为，因为这个行为人在大多数案件中，对于被害人的举止行为来说，从来不是原因。一个把炸弹安放在飞机上的人，不能通过乘客的登机与飞机驾驶员发动飞机就因此作为他自己的行为而归责于他，因为他对此并没有作出一丁点的贡献。

199 2）在信条学上，把未遂开始转移到被害人的举止行为上，因此也是不可接受的，因为法律把**行为人的想象**作为刑事可罚性的基础，但是，这在有意义的方式中，仅仅能够与行为人自己的行为相联系。在一个未遂中，一个人偷偷地在被害人的家用酒橱中放入一瓶掺有毒药的威士忌，不能够知道主人什么时候会拿出这瓶酒。也就是说，他的想象在主人拿取威士忌酒瓶中，在人们想要把这个拿取视为行为人的（！）行为时，就不会参与进去。在这里，行为人是如何"根据其想象"着手呢？这个行为人在其他案件中想要具有的——经常是错误的或者不明确的——对行为构成实现的时间点的想象，就不会改变任何这种基本的反对意见：即行为人通常不能具有这种想象，并且在其他案件中，这种想象更多的是一种猜测的结果，因此，对于未遂开始的确定来说，就完全不合适了。

200 还有，人们[224]本来应当坚持，**行为人在进入未遂阶段时必须具备一个完成的故意**，也就是说，不存在一种无意识的越过未遂界限。否则，人们接下来就必须让在准备阶段中结果的出现，由于完成的构成行为，而对刑事可罚性就足够了，这就导致了一种"无故意的故意构成行为"所具有的在信条学与刑事政策上都错误的设计。当被害人在边码 199 描述的案件中去拿威士忌酒瓶时，行为人正好睡着了，那么，行为人就会必须在睡梦中去着手这个谋杀。这是应当加以拒绝的。

201 3）对于按照被害人的举止行为安排的观点，还有一个反对理由，即这所导致的那种在**刑事政策上不理智的**，真的在许多案件中令人不能忍受的**结论**。当那枚安装在有待谋杀的政治家车上的炸弹，在车子被使用前，偶然被潜在的被害人发现时，给予行为人的好处就是现在这里不存在未遂谋杀。这与那种导致准备的不具有刑事可罚性的基本想法，是不相一致的。这个想法存在于这里：这个还没有超越准备的行为人，并不具备坚持到底的力量或者把自己的举止行为引向完成的技巧。但是，这是在我们的炸弹谋杀人中都不缺少的。奥托承认了一种刑罚的必要性，他提醒我们注意第 311b 条第 1 款第 2 项（今天的第 310 条第 1 款第 2 项），该条仅仅涉及了爆炸犯罪。[225]但是，人们却要想到通过释放毒气来进行的谋杀袭击，就像 1995 年在日本曾经发生的事件！在这个袭击会被成功阻止时，行为人的无刑事可罚性还一定会是让人无法理解。

202 但是，在不涉及人的生命之处，反对派们宣传的已经结束的犯罪活动基本不具有刑事可罚性，也得不到有说服力的说明。勒索信仅仅因为在邮局被拦截下来就不具有刑事可罚性，这应当具有什么意义呢？在这里出现无刑事可罚性时，人们本来必须出于追究策略的考虑，才让这封信到达收信人手中；但是，这种对未遂界限进行操作的可能性，**不能使用**（dasavouieren）是其本身。

---

[223] Otto，JA 1980，646。

[224] 相反，见 Herzberg，JuS 1985，718。

[225] Otto，JA 1980，646。

奥托[226]指出，在一封被邮局拦截的勒索信中，始终是存在着一个未遂的，只要行为人认为，这封信已经寄达这个被害人手中。但是，非常令人不满意的是，在这样一个案件中，只有这个行为人的认识错误，才使肯定一个未遂成为能够。这种——依赖于偶然的——及时告知这封信已经被拦截或者被害人已经外出，应当对刑事可罚性起决定作用的解决方案，是让人极其不满意的。

4）最后，这种坚持以事件离开自己的控制范围来确定未遂开始的观点，这并不会与在未终了未遂中得出的解决方案相矛盾。这种“对被害人领域的作用”与这种“紧密的时间联系”，并不是未遂的组成要素，而是确定接近行为构成与将中间动作理论具体化的辅助性概念。但是，随着事件离开行为人的控制范围，结果出现之前最后的部分动作就已经完成了，以至于不再需要进一步的标准来排除那些不重要的中间步骤。鉴于时间上的联系，另外还应当考虑，行为人在未终了未遂中，最重要的不是与结果一起存在，而是必须与行为构成的行为一起存在（参见，上文，边码143）：一个人借助杀人目的，把艾滋病毒抹在他人身上，是对未遂有罪责的，即使这个结果要在很长时间之后才出现。在这个意义上，在没有行为人进一步补充就会通向结果的因果过程的“启程”中，看到一个未遂就是很自然的。 203

在已终了未遂与未终了未遂的区分中，也就是说，区别很少存在于与时间联系上，更多的是存在于这里：在已终了未遂中，因果过程还不需要已经到达被害人领域。但是，这个“负数”将通过在行为实施中的“正数”得到了弥补，这个行为实施会随着事件离开自己的控制范围而结束，并且要经历一个独立的进一步发展，同时，这个未终了未遂的行为人还总是把握着这个事件。那个不允许在空间关系上加以减少的接近行为构成，因此，在两种案件的评价性观察中，都达到了同样程度，其中，与被害人领域的间隔，通过一种本身发展的目的性的动力而得到了补偿。 204

（2）与行为人行为的结束作为决定性时间点理论的商榷

在大多数案件中（寄出勒索信，装好定时炸弹），事件离开行为人的控制范围就同时也是行为人的最后的主动行为，以至于本书所代表的观点，在这里就与未遂开始着手于行为人的行为结束之时的观点是一致的。但是，不同的是在这种案件中，一种在行为人照料范围内首先被安排为“停滞”的因果过程的案件。处于这种情况的是，例如，一个想杀死其丈夫的妻子，给他煮了一碗有毒的汤，她把汤暂时放在保温盘中，一直到晚上她丈夫下班回来自己去取这盘汤。在这个案件中，妻子在丈夫出现并且自己把汤端上桌之前，一直完全控制着这个因果过程。她可以不费力气不被发觉地随时把汤倒掉，从而在丈夫出现时就什么也不会发生了。 205

在这类状况中，才存在着一个准备行为，只要被害人还处在构成行为手段的作用能够性之外，例如，在我们的例子中：只要丈夫还没有开始吃饭。虽然这个行为人仅仅需要任凭这个事件发展，他还是掌握着这件事情的进程，就像在未终了未遂中一样。当在这里用这种以紧密的时间联系与对被害人领域的作用来标志那种未遂开始时，这应当在这里也不会有不同。也就是说，在我们的例子中，只有丈夫着手吃饭时，未遂才开始。只有在这时，妻子才对丈夫的身体完整性产生影响，对其的损害就移到非常接近的时间上了。 206

因此，这种类型的案件在未遂的区分中应当安排在与未终了未遂案件同等的地位上，否则，就会出现难以理解的评价性矛盾。在我们的例子中，当按照夫妻生活的惯例，由妻子端菜上桌，那么，在汤中投毒就会还不是她最后的主动行为。也就是说，在其中，会仅仅存在一个没有完成的准备，从而只有在端上汤来中，一个杀人未遂才能被看见。在这样一个案件中，关于刑事可罚性与无刑事可罚性的问题，理性地说，是不能通过行为人或者被害人把汤端到桌子上来进行决定的，尤其是这大多会取决于偶然性，所有的参与人事先都是不知道的。还有，鉴于自己的刑事可 207

---

[226] Otto, JA 1980, 646。

罚性，行为人也不会赋予这个问题任何意义。雅各布斯[227]正确地指出："在一个行为人为自己要等几个小时后才见面的被害人准备好有毒饮料作为自助饮品摆在那里，但是，有侵犯能力地停留在那个地方，同时，另一名行为人则准备好，被害人一到就向他提供有毒的饮料，因此就不能这么说，在第一种情况中应当存在未遂（行为人已经做完一切，被害人应当自己取用），在第二种情况中就不存在未遂（他还必须递上饮料）。"

208 一种反对意见，在这里现在的确是按照被害人的着手来安排的，并且对那种否则就要被拒绝的使用了这种区分未遂的观点（参见，边码 193，196 以下）的理论作出让步的，本来就会是错误的。这些行为人在接受其行为后还控制着事件的案件，是由实施（在我们的例子中：向汤中投毒）以及不作为（把汤倒掉）共同组成的。[228]行为人最后的犯罪性举止行为，就是对排除危险的不作为。这种不作为的未遂与由此而来的对谋杀的着手，是在丈夫去拿汤时才开始的。也就是说，这个案件事实是在结构性的，因为涉及通过不作为的一个着手（对此，边码 266 以下），不能与那些事件离开行为人控制范围的案件相比较。

209 其他针对选择性公式的反对意见，是建立在这个认识基础上的，这个让事件离开自己控制范围的标准也带来了很大的区分难题。一个人已经离开了事件的地点，也还经常能够停止这个由他引起的因果过程，例如，通过一种返回来阻碍结果的发生，通过电话警告，或者派出救援者。[229]但是，区分难题在法律中处处存在，并且，在这里就比在其他区分中更容易解决一些（就像故意与过失，行为人与参加人）。例如，当妻子在准备好掺有毒药的汤后就上街购物，但是，直到丈夫回家前早就又回家的，那么，事件还是在她控制之下，因此，即使在购物过程中与在回家后直到丈夫用餐时，就才存在着一个准备。但是，在她丈夫回家之后，她还在另一个地方逗留，并且也许还只能通过电话警告来救她的丈夫时，一个未遂就随着她离开家时而存在了。这样一个电话中就包含了一种提高的风险（自我揭发就像失败一样），所以，一个不作为未遂也必须随着离家而着手。由此，一个成功的警告就仅仅会是一个自愿的中止，改变不了一个未遂的存在。[230]

210 本书所代表的观点与特伦德勒的理论（上文，边码 181）很接近，主张在行为人的行为结束之后，当行为人对及时排除危害有保留时，至少在那里就还不认定未遂。但是，在这个案件中还不存在构成行为决定的论点，是没有说服力的，因为这个论点会让在一种缺失的构成行为决定与一种单纯的中止保留之间的各种区分都消失了（对此，边码 85，87 以下）。正确的方式是，准备好掺有毒药的汤已经是一种如此有目的的准备行为（对此，边码 93），以至于人们在其中必须看见一种具有优势地位的实施构成的意志与一种构成行为的决定。在那个离开住房处于保留一种也许后来进行的电话警告的案件中，更是这种情况。在行为人决定"不再改变"时，在行为人当时还保管的汤中投毒的，认定一种未遂，也是不实际的。这样一种单纯的内在过程避开了法庭上的查明确定，大部分甚至还只是行为人的反省。在任何情况下，行为人需要的只是——并且这总是不能反驳的——主张自己保留了把汤倒掉，并且，特伦德勒也必须宣告其无罪，这在结论上是有根据的，但是，应当以行为的准备特征作为基础。

211 于尔根·迈尔所赞成的"强制进行理论"（参见边码 194）也与本书所代表的观点有相似之处。根据他的理论，在行为人"根据其想象使一个因果链条得以进行，在一定程度上还是绝对有把握（tödliche Sicherheit）——在自己没有活动而是在以其构成行为决定为条件的基础上——会导致这个结果"时，就存

---

[227] Jakobs, AT^2, 25/72。

[228] Jakobs, AT2, 25/72。

[229] 参见，例如 Otto, JA 1980, 645；Vehling, 1991, 107。

[230] 在 Jakobs, AT^2, 25/73 中的解决方案非常类似。也就是说，这种区分是应当根据不作为未遂的规则来进行的；详见边码 271 以下。

在着一个未遂。这个论点通常在行为人已经使事件过程离开其控制范围时，就建议肯定一个未遂。对其仅仅应当反驳的是，在这里并不存在一种“绝对有把握”。在此期间，有些事情总是能够发生的，并且，因为这一点是一个熟悉世情的行为人所知道的，因此，这个未遂也就不能依赖于对“绝对的”结果确定性的想象。否则，一个未遂就只能由一个在笨拙的不了解现实中没有看到这种失败原因的能够性的行为人来实施了。这会是没有意义的。也就是说，对于未遂来说，有这个由既遂故意支持的让事件从自己控制范围中离开就足够了，即使这个结果像在几乎各种犯罪未遂中那样都不是“绝对”的。另一方面，只要行为人在没有对被害人领域作用时还对事件具有完全的控制，那就必须否定这个未遂，这与迈尔的观点是相反的。在这里，这可以与未终了未遂中的情况没有差别(参见，边码 206 以下)。

3. 联邦最高法院的司法判决

关于在三人关系中间接实行人的未遂开始，自从帝国法院时代以来，就存在着一种内容丰富的、即使是参差不齐的司法判决(详见，边码 234 以下)，与此同时，一种被害人自己应当是这个不知情的构成行为中间人的案件事实，直到 1997 年才首次在原则上得到判决。 212

案例 28(《联邦最高法院刑事判例集》，第 43 卷，第 177 页)：被告人药剂师(甲)的家被入室盗窃者光顾，这些小偷在他的厨房中喝光了“装有不同饮料的瓶子”，还把“阁楼上的娱乐电器带走”了。警察接到通知后推测，这伙入室盗窃者能够会在第二天再回来“取走已经准备好要运走的赃物”。为了抓住小偷，从 3 月 8 日晚上到 3 月 9 日早晨，有四名警察埋伏在房屋里。被告人在 3 月 8 日下午，出于对入室盗窃的愤怒，把一个标有“真正的希克斯牌巴伐利亚林中烧酒”的瓶子放在房子走廊上，并且把毒药灌入瓶中。其中，最少量的毒药也是致命性的。他很清楚，这些入室盗窃者能够会饮光这个瓶子中的液体。为了保护警察免受毒药的危害，他一见到警察就马上告诉他们瓶子里装有何物，但是，这个瓶子直到第二天早上还放在走廊里。 213

对于这里是否存在一个对入室盗窃者的谋杀未遂问题，在上文(边码 195)发展起来的“选择性公式”的基础上，应当给予否定的回答。〔231〕一个对没有再回来的入室盗窃者的直接危害，从来没有出现过。同时，人们不能认定这个事件已经离开了甲的控制范围，因为这里的出发点是，入室盗窃者仅仅被认为晚上还会回来，并且那些为了这一时刻而安排来保护甲的财产的警察们，已经被告知不要饮用这个瓶子里的液体(甚至是在他们得知其中内容之前)了。〔232〕 214

这个判决引起了为数众多的意见，〔233〕其中大多数都肯定了这个结果，但是在理由说明中，与文献中的不同观点相适应(上文，边码 192 以下)，选择了非常不同的角度。在这里应当仅仅分析联邦最高法院的解决方案。 215

联邦最高法院想要把那种对间接实行人的未遂开始而适用的规则(边码 234 以下)，恰当地使用在二人关系上(《联邦最高法院刑事判例集》，第 43 卷，第 180 页)：“这种为了间接实行人的案件发展起来的原则，在——就像这里——一个应当通过被害人自己的补充才会陷入其中的陷阱被提供给被害人时，也是适用的。”但是，这个原则在想象中的使用，却在这里为它引出了一个 216

---

〔231〕 我对这个案件的评论，详见 JZ 1998, 209。

〔232〕 对这个案件事实的不同解释，见 Bose, JA 1999, 342 (345)，然而，他另外还在追随本书所代表的区分公式，对于未遂，也见 Guhra, 2002, 131 ff.。

〔233〕 Beier, JA 1999, 771; Böse, JA 1999, 342; Gössel, JR 1998, 293; Guhra, 2002, 111 ff.; Herzberg, Roxin - FS, 2001, 755; Joecks[3], § 22, Rn. 18; Kudlich JuS 1998, 598; Martin, JuS 1998, 273; Otto, NStZ 1998, 243; Murman. n. 1999, 20 ff.; Rath JuS 1998, 1111; Roxin JZ 1998, 211; Streng, Zipf - FS, 1999, 330; Wolters, NJW 1998, 578。

对有关司法判决是如此新型的解决方案,以至于这个方法是当然需要讨论的。

217 在决定性的一段中是这样说的(出处同上,第181页):“虽然行为人在布置其陷阱时就已经着手这个构成行为了,但是,这种攻击,只有在这个处于已经准备好的构成行为中间人的作用范围之内的被害人开始干时,才会对受保护法益发挥作用。”这看来首先好像是与本书所拒绝的观点的一种明显联系,那种观点主张,在已经结束的行为人的行为中,未遂开始总是在一种被害人受到的直接危害中才会出现——这是一个司法判决从来没有这样明确地对间接实行人表示过的观点(参见,边码234以下)。

218 但是,在这里,这个判决随着一种意外的转化而踏上了崭新的道路(出处同上,第181页):“是否是这么回事”——也就是说,是否存在着被害人进入了构成行为手段的作用范围——“就指向了这个构成行为计划。如果对行为人来说可以确定的是,这个被害人会出现,并且行为人为了这个构成行为的结果而计划的举止行为会发生作用,那么就存在着一种随着结束构成行为的行为已经出现的直接危害(根据这个构成行为的计划)……如果这个行为人——就像在这里——把被害人在构成行为手段的作用范围中出现,与此相反地看成仅仅具有能够性,但是还不确定的……那么,只有在这个被害人真的出现时,才会出现一种根据构成行为计划的直接的法益危害,与此同时,才会涉及应当进行这种期待的自我损害行为的部署,并且对被害人的危害因此增加了……在已经存在的案件中,这个阶段还没有达到过。”

219 这个结论——不是未遂——是正确的,但是,对这个“构成行为计划理论”的说明,却是没有说服力的。首先,它没有说明,未遂开始在直接故意中与在间接故意中是会完全不同地被着手的。在一个直接故意中,放置瓶子就应当已经会导致未遂,相反,在一个间接故意中,只有在被害人拿起这个瓶子时才会导致未遂。这就违反了这个基本原则,在立法者没有做出其他安排时(完全不考虑这里尽管有行为人对实现计划的不确定,居然还存在着一个目的),就应当同等地出来这些故意的形式。

220 其次,这个方案也违反了法律预先规定的这个方案:对准备与未遂的区分,应当在由行为人想象的案件事实基础上根据客观的观点进行。在有人借助杀人故意向另一人开枪,这就是一个杀人未遂,不管他是否确定地认为枪已经上膛,也不管他是否准确地不知道上膛,而是他让上膛具有了重要性。在我们的案件中,根据故意种类来进行区分,也同样对未遂区分具有很少的影响。

221 再次,不合适的也是被害人的危害——甚至是根据行为人的想象——取决于行为人对其返回所具有的极其能够性的看法。在入室盗窃者决定返回那个房子,并且在那里悠闲地喝些饮料时,他们真正的危害就完全不依赖于这个被告人是否认为其返回是肯定的还是能够的。还有,根据被告人的想像,这也没有区别。他自然知道,这个入室盗窃者的危害仅仅取决于盗窃者自己的决定,而不是他对此的假设。

222 还有,这个联邦最高法院的解决方案所导致的那种实践结果,在许多案件中都是令人不满意的。一个人,为了欣赏他的被害人的痛苦,就把一瓶装有毒药的威士忌酒放在公共场所,仅仅因为他不确定到底是否有人会喝瓶中的酒,就真的应当没有实施杀人未遂?还有,在行为人首先肯定地认为,这个被害人开始进入构成行为手段的作用范围之内了,但是后来又对此产生怀疑时,应当如何作出判定?在这里,这个未遂应当又重新退回准备阶段吗?如果人们全盘认定那个前面说过的反对意见,那么就必须说,《联邦最高法院刑事判例集》,第43卷,第177页对澄清在已经完成的行为人行为中,未遂是什么时候开始的这个问题,并没有作出什么贡献。

223 几个月之后,同一个(第一)审判委员会对这个有可比性的**“炸弹案”**[234]作出了决定。在这

---

[234] BGH NStZ 1998, 294 (295)。对此,见 Herzberg, JuS 1999, 224; Krack, JuS 1999, 832; Schliebitz, JA 1998, 833。

里,这些行为人在两个先后实施的构成行为中,把手榴弹安装在他们选定的被害人的汽车上,手榴弹本来应当在汽车发动时爆炸并杀死这个驾驶员。但是,在两个案件中,手榴弹都是在爆炸前就被发现了。

在这里,这个法庭——与《联邦最高法院刑事判例集》,第 43 卷,第 177 页不同——在这两个案件中,都认定了谋杀未遂。这是从不同的情形中得出的结论,在结论上是适当的。但是,在理由上就有不同了:“只要行为人根据自己的想象……已经做了所有必要的事情,也就是说,这个未遂在能够的情况下已经完成了,在原则上就已经存在着一个实施构成行为的未遂了(参见,罗克辛,《法学学习》,1979 年,第 1 页,第 9 页以下)。在被害人还没有受到行为人行为的直接危害时,在这里,就例外地不应当这样认为了。例如,下面这个案件就是这种情况:行为人设置了一个陷阱,但是不清楚行为人会不会以及什么时候会靠近它。[235] 在这里的案件并不是这样的。在两次暗杀中,行为人都知道,司机会随时出现。事实上,他们也在这两个案件中,如此靠近那辆装上炸弹的汽车,以至于他们都已经成功地进入了这种陷阱的直接作用范围,直接面临着炸弹的引爆。” 224

这个判决的引人注目之处在于,它避免了对各种相互争论观点的确定。它显示出,首先,应当借助本书所支持的观点,按照这种因果过程离开行为人的控制范围来进行安排,并且把毒药案件的决定,《联邦最高法院刑事判例集》,第 43 卷,第 177 页,局限为一个例外。然而,在这里,通过指出行为人是有把握地在期待着被害人的,毒药案的标准也要得到考虑。但是,最后也还能够追溯到那个最狭义的观点上去,根据那个观点,被害人必须进入这个构成行为手段的作用范围。这个同时援引完全不同的区分方案作为根据是能够的,因为在上述案件事实中,所有的观点都导向了认定一个未遂。但是,这也展示了,联邦最高法院距离一种真正清楚的解决方案还相差很远。《联邦最高法院刑事判例集》,第 44 卷,第 41 页也搁置了这个问题:“在被害人需要共同作用的案件的终了未遂中,是否取决于:根据行为人的构成行为计划,被害人出现在构成行为手段的作用范围中,是肯定的”。 225

(三)间接行为人未遂中实施的开始

1. 有争论的观点

这些在间接行为人中未遂开始的观点,与那些在已经完成的行为人行为中未遂开始的观点,是一致的,不过,在已经完成的行为人的行为中,不存在一个不同于被害人的构成行为中间人的插入。这不是偶然的,而是以一个清楚的结构上的平行性为基础的。这样,就像这个行为人借助在这个潜在被害人的汽车里安装炸弹已经干完他所要做的一样,这个间接行为人也已经借助这个构成行为中间人的“派出”而执行了最后的自己活动的动作;在这里,人们能够谈论一种已终了未遂的特别形式。在这里,争论各派的论据就部分地与终了未遂中的论据一样了,这不令人奇怪;在这个范围之内,能够指出前面提到的实施(边码 192 以下;196 以下)。另一方面,在间接实行人中的讨论,在引起轰动的司法判决案件的基础上(参见,例如,边码 241),就变得更加活跃与多变。另外,一个构成行为中间人,不同于一种无第三人介入的情况,就独立地处理着“被放手的”因果过程,这种情况就带来了在争论中一致的新观点,而这些新观点是需要特殊评价的。 226

这些看法应当借助两个例子加以说明。 227

案例 29:被病人皮先生指定为单独继承人的医生甲,想要尽快得到这笔丰厚的遗产,就在皮先生每晚

[235] 在这里还要提到 BGHSt 43, 177。

注射的镇静剂中下毒,想以此方式造成皮先生快些死亡。

1)他早上把掺毒的药剂放到办公室的特定位置,负责给药的护士史小姐通常在傍晚时从这里取药。

2)他亲自把针剂交给毫不知情的护士史小姐,要求她马上给皮先生注射。史小姐在走向病房的途中跌倒在医院的走廊上,结果摔坏了针剂,注射也就停置下来了。

3)甲在把针剂交给史小姐时不小心掉在地板上打碎了,因此,下一步就不会发生什么了。

案例30:财产管理者甲想要让其委托人付先生失掉托管财产。他就到一个外国,并且派一个没有参与财产管理的同伙柯先生带着伪造的证明材料与指示前往德国,把付先生的财产转移到这个外国。但是,柯先生在国界上被逮捕了。

(1)构成行为中间人的着手作为未遂的开始(整体解决方案)

228 这个观点符合在无第三人介入的已经完成的行为人的行为中以被害人着手(他进入构成行为手段的作用范围)进行安排的理论(参见,边码193,196以下)。[236]只要在其中,被害人自己被判定为是行为人的工具(参见,边码197以下),就产生了一个准确的类似情况。这种情况引导出这个结论,就是甲在案例29的所有种类与案例30中,都仅仅进行了一种不具有刑事处罚性的准备行为。只有在史小姐与柯先生着手注射也就是着手转移财产时,才会存在一个未遂。人们在这里谈论一种"整体解决方案",[237]因为间接实行人与构成行为中间人的行为在这种方式中被视为一个统一体,这个幕后人的行为要在中间人的活动结束时才会完成:"间接实行人与构成行为中间人的举止行为……应当作为'整体行为'来看待:'这个间接实行人是通过中间人来实现完成的,而不会早于他。'"[238]

(2)对构成行为中间人的作用作为未遂的开始(作用理论,具体解决方案)[239]

229 根据这个观点,未遂在间接实行人作用于构成行为中间人时就已经开始了。[240]也就是说,在案例29与30中,随着把掺毒针剂递给史小姐或者聘用柯先生,一个未遂就存在了。对案例29(1)应当如何判决,是模棱两可的;人们能够从这个理论的立场出发,要么把放置针剂,[241]要么把通过史小姐取药,视为决定性的时刻。这个作用理论与这个观点相似,即在距离犯罪(Distanzdelikt)中,无第三人中间插人的按照行为人行为的完成来安排(边码194,205以下);但是,这个理论又与那个观点不同,因为在缺少一个构成行为中间人时,就不能对这个人进行作用,并且,因为这个作用的开始也还没有标明这个最后的行为人行为。人们在这里谈论一种"具体解决方案",因为将仅仅按照幕后人的行为,在排除构成行为中间人活动的情况下进行安排。

---

[236] 在这个意义上,关于间接实行人及其它,见BGH NStZ 1998, 242; Eschenbach, Jura 1992, 645; Kadel, GA 1983, 299; Krack, ZStW 100 (1998), 611, 628; Kühl, JuS 1983, 180; Küper, JZ 1983, 361; Maiwald, ZStW 88 (1976), 745; Maurach/Gössel, AT/2[7], 48/115 ff.; Otto, JuS 1980, 645 f.; Stratenwerth, AT[4], § 12, Rn. 107 f.; LK[10] – Vogler, § 22, Rn. 104。相近的,见Herzberg, Roxin – FS, 2001, 749。关于类似的解决方案,也见Rath, JuS 1999, 36, 43,他在这里是按照那种"具有特定行为构成的防卫行为的必要性"来进行安排的。

[237] 紧随着Schilling, 1975, 11,在这里创造了"个别解决方案"这个概念。

[238] Stratenwerth, AT[4], § 12, Rn. 105,他引用了Frank, StGB[18], § 43 II 2中的最后一句。

[239] 在这里以及在(4)与(5)中,作为"作用理论"提到的理论,都可以追溯到Hillenkamp, [10]2001, 96 ff.。

[240] Baumann, JuS 1963, 92 f.; Baumann/Weber, AT[10], § 36 I 4 a; Bockelmann, JZ 1954, 473 (= Untersuchungen, 148); Bockelmann/Volk, AT[4], § 22 II 3 b, § 27 VII 2 b; Maurach, AT[4], § 41 II 5;类似的,见Puppe, JuS 1989, 363 f.; Schiling, 1975, 100 ff., 112 f.。

[241] 在这个意义上,见Herzberg, JuS 1985, 6。

(3)把"事件离开间接实行人控制范围"作为未遂开始的标准(修正的具体解决方案)〔242〕

这个理论,把这种在已经完成的行为人行为中没有一个不同于被害人的人类"工具"的介入,占有统治地位地,与本书所支持的选择性公式(边码195,196以下)一起,转移给了间接实行人,并且,在构成行为中间人的"派出"上着手了这个未遂的开始。这个时间点是与那个事件离开行为人控制范围的时刻相一致的。对于一种"选择性",就像其否则就在完成的行为人行为中存在一样,在这个事件还处于这个行为人控制之下时(边码205以下),就会仅仅很罕见地出现,因为这个"最后的行为人行为"通常是与构成行为中间人的派出而同时发生的。只有在例外情况下,例如,在案例29(1)中,这个行为人的行为才会在构成行为中间人的插入之前就已经结束了。只要这个间接实行人还把这个事件保留在自己的看管之下,这个行为人的行为就还保留在准备阶段,只有在这个构成行为中间人"接管"了进一步的因果过程时,才会成为未遂。但是,在这个案件中,在这里还保留着,未遂开始于幕后人失去了对进一步事件的控制之时。也就是说,这种"被害人的直接危害"——没有一个在行为人与被害人之间插入的构成行为中间人——并没有作为选择性出现。这个今天"确实占有统治地位"〔243〕的修正的具体解决方案,〔244〕必须在案例29(1)与(3)中走向一个单纯的准备,在案例29(2)与30中则相反,走向认定一个未遂。 230

(4)在无故意的与有故意的构成行为中间人中有区别地确定未遂开始(区别理论)

这个今天仅仅罕见地得到代表的观点,在早期得到了广泛的传播。〔245〕这个观点部分地遵循了作用理论也就是修正的具体解决方案,部分地遵循了整体解决方案。在无故意的(在一个变种之后:轻信的)工具中,具有决定意义的应当是对构成行为中间人的作用(在修正之后:构成行为中间人的派出),同时,在故意的构成行为中间人中,重要的是这个时间点,这时,构成行为中间人就直接着手了行为构成的实现。如果人们遵循了这一点,那么,在案例29中就存在着一个未遂(能够带有在所述情况中的例外),同时,在案例30中才应当认定一个未遂。 231

(5)回归对未终了未遂适用的规则(一般理论)

还有一个观点影响广泛,但是,还没有得到统一的表述。这个观点认为,对于间接实行人中的未遂开始,不需要特殊的区分规则,而只需要人们能够使用这个为未终了未遂发展起来的规则进行控制就行(上文,边码121以下)。〔246〕因为这个"公式"还不统一,所以在这个观点的代表人中存在着各种各样的偏差。埃泽尔〔247〕认为,这取决于"那个具有决定性意义的危害标准"。据此,当这个投入使用的工具"在没有重要的补充性准备下仅仅是完成那个事先已经操纵的构成行为所需要的"时,即使"在这个工具不知情的情况下,应当如此长久地拒绝未遂","以至于根据 232

---

〔242〕"修正的具体解决方案"这个表述,见 Sch/Sch/Eser[26], § 22, Rn. 54。

〔243〕Sch/Sch/Eser[26], § 22, Rn. 54。

〔244〕我在为 Maurach-FS, 1972, 213 ff. 撰写的文章中对此加以论证;此外,参见 Roxin, JuS 1979, 11 f.; ders., LK[11], § 25, Rn. 152; 加入进来的还有 Burkhardt, JuS 1983, 430; Herzberg, JuS 1985, 6; Jakobs, AT[2], 21/105; Jescheck/Weigend, AT[5], § 62 IV 1; Kratzsch, JA 1983, 585 f.; Puppe, JuS 1980, 348 f.; SK[6]-Rudolphi, § 22, Rn. 20; Streng, ZStW 109 (1997), 862, 886; Tröndle/Fischer[50], § 22, Rn. 21; Wessels/Beukel, AT[31], Rn. 613 ff.; Zaczyk, 1989, 320 ff.。实质上,还有 Guhra, 2002, 135 ff. (143)。

〔245〕Blei, AT[18], § 72 II 4; Kohlrausch/Lange, StGB[43], § 43, Vorb. II 3; LK[9]-Busch, § 43, Rn. 33; Sch/Schröder[17], § 43, Rn. 16; Wezel, StrafR[11], 191。Jakobs, AT[2], 21/105, Fn. 198, 认为,在承认一种故意的与有责的"工具"中,标记这样一种区别是有意义的。

〔246〕带有不同区别的有代表性的观点,见 Gössel, JR 1976, 250; Maurach/Gössel, AT/2[7], 48/84; Meyer, ZStW 87 (1975), 608; Otto, JA 1980, 645 f.; ders., AT[6], § 21 V 5 b; Sch/Sch/Eser[26], § 22, Rn. 54 a; Stratenwerth, AT[4], § 12, Rn. 105 f.。

〔247〕Sch/Sch/Eser[26], § 22, Rn. 54 a; 类似的,见 Wessels/Beukel, AT[31], Rn. 614。

这个幕后人的想象,这个工具为了危害这个被害人,还必须作出进一步的准备"时,一个未遂就存在了。这基本符合"强制进行理论"(参见,上文,边码194),就像埃泽尔在这里谈到的,在认定一个未遂中,这个事件"必须似乎可以与自然因果性相比较地,强制进行地发展成构成行为的实施。"据此,人们就能够会必须在案例29中认定一个未遂,而在案例30中拒绝认定未遂。

233 与司法判决的表达相联系(参见,边码234以下),按照一种对被害人的直接伤害来安排的说明也不少见,但是,在这里,除了构成行为中间人的着手之外,首先,在事件离开了间接实行人的控制范围中,也可以清楚地看到这一点,因此,这样一种观点在这里就已经很接近修正的具体解决方案了。[248]克吕格尔(Krüger)[249]遵循察克奇克的观点,但是,是在偏离这个结论的情况下(参见,边码204),作出了这个"一般理论""最开放的"的表述:"在(直接的以及间接的)行为人根据自己对这个构成行为的想象,用一个接近行为构成的行为'掌握'了受攻击的法益时,他就是在第22条意义上直接地着手了。对于判定这种接近行为构成……在具体案件中,就能够追溯到在整体地对第22条的具体化而发展起来的公式与标准上。"当然,这会导致怎样的实践结果,还是不清楚的。

(6)为了司法判决的发展

234 因为对间接实行人中"未遂开始"的不同理论所作的一种精确的区别在1970年以来才很普遍,所以,很难对旧的司法判决加以归类。[250]在间接实行人中应当考虑与在直接行为人中不同的区分标准这个认识,与司法判决相差甚远,因此,在这个意义上,司法判决能够对"一般理论"(边码232以下)有所帮助。司法实践的具体理由的确部分地倾向于(修正的)具体解决方案(边码235),部分地倾向于整体解决方案(边码237),还有一部分倾向于区别的观点(边码229),以此,就很难得出明确的标准。只是联邦最高法院较新的司法判决(边码241~243)才使对修正的具体解决方案的明显倾向显示出来,这一点,在结论上,也在旧司法判决中占据着统治地位。

1)帝国法院

235 人们能够在《帝国法院刑事判例集》,第53卷,第11页中看到一种在作用理论的形态中对具体解决方案的使用。在这里,涉及的是本来应当通过中间人进行的被禁止的皮革出口。在这个过程中,行为人把皮革交给正在等他的送货人,这时,这些皮革就"已经被带上路,并且,应当把皮革直接带过国界的活动也开始了。"一个修正的具体解决方案能够——当然,没有理论基础的说明——在《帝国法院刑事判例集》,第53卷,第45页中视为得到了使用,涉及到的又是一个被禁止的出口,这次是黄金,本来应当通过两名中间人带过边境。在这里,当金块交给第一个中间人时就会视为一个实施的开始;由此,"金块已经被带上路;那个应当导致这些黄金穿越国界的活动,也已经得到引导并且已经开始。"

236 《帝国法院刑事判例集》,第66卷,第141页是赞同那个区别理论的。在这里,行为人在一所住宅中安装了"放火装置",并且,在离开该所住宅时知道,"在他不在这所房子时,'总会有人'去接通电源而使这所房屋陷入火灾之中"。在这里,帝国法院在一个轻信的中间人接通了电源中,就已经在"安装放火装置"上看到了一个已终了的未遂:"一种……人类的、仅仅作为工具考虑的力量的进一步活动,将会在结果上与一种自然力的作用或者一种其他'偶然事件'具有同等的意义。"在这里,这个实施的开始是建立在弗兰克公式(边码122)的基础上的,因此,也就是说,这种

---

[248] 因此,例如见 Tröndle/Fischer[50], § 22, Rn. 21。在具体之处带有细微差别的,也见 Haft, AT[8], 230 f.; Lackner/Kühl[24], § 22, Rn. 9; Maier, MDR 1986, 361。

[249] Krüger, 1994, 188。

[250] 参见,例如,在 Schiling, 1975, 11 ff.; Krüger, 1994, 29 中的不同判决。

区别就结合了那种“一般理论”。在结论上,这个决定又再次与“修正的具体解决方案”(边码 230)完全保持一致了。行为人已经让事件离开了自己的控制范围。

帝国法院的其他决定在根据上更多地符合整体解决方案,但是,在结论上更接近于具体解决方案。在《帝国法院刑事判例集》,第 59 卷,第 1 页中,被告人在其生病继女的生母带来的胡椒薄荷茶中偷偷掺入了“一种茄属浆果(Nachtschattenbeeren)的汁液”,想用这种方法毒杀她病中的继女。帝国法院在这个案件中,根据旧版第 229 条(今天的第 224 条第 1 款第 1 项)认定了一个未遂,因为必须把“准备饮料视为实施行为的组成部分”。这个修正的具体解决方案将得出同样的结论,因为这些茶已经处在那个轻信的构成行为中间人的支配之下了。《帝国法院刑事判例集》,第 77 卷,第 172 页展示了一个在结论与根据之间的明显分歧。据此,一个诈骗未遂“在行为人向他所不认识的第三人写信,以便将其争取作为想要进行的欺骗工具时,就已经在其中存在了”。这种对未遂开始的大幅度前置,根据今天的概念,只能借助作用理论(边码 229)来加以说明。然而,帝国法院认为,这封信处于“一种与想要进行的欺骗如此紧密与强制性的联系之中”,以至于“在自然的考虑中,借助这一点就”形成了“一个统一的行为”。也就是说,借助这封信,这个中间人应当着手欺骗了。整体解决方案在今天的代表人都会很难同意这一点。[251] 237

2)联邦最高法院

联邦最高法院首先是继续采取了帝国法院的司法判决,但是,在结论上,一个完全根据具体案件的情节来安排的“一般理论”(边码 212 以下)明显是比其更清楚的。一直到最后的这两个决定中,才为自己开辟了一条通向修正的具体解决方案(边码 230)的道路(边码 241 ~243)。 238

在《联邦最高法院刑事判例集》,第 3 卷,第 110 页中涉及到这个案件:一名妇女在 1945 年初通过告发与宣誓证明其丈夫的反政府言论而获得一个死刑判决,但是,这个死刑后来就一直没有得到执行。应当如何对一个间接实行人进行认定,是真正不清楚的,因为这个判决(恰当地)也被视为是违法的*。无论如何,联邦最高法院在这名妇女具有间接实行人身份的前提下,在死刑判决中看到那种“实施她想要的违法杀人的开始”;理由是:这种执行“通常是随着”这种宣告发生的。也就是说,在这里,既不是按照构成行为中间人的作用(告发)或者事件离开行为人的控制范围(这个会强制地引起死亡判决的宣誓)来安排的,也不是按照处决的开始来安排的,就像会符合具体的或者整体的解决方案(边码 229,230,228)那样。更准确地说,将会选择一个中间时刻,从这时起,就肯定一个对被害人的直接危害。 239

案例 31(《联邦最高法院刑事判例集》,第 4 卷,第 270 页):被告人在法庭宣布和解程序开始之后,列出了一份关于其财产的货物库存清单,清单上所列出的财产远远大于被告人实际拥有的财产。他想以此在目前的和解程序中推动结束与债权人的和解,并且使他们无法对自己的财产采取进一步的行动。他把这个假货单交给了那个应当在债权人会议上说明其内容的和解主持人。 240

在这个决定中,帝国法院的司法判决在与文献的讨论中,首次纲领性地在“一般理论”的意义上(边码 232 以下)进行了解释,并且认为正确地宣称:“在使用一个构成行为中间人中对一个未遂的认定,这个构成行为中间人并不需要总是自己在活动。这个案件应当根据区分未遂与准备的一般规则来加以解决”(出处同上,第 273 页)。这就导致这个结论,完全依赖于具体案件的

---

〔251〕 此外,参见跟随着 RGSt 44, 69 (71)的 RG HR R 1942, Nr. 229,前者特别明确地代表了这种整体解决方案:“这个中间人的行为……只要符合了真正的行为人的故意,就应当视为那个最终行为人的行为”。但是,在结论上,这个决定也与那个具体解决方案相近了。RGSt 70, 212 ff. 在论证中也倾向于这个具体解决方案。

* 原文是 rechtswidrig,直译为“与正确相反的”或者“错误的”。——译者注。

情况：

"据此，当在有进一步情况加入或者在更长时间之后才想要有一种作用时，这种轻信的构成行为中间人所具有的影响就是一种单纯的准备行为；在法益已经受到直接危害时，这种影响就能是实施的开始。例如，在被告人把这个伪造的清单放入那些为直接就要进行的说明而准备的证明材料中，呈交给那个和解主持人时，一个通过这个被告人开始的欺骗行为就存在了；与此相反，在行为人仅仅使和解主持人能够得到这些伪造的证明材料，而不能预见到这些材料在不久之后是否会被使用，就仅仅是一种准备行为。虽然在前一种案件中存在着一个危害，但是，在后一种中并不存在，在这里，还存在着很多能够性，例如，这个和解主持人要审查、发现或者完全不使用不正确的说法。"（出处同上，第 273 以下）。

241　案例 32（《联邦最高法院刑事判例集》，第 30 卷，第 363 页）：

1）被告人想要用有毒的盐酸来杀死他的情敌，就欺骗一个应当把盐酸递给被害人的中间人吉先生，说那仅仅是一种无害的安眠药。吉先生受骗了，然而，在前往被害人的途中出于好奇打开了瓶子。他认出了瓶中装的药是有毒的盐酸，就放弃了这个构成行为。

2）后来，被告人当面交给甲一种剧毒液体，那本来是应当给这个情敌注射的。他在这里当面欺骗了甲，说那是醋酸氧化铝。甲一眼就识破了被告人的把戏，就假装去实行计划，实际上却把这个药瓶交给了刑事警察。

242　这个决定在"间接实行人中的未遂"〔252〕这个主题下，最经常地得到了讨论，也展示了联邦最高法院正在走向一个新的方向。这个法院在两个案件中都认定了一个间接实行人中的未遂：在案例 32（1）中是一个杀人，在案例 32（1）中是一个严重的身体伤害。在这里，原则上就会坚持这种"一般理论"，其中，"这样一种对构成行为被害人的生命与健康的直接攻击"得到了肯定，"以至于被害人已经受到了危害，并且能够直接与这种损害相联系"（出处同上，第 366 条）。但是，这个直接的危害并没有回归到《联邦最高法院刑事判例集》，第 4 卷，第 270 页对具体案件的权衡上，而是在事件离开行为人控制范围时就着手了："一个想要通过他人来进行这个构成行为的人……，在他已经确定这个构成行为中间人来进行这个构成行为的实施，并且在他从现在时起就进行这个符合行为构成的行为的想象中，让其离开了一个作用范围时……就直接……着手实现这个行为构成……"这也就在案例 32（2）中导致了未遂的后果；因为重要的仅仅在于这个间接实行人的想象，即使在这个构成行为中间人识破他的情况中，对幕后人的着手也毫无改变。事实上，这个决定完全符合修正的具体解决方案（边码 230），接受了其基本原理（"离开了这个作用范围"）。

243　联邦最高法院的最后一个有关的判决（《刑法新杂志》，1986 年，第 547 页），把《联邦最高法院刑事判例集》，第 30 卷，第 363 页的原则，转移到一个被迫的构成行为中间人的案件中。这个被告人试图用举着的枪强迫汽车司机孔先生开车，去碾压在车前地上寻找掩护的警察。司机孔先生虽然发动了马达，但是却迟迟没有开动，直到警察到达安全地带。在这里，联邦最高法院也认定了一个杀人未遂，并且指出，"离开作用范围"的公式就像存在的公式一样，不应当被排除在未遂的范围之外。"具有决定意义的是，这个间接实行人是否已经完成了那种根据其想象所必需的作用。"这是一种完全正确的修正的具体解决方案式的解释。就像联邦最高法院正确说的那样，威胁还在持续这一点，并没有改变这个幕后人已经"借助威胁与要求，让这个构成行为的事件离开"了；"现在，就全看孔先生的，是否符合要求并且开动汽车了。"

---

〔252〕对此，详见 Herzberg, JuS 1985, 1; Kadel, GA 1983, 299; Kühl, JuS 1983, 180; Küper, JZ 1983, 361。

2. 修正的具体解决方案的根据

(1)离开间接实行人的控制范围作为决定性的区分标准

244 人们从一开始就很容易想到,这个对在没有构成行为中间人插入时就已经完成的行为人行为作为正确判决(边码 196 以下)的解决办法,应当转移到间接实行人上(参见,上文,边码 226)。因为对构成行为中间人的作用,是以他现在应当独立地(有意识或无意识地)实现这个行为构成的方式结束的,所以,从这个幕后人的角度看来,就同样存在着一个已终了未遂了。事件的进一步发展是否通过外部因素单纯因果性来产生结果,或者,毫不疑心的被害人或者"人类工具"的行为是否产生共同作用,从这个幕后人的角度看来都是一样的。赫茨贝格正确地说:[253]"人们能够通过设置一个定时器来事先设定一颗定时炸弹的爆炸,但是,同样能够通过委托一个孩子在确定的时间按下打火机。如果行为人现在把自己的构成行为一会儿这样安排,一会儿那样安排,并且,如果他对爆炸时刻有两种同样的、或多或少准确的想象,那么,人们虽然能够对其未遂的开始进行争论,但是,也只能统一地对这种开始加以标记。"也就是说,如果人们在第一种案件中认定了一个带有使事件离开行为人控制范围的未遂,那么,前后一致地就必须是,在第二种情况中也这样做。

245 卡德尔(Kadel)[254]对离开间接实行人控制范围这个标准提出了异议,认为这个标准与幕后人的行为控制相矛盾,而这个幕后人的间接行为是借助这种行为控制得到说明的:这个幕后人不能在交出这种行为控制的同时,又保留着这种控制。但是,这是一种误解:随着这个构成行为中间人从其作用范围中离开,这个间接实行人就丧失了这个行为控制;但是,他还保留着意志控制。也就是说,卡德尔混淆了行为控制的不同种类。[255]

246 同样清楚的是,这个结构的平行性与一种统一解决方案在下面这种案件中的适当性,在这种案件中,间接实行人虽然结束了自己的行为,但是,事件仍然还处在其掌握之下。在那个医生已经准备好掺毒的针剂(案件 29[1],边码 227)或者债务人把伪造的证明材料(案件 31,边码 240)放在其房间中以便以后取走时,所有说明这种在已经完成的行为人的行为中,在没有构成行为中间人的情况下(边码 205 以下),认定一个单纯的准备的观点,都在一种已经计划的间接实行人中,支持这个解决方式。

所有其他的区分理论,与此相比,都显得不够恰当。

(2)关于整体解决方案

247 反对这个理论的基本论点已经适用于无构成行为中间人的距离犯罪了(边码 196 以下):[256]在这里,这些论点不是得到重复。这种整体解决方案的一种核心"补充论点"存在于这个论题之中:这个中间人的作为被当作自身的行为而归责于这个幕后人,因此,这个幕后人只能通过这个构成行为中间人的行为才能自己着手。[257]这个"工具"的举止行为将归责于这个构成行为中间人的想法——在确定的范围之内——是正确的;但是,它不能承担由此得出的结论。[258]虽然,只

[253] Herzberg, JuS 1985, 4。

[254] Kadel, GA 1983, 299 (307)。

[255] Herzberg, JuS 1985, 3, Fn. 18 也恰当地反驳了 Kadel 的论述。

[256] 准确地说,在这种联系下详细探讨的勒索信的例子,就是一个间接实行人的案件,因为那个在寄送中起作用的邮递员就是这个寄信人的"工具"。因为这种邮寄似乎是自动化的,所以,这个案件事实就当然更像其他距离犯罪了,因此,就要在距离犯罪中加以处理。

[257] 参见,特别是 Küper, JZ 1983, 369; 也参见 Stratenwerth – Frank – Zitat, Rn. 228,这是以同样的思想作为基础的。

[258] 恰当的批评,也见 Herzberg, JuS 1985, 3。

要符合(不是继续!)间接实行人的预先规定,[259]这个构成行为中间人的举止行为也会归责于这个幕后人,但是,这对于间接实行人来说,是一种与由他推动的其他因果过程在原则上没有区别的因果过程。人们不能主张一个不通过人从中作用的因果过程会更有把握地达到目标:虽然在一个单纯的因果过程会自我发展之处,构成行为中间人在这个过程中就不能发挥作用;但是,他能够为此清除道路上那些使盲目因果过程失败的障碍。但是,把中间人的举止行为归责于幕后人的行为并不能表明,他是什么时候对未遂进行着手的。未遂的着手随着事件离开实行人的控制范围而发生这一点,已经得到了详细的说明(边码196以下,244),并且对间接实行人的适用是与对无构成行为中间人的距离犯罪适用一样的。

248 此外,鉴于法律所要求的行为人的"想象",整体解决方案陷入一种无法解决的困难之中。[260] 部分地,是按照间接实行人的想象来安排,[261]就像这也单独地符合法律的文字一样;只有他是行为人,而中间人并不是行为人。但是,这个解决方案是不能够的,因为这个幕后人在大多数情况下并不知道,也不能够知道这个构成行为中间人在什么时候着手(参见,上文,边码199)。在他对此毫无想法时,我们将会有一个没有行为人"想象"的着手,而这是与法律条文不相一致的。与此相反,如果他作出错误的想法(他相信构成行为中间人已经着手,同时,这个中间人是想要在第二天才行为的),那么,这个未遂开始就发生在一个任意的时刻,并且,无论如何,都会被那种应当根据整体理论予以依赖的构成行为中间人的行为所完全替代。也就是说,这是不行的。

249 屈佩尔[262]想要通过把这个构成行为中间人的想象宣布为决定性的来回避这个虚构。但是,这是对法律文字的一种更明显的违背:人们虽然能够把由幕后人控制的因果过程归责于他,想要使这也存在于人类的行为之中,但是,人们不能把幕后人根本没有过的想象也归罪于他。此外,这出现了进一步的问题:在最常见的轻信构成行为中间人的案件中,幕后人由于缺乏故意就不能处在这种情况中,根据其对实现行为构成的想象来着手。他根本就不想满足这个行为构成。屈佩尔在这里现在的确想要追溯到间接实行人"处于优势地位的意识"上去,并且由此"扩大"这个构成行为中间人的"主观判断基础"。在这里,也就是说,现在要反过来把一种仅仅在幕后人中才有的意识归责于这个构成行为中间人。这也会导致一种在构造上不能够的对故意的虚构。

250 赫茨贝格[263]在最新的表态中,区别了未遂行为(间接实行人自己最后的行为)与未遂结果,他把后者确定为"行为构成实现的直接危险,与行为人在自己行为的想象相比是适中的"。对于赫茨贝格来说,未遂行为虽然已经离开了准备阶段,但是,只有借助想象的对被害人的直接危害,也就是说,借助未遂结果,才应当出现刑事可罚性;在这里,他谈到了一种"尖锐化行为"。这在结论上就导致了整体解决方案。那些从间接实行人经常缺失或者不明确的关于直接被害人危害的想象中产生的问题,赫茨贝格想要这样回避:他已经为这个时刻认定了一个具有刑事可罚性的未遂,"为了这个时刻,行为人在自己的行为中,已经把尖锐化行为作为最早的能够来想象了"。

---

[259] 此外,这个举止行为也要归责于那个构成行为中间人自己,只要这样一种归责是根据一般公式可能的:作为过失的,作为故意的—违法的,但是又得到免责的,在可能的情况下,也作为故意—有罪责的构成行为。

[260] 对此,参见上文边码199。

[261] Gössel, JR 1976, 250; Haft, AT^{8}, 230 f.; Hillenkamp, Roxin – FS, 708; Krack, ZStW 100 (1998), 637; Maurach/Gössel, AT/2^{7}, 48/118 ff.; Otto, JA 1980, 646; Papageorgiou – Gonatas, 1988, 310; Sch/Sch/Eser^{26}, § 22, Rn. 54 a; Wessels/Beukel, AT^{31}, Rn. 614。

[262] Küper, JZ 1983, 370; 跟随他的还有 Kühl, AT^{3}, § 20, Rn. 91 m. Fn. 141; Rath, JuS 1999, 143 m. Fn. 36; 在"类似教唆"的案例中,也见 Streng, Zipf – GS, 1999, 335 f.。

[263] Herzberg, Roxin – FS, 2001, 749 (771/72)。

如果这个行为人在这个最早能够的期限之前得知自己的计划已经失败，那么就不应当出现刑事可罚性。

这个理论也进入了无法解决的困难之中，在这里，这个间接实行人经常不会对一种通过构成行为中间人造成被害人危害的最早能够的时间点产生想法，因为这个时间点对他来说是无关紧要的，并且，这也是取决于他不能给予影响的各种情况。在这些不依赖于现实的想象本来应当存在时，它们通常也避开了那些法庭上的证明。 251

在结果比预期更早出现时，赫茨贝格——也包括传统的整体解决方案的代表人——就必须认为不具有刑事可罚性，由此就产生了一个进一步的问题。在甲通过轻信的乙把一瓶事实上含有致命毒药的酒交给丙时，并且，在这瓶酒不是在事先约好的周日早晨，而是在周六晚上就已经送达并被喝掉与产生了致死作用时，那么，根据这种观点，就不存在完成的谋杀，因为根据这个行为人的想象，被害人在周六晚上就根本还没有受到危害，也就是说，这个谋杀性构成行为还一点都没有在未遂阶段中出现。这是一个令人难以接受的结论，能够引起激烈的争论。根据本书所代表的观点，谋杀未遂早在派出送酒人时就已经存在了，因此，关键不再是——对于行为人来说反正都一样的——服用毒药的时间点了。 252

赫茨贝格[264]对此提出了反驳，认为我所提出的反对意见与我所支持的理论正好是矛盾的。妻子为她以为第二天早上才回来的丈夫准备了掺有毒药的饮料，但是，她丈夫在那天夜里，在妻子刚好不在家的时候回来了，并且喝下了毒药，这时，本书所支持的观点也能够肯定这不是谋杀。 253

这是正确的，并且，的确存在着一个重大的区别。在结果发生时，就像赫茨贝格的反例中那样，行为人自己在这时还处在准备阶段，即使与涉及的那些状况无关，总是最多存在着一个过失杀人（例如，在举枪时就射出了致命的一枪）。[265]但是，在行为人把事件脱手（派出了毫不知情的信差）时，就不管这个结果是在行为人认定的时间点之前、之中、还是之后出现的，都必须认定为完成。这时，进一步的发展反正不再取决于这个行为人了。 254

最后，除了已经讨论过的刑罚需要性的论点之外（边码 201 以下），从那个在第 30 条第 1 款中对教唆未遂安排的规定中，出现了一种针对整体解决方案的有说服力的刑事政策上的反对意见。随着对实施人离开教唆人的控制范围的要求得到符合，未遂的教唆在能够的情况下就已经具有刑事可罚性了，这时，让同样发展程度的间接实行人不具有刑事可罚性，就是一种严重的评价矛盾。屈佩尔作为整体解决方案的代表人，自己也说：[266]"很难理解，对教唆'未遂'，能够不考虑主行为的发展情况，就根据《德国刑法典》第 30 条第 1 款启动未遂的刑罚，同时，却对使用构成行为中间人的'未遂'保持不具有刑事可罚性。"事实上，那个存在于派出构成行为中间人中的未遂，甚至更具有需要刑罚性；在教唆中，行为人对这个事件保留着主要责任，与此同时，在这里，这种责任存在于幕后人之中。 255

屈佩尔考虑了两种出路。第一种存在于一条符合第 30 条第 1 款的法律规定。[267]但是，这是不可行的，因为这个司法判决在《联邦最高法院刑事判例集》，第 30 卷，第 363 页以来，就把这类案件正确地理解为未遂了；还有，这个第 30 条第 1 款第 2 项的减轻处罚，由于已经提到的幕后人更大的责任，在间接实行人中是不合适的。在屈佩尔建议的第二种出路中，就是根据现行法律"《德国刑法典》第 30 条第 1 款这样解释，'引诱未遂'并没有排除失败的教唆，而是作为规范的 256

---

〔264〕 Herzberg，在致作者的一封信中。

〔265〕 参见 Roxin，AT 1^3，§ 12，Rn. 170。

〔266〕 Küper，JZ 1983，372。Krüger，1994，89 ff. 也承认了这种荒谬性，虽然他还提供了整体解决方案的优点。

〔267〕 对此，Krüger，1994，94f. 也是支持的。

负数(Minus)一起包括在内,因此,教唆未遂也就被包括在其中了。”但是,这不应当与第30条第1款的条文相一致,因为这个构成行为中间人本身,在任何情况下,根本就不应当实施犯罪,因此,这个幕后人也就不能试图教唆他这样做了。[268]此外,在大多数情况下,在构成行为中间人中都缺少对故意的要求。也就是说,第30条第1款向未遂的扩展,也就是使用构成行为中间人,将会是一种对禁止类推的违背。

(3)关于具体解决方案

257 在最近的讨论中鲜有一席之地的作用理论,把间接实行人中的未遂开始安排得太早了。[269]在间接实行人还在控制着事件之时——例如,他试图为了自己的计划而赢得构成行为中间人,但是,还没有向这个中间人提到这个被害人,或者还没有把毒药递给他——事件与行为构成的实现还相距如此之远,以至于说,那个必要的行为构成联系还没有得到保护。那种对被害人领域的作用,使间接实行人中的未遂开始与普通未遂中的未遂开始区分开来,然而,这种作用在这时的缺失,只能通过一种推动自己继续发展下去的事件的自身动力来抵消(参见,边码204)。在缺少这个前提之处,就只能考虑一个准备了。那种未遂的教唆也开始于对行为人的作用的论点,是站不住脚的。同样,一个未遂的教唆也仅仅存在于那个教唆说明已经离开教唆人的控制范围之时。[270]

(4)关于区别理论

258 区别理论在今天也只有为数不多的追随者。它不值得赞同。它以错误的前提为基础,认为使用一种无故意的(也就是一种轻信的,也能够不负责任的)构成行为中间人会更有把握地导致这个结果,因此,由于间接实行人这个形式具有增高的危险性,未遂界限的一个更早的着手就得到正当化了。的确,这里存在的,与在“纯粹的”和通过人来促成的因果过程之间的区分(边码247)相类似:那种在不知道或者强制压力中所具有的推动犯罪的情节,在故意的构成行为中间人中,通过这种情节正好由于其首次得到使用的性质而能够更好地克服能够的障碍这一点,被更多地抵消了。一些要求与犯罪有特别联系的行动的构成行为(参见,例如,案件30,边码227),就完全只有在由一种故意工具所提高的犯罪能量的帮助下,才具有实现的能够性。在这里,不存在什么理由,可以用来支持这个幕后人去推迟这种未遂开始。因为他“对这个构成行为的想象”具有决定的意义,并且,这是以一种已经可以完成的构成行为中间人作为出发点的,所以,这个“工具”在客观上具有更大的放弃这个构成行为的自由,就不能看成是对间接实行人有利的,尤其是因为在结论上,一个故意的比一个非故意的构成行为中间人要获得更大的结果安全性的保护。还有,那种在教唆中构成行为要借助行为人的着手才开始的情节,并不支持一种在间接实行人中的区别;这是附属性的一个结果,就像这存在于行为人中的主要责任中那样,并且,在刑罚需要性的观点下,这会通过第30条第1款而得到平衡。

259 需要补充的是,在故意的与无故意的构成行为中间人之间的区别,在很多案件中是不能实现的。这个被强制的构成行为中间人是“半故意的”,因为他总是忽略了外在事件的全部。相似的情况也适用于有意识过失的中间人。在“负责的行为人之后的行为人”的案件中,这种区分是完全不能够的。这适用于,例如,可避免的禁止性错误,尤其是在这个实施者对一种较轻犯罪的实施有认识的时候(《联邦最高法院刑事判例集》,第30卷,第363页,案例32,边码241)。在最后提到的案例中,这个实施人想要根据自己的想象

[268] 恰当的,见 Krüger, 1994, 94。

[269] 因此,现在还有 Herzberg, JuS 1985, 6,他自己在 MDR 1973, 92 f. 中还代表着这个理论。

[270] 详见第28节,边码13。

实施一个轻度的身体伤害，与此同时，他在事实上应当是一个杀人也就是重度身体伤害的工具。

(5)关于一般理论

这个在理论表述(而不是在实际结论)中占有优势地位，并且也得到司法判决遵循的理论，通过其表面上的简单性而博得人们的好感。在这个理论想要使用“一般适用的”规则中，它宣告了对间接实行人中未遂开始的特别考虑是多余的。的确，这个观点在理论上站不住脚，在实践中也不可行。 260

在间接实行人中会使用与在直接实行人中相同的规则，这个论题显然是不正确的。例如，埃泽尔作为这个理论当代的主要代表人，在《联邦最高法院刑事判例集》，第30卷，第363页(上文，案例32，边码241)中，在派出构成行为中间人时，“当这个工具在不需要重要的附加准备来完成这个被操纵的构成行为时”，就想要认定对有关法益的一种直接的危害，并且由此认定一个未遂。这在结论上肯定是正确的，并且符合修正的具体解决方案，即这个未遂开始于把毒药交给那个符合计划地得到指示的构成行为中间人之时。但是，由这个“一般规则”中完全不能得出这一点。人们仅仅需要想象一下，这个行为人不使用那个构成行为中间人，而是自己去走毒死被害人那条路的情况。即使他的步骤会如此有把握地导致那个结果，他在通往被害人的路上也无疑仅仅处在准备阶段(参见，边码177)。直到他会在行为地点开始下毒时，才会存在一个未遂。由此可知，在间接的与直接的实行人中，要使用完全不同的标准，并且，要通过这种直接危害所具有的有弹性的与不确定的标准来掩盖。这个独特方案，把那个适用于单个行为人未终了未遂的规则转用于间接实行人身上，就是那种按照构成行为中间人的着手来安排的整体解决方案。这个方案为什么不合适，已经讨论过了(边码247以下)。 261

“一般理论”的代表人，在相信不应当使用专门为间接实行人设置的区分规则时，也就是说，陷入了一种自我欺骗之中。特别清楚地展示了这一点的是这个司法判决：它自帝国法院时代以来，在结论上就几乎完全是从修正的具体解决方案(也就是说，使事件离开间接实行人的控制范围)出发的(边码234以下)，但是，这只能在弗兰克公式以及危害标准过度扩展时，才能作为一般规则的运用表现出来。根据那些对未终了未遂的标准，在几乎所有这一类的案件中，都不会提出未遂——如此具有批准价值的也是大部分以这个司法判决为目标的结论。 262

除了其错误的条件之外，“一般理论”在构成行为中间人的行动中想要注意具体案件的全部情节，在这里，这也是完全不可行的。这明显地展示在和解主持人案件中(《联邦最高法院刑事判例集》，第4卷，第270页，上文，案例31，边码240)。例如，在和解主持人想要马上使用交给他的证明材料时，就应当存在一个未遂。与此相反，在和解主持人想晚一些才使用这些材料，或者还想核查这些材料时，就会认定一个单纯的准备(参见，边码240)。但是，这个行为人的刑事可罚性不能取决于这种使用是早一些还是晚一些，或者这个主持人是更认真一点还是不认真一点进行核查这些材料，因为这个行为人不能知道这些。他对诈骗的“着手”，存在于把文书交给和解主持人之中；这时，事件开始发展了。联邦最高法院提到的其他情况，对未遂来说并不重要，而是对构成行为的成功很重要。但是，甚至一种显著的失败机会，在这里也与其他地方一样，对未遂与准备的区分不能发生影响。 263

还有，未遂开始对于其出现的时间必须明确地固定下来。但是，因为这个主持人是否想要进行核查，以及在能够的情况下想要进行什么核查，也许在晚些时候才会得到决定，所以，这个未遂开始的时刻就会仍然悬而未决。在这个欺骗被偶然发现，并且搞不清楚这个主持人是否已经找到时间来核查这些材料时，根据联邦最高法院的观点就还不能决定，在发现这个欺骗时，是否已经存在一个未遂了。这是一个不可接受的解决方案。另外，这个在和解主持人案件中作出的区 264

分,也绝对不能追溯到“一般规则”上去。假定,也就是说,这个债务人想要作为直接行为人进行诈骗,那么,他在债权人会议上说出这个话时就会是着手了。

265 这种在“一般理论”中表现出来的努力,在对未遂界限进行一种统一的确定之后,在行为人的所有形式中,也具有一种方法论上的背景。因此,对于奥托[271]来说,这“在概念性理论上是极其不合情理的”,“在这个‘对行为构成实现的直接着手’有区别地或者有选择性地对未遂的不同形式加以解释时……一个唯一的概念就会得到不同的定义。”但是,对这个论点必须加以反驳。[272] 这个“未遂”,就像所有基础性法律种类(例如,还有“行为”或者“行为人”)一样,不是一个通过始终同一的要素加以确定的定义合理的概念。在这个概念中,表达出来的仅仅是一种对具有刑事可罚性的接近行为构成的指导性标准。这个标准应当根据法律材料给定的不同条件,在一种根据案例组来区别的方式中展开。[273] 当人们在确定未遂时注意间接的与直接的实行人之间合乎物本逻辑的区别时,这就正好发生了。

(四)不作为构成行为未遂中的实施开始

1. 不纯正不作为犯罪

266 不纯正不作为犯罪的未遂在原则上是有能够的,并且在能够的情况下是具有刑事可罚性的。这一点,今天可以说是得到了确证,并且,也在司法判决中得到了承认。[274] 在旧版本第 43 条的效力下,人们对不作为未遂的刑事可罚性产生了部分的怀疑。[275] 在未遂根据这个规定而存在时,只要这种干重罪或者轻罪的决定,“通过含有……这种实施开始的那些行为,得以”证实,就能够代表这个主张:这种不作为正好就不是“行为”,也就是说,对其惩罚就违反了禁止类推。当然,这在当时就遭到了反驳:一个作为这里出发点的全面的行为概念,[276] 就已经把这种不作为包括在内了。今天,无论如何,第 22 条的条文已经不再是对未遂刑罚的障碍了。在人们能够通过不作为来完成一个犯罪时,就必须对此已经首先着手了。在文献中,零星地[277] 以不作为的目的性[278] 来争辩一种不作为未遂的能够性。因为这个观点的代表人的确肯定了一种在能够情况下具有刑事可罚性的“对防止结果未遂的不作为”,所以,他们仅仅是在术语上,而不是在结论上背离了这种否则就一致的观点。在争论中,仅仅还存在着不适当不作为未遂的刑事可罚性;对此,后面再进行研究(边码 376 以下)。

267 有争论的是,**在不作为中,是否能够对未终了的与已终了的不作为未遂之间进行区分**,就像在作为犯罪中一样。一种广泛传播的看法,是复归伦尼斯(Lönnies)[279] 的“**区别理论**”,对此给予

---

[271] Otto, JA 1980, 645。

[272] 对此,也见 Herzberg, JuS 1985, 6, Fn. 38。

[273] 对此,在原则上参见 Roxin, AT1^3, § 7, Rn. 79-83。

[274] BGHSt 7, 287, 288; 14, 282, 284; 38, 356 (358); BGH VRS 13 (1957), 120, 123; BGH NStZ 1985, 24; BGH StV 1985, 299。

[275] 参见 Herzberg, MDR 1973, 89。

[276] 参见 Roxin, AT1^3, § 8。

[277] Welzel, StrafR^{11}, 206, 221; Armin Kaufmann, 1959, 204 ff., 221 ff., 237 f.。

[278] 对此,见 Roxin, AT1^3, § 8, Rn. 18。

[279] Lönnies, NJW 1962, 1950 ff.。Lönnies 的这个理论是对那个首先由 Horst Schröder, JuS 1962, 86 发展起来的观点的进一步发展。

了肯定的回答。[280] 根据这种看法,只要这个结果还能够通过补做原本要求的行为而得到防止的,就应当认定一个未终了未遂。也就是说,那个想要任由孩子饿死的母亲,只有在这个孩子能够通过重新喂食而得救时,就才是实施了一个未终了的不作为未遂。与此相反,如果这个孩子的得救需要超出原本要求的行为以外的特别措施——例如,在医院中的人工喂养——这样就存在一个已终了未遂了。在相应的方式中,只要一个游泳教练仅仅需要像在紧急状况开始时那样把这个有待救援的人拖出水的,那么,他就是通过不作为才实施了一个未终了未遂。与此相反,在救人还要求在此以外的努力时(例如,搜寻已经沉入水中的溺水者以及实施复苏术),就存在一个终了未遂了。

268 与此相对,"**必要的未遂完成理论**"[281] 的出发点是这样的:在这里存在的只有一种终了的不作为未遂,因为在这里,中止总是,就像在已终了的作为未遂中那样,以对结果的阻碍(第 24 条第 1 款第 1 项,第 2 种情况)或者对此所作出的努力(第 24 条第 1 款第 2 项)为条件的。[282] 联邦最高法院(《刑法新杂志》,1997 年,第 485 页)也谈到"两个法律角色的等价性",据此,"中止的条件在不作为犯罪的未遂中"就"像在作为犯罪已终了未遂中一样"了。

269 事实上,人们必须把**所有不作为的未遂**都视为**已终了的**。中止的条件与已终了未遂中的一样。未终了未遂以进一步行动的必要性为条件,而这是在已终了未遂以及不作为未遂中都正好缺少的。相反,已终了未遂与不作为未遂的平行性是明显的。如果在行为人把喝醉的被害人亲自放到铁轨上然后离开,或者在火车驶近时没有把他拉离这个危险区域时,就存在着一个已终了未遂,那么,在不作为的行为人中,就不能有不同。这个被害人是如何陷入现在的状况的,不管对未遂的刑事可罚性还是对已终了未遂与未终了未遂间的区分,都不能有什么意义。

270 在不作为的未终了未遂与已终了未遂之间的区分,还会带来一些困难的区分问题,[283] 这种区分应当加以拒绝,因为它不具有任何实际说服力。如果在未遂阶段出现的那个保证人阻止了这个结果,或者在第 24 条第 1 款第 2 项的案件中对此进行了认真的努力,那么,他就是免受刑罚的,不管人们把他之前的不作为标记为未终了的还是已终了的未遂。"对未遂阶段的这种区分……在这些还没有出现结果的案件中,不具有实质性的信条学作用。"[284] 同样,在不成功的防止结果中,在这两种案件中,都存在着一种既遂的犯罪。这虽然为未终了不作为未遂的支持者们所争辩,但是,这个争辩是错误的,就像与在可归责的结果出现中中止无能力的相互关系会得到进一步的说明一样(第 30 节,边码 113 以下)。

(1)离开不作为人的控制范围与直接危害作为确定未遂的选择性标准

271 在不作为中,区分准备与未遂也是最有争议的。然而,这种解决方案是通过在已终了未遂(边码 192 以下)与间接实行人未遂(边码 226 以下)中得出的结论来预先确定的。[285] 那个有防

---

[280] Backmann, JuS 1981, 341; Blei, AT[18], § 86 III 3; Ebert, AT[3], 184 f.; Eser, StrafR II[3], 116 f.; Gropp, AT[2], § 9, Rn. 72; Jakobs, AT[2], 29/116; LK[10] – Jescheck, § 13, Rn. 48; Kühl, AT[3], § 18, Rn. 153 f.; Lackner/Kühl[24], § 24, Rn. 22 a; Otto, AT[6], § 19 V 3; Sch/Sch/Eser[26], § 24, Rn. 28 f.; LK[10] – Vogler, § 24, Rn. 40, 142; Wessels/Beukel, AT[31], Rn. 743 f.; Wolter, 1981, 100 ff., 258 ff.。

[281] 因此,Küper, ZStW 112 (2000), 1 ff. (4)这样命名这个理论,他以出色的方式,把旧文献也包括在这种争论状况之中,并且,在不作为未遂中仅仅承认了已实现终了未遂的案件。

[282] Borchert/Hellmann, GA 1982, 444 f.; Fett, NStZ 1998, 508; Freund, AT, § 8, Rn. 67; § 9, Rn. 48; Herzberg, MDR 1973, 93; Armin Kaufmann, 1959, 211 ff.; Köhler, AT, 482 f.; Kudlich/Hannisch, StV 1998, 370; Roxin, Maurach – FS, 1972, 232 m. Fn. 54; SK[7] – Rudolphi, vor § 13, Rn. 56; NK – Seelmann, § 13, Rn. 84, 86; Welzel, StrafR[11], 221; Womelsdorf, 1976, 159 ff., v. a. 177; 也许还包括 Vogel, 1993, 235 f.。

[283] 对此,详见 Küper, ZStW 112 (2000), 25 ff.。

[284] Küper, ZStW 112 (2000), 22。

[285] 这个在结构上的平行性,是我首先在 Maurach – FS, 1972, 213 ff. 中为这三个案例组的解决,富有成果地提出来的。

止结果义务的不作为人(对此,第32节,边码1以下)认识到,自己正面对着一个没有他的添加就在向结果移动的因果过程。也就是说,他所处的状态与一个已终了未遂的行为人一样,那个人已经干了自己的行为,或者与这个间接实行人一样,这个人要求构成行为中间人作出其所期待的贡献或者以其他方式提供使其发生的成果。

272 如果在那之后,这个不作为人使事件过程离开自己的控制范围了,那么,未遂界限就在这个时刻被跨越了。这不需要特别的说明,因为这种在结构上与已终了未遂以及间接实行人未遂的同一性,就已经使这个结论无法反驳了(参见,但是还有,边码287),在那二种未遂中,这种解决方案已经得到了详尽的讨论。相反,在这个因果过程还处于不作为人的控制范围之内时,只要"还什么也没发生",并且他能够随时补做救援行为,就应当仅仅认定一个准备。在这里,未遂是随着被害人所具有的直接危害才开始的,也就是说,在结果的出现已经迫近时才开始的。此刻,对于构成行为对象来说,就出现了一种明显的风险增加,并且,这个转折点把准备与未遂分开了。

273 这引导出了下列实践结论。当一个婴儿在野外偏僻的地方出生时,只有其父母在场,他们不照顾这个婴儿,目的是想让其死亡(参见,《帝国法院刑事判例集》,第66卷,第71页),那么,只要父母还待在那里,婴儿还没有遭受危险,这就还只是一个杀人的准备。只有当这个新生儿在进一步等待后陷入生命危险时,未遂才开始。与此相反,在这对父母向家走去,让这个婴儿听天由命时,在其中就已经存在一种对实现行为构成的着手了;现在,这个事件的过程已经不再由婴儿父母控制了。一种能够的返回与事后的救援,或者用电话通知其他应当帮助这个婴儿的人,都将还仅仅是一种——在能够的情况下自愿的——未遂的中止。

274 这个结论也适用于下面的情况,在父母故意耽误发起唯一的帮助,不进行有希望的输血来拯救自己病重垂危的孩子时(参见,哈姆州高等法院,《新法学周刊》,1968年,第212页)。如果输血还能推迟几天而不会给孩子的生命带来附加的危险,那么,在父母具有这种即使以后也不让输血的目的时,他们的无所行动就还不存在杀人未遂。只有在继续无所行动会危及生命时,未遂的门槛才达到了。与此相反,在这对父母借助那种任由独自在家的孩子死亡的目的而外出旅行时,在这里就已经存在一个未遂的杀人了,即使输血本来还会有一点时间。

275 一个把自己刚出生的孩子单独留在山中小屋中想饿死这个孩子的人,因此已经实施了杀人未遂。如果他自己住在小屋中,仅仅是不给这个婴儿喂食,那么,停止喂第一顿饭时还是不具有刑事可罚性的,因为随时都能够再补充喂食,对婴儿毫无损害。如果婴儿在取消喂食后开始感到身体不适了,就存在一个通过不作为进行的身体伤害(虐待)。如果孩子陷入生命危险,只能通过立即喂食或者送医院才能得以避免的,那么,对所要求的行为的不作为就表现为杀人未遂了。

276 在实践中最重要的状况是有责任造成的交通事故。如果肇事者没有给身受重伤的被害人提供任何帮助,而是在逃逸中容忍了受伤人会由于没有得到及时的医疗救助而死亡的,那么,在他驶离行为地点时,就已经通过不作为存在了一个杀人未遂。与此相反,当肇事者留在不幸者身边,仅仅是没有做任何事来改善他的境况的,那么,这种对帮助的不作为只有在被害人伤势加重时才是身体伤害,并且,在出现生命危险时才是未遂杀人。

277 最后,这个原则还要使用那个扳道工的教学案件来演示。在这个案件中,扳道工让醉酒者躺在铁轨上,抱有让火车把他轧死的故意。如果他知道下一趟火车在两小时后才会驶来,而他在火车驶近时会得到电话通知的,那么,他一直到此的保持无所行动,尽管有故意,也是不具有刑事可罚性的。只有在继续等待会使醉酒者陷入生命危险时,未遂才会开始。与此相反,如果这个扳道工离开他的工作站回家睡觉,那么,在这里就存在一个未遂,即使离火车驶近还有两个小时。

人们在所有通过不作为的未遂案件中都会谈论一种已终了未遂,也就是说,必须拒绝一种未终了未遂的能够性。这种未终了未遂是以行为人进一步行动的必要性为条件的,而这一点正是这里所缺乏的。还有,那种与通常已终了未遂案件的平行性也使这个结论成为不可避免的:如果在行为人自己把醉酒者放在铁轨上然后离开,或者在火车驶近时没有把他拖离危险区域时,就存在一个已终了未遂的,那么,在不作为的行为人中,也不能有什么不同。这个被害人是如何陷入这个境地的,无论对未遂的刑事可罚性,还是对已终了未遂与未终了未遂之间的区分,都还完全不能具有什么意义。[286] 278

这种在上文中代表的观点,今天在文献中占有统治地位。[287] 雅各布斯[288] 以其"消耗增加理论"得出了基本上相同的结论。根据这个理论,这种未遂的必要的(但不是充分的)条件是"一种对根据行为人的想象应当增加行为人防止结果而有待消耗的投入的不作为"。在这种防止结果变得更困难时,但是通常也是明显地增加了这个构成行为的对象的风险,并且还出现了一种接近行为构成的危险。因为雅各布斯此外还认为,以下内容对于未遂具有证据意义:"在行为人让这个结果的过程离开了其组织范围时",在这个意义上,与本书所代表的观点相似的结论就产生了。事实上,这样一个行为人对于这个结果,在它的确有的时候,就只有在带来更多消耗的情况下才能加以防止。 279

(2)最早能够介入的理论

根据这个理论,在保证人带着让结果出现的故意,对最早的能够并且适当的防止措施加以不作为时,[289] 一个未遂就已经存在了。也就是说,第一次停止喂食(边码275)或者扳道工在火车抵达前虽然还有很多时间但是没有立即行动的(边码277),就都会是未遂。 280

这个观点把未遂开始的着手决定得太早了。在这个不作为人没有进入风险,但是也还能在后来防止这个结果时,人们就还不能谈论一种接近构成行为的危害,或者也只能谈论一种动摇法律的印象。在这样一种案件中,故意是几乎不能每次都应当证明的,因为它不是以具体的形式向外表现出来的。 281

一种论点认为,人们必须这么早就认定一种不作为的未遂,是因为这个作为的行为人创设了 282

---

〔286〕 与此相对,在文献中,经常借助不作为未遂的开始来认定一个未终了的未遂,并且借助那种最后干涉的可能性来认定一个已终了的未遂。这样,例如,见 Blei, AT[18], § 86 III 3; Jescheck/Weigend, AT[5], § 60 II 3; LK[10] – Vogler, § 24, Rn. 40; Maurach/Gössel, AT/2[7], 40/106; Sch/Sch/Eser[26], § 24, Rn. 27 ff.; Wolter, 1981, 100, 259。对此,能够适用的是,这个不作为的行为人必须一直到最后行为可能性时都保持不作为,就像那个作为的行为人一直到未遂结束时都必须继续行为一样。的确,这个观点是把已终了未遂与最后的中止可能性搞混了。然而,与本书一致的,见 Herzberg, MDR 1973, 936; Jakobs, AT[2], 29/116; SK[7] – Rudolphi, vor § 13, Rn. 56; Schmidhäuser, StuB AT[2], 13/33; Womelsdorf, 1976, 177。

〔287〕 与本书意见一致的,见 Androulakis, 1963, 106 ff.; Blei, AT[18], § 86 III 2; Bockelmann/Volk, AT[4], § 27 VII 1 b; Ebert, AT[3], 184; Haft, AT[8], 234; Lackner/Kühl[24], § 22, Rn. 17; Papageorgiou – Gonatas, 1988, 291; Rudolphi, MDR 1967, 4; ders., SK[7], vor § 13, Rn. 51 ff.; Stratenwerth, AT[4], § 14, Rn. 4; Ulsenheimer, FamRZ 1968, 571; 类似的,见 Maurach/Gössel, AT/2[7], 40/106; Vogel, 1993, 227 ff.; Zaczyk, 1989, 318。

〔288〕 Jakobs, AT[2] 29/117 f.。

〔289〕 Baumann/Weber, AT[10], § 33 I 3; Geilen, AT[5], 256; Herzberg, MDR 1973, 89 ff., 96; Lönnies, NJW 1962, 1950; Maihofer, GA 1958, 297 f.; Schröder, JuS 1962, 86; Tröndle/Fischer[50], § 22, Rn. 22。类似的,见 Guhra, 2002, 58 ff.(64 f.),根据他的说法,"在这个当事人让一个无法通过一种(事后的)……有同等把握的救援机会来补救的救援机会丧失时",一个未遂就存在了。但是,这样一种补救的可能性应当是极少存在的,因为后来几乎总是会有阻碍出现(并且,或者是这个保证人的无能)。"这个最适当的救援机会由此通常是第一个出现的"。

一种状况,在其中,只有一个介入这个因果过程中的行为才能够防止这个结果,[290] 这时,他就具有刑事可罚性。这个论点并不是无懈可击的。只要这个作为的行为人没有让这个事件离开自己的控制——也就是说,还随时能够进行干涉时——那么,在他已经完成了所有以这个结果为目的的主动行为时,也就不是处于未遂阶段之中了。

283　在刑事政策上,人们对于这种最早能够的未遂开始能够提出这个意见:人们永远不能知道,"第一个救援机会是否同时也是最后一个"。[291] 但是,人们对此必须区别看待。在许多案件中能够确定,较迟的行为在任何情况下都会防止这个结果的;因此,当那个想要让自己孩子饿死的母亲没有在第一顿饭喂食时(边码 275),就是这样的。在其他状况中,只有一种非常不能够的偶然事件(例如,这个扳道工突然发生行为无能力)才能使一个较迟的介入不具有能够性(参见,边码 277)。但是,这样的偶然事件也能够使这个事件离开已经处于准备阶段的作为的行为人的控制,而没有由此就认定一个未遂,或者没有由此在结果出现时就认定一个完成的故意的构成行为。最后,在不存在被害人的接近构成行为的危害时,不作为人不知道自己借助这种介入能够等多久,这种情况是很经常的。那对不想让自己的孩子接受输血并且因此不把其送往医院的父母(边码 274),就经常不能判断,自己孩子的状况是否以及在什么时候会有生命危险。在他们由此认为,一种生命危险作为能够的方式已经存在时,根据本书所代表的观点,就已经存在一种间接故意的不作为未遂了。也就是说,人们不能允许这个说法:一种义不容辞的刑罚需要,使得把不作为未遂前置到这个最早能够的时刻成为必要的。

(3)最迟能够介入的理论

284　这个理论与前一个理论完全背道而驰。根据这个理论,不作为的未遂只有在最迟能够介入的时刻消逝时才开始。[292] 但是,这个理论无论在信条学还是在刑事政策上都没有说服力。在信条学上,它的缺陷在于不允许未遂的中止的存在。在只有最后介入能够性的消失才能说明未遂时,根据这个理论,行为人的任何行为以及任何中止就都不再能够了。但是,这就违反了在所有的案例组中都规定了未遂的法律。最迟能够介入的理论得出了错误的结论,把在未遂与最后中止能够性之间的整个时间段都判给了准备。

285　还有,这个理论认为,在还能行动的最后一秒之后才能让未遂开始,这在刑事政策上也是不恰当的。在允许借助这种介入的不作为人无刑事可罚性地犹豫这么长时间时,立法者就是拿有待保护的构成行为对象在冒险,因为在许多案件中,一个这么迟的行为就会是**太**晚了。"保证责任……不仅要求最后防止结果,而且还要求阻碍对法益造成接近结果的危害。"[293] 同样不能理解的是,当一种接近行为构成的危害在作为犯罪中毫无异议地满足未遂开始时,这种危害为什么就应当是不够的。

(4)仅仅按照直接危害安排

286　最后,在不作为中还有这个观点:未遂在所有案件中都是随着对构成行为对象的直接危害才开始的。[294] 这个观点符合这个理论:在已终了未遂中,按照被害人进入构成行为中间人的作用

---

[290] 参见 Herzberg, MDR 1973, 93:"只要这个保证人发现了事实真相,并且决定一定要让这个结果出现,那么,他就应当被视为与一个有目的地创设了这种状况的人一样。"

[291] Herzberg, MDR 1973, 91。

[292] Armin Kaufmann, 1959, 210 ff.; NK-Seelmann, § 13, Rn. 84; Welzel, StrafR[11], 221; 在原则上同意,但是带有区别的,见 Grünwald, JZ 1959, 46。

[293] Kühl, AT[3], § 18, Rn. 147。

[294] Gropp, AT[2], § 9, Rn. 39; LK[10]-Vogler, § 22, Rn. 119 ff.; Jescheck/Weigend, AT[5], § 60 II 2; Otto, AT[6], § 18 II 3 d; 类似的,见 J. Meyer, ZStW 87 (1975), 605 ff.。

范围(边码193)进行安排,而在间接实行人中,按照"整体解决方案"(边码228)进行安排。在这个不作为人还身处事发地点,并且随时能够对处于其控制下的进一步过程加以干涉时,这个观点就与本书支持的目的协调一致了。与此相反,在这个不作为人让事件离开自己的控制范围时,这个理论就不认定一个未遂。例如,在那个被其带着杀人目的的父母无助地置于野外的新生儿的案件中,福格勒[295]这样说:"在这里,杀人未遂也不是随着婴儿被抛弃而开始的,而是在出现了一种对孩子的生命很关键的时刻才开始的。"一个人,在道路交通中,有责任地严重伤害了被害人,并且在那里借助让他死亡的故意实施了这个事故性逃逸的,根据这个方案,就不是在离开那里时就有了一个杀人未遂,而是在这种所缺乏的帮助给被害人带来死亡危险时才是有罪责的。

在本书中为已终了未遂(边码195以下)与间接实行人未遂(边码244以下)提出的解决方案,与这个观点不能取得协调一致。当存在一个未遂杀人时,只要这个刺客已经把炸弹藏在飞机上并且离开了事件地点(边码195,201),那么,在安全检查人员发现了这颗炸弹,但是,带着让飞机被炸毁的故意而隐瞒了自己的发现不去管它时,在安全检查人员中也必须肯定一个(不作为的)未遂。这颗炸弹应当在数小时后飞机起飞时才会爆炸。这个情节,在两个案件中,都不能阻碍对一个未遂的认定。其他各种结论在刑事政策上都会是不令人满意的。在刺客或者安检人员离开之后——除非这名行为人后来的中止——被害人的得救,都仅仅在这颗炸弹被其他人偶然发现时,才是可以想象的。为什么这就应当有利于这个正在行为的或者不作为的行为人,并且应当导致其无刑事可罚性,是令人不能理解的。 287

(5)关于在司法判决中的区分

旧的司法判决还没有发展出在不作为中区分准备与未遂的清晰方案。在那个经常作为例子使用的案件中,《帝国法院刑事判例集》,第66卷,第71页(把新生儿留在一个"荒无人烟的地方")与《英国占领区最高法院刑事判例集》,第1卷,第357页(对卷进和面机并卡在里面的工友救援的不作为),出现了死亡,因此就存在着一个完成的犯罪,并且在未遂上的实施就没有必要了。哈姆高等法院,《新法学周刊》,1968年,第212页讨论了一个父母不作为使孩子必需的输血无法进行的案件。在这个案件中,孩子得救了,但是,根据审判委员会的意见,未遂开始的问题也不存在,因为通过监护法官的介入,父母的帮助就成为多余了。在联邦最高法院,《交通法汇编》,第13卷(1957),第120(123)页,以及《联邦最高法院刑事判例集》,第7卷,第287(288)页中,那个把受伤的被害人丢下不管的卡车司机最后认为立即行动是必要的,因此,在这两个案件中都存在着一个(在实际上不适当的)未遂。 288

一直到《联邦最高法院刑事判例集》,第38卷,第356页,才明确讨论了区分问题。在这个案件中,二个人造成了被害人重伤。为了掩盖这个构成行为,其中一人就把被害人抛到铁轨的"路基"上,以便让"市郊火车碾过"。另一人,即被告人,与其相反,什么也没有干。二个人离开了火车站,与此同时,他们期待马上驶达的市郊火车在收到事件目击者的通知而能够及时停车。联邦最高法院在这个被告人中认定了一个通过不作为的谋杀未遂,并且认为,在这个案件中,关于不作为未遂开始的争论是不重要的。 289

"当然,一方面得到代表的是,让最初救援机会消逝就已经提供了说明……另一方面又认定,在错过了最后想象上的营救机会时才有未遂开始的存在……最后,借助值得注意的根据,按照保证人的不活动是否对有待保护的法益导致一种危害的提高来进行安排……尤其是,这种危害的提高或者一般的未遂开始,就 290

---

[295] LK^{10} – Vogler, § 22, Rn. 121。

存在于行为人不再控制事件之中……在二人……离开车站时,被害人还躺在铁轨上,这是,这个被告人任某就放弃了各种影响事件进一步发展的能够性,他让这个最后的救援机会未加利用就消失了,在这里,无论在客观上还是根据上诉人的想象,对被害人的死亡风险都大幅度地提高了”(《联邦最高法院刑事判例集》,第38卷,第360页)。

291 这里所有的观点是否都会真的导致认定一个未遂,在那种最迟能够介入的理论方面会是令人怀疑的。联邦最高法院(“尤其”)最大程度地倾向于这种“大幅度提高风险”(“值得注意的根据”)与使事件离开被告人的影响范围的标准。也就是说,人们可以猜测,进一步的司法判决将在本书发展起来的区分性观点的路线上行动。

2. 纯正不作为犯罪

292 在纯正不作为犯罪中,未遂所起的作用是微不足道的,因为在最重要的行为构成中(第123条第1款第2选择,第138条,第170条,第225条,第323c条),未遂是不具有刑事可罚性的。的确,一些行为构成总是能够找到的,在其中一种具有刑事可罚性的未遂是被考虑的:例如,第120条第3款(越狱)、第339条(通过不作为的枉法,就像“一个辩护人有意识地违反法律的不同意”,《联邦最高法院刑事判例集》,第10卷,第298页)、还有对记录账簿或者开列结算清单或者财产清单的不作为(第283条第3款,联系第1款第5项,第7项第2目)。

293 首先,一个不适当未遂(关于其刑事可罚性,见边码6)在所有纯正不作为犯罪中都是能够的。因此,在法官有目的地对指定一名义务辩护人不作为时,就存在着一个通过不作为的未遂枉法,虽然这个法官是错误地认为,这个被告人已经被拘留三个月了。[296] 在有人错误地从一场事故的存在出发而保持不行动等之时,就存在着一个(无刑事可罚性的)第323c条的未遂了。

294 人们必须对与适当未遂能够性有关的案件加以区分。在行为构成已经通过不作为而得到满足,不依赖于一个结果时,一个适当未遂就是不可想象的,因为这个违反要求的不作为已经表现为完成的构成行为了。在有人对有要求的帮助进行不作为时,第323c条的行为构成就已经完成了,因此,立法者就已经正确地对这种未遂放弃了一种刑罚威胁。但是,在纯正不作为以一个结果为条件时,就像第138条中的犯罪作为或者第120条中的越狱,那就另当别论了。在这里,能够相应地应用那种对不纯正不作为犯罪适用的规则。[297] 也就是说,在执法官员对越狱没有采取措施时,只要他在马上发生的逃离始终保持不活动的,那么,根据第120条第3款的未遂就开始了。但是,在他认识到这个计划的越狱,并且借助那种让其发生的故意而提前离开监狱,以便在几小时后有待发生的越狱时不在场,一个未遂就也存在了。在具体情况下,这个解决方案必须由对当时行为构成的解释中产生,也就是说,这些解决方案只有在分则中才能以详细的形式得以出现。

---

〔296〕 例子见 Jescheck/Weigend, AT^5, § 60 II 1。

〔297〕 原则上相同的,见 Jescheck/Weigend, AT^5, § 60 II 1; Maurach/Gössel, AT/2^7, 48/118 ff.; Sch/Sch/Eser^{26}, § 22, Rn. 53。

(五)共同实行人中的实施开始

1. 整体解决方案

在司法判决[298]以及也在文献[299]中完全占统治地位的是整体解决方案。[300]在《联邦最高法院刑事判例集》,第39卷,第237页中,这个方法是这样表述的:"如果根据构成行为计划,一个犯罪行为将由多名共同实行人实施,只要其中一人直接着手实施构成行为,那么,所有的共同实行人就都进入了未遂阶段。"这一点的适用,"不依赖于是否……有个别人已经在准备阶段做出了自己的构成行为贡献"(联邦最高法院,《德国刑法典》,第22条,着手,第3点)。例如,甲与乙约定共同进行入室盗窃,方法是由甲潜入银行地下室的拱顶,把保险柜焊开,乙在得到电话通知之后,就应当借助特殊工具的帮助,把沉重的金条取出并装到他的卡车上,在这个案件中,只要甲潜入银行的建筑,乙就已经是在未遂中具有刑事可罚性的共同实行人了。也就是说,他由于未遂而具有刑事可罚性,尽管他除了这个约定之外还没有做任何事。 295

整体解决方案的根据,首先是借助这个论题说明的:"共同实行人中,每个参与人都必须能够使每个其他人在构成行为计划范围内作出的构成行为贡献对自己归责"(《联邦最高法院刑事判例集》,第39卷,第238页)。除此之外,"意外论点"[301]也提出来支持这个整体解决方案:在一个分工性共同作用中,那些在构成行为部分上应当晚一点着手并且因此经常更为重要的人,仅仅由于这个活动被提前发现,就应当得到比他的同伙更加宽大的处理,这是没有说服力的。 296

2. 具体解决方案的优越性

一种少数派观点正在赢得越来越多的追随者。这种观点与前文相反,代表的是具体解决方案。[302]根据这个观点,对于每个共同实行人来说,未遂开始都应当加以特别审查,并且应当以他自己进入未遂阶段的时间点来确定着手。在开头的那个案例中(边码295),也就是说,乙只有在亲自进入银行并着手运走金条时,才会由于一个未遂的共同实行人的入室盗窃而具有刑事可罚性。在甲提前被捕,并且乙根本没有得到行动起来的机会时,乙虽然是免受刑罚的,但是,也仅仅 297

---

〔298〕 RGSt 58, 279; 77, 172, 173; BGH NJW 1952, 430; BGHSt 11, 268, 271 ff.; BGH NStZ 1981, 99; BGH wistra 1987, 26; BGHR StGB, § 22, Ansetzen, Nr. 3; BGHSt 39, 236 (237f.); BGH NJW 1995, 142 f.。有一些旧的帝国法院决定偏离了;对此,见 Valdagua, ZStW 98 (1986), 840, Fn. 8。

〔299〕 完整的证明(直至1986年),见 Valdagua, ZStW 98 (1986), 839, Fn. 4。在至今为止的文献中,见 Ahrens, JA 1996, 664 ff., 666; Baumann/Weber, AT[10], § 29 Ⅳ 4 a; N. Busch, 1998, 83, 150; Dencker, 1996, 191 ff.; Gropp, AT[2], § 10, Rn. 91; Ingelfinger, JZ 1995, 704 ff., 713; Jakobs, AT[2], 21/61; Jescheck/Weigend, AT[5], § 63 Ⅳ 1; Krack, ZStW 110 (1998), 611; Kühl, AT[3], 20/123; Küpper, 1978; ders., JZ 1979, 775 ff.; Küpper, GA 1986, 446 f.; Küpper/Mosbacher, JuS 1995, 488; Lackner/Kühl[24], § 22, Rn. 9; Maiwald, ZStW 93 (1981), 879 ff., 883 ff.; Maurach/Gössel, AT/2[7], 49/95 ff., 100 ff.; Otto, AT[6], § 21 Ⅴ 5 a; ders., JA 1980, 646; Sch/Sch/Eser[26], § 22, Rn. 55; Stoffers, MDR 1989, 208 ff., 213; Stratenwerth, AT[4], § 12, Rn. 102 ff., 107 f.; Tröndle/Fischer[50], § 22, Rn. 21; LK[10] – Vogler, § 22, Rn. 88 ff.; Wessels/Beulke, AT[31], 611 f.。

〔300〕 这个表达出自 Schilling, 1975, 1 und passim。

〔301〕 最早,见 Roxin, Täterschaft, [7]2000, 453。

〔302〕 Schilling, 1975, 1 und passim,"具体解决方案"的概念也出自这里。当然,Schilling代表的那种具体解决方案,是一种在很大程度上追溯到主观理论的变形,目前还没有人支持这个观点。"有说服力得多"(Krack, ZStW 110, [1998], 613)的最早是由 Rudolphi (Bockelmann – FS, 1979, 369, 383 f.; 同样,见ders., SK[6], § 22, Rn. 19 a)发展出来的"以行为控制为导向的具体解决方案"(这是 Krack, ZStW 100 [1998], 613 的说法)。追随他的,见 Bloy, 1985, 265 ff.; Kratzsch, JA 1983, 587; ders., Stein, 1988, 383 ff.; Valdagua, ZStW 98 (1986), 839 ff.。也参见 Günther, GA 1983, 333。

会由于精神上的帮助才具有刑事可罚性。在涉及到一个重罪——例如,抢劫银行——时,根据第30条第2款,这种约定也是具有刑事可罚性的。

298 人们借助本书所代表的行为控制理论,对在完成的构成行为中的共同实行人要求一种在实施阶段的分工性共同作用,在这个阶段,每个共同实行人都提供了重要的构成行为贡献(对此,第25节,边码198以下)。这时,这种具体解决方案至少应当是优先的。但是,这种方法不仅是通过参与人理论,而且也通过未遂理论得到了支持。[303]

(1)来自参与理论人的论点

299 当共同实行人在完成的构成行为中必须共同控制实施阶段时,接下来的就是,在各个共同实行人未遂的构成行为中,对共同实行人也应当要求在未遂阶段作出重要的贡献。为什么对未遂的(事实的或者想象的)危害结果适用的,就应当不同于对完成的构成行为中的损害结果适用的,这是不能令人理解的。有一种看法认为,暂时还停留在准备阶段的共同实行人因此是未遂的共同控制者,因为对于构成行为的完成来说,他作出的贡献很重要,甚至能够起决定性作用。这个看法是错误的。[304] 这种"阻碍力量"反正仅仅是与本人"积极的"构成行为贡献一起说明共同控制的根据的,这种力量恰恰不会对那种未遂发生影响,其他共同实行人仅仅通过自己的贡献也能够实现这种未遂。也就是说,一种在未遂中的共同控制,只能通过在实施阶段的自己行动才是可以获得的。

300 如果人们为在未遂中的共同实行人放弃了共同实行人自己对实施阶段承诺的贡献,那么,就会也陷入一种与实践结论无法解决的矛盾之中,而那些结论是适用于完成的构成行为中的共同作用的。

案例33:五名共同实行人约定好共同抢劫银行。但是,其中一人艾某没有出现在行为地点,因为他在路上由于其他罪行被逮捕了。于是,其他四个人成功实施了对银行的抢劫。

在这样一个案件中,艾某毫无疑问不是作为完成的抢劫银行的共同实行人,而仅仅是根据第30条第2款被惩罚的。[305] 这种参与约定(也就是说,参与共同的构成行为决定),对于共同实行人来说并不够。这对于行为控制理论来说则是不言而喻的,甚至也适用于主观理论。但是,如果在这里缺少一个共同实行人,那么,仅仅因为那个在行为地点出现的人进入了未遂阶段,就应当认定一个在未遂中的共同实行人,这会是非常荒谬的。在一个约定对在既遂犯罪中的共同实行人还不够时,那么,它也不能说明在未遂中这种人的根据。

301 克拉克(Krack)[306] 提出这个意见作为反对理由:艾某也能根据整体解决方案而不是未遂的共同实行人,因为他缺乏行为构成的故意。在构成行为计划中,还不包含这个故意,直到克服了"对'现在开始干吧'这个想象的障碍"时,它才存在。在艾某想到这个进入未遂阶段的障碍时,克拉克就站在他所反对的具体解决方案中了。但是,在"这种从构成行为计划向现实的行为构成故意的转变"应当提前举行时,这个时间点就完全处于不明朗的状态中;艾某无论如何都已经"开始干了"。

302 另一个批评意见[307] 是这样的:在构成行为带着在时间上分别完成的贡献而成功时——甲把

---

[303] 不同的意见,见 Krack, ZStW 110 (1998), 611, 614。

[304] Valdagua, ZStW 98 (1986), 862 ff.。

[305] Valdagua, ZStW 98 (1986), 855f., 在 RGSt 9, 3 (6)的提示之下。

[306] Krack, ZStW 100 (1998), 614 ff. (Zitate 615)。

[307] Ingelfinger, JZ 1995, 713; Krack, ZStW 100 (1998), 616; Küper, JZ 1979, 785 f.。

守卫击倒,紧接着乙把赃物带离现场——这个乙就会被视为整体构成行为的共同控制者,虽然他没有参与击倒守卫。在击倒守卫失败,并且这个构成行为因此停留在未遂阶段时,这一点为什么就应当有不同呢?答案很简单:在完成的抢劫中,两个人都提供了在实施阶段具有决定性的构成行为贡献,并且由此共同控制了这个事件。在未遂的停留中,这一点正好对乙不适合。

(2)来自未遂理论的论点

303 有人认为,一个共同实行人进入未遂阶段,对所有约定的参与人来说,就都说明了这种共同实行人的身份。但是,这种观点也不能与未遂理论的基本原则相协调的。根据第 22 条,只有那个"直接着手实现行为构成"的人,才对一个犯罪行为进行了未遂。因此,就像这个间接实行人自己必须着手实施一样,这个人也必须是共同实行人;但是,在这个人没有这样,而是其他人着手时,[308] 这一点就不存在了。

304 放弃各个具体共同实行人的着手,后果就会表现出一种对未遂惩罚特别过度的扩张。这样一种理论,在能够的情况下,就会把单纯的约定作为在未遂中的共同实行人加以刑罚,这一点已经得到展示了(边码 300)。由此,对具体的共同实行人来说,未遂就被延期到作出决定阶段上了。人们在这里就通过那种迄今为止的无活动,得到了一种没有各个——即使也仅仅在想象中的——接近行为构成的危害的未遂。即使人们按照这种通过其他已经进入未遂阶段的共同实行人造成的危害来安排,应当思考的是,这种迄今为止的无活动经常就是从确定性或者的确是极大能够性作为出发点,而这个构成行为没有他就不能完成。在开头的案例中(边码 295),乙知道没有自己的贡献(把金条运出),这个构成行为就不能完成。也就是说,虽然他在手中掌握着这个犯罪的成功,并且还什么也没有做,他就应当是未遂的构成行为人!这违反了所有关于区分未遂与准备的其他规则。

305 有人认为,一种迄今为止仅仅参与了一个约定的人也能够是一个未遂的共同实行人。但是,这个观点也导致一种违反制度的与不公正的削减中止的能够性。当人们在开头提到的案件(边码 295)中认定,只要甲潜入银行,那个还在家中等待的乙就是一个具有刑事可罚性的未遂,这时,乙就只能还通过一种自愿的中止来得到免除刑罚。也就是说,他必须放弃自己的犯罪目的,并且通过不作出贡献来阻碍这个构成行为。但是,当甲这个事件的任何一个阶段自愿中止,并且电话通知乙,他不再需要进行努力时,乙就不再能够中止,并且保留着刑事可罚性了,虽然他还什么也没做,并且在客观上也不存在任何危害。这种说法是荒谬的,因为甲是一个始终通过实施行为来证明自己的犯罪能量的人,一直到完成时都保留着不受刑事处罚的中止的能够性:他能够随时中断自己亲身对构成行为的贡献,也能够在这种贡献完全产生后,通过说服乙放弃或者自己去阻碍完成,而使自己得以解除刑罚。这样一种对不活动的"共同实行人"的糟糕设计,面对活动的共同实行人,是不能得到正当化的。这是本书所代表观点所避免的,因为根据这种设计,对乙的未遂刑罚,就完全是随着他本人进入未遂阶段才开始的。[309]

(3)关于活动评价的理论与偶然的论点

306 那种由主流理论为自己引入这个领域的少数理由,与此相对,并没有收到成效。这首先适用

---

[308] 关于这个行动评价理论,参见 Rn. 306;对于一种放弃这种自己着手与对 § 22 的相应改变,见 Küper, 1978, 21 f.。Krack, ZStW 110 (1998), 619 没有论证地认为,§ 22"仅仅是为了(直接行动的)单个行为人而设置的"。的确,在这个联系中,这本来就应当在《德国基本法》第 103 条第 2 款与在边码 304 提到的未遂惩罚的扩张中加以研究。

[309] Krack, ZStW 100 (1998), 618f. 并没有否定中止行为受到指责的不正当性,而是由此容忍了它,因为这个中止权"是在这个偶然事件的重大意义基础上,恰恰通过不正当的评价来说明特征的"。这是夸张的,但是,不依赖于这一点,就没有理由来拒绝这个具体解决方案的公正的结论。

于活动评价理论。这个理论表明,整体构成行为与由此还有那些不是由他自己实现的其他人的构成行为部分,都必须能够归责于每一个共同实行人。在这个意义上,这是正确的,并且是从第25条第2款得出的。但是,有人在实施的一个确定阶段中是不是共同实行人,自然不能由此来推断。也就是说,在人们从这种对共同实行人的贡献可以相互归责中得出结论,认为那个还没有提供任何(或者没有任何足以满足共同实行人的)构成行为贡献的人,必须把别人的未遂行为作为自己的行为来对自己适用时,就是一种骗取证据(petitio principii)。[310]这本来是以其自己在这个未遂行为中的共同实行人身份为条件的,并且对此还缺少那种共同控制。在一个构成行为以一个共同的构成行为计划为根据,在两人(或多人)的分工性共同作用下完成时,对事件的共同控制就通过各个个人证明了,对共同实行人的认定与对整体行为的归责都是正当的。只要有人还没有作出他自己的构成行为贡献,就不用考虑这个条件以及由此对一种共同实行人归责的理由。

307 "偶然的论点"也不是无懈可击的。在两名同伙作为未遂行为人进入实施阶段而受到刑事处罚,但是,那些还没有以这种方式行动起来的人还仅仅会由于约定、对未遂或者帮助的教唆而受刑罚时,这就准确地符合了那种由各个参与人迄今为止实现的不法,也符合了一个据此而有区别的行为刑法的基本原则。在人们针对这一点指出,这种角色分配本来以其他方式也能完成,并且因此从一开始就会认定共同实行人时,一个假定的因果过程就以不许可的方式代替了实际的事件而成为归责的基础。有人在一个既遂犯罪中仅仅作为帮助人而不是共同实行人出现这一点,也能够建立在偶然的基础上;但是,他因此的确不能作为共同实行人来加以处罚。在这里,这个论点也不允许用来说明一个共同实行人未遂的根据。

(4)共同实行人中不适当未遂的问题

308 整体解决方案陷入的困境,在不适当未遂中表现得尤为明显。联邦最高法院在大量决定中对其进行了探讨,其中有两个最重要的应当引以为例。

案例34[311](《联邦最高法院刑事判例集》,第39卷,第236页):史某、梅某与施某约好去抢劫戴某夫妇,并且分配好各自的任务。史某应当按门铃并且在戴夫人开门后将其制服。梅某应当随后冲进房间捆绑戴先生。紧接着施某应当加入进来,强迫戴某夫妇交出保险柜钥匙。但是,史某已经报告了警察,仅仅在表面上还一起跟着干。在他按门铃时,其他人就在街道上也就是汽车里等候时,梅某与施某就被警察逮捕了。

309 联邦最高法院对梅某与施某仅仅根据第30条第2款,而不是作为抢劫未遂的共同实行人加以惩罚。它虽然借助整体解决方案,认为一名参与人(史某)进入未遂阶段就已经足以把其他人(梅某与施某)作为共同实行人加以惩罚了,然而,这仅仅在这个范围内才适用:实施开始对这个正在行动的人(史某)表现为"作为共同实行人的构成行为贡献"。在这里缺少这一点,因为史某不是真正的共同实行人,而是想要阻碍这个构成行为。

---

[310] 在这个意义上,也见 Bloy, 1985, 266; SK^6 – Rudolphi, § 22, Rn. 19。

[311] 带有同意的注释 Otto, JK/StGB, § 25 II/7;与之相反,批评的意见,见 Hauf, NStZ 1994, 265 f.; Weber, Lenckner – FS, 1998, 443 ff.。

案例 35〔312〕(《联邦最高法院刑事判例集》,第 40 卷,第 299 页):甲(被告人)被朱某说服去袭击钱币商人明先生并抢走他的钱币收藏。朱某欺骗甲说,这仅仅是一次“假抢劫”,因为明先生已经同意了一切。这个活动的意义在于使明先生能够由于钱币收藏品的所谓被抢而拿到保险金。事实上,明先生根本就没有赞同这个计划。他被强行制服,后来合法地为这些损失申请了保险金。 310

311 在这个案件中,甲由于在共同实行人中进行的针对保险金的未遂诈骗而受到刑事处罚,并且,联邦最高法院确认了这个判决。联邦最高法院认为,甲在它所认定的案件事实基础上已经是保险诈骗的共同实行人了,虽然这次抢劫袭击仅仅是为此而做的一个准备行为。根据甲的想象,明先生借助保险申请已经进入了未遂阶段。明先生在事实上根本就没有进行任何未遂,这完全不能改变甲的共同实行人的未遂,因为这个不适当未遂也具有刑事可罚性。“这个根据行为人计划具有重大意义的行为,应当导致直接的行为构成的满足……在这里应当把其当成是适当未遂那样来看待(联邦最高法院,《新法学周刊》,1952 年,第 143 页)。”

312 在整体解决方案的追随者中间争论不休的是,《联邦最高法院刑事判例集》,第 39 卷,第 236 页(案例 34)或者《联邦最高法院刑事判例集》,第 40 卷,第 299 页(案例 35)是否就是那个正确的解决方案。〔313〕这有赖于,一个不是共同的构成行为决定与至少一名共同实行人进入未遂阶段是否能够通过其他人单纯的想象所取代。在结论上,无论如何,只有那个在《联邦最高法院刑事判例集》,第 39 卷,第 236 页中所代表的解决方案〔314〕才符合未遂理论的原则。在其他情况下,这都会由于在未遂中的共同实行人而得出一种刑事可罚性,虽然任何事件都完全没有发生。这个由于未遂受惩罚的共同实行人,要么根本什么也没有干,要么对自己构成行为贡献的真实意义完全认识错误。一个进入未遂阶段的其他共同实行人是根本不存在的。也就是说,对其他人作为的单纯想象,会使得一个没有进入未遂阶段,甚至在能够的情况下还一点都没有进入准备阶段,而是保持在一种表面约定上的事情,成为一个具有刑事可罚性的未遂。

313 人们也能够试图从主流观点的立场中得出对未遂的否定,人们对这种表面的共同实行人,要么提出“限制”整体解决方案的建议,即“一个仅仅是想象中的共同实行人,并不能对想象中的构成行为贡献的归责加以正当化”,〔315〕要么把这种想象的标准在第 22 条中做这样的限制性解释,即它不能取代那种共同实行人贡献的真实存在。〔316〕

---

〔312〕 这个决定在文献中基本被否定了,在这种情况下,就像在文中指出的那样,这种拒绝以占统治地位的整体解决方案的观点所作的论证,应当比本书所代表的以行为控制为导向的具体解决方案困难得多。具体见:Ahrens, JA 1996, 663 ff., 670; Dencker, 1996, 243 ff.; Erb, NStZ 1995, 424 ff., 426 ff.; Graul, JR 1995, 427 ff.; Ingelfinger, JZ 1995, 704 ff., 713 f.; Joecks, wistra 1995, 58 ff.; Joerden, JZ 1995, 735 f.; Kühl, AT[3], § 20, Rn. 123 a; Kühne, NJW 1995, 934; Küpper/Mosbacher, JuS 1995, 486 ff., 490 ff.; Lackner/Kühl[24], § 22, Rn. 9(不同的意见还有 Lackner[21], § 22, Rn. 9); Otto, AT[6], § 21 V 5 b; Roxin, Odersky - FS, 1996, 489 ff., 496; Sch/Sch/Eser[26], § 22, Rn. 55 a; Streng, ZStW 109 (1997), 890 ff.; Zieschang, ZStW 107 (1995), 381 (Fn. 75); Zopfs, Jura 1996, 19 ff., 23 f.。但是,赞同联邦最高法院的观点有 Gropp, AT[2], § 10, Rn. 91 f.; Jung, JuS 1995, 360 f.; Weber, Lenckner - FS, 1998, 446 ff.。

〔313〕 从整体解决方案的观点出发,反对 BGHSt, 299 的还有:Ahrens, JA 1996, 669; Dencker, 1996, 241 ff.; Erb, NStZ 1995, 424 ff.; Graul, JR 1995, 427 ff.; Ingelfinger, JZ 1995, 704 ff.; Joerden, JZ 1995, 735, 736; Krack, ZStW 110 (1998), 623 f.; Kühne, NJW 1995, 934; Küpper/Mosbacher, JuS 1995, 488 ff., 492; Lackner/Kühl[24], § 22, Rn. 9; Rath, JuS 1999, 144; Sch/Sch/Eser[26], § 22, Rn. 55 a; Streng, ZStW 109 (1997), 862, 890 ff.; ders., Zipf - GS, 1999, 327 ff.; Zopfs, Jura 1996, 19 ff.。

〔314〕 同样,见 BGH NJW 1952, 430; BGH wistra 1987, 26。

〔315〕 Küpper/Mosbacher, JuS 1995, 492。

〔316〕 Hillenkampf, Roxin - FS, 2001, 709 f.。

314 具体解决方案——其中还存在着这个方案的一种附加的优点——与此相反，避免了所有这些困难。对其来说，不言自明的是，在案例 34 与 35 的案件事实中，不能得出未遂的惩罚来。因为这个被告人并没有进入未遂阶段，出于这个原因，就已经能够排除他由于未遂而受到的刑罚。即使这个表面的实施者本来真的想要进行这个构成行为，在这些始终处于准备阶段的人中，也还不会存在共同实行人的未遂。不言而喻，只有当这个正在实施的行为人仅仅是在假装行为时，才更能得到适用。

(5)把共同实行人限制在实施行为上的必要性

315 但是，本书所代表的具体解决方案，只有在人们把它与在实施阶段对共同实行人要求重要构成行为贡献的行为控制理论联系起来时，才能在这里导向适当的结论。在人们遵循其中一个观点，认为那些正在准备的行为——无论处于什么条件下——对一个共同实行人得到满足时，人们本来必须前后一致地从具体解决方案的立足点出发，在着手以实行人为根据的准备行为中，由于未遂而认定一种刑事可罚性，即使其他共同实行人还没有在实施阶段之中。这本身存在着一个矛盾，因为只要所有参与人还存在于准备中，人们就不能很好地肯定一个未遂。

316 席林(Schilling)[317]甚至想要在四名入室抢劫者的约定中，从枪击能够出现的跟踪者中看出一个共同实行人的贡献(《联邦最高法院刑事判例集》，第 11 卷，第 268 页)。根据他的观点，在这里，“对各个个人来说，都存在着对其工具已经结束的(心理上的)作用”；这种约定包括“在这种由工具(同伙)完成的杀人行为方面的一种已终了未遂。这也适用于那种自己错误地瞄准而导致受伤的同伙”。除了不考虑通过引入这种工具概念，把这个共同实行人以不允许的方式与间接实行人联系起来之外，当以这种方式已经在一个约定中构建了一个具有刑事可罚性的未遂时，就明显地违反了第 30 条第 2 款。[318]

317 一个得到这种理解的具体解决方案，甚至还应当比整体解决方案更受欢迎，因为它要求至少其中的一个行为人与由此整个事件都必须已经到达未遂阶段(参见，上文，边码 298 以下)。然而，因为出于上文说过的原因，整体解决方案同样必须加以拒绝，所以，为了把共同实行人限制在实施阶段的贡献中，从未遂理论中就得出了一种附加论点。只有在这个前提下，这个在共同实行人中的未遂问题，才能够得到一个令人满意的解决方案。

四、未遂的特殊案件

(一)结果加重犯罪中的未遂[319]

1. 两种不同的状况

318 在结果加重犯罪[320]中，未遂在两个不同的方式中是能够的：未遂的结果加重与结果加重的未遂。[321]第一种案件存在于行为人试图故意地引起一种结果加重，而这个结果并没有出现时：

---

[317] Schilling, 1975, 112 f.。

[318] Schilling 从具体解决方案中得出的这种结果，对于一般的否定来说也是失效的。与 Schilling 进行的带有批评的最彻底的争论，见 Küper, 1978, 51 ff.。对 Schilling 的全面批判，见 Krack, ZStW 110 (1998), 612 f.。

[319] 全面的论述见 Hardtung, 2002 的专著“《德国刑法典》第 11 条第 2 款中部分故意犯罪的未遂与中止”。

[320] 对此，参见 Roxin, AT1^3, § 10, Rn. 108。

[321] 这个说法，见 Geilen, Jura 1979, 613 f.。

例如，行为人以霰弹枪朝他的敌人脸上射击，在此容忍了这会造成单眼（或者双眼）视力的丧失；然而，这个结果并没有出现。在这里，就要考虑一个根据第226条第1款第1项的未遂。[322]第二种案件与其刚好相反，在其中，这个行为人并不想要引起那种加重的结果，但是，这个结果却在实现基本行为构成的未遂中就已经出现了：行为人想要射击被害人的腿部，但是，在用手枪射击时却发出了致命的一枪（第227条）。

2. 未遂的结果加重

较为简单的、今天在原则上没有争论的状况是这样的：行为人的故意指向了加重的结果，而 319
这个结果并没有出现。在这里，从未遂理论的一般规则中得出这个结论：这个构成行为，作为未遂的结果加重犯罪，在边码318描述的案件中（带着间接故意的未遂致人失明），也就是说，应当根据第226条第1款，第22条受到刑事惩罚。[323]当然，这样一种未遂的结果加重的独立的刑事可罚性，受到了两个限制性条件的约束，[324]二者在所给的案例中都得到了满足。一是这个行为人在严重后果方面必须没有过失，就像这是符合了第18条的最低条件那样，而是故意地行动；不存在过失的未遂。也就是说，这种——即使本身是轻率的——对被害人视力的危害，对于一种根据第226条第1款第1项，第22条的惩罚来说就是不够的。二是在存在的故意中，在这种严重后果方面，这种结果加重犯罪必须允许对其是故意引起的。[325]例如，在第227条的案件中就不是这样，因为在一个杀人故意中仅仅是第211条与第222条产生了影响。也就是说，如果行为人想要向被害人开枪，却射到了旁边的人，那么，就存在一个有刑事可罚性的杀人未遂，而不是第22条与第227条的案件。[326]

不是完全没有争议，但是，得到广泛承认的是，在未遂的结果加重犯罪中，这个基本犯罪也不 320
需要是完成的。也就是说，当行为人在其霰弹射击中（边码318），容忍了第226条的后果（视力的丧失）而没有击中被害人时，也就是说，一点都不满足第223条与第224条的行为构成时，就的确还存在着一个第22条与第226条的案件。在一个未遂中，这个行为构成的要素（基本行为构成也属于它）都不需要得到满足。[327]

在这种已经获得实践意义的状况中，有两个应用性案件涉及到严重的身体伤害（第226条， 321
早期的第224条）与根据第239条第2款的剥夺自由。在《联邦最高法院刑事判例集》，第21卷，第194页中，行为人向受伤者的生殖器开枪，并且在间接故意的意义上这样算计：他会失去生育能力的。这个加重的结果并没有出现。联邦最高法院由于在第223a条（今天的第224条）构成行为单数中的未遂的严重身体伤害（第22条，第224条；今天是第226条）而进行了惩罚。这个基本犯罪是否必须完成的问题（边码320），虽然被提到了，但是，因为这个案件对此并不要求表态，所以并没有得到回答。《帝国法院刑事判例集》，第61卷，第179页讨论了这个案件：这个行

---

〔322〕在行为人想要故意地使其被害人失明时，毫无疑问，就应当认定第226条第2款的未遂。然而，就这一点来说，根据主流观点，就不存在着结果加重的犯罪，因为这个结果不具有加重的效果，而是直接地被努力实现的，并且，没有基本犯罪出现。

〔323〕其他观点，早期见Schröder, JZ 1967, 367 f.，他不想承认一个故意引起的结果加重的可能性。

〔324〕仅仅参见，LK^{10} – Vogler, vor § 22, Rn. 84。

〔325〕在这种情况下，人们谈论的是“不纯正的”结果加重犯罪；参见，Rath, JuS 1999, 141。

〔326〕有些作者也肯定了第227条，并且使这个条文先是在与第212条与第211条的竞合层面上，才受到排斥；这样，例如，见Hardtung, 2002, 170 m. w. N.。

〔327〕偏离的，见Maurach/Schroeder, $BT/1^8$, 9/25支持早期在这里包括的第224条，因为该条“以完成的构成行为为前提”。今天具有决定性意义的第226条的文字并不要求这一点。的确，这个论点对于旧版本的第224条来说也不具有说服力，因为这些行为构成的文字完全是根据既遂的情况来表达的，但是，因此还不排除这种未遂的刑事可罚性（LK^{10} – Hirsch, § 224, Rn. 29）。

为人把被害人非法关押在一个封闭的精神病机构中,想让他长期消失,但是,这个被害人却由于精神正常而很快就被释放了。在这里,帝国法院由于根据第239条第2款的未遂的构成行为而肯定了一种刑事可罚性(赞成的,《联邦最高法院刑事判例集》,第10卷,第309页;联邦最高法院,《戈尔特达默斯刑法精粹杂志》,1958年,第304页)。

3. 结果加重的未遂

322　在行为人的故意不是指向加重的结果,但是,这个结果却随着未遂的基本犯罪而出现了(参见,边码318的例子),因此,这是不是作为结果加重犯罪的未遂而具有刑事可罚性?这个问题是有争议的,并且应当用正确的方式来有区别地回答。[328]

323　不具有刑事可罚性,因此也应当先被排除的首先是这种案件:满足基本犯罪的行为构成的未遂,是不处于刑罚之下的。当人们在这里要认定一个(由于结果加重犯罪的重罪特征而具有刑事可罚性的)变得更严重的构成行为的未遂时,这种结果的加重就不是提高了刑事可罚性,而是说明了[329]是什么违反了其概念性条件与这个法律的文字(第18条:"更重的刑罚")。[330]也就是说,在一个遗弃(第221条)的未遂中,被害人的死亡是由于过失引起的,这时,这虽然是根据第222条,但不是根据第22条与第221条第3款而具有刑事可罚性的。因为简单遗弃的未遂,根据第222条第1款是不处于刑罚之下的,所以,这个结果不是加重刑罚的情节。这种类型的案件,在今天很少见了,[331]因为"第六部刑法改革法(6. StrRG)"的立法者已经把这种一直到当时还无刑事可罚性的大量基本犯罪案件的未遂(例如,第223条,第239条,第318条第1款,第340条),都置于刑罚之下了。

324　在为数众多的基本犯罪未遂有刑事可罚性的案件(例如,第177条,第224条,第239a、b条)中,除了本书赞同的区别性解决方案(边码328以下)之外,还存在的首先是这样两种对立的解决方案的能够性:当具有刑事可罚性的基本犯罪未遂在第18条的条件下引起这种加重后果时,人们要么能够始终认定,要么从不认定一种结果加重的、有待从变得严厉的刑罚框架来进行制裁的未遂。在第二种案件中,一个具有刑事可罚性的结果加重的未遂(不同于未遂的结果加重)基本上就是不能够的。

325　第一种观点[332]认为,那个具有刑事可罚性的基本犯罪未遂,在所有案件下都足以作为结果加重的基础。这个观点的基础是:这种**行为构成的行为的危险性**(不依赖于基本犯罪的结果)就已经证明了使用这种更严重的行为构成是正当的。也就是说,人们将在开始的例子(边码318)中提出这样的理由,使用一把已经上膛的手枪本身就包含了这样的内容:其在死亡案件中的实现就说明一个根据第22条与第227条的惩罚是正当的。

326　反对意见拒绝了这个结果加重未遂,也就是说,在非故意引起严重后果中,始终都要求基本

---

[328] 一种完全考虑了具体行为构成(在6. StrRG之前与之后)的说明与分析,见 Hardtung, 2002, 48 ff.。

[329] LK[10] – Jähnke, § 221, Rn. 40; Jakobs, AT[2], 25/26; Kühl, JuS 1981, 193 (196), NK – Paeffgen, § 18, Rn. 112; Rengier, 1986, 245; SK[7] – Rudolphi, § 18, Rn. 7; LK[10] – Schäfer, § 329, Rn. 36; Sch/Sch/Cramer/Heine[26], § 18, Rn. 9; Sch/Sch/Eser[26], § 239, Rn. 14; LK[10] – Schroeder, § 18, Rn. 38; Ulsenheimer, GA 1966, 257 ff. (269, 271); ders., Bockelmann – FS, 1979, 405 ff., 418; LK[10] – Vogler, vor § 22, Rn. 73; Wolter, GA 1984, 443 ff., 445。

[330] 不同的意见,首先见 Baumann/Weber, AT[10], § 26 Ⅰ 2 b; Hardtung, 2002, 250; Küper, JZ 1997, 233, Anm. 27; Laubenthal, JZ 1987, 1067; Otto, AT[6], § 18 Ⅳ 6 d; Rath, JuS 1999, 142; Stree, GA 1960, 294 紧随着 Thomsen, 1895, 68 f.; 在结论上也见 Lackner/Kühl[24], § 18, Rn. 10; Schröder, JZ 1967, 368, 369。

[331] 参见在 Hardtung, 2002, 21 中的列举。

[332] 其代表,见 Otto, Jura 1986, 671; ders., AT[6], § 18 Ⅳ 6 b; Schröder, JZ 1967, 368; Stree, GA 1960, 292 f.; Wolter, JuS 1981, 173, 178; ders., GA 1984, 445。

犯罪的完成。这个反对意见有自己的论点:出现进一步后果的特别危险,经常会从这种基本犯罪的结果中(例如,根据第223条与第224条中的伤害或者第306条中的火灾)出现,因此,这种进一步的后果必须保留为这种加重的条件。

当然,这种"结果危险性理论",[333]由于其在边码328以下有待说明的片面性,在这种形式中,今天已经不再有追随者了。除此之外,其代表人依据了一些建设性的论点,但是,这些论点也同样没有收效。因此,格塞尔[334]认识到,在结果加重犯罪中涉及的是各种过失的构成行为,其中并不存在任何未遂,他在这个基础上拒绝了一种未遂的能够性。但是,这个结构是不能与第11条第2款相一致的,根据这个规定,那种结果加重的犯罪都是故意的犯罪行为。[335]梅茨格尔[336]要求"一种包含了整个犯罪的决定",也就是说,只有在更严重的结果在行为人决定中被接受时,在结果加重犯罪中的未遂才是允许的。马克斯·恩斯特·迈尔[337]认为,在类似方式中,充满矛盾的会是"两个结果,一个留在这个故意之后,而另一个则越过同一个故意突出出来,应当概括成为一个统一体并且作为未遂加以惩罚"。但是,一种想法认为,未遂只有在行为人的故意指向之处才有能够。这种想法在结果加重犯罪中是不合适的:在其故意的完成不是以指向这个严重结果的故意为条件时,这在故意未遂中就不能有不同了。 327

那种正确的并且也符合今天主流观点的解决方案,处于这些极端的中间。[338] **重要的是,根据各自犯罪的结构,这种引入加重提供机会的基本行为构成的典型危险性,是否以其行为构成的结果或者已经以行为构成的行为作为基础了。** 328

例如,在与第223条与第224条相联系的第226条与第227条的严重后果中,身体伤害通常就是这样,也就是说,这种基本犯罪的结果,引起了进一步的严重损害或者被害人的死亡。这个行为构成的行为(挥动手臂以殴打或者拔出武器并瞄准)就已经具有致命作用,这是一种很罕见的例外案件,不能承担这种结果加重。非典型的后果在大多数行为构成实现时能够出现,同时不引起一种加重(例如,在盗窃时,财产所有人能够倒在盗贼偷来驾驶的汽车轮下,从而重伤或死亡)。在这个伤害结果仅仅以间接的与由此产生的不典型方式引起这种死亡时(那个逃离进一步虐待的被害人摔死了或者在马路上被撞死了)[339]时,这个司法判决本身一次也没有使用第227条。一个单纯未遂所具有的引起结果的作用,就不应当被区别对待。这仅仅与基本犯罪的结果相联系的致命性理论[340]要求排除所有结果,只要不是由对被害人的故意伤害所产生的。[341] 也就是说,在第226条与第227条的框架内,"结果危险性理论"(边码327)是应当予以 329

---

[333] 这是 Hillenkamp, ^{10}2001, 102 f 的标记。

[334] Göseel, Lange - FS, 1976, 219 ff,; ders., Maurach/Gössel, AT/2^7, 43/117。

[335] 出自第18条的论点("实行人或者……参加人"),也参见,LK^{11} - Roxin, § 26, Rn. 100。

[336] Mezger, StrafR, ^{2}1933, 378。

[337] M. E. Mayer, AT, 349。

[338] Baumann/Weber, AT^9, § 33 I 5; Blei, AT^{18}, § 65 III 2; Deuber, NJW 1960, 1068; Haft, AT^8, 229 f.; Jakobs, AT^2, 25/26; Kühl, JuS 1981, 196; Küpper, 1982, 119 ff.; Lackner/$Kühl^{24}$, § 18, Rn. 9; Laubenthal, JZ 1987, 1067; Maurach, AT^4, § 41 II 3 b; Rengier, 1986, 234 ff.; SK^7 - Rudolphi, § 18, Rn. 7; Schmidhäuser, StuB AT^2, 11/104 f.; Sch/Sch/$Cramer^{26}$, § 18, Rn. 9; LK^{11} - Schröder, § 18, Rn. 38; Stratenwerth, AT^4, § 15, Rn. 58 ff.; Tröndle/$Fischer^{50}$, § 18, Rn. 4; LK^{10} - Vogler, vor § 22, Rn. 74; Welzel, $StrafR^{11}$, 195 f.; Wessels/Beulke, AT^{31}, Rn. 617。

[339] 对此,详见 Roxin, $AT1^3$, § 10, Rn. 115。

[340] Roxin, $AT1^3$, § 10, Rn. 115。

[341] 对此,参见,例如,Hardtung, 2002, 117; Jakobs, JR 1986, 380; Küpper, 1982, 85; ders., JuS 1990, 184; Lackner/$Kühl^{24}$, § 227, Rn. 2; Mitsch, Jura 1993, 20; alle m. w. N.。

同意的。

330　在这种案件中,人们也不能通过把构成导向第 226 条与第 227 条的严重结果的中间阶段的伤害视为基本犯罪的结果,来得出一种刑事可罚性。这个中间性的伤害是存在于行为人计划之外的,并且,作为重要的因果偏差,仅仅是非故意地引起的(参见,罗克辛,《德国刑法学 总论》,第 1 卷,第三版,第 12 节,边码 135 以下)。但是,这个结果加重的犯罪是以一种故意实现的基本行为构成为条件的。

331　相应地,这适用于带有死亡结果的放火(第 306c 条)。对处在房子里的人来说,典型的危害是被火烧死。因此,第 306c 条就应当限制在这个案件之中,其中提到的是"放火引起人员死亡"。因此,在例外情况下,一个放火的未遂已经导致人员死亡时,就不存在第 306c 条的案件了,因为那些为了放火的确定的手段,没有在火灾中用上,却由于没有预见到的情节,引起了人员的死亡(边码 337 的例子)。[342]

332　与此相反,在带有死亡结果的性强制与强奸(第 178 条)中,就存在着完全不同的情况。这种行为构成结果(实行性交或者进行其他性行为),在典型的方式上,并不具有生命危险性,并且能够仅仅在例外的情况下(例如,在一个严重心脏病的被害人中)导致死亡。相反,这在未遂阶段中的行为构成的行为中产生的使用暴力,对于被害人的生命,就是真正的危害:在行为人为了制服反抗而掐住被害人的脖子或者一起对他进行殴打时,这个死亡的出现就是一种很容易出现的后果了。因此,在**这里**,比较合适的是,把结果加重不是与最终结果联系在一起,而是与暴力的使用联系在一起,也就是说,在被害人死亡之后不再能够进行性行为时,就应当认定一个结果加重的未遂。[343]

333　相应地,在这种行为构成典型化的,并且因此是结果加重的危险性,重新存在于暴力的使用之中,同时,这种完成行为构成的拿走,仅仅能够在最少数情况下才导致被抢劫者的死亡(例如,在被害人救命的药物被拿走时)之处,在这种场合下,也适用于带有死亡结果的抢劫(第 251 条)。在这里,因此,在这种拿走最终失败时,那种导致死亡的暴力使用本身,这时也就足以提出第 251 条(以未遂的形式)了。[344]

334　在这个死亡是通过行为构成的最终结果(那个性行为或者拿走)引起的之时,第 178 条与第 251 条是否也还可以使用?这个问题并不直接地属于这里,因为在这样的案件中,存在着一个完成的基本犯罪。这个问题在其他方面是有争议的,[345] 但是,应当予以否定,因为那些从中总能得出这个问题的非典型的后果,原则上并不能说明结果加重的正当性。

335　在那些不依赖于结果的行为与这种结果的伴随情节能够同样典型地引起这种严重后果时,这种未遂也就能够承担一种结果加重了。例如,在勒索性绑架与扣留人质(第 239a、b 条)中就

---

[342] Hardtung, 2002, 48 ff., 160 ff.; Jescheck/Weigend, AT[5], § 49 Ⅶ 2; Küpper, 1982, 121 f.; Laubenthal, JZ 1987, 1067 f.; Niese, JZ 1957, 664; Rengier, 1986, 235 ff.; LK[10] – Vogler, vor § 22, Rn. 81。

[343] 当然,人们可以把这种暴力视为部分的或者居间的结果(Hirsch, GA 1972, 75 f.),因此,在这里也就必须始终存在一种既遂了。

[344] 在这个意义上,见 Geilen, Jura 1979, 614; Kühl, JuS 1981, 196。对于一种"第 249 条的完成来作为第 251 条的行为构成条件"的必要性,见 Hardtung, 2002, 98 f.。

[345] 肯定的,也见 Tröndle/Fischer[49], § 251, Rn. 2(不同的意见,见 Tröndle/Fischer[50], § 251, Rn. 2); Maurach/Schroeder, BT/1[8], 35/32; 否定的,见 Sch/Sch/Eser[26], § 251, Rn. 4。Hardtung, 2002 想要在第 251 条中,不让拿走(103 f.)成为死亡的原因,但是,在第 178 条中却把性行为当成死亡原因了(140 f)。

是这样,在这里,被害人的死亡同时就是一个失败的劫持行为或者抓取行为的后果(例如,在被害人的抵抗中),就像在剥夺自由(例如,在关押在木箱中的窒息、折磨、逃脱未遂)中那样。当然,在这里也不乏把基本犯罪的完成作为结果加重的行为构成条件来要求的案件。[346]也就是说,被害人在被带入行为人暴力的未遂中已经死亡,这一点应当是不够的。这的确是一种过严的解释,因为这种从抓取行为出发的危害是不依赖于结果的。在个别案件中,一个结果加重的未遂是否能够的问题,总是只能通过对各个行为构成的分析来判定;也就是说,细节属于分则。

司法判决是不统一的,并且展现了一种有点过于仓促地肯定结果加重的未遂的趋势。当在第177条[347]以及第249条与第250条[348]中的使用暴力,不依赖于结果出现地把加重行为构成的使用看成是足够时,这就无论如何是正确的。在这种身体伤害中,《帝国法院刑事判例集》,第44卷,第137页认为,这种身体伤害行为对于引起那种加重结果是还不充分的。与此相对,在使用射击武器击打中,走火的子弹造成被害人死亡的,《联邦最高法院刑事判例集》,第14卷,第110页[349]认定了一个带有死亡后果的身体伤害。在这里,对于第226条来说,要求的是一个不依赖于不想要射击的故意身体伤害(通过击打),而不是要求这种结果导致了那个死亡。在这个意义上,联邦最高法院就让身体伤害行为足够了,然而,出于在边码329中表述过的原因,这些是应当加以拒绝的。 336

在旧版本的第307条第1项(今天的第306c条)的案件中,司法判决也是摇摆不定的。《联邦最高法院刑事判例集》,第7卷,第37页(与《帝国法院刑事判例集》,第40卷,第321页相反)作出了这样的决定:在放火中,当一个人受到燃烧物的致命伤害,而放火并没有成功时,这个加重的行为构成也就在这里得到了满足。与此相反,《帝国法院刑事判例集》,第20卷,第230页作出了正确的决定。根据这个决定,旧版本的第307条第1项“在一个行为人的死亡是通过由于行为人用于放火的燃烧物(汽油)爆炸而引起的建筑物倒塌所造成的之时”,就是不能使用的。 337

不久前,哈德通(Hardtung)[350]宣告,处于一个基本犯罪未遂过失地引起这个更严重结果的形式中的结果加重未遂,都是应当完全加以排除的。也就是说,在一个抢劫未遂中的被害人死于那个由行为人使用的暴力,但是,这个行为人在他能够抢走赃物之前又被人赶走了,[351]这时,就应当排除根据第251条与第22条的刑罚,因为根据他的观点,在未遂时,这个故意就必须延伸到这个加重要素上去。[352]这个说明提供了意义清晰的基础,但是,却很难使人认同,因为在完成的结果加重的犯罪中,这个故意不需要延伸到这个严重的后果上去(第18条),并且,不能正确认清的是,为什么这在未遂中就应当有不同。然而,这个问题的实践意义,也这样受到了限制:哈德通[353]在这类案件中,借助一种他称之为刑罚锋利化的解决方案,“由于严重后果的出现,借助一种刑罚锋利化而提供了这种基本犯罪的未遂,并且从结果加重中为此得出这种刑罚框架”。这个解决方案是有能够的,因为对于这种未遂来说,原则上适用这种——有选择地对较轻的——完成的构成行为(这里也就是第251条)的刑罚框架;如果抢劫完成了,那么就存在着第251条。 338

---

[346] 因此,Hardtung, 2002, 149 ff. m. w. N. 赞成与反对。

[347] RGSt 69, 322; BGH MDR (D) 1971, 363(不同的意见,见 RGSt 40, 325,在这里要求的是这种基本行为构成的完成)。

[348] RGSt 62, 422; RG HRR 1941, 521。当然,这个司法判决已经通过以下内容得到限制,第251条的先前文字要求通过暴力造成这种严重的结果。

[349] 同样,见 BGH MDR (D) 1975, 196。

[350] Hardtung, 2002, 23, 191 ff., 265 ff.。

[351] 例子,见 Hardtung, 2002, 22。

[352] Hardtung, 2002, 200 f. u. pass。

[353] Hardtung, 2002, 23; 详见,266 ff. 中的说明。

(二)在准备与行动犯罪中的未遂

339 偶尔地,立法者会把准备行为置于刑罚之下;有时还会创设一些企业行为构成,其中,根据第11条第2款第6项,未遂与完成是同等对待的。〔354〕在这类案件中提出了这个问题:这种未遂的准备或者未遂的企业(也就是未遂的未遂)是否具有刑事可罚性。这个问题应当有区别地回答。

1. 准备行为中的未遂

340 立法者在危险的犯罪行为中,当对有成果的犯罪斗争的一种早期干预措施,对他表现为绝对必要时,就大多会在这里把各种准备都置于刑罚之下。这首先是在各种国家保卫犯罪之中的例子,但是,在绑架(Verschleppungen)与伪造中也是这种例子。在这里,立法者使用了两种不同的立法方法。〔355〕

341 第一种方法存在于这里,新的对行为构成的描述并不把刑事可罚性延伸到确定犯罪的准备上去。第83条("准备一个确定的叛国组织")与第234a条第3款("准备这样一种构成")就采用了这种做法。第二种方法是这样的,各种确定的准备行为组成独立的行为构成。这种方法存在于第80条(通过"引起战争的危害"进行攻击性战争的准备),第96条第1款("为了叛国而设法获得国家秘密"),第149条(准备伪造金钱与有价证券)以及第265条("为了使自己或者第三人获得保险的偿付,对为了防止沉没、损坏、妨碍使用性、丧失或盗窃而进行的保险物品进行损坏、毁坏、妨碍其使用性、隐匿或者转交他人的",等等)。

(1)非独立的准备行为

342 未遂在非独立的准备行为中是不能够的,这一点已经正确地得到了一般的认定。〔356〕也就是说,不存在一种对准备叛国组织的具有刑事可罚性的未遂(第83条),也不存在一种对根据第234a条第3款的绑架的准备(对此,《联邦最高法院刑事判例集》,第6卷,第85页)。一个对准备的适当未遂,本身就是一种准备。一个对准备的不适当未遂,在理论上无论如何是能够的。的确,在法治国意义大于可怀疑意义上的就会是,在其刑事可罚性本身就已经需要特别的正当化的远距离准备行为中,也还是应当惩罚它们的不适当未遂的。因此,应当认定的就是,立法者本来想要把这种刑事可罚性,除了未遂之外,仅仅扩展到那些在实际上起作用的准备之中。

(2)独立的准备行为

343 在独立的准备行为中,未遂在原则上是能够的,因为这个独立的犯罪描述就同样地正好在适当未遂中使一种"着手"成为能够,并且,由于第22条所包括的空间很狭长,在通常的意义上也没有出现可怀疑的刑事可罚性扩张。立法者在这里并不想在原则上排除一个未遂的能够性,这一点就像,例如第267条那样,也展示了一些法律的规则。这种"制作不真实的证明文书",考虑到被保护的法益,即证据交往的纯洁性,就是一种准备行为。尽管如此,这种伪造未遂就在第267条第2款中被置于刑罚之下了。这并不是说,一种独立地受到刑罚威胁的准备行为所具有的各种未遂,在重罪(否则本来就决定了这种法律的规定)案件中,就必须是具有刑事可罚性的。更准确地说,具体条文是分则中的问题,但是,对这个具体条文的分析却必须表明,一个刑事可罚

〔354〕 对此,参见 Roxin, AT1[3], § 10, Rn. 124。

〔355〕 参见,LK[10] – Vogler, vor § 22, Rn. 88 ff.; Jescheck/Weigend, AT[5], § 49 VI,但是,他们却部分有偏离地把确定性分配到两个案例组之中。

〔356〕 BGHSt 6, 85 (87); RGSt 58, 392 (394); Jescheck/Weigend, AT[5], § 49 VI 3; Sch/Sch/Eser[26], vor § 22, Rn. 29; LK[10] – Vogler, vor § 22, Rn. 90 m. w. N.。

性是否能够得到肯定。如果不存在相反的表面证据(例如,在这个未遂范围根据行为构成的文本会远远陷入不确定之中时,这种证据就存在了),就不能从中得出一种刑事可罚性。

因此,《帝国法院刑事判例集》,第68卷,第430页,第436页就已经根据旧版本的第265条,把一种保险诈骗的不适当未遂(行为人错误地认为物品已经保险了)宣布为是具有刑事可罚性的。在这里,适当未遂也是可以略微想象的(例如,行为人点了火,但是,这点火却违背行为人的期望,没有使这个被保险的物品燃烧起来);[357]根据联邦最高法院,《经济、税收和刑法杂志》,1987年,第26页,把作为燃烧物的汽油倒出来,就已经是一个不适当未遂了。《联邦最高法院刑事判例集》,第6卷,第385(387)页,也把未遂的刺探(国家机密)(今天:第96条第1款)宣布为具有刑事可罚性了;这样一种案件也大致存在于这个行为人向他想要获取国家机密的人提出自己的非法要求之时。[358] 344

2. 行动犯罪中的未遂

与此相反,在行动犯罪中,独立具有刑事可罚性的未遂是不能够的。在行动犯罪中,当未遂与完成得到同等对待时,因此,在未遂中取消从轻处罚的能够性(第23条第2款)就具有了现实的意义。但是,从法律中,不能得出任何根据能够证明这一点:这种未遂的未遂——也就是说,准备——也应当被置于刑罚之下。这一点在司法判决[359]与文献中都得到了承认。 345

五、不适当未遂与臆想犯罪

不适当未遂的刑事可罚性、其刑罚基础,以及其刑事可罚性的法政策问题,都已经得到了论述(边码1~58,尤其是6,18以下,24)。在这里,就不对其进行回顾了。但是,仍有必要对不适当未遂的表现形式进行阐释,并确定其刑事可罚性的界限,这些在许多方面(在不适当的主体中,在迷信的未遂中,在不适当的不作为未遂中以及在臆想犯罪的分割中)都带来了难题。在适当未遂与不适当未遂之间的区分,是很多争论的对象,但是在这里没有继续这种争论,因为未遂两种形式都具有刑事可罚性而使这种区分在实际中不具有意义了(原则上,对其自身的位置,见边码27以下)。 346

(一)不适当未遂的表现形式

1. 对不适当对象的未遂

第23条第3款通过以下措辞明确地提到了这种案件:"根据这个构成行为应当对其实施的目标的种类,这个未遂……根本不能导向完成"。这个种类的案件如此常见,以至不需要一一列举了。来自杀人犯罪或者身体伤害犯罪领域的教学案例是,例如,行为人借助相应的故意打击一个刚死的人,不知道他已经死了,或者向一个自己错认为是人的稻草人或者橱窗模特模型进行开枪或者刺杀。在这些例子中,不存在作为未遂目标的适当对象(人);但是,这个行为人由于一种在客观上能够避免的认识错误而认定了这一点。在财产犯罪的范围内,有人在违法占有的目的 347

---

[357] Sch/Sch/Lenckner^{26}, § 265, Rn. 15。

[358] LK^{10} – Vogler, vor § 22, Rn. 89; Sch/Sch/Stree^{26}, § 96, Rn. 14,带有进一步的说明。

[359] RGSt 39, 321 (323f.); 56, 226; 72, 81; BGH NStZ 1997, 493 mit zust. Anm. Krack, NStZ 1998, 462。

中,把自己的东西错认为是他人的东西而拿走的,就能够存在一种对不适当对象的盗窃(第242条)。在有人毁坏了自己错认为是他人财产的无主物品时,我们面临的就是一个毁坏财物(第303条)的不适当未遂。根据现行法律,所有这些案件都是作为未遂而具有刑事可罚性的。

2. 使用不适当工具的未遂

348 在第23条第3款中是这样描述这种不适当未遂的:这个未遂"根据这个构成行为应当……借助其来实施的手段……的种类,根本不能导向完成"。这种案件的例子也是不胜枚举:谋杀者(第211条)在被害人的茶中掺入了糖,而他当时却把它当成是致命的砒霜;或者他使用一支完全不合适的玩具枪向这个被害人射击,而他当时却将其视为一般已经上膛的手枪。还有,在诈骗中的欺骗(第263条)、在盗窃中的拿走行为(第242条)等,都能够使用不适当的手段(例如,使用的欺骗,是不适宜误导或者引起所有权处分的,或者使用的工具,是不适合来打开保险柜的)。所有这些不适当未遂的案件,在原则上都是具有刑事可罚性的。

3. 使用不适当手段对不适当对象的未遂

349 未遂也能够是双重方式的不适当。在一个庸医误认为一位妇女怀孕,想要通过给予一支对此完全不合适的注射来终止妊娠(第218第1款,第4款,第1项)时,就存在着一种使用不适当手段对不适当对象的未遂了。这种案件也是具有刑事可罚性的,因为关键的仅仅是行为人对构成行为的想象(第22条);据此,随着注射的着手,一个具有刑事可罚性的未遂就存在了。

4. 不适当主体的未遂

350 这种不适当未遂的案件是最困难的。第23条第3款并没有提到它,因此从法律中就不能清楚地得出处理它的依据。从第23条第3款的沉默中得出这一类未遂一般不具有刑事可罚性的颠倒结论,并不是直截了当地可能的,因为第22条第1款就简单地把不适当未遂置于刑罚之下了("根据其想象"),并且,因为立法者还在特别委员会[360]最后的咨询意见中表达了自己的犹豫。也就是说,《刑法典选择性建议》在第25条第3款第1项中,"当它在错误地认定一种特别的义务地位中说明根据时",就已经明确地把未遂置于不具有刑事可罚性之中了,与此同时,这个条文被有目的地**没有**收入这部法律之中。"为这种案件找到一个也不涉及不合适案件的规则",是非常困难的。"因为这种'不适当行为人'的案件,在实践中,仅仅在非常罕见的时候出现过,并且,这个司法判决,根据这个委员会的确信,在这里还没有一个明确的规则来使无刑事可罚性得到认定,所以,它决定放弃这样一种确定。"进一步的学术讨论让这个保留显得十分合理。在处理这个问题中,人们很好地区分了今天无争议的案件与那种一直都有争论的案件。

(1)无争议的领域

351 无争议的首先是,在有人通过错误的解释来扩展一个确定的行为构成中的行为人概念,并且由此产生这种错误的认识,以为自己就是一个合适的行为人时,就存在着一种不具有刑事可罚性的臆想犯罪(对此,边码378以下)。在这类案件中,存在着一种颠倒的归类性错误(对此,边码383以下),这种错误在这里与在其他情况中一样,都是不具有刑事可罚性的。在一个熟悉的教学案例中,[361]一名清洁女工"认为自己是一名公职人员,因为她在县政府里负责打扫房间,接受了艾某的一笔钱",保证要"清除他被罚款的档案记录",也就是说,不存在具有刑事可罚性的贿赂未遂(第332条)。相应地,这也适用于公职犯罪之外的领域。例如,在法官以未经许可的方式让被告人宣誓时,在这个被告人出于对法律的无知而认为自己具有宣誓义务,并且因此认为自己是一个第154条的适当行为人时(《帝国法院刑事判例集》,第57卷,第53页,第54页;《联邦

[360] BT-Drucks. V/4095, 11。

[361] 引自Kühl, AT^3, § 15, Rn. 104。

最高法院刑事判例集》,第10卷,第8页,第10页),他在这里也不能由于未遂的伪证而具有刑事可罚性。一个作为被告人想要作虚假宣誓的人,也就是在实施一个臆想犯罪。

另一方面,在主体的不适当性仅仅是对象不适当性的后果时,一种(在可能的情况下具有刑事可罚性的)未遂就总是存在着。在一名误以为自己怀孕的妇女自己打算实行堕胎行为时,在这里,她虽然作为没有怀孕者,自己是堕胎未遂的不适当行为人,但是,这个行为人不适当性的根据仅仅是适当对象(一种在胎儿形态中的怀孕身份)的不存在。在这里,就像在所有案件中一样,一个构成行为决定在对象的不适当性上失败了,其中涉及的是一个未遂,而不是一个臆想犯罪(在《帝国法院刑事判例集》,第8卷,第198页,第199页中就已经持这个观点);当然,这个未遂在今天(不同于过去),根据第218条第4款第2项是不具有刑事可罚性的。相同地,这也适用于血亲相奸(第173条):一个与其误认为是自己女儿的妇女睡觉的人,就实施了一个血亲相奸的未遂,而不是臆想犯罪(《帝国法院刑事判例集》,第47卷,第189页,第191页),他作为行为人的不适当性仅仅是这个对象不适当性的镜像;因为这位妇女不是他的"后代",所以,她对这个行为人来说,就不是血亲相奸的合适对象。当然,这个未遂在今天也是不具有刑事可罚性的。 352

但是,根据现行法律,在以对象为条件的主体不适当性中,就出现了具有刑事可罚性的未遂案件。例如,当有人在错误的事实认识基础上(关于认识错误的法律判决的问题,参见,边码359),努力缩减一种在事实上并不存在的国家税收要求时,这就是作为未遂的逃税而具有刑事可罚性了(《税收条例》第370第2款)。虽然,他在所处的犯罪计划范围内根本就不是纳税义务人,在这个意义上,他作为行为人是不适当的,但是,这仅仅是以缺乏构成行为的对象——一个有待被缩减的税收要求作为出发点的。在不纯正不作为中,经常有这样一种状况。当父亲由于错认而误以为一个孩子是自己的亲生骨肉,在他死之前对救援不作为时,他就是一个通过不作为杀人的不适当的主体,因为他不是那个正在受到威胁的孩子生命的保证人。但是,他所缺少的行为人资格只能这样得出:这个孩子,因为不是他的孩子,就是一个由他发起的通过不作为杀人的不适当对象。父亲因此由于通过不作为进行的杀人未遂而具有刑事可罚性。[362] 353

(2)有争议的领域

如果人们不考虑颠倒的归类性错误以及主观与客观适当性的镜像性,那么,作为有争议的状况剩下的就是这些人:在他们当中,不适当性就限制在这种犯罪主体上,并且,不是以一种扩张刑事可罚性的对行为人概念的错误解释为基础的。当一个对自己被辞推尚不知情的过去的公职人员,在第332条第1款意义上接受了贿赂时,这样一种案件事实就大致存在了。属于这一类的还有那个被多次引用过的案件(基尔州高等法院,《石勒苏益格—荷尔斯泰因公报》,1949年,第297页以下),在其中,这个被告人作为"官方的过磅员与肉类检验员",在公务活动中使用伪造证明。对他职务的任命当时已经无效了,但是,应当认定的是,他是从一种本来能够证明一种有效的公务任命的案件事实作为出发点的。 354

在这里,存在着两种对立的观点。根据一种首先是由布伦斯(Bruns)[363]推至统治地位[364]的理论,在这些案件中都存在着一种(在可能的情况下具有刑事可罚性的)**不适当未遂**。中心论点是,所有的行为构成要素都具有同等价值。在有人错误地想象了各种其存在就会满足一个行 355

〔362〕 参见,通过不作为进行的不适当未遂的刑事可罚性,出于其他原因而具有争议性,见边码376以下。

〔363〕 Bruns, 1995, 18 ff.; ders., GA 1979, 161。

〔364〕 Blei, AT1[8], § 67 Ⅰ 1; Jescheck/Weigend, AT[5], § 50 III; Lackner/Kühl[24], § 22, Rn. 13; SK[6] – Rudolphi, § 22, Rn. 26 ff.; Sch/Sch/Eser[26], § 22, Rn. 76; Tröndle/Fischer[50], § 22, Rn. 28; Wessels/Beulke, AT[31], Rn. 623; alle m. w. N.。

为构成的情节时,那么,在着手行为构成的行为中,就存在着一个根据第22条第1款而具有刑事可罚性的未遂了,不管这个错误的想象涉及了哪一个行为构成的要素。另一种理论对此进行了反驳。这种理论认为,**在错误认定一个主体身份中**就认为**一个臆想犯罪**已经存在了。[365]这种理论是以这个想法为基础的:一个未遂刑罚也是以一种通过行为人来违背规范为条件的。但是,在这个行为人根本不是规范的接受人时,这一点就缺少了。当斯特拉滕韦特说,[366]"要具有刑事可罚性,这个未遂就必须是违法的,并且,只有在行为人想要违反的命令或者禁令确实存在时,它才是违法的",这是特别令人印象深刻的说法。如果交通事故还没有出现,那么,"就没人要承担留在事故地点的义务"。也就是说,对事故的错误认定,就不能说明根据第142条的未遂的基础(这在今天,当然与过去不同,不具有刑事可罚性)。各种未遂都是以一种行为无价值为条件的,"它存在于在事实上(而不仅是在想象中)的反对法律的违法行为之中"。

356　值得获取优先地位的是一种广泛流传的第三种**解决方案,它从两个极端中间穿过,**[367]**并且区分了地位性义务与一般性义务**。[368]福格勒[369]首先指出,人们必须这样进行区分,根据行为人的资格是否以法律动作(Rechtsakt)为条件,或者行为人的资格仅仅是一种情境具体化的结论,就像这个资格,例如,存在于从先行作为中产生的防止结果义务一样。这看起来是完全有说服力的,一个非公职人员或者非医生,通过错误地被认定的情节而没有获得一个公职人员或者医生的义务,并且,作为有关规范的非接受者而不能在未遂的形式中伤害这个义务了。与此相反,在人们也许把出于先行行为*的保证人地位作为基础时,就能够非常肯定地说,每个人都有义务防止一种由他通过一种有危害的先行为而创设的正在威胁的危害,即使这个义务只有在具体的危害状况中才会成为现实。这就得出了这个结论:对一个地位性义务的错误认定就总是一个臆想犯罪,不管它以什么为根据,与此同时,对一个一般性义务的事实条件的错误认定就是一个未遂:一个人错误地相信,他是那个把别人撞成重伤而没有进行任何救援的人,也就是说,是具有刑事可罚性的人,尽管是一个未遂杀人犯罪的不适当行为人。

357　许内曼[370]紧随福格勒之后,首先在刑事政策上为这个区别奠定了基础:"一个人,在一种颠倒的行为构成认识错误的基础上,误以为自己是公职承担人,并且,在这一点上,根据自己的想象,对在公职中伪造的证明进行了着手,他在自己的方法与其他情景性机会的改善中也一点都不会对法益造成危害,因此,他所表现的对法秩序的威胁,就比迷信未遂的行为人更少,因此就应当始终不具有刑事可罚性,与此同时,那些把自己的狗误认为是路人的攻击犬而没有吹哨将其唤回的人,在由此显示的观点基础上,在一种单纯的改变边缘条件中,就完全能够对他人的法益成为危险,并且,因此通过其行为动摇了公众的安全感,所以,对他就应当由于一种通过不作为的危险性身体伤害的具有刑事可罚性的未遂……而加以惩罚。"

---

[365] Baumann/Weber, AT^9, § 33 Ⅳ 3a(不同的意见,见 Baumann/Weber, AT^{10}, § 26 III 1 d); Foth, JR 1965, 371; Langer, 1972, 498; Tiedemann, Schröder – FS, 1978, 295; Zaczyk, 1989, 268 ff.; alle m. w. N.。

[366] Stratenwerth, Bruns – FS, 1978, 68 f.。

[367] Jakobs, AT^2, 25/43 ff.; Schünemann, GA 1986, 317 ff.; LK^{10} – Vogler, § 22, Rn. 153 ff. (159); NK – Zielinski, § § 15, 16, Rn. 35。

[368] 因此,这个术语见 NK – Zielinski, § § 15, 16, Rn. 35。

[369] LK^{10} – Vogler, § 22, Rn. 159。

* 原文是 Ingerenz,准确的意思是"先行建立危险的举止行为"。在本书中,"先行行为"是这种说法的简称。——译者注。

[370] Schünemann, GA 1986, 318。Stöger, 1961, 53 ff., 68 ff., 78 以类似的方式根据未遂的危险性来进行安排,并且,由此决定,这个实施人在变化了的形势中是否能够作为行为人来进行犯罪。

358 雅各布斯几乎与福格勒同时在“孤立的义务”与地位性义务之间进行区分,但是,他正确地认识到,人们不能把地位性义务限制在通过法律动作(例如任命书)的调节上:[371]“在这个刑法上认可的义务是一种机构性保障关系中的一部分时(公职人员、军人、父亲、母亲、监护人、代理人,等等),或者,在这种义务的确把有义务人卷入一个机构之中时(……在《德国刑法典》第203a条第3款中的帮助人员),一种地位就……达到了。”这是符合实际情况的,但是,这会导致区分上的困难,雅各布斯也看到了这点。[372]因此,看起来更合适的就是,例如,把第153条,第154条中那种仅仅在确定的程序状况中才会成为现实的供述义务与宣誓义务,作为每个人的义务来判定,与此同时,雅各布斯在证人身份中看到了一种地位(关于这种结果,详见,边码356)。

359 的确,在这个基础上,一种有说服力的区别完全能够在这个基础上得到实行。[373]公职人员、受托管理人、保密人员、法官以及父亲,不能通过僭越这样一种地位而成为一个不适当主体未遂的具有刑事可罚性的行为人。同样,一个试图销毁伪造的入伍证明的人,不能实施未遂的开小差(参见,《军事刑法》第16条)。与此相反,一个错误地认定了一种以保证人义务为基础的先行行为或者交通安全义务的条件的人,一个以说明有申报义务的税收债务(《税收条例》第370条)或者以说明有破产嫌疑的支付危机(第283条)为基础的情节作为出发点的人,就能够作为一种具有刑事可罚性的未遂的不适当主体而有罪。

360 应当注意的是,一个具有确定地位的人,但是却搞错了自己看护或监视下的对象的身份的,能够实施一个具有刑事可罚性的不适当未遂。也就是说,“在这个代理人与行为人错误地认为,这些被贪污的物品是被委托的对象时”,[374]就存在着一个未遂的贪污*(第246条第2款)。出于同样的根据,父亲在必需救援时保持无所行为,但是,误以为受到威胁的儿童是自己的亲生孩子时(边码353),就也实施了一个不作为的未遂。

361 这个司法判决是不统一的,但是,靠近了本书所遵循的路线。《帝国法院刑事判例集》,第8卷,第200页[375]拒绝了以错误认定的公职人员身份为基础的一种未遂的可能性;“在这个刑罚威胁把自己的基础……唯一地置于这种有条件的特别义务之中……在这个意义上,这种惩罚就有必要加以排除了。”后来,帝国法院当然在两个决定中——正好是对违反人权的“血统保护法”[376]——肯定了一个不适当主体的刑事可罚性;一个误以为自己有犹太血统的人,就应当能够由于未遂的“血统耻辱”而被判决。在这些决定中,没有找到与《帝国法院刑事判例集》,第8卷,第200页的讨论。石勒苏益格—荷尔斯泰因州高级法院(《石勒苏益格-荷尔斯泰因公报》,1948年,第297页)在这里再次——没有提到早期的那个司法判决——在错误地肯定公职人员身份中,仅仅认定了一个不具有刑事可罚性的臆想犯罪。

362 晚一些时候的决定,在结论上得出了相似的区分,就像本书所认定的那样。因此,在有人错误地相信,自己已经造成了一场交通事故并且逃逸时,[377]就会肯定一个具有刑事可罚性的未遂肇事逃逸。那种错误地认定有威胁的无支付能力,将作为根据第283第1款与第3款的未遂加

---

[371] Jakobs, AT², 25/46。

[372] Jakobs, AT², 25/49。

[373] 参见,有关的例子,见 NK - Zielinski, § § 15, 16, Rn. 35。

[374] Jakobs, AT², 25/47。

* 原文是 Veruntreuung。——译者注。

[375] 当然,RG GA 1884, 243 不同意这个司法判决,但是,例如,RGSt 29, 419, 421 又再次涉及了。

[376] RGJW 1938, 798; RGSt 72, 110。

[377] BayObLGSt 1952, 31; OLG Stuttgart NJW 1978, 900。

以判断。〔378〕与此相反,今天得到承认的是,一个认为自己是军人并且在事实上这样活动的非军人,不能实施未遂的开小差。〔379〕在错误认定公职人员身份的案件中,联邦最高法院在今天也承认了免受刑罚性。

(二)出于严重无知的未遂

363 在出于“严重无知”的不适当未遂中,法院能够根据第 23 条第 3 款“放弃刑罚或者根据自己的判断减轻刑罚(第 49 条第 3 款)”。这种特权仅仅适用于从一开始就没有危险的未遂。这种无危险未遂与有危险未遂的区分,在具体案件中会是很困难的。但是,第 23 条第 3 款的确忽略了那些由此产生的问题,因为“严重无知”的条件是这种未遂具有明显的无危险性。〔380〕立法者在这里想到的案件就像这样:“一名女行为人试图自己进行堕胎,虽然对她来说,在最简单的自然规律的知识中,本来一定非常清楚的是,她根本就没有怀孕,或者用她使用的手段就完全不能终止怀孕。”因为一个根据第 218 条的未遂,在妇女中,今天反正是没有刑事可罚性的(第 218 条第 4 款第 2 项),所以,人们对这个案件也许就必须这样考虑,〔381〕这个没有经验的年轻男子在向其女友进行用甘菊茶堕胎的未遂(《帝国法院刑事判例集》,第 1 卷,第 439 页)。

364 就像这些案例所展现的,这种远离生活的无知在实践中真的几乎没有出现过。无论如何,最高法院对于第 23 条第 3 款还从没有公布过一个对严重无知加以肯定的决定。在这个条文可以追溯到的《1962 年刑法典草案》中,就把“严重无知”定义为“一种对众所周知的因果关系完全错误的想象……不需要以弱智为基础”。它是那些“考虑周到的人决不会”认真认定的未遂。就像在文献中提到的那样,〔382〕这种认识错误必须“远远偏离理智”,“对每个人来说,这是以平均水平的经验知识就能直接掌握的”;〔383〕它必须“出于特别愚蠢”而错误地认识了这种未遂的无危险性。形象的表述就是:一个明智的第三人一定会搔头大喊:“这种事情怎么可能出现!”〔384〕作为进一步的案例,能够想到的未遂也许是,使用气枪向在高空飞行的飞机射击,或者使用众所周知完全无害的物质给他人下毒。

365 **人们必须把“严重无知”限制在“法理论上的(nomologische)”认识错误上(关于自然规律的认识错误)**,而不允许扩展到“实体的(ontologische)”认识错误上(关于案件事实的认识错误)。〔385〕也就是说,当有人在其谋杀未遂中,把玩具手枪当成是射击武器或者把明显已经死亡的人看成正在睡觉的人,这就还不是严重的无知。这之所以还能被忍受,是因为在行为人不断增加的想象错误中,实体的认识错误最终转变为逻辑规则的认识错误:一个人,已经认识到手枪仅仅具有玩具的特征,但是,仍然相信用它能够射杀人,或者,一个人认为,已经出现腐烂斑点的身体还是一个能够活下去的人,这两个人对现实规律已经有认识错误了。也就是说,实体的与逻辑规

---

〔378〕 BGH, bei Tiedemann, NJW 1979, 254,但是,他自己也有不同的意见(ders., Schröder – FS, 1978, 295f. m. w. N.)。

〔379〕 BGH NZWehrR 1967, 173; OLG Celle MDR 1962, 327。

〔380〕 类似的,也见 B. Heinrich, Jura 1998, 393, 395。

〔381〕 BT – Drucks. Ⅳ/650, 145。在这里也有后面的引文。

〔382〕 Jakobs, AT^2, 25/83(第一处引文); $Sch/Sch/Eser^{26}$, § 23, Rn. 17(第二处引文); Strathenwerth, AT^3, Rn. 695。

〔383〕 BGHSt 41, 95 也接受了这个公式:“对于每一个带有平均水平的经验知识的人来说都很清楚,并且都可以掌握”。

〔384〕 Roxin, in: Roxin/Stree/Zipf/Jung, ^{2}1975, 19。

〔385〕 同样,见 B. Heinrich, Jura 1998, 393, 396。

则的认识错误并不能总是泾渭分明地加以区分的。[386]

有争论的是，在几个人甚至很多人参与这个错误的行为人想象时，"严重无知"是否也能够存在（例如，在使用芥末洗澡或者用肥皂水的堕胎未遂中，这个未遂根据《瑞士联邦法院判例集》，第70卷，第4部分，第49页，第50页，在广泛的民众范围内，被认为是适当的）。雅各布斯[387]肯定了这一点，因为"无知经过广泛传播并不能变成明智"；然而，人们对经过广泛传播的无知所具有的"严重性"产生怀疑，并不少见。在实践中恰当的是，对此应当区分：这个无知人是否属于一个特定的圈子，不会被理智的人认真对待的（在这里，是严重的无知），或者，是否内行的人也认为，所使用的方法在个别案件下是适当的（不是严重无知）。这样，它就存在于这个由瑞士联邦法院决定的案件中，因为"甚至有医生"认为，这种所说的堕胎方法是有效的。 366

有争议的还有，第23条第3款在什么范围内能够被类推使用。许多作者想要把这种确定扩展到主体不适当的案件中去；[388]例如，"在有人把一种明显是恶作剧的文字当成是一纸公职任命书"。[389]但是，在认识错误地僭越公职人员的地位中，无论如何都不存在一个臆想犯罪，因此，为了达到无刑事可罚性就不需要第23条第3款（边码356）。还有，当有人在对法律判决严重无知的基础上，认为自己的举止行为具有刑事可罚性时，人们就不需要类推使用第23条第3款了，[390]而只能认定一个臆想犯罪（详见，边码381以下）。与此相反，适当的是，把第23条第3款类推适用于在行为构成上独立的未遂行为；[391]也就是说，一个人以不能欺骗任何理智人的方式，伪造了一份旅行护照时，他的愚蠢就能获得第23条第3款的宽恕。 367

另外，不是没有争议的有，在有人相信妇女通过接吻就能怀孕，并且因此对其进行了适当的堕胎未遂时，是否就存在着一个第23条第3款的案件。这被部分地否定了：[392]在这里，行为的动机虽然是严重无知的，因为接吻不能导致怀孕，但是，这个行为本身，这个堕胎努力，却不是无知的。然而，人们在这里必须谈论对不适当对象的未遂；并且，这根据法律文字会处于第23条第3款之下的。从这个说明法律的根据[393]中能够推断出，只有这个享有特权的领域才是应当被排除的，"这个领域不再应当归责于不适当未遂，这个行为人的动机在其中是以严重无知为基础的案件，也是如此。"因此，只有那种**第23条第3款适用范围内的案件，才是应当被排除的，在这些案件中，使用适当手段对适当对象进行的未遂，是以严重无知为基础的**：例如，有人因为认为自己的妻子为恶魔所附身，所以试图杀死其妻子。 368

"严重无知"的案件归根到底是不需要刑罚的。[394]在根据立法者的意见，这涉及那些"考虑周到的人决不会认真认定"的构成行为（边码364）时，就缺少了那种动摇法律的印象，而在无危险的未遂中，没有这个印象就不存在足够的刑罚基础（边码12，19）。《1962年刑法典草案》的基础性说明，对这种刑事可罚性在原则上继续存在的理由，是这样说明的：这个严重无知的行为人 369

---

〔386〕 Radtke, JuS 1996, 882，在这里看到了一个机会，"关于两种错误类型的区分，在第23条第3款的框架下应当重新加以考虑"。Rath, JuS1998, 1113想要在边码365中表述的根据上，也把这种本体性错误也置于第23条第3款之下。

〔387〕 Jakobs, AT², 25/83；同意的，见B. Heinrich, Jura 1998, 393, 397。

〔388〕 Bruns, GA 1979, 167；Gössel, GA 1971, 236；Lackner/Kühl²⁴, § 23, Rn. 7；Maurach/Gössel, AT/2⁷, 40/175；SK⁶ - Rudolphi, § 23, Rn. 9；Sch/Sch/Eser²⁶, § 23, Rn. 16；Tröndle/Fischer⁵⁰, § 23, Rn. 6。

〔389〕 Sch/Sch/Eser²⁶, § 23, Rn. 16。

〔390〕 Herzberg, JuS 1980, 476对此予以支持。

〔391〕 Jakobs, AT², 25/85。

〔392〕 在B. Heinrich, Jura 1998, 396 m. w. N. 中，尤其明显。

〔393〕 特别委员会的通知，见BT - Drucks. V/4095, 12。

〔394〕 同样，见Jescheck/Weigend, AT⁵, § 50 I 5 b bb："在根本上否定一种刑罚的需要性"。

所具有的可能是显著的重罪意志,能够让人担心一种后来以适当手段的重复。[395]然而,这能够——反正仅仅是推测的——单独为行为人的危险性在将来不具有刑事可罚性提供根据(边码18以下)。[396]《奥地利刑法典》第25条第3款第2项与第15条第3款,也得出了严重无知的不适当未遂不具有刑事可罚性的结论。

370 特别委员会[397]在下面这个范围内,对这种刑事可罚性的批评者们[398]进行了妥协:通过把放弃刑罚的可能性前置,应当带来这个印象,"法官首先应当考虑放弃刑罚"。也就是说,在通常的案件中,就不允许施加任何刑罚。对此,即使等级较低,特别委员会对刑罚施加可能性的继续存在也指出了那些在想象中需要刑罚的案件:"在使用镇静药物的谋杀未遂中就是这样,在其中,这个行为人认为,他选用的剂量会起致死作用的"。这种类型的认识错误的确不是严重无知的案件,因为确定药物的效果,对于外行来说,几乎是不可估计的(《联邦最高法院刑事判例集》,第41卷,第94页,[399]对使用过少毒药剂量的案件,也是这样)。因此,**这种第23条第3款的单纯的能够从轻,与宪法相一致,就应当在有义务减轻处罚的意义上进行解释**,[400]并且,这也应当限制在不适当的与严重无知的未遂的界限范围之内。

(三)迷信未遂

371 一种迷信的(不现实的)未遂,存在于行为人试图使用超自然手段达到其犯罪目的之时。也就是说,这个严重无知未遂的行为人想要在其工作中利用自然规律,当然,他对这个自然规律的效果是完全认识错误的,与此同时,这个迷信的未遂人使用的是这样一些方法,在他看来,这些方法也是处于自然规律之外的:祈祷死亡、咒语及符咒、感应手段(《帝国法院刑事判例集》,第33卷,第321页)。

372 从现行法律中,并不能清楚地看出迷信未遂是否应当具有刑事可罚性。这种未遂不能直接归入第23条第3款的文字之中。与此相反,该条文提到:第23条第3款的解释,相对于其限制刑事可罚性的作用,赢得了扩展刑罚的作用;在刑法改革之前,迷信未遂不具刑事可罚性,在司法判决中也是没有争议的(《帝国法院刑事判例集》,第33卷,第321页)。但是,遗憾的是,法律材料却十分不明确。在那里说的是:[401]在这些案件中,"行为人仅仅遵循一种迷信的臆想,相信通过'祈祷死亡'就能够杀人,或者通过'施魔法'能够杀死一只动物",在这里,"通常"就缺乏一种不适当未遂,"因为这些行为,仅仅承担着不现实的希望与心愿,还没有包含在法律上有重大意义的意志,这对于认定故意是不够的"。由此能够得出结论:立法者不认为迷信未遂具有刑事可罚性;但是,一个不适当未遂仅仅"通常"不存在的说法,却使得对一部分案件(哪些?)进行这种认定成为问题了。但是,一个未遂能够"……是迷信的……但是,仍然能够暴露出其中的一种显著的犯罪意志,这个意志使得人们担心,它会在失败之后试图以其他的、适当的方式进行",这个用来证明第23条第3款正当性的句子,谈论的却是立法者对这种刑事可罚性的一般肯定。

---

〔395〕 BT - Drucks. Ⅳ/650, 145。

〔396〕 对此叫好的,见 Stratenwerth, AT[4], § 11, Rn. 60:"……对于一种行为刑法来说是禁止的"。

〔397〕 BT - Drucks. Ⅴ/4095, 12。

〔398〕 这部《刑法典选择性建议》(第25条第3点),"在未遂是以严重无知为基础,并且因此从一开始就不具危险性时",把这种未遂确定为不受刑罚的。

〔399〕 对这个决定,见 Radtke, JuS 1996, 878; B. Heinrich, Jura 1998, 396。

〔400〕 SK[6] - Rudolphi, § 23, Rn. 10; Sch/Sch/Eser[26], § 23, Rn. 18; LK[10] - Vogler, § 23, Rn. 36。

〔401〕 对于 § 27 Ⅲ E 1962 的论证,是今天的第23条第3款可以追溯的(BT - Drucks. Ⅳ/650, 145)。

面对这个矛盾,这个问题必须通过专门的论证来决定。这些论点是明确地反对这种刑事可罚性的。“我们不再对巫术进行惩罚,其结果是,我们也不允许惩罚未遂的巫术。每个人都可以随意召唤魔鬼、诅咒下地狱或者祈求上天降罪于他人。”〔402〕这种无刑事可罚性的法学根据就发生动摇了。在《1962年刑法典草案》的蓝本面前(边码372),这种故意经常受到驳斥。〔403〕在行为人总是以其对构成行为对象产生损害作用的能力为出发点时,这是令人怀疑的。这种认定的错误性为什么应当排除故意,在严重无知与此无关时,并不显而易见。对这种无刑事可罚性的正确说明在于,因为所有人都认为迷信未遂是可笑的,它就完全不产生动摇法律的印象,因此,其在法学上的不重要性就从其缺乏刑罚根据上得到了说明,而这种刑罚根据是其他无危险未遂的基础(参见,边码10以下,12,18)。〔404〕 373

赫茨贝格〔405〕想要把迷信未遂作为允许的风险从客观行为构成中排除。这里正确的是,迷信未遂基本上从一开始就完全没有创设在法律上有重要意义的实现行为构成的风险。但是,严重无知的未遂也没有,尽管如此,还是在原则上被置于刑罚之下了(第23条第3款)。但是,立法者已经例外地在无危险性未遂中,把刑事可罚性不是建立在创设风险的基础上,而是建立在动摇法律的破坏规范的基础上,这时,这个标准的确在迷信未遂中还完全直接得到满足,在立法上对其的肯定,在严重无知的未遂中,甚至在第23条第3款的减轻形式中,在刑事政策上就是需要提出问题的——并且,由此提供了对其不归责于客观行为构成的基础。 374

少数作者今天仍然对此进行辩护,应当把迷信未遂置于第23条第3款之下。〔406〕但是,这不是以这些案件的刑罚需要性,而是以区分迷信未遂与仅仅严重无知未遂的困难性来作为根据的。然而,这个区分**在原则上**是清楚的:一个认为借助甘菊茶就能够引起堕胎的人,**不是**迷信,而仅仅是愚蠢,也就是说,必须根据第23条第3款来处理。在边缘案件中的分割困难,在这里就像在法律中随处可见的那样,不能建立在放弃区别的基础上。当人们,例如奥托,〔407〕对此还把第23条第3款对迷信未遂的案件进行了这样的解释,“在这里,法官的判断受到限制,在这类案件中应当放弃刑罚”时,在人们没有把所有严重无知未遂的案件都置于这样一种法律后果的规则之下的范围内,就的确必须重新进行这种区分。 375

(四)不适当的不作为未遂

在原则上具有刑事可罚性的不作为未遂(对此,边码266),今天是毫无疑问的。但是,鲁道菲〔408〕与施米德霍伊泽〔409〕还是对不适当的不作为未遂的刑事可罚性提出了异议。二者的出发 376

〔402〕 Bockelmann, 1957, 160。

〔403〕 因此,例如,见 Jakobs, AT², 25/22; Rath, JuS 1998, 1113; Wessels/Beukel, AT³¹, Rn. 620。

〔404〕 因此,例如,见 Kühl, AT³, § 15, Rn. 93。同样,见 Ebert, AT³, 125; Gössel, GA 1971, 233; Jescheck/Weigend, AT⁵, § 50 Ⅰ 6; J. Meyer, ZStW 87 (1975), 618 f.; SK⁶ – Rudolphi, § 22, Rn. 34 f.; Sch/Sch/Eser²⁶, § 22, Rn. 65; Schünemann, GA 1986, 315。

〔405〕 Herzberg, GA 2001, 267 ff.。

〔406〕 Baumann/Weber, AT¹⁰, § 26 Ⅲ 1 e(有些可疑之处); Guhra, 2002, 41 f.; Otto, AT⁶, § 18 Ⅳ 3 b; Stratenwerth, AT⁴, § 11, Rn. 61; Schmidhäuser, LB AT², 15/44 f.(不同的意见,见 ders., StuB AT², 11/45);区别于 B. Heinrich, Jura 1998, 393, 398,他仍然认为,“在一种严重无知的举止行为与迷信行为之间划出一条有意义的界限……是不可能的。”

〔407〕 Otto, AT⁶, § 18 Ⅳ 3 b(此后的引文也出自这里)。

〔408〕 Rudolphi, MDR 1967, 2; ders. SK⁷, vor § 13, Rn. 55。

〔409〕 Schmidhäuser, LB AT², 17/27, 28。

点都在于，在对不适当未遂进行惩罚时涉及了一种**态度刑法**。因为在客观上没有危害的威胁，行为人也没有进行以法益损害为目的的行为，所以，剩下的仅仅是存在于意志决定之中的恶意态度来作为刑事可罚性的基础；"在作为犯罪中总是为了实现一种禁忌的意志目的**而行为的**，与此同时——在这个行为人错误地想象了一种危险的状态或者一种救援的可能性时——保留下来的全部就仅仅是恶意态度，而这从来不能单独地说明这种不法与这种刑事可罚性的基础。"〔410〕联邦最高法院至今还没有对这个问题表明态度。在《联邦最高法院刑事判例集》，第38卷，第359页中，顺便提到了这种不作为的案件，"其中，绝对不存在对法益的危害"。在这里，这个决定是这么进行的："不管在这种案件中，这个原则的例外是否适用，都不能确定一个不纯正不作为犯罪的未遂是具有刑事可罚性的。"

377　这种赞同不适当的不作为未遂不具有刑事可罚性的论点，并不具有说服力。〔411〕一种不适当的不作为未遂，在事前就正好与一种相应的作为未遂一样，具有相同的危险性，只要一个明智的第三者判断人本来也会认定一种有义务进行干涉的情况。例如，一名带着自己孩子到海边游泳的父亲得到需要相信的通知，自己的孩子正处在生命危险之中，急需他的帮助，这时，他的保持不行动就是危险的并且是具有刑罚需要性的——即使后来证实这则消息是弄错人了。〔412〕当这个父亲在这种令人担忧的情节中拒绝进行干预时，这就决不仅仅是一种态度问题，而是一种接近行为构成的未遂性不作为了。当然，在一种对旁观者来说从一开始就是明显不危险的不作为中（例如，在想象中受危害的孩子明显可以看见在岸边玩耍时），案件就有不同。根据现行法律，这也具有刑事可罚性。〔413〕的确，这种由此造成的问题，与在积极的作为未遂中，并没有什么不同。〔414〕此外，它也具有很少的实践意义，因为缺少外部根据的无危险的不作为未遂，仅仅在极少数案件下才是可以证实的。〔415〕

（五）区分不适当未遂与臆想犯罪

1. 简单的基本思想与困难的边缘范围

378　对不适当未遂与臆想犯罪加以区分的核心问题是简单的：一个人在其行为中错误地从这种情节出发的，虽然在这些情节存在时自己本来会满足一个行为构成，就实施了一个不适当未遂。与此相反，一个人对所有的外部情节都有恰当的了解，但是，错误地认为，自己的举止行为违反了一条刑法上的禁止性规定，那么，他犯的就是一个无刑事可罚性的臆想犯罪。也就是说，一个人在黄昏时把树干错认为人而向其射击的，就犯了一个杀人未遂。相反，一个人在自己的林场向一个他所熟知的树干射击，并且认为这是具有刑事可罚性的，就犯了一个臆想犯罪。臆想犯罪不具有刑事可罚性是由法无明文规定不为罪的基本原则中得出的〔416〕（《德国基本法》第103条第2款）：犯罪构成不存在之处，既遂与未遂都同样是不可能的。只有行为人敌视法律的态度是不能

---

〔410〕 Schmidhäuser, LB AT², 17/27。也见 Niepoth, 1994；ders.（在好的关系之中），JA 1994，337 再次否定了不适当不作为未遂的刑事可罚性，在其中，他虽然肯定了这种刑罚值得性，但是否定了这种刑罚需要性。

〔411〕 BGHSt 38，359 也没有解决这个问题。

〔412〕 因此，跟随其老师 Hirsch 的理论，见 Malitz，1998 的专著。

〔413〕 就像 Malitz，1998，291 所承认的。

〔414〕 对此，参见对未遂的刑罚基础的阐述（上文边码9－58）。

〔415〕 这里也存在着 Niepoth（就像在边码408那样）为什么想要通过认定一种排除刑罚基础，来免除对这些案件适用刑罚的原因。

〔416〕 参见 Herzberg，JuS 1980，469。

为刑事可罚性提供基础的。

379 虽然这个基本思想不言而喻，但是，对不适当未遂与臆想犯罪的区分，在边缘范围中仍然是非常困难的，直到今天也不是完全清楚。例如，一个在检察官面前起誓的人，因为他错误地认定了一个行为构成要素（“有权接受发誓的部门”），就是一种未遂的伪证吗？或者，因为他把一种不受处罚的举止行为（在一个不主管发誓的检察官面前起誓）错认为是具有刑事可罚性的，就进行了一个不具有刑事可罚性的臆想犯罪吗？这类问题，在文献与司法判决中，直到今天也没有有区别地得到回答（详见，边码 394 以下，边码 417）。虽然这种不明确性，但是，在关于区分的进一步领域里存在着统一性，并且，这种统一性部分地是在对此从来没有决定的范围内存在的。在这里，我们应当借助这种（或多或少）没有争议的案件，开始有关的讨论。

2. 无争议的领域

（1）对案件事实的认识错误（几乎）从不导致臆想犯罪

380 在行为人想象会满足一个行为构成的案件事实时，他以实现这个案件事实为指向的作为，通常只能说明一个不适当未遂的根据，而不能是说明臆想犯罪的根据。也就是说，在一个思想不集中的教授错误地认为已经获得了一笔高额的鉴定酬金时，但是，没有将此向税务局进行申报时，这就是一个具有刑事可罚性的偷税未遂（《税收条例》第 370 条第 2 款）。是否存在一个臆想犯罪这个问题，只能出现在这个行为人对一种自己要承担责任的法的认识错误之时，例如，他对税务局隐瞒了自己误认为必须对之上税的金钱收入（对此，边码 394 以下，边码 409 以下，416）。对案件事实的认识错误不能提供臆想犯罪的根据是一个规则，这个规则有一个——有争议并且已经讨论的——例外：一种地位性义务的认识错误（边码 356 以下）：也就是说，一个人把一个伪造文件当成一份公职人员的任命证书，并且由此实施了一个想象中的公职犯罪的，就是干了一件无刑事可罚性的臆想犯罪，尽管其错误存在于事实领域之中。

（2）认定不存在的行为构成作为臆想犯罪

381 属于这里的案件，例如，有人实施通奸、从事交换配偶、进行同性恋行为或者与动物进行“淫乱”，并且认为这类行为都是具有刑事可罚性的。这种类型的认识错误是可能的，因为所提到的行为，在事实上一直到战后很长一段时间里，都是受到刑罚威胁的。[417] 自然，错误的法想象是不能使这个“行为人”具有刑事可罚性的，因为对他的举止行为没有刑法条文可以使用。相应的，这也适用于这种情况：有人认为有些事情是具有刑事可罚性的，而这些事情在《德国刑法典》适用范围下从来不被置于刑罚之下：使用性盗窃（第 248b 条除外）、违法人妨碍对他的刑罚、从监禁中逃跑或者秘密使用他人电话。

（3）对正当化根据与其他阻碍刑罚的错误认识作为臆想犯罪

382 当有人通过在必要范围内向正在逃跑的小偷腿上开枪来保卫自己的财产时，这是通过紧急防卫（第 32 条）来保护的。[418] 如果行为人认为这是有刑事可罚性的，因为他认为，人们只允许对身体攻击才使用射击武器来防卫自己，那么，他就仍然没有犯一种身体伤害未遂（第 224 条），而是一种臆想犯罪。无刑事可罚性的同样是，一个人在临时逮捕的条件下（《德国刑事诉讼法》第 127 条）拘留他人，并且认为这是一种具有刑事可罚性的剥夺自由（第 239 条），因为他相信只有刑事追诉机关才允许进行逮捕。同样，在错误认识免责根据中，情况也一样：一个在第 35 条的条件下实施了一个违法的构成行为的人，即使他自己认为这是具有刑事可罚性的，也是不具有刑事可罚性的。没有什么不同的是，在排除刑罚基础（或者刑事可罚性的客观条件）中的案件：在联

---

[417] 参见 Roxin，AT1³，§ 2，Rn. 3。

[418] Roxin，AT1³，§ 15，Rn. 46。

邦议会中侮辱他人的议员，在他自己把其举止行为判定为有刑事可罚性时（当然，一个未遂也会是不具有刑事可罚性的），鉴于第36条，他也是实施了一个臆想犯罪。

(4)对行为构成概念的扩展作为臆想犯罪

383 不是完全无争议的，但是今天的确基本得到承认的是，在扩展行为构成要素中，也就是说，在这个行为人错误地定义一个自己承担责任的要素时，一种臆想犯罪的存在。在司法判决中，这个问题首先是在伪造证明文书中变得具有现实意义的。在《联邦最高法院刑事判例集》，第13卷，第235页的案件中，这个被告人让人印制了一些配给票（Bezugskarten），这种票可以撕下的部分应当是在那家外国武装力量开办的食堂中购买香烟时用的。配给票与可撕下部分缺少出证人与证明性，尽管如此，行为人还是把它们当成证明文书。联邦最高法院对此宣告（出处同上，第240页以下）："如果他相信……这个可撕下部分尽管缺少出证人与尽管没有证明性，但是，仍然会是第267条意义上的证明文书，那么，他就会是对一个构成行为提供了帮助，他在错误认识的法律评价（归类性错误）的基础上将其认为是具有刑事可罚性的，也就是说，对一个臆想犯罪提供了帮助。"在这些情节下，他自己的行为也是"一个臆想犯罪，并且因此是不具有刑事可罚性的"。这个判决在当时并不是没有人反对的，[419]并且，联邦最高法院也并不总是这个观点。还有，《联邦最高法院刑事判例集》，第7卷，第53(58)页也在一个类似的案件中认为，假如这个被告人"把苏占区的食品票错误地当成证明文书"，就能够存在一个未遂的伪造文书。但是，正确的是在一种"颠倒的归类性错误"的形态中仅仅认定一个臆想犯罪：被告人自己想象的一切，在客观考虑中，并不能为伪造文书提供根据。因此，这就缺少一个符合客观行为构成的故意。一个人，把在其想象内容基础上不是那样的那些，看成是伪造文书的，就必须保留为不具有刑事可罚性。

384 这适用于对**所有**行为构成要素的扩展解释，也就是说，不仅是那些处于中心地位的规范性要素，而且还有那些主要的描述性要素。[420]例如，一个人知道这个靠着呼吸机的人已经脑死亡，但是，仍然将其视为第211条以下意义上的"人"，并且相信可以借助关闭维持身体循环的设备来进行一个杀人，在事实上，他就仅仅干了一个臆想犯罪。在人们从主流观点出发，主张生命终止于脑死亡时，他就是在对一名死者进行自己的行为。在这里，他把这个死者判定为"人"，扩展了这个概念，并且自己处于一种不具有刑事可罚性的颠倒的归类性错误之中。在"人"这个概念的正确定义中，作为不具有刑事可罚性而被知晓的那些，能够通过一个错误的定义而变得不具有刑事可罚性。

385 对行为构成要素的扩展解释导致臆想犯罪的这个原理，适用于所有要素，因此，不需要举出更多的案例。仅仅还要注意的是，这个原理也适用于那些没有在法律中明确提到，而是必须从规定的上下文中才能推断出来的行为构成要素上去。

386 得到承认的是，当有人通过一起由其引起的交通事故"仅仅给自己造成了损失"（《联邦最高法院刑事判例集》，第8卷，第263页）时，就没有产生一种根据第142条的等待义务；第142条的道理在于保护他人的赔偿请求。现在，当有人在这种仅仅考虑对自己的损害中，错误地认为有等待义务时，他就扩展了"消极的确定义务"这种"没有写出的行为构成要素"（《联邦最高法院刑事判例集》，第8卷，第265页），并且，实施的不是未遂的肇事逃逸，而是一种臆想犯罪（《联邦最高法院刑事判例集》，第8卷，第268页）。[421]今天，这种未遂的肇事逃逸也是不具有刑事可罚性

[419] 对于一种未遂的伪造文书，见 Foth, JR 1965, 370; Traub, JuS 1967, 115。

[420] 对此，参见 Roxin, AT1^3, § 10, Rn. 57 ff.。

[421] 这在1972年就受到 Engisch 的置疑（Heinitz－FS, 1972, 191 ff., 201 f.）。相反，恰当的，见 Herzberg, JuS 1980, 470。

的,这个情节并不能降低这个区别的学术意义。

相应地,这也适用于在不纯正不作为犯罪中对保证义务的扩展。"这个——以错误的方式——认定了一种保证义务的不作为行为人,尽管这种——他也知道的——案件事实并不能得出这种义务",根据大刑事委员会的恰当的观点(《联邦最高法院刑事判例集》,第16卷,第155页,第160页),进行的仅仅是一种臆想犯罪。 387

3. 有争议的领域:在行为构成的前沿地带自己承担责任的认识错误

(1)各种案件状况

这些至今没有得到最终解释的案件,这些司法判决在其中也还没有找到清楚路线的案件,涉及的是在行为构成的前沿地带中使人承担责任的法的认识错误。这里说的,应当从五种特别重要的案件状况来清楚地加以说明。 388

1)他人的

人们认定,有人由于第二个买家出了更高的价格,就把一件已经售出但还没有交货的物品卖给了第二个买家,并且交货完毕。在这里,他认为自己实施了贪污,因为他有错误的法目的,认为财产在第一个购买合同时就已经转给了那时的合同伙伴了。这里要排除一个既遂的贪污,因为这个物品在第二次出售时还不是"他人的",而还总是处于行为人的财产之中。但是,这个行为人由于错误的法思考而认为它是他人的。现在,这是不适当的贪污未遂还是一个臆想犯罪呢?这个行为人在这里不是对"他人"这个概念作出错误的与扩展的定义。他知道,一个物品在处于他人的或者他人共同的财产权之下时,它就是他人的。他仅仅是弄错了这个财产转移的法律条件。他是对在行为构成的前沿地带的法律规则有认识错误。 389

2)财产损失

这种认识错误在诈骗罪中也能出现。有人在对地产购买合同进行公证证明中,写上了过低的价格以节省费用。[422]他错误地认为,公证费用是以实际上较高的购买金额来确定的,与此同时,在实际上,公证费仅仅是根据在证书中登记的购买金额来定的。也就是说,由于缺乏损害,就不存在一个既遂的诈骗。这就提出了这个问题:这应当认定为一个不适当的未遂诈骗还是一个臆想犯罪?行为人对财产损害概念的定义是完全正确的。但是,他弄错了在收费法上这种损害的存在条件。在这里,行为人也是通过在行为构成前沿地带错误的法目的来认定自己的刑事可罚性。类似地——至少是根据早期的法观点——在"电话性公寓"案件[423]中就存在这种案件。行为人与一家"电话性公寓"约定了价值60德国马克的电话交谈,但是,通过诡计让他所接听电话计算在另一个长途电话用户的账上(这个人自然没有付款)。在人们从——在今天卖淫合法化之后不再合适的——这种前提出发:提供人由于"合同"违反道德而无权请求报酬,行为人却认为自己存在支付义务,在这里就也产生在一种对民法上的损害条件的认识错误,这个错误既不能归入不适当未遂,又不能归入臆想犯罪。 390

3)职权

在司法判决中特别常见的一类认识错误,就是对在第154条中职权的认识错误。有人在发誓时,向一个他认为有职权而实际上无权的部门,进行了虚假陈述。未遂还是臆想犯罪?在这里,行为人也没有弄错职权的概念,他知道,这是指一个一般的与在具体案件下中接受宣誓的有权部门。他在自己认识错误的基础上,认为自己是具有刑事可罚性的,但是,这种认识错误涉及的是刑法之外的职权分配规范,而是这些规范把接受宣誓的权限分配给了一个部门。因此,在我 391

---

[422] 因此,例如,存在于 BayObLG NJW 1955, 1567 f. 的案件之中。

[423] LG Mannheim NJW 1995, 3398;在边码445中介绍了对这个判决的大量讨论。

们面前就又一次出现了一种在法律上承担责任的对前沿地带的认识错误。

4)妨碍刑罚中的前构成行为

392 有很多次(并不统一的,参见,边码418),作出决定的还有这种案件:这个行为人根据一种法学上的错误判断,把一种想象中的妨碍刑罚(第258条)认定为一种"违法的前构成行为"。当有人在认识其外部情节中,把自己想要妨碍的惩罚所给予的前构成行为,视为一种具有刑事可罚性的行为,然而,在实际上,这个行为仅仅涉及一种违反秩序行为时,就存在着这种情况。在这里,这个行为人把第258条意义上的"违法构成行为",也恰当地视为"这样一种实现了刑法的行为构成的"(第11条第1款第5项)行为。但是,他弄错了它的条件(也就是说,这是不是他在其行为过程中知道的一个犯罪行为的前构成行为的事件)。也就是说,认定这种刑事可罚性也就再次是以一种承担责任的对前沿地带的认识错误为基础的。

5)纳税义务

393 作为最后一种案件的是对纳税义务的错误认定。由于纳税义务数量多、头绪纷乱复杂,因此,在这个领域内,承担责任的法的认识错误是特别容易产生的,[424]并且,也很难证明(因此,这个问题的实践意义就由此保持在边缘领域之内)。在这里,仅仅要提到一个简单的案件,[425]有人从妻子那里继承了几千马克的遗产,并且错误地认为这笔款项是必须上税的,因此,他有意识地没有正确回答税务局的询问,说仅仅存在债务。这是一个未遂的逃税还是一个臆想犯罪?行为人并没有弄错减少税金的概念或者在《税收条例》第370条意义上对税收有重大意义的事实,而是对存在纳税要求的法律条件,也就是说,处于逃税的行为构成之前的情节,在认识上产生了错误。

(2)前沿地带认识错误所具有的以未遂为根据起作用的理论

394 布莱斯(Bleis)[426]最早代表了这个观点,认为当行为人"在行为构成的前沿地带处于法的认识错误之下,随后他又相信实现了这个自以为理解正确的行为构成要素"时,就始终存在着一个未遂。这个开端,由赫茨贝格[427]发展成为一门至今仍富有影响力的理论。在诸如"他人的"(第242条,第246条)或者"违法构成行为"(第258条)这些要素中涉及到"指示性概念"。[428]它指出了财产转移规则也就是整体的犯罪构成。"只要行为人承担责任的认识错误涉及到指示性领域,即在法律上的前沿地带,那么,这种认识错误就为这种故意与一种不适当未遂提供了基础。相反,在行为人的法理解与规定了这个要素的有关基本决定产生矛盾时,就应当认定一个臆想犯罪。"

395 也就是说,一个想要侵吞他人的财物或者妨碍制裁一个犯罪行为的人,反对立法者的"基本决定",并且值得这种未遂刑罚,即使他另外在法上错误地认识了他的不利情况。与此相反,在有人把二次出售自己的物品(他也把这个物品判定为是自己的),或者把自己也这样认识的违反秩序行为,当成是第258条意义上的"违法构成行为"时,他就误解了立法者的"基本决定",仅仅是要防止侵吞他人的财物或者妨碍刑罚的实施,他的作为就始终是臆想犯罪,不具有刑事可罚性。[429]哪些要素属于在指示性领域的前沿地带中,根据这个理论,能够这样得到认识:在指示性

---

[424] 参见,例如,在Reiβ, wistra 1986, 193 f. 中的实践性例子。

[425] Burkhardt, wistra 1982, 180 中的例子。

[426] 在一个致力于臆想犯罪的论文系列的结尾部分,见Blei, in JA 1973, 237, 321, 389, 459, 529, 601 (604);跟随他的,见Herdegen, BGH-FS, 1975, 206。

[427] Herzberg, JuS 1980, 472 ff.。

[428] 在这里及以下,见Herzberg, JuS 1980, 473。

[429] 类似的,见Kudlich, NStZ 1997, 433。

领域中的法改变并不触及这个犯罪构成。财产转移规则的改变、前构成行为的刑事可罚性的改变,或者纳税义务的改变,都对法律文字与相应犯罪构成的意义不具有影响,即使它们修正了其作用范围。如果人们遵循这个"前沿地带理论",那么,在前面开头的所有五种案件中,就都存在着一种具有刑事可罚性的未遂。

针对这个——非常值得重视的!——理论,主要有以下两种反对意见。首先,这个理论导致刑事可罚性发生一种极大的、并且在刑事政策上不是始终具有说服力的扩大。《帝国法院刑事判例集》,第65卷,第165(172)页就已经对关于纳税义务的认识错误作了如下说明:[430]"鉴于在税法中……要承担的义务具有不明确性,当每个人……都应当对在法无知中引起的想象负责会得到允许时,就会引起不堪忍受的后果,在这个想象中,那种在想当然的纳税要求不存在时在税法上无关紧要的举止行为,就应当使一种对纳税要求的降低导致这种后果。"或者,人们可以想想这种案件,有人在完全无权接受宣誓的警察面前作了一个想当然的伪誓![431]根据前沿地带理论,这是一种根据第154条的不适当未遂。这是没有说服力的,因为立法者的兴趣不在于"把交通警察接受的宣誓置于刑法保护之下;恰恰相反,立法者是拒绝给予他们这种权力"。[432]赫茨贝格也感觉到了这个结论的困境,就想要用第23条第3款("严重无知")来提供帮助。但是,人们很难把在职权问题上一无所知的法律门外汉,由于其认识错误就指责他们的严重无知。这更适用于纳税义务,这种义务即使是专家也几乎不能全部掌握。在这类案件中,使人难以理解的不是那些外行,而是对他们的刑罚! 396

其次,另一种反对意见[433]在于,一些事情是在"前沿地带"还是在行为构成中加以规定,经常仅仅是一种法律技术上的问题。例如,立法者只能仅仅对妨碍更确定的、尤其是更严重刑罚加以惩罚,并且,在第258条中提到有关的犯罪行为。一个人相信,对一种在那里没有提到的举止行为的妨碍性努力,根据第258条是具有刑事可罚性的,这个人在这里就扩展了这个犯罪构成,并且没有争议地是不具有刑事可罚性的。今天,当有人在他的妨碍行为中,在法上错误地把一种违反秩序的行为视为一种犯罪行为时,这为什么就应当受到惩罚呢?同样引人思考的是,所有对接受宣誓具有职权的部门,都要在这个行为构成中提到;如果这仅是少数,这样一种程序在法律技术上就甚至是很有意义的,因为这就创设了更大的清晰性。在这里,这个认定就会是这样的:在一个那里没有提到的部门之前所作的宣誓是伪誓,这个认定就会是一个臆想犯罪,因为行为人的想象并不是指向满足一个行为构成的那些事情。但是,这种单纯的法律技术是很难确定这个行为构成的效力范围的。 397

(3)所有自己承担责任的法的认识错误都无刑事可罚性的理论

在克里格斯曼(Kriegsmann)[434]的一篇早期论文之后,布克哈特(Burkhardt)[435]以非常深入的论证发展了一个反命题。根据他的观点,所有前沿地带的认识错误也都导致臆想犯罪:[436]"一个颠倒的法的认识错误——不管来自何处——并不能起到为未遂提供根据的作用,而是都导向不具有刑事可罚性的臆想犯罪。"也就是说,一个人侵吞了一个他由于错误的法律解释而以为是他人的物品的(参见,边码389的案例),就仅仅是实施了一个臆想犯罪,根据这个理论,这 398

---

[430] 在今天看来,在相同意义上的,见 Burkhardt, JZ 1981, 687 f.; Heidingsfelder, 1991, 90; Reiβ, wistra 1986, 193 ff.。

[431] 详见 Roxin, ^{2}1970, 164 ff.; 赞同的,见 Burkhardt, JZ 1981, 685。

[432] Roxin, ^{2}1970, 165。

[433] 对此,见 Burkhardt, JZ 1981, 687。

[434] Kriegsmann, 1904。

[435] Burkhardt, JZ 1981, 681; ders., wistra 1982, 178。

[436] Burkhardt, JZ 1981, 681。

个臆想犯罪也存在于上文提到的所有其他状况之中。

399 这个观点首先是建立在这个命题上的:“每个建立在一种对法规范认识错误基础上的颠倒的意义性错误(Bedeutungsirrtum),都与对刑法保护范围的扩展联系在一起”。[437] 这种观点认为,当有人由于错误的法考虑,把一件物品当成是他人的而加以侵吞时,他没有弄错“他人的”概念,而仅仅是弄错了这个要素在前沿地带对财产的转移规范,这样说应当是错误的。在事实上,当他在错误的法考虑的基础上,肯定了这个要素时,他对他人的理解与立法者是不同的。这就使布克哈特得出以下的结论:这个法规范的行为构成要素所涵盖的概念范围(这个伸展),总是取决于对此具有决定性的法规范。“一种对法规范的认识错误,因此当然(eo ipso)会涉及这种规范性的行为构成要素的伸展,并且,由此也涉及各种犯罪构成的使用范围。”[438]

400 这是一个难以抵抗的方案,[439] 在大多数案件下也应当得出有说服力的结论,例如,它会允许那些仅仅在自我想象中存在的纳税要求、职权以及犯罪行为(边码 391~393)离开税收犯罪、宣誓犯罪以及妨碍刑罚犯罪的刑事可罚性范围。但是,对于直截了当地把各种承担责任的法的认识错误都置于一种行为人认定的行为构成的扩展之上这个主题,人们必须怀疑其所具有的一般有效性。在上文给出的案例中(边码 390:错误地确定过低的地产价格),在公证人对费用的要求就存在于基础费额之中时,这个行为人就想要并且也确实会损害他的利益。行为人的认识错误不涉及对“财产损害”这个概念的理解(因为他正确地认识到,对一种要求的削减就是一种损害),而是与公证人的收费权有关。这个材料属于诈骗行为构成,这一点是没有什么说服力的;虽然有这种认识错误,但是,在这个范围内还存在着一种损害故意与由此而来的一种未遂诈骗,这个观点因此在刑事政策上也是值得优先考虑的。也就是说,与布克哈特相反,应当认定这些在规范范围内中立的,并且能够导致未遂刑事可罚性的承担责任的法的认识错误的存在。

(4)颠倒结论的理论

401 一种虽然遭到很多批判,但是,直至今天仍在司法判决与文献[440] 中得到主张的理论,在“颠到结论”的帮助下,区分了臆想犯罪与不适当未遂:不适当未遂是一种颠倒的对行为构成的认识错误,而臆想犯罪是一种颠倒的对禁止性错误。也就是说,一个人,把稻草人误认为人,以杀人目的向其射击的,是对一种构成行为情节产生了认识错误。因此,就像那种对事实存在的构成行为情节的认识错误(守卫者把人错认为稻草人)排除故意一样,这种颠倒的认识错误(把稻草人错认为人)就为说明故意提供了基础,并且导向了一个不适当未遂。另一方面,一个人认为盗用(furtum usus)一般是具有刑事可罚性的,就犯了一种颠倒的对禁止性错误(这还不是完全确定的,因为禁止性错误与刑事可罚性认识错误是两回事,参见,罗克辛,《德国刑法学 总论》,第1卷,第三版,第21节,边码13):这样,就像禁止性错误一样(例如,认定使用他人的自行车,相对于第248b条是不受禁止的),不是直接就能够减轻责任的,这种颠倒的禁止性错误(例如,那种“强借”他人的园艺工具就是具有刑事可罚性的)并不能具有责任,而必须导向臆想犯罪。(这个结论给人的第一印象也不是完全恰当的,因为这种禁止性错误通常至少会导致减轻处罚,并且,

---

[437] 在这里及后面的内容,见 Burkhardt, JZ 1981, 685。

[438] Burkhardt, JZ 1981, 686。

[439] 跟随 Burkhardt 的,见 Jakobs, AT^2, 25/42; Otto, JZ 1984, 143 ff. (144); ders., AT^6, § 18 Ⅳ 4; Schlüchter, wistra 1985, 46 ff., 94 ff. (95)。

[440] Foth, JR 1965, 370; Jescheck/Weigend, AT^5, § 50 II 1; Maiwald, 1984, 29; Nierwetberg, Jura 1985, 241; Puppe, Lackner-FS, 1987, 202; SK^6 - Rudolphi, § 22, Rn. 30; Sch/Sch/$Eser^{26}$, § 22, Rn. 69 (有保留的); Traub, NJW 1960, 349; ders., JuS 1967, 115; Tröndle/$Fischer^{50}$, § 16, Rn. 9; LK^{10} - Vogler, § 22, Rn. 143; Wessels/Beukel, AT^{31}, Rn. 261。

在不可避免的案件中,也会导致排除刑罚,与此同时,臆想犯罪就干脆是不具有刑事可罚性的。)

这种颠倒结论已经在帝国法院的司法判决中发挥了作用,[441]并且也被联邦最高法院一再接受。在《联邦最高法院刑事判例集》,第 15 卷,第 345 页中涉及的是这个案件:被告人在一个公开宣誓程序中认为,自己要实施伪誓,对一个情节作出虚假陈述,而这个情节根本不处在答复义务与发誓义务的范围之中。联邦最高法院在其中(与《联邦最高法院刑事判例集》,第 2 卷,第 74 页,第 76 页相对)看见了一个臆想犯罪,并且宣告:对行为构成的认识错误与禁止性错误的区别,“对于是否存在一个不适当未遂还是一个臆想犯罪的问题,也是决定性的。在行为人错误地认定一个并不存在的行为构成要素时,一个不适当未遂就存在了,与此同时,对这个作为的禁令性存在(Verbotensein)的错误认定,也就是说,错误地认定这个行为人的举止行为处于这个刑法规范之中的,就是一个臆想重罪。也就是说,如果行为人以错误的方式相信一个由他作出的陈述不处于宣誓之下的,与此同时,这在法律上又是这种情况的,那么,他就是弄错了这个规范的范围,也就是说,处于一种禁止性错误之中。他并没有弄错一个行为构成要素,而是弄错了他的举止行为处于这个法律禁令之下。这个行为人错误地认定,一个由他作出的虚假陈述处于说真话的义务之下的,在这里,就应当作为臆想重罪来看待。” 402

大刑事委员会关于不纯正不作为犯罪中的认识错误的决议(参见,边码 387),也是使用这个颠倒结论来进行的。联邦最高法院自己的决定认为,在认识说明这种义务根据的情节中,对这种保证义务的不认识,是一个禁止性错误。它对这个决定的说明是建立在这个难以忍受的结论基础上的:为了未遂理论,本来会认定这种保证义务就必须被故意所包含。“这个——以认识错误的方式——认定一种保证义务的不作为行为人,虽然这种——他所了解的——保证义务的案件事实没有出现,也必须在人们遵循反对意见时,由于一个未遂的不纯正不作为犯罪而受到惩罚。在事实上,这种案件必须被判定为是不具有刑事可罚性的臆想重罪。” 403

这个颠倒结论并不是区分未遂与臆想犯罪的适当工具。这个结论仅仅在普通意义上才正确,在这种意义中,这个不适当未遂要求一个指向实现这些构成行为情节的故意,这个故意在对行为构成的认识错误中并不存在,与此同时,这个禁止性错误又让这个行为构成的故意存在,而这个故意在臆想犯罪中又是缺失的。但是,由此并不能得出,这种颠倒的对行为构成的认识错误(也就是说,错误地认定这种对其不认识就排除故意的情节)就必然证明了这个刑事可罚性,或者也仅仅证明了一种未遂的根据。[442] 404

这甚至也适用于那种在行为构成的要素中,表面很清楚的对案件事实认识错误的案件。在这种案件根据第 16 条排除了故意时,根据逻辑的法则,就绝不能得出下面的结论:这个颠倒的认识错误,也就是说,对一个行为构成情况的错误认定,必然会导致未遂。一个人带着杀人目的向稻草人开枪的,只有在立法者把这种举止行为作为不适当未遂置于刑罚之下时,才通过这种颠倒的对行为构成的认识错误而犯有一个未遂——这绝对不是理所自然的(参见,边码 23 以下)!人们也决不能说,是逻辑迫使人们在这种案件中认定一个未遂,并且,应当惩罚或者应当让其不具有刑事可罚性仅仅取决于立法者。当人们在行为人举止行为的危险性中看到未遂的刑罚基础时,一种从一开始就对引起行为构成的结果明显不合适的举止行为,就由于缺乏刑罚基础而根本不是法律意义上的未遂。也就是说,起决定作用的是目的论上的,而不是逻辑上对未遂是什么的 405

---

[441] RGSt 42, 94; 66, 126; 72, 112。

[442] 对于反面的那种逻辑、法理以及司法方面,存在着内容丰富的文献,其中,在这里最重要的较新的观点是引自这些文献:Spendel, ZStW 69 (1957), 441; ders., NJW 1965, 188; Baumann, NJW 1962, 16; Sax, JZ 1967, 261; Engisch, Heinitz-FS, 1972, 185; Herzberg, JuS 1980, 478 ff.; Burkhardt, JZ 1981, 684; Puppe, Lackner-FS, 1984, 199; Schünemann, GA 1986, 313, Fn. 96。详细的,带有进一步证明的,见 Heidingsfelder, 1991, 95-112。

看法。

406 但是,即使人们从不适当未遂原则上具有的刑事可罚性出发,一个颠倒的认识错误所具有的说明未遂根据的力量也是绝不是强制性的。这表现在这个案件中:有人由于一种对案件事实的认识错误而被赋予一种对他并不适宜的地位(作为公职人员、军人等)。虽然这种对说明地位根据的案件事实的不认识就排除了故意,但是,他的错误认定并不能说明这个故意的根据,因为——假设这也仅仅具有组成未遂的意义——地位性义务并不能通过这种以认识错误为条件的幻想来获得(参见,边码356以下)。在这个意义上,起决定作用的也是法学上的,而不是逻辑上的论点。

407 在颠倒的对法的认识错误中,这种颠倒结论对未遂与臆想犯罪的区分更没有贡献。例如,这个以对法不认识为根据的认为不欠税的认定,应当作为对行为构成的认识错误在《税收条例》第370条的意义上加以认定;[443]这样一个"行为人"并不包括外行的那种在客观上由他进行的逃税所具有的"社会意义"。但是,由此绝不能得出这个结论:当有人在错误的法考虑基础上认定了一个根本不存在的纳税要求,并且没有报告时,就必须存在一个具有刑事可罚性的未遂的逃税。[444]在不认识纳税义务就排除故意时,对它的认定就的确只是一种必要的,但是,对于故意的肯定来说,也不是一种直接的充分的条件。更准确地说,所有的目的论观点都赞同,除了认定纳税义务之外,对于一种说明未遂根据的故意来说,还应当要求一种对案件事实的错误想象,这种想象的存在在事实上是以一种欠税为根据的。当税法的非一目了然性减轻了那些在不知纳税义务中行为的市民责任时,把对在这同一种非一目了然性根据上对纳税义务的错误认定,作为应当承担责任的来看待,就没有意义了。这种认识错误,由于税法的混乱性,是很容易出现的,甚至比错误地认识一种真实存在的要求更值得原谅。在这个错误导致无刑事可罚性时,对引起认定根本不存在的纳税要求的法形势的错误判断,才是更应当减轻负担的![445]

408 特别清楚的是颠倒结论在目的论上的错误性,颠倒结论让那种纯粹自我承担责任的对法的认识错误,在不考虑这种否则对故意就是需要的认识的基础上,对于未遂来说就足够了,并且还依据了大刑事委员会在不纯正不作为犯罪中对保证义务的认识错误的决定(参见,边码403)。这个委员会认为,在人们——就像早期司法判决做的那样——把这种防止结果的义务视为行为构成的要素,以至于对其不认识就会发挥排除故意的作用,在一个以错误的法考虑为基础的认定一种不存在的防止结果的义务中,人们就必须认定一个未遂(而不是在正确方式中的臆想犯罪)。但是,这根本不行!即使人们会把不认识一种防止结果义务视为对行为构成的认识错误,这种并不存在的不作为行为构成所具有的自我负责的对法的认识错误的结构,由于法无明文规定不为罪的基本原则,也不能成为说明未遂的根据。在这个案件中,这种颠倒结论说明的,一点都不多于属于肯定未遂的对一种防止结果义务的认定;这个行为人否则还是否必须认定以及必须认定什么案件事实,都不能由此得出结论。

(5)恰当的区分解决方案

409 在前沿地带的认识错误中,在赫茨贝格(边码394以下)与布克哈特(边码398以下)两人提出的不同解决方案之间提出的,并且进行了区分的那种解决方案,是值得优先采用的。[446]这种

---

〔443〕 参见Roxin, AT1³, § 12, Rn. 91。

〔444〕 虽然这样,但是,两者都认为这个结论并不令人满意,见SK⁶ – Rudolphi, § 22, Rn. 32a, 32b; Samson, 1983, 112。

〔445〕 关于在税法中的争论情况,参见,带有进一步证明的Reiβ, wistra 1986, 193。

〔446〕 多种多样并且带有部分偏离结论来区分的,也见Lüderssen, Roxin – FS, 2001,他进行了有趣的尝试,试图借助一种预防性刑罚目的理论的标准来解决这种"颠倒错误"的问题。

指向前沿地带规范的要素,同样属于不同的种类。这部分地涉及了——在这里首先要讨论的是——**“整体概念”**,涉及对数量繁多的要求(《税收条例》第370条)、犯罪构成(第258条)或者主管部门(第154条)进行概括的简略表述。在削减税金这个概念后面,隐藏的是对为数众多的单一或者各个不同种类的纳税要求的不满足,这些在《税收条例》第370条中,是不可能列举的,但是,在人们想要把这种削减行为的对象完全包括进去时,又必须对其进行考虑。在第258条第1款中的“违法的构成行为”这个概念,就是出于法律技术原因而没有在刑法规定中全部列举的整体犯罪构成的缩略语,根据情况,这种违法的构成行为也属于这个整体犯罪构成之中。同样,在第154条中的“主管部门”这个概念,就是一个对所有有权接受宣誓的机构概括性表述,因此,这就成为这个行为构成的组成部分了。

在这些集合概念中,这些集中在一起的个别情况就也属于这个刑法规范的范围。这意味着, 410
一个承担责任的对法的认识错误就会导致臆想犯罪,因为它构建了一个通过无覆盖行为构成的刑事可罚性;在这个范围内,因此就应当同意布克哈特的理论(边码398以下)。也就是说,当有人在逃税的目的中想象根本不存在的纳税要求时,这个认识错误就存在于《税收条例》第370条的规范范围之外,仅仅概括了在事实上存在的那些纳税要求。也就是说,这涉及到一种行为构成的扩展,仅仅只能说明臆想犯罪的存在。在有人妨碍了对违反秩序行为的制裁,并且,在认识这种案件事实中,将其作为第258条意义上的“违法的构成行为”来判定时,他就把这个行为构成中的犯罪行为概念,扩展到并不处于其中的那些举止行为方式上了,并且,同样也仅仅实施了一个臆想犯罪。在那种以对法的不认识为基础的对“职权”的错误认定中,这也是一样的:一个人,在一个国家机关面前作“伪誓”,并且在这里错误地认为,这个国家机关是允许接受宣誓的,他的犯罪实施的故意,就是指向一个在第154条的概括性表述中没有作为“有职权的”来加以包括的“部门”,因此,就又一次地仅仅应当列入一种扩展行为构成的臆想犯罪来加以考虑。

但是,许多指向前沿地带规范的要素都是其他类型的。因此,“他人”这个概念仅仅指向一 411
种他人的财产或者共同财产。也就是说,一个正确地指向他人财产的概念的人,在可能的情况下,就具有侵害财产的故意。这个内容广泛的**规范集合体,调整的是财产的产生,不属于有关财产犯罪的行为构成**,因此,在正确理解了财产概念中,对这个规范集合体的错误认识,在可能的情况下,并不能改变一个未遂的存在。一个人,想要占有一个处于他人财产中的物品,并且在这里正确地理解了《德国民法典》第903条意义上的财产概念的,也就是说,就具有贪污的故意,即使他弄错了关于财产转移的规则。

海丁斯菲尔德(Heidingsfelder)[447]毫不含糊地这样表述:“就像故意在考虑含有酒精的啤酒所具有的 412
麻醉作用中依赖于对酿造技术的认识……那么少一样,对调整转让过程的法律原理的错误想象就能够在考虑‘他人的’这个行为构成要素中排除这个故意。必要的故意的目标,就仅仅应当是这个行为人的想象,而不应当是这个构成行为对象的唯一所有人。这个构成行为的被害人**如何**要求这个构成行为对象上的财产,是根据《德国民法典》的规定,或者,例如,根据一个外国法律制度中的规定,对于这个故意来说,都是无关紧要的。”在我们开头的案例中(边码389),有人在法错误的看法中,把一个自己的物品当成他人的而加以转让的,也就是说,存在着一个未遂的贪污。在这个意义上,赫茨贝格的前沿地带理论(边码394以下)是应当同意的。

同样,财产损害这个概念,也不是集合概念。它不过是表示了一个人所具有的金钱价值,在 413

[447] Heidingsfelder, 1991, 162。

一个结算性思考中产生的减少。这样一种财产损害,也是对一个要求的削减。也就是说,一个人想要骗取一种要求,就有了一个财产损害的故意。**根据哪些规则存在着这种要求,隐瞒这种要求就说明了一种损害的根据,与财产损害这个概念就不再有什么关系了**。在开头的案件中,行为人想要骗取公证人的公证费(边码390),根据有关收费规定,那个想象中的要求是并不存在的,也就是说,这一点都不能改变一种诈骗未遂的存在。同样,在那个讨论过多次的电话涉性案件中,当这个行为人在错误认识这个民法状态中,认定这个"公寓"具有支付长途电话费的要求时,这个结论也适用。[448]此外,在行为人错误地认为,一种自己努力追求的、在事实上合法的财产利益是违法的时候,就应当肯定一个未遂。[449]

414 也就是说,关键的是,对前沿地带规范的指向,是否具有一种把个别案件集合起来加以概括的特征,还是是否仅仅与像"财产"或者"财产损害"这样的概念有关。对它们的理解不是以这种认识为条件的,就像应当损害被害人的那种财产或者要求是存在的一样。在第一个案件中,前沿地带规范,根据事实情况,是属于行为构成的,因此,它的扩展就说明了一种臆想犯罪的根据。在第二个案件中,这种财产或者要求的法学上的产生条件,就存在于这个行为构成之外,因此,对它的错误认识,在这个行为人仅仅在一个外行的比较评价的意义上正确地定义了这种指向的直接对象(财产、通过削减财政要求而造成的损害)时,就不能阻碍一个未遂。

415 就像本书所建议的那样,在前沿地带的认识错误中的不同解决方案,在不同情况下,也在文献中不断得到深入讨论与传播。[450]例如,对本书建议的解决方案负有很大义务的海丁斯菲尔德,[451]也得出了同样的结论。他认为,应当区分规定要素的、填补要素的、限制要素的,以及在规范范围内中性的规范,并且,仅仅在最后的案件中,才让自我负担责任的对法的认识错误发挥说明未遂根据的作用。就像本书所建议的那样,许内曼[452]在印象理论的基础上,也得出了类似的解决方案。在其他的、但始终具有可比性的方式中,福格勒,[453]施吕克特(Schlüchter)[454]与库伦(Kuhlen)[455]是有区别的。

(6)在前沿地带认识错误范围中的司法判决

416 司法判决是不统一的,就像在缺少一种普遍承认的解决方案中也容易想到的那样。在这种错误认定一种纳税义务中,《帝国法院刑事判例集》,第64卷,第229页,第238页;第65卷,第165页,第172页就已经肯定了一个臆想犯罪,与此同时,根据《帝国法院刑事判例集》,第68卷,第44页,第53页以下,就应当存在一个不适当未遂。还有,布莱(Blei)与赫茨贝格(边码358以下)发展起来的理论认为,所有负担责任的在法律上对前沿地带的认识错误,都能发挥说明未遂根据的作用。柏林高等法院,《经济、税收和刑法杂志》,1982年,第196页也想要在这个理论的明确支持下,认定一个不适当未遂。与此相对,根据本书所代表的观点,应当肯定的是一个臆想

---

[448] 因此,还见 LG Mannheim NJW 1995, 3398; Geppert, JK 96, StGB § 263/44。相反,支持臆想犯罪的,见 Behm, NStZ 1996, 317; Scheffler, JuS 1996, 1070; Abrahams/Schwarz, Jura 1997, 355。

[449] BGHSt 42, 268;对此,见 Geppert, JK 97, StGB, § 263/48。

[450] 参见,Lackner/Kühl[24], § 24, Rn. 15。

[451] Heidingsfelder, 1991, 152 ff.。

[452] Schünemann, GA 1986, 312 ff.。

[453] LK[10] – Vogler, § 22, Rn. 143 – 149。

[454] Schlüchter, 1983, 145 ff.。

[455] Kuhlen, 1987, 558。

犯罪(边码 373 以下)[456]

417 帝国法院把对职权的错误认定,视为说明未遂的根据(《帝国法院刑事判例集》,第 60 卷,第 25 页:在检察机关面前作"伪誓";《帝国法院刑事判例集》,第 65 卷,第 206 页:在无职权的候补官员面前作"伪誓")。联邦最高法院遵循了这条路线。[457] 与此相反,根据本书所代表的观点,这种在法不认识基础上对职权的认定,会导致臆想犯罪(边码 409 以下)。在这里,只有在对案件事实的错误认识中,才会考虑一个未遂:一个人,在检察机关或者公证人面前进行虚假宣誓,但是,将其认为是审讯官的,就实施了一个具有刑事可罚性的不适当的伪誓未遂。[458]

418 对这个妨碍对其惩罚的行为是一个犯罪行为作出错误的认定,在其仅仅是以错误的法考虑为基础时,根据《联邦最高法院刑事判例集》,第 15 卷,第 210 页,就应当也是说明根据第 258 条的未遂的根据。与此相反,巴伐利亚州高等法院,《法学家报》,1981 年,第 715 页以下,在一个案件中认定了一个臆想犯罪。在这个案件中,有人为了使自己卷入一场交通事故的熟人免受罚金刑,就欺骗了。事实上,这个由行为人在其外部经过中知悉的前构成行为,仅仅是一个违反秩序的行为;这个行为仅仅会受罚金的惩罚,妨碍这个罚金刑是不具有刑事可罚性的。巴伐利亚州高等法院的观点认为,这个错误地把一个违反秩序行为的法律资格认定为犯罪行为,并不能说明根据第 258 条未遂的根据。这个观点符合本书所代表的观点(边码 409 以下)。一个未遂,只有在这个行为人已经错误地认定了那些会出现一种具有刑事可罚性的前构成行为的案件事实时,才会存在。[459]

419 这个由于法的认识错误而认定第二次出售的物品是他人的案件(边码 389),在斯图加特州高等法院的一个相似状况中——当然,以颠倒结论为基础——在未遂的贪污的意义上作出了决定。这在结论上符合了本书所代表的观点(边码 411 以下),也符合了否则在文献中也占有统治地位的看法。[460] 这种以法的认识错误的考虑为基础的认定一个财产损害的状况(边码 390),是巴伐利亚州高等法院,《新法学周刊》,1955 年,第 1567 页的决定的基础。这个法院与本书所代表的观点(边码 413)相一致,认定了一个具有刑事可罚性的不适当未遂。[461]

---

[456] 赞成未遂的,见:Maiwald, 1984, 30 ff.; SK⁶ – Rudolphi, § 22, Rn. 32 a, b; Samson, 1983, 112; Sch/Sch/Eser²⁶, 322, Rn. 90。赞成臆想犯罪的,见:Burkhardt, wistra 1982, 178 ff.; Heidingsfelder, 1991, 157; Jakobs, AT², 25/39 ff.; Lackner/Kühl²⁴, § 22, Rn. 15; Reiβ, wistra 1986, 198 f.。

[457] BGHSt 3, 348; 5, 111, 113f., 117; 10, 272, 275; 12, 56, 58。

[458] 与此相同的,见 Burkhardt, JZ 1981, 681 ff.; ders., wistra 1982, 178 ff.; Jakobs, AT², 25/38 ff.; Kühl, JuS 1981, 193; ders., AT³, 15/100; Otto, AT⁶, § 18 Ⅳ 4 c; 相反,支持未遂的,见 Herzberg, JuS 1980, 469; Nierwetberg, Jura 1985, 238; SK⁶ – Rudolphi, § 22, Rn. 32 a. b; Schlüchter, JuS 1985, 528; 都带有进一步的证明。

[459] 支持臆想犯罪的,也见 Burkhardt, JZ 1981, 686, Fn. 59; Heidingsfelder, 1991, 157; Lackner/Kühl²⁴, § 22, Rn. 15; Weber, MDR 1961, 426 f.。相反,支持未遂的,见 Blei, JA 1973, 603; ders., AT¹⁸, § 65 II 1; Maurach, NJW 1962, 720; Puppe, Lackner – FS, 1987, 228; SK⁶ – Rudolphi, § 22, Rn. 32 a; Stree, JR 1981, 299; Tröndle/Fischer⁵⁰, § 258 a, Rn. 6。

[460] 与此相同的,例如,Baumann, NJW 1962, 16 ff.; Heidingsfelder, 1991, 162; Herzberg, JuS 1980, 472 f.; Jescheck/Weigend, AT⁵, § 50 II 2; Maurach, NJW 1962, 720; Schlüchter, 1983, 161 f.; dies., JuS 1985, 528; Zaczyk, 1989, 265。相反,支持臆想犯罪的,见 Burkhardt, JZ 1981, 685; Jakobs, AT², 25/42。

[461] 相应的,见 Heidingsfelder, 1991, 161; 也参见 BGH NStZ 1997, 431mit zust. Anm. Kudlich, NStZ 1997, 432, 以及 LG Mannheim NJW 1995, 3398 mit abl. Anm. Behm, NStZ 1996, 317; Scheffler, JuS 1996, 1070。

第30节　未遂的中止

文献：Feuerbach, Kritik des kleinschrodischen Entwurfs zu einem peinlichen Gesetzbuche für die Chur - Pfalz - Bayerischen Staaten, 1804; Zacharia, Die Lehre vom Versuche der Verbrechen, Teil II, 1839; Oppenhoff, Das StGB für die preuβischen Staaten, [5]1867; Baumgarten, Die Lehre vom Versuche der Verbrechen, 1888; Thomsen, Über den Versuch der durch eine Folge qualifizierten Delikte, 1895; Radbruch, in: Vergleichende Darstellung des deutschen und ausländischen Strafrechts, Allgemeiner Teil, Bd. I - IV, 1908; Binding, Strafrechtliche und strafprozessuale Abhandlungen, 1915; Glaeser, Kritische Betrachtung des „Freiwilligen Rücktritts", 1933; zu Dohna, Die Freiwilligkeit des Rücktritts vom Versuche im Lichte der Judikatur des RG, ZStW 59 (1940), 541; Schröder, Der Rücktritt des Teilnehmers vom Versuch nach §§ 46 und 49a, MDR 1949, 714; Bockelmann., Wann ist der Rücktritt vom Versuch freiwillig?, NJW 1955, 1417 (= Untersuchungen, 180); Heinitz, Streitfragen der Versuchslehre, JR 1956, 248; Schröder, Die Freiwilligkeit des Rücktritts vom Versuch, MDR 1956, 321; Lönnies, Rücktritt und tätige Reue bei unechtem Unterlassungsdelikt, NJW 1962, 1950; Schröder, Grundprobleme des Rücktritts vom Versuch, JuS 1962, 81; Gutmann, Die Freiwilligkeit beim Rücktritt vom Versuch und bei der tätigen Reue, 1963; Arzt, Zur Erfolgsabwendung beim Rücktritt vom Versuch, GA 1964, 1; Roxin, Literaturbericht, ZStW 77 (1965), 60; R. v. Hippel, Untersuchungen über den Rücktritt vom Versuch, 1966; Otto, Fehlgeschlagener Versuch und Rücktritt, GA 1967, 144; Roxin, Literaturbericht. Strafrecht. Allgemeiner Teil, ZStW 80 (1968), 694; Hruschka, Zur Frage des Wirkungsbereiches eines freiwilligen Rücktritts vom unbeendeten Versuch, JZ 1969, 495; Lang - Hinrichsen, Bemerkungen zum Begriff der „Tat" im Strafrecht unter besonderer Berücksichtigung der Strafzumessung, des Rücktritts und der tätigen Reue beim Versuch und der Teilnahme, Engisch - FS, 1969, 353; Geilen, Zur Abgrenzung zwischen beendetem und unbeendetem Versuch, JZ 1972, 335; Muñoz - Conde, Theoretische Begründung und systematische Stellung der Straflosigkeit beim Rücktritt vom Versuch, ZStW 84 (1972), 756; Otto., Kausaldiagnose und Erfolgszurechnung, Maurach - FS, 1972, 91; Roxin, Über den Rücktritt vom unbeendeten Versuch, Heinitz - FS, 1972, 251; v. Scheurl, Rücktritt vom Versuch und Tatbeteiligung mehrerer, 1972; Roxin, Der Anfang des beendeten Versuchs, Maurach - FS, 1972, 213; Herzberg, Der Versuch beim unechten Unterlassungsdelikt, MDR 1973, 89; ders., Aberratio ictus und abweichender Kausalverlauf, ZStW 85 (1973), 867; Lenckner, Probleme beim Rücktritt des Beteiligten, Gallas - FS, 1973, 281; Muñoz - Conde, Der miβlungene Rücktritt: Eine Wiederkehr der Erfolgshaftung, GA 1973, 33; Roxin, Kriminalpolitik und Strafrechtssystem, 21973; Rudolphi, Literaturbericht. Strafrecht - Allgemeiner Teil, ZStW 85 (1973), 104; Grünwald, Zum Rücktritt des Tatbeteiligten im künftigen Recht: Welzel - FS, 1974, 701; Burkhardt, Der „Rücktritt" als Rechtsfolgebestimmung, 1975; Gössel, Über den fehlgeschlagenen Versuch, ZStW 87 (1975), 3; Bloy, Die dogmatische Bedeutung der Strafausschlieβungs - und Strafaufhebungsgründe, 1976; Maiwald, Literaturbericht Strafrecht Allgemeiner Teil (Teilnahmelehre), ZStW 88 (1976), 712; Ulsenheimer, Grundfragen des Rücktritts vom Versuch in Theorie und Praxis, 1976; Roxin, Gedanken zum „Dolus Generalis", Würtenberger - FS, 1977, 109; Wolter, Der Irrtum über den Kausalverlauf als Problem objektiver Erfolgszurechnung - zugleich ein Beitrag zur versuchten Straftat sowie zur subjektiven Erkennbarkeit beim Fahrlässigkeitsdelikt, ZStW 89 (1977), 697; Krümpelmann, Die strafrechtliche

Behandlung des Irrtums, Beiheft in ZStW 90 (1978), 6; Bottke, Strafrechtswissenschaftliche Methodik und Systematik bei der Lehre vom strafbefreienden und strafmildernden Täterverhalten, 1979; Haft, Der Rücktritt des Beteiligten bei Vollendung der Straftat, JA 1979, 306; Hassemer, Generalprävention und Strafzumessung, in: Hauptprobleme der Prävention, 1979; Küper, Versuchs - und Rücktrittsprobleme bei mehreren Tatbeteiligten, JZ 1979, 775; Ulsenheimer, Zur Problematik des Rücktritts vom Versuch erfolgsqualifizierter Delikte, Bockelmann - FS, 1979, 405; Bottke, Zur Freiwilligkeit und Endgültigkeit des Rücktritts vom versuchten Betrug, JR 1980, 441; Jakobs, Die Bedeutung des Versuchsstadiums für die Voraussetzungen eines strafbefreienden Rücktritts, JuS 1980, 714; Otto, Versuch und Rücktritt bei mehreren Tatbeteiligten, JA 1980, 641 (Teil 1); 707 (Teil 2); Sonnen, Fehlgeschlagener Versuch und Rücktrittsvoraussetzurtgen, JA 1980, 158; Walter, Der Rücktritt vom Versuch als Ausdruck des Bewährungsgedankens im zurechnenden Strafrecht, 1980; Backmann, Strafbarkeit des vor Tatbeginn zurückgetretenen Tatbeteiligten wegen vollendeter Tat?, JuS 1981, 326; Krauβ, Der strafbefreiende Rücktritt vom Versuch, JuS 1981, 883; Kühl, Grundfälle zu Vorbereitung, Versucn, Vollendung und Beendigung, JuS 1981, 196 (Teil 6); Roxin, Der fehlgeschlagene Versuch. Zugleich ein Beitrag zum Problem der wiederholten Ausführungshandlung, JuS 1981, 1; Walter, Bestimmung der Freiwilligkeit beim Rücktritt vom Versuch, GA 1981, 403; Wolter, Objektive und personale Zurechnung von Verhalten, Gefahr und Verletzung in einem funktionalen Straftatsystem, 1981; ders., Zur Struktur der erfolgsqualifizierten Delikte, JuS 1981, 168; Borchert/Hellmann, Die Abgrenzung der Versuchsstadien des § 24 Abs. 1 Sarz 1 StGB anhand der Erfolgstauglichkeit, GA 1982, 429; dies., Übungsklausur Strafrecht - Fall aus den Bereichen: Rücktritt vom Versuch, Tötungsdelikte, Jura 1982, 658; Gores, Der Rücktritt des Tatbeteiligten, 1982; Weber, Übungsklausur Strafrecht. Der präparierte Sportwagen, Jura 1983, 544; Wolter, Vorsätzliche Vollendung ohne Vollendungsvorsatz ?, Leferenz - FS, 1983, 545; Puppe, Der halbherzige Rücktritt, NStZ 1984, 488; Streng, Tatbegriff und Teilrücktritt, JZ 1984, 652; Herzberg, Der Rücktritt durch Aufgeben der weiteren Tatausführung, Blau - FS, 1985, 97; Otto, Die neuere Rechchsprechung zu den Vermögensdelikten - Teil 1, JZ 1985, 21; Herzberg, Beendeter oder unbeendeter Versuch: Kritisches zu einer neuen Unterscheidung des BGH, NJW 1986, 2466; ders., Der Rücktritt mit Deliktsvorbehalt, H. Kaufmann - GS, 1986: 709; Mayer, Privilegierungswürdigkeit passiven Rücktrittsverhaltens bei modaler Tatfortsetzungsmöglichkeit, 1986; Puppe, Zur Unterscheidung von unbeendetem und beendetem Versuch beim Rücktritt, NStZ 1986, 14; Rengier, Erfolgsqualifizierte Delikte und verwandte Erscheinungsformen, 1986; Schünemann, Die deutschsprachige Strafrechtswissenschaft nach der Strafrechtsreform im Spiegel des Leipziger Kommentars und des Wiener Kommentars (Teil 2), GA 1986, 293; Vogler, Versuch und Rücktritt bei Beteiligung mehrerer an der Straftat, ZStW 98 (1986), 331; Bloy, Zurechnungsstrukturen des Rücktritts vom beendeten Versuch und Mitwirkung Dritter an der Verhinderung der Tatvollendung, BGHSt 31, 46 und BGH NJW 1985, 813, JuS 1987, 528; Herzberg, Grund und Grenzen der Strafbefreiung vom Rücktritt vom Versuch - Von der Strafzwecklehre zur Schulderfüllungstheorie, Lackner - FS, 1987, 325; Ranft, Zur Abgrenzung von unbeendetem und fehlgeschlagenem Versuch bei erneuter Ausführungshandlung (Teil 1), Jura 1987, 434; (Teil 2) 527; Römer, Fragen des „ernsthaften Bemühens“ bei Rücktritt und tätiger Reue, 1987; Bergmann, Die Milderung der Strafe nach § 49 Abs. 2 StGB, 1988; ders., Einzelakts - oder Gesamtbetrachtung beim Rücktritt vom Versuch, ZStW 100 (1988), 329; Frisch, Tatbestandsmäβiges Verhalten und Zurechnung des Erfolges, 1988; Herzberg, Gesamtbetrachtung und Einzelaktstheorie beim Rücktritt vom Versuch, NJW 1988, 1559; Mayer, Nochmals: Gesamtbetrachtung und Einzelaktstheorie beim Rücktritt vom Versuch, NJW 1988, 2589; Sonnen/Hansen - Siedler, Die Abgrenzung des Versuchs von Vorbereitung und Vollendung, JA 1988, 17; Grasnick, volens - nolens, JZ 1989, 821; Günther, Partieller Rücktritt vom Versuch und Deliktswechsel, Armin Kaufmann - GS, 1989, 541; Herzberg, Problemfälle des Rücktritts durch Verhindern der Tatvollendung, NJW 1989, 862; ders., Zum Grundgedanken des § 24 StGB, NStZ 1989, 49; ders., Rücktritt vom Versuch trotz bleibender Vollendungsgefahr ? JZ 1989, 114; Lampe, Rücktritt vom Versuch „mangels Interesses" - BGHSt 35, 184, JuS 1989, 610; Römer, Vollendungsverhinderung durch „ernsthaftes Bemuhen" - Überlegungen zu einer Harmonisierung der Rücktrittsvorschriften, MDR 1989, 945; Rudolphi, Rücktritt vom beendeten Versuch durch erfolgreiches, wenngleich nicht optimales Rettungsbemühen, NStZ 1989, 508; Streng, Schuld ohne Freiheit?, ZStW 101 (1989), 237; Herzberg, Theorien zum Rücktritt und teleologische Gesetzesdeutung, NStZ 1990, 172; ders., Aufgeben durch bloβes Aufhören? Der BGH im Dilemma einer Theorie, JuS 1990, 273; ders., Die aktuelle Entscheidung: Abergläubische Gefahrabwendung und mittelbare Täterschaft durch Ausnutzung eines Verbotsirrtums, Jura 1990, 16; Jerouschek, Jenseits von Gut und Böse: Das Geständnis und seine Bedeutung im Strafrecht, ZStW 102 (1990), 793; Küpper, Grenzen der normativierenden Strafrechtsdogmatik, 1990; Puppe, Rücktritt vom Versuch des Totschlags, NStZ 1990, 433; Schall, Zum Rücktritt vom Versuch bei bedingtem Tötungsvorsatz und wiederholter Ausführungshandlung trotz Zielerreichung - BGH, NStZ 1990, 30, JuS 1990, 623; Streng, Rücktritt und dolus eventualis, JZ 1990, 212; Weinhold, Rettungsverhalten und Rettungsvorsatz beim Rücktritt vom Versuch, 1990; Herzberg, Grundprobleme des Rücktritts vom Versuch und Überlegungen de lege ferenda, NJW 1991, 1633; Bauer, Der strafbefreiende Rücktritt vom unbeendeten Versuch - ein Problem der subjektiven Geschäftsgrundlage (Targrundlage), wistra 1992, 201; Erb, Mord in Mittäterschaft - BGH, NJW 1991, 1068, JuS 1992, 197; Feltes, Der (vorläufig) fehlgeschlagene Versuch, GA 1992, 394; Jakobs, Rücktritt als Tatveränderung versus allgemeines Nachtatverhalten, ZStW 104 (1992), 82; Kampermann, Grundkonstellationen beim Rücktritt vom Versuch, 1992; Mitsch, Der Rücktritt des angestifteten oder unterstützten Täters, Baumann - FS, 1992, 89; Otto, Fehlgeschlagener Versuch und Rücktritt, Jura 1992, 423; Schäfer, Die Privilegierung des „freiwillig - positiven " Verhaltens des Delinquenten nach formell vollendeter Straftat: Zugleich ein Beitrag zum Grundgedanken des Rücktritts vom Versuch und zu den Straftheorien, 1992; Schlüchter, Normkonkretisierung am Beispiel des Rücktrittshorizonts, Baumann - FS, 1992, 81; Hauf, Rücktritt vom Versuch - Diskussion ohne Ende, 1993; ders., Der Groβe Senat des BGH zum Rücktritt vom unbeendeten Versuch bei auβertatbestandlicher Zielerreichung, MDR 1993, 929; Kolster, Die Qualität der Rücktrittsbemühungen des Täters beim beendeten Versuch, 1993; Pahlke, Rücktritt bei dolus eventualis, 1993; Streng, Handlungsziel, Vollendungsneigung und, , Rücktrittshorizont", NStZ 1993, 257; Bauer; Auβertatbestandliche Handlungsziele beim strafbefreienden Rücktritt vom Versuch, MDR 1994, 132; Bottke, Miβlungener oder fehlgeschlagener Vergewaltigungsversuch bei irrig angenommenem Einverständnis?, JZ 1994, 71; Vitt, Zum Rücktritt vom Versuch der Vergewaltigung bei irrtümlicher Annahme cier Einwilligung der Verletzten nach Versuchsbeginn, JR 1994, 199; Pahlke, Rücktritt nach Zielerreichung, GA 1995, 72; Th. Schmidt, Zulässigkeit der Aufzeichnung und Verwertung von „Raumgesprächen", JuS 1995, 651; Sowada, Die erfolgsqualifizierten Delikte im Spannungsfeld zwischen Allgemeinem und Besonderem Teil des Strafrechts, Jura 1995, 644; Sancinetti, Subjektive Unrechtsbegründung und Rücktritt vom Versuch, 1995; Heckler, Beendeter Versuch bei fehlender Vorstellung des Täters über die Folgen seines Tuns?, NJW 1996, 2490; Jäger, Der Rücktritt vom Versuch als zurechenbare Gefährdungsumkehr, 1996; Loos, Beteiligung und Rücktritt, Jura 1996, 518; Murmann, Rücktritt vom Versuch bei Gleichgültigkeit des Täters? JuS 1996, 590; Beinecke, Rücktritt vom Raub bei leichtfertiger Verursachung der qualifizierenden schweren Folge, JuS 1997, 1151; v. Heintschel - Henegg, Versuch und Rücktritt, ZStW 109 (1997), 29; Küper, Der Rücktritt vom „erfolgsqualifizierten Versuch", JZ 1997, 229; Martin, Rücktritt vom Raub bei leichtfertiger Verursachung der qualifizierenden schweren Folge, JuS 1997, 178; Jager, Der Rücktritt vom erfolgsqualifizierten Versuch, NStZ 1998, 161; Maiwatd, Das Erfordernis des ernsthaften Bemühens beim fehlgeschlagenen oder beendeten Versuch (§ 24 Abs. 1 Satz 2 StGB), E. A. Wolff - FS, 1998, 337; Eisele, Abgrenzung von unbeendetem und beendetem Versuch, JA 1999, 922; Kudlich, Grundfälle zum Rücktritt vom Versuch, JuS 1999, 240; 349; 449; ders., Rücktritt vom Versuch bei mehreren Beteiligten, wenn die Rettung des Opfers vereinbart war, JA 1999, 624; Murmann, Versuchsunrecht und Rücktritt, 1999, 49; Stuckenberg, Rücktritt vom Totschlagsversuch, JA 1999, 751; Anders, Zur Möglichkeit des Rücktritts vom erfolgsqualifizierten Versuch, GA 2000, 64; Bacher, Versuch und Rücktritt beim erfolgsqualifizierten Delikt – zugleich ein Beitrag zum Begriff der Tat, 2000; Bottke, Untauglicher Versuch und freiwilliger Rücktritt, BGH – FG, Band Ⅳ, 135; Greeve, Zielerreichung im Eventualversuch und in anderen Versuchsformen, 2000; Jäger, Das Freiwilligkeitsmerkmal beim Rücktritt vom Versuch, ZStW 112 (2000), 783; Küper, Der Rücktritt vom Versuch des unechten Unterlassungsdelikts, ZStW 112 (2000), 1; Otto, Rücktritt und Rücktrittshorizont, Jura 2001, 341; Yamanaka, Betrachtungen über den Strafbefreiungsgrund des Rücktritts vom Versuch, Roxin – FS, 2001, 773; Boβ, Der halbherzige Rücktritt, 2002; Hardtung, Versuch und Rücktritt bei den Teilvorsatzdelikten des § 11 Abs. 2 StGB, 2002; Heckler, Die Ermittlung der beim Rücktritt vom Versuch erforderlichen Rücktrittsleistung anhand der objektiven Vollendungsgefahr, 2002; Rau, Ernsthaftes Bemühen beim Rücktritt nach § 24 Abs. 1 S. 1 StGB?, 2002; Schliebitz, Die Erfolgszurechnung beim „miβlungenen“ Rücktritt, 2002.

一、免除刑罚的中止的原理与体系性位置

（一）免除刑罚的法的原因

1. 法律的规定与问题的提出

1 根据第24条第1款第1项，一个人自愿放弃对构成行为的进一步实施或者阻止其既遂，不会由于未遂而被处以刑罚。也就是说，立法者对不同的未遂进行了区分，有些必须继续实施——例如，瞄准的手枪还必须扣动扳机，有些则没有这个必要——通过定时引爆的炸弹已经安装就位。在第一种案件中，对于获得解除刑罚来说，一个自愿的放弃就够了——未遂行为人不扣动扳机，并且重新收起手枪；在第二种案件中，与此相反，需要一种自愿的阻止——炸弹必须在爆炸之前去掉引信或者及时通知警察。普遍被采纳的说法是，第一种案件称为未终了未遂，第二种案件称为终了未遂（参见，边码163以下）。对于终了未遂的案件，第24条第1款第2项还开启了一种进一步免除刑罚的可能性：如果这个构成行为没有未遂行为人的补充就不会完成，那么，他自愿与认真地阻止这个结果发生的努力就够了。对于多人参与的，第24条第2款拟订了一条独立的规定，以自愿阻止构成行为或者自愿认真地进行努力的必要性为基础。

2 显然，这条规定提出了各种各样的解释问题。这些基本范畴——放弃、阻止、自愿性——就已经像总则部分的一些概念那样，是非常有争议的。如果人们想要澄清这些术语，并且与一个统一的方案联系在一起，就必须追溯到那个以免除刑罚的中止为基础的立法主导思想上去。也就是说，这个——在其那一方面是有争议的——通过第24条得到保障的特权的原理，对于解释数量众多的具体问题来说，是十分重要的。因此，它必须先得到澄清。当然，人们必须提防这样的认识错误：一个——必然是抽象的——自愿中止的方案本来就能够没有困难的回答很多在解释时才会提出的细节性问题。但是，它毕竟能够排除一些与这个规定的主导思想不相符合的解决方法，并且为其它的案件提供一个应当根据各种案情状态具体展开的方针。这在解决具体问题上将如何发挥作用，要在描述的过程中才能展现出来。

3 下面将在本书所代表的刑罚目的理论的基础上，讨论五种最重要的中止原理。在这里，人们必须知道，在近200年以来，有着难以计数的观点在相互斗争，并且不同的原理也以各种组合形

式不断出现。[1] 这里只能在不考虑细微差别的情况下,仅仅对主要的论点线索进行勾勒。

2. 刑罚目的理论

4 今天占据主导地位的是刑罚目的理论。这种理论在其最简单的形式中说,在自愿中止时,就不再可能有什么刑罚目的支持一种刑罚了:既没有特殊预防和一般预防的需要,也没有弥补罪责的必要性来对刑罚提出要求。《联邦最高法院刑事判例集》,第9卷,第48页,第52页第一次非常清晰地指出:[2]"如果行为人自愿远离已经开始的未遂,这就表明,他的重罪性意志并没有像那种实施构成行为所需要的那样强烈。他在这个未遂中暂时得到表现的危险性,在后来证明是小了很多的。出于这个原因,法律放弃了对这种'未遂本身'进行制裁。对其来说,没有必要使用一种刑罚,去阻止行为人将来的犯罪行为,去威慑其他人,并且,去重新建立受到损害的法秩序。"类似的想法,即在自愿中止中,刑罚目的不再要求给予一种制裁,也在更早时就已经表达过了;[3]一直到《联邦最高法院刑事判例集》,第9卷,第48页以来,这种观点才发展成一种独立的"理论"。

5 在联邦最高法院中找到的这个原理认为,这个中止行为人的危险性在过于笼统的方式中被最小化了,并且由此仅仅引导出了这种所缺乏的刑罚必要性,这个版本在这个意义上并不令人担忧。这个向前推进到未遂阶段后被中止的行为人,毕竟显示出是一个在刑法的要求中不坚定的人。同样,那个现在还不能完全克服自己顾虑的人,的确有可能正处在通往那里的路上,并且在下一次就实施这个犯罪了。因此,朗—欣里希森(Lang－Hinrichsen)就把特殊预防的作用对这种行为人是不必要的认定,称为"一个极端大胆的犯罪学预测",[4]而赫茨贝格[5]则把它说成是一种"刑事政策的乐观主义",这种乐观主义在大多数案件中是"纯粹的愿望和毫无根据的推测"。

6 这虽然也很夸张,但是,正确的是,一个自愿中止人是否以及在多大程度上会从其犯罪性倾向中被一劳永逸地治愈这个问题,真的应当根据具体案件的情况来给予不同的回答。的确,这没有为反对刑罚目的理论本身的意见提供根据。消除特殊预防的惩罚必要性,在自愿中止人中,完全不能像联邦最高法院做的那样来说明。仅仅"有害的倾向"是不能在一个行为刑法中为刑法干涉提供正当性的。更准确地说,这种在未遂案件中的正当性是从这里得出的:这个违法者的具体构成行为证明,他是一个同意实施犯罪的并且有能力的行为人,他把自己的决定坚持到底并且仅仅是通过外部的情节才阻止了这个构成行为的实现。也就是说,这种特殊预防作用的需要性必须从那个真实的事件,从那个存在的"构成行为"中得出。这个条件在自愿中止人中是不存在的。他在未遂的构成行为方面重新回到了合法性(Legalität),并且他的大约还存在的犯罪倾向,为一个刑罚提供的机会,就像在其他那些被犯罪危害的人中一样少。[6]

7 由此得出的是一个"**修正的刑罚目的理论**"。[7] 这种理论,尽管强调的要点有一些不同,在

---

〔1〕 在新时期所作的最基础性概述,见 Utsenheimer, 1976, 33－119。更新近的是那个同样好的阐述,见 Schäfer, 1992, 13－95; 此外,见 Boβ, 2002. 15－35, 他试图"从各种着手点出发"来说明中止的特权,并且(更不充分的),见 Heckler, 2002, 109 ff.。

〔2〕 与此有关的,还见 BGHSt 14, 75 (80)。

〔3〕 参见,Bloy, 1976, 158 m. w. N.。

〔4〕 Lang－Hinrichsen, Engisch－FS, 1969, 370。

〔5〕 Herzberg, NStZ 1989, 56。

〔6〕 Roxin, ²1973, 37; ders., Heinitz－FS, 1972, 256。明确同意的,见 Bloy, 1976, 159。同样,在讨论中,见 Herzberg Rudolphi, NStZ 1989, 511。

〔7〕 Bloy, 1976, 158 这样称呼在这里发展起来的方案。

今天还是占优势的代表性观点。[8] 从本书所代表的观点出发，这种理论宣告，出于这种免除刑罚的自愿中止，出于那种在边码 6 论证的与针对受保护的消除特殊预防的刑罚需要性的误解，并且出于也是出于一般预防的角度而不再存在的一种惩罚的必要性。那种充当其基本刑罚基础（第 29 节，边码 10 以下）的未遂的危险性，被这个中止人排除了，并且，那种也还能够承担不危险未遂的刑事可罚性的动摇法律的印象（第 29 节，边码 17），也同样通过中止的自愿性被取消了。这个还能及时并且出于自愿的特色而中止的行为人，并没有给公众做出坏的榜样，而是在一定程度上证实了这个在他的举止行为中最后还是得到贯彻的法。如果行为人在终了未遂中没能成功地阻止这个结果，那么，就存在着一种对法益的损害，一种出于一般预防的根据对刑罚提出要求的损害。仅仅有这种准备回头的行为人所具有的良好意志，还不足以让这种刑罚的需要性取消；在这里就像在其他地方一样，[9] 仅仅从一般预防的根据中就可以得出这个刑罚的必要性。与此相反，当这个构成行为在没有行为人的补充就不会完成时，这个行为人的一种没有结果的努力也能导致不具有刑事可罚性。因为在这样的案件中，这个结果还没有出现，所以，这种一般预防的刑罚需要性也就大大减小了，以至于这种对特殊预防性具有重要意义的行为人的"回转"，就能得到不具有刑事可罚性的嘉奖。

刑罚目的理论所具有的说服力，基础在于它毫不牵强地并且很有说服力地宣告了这些法律规定的多样性。除此之外，未遂刑事可罚性的基础也在为它的意义进行着奋斗：在这种未遂刑事可罚性毫无争议地取决于以刑罚目的为导向的对一项惩罚必要性的立法考虑时，这从一开始就很接近于认定：这种根据第 24 条的解除刑罚就是以消除这种必要性为基础的，也就是说，刑罚目的的观点支撑着对惩罚的排除，就像对惩罚的规定一样。这个结论确实本身没有说服力。在理论上，刑罚需要性之外的权衡，例如，在金桥理论的框架中保护被害人的思想（边码 14 以下），或者一种在刑法之外的"了结原则（Erledigungsprinzip）"（边码 25 以下），都能够构成免除刑罚的动机。当然，在所有这类说明都证明是站不住脚时（边码 17 以下，26 以下），刑罚目的理论就是唯一还剩下的有说服力的方案了。 8

与此相对，反对刑罚目的理论的主要意见是，所有关于预防必要性的说法都是不确定的并且是在经验上不能充分加以证明的。[10] 这些反对意见相对于联邦最高法院对特殊预防的预测（边码 4，5）来说是完全有道理的，但不是相对于修正的刑罚目的理论，这种修正的刑罚目的理论是基于行为刑法的规范的预先规定（边码 6）。就一般预防的认定而言，肯定正确性的是，这种认定在经验上很难被证明。但是，这不是决定性的，因为这个法律规定自然不是以在事实上查明具体案件的结果为根据的，而是以一般性的立法性的认定为根据的。这已经可以适用于对这种刑罚根据的说明了。人们可以怀疑，在具体案件中，不适当未遂是否真的会引起一种要求刑罚的"动摇法律的印象"；对于这种解释来说，立法者以此为出发点并且规定了一种原则性的刑事可罚性，这就足够了。相应的，对于免除刑罚的中止来说，立法者作出判断，那种动摇法律的印象会通 9

---

〔8〕 Bloy, 1976, 160; Bottke, 1979, 350, 565 ff.; Gores, 1982, 149; Günther, Arm. Kaufmann – FS, 1989, 546; Gutmann., 1963, 64 ff.; Jerouschek, ZStW 102 (1990) 812; Krauβ, JuS 1981, 888; Lampe, JuS 1989, 610; Krey, AT/2, Rn. 455; Maurach/Gössel, AT2[7], 41/14; Muňoz – Conde, ZStW 84 (1972), 761; Ranft, Jura 1987, 532; ders., JZ 1989, 1128, 1129; SK6 – Rudolphi, § 24, Rn. 4; Schall, JuS 1990, 626; Sch/Sch/Eser[26], § 24, Rn. 1 ff.。类似的，见 Heckler, 2002, 121 ff. (121)：这涉及"行为人在事后又使作为未遂的刑事可罚性的根据（无论如何是范围广大的）无效了"。那种在这里受到追究的着手被接受了，并且，更进一步地得到了发展，见 Yamanaka, Roxin – FS, 2001, 773。

〔9〕 参见，Roxin, AT 1[3], § 3, Rn. 37。

〔10〕 因此，例如，Hassemer, 1979, 35 f.; Herzberg, Lackner – FS, 1987, 334; Schäfer, 1992, 55。

过它被取消,这就足够了。法律是必要的规范性的陈述,仅仅与经验性的认定相连接,但是,仍然必须构成这种解释的方针。人们肯定不允许把立法者固定在可疑的犯罪学预测之上,是根据我们行为刑法的基础所不能依赖的(边码6);并且,人们也不允许把立法者置于任何明显可以驳倒的经验上的假设之下,就像"金桥理论"做的那样(边码17~19)。但是,人们在至少还可信的一般预防的认定中,在免除刑罚方面,不可以以理智的方式,对可证明性提出在说明刑罚根据中更高的要求。

10 也就是说,恰当的是,人们应当把自愿中止置于作为解释模型的刑罚目的理论的基础之上。当然,根据作者所代表的不同刑罚理论,这个原理真的就在不同的要点上得到强调。在人们借助联邦最高法院(边码3)——和这里完成的不同[11]——除了预防之外,还在刑罚目的的范围内也赋予报应以意义时,人们就能够这样指出,在一个行为人自愿放弃的构成行为中,这个"被损害的法秩序"并不需要报应能够重新产生出来。在很多时候,这也是仅仅按照消除动摇法律的印象来安排的。[12] 这部分地是以一般预防在刑罚目的理论上的优先性为基础的,部分地以在《联邦最高法院刑事判例集》,第9卷,第52页中对特殊预防方面的误解为基础的(边码3)。但是,行为人"缓刑"所具有的那个特殊预防的常用概念,也会偶然地引起普遍的重视。[13]

3. 法律理论

11 那个最早的、今天几乎无人代表的方案的出发点是,自愿中止使得构成行为本身(这意味着,根据今天的概念:其行为构成符合性与违法性)得以取消,并且在这一点上构成了一种有说服力的、在法律上对刑罚的障碍。察哈里埃(Zachariä)认为,[14]通过自愿中止,不仅外部的违反法律的活动,而且针对犯罪既遂的行为人的恶的意志,都"向后地"被宣布无效了。宾丁也以类似的方式,[15]将未遂和中止——在原则上是正确的,参见,边码29——视为一个整体,并由此得出,这种自愿对既遂的放弃,就排除了那种"导致一个有害结果的原因"并且也由此排除了那种违法性。

12 人们可以对此提出反驳,这些外部和内部的事件本身,是不能"向后被宣布无效"的,也不能从世界上消除掉。一个未遂就是未遂,即使它引出了一个中止。当然,在一个"完整性观察"中,这并不妨碍对违法性的一种排除,就像宾丁所做的那样。但是,在行为人,例如,后来救了受伤的被害人时,违法的杀人未遂就应当不再存在,这即便从规范性上说也是没有说服力的。但是,首先,这个为参加人而得出的后果,就反对排除刑法上的不法。教唆人和帮助人本来必须在一种行为人自愿中止中,由于缺少违法的主行为而不具有刑事可罚性的。但是,不应当看出,为什么这个直接行为人应当比局外人更难获得无刑事可罚性,这个局外人不仅自己没有中止并且从来也不想这么做。一个共同作用人的中止能够让其他人的参与都不具有刑事可罚性,此外,这就违反了那个在新的总则中作出的第24条第2款的规定。[16]

---

〔11〕 参见,Roxin, AT 1^3, § 3, Rn. 43 ff.。

〔12〕 Bergmann, 1988, 150 ff.; ders., ZStW 100 (1988), 335 f.; Gores, 1982, 155f.; Grünwald, Welzel - FS, 1974, 711f.; v. Scheurl, 1972, 26 ff.; Schmidhäuser, LB AT^2, 15/69; Schünemann, GA 1986, 323 f.; Streng, JZ 1984, 654。

〔13〕 Walter, 1980, 5; ders., GA 1981, 403; 对于 Walter,参见 Schäfer, 1992, 52 ff.。

〔14〕 Zachariä, 1839, 239。

〔15〕 Binding, 1915, 125 ff.。

〔16〕 Bottke, 1979, 579; Schäfer, 1992, 72。

在较新的文献中,罗伯特·冯·海波尔〔17〕重新采用了这种法律理论,并且把自愿中止说成是“否定性的行为构成要素”(也就是作为排除行为构成的根据)。但是,他自己也看到对参加人进行惩罚的糟糕后果。他考虑的出路是放弃这种附属性,根据现行法,这又是行不通的。但是,如果人们像今天一致的意见那样,由于参加这种——凭借中止而不具有刑事可罚性的——行为人的未遂,来惩罚这个局外人时,那么,人们就不能同时断言,那里并不存在什么能够参加进去的事情。 13

4. 金桥理论

这个理论也被称为“刑事政策理论”。〔18〕它的基本思想是基于这样的想法:为了阻止行为人完成犯罪,就必须给予他一种鼓励。这种鼓励——就是这座“金桥”——是这样一种承诺,未遂在自愿中止时将不处以刑罚。这个想法在弗朗茨·冯·李斯特的影响下,在早期的德语文献中占据了主导地位。〔19〕在他自己修订的最后一版教科书中〔20〕还这样写道,未遂的刑事可罚性不能“向后地被宣布无效”,也不能从世界上消除掉。“但是,立法却能够出于刑事政策的根据,为已经具有接受刑罚能力的行为人搭建起一座回头的金桥。” 14

在帝国法院的判例中,金桥理论占据了主导地位,〔21〕尽管在那里也能看到与刑罚目的理论(边码4以下)、奖赏理论(Prämientheorie)也就是宽恕理论(Gnadentheorie)(边码22以下)的相似之处。在《德意志帝国法院刑事判例集》,第8卷,第13页中这样写道,中止规定的目的在于,“尽可能长久地为行为人的放弃……提供一种鼓励,并且通过这种方式防止与犯罪行为的既遂相联系的危险。”最后一个有关的决定(《帝国法院刑事判例集》,第73卷,第60页)还提到了这种意志,应当为行为人“从一种犯罪计划中回头,在一定程度上‘搭起一座金桥’”。甚至《联邦最高法院刑事判例集》,第6卷,第87页,在自愿的中止中,除了缺少赔偿需要(Sühnebedürfnis)之外,还提到了“促进行为人用于防止这些将要发生的损失的行为”的必要性。 15

这个理论较早的“否定的”版本,首先在费尔巴哈中就可以找到,今天,又重新赢得了追随者。费尔巴哈写道:〔22〕“如果国家不是让这个人对已经进行的构成行为不受惩罚而感到懊悔,那么,他在一定程度上就必须完成这个重罪;那个不幸的让自己进入一个未遂的人,反正都知道,他通过后悔也不再能赢得什么了不起的东西,而通过完成这个构成行为也再不会失去什么重要的东西。”普珀代表了当代接纳这种思想的一个典型。〔23〕她说,关键在于,“为了被害人的获救机会起见……这个行为人应当为防止结果搭建一座‘金桥’,并且尽可能长久地保持它。如果提供不受刑罚也几乎不是一种合适的手段去推动行为人防止结果的发生,那么,这的确就排除了一种心理上的障碍,否则,这种障碍会这样存在:行为人的刑事可罚性就借助未遂被最终确定下来。”普珀的学生魏因霍尔德(Weinhold)进一步拓展了那种与这里相似的朝向现代保护被害人思想的转变。根据她的观点,〔24〕有一点是“坚定不移的,只要这个国家的刑罚要求与被害人的 16

---

〔17〕 R. v. Hippel, 1966, 66;广泛跟随他的,见 v. Scheurl, 1972, 25 ff.。

〔18〕 在这里要避免这个标记,因为刑罚目的理论也是以缺乏刑罚需要性的刑事政策性权衡为基础的。

〔19〕 这个想法在其第一版(1881年)教科书(第143页)中就已经出现了,但是,这个想法在此之前就已经由其他学者表达过了(参见,Ulsenheimer, 1976, 42, Fn. 60)。在旧的理论中,这个理论更多的追随者的引证情况,见 Ulsenheimer aaO。

〔20〕 v. Liszt, StrafR, 21/22 1919, 201。

〔21〕 RGSt 6, 341, 342; 10, 324, 325; RGRspr. Bd. VIII, 12, 13; RGSt 14, 19, 23; 17, 243, 244; RG JW 1892, 5, 6; RGSt 38, 402, 403; 39, 37, 39; 47, 358, 360; 62, 303, 305; 63,158,159; 72, 349, 350; 73, 52, 60。

〔22〕 Feuerbach, 1804, 102。

〔23〕 Puppe, NStZ 1984, 490。

〔24〕 Weinhold, 1990, 31 f.。

利益发生冲突，就应该放弃这个要求。这个应当为行为人搭建的‘金桥’画面，在它正好不取决于行为人时，就表现为一种对这个方案的变形。”另外，这种“费尔巴哈的变化形式”——至少与其他的论证角度一起——在较新的文献中不断地被人所代表。[25]

17 然而，金桥理论在今天仍然还是陷入了边缘位置，并且，这是正确的。一个有说服力的反对意见提出了这样的情节：这个应该构成中止根据的动机是在实际中无法找到的。“帝国法院和联邦最高法院的决定都没有包含这样的案件，行为人会由于想要得到无刑事可罚性就从未遂中中止。”[26]乌尔森海默(Ulsenheimer)[27]把这种证明扩展到了所有其他可获得的德语决定的范围之内。《联邦最高法院刑事判例集》，第9卷，第52页也避开了“金桥”的思想：“在大多数案件中，行为人……在未遂中根本就没有考虑刑法上的后果。”他“也正好不会是出于这样的考虑，即使他应该这样做，来对中止作出确定”。

18 这并不仅仅存在于这一点上，就像一直被认为的那样，违法者几乎无法去做作为这种理论的条件的那种理性权衡。它的根据在于，这个行为人恰恰在自愿中止的经典案件中，能够在不用担心被发现的情况下毫无风险地完成这个构成行为，就不能有动机想要让自己获得不受刑罚。他在这样的案件中反正不算计刑罚的可能性。即使在特别的状况下，这种获得不受刑罚的想法的确会起作用，就像人们在自己报税(《税收条例》第371条)中必须认定的那样，[28]在这个基础上不能建立任何普遍有效的理论。

19 除此之外，对未遂的刑事可罚性与开始的认识以及中止的效果，在门外汉中是不能作为条件的。同时，使用“及时改变想法的人应当得到从轻考虑”这种门外汉的感受，[29]并不削弱这种反对意见。通过这样一种斟酌，最多只能宣告一种法律上的减轻刑罚，而不是现行法律的不受刑罚。此外，一个人，就像规定的那样，在没有被发现的危险下自愿中止并且根本不考虑刑事追究的可能性的，这个人也不需要对从轻处理有所期望。

20 反对金桥理论的还有，这个理论，即使其心理学条件会是很实际的，也不能对自愿的标准作出充分的宣告。[30] 正是在行为人察觉自己被发现了，而这个构成行为还能完成，但是，必须算计自己随后会被抓住时，这种对不具有刑事可罚性的承诺才能形成一种强大动机，去放弃实现行为构成，与此同时，另一方面，这个无论如何都会受到惩罚的权衡，能够促使他去完成这个构成行为。因为在提到的案件中，中止的自愿性在今天已经被普遍拒绝了，所以，也就是说，人们为了给行为人搭建一座保护被害人的通往中止的金桥，就必须也让那些非自愿的中止具有免除刑罚的效果。恰恰是这件事情没有发生。同样，金桥理论的心理学认定，在人们将其作为依据时，就会是矛盾的。虽然预告不具有刑事可罚性，能够用于保护被害人，但是，这种总还能够从这种事情中得出的不具有刑事可罚性的可能性，在另一方面，就也能够鼓励进行未遂，并且在可能的情况下甚至还是既遂，以至于也是在这个基础上，它的——不符合实际的——前提就无法确定，这种金桥理论是否对阻止犯罪行为还能做出任何一种贡献。

21 费尔巴哈的这个否定版本(边码16)，虽然避开了针对未遂行为人为了获得不受刑罚而中止

---

〔25〕 Blei, AT18, § 69 I; Grünwald, Welzel - FS, 1974, 709; Krauβ, JuS 1981, 807; Puppe, NStZ 1984, 490; Wessels/Beulke, AT31, Rn. 626；也许还有 Jescheck/Weigend, AT5, § 51 I 2。

〔26〕 Bockelmann, NJW 1955, 1420, Fn. 41 (= Untersuchungen, 180, Fn. 41)。

〔27〕 Ulsenheimer, 1976, 70。

〔28〕 参见，Bockelmann, NJW 1955, 1420, Fn. 41 (= Untersuchungen, 180, Fn. 41)。

〔29〕 Weinhold, 1990, 33。

〔30〕 在这个范围内，偏离的，见 Ulsenheimer, 1976, 72, 但是，他仅仅看到了这个案件：行为人不再能够完成这个构成行为了。的确，在这里已经存在着一种落空的未遂了。

(边码 17/18)的认定而提出的反对意见,但是,其余的论点——在没有被发现者的中止中,完全缺少对刑罚的恐惧(边码 18/19),并且,以及这个理论本身在不恰当的条件基础上产生的荒谬性(边码 20),也反对这种对中止特权的宣告。无论如何,行为人不应当通过维持中止的刑事可罚性而受到妨碍的思想,作为一种——不是支撑性的、而仅仅是在具体案件中具有重要性的——伴随性的观点,是能够与同样建立在刑事政策基础上的刑罚目的理论联系在一起的。

5. 宽恕理论和奖赏理论

22 这个理论的出发点是,行为人通过免除刑罚的中止而获得的功劳,会通过不受刑罚的"宽恕"或者"奖赏"来得到回报。[31] 这种理论得到了博克尔曼特别有效的重新修整,[32]他在这里依据的是一种有着悠久历史的、能够追溯到《普鲁士大法》(das Preuβische Allgemeine Landrecht)(第 2 编,第 20 章,第 43 条)的传统。行为人权衡"自己面临的罪责谴责性的分量,直至在确定的等级上,通过一种相反的分量,有功劳性地将其加以抵消。"[33]因此,对他不用刑罚也显得是合适的,这意味着:"给他以宽恕"。韦塞尔斯(Wessels)[34]是这样表述的:"法律通过不给予刑罚来回报自愿选择中止的功劳。"

23 以不受刑罚来"回报"或者"奖赏"自愿的中止,这在一定程度上是正确的。但是,这个说法仅仅提供了一种对法律条文的改写。真正的问题在于,为什么自愿的中止会得到不具有刑事可罚性的嘉奖。对此,这里说的理论并没有给出回答。[35] 在"宽恕"的观点所表达的,应当比从法律中出现的对自愿中止的回报更多时,它就是不恰当的。除了特别的历史情况之外,应当宽大处理以及应当赦免一个本身具有刑事可罚性的举止行为,都不是立法者的事情。实际上,这个理论的代表人也都多多少少明显地追溯到一些刑罚目的理论的要素上去。博克尔曼提到了罪责谴责的减轻,并且希望人们日后不应当再遭遇行为人的罪行;[36]耶塞克另外还指出,自愿中止的行为人重新消除了他的构成行为所具有的"动摇法律的印象";[37]并且,韦塞尔斯在自愿中止中看到一种"对合法性的回归"和一种对"行为人对大众法律意识的消极影响"的弥补。[38] 这些表明,这个宽恕理论或者奖赏理论,是一种不完整的刑罚目的理论,并且除此之外就不能再要求什么独立的意义了。

24 类似地,同样适用于耶格尔(Jäger)的理论。[39] 根据他的学说,"起决定性作用的免除刑罚的理由……"存在于"那种通过中止产生的或者至少是企图的对危害的逆转"。这种对危害的逆转,在一定程度上意味着,就像人们一直对这个标准的理解那样,是一种功劳。但是,如果人们问,为什么这种功劳要导致不具有刑事可罚性,那么,在这个行为人"现在证明,自己把那种具体存在的危害加以逆转了,或者,只要这个危害在实际上不存在,就试图加以逆转时,耶格尔也会在认定一个缺失的刑罚需要性中,回溯到这个刑罚目的理论上来"。

---

〔31〕 对于这个(更应当避免的)问题:在奖赏理论、回报理论、功劳理论与宽恕理论之间是否存在着值得记录下来的偏离,见 Ulsenheuner, 1976, 74 ff.。

〔32〕 Bockelmann, NJW 1955, 1421 (= Untersuchung, 182)。

〔33〕 几乎逐字地同意的,见 Jescheck/Weigend, AT^{5}, § 51 I 3。

〔34〕 Wessels/Beulke, AT^{31}, Rn. 626。

〔35〕 对于这个今天已经在很大程度上得到承认的反对论点,见 Roxin, Heinitz-FS, 1972, 271。

〔36〕 Bockelmann, NJW 1955, 1420 (= Untersuchungen, 182)。

〔37〕 Jescheck/Weigend, AT^{5}, § 51 I 3。

〔38〕 Wessels/Beulke, AT^{31}, Rn. 626。

〔39〕 Jäger, 1996, 126; 批评的,见 Yamanaka, Roxin-FS, 2001, 777 ff.。

6. 罪责满足理论

25　赫茨贝格在 1987 年提出了一个他称之为罪责满足理论的新方案。〔40〕他从刑法之外的一个角度出发,也就是那个存在于民法与公法中的原则,"强制的威胁借助对诱因举止行为的弥补而失效了"。〔41〕他在这里看到一种一般的法律原则并且得出结论说:"免除刑罚的原理是……对这个一般法律原则顺从,即强制的威胁(这里:刑罚的威胁)在这个行为人通过一个能够归责于他的成果来满足他完成与赔偿这种不法举止行为的义务,而正是这种不法举止行为引起了这种威胁。"或者,在最简短的版本中说:〔42〕"这个自愿中止人,因为通过一种可以归责于他的成果来满足他的罪责,从而把自己从国家的强制的威胁中解脱出来。"

26　对这个理论的反对意见首先有,不可能把这个了结原则毫无困难地转移到刑法里来。在其他法律领域里,涉及的是这种合法状态的建立(一个罪责的满足、一种干扰的排除,等等);如果这发生了,那么,这个法律问题在实际上也就了结了。一条刑法的基本原则,即那种事后的"赔偿"能够消灭(了结)一种曾经说明过根据的刑事可罚性,是不存在的。甚至那种在 1994 年才引入的第 46a 条,也只是在轻微犯罪中,才在万不得已时为赔偿规定了一种选择性的放弃刑罚。与此相对,当第 24 条在自愿中止中,安排了这种完全的不具有刑事可罚性,这就需要一个说明,但是,这个说明赫茨贝格并没有给出。他仅仅指出:"立法者在中止如何产生免除刑罚的效力这一点上选择了了结原则"。〔43〕但是,由此仅仅是对这个法律条文进行了意译;〔44〕起决定性作用的问题,立法者为什么放弃了刑罚,还是没有得到回答。〔45〕

27　另一个重要的反对罪责满足理论的意见在于,这种理论不能说明对于所有表现形式的免除刑罚的中止都具有决定性作用的自愿标准。这种非自愿的与甚至那种(出于继续实施构成行为的不可能性而导致的)落空的未遂(对此,边码 77~112)都"了结"了这个犯罪行为,而不导致不受刑罚。赫茨贝格自然也发现了这个问题,并做了这样的说明:立法者除了这个了结原则之外,还要考虑预防的观点。"这个入室盗窃者被房屋居住者逮住,并且因此没有拿赃物的,就满足了他尊重他人财产的义务,但是,由此仅仅是在民法上澄清了这件事。那种未遂(落空)的自我缓和的案件与非自愿中止的案件,正好就像那种在既遂犯罪之后进行赔偿的案件那样,是刑法根据自己绝对预防的刑罚原则保存下来的。"〔46〕也就是说,对赫茨贝格来说,只有从了结原则和预防必要性之间的"张力关系"中,才能说明这种中止规定。但是,由此产生的结果是,即使对他来说,实际上对未遂的刑事可罚性起决定作用的还是预防的观点,因此,不是这种"了结",而是预防必要性的缺失,在有些情况下就说明了不具有刑事可罚性的根据。〔47〕由此,赫茨贝格就与其出发点相反,又回到被他激烈抨击的刑罚目的理论上了。

28　除了罪责满足理论所具有的这些核心弱点之外,顺便提到的是,即使在自愿性存在中,这个了结的想法也不是很好地适合了中止的一些表现形式。在不适当的未遂中,从一开始就没有危险的威胁,就没有什么好了结的,并且,一个自愿的中止的确是可能的。当人们在排除这种通过

---

〔40〕 Herzberg, Lackner-FS, 1987, 325 (349 ff.);此外,见ders., NStZ 1990, 172(与Rudolphi, NStZ 1989, 508 讨论)。

〔41〕 在这里与在下文中,见 Herzberg, Lackner-FS, 1987, 349。

〔42〕 Herzberg, Lackner-FS, 1987, 350。

〔43〕 Herzberg, Lackner-FS, 1987, 349。

〔44〕 Schäfer, 1992, 68。

〔45〕 SK[6]-Rudolphi, § 24, Rn. 3 a; ders., NStZ 1989, 508(相反,又见 Herzberg, NStZ 1990, 170); Rudolphi 同意 Yamanaka, Roxin-FS, 2001, 775 ff.。

〔46〕 在这里与在下文中,见 Herzberg, Lackner-FS, 1987, 351。

〔47〕 类似的,见 Bergmann, ZStW 100 (1988), 337。

未遂引起的动摇法律的印象中看到这种了结效果时,人们就又重新回到刑罚目的理论上了。在我看来,罪责满足理论也与根据第24条第2款的规则也不相一致,根据这个规则,一种"自愿的与认真的",但却是没有结果的与因此是什么也没有了结的作为,就也能导致不受刑罚。

(二)免除刑罚的中止具有的体系位置

根据本书所赞成的刑罚目的理论,免除刑罚的中止是一种**排除刑法责任性的案件**。[48] 在这里,**未遂和中止**应当被视为**一个评价整体**。[49] 这样,就像结果另外属于构成行为一样,对其引起的放弃或者通过行为人对其的阻止,都必须包括在对事件的法律评判之中。这就表明,在未遂的引起中,存在着一个符合行为构成的、违法的和有罪责的行为,其罪责通过中止虽然看起来好象减轻了,但是,却并不能被消除。因为的确既不存在一种特殊预防的也不存在一种一般预防的刑罚需要(对此,边码6,7),所以,这种刑法责任性就能够被排除。[50] 这种体系上的安排与第33条、第35条以及类似案件的安排相符合,[51]这些案件是指同样存在着一种减轻的罪责,但是由于缺少预防性惩罚的必要性而取消责任性的情况。把自愿的中止说成一种排除刑法责任性的根据,也就是说,与本书所提出的犯罪理论方案是完全一致的。 29

在文章中发展起来的观点在很大程度上符合了鲁道菲[52]和乌尔森海默[53]的看法,他们把自愿的**中止作为免责根据**来理解了。[54] 中止减缓了不法(由于缺少结果),并且同样在很大程度上减轻了罪责,以至于刑罚是能够放弃的。施特伦(Streng)[55]以非常类似的方式谈到一种"清偿罪责的根据(Schuldtilgungsgrund)"。当雅各布斯[56]"把对规范破坏的最小化……移植到犯罪的所有层次上"时,因此,由于实际上减轻的不法,这也是正确的。这里缺少的,仅仅是那种从中能够得出不法和罪责的"残留部分"不具有无刑事可罚性的与刑罚目的理论的联系。博斯(Boβ)对此未作决定地表达了自己的观点,[57]根据他的观点,中止"既能够被理解为取消刑罚的根据,也能够被理解为清偿罪责的根据"。 30

与此相对,主流理论把自愿的**中止理解为个人的取消刑罚的根据**。[58] 对此"所言甚少",[59]就像这个这种理论的追随者自己同意的那样。这种认定从本书所代表的体系性方案出发,只要 31

---

[48] 因此,见 Roxin, ²1973, 36 ff.; ders., Heinitz – FS, 1972, 273 ff.; ders., AT 1³, § 23, Rn. 17。

[49] Bloy, 1976, 168 ff.; Bottke, 1979, 682 f.; R. v. Hippel, 1966, 63 ff.; Lang – Hinrichsen, Engisch – FS, 1969, 370 ff.; Schmidhäuser, StuB AT², 11/69; Ulsenheimer, 1976, 88 ff.; LK¹⁰ – Vogler, § 24, Rn. 15。

[50] 同意的,见 Bottke, 1979, 603 ff.: strafzumessungsnaher Verantwortlichkeitsausschluβ; 此外,与本书一致的,见 Haft, JA 1979, 312; Schäfer, 1992, 176。同样,带有在本书所支持的责任方案基础上进行的详细论证,见 Heckler, 2002, 126 ff.。

[51] 详见,Roxin, AT 1³, § 22。

[52] Rudolphi, ZStW 85 (1973), 121f.; ders., SK⁶, § 24, Rn. 6。

[53] Ulsenheimer, 1976, 94 ff.。

[54] 关于这个观点的旧的代表人,见 Roxin, Heinitz – FS, 1972, 274 f.; Ulsenheimer, 1976, 107 ff.。

[55] Streng, ZStW 101 (1989), 324; 类似的,见 Köhler, AT, 470 f.("取消罪责的基础")。

[56] Jakobs, AT², 26/2。

[57] Boβ, 2002, 45。

[58] Baumann/Weber, AT¹⁰, 27/6; Jescheck/Weigend, AT⁵, § 51 VI 1; Krauβ, JuS 1981, 889; Krey, AT¹², Rn. 456; Kühl, AT³, § 16, Rn. 8; Lackener/Kühl²⁴, § 24, Rn. 1; Sch/Sch/Eser²⁶, § 24, Rn. 4; Stratenwerth, AT⁴, § 7, Rn. 30; § 11, Rn. 68, 71; Tröndle/Fischer⁵⁰, § 24, Rn. 2; Wessels/Beulke, AT³¹, Rn. 626; Vogler, ZStW 98 (1986), 335。

[59] Stratenwerth, AT⁴, § 11, Rn. 71。

这种免除刑罚的根据是在缺失的面对中止人的刑罚需要中被发现的,就无论如何是不正确的。这些案件仅仅属于责任性的范畴。[60] 相反,"金桥"理论(上文,边码14以下)倒会允许把中止说成是个人的取消刑罚的根据。其基本思想,通过承诺免除刑罚来诱惑行为人住手,一点都不改变行为人的刑罚需要性,而是为了保持被威胁的法益而照顾他。这个"了结原则"(边码25以下),在真的对不具有刑事可罚性作出决定时,也必须作为一种"刑法之外的开端",从不法和罪责那一边,在取消刑罚的根据中得到安置。那些不依赖于行为人刑罚需要性的免除刑罚的根据,在体系上始终应当安排在排除刑罚的根据或者取消刑罚的根据之中。[61]

32 否则,还零星存在着一些体系上不尽相同的观点。把自愿的中止说成是排除行为构成的根据或者排除不法的根据会导致站不住脚的结果,并且也与现行法不相一致,这已经结合法学理论(边码11以下)说过了。布洛伊[62]有一些不同地谈到一种"个人发挥作用对不法所具有的刑法显著性的排除",并且通过这一点,能够把不具有刑事可罚性性限制在中止人身上。罪责的确被减轻了,正好像不法一样;但是,在这一点上完全消除这种"刑法显著性",只能通过刑罚目的的权衡才能得到说明。耶格尔[63]把免除刑罚的中止说成是"独立的免除刑罚的行为构成",而这种行为构成与在其之前未遂的不法和罪责都是没有关系的。在这里,在要求的"整体观察"(边码29)中,正确的是,自愿的中止让未遂的不法和罪责存在于当然得到减轻的形式之中。但是,因为这种"免除刑罚的行为构成"排除了未遂的刑事可罚性,所以,它在犯罪行为体系上就必须被置于未遂之中(作为被排除责任性的根据),而不能作为"独立的"被置于未遂的构成行为旁边。还有,布克哈特[64]把自愿的中止从未遂构成行为的犯罪结构中解脱出来,他想要把自愿的未遂"通过一种与放弃刑罚的联系",做成"一个脱离构成行为罪责的量刑规定"。反对这一点的意见是,这个立法者根据现行法(de lege lata),从一开始就把这种中止安排为不具有刑事可罚性的。除此之外,还有,预防性的斟酌已经完全属于刑事可罚性的问题,而不是先属于法律后果的范畴。[65]

二、中止无能力与中止

(一)中止的基本方案

33 "中止"的概念构成了第24条的标题,但是,在这个条文的文本中却没有使用。然而,这里的出发点仍然应当是,所有那些根据第24条在自愿行为进一步的条件下出现不具有刑事可罚性的状况,都应当作为中止的案件来判定。迄今为止,文献还几乎没有专门研究一个包含有具体表现形式(放弃、阻止、认真的努力)的中止定义,[66]而是几乎把注意力集中在自愿的标准上。是否存在那种不是中止并且因而不能导致免除刑罚的未遂的中断,这个问题——因此完全不再能够提出自愿的问题,——就在这里被忽略了。由此造成的是,那些案件状况,就像达到目的的与

---

〔60〕 参见,Roxin, AT1^3, § 23, Rn. 16 ff.。

〔61〕 参见,Roxin, AT1^3, § 23, Rn. 21 ff.。

〔62〕 Bloy, 1976, 17 f.。

〔63〕 Jäger, 1996, 126 f.。

〔64〕 Burkhardt, 1975, 70。

〔65〕 参见,Roxin, AT1^3, § 19, Rn.1-7。

〔66〕 当雅各布斯把这种中止的特点说成是"可归责的未遂的结束"时(AT^2, 26/2),并没有解决那个决定性的问题:为什么仅仅是一种未遂的结束是"可归责的"。

落空的未遂（边码 47 以下，77 以下），其中，一种免除刑罚会在中止的缺少上（不是在其可能的非自愿性上！）而失败，在其存在与影响范围中，直到今天都是最有争议的。就像所表明的那样，第 24 条提出的问题中的一大部分，涉及的完全是中止的问题，因此，对其概念的掌握应当得到比在此之前更多的重视。

由耶格尔发展出来的“危害逆转”标准，[67] 为中止提供了一个在内容上可用的标志。一个人在自己，例如，仍然可能满足行为构成时一无所获地重新回家时，他就是放弃了进一步实施构成行为，或者，一个人在自己去掉已经藏在行为地的炸药包引信时，他就是阻止了这个构成行为的发生，这两个人就通过逆转（也就是使之取消）已经创设的危害，来表现出一个与其原先故意相向而行的举止行为。由第 24 条第 1 款第 2 项与第 2 款第 2 项当然能够得出，在这个结果从一开始就不能出现，或者在其他情况下没有行为人的补充就不能出现，或者这个结果的出现与行为人以前的构成行为贡献无关时，一个危害逆转（一种“认真的努力”）的未遂，对于中止来说就足够了。这符合那种在说明刑罚根据中的规定。因此，就像一种仅仅是想象的危害，对于一个具有刑事可罚性的（不适当的）未遂就足够了那样，对于中止来说，一个仅仅在主观上认为可能或者必要的危害逆转的（不适当的）未遂就也足够了。也就是说，人们能够这样总结：**中止是在行为人还能引起结果时的一种已经完成的、否则就未遂的危害逆转**。 34

如果按照这个观点，就能够看出，不是每一个未遂的结束都是以一种中止为基础的。更准确地说，一个（即使是未遂的）危害逆转也只能在这样的案件下发生，即行为人还没有达到其目标并且还相信能够达到这个目标时。例如，一个人为了实施强奸，把一名妇女掐得失去意识，同时容忍其死亡的，在他没有完全杀死这个被害人时，就不能在发生构成行为之后从他以有条件故意实施的谋杀未遂中中止！他的有条件的杀人故意仅仅在考虑强奸的目标时存在，并且借助这个目的的达到而消亡。但是，在故意不再存在之处，也就不存在能够从中中止的未遂了。在这个行为人实施了自己的计划，并且一个进一步的危害从一开始就没有被其故意所采纳时，一个危害逆转（即使是在未遂的形式中）就不再可能了。也就是说，**这个达到目标的未遂**就排除了一种中止的可能性（详见，边码 47 以下）。 35

在行为人从来没有在主观上认为自己的目标还能实现时，案件也是如此。这个伸入他人口袋却发现是里面是空的小偷，在他失望地放弃时，就不是从盗窃未遂中中止。在危害客观上并且根据他的想象根本就不存在之处，他就不能逆转危害，或者不能试图去逆转危害。在这里存在着是一种落空的未遂，这种未遂就像达到目标的未遂一样，是中止无能力的。对此详细的论证应当在后面进行（边码 77 以下）。在这里，仅仅涉及把未遂的两种形式补充进那个简略描绘出来的中止方案之中。 36

当这个结果在行为人作出中止努力后仍旧出现时，中止就更加不予考虑了。根据法律的文字（第 24 条第 1 款第 1 项：阻止），在行为人没有成功阻止结果时，这就已经很清楚了：例如，他把自己借助杀害目的而伤害的被害人送去医院，但是，伤者却无法被救活的。因为行为人没有阻止结果的发生，他就由于既遂的杀人而依然具有刑事可罚性。这符合本书发展起来的方案。根据这种方案，一个未遂的危害逆转只有在结果不出现时，才出现中止。 37

由此还能进一步得出，当这个结果在行为人“放弃”后仍然出现时，中止也同样是不予考虑的：例如，行为人停止了自己下毒的努力，认定自己迄今为止喂给被害人的剂量并不足以杀害他；实际上，被害人的确是因此而死亡了。对“放弃”的肯定在这里虽然（与阻止时不同）没有在语言上被排除，但是，当在第 24 条第 1 款第 1 项中这样写道：“一个人……**由于未遂**而不受惩罚”时， 38

---

[67]　Jäger, 1996, 65 ff.。

这个中止的条件就停留在未遂之中了。但是,这里还是存在着一个既遂的犯罪。对此来说,一个故意的未遂行为引起了这个结果,这就足够了;行为人的想象,引起结果还必须作出进一步的行为,是一种关于因果过程的不重要的错误,并且也不影响对事件的客观归责。〔68〕这种解决途径也是有争议的,需要进一步的论证(边码 115 以下)。但是,它原则上是从这个发展出来的中止方案中得出的:这个危害逆转,尽管结果能够出现,并没有成功。

39　在那种出现结果的案件中,也就是说,危害逆转应当根据客观的标准进行处理,以至于在其失败时就不存在中止。与此相反,在结果不出现时就不一样了。在这里,行为人主观上的这种想象就够了:这个结果不会基于他的举止行为而出现。在第 24 条第 1 款第 2 项与第 2 款第 2 项的案件中,这就再度清楚了:即使阻止结果的未遂在客观上看来,从一开始就没有意义或者不会有效果,这时,有行为人的良好意志,对于肯定中止来说就已经足够了。但是,在根据第 24 条第 1 款第 1 项的"放弃"中,必须同样这样适用。也就是说,当行为人在放弃自己的杀人目的中错误地认为,提供给被害人的毒药并不能够引起他的死亡时(边码 38),但是,这个在其他情况下就会丧命的被害人却通过医生的本领被救活了,就存在着一个杀害未遂的中止。在结果没有出现中(在其出现时就不同,边码 38!),在这里作出的一个未遂的危害逆转就足够了。一个人从另一方面错误地认为没有子弹而放下为了射击举起的手枪时,就不是中止。一个人认为根本不存在继续危害可能性的,就不能试图进行危害逆转。这应当认为是一个落空的未遂(边码 36)。

40　与此相对,对尽管进行了中止的努力但在客观上仍然存在危害的案件,耶格尔反驳说,对其逆转应当根据主观的标准加以确定;他想要取代这个标准而按照客观的案件事实进行安排。〔69〕这样,在那个下毒的案件中(边码 39),因为对于行为人来说,一个真正的逆转危害并没有成功,由于缺少中止,即使在最后没有出现的结果中,也应当继续存在一个具有刑事可罚性的未遂,与此同时,在手枪的例子中(边码 39)应当存在一个中止,因为这个行为人在客观上排除了这个通过手枪而正发生威胁的危险。然而,因为耶格尔认定了一种非自愿的中止,所以,他在结论上还一直也是走向肯定一个具有刑事可罚性的未遂。

41　但是,这种对中止的局部客观化,是不应当被遵循的。在这个通过下毒的例子来表述的状况中,这是与第 24 条第 1 款第 2 项的规定相矛盾的。根据这个规定,在这个努力一点都没有改变那种已经创设的危害,并且这个结果仅仅基于其他情节的原因而没有出现时,认真的阻止努力也能够说明中止的根据。无法看出的是,为什么对放弃就应当与对阻止适用不同的规则,特别是在这时:在还没有对引起结果干出充分的事情这种认定中,人们甚至就已经能够把这个放弃说成是阻止的努力了。

42　在那种通过手枪例子说明逆转的状况中,这种由耶格尔提出的客观化导向一种很难领会的、非故意中止的结构;行为人根本不想要引起这个危害逆转,因为他认为这个构成行为是不能实施的。但是,在这种想象的危害说明了这个未遂的根据时,结果没有出现的,一种想象中的危害逆转就必须同样对这个中止是必要的与充分的。在行为人相信,由于缺少弹药,这个构成行为再也不能实施时,人们也根本不能再谈一种"未遂的危险"。〔70〕他发现自己的错误并作出一个新的杀人决定的危险,不能代替这种由于已经认定的进一步行为的不可能性而消失的实现故意。行为人的错误想象阻止了这个未遂的延续;但是,没有未遂,中止也就被排除了。

43　与耶格尔基本相一致,在放弃这个构成行为的时间点上,当存在这个一种行为人没有看出来的"既遂的危险"时,也就是说,当一个客观的观察者也认为,实现一个行为构成不是完全不可能时,黑克勒(Heckler)〔71〕也想要让这种单纯的"放弃"对一个自愿的中止是不够的。这是他从未遂的刑罚根据中得出

---

〔68〕 参见,Roxin, AT1³, § 12, Rn. 165。

〔69〕 Jäger, 1996, 66 f.;基本"同意那种由 Jäger 建议的方案",见 Otto, Jura 2001, 346。类似的,也见 Köhler, AT, 475。

〔70〕 尽管有值得关注的论点,见 Jäger, 1996, 68 ff.。

〔71〕 Heckler, 2002, 161 ff.;综述见 219。

的，因为这个根据与本书所代表的观点相一致，基本上存在于对行为对象的危害之中。反过来说，在这里也只有那种能够归责于这个行为人的对这种危险的排除，能够作为中止的成绩得到承认。

但是：就像未遂是以根据行为人“想象”的着手为条件的一样，这个应当要求的逆转危害的成绩也必须以行为人的想象为基础。当他的想法是，这个结果根据迄今为止发生的事情并不能出现时，他就不能有动机去进行阻止性的努力了。如果这个结果没有出现，那么，对于这个行为人基于自己想象的图像而认为是多余与没有意义的一切所进行的不作为，就不存在对他进行惩罚的需要性了。 44

当然，在由耶格尔与黑克勒提出的客观化中，不能否定一个合理的核心。当一个未遂行为人在这里会得到无刑事可罚性时，当他以没有看见这种结果出现的可能性为基础，而每一个正常的人都会察觉到这种既遂的危险与作出阻止努力的必要性时，这就真的会不合适。但是，这样的结论，从本书所代表的观点出发，通过人们借助联邦最高法院对这个结果不会出现的认定，提出“严格的要求”时（详见，边码 173），也同样能够碰到。人们能够认为，有人借助既遂的故意创设了一种特别危险的情境，只要没有出现与之相反的特别征兆，也就已经认识了这个结果出现的可能性。在主观与客观的观察方式之间存在的差异，由此就大大地得到限制了。 45

上面描述的方案只是一个中止理论的概要。它提供了一个各种状况都能插入并且都能预先标出各种确定的解决方法的框架。这些解决方法应当在下文中，在与司法判决与理论的讨论中，以深入的方式说明根据，并且，追溯到免除刑罚的中止的原理上去，只要这一点在不深入处理自愿问题下是可能的。 46

（二）达到目标的未遂作为中止无能力的案件

这种状况在其结构上就已经标明了（边码 35）：行为人已经借助一个指向这个被害人的未遂达到了自己的目标，并且因此放弃了对他本身来说是可能的既遂。这种类型的案件在较老的司法判决中是不出名的。很显然，人们是理所当然地认为，一个免除刑罚的中止并不存在。自 1984 年以来，这种案件事实已经大量出现在司法判决之中了。这些决定极其不统一；大审判委员会（der Groβe Senat）无法贯彻一个协调一致的方针，认定了一种自愿的中止（《联邦最高法院刑事判决集》，第 39 卷，第 221 页）。与此相反，在文献中却完全占据优势地拒绝了一种免除刑罚的中止，并且提出了各种说明性根据。有一部分还提出了不同的解决方法。在这里涉及的是在中止领域中目前最有争议的案件类别。在对本书所代表的解决方案进行详细论证之前，应当先说一下重要的相关案件的案件情况与这些司法判决得出的结论。 47

1. 司法判决中的权威决定

（1）联邦最高法院，第一审判委员会，《新法学周刊》，1984 年，第 1693 页[72]

行为人以有条件的杀人故意刺入被害人的肚子，以发泄自己的愤怒。在这里，他没有阻碍被害人逃走，尽管他还能够继续刺杀被害人。联邦最高法院拒绝一个中止，因为行为人已经“借助这一刺达到了”自己的伤害目标。 48

（2）联邦最高法院，第一审判委员会，《刑法新杂志》，1989 年，第 317 页

行为人为了让被害人“难受一下”，借助有条件的杀人故意，把一把锋利的厨房用刀“用力”插入被害人的“背部”。然后，他就让被害人走了，尽管杀害本来还是有可能的。与（1）中的案件不同，审判委员会在这里认定了一个自愿的中止。“这有利于保护被害人，并且不会导致对行为 49

---

〔72〕 第一审判委员会也作出了类似的决定，见 StV 1986，15。

人不合理的优待,否则,行为人——反过来——尽管仅仅借助有条件的故意去行为,就有可能比借助直接故意的攻击人被处理得更坏。”

(3)联邦最高法院,第一审判委员会,《刑法新杂志》,1990年,第30页

50 行为人想要从被害人那里重新拿回自己打扑克输掉的钱。在扭打中,一把会喷射毒气的手枪从被害人的口袋中掉了出来。行为人捡起这把手枪。他不知道这是一把真的手枪还是一把毒气手枪,就借助有条件的故意,朝被害人的面部进行射击。在这个过程中,他并不是想要杀害被害人,而是想要让被害人失去抵挡能力。在被害人昏昏沉沉地倒地时,行为人就拿走了他的钱离开了。联邦最高法院在这里也认定了一个在杀人未遂中的自愿中止。当然,联邦最高法院怀疑——在相互对立的(1)与(2)的决定之后,由此还存在着第三种解决方案的建议——是否在“理想的目标实现”中还有可能提出一个中止。在这里,这样一种理想的目标实现并不存在,因为对于这个被告人来说,本来还具有进一步的“在当时情况下有致命效果的构成行为手段”可以使用,“借助这个手段,他还能够推动去达到自己使被损害者失去抗击能力的目标”(“用手枪打击头部,使用掐脖子或者类似的手段”)。没有进行这类行为则形成了“自愿的对继续实施杀害重罪的放弃”。

(4)联邦最高法院,第二审判委员会,《刑法新杂志》,1990年,第77页

51 被告人(赵某)与一个同伙抢劫了一家超市,被超市主管(李某)开车穷追不舍。赵某为了赶走他,就借助有条件的杀人故意向他开了五枪。在李某随后放弃追赶时,赵某也停止了继续射击。在这里,第二审判委员会拒绝了一个自愿的中止。“一种值得奖励的放弃实现行为构成”不存在于“行为人在达到自己的行为目标之后,没有在新的决定基础上,对法益进行新的危害之中”。

(5)联邦最高法院,第五审判委员会,《刑法新杂志》,1991年,第1189页

52 被告人(赵某)抢劫了一家银行机构,并且借助有条件的杀人故意开枪射击一名追击他的警察(潘某),以便保住赃物与不被逮捕。当潘某逃开之后,赵某没有继续射击,尽管他还能向潘某继续射击以造成可能致命的效果。第五审判委员会拒绝了一个自愿的中止,理由是继续射击本来就是一个新的构成行为。在放弃继续射击中,并不存在着从那个先前已经完成的未遂的犯罪行为中的中止。

(6)联邦最高法院,第一审判委员会,《刑法新杂志》,1993年,第280页(决定草案);联邦最高法院,大审判委员会,《联邦最高法院刑事判决集》,第39卷,第221页

53 行为人借助有条件的杀人故意把刀刺入被害人体内,为的是给被害人留个“教训”,并且以不容误解的方式向被害人表明,“他会不容忍抵抗的”。他没有继续进行当时可能进行的下一刀。被害人通过医生的帮助获救,如果没有医生救援并且再一次受到伤害,他就会死亡。第一审判委员会就像大审判委员会那样,把指向被害人死亡的进一步行为的不作为,视作一个从未遂中的自愿中止。

(7)联邦最高法院,第五审判委员会,《刑法新杂志》,1994年,第493页

54 被告人赵某对李某射击——显然借助有条件的杀人故意——这时,李某已经追上并且触及了被告人。李某被击中手臂,并且自己返回了那个饭馆;赵某也没有再对李某追加射击。在这个案件中,自愿的中止被拒绝了,因为根据法庭的意见,一次继续对李某的射击本来就是一个新的构成行为决定的条件。

55 也就是说,这些司法判决被分成两组。在举出的八个联邦最高法院的决定中(包括决定草案,边码53),在结论上,有四个肯定了一个自愿的中止,同时,另外四个拒绝了一个中止。大审

判委员会的判决(《联邦最高法院刑事判决集》,第 39 卷,第 221 页)也没能结束这场争论。在那之后,第五审判委员会(边码 54)还再次作出拒绝中止的结论。这些案件事实显示出一种清晰的类型。处理的全部都是未遂的杀害。在这里,要么涉及为了给个"教训",行为人想要借此发泄自己的攻击性情绪(1、2、6),要么是行为人想要打退或者赶走追击者(4、5、7),或者想要制服被害人(例如,在抢劫或者强奸中)的反抗(3;边码 35 中描述的案件也属于此类)。进一步的状况是可以想象的;但是,它们在实践中不太重要,并且很难导致起诉。一个富有教育意义的在行为构成与动机方面都处于完全不同的案件事实之中的例子,是雅各布斯[73]创设的停车空隙的案件:"一位司机不顾给一辆他人的汽车造成损害的危险,挤进一个停车空隙之中,他成功了,什么都没有发生。"在这种情境中,在那种较新的司法判决的基础上,就提出了这个问题:在一个财产损害未遂中是否就不存在一个自愿的中止。

56 在所有这些案件中,出发点都应当是,这个行为人并没有算计到自己目前为止进行的这个行为(在通常情况下:伤害)能够导致既遂的可能性。在这样一种认定中,根据司法判决,没有争议的也只能是只有各种阻止的努力才能引起一个中止(详见,边码 211 以下)。

57 人们在这个类型的各种案件中,都谈论了处于行为构成以外的达到目标;行为人已经"达到了……自己处于行为构成以外的行为目标"(《联邦最高法院刑事判决集》,第 39 卷,第 231 页;几乎与第 225 页的语言一样)。这种说法是不确切的,因为这个本来的目标,在大多数情况下,即使并不总是,都表现了一种行为构成的满足(身体伤害、抢劫、强奸)。但是,当人们清楚地知道,这个目标无论如何不存在于这个对未遂的实现行为构成的完成之中,而在这些案件中又涉及对这种完成的法律评价时,这样使用语言是没有害处的。

2. 中止在所有达到目标的案件中的缺失

58 在所有案件中都应当排除一个中止(边码 35),这是正确的。这是从作为中止指导原则的危害逆转的思想中得出的 1);此外,这符合了免除刑罚的特权的原理 2),符合了中止条文的文字 3),以及故意理论的基本原则 4)。

59 1)**在行为人达到了自己想要的之时**,一种(既遂的或者未遂的)**危害逆转就不再可能出现了**。他不再进行进一步的犯罪行为——例如,在一种从现在起是故意的完成的杀人的意义上——这是对一种重新决定的文本与对一种以之为基础的构成行为的不作为,[74]但不是对原有危害意志的逆转,原有的危害意志仅仅到达那个目标的实现。

60 2)中止的特权的原理存在于刑罚需要性的消除之中(边码 4 以下)。什么时候取消这种需要,在具体案件中会是有怀疑的。但是,没有怀疑的是这种**最低条件:行为人无论如何都必须已经开始一种意识的转变**。[75] 行为人在完整的实现自己的计划中,仅仅应当因为没有感觉到自己在推动自己从未计划过的刑法活动就获得免除刑罚的奖励,这在刑事政策上就是荒谬的。

61 在这个意义上,第二审判委员会(《刑法新杂志》,1990 年,第 78 页;边码 51)正确地说:"一种——无论出于什么原因——值得奖赏的对行为构成实现的放弃,不存在于这样的行为人之中,他在达到自己的行为目标之后,没有基于一个新的决定,去对这个法益进行新的危害。这个行为人既没有证明自己对法律的忠诚,也没有显示出自己没有能力去完成已经计划的构成行为。"在大审判委员会(《联邦最高法院刑事判决

---

〔73〕 Jakobs, AT^2, 26/39 a。

〔74〕 这个观点,也得到第五审判委员会(BGH NStZ 1991, 1189; NStZ 1994, 493)在上文边码 52, 54 中的强调。

〔75〕 在这个意义上,首先见 Puppe, NStZ 1986, 17; Herzberg, NJW 1986, 2467; Roxin, JZ 1993, 896。

集》,第 39 卷,第 231 页)与此相反地认为,立法者已经奖赏了"放弃可能的继续行为以免除刑罚",并且"对额外的评价要素……在中止行为构成的这种客观要素上,没有空间"时,因此,就把立法者置于一种在刑事政策上毫无意义的、在价值上很盲目的方案之下。这就违背了所有目的论解释的规则。

62 3)这也符合这种法律的文字,要求一种行为人转变意识的中止以及对其构成行为决定作出一个(自愿的或者非自愿的)修改。对那种在第 24 条第 1 款与第 2 款中要求的阻止努力,这是非常明显的。但是,它同样适用于"放弃"(第 24 条第 1 款第 1 项)。人们只能放弃他想要的并且还没有达到的。一个在达到目标之后对进一步犯罪行为的不作为,不是"放弃";根据字面意思的条件是,人们不再追求一个还没有达到的目标。那个在法律标题中使用的"中止"的概念,根据其语言上的说明,也要求一个在目标到达之前的反向的举止行为。一个满足于实现自己目标的人,就没有什么可以中止了。

63 与此相对,大审判委员会(《联邦最高法院刑事判决集》,第 39 卷,第 230 页)认为,构成行为是"符合行为构成的行为与符合行为构成的结果。"这个放弃就相应地限制在"实现法定的行为构成的要素之上"。但是,这是不正确的。这个计划的构成行为,是由行为人的故意限定的。他本来不想要的,就不是计划的构成行为的一部分,并且,就不能被放弃。

64 4)由此得出这个**出自故意理论的论点**:行为人放弃的,就是他的实现意志、他的构成行为决定,换句话说:他的故意;"并且,在人们不再有故意时,它是不能被放弃的。"[76]在行为人达到他——在容忍可能出现的致命结果中——所追求的之时,这个故意就被取消了,就像那个外部的犯罪活动已经找到其终点一样。在这里与这时,能够放弃的与能够从中中止的,就什么也不再有了。

65 相反,耶格尔[77]认为:"行为人之所以放弃其故意,正是因为他现在再也看不出继续构成行为的意义。"但是,这里涉及的不是由于后来的丧失意义而导致的一种对故意的放弃,而是一种从一开始就没有以这种深远的形式而存在过的故意。耶格尔认为,从本身所代表的立场出发,不能放弃的人还有,"他出于对被害人的同情而不继续自己的构成行为,他也不再具有继续行为的故意",这时,他就是错误地认为,在这里原先存在着一个深远的故意,行为人出于同情才放弃了它。在由于达到目标而不再继续行为时,缺少的恰恰就是这个。

3. 反对的观点及对其的驳斥

66 在文献中,占完全统治地位的是拒绝前面案件中的自愿中止。[78] 这种拒绝,大部分,就像这里一样,是基于那种缺失的"放弃",[79]部分地——首先是所谓的个别动作理论的代表人主张的,边码 178 以下——是基于认定了一种终了的即落空的未遂,[80]还有一部分是基于一种本身

---

〔76〕 Roxin, JZ 1993, 896。

〔77〕 Jäger, 1996, 117。

〔78〕 对此支持的,的确借助了 BGHSt 39, 221: Hauf, 1993. 40 ff.; ders., MDR 1993, 929; Kudlich JuS 1999, 354; Pahlke, 1993, 157 ff.; ders., GA 1995, 76 ff.。

〔79〕 Roxin, JZ 1993, 896 ff.; Baumann/Weber, AT^{10}, § 27, Rn. 25; Herzbetg, NJW 1991, 1635; ders., Blau-FS, 1985, 113; Kühl, AT^{3}, § 16, Rn. 39; Lackner/Kühl^{24}, § 24, Rn. 11; Murmann, 1999, 49 ff.; Otto, Jura 1992, 430; Puppe, NStZ 1986, 17; dies., NStZ 1990, 433; Rengier, JZ 1988, 931; Rudolphi, JZ 1991, 525, 527; ders., SK^{6}, § 24, Rn. 14 b; Schall, JuS 1990, 630; Sch/Sch/Eser^{26}, § 24, Rn. 17 b; Wessel/Beulke, AT^{31}, Rn. 634。

〔80〕 Blei, PdW, AT^{12}, NR. 251 f.; Kampermann, 1992, 217 f.; Puppe, NStZ 1986, 17 f.; Ranft, Jura 1987, 533; Sch/Sch/Eser^{26}, § 24, Rn. 17 b。

得到肯定的中止的不自愿性[81]来说明根据的。一种自愿中止的追随者,就像首先在司法判决中所代表的那样,在作出他们的拒绝时,主要使用了三种反对意见:1)优化的论点,2)保护被害人的论点,以及 3)目的的论点。

1)**优化的论点**主要存在于"扑克案件"的司法判决中(联邦最高法院,《刑法新杂志》,1990 年,第 30 页,上文,边码 50)。行为人在这里为了抢劫,利用毒气手枪射击造成了被害人的昏昏沉沉。第一审判委员会认为一种进一步的"加强被害人失去反抗能力"(通过掐脖子或者用手枪打击)在这里本来会是可能的,并且,想要在这种"进一步威胁生命的手段"的放弃中看到一个批准杀人未遂免除刑罚的中止的根据。与此相反,当进一步的行为在行为人的眼中会是"完全没有意义"时——例如,在被害人已经失去意识时——,第一审判委员会在"优化的达到目标"中,看来是"在怀疑,是否还能谈论一个中止"。这个论点能够转移到这种类型的大多数案件上,例如,这个教训通过进一步的威胁生命的刺伤而能保留得更久一些,或者通过重复可能死亡的射击而能更保险地去赶走追击者。 67

当然,这种论点仅仅在这些案件的一部分中——在没有优化的达到目标中——才有可能认定一个(自愿的)中止。然而,在其有限的使用范围中,它也不是令人信服的。首先,在进一步行为的完全无意义与有点弱的无意义之间,在优化的与通常的达到目标之间,无法毫无任意性地进行区分。但是,此后,放弃进一步的威胁生命的行为,也不是退回到行为人力求的最优效果之后。他力求的真的不是被害人的死亡,而是尽可能在没有他的死亡下达到自己的目标;在他进一步进行根本不再有必要的威胁生命的行为时,就会与之相矛盾了。也就是说,这种杀人风险的最小化(以及由此自己受惩罚风险的最小化),是优化的达到目标中的组成部分。例如,在扑克案件中(边码 50),从这个行为人的观点看来,在有可能由于被害人的昏昏沉沉而拿到这笔钱时,通过进一步的掐脖子来耽误拿钱,并且由此来提高被抓住与一种惩罚(在可能时由于完成的谋杀!)的危险,就会很愚蠢。 68

在具体案件中,对行为人行为的强化,对于目标的达到当然还是必要的,并且,在这里,在这个构成行为中的不作为就存在着一个——甚至是自愿的——中止。例如,如果这个行为人想给这个被害人留下一点刀刺痕迹的"教训",在这一刀违反他的目的仅仅轻轻擦过被害人的手臂时,那么,他的目标就还没有达到。如果行为人在这种情境下放弃了那本身还有可能的一刀,那么,他就是中止了。但是,这并不存在于讨论过的司法判决的案件之中。在这里,行为人每次都已经达到了自己想要的。甚至没有人仅仅说过,自己本来想要的还更多。 69

2)在达到目标的案件中,批准一个自愿的中止也有利于"**保护被害人**",这一点已经在联邦最高法院,《刑法新杂志》,1989 年,第 317 页(边码 49)中得到了强调。这个想法在《联邦最高法院刑事判决集》,第 39 卷,第 232 页(边码 53)中,更是完全处于中心地位:"在这个行为人已经达到自己先前的行为目标时……被害人也就能够在这里受到紧迫的威胁,因为行为人……为了最终保证自己的行为目标就能把这个攻击继续下去。因此,在这时就应当对行为人保留这种中止的可能性,从而在那里可以用于保护那个通过开始实施的构成行为而受到威胁的法益。" 70

怎么会这样认为的,还不十分清楚。"最终保证自己的行为目标"这个说法应当在一种还能够忍受的"优化的达到目标"的意义上得到理解,并且,出于与此相反的在边码 68 中已经提出的理由,是错误的。但是,人们也能够这么理解联邦最高法院:这个行为人应当通过免除对未遂杀人的起诉来保护自己不去进行一种掩盖性的谋杀。联邦最高法院,《刑法新杂志》,1993 年,第 71

[81] Bottke, 1979, 526 f.; Greeve, 2000, 244; Maurach/Gössel, AT/27, 41/119; Greeve, 2000; 部分地,也见 Jäger, 1996, 114 ff.; ders., ZStW 112 (2000), 805 ff.; Streng, NStZ 1993, 258 f.。

281 页(边码 53)明确地提到了这个观点。但是,这也不是有说服力的想法。一是,在这些案件中,只有一部分——在没有其他证人的案件中——可能存在着掩盖性的谋杀。二是,在这样的案件中,人们也不能通过让这个行为人解除未遂的刑事可罚性,来保护这个被害人免遭一种掩盖性的构成行为的侵害。这种通常存在的已经既遂的犯罪(不管这是一种非常危险的身体伤害、抢劫或者是强奸)及其刑事可罚性,无论如何都是继续存在的,这是一种至少同样严重的机会,不仅对掩盖性构成行为,而且对一种在此另外运行的可能发生的未遂(Eventualversuch),都是一样的。另外,还有第三点:这个行为人在这种案件中虽然知道,他通过自己迄今为止的举止行为已经具有刑事可罚性了,但是,他还不知道有这样的司法判决,在达到目标之后,一个对进一步犯罪行为的不作为就应当是一个借助有条件故意实施的未遂中的自愿中止。另外,也还从来没有一个行为人,为了说明自己的举止行为,就引用过这样一种司法判决。一般对"金桥"理论所谈到的那些(边码 14 以下),也特别适用于这里。反对保护被害人论点的第四点意见,是普珀[82]提出的:"虽然,通过提供不受刑罚来使具体的行为人远离掩盖性谋杀,可能是个别相关被害人的利益所关心的,条件是,所提供的不受刑罚本来对此就确实是合适的,但是,在人们从一开始就由于未遂而把这个行为人置于不具有刑事可罚性的地位时,这肯定不是所有未来被害人的利益,这个行为人并没有把被害人的死亡作为最终目标来追求,而最多是作为中间目标或者附带结果来容忍,只要他仅仅放弃了这种掩盖性的谋杀。"

72 保护被害人想法的另一种变化形式,联邦最高法院可能也是这么想的,是由施特伦[83]提出的。根据他的观点,在教训案件中,"通常,这种最初只是以身体伤害为目的而实施的行动,总是包含了一种朝向继续行为的自身动力,这种动力会导向最终杀害被攻击者的结果。为了在这样一种案件中存在的完成性倾向中让自己停下来,就完全值得把这个阶段当成是构成行为的自愿放弃。"施特伦把这种想法主要限制于教训案件之中,也就是说,在这些案件中,"体现原先行为目标的行为构成,与仅仅借助有条件故意进行攻击的行为构成,存在着(部分的)法益的一致性"。这种由于未遂杀人而对刑事可罚性的部分免除,导致对这种达到目标案件的一种很少说服力的不平等处理。为什么这个残忍的容忍了被害人死亡的打人者,由于其所谓的"停住的完成性倾向",就应当处理得比一个使用暴力的抢劫者更轻呢?

73 但是,这种想法在其他方面也是没有说服力的。《联邦最高法院刑事判决集》,第 35 卷,第 123 页正确地认为:"攻击方向的同一性,例如,就像它在身体伤害与杀人的关系中通过共同的攻击对象……得到说明那样,会以一种特别的方式降低面对杀人的抑制性门槛,这一点是几乎无法用经验得到证明的。"一次伤害性的刀刺或者射击都同样能够产生减少引起行为的攻击的效果。实际上,在这些作出决定的案件中,没有一个提出依据证明,这个行为人本来必须已经"停止"一种杀人倾向。对于法律来说,奇怪的还有这个想法:即对进一步犯罪倾向的克制,由于一个已经犯下的犯罪而应当得到不具有刑事可罚性的奖赏。这种已经施加的威胁生命的身体伤害,显然是完全具有刑事可罚性的。一个人,例如,"停止"了其现存的杀人倾向,就不能由于完成的杀人来受到惩罚;比这种恰当的"奖励"更多是不值得的。一个被害人的保护,不能因为行为人通常对此并不知道,就通过一个进一步取消未遂的刑罚而实现。还有,在人们已经打算保护被害人时,就必须把一般预防方面纳入考虑之内:在那些使用暴力而容忍被害人死亡的打人者知道,他们会由于未遂的谋杀或者杀人受到惩罚时,在他们自己的作为中,就会比那种在被害人幸存时仅仅必须担心受到身体伤害的刑罚这种认定,更加能够阻止自己的行动了。

---

〔82〕 Puppe, JR 2000, 72。

〔83〕 Streng, JZ 1993, 259。

3）与目的行为人的比较，构成那种第一眼看来最令人印象深刻的反对论点。一个人有目的地要杀另一个人，并且借助第一枪或者第一刀没有杀死时，根据主流的观点，也能够通过放弃进一步的行为，从杀人未遂中自愿地中止。他还没有达到自己的目标，因此通过危害逆转来引起其未遂行为的不具有刑事可罚性。这一点只有少数人，例如，赫茨贝格（见边码 76）以及所谓的个别动作理论（见边码 178 以下）的追随者提出了质疑，但是理由并不充分。但是，在这个目的行为人通过单纯的停止就能够从未遂中中止时，为什么这个有条件故意的行为人在这里就不能呢？根据广泛传播的观点，这个目的行为人相对于那些“仅仅”借助有条件故意的行为人，值得受到更严重的谴责。在这里，很荒谬的能够是，对他来说，中止比那些借助有条件的故意活动的人更容易做到。赫茨贝格〔84〕因此谈论一种“对目的行为人令人愤慨的错误的优待处置”，与此同时，乌尔森海默〔85〕将这种不同的对待说成是“既不明智，也不公平”。同样，联邦最高法院（《刑法新杂志》，1989 年，第 317 页；边码 49）也谈到了这个观点。 74

对此，应当从两个方面来反驳。第一，不依赖于这种状况，这也存在于中止的性质之中，即那种有更远目标的人能够比那种提早实现目标的人有着更长时间的中止。第二，恰恰只有在那些自愿放弃了毫无困难就可能达到目标的目的行为人中，才存在着对其构成行为决定的修正、“逆转”与“向合法性的回归”，这就单独说明了批准中止特权的正当性。但是，在借助有条件故意行为的行为人已经完全达到自己行为构成之外的目标时，这一点是缺失的。也就是说，在一个案件中提供这种中止的可能性，在另一个案件中对之加以拒绝，是在具体事件中说明根据的。 75

赫茨贝格〔86〕提出了另一种解决方法，来排除这种想象中的不平等对待。他认为，在未遂行为人的目的中，也始终存在着——以较轻微的故意形式——一种有条件故意。放弃杀人目的就让这种已经实现的借助有条件故意的未遂存在了；在这种未遂中，中止是不可能的。由此，对目的行为人相对于借助有条件故意的未遂者所作的“优待处置”就消除了。但是，这不是一种可能的出路。〔87〕这个法律不认识对故意的个别要素的中止：一个人，放弃了完成构成行为的目的，也就借助危害逆转放弃了故意以及放弃了整个构成行为，而不是还剩下一个有条件的故意。立法者也对自愿的中止明确规定了取消未遂的刑事可罚性，与此同时，对由于有条件故意的未遂所承担的刑罚，恰恰坚持这一点。最后，从第 24 条第 1 款第 2 项也能够清楚地得出这个结论：阻止与阻止的努力，在结果没有出现时，就导致不具有刑事可罚性。有矛盾的是，一种同样阻止这个结果的停止却不应当具有这种效果。 76

（三）落空的未遂作为中止无能力的案件

1. 落空的未遂的概念与目的论基础

落空的未遂（参见，边码 36）存在于，行为人认识到或者至少认为自己的目标在具体构成行为的范围内已经变得无法实现了。也就是说，如果行为人发射了自己唯一的子弹，并且手中没有其他杀人工具的，那么，他就失败了。他的未遂就是落空的，并且不再可能中止了。这首先是从把中止理解为危害逆转中得出的：一种不再存在的危害就不能被行为人“逆转”。一种完全是在其自愿性之后才会提出问题的对危害的一种排除，在这样的案件中是不可能的。未遂也会这样落空，例如，行为人错误地相信，自己的最后一颗子弹已经射出去了，因此只能错误地认为这个构 77

〔84〕　Herzberg, NJW 1988, 1564。

〔85〕　Ulsenheimer, JZ 1984, 852, 853。

〔86〕　Herzberg, NJW 1988, 1559 ff., 1562 ff.。

〔87〕　拒绝的，也见 Rengier, JZ 1988, 932; Mayer, NJW 1988, 2589 f.; Streng, JZ 1990, 220; Weinhold, 1990, 59 f.。

成行为的完成是不可能的。即使在这样的案件中,放弃继续射击也不是故意的逆转,不是对构成行为决定的修正,而这对中止进行了标示。由此,就能赢得与中止特权原理之间的连接(参见,边码4以下):刑罚目的是否通过行为人放弃实施这个构成行为而被消除,这个问题在这样一种放弃根本就不存在时是无法提出的,因为行为人就认为这个实施是不可能的。

78 在本书中存在的对落空的未遂的说明,得到了法律原文的支持。一个人,相信不能继续进行或者至少认为不能继续行为的,就没有放弃也没有中止,而是把自己安排在一种自己看来无法改变的事态之中了。一个人发现打开的保险箱是空的,就不是放弃了拿走首饰,而是对他来说缺乏实施犯罪的可能性。他想做也能够放弃的,是他所想要的:他失败了。落空这个概念因此是一个对这种未遂的总结性描述,在这些未遂中,由于(真实的或者认为的)不可能达到目标而不再有什么应当放弃或者阻止。因为这种未遂的可能性在第24条中是作为条件的,所以,这条规定也就默示地把落空的未遂看成一个独立的范畴。也就是说,在以这个法律没有提到落空的未遂这一概念为理由,来拒绝这个法律形象时,就是没有说服力的;[88]在学术上当然允许给各种状况打上各种概念的烙印,这些状况虽然能够从法律中得出自己存在的结论,但是并没有在法律中被提到。

79 用口号用语来概括,在行为人对自己说:"**我不可能达到这个目标,即使我想要达到**"时,一个未遂就落空了。这条著名的弗兰克公式,最初是为了说明非自愿中止而由其作者发明出来的,[89]在实际上表述的是这种落空的未遂。[90]

80 有时候会引起争议的是,"放弃"这个概念的词义是否就排除了这个落空。施特伦是这么认为的:[91]"在日常用语的理解中,那样再也看不到实现自己目标机会的人甚至也是放弃;他至少对不继续行为作出了一个对此予以理解的决定。"但是,这没有说服力。一个知道自己不能继续行为的人,不需要对不继续行为作出"对此予以理解决定";这样一个决定会是没有结果的。那个发现保险箱是空的小偷,不会作出放弃拿走行为的决定;拿走的不可能性使得这样一个决定是多余的与没有意义的。人们在明显不可能达到目标时,有时的确会没有目的地放弃继续行为;这样的案件会存在于,例如,抢劫未遂的行为人因为再也追不上时,就放弃跟踪被害人了。但是,在这里,被放弃的不是落空的抢劫,而是一种对于达到目标并不适当的继续跟踪。

81 早先众多的反对把落空的未遂作为一种独立的法律形象的人,在此期间都采取守势。[92] 格塞尔[93]对本书所代表的观点进行了最坚决的斗争,并且继续宣传避免"这种不清楚的概念"。但是,他仍然同意,"把所有缺少……一种'放弃'的案件都标志为落空的未遂"是有可能的。[94]

---

[88] Baumann/Weber, AT[10], § 27 I 3; Borchert/Hellmann, GA 1982, 44 f.; Haft, NStZ 1994, 536, 537; Maurach/Gössel, AT/2[7], 41/38; Ranft, Jura 1987, 434; Sonnen, JA 1980, 159; Walter, 1980, 103。

[89] Frank, StGB, [18]1931, § 46 II。

[90] Roxin, JuS 1981, 2; Borchert, JA 1980, 254, 256; Joecks[3], § 24, Rn. 21; Kadel, JR 1987, 119; Sch/Sch/Ese[26], § 24, Rn. 9; Sonnen, JA 1988, 297; 不同的意见,也见 Maurach/Gössel, AT/2[7], 41/36 ff.。

[91] Streng, NStZ 1993, 258。

[92] 一直认为落空的未遂这个概念多少有些多余的,还见 Borchert/Hellman, GA 1982, 448; dies., Jura 1982, 661; Gössel, ZStW 87 (1975), 3 ff.; Haft, NStZ 1994, 536; Heckler, 2002, 151 ff.; Maurach/Gössel, AT/2[7], 41/36 ff.; Ranft, Jura 1987, 527; Sonnen, JA 1980, 159 ff.。

[93] Maurach/Gössel, AT/2[7], 41/4; 深入的反批评,见 Jäger, 1996, 30 f.。

[94] 当然,在这里也还必须排除那种达到目的的未遂。

因为他并不因此承认有中止能力的未遂，所以，争论就缩减到了这个术语上了。鲍曼/韦伯〔95〕想要在法律适用中放弃落空的未遂这个概念，但是还仍然说：“这可能是，这是一种对一个确定的未遂表现形态的恰当的描述，在这个形态中，缺少对一种确定的中止要素的满足。”为什么人们不应当使用一种“恰当的描述”，还是没有说清楚。黑克勒〔96〕想要让这个“‘落空的未遂’的术语……最多作为所有这类案件的表现形态的总称”，在这类案件中，这种未遂“从归类的结果看来，是没有中止能力的”。无论如何，反对者也承认，在这类案件中，缺少一个放弃与缺乏一个中止；而这是最关键的。

2. 落空的未遂与不适当的未遂的区别

82 不适当的未遂是出于客观原因不再能够导致结果，与落空的未遂的区分，首先是通过行为人的主观估计加以安排的。一个不适当的未遂，人们还能借助具有免除刑罚效果加以放弃，只要人们没有认识到其不适当性（参见，第 24 条第 1 款第 2 项：通过自愿与认真的努力）；也就是说，只要它是能够放弃的，就不是落空的。反过来，一个落空的未遂不一定是不适当的；例如，在谋杀者唯一能够使用的一发子弹只差一点儿没有打中被害人时，这就涉及一个虽然是适当的、但却是落空的未遂。在只有行为人认为这个目标无法实现时，它还甚至在客观上能够继续是适当的；如果他用一把已经装了子弹的手枪进行瞄准，却有一个第三人机智果断地对他喊说那把手枪是没有装子弹的，这时，这个射手因此心灰意冷地放下武器的，那么，这就是一个落空的未遂。因为这个行为者看不到其他的选择，所以，放下武器就不是对构成行为决定的“放弃”。当然，在这个行为者看出这个不适当性（例如，手枪确实没有子弹）并且由此妨碍了自己未遂的继续完成时，不适当的未遂就经常表现为是落空的。也就是说，人们能够这样总结说：落空的未遂常常是不适当的；但是，落空的未遂不需要是不适当的，并且，不适当的未遂不需要是落空的。

3. 关于落空的未遂理论的发展与现状

83 我们今天意义上的落空的未遂这个范畴是在战后才发展出来的。相反，这个概念本身已经有了很长的历史，意义上也有所变化。较早的意大利与法国的法律，把“delitto frustrato”以及“délit manqué”理解为一种终了的未遂，在这种未遂中，这个结果通过一种在行为人行为结束之后出现的偶然事件而没有产生。〔97〕这是一种可能的概念性界定，但是，它在现行法律的基础上没有作用，以至于今天不再能够以此相联系了。在德国文献中，这个概念的使用一直到战后也都带有很多模糊性。〔98〕一直到 1970 年前后，〔99〕落空的未遂才以其现代的形式受到更广泛的关注。今天，在边码 77 以下中的基本方案广泛地得到了贯彻，〔100〕即使经常还有争论的是，哪些案件类型能够归入落空的未遂之中（边码 85）。

84 **今天，落空的未遂的法律形象在司法判决中**也**得到了基本的承认**。《联邦最高法院刑事判

〔95〕 Baumann/Weber, AT^{10}, § 27 I 3。

〔96〕 Heckler, 2002, 154。

〔97〕 详见 Gössel, ZStW 87 (1975), 8 ff.。

〔98〕 对此，见 Roxin JuS 1981, 2; Gössel, ZStW 87 (1975), 3 ff.; Bottke, 1979, 352 ff.。

〔99〕 首先，见 Otto, GA 1967, 144 ff.; Hruschka, JZ 1969, 495 f.; Schmidhäuser, LB AT, ^{1}1970, 15/81 ff.; ^{2}1975, 627 ff.; Roxin, Heinitz-FS, 1972, 251 (253 f.)。

〔100〕 Bottke, 1979, 355 ff.; Jescheck/Weigend, AT^{5}, § 51 II 6; Joecks^{3}, § 24, Rn. 16 f.; Kindhäuser, AT^{2}, 468; Köhler, AT, 471ff; Lackner/Kühl^{24}, § 24, Rn. 10 ff.; SK^{6}-Rudolphi, § 24, Rn. 8; Schmidhäuser, LB AT^{2}, 15/77 ff.; ders., StuB AT^{2}, 11/76 ff.; Sch/Sch/Eser^{26}, § 24, Rn. 7; Tröndle/Fischer^{50}, § 24, Rn. 29; LK^{10}-Vogler, § 24, Rn. 23 ff.; Wessels/Beulke, AT^{31}, Rn. 628。

决集》,第 34 卷,第 56 页[101] 总结性地但是又很小心地表述道:"联邦最高法院……在新的司法判决中认为,在《德国刑法典》第 24 条的使用范围之外,为了行为构成的实现,还存在着一种独立的落空的未遂的案件类别,在这种行为构成的实现中,就不能给予行为人免除刑罚的中止可能性了。这类案件具体……应当如何界定,联邦最高法院还没有给出全面的结论性的说明。"[102] 在这里,《联邦最高法院刑事判决集》,第 39 卷,第 228 页(大审判委员会)对此说得更确定一些,在谈到这类落空的未遂的案件时是这样说的:"在这些案件中,要么这种结果的出现——在行为人看来——在客观上不再可能,要么行为人认为它不再可能。"[103] 这完全符合了本书发展出来的观点。

4. 落空的未遂的案件类别

(1)不可能满足行为构成

85 这一类案件事实构成这种简单而又经典的落空的未遂的情况。在这里,满足行为构成的"不可能性"总是指,行为人在此时此地,也就是在直接继续迄今为止的实施性努力时,不再能够完成这个行为构成了。对于这个计划在以后更好的时机下也许还能实现这一点,并不排除具体未遂的落空。这种实施的不可能性能够建立在构成行为手段的不适当性、行为人的无能力或者行为对象的缺失的基础上。

86 例如,构成行为手段的不起作用是指,枪不能够发射(不管是没有装子弹、子弹被偷偷卸掉或者子弹装不上去),炸弹不爆炸,想象的毒药不起作用,钥匙打不开或者断在锁里面。行为人的无能力存在于谋杀者由于心肌梗塞失去行动能力,强奸者丧失性能力、行为人被被害人制服或者打跑。行为对象缺失是指,被害人不在场或者逃脱了,那个从背后作为强奸目标攻击的对象原来是个男的,或者盗窃的目标不存在。

87 在大多数时候,客观的案件事实与行为人的想象是一致的。但是,在案件不是这样时,起决定作用的就是行为人的想象(边码 82)。也就是说,如果行为人错误地相信自己他没有弹药了,或者在被害人的藏身之地没有找到人,或者由于技术上的无知而不能开动自己想盗取的车,那么,这种阻碍就不是中止,而是落空的结果(边码 39);对一种客观化的落空概念的批评,参见边码 40 以下。

88 当然,落空仅仅存在于行为人认为行为构成的实现已经被排除的案件中。在他不确定这个构成行为是否能成功,并且现在停止时,这就是一个——自愿或者非自愿的——中止。在这个小偷听到可疑的声响,出于害怕被发现而逃跑的,他就是中止了。这在道理上是理所当然的:因为违法的计划通常都伴随着失败的风险,否则,中止就几乎不可能了。

89 那种所谓的**法上的不可能**的案件,也属于由于不可能而落空的未遂的状况。这些案件涉及这样的案件事实,在其中,一个行为构成的要素仅仅能在违反法益承担人意志时实现,因此,法益承担人的同意就排除了行为构成的满足。[104] 因此,在第 242 条意义上的拿走是一种违背或者没有财产保管人意志的取得。如果财产保管人同意这种取得,那么,一种拿走在法律上就不可能了。也就是说,当屋主对入室盗窃者在未遂阶段的出现感到意外,因此以浪漫的心情要求入室盗窃者自己随意取用时,一种拿走(并且还有一种违法的占为己有)就不再可能了。但是,入室盗

[101] 早先就已经提及了落空的未遂,因此,见 BGHSt 10, 131; 20, 279 f.(但是,在这里,落空的未遂还是作为不自愿中止的案件来看待的)。

[102] BGHSt 33, 295 没有解决这个确定界线的问题。

[103] 同样,见 BGHSt 39, 246。

[104] 参见,Roxin, AT1^3, § 13, Rn. 2。

窃者会由于未遂(落空)的盗窃而受到惩罚;中止被排除了。在这个受到行为人袭击的被害人有效地——也就是说不是基于强制,而是出于自己对性行为的兴趣——作出同意时,强奸也是落空的。因为与一个已经愿意的伴侣进行的性交不是强奸,所以,行为人不能完成这个构成行为,但是也不能是中止;因此,他由于根据第 177 条的未遂而具有刑事可罚性。

与主流的观点[105]相反,联邦最高法院认为"法上的不可能"不是落空。在《联邦最高法院刑事判决集》,第 39 卷,第 244 页[106]中,被行为人按倒的强奸被害人成功地向行为人佯装,"他对她来说,就像是'召唤来的'一样,因为她……已经很久都没有与男人有性约会了"(出处同上,第 244 页)。由此发生的性交在客观上是一种强奸,因为这种仅仅是假装的同意无效。但是,行为人在进行同房的时间点上,由于错误地认定了这项同意而缺少故意,[107]因此,一种既遂的强奸就被毫无争议地排除了。尽管如此,联邦最高法院还是拒绝了一个落空:"对于行为人来说,在真实领域内的障碍中,并不存在一种以《德国刑法典》第 24 条为条件的可能性,可以借助对所追求结果的展望来选择进一步实施或者放弃这个构成行为,与此同时,这种可能性在法上的障碍中也完全是一样的。如果一起强奸未遂的被害人认真地或者假装同意了行为人意图的性交,那么,这个行为人就能够——不受这个同意的影响——继续追求他的行为目的并且实施……同房"(出处同上,第 246 页以下)。 90

然而,这是一种谬论。虽然行为人能够像联邦最高法院所说的那样"实施**同房**",但是,这是不重要的。关键之处仅仅在于,他是否能够实施**强奸**;并且,这是他所不能的,就像这个情节证明的那样,联邦最高法院自己尽管在完成同房时仅仅认定一个强奸未遂。在联邦最高法院说,这"已经从词义上说来……把这样的构成行为事件标志为'落空的'未遂是很奇怪的"时(出处同上,第 247 页),这就是以把无刑事可罚性的同房与有刑事可罚性的强奸等同看待为基础了,这种等同是不允许的。自然,同房是成功了,但是强奸却没有(否则就必须真的由于强奸既遂来加以惩罚了)。 91

在联邦最高法院那里,拒绝落空的刑事政策根据就在于想要为行为人保持一种自愿中止的可能性:"行为人能够出于与同意无关的根据,例如,出于羞愧或者出于对迄今为止举止行为的懊悔,而放弃自己的构成行为计划。在这一类情节中,应当对他断绝免除刑罚的中止的可能性,尽管他已经回到对法律的忠诚上了,这个说法与《德国刑法典》第 24 条设定的刑事政策的目标并不协调一致。"但是,这是一种歪斜的思考方法:当这个伴侣,就像行为人认为的那样,盼望着同房,就完全没有理由出于"羞愧或者懊悔"而再放弃。即使这个行为人决定使自己想象的伴侣失望,在这里存在的就不是强奸未遂的中止,而是对同房的放弃。为什么这种放弃应当证明"对法律的忠诚",并且把这个行为人从其之前犯下的性暴力行为的刑罚中加以免除,是无法理解的。 92

在具体案件中,联邦最高法院拒绝了一种"对有计划的构成行为的放弃",以至于在结果上同样走向一种根据第 22 条与第 177 条的刑罚;也就是说,它同样否认了一个中止。一个没有落空但还不可以完成的未遂的结构,当然是很特别的并且有矛盾的。耶格尔[108]得出了相同的解决方法,但是说明的根据有不同:他 93

[105] Bottke, 1979, 355 f.; ders., JZ 1994, 71; Krey, AT/2, Rn. 473 f.; Sch/Sch/Eser[26], § 24, Rn. 9; Ulsenheimer, 1976, 328 ff.; Vitt, JR 1994, 199。

[106] 对此,见 Bauer, MDR 1994, 132; Bottke, JZ 1994, 71; Jäger, 1996, 71 f., 74 ff.; Kudlich, JuS 1999, 244(跟随联邦最高法院); Streng, NStZ 1993, 582; Vitt, JR 1994, 199。

[107] 参见,Roxin, AT1[3], § 13, Rn. 13。

[108] Jäger, 1996, 71 f., 74 ff.。

否认一个在其客观危害概念基础上的落空(边码40),但是,由于缺少危害逆转而排除一个中止。与此相反,施特伦[109](对此,边码80)认定一个放弃与一个中止,但是否认了自愿性。

(2)行为对象的身份不符合构成行为的计划

94 在这里指的是混淆与认识错误的案件。这些案件不排除实现行为构成的可能性,但是,构成行为的计划还是破灭了。甲想要枪杀乙,从背后靠近被害人,在最后一刻才发现,自己面前的是另外一个人(丙),于是失望地重新收起手枪时,这个未遂就落空了。虽然行为人还能枪杀这个"错误的"被害人以满足这个行为构成,但是,这个中止并不存在于放弃了一个构成行为的实现——这种不准确的认定通常是非常普遍的并且是足够的——而是根据第24条第1款清晰与正确的原文存在于对这个"构成行为"的放弃之中。但是,这个构成行为与这个行为人所指向的实施计划,都是通过这个被害人的身份来组成的,只要这个具体的身份对于行为者来说是很重要的。[110] 在这样一个案件中,这个故意涉及的就是个别的人,而不是去杀任何一个人。但是,这种杀人在行为对象缺失的案件中,是没法进行的。人们不能——在我们的例子中——从对丙的杀人中中止,其中,人们能够——本身是可能的——从对丙的杀人中加以放弃。

95 在这个构成行为对象是一个物品时,也是适用的。《帝国法院刑事司法判决集》,第39卷,第37页的决定所根据的案件事实是这样的:行为人想要从他人的花园里偷一个红色的球。在他侵入那个花园,并且把这个想象中球拿到手里时,才发现这其实是一个木球,就很失望地把球丢掉,重新离开了花园。因为帝国法院明确确定(出处同上,第39页,第40页),行为人本来想要的"不是任何一个他人的物品,而就是这个……自己以为是橡皮球的球,也就是说,一个特定的物体",所以,也就是说,他的构成行为计划落空了;橡皮球的存在是这个计划的基础。这个行为人应当由于未遂的盗窃而受惩罚,不管那个即使允许进入也根本不再可能的中止所具有的自愿性或者非自愿性。

96 与此相反,帝国法院认定了一个自愿的中止。这个行为人在行为的继续进行上,"没有受到一个外部的、与其意志无关的情节的阻碍",而是"一种纯粹内在的、精神上的过程,即一种通过发现真实案件事实而单纯引起的思考"(出处同上,第40页)促使其停止的。现在,肯定正确的是,没有外部情节去妨碍这个行为人拿这个木球,并且一种基于"纯粹内在的"思考的中止属于典型的自愿性的案件。但是,这个判决显示,在一种中止根本不存在时,这些斟酌必然导致这种认识错误。

97 同样,在有人打开另一个人的手提包,以便盗取一份机密文件时,他第一眼看到这些卷帙时就发现,这些都是一些其他的、没有意义的文书,于是就没有拿,这也应当认为是一种落空。在其中,既不存在一种放弃,也不存在一种中止。

98 通过这些例子能够表明,承认一种落空的未遂,不仅仅是一种概念上的修改与术语上的改进,同样还是法律清晰性的一个巨大胜利。当人们在这种真正的构成行为对象没有为行为人的故意所包含的案件中,才认定一次中止时,人们虽然不是必须——就像帝国法院在木球案件中那样——走向对自愿性以及由此对不具有刑事可罚性的认定,但是,鉴于在决定自愿性与非自愿性的标准上的争议,这个结果肯定是不确定的,与此同时,落空的未遂的这个法律形象,却使得一种明确的与有说服力的解决方法成为可能了。当然,人们必须清楚,这个解决方法也不能简单地从一种在前面表述过的落空概念中得出来,而是以一种评价为基础的。但是,这种对落空的未遂的

---

〔109〕 Streng, NStZ 1993, 582。

〔110〕 关于构成行为计划的概念,见 Roxin, Würtenberger - FS, 1977, 109 ff.。

承认,对于法律适用具有这种特别的优势:通过一种在这些案件的刑事可罚性意义上的评价,就应当在不依赖关于中止的自愿性与非自愿性的相互争论的理论中轻易地实现统一。如果人们仅仅因为一个行为人的未遂失败了就确保他的免除刑罚,那么,这就会与适当的以及不适当的未遂在原则上具有的刑事可罚性相矛盾;因此,很明确,立法者是想要使落空的未遂受到惩罚的。与此相反,很清楚的是,尽管这个行为人还能到达自己的目标,但是,他放弃了继续进行自己的计划,这时,一个关于具有或者不具有刑事可罚性的决定应当是更难作出的。在这里,在这些情节发生变化,并且,例如,被抓的风险,尽管仍然存在着实施的可能性而增大时,细致的权衡是必要的,对这样的权衡来说,立法者借助按照那种中止的"自愿性"的安排,仅仅能够给出一个模糊的指示,并且,这个因此借助一种确定的强制进行必然会引起一种很大的理论多样性(参见,边码354以下)。在落空的未遂案件中,我们不需要这些来增加自己的负担。

在这个构成行为的对象与行为人的故意不相符合时,主流的观点也认定了一个落空。[111] 但是,这不是没有争议的。因此,费尔特斯(Feltes)[112]在人物混淆的案件中对一个落空提出了质疑,他说明的根据很值得注意:即在以认识错误为条件的向乙射击中就存在着一个既遂的杀人。(对人身的认识错误并不排除故意,参见罗克辛,《德国刑法学 总论》,第1卷,第三版,第12节,边码168以下。)"因此,在未遂上也必须给出相应的标准。"但是,行为人认识与不认识真实的案件事实,这还是有区别的:枪杀站在自己面前的想象中是乙的人的故意,在发现其实是丙时,就站不住脚了。耶格尔[113]认为,甲在认识了自己的错误后没有枪杀丙的,就是逆转了对这个"进入视线的人身的危害",并且由此放弃了这个构成行为。但是,在甲发现自己弄错的这个时间点上,在主观上与客观上都不再有人受到危害:既不是不在场的乙,也不是那个在杀人故意不存在的丙,并且,丙对于甲来说,就像是任何一个处在近旁并且同样没有受到危害的行人一样。 99

在木球案件中,耶格尔同意认定一个中止,根据是,这样的人,具有不确定的"从花园里随便偷点什么"的故意,但是,并没有拿走对自己没有用处的木球,还是能够中止的。但是,在这样一个案件中,故意被限制在有用物品的范畴之内,以至于这个行为人在这些物品不存在时就同样失败了(参见,边码105)。但是,如果他真的完全不考虑有用性而"随便偷点什么",例如,只是为了证明自己在这种手艺方面的技巧,那么,在他放弃这个想法时,他就在事实上修改了自己的计划,并且中止了。但是,这种认定不是"不相同对待",而是能够在行为人不同的目标设定中说明各自的根据。 100

(3)构成行为的对象达不到行为人的预期

一种很常见的状况是,一个财产犯罪的行为人(大多数情况下是抢劫或者偷窃)找到的赃物比自己原来以为的要少;如果他由此什么也没有拿就中止的,在法律上常常很难判定存在的是一个落空的未遂、一个非自愿的中止,或者一个自愿的中止。《联邦最高法院刑事判决集》,第4卷,第56页的决定构成了较新司法判决中的指导性案件(leading-case):这个被告人为了争取获得一个代理需要300马克的初始资金,但是却没有这笔钱。为了获得这笔所需的资金,他袭击了一个饭店店主,但是,他在钱箱里仅仅找到20到30马克,结果,他没有拿这笔钱就逃跑了。 101

在这里,正确的方式应当是肯定一个落空的未遂。[114] 根据这个构成行为的计划,关键是获 102

---

[111] 参见,仅仅是 Sch/Sch/Eser[26], § 24, Rn, 9。

[112] Feltes, GA 1992, 413。

[113] Jäger, 1996, 78。

[114] 这符合了今天的主流观点;参见,仅仅是 Bauer, wistra 1992, 204; Lackner/Kühl[24], § 24, Rn. 11; Roxin, JuS 1981, 3 f.; SK[6]-Rudolphi, § 24, Rn. 9; Sch/Sch/Eser[26], § 24, Rn. 11; LK[10]-Vogler, § 24, Rn. 30。

得一笔数量大约为300马克的钱。更少的钱对这个行为人来说"不是目的";也就是说,他的计划失败了,即使他能够毫无困难地拿走一笔较少的钱。联邦最高法院借助一个基本相同的论证,认定了一个非自愿的中止(也许仅仅是因为这种落空的未遂的法律形象当时在司法判决中还没有得到贯彻)。当中止的观点在这里同样不能很容易地为另一种结果提供说明根据时,人们能够将此看作是无害的,并且,将坚持划入中止无能力的落空的未遂看作是一种术语上的学究气。如果人们曾经认为,行为人已经"放弃"了进一步实施,因此,人们很难绕过这样的认识:行为人对获取这笔处于自己力量下将要放弃的20到30马克是自愿地不作为的,因此在这个观点下就必须认定不具有刑事可罚性,当人们认定在抢劫300马克的故意中,包含着一个指向更小数额的部分故意时,这个行为人在事实上就从抢劫20到30马克的未遂中自愿中止了。但是,这并不改变这个指向300马克的抢劫未遂绝对没有实施,并且是因此落空的。[115]

103 也就是说,这个比较老的司法判决,在处理这种"预期失望"案件的范围内,是在"自愿性或者非自愿性"而不是在落空与自愿中止的区分上看这个问题时,就是不正确的。正是在这个不正确的角度上,帝国法院在决定这种案件时的态度总是非常动摇。[116] 在《帝国法院刑事司法判决集》,第24卷,第222页中认定了一个自愿的中止。在这里,行为人留下了自己在砸开的箱子里找到的东西,因为这些东西对他看起来说并不值得偷。同样,《帝国法院刑事司法判决集》,第55卷,第66页肯定了一个自愿的中止,因为这个行为人本来猜测的是一大笔非法交易的货物,所以,在他发现是比较小包的食品,在他看来不值得盗窃时,就碰也没碰地留在那里了。另一方面,《帝国法院刑事司法判决集》,第70卷,第1页对一个拦路抢劫者就没有批准为是自愿中止。这个家伙攻击了一个女孩子,想要抢她的钱,但是没有动那笔钱就让她走了,后来证实,这个女孩子当时总共带的钱只有20到30芬尼。

104 如果人们把边码103的案件放到落空的角度下检验,与前文(1、2)处理过的相对没有问题的状况相比,当然就需要更困难的权衡。因此,不能因为找到的东西达不到行为人的期望,就认定为一个落空。更准确地说,关键在于这个构成行为的计划是否固定在一个确定的赃物数量等级上。在《联邦最高法院刑事判决集》,第4卷,第56卷的决定中,由于行为人具有追求这笔金钱的目标,因此,案件就是这样,因此,一个落空的存在就是很明显的。但是,例如,一个为了一般的发财目的而盗窃,憧憬着一个满满的收银箱的小偷,仅仅找到一笔非常少的钱而没有拿时,因此,这不是落空,而是一个自愿的中止。在一个人不是为了一笔确定的数目而盗窃,并且对找到赃物的数额没有依据时,就只能具有一个非特别化的构成行为计划。如果找到的很少,那么会失望,但还不是落空。在《联邦最高法院刑事判决集》,第13卷,第156页说:"一个人从盗窃的未遂中中止,因为自己找到的比期待的要少,那么,他就不是自愿地中止",这就太无法区别了。一个人能够很好地使用现有的东西,但是,出于对自己巨大希望未能如愿的愤怒而没有拿走的,就始终还是自愿的中止。在这个观点中,边码103中列举的帝国法院判决的案件事实,还必须详细进行分析。当然,——并且在《联邦最高法院刑事判决集》,第13卷,第156页至少包含一条简便的法则的范围内——行为人由于微不足道而拒绝了一笔不然就很容易到手的赃物,这个情节是一个标志,说明这个构成行为计划不能不考虑的条件(condicio sine qua non)所具有的另外一个数量等级,以至于这个认定,即在所有说明过的案件事实中都涉及落空的案件,是最有可能的。

---

〔115〕 当然,如果行为人拿了20-30马克时,他就不是由于一种未遂的与一种既遂的盗窃,而是仅仅由于一种既遂的盗窃而受到惩罚。但是,这并不是由于缺乏更大计划的失败(但是,这样说的见 Bockelmann, NJW 1955, 1418, Fn. 26 = Untersuchungen, 176, Fn. 26),而是由于这个在同一个行为构成范围内的司法判决,在带走现有东西时,就接受了这个构成行为计划的一种调整(也参见,Bottke, 1979, 368, Fn. 43)。

〔116〕 参见,对于案件事实描述随后的决定,见 Bottke, 1979, 367 f.。

105 应当更容易进行判决的是这些案件，在其中，找到的不是在数量上，而是在性质与特点上与行为人的期待有差距。在这里，人们能够以这样的方针为出发点，即“当这个行为人仅仅带着一般的、不确定的拿走意志而根本什么也没找到，或者在一种指向拿走确定的东西或者确定性质的物品的故意中找不到这样的东西时”，一个未遂就是落空的。[117]《联邦最高法院刑事判决集》，第13卷，第156页处理了一个特别的案件：这个行为人想要偷的“首先是现金，但同时也想要偷其他有用的物品”。他没有找到钱，因而先是拿了一个照相机与一件大衣，但是最后还是没有带走，因为他担心卖起来困难与一些其他不好的后果。在这里，根据这个构成行为计划，当钱与物品的实际价值不是处于“要么这个—要么那个”的关系之中，而是偷钱才是他构成行为计划中的一个主要因素时，就存在着一个落空。因为联邦最高法院确定，对行为人重要的“首先是现金”，所以，人们就必须在金钱方面认定一个落空，而在其他东西方面认定一个中止。在“金属窗案件”（《帝国法院刑事司法判决集》，第45卷，第6页）中，也是一个明显的落空案件，在其中，几个行为人在拿走过程中，由于不熟练而搞坏了被盗物品（窗户与铁丝栅栏），使其失去价值或者无法为其目的使用了。因为他们无法再根据自己的构成行为计划的标准来使用这些物品，所以这个计划落空了。

106 最后，行为对象达不到行为人预期的可能性，不仅会出现在物品的价值上，而且也会出现在人身成为犯罪行为的被害人时。的确，这种案件大多仅仅在行为人之前并不认识自己攻击的人的情况下才会加以考虑。在这里，一个落空也仅仅很偶尔地才成为可能，因为人的“对象”与物品价值的对象，在数量上是无法区分等级的，并且，它们在性质与特点上的差别也没有大到这个程度，以至于一种偏离行为人的想象完全能够视作这个构成行为计划的失败。例如，当有人从后面抱住一个陌生的女人，想要强吻她（强制！），但是，在细看时却放弃了实施，因为她对他来说不漂亮或者不够年轻，因此，人们就不能将此视为一个落空的未遂。在行为人不认识这个女人时，他就不能有如此具体的想法，自己能够——除了例外案件之外——对一个计划的构成要素作出特定的期待。这个计划通常只能指向亲吻一个相貌不详的女人。这个计划不是失败，而是在可能的情况下存在着一个自愿的中止。在这个行为人想要亲吻一个特定的女孩，并且在发现抓错了人时放开了她，自然就另当别论了。但是，在这里，涉及的是一种混淆案件（上文2），这种案件出于这个原因应当列入落空的未遂的范畴之中了。

107 《联邦最高法院刑事判决集》，第20卷，第279页以下的判决，属于那种很罕见的、在以人为攻击对象中没有混淆人身而存在一个落空的案件，因为这个被害人不符合行为人的预期：这个行为人以强奸目的袭击了一个女孩，但是，在他发现这个女孩“系着卫生巾”并且“处于经期”时，就中止了。在这里，联邦最高法院曾经明确地说是一种落空的未遂。[118]“对于被告人来说，被袭击者已经证明，由于她的身体状况，她对他——与一个对此安排的女人——所追求的性交是不合适的”（出处同上，第280页）。对此应当表示赞同。即使当行为人在作出构成行为决定中对这个妇女可能没有考虑过，他就像自己的反应所显示的那样，的确是从其“安排”作为自己计划中一个默认的与理所当然的，并且足够具体化的条件出发的；如果缺少这一点，那么，这个目标——与一个对此“安排的”女人的性交就无法达到，这个计划也就失败了。与此相反，如果人们认定一个中止，并且把实施的“放弃”置于这个行为人从纯粹身体上看来还有能力继续实施性交的基础之上——联邦最高法院明确肯定了这一点，那么，对这个中止的自愿性或者非自愿性的决定就很难做出了。这个例子表明，也就是说，承认落空的未遂与其与中止的区别带来了什么样认识上的

---

〔117〕 因此，BGHSt 4, 57 在跟随旧的司法判决——但是，是在中止的非自愿性的观点之下。

〔118〕 然而，这应当同时表现为一种非自愿的中止；关于这个语言用法，参见注释102。

好处。[119]

(4)在构成行为形态的偏离、动机的消失与可重复实施行为中的没有落空

108 最后提到的是这样一些案件,它们在落空的观点下被讨论了,但是,应当认定为一种(要么是自愿的,要么是非自愿的)中止。

1)构成行为形态偏离构成行为计划

109 这种案件极其常见。当行为人在入室盗窃时感到被察觉,虽然这个构成行为对他来说还是能够实施的,但是,他中止了,以便不会以后被抓,这时,他是放弃了这个构成行为。在这里应当澄清的是,这是自愿还是非自愿地完成的;但是,这不是落空,因为这个目标——已经计划的盗窃——还仍然是可以达到的。人们能够对此提出异议说,这个行为人已经有了这个计划,要不被察觉地进行盗窃;在这不可能时,这个计划就失败了,也就是说,这个未遂也落空了。这个论证的错误在于,这个实施的形态虽然表现出在通往目标道路上的伴随情节,并且本身表现为这个计划的组成部分,但并不表现这个目标,而对这个行为人来说,这个目标的不可达到性就能够单独说明其未遂落空的根据。施米德霍伊泽[120]对此作出了正确的表述,他说(在有点不同的上下文中[121]),在落空的未遂中,"只有在行为人的计划标示了这个行为人想要达到的目标时,这个计划才是重要的"。

110 与此相对,乌尔森海默[122]所代表的观点是,构成行为形态的改变在达到目标的可能性继续存在的案件中,也能够导致未遂的落空:"犯罪实现的种类与方式、行为的工具、事件的地点与时间,在具体案件中,对行为人的计划是非常重要的,并且由于这个原因是精确地确定的,就像对攻击适用的构成行为的对象那么重要与那么精确地确定一样……这个区别……仅仅存在于这里:这个被行为人认为是不可能认识的,在这一次涉及的是他想要的是**什么**这一点,在那一次就相反的涉及到那个实施**如何**进行了;他不继续行为的动机的确是相同的:他再也看不到通过继续进行**他的**构成行为方案来接近其目标的机会了,因此,就不能谈论一种'放弃'"。[123] 在这里,在"构成行为的方案"这个概念之中,达到目标的手段与途径与这个目标本身就等同起来。从法律中,能够证明这不可能是正确的。在乌尔森海默是正确的时候,在实践中,各种非自愿中止的案件就都会是一种落空的未遂,因为这种中止的非自愿性总是以此为根据的:事件确定的形态发生了改变,让这个行为人看来就得放弃自己的计划。但是,因为立法者显然是从非自愿中止的存在出发的,所以,把这类案件都重新说成是落空的观点就不能成立。因此,错误的就是,把这种落空的未遂看成是一种(在大多数情况下)非自愿的中止,因此,错误的就是,把这种逆转的过程在一种落空中转变为一种非自愿的中止。乌尔森海默自己看到了这个危险,[124]并且试图这样来加以避免,即他仅仅想要把确定的"在情态上不可能"的案件归入这种落空的未遂之中。他仅仅想要在这里做,"在这里,行为人从一个非常仔细的计划出发,在其中,这些细节对结果的引起具有特别的意义,因此,这个符合构成行为的完成就借助所计划情节的出现或者所期待情节的不出现而'同生共死'了,也就是说,这个行为人是有意识地将自己约束在这里的"。与此相反,那些"一个

---

[119] 与本书一样支持落空的未遂的,见:Kampermann, 1992, 53; Sch/Sch/Eser²⁶, § 24, Rn. 11; 支持非自愿中止的,见:Jäger, 1996, 79, 112; Maurach/Gössel, AT2⁷, 41/113; LK¹⁰ – Vogler, § 24, Rn. 98; 支持自愿中止的,见 Jakobs, AT², 26/46。

[120] Schmidhäuser, LB AT², 15/78。

[121] 对此,参见边码 175 以下,关于可以重复的实行行为。

[122] Ulsenheimer, 1976, 320 ff.。

[123] Ulsenheimer, 1976, 322 f.。

[124] Ulsenheimer, 1976, 324: 这必须受到警告,"这个落空的未遂的领域应当无限制地扩张了"。

犯罪行为在通常情况下完全理所当然的条件”，以及“那些没有经过思考的期待、一般的想象与希望”都不应当是构成行为计划的组成部分，也就是说，在这些案件中，这些没有达到就还不是说明落空的根据。[125] 然而，这些区别是没有说服力的，是在实践上与理论上都很难贯彻的。没有说服力是因为，这种实施构成行为的理所当然的条件恰恰就属于这个构成行为计划的必备要素。在实践中很难贯彻是因为，就像乌尔森海默自己看见的那样，这个区分落空与放弃的界限，根据这些标准，“是特别难以形成的，并且在很大程度上是取决于行为人的答辩的”。最后，在理论上也一点都无法贯彻；在这些非自愿中止的案件中，这个构成行为也与实施形态的改变“同生共死”（否则，这个行为人就真的不会中止）。也就是说，在这里必须坚持，行为人的计划对现实的偏离，仅仅在这种偏离涉及这个构成行为的对象，而不是仅仅涉及这种实施的伴随性情节时，才会使目标的到达成为不可能，并且才说明了一个落空的未遂的根据。

2）动机的消失

动机的消失能够使一个构成行为失去意义，但是并不能说明落空的理由。甲为了很快地继承遗产而想要杀死自己作为其继承人的叔父，并且在未遂阶段就放弃了这个构成行为，因为他在最后一刻时听说，叔父把自己所有的财产都赌输了，这[126]仍然不改变被害人被杀的可能性。也就是说，这个构成行为是可以继续实施的并且没有落空。这个动机是机会，但是，不是这个构成行为的组成部分。也就是说，这里存在着一个中止，其动机在决定自愿性或者非自愿性中应当加以考虑。继续进行这个构成行为的无意义性，也不能说明这个中止的非自愿性的理由，并且不一定就指向一个落空。落空的关键性标准是，在这个故意包含的界限之内，实行人实现的不可能性。 111

3）可重复的实施行为

这种案件存在于这种时候，行为人的一个实施行为失败了，但是，本来还能够借助对结果的展望来继续进行实施行为：他的第一枪没有打中，他还能够继续开火，但是并没有这样做。在人们仅仅看这第一枪时，就像那种所谓的个别动作理论做的那样，在这里就存在着一个落空，并且，一个杀人未遂的中止是不可能的。然而，如果人们考虑到继续射击的可能性，那么，这个构成行为就是可以继续进行的，并且停止就是一个“放弃”，也就是一个中止。这种状况是很有争议的。因为根据本书所代表的观点，这里存在的不是落空而是一个自愿的中止，所以，对它的深入讨论只能在以后进行（边码 175 以下）。 112

（四）出现可以主观与客观归责的结果作为中止无能力的案件

一个中止的基本条件是，这个构成行为没有完成。第 24 条免除未遂的刑罚（“由于未遂而不受惩罚”……）。也就是说，不成功的中止对这个行为人是没有用的。如果他借助杀人的目的，通过手枪射击重伤了这个被害人，随后又由于懊悔把被害人送往医院，那么，如果医生没有成功地挽回重伤者的性命，这个行为人就仍然要由于完成的故意杀人而受到惩罚。第 24 条第 1 款第 1 项，第二种案件，还另外通过明确要求一种对结果的阻止来表明了这一点。 113

尽管有这样简单的基本说明，但是，在中止理论中，几乎没有哪一个领域会像中止行为中结果的出现这样，在细节上是如此有争议的。[127] 在文献中，在一些状况中，并且，借助各种类型的 114

〔125〕 Ulsenheimer, 1976, 325 f.。

〔126〕 例子，见 Jäger, 1996, 78。

〔127〕 一个广泛的说明与对所有解决方案的建议所作的批评，连同它们的分支部分，见 Schliebitz, 2002。

结构,试图减少那些努力进行中止的行为人所承担的结果风险。在一种对最重要的区分进行的限制中,合适的也是,在未遂终了之前、在未遂终了之后,以及在非纯正的不作为犯罪中的结果风险之间进行的区分。[128]

1. 未遂终了之前的结果风险

115 这指的是前面(第 29 节,边码 64)结合故意问题在未遂中讨论过的毒药混合案:行为人在给了第二份毒药后就自愿停止了,尽管他已经算计到致命的效果最早要在第 5 份之后才会发生;但是,这个被害人还是死于这两份刚投入的毒药。或者:一个杀人未遂的行为人相信,多刺几刀应当是杀人所必要的,但是,在刺了第一刀之后出于自愿就放弃了;然而,这个被害人却是由于这第一刀的结果而死亡的。

116 前文(第 29 节,边码 66 以下)对于这些结果提早出现的案件已经进行了讨论。在这些案件中,行为人自己看不到展开中止努力的可能性。讨论说明:行为人原则上应当由于故意引起行为构成的结果而承担责任,只要这个结果在主观上与客观上可以归责于他。这同样适用于,在他想要轻信地通过放弃继续活动来中止时。在这里,他已经不是停留于未遂之中了,[129] 就像第 24 条第 1 款第 1 项以此为条件一样。

117 当然,认定一个完成的故意犯罪的条件是,这个结果是可以归责于这个行为人的。在这个中毒的被害人仅仅由于一种无法预见的过敏反应而提早死亡时,在这个被刀刺伤者仅仅由于他血友病的特性而提早死亡时,那么,认定一个故意的完成的杀人就失败了。这个结果不是一种由行为人创设的不被允许的死亡风险的实现,因此,在客观上是不可归责的。这停留为一个未遂,行为人通过放弃(第 24 条第 1 款第 1 项,第一种案件)从其中中止了:他通过放弃进一步的杀人活动,在可以归责于他的范围内,从这种危险中逆转了。

118 但是,这是很罕见的例外。在通常案件中,提早的结果是可以预见的,并且由此是可以在客观上归责的。根据规范性的标准,这种结果也表现为行为人计划的实现,并且因此是可以归责于故意的(一种例外的例子,参见第 29 节,边码 69 以下)。在有人想要杀人另一个人时,对这个行为人目标的实现来说,这个人是早一点死还是晚一点死都是无所谓的。

119 反对的意见拒绝了一种完成的刑事可罚性,这主要是建立在两个论证角度的基础上。[130] 首先,人民能够持有这种观点,即这个行为人,只要这个未遂还没有终了,就没有完成的故意。[131] 在这里,一种源于没有终了未遂的结果,就不是故意引发的。在这里仅仅剩下一个行为人自愿中止的未遂。这个观点在上文(第 29 节,边码 69 以下)中已经被拒绝了。在这里能够指出这一点。

120 其次,另外一个能够追溯至施罗德[132]的角度,不是从缺乏完成的故意,而是从第 24 条第 1 款第 1 项的中止规定中,引导出这种中止的可能性与所缺乏的结果归责的:这条规定在没有终了的未遂中不要求阻止,而仅仅要求也存在于不成功的中止之中的那种放弃。立法者仅仅在已终了的未遂中让行为人负担起这种防止结果的风险,与此同时,在未终了的未遂中并没有强迫他负担“这样一种对结果的保证”。因此,在未终了的未遂中,一种免除刑罚的中止“在这个行为人错

---

〔128〕 这个区分也是以 Schliebietz, 2002 的书为基础的。

〔129〕 这也是主流观点,见 Arzt, GA 1964, 6 f.; Borchert/Hellmann, GA 1982, 442; Gutmann, 1963; 109; Jescheck/Weigend, AT[5], § 51 III 3; Krümpelmann, ZStW Beiheft 1978, 6 f., 24f.; Lackner/Kühl[24], § 24, Rn. 15; Mayer, 1986, 83 ff.; Roxin, AT 1[3], § 12, Rn. 170; SK[6] – Rudolphi, § 24, Rn. 16; Schmidhäuser, LB AT[2], 15/76; Stratenwerth, AT[4], Rn. 283; LK[10] – Vogler, § 24, Rn. 151; Wessels/Beulke, AT[31], Rn. 627。

〔130〕 更多文献的意见,见 Schliebietz, 2002, 26 f.。

〔131〕 这个观点在上文第 29 节,边码 62 以下详细说明与讨论过了。

〔132〕 Schröder, JuS 1962, 82; 在这里还有那些下面的引文。

误地评估了自己迄今为止行为的效果,并且仅仅错误地认为这个结果能够得到防止时,就也是可能的”。

121 但是,对此同样是不应当赞同的。[133] 第 24 条决定的仅仅是未遂的有刑事可罚性与无刑事可罚性,而不是结果的归责。“通过这个结果的出现,这个未遂规定的适用范围就在原则上被逾越了。”[134] 当第 24 条第 1 款第 1 项在未终了的未遂中谈的不是“阻止”,而是“放弃”时,那么,在未终了的未遂中阻止结果就存在于“放弃”之中,这一点也是建立在适合于通常案件的认识基础上的。这个放弃是一种通过不作为来进行的对完成的阻止,而这种阻止本身则是通过积极的作为来进行的。失败的阻止在两种案件中都排除中止。[135] 但是,即使人们作出其它的决定,并且想要在轻信的认识错误的放弃中肯定一种自愿的中止,也不会改变这种对结果的归责。[136] 这种放弃的效果,在这里就仅仅用于“这种以通过形式来实现的未遂所具有的无刑事可罚性。这种完成不受第 24 条法律结果的影响”。

122 埃泽尔[137]提出了一种区别对待的解决方法。如果这个结果在不成功的中止努力的时间点上已经出现——当行为人相信,通过第二份毒药之后的停止应当阻止这个结果的出现时,被害人已经死亡了——那么,他就想要也认定一个完成的构成行为。但是,在未终了的未遂中,这个结果在停止行为的那一瞬间还没有出现时,另一种解决方法就应当产生了。如果甲在灌了第二份毒药之后,在相信这个被害人会继续活下去的信念下停止了,但是这个被害人却是死于后来补充的毒药剂量的,那么,就应当存在一种未终了未遂的免除刑罚的中止。在停止的那一瞬间(根据行为人决定性的想象)就已经呈现了一种通过放弃能够中止的未终了的未遂。

123 然而,这也是没有说服力的。[138] 就像埃泽尔同意的那样,只要结果在“停止”的时间点上已经出现,就存在一个完成的故意的构成行为,这时,在这里就不能有不同了。无论如何,在这个被害人的死亡中,就实现了一种由行为人创设的不被允许的危险以及行为人原来的杀人计划。虽然在这个想象的中止那一瞬间还存在着一个未遂,但是,第 24 条第 1 款第 1 项的条件是,在未遂时,没有出现一种可归责结果这一点也是不变的。

124 沃尔特(Wolter)走的是另外一条中间道路。[139] 他在所有的案件中都拒绝一种免除刑罚的中止,因为这个结果在客观上已经可归责地出现了,但是,他想要进行一种未遂的刑罚,因为缺乏一种故意犯罪所具有的完全的行为无价值。但是,这种“介于既遂的犯罪行为与不具有刑事可罚性的举止行为两大阵线之间的解决方法”,[140]在信条学上无法解释,为什么这种准中止虽然应当排除既遂,但却正好对它所涉及的未遂不应当发生作用。[141] 同样没有得到关注的是,第 24 条第 1 款第 1 项虽然在可能的情况下能够排除一种未遂的刑罚,但是却不能排除既遂。

2. 未遂终了之后的结果风险

125 在终了的未遂中,当行为人没有成功地阻止这个结果的出现时,原则上就由于完成的故意的

---

[133] 这也是主流观点,见 Arzt, GA 1964, 6 ff.(关于 § 46 StGB a. F.);Jescheck/Weigend, AT^5, § 51 III 3;Krauβ, JuS 1981, 886;Kühl, AT^3, § 16, Rn. 79 ff.;Küper, aaO., 33 ff.;Lackner/Kühl^{24}, § 24, Rn. 15;Stratenwerth, AT^4, Rn. 715 ff.;LK^{10} – Vogler, § 24, Rn. 1, 148 ff.;Wessels/Beulke, AT^{31}, Rn. 627。

[134] LK^{10} – Vogler, § 24, Rn. 151。

[135] 对整体的详细说明,见 Kuper, ZStW 112 (2000), 33 ff.。

[136] Schliebitz, 2002, 36 ff. (37)。

[137] Sch/Sch/Eser^{26}, § 24, R. 23 f.。

[138] 关于 Eser,也参见 Schliebitz, 2002, 38 – 40。

[139] Wolter, Leferenz – FS, 1983, 560 ff.;对于未遂的惩罚,也见 Muňoz – Conde, GA 1973, 40。

[140] Wolter, ZStW 83 (1977), 697 ff. (697)。

[141] 关于 Wolter,也参见 Küper, ZStW 112 (2000), 38 ff.。

构成行为而出现了一种刑事可罚性，这是符合整个主流观点与司法判决的。〔142〕也就是说，如果行为人在飞机上安放了炸弹，炸弹的定时引信应当造成后来的爆炸以及飞机的坠毁，那么，他试图在最后一分钟通过警告来徒劳地拯救乘客，对他就一点都没有帮助了。〔143〕他会由于对全体乘客的故意杀人而受到惩罚。这个观点也是恰当的：首先，这是从第24条第1款第1项的文字（第二种案件）中得出的，根据这个规定，这个行为人在这样一个案件中不仅不能中止，而且也没有阻止完成。〔144〕其次，这也是这样得出的：这个由行为人所创设的不被允许的危险已经符合计划地实现了，因此，一个故意的完成的构成行为的所有条件就都具备了。

126　仅仅在已终了未遂的行为人已经开始对结果加以阻止，只是由于这个结果以一种无法归责的方式出现才使这种阻止失败的时候，人们才必须做出不同的决定。例如，甲借助杀人的故意把乙刺倒在地，乙流血不止。但是，他在这时改变了主意并叫来了救护车。如果到医院，乙就肯定能够得到救治，但是，在通往医院的路上，救护车被卷入了一场交通事故，使乙在事故中死亡了。

127　在这里，应当认定一种已终了未遂中的自愿中止。也就是说，如果甲完全没有进行防止结果出现的努力，并且救护车是第三人叫来的，那么，就仍然不存在完成的杀人，因为这个结果不是作为由甲创设的风险来实现的。〔145〕也就是说，在这个案例中，仅仅存在着一个由甲通过叫来救护车而自愿中止的未遂。人们不能对此提出异议，说缺少那种第24条第1款第1项所要求的对结果的阻止。这条规定仅仅能够由行为人以有意义的方式要求，他阻止了一个**可归责的**完成。一个不可归责的结果既不能承担一种既遂的刑罚，也不能（在采取了适当的中止行为时）承担一种未遂的刑罚。〔146〕行为人已经通过向医院的运送"逆转"了这种由他创设的危害，并且由此妨碍了一个可归责的完成。这对一个免除刑罚的中止来说就肯定足够了。

128　在这里，这个结果也是不可归责的，当它虽然追溯到一个由行为人创设的不被允许的危险上，但是，对其归责却由于这个结果落入这个被害人的责任范围之内而失败了，这个被害人是故意地并且自愿地接受这个危险的。〔147〕当谋杀者在灌了毒药后再请来医生，这个医生想要给一种救治的解毒药，但是，这个被害人因为想放弃生命而拒绝服用，〔148〕这时，他的死亡就不应当归责于这个行为人了。这个行为人仅仅犯了一个谋杀未遂，并且，他出于在边码127中谈到的根据已经从中中止了。

129　在这个愿意阻止的行为人通过第三人阻止了救援时，情况就不同了。在这个案件中，实现的总还是那种符合计划的原先风险。这种中止的不成功不需要有过错。"在这个谋杀犯想要去除这个炸弹的引信，但是由于汽车抛锚而来晚了"的时候，并不会改变这种既遂的刑罚，"那么在一个第三人通过破坏造成了汽车的故障，或者在这个行为人被他的同伙阻止了中止时，为什么就应当不同呢"？〔149〕

130　在认识错误中，人们必须区别对待：〔150〕当行为人相信，那枚自己安装的炸弹引信还能及时

---

〔142〕BGH NJW 1973, 632, 633; Krauβ, JuS 1981, 886; Lackner/Kühl[24], § 24, Rn. 20 m. w. N.; Lönnies, NJW 1962, 1950 f.; Schmidhäuser, LB AT[2], 15/76; Tröndle/Fischer[50], § 24, Rn. 46; Wessels/Beulke, AT[31], Rn. 645。

〔143〕关于这个例子，参见，Roxin, AT 1[3], § 12, Rn. 81。

〔144〕Schliebitz, 2002, 95。

〔145〕参见，Roxin, AT 1[3], § 11, Rn. 37, 63 ff.。

〔146〕参见，上文边码115以下。

〔147〕参见，Roxin, AT 1[3], § 11, Rn. 95。

〔148〕例子见Otto, AT[6], § 19 IV, Rn. 78，他的决定与本书一样。

〔149〕Schliebitz, 2002, 96 f.。

〔150〕Sclzliebitz, 2002, 104 ff.。

去除引信,当然,这不是安装时的计划,这时,他在事后作出的去除炸弹引信的决定,以及在使之成为现实时失败了,对他都不再有任何用处。他仍然由于既遂的故意构成行为而具有刑事可罚性,因为这个阻止失败了。在对结果的阻止从一开始就是加以计划的,并且行为人相信能够成功时,情况就不同了:行为人让一条狗去攻击被害人,并且相信自己能够在狗咬死被攻击者之前用口哨将其唤回。当他在这个认定中弄错时,他仍然不会根据第212条而具有刑事可罚性,因为对他来说,从一开始就缺乏杀人故意。相反,会考虑的是根据第227条的刑事可罚性。

在已终了未遂的不成功中止中,结果的出现会导致由于故意的完成构成行为的刑罚,这种认定仅仅偶尔地产生争议。巴可认为,[151]在人们由于故意杀人对后来没有成功去除炸弹引信的炸弹安装者进行惩罚时,这是对罪责原则的违反,是对结果责任与对一种通过有刑事可罚性的行为而创设的状态的持续(versari in re illicita)所具有的刑事可罚性的回归。他想要取而代之,在与过失杀人的想象竞合中认定一个已终了的未遂。[152] 博特克[153]也在类似的方式中,拒绝了一个完成的故意的构成行为,因为这种"主观的归责联系"通过中止的努力已经被排除了。在重新定位之后,这个结果"不再是这个行为人完成的'与构成行为的目标相一致的'或者'对构成行为计划适当的'作品"。 131

但是,这些观点是不值得赞同的。这种结果的出现不是偶然的,而是这个故意行为人所实施的行为产生的完全对构成行为计划适当的效果。作为故意的构成行为对行为人进行谴责的,不是那种失败的救援,而是其之前的作为。救援努力不能使行为人从对故意实现犯罪的谴责中解脱出来,这是合适的。这种损失已经出现,因此,就缺少了一种危害的逆转。当然,这种太晚的没有结果的逆转,仍然是减轻刑罚的基础。 132

施利比茨(Schliebitz)[154]的观点与主流的观点有着不同的方向。他在距离犯罪(Distanzdelikt)中,甚至想在一个准备行为引起结果时,就认定一个完成的故意的构成行为:甲在住在自己那儿的丁的威士忌酒瓶里下了毒,期待着丁在两周后旅行归来时,应当喝下这瓶有致命效果的饮料。接着,甲就躺下睡觉了。令他意外的是,丁在当天晚上就回来了,喝了一些威士忌并且死亡了。[155] 或者:行为人后悔投毒了,想要重新换回那瓶酒,但是出于失误把那瓶有毒的酒留下了,结果,丁在两周后回来时,在"享用"这瓶酒时死亡。 133

在人们遵循本书所代表的立场(参见第29节,边码195以下)时,往酒瓶里投毒时还不存在谋杀未遂,因为这个因果过程还没有离开行为人的控制范围。因此,在两个案件的种类中,都应当拒绝一种故意的完成的杀人。这个故意必须至少在进入未遂阶段时才具备,[156]而在这里还没有进入这个阶段。因此,在可能的情况下,仅仅保留了一种由于过失杀人进行处罚的可能性。 134

与此相对,施利比茨(Schliebitz)想要让一种对未遂还不充分的故意,在准备引起了这个结果时,在准备阶段对既遂的刑事可罚性就足够了。这会产生一种没有先前说过的未遂的既遂的构成行为。但是,这是一种过于大胆的解决方法。除了这种结构上的问题之外,也就是除了没有达到未遂门槛的既遂是很难想象的之外,在准备阶段也缺少那种故意的、通过结果的出现而成为既遂的危害。根据行为人的想像,这还"什么都没有发生",没有创设故意的不被允许的风险,而仅仅才在准备对其的创设而已。这无法承担对故意的引起结果的那种认定。 135

---

[151] Muňoz - Conde, GA 1973, 33 ff. (35 f.)。

[152] Muňoz - Conde, GA 1973, 40。

[153] Bottke, 1979, 558。

[154] Schliebietz, 2002, 110 ff., 128 ff.(在与 Herzberg 与 Schlehofer 可以比较的解决方案的讨论中)。

[155] 例子见 Schliebitz, 2002, 113。

[156] 参见, Roxin, AT 1^3, § 12, Rn. 170, 80 f.。

3. 在不纯正的不作为犯罪中的结果风险

(1) 文献中的观点

136 在不纯正的不作为犯罪中的一种失败的中止,是否能够由于既遂的或者仅仅是未遂的故意构成行为而导致刑事可罚性,或者最多导致一种过失的刑罚,这个问题是有争议的,并且主要取决于人们在不纯正的不作为中是否区分了未终了的与已终了的未遂。[157] 一种广泛流行的观点进行了这种区分,并且得出结论说,这个保证人在未终了的不作为未遂中的中止并不承担防止结果的风险。也就是说,在防止结果的未遂失败中,最多就应当出现一种过失的刑罚。[158]

137 在大多数情况下,这是在"**狠心的母亲案件**"中表现出来的。[159] 当一位母亲在杀人目的中让自己的孩子挨饿,根据这种理论,只要她相信,通过重新补充食物就能维持这个孩子的生命,她就还处于未终了未遂的阶段中。有一天,当她开始重新给这个消瘦得吓人的孩子喂食时,不认为有必要采取进一步措施,但是,这个孩子还是死了,那么,根据这种理论,就不仅排除了一个故意的杀人,也排除了一个未遂的杀人。这位母亲最后继续进行喂养,已经自愿放弃了自己的未终了的杀人未遂。在她本来能够认识到自己维持孩子生命的努力来得已经太晚时,就只能考虑一个过失的杀人。

138 反对意见("**统一理论**")在所有失败的中止案件中,都认定了一种完成的不作为的构成行为,也就是说,在狠心的母亲案件中认定了一个通过不作为的故意杀人。[160] 这种理论把不作为者等同于一个已终了的未遂的行为人。不作为者与这种行为人一样,只能通过阻止这个结果才能实现免除刑罚。

139 这一点,在原则上是应当得到赞同的。因为人们在不作为未遂中,不能以正确的方式在未终了的与已终了的未遂之间进行区分,更准确地说,各种不作为的未遂都具有一个已终了未遂的结构(第29节,边码268),所以,出于这个原因,只有这个阻止才能解脱这个对结果的归责。如果这个阻止失败了(在狠心的母亲案件中,重新输入食物已经太晚了),那么,就存在着一种完成的犯罪,正好就像那个放置炸弹的人带着去除引信的努力来晚了一样。

140 但是,即使人们想要认为一种不作为的未终了未遂是可能的,这种在未终了的实施性未遂中提到的并且也已经不能说服人的根据(前文,边码119以下),就是不作为的构成行为无法承担的,而这些根据应当在那里使得一种中止在结果出现中也成为可能。在未终了的实施性未遂中,不存在能够承担结果归责的既遂的故意,因为还不存在从中能够独立发展出这个结果的危险局势(参见,第29节,边码62以下),但是,这种认定在不作为的未遂中并不具有类似性。[161] 这种危险局势在这里会独立地发展下去。并且,这种从第24条第1款第1项的文字中引导出来的认定认为,在未终了的未遂中,对于不具有刑事可罚性来说,只有一种轻信的不继续行为(放弃)是必要的(前文,边码119以下),但是,这种认定也同样不符合这种不作为的未遂,因为这种不作

---

〔157〕 详见第29节,边码266以下。

〔158〕 Freund, AT, § 9, Rn. 48; Jescheck/Weigend, AT^5, § 60 III 3; Köhler, AT, 482; Kühl, AT^3, § 18, Rn. 153; Lackner/Kühl^{24}, § 24, Rn. 22a; Lönnies, NJW 1962, 1950 f.; Sch/Sch/Eser^{26}, § 24, Rn. 27 f.; Schöder, JuS 1962, 86; LK^{10} – Vogler, § 24, Rn. 142; Wolter, 1981, 257 f., 259。

〔159〕 关于其历史,在文献中,参见 Küper, ZStW 112 (2000), 12, Fn. 37。进一步的清楚的案件,见 Schliebitz, 2002, 145。

〔160〕 Freund, AT, § 8, Rn. 67; Krey, AT/2, Rn. 4670; Gropp, AT2, Rn. 72; Herzberg, MDR 1973, 93; Roxin, Maurach – FS, 1972, 232 (Anm. 54); SK7 – Rudolphi, vor § 13, Rn. 56; Schmidhäuser, LB AT2, 13/33 und 17/43; Womelsdorf, 1976, 177 f.; 在基础上,也见 Küper, ZStW 112 (2000), 43。

〔161〕 Küper, ZStW 112 (2000), 40 ff.; Schliebitz, 2002, 160。

为的未遂在所有自身的阶段中，都要求一种积极的阻止努力。

也就是说，在自己的阻止努力失败时，这个不作为的保证人就像已终了未遂的行为人那样，对这个结果要承担同样规模的责任。也就是说，在不作为的未遂中，一个不可归责的结果对于这个既遂来说，也同样是不够的。在这个保证人提供了救援，但是，被救援者在运往医院的路上却成了一场交通事故的被害人，或者救援被拒绝了（参见，边码 126 以下），这时，就不会出现刑事可罚性。 141

结果归责的一种例外，在这个结果不是这种未遂专有风险的后果时也会出现。例如，一位母亲为了饿死自己的孩子，把她的婴儿留在一片孤独的森林中，在这个时刻中，就存在着一种通过不作为的杀人未遂（参见，第 29 节，边码 269 以下，275）。但是，在她很快后悔了自己的举止行为并且转身走向自己的孩子时，却通过脑溢血而丧失了较长一段时间的意识，并且变得没有行为能力，使得这个孩子不能再得到救援，这时，就应当拒绝一种完成的杀人。如果这个母亲留在孩子身边，那么，一直到出现对孩子的关键性状态之前，就会还存在着一个准备行为（参见，第 29 节，边码 271 以下），因此，在没有行为能力消失之后，就不再能够出现刑事可罚性了。但是，在这里，人们在脑溢血的出现中，在未遂阶段就必须同样这么决定。这样一种因果过程，就处于那种可归责的未遂的风险之外。 142

更进一步，施利比茨[162]想要让这种结果的风险，不一定随着未遂的开始而开始，而总是借助不作为者的行为义务的开始时再开始，根据他的想法，这种义务的开始也许是后来才插入的。在父母借助杀人的故意，把自己生病的孩子独自留在家里时，虽然应当存在一个未遂的开始，但是还不存在现实的行为义务，只要这个孩子还不是处于严重的危险之中。如果救援努力在一种这样理解的“行为义务”开始之前就失败了，那么，就不应当出现对结果的归责。[163] 143

在母亲遭受心肌梗塞时，[164]这出于边码 142 中提到的根据就是合适的。但是，在救援失败是因为母亲在返回途中遇到塞车、被卷入一场交通事故，或者被第三人阻止了其计划，那么，就应当认定通过不作为造成的既遂杀人。在这里，未遂专有的风险实现了。在人们借助交出对因果过程的控制而着手未遂的开始时，这就正好是基于这种举止行为增高的危险性了；这里有着很多能够与一种中止相对的阻力。因此，对这种没有成功的阻止的处理，不应当与在实施性构成行为的已终了未遂有所不同。 144

(2) 关于不作为未遂的中止的司法判决

联邦最高法院有两个较新的决定，也讨论了不作为未遂的中止，这两个决定都借助本书所代表的立场，把不作为未遂与实施性构成行为的已终了未遂置于同等地位。 145

第一个决定是第五刑事审判委员会的判决。[165] 案件是这样的：被告人在没有杀人故意的情况下，把被害人夹在暖气片后面。第二天早上，在他发现这个被他夹着的妇女可能由于太热死亡时，救援已经不再可能了。几个小时之后，被告人在第三人的催促下打开公寓的入口时，这位妇女才从她的处境中被救了下来。这名被害人在第三天死亡了。 146

联邦最高法院认定了一个不适当的通过不作为的杀人未遂（不适当，因为这个被害人不再能够获救了），并且拒绝了一个中止（人们能够在使营救成为可能中看到中止）。一个中止被拒绝了，因为这个被告人“已经不再能够阻止这个构成行为的完成”。仅仅在这一点上，恰恰是不 147

---

[162] Schliebitz, 2002, 181 ff.。

[163] 参见，这个例子，见 Schliebitz, 2002, 183 f.。

[164] 借助这个例子进行实施的，见 Schliebitz, 2002, 185。

[165] NStZ 1197, 485；对此，见 Brandt－Fett, NStZ 1998, 507 f.；Kudlich/Hannich, StV 1998, 370；Küper, ZStW 112 (2000), 6 ff.；Schliebietz, 2002, 187；Stuckenberg, JA 1999, 273 f.。

作为犯罪的未遂所具有的免除刑罚的中止这个问题的关键所在。在不作为犯罪的未遂中的中止条件,是“与实施性犯罪的已终了的未遂相同的”,因为这种危险能够“毫无困难地转入符合行为构成的结果之中”。

148 就像在批评意见中普遍强调的那样,这个决定是以一个错误的前提为基础的。在不适当的未遂中,虽然根据第24条第1款第1项,一个中止是不可能的,但是,根据第24条第1款第2项(通过自愿与认真的努力)却是有可能的。当然,人们将不能把被告人迟到的努力看成是充分的,因此,由于未遂的刑罚在结果上就会合理地出现。但是,除此之外,不作为未遂与实施性犯罪的已终了未遂的类比性,倒是值得赞同的:在这两个案件中——与未终了的未遂不同——事件都独立地发展到这个结果,因此,对这个结果的归责仅仅能够通过积极的阻止加以排除。

149 第二个决定是第一审判委员会的决定,〔166〕涉及了养父母让其养子女挨饿的案件事实。他们虽然在孩子死亡的那一夜还是叫来了一位急诊医生,但是,这个医生已经无法再让孩子醒过来了。

150 联邦最高法院明确地采纳了拒绝区别理论的态度,并且肯定了统一理论。这个法庭认为,在已有的案件情况中,“根据一种在文献中普遍流行的观点……应当按照那种所谓的被告人具有的中止视野来进行安排,因为在一个不纯正不作为犯罪的未终了的未遂中,通过行为人最后的确还是符合义务的行为来防止结果的风险,就不应当让他来承担……”。然而,“在不作为犯罪的未遂中的中止条件,与这里引用的观点相反是一样的……就像在实施性犯罪的已终了未遂那样”。

151 这个决定把区别理论理解错了。〔167〕在这里,区别理论也会认定一个已终了的未遂,并且会使这个不作为者承担这个结果风险,因为这对父母相信,这个孩子无法再通过重新喂食,而最多还能通过一种特别措施(叫来一名急诊医生)才能得救。也就是说,就像本案这样的案件,关键的不是在区别理论与统一理论之间的争论,因为根据两种观点,都存在着一种通过不作为的既遂的杀人。尽管如此,对区别理论的明确拒绝还是值得赞同的。

(五)放弃作为未终了未遂的中止

1. 放弃

152 根据主流观点,在第24条第1款第1项第一个中止种类意义上的“放弃”,仅仅在所谓的未终了未遂中才有可能,并且存在于一个单纯的停止之中(参见,边码1),也就是说,存在于抛弃构成行为决定之中,以及存在于停止那些指向满足行为构成的活动之中(详见,边码158以下)。据此,在这个行为人还没有干完他从主观角度看来对引起结果所必需的一切时,就应当认定一个未终了的未遂。也就是说,已经把手伸向所要盗窃物品的小偷,就处于未终了的未遂阶段,因为他还必须抓住并拿走那个东西。当他一无所获地离开并停止时,他就已经放弃并且中止了。

153 在已经说明的意义上,把“放弃”与一种未终了未遂的存在相联系,是符合刑事司法判决的,〔168〕并且在文献中〔169〕也经常没有任何异议地认为是理所当然的条件。另一方面,对未终了

〔166〕 NJW 2000, 1730 (1732)。

〔167〕 参见,Schliebitz, 2002, 148。

〔168〕 参见,例如,BGHSt 4, 181; 14, 79; 22, 177, 331; 31, 48; 34, 57; 35, 92。

〔169〕 Jakobs, AT², 26/9 ff., 14 ff.; Jescheck/Weigend, AT⁵, § 51 II 1; Köhler, AT, 469, 473; SK⁶ – Rudolphi, § 24, Rn. 15; Wessels/Beulke, AT³¹, Rn. 631。

的与已终了的未遂的区分(在这里,行为人已经根据自己的想象干完了为了引发结果所必要的一切,例如,把定时炸弹安放在爆炸地点),自过去以来[170]尤其是自近期以来,越来越多地[171]被拒绝为是多余的与误导性的。人们指出,法律中没有未终了的与已终了的未遂这样的概念,因此,具体的结果也不能够从这两个概念中得出,而只能从一种对“放弃”与“阻止”的目的论解释中推导得出。

这种批评,在它争论一种超越法律原文之外的区分未终了的与已终了的未遂的说明内容的 154
范围之内,是有道理的。在应当决定,这个行为人是否能够根据第24条第1款第1项通过“放弃”或者“阻止”来中止时,这在那些有疑义的案件中,就不能从未终了的或者已终了的未遂的概念中推论出来,而只能从一种对法律条文的解释中推断出来。例如,在行为人先认为,已经致命地打中了自己的被害人,但是,又发现自己的认识错误,并且,尽管本身还有可能还是停止了进一步的杀人努力(《联邦最高法院刑事判决集》,第36卷,第224页)时,这是一个未终了的还是已终了的未遂,也就是说,对中止来说是否一个放弃就足够了还是需要一个阻止?在这里,这个行为人的意识状态首先就符合了已终了未遂的标准,然后又符合了未终了未遂的标准。把这类案件的解决方法取决于这个问题,即一个已终了的未遂是否能够变回一个未终了的未遂,这是一个概念法学的错误路径。能起到决定性作用的情节仅仅是,这是否符合法律的意义,在单纯的停止中或者要在阻止努力的基础上,才同意给予这个行为人(在可能的情况下是自愿的)中止。因为在一种由行为人最终作为没有死亡来认识的伤害中,就不再需要对死亡进行阻止,所以,让一个停止对于这个中止就足够了,并且认定为一个未终了的未遂(联邦最高法院在结果上也是这样),这是合适的。但是,在让一个单纯的停止对于中止就足够了是符合事实的时候,这不是从一个事先给定的未终了未遂的概念中得出的,而是反过来使一个未终了的未遂得到认定。这不仅适用于这个已经描述的例子,而且适用于所有区分未终了的与已终了的未遂的问题(参见,边码166以下)。

但是,这个在边码154中发展出来的结论不会阻碍我们去描述那些人们能够据以通过放弃 155
来中止的条件,并且把这些条件总结为未终了未遂的标志。**在这里,一个未终了的未遂是这样一种案件,在其中,行为人在其决定放弃的时间点上认为,这个结果的引起在任何情况下都还是以通过他的一个进一步行为为条件的**(参见,更详细的,边码166)。赫茨贝格在谈论用“消极的”与“积极的”中止来取代之,[172]他的建议比这种广为流传的区分更不幸运,[173]因为这些流传的概念在其通常的定义中至少提到了那些根据其能够被放弃或者必须被阻止的事实条件,与此同时,“消极”(等于放弃)与“积极”(等于阻止)的术语仅仅是意译了这个法律原文而已。

放弃的概念应当这样来理解,即它排除了达到目标的未遂(边码47以下)、落空的未遂(边 156
码77以下)与带有可归责的结果出现的未遂(边码113)。这个逃跑的违法者,通过一个有条件故意的杀人未遂来驱赶追他的人,也就是说,在仅仅停留在未遂上时,他并没有放弃自己的——在实际上已经消失的——杀人故意;伸入空口袋并失望地缩回手的小偷,不是放弃而是失败了;这个投毒杀人者用两份剂量的毒药就引起了被害人的死亡,而不是像本来预期的那样要通过五

---

[170] Baumgarten, 1888, 444。

[171] Heckler, 2002, 148; Herzberg, NJW 1988, 1562; ders., NJW 1989, 865; ders., JZ 1989, 120; ders., JuS 1990, 274; ders., NJW 1991, 1633; ders., JR 1991, 160; Jäger, 1996, 65; Krauβ, JuS 1981, 885; Pahlke, GA 1993, 111; v. Scheurl, 1972, 44; Ulsenheimer, 1976, 148 f.。

[172] Herzberg, NJW 1988, 1563;类似的,区分“简单的”与“活动的”中止,见Schmidhäuser, LB AT², 15/79, 87。

[173] 对于保存未终了未遂与终了未遂,也见,例如,Lackner/Kühl²⁴, § 24, Rn. 3; Otto, Jura 1992, 423; Sch/Sch/Eser²⁶, § 24, Rn; 6; Tröndle/Fischer⁵⁰, § 24, Rn. 14; Wolter, Leferenz-FS, 1983, 564。

份剂量的毒药,在这个结果比他认定的出现得更早时,就不能再是中止。所有这些都已经在前文中(二~四)详细论证过了,并且,现在必须考查一个可能的放弃是否总是可能发生的。

157 根据前面的规则,如果一个未遂是可放弃的,那么,起决定作用的并不是客观的案件事实,而是行为人主观上对通过放弃来中止的可能性的看法。[174] 因为这一点对于已终了未遂来说,已经在第24条第1款第2项中明确规定了,所以,一种在放弃中的观点变化就会意味着一种评判上的矛盾。也就是说,人们也能够从一种未终了的不适当未遂中中止,只要人们看不出这种未遂的不适当性(在最后那个案件中存在着一个落空)。那个投毒杀人者在想象中的致命药粉实际上是无害的时候,也就是说,他是在不知道这种手段无效的情况下,在灌了第一份之后并且是在根据自己的看法尚不够致命的剂量之后停止的,这时,他就是从谋杀未遂中中止。同样,一个人在第一份已经足以致命的剂量之后认为,这还不足以致命——只要这个结果会由于其他方式(例如,通过医生的解毒剂)被阻止的,也是中止。在这两个案件中,行为人都中断了未遂,虽然他还没有干完从他的观点看来引起这个结果所必需的一切。

158 有争议的是,为了使中止有效,通过行为人的放弃必须达到什么样的程度才是最终的。解决这个问题的出发点是这个认识:中止不仅存在于停止进一步的指向引起犯罪的活动上,而且首先存在于放弃这个构成行为决定。这个行为人,在实施犯罪中仅仅稍微停了一下、休息了一下,还没有在此作出放弃。就像这个未遂是由构成行为的决定与实施的开始共同组成的那样,这个通过放弃的中止,作为"消灭未遂的危害逆转",就存在于放弃这个构成行为决定中以及存在于中断所有外在的犯罪活动中。

159 在进行犯罪的意志还没有达到坚决实施构成行为的边界时,这就足够了(参见,第29节,边码81以下)。也就是说,在这个行为人停止时,因为他最终还不相信自己,但是,还保留着一种构成行为的倾向(那种能够克服内心抵抗的愿望),他就是中止了。[175] 这个未遂本身是放弃了,那个保留下来的在可能情况下的确会重新进行未遂的安排,就其本身来说,就像在其他情况下也能见到的受到犯罪侵害性(die kriminelle Gefährdetheit)一样,是不那么具有刑事可罚性的。

160 但是,在行为人虽然坚持自己的构成行为计划,但是推迟实施时(推迟到下一天或者下一个星期,等等),人们也必须进一步在这里认定中止。[176] 在这个已经计划的后来实施不是与目前的未遂形成一个自然的行为整体时(就像其在单纯的稍停一下的案件中那样,边码158),对实施这个具体的构成行为的决定就被放弃了,并且,那种后来实施的意志则成为一个新的构成行为的决定,但是,对这个新的构成行为决定来说,缺少一个实施的行为。另一个问题是,这样一个中止是自愿的还是非自愿的(边码381,413以下)。

161 与此相对,对于中止来说,经常要求是一种最终的对构成行为决定的放弃。因此,《联邦最高法院刑事判决集》,第35卷,第187页这么说,"只有完全并且最终放弃了实施犯罪决定的人,才能免除刑罚地中止"(当然,其中还不确定的是,在缺少最终性时,有争论的是中止还是自愿性)。埃泽尔[177]要求"放弃这种未遂的以及一种可能等值的对相同构成行为对象的攻击"。鲁道菲[178]在"放弃具体的实施行为单独"发生时,也否认一个中止,"因为这个行为人相信,他能够在另一个地方或者在另一个时间更轻松地或者冒更小的风险来达到自己的目标"。但是,这个

---

[174] 关于 Jäger 客观化的理论,参见,上文边码40-42。

[175] SK^6 - Rudolphi, § 24, Rn. 18 a。

[176] Köhler, AT, 474f.; Krauβ, JuS 1981, 884; Lenckner, Gallas-FS, 1973, 320 f.; Stratenwerth, AT^4, § 11, Rn. 80; 类似的,见 Krüper, JZ 1979, 780; LK^{10} - Vogler, § 24, Rn. 80。

[177] Sch/Sch/$Eser^{26}$, § 24, Rn. 40。

[178] SK^6 - Rudolphi, § 24, Rn. 18 a。

拒绝考虑刑罚目的的论证，是为此提出的，涉及的是自愿性，而不是中止。在“另一个机会”中的“等值的攻击”，是一个新的构成行为，并且不改变对这项具体计划的放弃。其他别的观点也会由于无法解决的证明困难而不成立。这个保留下来为了以后“重新进行这个犯罪”的计划，本身就是很难证明的，它是表现为一种单纯的犯罪倾向还是一个构成行为的决定，是无法在司法中确定的。在这里，对于这个中止来说，这种“离开未遂的状况”〔179〕就一定足够了。

另一方面，在这个构成行为保持不变时，一种形态的变化自然不是放弃，也不是中止。一个 162
更愿意使用手枪的人，因为觉得用刀太费时间，并没有放弃这个具体的杀人未遂，而是完成了同一个构成行为。一个从未遂的性强制（强制进行口交）过渡到强奸的人（这是《联邦最高法院刑事判决集》，第 33 卷，第 142 页中的案件事实），并没有放弃包括在强奸中的性强制，而是以一种修正的（并且在行为构成上更严重的）形式进行到底了（这也出自联邦最高法院，出处同上）。

2. 未终了的与已终了的未遂的界线

未终了的未遂的条件是，行为人在放弃构成行为的那一时刻认为，这个结果不会出现。即使 163
行为人在最后的实施行为之后已经肯定地认为结果会出现，只要他认识自己的错误并且停止的，尽管他还有完成这个构成行为的可能性，也总是存在着一个未终了的未遂（参见，边码 154）。在《联邦最高法院刑事判决集》，第 36 卷，第 224 页中，〔180〕被告人借助杀人的目的刺向被害人，最终在相信结果会出现的情况下说了句“现在可把你解决了”，然后放开了被害人。在被害人回答说：“我还活着，我要叫警察”时，行为人当时以为自己并没有致命地伤害了这个被害人，但还是放弃了进一步足以致命的刺伤。在这里，就存在着一个通过放弃的中止（对其论证见边码 154）。相应地，这适用于联邦最高法院，《刑法新杂志》，1999 年，第 449 页的案件。〔181〕 在这起案件中，这个女行为人原来相信，自己可能已经用刀致命地刺伤了父亲，但是，很快就认识到——就像人们在罪疑有利被告（dubio pro reo）中必须认识的那样——这几刀是不足以致命的，但还是让她的父亲离开了公寓，“尽管她本来能够重新用刀再刺的”。在这样的案件中，也就是说，已终了的未遂又开始回转成了未终了的未遂。

反过来，一个未终了的未遂也能够转化为一个已终了的未遂，只要这个行为人本来认为自己 164
迄今为止的行为不能引起结果的出现，随后又认识到，这的确还是可能的。这种案件就存在于联邦最高法院，《刑法新杂志》，1998 年，第 614 页中。〔182〕 在这里，行为人就借助有条件的杀人故意，把刀刺入一个让他非常恼火的乞丐的胸口。即使他先是认为这一刀根本不足以致命，因此人们就能把放弃进一步的攻击看成是自愿的从未终了杀人未遂中的中止，但是，在被告人紧接着看着“这个受伤的人是如何捂着胸口摇晃地倒下去”时，这个未遂就无论如何还是终了了。因为从这时开始，他就认为一个致命的结局是可能的，因此，他就只有通过积极的救援行为（送医院）才能避免由于未遂杀人的刑罚。

即使在这个杀人未遂的行为人，就像在边码 163 中给出的例子那样，已经伤害了这个被害 165
人，在他认为这个伤害不足以致命时，也不会改变一个未终了未遂的存在。与此相反，费尔特斯〔183〕想要在这种案件中认定一个已终了的未遂：“如果这种杀人未遂，例如，至少导致了被害人受伤，那么，这个行为人不能够通过停止，而仅仅是在他阻止了这种反正会表现出来的结果，或者

〔179〕 Herzberg, H. Kaufmann - GS, 1986, 723 ff.。

〔180〕 M. Anm. Ranft, JZ 1989, 1128；此外，见 BGHR § 24 I 1, Versuch, unbeendeter, BGH NStE NR. 34 zu § 24；BGHSt 39, 227 f.；StV 1996, 23 und StV 1997, 128。

〔181〕 对这个决定，详见 Otto, JK 2000, StGB § 24/29；Puppe, JR 2000, 72。

〔182〕 对此，见 Jäger, NStZ 1999, 608；Otto, JK 99, StGB, § 24/26。

〔183〕 Fettes, GA 1992, 418 ff.（418）。

为了阻止而进行努力时,才能免除刑罚地中止。在这里,重要的不能是,这种伤害在事实上是否适宜引起死亡,并且这个行为人是否会这样认为。”〔184〕这是不应当遵循的。〔185〕这种施加的身体伤害本身理所当然是具有刑事可罚性的。但是,在这个伤害完全就不“适合来引起死亡”,并且这个行为人也认识了这一点时,一种对死亡的阻止就是多余的。只有这种解决方法才也符合法律的文字,这个法律仅仅要求阻止既遂,不过,这个法律另外也让这种单纯的放弃对这个中止就足够了。

166　与此相反,当这个**行为人在停止的时间点上不知道,基于其迄今为止的努力,这个结果是否会出现**,并且他是否因此要算计**两种可能性时**,就不存在未终了的未遂,而是**已终了的未遂**。在他不让中止取决于这个结果的出现,而是积极地活动去阻止它时,只有在这样一种案件中,他才能在可能的时候,值得获得一种免除刑罚的中止的批准。

167　这也符合刑事司法判决,〔186〕并且将由对其也合适的刑罚目的理论以及中止特权的原理(边码4以下)来说明根据;还有,保护被害人的想法(参见,边码16)也指向这个方向。在《联邦最高法院刑事判决集》,第14卷,第80页中写道:“……这个对自己行为的结果不确定的行为人,也能……确定这个想象,他已经干了对达到自己的目标所足够的一切。仅仅是因为他……满足于一种较小的结果前景,而不是通过进一步的构成行为的行为去创设更大的结果确定性,所以,他不能要求享有通过单纯的不作为(中止)获得的无刑事可罚性……的优惠。否则,这个条文的意义就不充分了,这个条文是说,一个刑罚之所以多余,是因为这个从——未终了的——未遂中中止的行为人所具有的犯罪意志,并不像实施这个构成行为所必要的那么强烈……不管这个仅仅把结果的出现作为可能来算计的行为人,还是那个确信其会出现的行为人,根据他们的想象,都设置了这种实现这个具有刑事可罚性的结果的危险……”。

168　这个司法判决具有很重要的实际意义。这个行为人首先在杀人犯罪上很少具有一种清楚的想象,这个已经施加的伤害是致命的还是不致命的;甚至一个医生在中弹与刺伤中,大多也要在周密的检查后才能够确定。在这样一个案件中,必须对可能出现的最糟糕的事情采取预防措施。因此,只有在他帮助这个被害人(通常是通过让医生介入),并且被害人活下来时,在这里,才能同意这个行为人的一种——在可能的情况下是自愿的——中止。这个状况也表明,目的论的刑事政策的权衡,对未遂的未终了性与已终了性是决定性的;“已终了的未遂”的名称,是在价值决定之后才做出的(参见,边码154以下)。

169　一直到1994年以后,司法判决才开始处理**这些案件**。**在这些案件中,这个**本来借助杀人故意行为的**行为人在施加伤害后停止了,没有对他迄今为止作为的后果有任何想法**。在《联邦最高法院刑事判决集》,第40卷,第304页中,就存在着这样的案件事实:这个被告人借助有条件的故意往他兄弟的上腹部刺了两刀后停止了,没有想过这两刀是否可能致命。这个兄弟在被告人没有做什么的情况下获救了。

170　联邦最高法院在这里认定了一个已终了的未遂,〔187〕也就是说,让一种单纯的停止不再足够了:“如果行为人在最后的实施行为后没有想过自己作为的后果,那么,就应当认定一个已终了

〔184〕的确,Feltes并不严格执行这个方案,在其他地方(也见GA 1992, 418),他想要“在这个结果的出现,出于行为人的眼光,并不存在于各种可能性之外时”,仅仅认定一种终了的未遂。

〔185〕因此,也见SK[6] – Rudolphi, § 24, Rn. 15 c。

〔186〕BGHSt 14, 74; 22, 177, 331 f.; 31, 48, 175 f.; 33, 297 ff.; 35, 92 f.; BGHR § 24 I 1, Versuch, unbeendeter, NRn. 4, 6, 11; Freiwilligkeit, NR. 15; BGH NStE NR. 12 zu § 24; BGH MDR (D) 1975, 724; BGH NJW1980, 195; BGH NStZ 1981,342。

〔187〕同样,见BGH StV 1996, 86。

的未遂。在这个案件中,这个行为人不仅算计了这种……结果出现的可能性,而且算计了结果不会出现的可能性。但是,如果这个行为人认为这个结果的出现是可能的,那么就存在着一种已终了的未遂,并且,这个行为人只有在他的行为阻止了构成行为的完成时才能要求免除刑罚。"

171 但是,这不是有说服力的论证。在行为人"没有想过"时,他就不能,就像联邦最高法院断言的那样,算计这个结果出现或者不出现的可能性。这种对两种可能性的算计已经是一个具体的想法了。也就是说,联邦最高法院是把这个没有想法的行为人的案件,说成是一个算计到结果的出现的案件(边码 166 - 168)。这是不允许的。[188] 此外,这个结论也并不总是有力的:在施加的伤害相对微小,以至于这个行为人根本就没有想过这会致命时,就真的应当存在一个已终了的未遂吗?

172 正确的方法是应当区别对待。这个决定应当使这一点成为关键的:当这个行为人在自己作为的后果之后本来会提出这个问题时,他必须如何行动。如果一个积极的帮助是必要的,因为这个伤害作为——至少是以可能的方式——致命的而可以认识,那么,就应当认定为一个已终了的未遂。在《联邦最高法院刑事判决集》,第 40 卷,第 304 页中,就存在着这样的案件事实(边码 169),这个决定在结论上是值得赞同的。[189] 但是,在这种伤害的类型是:这个行为人在考虑其作为的后果中还必须想到这个被害人会继续活着的结论,这时就应当肯定一个未终了的未遂,也就是说,在这里,一个自愿的停止就引起了一个免除刑罚的中止。这样一种行为人就不应当比那种轻率地相信结果不会出现,并且也能够通过单纯的停止中止的行为人处理得更重。当他仅仅因为这种状况对此没有给出充分的理由,而没有考虑自己的作为可能造成致命的后果时,就不是拒绝给予行为人这种中止以及拒绝在可能的时候给予免除刑罚的理由了。

173 未终了未遂的案件还进一步被司法判决做了这样的限制:**根据联邦最高法院的司法判决,[190] 应当对行为人(还)不认为结果的出现是可能的认定,"提出更严格的要求"**。据此,"一个人,认识了那种根据生活经验表明结果出现就要发生的实际情节的",他就也认为了这个结果是可能的。这种表述的不好之处在于,这种对案件事实情节的认识,不能直接用来代替对结果出现可能性的结论。但是,像联邦最高法院紧接着说明的那样,这是指"在危险的暴力行为与严重的伤害中,这个行为人感觉到它们的效果了,因此很清楚,他就认识了这种威胁生命的效果与这种结果出现的可能性。

174 普珀[191] 与魏因霍尔德[192] 代表了一种更加严格的观点。他们从未遂行为人先前实施的作为中引导出这种义务:"应当认真考查,这个被害人是否处于危险之中,以及他是否有义务为了

---

[188] 联邦最高法院的根据是"无逻辑性的"(Stuckenberg, JA 1999, 752, Fn. 14),这一点也在对这个决定发表的进一步意见中得到了强调:Heckler, NJW 1996, 2490 f.; v. Heintschel - Heinegg, ZStW 109 (1997), 29, 33 ff.; Murrmann, JuS 1996, 590, 592; Puppe, NStZ 1995, 403 f.。

[189] 因为这个行为人以有条件的故意进行行为,所以,当然就应当从本书所代表的立场出发,审查是否在一个"便条"案件的形态中,并不存在着一个达到目的的而从一开始即排除了中止的未遂(边码 47 以下)。还有,对这个判决发表的意见(参见,除了在边码 188 中提到的之外,还有 Th. Schmidt, JuS 1995, 651),同意了联邦最高法院在结论上对这个根据的全部批评(Stuckenberg, JA 1999, 752, Fn. 14 要求一种借助终了未遂的"规范性同等地位",而不同意那些在文本中提出的(边码 172)区别。

[190] 借助指出先前的司法判决,BGHSt 39, 231 (GrS),下面的引文就是出自于这里。在 BGH NStZ 1999, 300(对此,见 Stuckenberg, JA 1999, 751)中,这个原理被逐字地得到了重复;在同样的意义上,也见 BGH NStZ 1999, 299 (linke Spalte)。不同的,见 BGH NStZ 1999 (rechte Spalte),在这里,尽管有危及生命的损伤,在判决中并不包括那些认定可能出现结果的标记(关于这个判决,见 Eisele, JA 1999, 922)。

[191] Puppe, NStZ 1995, 403, 404; dies., JR 2000, 74。

[192] Weinhold, 1990, 129。

挽救被害人而去干自己可能干的一切”。[193] 如果他“过失地或者甚至是轻率地”获得这种结果不会出现的信念，那么，在这个结果真的没有出现时，他就不应当获得无刑事可罚性。但是，这就又走得有点远了：在这个行为人已经放弃了那种引起结果的故意时，就不存在充分的理由来制裁他作为未遂的故意构成行为的无结果过失。在这个行为人获得不存在结果出现的危险的信念时，他应当把阻止努力的动机用于何处呢？在这里，这两位作者完全是在耶格尔与黑克勒单纯客观的中止方案附近进行思考的（参见，边码43～45）。

3. 在还没有成功但是借助对结果的展望可重复进行实施行为中的中止

175　在这个战后甚至直至今天都特别有争议的案件中，涉及的不是区分未终了的与已终了的未遂（见2，边码163以下），而是区分未终了的与落空的未遂。

案例1（《联邦最高法院刑事判决集》，第10卷，第129页，扁平酒瓶案）：在一次开车途中，被告人要求自己过去的新娘，现在已经与其分居的女人回到他身边。遭到拒绝后，他就在杀人目的中，使用一个3/8升的瓶子砸向她的脑袋。这个结果没有产生，因为他没有足够的空间来挥动瓶子。由此，被告人就过渡到用手掐住她的咽喉，直到她失去意识。然而，他最终还是放她走了，因为他，就像人们必须对他有利而认为的那样，他改变了主意。那个女孩子活了下来。

176　问题的关键在于，用扁平酒瓶这么一击是否存在着一种落空的未遂，在这种未遂中，即使他能自愿地放弃掐死被害人，行为人是不再能够中止的，或者，人们是否必须把整个事件作为一个整体的未遂来看待，在这个未遂中，在掐喉期间还是未终了的，因此，对其的自愿放弃就使得这个行为人免除了杀人未遂的刑罚。对于这个问题，基本上有三种回答是可能的（1～3），它们应当与其他变化形式（4）一起表现出来，然后，是自己对“整体观察理论”（3）更进一步发展的态度（5）。

（1）构成行为计划理论

177　构成行为计划理论区分：行为人的计划原来指向通过特定的手段引起结果（例如，在开头的案件中：通过使用扁平酒瓶砸死被害人），因此，这个构成行为在这种手段不起作用时就落空了，并且一种中止也就不再可能了。这种向新手段（掐喉）的过渡，在这里是一个新的计划与一个新的构成行为；但是，从这里的中止不包括那个前面已经实施的杀人未遂。与此相反，当这个行为人从一开始就没有把自己的计划限制在首先使用的手段上，而是在可能的情况下把掐喉也考虑进这个计划时，或者，在一个确定的杀人手段对他来说是根本不重要的，并且，他仅仅是偶然地抓起那个自己正好够得着的瓶子时，这个事件就应当作为一个统一的杀人行为来评价，并且放弃掐喉就应当评价为一种对整个构成行为的中止。联邦最高法院根据这些基本原则，在当时对这个扁平酒瓶案作出了决定，另外，一直到1982年（个别的一直到1984年），这些基本原则都始终统治着司法判决。[194]

（2）个别动作理论

178　根据这种理论，行为人认为对引起结果是合适的每个个别动作，都是一个独立的未遂。这个未遂的不成功是一个落空，不再可能是中止。也就是说，如果这个行为人相信用扁平酒瓶打击

[193] 在这里与在下文的引文，见 Puppe, JR 2000, 74。

[194] 参见，BGHSt 4, 180; 10, 129; 21, 319; 22, 176; 22, 330; 23, 356; BGH MDR 1951, 117; BGH MDR (D) 1966, 22; 1970, 381; 1975, 541; BGH GA 1956, 89; 1966, 208; 1974, 77; BGH NJW 1980, 195; BGH MDR (H) 1980, 628; BGH NStZ 1981, 342; 388; BGH StV 1981, 54; 1982, 70; BGH MDR (H) 1983, 983 f.; BGH NStZ 1984, 116。

(边码175)能够杀死被害人,那么,在这里就存在着一个落空的未遂,即使他从一开始就对这个不成功的案件计划了向其他手段的过渡。在一个著名的教学案例中,行为人的手枪中有六发子弹,因此,在第一发子弹落空时,就不再可能从杀人的未遂中中止了;这一点的适用与行为人的计划是如何形成的无关。这个个别动作理论在司法判决中,首先为帝国法院所代表,〔195〕但是,它在文献中——借助一些小变化——到今天都拥有很多追随者。〔196〕

这个个别动作理论现在完全是在一种精确的形式(作为"修正的个别动作理论")〔197〕中得到代表的,据此,在一个个别动作本身具有"绝对独立性"时,也就是说,对行为人来说表现为不再可以控制时(就像在落空的一枪或者那种想象中会立即致死的毒药注射时),它就只能是失败的。与此相反,一个本身已经终了的个别动作,作为"相对独立性"就还是有中止能力的,只要这个行为人相信,这个事件还能够停下来(毒药已经掺进菜里了,但是,这个行为人还能警告被害人不要品尝)。 179

(3)整体观察理论

这种观点与个别动作理论相反。它在个别动作不成功时也一直把一个未遂视为未终了的,只要这个行为人在直接的与迄今发生的事情的联系中,能够借助对结果的展望把自己的未遂活动继续实施下去。在这里,一个停止就是一个放弃,并且在自愿性的案件中,就排除了整个未遂的刑事可罚性。也就是说,在这个扁平酒瓶案中(边码175),在掐喉时就存在着一个统一的未终了的杀人未遂,行为人从这种未遂中通过停止而中止,不管其原来的计划指向什么杀人手段。在一个杀人未遂的行为人连续几枪都打偏了,只要他放弃了有成功希望的可能性,停止向这个被害人继续射击的,他就还是中止了。 180

这个在过去摇摆不定并且部分地不统一的司法判决,〔198〕自《联邦最高法院刑事判决集》,第31卷,第170页(并且,紧接着第33卷,第295页;第34卷,第53页)〔199〕以来,就从那个构成行为计划理论过渡到这个整体观察理论了,并且,这个整体观察理论自那以来就在刑事司法判决中所采用了。〔200〕在文献中,大量的批评为放弃这个构成行为计划理论作出了贡献,这个整体观察理论也处于一种有力的位置中。〔201〕在原来的计划丝毫没有包含那种后来运用的完全不同的杀人手段时,这个整体观察理论在司法判决中也得到了运用。 181

---

〔195〕 RGSt 39, 220; 43, 137; 68, 308; RG JW 1924, 299; 1936, 324; BGH MDR (D) 1956, 394。

〔196〕 Bergmann, ZStW 100 (1988), 351; Gutmann, 1963, 92 ff.; Jakobs, AT[2], 26/15 f.; ders., JuS 1980, 715 ff.; ders., ZStW 104 (1992), 89 ff.; Kühl, JuS 1981, 195; Ulsenhermer, 1976, 230 ff.; ders., JZ 1984, 852。

〔197〕 详见,m. w. N. Sch/Sch/Eser[26], § 24, Rn. 21; Jäger, 1996, 48 f.。

〔198〕 认真的证明,见 BGHSt 31, 171 – 174。

〔199〕 BGHSt 31, 170 出自 3. 12. 1982。毕竟,BGH NStZ 1984, 116(带有偏离性的意见,见 Ulsenheimer, JZ 1984, 852 的评论),还有 BGH MDR (H) 1983, 893,还是在构成行为计划理论的基础上决定的。

〔200〕 参见,除了 BGHSt 31, 170,还有 BGHSt 33, 295; 34, 53; 35, 90; BGH NStZ 1986, 264; 1986, 321; 1989, 18; 1993, 433; BGH JR 1986, 423; BGH StV 1987, 529; 1988, 200; 1992, 10, 62; BGH MDR (H) 1988, 99; BGH NJW 1993, 2125。

〔201〕 在还不是那么清楚的文献中,这个整体观察理论借助各种细微差别,在其他代表人中的观点,见 Bauman/Weber, AT[10], § 27 III 1 a, cc; Busch, JuS 1993, 307; Ebert, AT[3], 131 ff.; Joecks[3], § 24, Rn. 16 f.; Köhler, AT, 478 f.; Krey, AT/2, Rn. 470; Otto, AT[6], § 19 II 1; ders., Jura 1992, 427 ff.; Puppe, NStZ 1986, 16; Roxin, Heinitz – FS, 1972, 267f.; JuS 1981, 6 ff.; ders., JR 1986, 425; SK[6] – Rudolphi, § 24, Rn. 14; ders., NStZ 1983, 362; Schall, JuS 1990, 625; Schlüchter, Baumann – FS, 1992, 83 ff.; Steng, JZ 1990, 214; Tröndle/Fischer[50], § 24, Rn. 17; Wessels/Beulke, AT[31], Rn. 629, 630。

案例2(联邦最高法院,《刑法新杂志》,1986年,第265页:汽油浇身案):被告人出于对其妻子要求离婚目的的绝望,想要杀死她。他把满满一桶汽油浇在她身上,并且试图用火柴点燃。当没有成功而她逃入花园时,他就把她按在地上,并且掐她的咽喉,但是,最后还是放过了她。

尽管这个案件事实在结构上与扁平酒瓶案(边码75)相符合,但是,联邦最高法院认定了一种从杀人未遂中的免除刑罚的中止。重要的不是这种"行为人在构成行为开始时的想象";起决定作用的是,"行为人在最后实施行为之后的想象"(所谓的中止视野)。"无论如何,在这个行为人,就像他所知道的那样,还能够借用已经使用的或者就在手边能够使用的手段来完成这个构成行为时,就不存在一种具有刑事可罚性的落空的未遂。"

182　案例3(《联邦最高法院刑事判决集》,第34卷,第53页):被告人试图驾车压死他以前生活伴侣的新男友。在他由于被害人闪到一旁而失败时,就猛扑过去用双手掐住被害人的咽喉,直到其感到两眼发黑。然后,他说服自己停了下来。

在这里,联邦最高法院也倾向于认定仅仅存在着一个行为人能够通过停止中止的杀人未遂。对于整个事件是否能够"作为统一的生活过程来看待"的问题,应当给予肯定的回答,"当这个被告人在压死这个证人的未遂失败后并没有放弃杀死他的决定,而是在没有时间间隔的情况下就采用了掐喉的手段。这样的一种案件事实……是完全可以想到的"(出处同上,第57页)。不同的仅仅是,当这个行为人在他原来的构成行为计划失败后,并没有看出借助其他手段有成功希望地继续下去的可能性。仅仅在这里,在那种事后的掐喉决定中,才存在着一个新的未遂,并且,这个中止也仅仅延伸到这个事件的第二部分(出处同上,第58页)。

183　让第二个动作还作为第一个动作的继续并且让整个事件显示为一个整体的时空关系必须如何形成,在整体观察理论的代表人之间,也不是完全没有争论的。联邦最高法院要求一种"统一的生活过程"(《联邦最高法院刑事判决集》,第34卷,第57页,参见,边码182),〔202〕与此同时,在文献中〔203〕经常要求一种"自然的行为整体"或者在第52条意义上的"法上的构成行为一致性"。在这种个别动作分别存在于几天之中时(在一次强盗勒索中不同的交钱未遂),联邦最高法院也无论如何也已经拒绝了一个统一的行为,并且,已经认定了多个独立被评价的落空。〔204〕

(4)各种折衷的解决方法

184　在个别动作理论与整体观察理论之间,也提出了一些不同的解决方法的建议。赫茨贝格(参见,他的理论,边码76)〔205〕想要在放弃重复的实施行为中,虽然承认考虑到整个事件的"目的"的"放弃",但是,让一个借助有条件故意的、无中止能力的落空的未遂存在。对这个行为人来说,这种"中止"通常仅仅在量刑中产生影响。与此相反,当他在个别动作失败后,采取积极的阻止结果的努力时(例如,把被害人送进医院),在这里就应当存在一个对整个构成行为的中止。

185　兰夫特(Ranft)〔206〕想要仅仅在"类别相同的构成行为手段"上允许一个中止。也就是说,一个人在第一枪没有打中后放弃开第二枪的,就是从杀人未遂中整个地中止了。一个人在没有打

---

〔202〕对此,见 Anm. Fahrenhorst, NStZ 1987, 278 f.; Anm. Kadel, JR 1987, 117 ff.; 此外,见 BGHSt 35, 94; BGH NStZ 1986, 265; 综述,见 BGH NStZ 1994, 535 m. Anm. Haft。

〔203〕参见,Lakener/Kühl[24], § 24, Rn. 6 m. w. N.; Schlüchter, Baumann-FS, 1992, 83 f.。

〔204〕BGH NStZ 1994, 535 m. Anm. Haft。

〔205〕Herzberg, Blau-FS, 1985, 97; ders., NJW 1988, 1559 ff., 1562 ff.。

〔206〕Ranft, Jura 1987, 527。

中后抓起刀子并且随后放弃了这个用刀的攻击的，就由于用枪的杀人未遂而仍然具有刑事可罚性。在边码175，181，182中说明的几个联邦最高法院的案例，兰夫特就要借用那种个别动作理论来处以未遂的刑罚。

186 鲁道非[207]也想要在类别不同的构成行为手段上使用这种整体观察理论，但是，“在这个进一步的、为了达到那个……构成行为目的而可供这个行为人使用的手段，明显偏离了那个被行为人首先徒劳地使用的构成行为手段，也就是说，这些后来的手段对他来说，例如，是风险更大或者仅仅是不太适合达到他的构成行为目的”时，就要认定两个不同的构成行为，以及由此而来认定第一个行为具有的无中止能力的落空。也就是说，如果这个很难证明的中毒没有成功，那么，在放弃使用一种现成的、但是很容易暴露行为人的击发武器中，就不存在着中止了。

(5)修正的整体观察理论作为优先的解决方法

1)对自己方案的论证

187 在原则上正确的观点是这个整体观察理论。它考虑了对第24条第1款第1项的放弃变化形式来说具有主导意义的情节：一个人处在通往结果的途中，并且毕竟停止了进一步努力的，就是中止了。这就存在于案例1～3之中(边码175，181，182)：在第一种构成行为手段不起作用后(扁平酒瓶、点火、碾死)掐住被害人的行为人，就完全把这个杀人“结果”“掌握在手里”了，也就是说，他们并没有失败，并且，毕竟还是放弃了引发这个结果。在这里存在着那种会形成中止的**“危害逆转”**(边码33以下)。因此，在达到目标前不久的一种自愿的停止，就是一种值得嘉奖的放弃，这种放弃是能够获得免除对未遂的刑罚的奖赏的：这个行为人中断了对他来说能够立即完成的构成行为，并且由此——晚一点，但还是——对结果的引发进行了不作为；这是否以及在什么样的案件中是自愿发生的，则是另外一个应当在以后(边码354以下)探讨的问题。这个已经施加于被害人的伤害，作为既遂的犯罪，自然是具有刑事可罚性的；已经发生的并且无法再弥补的一切，也就是说，能够用对其适当的刑罚来加以制裁。

188 保护被害人的观点也是支持这个整体观察理论的。在这种自愿停止(例如，停止掐喉)不能免除行为人的未遂刑罚时，那么，放过被害人就只能给他带来坏处。他必须算计到被害人的告发、增大的刑事追究风险以及更严重的刑罚，与此同时，杀害被害人就会排除一个告发，并且由此显著地降低被发现的风险与承担刑罚的危险。对此能够提出反对的异议是，这种保护被害人的观点与金桥理论也许都不能产生中止的特权，因为大多数行为人并不知道中止的规定，并且，因此就不能通过这些规定来提供动机(边码14以下)。但是，这并不排除在费尔巴哈的否定性表述中(边码16，21)，在刑罚目的理论之外，赋予它们一种相对的意义：对第24条这样解释，使它直接吓到一个已经了解法的或者正在了解法的行为人(例如，一个法学家或者一个事先思考了各种可能情况的违法者)，这是没有意义的。一个司法判决只有在没人了解它时，它的实际后果才是能够忍受的，这个司法判决就会是不合适的。

189 这个反对意见认为，这个整体观察理论——特别是在杀人犯罪上——对中止太过宽容了。对于这个反对意见能够这样加以反驳，这个理论在有意义的解释中，比那些根据司法判决，看来会使中止更少成为可能。也就是说，如果这个行为人已经对被害人施加了严重的身体伤害，那么，人们就几乎不能证明他基于自己迄今所做的，还把一种死亡的出现认为是不可能的(参见，边码168)：一个这种伤害肯定不足以致命的诊断，是几乎不可能作出的。但是，在这种案件中，一个中止就不能通过停止，而只能通过阻止结果的努力，才是可能的。

---

[207] SK^6 - Rudolphi，§ 24，Rn. 14；类似的，见Schlüchter，Baumann - FS，1992，86。

190 案例4(《联邦最高法院刑事判决集》,第33卷,第295页,太阳穴射击案):被告人想要“惩罚”这个被害人,从很近之处对着被害人的右太阳穴开了一枪。子弹穿过右眼球上面与右眉毛下面的软组织部分,然后从鼻根一侧穿出。被害人由此对被告人说,他究竟干了什么“烂事儿”。被告人回答说,他没什么可说的,人们会处理这件事的,然后就离开了房间,尽管他的手枪里还装着子弹,并且通过另一枪完全能够杀死被害人。被害人幸存下来了,但是右眼球必须摘除。

191 联邦最高法院对这个被告人是有目的的杀人还是仅仅借助有条件的故意进行行为的,并没有作出说明。在单纯的有条件故意中,存在着一个便条案件(ein Denkzettel – Fall),这个案件正确地从一开始就排除了一个中止(边码47以下)。当然,联邦最高法院的主要观点依据的是另一个(边码53)。但是,即使人们从一种中止的可能性出发时,在这里的停止中,也不存在着中止。这个被告人能够,即使这个被害人还能说话,也不能就认定,在这样一种伤害中,就排除了一个死亡的结局。联邦最高法院也是这么看的(出处同上,第300页):在确定的严重伤害中,很显然的是,这个行为人知道这种可能性,他的被害人不可能在这样的伤害中活下去。被告人会不知道,“一颗从最近之处……打入一个人头部的子弹,几乎毫无例外地会与生命的危险联系起来的”,这是应当排除的。

192 但是,联邦最高法院在判决时,并不总是这么贴近生活的。

案例5(《联邦最高法院刑事判决集》,第35卷,第90页,颈背刺伤案):被告人借助杀人目的,把一把又长又尖的刀从后面猛地插入乙的颈背,以至于这把刀插入7厘米深并且留在乙的脖子里。在留了很多血的乙把刀子拔出来扔在地上之后,被告人放他走了。

193 在这里,联邦最高法院认为,被告人已经看到他的被害人“没有显著身体损害地站在他面前”(出处同上,第92页),并且在他有可能“重新拿起那把躺在地上的刀”继续刺向被害人时,或者在他还有“其他可供使用的杀人手段(例如,掐住咽喉)本来能够使用,但是却有意识地没有使用时”,就想要给予这个行为人一种从杀人未遂中免除刑罚的中止(出处同上,第95页)。然而,人们在这里也必须说,这个被告人不能排除一种死亡结局的可能性;即使这个被害人,就像在太阳穴射击案中那样(边码190),首先还能走路与讲话,这个行为人也不能知道,是否存在着一种内出血的危险,或者是否伤及了性命攸关的器官。也就是说,他本来是必须实施积极的救援的。[208]

194 此外,应当注意的是,这种在被认为对结果恰当的行为不成功之后过渡到其他手段的单纯的可能性,在没有抓住这种可能性的案件中,对一个中止来说,还不能是充分的。首先,就像这个司法判决也承认的那样(边码182),行为人就必须认识这种可能性。一个人在消耗了自己唯一的一发子弹,并且没有想到他还能用一个大啤酒杯砸被害人的脑袋,而把他的杀人未遂继续下去的,就不是中止,而是根据他的想象落空了。

195 除此之外,**人们将只能在这个行为人把一个可认识的继续的可能性看成对他合适的,并且毕竟是放弃了对其实现的时候,认定一个中止**。在这个行为人已经过渡到一种新的手段(例如,掐喉,边码175,181,182),并且在那里放弃的时候,这个条件无论如何就满足了。在他借助相同的手段继续行为时,也就是说,在开始的失败之后能够借助继续射击或者刺伤折磨这个被害人时,也是这种案件。

---

〔208〕 也许,这个判决是这样受到影响的:被告人对此毕竟有准备,但是,在被害人大声哭喊时,就没有继续进行了。

196 但是，在妻子把丈夫给她准备的有毒饮料倒掉时，[209]这个丈夫的中止就不会由于他没有抓起厨房用刀或者一种适合作为打击工具的物品而存在。一个投毒完毕的人，是不会因此就立即安排暴力行动的；对暴力行动的不作为，在这里还不是逆转性成绩的。掐喉也不是每个杀人行为人都会去做的事。也就是说，如果在案件1～3（边码175，181，182）中的行为人，在最先使用的构成行为手段失败后，没有过渡到掐喉的，因为这样的一个方法是他们不能使用的，并且，因此不会对之加以考虑的，那么，在这里就还不存在着中止。

197 假设的其他可能性几乎总是有的。如果忽略了这些可能性就会是一种中止，那么，落空就几乎会不可能了。“例如，这个被告人在无结果的射击后几乎总能考虑另外一种可采取的行为，并且能够宣称，他已经对把被害人扼死、砸死、或者……压死进行了不作为。”[210]如果人们在这里已经看到了一种免除刑罚的中止，那么，第24条“就会成为各种借口与……虚假辩护理由的集合地，即成为巧言辩护人手中的玩物。”[211]也就是说，一个中止只有在有根据地支持这个行为人放弃了对他来说看起来很合适的继续手段时，才能够加以认定。在这里，存在着一种对个别动作理论的小小的妥协，使得人们能够说这是“**修正的整体观察理论**”。[212] 当司法判决指出，只要“在客观上还会存在这种完成构成行为的可能性，但是，这个行为人对他为此需要的手段还没有认识或者不能使用，例如，因为他在客观上没有掌握这种手段或者在主观上没有处于使用它们的状态之中”，就存在着一个落空时，这样一种修正就在司法判决中也得到了赞同（《联邦最高法院刑事判决集》，第34卷，第56页）。

198 当然，反对的论点很容易提出，这个行为人在这里仅仅需要策划一出假装的继续，以便通过对其停止来为自己谋得一个中止。但是，这不是一种适当的反对意见。[213] 这样一类活动是以专家的法律知识为条件的；一种仅仅是虚构的继续大多本身就是可以认识的，并且不可能成为中止。在人们让那些已经过渡到另外一种有成功希望的手段的人，或者那些清楚地看到借助适当的手段（例如，进一步的射击或者刺伤）可以继续行为的人，通过停止而使一种放弃成为可能时，就说更加肆无忌惮的行为人会受到奖励，这也是不对的。这样的一个行为人并不是更加肆无忌惮，而是他仅仅比另一个没有看出对自己合适的继续可能性的行为人，具有更多的可能性而已。还有，放弃一个已经抓住的或者看起来合适的继续干的可能性，也意味着一种逆转性成绩，这是在那些不放弃对他们看来很现实的既遂机会的人身上所缺少的。

199 在**把第一个行为与第二个行为合为一个统一的未遂**时，人们不可以太过吝啬。由此，虽然必须存在一种紧密的时空联系，但是，在一个很小的时间停顿或者空间改变就应当排除这种未遂的统一性，那也会走得太远了。也就是说，在这个行为人与他试图刺死的被害人扭打在一起而徒劳无果，并且在他抓起一个打击工具之前很短地休息一下时，就还总存在着一个统一的未遂（参见，边码158中的休息问题）。即使这个被害人在发生在寓所内的一起谋杀未遂后逃入花园，并且在花园里借助其他手段重新进行杀人的（参见，边码181的案件），这还是一个统一的未遂，从中进行中止是可能的。人们在这里是否能够说一种“自然的行为统一性”，取决这个还没有完全澄清的概念的定义（参见，第33节，边码29以下）。联邦最高法院使用的那个“统一的生活过程”（参见，边码182，183）的概念，清楚地对能够作为第24条意义上的“统一的构成行为”的界限，进行了最好的说明。无论如何，它都排除了把这种“在其他机会下”的重复与先前的构成行

[209] 这个例子，见Herzberg, NJW 1988, 1560。
[210] Jäger, 1996, 124。
[211] Ulsenheimer, 1976, 235。
[212] Jäger, 1996, 126。
[213] Jäger, 1996,125。

为联结成为一个统一体。也就是说,一个人在一次盗窃中失败时,因为他的撬锁工具打不开锁,在第二天又拿着一把管用的万能钥匙回来,并且在打开锁后自愿中止的,那么,他还是由于前一天进行的未遂而保留着刑事可罚性。

200 《联邦最高法院刑事判决集》,第40卷,第75页提供了一个拒绝有中止能力的"整体构成行为"的很好的案例。在这里,这些行为人进行一个强盗性勒索,在两次交钱的落空的未遂之后自愿放弃了第三次未遂。联邦最高法院拒绝把三次交钱未遂作为一个总的有中止能力的整体构成行为,并且坚持一种"统一的生活过程"的必要性。在这里,缺乏这种统一的生活过程,因为这些交钱未遂应当是搁开了好多天,并且是在不同的地点进行的。

2)对偏离观点的讨论

201 在各种偏离的观点中,一开始就能够淘汰掉那个构成行为计划理论(边码177),因为它在今天已经不再得到代表了。反对它的理由有三点:[214]一是,仅仅因为行为人开始时相信借助个别动作就能达到他的目标就拒绝给他这种中止,这在刑事政策上是没有意义的。一个人,根本就没有想过必要的个别动作的数量,或者从一开始就已经在他的计划中包括了多个行为的必要性,就能根据这个构成行为计划理论中止,而不让这种偏离的处理方式通过一种不同的刑罚需要性来加以正当化。二是,在法律上很荒谬的是,这个行为人在开始的失败后是否还能中止的问题,部分地要取决于他在构成行为前的想象、部分地要取决于后来的考虑。在人们不想陷入评价上的矛盾时,就必须统一地要么——就像个别动作理论一样——按照这个行为人在第一个动作**之前**的立场,或者——就像整体观察理论一样——按照第一个动作**之后**的立场来进行安排。三是,这个构成行为计划理论使得很多案件的决定要取决于无法考察的行为人的答辩:即使他已经想要借助一个行为来达到自己的目标,他仍然仅仅需要宣称,他并没有想过必要的个别动作的数量,或者没有考虑过数个个别动作可能的必要性,以便获得一种可以同意的他在其他地方并不具有的中止可能性。

202 与此相对,在人们在刑罚目的理论的意义上理解这个中止特权的原理时(边码4以下),就能够在这里为个别动作理论[215]提出一个非常值得注意的根据。人们能够指出,这个行为人借助第一个动作已经对这个事件予以放手了,并且,在子弹没有打中他的目标、用扁平酒瓶的敲击(边码175)没有足够的效果、汽油没有着火(边码181)或者碾死没有如愿(边码182)时,并不是他的功劳,而是一种不应得到的幸运。借助第一个动作,这个行为人造成了一种严重的社会干扰,这种干扰也是通过对进一步的指向这个结果的行为的不作为所不能排除的;也就是说,这里存在着一种一般预防的刑罚需要性。一种特殊预防的刑罚必要性也不能够被否认。对这个行为人来说,无论如何并不缺少执行这个构成行为的最后的坚决性。更准确地说,他借助扣动扳机与相应的其他适合结果的行为,就证明了他处于把这个构成行为贯彻到底的境地。这个结果偶然地没有出现,并不会减少借助刑罚对他产生影响的需要。[216]

203 在这里,正确的是,这种状况区分了不利于行为人的未终了未遂的一般案件。一个扣动扳机的人,已经造成了一种巨大的社会干扰,并且证明了自己比那些在射击前放下枪的人更加危险。但是,人们必须同时看到,这种情况明显区分了有利于行为人的落空的未遂。一个人还能够——

---

〔214〕 Roxin, JuS 1981, 7。

〔215〕 对此完整的说明,见 Bottke,1979, 407 ff. , 449 ff. 。

〔216〕 对此带有变化的接受的,参见,Bergrnann, ZStW 100 (1988), 344; Burkhardt, 1975, 93; Geilen, JZ 1972, 338; Heckler, 2002, 196 ff. ; v. Heintschel - Heinegg, ZStW 109 (1997), 29 ff. (51); Herzberg, Blau - FS, 1985, 97 ff. ; Jakobs, AT², 26/16; ders., JuS 1980, 716 f. ; Sch/Sch/Eser²⁶, § 24, Rn. 18 a; Ulsenheimer, 1976, 233。

通过继续射击——把这个构成行为引导至这个结果,并且自愿放弃这一点的,就带来一个逆转性成绩,这种逆转性成绩显著降低了一般与特殊预防的刑罚需要性,与此同时,那个最终的失败者则完全没有值得嘉奖的功劳。

也就是说,这种案件事实在一定程度上处于还没有放手的因果过程中的放弃与最终的失败之间。在这里,也存在着在个别动作理论与整体观察理论之间持续的争论的那些原因。两种观点中的任何一种都有自己的理由,但是也无法驳倒对方。但是,在为了这种或者那种观点做决定中,重要的不是个人评判者的法感觉,而是在于法律的立场,而这种立场是支持整体观察理论的。**在根据第 24 条第 1 款在已终了的未遂中,使一种免除刑罚的中止,通过对结果的阻止或者对此单纯的努力成为可能,这就证明了一种由自身导致结果的一枪、一刺或者一击,在紧接着的逆转性成绩中,对这个立法者来说,并没有说明足够的刑罚需要性的理由**。我们应当坚持这种评价。这种评价的一种进一步的法律依据在于,第 24 条第 1 款通过停止的中止仅仅与**放弃继续实施**联系起来,而不考虑在其之前实施了什么。“第 24 条把目光投向前方而不是向回看。”[217] 204

也就是说,个别动作理论是由于法律而失败的。[218] 赫茨贝格[219]对此提出了异议(参见,边码 184,76)。对他来说,在完成个别动作之后,只有通过积极的行动才有可能中止。有人是否“通过不再继续射击还是通过送往医院”来挽救了“他的敌人的生命”,这还是有区别的。在第一种案件中,就存在“一种微弱的、廉价宣称的”(因此不是免除刑罚的)中止,而在第二种案件中,就存在着一种“强烈的、通过构成行为加以证明的”(因此是免除刑罚的)中止。但是,这是没有说服力的。为什么那个“用枪把被害人至少射杀得半死的人”就应当“获得一个中止机会”,“而那些由于非常惊恐而打偏的人,就应当从一开始就被拒绝这种机会呢”?[220] 为什么这个把被害人严重伤害的人,应当比那些还没有造成损害的人得到更好的处理呢?[221] 从这种受到威胁的损害中,能够引导出进行阻止努力的必要性,但是,这个结论不是,那些由于射偏而没有机会积极行动的人,由于这个理由而完全不能够再中止。这个结论也不是,这个通过停止的中止是“廉价宣称的”,并且因此是“微弱的”。当有人在有前景的形势中已经放弃了一个继续行动与那种结果的引起时,这就是一个事实,而不是一种找来的宣称。 205

赫茨贝格引用第 306e 条与其他既遂的危害性犯罪作为自己立场的基础,在这些犯罪中,也只有积极的行为对中止才是足够的。然而,立法者还不想要给在既遂犯罪中的行为人提供免除刑罚,在行为人想要在既遂中保留原样时,这是能够理解的。但是,这不允许对第 24 条进行反推,说对积极的与消极的中止都是同样处理的。除此之外,人们甚至在第 306e 条中就能把对继续添加木柴的不作为解释为“扑灭”(等于让熄灭)。 206

此外,反对个别动作理论的还有保护被害人的观点,这种观点虽然仅仅在一小部分案件中具有实际的重要性,但是的确还不可以完全加以忽视(参见,边码 188)。另外一个反对个别动作理论的论点是有争论的:[222] 也就是说,借助那个根据第 24 条能够中止的“构成行为”,这个过程是 207

〔217〕 Jäger, 1996, 123。

〔218〕 参见, Bergmann, ZStW 100 (1988), 他虽然自己倾向于这个个别动作理论, 但是, 谈论的却是一个“不能解决的两难难题”。

〔219〕 Herzberg, NJW 1988, 1564。

〔220〕 Roxin, JR 1986, 425。

〔221〕 Roxin, JR 1986, 425; Puppe, NStZ 1986, 16; Rengier, JZ 1986, 965。

〔222〕 参见, Roxin, JuS 1981, 7 f.。

指在既遂案件中作为一个统一的构成行为来看待。当有人在打偏三枪之后用第四枪打死了这个被害人,仅仅由于一个既遂的杀人(并且不也还由于三次落空的未遂)被处以刑罚时,人们在这个中止中就不允许把每一个部分动作都作为独立的构成行为来评价。对这一点的反驳说,这个未遂理论允许根据自己的目的形成自己的构成行为概念,并且能够把一个部分动作看成独立的构成行为,即使这个部分动作在竞合理论的意义上仅仅是其中的一部分。这样一种专门为中止理论构造的特别的构成行为概念,肯定是可能的。但是,未必可能的是,立法者在未遂中应当有一个完全不同于在既遂中的构成行为的方案,特别是第24条谈论这种放弃"对这个构成行为的继续实施"的法律文字,就是按照未来的视角安排的,并且是从一种唯一的能够"继续得到实施"的构成行为作为出发点的。

208 这种个别动作理论的追随者们也经常以此为依据,主张这种整体观察理论错误地给予了那种有周密计划的行为人相对于没什么考虑的行为人以优待:[223]一个人很聪明地拿了一把装了6发子弹的枪,就始终能够在多次打偏后中止,与此同时,这个只有1发子弹的人就不具有中止可能性。但是,这种论点是很容易反驳的。[224] 不仅在可重复的实施行为中,而且始终并且到处都是这样,那个有周密计划的人都比那个一开始就失败的人有更多时间与更多的机会去中止。这也不是不合理的:一个能够有成功希望地继续去做的人,通过其自愿停止返回了合法之中,与此同时,这个最终失败者却不这样干,以至于没有理由去免除其未遂的刑罚。

209 本书所代表的观点与各种折衷的解决方法(参见边码184以下)相比也能站得住脚,因为修正的整体观察理论接受了这些折衷解决方法一些继续深入的动力(边码187以下)。对于赫茨贝格的方案,已经表明了立场(边码205以下,184,76)。当兰夫特仅仅在借助"以相同种类的构成行为手段"继续或者可继续性中,想要通过对进一步攻击行为的不作为来允许这种中止时(边码185),在这里就存在着这种正确的认识:即这种放弃太远的、对行为人从一开始就看起来不合适的行为选择性,并不能够说明这种中止的根据(参见,边码195以下)。但是,认为各种对其他构成行为手段的过渡都应当排除中止的看法,是没有说服力的。"这样一来,对免除刑罚起决定作用的就会是一种非常形式化的标准,并且,这种构成行为手段对这种构成行为的实施所具有意义就会被估计过高了。"[225]这个杀人未遂的行为人在第一下无结果的刀刺之后,是否过渡到继续刺伤或者掐住咽喉,对于一个中止的批准来说,就不能是具有决定性的,只要他仅仅是最终放弃了杀人并且阻止这个有威胁的结果。

210 在鲁道菲的折衷解决方法中(边码186)适当的是,这种对使用"明显偏离的"或者"有风险的"构成行为手段的不作为,在其仅仅是假定可能的运用反正在行为人看来都是不现实的时候,通常根据那种在边码195以下说明的基本原则,是不能为中止提供论证的。但是,在这个行为人已经过渡到一种明显偏离的构成行为手段上(例如,从碾死过渡到掐咽,《联邦最高法院刑事判决集》,第34卷,第53页,案例3,边码182),或者从刺死过渡到碾死(《联邦最高法院刑事判决集》,第35卷,第184页)时,人们都必须把这种放弃看成从整个构成行为中的中止。那些支持提供中止可能性的根据(边码187以下),都与借助什么手段来继续这个构成行为无关。在另一种

---

[223] 参见,Roxin, JuS 1981, 8; ders., JR 1986, 425; Herzberg, Blau - FS, 1985, 97 ff. (116),在这里,这个论点的单个支持者就出了名了。

[224] Herzberg认为,虽然自己代表了一种修正的个别动作理论,但是,"这个论点应当直截了当地从这种交往中拉走"(Blau - FS, 1985, 110)。

[225] Kühl, AT^3, § 16, Rn. 36; 因此,也见 Rengier, JZ 1988, 932 f.; 反对 Ranft 的,也见 BGHSt 40, 77。

手段(例如,在徒劳的刀刺后,一把手枪)很方便地就在手边,但是,行为人却由于增加的风险(容易被发觉的声响!)而不使用时,人们就当然还是肯定一个中止,但是,这必须看成——就像一直在显著增加的风险中那样——是非自愿的。

(六)阻止既遂作为从已终了未遂中的中止

1. 导论

在已终了的未遂中,中止的条件是行为人阻止了构成行为的既遂(第24条第1款第1项)。即使他仅仅算计了这种可能性,即他迄今为止的举止行为能够引起这个结果的,这个自愿的停止也不再足以获得免除刑罚,而是这个行为人必须积极并且有成效地活动以阻止这个构成行为的实现(详见,边码163以下)。 211

无可争辩的是,一种对结果的阻止至少是以未遂行为人对这个结果的阻止所具有的因果性为条件的。在太阳穴射击案件中(《联邦最高法院刑事判决集》,第33卷,第295页,上文边码190),就缺乏这一点。在这里,这个行为人对听到枪声并往办公室去的雇员说,"他们应当照看一下他们的老板"。因为这些雇员反正是想要这样做的,所以,这个行为人的话并没有影响这个事件的经过,并且因而不是阻止。相反,不正确的是,在联邦最高法院(《新法学周刊》,1986年,第1001页,边码226)认为,这个递给父亲一本能够帮助他找到急救电话的电话号码簿的行为人,在这个受伤的父亲自己也还能够拿住这个电话簿时,对阻止结果就没有因果关系。这样一种假设的因果过程,并不能改变这个儿子的实际因果性。这样一种因果性对于批准中止是否就足够了,是另外一回事(边码260~262)。 212

但是,除了因果性之外,这种阻止也是以这种结果的避免所具有的可归责性为条件的。在有人把自己将其重伤的被害人遗弃在偏僻的地方,被害人却被偶然地发现并且获救了,这在客观上就不能作为他的功绩而归责于他,因为这个行为人事先并没有开启救援的机会。这个司法判决完全解决了这类案件,在其中,这个司法判决就否定了——自然也是必要的——那种指向防止这个结果的故意。[226] 在有人仅仅为了掩饰自己的未遂才给警察打电话,并且由此很不情愿地(无意地)引起了警察的救援措施时,他就无论如何由于缺少阻止的故意而不是自愿中止的(联邦最高法院,《新法学周刊》,1986年,第1002页)。 213

雅各布斯还继续为[227]在已终了的未遂中的那种"应当强烈地切回的中止可能性"辩护。他仅仅想要在这样的案件下才允许中止,在这里,这个行为人在已经结束的构成行为之后,还将这个事件掌握在手中,也就是说,随时都能阻止这个结果的发生。"这个行为人仅仅能够在那些已终止的未遂案件中才能够中止,在这里,这个造成危险的过程直到这个危险的实现,都还肯定地取决于他的举止行为。"[228]也就是说,在这个行为人借助杀人故意向其被害人射击,但是却仅仅使这个被害人受伤时,因此,一个从现在开始是自愿的与成功的对被害人的救援,就"一点也不应当改变这个立即杀人的落空,因为这个落空已经处于过去了"。在他看来,这里涉及的是一种在第46条的框架中应当考虑的处于这个构成行为之后的举止行为;对他来说,中止是以一个构成行为的改变为条件的,而他认为,这种改变在落空的未遂之后就不再可能了。 214

---

[226] BGHSt 31, 49; BGH NJW 1989, 2068; 1990, 3219。

[227] Jakobs, ZStW 104 (1992), 89。

[228] Jakobs, ZStW 104 (1992), 93; 在这里也用下面的引文。

215　桑西内提(Sancinetti)在一种主观主义的、由阿明·考夫曼与他的学生[229]提出的不法理论[230]的基础上,对雅各布斯的角度作了重新解释,他把这些行为人还没有将因果过程放手的案件说成是未终了的未遂,从而使得一种已终了未遂的中止就根本不再存在了。"仅仅存在着一种未终了未遂的中止而不是落空未遂的中止……这种未遂的终了,在这个行为人容忍一种丧失对阻止既遂的控制的可能性时,才是达到了。在这个时间点之后,仅仅能够考虑一种'一般的在这个构成行为之后的举止行为'……"[231]

216　但是,这些观点与明确的法律文字应当无法协调。据此,在这个行为人自愿阻止这个构成行为的完成时,一个未遂的刑罚就排除了。当这个结果在其他过程中本来也能够出现时,这个行为人也已经这么干了。在人们与本书所代表的观点一样,把未遂理解为危害逆转(边码 34 以下),并且在还未成功、但是可以借助对结果的展望重复进行的实施行为中,允许通过自愿放弃进一步的既遂努力而中止时(参见,边码 175 以下),这个立法决定也是适当的。简而言之:在这种自愿对被害人的救援中,存在着对一种向合法性的回归,根据本书所代表的刑罚目的理论(边码 4 以下),这种回归就为未遂行为人的免除刑罚提供了合理性根据。除此之外,在这个行为人不会通过继续保留未遂的刑事可罚性,而阻止对被害人的救援时,这就有利于被害人的保护。

217　在人们把未遂与救援看成一个统一体时,这个对结果的阻止也不是在这个构成行为之后的举止行为,而是整个构成行为中的组成部分,在未遂的观点中,整个构成行为就不再显得具有刑罚需要性,以至于一种制裁能够被放弃。当然,在人们,就像桑西内提所干的那样,"在未遂的结束中"也看到"犯罪行为的结束",[232]从而使这个结果的出现或者不出现也作为行为人的作品,对不法与责任都不具有影响,那么,这种由他建议的解决方法就是前后一致的。但是,这样的出发点是无法得到同意的,[233]并且,与其一起取消的还有这个由其引导出来的后果。

218　也就是说,借助绝对的主流观点,应当坚持的是,自愿阻止结果就排除了一种未遂的刑罚。但是,**很有争论的是,除了因果性与可归责性之外,是否还应当对阻止举止行为的质量提出进一步的要求**。在这里,主要存在着两个大的意见相互对立的集团。一个认为,对一个阻止来说已经足够的是,这个已终了未遂的行为人借助阻止的故意,启动了这种(以可归责的方式)会导致结果不出现的因果过程,也就是说,至少是共同引起了这个因果过程。另一个,除此之外,还要求这个行为人在各种可能阻止结果的手段中,使用那种在他看来是最好的手段,也就是说,他要带来最佳的成绩。

219　案例 1(《联邦最高法院刑事判决集》,第 31 卷,第 46 页,医院案):行为人试图借助有条件故意,通过致命的虐待来杀害自己的妻子。然后,他醒悟过来,并且为了挽救她的性命,开车把她送到距离一家医院的侧门 95 米处,因为他不想作为行为人被人发现。在那里,他让她下车一个人继续走过去。这个妻子随即失去意识地昏倒在一个灌木丛中。她在那里被路过的行人发现并送进了医院。要不是这样,她肯定会死,但是,现在还是得救了。

220　在这里,这个行为人以可归责的方式造成了对其妻子的救援。他通过送往医院,为她开启了获救的机会,并且,这个机会也实现了。根据第一种观点(**"开启机会理论"**),这对一个自愿中止

---

[229] Roxin, AT 1^3, § 10, Rn. 94 ff.。

[230] Sancinetti, 1995, passim(参见,首先是,§ 11 与综述的 281f.)。

[231] Sancinetti, 1995, 281。

[232] Sancinetti, 1995, 282。

[233] Roxin, AT 1^3, § 10 VII, Rn. 88 ff.。

就足够了。相反,根据第二种观点(“**最佳成绩理论**”),[234]就不存在中止,因为他没有带来对他所期待的最佳成绩(请来急救医生或者把妻子送至医院)。那种提前让妻子“下车”,让人担心她会由于得不到及时的医治而死亡,并且,因此不足以批准无刑事可罚性。在两种观点之间的争论,贯穿了整个司法判决与文献之中。

2. 在较新司法判决中的阻止

(1)提高机会理论

221 在联邦最高法院,《刑事辩护人杂志》,1981年,第396页(第四审判委员会)决定的案件事实中,行为人借助杀人的故意向其妻子射击并且给她造成了有生命危险的伤害。然后,他通过电话把这个构成行为通知了警察,并且请求派一辆救护车来。妻子得救了。联邦最高法院认定了一个自愿的中止:“如果这个行为人自愿的救援未遂具有结果,那么,他的举止行为就足以适用《德国刑法典》第24条第1款。他是否还能够干得更多,对于适用这条规定来说并不重要。”当然,这个判决的说服力却因此而被削弱,因为这个行为人在这里通过叫来救护车已经展示了最佳的努力,因此,这样的限制在实际上是不需要的。

222 在联邦最高法院,《刑事辩护人杂志》,1981年,第514页(第四审判委员会)的案件中,被告人借助杀人目的向他(前)女友的车撞过去,但是,在最后一刻通过全力刹车才使得撞击得以减轻,以至于他的前女友并没有受伤。联邦最高法院也认为,这就足以形成一种(自愿的)中止。“在行为人有意启动一个新的因果系列,至少共同引起了这个构成行为的不既遂时”,他就阻止了这个构成行为。还有,“那种做一些其他的或者更多的来阻止这个构成行为极其有把握地既遂的可能性”(例如,避开),也并不排除中止。

223 案例2(联邦最高法院,《新法学周刊》,1985年,第813页,纵火案,第二审判委员会):行为人在梅夫妇的房中放了火。然后,他由于对睡在房里的孩子感到良心有愧,于是就给在饭店的梅夫人打电话,没有说出自己的名字也没有谈到着火,仅仅是说:“梅夫人在吗?她最好赶快回家一趟。”梅夫人让别人送自己回家,叫来了消防队,把大火在吞灭整个房子之前扑灭了。

224 在这里,联邦最高法院在运用有意启动一种共同造成的因果系列的公式下,认定了一个自愿的中止。虽然联邦最高法院有准备地指出了,这个行为人在纵火地点已经确定大火是否被扑灭,但是,这一点并没有改变,即他无论如何都没有带来一种最佳成绩:这种成绩本来——不是在很不可靠地找回梅夫人之中——而是在直接叫来消防队之中存在的。

225 在太阳穴射击案(《联邦最高法院刑事判决集》,第33卷,第295页,第301页,上文,边码190)中,第四审判委员会再一次简要地总结了它所代表的开启机会理论(尽管关键并不在这里,因为这个结果的没有出现反正不是行为人造成的,边码212):“一个直到其不再能够制止这个结果的时间点中的人……启动一个新的共同引起这个构成行为不既遂的因果系列……就是阻止了这个构成行为。不重要的是,这个被告人本来是否还能做得更多……或者,是否其他与这个行为人的意志无关的情节会逼迫对这个构成行为进行阻止……”

226 第四审判委员会的另一个判决(联邦最高法院,《新法学周刊》,1986年,第1001页:电话簿案),涉及这样的案件事实。在这里,这个被告人借助有条件的杀人故意,把一把厨刀刺入其父亲的胸口。在这个受重伤的父亲请求他叫来一辆救护车时,这个儿子在电话簿里翻了一会儿,然后说找不到号码,并且把电话递给了父亲。父亲由此拨打了紧急救援电话110,请求医生救援并

---

[234] 在这些“理论”中,涉及的不是那些已经被采纳的标记,而是涉及那些我对于简化下列说明而挑选出来的称谓。

且最终获救。联邦最高法院在这里想要分清的是,这个父亲尽管受了伤,是否还能自己拿到这个电话,或者是否只有通过他的儿子才有可能打这个电话。在第一种案件中,已经缺乏这种阻止性努力的因果性(参见,边码212),因此只能考虑第24条第1款第2条("认真的努力")。在第二种案件中,与此相反,一个通过阻止的中止会得到肯定:"不能够用这个被告人本来还能采取其他救援措施,来反对这个被告人……"

227　人们必须把联邦最高法院,《刑法新杂志》,1999年,第238页也归入开启机会理论之中。[235]在这里涉及的问题是,这个原民主德国边境雷区的负责人,在杀死一名难民的案件中作为间接行为人是有责任的(《联邦最高法院刑事判决集》,第40卷,第218页),在一名被地雷重伤的难民根据一条民主德国的规定最终被救起并且在医院里获救时,是否能够援引一种免除刑罚的中止。联邦最高法院说(指导原则):"如果在一个有组织的体系内部发出一条杀人指令的框架下,对一个未遂杀人案件也下过这样一道命令,即一个(已终了的)杀人未遂的被害人应当根据可能性进行救援,那么,由此发生的救援,对这个作为间接行为人的被告人……在从未遂中中止的观点下,通常就是有利的。"在具体的案件中,这个伤者先是在有生命危险的状态中留在原处,没有得到任何帮助,直到又过了一个半小时之后,才被放在一辆卡车的车厢中运走了。这个事件的基础是,只有在较长时间后才能出现在现场的军队自己的医生,才可以采取这些营救措施。对以此为条件的拖延可能出现伤者的死亡这一点,就被容忍了。在联邦最高法院尽管如此还是肯定一个中止时,也就是说,它就是在满足于一种可归责的对救援的引起,并且,不要求采取可能是最好的救援措施。

228　一种——至少是口头的——对开启机会理论的承认,也包含在同一个审判委员会(第五审判委员会)由此而做出的另一个简短的决定中(《刑法新杂志》,1999年,第128页)。[236] 在这里,这个行为人当场抓住了他的情敌与其从前的爱人,并且在容忍可能造成被害人死亡的情况下,用一根棒球棍猛击他的情敌头部,以至于他会想到他的死亡。然后,他离开了房子,把那个女的也一起拖进自己的车子。但是,他在开车两分钟之后,应她的要求掉头回来,让她把他的情敌送往医院。这个被害人通过一次紧急手术而获救。联邦最高法院肯定了一个通过阻止既遂而实现的自愿中止。在刚开始的对救援的不情愿,与离开构成行为现场的远近都是不重要的。"行为人本来是否能够比他为营救所干的提供得更多",也是不重要的。

(2)最佳成绩理论

229　在以前的第46条还有效时,第三审判委员会(联邦最高法院,《德国法月报(达林格)》,1972年,第751页)曾经决定过这样一起案件,其中的被告人"借助杀人的故意,用一把刀伤害了自己的妻子",然后离开了房间,"同时,他还……要求他的母亲安排必要的一切"。在他母亲的请求下,住处的管理员把他的妻子送进医院,使她在那里得救了。联邦最高法院认为,这一点作为阻止性工作是不够的,尽管这个儿子已经启动了救援性的因果过程。这个儿子一直到离开房间时才向母亲说了自己的要求,"也就是说,没有对此加以阻拦也没有特别地强调自己的要求"。他也没有表明"具体的措施",也没有坚决强调急迫性,没有提供急救或者对此给出指示。这种由联邦最高法院在这里提出的各种要求,也就是说,都符合这种最佳成绩理论。

230　但是,对最佳成绩理论的最有决定意义的辩护性论述是由前面谈到的医院案件(边码219)提供的。联邦最高法院在这里由于行为人不充分的措施而拒绝了对一种对完成的阻止,虽然这个行为人至少已经以可归责的方式引起了对他妻子的救援。这个阻止是以行为人的行为为条件

---

[235] 对此,见 Kudlich, JA 1999, 624; Otto, JK 99, StGB § 24/27; Rotsch, NStZ 1999, 239; Schroeder, JR 1999, 297。

[236] 对此,见 Otto, JK 99, StGB § 24/28。

的,这些行为“在客观上或者至少在他看来是对此足够的……在他还有更好的阻止可能性可以使用时,他就不可以满足于这些像他看到的那样(可能)不充分的措施。他必须充分利用这些阻止可能性。在他能避免偶然案件时,就不可以为其留下余地。”因为缺少这样的条件,所以,不能批准被告人中止。

案例3(联邦最高法院,《刑法新杂志》,1989,第525页,E-605案件,第二审判委员会):被告人给她的丈夫灌下了一份E-605毒药,这个剂量在不立即医治时会导致死亡。在毒药开始发作时,她——应丈夫强烈的要求——给工人自助联合会打了电话,请求派一辆救护车来,说她丈夫很不舒服,在厨房里面“跌跌撞撞”。请来的急救医生拯救了丈夫的性命,尽管妻子就投毒的事对医生保持了沉默,而仅仅是说,他喝了咖啡并且吃了一种蓝色的药。 231

联邦最高法院认为,这个被告人叫来医生并且这样描述了丈夫的状态,使得救援措施能够立即被采取,开始时在客观中并且在她看来,已经为救援自己丈夫干了必要的事情。然而,在医生到来后,她已经“在那时,即在她必须也可能为阻止有害的结果而作更多事情时”,又重新放弃了这个救援意志。她对投毒的事保持了沉默,尽管她认为,在应当救丈夫的性命时,她本来必须告诉医生这个下毒的事情。虽然由于缺少救援的意志而拒绝中止是有问题的,因为这个妻子毕竟有意识地为丈夫开启了一个救命的机会,并且维持着使这个机会实现了,所以,这件事的判决符合了最佳成绩理论。对中止的拒绝最终的根据是,这个妻子的不作为,使得不能“为阻止这个有害结果作出更多的事情”。 232

3. 支持开启机会理论的论点

开启机会理论曾经是独占统治地位的观点,到今天也一直居于明显的优势。[237] 对这个理论,主要是适用三个理由来进行支持的。 233

(1)原文论点

至少在有人亲手并且可归责地防止这个结果时,就不能否认他已经阻止了这个结果,即使这绝不是以最好的方式发生的。举一个简单的案件为例,这个行为人借助杀人故意把被害人刺倒,然后通过包扎伤口挽救了这个被害人的性命!他做得很外行,以至于一个很容易叫来的医生也能做得远比他更好。这同样适用于,例如,在这个投毒者使用催吐剂防止了被害人的死亡时,尽管专业的救援也能提供明显更高的救援保证。[238] 或者,行为人拆除自己先前设置的炸弹引信,借助的是一种比他同样知道并且能够使用的方法更危险的方式。[239] 在所有这些案件中,在人们想要对这个行为人已经阻止了既遂提出异议时,在援救成功时就会与法律的原文不相一致,并且因此与无法无罪原则不相一致。人们能够争论,这个原文论点在人们使用第三人进行救援时,是否也同样适用(参见,边码246)。但是,无论如何,结论都是可想而知的,即这种开启一个有待实现的救援机会,当其在这种亲手防止结果中无可争辩地足够时,在任何地方都必须对这种阻止来说是充分的。 234

---

〔237〕 Bloy, JR 1989, 70; Freund, AT, § 9, Rn. 61 ff., 64; Gropp, AT², § 9, Rn. 50; Grünwald, Welzel-FS, 1974, 715; Jäger, 1996, 94 ff; Jescheck/Weigend, AT⁵, § 51 IV 2 bei und in Fn. 41; Joecks³, 88; Otto, AT⁶, § 19 II 3; Puppe, NStZ 1984, 489; Rudolphi, NStZ 1989, 508; ders., in SK⁶, § 24, Rn. 27 f.; Sch/Sch/Eser²⁶, § 24, Rn. 59; Stratenwerth, AT⁴, § 11, Rn. 90 f.; Tröndle/Fischer⁵⁰, § 24, Rn. 32 ff., 35; Wessels/Beutke, AT³¹, Rn. 644。

〔238〕 例子,见 Rudolphi, NStZ 1989, 512。

〔239〕 例子,见 Bloy, JuS 1987, 531, Fn. 22。

(2)保护被害人论点

235 人们能够随后指出,当人们为行为人建造了一座金桥,并且不对他提出会吓得他不敢进行救援的最佳成绩的要求时,这是有利于被害人的。[240] 这种实践(例如,在医院案件中,边码219,在纵火案件中,边码223,在E-605案件中,边码231)显示,这个行为人经常会因为不想暴露自己或者不想暴露先前实施的未遂而放弃这些最佳的救援成绩。如果人们逼迫他作出最佳成绩并且使其自我暴露,那么,他就能够这样说,他会放弃那些对他来说没有好处的、半心半意的活动,并且,这个被害人就不能得救了。

(3)出于客观归责的论点

236 对于行为构成结果的实现来说,人们为行为对象创设了一种在结果中实现的不允许的危险,这就足够了。[241] 与此相适应是,人们对阻止既遂同样仅仅要求创设一种在阻止结果中实现的救援机会。[242] 在人们这样论证时,根据的是这样的思想,对阻止一个结果来说,适用的必须是与对这个结果的引起一样的归责原理。

4. 支持最佳成绩理论的论点

支持这种理论的主要有三个理由。[243]

(1)有条件故意的论点

237 一个人,为了防止结果而有意识地仅仅使用半心半意的方法,就像在医院案件中(边码219)或者在纵火案件中(边码223)那样,对于在自己采取的行动中,防止结果的可能性比对他来说最好的可能阻止的成绩,还要明显小很多这一点,是很清楚的。也就是说,他是在容忍一种可避免结果的出现。但是,人们能够得出这样的结论:这个借助有条件故意进行行为的人并没有做出足以中止的逆转性成绩,因为这个有条件的故意在这里就像在其他地方一样,就足以对故意的既遂构成行为进行归责了。

238 布洛伊[244]不同意这样一种有条件故意:"只要这些不确定的救援措施可归责地挫败了犯罪结果的出现,那么,在这种逆转性成绩中,就表现出一种排除伤害故意的态度变化……"但是,这是不正确的。一个认为两种可能性都有的人,也算计到了失败的结果,并且在万不得已时,对这种结果也容忍了。他对救援的希望并不排除这种有条件的故意。

239 这个有条件故意的论点能够通过比较的例子得到支持。在区分未终了的与已终了的未遂中,就存在着这样的一致性,即一个终了的未遂,借助那种只应当通过阻止结果才能获得中止的结果,在这个行为人也仅仅算计到没有他进一步的补充这个结果也能出现的可能性时,就已经存在了(详见,边码166以下)。对这一点的论证是,在被害人的利益中必须实现的一切只能是想到的一切,并且,这个行为人只有在他排除了任何结果出现的可能性时,才应当获得免除刑罚。如果这是正确的,那么,当人们为了半心半意的努力,在这里给予那个变得主动的行为人享有中止特权时,就会是一种不可允许的矛盾。

---

〔240〕 Puppe, NStZ 1984, 490。

〔241〕 参见,Roxin, AT 1^{3}, § 11。

〔242〕 因此,例如,见 Bloy, JuS 1987, 533; Rudolphi, NStZ 1989, 511。

〔243〕 Baumann/Weber, AT^{10}, § 27 III 1 a, bb; Blei, AT^{18}, § 69 III 2 a; v. Heintschel-Heinegg, ZStW 109 (1997), 53; Herzberg, NJW 1989, 867; Jakobs, ZStW 104 (1992), 89; ders., AT^{2}, 26/21; Lackner/Kühl^{24}, § 24, Rn. 19 b; Schmidhäuser, AT^{2}, 15/89 ff.。

〔244〕 Bloy, JuS 1987, 532。

240 雅各布斯[245]与普珀[246]对在构成行为**之前**进行的半心半意的阻止性努力，进一步作了一个富有启发意义的比较。雅各布斯对开启机会理论提出异议说："为了避免死亡结果而在构成行为之前对住户（结果是有效的）进行警告的纵火者，在他尽管提出警告却继续把结果的出现评定为不是不可能的，干的就是一种杀人未遂；但是，当他在相同的主观状态下，在纵火之后进行警告的，他就应当是能够中止的。"普珀[247]想要通过放弃对借助有条件故意的未遂的刑罚，来对付这种论点。但是，出于已经提到的根据（第 29 节，边码 59 以下），这是不可能的。

（2）不适当未遂的例子

241 此外，最佳成绩理论能够为自己提出不适当未遂的例子。[248] 在这里，第 24 条第 2 款第 2 项要求一种"自愿与认真的努力"来作为免除刑罚的中止的条件。一种"认真的"努力，在这里一般（详见，边码 265 以下）只有在行为人做了出于他的观点对阻止这个结果最好的成绩时，才能得到认定。这就导致这个论点：当在不适当的未遂中，为了中止而要求行为人做出最佳成绩，这对于适当的未遂就必须更不能或者无论如何不能要求得更少！这能够特别令人瞩目地体现在这里感兴趣的状态之中，在其中，这个行为人对这个被害人施加了明显的伤害：如果这些伤害没有行为人的介入就会导致死亡，那么，根据相反的意见，在阻止的案件中，那些半心半意的措施对于中止就应当足够了。但是，如果这些伤害在事后证明是与行为人的预期相反，从一开始就不是致命的，那么，这种最佳的成绩就应当是必要的！这是一个很难理解的矛盾。

（3）不作为的论点

242 另外，雅各布斯[249]指出，那种开启机会理论会"受到出于混合行为（Ingerenz）* 的责任的阻碍"。实际上，在不作为犯罪的领域中，具有防止结果义务的保证人要求的是，他要干最好的。由此就能够得出这样的结论：人们对已终了未遂的行为人，这个同样出于混合行为而具有保证地位的人，可以要求得更少。"一个人，把他的被害人打倒，使他在没有救援时就会认为其死亡不是不可能的"，雅各布斯论证说，根据这个开启机会理论，"在他推动了一种最终有效的救援时，虽然能够通过作为从杀人未遂中中止，但是，在他的帮助没有最佳地利用他所能够支配的防止机会时，却不能通过不作为从杀人未遂中中止。"

5. 区别理论作为合适的解决方法

（1）亲手阻止结果

243 正确的方式是，人们必须在亲手的与以他人之手的阻止结果之间进行区分。独自并且亲手完成救援工作的行为人，必须无论如何根据开启机会理论来处理，并且由此作为那种已经阻止既遂的人来看待。这是从那种在这个范畴内无可辩驳并且在上文（边码 234）中已经举例论述过的原文论点中得出的结论。同样，在刑事政策上，在亲手—独自的防止结果中，批准一个自愿的中止也能够得到正当化，即使这个行为人放弃了这个最佳的阻止手段。行为人的救援责任心虽然如此明显并且卓有成效，使得他回归合法性的意志在这里已经以充分的规模表现出来了。"结果赋予这个独自阻止的行为人以正确性；法官几乎不会问他本来是否还能作出更多的努力。"[250] 这种结论也符合了那个还有待阐述的以他人之手的阻止结果的规则（边码 255），一个救援行为

---

[245] Jakobs, AT², 26/21。

[246] Puppe, NStZ 1984, 489 f.；对 Puppe 的批评，见 Herzberg, NJW 1989, 867 ff.。

[247] Puppe, NStZ 1984, 491。

[248] Herzberg, NJW 1989, 863。

[249] 在这里以及在下文，见 Jakobs, AT², 26/21。

* Ingerenz 是一个拉丁词，基本意思是指一种创设了危险而对防止这种危险负有责任的行为。——译者注。

[250] Herzberg, NJW 1989, 867。

人应当毫无例外地被承认为对结果的阻止。

244　这个结论也不能用最佳成绩理论的论点加以驳倒。最佳成绩理论是在法律的原文上失败的,另外,在亲手的阻止中也不是强制性的。外行的亲手救援者的有条件故意可能也继续存在着;立法者不受阻碍地在这类案件中,持续地把体现出来的防止性意志给予更高的评价,并且把在其中表现出来的逆转性趋势判定为中止。与提出更高的中止要求的不适当未遂所进行的比较,也不能提供什么帮助;在这种未遂中,缺少一种亲手的个人的救援,尽管这个行为人忽视了更好的救援可能性,但是,这种救援承担了对中止的认定。同时,在不作为中,人们应当在独自行为人的救援案件中,同样承认通过保证人来防止结果,从而使得那种最佳成绩理论依据的评价矛盾,在理性的解释中,在这个领域中就不存在了。

245　唯一一个以亲手阻止结果为基础的联邦最高法院的决定是这样的,行为人先是想要通过撞车来杀死他过去的女朋友,但是,在最后一秒却通过全力刹车来阻止了这个结果(联邦最高法院,《刑事辩护人杂志》,1981 年,第 514 页,边码 222)。联邦最高法院认定中止是恰当的,并且根据已有的说明,在联邦最高法院认为,重要的不是这个被告人是否本来能够选择一种更好的避免结果的方式(例如,通过避开),也是恰当的。

(2)以他人之手阻止结果

246　与此相反,在这个未遂行为人依靠他人来防止结果时,人们就必须要求阻止的完成,这个未遂行为人抓住了他所能看见的最好的救援可能性。在这样的案件中,这个原文并不强制进行在开启机会理论意义中的说明,[251]因为在多人的活动中,不是每个共同造成结果的人都必须看成阻止人的。因此,当然就能够说,在医院案件中(边码 219)不是丈夫阻止了妻子的死亡,而是把妻子送往医院的路人以及挽救她的医生阻止了。在纵火案件中(边码 223)则可想而知,对结果的阻止应当归功于回家的母亲与消防员,而不是那个匿名打电话的人。

247　在这种案件中,从刑事政策上说,也没有足够的理由来支持不理睬这个借助半心半意的行为人所具有的有条件故意,他给被害人留下的危险要大于可能需要的。这个行为人否则就出于自己会暴露的恐惧而完全不做任何事,因此,那些不充分的努力就应当给予中止特权的奖励(边码 235)就总是会还好一些,然而,这种想法并不具有说服力。人们能够同样漂亮地说,越是容易获得一个免除刑罚的中止,行为人就越会不由自主地去干那些具有生命危险的行为。此外,在保护被害人的意义上也应当考虑,这些最佳成绩对他来说自然会比那些半心半意的努力更为有利。同时,暴露自己几乎不会真的必然地与最佳的救援努力联系在一起的。这个医院案件中的丈夫(边码 219)本来可以借助把妻子送至医院来干那件对他最有可能的事情,即使他是冒充一名匿名的路人,仅仅发现了这个被害人。这个纵火案件中的纵火者(边码 223)本来能够向消防队报警,而不透露自己的身份,等等。[252]

248　还有,这种与在不作为中的行为要求进行的比较(边码 242),在以他人之手的救援中,也支持了那个最佳成绩理论。在有人出于过失而以致命的方式撞倒了另一个人,他就处于混合行为的保证人地位上,有义务以最好的方式对失事者予以医疗照顾。在他故意撞倒时,他能够以更有意义的方式,不是借助不充分的救援贡献就由于阻止既遂的中止而获得免除刑罚。其中,重要的

---

〔251〕对此 Herzberg, NJW 1989, 865 f.; Lackner/Kühl[24], § 24, Rn. 19 b; Rudolphi, NStZ 1989, 513。Kühl, AT[3], § 16, Rn. 70 看来也认为,这个原文意思的论点在这里也是不可战胜的。

〔252〕联邦最高法院也正确地强调,掩盖真正行为人身份的努力并不需要反对一种自愿的中止。“遮掩……这个构成行为……的目的,既不排除救援被害人的努力,又不排除中止的认真性与自愿性”(NJW 1986, 1002)。一个掩盖构成行为的意志“不会反对认定一种(还在持续的)救援的意志”(BGH NStZ 1989, 525)。

不是,这个中止的不作为究竟是一个不作为犯罪,还是在作为性构成行为中的放弃。[253] 不管怎么样,这个故意行为人就应当能够比那种仅仅是过失的行为人,通过更小的努力而获得无刑事可罚性,这是不能容忍的。

对不适当未遂的中止提出比对在适当未遂中的阻止性工作更严格的要求(边码241),这是不行的。对于这个论点,人们虽然能够反驳说,在不适当未遂中,缺少各种真正有效的防止结果的贡献,并且,行为人因此至少在主观上必须比在适当的未遂中更加努力,[254] 但是,在客观上不必要的努力中,应当对行为人提出比在迫切需要这种努力之处更多的要求,那是没有意义的。 249

最后,没有说服力的还有这种论点:即各种可归责的避免结果都必须作为"阻止"来承认,并且,对被害人开启的援救机会的实现对此就已经足够了(边码236)。在一种不允许风险的实现对一种满足行为构成的归责就已经足够时,由此并不是说,在可能的情况下,对一种阻止既遂的归责就已经对开启一个救援机会是足够的。更准确地说,这是一个立法者在最佳成绩理论意义中已经解决的刑事政策问题,就像不作为(边码248)与不适当的未遂(边码249)中可以比较的例子清楚地表明为足够的那样。此外,应当考虑的是,对于这个仅仅是半心半意工作的行为人,根据作为性构成行为的归责规则,那种出现结果的残留可能性也是必须归责于他的。[255] 但是,不可能的是,在一种"双重归责"的道路上,把尚不足够的行为人同时评价为这个结果的阻止者与非阻止者。 250

(3)以他人之手阻止结果的案件类别

在大多数司法判决裁定的案件中,人们能够对单纯的**使他人救援的举止行为成为可能**与以共同行为人或者间接行为人、教唆或者帮助的方式进行参与的情况进行区分。 251

一种单纯的使之成为可能性存在于医院案件与纵火案件中(边码219,223)。[256] 在行为人有可能请来救援人员或者甚至,就像在那个司法判决的案件事实中那样,请来专业的救援机构时,这种可能性通常并且也在这两个联邦最高法院已经决定的案件中都不足以阻止结果。这就是说:只有在丈夫已经请来急救医生,或者把其妻子送往医院并且纵火者已经立即向消防队报了警时,才应当给予这两个人以一种自愿的中止。在这里,《联邦最高法院刑事判决集》,第31卷,第46页(边码219)的决定是正确的,与此同时,联邦最高法院,《新法学周刊》,1985年,第813页(边码223)则应当加以拒绝。一种确保中止的最佳成绩存在于,例如,联邦最高法院,《刑事辩护人杂志》,1981年,第396页(边码221)之中。在这个案件中,一个未遂杀人的行为人随后立即给警察打了电话,承认自己是行为人,并且请求派一辆救护车过来。 252

当然,人们不允许对使中止成为可能的最佳成绩提出过分的要求,而是必须把几乎具有等同价值的工作都承认为是相等的;只有容忍一种明显的并且没有争论的较大的失败机会,就像在医院案件与纵火案件中(边码219,223)存在的那样,才应当排除对中止特权的批准。在救援原民主德国边境上的伤者一案中(边码227),人们不能把那些在有必要进行紧急帮助的案件中任由伤者死亡的那些措施看成是足够的。与此相反,一些小的差别能够被忽视。因此,在医院案件中(边码219),人们能够把叫来一位急救医生看成是最好的措施,因为用汽车运送这位重伤的妻子能够导致进一步的危害;[257] 但是,人们能够把送往医院,甚至把伤者直接留在正门口,都看成是 253

---

[253] 在这个意义上,见 Bloy, JuS 1987, 531f.。

[254] 参见,例如,Puppe, NStZ 1984, 490;对此批评的,见 Herzberg, NJW 1989, 863 f.。

[255] 参见,Jakobs, AT^2, 26/21, Fn. 39。

[256] 对于医院案件,特别提出的论文是 Puppe, NStZ 1984, 488 与 Bloy, JuS 1987, 528;Bloy 的论文还讨论了纵火案件。两位作者都喜欢这个机会公开理论。

[257] Kolster, 1993, 116。

等值的工作，因为这就极大地保证了被害人能够迅速地转移到一位专业医生的手中。同样，人们在棒球棍案件中（边码228），尽管联邦最高法院以开启机会理论作为论点，从本书所代表的立场出发，也能够认定一个自愿的阻止。这个行为人已经保证了所要求的向医院的转移，并且，他通过自己开始的举止行为而造成的拖延——这与那个被地雷重伤的民主德国逃难人的案件不同——是如此的微小，以至于起不了决定性的作用。

254　一个以他人之手的救援，在这个行为人把救援措施转让给了那个被害人自己，而这些措施又表现了一种独立的阻止性工作而不仅仅局限于接受这种救援性给予（治疗药物、解毒剂等）时，也就应当认定一种以他人之手的救援。也就是说，如果在《联邦最高法院刑事判决集》，第31卷，第46页的案件中（边码219），那个妻子最终还是靠着自己的力量到达了医院，那么，这个丈夫的举止行为就同样不会是一个阻止。

255　促成被害人自救的动机，会转向这种更常见的案件。在这些案件中，行为人通过其他人，以一种能够符合现行法律的参与形式加以承担的方式共同进行救援：作为间接实行人、共同实行人、教唆人或者帮助人。一种**间接实行人**〔258〕存在于，例如，在未遂行为人用手枪逼迫一位对此并不准备自愿的汽车司机把重伤者送进医院；在被害人获救时，这自然是一个阻止。一个**准共同实行人**存在于，例如，在这个行为人共同与另一个人一起，把那个被他在杀人目的中从桥中推到河里的不会游泳的人重新从水里拽出来时。这种共同实行人的状况，基本上应当作为中止加以评价，因为这通常就不仅满足了最佳成绩的要求，而且也满足了亲手的标准。

256　在"**教唆**"中，人们必须区别对待。无论如何，**在这个行为人请来一位专业援救者（医生、消防员、救生员等等）**，〔259〕在必要之处还给予了他必要的说明（例如，关于病的类别或者火源的位置），以及在救援人员到来前为被害人提供了急救时，在这里都存在着一个**阻止**与由此而来的一个中止。比较小地减少了这些最佳效果，按照边码253的阐述，并不阻止一个中止。

257　赫茨贝格〔260〕要求，"这个中止人必须（共同）控制着阻止的发生，例如，在给医生打完电话后不允许简单地离开，而是必须照顾这个被害人并且把他转交给进一步的救援。"这是可以符合本书所代表的意见的，只要根据案件的情况，这类额外的行为对于一种最可能的可靠救援是必需的。但是，在叫来医生就已经完全足够时，这样一种教唆没有任何"共同控制"也是足够的。根据耶格尔的观点，〔261〕"那个打电话叫来救援专家的人，就共同确定了救援的过程，因为他领导着这个真正的救援过程'是否'并且'如何'进行，并且，因此作为救援发生的准共同实行人出现……"在这种案件中存在着一种对既遂的阻止，这是正确的。但是，涉及到的，在人们想要回头联系到参与理论上去时，就是一种明确的教唆案件而不是共同实行人了。鲁道菲〔262〕也正确地反对行为控制原则具有唯一的决定性。这种唯一决定性会导致控制标准的过分扩大，并且导致错误地认识这个检验结果：对救援人员的这种"教唆"是阻止既遂中最常见的案件。对未遂行为人要求的是对他来说有可能的最好的工作，而不需要是在阻止中对构成行为的控制！

258　在联邦最高法院，《刑法新杂志》，1989年，第525页（边码231）决定的E-605案件的案件事实中，要害在于没有给出说明。〔263〕受指控的投毒谋杀未遂的行为人虽然叫来了急救医生，但是没有告诉他，她给丈夫服用了E-605；她仅仅提到，他服用了一种蓝色的药剂。在这里，关键的是，这种至少说明了中毒方向

〔258〕　对此，见 Bloy, JuS 1987, 534。

〔259〕　Bloy, JuS 1987, 534 f. 想要在表面上让这种（在结果方面没有保证的）召唤就足够了。

〔260〕　Herzberg, NJW 1989, 866。

〔261〕　Jäger, 1996, 97。

〔262〕　Rudolphi, NStZ 1989, 513。

〔263〕　借助这个决定进行讨论的论文，见 Rudolphi, NStZ 1989, 508 ff.，他从机会公开理论的立场出发，导致了认定一个中止的结论。

的表述，是否能给这名急诊医生提供足够的线索来进行一场立即与有效的抢救。如果能，那么这样一个举止行为就必须作为最佳成绩（完整的表述）来同等看待，因为这个行为人不需要暴露自己（参见，边码 247 以及脚注 252）。究竟是不是这样，这是一个事实问题（Tatfrage），这个问题应当在诉讼中继续澄清，并且在有怀疑时作出有利于被告人的决定。无论如何，联邦最高法院的解决方法是没有说服力的。根据这个解决方法，妻子因为隐瞒了她自己的实行人身份，就在事后重新放弃了救援意志并且因此没有中止。在这个行为人为了不让自己受到刑事追究而没有作出最佳成绩时，这还不能得出一种缺少救援意志的结论。

与此相反，这单纯的对非专业救援者的要求（=“教唆”），在没有可靠的对结果的控制时，对于一个阻止来说是不够的。也就是说，联邦最高法院，《德国法月报（达林格）》，1972 年，第 751 页（边码 229）正确地认为，这个未遂杀人的行为人，在把自己的妻子刺倒后跟母亲说了一句让她“安排必要的一切”就离开的，对一个中止是不够的。在这样的案件中，这个行为人不能知道，那个被打了招呼的人到底是否会安排什么，以及那个安排在可能的情况下是不是正确的与所要求的。也就是说，这个儿子本来必须具体地要求他母亲叫来医生与救护车，直到医生与救护车到达并且不再需要他时才可以离开。[264] 259

在一个**未遂行为人仅仅是作为救援者的“帮助人”**出现之处，大多数学者会拒绝一个阻止；[265] 但是，这里也必须区别对待，电话簿案件（联邦最高法院，《新法学周刊》，1986 年，第 1001 页，边码 226）提供了一个非常好的例子。**在一个帮助性贡献能够立即被取代时之处，就不能被视为是阻止性工作**，因为这对他的由其他人作出的阻止来说不是必要的。也就是说，在这个把父亲刺倒的儿子（边码 226），为了找来救援而仅仅把电话簿递给父亲，虽然父亲自己也能拿到这个电话簿，这就不是阻止。同样不够的是，有人把自己的车借出去，以便那个被他致命伤害的人，能够被他人送往医院，虽然对此还有很多别的车可供使用。 260

但是，在帮助人提供了一种不可替代的救援贡献时，对这种案件的评判就不一样了。人们认为，一个未遂的投毒谋杀的行为人拥有那种唯一有效的解毒剂，并且把它提供给了那个被害人正被送往的医院！在这里，这个解毒剂的提供者仅仅是那个“实行人的”在医院里进行阻止既遂的“帮助人”。但是，因为他已经为救援被害人提供了一个决定性的并且也是最好的贡献，所以，这应当作为阻止与中止加以承认。把参与理论的概念转用到中止的情况中来，并不能预先设定问题的解决方案。这些概念应当根据它们自己的规则加以处理，因此，在这个行为人为了阻止而干得最好并且也达到了阻止时，他就从未遂中中止了。 261

在电话簿案件中（联邦最高法院，《新法学周刊》，1986 年，第 1001 页，边码 226），也就是说，尽管儿子是那位自己进行自救的父亲的单纯帮助人，但是，在这位重伤的父亲为了叫来救援而需要这个电话簿，并且自己由于受伤而够不到时，一个中止还是当然可以考虑的。在这里，这个儿子就提供了一种不可替代的救援性贡献。当然，这不能作为最佳成绩与由此作为阻止而理所当然地得到承认，而是只有在这个儿子不是通过他之前毫无结果的翻电话本而以一种会造成生命危险的方式来耽搁对父亲的救援，并且在他也一直等到救护车到达与把救援人员带往父亲所在地时，才能得到承认。这个案件是不是这样，是一个事实问题，对此，联邦最高法院没有进行探讨，因为它在这个判决中已经错误地把一种较差的成绩作为足够的阻止加以承认了（参见，边码 226）。 262

---

〔264〕 但是，同意中止的，见 Bloy, JuS 1987, 535; Grünwald, Welzel – FS, 1974, 715, Fn. 48; SK6 – Rudolphi, § 24, Rn. 27 b ff.。

〔265〕 参见，Bloy, JuS 1987, 535; Rudolphi, NStZ 1989, 514; Jäger, 1996, 96。

263 科尔斯特(Kolster)在开启机会理论与最佳成绩理论之间提出了一种中间立场,[266]作为由其建立的"平衡理论"。根据这种理论,对阻止既遂提出的要求必须"构成一种对未遂的举止行为的足够平衡力",同时,这种救援意志必须在一种"从构成行为情况与个人能力看来是适当的救援措施中表现出来的"。这是一个过于模糊的标准。的确,这个作者得出的实际结论表明,[267]这大约符合了最佳成绩理论的结论,在人们,就像这里也发生的那样(边码254),把不同的、几乎等值的成绩还作为最佳成绩来承认一样。因此,他就借助本书所代表的观点,在医院案件与纵火案件中(边码252),都会拒绝一种对既遂的阻止。[268]

264 另外一种折衷解决方案是博斯(Boβ)所代表的。他不要求"最佳成绩",而是按照"救援行为的适当性与那种与其联系在一起的救援结果的可预见性"来安排的。[269] 在这些"罕见的例外案件"中,这个结果"作为行为人的作品"表现出来的这个结论,也被赋予了独立的意义。[270] 这种解决方法也显得太不确定了。救援结果总是可以预见的,在为此开启了机会时。但是,博斯指的不是这个,他在医院与纵火案件中都拒绝了一个"阻止",[271]尽管这个行为人已经创设了一个认真的,即使在不充分的救援可能性时,而这种可能性也已经实现了。对于一个要求比真实的机会多而比那种在这里要求接近最佳成绩要少的"适当性",不能找到容易管理的区分。的确,博斯得出的那个实际结论表明,他与本书所代表的解决方法非常接近了。

(七)在非因果性中止中的自愿与认真的努力

1. 条文的原理与产生

265 第24条第1款第2项处理的是非因果性的中止:"如果这个构成行为没有中止人的补充就不会既遂,那么,在他自愿与认真地努力阻止既遂时,他就不具有刑事可罚性。"这个条文首先涉及了不适当的未遂:如果甲想要用毒药杀死乙,但是,在不知道毒药效力的情况下给了他一份太小的、在客观上是无害的剂量的,那么,他在改变主意时,就能够通过叫来医生而自愿地中止,虽然这个结果反正是不能出现的。但是,在这个未遂本身是适当的,不过通过被害人的应对措施、第三人的介入或者其他情节而不能导致结果时,这个条文也能够适用:一个安装了定时炸弹的人,即使在警察已经发现了炸弹,只要他自己不知道的,就始终还能通过一个向警察揭发自己的构成行为的电话而自愿地中止。

266 这个条文的原理是通过刑法改革(1975年)才进入《德国刑法典》的,应当得到肯定。当仅仅行为人的主观想象就能够说明一个未遂的根据时,在结果没有出现时,它就必须能够使一个中止成为可能。在那个给被害人一份足以致死剂量的毒药的人,都能够从未遂中中止,而那个供给的毒药与其认定相反从一开始就是无害的人(参见,边码265)却不能中止时,这就会是一种难以容忍的评判性矛盾。因此,联邦最高法院与帝国法院的司法判决相反,已经在直到1975年才生效的老的法律之下,其第46条第2项要求未遂行为人来防止结果,在一个相应的案件事实中(《联邦最高法院刑事判决集》,第11卷,第324页:鲁米那案件),在这个行为人认真的阻止性努力中,就批准了从不适当的未遂中的中止(以及其他通过提出那种在第49a条第4款,也就是今天的第31条第2款中在当时就已经包含的法律思想)。联邦最高法院已经把自己的决定限制在不适当的未遂案件上,并且不作出决定,就像这个在适当的未遂中的结果不依赖于行为人的努力

[266] 这里与下文的引文,见 Kolster, 1993, 112。

[267] Kolster, 1993, 115 ff.。

[268] Kolster, 1993, 115 - 121。

[269] Boβ, 2002, 158。

[270] Boβ, 2002, 161。

[271] Boβ, 2002, 187 ff.。

而没有出现时应当作出决定一样。现在,第 24 条第 1 款第 2 项已经把这些案件(参见,边码 265)与不适当的未遂的案件等同起来了。

2. 努力

267 非因果性中止的条件是,这个行为人还认为这个构成行为是能够完成的:“如果他意识到了落空,他就不再能中止了,而最多只能放弃一个新的试图”(联邦最高法院,《德国法月报》,1969 年,第 494 页)。这是正确的:在这个结果根据他的想象不再可能出现,并且因此也不需要被阻止时,就没有人能够为阻止这样的结果而努力。如果他已经认真地努力了,并且现在发现落空了,这反而丝毫不再会对中止有所改变。

268 因此,一个重要的问题是,从什么时间点上,人们能够说这种阻止意志已经是“努力”了。单纯地宣告想要努力,肯定还不是努力。但是,要有多少活动才是必要的呢?联邦最高法院,《新法学周刊》,1973 年,第 632 页以下处理了这样一个案件。在这里,两个行为人在已终了的杀人未遂之后,先让这个被害人自己躺着。然后,他们产生了犹豫并且动身前往一家饭馆,想从那儿打电话叫医生。这时,他们在经过案发地点时发现,已经有其他人在照顾那个被害人了。于是,他们放弃了叫救护车,而是在案发地点帮忙,但是没有说他们与案件的纠缠关系。

269 联邦最高法院在这样的案件状况下,拒绝了一个“努力”。无论如何,属于努力的应当“比单纯的想做什么与动身前往更多一些。属于努力的至少有——不是由此就已经划定了一个界限——这个行为人已经以一种让其计划能够向外明确地得到识别的方式,启动了这个应当防止结果的行为系列。要不然,他就总能够以这样一种目的为由来为自己开脱。”这在绝大多数文献中都得到了赞同,并且大多是在这个公式上说明的:走向电话亭还不算“努力”,但是,拨动给医生或者救生员的号码就是“努力”。[272]

270 尽管这样,这个解决方法还是不大有说服力。[273] 只要联邦最高法院按照这种阻止性意志的可证明性来安排,那么,它就把实体法与程序法的范畴混合起来了。那个离开案发地点的行为人单纯地宣称,他已经在去找医生的路上了,在对此完全没有证据,并且,例如,从案发地点叫医生会更快、更容易时,就肯定还不足以批准一个“努力”。这个抗辩在这里就不可信了。这种内心事实的存在能够——就像其他情况一样——仅仅从客观证据中得出,这些证据还不是存在于单纯的“前往”中,但是,在那个联邦最高法院决定的案件中,应当从其他情节中推断出来。那种会给自己带来被发现危险的返回案发地点附近,以及接着在案发地点的帮忙,都使得行为人想要通知医生的抗辩,成为足够可信,以至于根据罪疑有利被告原则应当加以认定。但是,人们在这里不能出于证明的理由就干脆否认前往医生的路上所具有的努力性质。这个行为人在可能的情况下,能够把自己请医生的决定告诉周围的人或者被害人。

271 在实体上,这个联邦最高法院的决定能够支持在一种——在可能的情况下是免除刑罚的——防止结果的未遂与其还不足够的准备之间作出的区分。在这里,人们必须要求,“这个行为人在他认识未遂的不适当性以及落空的时间点上已经直接开始防止结果了,也就是说,已经以一种未终了‘未遂’的形式确认了他的中止决定”。[274] 当然,这种动身上路还不是努力。但是,甚至给医生打电话也不是防止的未遂,而仅仅是一个对此的未遂的教唆。尽管这个未遂的教唆归根到底还是一个准备,这是否就应当足够了?这会更加适用于那种单纯拨打医生的号码。在一种局限于未遂的防止中,这样一种方案会仅仅留下很少的免除刑罚的中止案件。在有人已经

---

〔272〕 参见,例如,Kühl, AT³, § 16, Rn. 87; Sch/Sch/Eser²⁶, § 24, Rn. 71; LK¹⁰ - Vogler, § 24, Rn. 137。

〔273〕 批评的,也见 Römer, 1987, 77 ff.。

〔274〕 SK⁶ - Rudolphi, § 24, Rn, 30。

开始阻止时,仅仅很少的未遂就会出于其他根据而失败,或者只有在事后才会被认识为是不适当的。如果这个未遂不能得到既遂,那么,这个行为人通常就会在防止行为开始之前就很快在案发地点被发现,并且在那里就不再能够中止了。一种如此广泛的限制,是与第 24 条第 1 款第 2 项的基本思想相矛盾的,这个思想是要把非因果性的中止与因果性的中止同等对待的。

272　因此,把对阻止结果的准备也承认为"努力",这是正确的。首先,那个包含了这种准备的法律原文就支持这一点。在有人为所写的论文收集文献时,他是在为这篇文章努力,即使他仅仅才是在准备他的撰写。同样,在为救援被害人作出努力的,也还有那个以帮忙的目的赶往医生或者事故地点的人。对于这个说明,也能够使用刑事政策的观点,例如,一个辛苦赶往医生或者医院处的长距离奔跑,可能比拨一个电话号码要投入更多的人力。无论如何,在可能的情况下,一个中止的可能性应当依赖于是否正好有一部电话就在手边,这是没有说服力的。因此,人们就**必须把所有从行为人看来是提高了防止结果机会的行为**,都承认为是"**努力**"。在这个行为人为了救援而动身上路时,这种案件也就存在了。

273　在具体案件中,这种免除刑罚的"努力"甚至存在于一种不作为之中,也就是说,在这个不作为人认为,没有自己的行为就不会出现这个结果时。在这里,他通过自己的不作为而不受惩罚,即使这个结果反正出于其他根据也不能出现。"如果这个计划的构成行为,在没有中止人本来允诺的构成行为贡献就不可能得到贯彻时,或者在这个中止人确定地认为,这个构成行为在没有他的共同作用就不能得到实施时,那么,他就应当通过自己没有带来自己的构成行为贡献,也就是说,通过消极的举止行为,来干那些从他的观点看来是为阻止犯罪行为所必要的事情。"〔275〕当然,在这个"通过不作为的努力"中,通常会涉及第 31 条第 2 款而不是第 24 条第 1 款第 2 项的案件。〔276〕不过,在第 24 条第 1 款第 2 项之处,认真的、通过不作为进行阻止的努力毕竟也是能够想到的。因此,在有人安装了一个自以为能爆炸但在实际上不能起作用的定时炸弹,并且有意识地没有赶跑那条咬坏引信的狗时,就是这样的案件。〔277〕

274　通过被害人或者第三人来发现行为人的,在这种发现没有排除行为人眼里的那种构成行为的可既遂性时,就不会阻止其救援的努力。但是,在行为人,例如,仅仅是出于害怕被揭发而进行那种防止的努力时,这种发现就能够导致这种中止的非自愿性。也就是说,在这里涉及的不是努力的问题,而是自愿性的问题。这个问题将在讨论这个特征时再详细说明(参见,边码 395 以下)。

3. 努力的认真性

275　根据本书所代表的观点,努力的"认真性"所具有的条件是,这个行为人使用了那种在自己看来最好的阻止结果的手段。对此的理由,已经在上文中(边码 237 以下,246 以下),结合在已终了未遂中对既遂进行阻止的必要性阐述过了,这些理由也适用于这里。当这个行为人在一个实际上引起对结果的防止中,只有在他干了为阻止所能做的最好事情时才能免除刑罚,这就必须同样适用于在客观上没有结果的行为中,并且是更加可以适用的。在已终了的未遂中,为亲手阻止结果的案件所做的限制(边码 243 以下),与这里没有可比性,因为不存在因果性的中止。本书所拥护的解决方法,还同时导致了在已终了的(第 24 条第 1 款第 1 项、第 2 项的一部分)与不适当的以及失败的未遂(第 24 条第 1 款第 2 项)的中止条件之间一种非常受欢迎的协调。〔278〕因

〔275〕 BGH GA 1973, 243。

〔276〕 因此,也见 BGH GA 1973, 243, 在这里涉及了 § 49 a IV a. F. (= heute § 31 II)。

〔277〕 详见,Maiwald, E. A. Wolff – FS, 1998, 351 ff.;在文中使用的例子也出自他那里。

〔278〕 关于中止规定的协调,见 Römer, MDR 1989, 945。

为能够产生这样的怀疑：应当使用的是这一条还是那一条规定（也就是说，要是没有行为人的努力，这个结果是否就不会出现），所以，出于这个理由，对在这里与那里进行的阻止努力都提出同样的要求是合适的。

276 与在已终了的未遂中不同，在第 24 条第 1 款第 2 项的案件中，司法判决与理论也通常要求，在他的努力应当作为“认真”来承认时，这个行为人就必须提供在他看来是最好的。《联邦最高法院刑事判决集》，第 31 卷，第 50 页中这样写道，“这个行为人必须充分利用一种他所知道的、在客观上或者至少在他看来是足以阻止的可能性。”“这个行为人必须做在他能力中并且根据他的信念对防止结果是必要的一切”（《联邦最高法院刑事判决集》，第 33 卷，第 302 页）。[279] 也就是说，当这个女行为人在一个客观上不适当、但在她看来已经终了的投毒谋杀未遂之后，“半心半意”地同意，并且“允许”第三人给红十字会打电话，那么，这就不是认真的努力（联邦最高法院，《德国法月报（达林格）》，1969 年，第 532 页）。当这个行为人在杀人目的中往自己妻子的背部刺了一刀，而他认为这一刀是有可能致命的，那么，在他仅仅是为了止血而用一把婴儿衣服堵在她的背上时，这也不是为了阻止结果的认真努力（联邦最高法院，《德国法月报（达林格）》，1978 年，第 279 页）。在这个行为人想要从一个长途电话亭里叫来援助时，因为没有硬币而放弃了这个努力，并且为了不暴露自己是行为人，就不去通知其他人或者去就在对面的红十字站，那么，他就没有认真地努力（联邦最高法院，《德国法月报》，1978 年，第 985 页）。在这个行为人不关心叫来的援助者是否也真的在活动时，就同样不存在一种认真的努力（联邦最高法院，《法学评论》，1986 年，第 432 页）。

277 相反的意见是，从行为人的眼光看来不够的努力也能是“认真的”。这种意见在文献中可以零星见到。因此，格林瓦尔德就认为，[280] 这个行为人“在众多的救援可能性中采取了成功率最高的那种”，这并不是必要的。行为人不需要去做对他来说有可能的一切，这样严格的要求是不应当提出的。他的论证借助了一种与在第 24 条第 1 款第 1 项与第 2 项的一部分中的阻止相类似的做法：“这种相反的认定，就会是一种相对于很有希望成功的未遂的行为人所处的恶劣的地位，这个行为人真的也能通过一种事先不确定的相对措施来获得刑罚的免除。”但是，这是错误的（上文，边码 237 以下，246 以下），从而使这个结论与其前提一起不能成立。

278 当然，在这个行为人认为，在结果没有出现中始终还能选出更好的可能性时，他就能采取一种在他看来没那么合适、但更舒服或者更小被发现的危险的措施，而不影响他的中止可能性。[281] 此外，就像在根据第 24 条第 1 款第 1 项对结果的阻止一样，这个行为人采取了那些仅仅大概符合了最佳举止行为的阻止措施，就一定足够了。[282] 另一方面，在这个行为人看到他所选择的手段一直没有效果时，他就必须在这种中止的特权应当为他保留时采取进一步的救援可能性。[283] 在这个被呼叫的医生甲不在家时，也就是说，行为人只有在接着找乙时才是认真地在努力。

279 一个有争论的问题是，这种努力的认真性，是否不仅以行为人在主观上走看起来对自己最合适的救援道路为条件，而且还以除此之外是否必须在客观上要求行为人的行为，在他对一种可能

---

[279] 跟随着 BGH MDR (H) 1978, 279。

[280] Grünwald, Welzel - FS, 1974, 715 bei und in Fn. 38。

[281] Gores, 1982, 209 f.; SK^6 - Rudolphi, § 24, Rn. 30。

[282] 偏离的观点，见 Römer, 1987, 59 ff.。与我们的文本一样，E. A. - Wolff - FS, 1 341, 359 也让“次优”的中止努力足够了。

[283] Grünwald, Welzel - FS, 1974, 716; 跟随他的，见 BGH MDR (H) 1978, 279 以及其他文献。

出现结果的认定本来是合适的时候,在事实上已经防止了这个结果,或者至少在事先对此是适合的。例如,甲想要用砒霜杀死乙,但是,由于把砒霜与阿司匹林混淆了,就把后者放进了给乙的咖啡之中。随后,他改变了主意,叫来一位急救医生;这个医生,就像专家鉴定的那样,在乙真的服了砒霜时,就不能再挽救他的生命了。〔284〕 在这里,这个行为人虽然在主观上认真地努力进行救援,但是,这种救援在他想象画面的基础上,并没有在客观上取得成功。人们在这样一个案件中,也不能把叫来医生看成是一种在客观上看来适合的防止结果的手段。〔285〕

280 作为支持**一种在客观上的—假定的防止因果性需要**的论点,能够适用的是,人们不允许一个不适当未遂的行为人或者失败的未遂的行为人,在与一个适当未遂的行为人的比较中具有特权。因此,就像这种适当的未遂必须防止结果的出现一样,那些人就必须开始进行一种假定的阻止因果性,或者——根据一种减轻的变化形式——至少采取在客观上适合防止的措施。〔286〕“只要这个行为人相信,这个结果还能被他实现,或者基于设置的因果链条还能出现,那么,有意义的就是,对他就应当像对那些设定了适当条件的违法者一样,要求作出一样多的防止努力。因此,就像这些违法者必须排除具体的对法益的危害一样,那些人就必须抵制这种抽象的危害,应当取消对不适当未遂的刑事可罚性的那些预防性根据。”〔287〕

281 支持占统治地位的相反意见有着更好的理由。〔288〕 **根据这种相反意见,在这个行为人使用了他在主观上认为最适合的防止手段时,这就够了**。这种阻止努力的认真性并没有代替那种在适当的、已终了未遂中的对结果的真正防止,而是在那里是与它并列出现的(参见上文,边码 237 以下;246 以下);因此,关键的不能是一种假定的阻止因果性。〔289〕 应当补充的是,在不适当的未遂中,在只有行为人主观上的错误想象引起了一种需要刑罚的扰乱和平时,前后一致的就是,他在主观上的最佳救援努力也应当判定为一种足以排除这种扰乱和平。当然,第 24 条第 1 款第 2 项也包含了适当的、在客观上落空的(失败的)未遂。但是,在未终了的未遂中,一种在主观错误地认定结果不会出现而做出的停止就能免除刑罚(条件是,这个结果出于其他根据而没有出现),这时,就看不出来,为什么在已终了的未遂中,在这个结果没有这个行为人的补充就不出现时,不符合主观上适当的措施就应当是足够的。人们能够在刑事政策的观点下,把这种考虑用**一句**话来加以总结:在客观上什么也没有发生,并且这个行为人在主观上为了阻止结果已经尽最大力量在努力时,就不存在刑罚需要性了。

282 出于这个根据,不正确的也是,对努力的认真性应当要求行为人仔细考察自己选择的阻止类别是不是在客观上真的最好。〔290〕 用这种方式,这个在上文中受到谴责的客观判断,就绕了一个弯又重新成为一种认真性的条件:如果这个行为人已经选择了在他看来是最好的、但在客观上却不是或者不是以必要的程度适合于防止的救援道路,那么,人们就能够由于不充分的考察而拒绝

〔284〕 例子,见 Römer, 1987, 67。

〔285〕 但是,看起来是这样的,见 Römer, 1987, 67,他把向在电话上的医生错误地告知地址的行为人的案件,称为一个从一开始就缺乏适用恰当性的例子。

〔286〕 这个观点的主要代表人是 Arzt, GA 1964, 1 以及 Bottke, 1979, 532 ff.(带有一种进一步的区分 aaO., 537)。

〔287〕 Bottke, 1979, 536。

〔288〕 Grünwald, Welzel-FS, 1974, 715 f.; Lenckner, Gallas-FS, 1973, 298; Maiwald, ZStW 88 (1976), 714, 726; Römer, 987, 66 ff.。这到处都受到了注释文献与教科书的跟随;参见,仅仅是 Baumann/Weber, AT[10], § 27 III 1 b; Jescheck/Weigend, AT[5], § 51 III 2, Fn. 34; Joecks[3], § 24, Rn. 33; Maiwald, E. A. Wolff-FS, 1998, 341 ff.; SK[6]-Rudolphi, § 24, Rn. 30; Sch/Sch/Eser[26], § 24, Rn. 71; LK[10]-Vogler, § 24, Rn. 136。

〔289〕 参见,Römer, 1987, 69。

〔290〕 但是,因此见 LK[10]-Vogler, § 24, Rn. 140。相反,正确的见 Grünwald, Welzel-FS, 1974, 215 f.; Lenckner, Gallas-FS, 1973, 299; Römer, 1987, 63 ff.; SK[6]-Rudolphi, § 24, Rn. 30; Sch/Sch/Eser[26], § 24, Rn. 72。

给他以中止的特权。正好这一点,出于边码 281 所述的根据,是不应当发生的。

当然,一种妥协是人们对这种客观观点必须作出的:当这个行为人在其救援努力中使用了不现实的手段,而他认为其是最适当的,这时,这就不能算作认真的努力。[291] 也就是说,他在为了救援被害人而仅仅局限于施魔法或者进行"健康祷告"时,就不会免除刑罚。使用这些不现实的方法,在法律上是没有意义的:就像迷信的未遂并不意味着充分的扰乱和平,并且因此是免除刑罚的一样(上文,第 29 节,边码 8 与 371 以下),不现实的救援努力,因为没有人会把它们认真对待,就不能重新取消这种刑罚需要性。与此相反,因为关键的不是假定的阻止可能性,所以,只有在这个行为人认为它们具有最佳的资格时,人们才必须也让严重不理智的防止努力成为足够。[292] 283

4. 在不可归责的结果出现中的中止

原则上,在行为人尽管作出如此认真的防止努力而结果仍然出现时,就还不能导致中止。这符合了那种对整个中止权适用的规定(参见上文,边码 113 以下),并且也符合了第 24 条第 1 款第 2 项的原文("如果这个构成行为没有既遂")。但是,一种(表面的)例外也适用于这样的案件,即这个结果的出现不能归责于这个行为人(参见上文,边码 113 以下)。甲借助杀人故意刺倒乙,然后借助救援目的又返回案发地点,在那里,有一个与甲无关的第三人已经把乙给刺死了,[293] 这时,根据第 24 条第 1 款第 2 项,甲是会被免除刑罚的。[294] 在这里,乙的死亡不是甲所创设的危险的实现,因此,不能归责于甲。对他来说,这个事件仅仅表现为未遂的谋杀,他根据第 24 条第 1 款第 2 项从其中中止了。人们必须按照意思这样解读第 24 条第 1 款第 2 项,即这个构成行为没有或者不是以可归责于行为人的方式既遂的;在这里,第 24 条第 1 款第 2 项在这类状况中是可以直接地而不仅仅是类推地加以适用的。[295] 这种可归责必要性在实践中最重要的后果是,在被害人拒绝并且破坏了行为人的救援努力时,他就能让这个行为人免除刑罚。[296] 在这个被害人因此死亡时,他的死就不应当归责于行为人。[297] 他仅仅犯了一个未遂,在其中,他已经通过自己认真的救援努力而自愿地中止了。 284

(八)结果加重犯罪中的中止

1. 司法判决与主流解决方法:中止是可能的

结果加重犯罪的中止,在 1996 年第一次成为一个联邦最高法院原则性判决的对象(联邦最高法院,《法学家报》,1997 年,第 261 页 =《联邦最高法院刑事判决集》,第 42 卷,第 158 页)。这个判决依据的案件事实是这样的: 285

几个被告人在进行入室盗窃时携带了一支手枪;这个手枪应当用来制服可能出现的抵抗。它应当在

---

[291] Bottke, 1979, 534 f.; Herzberg, Jura 1990, 19; Jakobs, AT^2, 25/22; Maiwald, E. A. Wolff 1998, 343 ff.; Römer, 1987, 75 ff.; SK^6 – Rudolphi, § 24, Rn. 30;其他,也许可见 Lenckner, Gallas – FS, 1973, 298, Fn. 43。

[292] 详细的、在这个意义上的,见 Maiwald, E. A. Wolff – FS, 1998, 342 ff.。

[293] 例子,见 Baumann/Weber, AT^{10}, § 27 III 1 b。

[294] 参见,仅仅是 Kühl, AT^3, § 16, Rn. 82; Otto, JA 1980, 645; SK^6 – Rudolphi, § 24, Rn. 28; LK^{10} – Vogler, § 24, Rn. 134。

[295] 支持类推的,见 Maurach/Gössel, AT/2^7, 41/95。

[296] 参见,对此仅仅是 LK^{10} – Vogler, § 24, Rn. 117。

[297] 参见, Roxin, AT 1^3, § 11, Rn. 102。

需要时对着人;这个计划的确是这样的,开枪要仅仅朝向地面或者天空。在这些被告人被乙撞个正着时,其中一名被告人甲就把手枪指向了乙,就在这时,不是故意地发了一枪,把乙打死了。甲自己吓坏了;所有的参加人都激烈地谴责他。所有的被告人(包括甲)就停止了进一步实施构成行为,没有拿赃物就离开了案发地点。

286 在这里,在乙的死亡中,存在着一个带有死亡结果的未遂的抢劫(第249条第1款,第251条,第22条)。因为这个行为构成专有的危险存在于这个强制行为中(暴力或者威胁),而不是存在于拿走之中,所以,这个第249条的未遂就已经足以引发那种在第251条中规定的法律结果。如果人们以一种轻率的引起死亡作为出发点,那么,在这里的刑罚就是终身的或者不少于十年的自由刑,其中,在可能的情况下,能够使用根据第49条第1款对未遂进行选择性的减轻处罚。然而,问题是,在所述案件中,是否存在着一种包括结果加重的对抢劫未遂的自愿中止。在其认定中,仅仅保留了那种根据第222条的非常轻微的刑事可罚性。

287 联邦最高法院肯定了一个中止的可能性,由此就与早先的司法判决[298]与主流观点[299]形成一致。对于这种中止的可能性,将适用三个论点予以支持。一是第24条第1款的原文不允许拒绝这个行为人从未遂中中止的可能性;《德国基本法》第103条第2款的原文界限也适用于总则部分(联邦最高法院,出处同上,第262页)。二是抢劫的基本行为构成在拒绝中止中,就会与这个法律相反而转化成一种行动犯罪(联邦最高法院,出处同上,第262页)。[300] 三是这种结果加重与一种"基本犯罪的未遂附属性"[301]相联系。加重行为构成是建立在基本犯罪的未遂之上的;借助从未遂的基本犯罪中的中止,"把这种'既遂的'加重应用于其未遂之上的基础"也就随之取消了。仅仅剩下一种带有死亡结果的强制,而这种强制本身并不处于更严厉的刑罚威胁之下。[302]

2. 少数意见:中止已经被排除

288 相反的排除一种中止可能性[303]的观点,同样得到三个(相互关联并且相互重叠的)论点的支持。第一个是乌尔森海默提出的,他在战后时期对这种排除中止的理论进行了说明。[304] 对他来说:[305]"这种提高刑罚的情节已经作为符合行为构成的危险所特有的结果出现了,由此使严厉的刑罚变得完美了"。虽然"在法律技术上"还缺乏这次抢劫的结尾部分,使得"从形式上看来"就存在着一个"未遂的案件",但是,在实体上,"在实现危险的观点下与考虑到结果加重的法理(ratio legis)",在这种未遂中,已经存在了一个既遂的犯罪。第二个论点能够适用于:这个未遂

---

[298] 它在没有与反对论点讨论的情况下,就从一种中止的可能性出发了;参见,RGSt 75, 54; RG HR R 1941, Nr. 521; BGH NJW 1955, 1328。对此,详见 Ulsenheimer, Bockelmann - FS, 1979, 405 ff.。

[299] 参见,仅仅出自较新的时代,见 Anders, GA 2000, 64 (72 - 76); Beinecke, JuS 1997, 1151; Hardtung, 2002, 256; Jakobs, AT², 26/49; Joecks³, § 251, Rn. 14; Kindhäuser AT², 478; Kudlich, JuS 1999, 355; Küper, JZ 1997, 229 (232); Lackner/Kühl²⁴, § 24, Rn. 22; Martin, JuS 1997, 178; Rengier, 1986, 244 f.; Schmidhäuser, AT², J5/103; Sowada, Jura 1995, 644 (653); LK¹⁰ - Vogler, § 24, Rn. 143 f.; Wessels/Beulke, AT³¹, Rn. 653 a。

[300] 跟随着 AK - Paeffgen, § 18, Rn. 111, 127; ders., NK, § 18, Rn. 130。

[301] 在这里及下文,见 Küper, JZ 1997, 232。

[302] Jakobs, AT², 26/49, Fn. 89。

[303] Bacher, 2000; LK¹¹ - Herdegen, § 251, Rn. 16; Jäger, NStZ 1998, 163; Tröndle/Fischer⁴⁹, § 18, Rn. 4; Tröndle/Fischer⁵⁰, § 18, Rn. 4 现在跟随的是司法判决与主流观点;Ulsenheimer, Bockelman - FS, 1971, 405 ff.; Wolter, JuS 1981, 178。

[304] Ulsenheimer, Bockelmann - FS, 1979, 405 ff.。关于他的先辈,见 Thomsen, 1895 与 Glaeser, 1933, 参见 Ulsenheimer aaO., 410 f.。

[305] Ulsenheimer, Bockelmann - FS, 1979, 415。

的中止,应当理解为“对危害的逆转”。[306] 从一种通过未遂创设的真实的危害中,这个行为人只有在排除这种危害时才能中止。在结果加重犯罪中,这个结果作为一种行为构成专有危险的实现而已经出现时,这一点是缺乏的。那种放弃基本犯罪的既遂,在这里并不能重新排除那些存在于加重结果之中的对和平的严重干扰。这种一般预防的观点,能够作为第三通过那种特殊预防的论点而得到补充,即行为人——在我们所说的案例中——从主流观点的立场出发,通过那种对拿走的放弃,就已经在那里从第 251 条的刑罚中被免除了,在这种方式中,这种对引起死亡结果的刑罚就应当会被避免了。但是,在特殊预防的意义上,提供这样一种广泛的免除刑罚是不适宜的,因为这种提供处于行为人功劳的比例之外。恰如其分的是,对于这个行为人,应当对那种拿走的不作为,借助那种未遂的减轻处罚,而不是借助那种取消根据第 251 条已经对结果加重而实现的刑罚来进行奖励。

3. 少数意见的优越性

289 这是支持少数意见,也就是说,支持排除中止的更好理由。这个司法判决得出的结论并不令人满意,这一点,就是其追随者也完全同意。联邦最高法院也认为(出处同上,第 262 页),它所拒绝的那种观点“在具体案件中能够避免不令人满意的结果”,但是,为此需要修改法律。联邦最高法院以拉德布鲁赫为依据,他曾在 1906 年[307]就建议过一个条文。根据这个条文,在结果加重犯罪中的未遂,在中止的案件中,只有“在那个结果也没有出现或者不具有刑事可罚性”时,才应当保持不具有刑事可罚性。主流理论的这些不幸的结论,也在其他场合被一再指出。[308]

290 也就是说,关键的是取决于,这些原文是否真的只能在一种“从第 24 条中强制得出的、但不令人满意的法律状况”[309]的意义上得到解释。第 24 条把那种未遂的中止与这样的条件联系在一起,即这个行为人“放弃了对构成行为的进一步实施”。从这个原文中并没有得出,在一个结果加重犯罪中,这个“构成行为”仅仅指的是这种基本行为构成。[310] 可想而知,并且无论如何,在语言中完全可能在“构成行为”项下理解整个犯罪,也就是说,把这个未遂的基本犯罪包括其加重的结果一起理解。但是,这样一来,这个构成行为的实施,只要其加重结果已经出现,就再也不能够放弃了。屈佩尔[311]在其迄今为止最详细的对原文论点的分析中正确地强调,能够毫不困难地说,这个“构成行为”“随着严重后果的出现,已经基本上得到实施或者完成了,因此,对继续实施的放弃就不再能够得到考虑”。他正确地警告说,这个实际判决是在使用一种多重解释来回避有能力的原文。

291 不适当的还有联邦最高法院的这种认定:通过对中止的排除,这个抢劫行为构成就转变成一种行动犯罪。[312] 一个行动犯罪是一个行为构成,在其中,未遂与既遂是处于同等位置的(参见,第 11 条第 1 款第 6 点)。这一点在这里根本就谈不上,因为这个行为人并不会由于一个既遂的、而是会由于一个未遂的结果加重犯罪而受到刑事惩罚。

292 最后,并不令人信服的是这个论点,即这个“基本犯罪的未遂附属性”就排除了一种刑罚,以至于必须借助这个基本犯罪的中止,由于结果加重而取消一种刑罚。根据本书所代表的观点,这个基本犯罪(或者其未遂)连同这个加重结果一起,构成了一个统一的“构成行为”,从这个构成

[306] 参见,上文边码 24 跟随着 Jäger, 1996。

[307] Radbruch, VDA, Bd. 2, 236。

[308] 参见,例如,Lackner/Kühl[24], § 24, Rn. 22; SK[7] – Rudolphi, § 18, Rn. 8 a。

[309] Lackne/Kühl[24], § 24, Rn. 22。

[310] 恰当的,见 Jäger, NStZ 1998, 163。

[311] Küper, JZ 1997, 231f. (232); 他后来的意见,见 aaO., 231。

[312] 对此,见 Jäger, NStZ 1998, 163。

行为中,在严重后果出现之后,就再也不能中止了,从而使那种具有刑事可罚性的基本犯罪的未遂,作为对加重的联结点而始终继续存在着。也就是说,仅仅应当存在一种带有死亡后果的强制,这是不正确的。另外,甚至在一个抢劫未遂的中止的条件下,这种未遂不法将作为对这个结果的联结事件而总是继续存在着。[313]

293 屈佩尔[314]认为,在抢劫未遂的行为人使被害人处于生命危险之中时,也就是说,第250条第2款第3项第2目中的结果加重就实现了,这就不再能够通过一种放弃拿走而"收回",但是,一种未遂抢劫的中止还是允许的;因此,对第251条也必须同样适用。但是,在根据第250条第2款第3项第2目的案件中,允许一个中止也是不合适的,只要这个行为人没有自己使其举止行为的危险性失去作用。"不能看出的是,为什么一个行为人应当在仅仅消除了不危险时……就能够从那种未遂的危险抢劫中中止。"[315]不同的情况存在于第250条第1款第1项第1目之中。当行为人在拿走赃物之前就重新带着武器回家时,他就自己排除了他的作为的危险性,因此,一个免除刑罚的中止是可能的(对此详见,边码295以下)。

4. 这种问题状况的实际意义

294 这种从结果加重的未遂中的中止所具有的实际意义,并不仅限于抢劫。另外应当加以考虑的最重要的行为构成,是第177条第3款、第4款,第178条,第179条第4款,第218条第2款第2项,第239a条第3款,第239b条第2款,第316c条第3款。[316] 当然,这个问题有时候并不出现,因为被害人的死亡就已经由于别的原因而使得这种中止不可能了。例如,在一个强奸未遂中,被害人在行为人还没有与之发生性行为之前,就已经被他掐死了,这时,就由于实现行为构成的不可能性而存在着一个从一开始就落空的未遂(对此参见上文,边码85以下)。在其他案件中,这种中止的自愿性能够被排除。当然,如果被害人先是仅仅失去了知觉,并且,行为人由于害怕这名妇女——后来真的出现的——死亡而放弃了强奸,那么,我们在一个根据第178条的刑事可罚性方面,就会面临如同在开头案例的第251条中相同的问题。当"这个使孕妇产生紧急生命危险的江湖医生,由于害怕这个妇女可能会死亡而放弃操作时",[317]就相应地适用第218条第2款第2项;或者,也适用于这样的案件,即勒索性绑架的被害人(第239a条)在绑架时就已经死亡了,随后,这个行为人就让他躺着,自己则悄悄溜走了。

(九)部分中止

295 人们用"部分中止"的概念来指这样的案件,这个行为人在实施阶段自愿放弃了一种已经实现的加重情节,与此相反,基本行为构成却既遂了。这种状况在联邦最高法院1983年决定的一起这类案件[318]以来,才激烈地得到了讨论。

被告人在抢劫性勒索的未遂阶段随身携带着一件武器(第255条,旧版第250条第1款第1项,第22条)。突然,"一种令人恶心的感觉"在他心中闪现。他就扔掉了武器,不再借助其来实现自己的构成行为

[313] 参见,Jäger, NStZ 1998, 164。
[314] Küper, JZ 1997, 332。
[315] 在这里与下文,见 Jäger, NStZ 1998, 164, Fn. 31。
[316] Ulsenheimer, Bockelmann-FS, 1979, 412。
[317] 这个例子与下面的例子,见 Ulsenheimer, Bockelmann-FS, 1979, 412。
[318] BGH NStZ 1984, 216。

计划。此外,他始终想要把那些金钱据为己有。

296 审前程序认为这是一种自愿的部分中止,并且,被告人仅仅由于未遂的简单的抢劫性勒索被判决了(第 255 条,第 249 条,第 22 条)。与此相反,联邦最高法院不想批准这种部分中止。加重的条件仅仅是,这个抢劫者(即勒索者)"随身携带着一件射击武器。这并不意味着他从这个构成行为的开始到既遂,都必须随身带着它。当他在这种构成行为过程中的任何一个时间点上随身携带它,以便自己随时能够使用,这就足够了。"也就是说,当这个行为人在实施过程中的任何一个时候随身携带一件武器时,就已经可以认定一种准"既遂"的加重了;并且,从这种既遂中,一种中止应当不再可能了。在一个后来的决定中(《联邦最高法院刑事判决集》,第 33 卷,第 145 页),联邦最高法院没有回答这个问题:"当这个行为人在未遂开始之后放弃了那些能够导致适用加重的行为构成的方式时,应当如何决定,在这里不能作为依据。"

297 与此相对,在文献中[319]几乎普遍贯彻了这样一种观点,即从加重特征中的部分中止是可能的,即使这些特征已经实现。这在结构中应当如何想象,往往是不清楚的。在这一点中,对主流观点的批评就插进来了。因此,奥托[320]就认为,在未遂开始之后,从个别特征中的中止,"在结构中是很难论证的,因为这个统一的犯罪就必须被分割开来"。屈佩尔[321]类似地强调说,从加重未遂的"既遂部分"中的中止,并不能得到"有说服力的论证"。

298 因此,一种折衷的解决方法也部分地得到了建议。察克齐克[322]就想要区别性地确定在基本犯罪中与在加重行为构成中的未遂开始。行为人携带武器进入基本犯罪的未遂阶段时,随身携带射击武器这个特征还没有得到实现,而是"在存在于射击武器中的危险至少**能够**变成真的时,也就是说,在这个射击武器接触到被害人的领域时",才能够实现。这个阶段,在开头案例中还没有达到,因此,使得从单纯的加重未遂中的中止成为可能。与此相反,在接触到被害人的领域之后,(部分)中止就不再可能了;在这里,只能考虑旧版第 250 条第 2 款(今天的第 3 款)的问题。屈佩尔[323]也倾向于这个解决方法。

299 但是,对于一直到基本犯罪既遂都允许部分中止的主流观点,具有更好的支持理由。当这个行为人在基本行为构成既遂之前就排除这种加重的危险(在这里:对射击武器的使用)时,就肯定存在着一种——当然是限制于第 250 条,也就是说,不涉及第 249 条的——危害逆转;但是,在这种危害逆转中,存在着中止的本质特征(参见,第 24 条)。对其的批准将通过中止特权所依据的刑罚目的理论的论证来支持(参见,边码 4 以下,边码 7)。"因为这个行为人通过解除危险的构成行为的手段来放弃了对其抢劫目的更为危险的实施",所以,一种以一般预防或者特殊预防为动机的"更高的刑罚需要性(根据第 250 条第 1 款第 1a 项的'严重'抢劫)就不存在了"。[324]人们不能够对此提出反驳说,借助携带武器,在抢劫未遂中就已经出现了一种抽象的危害,并且,借助接触被害人的领域,在可能的情况下就已经出现了一种具体的危害,而这种危害就排除了一个中止。这个严重的抢劫,尽管有"伴随性危险",但还是一种结果犯罪。但是,在行为人关心这种危害不转变为一种伤害时,立法者在这种犯罪中,就总是在一种不管对被害人多大的危害中都

---

[319] Jakobs, AT^2, 26/13 a, 23, 49; Streng, JZ 1984, 652 ff., 654 ff.; LK^{10} – Vogler, § 24, Rn. 208; Wessels/Beulke, AT^{31}, Rn. 643。

[320] Otto, JZ 1985, 27。

[321] Küper, JZ 1997, 233。

[322] Zaczyk, NStZ 1984, 217。

[323] Küper, JZ 1997, 233 f.。

[324] Kühl, AT^3, § 16, Rn. 48。

允许中止(第 24 条第 1 款第 1 项)。

300 这种中止也能够立即在“结构中”也能够立即得到论证。在这里,起关键作用的是,这个——联邦最高法院在这个关联中很遗憾地没有进行处理的——根据在第 24 条中的构成行为概念而提出的问题。[325] 如果人们把“构成行为”理解为一个具体的、在法律中的行为构成,[326] 那么,只要这个结果(这个结果真的也是加重行为构成的一个特征)还没有出现,人们就能够从这个行为构成的实现中中止。在人们借助施特伦[327]那样认定,“在无价值含量的重大减少中,就存在着两种……第 24 条意义上的构成行为”,也会得出相同的结论。因为这个简单的抢劫,与携带武器的抢劫相比,具有明显更小的无价值含量,所以,严重抢劫相对于它来说就是一个独立的构成行为,从这个构成行为中,人们也能在满足基本犯罪中中止。这符合了这个(有争论但却很合适的)观点:在这个教唆人通过自己的影响显著提高了已经由这个行为人决定的构成行为的不法含量时,在这种“提高”中就也存在着一种对新的构成行为的教唆。

(十)多人参与中的中止

1. 概述

301 第 24 条第 2 款的规定并不容易理解,并且导致了众多有疑惑的问题。解释的出发点是这种认识,即有关的仅仅是未遂的中止,而不是准备与既遂。

案例 1:锁匠史某借给入室盗窃者尹某一把万能钥匙用于其犯罪计划,但是,后来他产生了疑虑,就在工具被使用之前又要回来了。尹某用从其他地方搞到的工具实施了入室盗窃。

这不是第 24 条第 2 款的案件。史某的构成行为贡献(那把万能钥匙)根本就在未遂阶段发挥作用。也就是说,史某不具有刑事可罚性,不需要存在第 24 条第 2 款的限制性条件。

302 案例 2:史某在构成行为实施之前,没有成功地向尹某要回万能钥匙;尹某就在使用这个工具的条件下犯下了入室盗窃。

在这里,第 24 条第 2 款也不是有关的,因为这个构成行为已经超出了未遂。这里存在着一个对既遂的入室盗窃的帮助。第 24 条第 2 款第 2 项最后部分(在这个构成行为“不依赖于其以前的构成行为贡献而被实施”时)并没有得到行动起来的机会,因为这个构成行为是在使用史某贡献的情况下实施的。

303 案例 3:史某出现在案发地点,在尹某正用钥匙不停试探地开锁时,从他那里拿回了那把万能钥匙。尹某就接着用随身携带的撬棒打开了房门,实施了入室盗窃。

在这里,有关的是第 24 条第 2 款规定的状况。史某的贡献在未遂阶段中一直发挥着影响,从而在尹某着手这个构成行为时,就存在着一种具有刑事可罚性的对未遂盗窃的帮助。史某已

[325] 在第 24 条意义上的“构成行为”的问题,在中止的“自愿性”中发挥了重要的作用,并且,在与这个问题的联系中才详细地加以讨论;参见边码 413 以下。

[326] 参见,Günther, Armin Kaufmanrt – GS, 1989, 541 ff.。

[327] Streng, JZ 1984, 652 ff. (654); 对此,也见 Kudlich, JuS 1999, 356。

经努力在收回自己对这个构成行为的贡献而从自己对这个未遂的贡献中中止。但是,根据第 24 条第 2 款相对于以前的实践做出的那种非常有争论的对中止条件的强化,这种使自己对构成行为的贡献无效的做法,对于未遂的中止还是不够的。更准切地说,在这个帮助人想要成为免受刑罚时,他必须根据第 24 条第 2 款第 1 项额外地阻止这个构成行为。在这里,这样的阻止并不存在;尹某是在不依赖史某的贡献的情况下,实施了这个构成行为。因此,史某本来就必须,除了拿回万能钥匙之外,根据第 24 条第 2 款第 2 项,至少作出自愿的并且认真的努力使尹某离开自己的入室盗窃计划。即使他最后没有成功,他本来也能通过这种方式获得免除刑罚。但是,因为缺少这样一种努力,所以,史某就保留了具有刑事可罚性。

但是,人们只有在考虑三种情节时,才能正确地理解这个条文仍然可能限制并且在可能的情况下甚至排除史某的刑事可罚性。第一,史某在案例 3 中仅仅由于对未遂的入室盗窃的帮助,而不是由于对既遂的入室盗窃的帮助而具有刑事可罚性。[328] 一种对既遂的构成行为的归责是不能进行的,因为史某由于把自己对构成行为的贡献无效化而不能成为它的原因,并且,这也不是司法判决意义上的"促进"(对此参见,第 26 条,边码 186)。也就是说,不能免除刑罚的仅仅是这种在可归责方式中起作用的对未遂的帮助。第二,在史某已经相信,尹某在万能钥匙拿走之后,就不再能够实施这个构成行为时,第 24 条第 2 款第 2 项甚至是带着无刑事可罚性的效果发生影响的。在这里,存在其中的是那种所要求的认真的为了阻止这个构成行为的努力。第三,在人们把那种与尹某通过撬门进行的入室盗窃,看成一个新的另外的第 24 条第 2 款意义上的"构成行为"时,仅仅拿走钥匙本身,就已经能够单独导致史某的无刑事可罚性了。在这里,那个原先的构成行为(使用万能钥匙的入室盗窃)就通过史某被阻止了。什么时候存在一个"新的构成行为",就很有争论了(对此参见,边码 345 以下);当然,在具体案件中,人们必须以相同构成行为的继续作为出发点(边码 347)。 304

2. 第 24 条第 2 款涉及的人

第 24 条第 2 款谈论的是"多人参与的构成行为"的案例。也就是说,根据它的原文,这个条文也符合被教唆或者被支持的单独行为人的案例。在实际上,不同的作者[329]都对把第 24 条第 2 款运用于这样一种单独行为人的中止上感兴趣。如果这种单独行为人放弃了进一步的实施,那么,也就是说,这就必须作为一个第 24 条第 2 款意义上的阻止来进行解释。 305

但是,这是一种非常做作的观点。[330] 在一个没有被任何人教唆或者支持的单独行为人,理所当然地只能根据第 24 条第 1 款的标准中止时,就看不出为什么这仅仅是因为存在一个与行为人的中止没有丝毫关系的教唆人或者帮助人,就应当不再可能了。根据第 24 条第 1 款的一种中止,也得到了第 31 条第 1 款第 2 项类似案件的支持,这种类似案例让一种"停止"对于这个被教唆人的中止在准备阶段就足够了。 306

也就是说,如果这个被教唆的或者被支持的行为人,停止了实施,或者在已终了的未遂之后防止了这个结果,那么,这就是一个第 24 条第 1 款第 1 项的案件。第 24 条第 2 款在这里仅仅涉及了参与人,他们的刑事可罚性只有通过另一个人对这个构成行为的共同作用,或者,无论如何不是单独通过他们自己的举止行为才会得到论证。也就是说,一个教唆人、帮助人或者共同实行人的中止,是根据第 24 条第 2 款规定的。"第 24 条第 2 款补充了第 24 条第 1 款,为那些通过第 307

[328] 参见,Grünwald, Welzel - FS, 1974, 708; Otto, JA 1980, 710。

[329] Haft, AT[8], 236 f., 241; Herzberg, NJW 1991, 1638,他把根据第 24 条第 1 款所作的安排,看成"严格地说……是不正确的";见 Weber, Jura 1983, 547。

[330] 深入的讨论与批评,见 Mitsch, Baumann - FS, 1992, 89。

24 条第 1 款没有达到免除刑罚的中止的参与构成行为的人，开启了一条额外的道路。”〔331〕

308 因此，第 24 条第 2 款适用于教唆人与帮助人，但是也特别适用于共同实行人。也就是说，共同实行人不能在未遂阶段退出就实现免除刑罚，而是必须为此作出在第 24 条第 2 款第 1 项与第 2 项中提到的成绩。与此相反，第 24 条第 2 款仅仅在这个直接实行人也具有刑事可罚性时，才适用于那个间接实行人（也就是说，在这个“处于具有刑事可罚性的实行人身后的实行人”的案件中，参见，第 25 节，边码 40，76 以下，105 以下）。〔332〕 仅仅在这个案例中，才存在着多个具有刑事可罚性的参与人；并且，起关键作用的是那个参与人的刑事可罚性，因为在第 24 条第 2 款的范围之内，他的犯罪行为应当被阻止。也就是说，一个人，例如，利用一个精神病患者，就是单独实行人，并且能够根据第 24 条第 1 款中止，这些当然是在这个构成行为工具有成果的要求之后也导致了一个阻止。〔333〕 人们也就能在所有参与人的一种共同中止中，认定一种根据第 24 条第 1 款第 1 项的“停止”。在这样一种案例中，就不再有什么应当在第 24 条第 2 款意义上被“阻止”了。

3. 在准备阶段的“中止”

309 在前面已经说明的（边码 301）是，这个参与人在他把自己处于准备阶段中的贡献搞成无作用时（这个帮助人能够把借出的入室盗窃工具在构成行为开始之前要回来），就保留着无刑事可罚性。在这里，涉及的不是一个中止案件——这个中止总是以一个未遂为条件的——而是涉及准备行为在原则上就是无刑事可罚性的，只有根据第 30 条的标准（对此参见上文，第 28 条）才能例外地具有刑事可罚性。一个人，给入室盗窃者提供了一把万能钥匙，只要这个潜在的实行人还没有开始实施，他就已经实施了一个（还）不具有刑事可罚性的未遂的帮助。他就还不具有刑事可罚性，即使这个实行人在完全没有他的补充时也没有使用这把万能钥匙。在他自己取回那把万能钥匙时，自然就一定更加不具有刑事可罚性了。这是不是自愿完成的，是无关紧要的；他不具有刑事可罚性，即使他，例如，仅仅是在一种可能会受到的刑事指控的压力下收回自己的贡献。如果这个实行人自己选择了另一个工具，那么，这个提供万能钥匙者的免除刑罚性，也不取决于他是否努力进行了阻止。〔334〕 简单地说：第 24 条第 2 款是这里所不相关的。

310 司法判决中的例子，提供了这样的案件：有人要求一个证人做虚假陈述，但是，又放弃了把他提名为证人（《联邦最高法院刑事判例集》，第 4 卷，第 200 页），或者，那名应当根据约定把丈夫送到杀人地点的妻子却没有送，从而使得这个构成行为不能实施（联邦最高法院，《戈尔特达默斯刑法精粹杂志》，1974 年，第 243 页）。这类案件，因为没有到达未遂，所以都不在第 24 条第 2 款的范围之内。这个参与人的刑事可罚性与中止，就只能根据第 30 条与第 31 条来决定（参见，关于全部与所谈到的决定，第 28 节，特别是边码 92，111）。

311 这一切都是无可置疑的，并且，它值得强调就仅仅是因为在特别委员会的法律咨询中，〔335〕指出了收回构成行为工具的案件，并且，把这个案件事实作为自己将构成行为的贡献无效化的例子而引用，而根据第 24 条第 2 款，这种无效性是还不足以免除刑罚的。这一点，仅仅是在这

---

〔331〕 Mitsch, Baumann - FS, 1992, 100; 同意的，见 Loos, Jura 1996, 518。

〔332〕 类似的，见 Maurach/Gössel, AT/2[7], 50/79 同时联系 48/122。

〔333〕 第 24 条第 1 款（这么做的，例如，见 Baumann/Weber, AT[10], § 27 III 3; Maurach/Gössel, AT/2[7], 50/79; LK[10] - Vogler, § 24, Rn. 145; ders., ZStW 98 [1986], 346）或者第 24 条第 2 款（SK[6] - Rudolphi, § 24, Rn. 36; Sch/Sch/Eser[26], § 24, Rn. 79）经常被单独地运用于间接实行人。这个区别并没有表现出不同的结果。

〔334〕 参见，对所有的 Grünwal, Welzel - FS, 1974, 706; Lenckner, Gallas - FS, 1973, 283; SK[6] - Rudolphi, § 24, Rn. 36; Sch/Sch/Eser[26], § 24, Rn. 79。

〔335〕 Protokolle V, 1757, 1762 (Corves, Dreher)。

种——很少得到满足的——条件下才正确。这个条件是,这个构成行为本身,在收回工具中,就已经存在于未遂阶段之中了(参见,边码303以下)。否则,就会出现不依赖于第24条第2款的条件的无刑事可罚性。

此外,当这个实行人在准备阶段就把他的贡献搞成不适当时,就不存在第24条第2款的案件;[336] 例如,他把自己提供的致命毒药换成一种无害的药粉。在这个案件中,这种帮助人的贡献已经在准备阶段就无效了。换成无害的药粉不是(未遂的)帮助行为,因为这是以帮助人的既遂故意为条件的(参见,第26节,边码271)。在这个从一开始就提供了不适当工具的人,在帮助人的角度下不具有刑事可罚性时(参见,第26节,出处同上),一个在事后但还是在准备阶段中使自己的贡献无害的人,也不能有不同的处理。因此,在这里,关键的也不是自愿性;如果这个潜在的帮助人是被迫调换的,那么,他同样还是不具有刑事可罚性的。 312

无刑事可罚性甚至会出现在这里,这个潜在的帮助人错误地把这个毒药换成另一种他以为无害的、但在事实上同样致命的毒药了。在这种情况下,缺少在借助毒药实施谋杀时,对一个帮助人来说的既遂故意。如果这个假装的帮助人从一开始就想要提供一种无害的药粉,但是,由于弄错而把毒药给了实行人的,就不存在帮助人;这种在准备阶段中的混淆是早一点还是晚一点发生的,都不能够起任何作用。[337] 313

4. 在参与贡献继续影响既遂阶段时就不存在中止

在这个参与人通过宣布脱离这个构成行为,甚至通过破坏性的努力——不管是在准备阶段,还是在未遂阶段——都不能阻止这个犯罪在使用其构成行为贡献下的既遂时,就也不存在根据第24条第2款的中止。 314

案例4(《联邦最高法院刑事判决集》,第28卷,第346页):甲与两名妇女约定一起去抢劫银行,并且参与了准备(通过侦察作案地点,偷窃了一辆自行车,以便与两名妇女中的一人骑着这辆车去银行)。在他应当去实施时,他犹豫了。他在口头上做了一个尝试,想至少让两名妇女中的一位(他的女朋友),那位应当使用毒气枪威胁银行顾客的人,放弃她们的构成行为,但是没有成功。他也没有提供自己的构成行为贡献——他应当把钱装进一个塑料袋中。更准确地说,他没有进银行就离开了。由此,这两名妇女在没有他的情况下成功地实施了抢劫银行。

这也不是第24条第2款中的案件。甲还在准备阶段就放弃了这个构成行为。如果他完全使自己的构成行为贡献无效了,那么,他就会不具有刑事可罚性(边码309)。[338] 但是,这对他来说仅仅是部分地(在所计划的通过他拿走钱方面)成功了。其他的贡献(计划、侦察、偷自行车)还在继续地影响着直至既遂,因此甲就必须对之承担责任。联邦最高法院仅仅在倾向于单独由于帮助而对他进行判决(而不是由于在甲继续共同干时本来应当认定的共同实行人)的范围内,对他的"退回"表示满意。 315

---

[336] 对此,见 Lenckner, Gallas-FS, 1973, 284 f.; Otto, JA 1980, 708; Sch/Sch/Eser[26], § 24, Rn. 83; 偏离的,见 Gores, 1982, 23 ff., 83 ff., 179 ff.。

[337] 对此,也见 Lenckner, Gallas-FS, 1973, 284 反对 Schröder, MDR 1949, 716。

[338] 这样,也见 BGHSt 28, 347 与——在早先的法之下——RGSt 47, 358 (359); 54, 177 (178); 同样,见 Gores, 1982, 23 ff., 72 ff., 106 ff.; Haft, JA 1979, 309; Jakobs, AT[2], 26/29; Lackner/Kühl[24], § 24, Rn. 28; Otto, JA 1980, 707; Tröndle/Fischer[50], § 24, Rn. 38; LK[10]-Vogler, § 24, Rn. 162; ders., ZStW 98 (1986), 344 f.; Wessels/Beulke, AT[31], Rn. 653。

316　巴克曼(Backmann)[339]对这个解决方法提出了异议。他想要认定一种退出者免除刑罚的中止,在这个人具有那种"对危险的控制性"时,也就是说,在这个人"一直到他放弃的那个时间点"时都能够认为,"没有他继续参与这个构成行为,就根本不能进入对这个构成行为的实施",因此,也就是说,在他手中还掌握着关于这个计划的实施的"最后与最终的决定"时。[340] 这个条件在这里被肯定了。只有对甲来说,这个最后的决定才"不能预见地被从手中打落了,而成为那种意外事件"。[341]

317　这是不能得到赞同的。这个法律曾经在未遂中与具有刑事可罚性的准备中,根据第 24 条第 2 款第 1 项与第 31 条第 1 款(连同在这里不存在的对第 24 条第 2 款第 2 项与第 31 条第 2 款的限制),要求的是对结果的阻止,而不是那种为了在相信自己的能力中去阻止结果的单纯努力。这种控制危险的标准,对第 24 条第 2 款与第 31 条都是陌生的。除此之外,也是不实用的。当这个构成行为在一个参与人退出之后仍然还得到实行时,就看不出这个撤离者为什么应当有权利以相反的认定作为出发点。这也表现在我们的案件之中。在甲认定与可以认定,这两个女人没有他反正就不能实施这个构成行为时,为什么他还应当进行一种说服的尝试呢?对他来说,这种说服尝试的徒劳性也表明,他恰恰是对危险**没有**控制性的。

318　除此之外,在人们把阻止原则作为立法者在刑事政策上的预先规定时,认定一种免除刑罚的中止也是不符合实际情况的(参见,从未来法律的角度作出的判定,边码 330)。甲本来是能够阻止这个构成行为的。他仅仅需要用暴力拉住他的女朋友或者对银行员工进行警告,指出这两名妇女仅仅使用了相对不危险的毒气枪。立法者为什么应当为甲的一个在结论上没有效果的退出提供免除刑罚,来白白浪费这个通过他有力的努力以阻止一个抢劫的机会呢?把这个在完全参与中会失去的实行人刑罚降低为一种帮助人刑罚,[342]对这种通过甲来进行减弱他对构成行为的贡献来说是更恰当的。

319　案例 5(《联邦最高法院刑事判决集》,第 37 卷,第 289 页):甲与丁约定,为了争取逃跑,他们中的每个人都要在可能的情况下射杀寻找他们的警察。在他们被警察拦住时,丁射杀了两名警察,并且试图杀另外两名,但是却没有打中。甲没有开枪,而是从一开始就举起双手,最后还趴在地下,没有拔出枪。丁没有注意到甲的消极举止行为,而是认为,甲是一个会在他需要时掩护他的帮手。

320　在这里,第 24 条同样是不可以适用的。甲对丁在心理上的支持作用一直持续到结束,因此,这个事件也应当归责于他。当然,对甲来说,他的不活动(就像在案件 4 那样)本来必须通过认定一个单纯的帮助人来加以奖励,与此同时,联邦最高法院却错误地认定了一个共同实行人(关于这一点以及批评,参见,第 25 节,边码 201 以下)。如果甲在丁着手射击时就公开宣布自己不再跟随了,那么,他就是在中止自己对构成行为的贡献。但是,在这里也不存在一种根据第 24 条第 2 款的免除刑罚的中止,因为甲并没有通过丁来阻止这个既遂,并且也没有对此进行努力。当然,他在这里仅仅会由于对未遂的帮助(而不是对既遂构成行为的帮助)而具有刑事可罚性。

321　埃尔布(Erb)甚至对帮助的存在提出异议。[343] 他认为,甲的故意是在约定中仅仅指向了"相互的掩护"。但是,在实际上,这个约定仅仅产生了对由丁独自实施构成行为的心理支持。

---

[339] Backmann, JuS 1981, 336。

[340] Backmann, JuS 1981, 338。

[341] Backmann, JuS 1981, 341。

[342] 并且,在可能的情况下,未来的法律也还是它的减轻,参见边码 330。

[343] Erb, JuS 1992, 200 f.。

在这里,存在着一种对因果过程的偏离,这种偏离是甲的故意没有包括的,并且,这种偏离也不应当作为不重要而加以忽视。因此,这种心理支持就不能作为帮助而归责于甲。但是,不应当提出异议的是,对相互掩护的承诺从一开始就包含了对另一个人在心理上的支持;这个射击者应当通过这种想法感到鼓励,即他不是单独一个人,他在需要时会得到帮助的。这种作用——就像计划的那样——出现了。那种更大规模的、在可能情况下作为说明共同实行人根据的使用武器并没有发生,这没有改变什么,当然,一种重大的降低刑罚是本来应当得到的。

案例6(《帝国法院刑事判例集》,第55卷,第105页):甲给了乙一把自己老板的商店钥匙,使他能够为了盗窃目的再去照着配一把。后来甲后悔了。于是,他要求乙答应什么都不做。但是,乙仅仅是假装答应了;他借助后来配的那把钥匙去实施了盗窃。 322

在这里,甲的构成行为贡献也一直持续地影响到这个犯罪的实施之中,因此,帝国法院就由于对既遂构成行为的帮助而判决了甲。相反,在文献中也同样提出了反对意见。福格勒与巴克曼[344]依据那种已经(边码316)阐述过的认定,即“在参与人可以被说服,这个构成行为由于他的努力而不会发生时”,免除刑罚就已经出现了。与此相反,应当适用那种在边码317以下提出的反对意见。奥托[345]选择了另外一种论证角度。根据他的观点,在第三人(这里:那个实行人)通过欺骗排除了这个帮助人对事件的控制时,这种归责关系就被打断了。但是,这个结构出于各种理由是不能贯彻的(对此详见,边码327以下)。这个归责,根据一般的原则,[346]通过一直不允许危险的实现而得到论证。在这里,这个条件是存在的,因为正好是给钥匙就使得这个结果成为可能了。 323

伦克纳[347]同样承认在惩罚甲中的一种“不舒服”,并且提出问题:这个相信已经说服那个实行人的帮助人或者教唆人到底还应当再做些什么,因为就是对被害人的警告或者通知警察,也不能绝对保证这个阻止。但是,这不是正确的问题。这个免除刑罚不是关联于那个实行人干了什么看起来是必要的,而是他逆转了这个危害,也就是说,已经阻止了这个结果。因为对他来说这没有成功,所以,他就与那个给警察打电话或者警告被害人但仍然没有能够防止这个构成行为的人一样,仍然具有刑事可罚性。对此,伦克纳再次提出异议,主张人们在“处于前领域”的中止中,不需要像在未遂阶段的逆转中那么严格(第24条第1款第1项与第2款第1项)。但是,这部法律也要求,在具有刑事可罚性的准备行为中,在这种既遂的危险通过其他人而存在之处,总是要求一个“防止”或者“阻止”(第31条第1款)。这能这样来得到正当化,即在这个局外人已经提供了自己的贡献,并且对这个事件已经放手时,在其进行逆转的努力中,就总是依靠他的运气以及在大多数情况下也是依靠实行人的良好意志来安排的,并且因此也必须承担这种失败的风险。[348] 324

---

[344] Vogler, ZStW 98 (1986), 345; ders., LK10, § 24, Rn. 163; Backmann, JuS 1981, 336 (339)。

[345] Otto, JA 1980, 711。

[346] 详见,Roxin, AT 1^3, § 11。

[347] Lenckner, Gallas-FS, 1973, 288 跟随着 Maurach, AT3, § 50 III C 2 c, aa; 怀疑的,也见 Sch/Sch/Eser[26], § 24, Rn. 84, 他们跟随着 Lenckner, aaO., 284 f. 正确地指出了剩余一种过失刑罚的可能性。

[348] 因此,这个观点也——犹豫地——见 Lenckner 本身,见 Gallas-FS, 1973, 290。

325 根据司法判决与绝对主流的观点,[349]无刑事可罚性仅仅出现在这种情况下,在这里——就像在案例6的案件事实中应当展示的那样——乙首先确实被说服了,放弃了自己的盗窃计划,并且直到后来,在一个新的决定的基础上,在使用这把钥匙的情况下,才实施了这个构成行为。无刑事可罚性在这样一种案件中产生:在这个潜在的实行人放弃他的构成行为决定之后,就不再存在对犯罪有重要意义的事件(也不再以一种还不具有刑事可罚性的准备行为的形式)。这个后来的还是应当实施这个犯罪的决定,论证的是一个新的、甲已经不再参与的构成行为了。

326 案例7:共同实行人甲、乙与丙,为了实施一个炸弹暗杀,就安放了一枚由甲制造的炸弹。后来,甲产生了疑虑,并且想要重新拆除炸弹或者使它变得无害,而乙与丙捆住他从而阻止他这样做。暗杀成功了。[350]

327 在这里,甲也作为谋杀的共同实行人而承担责任。[351] 因为他没有成功地使自己的贡献无害化,所以,一个中止不在考虑之列。一种降级为帮助的做法,就像在案例4与案例5中是恰当的那样,并不能得到有说服力的论证,因为甲在实施阶段已经提供了一个决定性的贡献,并且甚至连削弱这种贡献都没能做到。当然,奥托代表了另一种解决方法。[352] 根据他的观点,甲对这个结果是没有责任的,因为这个归责关系已经被排除了(参见,边码323):“这个构成行为参与人就被一个完全意识到这个风险的人,排除出对这个事件的控制,结果是这个举止行为就使这个构成行为参与人不可能把自己对构成行为的贡献加以无害化,这时,在实行人的举止行为与结果之间必要的归责关系就被打断了。”如果人们遵循这一点,那么,剩下的就是一种未遂,甲根据奥托的观点,根据第24条第2款第2项,就应当从这种未遂中中止。这个构成行为是在与他对构成行为的贡献无关的情况下实施的,是“在他认真地努力阻止其既遂之后”。

328 在现行法律的基础上,所有这一切都是没有说服力的。在可归责结果的出现中,中止是不可能的,这是一条一般的(也对单独实行人适用的)基本原则(详见,边码113)。但是,在这里,这个结果是可归责的,因为它基于一种由甲创设的危险。[353] 这也不能正确地看出,为什么这些不成功的中止性努力,在这里就应当得到奖励,而它们在其他情况下就应当没有影响力。如果甲通过昏厥而在没有任何外部影响下就会没有能力去拆除已经安装的炸弹的引信,那么,他就无论如何都要对这个结果负责的。为什么应当仅仅因为他是通过第三人的干预而变得没有行动能力,就应当不一样?

329 但是,那种认定从未遂中的中止——假定,只有这样一种存在着——也是没有什么说服力的。这也很难理解,为什么这个构成行为应当在不依赖于甲对构成行为的贡献下既遂,与此同时,在实际上,这个构成行为正是以一个由甲造出的炸弹为基础的。这种在第24条第2款第2项中要求的“无关性”,不可能仅仅处于甲的“认真的努力”的基础之上,否则,第24条第2款第2项就不允许将其作为独立的要素来与那种免除刑罚并列地称呼了。

330 另一方面,在所有已描述的这类案件中(案例4、6、7),根据现行法,对全力以赴进行但也许

---

[349] 349 RGSt 20, 259; 47, 358 (361); RG HRR 1933, 1898; BGH NJW 1956, 30 (31); MDR (D) 1966, 22。支持由于帮助人的刑事可罚性,仅仅见 v. Scheurl, 1972, 84 ff.(相反,有关的,见 Leckner, Gallas - FS, 1973, 287, Fn. 19)。

[350] 这个案件是 Schlee 在特别委员会的顾问意见中提出的(Prot. V, 1771)。

[351] 对此,详见 Lencckner, Gallas - FS, 1973, 291 ff.。在 Sonderausschuβ, Prot. V, 1771 中,也是这样解决这个案件的。

[352] Otto, JA 1980, 777; 此外,参见,ders., Maurach - FS, 1972, 101 ff.; ders., AT^{6}, § 19 IV。

[353] 当然,在这个被害人拒绝救援,或者故意自己进行阻挡这种情况时,尽管不允许的危险已经创设,但是,这种归责关系就被中断了。但是,这是以不具有刑事可罚性的对一种自我危害的作用为基础的(参见,Roxin, AT 13, § 11, Rn. 91 ff.),本书在这里对之就不能谈论什么了。

仅仅是由于意外而失败的防止性努力，是不予奖励的，但是，这很难令人满意。这样，当在第 24 条第 2 款中接受这样一条规定，在对这个实行人没有成功地阻止既遂，但是，他已经自愿并且认真地对此进行了努力时，法官就有权降低甚至完全免除刑罚，本来就会是正确的。[354] 在案例 4 中，一个减轻刑罚在这里，在案例 6 与 7 中甚至对免除刑罚，本来就都会是合适的。符合这种建议的一条规定，已经由立法者在第 84 条第 5 款，第 85 条第 3 款与第 129 条第 6 款中，对无结果的从既遂犯罪中的中止案件制定出来了；然而，对此存在着一个一致的意见：从这些特别的规定中，并不能赢得一般的、可以传递到第 24 条上的基本原则。因此，根据现行法，这种考虑就只能保留在量刑之中。在一个具有实行人身份的谋杀中（就像在案件 7 中），对此规定的是一种强制性的"终身"自由刑，就必须借助那种"法律结果的解除"（《联邦最高法院刑事判决集》，第 30 卷，第 105 页）来创设一种根据第 49 条第 1 款的减轻可能性。

5. 免除刑罚的中止的可能性

（1）关于现行法的从重处罚

如果犯罪到达了未遂阶段，那么，这个参与人根据第 24 条第 2 款第 1 条的免除刑罚的中止，就是以阻止构成行为的既遂为条件的。也就是说，撤销自己对构成行为的贡献是不够的（详见，边码 303），就像在新的总则生效之前所一般认定的那样。这种对中止要求的加强虽然通过第 24 条第 2 款第 2 条明显得到了削弱（参见，边码 304），但是，这种加强在刑事政策中是否有理，是很有争论的。主流的观点恰当地对这条规定在刑事政策上的合理性提出了质疑。[355] 331

在这个特别委员会的论证中[356]说："对这个决定来说，关键的是这样的考虑：一个有多人参与的构成行为通常比单个个人的构成行为更危险，并且，借助对单个构成行为贡献的撤销，这种提高的危险性并没有被取消。因为这个共同实行人对此已经作出了贡献，其他实行人是借助他的活动而开始的，所以，在原则上应当要求他阻止这个构成行为的既遂。 332

在这里存在着两个想法。第一，那个"提高的危险性"是错误的。因为一个构成行为的参与人使自己的贡献无效了，所以，那个由他支援的危险性份额，就与这种论证的原理相反被"取消"了，并且不能再用来支持提高的中止性要求的正当性。第二，存在着这种刑事政策的目的，这个目的应当这样来安排中止的特权，使犯罪行为尽可能地被阻止住。但是，在这里，迈向这个目标的道路是与现行制度格格不入的。对这个参与人的免除刑罚，就取决于他阻止了一场他不再有份的事件。但是，仅仅在非常特殊的案件中，这些刑法上的不利就会在其他情况下与没有阻止他人的犯罪行为联系起来了（第 138 条，第 323c 条）。 333

在其他情况下，这个以中止的特权为基础的刑罚目的理论（参见，边码 4 以下），并没有覆盖那种在撤销自己对构成行为的贡献中对免除刑罚的拒绝。这个参与人对自己的人身来说，已经是回归合法性了，并且，那个从他那里出发的危害（也就是那种由他引发的动摇法律的印象）就被排除了，从而使一种惩罚在特殊预防与一般预防上都没有必要了。[357] 334

但是，法律的决定仍然应当尊重。因为立法者根本就没有义务把完全免除刑罚与自愿的中止联系起来，所以，它就能够使之也取决于这种更难的条件。在中止原理的观点下，在这里存在着一种金桥理论与保护被害人思想的连接，这种连接对于法律以及还有判决来说，在这种显著性 335

[354] 对此，详见 Lenckner, Gallas - FS, 1973, 293 ff.。

[355] 参见，Roxin, ^{2}1975, 23 f.; Lenckner, Gallas - FS, 1973, 305 f.; 批评的，也见 Grünwald, Welzel - FS, 1974, 701; v. Scheurl, 1972, 76; Stratenwerth, AT^{4}, § 12, Rn. 168。

[356] BT - Drucks. V/4095, 12。

[357] 对于整体，也参见 Lenckner, Gallas - FS, 1973, 305 f.。

上,是在其他情况下所不熟悉的(详见上文,边码 14 以下),但是,这是作为现行法所必须容忍的。

336 除此之外,人们必须有意识地适应,除了那些早已没有争论的消除自己对构成行为的贡献的必要性之外,与第 24 条第 2 款第 1 项的表面现象看起来正相反,对于免除刑罚,并没有要求对构成行为的阻止,而仅仅是要求对此进行自愿的与认真的努力。这个参与人的贡献被消除了,然而这个构成行为还是被犯下了,这个构成行为就是在与此“无关”的情况下开始的,并且,在这样的案件中,有一个第 24 条第 2 款第 2 条意义上的“努力”就足够了。

(2)阻止

337 在上文中(边码 211 ~264),关于在第 24 条第 1 款第 1 项范围内的阻止所说的一切,都能够根据其意义转移到第 24 条第 2 款第 1 项中来。当这个参与人在没有外力帮助的情况下,破坏了另一个人或者一些人的构成行为时——不管是通过收回或者不去作出自己那份不可缺少的贡献,还是通过借助警察的说服或者威胁,还是通过保护被害人或者帮助他们逃亡——都始终存在着一种免除刑罚的对构成行为的阻止。如果这个退出者使用了他人的帮助,那么,人们就必须根据那种在边码 246 以下中所作的阐述进行区别:对任意的人员能够单纯地要求挫败这个构成行为,只要这个退出者没有证实自己的结果与在必要时甚至共同发挥作用,这样,就像一个对由自己进行阻止构成行为的人的次要的(可替代的)支持一样是不够的。但是,这个——在未遂阶段很少可能的——能够有力地阻止的机关,首先是警察的介入,或者一个准共同实行人的阻止(例如,与一个赶来的救援者以分工形式发挥的共同作用),就是足够的。

(3)自愿的与认真的努力

338 在这里,关于这些概念相应地适用上文(边码 265 ~284)在阐述第 24 条第 1 款第 2 项中所说的。第一种选择性,在其中,这个构成行为在没有这个退出者补充就不会既遂的,存在于,例如,这个委托人收回了自己的教唆,或者这个帮助人努力撤销自己的贡献,却不知道这个实行人已经自己在准备阶段就放弃了他的决定,不知道这个构成行为已经落空或者这个未遂本身反正就是作为不适当的出现的。

339 第二种选择性,在其中,这个构成行为是在不依赖这个退出者先前的构成行为贡献时被实施的,在实际上考虑的仅仅是对于这个帮助人或者共同实行人。在这个教唆人不再能够说服这个实行人,并且也不能用其他方法阻止这个构成行为,也就是说,他的要求在继续产生影响时,这个构成行为就不是在与其无关的情况下被实施的。在这个帮助人或者共同实行人中,涉及两种状况:撤销自己对构成行为的贡献,或者这样的案件:这个实行人最终还是没有利用另一个人一直影响到未遂阶段的成绩(例如,所提供的工具)。

340 人们能够在这些案件中提出这个问题:可能出现的一种被撤销的心理性继续作用,或者没有被使用的得到保留的在心理上对构成行为的贡献,尽管那些认真的努力,是否会排除中止,因为那种原先的对构成行为决定的加强或者约定,一直持续影响到既遂。[358] 但是,这在通常情况下是应当予以拒绝的。当这些阻止的努力,就像在大多数情况中那样,是口头的,或者以其他的方式能够让那个(即那些)继续行为的人知道时(与《联邦最高法院刑事判决集》,第 37 卷,第 289 页,上文,边码 319 中有不同),这些相反的因素也就会使那些原先的心理促进不起作用了(除非在一个约定中存在着一个教唆)。即使在其他解释中,这个第 24 条第 2 款第 2 项的选择性本来也会基本消失殆尽,这是这个想要限制加强新法的立法者所不能具有的目的。

---

〔358〕 LK^{10} – Vogler, § 24, Rn. 190 m. w. N. ; ders., ZStW 98 (1986), 351。

这个努力的“认真性”要求,根据在边码275以下所述的标准,这个中止人应当使用那种在他看来几乎是最好的手段,但是,这种手段不需要在客观上对防止结果是合适的,或者必须仔细地检查过它的合适性。无论如何,这都意味着,这个退出者不必通过要求这一个或者一些同伙同样地中止,就能够获得刑罚的免除。在他看出这些要求没有结果时,他就必须对其他人使用对他来说是强制性的阻止手段,例如,他就威胁破坏实施或者在事后进行检举。对于这种亲自努力的规模,人们必须在提出这种包含在第35条中的法律思想下,在进一步的阻止努力会对这个想要中止人的身体、生命或者自由带来危险之处,提出这种边界。也就是说,在这个想要中止人有被那些决定继续干下去的同伙射杀、严重虐待、捆绑或者关押的危险时,也不需要使用暴力来反对他们。当他在避免所述危害中,选择那种在他看来最适当的手段就够了。 341

当然,所有这些都还没有在科学上彻底地调查过的,并且也不是没有争论的。因此,在特别委员会的立法咨询中,就提出过这样的观点(但是,并不一致):对于一种“认真的努力”来说,这个退出者试图使其他参与人离开继续实施这个构成行为,这就足够了。[359] 人们想要以这种方式,来削弱那些对强化直到当时都有效的法律(边码331以下)的疑虑。但是,这样一种解释是不太可能的。在很多案件中,这个退出者自己知道,让其他参与人离开他们的计划是没有希望的。但是,一种从一开始就明显没有希望的措施,不能作为阻止的努力(更不能作为认真的)来加以说明。但是,如果这一点是不可质疑的,那么,在这个退出者从同伙的反应中才知道自己进行说服的努力是徒劳的案件中,就不能作出不同的处理。如果他在这种情景中看到了另一种阻止的可能性,那么,他就必须为此作出同样的努力,就像他从一开始就清楚苦口婆心的劝说会是徒劳的一样。一个对他看来很有希望的防止行为不作为的人,就没有认真地为阻止这个构成行为在进行努力。当然,在一个事前看来会有成效的说服企图失败之后,手边就不再有其他能够过分要求的阻止手段,这种案件并不罕见;在这里,这个退出者已经干了自己最有可能做的,并且应当借助免除刑罚的效果中止了。 342

在文献中,格林瓦尔德[360]主张“放弃这种必要性:参与人在一种对应措施失败时就必须采取进一步的措施”。他认为,因为“几乎总是存在着对阻止有效的途径”,所以,这种开辟道路的必要性,在大多数情况下会导致成功的阻止,因此,这种努力就“仅仅在很少的案件中赢得一种独立的意义”。但是,除了这些条件的可争辩性之外,这个退出者“几乎总是”能够阻止这个构成行为的,这也颠倒了这个立法目的:在这一点已经特别引进了这种加强,以便尽可能广泛地阻止犯罪行为(参见,边码333),那么,这也存在于这个目标设置之中:只有在这个退出者在可以过分要求的范围之内,也使用了他所知道的阻止性措施时,才应当提供刑罚的免除。 343

格林瓦尔德进一步的想法是,努力的必要性应当仅仅表现出的这个目的:“这个参与人除了撤销自己对构成行为的贡献之外,应当通过一种确认这个规范的积极动作与这个构成行为拉开距离,并且由此补偿他迄今为止对破坏规范而产生的动摇法律的印象”。这个想法也没有说服力。一方面,在撤销自己对构成行为的贡献中,就已经存在着一种完全的“补偿”,也存在着一种与这个构成行为拉开的距离。另一方面,对于立法者来说,就像第24条第2款2项的原文显示的那样,关键的首先不在于一种拉开距离,而正好在于这种阻止上。 344

6. 在实施另一个构成行为中的免除刑罚的中止

如果一个退出者阻止了他原本共同作用的那个有计划的构成行为,那么,在其他那个人或者 345

---

[359] Beratungen des Sonderausschusses V, 1759 – 1765。首先,Dreher在这个意义上进行投票。对此,也参见Grünwald, Welzel – FS, 1974, 716 f.。

[360] Grünwald, Welzel – FS, 1974, 717。

那些人这时实施一个新的构成行为时,他也是免除刑罚的。例如,如果甲破坏了那个借助乙的约定而共同实行的入室盗窃,在其中,他在作案地点不能产生或者收回了那种应当分摊给他的贡献,那么,当乙在第二天通过诈骗得到所要的钱时,就一点也不影响甲的无刑事可罚性。甲已经阻止了那个约定的构成行为;所有继续发生的都与他无关。

346　但是,一个困难的并且还没有最终解决的问题是,这个得到实施的犯罪,要多大程度地偏离原先的计划,人们才必须说这是另一个新的构成行为。这个问题也出现在一个单独实行人的重新定位之中,并且在那里,在与自愿性的联系中得到了详细的处理(参见,边码 413 以下)。因此,在这里,仅仅应当对从多人参与的特点中产生的问题所具有的那些方面,进行彻底的阐述。

347　在这里,理所当然的出发点是**这个认识:无论如何,对这个本来应当由退出者作出的对这种贡献的取消,都不会使仍然还是实施的构成行为成为另一个**。在这里,这个法律上的阻止必要性,就会是没有意义的,因为这个使自己的贡献无效化就已经对这种无刑事可罚性进行帮助了。对原先计划的较小的偏离,也还不改变这个构成行为的同一性:[361]如果这个同伙在这个退出者拿走了本来提供给他们使用的万能钥匙之后,通过毁坏门或者通过爬墙来实施入室盗窃的,那么,这就仅仅是一个把旧的构成行为调整为适应新的机会,就像它几乎总会逼迫取消这种对原来计划的贡献。因此,立法者,在它的规定应当有意义时,在这里也必须从原先构成行为的既遂出发。出于相同的原因,在一个放哨的、逃跑时开车的司机或者其他共同实行人(例如,就像在案件 4 中,边码 314)离开了,并且其他剩下的人这时就要这样调整他们的任务分配,使得他们能够在缺乏原先计划的那个退出者的贡献的情况下完成这个构成行为时,就不存在新的构成行为。因此,这就必须存在这样一种情景,在其中,这个实行人能够说:"我们已经在没有他——这个撤销者——的情况下也干成了。"

348　与此相反,**另一个构成行为**就肯定地存在于,**在这个被他的共同实行人或者帮助人舍弃的人从那时起去实现另一个行为构成时**,例如,以诈骗取代了原先计划的盗窃(边码 345),以强奸取代了纵火,等等。在这里,所涉及的就不再是那个退出者曾经共同作用的构成行为的实施。同样,一个过限也会改变这个构成行为的特征(参见,关于教唆的范畴内对过限的阐述,第 26 节,边码 109 以下)。[362] 也就是说,在撤销一个参与人与其贡献之后,另一个人用抢劫取代了盗窃,用谋杀取代了危险的身体伤害时,人们就不能由于根据第 242 条与第 224 条的未遂来惩罚这个退出者。在一个过限不能够归罪于这个教唆人时,就能够由此得出这样的推论:这涉及的不再是他所教唆的那个构成行为了。但是,在这里必须也在第 24 条第 2 款的框架内,存在着另一个构成行为。

349　这种通过一个参与人的退出而被迫的推迟,构成了一个重要的问题。人们假定,甲又重新拿走了那个他提供给乙的并且对于实施是必不可少的药剂(例如,毒药)或者工具(例如,私配的钥匙)!乙由此首先中断了犯罪活动,但是同时宣称自己还会实施这个构成行为的,只要他搞到另一个毒药或者另一把私配的钥匙。在甲想要免除刑罚时,难道他必须阻止它也就是为了阻止而进行努力吗?

350　正确的做法是对此予以拒绝:**一个构成行为,只有在它出自未遂阶段在当时的地点与位置上被导致结束时,才是同一个构成行为**。肯定的是,它的同一性不会这样成为问题的,即这几个实行人在一个同伙退出并且撤销他的贡献时,就停下来商量,他们是否以及如何能够在改变的情况

---

〔361〕 也参见,那些在 Sonderausschuβ 中讨论的例子(Prot. V, 1759f.),并且,对此见 Lenckner, Gallas - FS, 1973, 300。

〔362〕 因此,也见 Otto, JA 1980, 710; Sch/Sch/Eser[26], § 24, Rn. 92; LK[10] - Vogler, § 24, Rn. 174; ders., ZStW 98 (1986), 349;也参见,v. Scheurl, 1972, 120; Grünwald, Welzel - FS, 1974, 713。

下还去实施这个构成行为。如果他们在这种情景下决定继续干下去，那么，他们完成的就还是同一个构成行为。如果与此相反，在开头的例子中（边码349），乙决定回家并且在另外一天实施这个犯罪的，那么，甲就是阻止了具体的构成行为并且是免除刑罚的。

对此，有两点决定性的支持根据：第一，除了这种紧密的时空联系（在实现的行为构成的同一性中）之外，没有其他更好的有说服力的区分标准了。如果人们想要在间隔三天后还认定同一个构成行为，那么，不清楚的是，为什么不在三周或者三个月之后也应当把它认定为是相同的案件。但是，这就会没完没了。第二，只有在继续干下去中，第24条第2款才能即刻（hic et nunc）得到有意义的使用。它在这里说明，这种撤销自己对构成行为的贡献的人，在其退出时，至少必须试图让其他人或者另一些人也脱离他们的构成行为，或者阻止性地给他们设置障碍。但是，退出者通常一点都不知道以后可能会发生什么，这就从一开始就取消了他的可控制性。他既没有权利也没有可能去到处去监视他曾经的同伙的生活。甚至一个刑事检举也不会起到帮助作用，因为迄今为止没有发生什么具有刑事可罚性的或者至少是可证明的事情。 351

在文献中，时空接近的必要性经常与自然的行为整体的标准同等对待。[363] 正确的是，这种对第24条第2款意义上的“构成行为”与“自然的行为整体”具有关键作用的标准是彼此相似的。但是，两个概念涉及不同的问题性局势，因此不是同一的。[364] 例如，联邦最高法院已经决定，一个构成行为决定的暂时任务，不需要通过这个实行人来阻止一个自然的行为整体的存在（《联邦最高法院刑事判决集》，第4卷，第219页；详见，第33节，边码48），与此同时，一个尽管仅仅是暂时对共同参与人的说服，即使在后来计划重新得到采纳时，通过它也始终意味着对构成行为的一个阻止（参见，边码325）。 352

奥托[365]要求一种“评价性的思考方法，在其中，这种犯罪行动所具有的时空连续性，但是也有被攻击对象的同一性与攻击方式的可比较性，都应当在价值上得到评价”。但是，在这里（在同一个行为构成的条件下），只有这种时空连续性是不可放弃的。奥托也还不想把在相同被害人中的那种构成行为形态的重要改变（例如，用爬墙取代侵入），评价为“新的构成行为”。另一方面，虽然被害人与构成行为对象的同一性，也是对存在一种统一的、首先是未遂然后是既遂的构成行为的重要支撑点，但是，它们绝不是强制性的：[366]在一“伙”扒手由于一名参与人的退出而错过了一班市郊火车，只要这个犯罪当时是以计划的方式对在下一班进站的市郊火车中的乘客实施的，那么，在他们本来应当在其中进行下一次行动之中，就始终存在着同一个构成行为。也就是说，这个退出者，在他想要免除刑罚时，就必须努力阻止这样一种“继续行动”。行为对象与构成行为被害人的同一性，因此仅仅在对这个参与人来说，重要的是个别的被害人或者个别的对象时，才是决定这个构成行为存在的一个标准。就像通常一样，如果这种案件是这样的，那么，这种同一性在这种始终要求的紧密的时空联系中，就提供了一个相当可靠的支持构成行为事件一致性的特征。 353

---

[363] Lenckner, Gallas - FS, 1973, 303; Küper, JZ 1979, 780 在原则上是跟随他的，但是，想要在同种类的攻击对象与实施方式中，放弃一种严格的时空接触。

[364] 因此，正确的，见 Grünwald, Welzel - FS, 1974, 714。

[365] Otto, JA 1980, 710; 跟随他的，见 Vogler, ZStW 98 (1980), 349。

[366] 因此，也见 Lenckner, Gallas - FS 1973, 304。相反，支持 Grünwald, Welzel - FS, 1974, 713 的观点，“毫不怀疑，当……在构成行为对象发生变化时，这种同一性就应当予以否定。”

三、中止的自愿性

（一）心理学理论与规范性理论

354 中止所具有的免除刑罚的效果，在其所有的表现形式中，都与“自愿性”相联系。第 24 条的全部四句话，每一句都还重新包含了不同的案件形态，都提到了这个关系；根据第 31 条的从参与的未遂中的中止，也同样如此。在这里，在阐述了各种中止的状况之后，对自愿性这个要素，需要进行独立的与统一的处理。

355 关于自愿性的确定，始终存在着一种尚未得到澄清的争论。这种混乱与分散的讨论状态，至少可以区别为两种相对的基本观点，讨论是在这两种观点之间进行的。根据**心理学理论**，当这个实行人在没有心理强制下行动时，中止就是自愿的；相反，在各种情节对这个实行人造成了如此强大的精神压力，使他除了中止之外不再能够干别的时，就是非自愿的。**规范性理论**有着数量众多的变种。根据规范性理论，起关键作用的不仅是心理检验结果，而是一种对中止动机的评价：当中止只有在作为“逆转”，作为一种已经变化态度的表现，以及在“对合法性的回归”的范围中得到表现时，这种中止才会作为“自愿的”得到评价。

356 在实际最重要的案件类别中，两种方案都导致了相同的结果，即这个实施构成行为的风险会变得太大：例如，这个实行人中止了，因为他发现自己被察觉了，并且，在实现这个行为构成的案件中，就必须算计到很快被捕以及被证明有罪。在这里，心理学理论拒绝自愿性的理由是：这个实行人处在一种心理受到强制的情形之中，并且在实际上，除了中止之外，没有别的选择。规范性理论也同样拒绝一种自愿性，因为这个中止依据的不是实行人已经变化的态度，而仅仅是一种把犯罪的恰当性与这种情形之间加以调整，因此是不值得免除刑罚的。

357 心理学理论在司法判决中占据着主导地位，与此同时，在文献中，即使不是一致的，居于统治地位的是规范的观点。在相互对立的思想原理能够导致不同结果之处，这个思想对立的原理就赢得了实际的意义，并且，这特别表现在三种通过司法判决的例子应当解释清楚的案件状况之中。

358 第一种状况涉及这样的**案件事实：这个实行人虽然不能全面地实现自己的犯罪计划，但是，在忽略设定的次要目标时，这个计划还是尽最大可能地实现了。**

案例 1（《联邦最高法院刑事判决集》，第 35 卷，第 184 页）：被告人（甲）想要杀害他的前妻（尹某）以及其前妻的新男友（付某）。他埋伏在停车场边，先是对首先出现的付某进行了严重的伤害，使他失去了逃跑的能力。但是，他又放过了他，因为尹某这时出现了，他担心，在继续与付某纠缠就会“错过”尹某。因为他“把杀害已经离婚的前妻置于优先于”杀害付某的地位，所以，他当时通过 17 刀刺死了尹某，而付某却活了下来。

359 对于甲是否自愿地从对付某的谋杀未遂中中止的问题，从心理学理论的角度必须予以肯定。[367] 甲本来是能够杀付某而不杀尹某的。他在“自由选择”中，决定杀尹某，不是通过一种外

---

〔367〕 除了联邦最高法院，支持自愿性的还出现在 Jäger, 1996, 104 f.; Jescheck/Weigend, AT^5, § 51 III 2; Lampe, JuS 1989, 610; 倾向于的，也见 Lackner, NStZ 1988, 405; 但是，批评的，见ders., Lackner/Kühl^{24}, § 17。

在的强制来引起的。联邦最高法院也认定了一种自愿的中止。对联邦最高法院来说,起决定性作用的是"相关的情节,是否对这个实行人表现为一种'强制性的阻碍'……然而,这个种类并不是那种原因,由于其而使这个被告人对这个证人的继续迫害……放弃了。更准确地说,他的放弃表明为一种清醒的权衡结果"(出处同上,边码186)。与此相反,人们从规范性理论的角度出发,就必须拒绝中止的自愿性。[368] 在有人仅仅因为在其构成行为计划中,有另一个谋杀对他来说更重要,就没有把这个谋杀进行到底,这时,在这里就不存在从其犯罪性目标设置的道路中逆转,就不存在改变了对构成行为的态度,也不存在对合法性的回归;他就不能赢得从未遂刑罚中的免除。

在**第二种状况**中,不同的理论角度应当导致不同的结论。这种状况是**这样的,这个实行人仅仅因为他能够通过其他方式来更好地、更没有危险地达到自己本来要追求的目标而中止的。** 360

案例2(《联邦最高法院刑事判决集》,第7卷,第296页):被告人(甲)以强奸的目的抱住被害人(区某)并将其推倒在地。因为体力上处于弱势,区某看不能有效地进行反抗,就试图以计取胜。她对甲说,他不应当"试图使用暴力。他们应当先休息一下,并且,在他那时还想要与她发生关系的,他也能够在不使用暴力的情况下如愿。"她希望借此赢得时间,并且发现有人能够来帮助她。事件就这样发生了。甲放开了她。在两个行人路过时,区某大声呼救,甲逃跑了。

联邦最高法院在这里,从心理学理论的角度出发,认定了一个未遂的自愿中止,因为这个实行人并不是被迫进行等待的,并且放弃了立刻发生性交关系的强制。"在这里,被袭击者把甲置于等待她自愿献身的希望之中。也就是说,达到自己的目标,对他来说——根据他的想象——简直是得来全不费工夫。"然而,这并不是表示,这个期待对甲来说是"一个强制他放弃重罪的理由,从而使他别无选择。这个……能够没有严重危险地发生性关系的认定,并没有立即夺去他作出决定的自由。"[369] 在这里,一个规范性中止方案会导致另一个结论。到达是否存在一个中止,都已经是很有争论的(并且应当否定的);一个后来发生的性交关系本来也不是建立在区某自由决定的基础之上的,而是迫于开始时所使用的暴力,因此,这种性交关系就始终还能被看成是对仅仅短时"中断"的强奸的既遂。但是,即使人们认定一个中止,从规范的角度看来,人们也不能把这判定为是自愿的。[370] 在它中间,并不存在逆转,没有态度的改变,而仅仅是这种情节:这个性违法者走了一条更舒适的道路来达到其目标,而这条道路是在其暴力的未遂行为的基础上为其打开的。 361

案例3(联邦最高法院,《新法学周刊》,1980年,第602页,简化的案件事实):在甲的介绍下,童某为自己的小艇签订了一份风险与被盗保险。然后,他促使童某藏起小艇并且报告被盗。他们想要平分这笔保险赔偿金。在支付延迟时,甲又想了另外一个主意:他向保险公司告发,童某藏起了小艇,并且,在保险公司付他一笔特定的钱时(这笔钱的数目与他从诈骗保险金中的所得金额相同),他将告诉藏匿的地点。事 362

---

[368] 反对自愿的,见 Bloy, JR 1989, 70; Jakobs, JZ 1988, 519; Sch/Sch/Eser[26], § 24, Rn. 56; Tröndle/Fischer[49], § 24, Rn. 6 d; 这个立场在 Tröndle/Fischer[50], § 24, Rn. 20 中被确定地放弃了。

[369] 在文献中提出的观点是有利于自愿性的,见 Jescheck, MDR 1955, 563; Jescheck/Weigend, AT[5], § 51 III 2; Lackner/Kühl[24], Rn. 18; Maurach/Gössel, AT/2[7], 41/22; Schmidhäuser, LB AT[2], 15/84; LK[10] – Vogler, § 24, Rn. 90; Wessels/Beulke, AT[31], Rn. 651。

[370] 反对自愿的,见 Bottke, 1979, 528; SK[6] – Rudolphi, § 24, Rn. 25; Sch/Sch/Eser[26], § 24, Rn. 56; Ulsenheimer, 1976, 329 f.。

情就这么发生了。

363　联邦最高法院再次借助心理学的观点,得出这样的认定:甲是自愿地从对未遂的保险诈骗的教唆中中止的。[371] 为了有利于甲,就必须认为,“他就像其所计划的那样,不再想要这个构成行为得到实施了,虽然他还认为这种实施是完全可能的,并且因此是自愿地从未遂中中止的……这一点,在甲放弃这个构成行为计划,仅仅是因为他想要利用这种通过未遂行为形成的实际情况”,并且想要使用别的方式来拿到保险金时,“也不会发生任何改变”。在这里,一个规范的方案会拒绝这种自愿性。[372] 在这个实行人从一种欺骗性危害的形式过渡到另一种有点不同的欺骗时,是不值得免除刑罚的。(在那种是童某发现了藏匿的小艇的说法中,联邦最高法院看见了一个新的欺骗未遂,不过,联邦最高法院出于在这里所不关心的原因,将其判定为是不具有刑事可罚性的后一个构成行为)。

364　**第三种案件状况**,在其中,在心理学与规范性之间的解释,在结论上能够导致一些偏离。这种状况**涉及的是由于很难克服的内心障碍的中止**(良心困境、对自己过错的回想、同情、羞耻,等等)。

案例 4(联邦最高法院,《刑法新杂志》,1994 年,第 428 页):甲以杀人目的刺向他的妻子,这时,这对夫妻的两个被“厮打”吵醒的儿子突然出现在卧室里。“因为甲不想,并且在情感与心理中都不能,在孩子们眼前继续他的构成行为,就放开了他的妻子”,并且敦促孩子们离开了房间。然而,尽管他现在又再次与妻子单独在一起,但是,他“出于精神上的原因,不再能够在已经注意到这个可怕事件的孩子们附近……再继续刺杀他的妻子了”。

在这里,联邦最高法院通过它的心理学的中止方案,被迫认定了一个非自愿的中止。[373] 那种由孩子的出现而对甲产生的心理上的震撼,在他们被赶回去之后仍然继续存在着,并且使他没有能力把这个构成行为完全做完。相反,在一种规范性理论的判定中,人们必须认定这个中止的自愿性。[374] 这些孩子的注视已经使他改变了态度,因此,他想要并且能够不再把这个构成行为继续下去,并且重新回归到合法性之中。在这里存在着这种内心的逆转,这种逆转为免除由于未遂的杀人的刑事可罚性提供了正当性。在这样一个状况中,这种规范性理论的判定是有利于这个中止人的,与此同时,这种判定在另外两个案件事实类别中(案件 1 ~ 3),对中止人的处理要比心理学理论更加严格。

---

〔371〕 同样支持自愿的,见 Jakobs, AT², 26/35 m. Fn. 70; Lackner/Kühl²⁴, § 24, Rn. 18; Maurach/Gössel, AT/2⁷, 41/116; LK¹⁰ – Vogler, § 24, Rn. 90。

〔372〕 反对自愿的,见 Bottke, JR 1980, 442; ders., JA 1981, 63; SK⁶ – Rudolphi, § 24, Rn. 25; Sch/Sch/Eser²⁶, § 24, Rn. 56; Walter, GA 1981, 403。

〔373〕 支持不自愿的,也见 Sch/Sch/Eser²⁶, § 24, Rn. 57; Wessels/Beulke, Rn. 652。

〔374〕 支持自愿的,也见 Jäger, 1996, 101 f。

(二)心理学角度的无法持续性

365 心理学理论〔375〕首先在两个反对意见面前失败了:它与中止特权的原理的不一致性(1)以及它在实践中的不可贯彻性(2)。

1. 心理学理论与中止特权的原理的不一致性

366 人们就像这里发生的(边码 4 以下),以及就像至少在《联邦最高法院刑事判决集》,第 9 卷,第 48 页之后在司法判决中所做的那样(边码 4),借助刑罚目的理论这么理解中止特权的原理:无论是一般预防或者特殊预防的需要,还是正义报应的必要性(只要人们的确承认这个刑罚目的),都不要求一种刑罚,这时,唯一有意义的就是,应当把“对合法性的回归”、“内心的逆转”做成这个自愿性的标准。只有在这个条件下,那些承担未遂的刑事可罚性的根据才可能被取消。当这个实行人在这种可能性的范围之内,借助更大的犯罪力量来实现他的计划时(案件 1),当他在所使用的暴力基础上,最终通过更舒服的途径来达到这个目标(案件 2),或者在他通过修订这个构成行为计划来实现那种非法的利益与对被害人的损害时,他仅仅是适应了这种情景,就像每个理性计算的违法者都会做的那样。在目的论与刑事政策的观点中,看不出为什么这样一种在实现犯罪意义中,纯粹以目的为条件的举止行为应当导致无刑事可罚性。因为这个实行人仍然是需要刑罚的,所以,这种无刑事可罚性就不会为中止特权的原理所覆盖。

367 联邦最高法院第一次在《联邦最高法院刑事判决集》,第 35 卷,第 187 页(案例 1,边码 358)中,考虑到规范性理论的批评,甚至明确地说了这些话:“这个审判委员会没有错误地认识,这个由司法判决所代表的观点,并不总是导致令人满意的结论。这也能够说明,为什么大部分文献都反对这个司法判决所具有的‘心理学化的’思考方法,并且认为,一种对中止动机的规范性评价是应当要求的……那些理论虽然比那些由司法判决所代表的观点更多地考虑了中止规定的基本想法,但是,它们与这部法律的原文是不相符合的……”也就是说,联邦最高法院把一种它自己都认识到不合理的方案,仅仅使用那种法律原文所具有的所谓的必要性来加以支持(参见,边码 406 以下)。这不可能说服人!

2. 心理学理论的不可贯彻性

368 这个对司法判决具有决定作用的问题是,是否“情绪性强制会使这个实行人无能力去完成那个构成行为”(《联邦最高法院刑事判决集》,第 21 卷,第 316 页),是否这个中止的动机是“一个放弃重罪的强制性原因”,从而使这个实行人“别无选择”(《联邦最高法院刑事判决集》,第 7 卷,第 299 页以下),是否那个引起中止的情节对于这个实行人来说就表现为“强制性障碍”,〔376〕在实际上,这些问题都是无法回答的。〔377〕 在这个构成行为的实现是不可能的,或者被这个实行

〔375〕 关于他们的追随者,在文献中可见 Baumann/Weber, AT[10], § 27 II 4; Blei, AT[18], § 69 III 1; Gropp, AT, § 9, Rn. 73; 在 Gropp, AT[2], § 9, Rn. 73 之中,他紧密连接着那种规范性的思考方式; Heinitz, JR, 1956, 249, Küpper, 1990, 179 ff.; Lackner, NStZ 1988, 405; ders., Lackner/Kühl[24], § 24, Rn. 18; Schmidhäuser, StuB AT[2], 11/83; Schröder, MDR, 1956, 321; ders., JuS 1962, 83; LK[10] – Vogler, § 24, Rn. 86, 88; Wessels/Beulke, AT[31], Rn. 651; 部分的,也见 Jäger, 1996, 98 ff., 但是,他进行的是新种类的未遂,自愿应当根据那种对于间接实行人有重大意义的责任原则来加以确定,以便在这个方式中,把那种心理上的着手更紧密地与法律联系在一起(对此参见,下文边码 442 以下)。

〔376〕 这个引注的位置指出,一切都是由出自其他判决的同样或者类似的内容证明的。

〔377〕 在同样的意义上,也见 Bockelmann, DR 1942, 432; ders., NJW 1955, 1418; Bottke, 1979, 184; zu Dohna, ZStW 59 (1940), 541; Gutmann, 1963, 190; Jäger, 1996, 98 ff.; Jakobs, AT[2], 26/33; ders., JZ 1988, 519; SK[6] – Rudolphi, § 24, Rn. 24; Ulsenheimer, 1976, 300 ff.。

人认为是不可能的,那么,这个未遂就是落空的(边码85以下),从而使一个中止从一开始就被排除了。更准确地说,只有在这个实行人认为,他还能完成这个行为构成的实现时,这个中止才能存在。但是,如果他是这么认定的,那么,他就不能同时相信,对此应当是通过内心的或者外在的强制被阻碍的。

369 例如,在被害人发现自己被察觉了,而他想要偷的那个东西,虽然还能毫不费力地拿走,但是,由于存在着紧接着被逮捕的高风险而中止的,这时,他就不是认为,自己是屈服于一种不能抗拒的强制,而是因为进一步的实施在当时情况下不值得才应当被放弃的。在这个实行人被认出并且在当时中止,因为他害怕被检举与被惩罚的,也相应地适用这一点;在这里,不存在那种强制性阻碍,而这种中止是一个权衡机遇与风险的问题。

370 自然,这个非自愿中止的实行人承受着一种心理的压力,但是,在这些一般并且正确地作为自愿来看待的中止中,例如,在没有理由的害怕或者迷信的担心促使他中止的,或者在他被同情征服而放弃他的目的时,同样是这种案件。就像这个例子显示的那样,这是不符合案件实际的,并且也不可能根据心理压力的强度在"非自愿"与"自愿"之间进行区分。首先,这种压力既不能被测量,而且在事后也根本不能在法庭中进行重构;其次,这样一个点也不存在,在这个点上,一个还不存在的自愿性就会突然转变为非自愿性了。以前,在楚·多纳[378]谈到,这种心理上的强制区分了"无数细微差别"的层次,"而本来不可能在这种刻度上……作出间断"时,就已经指出了这最后的一点。

371 这种"心理测定式"区分的不可使用性,在中止不是基于外部的压力,而是基于精神震撼之处,就变得特别明显了。这种情况就存在于案例4之中。当那个实行人在这里,在这两个客观上并不构成阻碍性根据并且很容易就会被赶出去的孩子出现之后,"不再想要继续并且在情绪与心理上也不能够继续"这个构成行为时,甚至在这个判决的措辞中也变得很明显了。这些措辞指出,在这种情景中,"不想要"与"不能要"(就是说,自愿性与非自愿性)是不应当相互分开的。当人们在这里借助联邦最高法院认定一个非自愿性时,就是通过拒绝中止的特权,为了其精神震撼的强度在惩罚这个实行人,虽然正是这种强度证明了,他已经改变了主意并且重新回归到合法性之中。[379] 这种在刑事政策观点下取消刑罚需要性的情节,恰恰很荒谬地被用来维护刑事可罚性!

372 在一种心理学区分的未遂中,这个结论是多么的偶然与不可控制,可以用一个相反的例子得到展示:

案例5(《联邦最高法院刑事判决集》,第21卷,第216页):[380] 甲借助杀人目的致命地伤害了被害人,但后来却喊来了一个医生救了被害人。根据初审法官判决的论断,那个受伤妇女的一瞥"对他来说就已经太多了……他就不能再继续了";"他现在不想再让这名妇女在地下室里流血了"。

373 在这里,这个实行人也由于精神震撼而不再想要也不再能够继续下去了。但是,与案例4相反,联邦最高法院从这里的检验结果中,推导出了一个中止的自愿性。初审的论断不应当是这样得出的:"这个通过受伤者的一瞥而使甲产生的精神震撼,对他来说是一种强制性的根据,应当使他防止……令人担忧的被害人死亡……这个被告人仅仅是在内心中被驱使去援救那个被他伤

---

[378] zu Dohna, ZStW 59 (1940), 541ff. (544)。

[379] 也参见,Freund, AT, § 9, Rn. 59。

[380] 在这个案件中支持自愿的,也见Jäger, 1996, 106。

害的妇女，在这里不存在没有能力去决定进行或者不进行这里所必要的行为”（出处同上，第217页）。这个对自愿中止的认定，在结论上肯定是正确的。但是，一直没有得到解释的是，为什么甲的心理压力的强度与决定的自由性，在案例4中就必须做出不同的判定。他在一个案件中没有能力既遂，但是在另一个案件中却有这种能力，这就是一种纯粹的断言。因此，这种心理学理论会导致的结论，在这类状况中，是任意的并且是相互矛盾的。

类似的不同结论也出现在别的案件之中。在联邦最高法院，《德国法月报（达林格）》，1958年，第12页的决定中，那个实行人为了能够抢劫钱箱，就用一根铁棒朝一个商店老板的头部打去。在这里，他中止了，理由是“这个被害人倒下去时停滞的眼光，让他想起了一个躺在案板上的动物，使他陷入了恐惧之中。因此，他就处于再也不能把钱拿出来的处境之中。”联邦最高法院在这里看到了一种强制性障碍，并且把这种中止宣布为非自愿的。与此相反，根据联邦最高法院，《德国法月报（达林格）》，1952年，第530/531页，应当存在自愿中止的是这种实行人，他从一个杀人未遂中中止了，因为他在被害人的头部重击多下之后，瞥了一眼这个失去知觉的、血正往外涌的女孩子后，突然意识到自己构成行为的后果了。为什么在看了被害人同情的一瞥就促使这个实行人中止时，他在一个案件中就是自愿的，而在另一个案件中就是非自愿的，这用心理学或者其他方法都是说不通的。 374

这个角度的不可贯彻性也表现在这里：在它一定会导致完全不能容忍的结论时，司法判决经常不作任何说明就忽视它。例如，在一种基于不可克服的良心顾虑而进行的中止中，从心理学观察的方法看，就必须认定（或者至少是考虑）一种非自愿的中止。在这个实行人参与其中，尽管他完全不可能违背自己的良心去完成这个犯罪时，那么，“心理中的强制”本来就必须排除自愿性。但是，在一个早期的帝国法院决定（《帝国法院刑事判例集》，第14卷，第19页以下，第22页）中的确这么说，并且，司法判决从那之后就一直遵循着：“受到自己良心的驱使……也就是说自愿的……这个证人放弃了……”。这自然是一个正确的结论，因为这个良心的决定，对于法来说，排除了刑罚需要性。但是，一种仅仅按照心理压力进行安排的理论，对此并不能提出有说服力的论证。 375

伪装的规范化也屡见不鲜。 376

案例6（《联邦最高法院刑事判决集》，第9卷，第48页）：甲为了强奸的目的，从背后袭击了一名妇女并把她按倒在地。这时他才发现，这个被害人是他的一个熟人。由此，在她向他保证不会指控他之后，他放开了这名妇女。初审程序的论断是这样说的：“甲面对认出他的证人感到羞愧，并且他担心证人会对他做出刑事检举。在这些根据中是否有一个会单独对中止发挥决定性的作用，是这个判决不能……看见的……”

联邦最高法院认定，在对甲来说，在继续行为就会被检举与被惩罚的确定性，本身已经足以制止他进行进一步的构成行为时，就存在着非自愿性。他“以理智的方式不能承担起这个危险，并且因此必须放弃对这个构成行为的实施”，这就已经足够了（出处同上，第50页）。这个实行人也能认为这种情节阻止了自己的行为，“这些情节对他造成了困难，但没有使去干变为不可能”（出处同上，第51页）。只有认定这种非自愿性，才使得“适当的决定”成为可能。一个放弃继续实施构成行为的人，仅仅是因为他不想被证明有罪的希望欺骗了他，那么，他就是“危险的并且是需要刑罚的”（出处同上，第51/52页）。 377

这肯定是正确的，但是，这是一种明显的回归到作为中止特权原理的刑罚目的理论，并且因此是一种规范化，这种规范化仅仅是以一种完全不承担义务的方式使用了心理学的公式。仅仅 378

还要求的是,还有一些情节阻碍着一种继续实施,但没有要求的是,它们在心理上起到强制的作用。在这个实行人"主要也是"出于羞愧而放过他的被害人时,这就也适用于联邦最高法院认为存在自愿性的意见之上。在这里,他不是处于一种形势之中,"这种形势强制性地确定了他的意志,并且在这种形势中,他能够以可以理解的方式不作出其他选择"(出处同上,第53页)。但是,为什么羞愧在心理学上看来就不应当表现出充分的障碍,这就不清楚了。每个人都能够(也包括自己)观察到,羞愧会引起非常强烈的心理障碍的效果。这种决定只有在这样的案件下才有说服力,这时,人们认识到,有人出于羞愧而从一个犯罪未遂中中止了,最后还是证明了对法律的忠诚,因此不需要刑罚了。但是,这是一种规范性的观点。

(三)关于规范性自愿性方案的论证

1. 通过违反计划地放弃构成行为或者阻止结果而回归法的轨道

379 这种自愿性标准所具有的因此不可避免的规范化必须如何实施,在具体案件中是很有争论的。[381] 然而,"这种主导性用语"[382]中的"对合法性的回归"[383]以及"在法的轨道上"[384]总是得到越来越多的贯彻。人们必须把这个实行人举止行为的违反计划性,承认为是满足回归条件的最重要标准。[385]

380 例如,在这个实行人因为同情被害人或者因为莫名其妙的害怕失去勇气而中止时,这就是一种违反计划的、带有与具体构成行为不一致动机的举止行为,但是,通过这种举止行为,这个实行人在这个存在的案件中,最后证明自己是合法行事的人。因此,这个立法者要取消刑事可罚性:正义报应——只要人们到底承认这个刑罚目的——是不需要的,因为这个实行人已经自己"取消"了、从这个世界上消除了这个构成行为。一般预防的刑罚需要性也不存在,因为法的要求相对于这个实行人的犯罪计划,最终还是得到了贯彻。同时,通过具体构成行为的举止行为,也没有引起特殊预防的刑罚需要性,因为这个实行人最终已经尊重了法。

381 通过这种方式,对自愿性的说明就与作为中止特权原理的刑罚目的理论(边码4以下)协调一致了。在这里,人们必须从一开始就提防两种认识上的错误。首先,自愿性并不要求道德高尚的中止动机。这是正确的,联邦最高法院也是这样的观点。[386] 但是,这不是反对规范性中止方案的论点,因为这种方案并不要求中止原因的道德质量。这种动机,就像在同情中,是否赢得道德的认可,是无所谓的。当这个实行人停止了,因为他没有外部原因就感到害怕,因为他认为原先承担的费用不再值得,或者否则就失去兴趣时,就也是自愿的;这不再作为合法的举止行为而受到要求。其次,回归合法性的条件不是这个实行人在将来也不再想要犯罪。他在具体的未遂构成行为方面回归了合法性,这就够了(参见,边码6)。也就是说,在那种出于同情或者害怕而中止的实行人决心要克服自己的"软弱",并且在可能的情况下,以后还要实施这个构成行为时,那么,他——除了这种保留条件的不可证明性之外——总还是自愿地中止了:立法者仅仅是根据从这个具体构成行为中的中止来进行安排;这个实行人在其将来举止行为方面的计划,对此并不

[381] 全面的说明由 Ulsenheimer, 1976 与 Bottke, 1979 的专著提供。一个很好的有关发展的概述,见 Jäger,1996, 21 ff.。

[382] Bottke, JR 1980, 444。

[383] Roxin, Heinitz - FS, 1972, 256;类似的,见 Köhler, AT, 479。

[384] Ulsenheimer, 1976, 314 u. pass。

[385] 因此,例如,也见 Jakobs, AT², 26/30:"因此,自愿是对中止的一个动机,是与对具体构成行为的动机互不相容的。"

[386] BGHSt 7, 296, 299; 9, 48 ff.; 33, 145 f.; 35, 184 ff., 186; BGH NJW 1980, 602。

重要(对此参见,边码413以下)。

与此相反,在这个实行人发现自己被察觉,并且,这个构成行为虽然还能完成,但是必须算计到被指控以及受到惩罚时,或者,在与这个实行人原先的期待相反,显示出来的是这种为了既遂所必需的在金钱、时间以及精力方面的花费与可实现的利益不成比例时,这个中止就是非自愿的。在这种案件中,他没有改变自己对这个犯罪的态度,他的举动没有违反构成行为计划,仅仅是"与构成行为目标相符"[387]地适应了已经改变的情况。他没有回归到合法性之中,而是仅仅做了一个顽固的违法者在这种情况下也会做的事情。没有任何理由应当对这种举止行为进行免除刑罚的奖励;这种刑罚需要性完全继续保留着。 382

几十年以前,我就已经试图通过**所谓的罪犯理性理论**把这个方案加以具体化。[388] 这个理论可以追溯到帝国法院的一个稳定判决。[389] 根据这个司法判决,"在根据总的情节,这个很快会被发现并会受惩罚的危险已经如此严重地压迫着实行人,以至于他在**理性的方式**上承担不起时",就是一种非自愿的中止(《联邦最高法院刑事判决集》,第9卷,第50页)。借助这种根据"理性"的安排,这个司法判决在不知不觉间就脱离了心理学的出发点,过渡到一种规范的标准上了。在这里,指的是哪一种"理性"呢? 我当时是这么阐述的:[390] 这是"一种不知悔改的、冷静地权衡具体构成行为计划所具有的风险与机会的违法者的理性。一个人发现自己被察觉了,并且这时中止的,就是在这种'理性的'意义上行为,在这里,虽然是从个别的构成行为计划中出发的,但是,这种应当用来安置中止的标准,还是应当一般地在其基础上加以确定。这样一种对罪犯手艺规则的服从,自然不能赢得这个法律制度的褒奖,从而,对这种中止就必须作为非自愿的来评价。与此相反,一个人在其盗窃过程中,没有具体缘由地突然被剧烈的恐惧攫住而离开的,根据他的行业标准,这就是一件'不理性'的(因为一个'正式的'罪犯是不会没有根据地害怕的)事情。因此,这个中止就是自愿的,因为这个法律制度奖励对罪犯理性规则的背离。" 383

在安置这些标准中,对案例1~4(边码358,360,362,364)的决定,应当与联邦最高法院做的有不同。一个人想要杀两个人(尹某与付某),但是,认为杀其中一个(尹某)比杀另一个更迫切(案例1),那么,他的行为就不仅与这个构成行为的目标相符,而且还与当时的情况相当,换句话说,根据他的构成行为计划,在他面临的选择仅仅只能是,要么杀死那个已经受伤的付某,要么杀死尹某时,谋杀尹某就是"理性"的。因此,他的中止是非自愿的! 一个人想要强奸他的被害人(区某),已经使用了暴力,仅仅因为区某允诺在短暂的"喘口气休息"之后就自愿献身时,才放弃了进一步的暴力(案例2)的,那么,他也是根据构成行为的计划在行事。正是从一个强奸者的立场出发,只有选择那条更舒适的途径去达到目标的,才是"理性的",从而,一种受如此动机驱动的中止就是非自愿。相应地,这也适用于案例3中对那个构成行为计划的改变。在那里,这个实行人通过另一个提议来避免所担心的保险公司拒绝支付。与此相反,在案例4中,与联邦最高法院不同,应当认定一种自愿的中止。在有人决定要杀自己的妻子,但是由于那种想到共同的孩子之后而产生的精神震撼,使他停下来了,这时,他的行为就是"违反构成行为计划的",也就是说,应当借助雅各布斯说的,[391]是基于一种"与具体构成行为的动机不一致"的动机。这个构成行为对这些孩子的后果,在作出决定时,就是很清楚的。在一个谋杀配偶的人对此不予理会时, 384

---

[387] Bottke, JA 1981, 63。

[388] 首先,见ZStW 77 (1 § 65), 97; 逐字地被重复,见Heinitz – FS, 1972, 256; 符合的,见ZStW 80 (1968), 708; 1970, ^{2}1973, 36 – 38。同样,见SK^{6} – Rudolphi, § 24, Rn. 28。

[389] RGSt 37, 402 (406); 47, 74 (79); 65, 145 (149); 同样,又见BGHSt 9, 48 (50)。

[390] 在1965年; 参见,注释388。

[391] Jakobs, AT^{2}, 26/30。

那么,从他的犯罪计划角度来说,在未遂阶段还考虑到孩子而放弃既遂的,就是"不理性的"。[392] 但是,恰恰是在这种"不理性"中,表现了那种最终贯彻一种与法相符的态度以及由此对合法性的回归。这一点,根据规范的观点,在未遂杀人方面,能够为一种免除刑罚提供正当化。

385 "罪犯理性"理论受到了各种各样的批评,这些批评中有一部分指出,那种可靠的关于"典型的"杀人违法者、强奸者、诈骗者是如何行事的实证性认识是不存在的,有一部分在指责这种标准的不确定性。[393] 其中,存在着一种对我的意图的误解。对我来说,有关的不是这些实证性的确定,而是一种规范性原则,这种原则应当在确定什么能够作为违反构成行为计划的回归合法性中,起到帮助作用。[394] 这样一种说明性辅助手段,也不是一把万能钥匙,不是到处都能很好地适用,而且也不能让其他的规范性确定都显得多余(参见,边码387以下)。"可是,这种口号作为一种'法道德的镜像颠倒'的标志是很容易记住的,并且,无论如何也说中了一种应当统一判定的中止类型。"[395]

386 另一个规范性理论的追随者满足于按照一种"回归……法的轨道"[396] 来安排,或者,他们把刑罚目的理论的一些单独部分置于中心位置。例如,瓦尔特[397] 强调的是,在中止之中,是否表现出一种"符合规范的冲突性解决方案",以及由此一种"充分的准备遵守规范"。这在原则上是正确的:一个人决定违反自己的犯罪计划,就是在遵守规范地行为,并且在这个范围内回归了合法性。但是,由此仅仅考虑了中止特权的特殊预防方面,这个方面在中止中就仅仅发挥着缩小的作用,因为"有害的倾向"即使在自愿中止中也能够继续存在。[398] 另一方面,许内曼[399] 在这个实行人重新取消了这个未遂动摇法律的印象时,就认定了一种自愿的中止。在这里,就恰当地考虑了中止的一般预防方面。但是,这种单纯的回归刑罚目的还是有一些模糊,因为对于这样的问题:在哪些条件下应当取消刑罚需要性的普遍性,它为回答提供了太少的提示。

2. 自愿中止的案件类别

(1)实行人出于内心原因的中止

387 最清楚的自愿中止案件,是那些外部情节没有改变,但是,实行人仍然改变决定的案件。这种案件能够出于值得赞许的动机:[400] 实行人受到良心的谴责;对自己迄今为止的行为感到羞愧;在最初的愤怒消散之后明白过来;同情被害人,等等。但是,这种动机也能够是中性的。一个人的中止,是因为他在关键时刻失去决断力,因为他被莫名其妙的恐惧感攫住,因为他丧失了对这个构成行为的兴趣,或者因为出于"对迄今为止过程的恼怒、不愉快以及不满"[401] 而不再想干了,那么他就还总是自愿的。这个实行人在所有案件中的行为,都违反了计划,都是出于与原先构成行为动机不相符的动机,并且让从原先构成行为计划中的中止显得非常不理性。他在此是否处于或大或小的内心压力之下,是无所谓的。虽然司法判决从心理学理论出发,在这些案件中也完全会判定为自愿性,但是,在不能克服的内心障碍中就会出现一种前后矛盾的结果(参见,

---

[392] 在 Jäger, ZStW 112 (2000), 794 对此进行反驳,认为这符合"父亲的计划与父亲的理性",能够避免孩子们看到自己母亲的死亡,因此,他混淆了一种通常的理性与那种本书所感兴趣的谋杀配偶的父亲的理性;完全不考虑这些孩子在被推出去之后,本来毕竟也会"避免"看到这个死亡的。

[393] 参见,仅仅,例如,Jäger, 1996, 24, 102; Ulsenheimer, 1976, 306 ff.; Stratenwerth, AT^4, § 11, Rn. 87。

[394] 参见,对此的赏识,见 Bottke, 1979, 1988 ff.。

[395] Krauβ, JuS 1981, 887, Fn. 16。

[396] Ulsenheimer, 314; 类似的,见 Bottke, 1979, 496 ff. u. pass。

[397] Walter, 1980, 70 ff.。

[398] 对此,也参见 Jäger, 1996, 25 f.; Schäfer, 1992, 55。

[399] Schünemann, GA 1986, 323。

[400] 对此,见 Bottke, 1979, 497 ff.。

[401] BGH MDR (H) 1989, 857。

边码371～374)，而这正是规范性方案所避免的。

在这个实行人不改变这个构成行为的情境而在身体上变得没有能力将其既遂之处，就存在着这个界限。例如，在这个构成行为的情境中，激动与紧张导致了一种循环性衰竭，而这种衰竭就使得进一步的实施成为不可能；或者，这个强奸者非常恼怒地发现自己在关键时刻变得没有性能力了。在这样的案件中，就存在着一个落空的未遂(边码77以下，86)，而在落空的未遂中，一种中止从一开始就是不予考虑的。但是，在这里，也必须注意生理与心理的互相影响。在身体的无能力仅仅是内心逆转的后果之处，中止就是自愿的。一个人在良心的压力之下，遭受着一种神经性休克，并且当时在生理上也不再能够继续下去的，就总还是自愿地中止了。同时，一个人在强奸未遂中，被羞愧与悔恨控制了，因此在生理上处于不再能完成性行为的状态之中的，就应当获得免除刑罚的特权。"在身体上与精神上对未遂的阻碍，不可能比单单从精神的阻碍能够带来的更少。"[402] 388

(2)实行人通过不能或者只能不重要地提高失败或者事后受惩罚风险的外部情节来引起中止

属于这一类的，首先是像案例4(边码364)与案例5(边码372)中的那些案件事实。在案例4中，孩子的出现虽然意味着一种"打扰"，但是，这对于所计划的杀死妻子并不是真实的阻碍，与此同时，案例5中受伤妇女的一瞥，对于实现计划的风险完全没有任何影响。这也相应地适用于这个实行人因为这个受伤被害人的一瞥，出于其他根据而使他吃惊或者害怕，[403]或者因为那个实行人想要对其进行性虐待的孩子轻轻的哭泣(《帝国法院刑事判例集》，第69卷，第140页)或者用恐惧的声音问实行人想要对自己做什么(《帝国法院刑事判例集》，第47卷，第76页)而中止时。在所有这些案件中，中止都是自愿的(参见边码39，380以下)，因为中止与构成行为计划不相符合，并且从一个决定既遂的实行人的观点出发，这是不理性的；被害人的痛苦是在构成行为计划中所包含的，因此，就不是那种符合构成行为目标的阻碍性根据。正是这种存在于实行人的激动之中并且作为动机推动了这种中止的不连贯性，说明了对合法性的回归与刑罚需要性的消除。 389

一种由宗教性动机推动的中止，即使是由外部情节引起的，也总是自愿的。也就是说，如果这个实行人中止了，因为他面对圣像(帝国法院，《法学周报》，1934年，第486页)，或者因为教堂的钟开始敲响，那么，就可以正确地把未遂判定为免除刑罚的。这个实行人作为违法者是非理性的；但是，恰恰是这种内心的逆转人让刑罚目的消除了。这对出于迷信的中止也同样适用。一个人在未遂阶段放弃了，因为有猫头鹰在叫，或者一只黑猫从他面前的路上跑过，那么，他的行为根据犯罪行当的规矩也是不理性的。因此，中止的特权就必须像有利于另一个出于其他原因而过度害怕的实行人一样，也有利于他。 390

一个人，让被害人、构成行为的证人(联邦最高法院，《刑法新杂志》，1989年，第69页)，或者与他关系好的人说服的，也是自愿地中止的。在这样一个案件中，即使他在原先构成行为计划的角度下是非常不理性的，实行人也是重新回归了法的轨道。但是，在这种"说服"后面还有一种刑事检举的威胁，问题就不一样了：在这种检举大大提高了被抓住的机会时，这对一个具有继续既遂意志的实行人来说，对它表示屈服也是"理性的"，因此，这就排除了一种自愿的中止。另一方面，在以刑事检举的威胁不能提高那种从一开始就出现的风险时，中止就会重新是自愿的。在 391

---

[402] 这样，非常好的，见 Jakobs，AT2，26/45；类似的，见 Köhler，AT，481。在文献与司法判决中(RG DR 1943，910；BGH LM § 177 Nr. 6)，这大多没有被正确地加以包括。

[403] RGSt 68，238；RG DR 1943，910；BGH MDR (D) 1958，12；BGH LM § 177 a. F. Nr. 6。

甲决定要痛打乙时，他就必须容忍乙在事后可能提出的刑事检举。如果乙在未遂阶段向他指出这一点，那么，这个中止就与原先的动机不一致，并且就这点来说是非理性的——也就是说，是自愿的。

392　如果这个构成行为的实施被认为比原先的更困难，那么，在这种风险没有明显提高时，这个中止就还总是自愿的。如果实行人发现了一个报警装置，但是，他在自己技术知识的基础上，还是能够毫不费力地让它不起作用的，那么，他就总还是能够自愿地中止；一个"理性的"入室盗窃犯，不能被这种可以轻易克服的困难就阻挡了这个构成行为。[404] 当然，在构成行为的困难加大时，通常就有不同了：在本来以为是开着的门必须用力打破时，或者在必须先杀死一条院子里的狗或者麻醉并且绑住意外出现的守夜人时，这就会给这个计划的成功带来如此之大的风险，使得一个停止就是适合情境的（"理性的"），因此是非自愿的。[405] 如果这个犯罪的性质通过克服阻碍被改变了——必须使用暴力，从而使计划的盗窃成为一种抢劫，那么，这种原计划为比较不严重的犯罪，就已经落空了，从中就会产生出那种中止的不可能性。

3. 非自愿中止的案件类别[406]

（1）通过外部情节的改变来论证的能够阻止既遂的恐惧

393　在实行人看到警察或者援助被害人的人出现时，在警报响起或者狗叫起来而实行人因此为了谨慎起见而中止时，这种案件就存在了。如果他认定这个行为构成的实现已经变得不可能，那么，就存在着一个落空的未遂，从而使中止问题根本不会被提起（边码 85 以下）。但是，大部分案件会是这样的，即他不知道这个构成行为是否还可以实施。在这里，就还不应当认定落空，而应当认定中止（参见，边码 88）。在这个实行人自己做出的想象图景基础上，放弃构成行为在客观判断中是"理性的"并且是适应情境的，他就是非自愿的。就像这个司法判决必须认定的那样，这个行为人的决定自由是否如此大地受到妨碍，从而使他没有别的选择，就经常很有问题。这个中止能够是这个实行人冷静权衡与自由决定的结果，但是，它无论如何不是以一种改变的态度为基础的，而是以让刑罚需要性存在的那种与犯罪一致的目的符合性为基础的。

394　这类案件中一个常见的案件，也存在于被害人的抵抗或者呼救之中。在这种风险如此之大，使得从一个具有既遂意志的实行人的立场看来，放弃在客观判断中也是理性的时候，这种中止就必须作为非自愿来判定。在反抗很弱并且很容易被克服时，或者在荒凉地带或者在封闭的空间之外根本听不到被害人的呼救时，案件就不一样。在实行人尽管如此还是促成了一个中止时，他的行为从自己犯罪计划的角度来看，就是不理性的，因此同样是自愿的。相应地也适用于被害人已经发现的情况。例如，如果意外遇到房屋主人的小偷担心，这个被偷的人会成功地阻止他把东西拿走的，那么，他的中止就是非自愿的。相反，在这个房屋主人非常害怕而自己把小偷正在找的钱交给他时，一个仍然发生的中止就会是自愿的。

（2）通过外部情节的改变来论证的在构成行为既遂后被逮捕与被惩罚或者丧失赃物的恐惧

395　这种案件在实际中很常见，[407] 并且正好就应当像第一类案件那样处理。在这种通过情节来论证的被立刻逮捕或者赃物重新被抢走的恐惧，在客观判断中是合理的时候，一种中止就是与

---

[404] 不同的意见，显而易见的，见 Jakobs, AT², 26/46，对于他来说，当障碍的克服会提高不法与罪责时，中止就是不自愿的。

[405] 在这一点上，再次存在着与 Jakobs, AT², 26/46 的一致性。

[406] 详细地说明这种大规模司法判决的材料，见 Ulsenheimer, 1976, 253 – 279, 348 – 376; Bottke, 1979, 502 ff.; Walter, 1980, 881 ff.，以及——在联邦最高法院司法判决的限制下——见 Jäger, 1996, 10 ff.。

[407] 参见，仅仅是 BGHSt 9, 52; BGH JR 1952, 414; BGH NStZ 1984, 116; 1992, 536; 1993, 77, 279; BGH MDR (H) 1993, 1038; 1994, 127。

情境适应的,并且从一个有经验的刑事实行人角度看来就是理性的,因此是非自愿的。

刑事司法判决也这么认定,它以其心理学理论为基础,出发点就是:对这个实行人来说就没有其他选择了。当然,这比在(1)中处理的案件类别更有问题:这个实行人本来就能够——当然非常不聪明地——也让这成为最重要的,并且有些甚至就这么干了。毛拉赫/格塞尔[408]把所有对这个构成行为既遂之后将要发生的那些考虑,都移交给"道德的领域。这些考虑在不谈论一种使实行人内心得到净化时,就不能自己在这里排除这种特权。"因此,一个人的停止是为了不让逃跑的路被截断(不同的,见帝国法院,《德国司法和法律政策》,1938 年,第 596 页),或者是为了阻止向警察检举的(不同的,见《联邦最高法院刑事判例集》,第 9 卷,第 49 页),就应当是自愿地中止了。 396

但是,在这些作者们依据的[409]刑事政策的观点之下,这恰恰是一个完全荒谬的结论。这个实行人是否完全就不再达到既遂,或者在那之后就很快被抓,或者也仅仅是必须放弃赃物:对他来说,在所有的案件中,一种继续行为都同样是没有意义的。在刑事政策中,用免除刑罚来奖励对那种行为的不作为,反正是错误的。对于一个被犯罪动机推动的实行人来说,这些行为也变得没有意义。此外,还会碰到这种情节:案件类别(1)与(2)中的案件,经常互相过渡,并且这个实行人自己也不知道,他在这个构成行为完成之前或者之后是否必须担心会被抓。出于这个原因,错误的本来也会是,应当与这样一种对不同法律结果的区分联系起来。 397

(3)实行人由于其他困难而中止

在失败或者被抓的风险提高了的角度下,这个案件类别已经(边码 392)论述过了。但是,还有一种有待处理的案件是,这个实行人因为对他来说,工作与时间的耗费太多,或者有待筹措的资金太大,所以中止了。例如,专业的伪造者发现,在工作中的耗费比他原先认定的要远远大得多,从而使自己投入的努力与委托人的酬金不成比例。在他因此中断自己的活动时,从伪造者的"职业"角度看来,这就是前后一致的并且是"理性的",同时,从刑罚目的观点看来,也不存在对他使用免除刑罚进行奖励的理由。也就是说,这个中止是非自愿的。例如,在一个未遂的对伪证的教唆中,那笔为了赢得实行人而支付的资金,应当比借助这个伪证所能获得的还更大时,就同样地也适用。与此相反,在实行人目标设定的角度下,在客观判断中,既遂总还是值得的时候,这个中止就是自愿的。[410] 在所有这类案件中,心理学理论必须在前后一致的使用中都认定自愿性;然而,这个选择自由的标准在运用时是这样的灵活,使得结论在事前是很难预料的。 398

(4)实行人由于意外的威胁性附属后果而中止

这类案件虽然在实践中几乎不可能发生,但是,作为在实际中很有意思的边缘案例,在文献中有很多的讨论。安放炸弹者的案件是非常有争论的。[411] 这个人在正要点燃自己放置的炸药时,刚好发现他的父母出现在大厅里;因此他放弃了爆炸。博特克[412]想要在这里认定一个自愿的中止,因为这个实行人展示出在自己这里"至少社会认可的价值观部分地发挥了作用"。赫茨 399

---

[408] Maurach/Gössel, AT/2^7, 41/118, 120。

[409] Maurach/Gössel, AT/2^7, 41/118。

[410] 那个 Herzberg 想要毫无区别地判为自愿性的"企业主放弃"的案件(Lackner－FS, 1987, 330 f.),就应当有区别地加以判决。

[411] Jäger, 1996, 99 f.;完全类似的,见 Bottke, 1979, 395 f., 他想让那个恐怖分子在看见自己的父亲也在大楼里时,在最后一分钟把已经发动的定时炸弹拆除。

[412] Bottke, 1979, 399。

贝格[413]与耶格尔[414]在指出第35条的情况下拒绝了自愿性;从这条紧急状态的条文中能够得出结论,这个立法者把为了救援家属的行为,评价为是无自由的。

400 正确的方式是,人们必须——与博特克相反——从一种规范性理论的立场出发,认定一种非自愿的中止。一个人想要引爆一个炸弹,因此还不是想要谋杀父母的罪犯。如果他的计划只能通过杀害父母来实现,那么,一个中止就是对情境适当的并且因此是非自愿的。这个实行人至少还保护了自己的父母,这就不能排除他在未遂的炸药爆炸中的刑罚需要性。这种非自愿性也能够这样得出来,即杀害父母本来会大大提高这个实行人的不法与罪责,并且在可能的情况下,会大大增加他的刑罚(参见,边码392)。因此,在这个实行人想要炸掉一座空的大楼,因为在最后一刻发现有一个自己不认识的人在房子里而中止时,这种中止就是非自愿的。这个仅仅想炸掉一栋建筑的实行人,当他把实施这个计划与一桩谋杀联系起来时,就会进入一种无法估计的风险之中。

401 这种变化形式就表明,援引第35条虽然是一种支持性的论点,但是并没有触及事情的核心。在这个构成行为被放弃是因为这个目标只能借助谋杀才能实现时,这个中止就完全不依赖第35条,而是非自愿的。这同样适用于这种有争论的案件,即一个入室盗窃者放弃了盗窃,为的是去扑救自己着火的房子。在这里,有人认定了自愿性,[415]有人认定了非自愿性。[416] 恰当的是,肯定一种非自愿的中止,尽管救援财产的动机,根据第35条不具有排除责任的作用。这种中止源自于一种清醒的计算,也就是说,根据"入室盗窃者的手艺规则",在这个构成行为既遂的利益要小于房屋着火的损失时,这种中止也是理性的。与此相反,在有人中止,因为他在构成行为既遂的案件中,会错过一场对他很有意思的足球赛的电视转播时,他的行为是自愿的。在入室盗窃目的的观点下,与原来计划不相符合的动机就是非常不理性的。

402 当这个实行人(仅仅)在自己未遂阶段进来的妻子威胁要在他实施构成行为时自杀,因此阻止了既遂的,在这样的案件下也应当认定非自愿性。[417] 虽然从规范性理论的立场出发,[418]在这个实行人出于对妻子的爱而中止时,就应当建议认定自愿性,相反,在他害怕的是丧失妻子的金钱,或者害怕根据第323c条受到刑罚时,就应当认定非自愿性,但是,这不再能够导致在司法上的难以捉摸了。[419] 对于这种在法律中不能避免的、确定类型的思考方法来说,这个妻子的死亡,无论如何都是一个严重的损失(无论出于什么根据),[420]从而,即使从一个违法者的角度出发,在这个构成行为要以这样的代价才是可以完成的时候,中断这个构成行为也是符合目的的。

(5)实行人因为自己构成行为动机的消失而中止

403 大多数这一类案件,都被较老的司法判决,部分地还被现代文献[421]在自愿或者非自愿中止的观点下判定过了。这些案件,根据上文(边码94以下)详细论证过的意见,都是落空的未遂的表现形式,也就是说,不需要在这里再进行讨论。属于这些案件的有构成行为的中断,因为行为对象的身份与构成行为计划不相符合(《帝国法院刑事判例集》,第39卷,第37页:那个应当被

---

[413] Herzberg, Lackner - FS, 1987, 352 f.。

[414] Jäger, 1996, 100。

[415] Jäger, 1996, 100; LK^{10} - Vogler, § 24, Rn. 103。

[416] Sch/Sch/Eser^{26}, § 24, Rn. 49。

[417] 这个案件可以追溯到Schröder, MDR 1956, 323上去。反对自愿性的,也见Schröder, aaO.; Herzberg, Lackner - FS, 1987, 352; Jäger, 1996, 101。

[418] Roxin, Heinitz - FS, 1972, 264; Bottke, 1979, 514。

[419] 正确的批评,见Jäger, 1996, 101。

[420] 第35条真的没有作出这种区别,而是证明了家属救援的无罪,没有探究救援者的动机问题。

[421] 例如,Jäger, 1996, 77 ff., 109 ff.。

偷走的球最终表现为是一个木球),或者因为这个构成行为的对象不能满足实行人的期望(《联邦最高法院刑事判决集》,第4卷,第56页:找到的赃物证明是不能用的)。

因此,作为对于自愿性问题来说,"没有意义的未遂"的例子[422]就仅仅剩下这些案件:在其中,行为构成的实现完全是可能的,行为对象根据其身份与特点也都是实行人所想要的,但是,动机突然消失了(参见,边码101):实行人已经着手去杀害被认为是杀了自己孩子的谋杀犯,去杀害那个破坏了自己婚姻的妻子的情人,去杀害那个无耻卑鄙的告密者等等,这时,他发现这一切都是基于一个认识错误,并且被害人是无辜的。如果这个实行人由此放手,那么,这个中止就是非自愿的。即使从那种一直坚持的犯罪性目标设定的观点看来,这种即刻(hic et nunc)未遂杀人的完成也是没有意义的,也就是说,这种中止是理性的并且因此是非自愿的。 404

这个状况特别明显地表明,一个规范的中止方案是多么不可避免的,并且,人们在这里只能多么少地使用一种心理学的角度。[423] 强制这个实行人中止的外部情节并不存在。他仅仅是因为弄清了自己的认识错误之后,不再对这个构成行为有动力而中止的。但是,在人们现在的停止是因为进一步的行为已经变得没有意义时,这就不值得免除刑罚。另外,这类案件还表明,这个落空的未遂与中止之间的界限,虽然在一种心理学的自愿性方案的基础上,有着很大的实际意义(参见,边码111),但是,对于一种规范的自愿性理解来说,却具有更小的重要性。只要人们不把一个没有意义的未遂承认为是落空,那么,这种未遂就无论如何也是一种非自愿的中止,因为从构成行为计划的角度出发,只有停止这种没有意义的未遂才是理性的。 405

4. 以法律原文为基础的反对

前面提到的案件类别与例子都表明,一个规范的界限,就像本书所支持的那样,通常都会比那种在严格字面意义上不能实现的、按照心理压力强度安排的"心理测定的"角度,更具有说服力,并且,借助中止特权的原理能够获得更好的协调一致的结果。反对意见也没有完全驳倒规范性观点所具有的那种在目的论上更正确的解决方法,但是却宣称,自愿这个概念的字面意义在强制使用着一种心理学的解释。这首先是由拉克纳[424]提出的,并且被《联邦最高法院刑事判决集》,第35卷,第187页(参见,边码367)采纳了。[425] 对自愿性标准的一个纯粹规范性的说明"由于超越了宪法保护的原文限制……因此,在其借助目的论上的权衡,把明显是自愿的、也就是说不是基于外部压力或者内心障碍的中止案件,宣布为具有刑事可罚性的时候,这就是不允许的"。[426] 406

但是,不能以这种方式来反驳已经进步的规范性解释。部分受到反对的是,法律确定性的基本原则(《德国基本法》第103条第2款)以及由此把对可能的口语词义的解释限制,[427]完全适用于这些中止的条件。博特克[428]反对的理由是,第24条不适用于潜在的违法者,从而使得这些人的理解水平不是关键的;兰珀[429]认为,这种法律保留的保障作用仅仅限于对此的口头澄清,即"什么是应当或者可以的,而不是那些对特定实行人或者实行人类别适用对法律忠诚的要 407

---

[422] 因此,这个术语见 Bauer, wistra 1992, 204。

[423] 这是在边码98中就已经在落空的未遂上表明的。

[424] Lackner, 现在见 Lackner/Kühl^{24}, § 24, Rn. 18。

[425] 对此,再次见 Lackner, NStZ 1988, 405; Lackner 与联邦最高法院都同意,见 Herzberg, Lackner-FS, 1987, 328 ff.; Otto, AT^{6}, § 19 11 2 b, bb; 在早期意见的任务下,现在也见 Bottke, BGH-FG, Bd. IV, 169 ff.。

[426] Lackner/Kühl^{24}, § 24, Rn. 18。

[427] 参见,Roxin, AT 1^{3}, § 5, Rn. 26 ff.。

[428] Bottke, JR 1980, 443。

[429] Lampe, JuS 1989, 613。

求作出免除罪责的例外”。但是,这种对无法无罪基本原则的例外,仍然是很成问题的。通过各种对原文的超越,这种使实行人负担的刑事可罚性就都扩展了——并且,这不应当是为了法安全发生的,无论这个条文在实行人的动机过程中是否具有作用。

408　雅各布斯[430]对此进行了不同的论证:“这种通过符合规则来对自由的举止行为的确定,符合了悠久的哲学传统,并且因此作为常见的确定而没有超越解释的界限。”拉克纳[431]对此反对说,这样一种哲学命题存在于“一个完全不同的层面”,并且与“自愿性概念的口语意义没有丝毫关系”。正确的是,人们无论如何不允许通过专业性特别概念的属性来使口语词义变得毫无意义。[432] 这将会使解释的限制放得过宽了,从而使这个关于确定性的基本原则应当保障的法安全就几乎没有剩下什么了。也就是说,重要的是,这种理想的自由概念是否能够至少作为一般语言使用的变化形式来适用。这可能是有问题的。

409　然而,关键之处不在这里,因为这种自愿性概念的规范性方案,就像前面已经阐明的那样,也能够与一种对自愿性的非专业理解完全相一致。许内曼[433]就曾经指出,“在这些有争论的案件中,绝对不能超越可以想象的日常语言的界限”。因此,联邦最高法院在案例1中(边码358),就把拒绝一个规范性的对自愿性的理解仅仅建立在这个原文论点之上。人们在这个案例中,当然就能够在这里说,这个实行人必须在自己构成行为计划的基础上,为了杀尹某而放过付某;因此,他是非自愿地放弃了对付某的谋杀既遂。或者,用格拉斯尼克(Grasnick)的话说:[434]“谋杀自己离异妻子的意志造成了那种精神上的压力,在这种压力之下,他……离开了这个谋杀未遂,因为他不再能够干别的了。”一个人在一个诈骗案件中,把一种特定的、不可能导致结果的欺骗替换成另外一种更有希望的欺骗(案例3,边码362)的,他就可以在与一般语言用法相一致的条件下宣称:“在我想要在更大可能的保证下达到自己的目标时,我就必须这么行为。”在这个意义中,从第一次诈骗未遂中的中止,根据对这个词的日常理解,就是非自愿的。

410　除了那些在这里不能在语言上全部演示的具体案件之外,一般能够说的是:有人由于一种**外部情节的改变**而面临这样一种案件,在其中,他基于自己的构成行为计划,就应当**理性地在没有别的选择的情况下**中止,这时,人们就能够在不与日常语言使用规则冲突的条件下,把这样一种中止称为**非自愿**的。这不仅适用于这种情况的恶化——这个实行人必须担心既遂被阻碍或者自己之后被抓——而且也适用于这种情况的好转。在实行人想要用暴力强行发生性行为,而这名妇女为了避免进一步的暴力而答应在一个这种情况反正指明的短暂休息之后自愿献身时(案例2,边码360),他在理性的方式上,除了走这条更舒适的到达目标的途径之外,就已经没有其他选择了。把这个中止描述为这个情节所迫使的并且因此是非自愿的,在语言上是允许的。人们不能够反对说,这个实行人本来的确是能不理性地行为的,本来是能进行这种吃力得多并且在结果展望中很可疑的立即强奸的,并且在其决定这一点中是自由的。这样一种对不理性行为的自由,在任何案件中都存在(不然就存在落空了),并且完全不影响这个中止的非自愿性:一个人发觉自己被发现了,并且正确地担心在构成行为既遂之后会被抓的,他就也有不理性地让其成为关键之点的自由,并且在自己退回时,的确是非自愿地中止了。

411　也就是说,这种规范的自愿性观点也有一种实证的基础:对于认定非自愿性来说,就必须存

---

[430] Jakobs, AT², 26/33, Fn. 62。类似的,见ders., JZ 1988, 520,处于这样的指示之下:“一个在实践哲学中的长期传统:不是那些跟随自己兴趣的人才是自由的,而是那些在正确中跟随理智(Einsicht)的人才是自由的。”

[431] Lackner, NStZ 1988, 406。

[432] 参见,Roxin, AT 1³, § 5, Rn. 37。

[433] Schünemann, GA1986, 323。

[434] Grasnick, JZ 1989, 829。

在一种会引起这个实行人在其构成行为计划的基础上理性地中断未遂的情况。通过这种情况的存在对中止的预先确定，就足以谈论非自愿性了。根据这种精神压力的强度所作的进一步划分，就像心理学理论想要进行的那样，既没有意义也不能得到贯彻，并且也不能被那种语言的使用所迫使。

在语言上的怀疑，最多只能在不能克服的良心困境或者精神震撼阻碍了这个实行人继续行 412
为之处，才是合理的（参见，边码 371 以下）。但是，即使人们想要在那种已经过渡到大众语言的观点中也不同意这种内心的变化，以至于这种出于内心根据而作出的符合规范行为的决定也总是自由的，这样，一种目的论上要求的有利于实行人的逾越原文界限，就反正是允许的。[435]

5. 在保留或者在以后重复的目的中拒绝刑罚目的理论的反对

前面已经说明，当这个实行人保留在以后的机会中仍然实施这个构成行为时（边码 381，6 以 413
下），不通过外部情节推动的中止对自愿性就不会有任何改变。当这个实行人在中止时甚至已经有确定的目的，在别的时间重复干这个未遂时，这就也必须适用。考虑到具体的构成行为，这个中止人已经重新建立了这个合法的状态，而外部情况本来并没有对此给出一种理性的动机。这个中止的动机与那个原先即刻实施这个构成行为的计划是不相符合的，也就是说，这个中止是自愿的。这个实行人将来想要做什么，是不可查明的，并且，作为首先在内心保持的态度，对于一个行为刑法来说，并不能成为信条性区分的连接点。也就是说，刑罚目的理论所具有的特殊预防的角度，从关于这个实行人将来危险性的预测性考虑中解放出来了，并且限制在这个问题中：这个迄今为止发生的事情，是否就说明了对这个实行人施加刑法性影响的必要性。从法律中也能够明显地得出这一点。法律要求对这个“构成行为”的自愿放弃，而不是一种倾向于犯罪行为的生活方式。

联邦最高法院并没有正确地认识到这一点（边码 4 以下），并且它也经常被规范的自愿性概 414
念的追随者们所忽视。因此，乌尔森海默[436]就塑造了这样一种实行人的案件，“他放弃了对谷仓的纵火未遂，因为他想要把还没有运进来的庄稼也一起烧毁”。他认定了一个非自愿的中止，因为“对实行人的一种‘合法的’动机说明……是谈不上的”。赫茨贝格[437]正确地批评了这个解决方法，并且恰当地肯定了一种自愿的中止，但是，他想要由此继续推导出一种对作为规范的自愿性方案基础的整个刑罚目的理论的批驳。然而，这正是基于一种已经描述过的在中止理论框架中对特殊预防角度的认识错误。如果人们真要把这种特殊预防的角度扩展到这个实行人未来的计划上，那么，在实际上就不能谈论一种“对合法性的回归”，并且，这种移动在考虑这个实行人的损害目的中，就也能作为理性的以及与原来动机相一致的来看待。但是，这是错误的。这个问题只允许这样提出来，在考虑这种即刻未遂的构成行为方面，这个实行人是否重新回到法的轨道。换句话说：这个犯罪的“理性”以及由此产生的中止的非自愿性，都只能从这个中止时的那种构成行为的情况中，而不是从这个实行人可能的将来的举止行为中得出。雅各布斯[438]非常清楚地表述道：“这里涉及的不是对这个实行人的新计划进行判定，而是对放弃还在议论之中的犯罪性行动的判定……这种回归法的轨道会在此后唯一地通过从这个行动中离开而发生，并不是通过这种离开加上放弃其他犯罪才发生。”

---

〔435〕 与本书一致的，也见 Freund，AT，§ 9，Rn. 56。

〔436〕 Ulsenheimer，1976，341。这个例子的发明人是 Oppenhoff，^{5}1867，他认定了自愿性。

〔437〕 Herzberg，Lackner-FS，1987，328 ff.。

〔438〕 Jakobs，AT^2，26/34 a。

415 人们允许自愿性多么少地取决于行为人刑法的预测,展现在这样一个相反的案件之中:例如,这个实行人中止了,因为警察出现了,并且他必须担心被抓住。[439] 他完全有可能从这次经验中吸取教训,并且不再重新成为应受惩罚的人,也就是说,他在这个范围内返回了法的轨道。但是,因此,这个中止自然就的确是非自愿的。从与情况相适应的中止情节中,并不能得出动机的转变,并且,仅仅这一点才是关键。当这个实行人的决定在以情况为条件的中止中,对将来忠于法律的举止行为不能发挥对他有利的作用时,这种实施以后的犯罪行为的意志,也不能使他在其他情况下的自愿中止变成非自愿的。

6. 在犯罪变化中拒绝刑罚目的理论的反对

416 同样适用的是这样的案件:这个实行人不是在以后重复的目的中中止的,而是为了另一个犯罪而中止的。赫茨贝格[440]设计了这样的案件:有人放弃了自己的入室盗窃未遂,"因为对他更有吸引力的是偷偷尾随一名姑娘并且在一个偏僻的地方强奸她"。他在这里恰当地认定了一个自愿的中止,但是认为,一个根据回归合法性来安排的规范性理论,必须在这里得出非自愿性。因为把这个中止称为非自愿的确与法律原文不相符合,[441]所以,刑罚目的理论就被这类案件驳倒了。

417 在这里,仍然存在着与在借助重复目的的中止中相同的误解。即使根据上文发展出来的规范性理论,这种从入室盗窃未遂中的中止也是自愿的,因为从旁边走过的这个姑娘——这个来自外部的中止理由——并没有增大在入室盗窃之前或者之后被逮捕的风险(参见,边码 389 以下)。从这个构成行为的情况中,这仅仅是关键所在,也就是说根本得不出中止的理由。从一个以入室盗窃为目的的构成行为计划的立场出发,由于一个从旁边走过的姑娘而放弃计划,甚至是不理性的。但是,这个实行人想要对这个姑娘干的,就不再与中止及其自愿性或者非自愿性有关了。也就是说,这个例子证明了那个"修正的刑罚目的理论"(边码 7),而不是驳倒了它。

418 认定从入室盗窃未遂中的一种自愿中止,也仅仅在刑事政策上(也就是说,在本书中具有决定意义的刑罚目的观点上)是正确的。这个实行人在具体案件中,证明了自己对实施一个入室盗窃并没有足够坚决的力量,从而随着这个计划的放弃,使得刑罚需要性也在这一点上取消了。在这个强奸计划也没有得到实施时,这个实行人是免除刑罚的。但是,如果他干了强奸,那么,他就会因此受到惩罚。由此,他所干的犯罪内容,就被恰当地包含在内了。

419 在我第一次对这个主题发表的意见中,[442]我就是在阐述过的意义中代表了这种规范的自愿性方案的,而不是提倡那种赫茨贝格想要借用来反对这种方案的结果:"……那个在最后一分钟通过被害人的高额金钱馈赠而能够买下这次谋杀的谋杀者,尽管其可谴责的态度,但还是自愿中止了,因为从一个对谋杀作出决定的人的立场来说,能够以这种方式取消这个计划是不理性的。"当然,一些规范性观点的代表人作出了其他的决定。[443] 乌尔森海默[444]把一个类似的案件,有人通过支付 100 马克就能够放弃一个强奸未遂,判定为非自愿的中止。瓦尔特[445]认为,一个从入室盗窃未遂中的中止,在其发生时,就是自愿的,因为这个实行人更情愿要痛打自己的敌人。赫茨贝格的功绩在于,他非常清楚地指出,这些都不是正确的解决方法。

---

[439] 对此,参见 Herzberg, Lackner - FS, 1987, 340。

[440] Herzberg, Lackner - FS, 1987, 352。

[441] Herzberg, Lackner - FS, 1987, 328 ff. 。

[442] Roxin, ZStW 77 (1965), 98。

[443] 也见那个由我在 Heinitz - FS, 1972, 262 中建立的例子,也被 Herzberg, Lackner - FS, 1987, 329 正确地批评为"妥协性解决方案"。

[444] Ulsenheimer, 1976, 341。

[445] Walter, 1980, 78。

420 但是,这个批评击中的不是本书所代表的方案,而仅仅是击中了这种错误的认定:这个非自愿性能够从这个实行人放弃了构成行为后去做了什么或者想去做什么之中推导出来。[446] 对于这一点,京特[447]正确地并且以最准确的形式这样表述:“在人们仅仅把中止的原理与各种犯罪构成的未遂实现联系起来时,这个原理就贯穿在其所有的变化形式之中了。甚至这个实行人,当他自愿放弃了本来准备干的财产损害,没有去砸玻璃而是把在场的财产所有人砸死时,在尊重他人财产免受侵害方面,他也回归到这个法秩序的土地上了,他在这个领域中就给出了一个很好的例子,等等。”

7. 中止理论中的构成行为与构成行为计划

421 因此,在中止理论中,同时存在着一个对构成行为概念的明确确定。这个概念一定在长期以来都完全没有得到澄清,[448]尽管它对于犯罪变化问题的解决方法是具有预先规定的意义(präjudiziell)。只有在实行人取代放弃的而想要实现的犯罪是一个新的“构成行为”时,才考虑那个从第一个未遂中的自愿中止。京特[449]对一个联邦最高法院作出的指明方面的确定作出了补充(《联邦最高法院刑事判决集》,第33卷,第144页):

> “**《德国刑法典》第24条意义中的构成行为,是一种实体法的犯罪构成意义上的犯罪行为**。如果它不是这样,那么,对此着手通过一个相同的行为来满足多个犯罪构成——例如,借助谋杀手段的抢劫——的实行人,就只能在他完全放弃继续实施这个重罪计划时才能中止。也就是说,在上面提到的案例中,从谋杀未遂中的中止,就只有在这个实行人同时放弃这种——以更小的暴力或者对身体或者生命的威胁的——抢劫的既遂时,才有可能。这样一种结论就会与《德国刑法典》第24条不相符合。”

422 这个解决方法[450]也在上文(6,边码416以下)所举的例子(从入室盗窃向强奸或者身体伤害过渡,从谋杀向勒索过渡,等等)得到确信与证明,在这些案件中,新的“构成行为”分别满足了另外一个行为构成。[451] 一个小的(没有被联邦最高法院忽视的)修正仅仅适用于这样的案件:这个实行人从未遂的基本犯罪向一个加重或者一种加重的独立行为构成过渡,例如,在盗窃(第242条)时使用暴力并且由此实现抢劫的行为构成(第249条)。在这里,存在着一个唯一的构成行为,而不是,例如,从未遂的盗窃中的中止。但是,这并不是这个构成行为概念所具有的行为构成联系的一种真正的例外,因为在抢劫中就包含了盗窃,所以,也就是说,这个行为构成在这一点上还是一致的。

423 也就是说,在行为构成由此产生的变化(借助所谈的修正)总是在论证一个新的构成行为时,这个有待实现的行为构成以及甚至实施方式的同一性,就绝不保证同一个构成行为的存在

---

〔446〕 完全正确的,也见 Jakobs, AT², 26/35,他在仅仅为了能够强奸同车女子而实施行为时,就把一种试图危害道路交通中的中止也看成是自愿的。反批评的,见 Herzberg, H. Kaufmann - GS,1986, 717 f.,他没有提到这个强奸是另外一个构成行为,是不允许考虑判断的自愿性问题的。

〔447〕 Günther, A. Kaufmann - GS, 1989, 552。

〔448〕 参见,例如,v. Scheurl, 1972, 120:这涉及到“一个那种避开了近似于精确定义的概念”;Küper(JZ 1979, 779)在构成行为的确定性中,看到了“一种还要彻底公开的与没有在攻击中使用过的问题”;Otto(JA 1980, 710)指出了一种“在具体案件中的评价”。还在1984年,Streng 就认为(JZ 1984, 652),这个构成行为的概念,迄今以来,就令人惊讶地很少在中止理论中“被认真地对待了”。

〔449〕 Günther, A. Kaufmann - GS,1989, 552。

〔450〕 对部分中止,也见上文边码295以下。

〔451〕 联邦最高法院在与其批评者进行的讨论中(Streng, NStZ 1985, 359; Herzberg, H. Kaufmann - GS, 1986, 709),一个有说服力的辩护,见 Günther, A. Kaufmann - GS,1989, 541 ff.。

了。即使一个人,在以后有机会时并且有可能在另一个地点再实施这个构成行为的目的下,放弃了一个未遂的,他也是中止了(参见5,边码413以下)。这个以后再实现的是另一个构成行为。由此就会出现这样一个问题:那种在时间上与空间上的距离必须有多大,才能使这种推迟变成一个新的构成行为。例如,当一个入室盗窃未遂的实行人在警察出现时躲开一会儿,以便,就像一开始计划的那样,在警察消失之后再把这个构成行为进行到底时,人们必须认定一个统一的入室盗窃,也就是说,不能把这个躲藏评价为是中止。相应的,当一个性强制的实行人在没有外部阻碍根据的情况下,放弃了强制口交的未遂,但是,在接下来的一个小时内,持续对被害人进行逼迫,最终把她拖进起居室并在那里进行了强奸(《联邦最高法院刑事判决集》,第33卷,第142页的案件事实)。在这里,涉及的也是一个统一的构成行为;从第一个行为动作中的中止被排除了。

424 人们不允许因为这个实行人在对第一个部分动作的自愿中止的认定中也由于既遂的构成行为被判定了,就以这样的理由,把这个构成行为的统一性问题说成是没有实际意义的,也就是说,这个问题在结论中并不是关键。在两个构成行为的条件下,第二个卡在了准备之中,这时,这个中止问题对刑事可罚性就具有决定意义。例如,一个入室盗窃者在进入未遂阶段之后就转身回家了,因为他不想错过一场足球赛的转播(参见,边码401),但是,打算在下一天再实施这个构成行为,然而,他由于另一起犯罪而通过在同一天发生的被捕而在这里被阻止了,这时,他在这两个构成行为的认定中就都不具有刑事可罚性;他是从第一个中自愿中止的,并且第二个还没有未遂。但是,如果人们认为整个行动是一个构成行为,那么,这个构成行为就是卡在具有刑事可罚性的未遂之中。

425 **在同一个行为构成中,这个构成行为的统一应当如何在时空的观点下加以确定,这是有争论的。大多数人都会在竞合理论的观点下追溯到一个统一的构成行为的存在上去**。在司法判决中(参见,《联邦最高法院刑事判决集》,第33卷,第146页,带有进一步的说明),经常是按照继续关系(Fortsetzungszusammenhang)来进行安排的,并且,在攻击目标与实施方式要求具有同一种类,并且还要求这个实行人已经具体考虑了后来行为的时间与地点时,这种角度在文献中也出现过。[452] 自从那个司法判决(《联邦最高法院刑事判决集》,第40卷,第138页)放弃了继续行为这个法律形象之后,这条路就再也走不通了。《联邦最高法院刑事判决集》,第33卷,第146页以伦克纳的公式[453]为依据,"在进一步的动作与那个首先开始的未遂,在如此紧密的时间与空间的联系中,使得这个动作表现为一个整体(Einheit)时",就认定为一种统一(einheitliche)的构成行为。但是,这是不大有说服力的,因为让人看不出来,在什么条件下,一种联系就"表现为一个整体"了。

426 **因此,赫茨贝格的解决方法**[454]**值得优先考虑。根据这种解决方法,关键之点仅仅在于"中止是否把实行人重新引领出未遂的情况"**。在这样一种案件中,就不再存在着未遂,而正是这标志着中止。也就是说,在入室盗窃者中断了未遂,但是,想要在第二天实施这个构成行为时,就应当肯定一个中止(边码424);这个坐在家里电视前的入室盗窃者,并不处于未遂的阶段之中。与此相反,在入室盗窃者仅仅在警察出现时短时间地躲一下,为的是在他们消失后继续盗窃时(边码423),就不存在中止,而是存在一个统一的构成行为,因为并且在这个中断期间也还总是持续存在着一个未遂的入室盗窃意义上的"着手"。同样,在那个性强制的实行人中也是如此(《联邦

---

〔452〕 有关的证明,参见,Herzberg, H. Kaufmann - GS, 1986, bei und in Fn. 25。

〔453〕 Lenckner, Gallas - FS, 1973, 304。

〔454〕 Herzberg, H. Kaufmann - GS, 1986, 723 ff. (725)。

最高法院刑事判决集》，第33卷，第142页，边码423)，他在对自己的被害人进行了较长时间的逼迫，最后还是将其强奸了。即使他已经放弃了最初强制口交的想法，在其中也不存在中止，因为他从来没有离开这个未遂的性强制阶段。

换句话说：在这个实行人要么(除了过渡到加重)变换行为构成，或者在持续的想要完成同样行为构成的意志中离开了未遂阶段时，尽管有实施其他犯罪的保留或者目的，中止仍然能够存在。这样一种中止能够是自愿的或者非自愿的。但是，非自愿性只能从放弃未遂的情节中，而不能从对后来重复未遂的构成行为或者对其他构成行为的意志中引导出来。 427

由此，也解决了那个长期以来有许多讨论的**问题：那种放弃的"彻底性(Endgültigkeit)"是不是一个自愿中止的条件**。它仅仅在这种显而易见的意义中是这样的，即随着每一个中止就彻底地放弃了那个迄今为止未遂的构成行为；例如，那种在中止中具有的意志，在以后的一个时间点上实现同一个行为构成或者也可能立即实现另一个行为构成，是对一个新的与另一个构成行为的决定，并且不会阻碍那个从迄今为止的未遂的构成行为中中止的彻底性。对于这种变换犯罪的案件，联邦最高法院现在也表达了这样的观点：[455]它虽然"反复(参见，《联邦最高法院刑事判决集》，第7卷，第296页，第297页；联邦最高法院，《新法学周刊》，1980年，第602页)指出，只有那种完全并且彻底地放弃实施犯罪决定的人才能免受刑罚地中止。但是，这些权衡总是涉及这样的决定，即放弃实现一种在法律限定的犯罪构成意义上的确定的重罪或者轻罪。"对于那种——甚至还被联邦最高法院的表述所包括的——案件，即这个实行人在离开未遂阶段中决定以后还要实现相同的行为构成的，就必须同样适用；在这里，早先的未遂不再被持续，而是被彻底放弃了。 428

从这一切中能够得出结论，**在中止理论中不能要求这个"彻底性"的标准具有独立的意义**。只要这个标准是合理的，它就已经存在于从构成行为中中止的概念之中了，当这个实行人想要在没有离开这个未遂阶段时继续实施这个未遂时，这种中止就是缺失的。当然，当这个实行人想要在以后重复这个放弃的未遂时，就经常会存在一个非自愿的中止：例如，他发现自己被察觉了，并且决定"偷偷开溜"，但是，在另一天重新进行这个未遂。但是，在这些案件中，非自愿性不是由于一种在重复决定中体现出来的缺少对放弃的彻底性而得到认定的，而是由于那种中止的情节才被认定的，而那种情节在犯罪动机的方面就表现为是与情况相适应的。在这个实行人不想再重复这样一种未遂时，中止也就还是非自愿的。 429

因此，当中止在阐述过的意义中涉及这种"构成行为"期间，这种自愿性就指向"实行人的计划"，就像在上文(边码379以下)中已经具体探讨过的那样：只有一种违反计划的、与原本动机相矛盾的中止才是自愿的。也就是说，在这个实行人由于事后出现的、在客观上太高的风险而放弃时，他就都是，不管他总想取代的或者将来想要做的是什么，(彻底)中止了。但是，这种中止是非自愿的，因为这种中止不是通过放弃原先计划而产生的，而仅仅是体现了一种对改变情况的"理性"适应。一个人，放弃了一种具体的杀人未遂或者强奸未遂的(案例1与2，边码358，360)，他就同样是中止了。但是，就像在这些案件的事实中那样，在这个中止的情节允许以最好的方式实现实行人原先的计划时，这种中止就是非自愿的。相反，一种在中止中或者在中止后作出的新计划，即使含有犯罪性的内容，也与一种出于中止情况本身加以论证的自愿性并不冲突。 430

---

[455] BGHSt 33，145。

(四)其他关于自愿性的观点

1. 弗兰克公式

431 弗兰克的公式[456]曾经在很长时间内广为流传,直到今天也还能找到零星的追随者:[457]"中止……只有在一种自治的、自己设定的动机中才是自愿的,用另外的话说,就是在这个实行人对自己说:我不想达到目标,即使我能时……在所有其他案件中,中止都是非自愿的,尤其是在这个实行人对自己说:我不能达到目标,即使我想要时。"在这里,弗兰克想要把非自愿性判定给这样的案件,在其中,这个实行人不是确切地知道,这个行为构成的实现是否还有可能:"如果这个实行人是在他担心既遂会被阻碍的意义中评价被发现的,那么,他的中止就是非自愿的。但是,如果被察觉仅仅是因为他预见到会受到检举以及受到惩罚才促使他中止的,那么,他的中止就会保持为是自愿的。"

432 如果人们不理会那种值得独立评价的自治想法(边码 433 以下),那么,从已经阐述过的内容中就能够推论出,弗兰克公式是不可使用的。在这个公式涉及这样的案件时,即这个实行人认为,这个行为构成不再可能实现时,存在的就是一个落空(边码 85 以下);认定一个非自愿的中止,就只能这样解释:在弗兰克的时代,今天意义上的落空的未遂这个法律形象,还没有为人们所认识。在弗兰克也考虑这类案件的范围内,即在这个实行人仅仅担心既遂受到阻碍的范围内,在实际上就存在着一个非自愿的中止(边码 393);但是,这个进一步的后果,即这个出于对随后检举与受罚的有根据的担心而进行的中止是自愿的,就导致了一种完全不能实施的,并且在刑事政策上也很荒谬的区分(边码 396 以下)。

2. 自治与他治动机之间的区别

433 这个认定,即一种自愿的中止是"自治"决定的,但是,一种非自愿的中止是"他治"确定的,在弗兰克中就已经存在了(边码 431),但是,却取得了一种与弗兰克公式完全无关的成就,并且在今天还得到了如此广泛的声望,以至于这一对概念——至少与其他标准一起——就出现在大部分的教科书与法律评论之中。尽管如此,这种区分还是不合适,因为这种区分能够与如此不同的意义相联系,以至于它缺少每一种独立的陈述内容;许内曼[458]正确地说它是一个"语言外壳"。

434 对于弗兰克来说(参见,边码 431),甚至一种由于有威胁的检举与惩罚的中止,都还是自治的,因此,一种很强烈的心理压力作为中止的动机,就不应当损害这种自愿性。施罗德[459]在战后再度使这种区分流行起来,但是他与此相反却认为,一种中止在这种情况下是自愿的,即"在它是通过实行人的自治动机引起时,也就是说,当这个实行人在没有一种对他不利的改变实际形势时,就基于内心的考虑而作出了中止的决定时"。这是一种正好完全相反的立场,根据这种立场,每一种外部的压力都已经导致了他治的非自愿性。韦塞尔斯[460]借助联邦最高法院的心理学理论,来填充这个为了确定自愿性而对他具有决定意义的"实行人自己的自治决定"的关键标

---

[456] Frank, StGB, ^{18}1931, § 46 11。

[457] 首先,见 Maurach/Gössel, AT/2^{7}, 41/118, 120; LK^{10} – Vogler, § 24, Rn. 87; Welzel, StrafR^{11}, 197 想要让这个公式无论如何作为"粗略的简便法则"加以适用。

[458] Schünemann, GA 1986, 323。

[459] Schröder, JuS 1962, 83; 也见ders., MDR 1956, 321。

[460] Wessels/Beulke, AT^{31}, Rn. 651 f.。

准。与此完全相反,埃泽尔[461]对此从这些概念中,引导出一种规范的自愿性方案,这种方案与本书所代表的很相似:在这个“理由上,第一位的不是自治与他治的根据之间在心理学方面的、而是在评价性方面的区分……来作为对自愿性在内容上确定的基础加以理解的……并且正是因为一种自治地推动的逆转,指向了这种中止的‘值得赞扬性’,也就是这个中止人最后的确忠于法律的态度……”这些很少的例子已经表明,借助这种自治/他治标准,能够证明一切——并且因此什么也证明不了。它没有独立的价值。

3. 施米德霍伊泽的利益标准

435 施米德霍伊泽[462]教导说:“在这个具体构成行为本身与在考虑后果时对他来说也还总是有兴趣时,实行人是‘自愿’放弃实施,但是,在这个具体构成行为本身或者在考虑可期待的后果时变得对他来说不再有兴趣时,他却与自己的兴趣保持着距离的——非自愿。”作者紧接着给出的例子,大部分解决得很有说服力;但是,不清楚的是,这个在上文中规定的兴趣概念,应当如何在其解决方法中起到帮助作用。[463] 没有说服力的是,这个构成行为对于那个自愿中止的实行人来说,“还总是有兴趣的”。在有人突然由于更好的认识,并且出于对其错误的举止行为的悔恨而中止时,这个构成行为就正好对他不再是“有兴趣”的;但是,这个中止显然是自愿的。在这个实行人从一个自发的未加思索地开始的构成行为中中止,因为他例如,已经失去了对在开始时显得如此吸引人的盗窃物品的兴趣时,他就也还是自愿的。

436 施米德霍伊泽[464]认为,在这个构成行为“丧失了对实行人的各种吸引力”时,中止就是非自愿的,这也是不恰当的。根据他的观点,在这个实行人“出于一种不是通过以构成行为情况的具体改变为条件的对刑罚可能性的意识而放弃时”,中止就是自愿的。[465] 但是,当对这个实行人来说,在这种引起中止的有根据的对被发现与受惩罚的恐惧中,所有其他的兴趣都被施米德霍伊泽否认了,结果就是对他——很恰当地——赋予一种非自愿的中止时,为什么他不会因此而丧失兴趣?当然能够宣称,每个中止,自愿的或者非自愿的,条件都是这个实行人已经丧失了兴趣(要么对这个构成行为本身,要么是考虑其后果)。这种具有多种意思的兴趣标准,无论如何是不适合用来作为界限的。

4. 赫茨贝格对民法的借鉴

437 这种面向民法的“罪责满足理论(Schulderfüllungstheorie)”,是赫茨贝格想要借助来宣告中止的特权的。这种理论已经受到了批评性的评价(边码25以下)。尽管他自己为了确定这种非自愿性而追溯到预防性刑罚目的的观点上去(边码27),但是,他的确试图,与这里发生的不同,在将其具体化中,引用民法的范畴来作为“有价值的帮助”。[466] 他的确与本书所代表的立场相同,拒绝了所有的心理学的中止方案。这种自愿性“持续地根据规范性标准来测量;在任何地方,我们都不会退到一种心理学的方法上去,即使我们拒绝接受刑罚目的理论的提议”。

438 赫茨贝格自己的“提议”存在于,他想要把民法中的违约与经营基础消失这些法律形象,用来富有成果地确定自愿性。在一种“违约”时,中止是自愿的,相反,在一种“经营基础消失”时,则是非自愿的。

---

[461] Sch/Sch/Eser^{26}, § 24, Rn. 43。

[462] Schmidhäuser, StuB AT^{2}, 11/83。

[463] 关于批评的,也参见,Walter, 1980, 64; Jäger, 1996, 22 f.。

[464] Schmidhäuser, StuB AT^{2}, 11/84。

[465] Schmidhäuser, StuB AT^{2}, 11/87。

[466] 在这里以及下文,见Herzberg, Lackner-FS, 1987, 359。

"例如,如果甲以10000马克的价格向莫某表示,他愿意在一个特定的夜晚把莫某的妻子傅某杀死在其屋子里,那么,由于害怕或者良心原因导致的放弃,就是一种任意的(在这里是值得嘉奖的)违约,并且因此能够把自愿的中止(《德国刑法典》第31条第1款第2项)归责于甲。但是,如果甲由于情况改变而放弃,例如,因为他意外地不是遇见傅某一个人,而是与朋友一起在庆祝,或者因为莫某告诉他现在只能支付5000马克,那么,这个经营基础就消失了,并且甲能够以在这种情节下不能过分要求他忠于合同的实施为根据;他的中止是非自愿的。"

439 这种把民法拉来作为解决这种案件的方法是很牵强的。一方面,这些"合同"是无效的,因此,一种"违约"就已经被排除了;另一方面,这个"债务人"的未遂应当达到一种在事后对价格的修改,或者在被害人公寓中有其他人在场,根据——本来就不很符合的——民法的标准,就不等同于一种经营基础的消失。但是,根据事实,隐藏在赫茨贝格正确结论后面作为自愿性条件的,不过是本书(边码379以下)所发展出来的违反计划的、"非理性的"放弃构成行为的标准。一个人出于恐惧或者良心原因而没有满足一项谋杀合同,其行为是与违反计划的,并且从一名职业"杀手"的立场看来是非理性的:但是,他的"值得嘉奖的"回归法的轨道,使这种免除刑罚获得了合理性。与此相反,一个人作为职业罪犯,由于酬劳不够或者风险太高(由于有众多宾客在场)而中止的,他的举止就是与情况相适应的,就像那种"违法者的理性"所要求的那样;因此,这种中止是非自愿的。

440 赫茨贝格的自愿性方案是多么的受到那种被他在想象中拒绝的"刑罚目的理论的提议"的约束,还可以更清楚地展现在更加众多案件之中。在这些案件中,即使在慷慨的解释中,这个中止人也不对犯罪的实施承担准合同的义务。在这些案件中,赫茨贝格认为,涉及的是"被出人意料地出现的或者改变的外部情节,把已经确定了一些事情的那个人置于这样的压力之下,使得一个中立的观察者,除了放弃之外,对他不能有'任何别的'期待。还有,在缺少各个陌生人参与之处,适用的也应当是解释性地查明,这个未遂实行人与自己约定了什么,也就是说打算干什么,是否存在一个重大的动机性认识错误,这个投资是否会变得非常不成比例(风险升高!),对犯罪的既遂是否丧失了有意义的基础。"

441 当赫茨贝格在这里把自愿中止作为违背了这个实行人与自己订立的约定来说明时,与此同时,在动机消失中,不能过分要求的风险升高等等,就由于经营基础的消失而取消了自己的义务,因此,他的主题在民法术语的外衣下,就比在多人中进行的违法性约定还要更加矫揉造作。但是,这一点并不会改变在陌生化的外壳下,仅仅太明显地显露出这种在想象中已经放弃的刑罚目的理论的轮廓。在一个"中立的观察者"对实行人除了放弃未遂之外就没有别的期待时,那么,根据本书赞同的方案,这个中止在这个犯罪计划的观点下,在客观判定中就是理性的,并且因此是非自愿的。赫茨贝格[467]赞许地引用了施特拉滕韦特,他在这样的案件中认定了非自愿性,即在"这个不利部分……在这个实行人眼中……处于在分量上不成比例的严重情况"中,从而使"容忍这些不利部分会是显然不理性的"。在这里,也就是说,这个理性的标准也完全得到了接受。赫茨贝格[468]与本书所代表的观点在这里也完全一致了,即他指向了"这个实行人计划所具有的优先决定性"。也就是说,人们能够总结说,他的理论虽然把刑罚目的理论的自愿性方案,从特殊预防的行为人刑法的过度扩展中解放出来了(边码413以下,416以下),但是,它在实际上还是与之相一致的。这种想象中的民法性相似性,并没有带来什么新的东西。

---

[467] Herzberg, Lackner-FS, 1987, 362, Fn. 54。

[468] Herzberg, Lackner-FS, 1987, 362。

5. 耶格尔对间接实行人的借鉴

耶格尔[469]采纳了一种新方式的**尝试,根据为间接实行人发展出来的标准,对自愿性与非自愿性进行区分**。在一名实施者处于间接实行人条件下不自由地行为之处,他的中止应当是非自愿的。也就是说,例如,如果有人通过死亡威胁而引起中止的,[470]那么,他的中止就是非自愿的;在一种相应的威胁引起一个作为构成行为工具的人(Tatmittler)实施了一个犯罪,那么,这个人根据第 35 条就被无罪释放了,而幕后人就是间接实行人。通过这种方式,耶格尔想"既不用心理学的也不用规范性的标准,而是想用由立法者预先规定的标准",来填充这个自愿性的概念。问题在于,人们很难在责任理论与实行人理论中找到这种由立法者为确定自愿性而"预先规定的标准";人们必须在中止特权的原理中(也就是说,在刑罚目的理论中)去寻找。[471] 这样就也展现了耶格尔原来的角度,一方面必然经常导致不能令人满意的结论(甲),另一方面也在所有相关的案件类别中都是不能实施的(乙)。 442

甲)例如,有人为了扑灭自家着火的房子,或者为了防止自己的经济性存在基础受到否则就有威胁的毁坏,从而从一个盗窃未遂中中止的,仅仅因为这种对经济价值的挽救并不属于第 35 条的出罪根据,[472]就应当是自愿地中止,这个结论就完全不能令人满意。这个中止人的行为是基于对利益的一种权衡,在其中,有待挽救的利益,在价值上就要远远超过那种通过盗窃获得的利益。任何语言上的与目的论上的立法性预先规定,都没有强制我们应当把那种在这样一种准正当化的"紧急状态"中产生的中止称为是自愿的。与此相反:一个人因为继续行为会给他带来弊大于利而停止的,他就仅仅是遵循了犯罪理性的规则,并且,他的行为因此就是非自愿的。 443

在刑事政策中没有说服力的也还有这种认定,一个根据原因自由的基本原则承担责任者,当他在无罪责能力的状态中,例如,出于对被害人的同情而放弃进一步的实施时,就不再应当能够自愿地中止了。[473] 当第 20 条因为一个幕后人利用了一个无罪责能力者而是间接实行人,因此应当导致拒绝免除刑罚时,它就应当发挥出罪的作用,并且转变到它的反面。这种在法律上的评判,在这里完全于不同的层面上。同样没有说服力的是,耶格尔想要在这个实行人仅仅是由于一种外部情节的改变,而使得一种继续这个构成行为的风险变得太大(看守的狗没有吃有毒的香肠,街道的灯突然亮起来,客户出现在袭击地点)而中止时,认定一个自愿的中止。[474] 因为这些原因不能出罪,所以,它们因此不需要一种与情况相适应的、从违法者立场出发是理性的中止,作为自愿的来显示出来!在中止是通过这种情况强制性地引起的时候,但是,尽管如此,还是源于冷静的权衡,并且在这个范围内是自由的时候,中止就是非自愿的。 444

---

[469] Jäger, 1996, 98 ff.。

[470] 在这里以及下文的引文中,见 Jäger, 1996, 99(类似的,见 Köhler, AT, 472)。

[471] 在 ZStW 112 (2000), 794 ff. 之中,Jäger 已经限制了自己最早的观点,并且,现在强调说:"一种对实行人身份基本原理的改写,都应当注意到中止的特点。"

[472] Jäger, ZStW 112 (2000), 796, Fn. 53 现在想要同样认定非自愿性,根据是人们对第 35 条的"思想","也能够在当前种类所存在的威胁案例中"加以考虑。除了第 35 条所具有的这样一种扩张至少应当在故意犯罪中加以拒绝之外(Roxin, AT 13, § 22, Rn. 23),当实行人在保留有待救援的好处中的利益超过了其在盗窃赃物中的利益时,中止的一种非自愿性就必须不依赖于所有现存的威胁而总是得到认定。

[473] Jäger, 1996,106。在 ZStW 112 (2000), 799 中,Jäger 就迎合了本书所代表的观点,在其中,他在醉酒状态的一个中止中,想要"在怀疑中"认定"归责能力"。

[474] Jäger, 1996, 110。在 ZStW 112 (2000), 804 中,Jäger 现在倾向于认定非自愿性,根据是这个中止的动机"已经指出了一种在《德国刑法典》第 35 条意义上与在法上的压力强度,因为这个实行人在这种案件中,在继续自己的计划中,应当考虑到被抓住也就是在身体上的损害"。但是,在一种第 35 条意义上的当前的危险——还——不存在时,并且,在只有这种以理性的方式不应当考虑到的失败风险对这个实行人引起了中止时,这种中止也已经是非自愿的。

445 乙)但是,这个方案也不能完全没有矛盾地得到实施。因此,那种出于对一种否则就有威胁的被捕的恐惧而中止的,就被正确地判定为是非自愿的。但是,根据这种论证,"这种受威胁的损失自由"就说明了一种"第35条意义中的紧急状态并且由此还有一种对责任的排除"的根据,[475]这种论证并不适合这种可允许的逮捕,在这种逮捕中,一种符合行为构成的、违法的抵抗,就无可争辩的不能成为出罪。[476]

446 同样,这个角度也不能够用于那种"没有意义的未遂"案件、有待取消行为动机(参见,边码403~405)的案件。在这个实行人为了获得巨额遗产而想杀他父亲时,但是在最后一刻中止了,因为他知道,父亲已经丧失了自己的全部财产,[477]因此,这是一种非自愿的中止,就像耶格尔也恰当地认定的那样(关于论证,参见,边码404)。但是,一个出罪的根据,在这个儿子中并不存在,并且,尽管耶格尔[478]冷静地宣称,在一个人看见自己的构成行为不再有意义时,那么,"这个实行人的一种排除责任就应当得到认定",看起来就得到了正当化,但是,这个主题并不能在法律中找到支持。还有,追溯到这个间接实行人的结构上去,也得不到进一步的帮助。虽然这个对具体行为意义的认识错误,也许能够在幕后人中的直接实施人的人身中说明一个间接实行人身份的根据(详见,第25节,边码94以下),但是,这个作为行为工具的人的责任,在这些"实行人之后的实行人"的案件中,恰恰就被排除了。[479]也就是说,一个有支撑能力的整体计划,是耶格尔也不能提出的。

---

[475] Jäger, 1996, 103。

[476] Jäger, ZStW 112 (2000), 798 反驳说,这并不取决于这个免责。关键在于,"只有这个由行为人感觉到的对自由这一法益的压力"。当然,由此就会立刻那种法上的标准,并且,在心理理论的意义上,只能按照心灵上的强制作用来进行安排了。

[477] 例子,见 Jäger, 1996, 112。

[478] Jäger, 1996, 109。

[479] 现在,Jäger 自己也这么说(ZStW 112, 2000, 803),中止的一个特点是,取消各种与对象有关的与与法益有关的行为意义,都会导致一种排除自愿",并且,不同意一种"盲目的使用实行人理论"。

第十章　不作为构成行为

第31节　不作为犯罪概述及其与实行性犯罪的区别

文献：v. Buri, Über die Begehung der Verbrechen durch Unterlassen, GerS 21 (1869), 189；Binding, Die Normen und ihre Übertretung, Bd. II, Hälfte 1, [2]1914；v. Oberbeck, Unterlassung durch Begehung, GerS 88 (1922), 319；Engisch, Die Kausalität als Merkmal der strafrechtlichen Tatbestände, 1931；Grünhut, Grenzen des übergesetzlichen Notstandes, ZStW 51 (1931), 455；Engisch, Der Arzt im Strafrecht, MSchKrim 1939, 414；Eb. Schmidt, Der Arzt im Strafrecht, 1939；Gallas, Zur Revision des § 330c StGB, 17, 1952, 396；Kielwein, Unterlassung und Teilnahme, GA 1955, 225；Böhm, Die Rechtspflicht zum Handeln bei den unechten Unterlassungsdelikten, 1957；Grünwald, Das unechte Unterlassungsdelikt. Seine Abweichung vom Handlungsdelikt, 1957；Hardwig, Die Zurechnung, 1957；Welzel, Zur Problematik der Unterlassungsdelikte, JZ 1958, 494；Armin Kaufmann, Die Dogmatik der unechten Unterlassungsdelikte, 1959；Grünwald, Die Beteiligung durch Unterlassen, GA 1959, 110；Gallas, Strafbares Unterlassen im Fall einer Selbsttötung, JZ 1960, 649；Armin Kaufmann, Methodische Probleme der Gleichstellung des Unterlassens mit der Begehung, JuS 1961,173；Arthur Kaufmann, Die Bedeutung hypothetischer Erfolgsursachen im Strafrecht, Eb. Schmidt – FS, 1961, 200；Spendel, Zur Unterscheidung von Tun und Unterlassen, Eb. Schmidt – FS, 1961, 183；Roxin, Zur Kritik der finalen Handlungslehre, ZStW 74 (1962), 411；Engisch, Das Problem der psychischen Kausalität beim Betrug, von Weber – FS, 1963, 247；Armin Kaufmann, Unterlassung und Vorsatz, von Weber – FS, 1963, 207；Ranft, Zur Unterscheidung von Tun und Unterlassen im Strafrecht, JuS 1963, 340；Bertei, Begehungs – oder Unterlassungsdelikt?, JZ 1965, 53；Ulsenheimer, Das Verhältnis zwischen Pflichtwidrigkeit und Erfolg bei den Fahrlässigkeitsdelikten. 1965；E. A. Wolff, Kauisalität von Tun und Unterlassen, 1965；Grünwald, Der Vorsatz des Unterlassungsdelikts, H. Mayer – FS, 1966, 281；Rudolphi, Die Gleichstellungsproblematik der unechten Unterlassungsdelikte und der Gedanke der Ingerenz, 1966；Wessels, Rezension des Buches „Petters – Preisendanz, StGB mit Erläuterungen und Beispielen, 25. Aufl.", JZ 1967, 191；Bockelmann, Strafrecht des Arztes, 1968；Gallas, Der dogmatische Teil des Altenativentwurfs, ZStW 80 (1968), 1；Geilen, Neue juristisch – medizinische Grenzprobleme, JZ 1968, 145；Geilen, Das Leben des Menschen in den Grenzen des Rechts, FamRZ 1968, 121；Welp, Vorangegangenes Tun als Grundlage einer Handlungsäquivalenz der Unterlassung, 1968；Roxin, An der Grenze von Begenung und Unterlassung, Engisch – FS, 1969, 380；Schaffstein, Die Risikoerhöhung als objektives Zurechnungsprinzip im Strafrecht, insbesondere bei der Beihilfe, Honig – FS, 1970, 169；Herzberg, Die Kausalität beim unechten Unterlassungsdelikt, MDR 1971, 881；Küper, Noch einmal: Rechtfertigender Notstand, Pflichtenkollision und übergesetzliche Entschuldigung, JuS 1971, 474；Schünemann, Grund und Grenzen der unechten Unterlassungsdelikte, 1971；Geilen, Medizinischer Fortschritt und juristischer Todesbegriff, Heinitz – FS, 1972, 373；Herzberg, Die Unterlassung im Strafrecht und das Garantenprinzip, 1972；Otto, Kausaldiagnose und Erfolgszurechnung im Strafrecht, Maurach – FS, 1972, 91；Ulsenheimer, Zumutbarkeit normgemaβen Verhaltens bei Gefahr eigener Strafverfolgung, GA 1972, 1；Engisch, Tun und Unterlassen, Gallas – FS, 1973, 163；Roxin, Strafrechtliche Grundlagenprobleme, 1973；Stratenwerth, Bemerkungen zum Prinzip der Risikoerhöhung, Gallas – FS, 1973, 227；Busse, Täterschaft und Teilnahme bei Unterlassungsdelikten, 1974；Otto, Grenzen der Fahrlässigkeitshaftung im Strafrecht – OLG Hamm, NJW 1973, 1422, JuS 1974, 702；Philipps, Der Handlungsspielraum, 1974；Rudolphi, Rezension des

Buches„Reinhart Maurach: Deutsches Strafrecht Allgemeiner Teil, 4. Aufl.“, ZStW 86 (1974), 68; Samson, Begehung und Unterlassung, Welzel-FS, 1974, 579; Schöne, Unterlassene Erfolgsabwendung im Strafgesetz, 1974; Haffke, Unterlassung der Unterlassung? Zur logischen, ontologischen und teleologischen Kritik des Umkehrprinzips, ZStW 87 (1975), 44; Roxin, in: Roxin/Stree/Zipf/Jung, Einführung in das neue Strafrecht, ²1975; Sax, Zur rechtlichen Problematik der Sterbehilfe durch Abbruch einer Intensivbehandlung, JZ 1975, 137; Kienapfel, Zur Abgrenzung von Tun und Unterlassen, ÖJZ 1976, 281; Sax, „Tatbestand“ und Rechtsgutsverletzung (II), JZ 1976, 429; Engisch, Konflikte, Aporien und Paradoxien bei der rechtlichen Beurteilung der ärztlichen Sterbehilfe, Dreher-FS, 1977, 309; Herzberg, Täterschaft und Teilnahme, 1977; Hruschka, Über Tun und Unterlassen und über Fahrlässigkeit, Bockelmann-FS, 1979, 421; Küper, Grund- und Grenzfragen der rechtfertigenden Pflichtenkollision im Strafrecht, 1979; Schünemann, Unternehmenskriminalität und Strafrecht, 1979; Arzt, Zur Garantenstellung beim unechten Unterlassungsdelikt (1. Teil), JA 1980, 553; Puppe, Der Erfolg und seine kausale Erklärung im Strafrecht, ZStW 92 (1980), 863; Arzt, Rezension des Buches„StGB Leipziger Kommentar, Hrsg.: Hans-Heinrich Jescheck, Wolfgang Ruβ, Günther Wilms, 10. Aufl.“, JZ 1981, 412; v. Dellingshausen, Sterbehilfe und Grenzen der Lebenserhaltungspflichten des Arztes, 1981; Maiwald, Grundlagenprobleme der Unterlassungsdelikte, JuS 1981, 473; Maaβ, Betrug verübt durch Schweigen, 1982; Ranft, Garantiepflichtwidriges Unterlassen der Deliktshinderung, ZStW 94 (1982), 815; Wachsmuth/Schreiber, Sicherheit und Wahrscheinlichkeit - juristische und ärztliche Aspekte, NJW 1982, 2094; Puppe, Zurechnung und Wahrscheinlichkeit, ZStW 95 (1983), 287; Sieber, Die Abgrenzung von Tun und Unterlassen bei der„passiven“ Gesprächsteilnahme, JZ 1983, 431; Vogel, Norm und Pflicht bei den unechten Unterlassungsdelikten, 1983; Gössel, Zur Lehre vom Unterlassungsdelikt, ZStW 96 (1984), 321; Schünemann, Die Unterlassungsdelikte und die strafrechtliche Verantwortlichkeit für Unterlassungen, ZStW 96 (1984), 287; Bloy, Die Beteiligungsform als Zurechnungstypus im Strafrecht, 1985; Fünfsin, Der Aufbau des Fahrlässigen Verletzungsdelikts durch Unterlassen, 1985; Otto/Brammsen, Die Grundlagen der strafrechtlichen Haftung des Garanten wegen Unterlassens (I), Jura 1985, 5; Schürmann, Unterlassungsstrafbarkeit und Gesetzlichkeitsgrundsatz, 1986; Sowada, Täterschaft und Teilnahme beim Unterlassungsdelikt, Jura 1986, 399; Bloy, Anstiftung durch Unterlassen?, JA 1987, 490; Hirsch, Behandlungsabbruch und Sterbehilfe, Lackner-FS, 1987, 597; Kahlo, Das Bewirken durch Verlassen bei drittvermitteltem Rettungsgeschehen - Zur notwendigen Modifikation der Risikoerhöhungslehre bei den unechten Unterlassungsdelikten, GA 1987, 66; Otto, Täterschaft, Mittäterschaft, mittelbare Täterschaft, Jura 1987, 246; Ranft, Rechtsprechungsbericht zu den Unterlassungsdelikten - Teil 1, JZ 1987, 859; Teil 2, 908; Roxin, Die Sterbehilfe im Spannungsfeld von Suizidteilnahme, erlaubtem Behandlungsabbruch und Tötung auf Verlangen. Zugleich eine Besprechung von BGH NStZ 1987, 365 und LG Ravensburg NStZ 1987, 229, NStZ 1987, 348; Tröndle, Wann ist Sterbehilfe ein rechtliches Problem?, ZStW 99 (1987), 31; Frisch, Tatbestandsmäβiges Verhalten und Zurechnung des Erfolgs, 1988; Herzberg, Straffreie Beteiligung am Suizid und gerechtfertigte Totung auf Verlangen, JZ 1988, 182; Brammsen, Erfolgszurechnung bei unterlassener Gefahrverminderung durch einen Garanten, MDR 1989, 123; Odersky, Zur strafrechtlichen Verantwortlichkeit für Gewasserverunreinigungen, Tröndle-FS, 1989, 291; Volk, Zur Abgrenzung von Tun und Unterlassen. Dogmatische Aspekte und kriminalpolitische Probleme, Tröndle-FS, 1989, 219; Küpper, Grenzen der normativierenden Strafrechtsdogmatik, 1990; Kuhlen, Strafhaftung bei unterlassenem Rückruf gesundheitsgefährdender Produkte, NStZ 1990, 566; Seier, Der Einheitstäter im Strafrecht und im Gesetz über Ordnungswidrigkeiten (Teil 2), JA 1990, 382; Tröndle, Strafrechtlicher Lebensschutz und Selbstbestimmungsrecht des Patienten. Betrachtungen zum„Ravensburger Fall“, Göppinger-FS, 1990, 595; Brammsen, Kausalitäts- und Täterschaftsfragen bei Produktfehlern, Jura 1991, 533; Samson, Probleme strafrechtlicher Produkthaftung, StV 1991, 182; Beulke/Bachmann, Die„Lederspray-Entscheidung“ -

BGHSt 37, 106, JuS 1992, 737; Meier, Verbraucherschutz durch Strafrecht?, NJW 1992, 193; Puppe, Zur Kausalitätsproblematik bei der strafrechtlichen Produkthaftung, JR 1992, 30; Seebode, Zur gesetzlichen Bestimmtheit des unechten Unterlassungsdelikts, Spendel – FS, 1992, 317; Stoffers, Die Formel vom„Schwerpunkt der Vorwerfbarkeit“ bei der Abgrenzung von Tun und Unterlassen, 1992; Stoffers, Sterbehilfe: Rechtsentwicklungen bei der Reanimator – Problematik, MDR 1992, 621; Stoffers, Die Rechtsfigur„Unterlassen durch Tun“ (Teil 1), JA 1992, 138; Cramer, Die Rechtspflicht des Aufsichtsrates zur Verhinderung unternehmensbezogener strafbarer Handlungen und Ordnungswidrigkeiten, Stree –/Wessels – FS, 1993, 563; Dencker, Ingerenz: Die defizitäre Tathandlung, Stree/Wessels – FS, 1993, 159; Stoffers, Die vorrechtlich – ontologische Unterscheidung der Verhaltensformen positives Tun und Unterlassen, GA 1993, 262; Struensee, Handeln und Unterlassen, Begehungs – und Unterlassungsdelikt, Stree/Wessels – FS, 1993, 133; Hilgendorf; Fragen der Kausalität bei Gremienentscheidungen am Beispiel des Lederspray – Urteils, NStZ 1994, 561; Jakobs, Die strafrechtliche Zurechnung von Tun und Unterlassen, 1996; Schwab, Täterschaft und Teilnahme bei Unterlassungen, 1996 Verrel, Selbstbestimmungsrecht contra Lebensschutz, JZ 1996, 224; Hoyer, Strafrechtsdogmatik nach Armin Kaufmann, 1997; Schneider, Tun und Unterlassen beim Abbruch lebenserhaltender medizinischer Behandlung, 1997, Baier, Unterlassungsstrafbarkeit trotz fehlender Handlungs – oder Schuldfähigkeit. Zugleicn ein Beitrag zur Rechtsfigur der omissio libera in causa, GA 1999, 272; Röhl, Die Abgrenzung von Tun und Unterlassen und das fahrlässige Unterlassungsdelikt, JA 1999, 885; Sanchez – Vera, Pflichtdelikt und Beteiligung, 1999; Tag, Der Körperverletzungstatbestand usw., 2000; Winter, Der Abbruch rettender Kausalität, 2000; Schmidhäuser, Über Unterlassungsdelikte. Terminologie und Begriffe, Müller – Dietz – FS, 2001, 761; Silva Sanchez, Zur Dreiteilung der Unterlassungsdelikte, Roxin – FS, 2001, 641; Brammsen, Tun oder Unterlassen? Die Bestimmung der strafrechtlichen Verhaltensformen, GA 2002, 193.

(一)导论

不作为犯罪在总则的介绍中之所以能够单独成章,有两个原因。第一在于,**许多在实行性犯罪中发展起来的一般犯罪理论的基本概念,不能立即转用到不作为犯罪上去**。这个用匕首把他人捅死的人所具有的因果性,与那个对伤员救援不作为的人所具有的原因性,是不同类型的,只要人们想在后一种很有争议的案件中也谈论因果性。一个谋求有意识地把因果过程引向所考虑的目标的行为人所具有的故意,与一个对不依赖于他发展起来的因果过程不加干预的不作为人所具有的故意不同。对保持消极状态的不作为行为人,在确定其在未遂中的“着手”时,也不能与对待积极推动事情发生的实行性行为人一样。我们在实行性犯罪的大部分情况下用以区分实行人与参加人的行为控制,在不作为犯罪中也不能派上同样的用场,因为一个事情不能够通过纯正的不作为——或者至少不能够以同样的意思——来加以控制。 1

实行与不作为之间的明显区别,还可以举出很多别的例子来加以演示,阿明 · 考夫曼将其归结为一种“**逆转原则**”。[1] 根据这个原则,行为与不作为之间的区别就像甲与非甲一样,从而使得在实行性犯罪中被认为是正确的东西,在不作为中就总是适用其反面。因此,例如,[2]一个不作为所采取的决心(“故意”)在法上就没有意义,而是反过来,缺乏采取那个所要求的行为的决心,才是在法上有意义的;也就是说,这个理论否认了不作为故意的存在。还有,例如,在法学 2

---

〔1〕 Armin Kaufmann, 1959, 87 ff.; 跟随他的,见 Welzel, $StrafR^{11}$, 203。

〔2〕 关于这个例子,参见,Armin Kaufmann, 1959, 88。

上重要的不是一个不作为的未遂，而是，更准确地说，那种应当实施的所要求行为的未遂的不作为，等等。

3 当然，这个种类的逆转原则应当予以拒绝。[3] 不作为理论仅仅只能在这个刑法概念被建立在本体结构的基础之上时，才表现为一种实行性信条学的逆转，就像韦尔策尔学派的目的主义者当然会干的那样。[4] 在这里，这种不—作为才正好是作为的相反面，而这个核心的否定性就能够转移到不作为的所有表现形式上去。相反，就像在本书中发生的那样，[5] 在人们从核心的刑事政策评价中引导出这个刑法体系时，这种评价就同等地适用于作为与不作为。这个积极的行动者与那个不作为人，都能够对这种可能的法益损害作出决定，从而故意地行为。但是，这种决定所具有的不同的实质性根基（例如，一方面是动手打过去，另一方面是装作看不见），就影响了这个故意的表现形式，[6] 从而使得这在不作为中，尽管具有同样的规范性基础，但却显示出各种变化，这些在后面应当详细说明（边码 184 以下）。类似的变化在犯罪理论的所有领域中都存在。它们也是除了不作为的概念和种类之外，在本书第 31 节中要说明的重要内容。

4 除此之外，对不作为犯罪需要特别处理还有第二个原因。也就是说，当实行性犯罪在原则上（特殊犯罪是例外）可以由任何人实行的同时，不作为犯罪的行为人从一开始就只能是两种人：要么在分则的行为构成中本身就被规定了（这仅仅是个别情况），要么根据第 13 条是“应当对不出现这个结果承担责任”的人，并且，其不作为此外还“相当于通过一个作为实现了法定的行为构成”。**这种必须承担责任性就像那个相当于条款一样，是大部分“非纯正”不作为的特别条件**。如何对其确定，属于总则中最有争论的问题，这也是后面第 32 节的内容。

（二）不作为

5 建立一个先行为构成性的不作为概念，使其就像作为的概念一样置于行为这个共同上位概念之下，是有可能的。根据本书发展出来的方案，[7] 在刑法意义上的行为，是一种“人格表达”，并且这个不作为也可以置于这个概念之下。在有人置身于正在祈祷或者正在歌唱的人群中，却不一起唱歌或者祈祷，他就是共同歌唱或者共同祈祷不作为。这种“不一起做”就是一种人格表达，正像积极参与共同活动也是这么一种人格表达一样。人格表达这个概念甚至还包括无意识的不作为。例如，在有人忘记什么重要事项时，就恰恰在其中表明了他作为一个散漫或者无忧无虑的人的人格。

在人们把那些与行为概念相联系中已讲过的内容总结一下并且加以具体化，就会得出这个结论：这个不作为是取决于两个条件的：[8]

1. 行为的预期

6 一个能够说明社会或者个体根据的行为预期，必须存在。因此，在大家唱歌或者祈祷时保持沉默，就违反了一项社会性的期待，并且因此是一个不作为。但是，在有人让一个熟人相信自己会给他写信却又没有写时，这也足以是一个不作为。这种对个体性预期的失望，就让一个无所作

---

〔3〕 Arzt, JA 1980, 554 f.; Haffke, ZStW 82 (1975), 44; Jescheck/Weigend, AT^5, vor § 58; Schmidhäuser, StuB AT^2, 16/6, Fn. 1; Sch/Sch/Stree^{26}, vor §§ 13 ff., Rn. 138。

〔4〕 对此，详见 Roxin, AT 1^3, § 7, Rn. 16, 20, § 8, Rn. 25。

〔5〕 关于论证，参见 Roxin, AT1^3, § 7, Rn. 24 ff., 51 ff.。

〔6〕 参见，关于这个“案件的阻力”，见 Roxin, AT 1^3, § 7, Rn. 47, 84。

〔7〕 Roxin, AT1^3, § 8, Rn. 44 ff.。

〔8〕 参见，对此也见 SK^7 – Rudolphi, vor § 13, Rn. 1 – 4 m. w. N.。

为显示为不作为了。相反，如果缺乏任何期望，也就谈不上不作为了。任何人每天都可以做很多他自己或者别人都没有想到的事情：自杀、酗酒、突然离家，等等。没有做这些事情就还没有形成不作为的基础。

前面描述过的行为概念，首先是先行为构成性的。不作为——例如一种被预期的帮助——仅仅在违反了一个在刑法上的行为预期时，例如，那种从第 323c 条引导出来的行为预期时，才满足一个行为构成。当然，也有这样一些**案件，一个不作为只有通过那种刑法上的行为预期才能完全构成，**〔9〕**也就是说，没有先行为构成的存在**。在法律上规定一个申报义务或者引入一个新的税种时，在法律作出相应规定之前不申报或者不纳税的，都不会是不作为，因为在那个范围内，还不存在任何一种行为的预期。随着引入一种通过刑罚保护的行为义务之后，在这类案例中，才能使那些以前无所谓的事情变成一个不作为。 7

2. 个人的行为能力

不作为的另一个条件是个人的行为能力。当那种被期待的行为是这个规范的接收者在身体上不可能的时候，这种能力就不存在了。首先是这种案件，这个没有行动而留下的人缺乏身体上的行动能力。在一个溺水者只有专业救生员才能挽救他幸免于难时，一个因为本身不会游泳或者身患瘫痪而留在岸上的人，就没有对这个救援不作为。当然，如果他能够在一旁帮助呼救，那么他是有行为能力的，〔10〕——这个被期望的行为不一定要亲身去实行——并且，在他坐观不动时，就是对救援的不作为了。在由于空间上的距离而不可能行动时，就更不存在不作为：一个坐在慕尼黑的人，不能同时对一个被期望或者被要求在汉堡采取的行动不作为的。但是，这种身体上的不可能，也能够是由于缺乏救援手段、技能和知识的原因：一个人在荒无人烟的旷野遇见一名重伤者，因为他既没有手机以呼叫救护车，也缺少自己实施必要的紧急手术所必要的设备、技能或者哪怕是知识，因而不采取行动的，不是不作为。 8

也就是说，行为不能不一定是绝对的并且不需要存在于各个方面。更准确地说，当有人在具体情况下，不能为满足要求而做出有意义的事情时，就已经应当批准行为不能了。〔11〕也就是说，一个人虽然自己无力救火，但是却本来能够阻止其妻子纵火的，就能够由于通过不作为放火而被追究责任(《帝国法院刑事判例集》，第 64 卷，第 273 页，第 276 页)。这个人就是一种防止结果发生的有意义的可能性。但是，一个人在发现火情时，不去用手捧水灭火，而只是呆立不动地陷入绝望之中，他就不是对救火的不作为，因为以这种杯水车薪的方式是无法成功灭火的。 9

另一方面，对可能采取的救助措施的结果有认真怀疑的，也还不能取消行为的义务与行为的能力。“只有一种救援努力具有肯定可以预见的无结果时”，才能够支持这种认定(联邦最高法院，《刑法新杂志》，2000 年，第 415 页)。也就是说，在负有救援义务的人不知道这样做还有没有用时，也仍然必须呼叫警察和急救医生。如果后来发现这个被害人已经无法再挽救，那么，就应当在一个保证人地位的情况下认定通过不作为的一个未遂杀人。 10

相反，在问题涉及排除故意、正当性或者罪责时，就不存在行为不能。对案件事实认识错误——例如，父亲没有注意到自己的孩子陷入危险并且需要救援，或者一时想不起来在客观上存在的救援可能性，因而没有动作的，就毫不改变一个不作为的存在。这只能排除故意，但是，由于 11

---

〔9〕 对此，详见 Roxin, AT1³, § 8, Rn. 54 ff.。

〔10〕 OLG Hamm VRS 34 (1968), 149；完全的主流观点，参见，例如，LK¹¹ - Jescheck, vor § 13, Rn. 95; Armin Kaufmann, 1959, 106; Kindhäuser, StGB, § 13, Rn. 10; Welzel, StrafR¹¹, 211 f.。

〔11〕 Jescheck/Weigend, AT⁵, § 59 II 2; Kindhäuser, StGB, § 13, Rn. 10。

过失而受到惩罚却在有些情况下是可能的。阿明·考夫曼[12]和韦尔策尔[13]的要求与此不同。他们对不作为还要求认识符合行为构成的情况与必要的行为工具。然而,没有理由通过这种过分的要求,把过失的不作为从刑事可罚性中抽取出来。在身体上的行为能力已经具备时,其他方面的欠缺就只能影响到故意或者罪责了。

12　在涉及正当化问题的状况中,就不是缺少不作为的案件。在一位警察由于其他任务过于繁重而对一项刑事侦查不作为时,他就因此满足了公务妨碍司法的行为构成(第258a条);他本来是可以把侦查任务放置在其他任务之前的优先地位的,也就是说,是有行为能力的。但是,他还能够通过义务冲突来进行辩护。[14]

13　同样,人们也不能把归责不能(第20条)、不可避免的禁止性错误(第17条),更不能把出罪性的紧急状况(第35条),看成是个人的行为不能的案件,而必须像在实行性犯罪中那样,看成是排除罪责或者排除责任的根据。与此相反,那些在实行性犯罪中已经由于个人行为不能而排除不作为的案件,却没有类似的情况,因为在实行性犯罪中,从通过积极作为来实现的行为构成中,就可以立即得出那种身体上的行为可能性来了。

14　**在法上的不可能性**,也**不是行为不能的案件**。[15] 在不莱梅州高等法院,《新法学周刊》,1957年,第72页作为基础作出判决的那个事实构成中,这个被告人没有消除那条养在家里的好咬人的狗所带来的危险。这条狗本来应当必须送走的。然而,这违背了主人的意思,但是在法上的确是不允许的。在这里,被告本来能够采取行动,因此存在着一个不作为。但是,因为人们不能对违法行为负有义务,所以——以人们同意这个判决为前提条件——在这里就缺乏一种防止结果的义务,并且由此缺乏那种不作为的行为构成符合性。[16]

15　在文献中,基本都承认行为的可能性作为不作为的条件,[17]尽管术语并不完全统一,并且在这些案件中,这个不作为本身或者只有符合行为构成的不作为才是应当排除的,这个问题并不总是清楚的。[18] 但是,有些人也代表了其他的角度。根据迈瓦尔德(Maiwald)的观点,[19] 那个人尽管个人的行为不能,但是"他没有凭借自己的社会地位作出应有的贡献"的,也是不作为。按照这种观点,在一个不懂医术的人由于没有医学知识就不能采取拯救生命的措施时,他对此就是不作为了。然而,当一位医生在20个小时紧张救灾任务之后已经疲惫得"干不动"时,他本身对可能的救援措施也会是不作为;他的无能力应当仅仅是免责的理由。但是,这是不能说服人

---

〔12〕 Armin Kaufmann, 1959, 35 ff., 59 ff.。

〔13〕 Welzel, StrafR^{11}, 201。

〔14〕 这样,也见 BGHSt 15, 18 ff. (22), 根据他的说法,对于这个国家公务人员来说,"不能作出对违反义务的谴责,以及由此认为是一种违法性的举止行为"。类似的,存在于这个案件(紧急状态)之中,见 BGH MDR (D) 1971, 361:在火灾的死亡面前跳出窗户的救援。相反, Jescheck/Weigend, AT^{5}, § 59 II 2 看来想要在这两个案件中都认定行为不能。

〔15〕 但是,见 Eser, StrafR II^{3}, Fall 28; Gropp, AT^{2}, § 11, Rn. 48 f。

〔16〕 因此,也见 Baumann/Weber, AT^{10}, § 15, Rn. 18; Cramer, Stree/Wessels – FS, 1993, 570(在监事会的监视义务方面)。

〔17〕 参见,例如, Baumann/Weber, AT^{10}, § 15, Rn. 15 – 18; Gropp, AT2, § 11, Rn. 43 ff.。Jakobs, AT^{2}, 29/10 ff.; Jescheck/Weigend, AT^{5}, § 59 II 2; Krndhäuser, StGB, § 13, Rn. 10; Köhler, AT, 215; Kühl, AT^{3}, § 18, Rn. 36 ff; SK^{7} – Rudolphi, vor § 13, Rn. 1 ff.; Sch/Sch/Stree^{26}, vor §§ 13 ff., Rn. 141 ff.; Wessels/Beulke, AT^{31}, Rn. 708 ff.。

〔18〕 Jescheck/Weigend, AT5, § 59 II 2 进行了区分:这种不作为应当仅仅是以一般的行为不能(这就是说,一种平均人[Durchschnittsmenschen]的行为无能)为条件,与此同时,这种个人的行为无能应当才是一种符合行为构成的不作为的要求。但是,这是一种不必要的复杂化了。

〔19〕 Maiwald, JuS 1981, 479。

的。因为:任何人都不能承担超过自己所能的义务(ultra posse nemo obligatur)。人们不能要求一个由于精疲力竭而无力工作或者由于心脏病发作而倒下的医生,承担一个有能力医生的义务。迈瓦尔德因此给不作为,即使仅仅在部分领域中,提出了很低的要求,与此同时,其他一些学者却给不作为压上了太多的条件。安德罗拉基斯(Androulakis)〔20〕就要求"这个(举止行为)能力的完全自由",而沃而夫(E. A. Wolff)〔21〕就把动机能力作为行为能力的条件。但是,在这些理论的基础上,就看不出还应当如何区分不作为与罪责了。

(三)纯正的不作为与不纯正的不作为

1. 原则性区别

纯正的与不纯正的不作为的区别已经根深蒂固,在原则上没有争议。〔22〕第138条(不报告有计划的犯罪行为)与第323c条(见危不救)已经作为纯正不作为的经典例子得到承认了。人们在这里谈论一种纯正的不作为,是因为这些行为构成限制在一种不作为的描述上,对此规定了一种单独的刑罚框架,并且,也是因为对这个不作为来说,并不存在处于一种实行性犯罪形式之中的相对物。相反,一个不纯正的不作为犯罪的典型形态,就是通过不作为来杀人,就像在母亲让自己的孩子饿死时存在的那样。人们把这种不作为称为不纯正的,是因为这种刑罚出于一种实行性行为构成(杀人或者谋杀的实行性行为构成),以此为根据来确定刑罚威胁(在第13条第2款的条件下),并且也因为这个在杀人中的不作为,在通过积极作为是具有一个相当于它的相对物。这种区分虽然如此可信,但是,在两种不作为形式中如何具体进行区分,是十分有争议的。 16

2. 作为区分标准的"实行等同性"

人们把"实行等同性"的存在与否作为区分标准是必需的,也是正确的。在立法者已经把一种不作为与作为尽可能同等地安排之处(也就是说,在那种各种不同的本体结构对此允许的范围之内),人们就可以正确地谈论一个"通过不作为的实行性犯罪"与一个出于这个根据的"不纯正的"不作为。〔23〕在两类法定的不作为形式中,情况就是如此:其一,是通过第13条等同于通过积极行为实现行为构成的不作为;其二,是在分则中明确提到的条件下与作为摆在一起的不作为。因为这个保证人地位就是那个"实行等同性"的条件,所以,出于这个原因,其他的区分方法就已经不能承担这种区别的重任了。 17

第一类包括了必须承担责任的那些案件,即"保证人地位"的案件,这也是后面第32节内容所构建的。第二类以其特殊的等同性条件属于分则,破坏房屋安宁就是一个例子:破坏房屋安宁的人是指无权进入受保护的房屋之内,并且"不按照有权者的要求而离开"的。后一种案件还有一个例子:行为人把"他人……留在无助危境弃之不顾,尽管他处于行为人的照料之下,或者行为人对他负有援助的其他义务"(第221条第1款第2项)。在这里,以无所作为的方式把人留在 18

〔20〕 Androulakis, 1963, 115。

〔21〕 E. A. Wolff, 1965, 46, Fn. 26。

〔22〕 但是,偏离的,见 Schmidhäuser, StuB AT², 12/6,他称这种区别是"在事实上没有根据的"。他认为,这种区别本身是"作为容易误解的来标明的,并且,还不会在统一的概念性构建中再使用了"。在这个意义上,深入的分析,见 ders., Müller-Dietz-FS, 2001, 761。反对这个区别的,也见 NK-Seelmann, § 13, Rn. 13。

〔23〕 参见,Schünemann, 1971, 43 f.; ders., ZStW 96 (1984), 302 f。在 Jescheck/Weigend, AT⁵, § 58 Ⅲ 3 提出反对意见,认为这种实行等同性的观点并"不能带来解决方案,因为这种不纯正的不作为犯罪也不能通过积极的作为来等同于那种实行"时,因此,这种在文本上作出的限制就不再受到注意了。相反,同意的存在于这种观点中,在 Herzberg(1972, 22)中是这样表述的:"纯正的不作为犯罪,在我看来,全部都是法律的行为构成,仅仅通过不作为,不纯正的那种不仅能通过积极的行为而且能够通过不作为来实现的。"

危难之中而不顾,就在立法上等同于积极地把人置于“一种无助的境地”之中了。

19 与之相对,在前面作为纯正不作为犯罪例子提到的第138条和第323 c条之中,因为不存在一个能够延伸到不作为的实行性行为构成,所以就缺少一种等同性。因此,这些行为构成就仅仅涵盖了那个已经写出来的不作为,并且就具有一个独立的刑罚框架了。

20 一个不作为在法律没有明确提及的情况下被置于一个实行性行为构成之下的,也存在着不纯正的不作为。例如,通过不作为(不给予符合事实的辩护)也能够实施歪曲法律(第339条)(《联邦最高法院刑事判例集》,第10卷,第294页,第298页)。背信(第266条)也能够毫无困难地通过不作为(那种必要的照顾财产措施)来进行。一个为了对方当事人的利益而听任特定时效流逝的人,就是实施了背叛当事人(第356条)。

3. 行为的不实施与结果的不防止作为纯正与不纯正不作为的要素

21 然而,在司法判决与文献中,大多数人主张的观点还是,把纯正的与不纯正的不作为犯罪,区分为“与活动相关的”和“与结果相关的”。这种理论的代表公式,是《联邦最高法院刑事判例集》,第14卷,第280页(第281页)〔24〕在《有限责任公司法》第84条的例子(对破产申报的不作为)中提供的:“在一个纯正的不作为犯罪中……那个具有刑事可罚性的举止行为在违反一项要求性规范中,也就是说,在一个特定活动的单纯不作为中充分地展示了自己,这个活动虽然应当是间接地引起一个‘结果’——在这里是及时开启破产程序——但是,尽管如此,却是为法律所要求的。因此,刑事可罚性的关键就不在阻止这个‘结果’,而仅仅在于对所要求行为的不作为。例如,根据第138条的举报义务……就不包括‘阻止犯罪的义务’”。在文献中,这种观点也有很多追随者。〔25〕例如,耶赛克/魏根特〔26〕就正是把纯正的不作为犯罪称为“纯粹的活动性犯罪的相对物”。

22 的确,这种区分不允许有说服力的区别。因为这就像活动性犯罪具有一个与行为分不开的结果一样,〔27〕那些根据这种观点是“纯正的”不作为犯罪的也有一个结果,只是这种结果在一些案件中并不是相对于不作为而独立的,而是存在于其之中的。例如,在上面作为纯正的不作为犯罪看待的第二类破坏房屋安宁的例子中,〔28〕这个结果就在于一个无权人通过不受欢迎的在场对房屋安宁造成的干扰。在第323c条中,这个结果就在于那个遇难者持续的无助状态。在第138条的案件中,对行为的要求针对的就是进行举报;也就是说,这个符合行为构成的结果存在于潜在被害人持续的不知情状态,等等。

23 当然,人们总是一再指出,在第323c条和第138条的案件中,像被威胁者的死亡这样的结果,不能在第212条的意义上(也就是说,作为杀人)归责于这个不作为人。但是,这是在不发生与积极杀人的实行性犯罪具有等同性的基础之上的,也就是说,超出了本书(上述2)所主张的界限之外了。在破坏房屋安宁的案件中,这种等同性通过不离开受保护的房屋发生了,从而使人们也不得不前后一致地认定一个不纯正的不作为犯罪。因为一个结果也是不应当否认的(它与在积极的行为中完全一样:在自己的房子里有一个不受欢迎的人),那么,也就看不出,为什么在这里应当能够在与活动相关的不作为和与结果相关的不作为之间,引导出对一个纯正不作为犯罪的认定。这种认定建立在一种无法严肃贯彻的区分方式之上。

---

〔24〕 此外,见 BayObLG NJW 1990, 1861。

〔25〕 参见,仅仅是 Jescheck/Weigend, AT^5, § 58 III 1; SK^7 - Rudolphi, vor § 13, Rn. 10; Schöne, 1974, 56 ff., 115 ff.; Wessels/Beulke, AT^{31}, Rn. 696 f.; 分别都带有进一步的证明。

〔26〕 Jescheke/Weigend, AT^5, § 58 III 1。

〔27〕 参见,Roxin, AT 1^3, § 10, Rn. 103 f。

〔28〕 参见,仅仅是 Jescheck/Weigend, AT^5, § 58 III 4。

4. 有规定的与无规定的不作为行为构成作为纯正性与不纯正性的标准

24 阿明·考夫曼〔29〕所代表的观点也流传甚广。他主张，纯正的和不纯正的不作为犯罪，应当完全根据具有刑事可罚性的不作为举止行为在法律中是否明确地作为不作为加以规定，〔30〕来进行区分。根据考夫曼〔31〕的说法，纯正的与不纯正的不作为犯罪"仅仅在外部标准上能够区分，也就是说，纯正的是由法律自己加以典型化规定的，而不纯正的不履行的罪就是在法律中找不到规定的"。这样，区别就"是一种纯粹制定法的，而不是实质性的"。〔32〕

25 对这个观点可以反驳说，这样一种纯粹"外部的"区别就掩盖了那种在结构上的区别，而这个结构上的区别正是区分不纯正的与纯正的不作为的意义之所在。这种"不纯正性"存在于与实行性犯罪的等同性之中，而这种等同性在大多数情况下是通过第 13 条实现的，但是，也能够在分则的有关行为构成中得到实行。例如，在第 225 条第 1 款第 4 项把折磨、粗野的虐待以及有损健康的恶意的疏忽放在一起，并且，同样作为对"受保护者的虐待"而加以刑罚时，对这三种行为在规范上的等同评价，就说明了把疏忽作为不纯正不作为加以评价是正当的。这种评价就把一种虐待描绘成像那种相应的积极作为一样了。这也适用于这些不作为，它们在积极行为的描述中并没有明确地被提到，就像在背叛当事人或者枉法中没有提到通过不作为来实行一样（边码 20）。

26 在第 323c 条和第 138 条这样的行为构成中，没有积极的行为可以符合，这时就完全不一样了。当人们停留在"外部"上时，这个等同性是否在总则中还是在分则中出现，这个实质性的区别都会转变过去。一种纯粹的"制定法上的"区别，在大多数案件中就是偶然的，从而也是任意的。当立法者在第 225 条第 1 款第 4 项中不明确列明恶意的疏忽时，人们本来也能够经过第 13 条使其通过不作为而满足虐待的资格，这样一来，同一个不作为就又突然变成"不纯正的"了。这显然是没有道理的。

5. 违反一种禁止性的或者要求性的规定作为区别的标准

27 一种较老的、今天仍然在《联邦最高法院刑事判例集》，第 14 卷，第 281 页（上文边码 21）中提出的区分法，在不纯正不作为犯罪中看到的是对禁止性规定的违反，在纯正的不作为中看到的是对要求性规定的违反。这种主张已由恩吉施（Engisch）〔33〕和阿明·考夫曼〔34〕所代表的一派观点，出 于"规定逻辑"的理由所拒绝：每一种在刑法上有重要意义的不作为，不管是纯正的还是不纯正的，都总能够仅仅违反一种要求性规范（一种行为义务）。〔35〕但是，这种区分除此之外就没有什么用处，因为它基本上就是把这个主题改写了一下，即不纯正的不作为犯罪（与纯正的不作为犯罪不同）必须真正是实行性犯罪，或者至少必须是作为实行性犯罪来处理的。但是，在什么条件下，一个不作为就违反了一个禁止性规范（在这个理论的理解中），就必须从其他观点中发展出来。作为这种观点提出的是不作为与相当的实行性犯罪之间的等同性，这就会回溯到本书（边码 17 以下）所代表的观点上去。

---

〔29〕 Armin Kaufmann, 1959, 206 ff., 275; ders., JuS 1961, 174。

〔30〕 因此，也见 Jakobs, AT², 28/9; Maurach/Gössel, AT/2⁷, § 45, Rn. 38; Sch/Sch/Stree²⁶, vor §§ 13 ff., Rn. 137; Welzel, StrafR¹¹, 202 f。

〔31〕 Armin Kaufmann, JuS 1961, 174。

〔32〕 Welzel, StrafR¹¹, 202 f。

〔33〕 Engisch, MSchrKrim 1939, 424。

〔34〕 Armin Kaufmann, 1959, 3 ff.。

〔35〕 对旧理论的一种"恢复名誉"的主张，紧随着 Philipps (1974, 15 ff.) NK – Seelmann, § 13, Rn. 14。

6. 区分的实际意义

28 这种区分的实际意义首先在于,这个保证人地位——这个不作为信条中最困难同时也最重要的问题——就是局限在不纯正的不作为犯罪上了。这个保证人地位必须基本上从第13条中发展出来。在分则中存在着不纯正不作为之处,经常也独立而明确地描述了等同性的条件。的确,在这个范围之内,必须回溯到总则中保证人理论的情况并不罕见。例如,在第221条第2款认定,"尽管行为人对一个人负有照管责任或者负有提供其他援助的义务",而这个行为人却把这个人留在无助的危险境地的,是通过不作为的遗弃,这时,这种一般的保证人理论在满足这个公式时就是有用的。

29 重要的还有这个认识,即一个保证人地位绝不能从一个纯正的不作为犯罪的行为义务中引导出来。也就是说,第323c条的帮助义务与第138条中的举报义务都不能被用来构建一个保证人地位以达到以下效果,即在一个以死亡告终的情况下,袖手旁观者能够由于通过不作为的故意或者过失杀人而受到追究。正是这种不可能性,是纯正不作为的最重要的特点。

30 最后还有一个问题,即第13条第2款的减刑条款是否也能适用于这些在分则中列出的不纯正不作为?这是有很大争议的,但是,应当加以肯定。对这个问题的深入探讨,应当在后面与第13条第2款(边码248以下)一起进行。的确应当肯定的是,这个问题无论如何仅仅在不纯正的不作为中具有重要性,而对于纯正的不作为并不重要。

(四)不作为与法无规定不为罪

31 纯正的不作为犯罪与法无规定不为罪原则[36]之间的一致性,从来就没有受到怀疑,因为在纯正的不作为中,具有刑事可罚性的不作为的条件已经在分则的行为构成中精确地描述了。与之相反,在1975年之前(也就是说,在引入第13条之前),只要不纯正不作为犯罪与实行的等同性条件在分则没有详细加以说明(对此,见边码17以下),而是通过司法判决与学术——借助保证人地位的发展——才得以创立的,对于不纯正不作为犯罪的合宪性就一直存在着双重顾虑。第一,人们在从实行的行为构成出发对不作为进行在法律上没有规定的刑罚中,看到了一种**违反禁止类推**;第二,人们在等同性条件缺乏立法上的明文规定中,发现了一种**损害明确性要求**。实践虽然不理会这些顾虑,但是,立法者已经看到了这一点,并且试图通过新的第13条来解决它。

32 在禁止类推方面,立法者的努力毫无疑问取得了成功。第13条在那里提及条件之下,明确地从有关各种实行性行为构成的条文中规定了不作为的刑事可罚性。也就是说,刑罚从此能够以法律为基础,而不必再以一条类推的结论为根据了。但是,第13条与明确性要求的一致性还是一直存在着怀疑。法律提到的不作为刑事可罚性的条件,仅仅是"必须承担责任"与"相当于"标准,而没有说什么时候人们就"应当对结果没有发生承担责任",什么时候这个不作为又"相当于"作为了。这个法律的规定,在明确性原则的观点下,也不是无懈可击的,这一点在文献中也经常受到强调。[37]

33 毕竟,这个法律上的表述并不是完全没有内容的,相反,它让人认识到,这种不作为必须根据规范的标准来与那些准确规定的实行处于同样位置。如果人们——就像在解释时必须注意的那

---

〔36〕 原则上,对此见 Roxin, AT 1³· § 5。

〔37〕 一个对批评性文献引文的汇编,见 Seebode, Spendel - FS, 1992, 334 f。特别严格再次提出的,见 Köhler, AT, 213 f.:"这个规范(即第13条)……在其通告中并不能得到充分的确定,在这里是不能符合……宪法的明确性原则的。"对于违宪问题,也见 Schürmann, 1986, 190。

样！——严格遵守这个实行等同性的标准，那么，人们就能够把第13条理解为一个在法律上充分明确地规定了。〔38〕无论如何，这对以下情况也适用：人们另外还注意到，在总则的一些部分，是立法者有意识地留给司法判决与文献进一步发展的——并且，在与此有关的部分中——明确性的要求反正也必须受到限制。〔39〕

在文献中，有一部分提出了其他建议，以对付这种从明确性原则中引导出来的宪法性顾虑。例如，泽博德（Seebode）认为，〔40〕只有在这种阻止结果发生的义务“是依法或者依合同确立时”，第13条才与《德国基本法》第103条第2款相一致。也就是说，“仅仅从事实情况，例如从先行的作为或者共同体中”对行为义务的引导，就是不允许的。但是，由此进行对所谓形式上的法律义务理论（详见，第32节，边码4以下）的回归，却是很成问题的，因为这个理论今天在信条学上已经过时了，并且恰恰是不能胜任那种等同于实行性的观点的。 34

《1958年刑法典总则草案》第13条与《（1966年）刑法典选择性建议（总则）》第12条，都曾经试图在法律中把保证人地位规定得更详细一点。〔41〕这样做的好处是可以更少一些不明确性。但是，这个好处却被这个弊端换走了，即这个不作为信条在学术上的发展就会成为阻碍，并且就正好阻碍了一种限制性的解释（例如：在先行作为的案件中）。〔42〕 35

舍内（Schöne）〔43〕还提出了一个解决与分则规定的行为构成有关的明确性问题的办法。这个建议与韦尔策尔〔44〕的观点相互对立：“原则上，可能的不作为行为人所具有的无法估计的多样性，是无法在法定的行为构成中彻底而具体地加以规定的”。实际上，这样一种会大大扩展《德国刑法典》规模的努力，还从来没有进行过。毕竟，这个建议在这个意义上是值得重视的，即在对等同于实行的不作为作出一个更准确的描述毫无问题是可能的之处，立法者就应当在分则的这些地方，对不纯正不作为作出具体的规定，就像在现行法中已经散见于各处的那样（参见，边码17以下）。 36

（五）不作为中的因果性

1. 不作为有因果性吗？

（1）不作为作为作用力

对于不作为是否能够是结果的原因这个问题，从十九世纪以来就有热烈的争论，并且，这个争论被李斯特/施密特〔45〕称为“刑法学曾经进行的最无成果的争论之一”。因为这个评断至少对较老的有关不作为因果性的努力是恰当的，所以，在此仅仅应当对其加以简短的讨论。 37

最早，这个讨论是从这个条件出发的，即每个犯罪行为都要求这个潜在的行为人对于这个结果具有原因性，并且这个有待查清的因果性就存在于一个真实的作用力之中。为了证明不作为的这种作用力，科学界进行了长期的努力。这个努力已经失败了，因此也不需要再进行仔细的介 38

---

〔38〕 参见，Schünemann，ZStW 96（1984）；304。

〔39〕 参见，Roxin，AT 1^3，§ 5，Rn. 78；Jakobs，AT^2，29/5。

〔40〕 Seebode，Spendel-FS，1992，328 ff.（344 f.）。

〔41〕 § 13 E 1958 已经按照法定的义务、担保的承担与引起结果出现的更紧迫可能性来进行安排的，与此同时，§ 12 AE 已经要求一种法定或者自愿承担的法律义务，或者对结果的出现创设一种更加紧迫的危险。

〔42〕 详见，Gallas，ZStW 80（1968），16 ff.。

〔43〕 Schöne，1974，342 ff.（aaO.，2 提供了这个观点中先锋人物的一个列表）。

〔44〕 Welzel，StrafR11，210。还有，Sch/Sch/Stree^{26}，§ 13，Rn. 6 宣告了这样一种解决方案是“不可行的”。

〔45〕 Liszt/Schmidt，StrafR，^{25}1927，164。

绍。[46] 最受欢迎的是冯·布里[47]建立并主要是为宾丁[48]所接受的"**干扰理论**"。根据这个理论,不作为的因果性应当存在于对行为冲动的压制之中,并且作为排除了一种阻碍结果发生的因素(行动的意志)而真正造成了结果。但是,在无意识的过失不作为中,就显然谈不上一种对行为冲动的压制,并且在故意不作为中,这种压制在一开始就不存在行为冲动之处也是缺乏的。

(2)不作为作为合法的条件

39 今天,在真正的作用力意义上,认为不作为能够对结果有原因性的观点已经不再有人主张了。不过,确实有以一些有名的学者为代表的少数派观点,仍然肯定了不作为的因果性,他们支持把恩吉施发展出来的因果性作为"合法的条件"。[49] 他们的领军人物就是恩吉施本人,[50]对他来说,"对这样一个本来根据自然法则……会防止(遭到指责的)结果的行为的不实施,在法律上正是与这个结果相联系的,并且因此可以看成是对这个结果有原因性的。"对此,普珀[51]表示说,"**否定……对于完全的原因性宣示,不仅是允许的,并且是不可缺少**"的,这就得出了同样的结论。结果不仅会通过那些对其起积极性促进作用的条件产生,而且也会通过那些阻止结果发生因素的缺乏而产生。也就是说,在可能的情况下,一个病人的死亡,不仅是因为他身患重病,而且也是因为他没有去看医生。希尔根多夫[52]也认为,"合法条件的公式……在不纯正不作为犯罪中,可以不受限制地使用……也就是说,例如,在训练有素的游泳救生员某甲心平气和地看着某乙在他身边溺水时,甲的举止行为对于乙的死亡就是原因,因为在甲的举止行为和乙的死亡之间存在着一种合法的关系"。

40 与此相反,今天的主流理论否认了不作为的因果性。因此,我们在韦尔策尔[53]那里读到:"不作为行为人不会因为他造成了符合行为构成的结果而受到刑罚,而是因为他没有阻止其发生……不作为作为一个行为的不实施,是完全不会造成什么的"。阿图尔·考夫曼(Arthur Kaufmann)[54]也说,"不作为本身,绝不可能是原因",他并且把反对的观点引回来,认为"这种原因性一点都不是真的,而仅仅是存在于思维中的"。耶赛克/魏根特[55]认为:"因果性作为实在范畴要求一种真实的能量来源,这种来源有能力产生力量的耗费,然而,在不作为中就正好缺少这一点('无中不能生有'<'ex nihilo nihil fit'>)"。

41 很容易看出的是,这些相互争论的观点是以不同的因果观念为基础的。第一种观点(边码39)满足的是一种合法的关系;第二种观点(边码40)是以"一种因果性所具有的动态性质的观点",[56]一种"把原因作为力量或者动因的观念"[57]为基础的。对此很难判断对错,并且这归根到底也不是关键所在。当人们在一个较狭窄的因果概念的基础上否认不作为的一种因果性时,也仍然不妨碍在法定条件存在的条件下,应当把这个结果归责于那个没有阻止其发生的人。一个归责并不当然需要与这种因果性相联系。还有,一个不作为因果性的否认者,也不会当然地

---

〔46〕 但是,有关的证明,见 Jescheck/Weigend, AT5, § 59 III 3, Fn. 23。

〔47〕 v. Buri, GerS 21 (1869), 196 ff.。

〔48〕 Binding, Normen, Bd. II, 516 ff., 536 ff., 555 ff.。

〔49〕 详见,Roxin, AT1³, § 11, Rn. 14。

〔50〕 Engisch, von Weber-FS, 1963, 264 f.; 详见,ders., 1931, 29 ff.。

〔51〕 Puppe, ZStW 92 (1980), 895 ff. (899)。

〔52〕 Hilgendorf, NStZ 1994, 564。

〔53〕 Welzel, StrafR¹¹, 212f。

〔54〕 Arthur Kaufmann, Eb. Schmidt-FS, 1961, 214。

〔55〕 Jescheck/Weigend, AT5, § 59 III 3。

〔56〕 Engisch, von Weber-FS, 1963, 265, Fn. 31。

〔57〕 Puppe, ZStW 92 (1980), 896。

从中得出结论，认为这个不作为就是不具有刑事可罚性的，相反，在存在保证人地位和其他犯罪要求时，这个不作为人就会受到惩罚，正好就像不作为因果性的辩护者一样。也就是说，人们本来能够把这个争论的问题予以搁置。

带着这个保留意见，本书所代表的观点是，人们能够毫无顾虑地谈论不作为的因果性。因为我们甚至在实行性犯罪中，对因果性的一种"作用力"或者"动力"都不能详细知道，〔58〕所以，值得推荐的就是，那些今天已经作为合法性条件接受的其他因果性公式，就应当在实行性犯罪和不作为犯罪中同样地加以使用。这在实际上就导向了那种由恩吉施、普珀和希尔根多夫认定的结论，即不作为也能够与结果一同处于合法的关系之中：在一个母亲不喂她的孩子时，根据自然法则，这个孩子就肯定要饿死。也就是说，在下文中，在不作为因果性的反对者们仅仅只能认定一种"准因果性"、一种"假定的因果性"，或者干脆仅仅认定一种把结果归责于这个不作为之处，本书会立即谈论不作为的因果性。 42

当然，人们在肯定有因果性的不作为的可能性中，也必须保留这种意识：在实行的因果性和不作为的因果性之间，还是存在着区别。实行的因果性，除了行为人的举止行为与结果之间的合法性关系之外，还以一种主动"积极的"能量投入作为条件，而不作为的因果性就仅仅限制在不作为与结果之间的合法联系上了。 43

2. 司法判决中确定的不作为的因果性

联邦法院的司法判决秉承帝国法院的观点，〔59〕**认为"在一个结果本来会通过这个未实施的行为被阻止时"，"这个不作为对那个结果就是原因"**（《联邦最高法院刑事判例集》，第 6 卷，第 1 页以下）。〔60〕这个司法判决在这里把实行性犯罪使用的"想象不存在"公式反过来用了，〔61〕也就是说，它提出了这样一个问题：一种"应当想到的"有要求的行为本来是否会阻止这个结果。**这种对结果的阻止必须"以十拿九稳的把握"加以确定**，这不应当表现为降低证据要求，而仅仅是一种对赢得确信的指导方针，这个方针考虑了人类认知能力的有限性（《帝国法院刑事判例集》，第 75 卷，第 374 页）。〔62〕联邦最高法院，《刑法新杂志》，1985 年，第 27 页提供了一个对司法实践的精确总结："在没有想到这个不作为的行为就不能取消这个已经出现的结果时，这个结果的出现就应当归责于这个行为人。对此必须存在着一种十拿九稳的把握，从而使这个结果在这个未实施行为的实施中，本来不会或者会大大推延或者会以大大减小的规模出现"。 44

在这里，这个"应当想到的"是很有帮助的，正好就像"想象不存在"的方法对实行性犯罪很有帮助一样。〔63〕例如，在人们想要知道一个对医生要求的行为（例如，对病人给出特定的药物或者立即进行手术）能否阻止这个病人的死亡时，只要人们不知道那种药物或者那个手术本来会如何发生作用的，那么，这种对医务措施的应当想到就不能提供什么帮助。这个不作为的原因性就仅仅只取决于：这个不作为的医务行为，根据自然科学的法则，本来是否能够阻止这个死亡。只有在人们知道这一点之后，应当想到这个所要求的作为才会导出这个结果被取消的结论；但 45

---

〔58〕参见，Roxin，AT 1^3，§ 11，Rn. 4。

〔59〕RGSt 15，151（153 f.）；51，127；58，130（131）；74，350（352）；75，49（50）；75，372（374）。

〔60〕此外，见 BGHSt 7，211（214）；37，106（126）；BGH NStZ 1981，218；1985，26；1986，217；BGH NJW 1987，2940；2000，2757。

〔61〕参见，Roxin，AT 1^3，§ 11，Rn. 8 ff.。

〔62〕Wachsmuth/Schreiber，NJW 1982，2094 支持这个公式具有一个任务，因为在医学领域中不存在"保证性"。代替这一点的，就应当取决于在一种所要求行为中具有阻止结果发生效果的"一种排除合理怀疑的确信"。的确，在这里，就不存在一种事实上的区别了。

〔63〕参见，Roxin，AT 1^3，§ 11，Rn. 8 ff.。

是,从中却得不出任何附加的新认识。也就是说,这里的关键在于,在这个不作为和这个结果的出现之间,是否能够确定一种合法的关系。

3. 所要求的行为本来能够阻止这个结果的出现,对于这个结果的归责是否就已经足够了?

(1)司法判决

46 但是,在不作为因果性领域中,最重要的争议问题还在于,对于归责来说,所要求的行为本来就会十拿九稳地阻止这个结果到底是否有必要,或者说,**人们是否能够把对实行性犯罪适用的——**虽然在此也不无争议的——**风险提高理论**[64]**转用于不作为犯罪,从而带来这样的效果:在不作为人的行为虽然还不是十拿九稳的,但本来却很有可能阻止这个结果的出现时,就已经可以把一个结果归责于这个不作为人了**。也就是说,如果一个父亲由于有目的地不采取任何措施去救援自己在河流中溺水的孩子,那么,在情况表明这个父亲的救援努力只有百分之五十的成功机会,但是,同样具有百分之五十无济于事的可能性时,这个父亲就应当由于故意杀人而受到刑罚吗?另外,在一个医生对一项有要求的措施不作为,但是,在这个病人死后仍然无法确定这项措施本来是否就能拯救他的生命时,这名医生就应当由于过失杀人而受到刑罚吗?

47 很明显,联邦最高法院借助自己根据"十拿九稳"所作的安排,在上述那种案件中,就必须由于已经完成的构成行为而拒绝一种惩罚。联邦法院也是一再这样判的。在一个案件中,一个残忍的丈夫把妻子打倒后,不把其送往医院治疗,使其妻子伤重而死。联邦最高法院拒绝了通过不作为的故意杀人,尽管"在立即手术中,或许还存在着一些存活的机会"(联邦最高法院,《刑事辩护人杂志》,1985 年,第 229 页)。如果所要求的向"较高当局"报告是否本来就能阻止这个结果发生还不清楚,那么,一个已完成的不作为也就因此被排除了(联邦最高法院,《新法学周刊》,2000 年,第 2757 页)。但是,即使在一项用于延长生命的放射疗法具有百分之九十的有效可能性时,对其因疏忽而不作为也不会作为过失杀人来加以处罚(联邦最高法院,《新法学周刊》,1987 年,第 2940 页)。如果一个救援机会被有意识地放过了,司法判决至少还采取了未遂的刑罚。在上述残忍的丈夫一案中,就是这样:"如果不能确定未实施的行为本来能够阻止这个结果,就不存在既遂的构成行为;剩下的唯一可能性,就仅仅是由于未遂来进行判决了"。[65] 著名的皮革喷雾剂判决(《联邦最高法院刑事判例集》,第 37 卷,第 106 页,第 127 页)虽然措辞略微谨慎,但还是表达了同样的意思:"那个在文献中广为人主张的观点认为:这个未实施行为的实施本来就会(显著地)阻止结果发生的风险(这相当于所谓的风险提高理论……)就足够了,然而,司法判决迄今以来并没有采取这个观点"。

48 毕竟,这个问题的实际意义通过未遂刑罚的可能性而具有了相对性(当然,这在过失犯罪与未遂的刑事可罚性缺失的情况下,不能妨碍宣告一个错过救援机会的保证人无罪)。不过,在司法判决观点的基础上,允许采取未遂刑罚也受到争议,理由是:对于未遂来说,具有降低风险可能性的想象就足够了,因此,对于未遂故意的要求就比对于既遂故意的要少得多。[66] 但是,这是不正确的。[67] 在这个不作为人能够相信有百分之五十的可能性来阻止这个结果时,他也要在这种

---

〔64〕 对此,见 Roxin, AT 1³, § 11, Rn. 76 ff.。

〔65〕 BGHSt 14, 284 已经说过:"一个已经完成的杀人犯罪,在这个对帮助的不作为本来能够防止那个受伤人的死亡,本来就已经呈现出来了,一个未遂的杀人犯罪,在这个证明本来不能提出时,就已经呈现出来了。"

〔66〕 参见,例如,Otto, AT⁶, § 9 IV 2; Brammsen, MDR 1989, 125 f.; 根据情况也见,Stratenwerth, AT⁴, § 13, Rn. 54 f。

〔67〕 Schünemann, StV 1985, 232; Puppe, ZStW 95 (1983), 303; Jakobs, AT², 29/40:"对未遂的责任——在当然仅仅是在故意中——是毫无疑问的。"

同样的可能性下，容忍这个结果以这个不作为为条件的出现，并且，这对于肯定一种借助有条件故意的未遂就足够了。

此外，人们不允许忽视，这个司法判决至少在结论上接近了风险提高理论的不作为领域——人们在这里将其称为风险降低理论会更好〔68〕——方法是：它让一种生命的稍许延长作为所要求的干预结果，对于这种既遂的刑事可罚性就足够了。因此，在联邦最高法院，《刑法新杂志》，1981年，第219页（一个医务过失案件）中就说道："在当天采取的手术干预中，这个病人本来是十拿九稳地能够再多活一天的，并且本来还完全存在继续存活的高度可能性"。在这里就造成一种印象，似乎通过短期的生命延长这条弯道，就会使用一种高度的可能性来代替那种十拿九稳的把握了。相应地，联邦最高法院，《刑法新杂志》，1985年，第27页也这样适用："在这个时间点上的治疗本来会导致大大地增加这个病人的存活机会。根据初审法院的观点，病人的生命本来至少会延长数小时"。在这里，这个决定本身得到支持的基础也在于这种本来会由所要求的干预带来的显著的风险降低上。 49

有时候，对于不作为的因果性，司法判决也满足于简单的通过所要求的作为来阻止结果的较高可能性。《帝国法院刑事判例集》，第75卷，第324页（第328页）就让具有一种"相当于一般生活经验的较高可能性"就足够了。同时，联邦最高法院，《联邦最高法院刑事判例集》，第25卷，第163页对一家葡萄酒厂厂长的不作为责任表达了如下意见，这个厂长忽视了通过抽查来检查他的指示得到遵守的情况："关键不可能在于，通过抽查是否真的会发现错误。唯一具有决定性意义的是，通过对从事葡萄酒制造企业的职工进行可见的监督，本来会在很大程度上预防为混合后的葡萄酒打错标识的危险"。也就是说，司法判决秉承的路线也不是完全统一的。 50

(2) 在文献中的讨论状况

在文献中，对这个问题的争论极其激烈。整个主流理论当然都追随司法判决，要求一种"十拿九稳的把握"。当有些作者在实行性犯罪中已经拒绝风险提高理论的范围内，这是不言而喻的，并且不需要特别的证明。〔69〕但是，也有一部分追随者，在实行性犯罪中主张风险提高理论（称之为风险降低理论更为合适），也拒绝在不作为犯罪中再继续追随这个理论。〔70〕这种拒绝首先基于以下理由：在尽管还怀疑所要求的行为本来是否会阻止这个结果发生，就要对这个结果进行归责时，就放弃了不作为因果性的证明了。这种说法由此就放弃了一个基本的归责条件，就把这种侵害的行为构成曲解为危险的行为构成，并且损害了罪疑有利被告（in dubio pro reo）的原则。在这个意义上，情况与实行性犯罪完全不同：在实行性犯罪中，行为人举止行为的因果性是确定的，对这个因果性来说，风险的提高仅仅作为附加的限制刑事可罚性的标准，与此同时，在把这个原则用于不作为时，这种风险的降低就以扩展刑事可罚性的方式代替了这种因果性了。 51

相反的观点以斯特拉滕韦特、〔71〕鲁道菲〔72〕及奥托〔73〕为主要代表人，〔74〕主要以基于刑事政策的刑罚需要为依据，但是，大多也反对放弃因果性以及从中得出的结论。对于第一点，斯特 52

〔68〕 Beulke/Bachmann, JuS 1992, 743, Fn. 90。

〔69〕 参见，仅仅见 Roxin, AT 1[3], § 11, Rn.76 ff.（特别是，Fn. 146）。

〔70〕 例如，见 Jescheck/Weigend, AT[5], § 59 III 4; Lackner/Kühl[24], vor § 13, Rn. 14; 最基本的，见 Schünemann, StV 1983 229, 231 ff.。

〔71〕 Stratenwerth, AT[4], § 13, Rn. 54 ff.; ders., Gallas-FS, 1973, 237 ff.。

〔72〕 SK[7]-Rudolphi, vor § 13, Rn. 16, 16 a。

〔73〕 Otto, AT[6], § 9 IV; ders., Maurach-FS, 1972, 102; ders., JuS 1974, 708。

〔74〕 此外，见 Brammsen, MDR 1989, 126; Maurach/Gössel, AT/2[7], 46/23; Schaffstein, Honig-FS, 1970, 172; 首先，也许见 Hardwig, 1957, 156 ff.。

拉滕韦特很形象地论证:[75]"例如,如果父母不给重病的孩子请医生诊治,那么,根据主流理论,他们就只有在医生的治疗本来十拿九稳地能够救活孩子时,才需要对孩子的死亡负责;反之,在孩子患的是死亡率很高的疾病时,父母从一开始就可以放弃延请医生了"。[76] 同时,另外一个地方还写到:"为救援受到威胁的法益的行为只应当在救援结果几乎近于有保证时,才应当是被要求的,而不是在其'仅仅'能够显著提高这种救援机会时——这就是主流理论的一个逻辑结论,对于这个结论,迄今为止……还没有人哪怕是去尝试着为其辩护一下"。

53 对于因果问题,风险降低理论的代表们表示了各不相同的态度。沙夫斯泰因[77]想要放弃因果性,并且想要容忍把过失性犯罪转变为危险性犯罪。奥托[78]要求"保证人有义务阻止或者降低的那些危险,已经在结果中得到了实现",并且以此为满足。斯特拉滕韦特[79]用以下论证来支持这种因果性:"在危险中应当由行为人负责的那个部分……毫不受限制地……进入整个危险的潜在性之中"了。讲得最详细的是鲁道菲,[80]他按照那种通过风险降低而产生的因果过程的变化进行安排:"那个……降低危险的效果……能够仅仅存在于这里:要么那种原先威胁法益的因果过程通过一个(完全)不同的、较少危险性的因果过程加以代替了(例如,手术清除了威胁生命的病灶,但是造成了另外一种较小的死亡风险),要么这种原来的……因果过程通过脱离特定的——即使不是所有的——构成其危险性的情节而受到这样的修改,以至于这个因果过程现在变得不那么危险,并且因此不再是同一个因果过程了(例如,服用了那种削弱病情发展的药物)。但是,这样在所要求的降低危险与具体的结果发生之间,就也存在因果性了。"

(3)区别对待的解决方法

54 **正确的解决方法**应当在不同的极端观点之间寻找,并且**必须从这里入手,即一种风险降低仅仅在一种事前观察中看起来是可能的(在这里就没有对这个结果的归责),或者是在一种事后的评判中才会真的出现一种风险降低(在这里就能够归责)**。

55 最后提到的**那一种真的能证明风险降低的案件**,应当放在开头讨论。也就是说,在所要求的行为本来会十拿九稳地引起这个因果过程发生一种减少风险的改变时,这个不作为的因果性就毋庸置疑了,并且,对这个具体的结果的归责也立即是可能的。这个结果仍然还会在其他情节的基础上,但是借助较小的可能性发生,这就是一种可允许的剩余风险,不能排除对那种真的实现的、不允许的风险进行归责。

56 也就是说,如果这个病人死于心脏病,因为所要求的手术没有进行,那么,就存在着一个通过不作为实现的杀人,只要这个所要求的医学措施本来至少能够首先维持心脏功能。至于这个病人后来仍然死于副作用或者并发症的可能性,对此毫无影响。那会是另一个因果过程了。同样:如果这个所要求的并且也有可能的器官移植本来会首先救得这个患者一命,那么,对该移植的不作为就应当作为杀人进行归责,即使存在着这个移植器官所产生的排异反应最终会导致这个患者死亡的可能性。或者:在给病人开出对症的口服药物或者注射针剂本来肯定会对病情发展产生有利的影响时,那种由于这些措施的不作为而出现的死亡也应当归责于这个保证人,即使这些医学措施可能不会最终阻止这个结果的发生。

---

〔75〕 Stratenwerth, AT^4, § 13, Rn. 55。根据边码 48 给出的根据,这当然是太夸张了。

〔76〕 Stratenwerth, Gallas - FS, 1973, 239。这也是太夸张了;参见,边码 48。

〔77〕 Schaffstein, Honig - FS, 1970, 173。

〔78〕 Otto, AT^6, § 9 IV 2; 同样,见 Brammsen, MDR 1989, 127。

〔79〕 Stratenwerth, Gallas - FS, 1973, 238。

〔80〕 SK^7 - Rudolphi, vor § 13, Rn. 16 a。

在许内曼〔81〕反对这样一种考察方式,并说这种“救援义务的目的不在于改变那些伴随的情节,而在于阻止这个结果发生”时,人们应当反驳说:第一,不是随便一个改变都能够满足归责的,只有一种有效地降低这个因果过程的风险影响才能;第二,那种可能最终出现的结果是另外一回事,对其不作为地不加阻止会归责于保证人。 57

在这里能够看出,司法判决借助其摸索性的未遂,在更大的即使是不肯定的阻止结果的可能性中,以及在所要求的行为肯定能够延长病人的生命中,就应当对结果进行归责,这在趋势上是走对路了。在这种方式的大多数案件中,这种因果过程都会进行另外一种降低风险的转变。那种在大多数情况下仅仅以实行性犯罪为例子的并且按照其十分具体内容中的因果过程来安排的观点,〔82〕在这里也显示了其正确的核心。对于弗里施,也相应地适用可允许的剩余风险的理论。〔83〕在风险确实降低中还剩下的,就是一种可允许的剩余风险了,然而,这种风险不能改变不允许风险的产生及其实现。 58

但是,在不能十拿九稳地确定所要求的行为本来就是能够影响因果过程时,情况就不一样了。在违反义务没有去叫的那位医生即使赶到现场,也存在着病人会已经死亡或者无论如何无法活着到达医院的真正可能性或者有把握性时,这个不作为就不能作为既遂的杀人,而只能在存在相应的故意中,仅仅作为未遂的杀人来加以刑罚(参见,边码48)。在单纯的过失中,就出现了不具有刑事惩罚性。相应地,在不清楚这个本来必须跳下水去救人的人或者必须划小船前往出事地点的人是否还来得及赶到溺水者身边时,也是适用的。 59

在这里,所有从缺失的因果性中引导出来的反对意见,都适用于反对对这个结果的归责。放弃这些反对意见,就像沙夫斯泰因所建议的那样(边码53),根据现行法律是不可能的,因为,例如第222条明确要求,行为人已经通过过失引起了结果。至于保证人本来应当会阻止或者降低的危险已经实现,就像奥托要求的那样(边码53),也不足以证明一种因果性。由此并不会证明,一种危险的降低到底是可能的。就像布拉姆森(Brammsen)想要的那样,〔84〕一种仅仅在事前判断中产生的降低风险的可能性,也同样是不够的;〔85〕更准确地说,这种可能性必须在事后也能加以确定。在不作为与结果之间不能证明合法关系时,也就是说,在一个真正的降低风险通过所要求的行为并不能肯定时,对这个结果的归责就违反了罪疑有利被告的原则,并且会使得侵害性犯罪变成一种单纯的危险性犯罪。这个不作为人会由于引起一个结果而受到刑罚,即使他到底有没有可能去干预这个因果过程还是有疑问的。 60

也就是说,这种风险降低理论和这种坚持不作为与结果之间的合法连接的理论,都有相对的道理。它们不是存在于一种相互排斥的关系之中,而是存在于一种相互补充的关系之中。斯特拉滕韦特〔86〕与本书的观点完全一致,他说:“一个人(违反保证人义务)没有把一个遇难者送去接受医生治疗的,在这种治疗本来会开启一个生存机会时,就要对遇难者的死亡负责;但是,在确定或者不能排除医生的抢救怎么都也太迟的时候,就不负责。”在鲁道菲〔87〕强调降低危险的作用,本来能够“仅仅存在于”因果过程发生了对被害人有利的改变之中时,他就是以这种方式默 61

〔81〕 Schünemann, StV 1985, 229, 232 f。

〔82〕 参见,Roxin, AT1^3, § 11, Rn. 20/21。

〔83〕 Frisch, 1988, 546 ff.。

〔84〕 Brammsen, MDR 1989, 123 f。

〔85〕 因此,明确的,见 Stratenwerth, AT^3, Rn. 1028, 不再如此明确的,见ders., AT^4, §13, Rn, 56。

〔86〕 Stratenwerth, AT^3, Rn. 1028, 在意义上相同的,见ders., AT^4, § 13, Rn. 56。

〔87〕 SK^7 – Rudolphi, vor § 13, Rn. 16 a。

示地把非原因性的不作为从对结果的归责中排除出去了。但是,除此之外,这两种观点的代表都倾向于把他们的观点单方面地加以绝对化。

62　从上文的意义上说,对司法判决也应当进行区分。例如,在人们不知道一个醉酒的司机是否还能听从劝阻不开车时,对劝阻的不作为就不能引起对结果的归责(联邦最高法院,《新法学周刊》,1954 年,第 1047 页以下);人们不能确定,这个因果过程到底是否能够被改变。相反,在施工坑旁边对安装警告灯不作为的,与哈姆州高级法院,《新法学周刊》,1959 年,第 1551 页的观点相反,对一起事故就具有原因性,只要这盏警告灯的存在就能阻止这个事故。一些胡作非为的人把警告灯拆走的可能性,本来就意味着另外一个因果过程,那个因果过程不能排除对真实事件的归责。一个人在发生火灾时,没有把自己的孩子扔给楼下准备好的救援人员的,他的不作为就对孩子的死是有原因性的,尽管从窗子往下扔同样带有一种——较小的——死亡风险。也就是说,关键不在于把孩子从窗子抛下去是不是肯定会拯救这个孩子的生命(但是,联邦最高法院,《德国法月报(达林格)》,1971 年,第 361 页以下是这么认为的)。[88] 许多决定不准许一个明确的判断,因为它们对本书所代表的区分没有给予注意。

63　**从未来立法的观点看**(de lege ferenda),人们当然能够争论,对所有案件都应当进行惩罚,而在其中,一个保证人的不作为也仅仅在事前才会要求一个阻止这个结果发生的切合实际的机会,这是否在刑事政策上就会是所希望的?特别紧迫的是在工厂中忽视监管和监督义务的问题(参见,上文边码 50,关于《联邦最高法院刑事判例集》,第 25 卷,第 163 页)。一方面,那种能够十拿九稳地阻止任何损害结果发生的监管措施是不存在的。另一方面,那种在大多数情况下也缺乏的证明因果性的可能性,就诱使人们在监管时不要那么仔细,从而使得保证人要求的有效性大打折扣了。许内曼[89]因此建议引入一个第 13 条第 2 款的规定:"如果这个结果是通过依照指示为一家工厂作出的行为引起的,或者是借助工厂财产中的危险物品作出的行为引起的,那么,第 13 条第 1 款就适用于那个有权发出指示的人,即使这个构成行为在符合规定的控制时本来也很难实现。"这样一个条文是否有必要,或者甚至是否应当扩展到医务性疏忽乃至整个违反保证人义务的不作为上去,还需要进一步讨论。

4. 在所要求的行为本来仅仅通过第三人自由而负责任的举止行为才会引起阻止结果发生时,不作为的因果性

64　对于所要求的行为本来只有通过他人的自由意志才会引起阻止结果发生的情况,应当作为有因果性来看待:[90]那个住院医生,由于缺乏知识与经验,不能自己阻止这个结果,但是也没有把令人忧虑的病情发展告诉主治医生,而这个病人随后死亡了。在这里,主治医生在得知病情变化后采取阻止结果发生的干预措施,本来是很有可能的,但却不是肯定的(联邦最高法院,《刑法新杂志》,1986 年,第 217 页)。在这里,人们不能借助合法条件的标准进行工作,因为主治医生的行为应当是自主考虑的,无论如何都无法作出自然法则上的估计。不过,根据规范性标准,向主治医生报告本来就会产生一种新的情况。这个住院医生就会得以解除责任,而整个事件就会处于主治医生的责任范围之中,在那里插入的因果过程就会随之变成另外一个了。也就是说,向主治医生报告的不作为,就导致把这个结果作为过失杀人而归责于这个住院医生,而联邦最高法院会如何处理这个主治医生并不是关键的。当然,联邦最高法院,《新法学周刊》,2000 年,第 2757 页作出了另外一个决定,拒绝了通过不作为的过失杀人,因为本来就"不能从其本身"得出

---

[88] 详见,Herzberg, MDR 1971, 881 ff.。

[89] Schünemann, 1979, 207。

[90] 详见 Kahlo, GA 1987, 66 ff.,他在结论上是像这个文本一样决定的。

这样的理解:向上级机关报告就会导致一种错误治疗方案的停止。

5. 集体决定中的不作为因果性

在集体决策中的因果性问题又不一样了。通过董事会的一致决定而对所要求的行为不作为的,是每一个董事会成员都对结果具有原因性,还是每个成员都能够主张说,他个人纵然投的是反对票也无济于事,因为在这个案件中,董事会的多数意见还是会拒绝这个所要求的行为的,从而还是一点都没有用? 联邦最高法院在皮革喷雾剂一案的判决(《联邦最高法院刑事判例集》,第 37 卷,第 131 页)中,与其说是说明了一个因果性的根据,不如说是规定了这个因果性:"如果这种为阻止损害所要求的措施,在这里是指由公司管理层作出召回(一种危险产品)的决定,仅仅能够通过多名参与者的共同作用才能得出的,那么,每一个人,尽管具有共同作用的能力但对作出自己的贡献不作为的,就都成为所要求措施的不作为的一个原因;在这个框架之内,他对由此产生的符合行为构成的结果就负有责任……在这里,他也不能这样来解除自己的责任,即他为争取作出所要求的集体决定而付出的努力本来就会是没有结果的,因为其他参与者在争论中本来就会压倒他的意见。只有在他为了争取作出那份所要求的决议,已经干了对他来说是可能的与可以过分要求的一切时,才会免除他在刑法上的共同责任"。 65

当人们让事先存在的一种阻止结果发生的可能性就足够时,在这种案件中,因果性问题就不会那么尖锐了。人们在不少情况下都能够说,提出异议(在这里:要求召回危险产品)本来就会为引起所要求的决定开启一个真正的机会。不过,上文已经展示过,这条路是走不通的(边码 59 以下)。人们还能够通过一个共同实行人的构造[91]来使这个因果性问题变得不太重要。因为对于共同实行人来说,足够的是,在一个判断中,这个共同实行人的贡献,事前对这个事件的经过本来能够是很重要的(即使事后表明,他并不是这样的),[92]并且,因为整个事件另外也归责于所有共同实行人,所以,在认定共同实行人中,关键的就不是单张票的真正影响了。然而,这个因果问题还是需要决定的。在这个领域十分突出的过失犯罪中,根据主流观点,是不可能存在共同实行人的。同时,即使人们承认这种共同实行人的可能性,其条件也常常会不存在(例如,在这种不活动性不是基于同事们的决议,而是基于每个个人自己的过失)。 66

结果,人们还是应当承认联邦最高法院是有道理的。在皮革喷雾剂案件中,公司领导的所有成员都投票反对召回危险的产品,这时,他们的投票就进入了这个不作为的决定中,而正是这个不作为的决定引起了这个结果。但是,一个人对这个不作为的决定是共同原因的,就也对由此产生的损害是原因。[93] 博伊尔克/巴赫曼(Beulke/Bachmann)正确地说道:[94]"通过每一个单独的公司领导成员对召回不进行投票的,就是多数公司领导作出反对召回决议的条件。一个没有各个公司领导人同意的多数决议,也就是说,是在另外一种状况之下,虽然也无法产生这样一种召回;但是,这样一种另外的充分的结果条件,在实际上并没有发生作用。"否则,人们就会得出一个荒谬的结论,即每一个人都不是原因,因为每个人都能够声称自己的一票对于改变这个多数通过的决议是无济于事的。在这里,与在实行性犯罪中的假定因果过程很相似,在那里,引起这 67

---

〔91〕 在这个意义上,见 Brammsen, Jura 1991, 533, 537 f。

〔92〕 参见,上文第 25 节,边码 211 以下(213)。

〔93〕 在实质上同样的,见 Beulke/Bachmann, JuS 1992, 737 ff. (742f。); Kuhlen, NJW 566 ff.; Meier, NJW 1992, 3193 ff.。类似的,也见 Puppe GR 1992, 30 ff., 他认定了一种"多重的因果关系(Mehrfachkausalität)"。部分偏离的,见 Samson (StV 1991, 182 ff.), 他想要从这种结果归责中排除那些在不合理的公司多数领导人面前屈服的公司领导成员。类似的,就像 Samson,以及 SK[7] – Rudolphi, vor § 13, Rn. 16 b。

〔94〕 Beulke/Bachmann, JuS 1992, 744。

个结果的那个人也不能通过这样的借口来推托他的原因性，即否则其他人也会引起这个结果的。[95]

68　与之相反的一些做法就走得太远了，在斯图加特州高等法院[96]想要让一个集体机关的成员也对这个结果承担责任时，即使这名成员对引起这个结果的决定投了反对票。这个法院这么写虽然也正确："在所有共同投出的票造就了这个决定的范围内，它们就也必须一起作为这个结果的原因来看待。"但是，接下来的主题就不值得赞赏了，"在人们通过简单的投反对票就能够把由此承担的共同责任推脱掉的时候，这是违反服从集体决定的本质的"。这种"投反对票"并不能影响那个引起结果的决定，因此，在这个范围内，也不是原因性的。

（六）实行与不作为的区别

1. 区别的必要性与意义

69　实行与不作为之间的区别是一个老问题，人们总是对此争论不休。其必要性来自不作为人所具有的与实行性犯罪相比比较有限的刑事可罚性（第13条第1款，边码4），来自不作为即使在等同于实行性犯罪中也可能具有的减轻刑罚（第13条第2款），并且，还来自实行性犯罪和不作为犯罪之间多方面的信条性差别（边码1）。

70　然而，对于这种区别的分量，并不存在着统一的评断。一个人把刑法体系建立在本体存在的基础之上，就会对在积极的作为（**"在一个特定方向上花费能量"**）与消极状态（**"在一个特定方向上不花费能量"**）[97]之间的先法性区别上，赋予重要的信条性意义。因此，作为一个自然的（原因的）行为概念的代表者，拉德布鲁赫（Radbruch）[98]就通过这个区别，看到整个刑法体系"被撕成了两部分"，以至于人们必须前后一致地把两个不同的体系并列在一起。还有，那个从阿明·考夫曼那里发展起来的"逆转原则"所具有的目的性观点（边码2，3）也是以作为和不作为之间的绝对对立为基础的。

71　相反，当人们就像本书所做的那样，根据刑事政策（或者其他规范性的）观点安排这个刑法体系时，就会倾向于把这个区别加以相对化。[99]因此，我在很早时[100]就已经指出，这个由我首先描述的**义务性犯罪的范畴，在很大程度上使得实行与不作为之间的实在的结构性区别变得不重要了：**"我作为有义务照管财产的人，是通过有目的地对一个必要的行为不作为，还是通过实施一个不利的行为来损害委托人"，在行为构成上的区别是微乎其微的，就像"监狱的狱卒是通过有意识地对闭锁牢门不作为，还是通过偷偷塞给犯人钥匙——也就是一个积极的作为——来使他们得以逃脱"这样的问题一样。还有，在有的时候——其条件还需要进一步明确——有可能把一个实在的结构性的作为（例如，关掉呼吸机）理解为不作为（例如，作为对继续治疗的不作为），并且，以这种方式来消除这种本体性的区别（参见，边码115以下）。

---

〔95〕 参见，Roxin，AT 1^3，§ 11，Rn. 22。

〔96〕 OLG Stuttgart NStZ 1981，28。

〔97〕 Engisch，Gallas – FS，1973，167 紧接着先前的工作。

〔98〕 参见，Roxin，AT 1^3，§ 8，Rn. 14 f。

〔99〕 这非常好地得到了突出，见 Volk，Tröndle – FS，1989，219 ff.，他认为区分作为与不作为是在刑事政策上无意义的。雅各布斯与他的学派继续探究这个思想；参见，仅仅是 Jakobs，1996，36 ff.；Sanchez – Vera，1999。谈论作为与不作为的关系的，见 Arzt，JA 1980，554 f。

〔100〕 Roxin，Täterschaft，^{7}2000，461。

然而，**这个区别还是不能放弃**。即使在同样的规范标准下，这种本体性基础的偏离，还是能够迫使产生不同的解决方法（参见，边码 3）。例如，在放走监狱犯人的例子中，未遂的着手（第 22 条），在积极作为的案件中，就应当在递送钥匙的时间点上开始。但是，在不关门的案件中，未遂什么时候开始，就应当在考虑存在不作为情况的条件下独立地加以确定。 72

2. 在双重含义的举止行为方式中的区别

在通常情况下，进行区别是很简单的，借助对影响结果的作为与无活动、主动性与被动性、花费能量与不花费能量等概念就应当能够毫不困难地完成。在有人把他人推入水中淹死时，这是一个实行性犯罪，在有人对自行落水者不加救援时，就会涉及一个不作为的刑事可罚性问题，这些都不会有人怀疑。有争论的是这些案件，一方面存在着一个作为，另一方面又存在着对所要求的能够阻止结果发生的措施的不作为。 73

一些著名的案例应当能够说明这个问题：在“药剂师案”（《帝国法院刑事判例集》，第 15 卷，第 151 页）中，一个药剂师在第一次发放含磷药品时具有医生处方的授权，而在发放第二次药时，却是在没有医生处方的情况下根据母亲的请求给出的，结果导致这个生病的孩子死于磷中毒。在这里，问题是一个实行性犯罪（由于发放药品）呢，还是一个不作为构成行为（由于没有得到医生的许可）呢？在“山羊毛案”（《帝国法院刑事判例集》，第 63 卷，第 211 页）[101]中，一个工厂主把受到炭疽杆菌污染的山羊毛发给工人进行加工。四个女工因此死亡。那么，这些人是因为实行行为（散发山羊毛）还是因为不作为（未进行消毒）而死于非命呢？在“自行车灯案”（《帝国法院刑事判例集》，第 63 卷，第 392 页）[102]中，车祸是由于骑乘无照明的自行车而发生的。这个案件应当从实行的观点（骑车）还是从不作为的观点（无照明）来理解呢？在“货车案”（《联邦最高法院刑事判例集》，第 11 卷，第 1 页）[103]中，一个骑车人由于后面来的超车过猛而惨死在货车轮子之下。这个案件被判定为部分由于实行行为（驶近），部分由于不作为（没有保持所要求的距离）造成的。在“艾滋病案”[104]中，患有艾滋病的行为人与其性伴侣发生了关系，他因为放弃使用所要求的安全套，结果使得后者受到感染。在刑法上，在这里是应当就一个实行行为（性行为）或者一个不作为（未使用安全套）进行审查呢？ 74

为了区别，提出了许多解决方案，[105]但是，今天只有其中的一部分还有意义。总的来说，这些方案能够分为两个组。第一组占据了联邦最高法院的司法判决，是**按照社会意义、谴责方向或者可谴责性的重点来安排**的。这类观点源于梅茨格尔，[106]他认为，作为与不作为之间的区别“不能根据具体案件的外部形态，而只能根据以下情况来回答，即在法律上的指责针对的究竟是什么。”也就是说，这个区分“不是一个事实问题，而是一个评价问题”。这个方法使他在药剂师案和山羊毛案这样的案件中认定了一个不作为犯罪，[107]（这在缺乏不作为的因果性或者拒绝保证人地位时，在可能的情况下就能够导致无罪）；与此同时，在货车案中，他就想要认定一个实行性犯罪，因为“位于突出地位”的并不是“没有保持一个特定的距离”，而是“被告通过撞倒骑车人而 75

---

〔101〕 对此，在归责观点下，详见 Roxin，AT 1^3，§ 11，Rn. 68。

〔102〕 关于这个案件的归责问题，见 Roxin，AT 1^3，§ 11，Rn. 72 ff.。

〔103〕 关于在这里出现的提高风险理论的问题，见 Roxin，AT 1^3，§ 11，Rn. 76 ff.。

〔104〕 Baumann/Weber，AT^{10}，§ 15，vor Rn. 1。

〔105〕 对此，详见 Ulsenheimer，1965，103 ff.；Welp，1968，118 ff.。好的概述，见 Engisch，Gallas－FS，1973，169 f.，以及在最新的讨论之后的状况，见 Brammsen，GA 2002，193；Hoyer，1997，345 ff.；Schneider，1997，53 ff.。

〔106〕 Mezger/Blei，AT^9，76。

〔107〕 Mezger，StrafR，^{3}1949，XIX（Vorwort zur 2. Aufl.）。

积极地造成了他的死亡”这个事实。[108]

76　帝国法院的决定，有时还有联邦最高法院的决定(《联邦最高法院刑事判例集》，第11卷，第1页以下)，在区别问题上的表现并不是很清楚，[109]与此同时，**在较新的司法判决中却贯彻了一个“重点”公式**。这个公式最早是在《联邦最高法院刑事判例集》，第6卷，第59页中形成的(起因是一个在今天看来已经过时的拉皮条案，在那个案件中，“淫乱”能够通过容忍和“积极的行为”来促进)。在这里，大审判委员会对于这种“在形式上过分强调了一个具体举止行为的方式”提出了警告。这本来只能“取决于可谴责性的重点”。[110] 还在1999年时，联邦最高法院就这么说过(《刑法新杂志》，1999年，第607页)：“为了决定是否存在一个作为还是不作为的问题，关键在于行为人举止行为的重点……对此，应当在一审法院的评价性判断中作出决定。”[111]有一部分文献[112] 接受了这种观点(其中也有一些轻微的修改)。[113]

77　**与此相反，在文献中逐渐占据上风的是第二组观点。这组观点主张，在上述那种充满矛盾的案件种类中，对作为与不作为的区别应当取决于一个实行性因果关系的存在火灾不存在**。如果一个主动的花费能量与这个结果之间存在着符合法则的关系，那么就应当审查一个实行性犯罪。如果缺乏这一点，那么就不能调查一个不作为犯罪。[114] 这样一种程序在开头提到的案件中，就毫无例外地导致认定一个实行性构成行为，与此同时，这个重点公式以及其他评价性理论的代表人就都得出了偏离的、彼此不同的结论。即使人们必须“在怀疑中”认定一个积极作为的主张，[115]也还是太不清晰了；因为在这个点上，没有应当怀疑之处。

78　第二组**观点是正确的。根据这组观点，在一个主动的能量投入对于结果有原因性，或者在根据行为人的故意应当有原因性时，一个案件就总是应当在实行性犯罪的角度下进行讨论**。或者，在布拉姆森[116] 准确的表述方式中，就是：“一个能量投入……只有在下述情况中才是在刑法上具有重要意义的积极的作为，这就是在一个人由此导入、继续或者加强了一个事件的过程，而这个事件的过程在事实上或者仅仅根据他的想象，在具体的情况中，对妨害一个在行为构成中提到的攻击客体是适合的。”根据本书所代表的观点，虽然会有一些例外存在，下文(边码99以下)也在那种“通过作为的不作为”的观点中作了总结，但是，这些例外并不会对这个原则有什么影响。

---

〔108〕 Mezger, JZ 1958, 281, 282。

〔109〕 对此，详见 Engisch, Gallas - FS, 1973, 164 f。

〔110〕 专著，见：Stoffers, 1992。

〔111〕 同样，见 BGH MDR (H) 1982, 624; OLG Karlsruhe GA 1980, 429 (431); OLG Dusseldorf JMB1. NW 1983, 199 (200); OLG Frankfurt GA 1987, 540 (551); OLG Saarbrücken NJW 1991, 523 (525)。

〔112〕 参见，例如，Ebert, AT3, 172 ff., 173; Geilen, JZ 1968, 151; G. E. Hirsch, NJW 1969, 854; Odersky, Tröndle - FS, 1989, 297 f.; Preisendanz30, § 13, Anm. Ⅱ 2; Ranft, JuS 1963, 344; ders., JZ 1987, 862; ders., JZ 1987, 916; Sch/Sch/Stree26, vor §§ 13 ff., Rn. 158; Wessels/Beulke, AT31, Rn. 700。

〔113〕 对此的概述，参见，例如，Sieber, JZ 1983, 433。

〔114〕 在大的路线上，几乎所有过去10年中的特殊研究都在其中是协调一致的，见：Böhm, 1957, 18 ff.; Brammsen, GA 2002, 193; Engisch, Gallas - FS, 1973, 163ff.; Fünfsinn, 1985, 42; Grünwald, 1957, 21 ff.; Kienapfel, ÖJZ 1976, 286 f.; Küpper, 1990, 73; Roxin, ZStW 74 (1962), 415 (= Grundlagenprobleme, 152); Samson, Welzel - FS, 1974, 589 ff.; Sieber, JZ 1983, 434 ff.; Stoffers, 1992, 107 ff.; ders., GA 1993, 262 ff.; Ulsenheimer, 1965, 103; Vogel, 1993, 122 ff.; Welp, 1968, 109 f.。相反，面对因果标准的批评，见 Struensee, Stree/Wessels - FS, 1993, 140 ff.。在注释性文献与教科书文献中，见 Jakobs, AT2, 28/1; Jescheck/Weigend, AT5, § 58 Ⅱ 2; LK11 - Jescheck, vor § 13, Rn. 90; Otto, AT6, § 9, I 2 a, SK7 - Rudolphi, vor § 13, Rn. 7; Welzel, StrafR11, 203; 类似的，见 Stratenwerth, AT4, § 13, Rn. 4 f.; 不清楚的，见 Tröndle/Fischer50, vor § 13, Rn. 12。

〔115〕 Spendel und Arthur Kaufmann, Eb. Schmidt - FS, 1961, 194 und 212。

〔116〕 Brammsen, GA 2002, 206。

这个原则的效力是以以下四个原因为基础的：

79 第一，这个可谴责性的重点的公式就是一种循环论证。在实行性犯罪中，这种"谴责"自然是针对这种实行的，并且，在不作为犯罪中，自然是针对这个不作为的。但是，为了知道谴责是指向这个方向的，人们就必须在事先对认定一个实行性犯罪或者不作为犯罪作出决定。

80 第二，人们还从来没有成功地为以下问题确定标准，这就是：人们应当如何以一种能够清晰地划定实行性构成行为或者不作为构成行为的方式，来确定可谴责性"重点"或者一个事件的"社会意义"。人们在谴责时，究竟想要更多地针对有风险的作为还是对保证措施的不作为，就是非常随意的，并且，这会使得这种区分陷入非理性的凭感觉判断之中。

81 第三，在那些让人感到模棱两可的案件中，与实行联系在一起的不作为，仅仅是所有过失犯罪本身具有的各种不作为要素的一个表现形式：忽视了必要的谨慎。人们之所以会觉得这种涉及具体的、不是各个过失都特有的不作为，不是由于这里没有产生一种一般性的"谨慎"，而是由于对一项明确规定的保证性举止行为的不作为。尽管如此，这仅仅涉及这种谨慎性要求的具体化。因此，人们就能够把可谴责性的重点放在对必要谨慎的不作为上，从而在理论上把所有过失性行为都曲解为不作为犯罪。没有人会这么做的。但是，为什么可谴责性的重点应当部分地存在于过失的实行要素中，部分地存在于其不作为的要素中，仍然没有得到说明。[117]

82 第四，通过把主动的能量投入过失地引起的结果，曲解为不违反保证人义务的不作为，从而排除其刑事可罚性，是不符合法律的。第 222 条仅仅谈到了有人必须已经"通过过失造成了他人死亡"这个条件。在人们已经这样做了时——例如，药剂师通过给出致死的药品（边码 74）——人们就不能用在对索取医生药方的不作为上套用这种"重点"的方法，来不讨论这种刑事可罚性。

83 在实践中，上述案件常常会出现下列变化：即使实施了不作为的安全保护措施，这个结果还是有可能会发生。这就是一个归责问题了，取决于人们在实行性犯罪中如何运用风险提高理论。[118] 它完全不涉及不作为的信条学。

84 还有一个人们经常不关注或者仅仅附带关注的问题，这就是在上述类型的案件中，除了实行的构成行为之外，是否还存在着一种能够对不作为独立进行的评价，这种评价与实行形成一种竞合关系。在处理这种竞合关系时，人们要么在原则上优先考虑实行性犯罪，要么能够根据"可谴责性的重点"来进行决定。关于这个问题，有关观点的情况还没有得到完全的澄清。[119] 不过，两种在原则上不同的观点还是能够确定的。一种观点认为，在实行性构成行为之中存在的不作为，"不能取得独立的地位"，并且，"对一个独立的因果性审查……不构成合适的依据"。[120] 从这个观点出发，在实行性构成行为中的不作为的要素，就只能作为"有待给予负面评价的实施形态"加以评价。[121]

85 相反的观点认为，在被耽误的保证措施中，有一种独立的、在可能的情况下也是符合行为构

[117] 在很少提出过界限问题的故意犯罪中，在原则上适用的也一样，因为人们在这里也能够把这种谴责在理论上指向对必要保护措施的不作为。

[118] 参见，Roxin，AT 1^3，§ 11，Rn. 76 ff.。

[119] 一个综述性的很好的说明，见 Struensee，Stree/Wessels - FS，1993，152 ff.。

[120] Wessels，JZ 1967，450；同样，也见 BGHSt 8，8（11 f.）。

[121] Wessel，JZ 1967，451。

成的不作为。例如,鲍曼/韦伯[122]在山羊毛案(边码74)中就认为,不作为的未消毒就是一个独立的不作为构成行为:“因为山羊毛肯定是要分发给女工们加工的,所以,对其不消毒就已经是违反谨慎了。”这也导致认定一个不作为犯罪,当然,这个不作为犯罪应当作为次要的而退居那个实行性犯罪之后。人们是否争论一个不作为构成行为,或者是否要通过竞争的路径才把这个不作为构成行为排除出刑法的判断之外,这个问题被人们看成是对结果来说没有区别的,因此也是不重要的。但是,这个问题却可能具有实际的意义:“很可能,只有通过与对消毒的不作为相联系,才能奠定这个刑事可罚性,例如,因为这个行为人在分发羊毛时并不具有罪责能力。”

86 只有区别对待,才能得出一个恰当的解决方法。在山羊毛案中,对消毒的不作为就是发生在分发羊毛之前的。但是,在不作为的那个时刻,还完全没有能够已经奠定避免结果义务的“符合行为构成的情况”。那时,这个分发羊毛的计划还不过是一个“行为人的心理过程”,[123]存在于一种还完全存在的危害性行为的前沿地带。也就是说,如果这个行为人在分发羊毛时本来不具有归责能力,那么,与在边码85描述的竞合解决方法相反,一种由于过失杀人的刑事可罚性,就不能在一种较早时具有的归责能力状态下对消毒的不作为中得到支持。那时,由于缺少一种危害情形,还根本不存在什么行为的义务,以至于就缺乏一种符合行为构成的不作为了。那就会应当宣判无罪了。

87 但是,那个不作为的保障措施也能与危害的实行性构成行为同时出现,在那种情况下,情况就完全不同了。例如,在自行车灯案(边码74)中,骑车人随时都能打开车灯,并且在面临直接撞车的危险情况下,本来也有能力打开具有阻止结果发生作用的车灯,那么,在实行之外,就会也存在着一个不作为。如果人们说这里有一个保证人地位,那么,在这个过失的实行性犯罪之外,就只能谈论一个由于对打开自行车灯不作为的附加性刑罚问题了。如果人们肯定了一个保证人地位(如位于优先地位的作为),那么,在事实上,就也存在着一个处于过失性不作为形态中的结果性犯罪,但是,这对于那个过失的实行性犯罪来说,仍然是辅助性的。

3. 非原因性的作为对于区别所具有的无关紧要性

88 另一方面,也有一些案件只涉及不作为犯罪,因为,虽然有一个主动的作为随着这个不作为一起发生,但是,这个作为却对结果不是原因。在联邦最高法院,《刑法新杂志》,1999年,第607页中处理了这样一个案件:一个母亲把自己三岁大的女儿独自留在家中,但是却没有采取所要求的保护措施,防止这个孩子点燃电磁炉所造成的巨大危险。这种危险以前已经发生过,现在又再次发生了。随着炉温的升高,厨房起火,结果导致这个孩子窒息身亡。州法院认定,这是一个通过主动作为造成的过失杀人,也就是说,是一种“在把孩子留在家中情况下的离开住所”。与此相反,联邦最高法院在沉迷于可谴责性的重点公式时就应当考虑:“虽然离开住宅表现为一个主动的作为,但是,在这个被告人对一个安排他人提供照料或者至少在技术上对这个炉灶保障进行不作为时,离开住宅本身就会是没有害处的。”

89 实际上,在这里存在着一个通过不作为的过失杀人。这个母亲承担着一个保证人地位,并且,联邦最高法院提到的那些措施本来也十拿九稳地会阻止这个结果。但是,拒绝一个实行性犯罪,依据的不是联邦最高法院认为的那样是基于对一种与重点有关的权衡,而是基于这个母亲的走开,对于结果来说,就根本不具有原因性。在这个结果之间有符合法则联系的,不是离开家——这个结果在留在家中无所事事或者干别的事情时都是一样的——而是仅仅对采取适当保护措施以阻止这个结果的不作为这一点上。

---

[122] Baumann/Weber, AT^{10}, § 15, Rn. 27;在这里也见在该论文结尾处的引文。

[123] 关于整体,详见,Struensee, Stree/Wessels - FS, 1993, 156。

也就是说，人们必须始终**注意，一个不作为的保证人不进行阻止结果的行为而进行的活动，永远不能使一个不作为犯罪变成一个实行性犯罪——即使通过一个重点的转移也不可能**。恩吉施[124]的说法是正确的："刑法信条的共同利益……即这个不作为人没有干一点特定的事情这个事实，与他同时干了其他事情的事实，是可以相一致的（没有把道口关上的人，此时却在警卫室旁边的菜园子里忙活）"。在不是这样的时候，例如，一个对于溺水者视而不见地走开的非保证人，就会变成一个杀人犯罪的实行性行为人了（而不是根据第 323c 条受到惩罚）。这自然是不可能的。 90

在这个行为人，就像在开头案件（边码 88）中那样，基于其保证人地位，不管怎样由于过失杀人而应当受到惩罚时，人们也允许把这个区别问题，看成是一个毫无实际意义的纯粹理论问题。在这种正确的认定一个单纯的不作为时，就存在着一种根据第 13 条第 2 款减轻处罚的可能性，这种减轻刑罚在实行性犯罪中是不存在的。 91

4. 借助没有能量花费或者轻微能量花费的举止行为方式

"轻微能量花费的举止行为方式"也会对区别作为和不作为带来一些困难。[125] 当一个女孩通过自己单纯的在场，而刺激了那个喜欢讨好她的男朋友去乱砸东西时，这个女孩——在可能的情况下借助这个具有刑事可罚性的故意损坏财物的结果——作为实行性行为人就具有原因性吗？[126] 或者，在一个没有参与袭击的证人，通过自己的存在而吓住了那位无法分清行为人和证人的被害人时，人们能够把实行原因性归咎于这位证人吗？今天，占据主流地位的观点是正确的。这个观点认为，一个人"在那儿"本身，是不能成为实行原因性的根据的；这里缺乏那种主动的能量花费。[127] 更准确地说，对于一个实行性犯罪来说，更需要的是"一种原因性标准与能量标准之间的积累式结合"。[128] 根据本书所代表的观点，这种结合也是从对不作为原因性的承认中引导出来的。 92

也就是说，在我们例子中的女孩或者证人最多能够维持一个不作为；在缺乏保证人地位时，就只能因此对第 323c 条进行审查。这一点必须加以强调，因为这个司法判决倾向于把（例如在勒索性谈话中的）"站在那儿"或者"坐在那儿"作为通过主动作为的心理性帮助来加以惩罚，从而过度扩展了这种刑事可罚性。这已经在关于帮助的关系中详细讨论过了；[129] 请参阅前文有关内容。 93

但是，另外，**为了说明实行性犯罪的根据，并不需要在数量方面有显著的能量投入**。也就是说，在"通过均匀的、稳定的踏踩油门而把一辆卡车保持在行驶状态"时，[130] 只要它是一个刑法上的结果具有原因性，就应当在实行性犯罪的角度下来审查它。即使一个想要灌满人工水池的园丁，在手上握着引水的软管让水继续流入游泳池，以至于使跌入游泳池的孩子溺水身亡的，就也存在着一个实行性犯罪了。[131] 94

---

〔124〕 Engisch, Gallas – FS, 1973, 174。

〔125〕 说法见 Sieber, JZ 1983, 432。

〔126〕 例子，见 Sieber, JZ 1983, 434。

〔127〕 Sieber, JZ 1983, 434 ff.（详见对这个难题的讨论）。

〔128〕 Sieber, JZ 1983, 435。

〔129〕 参见，上文第 26 节，边码 186 以下，204 以下。

〔130〕 Engisch, Gallas – FS, 1973, 172。

〔131〕 Sieber, JZ 1983, 432，在一个案件的变形中，见 Herzberg, 1972, 277 f。

95 **甚至“内在的能量”**[132] **也能得到满足**，只要一个外部的无所作为的举止行为具有一种在刑法上重要的“积极的”表示价值。也就是说，在一个乘客对于检票员提出的“还有人没有有效的票吗”的问题采取了明确的缄默态度时，他就是在有说服力地宣告自己拥有一张有效的车票，从而是在第263条的意义上，通过实行在进行欺骗。

5. 举止行为方式的继承[133]

96 造成相对较小的困难的是这样的案件：因为在一种保证措施的不作为之后跟随着一个作为，所以出现了一个符合行为构成的结果。[134] 例如，在一个建筑基坑被挖开后，却对采取安全措施不作为，以至使行人跌入坑中摔断了腿。或者：一个母亲在打扫卫生时，把装有毒杀苍蝇药的容器放在地板上；结果，在一个无人看管的时候，她两岁的孩子喝了瓶子里的液体并受到了严重的伤害。[135]

97 在这一类案件中，根据前文（边码78以下）所述的意思，下列做法是不正确的：把整个过程综合成为一个统一的伤害事件，然后，根据“可谴责性的重点”或者根据“社会意义”来决定，是否存在着一个实行的构成行为还是一个不作为的构成行为。更准确地说，作为与不作为应当各自独立地进行审查。

98 因此，基坑的挖开肯定是一个对结果的发生具有原因性的作为。但是，只要这件事就像通常那样，通过民法或者公法的规定而得到正当化，那么，在这个角度下，刑罚就应当排除了。然而，这并不影响通过不作为的过失性（或者，在可能的情况下也是故意的）人身伤害所产生的一种刑事可罚性；这里存在着一种源于交通保障义务的保证人地位。在苍蝇药案中，在通过积极作为的人身伤害的角度下处理这个案件，也不是“完全没有道理的”。[136] 更准确地说，在把毒药放在地板上，就出现了孩子无法肯定地加以控制的隐蔽危险时，这样的处理就应当加以肯定。相反，在当时加以照看并不困难时，把苍蝇药放在地板上就是一个可允许的风险，并且因此在刑法上是不重要的。在那里，这种缺乏的看管就应当作为通过不作为的人身伤害来加以惩罚。在具体案件中既存在实行行为又存在不作为时，二者之间的关系就应当根据竞合的原则来处理。

6. 通过作为的不作为

99 就像迄今说明的那样，作为与不作为之间的原则区别，是跟随着本体—现象学的成果的。一个对于结果来说是原因的能量花费（也就是说，一个活动）就被理解为作为，一个对于结果来说是原因性的无能量花费（也就是说，一个被动的举止行为）就被理解为不作为。然而，这并不排除在个别的案件状况中，应当对一个来自不作为行为构成的作为进行刑罚。我称之为“通过作为的不作为”。[137]

100 当然，这样一种结构的可能性是有争论的。例如，奥托[138]就认为，它将作为“概念性需要而

---

〔132〕 Engisch, Gallas - FS, 1973, 172。

〔133〕 说法见 Welp, 1968, 116。

〔134〕 对这种形态，见 Herzberg, 1972, 284 ff.; Welp, 1968, 116 ff.。

〔135〕 这个案件来自 Eb. Schmidt, 1939, 79。

〔136〕 但是，这样，见 Eb. Schmidt, 1939, 79。

〔137〕 这个法律形象首先是通过 v. Oberoeck (GerS 88 [1922], 319 ff.) 在“通过实行的不作为”这个标题下引入讨论的，通过 Androulakis (1963, 152ff.) 来使得这个已经被忘却的概念又被提起的，通过我在 Engisch - FS, 1969, 380 ff. 中的论文来说明现实的问题状况的。详尽的信条性的证明，见 Stoffers, JA 1992, 138 ff.。在那里，在第140页边码29中也列出了所有“明确而积极地”反对通过实行的不作为的思想形象的作者。

〔138〕 Otto, AT⁶, § 9 I 2 b。类似的，见 Stoffers, JA 1992, 178：这会“通过a与非a的相等来打破这个概念性界限”。在原则上拒绝的，例如，还有 Hruschka, Bockelmann - FS, 1979, 421 ff. (433 ff.); Samson, Welzel - FS, 1974, 596; 也许还有 Sreber, JZ 1983, 436。

被排除"来进行标记。虽然在人们把一个作为宣布为不作为时,就会出现令人难以忍受的概念上的混乱,但是,相反,在规范上为此提供根据时,把一个作为置于一个不作为的行为构成之下,还是很有可能的。作为仍然是作为,但是,在这样一个案件中,应当根据一个不作为的行为构成而受到刑罚。在这里并不涉及到应当重新通过后门引进那种"重点"公式或者根据"社会意义"进行的区分(边码 75,76);更准确地说,这涉及到那些稳定而鲜明的状况,而这些状况应当出于准确的可以明确说明的原因,根据不作为的规定来进行处理。

(1)在不作为犯罪中的积极参加人

当有人教唆那个根据第 138 条负有举报义务的人(例如,在即将发生杀人时)不去举报,或 101
者教唆一个根据第 323c 条负有救援义务的人不施与援手时,他就由于对这些行为构成的教唆,并且由此也应当根据第 138 条、第 323c 条的刑罚框架而受到惩罚。相应的情况也适用于帮助。也就是说,在这个受威胁者由于教唆而死亡时,这个参加人并不会像在存在故意中那样,由于通过主动行为的杀人而受到刑罚。阿明·考夫曼和韦尔策尔〔139〕虽然也代表了这种观点,但是,他们却因此而采取了一般拒绝的态度。〔140〕在这里,尽管实行的原因性不容怀疑,摆在我们面前的却是这种出于一种不作为的行为构成而应当采取的刑罚。

萨姆松〔141〕对此表示反对。他认为,这里的问题不在于"实行与不作为的区别",而在于"附属性问题 102
与参加人的刑罚基础问题",因此,这就不能对"通过作为的不作为"的刑事可罚性产生任何影响。更准确地说,参加人理论的规定就是这种规范性原因,说明一个主动的—原因性的对结果的影响,是出于一个不作为的行为构成而受到刑罚的。

(2)原因自由不作为

原因自由不作为(omissio libera in causa)〔142〕是指这种案件,一个对阻止结果发生负有义务 103
的保证人,通过主动的行为排除了自己的行为能力。例如,扳道工喝酒喝到不省人事,以便使自己不可能在后来去搬道岔。在因此而发生的火车相撞事故中,有无数人失去了生命:根据一般的看法,在这里存在着一个通过不作为的杀人犯罪,尽管这个在刑法上的归责,在本体论上看来,并不是与一个不作为,而是与一个作为(灌醉自己)相联系的。在这个事件的过程中,一个不作为根本就没有出现过。这个灌醉自己就是一个主动的行为;并且,后来被耽误的搬道岔工作也不是不作为,因为这个行为人在那时就是缺乏行为能力的,而这种行为能力是不作为的条件(参见,边码 8 以下)。因此,就仍然是一个通过作为的不作为。〔143〕

同样的道理也适用于纯正的不作为犯罪。一个人把一封含有有义务举报的犯罪计划的信销 104
毁掉,自己并没有读这封信的,根据第 138 条就具有了刑事可罚性,尽管他已经不再能够进行举报了。一个人毁坏了一艘小船,而没有这艘船,他就肯定不能接近那名溺水者的,对于提供救援的不作为就是有罪责的,尽管这时已经没有办法救援了,等等。〔144〕

这个结论得到普遍的承认,但是说明理由却很困难。在上述案件中,乘客的死亡、犯罪被害 105

〔139〕 Armin Kaufmann, 1959, 190 ff.; Welzel, StrafR11, 206。

〔140〕 详细的,参见上文第 26 节,边码 170 以下。

〔141〕 Samson, Welzel - FS, 1974, 582。

〔142〕 Androulakis, 1963, 156; Maurach, JZ 1961, 377 考虑到原因自由行为(actio libera in causa)的说明(相反,见 Bertel, JZ 1965, 53 f.); Winter, 2000, 113, 132。详见,Baier, GA 1999, 272。

〔143〕 也见,Samson, Welzel - FS, 1974; 这个法律形象的基本批评者想要在这里让这个说法得到适用。

〔144〕 进一步的类似例子,见 Meyer - Bahlburg, GA 1968, 51。

人的死亡,或者溺水者的死亡,都不能够作为通过实行实施的故意杀人罪来归责于那些消除了自己阻止结果发生能力的人。这一点当然是很清楚的。第一,缺乏原因性:[145]救援的因果过程并没有受到阻碍——这本来就满足了一个实行的原因性[146]——因为这个排除了自己行为能力的行为人,从一开始就是没有行为意志的。第二,在人们想要认定一个实行性行为人的身份时,即使不是保证人,只要他破坏了自己的行为能力,也必须由于一个故意杀人罪而对一个死亡结果的出现承担责任。但是,这是行不通的,因为在结论上,在事件过程中,总是仅仅存在着一个不进行干涉的人(不管是作出通过不活动还是通过消除行为可能性来实现的被动的决定,全都是一样的)。

106　也就是说,人们必须把这样一种举止行为在规范上归入相应的不作为的行为构成之中,即使这在现象学上是一个作为。[147] 这个行为人违反了一个行动义务中引申出来的"禁令,把自己变得无能力遵守这个要求,或者以其他方式逃脱了这个要求"。[148] 也就是说,这种违反禁令因为是一个要求的派生物,就被归入这个不作为的行为构成之中了。

107　拜尔(Baier)[149]想要看到人们放弃原因自由不作为这个法律形象,并且从有待创设的法律的观点上,要么把第323a条延伸到这类案件上,要么将其看成是第20条的例外。但是——除了很少的贯彻这个观点的机会之外——人们也看不到这样一个解决方法应当有什么值得优先考虑的地方。

(3)中断满足要求的试图[150]

108　这类案件是最有争论的。这能够用两个教学案例来说明。

案例1:甲根据第138条负有举报义务,就把一封向警察举报一个杀人计划的信投入邮箱,但是,他随后又改变了主意,请邮局在投递之前把这封信退还了他。这个杀人犯罪被实施了。对甲应当根据第138条还是应当根据第212条进行处罚?

案例2:甲根据第323c条负有救援义务,就向濒于溺水的游泳者乙扔去一根绳索,这根绳索能够让乙获救。但是,在这根绳子到达乙能够够得着的距离之前,甲又把绳子收回了,结果使乙溺水身亡。甲实行了杀人吗?或者,他仅仅应当由于对提供救援的不作为(第323c条)而受到刑罚?

109　在这类案件事实中,救援的因果过程被中断了。在结果出现的案件中,根据因果性与归责的一般规则,这就必须导致由于一个既遂的实行性犯罪而承担的责任。[151] 然而,这里的特别之处在于,这个行为的人中止了自己的救援试图,后果就是,这种情况与他从一开始就不活动就没有什么两样了。积极的和消极的能量投入相互抵消了。我从中得出了这样一个论点:[152]在我们案例中的行为人所受到的处理,不应当与一个从一开始就没有救援意志的人不一样。抽象地说:一个表现为从满足所要求的试图上后退的作为,应当归入不作为犯罪的行为构成,这个不作为的

---

[145] 参见,Samson, Welzel-FS, 1974, 597 f。

[146] 参见,Roxin, AT1³, § 11, Rn. 32 f。

[147] 在这里没有说,这必须**总是**一个作为。这也能够有一个"通过不作为的不作为"(一个"不作为自由中的不作为[omissio libera in omittendo]");在有人例如通过不作为来做成行为不能时。对此,详见 Baier, GA 1999, 274。

[148] Bertel, JZ 1965, 55。

[149] Baier, GA 1999, 284。

[150] 这个说法出自 Armin Kaufmann, 1959, 107。

[151] 参见,Roxin, AT 1³, § 11, Rn. 32。

[152] Roxin, Engisch-FS, 1969, 381 ff.(383)。

行为构成中的要求通过这个主动的干涉而遭到挫败。这并不意味着应当把这个作为变成了一个不作为。更准确地说,人们应当认为,这个要求的行为构成作为辅助的结果规范,在本身中就已经包含了这样一个禁令,这就是不应当中断一种满足要求的试图。

根据这个观点,**只有当这个对要求的满足从试图进入完成阶段时**,也就是说,只要这个救援的因果过程到达被害人身边时,**才存在着一个实行性犯罪**(在开头的案例中,一个故意杀人)。对此,这个处于危险中的人不需要在身体上把这个救援手段"握在手里"。只要这个被威胁者随时都能够从他的信箱里取出举报信,或者,只要这个溺水者在没有外来帮助时就能够自己抓到救生绳,这就足够了。当这个有行为义务的人在这个阶段收回了这封举报信,或者重新抽回救生绳时,在死亡结果发生中,他就对一个故意的杀人犯罪而负有罪责了。[153] 110

萨姆松[154]对**主流观点**作了最详细的解释。主流观点与上述观点相反,**认为在各种从已经完成的满足要求的试图中后退的,都是一个故意的实行性犯罪**。也就是说,这个负有帮助义务的人,在他中断了一个自己亲手发起的救援性因果过程时,就像在我们的案例中,已经寄出举报信或者已经扔出救生绳时,就是实行性行为人了。[155] 111

但是,这种观点却是不应当追随的。在中断一个已经完成的满足要求的试图中,存在着一个通过积极的能量投入而造成的结果,对此并无争论。但是,在人们把这种"中断禁止"理解为单纯的行为义务的组成部分时,并不能排除一种在不作为行为构成下的隶属安排。同时,这是恰当的。在目的论—刑事政策的观点下,人们不能理解,为什么对那些从一开始就铁了心地袖手旁观的人,就应当比那些起初启动一个救援性因果过程,但后来又中断的左右摇摆不定的人,给予更好的处理。在后果上,没有举报与没有提供帮助,在两个案件中都是一样的。虽然萨姆松[156]指出,这个从已经完成的满足要求的试图中后退的人,在恶化"法益状况"方面,与完全无所作为的人不同。但是,这种"恶化"真的仅仅存在于撤销了一种自己先前带来的"改善"之中,也就是说,中止了自己对法益有利的行为,这种行为在完全不活动中是找不到对应物的,并且,这种行为必须公正地算在不作为行为人的名下(如果不这样做,那么,通过把他作为实行性行为人加以刑罚,就会承受严重的不利后果了)。 112

相反的观点也会必须得出这个结论:人们就要把一个没有行为义务而中断了帮助试图的人,也作为实行性行为人加以惩罚。也就是说,有人写信举报一个身体伤害或者损坏财产的计划,又把这封信从邮政的流程中取回了,在相应的结果出现时,他就应当由于故意的身体伤害或者损坏财产而受到刑罚。也就是说,他之所以受到刑罚,就是因为他做了一点自己没有义务的事情,并且也是因为他中止了一个不是所要求的行为。这个结论是站不住脚的。 113

萨姆松对本书所代表的解决方法提出的其他反对意见,也同样说服不了人。那种在行为人范围与被害人范围之间进行区分的观点是"不具有操作性的"观点,[157]是不能得到同意的。人们能够用开头的案例来说明这一点:这个受到威胁的人是否能够知道他的信箱中有这么一封举报信,或者,这个陷入海难的人是否能够抓住或者已经抓住了这根救援绳,在通常情况下应当很清楚地加以确定。萨姆松可能还会反 114

---

〔153〕 与本书一样的,见 Sch/Sch/Stree[26], vor §§ 13 ff., Rn. 160; Winter, 2000, 46, 77。在我之前的,见 Armin Kaufmann, 1959, 108; Bertel, JZ 1965, 55, Anm. 16 a。

〔154〕 Samson, Welzel-FS, 1974, 579 ff. (598 ff.)。类似的,见 Stoffers, JA 1992, 178 ff.。

〔155〕 因此,例外,也见 Baumann/Weber, AT[10], § 15, Rn. 31; SK[7]-Rudolphi, vor § 13, Rn. 47。

〔156〕 Samson, Welzel-FS, 1974, 383。

〔157〕 Samson, Welzel-FS, 1974, 569; 在这里,也见有关的反对意见。

驳我说，我自己也把下述案件认定为实行性犯罪了，[158] 在这个案件中，一条船的主人破坏自己的船，而在当时，有一个第三人正打算用这条船去救一个沉船事故的被害人。萨姆松在这么说的时候，忽视了一个决定性的不同之处，在这里被中断的是一个由第三人启动的救援性因果过程。这个案件不言自明地是一个实行性犯罪。即使在有人从邮政流程中取走了一封由第三人寄出的举报信，或者把一个由第三人抛出的救生圈抓在自己手里而不给溺水者时，在可能的情况下，也存在着一个通过主动作为的杀人犯罪。

(4)技术性的中断治疗[159]

115 在不作为领域中，最具有现实意义与讨论最多的一类案件，涉及到那种技术性的中断治疗。这种情况是以这种案件事实为基础的。在这种案件中表明，例如，在一个大脑极度受损的病人已经不可逆转地丧失了意识，并且，在这种中断保持生命的进一步努力很可能会得到同意时，就应当停止这些延长生命的措施（《联邦最高法院刑事判例集》，第40卷，第257页）。这样做之所以是被允许的，在这种治疗的停止存在于一种纯粹的不作为（例如，对连接支持病人新陈代谢机器的不作为）时，在信条学上是很容易说明的。在这些案件中，缺少一种行为的义务。但是，在中断治疗是通过一个"积极的作为"来实现的，例如关掉人工呼吸机时，又会怎么样呢？那个为此所需要的按钮就是一下，即使轻微，也仍然是一个积极的能量投入，因此，根据区别实行与不作为的一般规则，就必须存在一个根据第212条具有刑事可罚性的实行性构成行为。甚至这个通过他人主动的行为来杀死自己的要求，对于局外人来说，也真的只能导致一个根据第216条的减轻刑罚，而不能是无罪。

116 但是，认定一个杀人犯罪也会是荒唐的。这种本身是允许的停止治疗，是以这种还是那种方式实现的，在道理上并没有什么区别。否则，人们就必须把呼吸机设计成一种需要每天主动输入一个行为脉冲才能继续运转的东西，这样，在没有输入时，就会使主动的"关掉"机器成为多余了。

117 不过，即使在这里，通过作为的不作为这个构想形象也是有帮助的。[160] 从结构上看，这个案件与那种从满足要求的试图中止的案件有所不同。这种帮助（保持呼吸和心跳）已经到达处在危险中的人了。[161] 但是，情况是这样的：为病人付出的努力，开始看来前景不错，但是被证明是无效的。这件事情在从此往后的状态中，给病人连接呼吸机就不再符合医嘱了。在这样一个案件中，关掉呼吸机虽然**从外部看来是一个作为，但是在规范上却应当根据不作为的规定来处理，并且，在缺少行为的义务时，就是无刑事可罚性的**。这也适用于所有那些案件，在这里，继续进行救援努力不再是所要求的。这个观点在文献中已经得到了很多的赞同。[162]

---

[158] Roxin, Engisch－FS, 1969, 388 ff. 反对了 Ranft, JuS 1963, 342。

[159] 专著，见 Schneider, 1997。

[160] 第一次的并且在这个意义的，详见 Roxin, Engisch－FS, 1969, 395 ff.。根据情况，先前已经有 Geilen, FamRZ 1968, 126, bei und in Anm. 35, 他代表了不作为的解决方案。

[161] 正确地指出这件事的，见 Samson, Welzel－FS, 1974, 599, Fn. 83。在这里，就像在文本中一样，的确并不阻碍认定一种通过作为的不作为。

[162] 参见，在庞大的文献中，例如"v. Dellingshausen, 1981, 468; Engisch, Gallas－FS, 1973, 178; ders., Dreher－FS, 1977, 325 ff.; Frisch, 1988, 134; Geilen, Heinitz－FS, 1972, 383; Herzberg, JZ 1988, 186; Jakobs, AT^2, 7/64; Küper, JuS 1971, 476 f.; $Lackner/Kühl^{24}$, vor § 211, Rn. 8; $Sch/Sch/Stree^{26}$, vor §§ 13 ff., Rn. 160; Tröndle, ZStW 99 (1987), 31; Verrel, JZ 1996, 227; Wessels/Beulke, AT^{31}, Rn. 703 ff.。带有一些偏离的论证，也见专著：Schneider, 1997, 175f。对于医生来说，"在他按照紧张的医疗器械来安排，不去维持一个作为，而是不作为：对进一步保障生命的不作为时"，就是了。

与其相反，一种流传甚广的观点就坚持认定一种从实行原因性中引导出来的故意杀人。〔163〕但是，这种观点是不应当同意的。由于故意杀人的刑罚，后果在刑事政策上是实在无法承受的，尽管只有少数作者对之进行了探讨。〔164〕那样，不仅无罪还是杀人的刑事可罚性都要取决于这种呼吸机的设计，〔165〕而且，在其他同样的关系中（ceteris paribus），通过按电钮来实现的停止以器械来支持患者新陈代谢的做法，也是一种可罚的杀人，与此同时，停止人工心脏按摩在可能的情况下又会是不具有刑事可罚性的。埃泽尔正确地指出，〔166〕"毫无疑问，在允许中断药物与治疗之处，技术性的中断治疗就也必须是允许的"。 118

那些把关闭再生性医疗器械看作是实行性构成行为的作者们，在存在停止治疗的条件时，也大部分都使用各种各样的论证〔167〕来免除刑罚。他们由此也就含蓄地回到了此前受到责备的不作为解决方法上来了；停止治疗的允许性就指向了不作为的规定。 119

例如，萨姆松〔168〕虽然认定了一个实行性犯罪，但是却假定了一种"自然死亡的权利"。这在其形式上就构成了与第216条的矛盾，并且必须由于太广泛而限制在允许对继续治疗不作为的那些情节之中。相应地，根据那种"规范的保护目的"〔169〕对一种行为构成的限制也适用的，这种保护目的只能根据不作为的规定来确定。 120

鲁道菲〔170〕也想要在"继续再生性治疗已经不再符合患者的意志"之处，拒绝那种自己认定的实行性构成行为所具有的行为构成符合性，"否则，就会对医生产生……一种我们的法律制度中所没有的强制治疗的权利"。但是，只有在这个病人希望通过医生进行对继续治疗的不作为，而不允许他进行一种违反第216条的根据请求杀人时，才能提供免受强制治疗的保护！也就是说，这个病人的意志或者可能的意志，只能在医生的不作为方面才是决定性的，但是，在一种主动的杀人中就没有任何意义。这也应当用来反驳奥托。〔171〕他认为，只要"关闭仪器就实现了基本法所保障的病人所享有的治疗自由"的，也要把一个主动的杀人看成是不具有刑事可罚性的。 121

希尔施〔172〕也认为，他所认定的实行性构成行为是不具有刑事可罚性的，根据是这种"特殊之处，在这里，已经不存在采取这种维持性的会受到干预的因果过程的法律义务了"。这是一个很恰当的看法（参见，边码117），但是，这种缺失的采取一种"维持性的因果过程"的义务，就的确标志着一个不具有刑事可罚性的不作为，因此也不符合那些主动的杀人行为。 122

一般而言，只有实施治疗的医生才应当允许进行一种技术性的中断治疗，因为只有他才能根 123

---

〔163〕在这个意义上，例如，见 Baumann/Weber, AT^{10}, § 15, Rn. 33; Blei, AT^{18}, § 84 II 5; Bockelmann, 1968, 112, 125, Fn. 45; Hirsch, Lackner-FS, 1987, 605; SK^{6}-Horn, § 212, Rn22, 26 a, d; LK10-Jähnke, vor § 211, Rn. 17; Jescheck/Weigend, AT^{5}, § 58 II 2; Maurach/Gössel, AT/2^{7}, 45/32; SK^{7}-Rudolphi, vor § 13, Rn. 48; Samson, Welzel-FS, 1974, 601; Sax, JZ 1975, 137 ff.; NK-Seelmann, § 13, Rn. 23 f.; Vogel, 1983, 120。

〔164〕Bockelmann, 1968, 112。也见 Baumann/Weber, AT^{10}, § 15, Rn. 33，在这里虽然指出可能的正当化基础，但是并没有给其命名。在 Jescheck/Weigend, AT^{5}, § 58 II 2 中，也没有提到一种无刑事可罚性。不清楚的，见 Maurach/Gössel, AT/2^{7}, 45/32。

〔165〕参见，边码116以及 Sch/Sch/Stree^{26}, vor §§ 13 ff., Rn. 160。

〔166〕Sch/Sch/Eser^{26}, vor § 211, Rn. 32。

〔167〕一个好的关于在文本中仅仅作为例子引证的论证角度，见 Lackner/Kühl^{24}, vor § 211, Rn. 8。

〔168〕Samson, Welzel-FS, 1974, 602。

〔169〕LK^{10}-Jähnke, vor § 211, Rn. 17; Sax, JZ 1976, 429, 438，对他来说，在可能的情况下，生命是允许作为法益而不受保护的。

〔170〕SK^{7}-Rudolphi, vor § 13, Rn. 47。

〔171〕Otto, AT^{6}, § 9 I 2 b, aa。

〔172〕Hirsch, Lackner-FS, 1987, 605。

据情况对中断治疗的条件作出判断,并且,也因为他承担着进行实事求是的治疗的责任。因此,在一个清洁女工或者一名探视者自行关闭了这台呼吸机时,他们由于杀人而具有刑事可罚性,即使这名医生本来已经允许中断治疗了。有点不同的情况仅仅是,当这个病人在意识清醒的情况下,由于难以承受痛苦而请求关闭仪器的,就像在拉文斯堡州法院决定的案件情况中,《刑法新杂志》,1987 年,第 229 页[173]那样。在病人明确和负责地表达自己意志的情况下,对停止治疗作出决定的仅仅是他自己,而不是那个医生的判断。也就是说,在这个案件中,那个关闭了仪器的丈夫,是不具有刑事可罚性的。不过,在埃泽尔[174]认为,"中断治疗是通过一个医生、一个护士还是一名其他的第三人引起的,完全没有什么重要区别",却也是太过于笼统了。

(七)通过不作为的实行人与帮助人

124 因为通过不作为的教唆问题已经在参加理论的相互关系中讨论过(参见第 26 节,边码 5 以下),所以,在这里就主要剩下一个应当如何区别实行人与帮助人的问题了。在不作为理论的框架中对这个问题进行说明的正当性,是由于有些作者把保证人地位的特殊性用在这种区别之上。一个通过不作为的共同实行人或者间接实行人,是否并且在多大程度上是可能的,这个问题在实践中意义并不大。在这里应当作一个简短的讨论。

1. 通过不作为的实行人与帮助人的区别

(1)把适用于实行性犯罪的规定转用于不作为

1)司法判决

125 在不作为中,应当以与实行一样的方式对实行人和帮助人进行区分,这是符合刑事司法判决的。也就是说,帝国法院在这个领域中也遵循了自己一贯代表的主观理论(参见第 25 节,边码 7),并且是这样安排的:一个没有通过一个实行性行为人去采取措施,以阻止这个行为构成实现的不作为保证人,是否具有一种行为人的意志或者参加人的意志。从后果上看,在大多数案件中,都被认定为一个帮助人。[175]

126 **联邦最高法院的司法判决就像在实行性犯罪上一样,总是在主观理论和行为控制理论之间摇摆**,但是,应当确定的是,相比之下,在实行性犯罪中采取两种理论的结合要少一些(参见第 25 节,边码 11 以下),更准确地说,在两种观点之间的变换要更多一些。这样,在许多案件中,这种区分就通过以下做法就获得了一种特别的实践意义:对于通过一名在原则上具有保证人义务的人对阻止自杀不作为,联邦最高法院就使得这种刑事可罚性取决于其不作为是应当判断为实行人还是帮助人来加以决定了。在第一种案件中,应当要求一个杀人的甚至是谋杀的刑罚,在第二种案件中,应当是无罪释放(对此参见第 32 节,边码 47 以下)。

127 在《联邦最高法院刑事判例集》,第 2 卷,第 150 页中,联邦最高法院在司法判决中,第一次在明确拒绝主观理论的情况下,在行为控制的观点上支持了一个对实行人的认定。一个女人,在自己丈夫上吊自杀失去知觉,但应当还能救回来时,故意不去剪断绳子,因此作为一个通过不作为杀人的行为人而受到刑罚。这种帮助义务通常具有"对这个案情的全部或者的确是大部分的控

---

[173] 对此,见 Herzberg, JZ 1988, 182 ff.; Roxin, NStZ 1987, 348 ff.; Stoffers, MDR 1992, 621 ff.; Tröndle, Göppinger-FS, 1990, 595, 600。

[174] Sch/Sch/Eser[26], vor § 211, Rn. 32。同样,见 Stoffers, MDR 1992, 621 ff.(正确的批评,见 Lackner/Kühl[24], vor § 211, Rn. 8,他通过这一点的发生,完整地包含了第三方的攻击)。

[175] 参见,仅仅是 RGSt 53, 292; 58, 244, 247; 64, 273, 275; 66, 71, 75; 69, 349; 73, 53, 54。

制”,并且能够“通过施加干预而给这个案情带来决定性的转变”。那种不想把这个构成行为变成自己的行为的保留理由,并不能为帮助故意提供根据,“因为其在法律上处于他人的行为人意志之下的条件……在面对有义务人对案情的控制时,是几乎不值得注意的”(出处同上,第 156 页)。也就是说,关键不是那种对意志的服从,而是在于对案情的控制(就像联邦最高法院对其的理解那样)。

在另一个案件中,一位父亲对其妻子杀死新生婴儿的行径视若无睹,不加干涉(联邦最高法院,《林默的最高法院判例集》,第 10 项,第 47 条之前)。联邦最高法院把客观观点与主观观点以这样一种方式结合起来了,今天,这种方式在实行性犯罪中,完全在司法判决中占据着主导地位。这是指“意志的方向,就是在考虑真正实现行为构成的范围下,对行为控制和行为结果兴趣的决心。”这样一种做事的方式所具有的后果,在这个决定中尚未得到解决。 128

下面还有两个不作为的阻止自杀的案件,但是,这两个案件的解决是完全不一样的。在《联邦最高法院刑事判例集》,第 13 卷,第 162 页中,被告人没有阻止自己岳母的自杀,尽管当时存在着这样的机会。在最值得疑问的认定这个女婿具有保证人地位的基础上,联邦最高法院还是认定了一个不具有刑事可罚性的帮助人,因为他“不想控制……这个其岳母亲手引起的、导致她死亡的事件”,也就是说,他缺乏那种“行为人的意志”(出处同上,第 166 页)。因此,在这里起决定作用的情节,在《联邦最高法院刑事判例集》,第 2 卷,第 156 页中却正好被宣布为“不值得注意的”。在另外一个与《联邦最高法院刑事判例集》,第 2 卷,第 150 页相似的案件中,联邦最高法院,《德国法月报》,1960 年,第 939 页却又采取了一个客观的区别。在这个案件中,被告人是一个通过不作为杀人的女行为人,因为她在自己的情人“自己投缳上吊并失去知觉时,具有那种完全的并且唯一的行为控制”。 129

在联邦最高法院,《新法学周刊》,1966 年,第 1763 页决定的案件事实中,一个客栈的女店主,在目睹一群男客人剪掉了一位拒绝与之共舞的女士的头发时,对此加以容忍。联邦最高法院认为,这个女店主具有保证人地位,并且想要通过客观和主观观点相结合的评价,像在实行性犯罪中那样,解决实行人或者帮助人的问题。但是,联邦最高法院最终还是偏向了一个纯粹主观的标准:“她同意了这四个男性行为人的胡作非为,并且与他们站在一起,这从她拿他们的行为方式取乐这一点上就能看出来。”与此相反,在维蒂希(Wittig)一案(《联邦最高法院刑事判例集》,第 32 卷,第 367 页,第 374 页)中,联邦最高法院重新以医生的行为控制作为主要根据。在这里,这位医生出于对病人决定的尊重,就让一位失去知觉的自杀病人死亡:“也就是说,在这个自杀者最终丧失了对事件施加影响(“行为控制”)的实际可能性时……这个死亡的出现现在就仅仅取决于这个保证人的举止行为了。”这个保证人具有“这种行为控制,并且,当他在自己的想象中接受了进一步的过程完全取决于自己的决定时,他具有这种行为人的意志。”联邦最高法院在这里标志为“行为人意志”的一切,仅仅是行为控制的意识,这种意识是属于行为控制的实施的,并且也是属于这种行为控制本身的。这种在内心中对死者愿望的服从,应当丝毫不改变这个医生的实行人身份,否则,这个死者的愿望就经常会作为“帮助人的意志”来解释了。 130

相反,较新的决定又转向一种绝对主观的区分方式。在一个案件中,一个负有保证人义务的人对一个杀人袖手旁观不加干涉(联邦最高法院,《刑事辩护人杂志》,1986 年,第 59 页),这里的关键就应当是:“这种不加干预是否由帮助故意或者行为人故意所承担了”。具有决定性的是,“这个不作为人对于他人实行行为的内心态度”。在另外一个这类案件中(联邦最高法院,《刑法新杂志》,1992 年,第 31 页),安排是这样进行的:“这个不作为人的内心态度……——特别是由于对应当阻止的行为结果的兴趣——是应当看作一种……行为人意志的表达,或者他的内心态度是由以下情况决定的:他……能够在意志上服从这个行为人,并且,在没有内心参与与没有兴 131

趣的情况下……在简单的帮助意志的意义上,就让这个事件这么发生着”。

2)司法判决使用标准的不适当性

132 首先需要批评的是,司法判决没有表现出统一的路线。在有时应当以不作为人的一个等同于阻止结果可能性的“行为控制”为准,有时又应当以他的内心态度(对这个结果的兴趣或者赞同)为准时,这种后果就成了很随意的。这个法官在一定程度上能够选择是认定实行人还是认定帮助人,并且在大多数情况下根据刑罚尺度的观点来作出决定,尽管这种对实行人与参加人的决定并不是量刑问题,而是取决于一个举止行为是否满足那个行为构成。但是,除此之外,不论是“行为控制”还是“行为人的意志”,都不适合于在不作为犯罪中解决这个区分问题。

133 这首先适用于行为控制的标准。这条标准是由司法判决在上述判决中,从这样的看法中引导出来的:这个不作为人本来是能够通过自己的干预给这个事件带来决定性的转折的。这样的决定还能够继续举出例子来(《联邦最高法院刑事判例集》,第11卷,第272页;第37卷,第293页)。但是,以这种方式不能够说明一种行为控制的根据。[176] 通过这种方式,仅仅只是标示出了阻止结果的可能性,[177] 而这种阻止结果的可能性就是每个不作为的一种概念特征(参见,边码8以下,37以下),因此,从逻辑上说,不能给不作为保留下什么特殊的表现形式。这种行为控制很有必要地是以对这个因果过程的一种主动的控制性操纵为条件,因此,不能通过简单的什么也不干来获得。如果不是这样,那么,教唆人与帮助人本来就真的必须,就像在通常情况下那样,在他们具有一种随着他们主动的行为贡献而来的阻止结果的可能性(例如,通过威胁要告发)时,与此同时就成为行为控制人与行为人了。这样一种观点就会使得参加人的概念所剩无几,难怪没有人代表这种观点。

134 主观理论的表现有些不同。这个理论一眼看上去可能显得适合于在不作为领域中的区别,因为它并不重视这种共同作用的外部形式,而是根据也存在于不作为人中的“内心态度”来进行一种区别。[178] 除了那些在原则上对反对主观理论适用的理由之外(参见,上文第25节,边码8、10、27),只要仔细审视一下,就能发现这恰恰在不作为上也是不能使用的。

135 这首先适用于恶意的理论(die Dolustheorie)。这个理论是主观理论中最接近行为控制理论的变种。根据这种理论,参加人的意志在于意志的服从性,也就是说,参加人在构成行为的实施中是听从实行人的,这时,这个不作为人本来就必须——与上述一些判决中想说的不同——永远只能是一名实行性行为人的帮助人。在有人根本什么都没有做,并且随后也让人看不出有以任何方式提供的主导性或者同样等级的意志(有这种意志本来就会是一种主动的参与了)时,他除了让这件事自己发展并且“应当听从”这个实行性行为人之外,就完全不再有什么了。这样一种观点为很多人所主张,并且应当予以拒绝,理由在下文中还要提到(参见,边码151),但是,这种观点绝对不是联邦最高法院的,不能支持联邦最高法院的有区别的解决方法。

136 因此,一种有区别的主观理论因此只能追溯到两种相互十分接近的标准上去,一种是“内心

---

〔176〕 Roxin, Täterschaft, 7 2000, 462 f.; Schwab, 1996, 72ff.。这种行为控制思想的不恰当性,在今天的文献中基本得到了承认;参见,仅仅是 Baumann/Weber, AT10, § 29 III 2 c, Rn. 58; Freund, AT, § 10, Rn. 48; Gallas, JZ 1960, 646, 686, Fn. 56; Gropp, AT2, 29/101; Otto, Jura 1987, 246, 250; ders., AT5, § 21 III; Sch/Sch/Cramer/Heine26, vor § 25, Rn. 103; Seelmann, StV 1992, 416。只有很少的作者代表了一种行为控制标准在不作为上的运用,见 Busse, 1974, 253 ff., 258 ff.; Gössel, ZStW 96 (1984), 321, 333 f.; ders. In Maurach/Gössel, AT/27, 50/71 f.; Kielwein, GA 1955, 227 f.(关于批评,见 Schwab, 72 ff.)。

〔177〕 一种事后可以确定的减轻风险的可能性也属于这里,参见,上文边码45以下。

〔178〕 作为在文献中的主观理论的代表,应当提到的还有,Arzt, JA 1980, 553, 558; ders., JZ 1981, 412, 414; ders., StV 1986, 337; Baumann/Weber AT10, § 29 III 2; Seelmann, StV 1992, 416(在他这里,这个主观理论就与一种考虑不同参与人的保证义务具有不同的分量联系在一起了);Weber, 1976, 296 f., 347 f.。

同意”的标准，另一种是“自己兴趣”的标准。一个不作为的保证人本来也会是实行人，他在内心同意通过这个实行性行为人来实现这个行为构成，并且，对之也抱有自己的兴趣；与此同时，帮助人本来就是这种对结果不抱有兴趣，只是在没有内心同意的情况下让这个事件自己进行。反对这种区分的有三个理由。

第一，这些概念不允许给出一种只有一半清晰的区别，因为这些概念是分级别的，并且，在分级别的范围中，无法给出分离实行人与参加的界限。人们能够对一个结果的出现是半心半意地同意，能够对其抱有或多或少或者几乎没有（不过总还是有那么一点）的兴趣。在这里，这个实行人停止于何处并且帮助人开始于何处，还是模糊不清的。 137

第二，这里涉及到内心态度与动机。这两者虽然对罪责与刑罚尺度很重要，但是并不适合于区分满足行为构成的实行人与不再符合行为构成的帮助人了。如果人们仍然还要使用它来对行为构成进行区分，那就是以令人忧虑的方式在接近一种态度刑法了。在这里，是这种内心态度使一个人成为了行为人，而不是像符合行为刑法那样，是他的符合行为构成的举止行为使一个人成为了行为人。 138

第三，这个理论应当加以反对。它的标准避开了客观的法庭审查，从而滑向了一种十分任意的规定。内心态度最多能够从一个人的外部举止行为中推断出来。但是，在这个举止行为存在于纯粹的什么都不干之中时——口头同意或者赞同会真的作为主动的共同作用而受到刑罚的——这样的结论就缺乏论据了。因此，在客栈女店主的案件中，联邦最高法院就是这样做的。在这个案件中，女店主对于男性客人强行剪光女性旅客头发的行径不加干预（上文边码 130），她的实行人身份是从她在这个过程中“取乐”得出的结论。这个不作为人的面部表情——以何种方式能够可靠地予以重现呢？——应当决定她的实行人身份，这一点却既不具有说服力，也不是一个充分可靠的做法。在另一个案件中（边码 131，联邦最高法院，《刑事辩护人杂志》，1986 年，第 59 页），一个没有出手干预的保证人“笑着”袖手旁观，就应当说明他的实行人身份了，尽管他冲着那个行为人发出“应当住手”的呼喊，就更有权能够说明他是拒绝行为人的意志的。但是，最终而言，所有这种认定都还是模糊而任意的。虽然阿茨特[179]认为：“一个人觉得在不作为中无法把握主观的参加人理论时，就必须得出这个结论，应当宣布动机（参见，第 211 条）一般是无法把握的，并且‘在刑法上是不重要的’”。但是，在这里忽视了这一点，动机在谋杀中是罪责的要素而不是行为构成的要素，除此之外，与纯粹的被动情况不同，从行为人的主动举止行为中，在很大程度上是能够识别的。 139

（2）本人观点：不作为人在满足等同性标准与其他行为构成条件时就总是实行人（义务性犯罪理论）

根据本书所代表的观点，不作为犯罪是义务性犯罪（参见，上文第 25 节，边码 25），这就是说，其实行人身份的标准不在于行为控制，而在于违反了说明行为构成根据的阻止结果的义务，以及满足了其它行为构成的条件。如果这些标准存在了，那么，这个不作为的行为构成就实现了。因为实行人就是对行为构成的满足，所以，就不能对它要求更多。也就是说，例如，在父亲袖手旁观自己的妻子如何溺死那个新生婴儿时，他就是一个通过不作为的杀人行为人，只要他通过自己的干预本来能够阻止这个结果。他是带着何种内心态度袖手旁观的（赞同、无所谓或者不同意），都不改变他的实行人身份，而仅仅只能影响那种刑罚尺度。因为有关条款的条件应当视为已经得到满足，所以，他通过不作为的一个杀人的行为构成就已经得到了满足。然而，在这个父亲对自己子女的乱伦行为不加干涉时（第 173 条第 2 款第 2 项），那么，他在存在保证人地位 140

---

〔179〕 Arzt, JA 1980, 558。

中,也只能是由于通过不作为的帮助而受到刑罚。因为乱伦是一个亲手犯罪,所以,任何一个自己没有进行同房的人都不可能是行为人。同样,一个保安对一个应当制止的盗窃袖手旁观而使之发生的,就只能是由于通过不作为对第242条的帮助而受到刑罚。他缺少的行为构成条件是那个据为已有的目的,这个目的在第三人据为已有的形式中,也的确至少是以一种积极参与拿走与占有被盗物为条件的。[180]

141 除了通过义务性犯罪的实行人结构之外,这个结论也将通过这个认识得到支持:这个类型的帮助人,就像其在实行性犯罪中构成的惯例那样,在不作为中从一开始就是不可能的。[181] 这种帮助人所具有的对法益的附属性攻击,就像他对于参加人完全是特征那样(参见,上文第26节,边码11以下),是这样实施的:这个参加人通过这个实行人(也就是说,通过他的中介)对这个结果发生影响。在不作为人中,缺乏的正是没有对这个行为人施加影响(那样就已经会是一种主动的参与了),而是在与这个行为人无关的情况下满足了这个不作为的行为构成。因此,克拉默[182]正确地认为,对实行人与参加人的区分是"以积极的行为为准的,在不作为中找不到对等物。一个人在没有阻止谋杀者的行为时,并不是'帮助'了他,而是对这个犯罪结果的防止不作为……"

142 也就是说,在第13条的条件下,不作为在可能的条件下可以满足自己的行为构成,而与实行性的帮助没有关系。尽管如此,当这种通过不作为人在存在其他等同性条件的情况下而没有使行为构成得到满足的案件中,一种刑事可罚性会由于通过不作为的帮助而出现,原因就在于:这个帮助作为"辅助的"概念,在共同作用意义上,是在实行人之外满足一个补充作用的(参见,上文第26节,边码10)。这是这个词在广义上的帮助(也就是说,,在实行人之外的一种具有刑事可罚性的不作为),并且,这种不作为的帮助也主要局限于这些案件。

143 通过不作为的帮助的主要案件涉及两个类型。属于第一类案件的是这些案件,一个保证人对亲手犯罪不加干预。在这个领域中,具有实际意义的主要是违反保证人要求,对高度个人性的义务性犯罪听之任之(对此参见,第25节,边码303以下):一个没有阻止伪证的保证人的确总是只能对伪证提供帮助,因为一个行为构成的实现是以自己的誓言为条件的,也就是说,不能通过不作为来实现。在第二类案件中,应当提到的行为构成是这样的:它们以主观的行为构成要素为条件(例如,一个据为已有或者牟利的目的,保护自己好处的目的,为了在法律交往中进行欺骗而行为,等等),在这些不活动的保证人那里都缺乏这样。这一类案件是非常多的。

144 有一种罕见的案件必须作为通过不作为的帮助来加以刑罚。这种案件是指,一个不作为人的保证人地位仅仅在于应当阻止他人的帮助行为:[183] 例如,未成年的儿子为一个人身伤害提供帮助,而他的父亲对此却不加干预。因为这个父亲对这个被害人并不具有保证人地位,而仅仅应当阻止自己儿子的行为,所以,他就只能像他儿子一样受到刑罚。正确地说,他是一个帮助的不作为行为人,并且,也只能由于这一点来受到审判。

145 人们对本书所赞成的解决办法,不能提出这样的反对意见:在不作为的保证人通常是作为实行人加以判决时,他所受到的刑罚如果重于那些提供了主动的行为贡献并且在可能情况下只能作为帮助人被追究责任的人,就是不公正的,毕竟前者什么都没有干。[184] 首先,一个保证人的不

---

〔180〕 参见,Schroth, BT^3, 119。

〔181〕 对此,清晰的说法,见 Bloy, JA 1987, 490 ff. (492 f)。

〔182〕 Sch/Sch/Cramer/$Heine^{26}$, vor §§ 25 ff., Rn. 102。

〔183〕 SK^7 – Rudolphi, vor § 13, Rn. 42。

〔184〕 我在这里以及下文要与之讨论的异议,对我来说,是由我的学生 Schwab, 1996, 171 ff. 最详细地予以反驳了。

活动绝对不比一种主动的帮助具有更少的刑罚需要性：一个母亲本来能够轻而易举地解救自己的子女免遭杀害，但是故意不救援的，就不应当比那种把枪借给杀人犯的人判得更轻。其次，立法者已经在第 13 条 2 款中预先考虑加入一个相当于帮助的减轻处罚的可能性，因此，一个不作为就从来不需要比一个主动的帮助受到更重的刑罚，并且，在其刑罚框架之中，在可能的情况下自然也能够给予较轻的惩罚。此外肯定的是，立法者在通过不作为的帮助究竟是否以及在多大程度上是可能的这个争论中，并不想表态。在《1962 年刑法典草案》中的确还包含有的说法，不作为人"作为实行人或者参加人"是具有刑事可罚性的，就被刑法改革特别委员会删掉了，〔185〕"以避免干预在不作为犯罪中，究竟是否可能区别实行人与参加人的信条学之争"。也就是说，认为这个不作为的保证人在原则上（也就是说，在不存在相反的特殊行为构成的条件时），即使在对实行性犯罪不加干预时，也是不作为行为人的主张，并不违背立法者的原意。

这样，作为可以想到的主要的反对理由，就只剩下一个看起来的矛盾。这个矛盾存在于未遂 146
的主动帮助所不具有的刑事可罚性与一种未遂的不作为实行人所具有的刑事可罚性之间。以这个案件为例：〔186〕这个私生子的母亲把一把刀递给这个私生子的父亲，要他杀死新生儿，但是，后者并没有用这把刀！当人们在这样一种状况中，以父亲最终没有实施这个构成行为为条件，让这个母亲由于一个仅仅是未遂的帮助而不具有刑事可罚性时，应当把她作为一个不作为未遂的行为人来加以惩罚，这肯定是一种不公平的不平等对待，只要她完全保持不活动，并且仅仅是没有阻止这个父亲——虽然她本来是能够这么干的——以杀死孩子为目的而走入婴儿房去。人们会指出，立法者并没有违背实际地忽略了在其刑罚威胁中把帮助与不作为统一起来，并且，在这个未遂的帮助也要受到刑罚时，这种区别就会立即消失了。〔187〕 指出这一点虽然为这种不令人满意的结论提供了一个说明，但是，并没有提供符合实际情况的解决办法来。

但是，人们所说的这种矛盾在现实中根本就不存在。在这个例子中，这个把后来没有使用的 147
刀递给那个实行性行为人的母亲，不仅实施了一个——本身不具有刑事可罚性的——未遂的主动帮助，而且还实施了一个实行人的不作为的未遂，这个不作为未遂就是具有独立的刑事可罚性的！理智地说，这个保证人根据自己的想象故意地错过了阻止实行性行为人的最后时机，是不能由于未遂的不作为实行人而免除自己的刑罚的，因为他还另外地想要了提供主动的帮助！没有一条竞合规则会禁止这一点：这个未遂的实行人完全不会返回到一个——还是不具有刑事可罚性的——未遂的帮助之后去。

在进一步的观察中会看到，这并不是第一次涉及一个单纯的未遂问题。在我们的案例中，在 148
那位父亲没有使用递给他的刀子，而是用手杀死了这个孩子时，这位母亲，尽管有可能却没有阻止，就必须作为通过不作为的即遂杀人的实行人而受到刑罚。理智地说，她的徒劳的主动帮助，对此没有任何影响。

因此，只有在人们把保证人的未遂的不作为实行人与非保证人的未遂的主动帮助加以比较 149
时，才会出现这个结论上的矛盾。前者在可能的情况下是具有刑事可罚性的，后者是不具有的。但是，这也是有道理的，因为在保证人和非保证人之间在刑事可罚性上的巨大差别，是我们的法律所具有的一个基本原则。

在文献中，本书所赞同的观点也得到了许多以同样的或者类似的形式的代表。鲁道菲〔188〕 150

---

〔185〕 BT - Drucks. V/4095, 8。

〔186〕 人们比较的案情，见 Schwab, 1996, 174 f。

〔187〕 Roxin, Täterschaft ^{7}2000, 505。

〔188〕 Rudolphi, 1966, 138 ff.; ders., SK^{7}, vor § 13, Rn. 37 – 43；跟随他的，见 Blei, AT 18, § 86 IV 2 b。

是完全一致的。阿明·考夫曼〔189〕和斯特拉滕韦特〔190〕也得出了基本一致的结论。他们两位在原则上是以不作为中的统一行为人概念作为出发点的,但是,在那些我提到的缺乏通过不作为人来实现行为构成的例外案例中,他们却主张"并不怎么好地"(考夫曼)或者"在临时的方式中使用参加人的规定"(斯特拉滕韦特)由于帮助来加以刑罚。布洛伊〔191〕也追随其后,他一方面主张,"把这种保证人的不作为统一地等同于一种实行人的主动作为",另一方面却也主张在这个不作为人没有满足行为构成时,想要把那个"参加人的规定作为补充规定"拿过来。

(3)统一帮助人理论

151 一种广泛流传的、主要由加拉斯〔192〕确立的理论认为,不作为的保证人总是只能在主动的实行性行为人身边作为一个帮助人。〔193〕当然,只要这个行为人还控制着构成行为的过程,这就应当适用。相反,如果这个不作为人看到的"不再是行为控制的操纵,而仅仅是面对这样一种操纵还具有的可以改正的作用(例如,碰到了那个被谋杀后身受重伤的被害人),那么,在他保持不活动时……就应当同样作为行为人来看待,就像在这个案件中一样,这个危险……完全不是基于第三人的犯罪行为,而是基于一起事故或者类似的事件"。〔194〕为了说明这个根据可以提出,这个不作为的保证人在主动的实行性行为人身边仅仅只是一个边缘性形象,这个带着行为控制而主动行为的人就堵住了这个保持不活动的保证人对这个结果的直接通道,并且,这种直接的救援性干预,一般来说,对保证人提出的要求,要比对与之相反的行为意志的克服更轻微。**但是,这里能够提出六条有说服力的论据以反对这个理论:**

152 **第一**,人们看不出下列问题的理由:为什么是实行人还是参加人的决定应当取决于,例如,这个保证人是不阻止实行性行为人对孩子的溺死,还是对失足落水的孩子不出手相救?〔195〕对其判断具有决定性的,只能是他作为保证人而没有救援这个受到溺死威胁的孩子,而不是这种威胁是如何形成的。人们虽然能够反驳说,〔196〕一个作为也能"在偶然的危险得到支持时,就必要地导向了实行人的身份,与此同时,在被害人面临的危险是由一个行为人有责任地创设的时候,同样的作为也能够是帮助"。〔197〕但是,这种反驳忽视了一点,这就是在实行性犯罪中,帮助人一般是听命于这个行为人的活动的,也就是说,没有行为人就什么也不能受到影响,与此同时,对防止结果的不作为,无论有没有实行性行为人,都是同样可能的。

153 **第二**,不作为的保证人与实行性行为人相比只是一个边缘形象的说法,只有从行为控制方面看才是合适的,与实行性行为人相比,不作为的保证人并不具有行为控制。但是,在缺乏实行性行为人的情况中,不作为的保证人同样不具有行为控制,却仍然是不作为的行为人。在人们认识到,不作为犯罪就是义务性犯罪,也就是说,违背义务就说明了实行人身份的根据时,就会立即得出这个结论:二者作为并列行为人,都是这个事件的"核心人物",一个凭借其行为控制,另一个

〔189〕 Armin Kaufmann, 1959, 291 ff. (299/30);跟随他的,见 Welzel, StrafR^{11}, § 28 V 2。也见 Grünwald, GA 1959, 110 ff.,代表的是单一实行人的概念。

〔190〕 Stratenwerth, AT^{4}, § 14, Rn. 11。

〔191〕 Bloy, 1985, 214 ff.; ders. JA 1987, 490 ff. (492, 494)。

〔192〕 Gallas, JZ 1952, 372; ders., JZ 1960, 687, Fn. 67。

〔193〕 因此,例如,也见 Bockelmann/Volk, AT^{4}, § 26 I 2 b; Jescheck/Weigend, AT^{5}, § 64 III 5; Kühl, AT^{3}, § 20, Rn. 230; Lackner/Kühl^{24}, § 27, Rn. 5。完全类似的,也见 Kielwein, GA 1955, 225; Schmidhäuser, LB AT^{2}, 17/12, 以及ders., StuB AT^{2}, 13/13。有利于这个理论的,详见 Ranft, ZStW 94 (1982), 815, 830 f.。

〔194〕 在这里以及在下文,见 Gallas, JZ 1960, 687。

〔195〕 参见,Armin Kaufmann, 1959, 296, 以及还有 Kielwein, GA 1955, 227。

〔196〕 Arzt, JA 1980, 559; 还有 Herzberg, 1972, 259; Sowada, Jura 1986, 403。

〔197〕 Arzt, aaO.

通过其保证人地位。也就是说,行为控制和保证人地位是独立的与具有平等价值的实行人标准。

第三,主动实施行为的人“堵住”了不作为的保证人的通道的说法,是不恰当的。他之所以没有这么干,是因为他正好不能通过保证人来阻止这个结果。只要人们在实行性行为人中看到一种对阻止结果的妨碍的,自然的力量(例如从火灾中救人)就同样也可能构成妨碍,甚至是更大的妨碍。 154

第四,阻止一个实行性行为人引致结果“一般来说”比自然的因果性要难一些的说法,也是不对的。[198] 情况常常相反:例如,在开头的案例中,通过对其作为进行刑事举报的威胁应当能够容易地使实行性行为人放弃,而从波涛中救起一个失足落水的孩子却可能困难得多。 155

第五,反对那种在实行性行为人中间总是把保证人作为帮助人,并由此获得偶然性结论的解决办法。如果保证人没有阻止凶手射出致命的一枪,因此,在被害人立刻死亡时,这个保证人就总是只能作为帮助。但是,如果那个流血而死的被害人通过送到医院抢救在一段时间内还是能够救助的,那么,这个以前后一致的方式继续保持不活动的保证人,就一下子晋升为行为人了,尽管他在两种案件中都总是只能谴责他的袖手旁观。 156

第六,本书拒绝的解决方法,就像格林瓦尔德[199]揭示的那样,在未遂上也会导致一些完全荒谬的解决办法。这个父亲“在错误地以为自己的孩子遭到谋杀时,而没有赶去帮助”的,就必须由于仅仅是未遂的帮助而仍然不具有刑事可罚性,与此同时,在他错误地认为自己的孩子已经罹难时,却必须由于未遂的杀人而被判许多年的自由刑!在刑罚需要性的观点下,这样一种对同样情况的案件进行不平等的对待,就是让人无法容忍的。 157

(4)根据义务地位的种类进行区分

另外一些作者[200]就把保证人地位分为两类,一类始终能说明实行人的根据,而另一些则在原则上或者说在大多数情况下仅仅只能导向一种通过不作为的帮助(义务内容理论)。得到最多代表的主张是,在保卫者保证人与警戒者保证人之间的区分(对此原则上参见,第 32 节,边码 6 以下)。保卫者保证人应当保护一项法益免受任何危险,例如,就像父亲保护其子女的生命与健康那样。这样的保证人在违反其阻止结果发生的义务时,就总是不作为行为人。也就是说,在这名父亲有意识地不去阻止第三人杀死他的孩子时,他就将作为一个通过不作为杀人的行为人受到刑罚。在这个意义上,这个理论与本书主张的观点是一致的。相反,警戒者保证人,例如,应当负责保管有毒药品以避免他人接触的护士,在她有意识地不阻止一个无权接触药物的人拿走毒药并用其杀人时,她就应当是通过不作为的帮助人。 158

这种区分办法最早是施罗德[201]发展出来的,后来又特别得到了赫茨贝格[202]的发扬;在其他人那里,也能找到类似的方案。[203] 施罗德主要是以一个直至今日还有影响的思想作为自己的基础。他认为,警戒者保证人与保卫者保证人不同,在面对受损害的法益时不承担义务。除此之外,赫茨贝格还以自己特殊的行为概念为基础主张,“主动实施的犯罪行为……在核心中也是违背义务地对危险来源不加警戒”,也就是说,这种危险来源是由本人发出的威胁。根据这个主张,警戒者保证人就根本不是义务性犯罪的行为人,而是应当根据控制性犯罪的原则来处理,并 159

---

〔198〕 因此,见 Armin Kaufmann, 1959, 296/297。

〔199〕 Crünwald, GA 1959,116 – 119, 紧随着 Armin Kaufmann, 1959, 293/94。

〔200〕 一个详细的总结,见 Schwab, 1996, 90 ff. 。

〔201〕 最后,见 Schönke/Schröder[17], vor § 47, Rn. 105 – 112。类似的,还见 Sch/Sch/Cramer/Heine[26], vor § 25, Rn. 103 – 108; 跟随他们的还有 Eser, StrafR II[3], Fall 27, Rn. 22 ff. 。

〔202〕 Herzberg, 1972, 257 – 273; ders., 1977, 82 ff. 。

〔203〕 例如,见 Schünemann, 1971, 377; Seier, JA 1990, 382 ff. 。

且据此在与实行性行为人的比较中,总是只能是帮助人。

但是,这种方案也不能说服人,并且受到了大多数人的拒绝。[204] **针对这种方案,主要有四个反对理由:**

160 **第一**,在很多案件中,对保卫者保证人和警戒者保证人的区分都很难令人信服地贯彻,以至于仅仅出于这个原因,就不能为了参加人的理论而把这么广泛的结论与之联结起来。雅各布斯[205]就正确地问到:"游泳池管理员究竟是保护泳客免遭水的危险的保卫者,还是这个危险的警戒者?"这样的疑问随便就能提出很多,"因为同一个任务通常就是既可以表述为保卫者任务,又可以表述为警戒者任务的"。一家百货商店的保安应当是保卫所有者的财产呢,还是应当警戒与经营一家人人都能进入的百货商店相联系的危险呢?等等。

161 **第二**,在这种解决办法中,基本判决所具有的不可避免的例外就完全使这条角度都丧失了价值。例如,在有待警戒的危险来源,就像常见的那样,是一个没有罪责能力的人(一个儿童、一个青少年、一个精神病人或者完全醉酒者)时,这个义务内容理论的代表人也想要把这个保证人作为不作为行为人来加以惩罚。[206] 也就是说,面对受到侵犯的法益并不存在所谓的特别义务这个情节,在这里就不应当妨碍保证人具有一种实行人的身份。但是,这样一来,这个原则却被牺牲掉了。另一方面,保卫者保证人在亲手犯罪或者在缺乏特定的行为构成条件时(例如,据为己有或者牟利的目的),也不能是行为人,由此得出的结论是,不作为实行人的身份就是取决于行为构成的满足,而不取决于义务地位的类型。

162 **第三**,认为警戒者保证人在面对潜在的被害人不负有义务的想法,是不恰当的。从法律中(第13条)能够清楚地得出一个阻止结果的义务,并且,由此也得出了在任何保证人地位上都要保护受威胁的法益的义务。在这里不存在或多或少的余地。[207] 所有的保证人地位都同样地构造出了"一个不可再细分级别的阻止结果的义务"。[208] 这个"义务内容的特性"[209]就决定性地说明了要给予所有保证人义务以同样的对待。

163 **第四**,那些能够从与实行性帮助的比较中引导出来的刑罚需罚性的论据——一个把毒药交到实行性行为人手中的人,也仅仅是帮助人;在这里,那个有意识地对保管不作为的人怎么应当说是实行人呢?——必须不是通过警戒者保证人的特殊规定来解决的,而是就像在发展自己的观点时所说明的那样来解决的(边码140以下)。此外,对实行性帮助人的关系问题,在保卫者保证人上当然也会出现。同时,那个没有小心保管好毒药的人,在他有意不去阻止谋杀者向被害者的咖啡中投毒时,为什么就应当比在他处于不作为行为人的位置中,眼睁睁地看着一个一无所知的人在没有第三人说明的情况下误饮毒药而袖手旁观的,具有较少的(因此只是帮助人)的刑罚需要性呢?

164 雅各布斯[210]发展出了一个义务内容理论的有趣的变种。一方面,他看到了"凭借机构性职责的义务"(父母—子女关系、婚姻、信赖关系、国家的权力关系、基本的公职义务),对这些义务,应当把不作为定性为义务性犯罪,也就是说,不作为的保证人就总是行为人了。与此相反,对他

---

[204] 关于批评,见 Arzt, JA 1980, 559 f.; Bloy, 1985, 216 ff.; ders., JA 1987, 491f.; Ranft, ZStW 94 (1982), 857 ff.; Schwab, 1996, 106 ff.; Sowada, Jura 1986, 406 f。

[205] Jakobs, AT^2, 29/72;在这里还有下文的引注。

[206] 参见,Herzberg, 1972, 260 f.; Sch/Sch/Cramer/$Heine^{26}$, vor § 25, Rn. 106。

[207] SK^7 – Rudolphi, vor § 13, Rn. 40。

[208] Bloy, JA 1987, 492。

[209] Sowada, Jura 1986, 407。

[210] Jakobs, AT^2, 28/14 ff.; 29/101 ff.。这个理论的一个好的说明,见 Sanchez – Vera, 1999。

来说，其他的保证人地位就说明了“凭借组织性职责的义务”，这些义务就涉及了“对危险的责任范围”（交通保障义务、先行行为、义务的承担）。在这里，这种不作为的保证人既可能是实行人，也可能是帮助人。关键在于，“在过程中属于不作为行为人的组织圈子的这个部分，是否至少借助主行为人的贡献共同确定了这个行为形态，等值的是实行人，价值较弱的是帮助人”。[211] 根据这一点就应当是，“一个人在对危险物品不可支配的或者在遭到威胁的客体受到保障的（把门锁好，看护孩子），是保证人”，“一般仅仅是帮助人”。

这个方案与那种在保卫者保证人和警戒者保证人之间加以区分的主张很相像，但是却提供了一种可信的对义务内容的区别，并且通过以下这一点与这种主张有区别，即它在组织性职责上也毕竟允许一个共同实行人。尽管如此，那些本来针对旧的义务内容理论而提出的重要异议，在这里仍然适用。首先，在保证人义务之间并没有作出一种评值性划分等级，以区分那些在实行性犯罪中更多地“相当于”实行人身份的保证人义务与那些更多地“相当于”帮助人的保证人义务，因为各种保证人义务都应当平等地以阻止结果为内容。 165

(5) 借助相当于条款的解决办法

施瓦布（Schwab）[212]想要在不作为中，根据这种不作为是“相当于”一个实行性实行人还是一个实行性帮助人，来区分实行人与帮助人。这就使他得出这样一个结论，“一般而言”，不作为人在主动的行为人身边只能“扮演一个边缘形象的角色”，也就是说，他是帮助人。[213] 这应当同等地对警戒者保证人与保卫性保证人适用。但是，这应当也有一些例外的情况，“其中就产生了这样的评价：不作为人尽管成为了一个核心形象，也就是说，他应当作为行为人受到刑罚。施瓦布用一个案件来说明这一点。[214] 在这个案件中，这个保证人没有对一个实行性构成行为进行干预，而这个实行性构成行为“仅仅”是借助有条件故意来实施的，并且，一个实行性行为人（放火）在这个造成死亡的行为之后的救援本来还是有可能的。在这里，这个不作为人“总的看来”就表现为“不是作为边缘形象，而是核心形象”了。 166

但是，以这种方式是不能进行有说服力的区别的。首先，第13条第1款的相当于条款就不涉及实行人与参加人的区别，而是涉及这种刑事可罚性自身。一个不作为干脆就像第13条第1款明确说明的那样，只有在其相当于通过一种作为的实行行为时，“才是具有刑事可罚性的”。这个相当性不应当同时解决这个行为人－参加人的问题，这一点是从以下事实中得出的：立法者就是想要在不作为中，让到底有没有可能区分实行人与参加人的问题悬而未决（参见，边码145）。 167

这样，这个区别问题，根据情况，就在很大程度上滑向这种“统一帮助人”理论（边码151以下），并且遇到了各种反对意见。在“总的看来”的道路上的确应当认定一个实行人，是一种例外。这种例外仍然是不清楚的，并且是一种根据感觉来评价的结论，这种评价是不能得出清楚的区分的。 168

(6) 作为帮助人的对妨碍构成行为的不作为

下列疑问提出了一个特殊问题：在不可能阻止结果的情况下，这个行为义务人是否至少必须不去妨碍对行为构成的实现，并且，在他对此不作为时，是否能够由于帮助人而受到刑罚。较旧 169

---

[211] Jakobs, AT², 29/102；在这里还有下文的引注。

[212] Schwab, 1996, 189。

[213] 因此，这个摘要见 Schwab, 1996, 227；在这里还有下文的引注。

[214] Schwab, 1996, 221 f。这个跟随着引注：222。

的司法判决已经认定这一点了。[215] 但是,正确地说,这种看法是应当加以拒绝的。[216] 首先,每一个完成的不作为(也包括在帮助人的形式中)都是以一种在可能阻止结果的意义上的因果性为条件的;这个司法判决之所以能够忽视这一点,就是因为它错误地认为帮助人的因果性不是必要的(对此,详见,上文第26节,边码186以下)。其次,在采取行动不能阻止这个结果时,要求这种行动是没有意义的。例如,在人们的确无法逃脱劫匪的追赶时,为什么还应当为了保卫他人的利益而从劫匪面前逃走呢?

170 当然,在这种妨碍提供了阻止结果发生的机会,并且这种结果出现的风险在事后看来本来也会减少时,那就不一样了。在这种情况下,就适用已经实现的关于不作为的原因性与关于减低风险的一切(上文,边码46以下)。对结果的归责在这种情况下就是很有可能的;但是,在这个行为构成毕竟能够通过不作为来实现时,这就存在着一个实行人,而不是简单的一个通过不作为的帮助人(详见,边码140以下)。

2. 通过不作为的共同实行人

171 在通常情况下,多个不作为的保证人并不是共同实行人,因为在这里缺乏一个共同的构成行为决定。也就是说,在多个保证义务人对救援遇难者不作为时,他们就是通过不作为的并列行为人,[217] 但不是共同实行人。在一个不作为人面对一个实行性行为人而不出手干预时,也是一样的。

172 但是,人们却不需要从中得出结论说,一个不作为人根本不可能成为共同实行人。[218] 一个共同实行人首先可能以下列方式成立:多个不作为人通过协定违反了同一项阻止结果发生的义务。例如,在父母双方根据他们的共同决定不照顾他们的孩子时(第225条第1款,在可能的情况下还有第212条),他们就是通过不作为的共同实行人(《帝国法院刑事判例集》,第66卷,第74页)。或者,多名企业经理对召回有害健康的产品一致地不作为(《联邦最高法院刑事判例集》,第37卷,第106页,第129页:通过不作为的共同实行人性质的身体伤害)。相应的还有,在多名看守根据一个共同计划通过不活动而让囚犯逃脱时(第120条第2款),在多位财产管理人对托付给他们财产一致地对保管措施不作为的(第266条),等等。

173 当然,对具有共同实行人性质的不作为的认定,并不具有特别的实际意义。每一个不作为人自己就已经是单独的行为人。也就是说,这里缺乏分工性质的共同作用,而这正是实行性的共同实行人的标志。只有在所要求的行为非齐心协力不能完成时,才能存在一种彼此依靠的状态,并且由此存在"那种共同实行人的真正案件"。[219] 例如,一对夫妻对于共同的税务申报不作为;一个在里面锁着人的保险库只能由拿着不同钥匙的两个人同时开门才能打开;[220] 或者,有害健康的产品只能由多位公司经理共同召回,等等。

174 在一个实行性行为人与一个不作为行为人之间的共同实行人,是有可能在义务性犯罪的共同实现过程中存在的。例如,在两个监管人员共同商定让囚犯逃狱时,其中一人把打开囚室的钥匙递给囚犯(主动的作为),同时,另一人违反自己的职责没有锁上外面的大门(不作为),那么,

[215] RGSt 71, 176–178 (178); 73, 52–60 (54); BGH NJW 1953, 1838 f. (1838)。

[216] 参见,仅仅是 Grünwald, GA 1959, 118, Fn. 21; Armin Kaufmann, 1959, 293; Roxin, Täterschaft, 72000, 489; Sch/Sch/Cramer/Heine26, § 27, Rn. 16。

[217] Armin Kaufmann, 1959, 189。

[218] 但是,因此见 Grünwald, GA 1959, 111, 由于那种我所认定的通过不作为的参与人的自治; Armin Kaufmann, 1959, 189 (因为不存在不作为的故意); Welzel, StrafR11, 206。

[219] Jescheck/Weigend, AT5, § 63 IV, 2; 在这里还有下面例子中的第一个。

[220] Stratenwerth, AT4, § 14, Rn. 15。

他们就是私放囚犯的共同实行人(第120条第2款)。他们满足了同一个行为构成,并且违反了一个共同的看守义务。这种违反就使他们成为了行为人,而他们外部举止行为的方式是不用考虑的。相反,在酒店女店主对其客人的伤害行为不予干预时,人们就很难认为这里存在着共同实行人,这就与联邦最高法院的观点不同(参见,上文边码130)。虽然根据本书所代表的观点,这个女店主也是行为人(参见,边码140以下),但是,基于不作为犯罪中独立的行为人概念,而不是通过她参加了其他客人的行为控制之中。

3. 通过不作为的间接实行人?

与此相反,通过不作为的间接实行人的结构却是应当加以拒绝的。[221] 有些作者[222]认为,在下列案件中存在着这种结构:一个保证人没有对一个"工具"(也就是说,例如,一个小孩或者精神病人)的实行性行为进行干预。但是,在这里存在着一个直接的不作为实行人,就像所有那些保证人没有阻止结果发生的案件一样。在这里谈论间接实行人,不仅是多余的,甚至也是违背事实的,因为这个保证人并没有把这个实行性行为人变成自己意志的工具,而是只是让那个完全不必这样行为的直接行为人自行其是而已。 175

(八)不作为犯罪中的行为构成

1. 客观行为构成

在这里居于突出地位的不纯正不作为犯罪所具有的客观行为构成,有五个条件(1~5),其中前三个条件是适用于所有的不作为犯罪的,因此也适用于纯正的不作为犯罪。[223] 这些条件在其他部分都进行了详细的探讨,因此,在这里就只是略作指引和补充。 176

(1)符合行为构成的情况

首先,一个符合行为构成的不作为总有一个条件,这就是存在着一个要求进行干预的情况(对此参见,边码86)。这个情况必须如何创设,已经在纯正的不作为犯罪中详细地阐述过了,例如,在第323c条中是作为一个需要帮助的事故、普通的危险或者困境,在第138条中就作为对特定犯罪计划或者实施行为的及时而可信的了解。另外,在不纯正的不作为犯罪中,这种符合行为构成的情况有时也在分则中描述了,例如,一个有权人对闯入他人家庭领域所能够提出的要求,就规定在第123条之中(对此,在这里就涉及一个不纯正的不作为犯罪,参见,边码8)。 177

然而,在不纯正不作为的通常情况下,符合行为构成的情况却存在于单纯的出现结果的危险之中。也就是说,不论孩子是通过水、火、泥石流、交通风险还是人为威胁而陷入危险的,对于他的父亲来说,符合行为构成的情况都一样存在,他都负有予以干预的义务。一种构成符合行为构成的情况的边界,是通过不作为未遂的开始来划定的(参见第29节,边码226以下)。即使在未遂本身不具有刑事可罚性时,在这个阶段中,一种不予干预也会为后来发生结果的责任提供根据的。 178

(2)所要求行为的未发生

此外,符合行为构成的不作为,只有在符合行为构成的情况所要求的行为没有发生时才会存 179

---

[221] Gropp, AT², § 10, Rn. 69; Grünwald, GA 1959, 110, 112; Jescheck/Weigend, AT⁵, §62 Ⅳ 2; Roxin, Täterschaft, ⁷2000, 471 f.; Sch/Sch/Cramer/Heine²⁶, § 25, Rn. 54 f.; Stratenwerth, AT⁴, § 14, Rn. 12; Welzel, StrafR¹¹, 206。

[222] Baumann/Weber, AT¹⁰, § 29 Ⅳ 2 a; Blei, AT¹⁸, § 72 Ⅱ 2; Maurach/Gössel, AT/2⁷, 48/95。

[223] 关于整体,参见,SK⁷-Rudolphi, vor § 13, Rn. 11-17。

在。这是指哪些行为,在纯正不作为中,又要看法律的规定了,例如,在第323c条中的提供帮助,或者在第138条中的及时向当局或者受威胁者举报。同样,这对在分则中可以找到的不纯正不作为犯罪也适用,例如,在第123条中的擅自离开或者在第221条第1款第2项中的帮助。

180 通过第13条,不纯正的不作为犯罪与实行性行为等同了。在大多数不纯正的不作为中,有待采取的行为并不是在法律中规定的,而是从当时为了阻止结果发生所必要的情况中引导出来的。在这里,对保证人的要求有不同的选择,例如,他自己出手相助,或者召唤他人帮忙。如果这个不作为人选择的行为是他错误地认为能够阻止结果发生的——例如,不是自行施救而是去找警察,而警察这时又绝对无法及时赶到的——那么,就要考虑一个过失的不作为犯罪了。[224]

(3)个人的行为能力

181 最后,一个符合行为构成的不作为还要求这个不作为人具有个人的行为能力。这里指的是什么,已经在上文(边码8~15)中也作为先行为构成性的不作为的条件加以详细的讨论。在这里应当参见该部分的内容。

(4)结果的客观可归责性

182 只有在不纯正的不作为中,才会考虑实行性犯罪意义上的对结果的归责。这种归责指向的那种规则,在上文中已经在“不作为中的因果性”这个关键词下进行了阐释(边码37以下)。在实行性犯罪中,除了因果性之外,为归责提供根据的不允许风险的实现,[225]虽然在既遂的不作为构成行为中也存在,但是,在这里,这个不作为人是在符合行为构成的情况中碰到了这个不允许的风险,而不是自己创设了这种风险的。

(5)保证人地位与相当地位

183 只有在分则中没有获得等同地位的那些不纯正不作为的犯罪,才必须为了满足行为构成而另外提供第13条的条件。这就是说:这个不作为人应当在法律上对结果的不出现承担责任,并且,这个不作为必须相当于通过一个作为实现的法定行为构成。在本书下文第32节中,对不纯正不作为犯罪的这个特别重要的行为构成条件专门进行了阐述。

2. 主观行为构成

(1)故意

184 不作为犯罪和实行性犯罪一样,都可能有故意。阿明·考夫曼与韦尔策尔[226]的正统的—目的性的理论对这一点有质疑。因为他们仅仅承认的目的只是在一种对因果过程的目的性操纵的意义上的,所以,对他们来说,不作为的故意就不能存在,因为一种主动的操纵只有在实行性犯罪中才是可能的。但是,不追随他们的观点应当是完全正确的。[227]因为立法者公开以故意不作为犯罪的可能性为出发点,并且,考夫曼与韦尔策尔在不作为犯罪中也是从故意的刑罚框架中进行惩罚的,[228]因此,把故意的概念确定为从一开始就只能符合实行性犯罪,就没有意义了。更

---

[224] Jakobs, AT², 29/94; Jescheck/Weigend, AT⁵, § 59 II 1; Armin Kaufmann, 1959, 109 ff., 133 f., 310; Köhler, AT, 234; SK7 – Rudolphi, vor § 13, Rn. 12; Sch/Sch/Cramer/Sternbevg – Lieben²⁶, § 15, Rn. 143; Welzel, StrafR¹¹, 204, 212。

[225] 参见,Roxin, AT 1³, § 11。

[226] Armin Kaufmann, 1959, 60 ff., 110 ff., 148 ff., 309 ff. u. passim; ders., von Weber – FS, 1963, 207; Welzel, StrafR¹¹, 204 f.。

[227] 参见,例如,Baumann/Weber, AT¹⁰, § 20 I 1; Freund, AT, § 7, Rn. 41; Gropp, AT², § 11, Rn. 84; Jakobs, AT², 29/82 f.; Jescheck/Weigend, AT⁵, § 59 VI, Fn. 78; Köhler, AT, 230 f.; Kühl, AT², § 18, Rn. 125; Maurach/Gössel, AT/2⁷, 46/110。

[228] 关于偏离本书所代表观点的意见,参见,边码185 f。

准确地说，这个故意概念应当根据预先的也适用于实行性犯罪的规范性规定，以一种相当于不作为的存在性结构的方式加以修订。

在这里得出的结论是：不作为也能够作为“对计划的实现”而在目的、直接故意与间接故意三种表现形式中展示出来。[229] 据此，当不作为人不活动的目的在于让符合行为构成的结果出现时，他就是在有目的地行为。在他虽然不是以这个结果的出现为目的——例如，这个事件对他来说是无所谓的——但是，他也认识到在自己袖手旁观中这个结果一定会出现时，他就是以直接故意在行为。最后，在他认识到，由于自己的不干预，虽然有可能发生符合行为构成的结果，并且，虽然他不是以这个结局为目的，但是，他认真地对待这种可能性，并且容忍了这个结果的可能出现的，他就是以间接故意在行为的。在这里就存在着一个“对可能的法益侵害的决定”，这样的决定在其他地方也标志着间接故意。联邦最高法院也表达了同样的意思（《联邦最高法院刑事判例集》，第 16 卷，第 159 页）：这个“不活动的决定，是一个有意识的和有意志的决定。这对故意就足够了。” 185

在这里，在上文意义上的故意就必须涉及到所有在不作为犯罪中，作为客观行为构成条件而提及的情节。也就是说，这个故意地行为的不作为行为人，必须已经认识了符合行为构成的情况（也就是说，在通常情况下，是当时的危险状况）（边码 177 以下）。他必须在自己的故意中已经接受了所要求行为的不发生（边码 179 以下），并且对自己的行为能力是有意识的（边码 183）。在不纯正不作为犯罪中，还要加上两个重要的故意性要求。这个不作为人必须对说明那些对结果归责的根据有认识（边码 182），并且他必须意识到那些案件事实的情节。他的保证人地位就产生于这些情况，并且，他的不作为相当于当时的实行性行为，也是由此产生的（边码 183）。也就是说，那个对自己落水孩子不加救援的父亲，必须已经知道自己的干涉本来能够阻止那个结果的发生，或者至少是知道这个可能性的；并且，他必须知道或者有可能认为，那就是自己的孩子而不是第三人的孩子。在这里，那个在实行性犯罪中对故意发展起来的原则，在这里也就大部或者完全适用，因此，有关细节应当指出（罗克辛，《德国刑法学 总论》，第 1 卷，第三版，第 12 节）。只有两点需要特别指出。 186

第一，这个不作为人是否必须与在可能的情况下已经多么准确地认识摆在自己面前的救援途径，也就是说，已经认识对结果进行归责的事实条件，就是很有争论的。根据一种广泛流传的观点，[230] 这个故意必须“也与能够发展一个特定的、能够导致阻碍受威胁的法益损害的活动所具有的可能性联系在一起”。也就是说，根据这种观点，这个不作为人必须看到救援的途径，并且有意识地不去走那条路。阿明·考夫曼和韦尔策尔的观点与此相反，因为他们反正不承认一种真正的不作为故意（边码 184），所以，他们仅仅要求那些不活动的人“对受到威胁的法益予以救援的途径和手段”必须“能够认识”。[231] “一个人在……面对一个不幸事件时，根本没有去想自己是否以及如何能够……进行帮助的，他就正好是在‘无意识地’不作为，因为对他来说，这个不幸事件……的后果是无所谓的或者是他所期望的。”[232] 也就是说，这个无意识的不作为就应当在故意的刑罚框架内加以刑罚。“仅仅局限在有意识不作为上的限制，将会鼓励社会上无所谓与麻木不仁的态度！”[233] 187

---

[229] Grünwald, H. Mayer - FS, 1966, 294 f.; Jakobs, AT^2, 29/86, 87; Jescheck/Weigend, AT^5, § 59 VI 2 b。

[230] Maurach/Gössel, AT/27, 46/113；此外，例如，见 Grünwald, H. Mayer - FS, 1966, 294 f.; Jakobs, AT^2, 29/86, 87; Jescheck/Weigend, AT^5, § 59 VI 2 b; Köhler, AT, 231 f。

[231] Welzel, StrafR^{11}, 212。

[232] Armin Kaufmann, 1959, 112。

[233] Armin Kaufmann, 1959, 112。

188 正确的解决办法存在于极端观点之间的中间。[234] 在这个不作为人看不到救援的可能性时——不管原因如何——都不能用故意不作为的构成行为来使他承担责任。在故意的三种形式中,都不存在这种条件。特别是,不存在间接故意,因为这个行为人在完全看不到阻止结果发生的可能性时,并没有决定反对受保护的法益。即使指出可能存在的"无所谓"与"麻木不仁",也不能推翻这个结论。首先,大多数对情况的认识错误反正只是由于直截了当的没有注意,也就是说,一种典型的过失。其次,即使错误认识了符合行为构成的情况(也就是说,没有认识到危险),也可能基于毫无顾忌的无所谓心态,因而毫无异议地只能构成一个过失。另一方面,对于由于故意的不作为来施加的刑罚而言,在行为人本来应当对具体采取的救援措施想得更仔细一点,就未免要求过高了。只要那些袖手旁观不活动的人认为,他当然不感兴趣的与结果相当的救援可能性是能够存在的,这就足够了。因此,这个不作为的行为人就"容忍了这种结果出现与自己不活动之间的联系",[235] 并且在进一步的不活动中作出了反对受保护法益的决定。[236]

189 第二点,也是还需要探讨的一点,涉及的是在不作为中,行为构成错误与禁止性错误之间的区别。在实行性犯罪中,作为禁止性错误表现出来的一切——这个行为人认识了这个构成行为,但没有认识禁止(详见罗克辛,《德国刑法学 总论》,第1卷,第三版,第21节)——在不作为犯罪中就表现为要求性错误:这个不作为人认识到这个事实情况,但是,从中并没有得出自己的行为义务的结论。

190 对于在不作为犯罪中的行为构成错误与要求性错误之间的区别,就有以下的结论:一个人,没有认识自己行为义务的事实的(描述性的或者规范性的)条件的,就是处于一种排除不作为故意的行为构成错误之中。但是,一个人在意识到所有案件事实的情节,而仍然认为对这个行为不应当承担义务的,就存在于一个应当根据第17条来处理的禁止性错误之中。

191 联邦最高法院——起初有一些摇摆——第一次在《联邦最高法院刑事判例集》,第16卷,第155页(大审判委员会)中对不纯正的不作为犯罪表明了这个态度。这个负有保证人义务的行为人没有对一起强奸进行干预。他当时很清楚自己是有可能进行干预的。但是,他没有意识到自己负有进行干预的法定义务。对于这个错误的想法,联邦最高法院正确地将其判定为单纯的要求性错误,这种错误并不妨碍由于一种故意的不作为构成行为而受到的刑罚。这种阻止结果发生的义务不是规范性的行为构成特征,对其认识错误并不会排除故意,而是会涉及这个构成行为的总体评价,[237] 从而涉及其违法性。一个人仅仅对这个义务上弄错了,只是弄错了这个要求,那么,根据第17条,只有在这个错误不可避免时,才不具有刑事可罚性。[238] 相反,在这个联邦最高法院决定的案件中,这个不作为人是错误地认为那个被害人同意性交的,因此,他就处于一个排除故意的行为构成错误之中了。

192 这些规定应当适用于一切能够想到的状况。例如,在父亲没有注意到自己对救援不作为的那个孩子就是自己的孩子时,他就是处于行为构成错误之中——除非根据第323c条——只能由于通过不作为的过失杀人来加以惩罚。相反,在他认识到这个受威胁的人就是自己的孩子时,但是,没有感到自己有义务出手相救,从而保持袖手旁观的,这就是一个简单的要求性错误,这并不

---

[234] 在这个意义上,见 Kühl, AT^2, § 18, Rn. 126; SK^7 – Rudolphi, vor § 13, Rn. 24; Stratenwerth, AT^4, § 13, Rn. 71。

[235] Stratenwerth, aaO.。

[236] SK^7 – Rudolphi, vor § 13, Rn. 24。

[237] 在实行犯罪中对整体构成行为评价的要素与对其的认识错误,见 Roxin, AT 1^3, § 10, Rn. 45 ff.; § 12, Rn. 94 ff.。

[238] 关于在不作为中的禁止性错误,还见边码209与210。

会改变自己应当由于通过不作为的故意杀人而受到的判决。此外，例如，在有人造成车祸时，面对被害人却对帮助不作为，因为他没有意识到自己撞了人，这时，就应当认定一个行为构成错误。但是，在他已经认识到出了车祸却什么也不干，因为他不相信自己对帮助这个被害人负有义务，那么，就存在着一个禁止性错误。

联邦最高法院把这些从一般的错误理论中引导出来的原则，正确地也转用到纯正的不作为犯罪上了。《联邦最高法院刑事判例集》，第 19 卷，第 295 页[239]在序言部分就说了："一个由于不知道自己有义务举报而对于举报一个抢劫计划不作为的人，就处在要求性错误之中。"相反，如果这个不作为人尽管有分给他的信息而仍然不知道抢劫已经在计划之中，或者没有认识到自己有及时举报的可能性，那么，这就是一个行为构成错误。在相应的方式中，在行为人看到了不幸事件，但却不认为对提供帮助负有义务时，就存在着一个在第 323c 条案件中的要求性错误，与此同时，在这个不活动人没有看到这个不幸事件是，就存在着一个行为构成错误。 193

(2) 分则的行为构成中的目的以及其他主观特征

在分则的许多行为构成中，在故意之外还要求的目的与其他一些主观行为构成要素，是否也能够通过不作为得到实现的问题，是有许多争论的。当人们就像在故意中所代表的那样（参见，边码 184），对这种趋势也要求有一个操控着因果过程的实行的因果性时，这种因果性在单纯的不作为中自然是不存在的。[240] 然而，就像在故意中（边码 184）所要求的，这些特征应当在一种对不作为的本体结构合适的方式中加以修正。在这里的结论就是，在不作为中，也完全能够存在一个目标明确的举止行为了。这在多大程度上对满足一个行为构成是足够的，是一个对各个分则规定的解释问题，并且，在这里只能举例予以说明。 194

因此，在盗窃（第 242 条）中，人们就不能把据为己有的目的归咎于仅仅是不作为的人（参见，前文边码 140）。也就是说，一个负有保证人义务而又有意识地对盗窃不进行干预的看管人，就不是实行人，而仅仅是一个通过不作为的盗窃的帮助人。在一种以犯罪类型为导向的解释中，只有在有人控制或者共同控制了向第三人转交物品时，才能谈得上一种让第三人据为己有的目的。这种目的在"第六次刑法改革法"以来对于满足盗窃的行为构成就足够了。与此相反，例如，在通过不作为的诈骗（第 263 条）中，人们对一种牟利目的的可能性就不存在任何顾虑。一个保证人，通过对自己有说明义务的事实缄口不言而损害了业务伙伴，以便由此获得财产上的好处的，也就具有了那种违法牟利的目的了。[241] 他通过自己有欺骗性的不作为举止行为，实现了通过损害他人而获得本不属于他的财产性好处的目的。同样，对一个有意识放走囚犯的监狱管理员，应当追究他妨碍刑罚执行（第 258 条）的目的，是不存在什么疑虑的。另一方面，在联邦最高法院（《联邦最高法院刑事判例集》，第 7 卷，第 287 页）在单纯的不作为中，拒绝认定"为了掩盖……另一起犯罪行为"是一个杀人，看起来就又是恰当的。这个有罪责地造成车祸的交通参加人，没有把濒临死亡的被害人送往医院，也就是说，将仅仅由于通过不作为的杀人而不是由于不作为的谋杀而受到刑罚。否则，那种的确（基于先行作为）才说明了与一个积极的杀人行为的等同性根据的单纯的救援不作为，就会当然地（eo ipso）成为一个谋杀（可能判处终身监禁）。这就会与对许多积极杀人的处理是不成比例的。 195

---

[239] AaO.，297/98 证明了旧的司法判决，在其中，在纯正不作为犯罪中的行为义务被视为行为构成的要素。

[240] 参见，例如这里，仅仅是 Grünwald，H. Mayer-FS，1966，281 ff.，289 与 Schürmann，1986；46 f.。

[241] 正是在诈骗中，今天已经完全承认了通过不作为在欺骗中具有牟利目的的可能性。Baumann/Weber，AT^{10}，§ 20 I 1；Jescheck/Weigend，AT^{5}，§ 59 VI 2 b；Kühl，AT^{3}，§ 18，Rn. 132；Maaβ，1982，7 f.；SK^{7}-Rudolphi，vor § 13，Rn. 27 und 28；Sch/Sch/Cramet/Heine^{26}，§ 15，Rn. 98。

(3)过失不作为

196 过失不作为毫无疑问是可能的。它存在于以下情形中,保证人在一种有义务进行干预的危险情况中,虽然不是故意的,但却是以一种客观上能够避免的方式不活动,或者以其他错误的方式行为,因而造成结果的(关于不作为的因果性,参见边码37~68)。人们能够区分出**过失不作为的四种不同的表现方式**。[242]

197 **第一种可能性存在于这里:这个不作为的保证人违反谨慎地错误认识了这种符合行为构成的情况(也就是说,那种有义务干预的危险)**。在这个保证人根本没有察觉到这个可以认识的危险时,在这里就存在着无意识的过失:例如,父亲没有听到自己孩子的呼救,或者母亲忽视了孩子重病的迹象,而孩子后来死于这个病。有意识的过失也可能存在,在这个保证人虽然看到了危险,但是却相信不用他的干预,危险也会过去;父亲听到了孩子的呼救,但是却轻率地相信孩子能够自己解救自己;母亲发现孩子生了病,但是却毫无根据地相信那个病不用看医生也能自己好。

198 **第二,过失也能够存在于这里:这个不作为人没有认识自己的保证人地位**。例如,那个袖手旁观的父亲没有注意到,自己没有去管的呼救就是发自自己的孩子的;或者,那个让受伤者无助地倒在马路上的汽车司机,没有意识到正是自己不小心把他撞倒的事实。在这种案件中,应当考虑一个通过不作为的过失身体伤害或者杀人。虽然韦尔策尔[243]用以下理由表示了质疑:"尽管应当救援落水孩童的规范是有意义的,但是,应当注意这个落水儿童是否自己孩子的规范却并非如此!",然而,人们还是看不到法律为什么不应当要求,注意陷入危险的儿童是否自家的孩子,或者注意引起防止结果的义务的意外事件是否自己造成的。

199 **第三,在袖手旁观的保证人缺乏考虑地认为自己没有行为能力时,也能存在一个过失的不作为**。例如,他对重伤员的救援不作为,因为他认为自己作为医学上的外行不能实施什么能起作用的事,但是,他由于没有注意,忘记了自己身边还有一部移动电话本来是能够用来呼叫帮助的。

200 **第四**,最后,在这个保证人违反谨慎而错误地实施了所要求的行为,从而造成了这个结果时,[244]在这里就也能看作是一种过失不作为。例如,这个有救援义务的保证人向那个溺水的人抛出一根长度不够的绳子,而不是——这毫无疑问是可能的——自己跳入水中把溺水者拉起来。或者:一个孩子死了,因为父母仅仅请了一个巫师来给他看病,而没有带孩子去找一位本来能够救命的大夫诊治。

(九)不作为犯罪中的违法性

201 违法性作为一个以行为构成为基础的特殊"犯罪层次",在不作为犯罪中不可能赢得什么意义。在一个不作为人得到正当化时,他既不应当为这个结果的不出现承担责任,人们也不能说他的不作为就相当于通过一个作为实现了法定的行为构成。无论如何,这样说——尽管在理论上有可能——还是不免会显得矫揉造作:"本身"就会存在一种阻止结果发生的义务与一种相当关系,但是,在具体案件中,这种对要求的违反也是能够得到正当化的。在这种案件中,对根本不存在要求的认定,因此就已经应当拒绝对行为构成的满足,倒是更符合实际情况的。

---

[242] Jescheck/Weigend, AT^5, § 59 VII; Kühl, AT^2, § 19, Rn. 2; SK^7 – Rudolphi, vor § 13, Rn. 28 a; 类似的,见 Jakobs, AT^2, 29/94。

[243] Welzel, $StrafR^{11}$, 223。

[244] 在这样一种"不符合事实的试图满足要求的努力中",看来,Armin. Kaufmann, 1959, 172 ff. 想要限制这种不作为的过失。

也就是说，在不作为犯罪上，人们就应当从一个涵盖了行为构成与违法性的“整体的不法行为构成”出发。在实行性犯罪中对行为构成与违法性的体系性分开就是有争论的，并且许多人都在谈犯罪的构造应当是两级的而不是三级的，在这个范围内，这个说法并不是不正常的事。[245] 即使当人们在这里用很好的理由来继续坚持这种体系性区分时，在积极的行为中，这种不法也还是“应当作为行为构成与违法性所具有的更高单位而与责任对应地存在”。[246] 还有，不应当否认的是，在实行性领域中，基于特殊的犯罪结构，行为构成与违法性经常是不应当彼此分开的。[247] 202

除此之外，在不作为犯罪中，大部分正当化根据在一开始时不会考虑的，因为它们是以一种积极行为为条件的。例如，一个不作为就很难通过紧急防卫来进行正当化，因为一个当前的违法性攻击是不能通过不活动来防卫的。还有，例如，一种通过不作为的临时扣押(《德国刑事诉讼法》第127条)也仅仅在极端的例外情形下才是可以想象的(例如，这个房屋权利的所有人不让一个无意中进入房屋而被锁在里面的人出来，因为前者可以由于一个犯罪而将后者扣押到警察前来为止)。 203

真正具有实际意义的，是只有两种可以加以正当化的状况：义务冲突与正当化紧急状态(第34条)。其中，义务冲突是一种仅仅在不作为中才会发生的特殊案件。在这里，它涉及两种(或者多项)行为义务相互矛盾的情况，其中只有一种义务能够得到满足。例如，父亲只能从溺水的两个孩子中救起一个，医生同时收到两个重伤员的呼救而只能抢救其中的一个。根据大多数并且也是正确的观点，在这个义务人仅仅满足了两种行为义务中的一个时(也就是说，救起了两个孩子中的一个或者抢救了一个伤员)，这里的不作为就得到正当化了。与正当化紧急状况不同，得到救援的法益不需要比没有得到救援的法益更有价值；二者只要具有同等价值就足够了。义务冲突在一般正当化根据的关系中就已经进行了详细的探讨；关于争论的情况与细节可以参见有关部分。[248] 204

除此之外，正当化紧急状态的案件是比较容易想象的，在这类案件中，一种行为的义务与一种不作为的义务发生了冲突。当有人在海难中，只能通过把另一名乘客推下救生艇任其听天由命地死亡，以便腾出地方来保全他人委托自己的金条的，而他并没有这么做，那么，他就是——从背信的行为构成看来，能够通过紧急状态而获得正当化的。在这里，就像在案例中一样，受保护的法益从来也不一定要在价值上超过受损害的法益。更准确地说，情况是这样的：“对于不作为犯罪的正当化来说……第34条是在其相反方向上”适用的。[249] 也就是说，在为了抢救金条，也必须从救生艇上扔出同等价值或者价值并不明显减少的物品时，一种对抢救金条的不活动就已经能够正当化了。这就得出结论：毁坏他人的物品本来就是对第三人权利的侵犯，而这种侵犯根据第34条是仅仅在被保护的法益具有更重大的价值时，才能得到正当化。 205

通过紧急状态的正当化，还有以下情况：在有人对一种行为不作为，因为这个行为会危及他自身或者他自己的法益。也就是说，一个人不作为，没有冲入自己失火的房屋救出别人托他照料的狗的，是能够得到正当化的，并且，在他保持不活动时，并不能满足通过不作为来毁坏他人财物的行为构成，因为一个行为会危害他的生命。在这类案件中，在忽视的利益并不大大超出不活动 206

---

[245] 参见，Roxin, AT 1^3, § 10, Rn. 16 ff.。

[246] Roxin, AT 1^3, § 10, Rn. 23。

[247] 参见，Roxin, AT 1^3, § 10, Rn. 24。

[248] Roxin, AT 1^3, § 16, Rn. 101 – 111。

[249] SK^7 – Rudolphi, vor § 13, Rn. 29 a m. w. N.。

者自己的利益时，一个正当化就总是已经出现了。[250] 也就是说，一个对冲入火场救出自己的妻子不作为的人，因为他自己在这样一种行动中一定会使自己遭受严重的健康损害，就不会使他对违法的不作为承担罪责。那个通过救援义务而获得好处的一方，“不能要求这个救援义务人，在对其自己的法益领域作出损害性或者危险性的干预时，承担比根据第 34 条所允许的更大的牺牲”。[251]

（十）不作为犯罪中的罪责

207 在不作为构成行为中，对罪责的适用就与实行性犯罪一样，只是不作为的特殊存在方式也带来了一些变化。例如，在归责不能（第 20 条）上就不会产生区别，与此同时，在不作为中的防卫过当（第 33 条）就像正当防卫本身一样（边码 203）几乎不会涉及。相反，在有人由于一种在法律中规定的危险而对一种本身所要求的行为不作为时，就很可能是一种免除罪责的紧急避险了。只是，人们应当考虑到，由于那种在不作为中有点不同的权衡情况（参见，边码 205，206），在这里经常就会涉及根据第 34 条的正当化了，而这个正当化是居于免除罪责之前的。这样一来，对于一种免除罪责来说，在这里就只剩下那些不作为人无法得到正当化的案件了，因为不作为人就是在不法的一边活动的。[252] 一个人对所要求的救援不作为，因为他是在其他人用第 35 条的手段强迫下这么干的，那么，他就只能被免除罪责。

208 值得进一步仔细探讨的，仅仅是禁止性错误以及不可过分要求性。根据司法判决实践与一部分学者的观点，不可过分要求性是能够在不作为中导致免除刑罚的。当然，在提倡这种观点中，这种体系性安排也有着很大的争论。

1. 不作为中的禁止性错误

209 前文已经分析过（边码 190 以下），一个认识了全部案件事实的不作为人，但是却没有从中得出自己所具有的行为能力结论的，就是处于一个要求性错误之中，应当根据第 17 条来处理。但是，在这里也要考虑到，**与实行性犯罪相比，在不作为中的禁止性错误更容易发生，并且更经常是不可避免的**。更容易发生，是因为这种以通常容易辨认的方式主动实现的行为构成所导致的对他人法益的损害或者危害，或者所导致的对他人权利范围的其他种类的侵犯，就理所当然地向行为人展示了其所具有的在原则上的不可允许性。与此相反，在人们对主动干预负有义务之处，这些就远远没有那么容易发现了，特别是因为——除了在严重的危险状况以外——当时的情形常常没有给出指示说，这一个行动能够是所要求的。

210 还有，在实行性犯罪中，与在不作为构成行为相比，禁止性错误所具有的排除罪责的不可避免性也更为常见。虽然在实行性构成行为中说明过的那些不可避免性的条件[253]也适用于不作为，但是，对这些条件的审查却经常导致对不可避免性的认定。在不纯正不作为犯罪中适用的原因是，在许多案件中，保证人地位的存在是非常有争论并且不清楚的（详见，第 32 节），因此，在许多案件中，人们也无法对那些没有受过法律训练的公民提出谴责，因为他们没有认识的是那些连有学问的刑法学家也难以认识的。在纯正的不作为犯罪中，要求性错误的不可避免性经常这样得到宣告：在附属刑法中规定的大量不是以社会期望为根据而是纯粹制定法性质的行为义务，

---

[250] 详见，Küper，1979，92 ff.；SK^7 – Rudolphi，vor § 13，Rn. 29 b。

[251] SK^7 – Rudolphi，vor § 13，Rn. 29 b。

[252] 对此，参见，Roxin，AT 13，§ 16，Rn. 58 ff.。

[253] 参见，Roxin，AT 1^3，§ 21，Rn. 51 ff.。

是不熟悉有关事情的公民很难立即知道的。即使是刑法专家也无法通晓整个附属刑法。这一点,是联邦最高法院也知道并且还作了相应的判决(《联邦最高法院刑事判例集》,第 19 卷,第 299 页):对于“要求性错误的免责性,在法律对一个行为具体要求什么与在什么情节下由什么人来作的要求之间,是有区别的。一个人对一种以人的一般道德意识为基础的法律义务借口不知道,例如,就像那种人在不幸事件中必须提供可以过分要求的帮助一样……就不如那种对一个远离自己的生活圈子而存在的要求不知道那么理所当然……法律的要求越不具有理所当然性,一个由于无知而加以违背的人就越可能得到免责。”

2. 不作为中的不可过分要求性

(1)帝国法院的司法判决

211 帝国法院就已经承认,在不作为中,对行为性干预手段的不可过分要求性,是能够导致免除刑罚的。因此,虽然根据当时的法律,丈夫一方在双方婚姻的居所内对妻子与他人发生破坏婚姻的性交不予以干预的,在原则上会被判定为具有刑事可罚性的通过不作为的拉皮条。但是,在对他来说,一项干预是不能过分要求的时候(例如,由于“被赶出住处”、蒙受生意损失的危险,或者出现打架等等),这条法律就不应当适用(《帝国法院刑事判例集》,第 58 卷,第 97 页,第 98 页)。同样,对于这个丈夫也不能过分要求其通过诉讼来阻止自己妻子的经营性淫乱(《帝国法院刑事判例集》,第 58 卷,第 226 页,第 221 页)。在相应的方式中,对父母也不能过分要求,“对自己的儿子,通过请求警察保护来阻止他在自己的住宅中进行淫乱”(《帝国法院刑事判例集》,第 77 卷,第 125 页)。

(2)战后的司法判决

212 在战后的司法判决中,不作为的不可过分要求性问题在各种联系中一再地得到讨论。《联邦最高法院刑事判例集》,第 4 卷,第 20 页认为,可以过分要求一个卖给老主顾很多酒的酒店店主,必须阻止这个丧失驾驶能力的老主顾继续开车。在《联邦最高法院刑事判例集》,第 6 卷,第 47 卷中,大审判委员会根据帝国法院的传统,再一次研究了父母与其他监护人对在其住宅中“已经订婚的恋人违反性道德的性交”予以干预的义务问题。在这里,原则上得到说明的是,在具体案件中的公正结论“主要是通过对可过分要求性的审查来保证的。这个排除罪责的根据什么时候发生影响,对此不能提出固定的指导原则,只能提出一般性的方针。”一个严格的标准应当确定。但是,这里涉及“主要应当保留给初审法官的对具体案件的一种判断”(出处同上,第 57 页)。一般而言,“在应当强制父母通过找青少年局*或者警察的方式来使自己的孩子,通常是女儿的性关系暴露在公众舆论之下时”,人们就会正确地觉得这是过分要求了。的确,这也应当仅仅根据具体案件的情况来进行判断(出处同上,第 58 页)。

213 《联邦最高法院刑事判例集》,第 7 卷,第 268 页认为不可过分要求的是,一个女人以自杀来威胁自己的丈夫不要离开她,后来在其离开后就实施这个威胁。要求丈夫继续留在妻子身边,“就会是一种对人格的自由与尊严所作的不可过分要求的干涉”(出处同上,第 271 页)。《联邦最高法院刑事判例集》,第 11 卷,第 135 页认为,可以过分要求那位处于发生车祸现场的货车司机的妻子尽可能地救援被害人,以便使其丈夫免受刑事法庭的追究。这个法律制度一般不会过分要求任何人把自己的近亲属交给刑事法官的(出处同上,第 138 页)。同样,联邦最高法院,《戈尔特达默斯刑法精粹杂志》,1963 年,第 16 页在一位女士想要下车时,过分要求这个保证人拉上手刹车,因为这“很容易导致车祸”。“但是,对于过分要求性的问题,关键取决于是否与在什么程度上能够通过这种……干预给车厢内的乘客带来危险。”

---

* 原文是 Jugendamt,德国政府中专门负责青少年事务的办事机构。——译者注。

214　另一方面，根据联邦最高法院，《新法学周刊》，1964 年，第 731 页，应当过分要求那个与家庭共同生活的儿子，警告父亲提防其他亲属策划对他的谋杀，并且在必要时报警。联邦最高法院，《刑法新杂志》，1984 年，第 164 页也过分要求一个妻子向青少年局或者警察举报自己的丈夫与她前一次婚姻带来的两个未成年女儿保持着性关系。与此相反，根据联邦最高法院，《刑法新杂志》，1994 年，第 29 页，对一个丈夫不可过分要求为了救援妻子就要“自己（去）承受具体的生命危险，或者甚至（去）牺牲自己的生命”；另外，在对结果的展望中，应当注意那些可能出现问题的行为，对此应当进行权衡。

215　州高等法院也在司法判决实践中对过分要求性问题进行了探讨。根据不来梅州高等法院，《新法学周刊》，1957 年，第 72 页，一个丈夫容忍了自己妻子的狗共同生活在这个家庭里，就有义务防止养犬带来的一切危险。“但是，提起诉讼或者打电话向警察求助，对他来说却是不应当过分要求的。”根据科隆州高等法院，《新法学周刊》，1973 年，第 861 页，在妻子由于丈夫失言时发觉其有进行偷盗的危险，就必须想办法阻止他。但是，向警察举报丈夫，对妻子来说却是不可过分要求的。最后，卡尔斯鲁厄州高等法院，《德国法月报》，1975 年，第 771 页也同样认为，不可过分要求妻子通过举报来阻止自己的丈夫进行诈骗。不过，在这种案件中，法院想要使用《1962 年刑法典草案》[254] 的根据来否定第 13 条意义上的“相当于”关系。

（3）不可过分要求性思想的有限作用范围

216　很容易看出，不可过分要求性的思想已经过于广泛地被司法判决用于处理各种问题，而这些问题本来以其他方式可能会解决得更好。有关的司法判决主要是帝国法院时期（参见，边码 211）在一些与阻止家庭成员的性行为有关的案件中发展起来的；联邦最高法院也在大审判委员会一个非常原则的判决（边码 212）中研究过这个问题。即使根据当时的法律，从一开始就拒绝一个保证人地位，本来也会是正确的。这个保证人地位虽然包括了阻止亲近的人所作的损害，但是，并没有说明应当阻止有责任地行动的人不干犯罪行为的义务（参见，第 32 节，边码 46 以下）。根据现行法律，当时的规定当然是过时的，因而也就不再能够从基础的案件事实中引导出承认不作为的不可过分要求性的结论。

217　在不可过分要求性的观点下，也讨论了一些根据其他信条学标准应当更细致地处理的问题。当一个本身负有保证人义务但又不会游泳的人，站在岸边观望而不是纵身跳入危险的激流去救人时，人们当然会说不应当对他过分要求一个行为。但是，在事实上，这里缺乏的是行为能力，以及缺乏一种不作为（参见，边码 8 以下），因而诉诸不可过分要求性就是多余的，并且也是错误的。

218　除了已经讨论过的拉皮条案例（边码 216）之外，在一些司法判决作出决定的案件事实中，同样缺少阻止结果的义务。在《联邦最高法院刑事判例集》，第 7 卷，第 268 页中认为不可过分要求的是，有人通过妻子的自杀性威胁本来应当会留着她身边的（边码 213），然而，人们也必须正确地说，他对于阻止一个有责任的自杀是完全没有义务的。这个结论不是来自不可过分要求性，而是来自积极参加自杀的人所具有的无刑事可罚性。同时，当有人在法律上不处于实施一个行为的状况中时（参见，不来梅州高等法院，边码 14，215），他就没有义务实施这个行为；在这里，就不需要诉诸不可过分要求性。

219　正当化紧急避险的案件也经常被错误地看作具有不可过分要求性的案件。就像从《帝国法院刑事判例集》，第 77 卷，第 125 页（上文，边码 211）的决定理由中应当看出的那样，例如，当父母在举报中会算计到使其子被判进入集中营时，他们对举报的不作为，至少根据今天的法律，就

---

[254] BT－Drucks. IV/650，126。

是一个第 34 条的案件。[255] 在有人对一个容易导致生命危险事故的行为不作为时（联邦最高法院，《戈尔特达默斯刑法精粹杂志》，1963 年，第 16 页，上文，边码 213），一个正当化紧急避险就存在了。同样，在一个丈夫不作为的是一个虽然有利于妻子但却带有具体的危害生命危险的救援行为时，或者在救援工作的危险性面对的是非常小的救援机会时，也存在着一个明确的正当化紧急避险的案件（联邦最高法院，《刑法新杂志》，1994 年，第 29 页，上文，边码 214）。也就是说，这里的关键不是不可过分要求性。虽然人们能够像在实行性犯罪中一样，把免责性紧急避险的案件（对此，参见，边码 207）作为不可过分要求性思想的表达，但是，对于解决问题来说，还应当按照第 35 条来安排，也就是说，以实定法为准，因此，从这个意义上说，也不需要追溯到一种特殊的不可过分要求性上去。

220 鉴于这一点，人们很能够理解为什么有名的学者们原则上都想不承认不可过分要求性是不作为免除刑罚的原因。[256] 在这里，实定法在第 323c 条中提到的不可过分要求性，本来就会是一个无法转用于其他不作为犯罪的例外；[257] 还有，根据第 138 条在第 139 条的案件以及在本人参加构成行为中拒绝的一种举报义务，[258] 也能够作为特殊案件加以说明。与此相反，在说明《1962 年刑法典草案》的根据、[259] 卡尔鲁厄州高等法院（上文，边码 215）与许内曼 [260] 想要在第 13 条相当于条款的框架内，审查这个行为对这个不作为人是不是可以过分要求的时候，就并不意味着对不可过分要求性思想的拒绝。这是一个在理论体系上如何排列的问题（对此，参见，边码 229～235）。

221 在排除所有应当根据其他信条学观点加以处理的案件事实之后，还会剩下**两类案件。在这两类案件中，不可过分要求性的思想是不能放弃的：一是过失的不作为，二是本来必须对亲属加以举报或者其他送交刑事追究的状况**。在第一类案件中，不可过分要求性的排除责任效力就是过失信条学而不是不作为信条学的结论。这种不可过分要求性思想对于过失性惩罚的意义，在上文就已经探讨过了，并且也在不作为行为的例子中得到了说明；[261] 本书在这里提请读者阅读有关部分。

222 因此，不作为信条学的特殊之处就只剩下这种案件了。在这里，一个亲属通过所要求的行为本来必须直接或者间接地交给警察加以刑事追究。虽然在这类案件中，很多都缺乏一种阻止结果的义务（参见，边码 216，218），以至于不需要回归到这类举止行为的不可过分要求性上去。但是，还存在着其他案件事实。因此，父母就有义务根据可能性来阻止自己子女具有刑事可罚性的行为。也就是说，在只有通过举报才能阻止自己 16 岁的儿子不断盗窃时，父母是否应当举报呢？在人们已经通过不允许的危险的先举止行为上察觉自己成年亲属的犯罪行为时，就能够存在一种阻止这个结果的义务（参见，不来梅州高等法院判决，上文，边码 215）。在这样一个案件中，妻子是否必须在必要的时候通过举报来阻止自己丈夫的犯罪呢？另外，从面对被害人的保证人地位中产生出一种阻止结果义务的案件也不少见。儿子是否必须对想要杀死父亲的家人进行举报呢（联邦最高法院，上文边码 214）？还有，在丈夫不断侵犯妻子从上次婚姻中带来的两个未成年女儿时，妻子是否必须在可能时将其送交警察吗（联邦最高法院，上文边码 214）？

---

[255] 参见，Jakobs，AT², 29/98，Fn. 192。

[256] Jakobs，AT², 29/98 ff.；Jescheck/Weigend，AT⁵，§ 59 III 3；Maurach/Gössel，AT/2⁷，§ 46，Rn. 130 ff.。

[257] 这样，明确的见 Jescheck/Weigend，AT⁵，§ 59 VIII 2。

[258] BGH FamRZ 1964，386 ff.。

[259] BT－Drucks. IV/650，126。

[260] Schünemann，1971，204 f.，327，379；ders.，ZStW 96（1984），316。

[261] Roxin，AT 1³，§ 24，Rn. 117。

223　在这个领域中,看起来正确的是一种**区别对待的解决办法**。这在结论上基本存在于司法判决的路线中,尽管司法判决还没有足够清晰地对这个路线加以表述。**根据这个解决办法,在原则上都不可过分要求任何人把自己的亲人送交刑事追究。但是,这个原则有一个例外。在这个例外中,一种权衡还是能够导致一种举报义务的;在这个不作为人相对于被害人占有一个保证人地位,而这种保证人地位又是与被害人在具体案情中受到的威胁无关的,在这里,就是这种案件了。**

224　首先是惯例,就像其通过在边码222中提到的前两个案件所代表的情况那样。在这里,人们必须认为,叫来警察阻止自己儿子或者丈夫的盗窃是不可过分要求的。同样,尽管(《联邦最高法院刑事判例集》,第11卷,第135页,上文边码213)妻子必须帮助由其丈夫造成的车祸的被害人,但是,对她来说,不可过分要求的是把丈夫送交刑事追究。在这种认定中,涉及的不是受法律感觉引导的公平判决,而是从明确的法律规定得出的结论:从第258条第6款、第139条第3款,以及《德国刑事诉讼法》第52条、第55条中都能够清楚地看出,立法者在原则上不过分要求任何人把自己的亲人送交刑事追究或者让他们在刑法上承担责任。[262] 这不仅适用于已经发生的犯罪行为,而且就像第139条第3款所指出的那样,也适用于正在计划中的犯罪行为。在那里,对一些最严重犯罪仍然规定举报义务的例外表明,这些例外在犯罪行为的巨大规模中是不存在的,并且,另外也不说明没有保证人地位的理由,而仅仅说明了一个纯正不作为犯罪的理由。那种从所说的条文中概括出来的一般性法律思想——在惯例中,面对亲属没有举报的义务!——也就是说,在现行法律中得到了很好的落实。

225　相反,就像在边码222中列举的后两个案件那样,在面对被害人存在着一个与当前犯罪无关的保证人地位时,情况就有不同。因此,那个在家里与父亲一起生活的儿子,就必须保护其父亲也免受与针对其父亲的谋杀阴谋无关的危险,因此,就像母亲相对其未成年女儿也具有保证人地位一样,这个保证人地位是涉及所有的(并且不仅是在具体案件中威胁的)危险。就像在案例中发生的那样,现在,父亲应当是被儿子的亲属杀死的,或者,女儿是被母亲的丈夫性侵犯的,这时的结论就是:对作为行为人的亲属的考虑,一般无论如何不能优先于对作为潜在被害人的亲属的考虑与对他们的义务。相反:在所有的严重犯罪中(特别是在持续侵犯身体或者性的完整性中),对于被害人的义务必须优先于对作为亲属的行为人的考虑以及与其之间的关系。首先,被害人受到的危险比举报给潜在行为人带来的危险更大。其次,这种危险是来自(大多数情况下也具有罪责的)行为人的领域,这在权衡中也必须占据一定的分量。

226　虽然在这里能够反驳这种权衡性结论说,《德国刑事诉讼法》第52条与第55条提供了拒绝作证与拒绝陈述的权利,《德国刑法典》第258条第6款在被害人是亲属时也提供了免于刑罚。但是,人们能够以这样的理由来消除这个反驳:所提到的这些条文仅仅涉及对已经实施的犯罪行为的惩罚,与此同时,就像至少在第139条第3款中表明的那样,为了阻止未来的犯罪行为,在可能的情况下也会要求对亲属的举报。还有,一个像《德国刑法典》第138条与139条规定的纯正不作为犯罪,也不能取消那种从不纯正不作为犯罪意义上的保证人地位上所产生的义务。[263]

227　从这些说明中,能够得出对不作为中不可过分要求性问题的一个相对清晰的解决方法。有鉴于此,很难感到高兴的就会是:在联邦最高法院一再强调,由于不可过分要求性而作出的免于刑罚,就不能根据一般原则,“而只能根据‘具体案件的状况’来加以判定”,并且,在这里就涉及

---

〔262〕 指明这一点,也见 BGHSt 11, 138。

〔263〕 关于这个决定的整个问题,参见,BGH NStZ 1984, 164,另外,对那种与之相联系的文献性讨论,见 Geilen, JK, StGB vor §13/I; Otto/Brammsen, Jura 1985, 541; Ranft, JZ 1987, 908 ff.; Seier, JA 1984, 539 ff.。

“一个特别为初审法官保留的评价”。[264] 这样一种在很大程度上把刑事可罚性的决定放在法官手中的观点，应当是与法治原则（《德国基本法》第103条第2款）不相容的，因此，在不作为信条学中贯彻不可过分要求性的思想就只能是有害的。在这里指出法官对具体案件的评价也没有必要，因为对这种决定就完全规定了有约束性的法律标准。

与此相反，刑事司法判决在一些案件中就正确地拒绝了不可过分要求性。在这些案件中，有人为了使自己逃避刑事追究，不去履行阻止结果的义务或者第323c条规定的帮助义务。[265] 在实践中最有意义的是过失造成交通肇事的案件；一个人，作为行为人拒绝提供帮助，以避免被人发现而受到惩罚，在被害人因此死亡时，将根据第222条及第229条或者在可能时也根据第323c条而受到惩罚（只要已经无法再进行抢救了）。但是，在被害人会受到行为人想要造成之外的其他损害时，这就在故意犯罪行为中（例如，一个身体性虐待）也同样适用（《联邦最高法院刑事判例集》，第14卷，第286页）。这种司法实践并非毫无争论，但是其正当性在于，虽然每个人都会不受惩罚地摆脱刑事追究，但是，却不允许通过实施新的犯罪来实现这一点。与不负有举报义务的亲属相比，区别就主要在于，这种情况一般就是这个行为人造成的。在每个人都具有的救援义务中想到的那些对紧急状况有过错的人，如果被作为例外，那就会令人难以理解了。因此，有一个问题就值得争论了，那个在帮助的案件中由于其他犯罪行为而有待受到追究的人（例如，被追捕的入室盗窃者在车祸现场提供帮助时被追捕者赶上的），是否也具有帮助的义务？[266] 这也还能借助这个说明得到肯定的回答：避免合法刑事追究的目标，不应当是使这个犯罪行为人解除公民团结义务的原因。 228

（4）不可过分要求性的体系性分类

在不可过分要求性毕竟被承认为免除刑罚的根据的范围内，它在体系上的分类也是很有争论的。司法判决对这个问题的说法也完全是既不统一又不清楚。《联邦最高法院刑事判例集》，第6卷，第57页说的是一种“排除罪责的根据”，但是，《联邦最高法院刑事判例集》，第7卷，第270页以下又从违法性的观点出发，处理了留下来陪伴妻子中具有的由联邦最高法院认定的不可过分要求性。在联邦最高法院，《新法学周刊》，1964年，第732页中就说，即使那种让亲属遭受刑事追究的危险也不能“排除这种（即为了救援父亲的）法律义务”。这引起了一种在不法范畴内对这个问题的定位要求。联邦最高法院，《刑法新杂志》，1994年，第29页在一个认定了不可过分要求性的案件中，说这种原因是“被告人不具有跟着跳下去的义务”，同样是支持划归不法的分类。 229

在文献中也是观点纷呈。有些认为，一个不可过分要求的举止行为的不作为应当是不符合行为构成的；[267] 有些认为，这种不作为应当具有正当化的效力；[268] 与此同时，另外一些人认定了一种排除罪责的根据。[269]《1962年刑法典草案》（参见，上文边码220）采纳的个别说明接受了 230

---

[264] BGHSt 6, 57（大审判委员会），几乎逐字一样的，见 BGH NStZ 1984, 164。

[265] 参见，仅仅是 BGHSt 11, 353 (357); 14, 282 (286); BGH MDR (H) 1982, 103; BGH NStZ 1984, 452 f.。

[266] 对于第323c条的，见 RGSt 72, 19；相反，见 Sch/Sch/Stree[26], vor §§ 13 ff., Rn. 156。关于整体，详见 Ulsenheimer, GA 1972, 10 ff.。

[267] Grünhut, ZStW 51 (1931), 467; Henkel, Mezger – FS, 1954, 280; H. Mayer, LB AT, 119, AK – Seelmann, § 13, Rn. 63; Sch/Sch/Stree[26], vor §§ 13 ff., Rn. 155; Tröndle/Fischer[50], § 13, Rn. 16 a. E.。

[268] Köhler, AT, 297 f.; Küper, 1979, 97 ff.; Schmidhäuser, LB AT[2], 16/84。

[269] Baumann/Weber, AT[10], § 23 III 2; Kienapfel, ÖJZ 1976, 201; Lackner/Kühl[24], § 13, Rn. 5; Kühl, AT[3], § 18, Rn. 140; Maurach/Gössel, AT/2[7], 46/132; Stratenwerth, AT[4], § 13, Rn. 77; Welzel, JZ 1958, 496; ders., StrafR[11], 220; ders., Wessels/Beulke, AT[31], Rn. 739。

一个特殊地位，想要借助第 13 条的相当于条款来解决这个不可过分要求性的问题，并且以这种方式得出一个排除行为构成根据的结论："因为……这个等值性考察要求考虑具体案件的所有情节，所以，就同时达到了这一点：那些迄今在干预具有不可过分要求性的观点下作出免除罪责司法判决的案件，已经不再能够正确地评价这种具有刑事可罚性的不作为在符合行为构成上的要求了。换句话说，如果阻止结果的发生是不过分要求的，那么，不作为与通过一个作为实现的结果就不能等值起来。"

231 对于种种观点之间的争论进行表态，首先能够忽视在排除行为构成与排除违法性之间的差别，因为在不作为案件中，谈到的这两种犯罪范畴反正会共同汇集成一个不法的总体行为构成的（参见，边码 201，202）。不论人们否认行为构成还是把不作为加以正当化：根据事实，无论如何总是在具体案件中缺乏一个阻止结果的义务。另外，在一个行为的不可过分要求性中排除不法的观点，在人们用这种观点继续处理那些从一开始就不存在的保证人义务，或者不作为是通过一种义务冲突或者紧急状态而获得正当化的案件事实时，自然是有道理的（参见，边码 204～206，216～219）。当人们在这些案件中，就像所要求的那样，放弃对不可过分要求性的主张时，从这些案件中当然也不能引出在不法中对其进行体系性分类的理由来。

232 例如，施特雷[270]在对不可过分要求性中的排除行为构成以及排除不法进行说明时就说过："一个人建议保证人放弃一个不可过分要求的行为，例如，对他有生命危险的救援行为不作为的，在这里就不会由于参与了一个不作为的构成行为而具有刑事可罚性。"这在结论上是正确的。但是，因为这个所举的例子涉及一个正当化紧急状态的案件，所以不能用它来证明这种不可过分要求性具有排除行为构成的性质。

233 与此相反，在人们把问题基本集中在亲属对举报的不作为以及在可能的情况下过失不作为上时，就必须把对这两种情况的不受刑罚看作是**排除责任的根据**（也就是说，作为习惯意义上的排除罪责的根据）。对于过失犯罪来说，这已经说明了根据。[271] 对于亲属举报的不作为案件来说，其理由就在于，实体法上关于亲属其他特权的规定（第 139 条第 3 款第 1 项，第 258 条第 6 款）也是排除责任的根据。[272] 这些规定并不改变这种犯罪类型，因为一个亲属也不应当阻止第 138 条意义上在计划中的犯罪，[273] 并且，妨碍对亲属的惩罚是绝对不允许的。[274] 立法者仅仅是考虑了家庭的纽带，并且考虑了由于被迫举报会出现的第 35 条意义上类似紧急状态的状况，才放弃了对不作为的刑罚。在预防的观点下，惩罚是不必要的，因为不作为的根子不在于具有一种犯罪的冲动，而在于具有一种家庭的团结；并且，因为一般大众应当已经会原谅这种情况下的行为人了。

234 把不可过分要求性归入责任范畴的第二个根据在于，这个不作为人的行为义务在原则上是毫无疑问地继续存在的。这同样适用于纯正的与不纯正的不作为。例如，联邦最高法院就正确地要求一名肇事司机的妻子，在交通事故中负有责任去帮助那个被害人，例如，偷偷地给一个救援站或者医院打个电话；[275] 单独去举报自己的丈夫，对她来说就不是过分要求。在对举报犯罪

---

[270] Sch/Sch/Stree^{26}, vor §§ 13ff., Rn. 155。

[271] Roxin, AT 1^3, § 24, Rn. 115 ff.。

[272] 参见，对争论状况的详细说明，见 Roxin, AT 1^3, § 22, Rn. 135, 136。

[273] 就像是从第 139 条第 3 款第 1 个半句中产生的一样。

[274] 那个甚至仅仅是认定了一种个人的排除刑罚根据的联邦最高法院，就强调第 258 条第 6 款"不仅让行为人的违法性，而且让其罪责都不受影响"（BGHSt 9, 74）。

[275] 因此，明确的，见 BGHSt 11, 135（指导原则）。

不作为中，第 139 条第 2 款上半句就明确对认真的阻止结果的努力做出了要求。还有，人们在对此存在保证人地位的情况下必须阻止亲属的犯罪行为（仅仅正好在可能的情况下不通过举报！），就也是不言自明的。[276] 但是，在原则上存在一种行为义务时，对之不履行就实现了这个犯罪类型。也就是说，一个不作为的提供帮助、举报犯罪或者阻止犯罪就继续存在下去，并且，耽误了一个特定的行为形态就只能排除那种刑法上的责任。

《1962 年刑法典草案》（上文，边码 230）的说明把不可过分要求性的问题推给了行为构成，这也丝毫不能改变这个结论。《1962 年刑法典草案》与今天的法律在用语上有些不同（当时位于今天相当于条款位置上的是一个等值条款），除此之外，在这里被忽视的还有，一个不作为与作为在行为构成上的相当于关系是很可能存在的，并且，一种惩罚仍然能够由于类似于紧急状态的根据而被排除。借助这种相当于条款应当是无法解决这类案件的，因为这个条款局限于行为构成，并且，这个法律草案说明的起草者又不负责对体系问题作出决定。在人们把这个法律草案说明中所使用的过时例子——没有叫警察来阻止已成年儿子在父母房子里发生婚外性行为——替换成父母让其未成年儿子实现犯罪行为时，那么，这是很可能就“相当于”一种积极的促进行为（否则，父母就真的不需要做什么）。父母的袖手旁观在原则上是有刑事可罚性的；只有在这种举报是阻止结果的唯一途径时，从上文说明的类似于紧急状态的根据才能产生出一种不影响相当于关系的无刑事可罚性来。 235

（十一）根据第 13 条第 2 款减轻处罚的可能性

第 13 条第 2 款为不作为犯罪规定了一种根据第 49 条第 1 款刑罚框架来进行减轻处罚的可能性。在立法程序中，引入这样一种减轻处罚是很有争论的。《1962 年刑法典草案》还放弃了一种减轻处罚的可能性，并且主要是因为第 13 条第 1 款根据当时的立法建议，要求这种不作为是“与通过作为实现法定行为构成具有同等价值的”。草案提出，[277] 对于减轻处罚虽然“能够提出有分量的根据。特别不应当忽视的是，在很多案件中，就不法内容看，通过不作为来实现行为构成是处于通过作为来实现行为构成之后的……但是，一种减轻处罚的允许性却处于……与不作为构成行为等值性要求引人注目的对立面上。” 236

在这里，特别委员会与赞成减轻处罚可能性的人已经站在一起，并且寻求通过用相当于的概念来替代第 13 条第 1 款中的等值性概念，以此避免《1962 年刑法典草案》所担心的与等值地位公式的冲突。“这个有点中性的概念”，立法说明这样写道，[278] 之所以被挑选出来，是因为“这个委员会……决定允许一种选择性的减轻，但是，在人们坚持要求这种不作为必须与行为构成的实现在事实上等同时，这样一种规则就不会有什么余地了。” 237

人们可能在这个观点下对这个减轻提出怀疑：这种减轻在结论上能够导致对不作为刑事可罚性的一种扩张而不是一种限制。在这部法律生效时，我自己曾经表达了一种担忧：这种减轻的可能性威胁了“相当于条款，就像在总体上使对不作为责任加以限制的努力失去价值一样，因为 238

---

[276] 参见，在边码 215 中引用的州法院的决定。

[277] E 1962，BT－Drucks. IV/650，126 的论证。

[278] BT－Drucks. V/4095，8。

法官会间接地受到阻拦而不去使不作为那么困难地等同于作为”。[279]

239 这种危险在事实上是存在的，但是能够通过一个严格的解释来加以消除。在这个条件之下，这种减轻的可能性本身是有根据的。[280] 首先在纯正的结果犯罪中，在无可置疑的等同性中，根据第13条第1款，不作为所具有的不法与罪责的内容在条件相同的情况下（ceteris paribus），也是少于实行行为的。因此，一个父亲对自己处于生命危险之中马上就要溺水而死的孩子不加救援的（第34条、35条有保留的除外），就是一个通过不作为杀人的行为人，这是毫无疑问的；也就是说，他的举止行为就是与这个孩子的积极的死——例如通过溺水——等同起来了。但是，尽管如此，在立法者对规范的接受人强加了一个救援行动时，它提出的要求就比仅仅不溺死孩子或者不把孩子推进水中的要求要更多。由此就能够推导出作为与不作为相比具有更大的行为无价值了。在客观上，这个积极的杀人就比单纯不作为的阻止结果更为严重。在这里经常还要加上一个罪责的区别。[281] 一个通过积极行为杀死自己孩子的人所能获得的减轻根据，要比一个在突如其来的危险情况中懵在那里而没有急忙起身采取（可能并不是毫无危险的）救援行动的人少得多。

240 特别引人注目的是，在先行行为案（Ingerenzfall）中，一种减轻处罚可能性的必要性：[282] 一个过失造成交通事故的司机，不管伤者而逃逸而去，在可能的情况下，就会由于通过不作为的杀人而受到刑罚。即使一个认为这种惩罚十分合适的人也不能否认，一个肇事司机的这种做法，比起通过匕首或者手枪的积极杀人来说，就具有更少的不法与罪责的内容。[283]

241 在那些保证人没有出手阻止实行性行为人的案件中，也同样不能放弃减轻处罚的可能性。一个仅仅让丈夫实现了杀死他们共同孩子的母亲，总还是一个通过不作为杀人的行为人。[284] 但是，她不活动所具有的值得刑罚的内容也仅仅相当于一个帮助人的程度，而这就能通过第13条第2款加以考虑了。

242 另一方面，也存在着这样一些案件。在这里，一种减轻处罚就不合适了。例如，在那些所要求的行为“从一开始就被纳入那种生活的正常流程之中”时，[285] 就是如此。一个想要造成列车相撞的扳道工，究竟是错误地扳动了道岔还是有目的地没有扳动所要求的道岔，对于量刑来说并无差别（参见，上文边码71中的类似案例）。同样，一个母亲是有目的地让自己的孩子饿死，还是通过一个积极的行为来故意地杀死的，对于她的值得刑罚性是不会发生什么影响的。

243 最后，在过失性犯罪中，对作为与不作为适用不同的刑罚框架，通常是不合适的。例如，在人们由于不够谨慎而造成事故时，这个事故是通过积极的作为还是通过对所要求的行为的不作为而实现的，就并不重要。

---

[279] 见：Roxin/Stree/Zipf/Jung，^{2}1975，8 m. w. N.；Arzt，JA 1980，555；Schöne，1974，338 ff.；Timpe，1983，161 ff.。关于有关问题，也参见 Silva－Sanchez，Roxin－FS，2001，641 ff.，这些问题是为了“不作为犯罪的三分法”而出现的，就像人们在纯正的不作为犯罪与在值得刑罚内容上具有实行等同性的不纯正的不作为犯罪之间，还插入了一个在实行犯罪中就减轻刑罚幅度的第三类时，也能够以德国法为基础那样。

[280] 参见，Roxin，就边码279，8以下那样；Bruns，Tröndle－FS，1989，125 ff.；Jescheck/Weigend，AT^{5}，§58 V 1，2；SK^{7}－Rudolphi，§13，Rn. 65 m. w. N.。部分对减轻可能性的条件有偏离的，见 Jakobs，AT^{2}，29/124 ff.。

[281] 相反，Jescheck/Weigend，AT^{5}，§58 V 1，2 把重点放在较轻微的不作为的罪责内容上，并且，仅仅“例外地”认定一种较轻微的不法。

[282] 在这个范围内，人们在这里毕竟承认了一种保证人地位，参见，§32，Rn. 14。

[283] Dencker，Stree/Wessels－FS，1993，169 由此想要在这种案件中认定一种有义务的减轻刑罚。

[284] 关于详细的论证，参见上文边码145。

[285] Roxin，就像边码279，9；先前已经有的，见 Täterschaft，^{7}2000，465 ff.；^{2}1973，18 ff.。跟随他的，例如，见 Jescheck/Weigend，AT^{5}，§58 V 2，Fn. 64；Sch/Sch/Stree^{26}，§13，Rn. 64。

不作为案件中的量刑决定是在两个步骤中完成的。首先,应当在边码239以下说明的观点中来考虑,审查这个不作为是否应当放在第13条第2款较轻的刑罚框架之下。在这里,只允许考虑“与不作为有关的”问题,也就是说,考虑那些在许多案件中,这个不作为与积极作为相比所具有的较少的不法与罪责的内容。如果在这种方式中确定了刑罚框架,那么,第二个步骤就是在这个刑罚框架中,审查那些对作为与不作为在量刑上都同样重要的问题。例如,那些积极的行为构成之后的举止行为(Nachtatverhalten)或者一种长期的过程性延长,就不能导致对第13条第2款的运用,因为它们在实行性犯罪中,就能在同样程度上发挥减轻的作用。不过,这在通常的刑罚框架之内,就必须得到减轻处罚的考虑了。 244

上面说的两步程序在原则上得到了承认。[286] 有争论的与悬而未决的是,还有哪些情节还允许算作与不作为有关的。因此,对于一个通过不照料而伤害了自己孩子的母亲,联邦最高法院就认为,这个母亲个人所处的困难境况,对根据第13条第2款进行减轻处罚来说就足够了。联邦最高法院,《新法学周刊》,1982年,第393页[287]处理了一个母亲的案件,她由于人身伤害造成死亡后果而受到惩罚,因为她由于糟糕的家庭状况(婚姻破裂,丈夫是酒鬼,本人也有酗酒恶习)而对孩子不予照顾,致使孩子死亡了。联邦最高法院,《刑事辩护人杂志》,1987年,第527页决定的案件事实,也与此相类似:一个21岁与丈夫分居又缺乏经验的妇女,不能“克服自己糟糕的个人处境”,让自己的孩子饿死了。在这两个案件中,联邦最高法院都让那个当母亲的人获得了第13条第2款规定的在刑罚框架内的减轻。尽管联邦最高法院也认为,在通常情况下,对孩子的不照顾与对孩子的积极伤害是处于等同地位的(参见,边码242)。但是,就像在两个案件中所认定的那样,在由于特殊的情节而使得对这个不作为人所要求的行为,要多于忠诚于法律的意志所进行的通常干涉时,这个原则就不适用了。 245

但是,前面提到的减轻处罚的情节,在实行性犯罪中(例如,母亲在过大压力下虐待孩子的),本来就正好是应当加以考虑的。因此,比较合适的就会是,应当采用普通的刑罚框架,然后在这个框架中,考虑这个母亲的主观情况来进行减轻处罚。 246

在通过不作为的帮助人中,在可能的情况下,就没有争议地形成了一个双重的刑罚框架缩减;一是根据第27条第2款第2项,二是根据第13条第2款。 247

具有争论的问题是,第13条第2款是否也能够运用到那些在分则中规定的不纯正不作为上去。联邦最高法院选取的是一条中间道路(《联邦最高法院刑事判例集》,第36卷,第227页)。[288] 原则上,当一个行为构成在恰当的解释中也不包括不作为时,就像特别在义务性犯罪中那样,第13条第2款也应当在分则中适用。例如,背信的行为构成就能在不作为的道路上,通过违反照料财产的义务而得到实现,就像通过积极的作为那样(参见,上文边码20)。在这样一个案件中,联邦最高法院想要使用第13条第2款,因为通过不作为的背信仍旧是“一个表现出不纯正不作为特征的构成行为。这就已经说明,《德国刑法典》第13条第2款的减轻处罚的条文是具有可适用性的”(出处同上,第228页)。但是,当这个不纯正不作为在分则中有特别的描述,并且,在这种方式中配备了一个单独的、与实行性犯罪同样的刑罚框架时,就应当不是这样了。联邦最高法院提到了(出处同上,第228~229页)忽视照管义务(原第223b条第1款,今天的第225条),以及第315c条第1款第2g项(停车标志的设置不够醒目)、第340条第1款(在职务活动中让人身伤害得到实施)、第353b条第2款(让需要保密的情节流入他人之手)、第357条(让 248

---

[286] 参见,仅仅是LK[11] – Jescheck, § 13, Rn. 63; SK[7] – Rudolphi, § 13, Rn. 66; Sch/Sch/Stree[26], § 13, Rn. 64。

[287] M. Anm. Bruns, JR 1982, 465。

[288] M. Anm. Timpe, JR 1990, 428。

下属实施犯罪行为),还有《税收条例》第370条第1款第2项(不向财税机关说明重要的税务事项)。

249　与此相反,那种在文献中代表的两种针锋相对的观点,要么主张第13条第2款在原则上不能适用于分则中的不纯正不作为犯罪,要么主张那种减轻的可能性在原则上也适用于这里。主张第13条第2款不适用于分则〔289〕的主要根据是,立法者在分则中已经作出了一个完整的刑罚框架规定。反对的观点认为,第13条第2款也有可能在分则中适用,〔290〕根据是分则中的这些不纯正不作为犯罪,仅仅表现了第13条第1款的一种比较详细规定的适用情况,并且,这种不作为所具有的通常比较小的刑罚需要性,并不会通过规定在法律技术上的区别而受到触动。

250　在这三种主张中,联邦最高法院的态度最不能让人信服。在分则中,当一种等同性条件的描述应当排除较为轻微的刑罚框架时,这就也应当适用于下列情况,也就是说,这种不作为在分则中并没有得到专门的描述,而是通过这个条文的文字从一开始就加以涵盖了(就像在第266条中那样)。一个完整的具有独立刑罚框架的规定,总是以这种方式或者那种方式存在的。但是,那种在分则中也能动用第13条第2款的观点也是值得优先考虑的。在这个不作为的不法与罪责的内容经常少于实行性行为时,这就也适用于在分则中的规定了。例如,在第221条中,那种积极的停止在条件相同的情况下,就是一种比简单地放弃更严重的构成行为。还有,那会令人难以理解的就是,为什么对提供帮助的疏忽,仅仅因为其是在第221条中规定的,就不应当那么容易得到刑罚框架中的减轻,而与此同时,这种被忽视的帮助在通过不作为杀人的观点下却能够得到赞赏了。

251　当然,应当承认,在分则的一种等同性中,一个本身可能的减轻刑罚并不恰当的案件,经常比其他情况更经常发生。在对不作为的方式加以更细致描述时,从实行方式的角度来说,也会产生一种排除在刑罚框架中减轻处罚的等值性。当在背信这样的义务性犯罪中,这种不作为的行为是纳入生活的通常过程之中时(参见,边码242),出于这个原因,就必须放弃减轻处罚。因此,各种观点的差别,在实际结论上,的确没有理论观点上的那么大。

---

〔289〕 Jescheck/Weigend, AT[5], § 58 V, 4; Rudolphi, ZStW 86 (1974), 68, 69; SK[7] – Rudolphi, § 13, Rn. 65; Lackner/Kühl[24], § 13, Rn. 19。

〔290〕 Maurach/Gössel, AT/2[7], 46/144; Schünemann, ZStW 96 (1984), 303, 317。

第32节　不作为与实行的等同地位

文献: Stübel, Über die Teilnahme mehrerer Personen an einem Verbrechen, 1828; Feuerbach, Lehrbuch des gemeinen in Deutschland gültigen Peinlichen Rechts, [14]1847; Traeger, Das Problem der Unterlassungsdelikte in Straf – und Zivilrecht, Diss. Marburg, 1913; Schaffstein, Die unechten Unterlassungsdelikte im System des neuen Strafrechts, Gleispach – PS; 1936, 70; Drost, Der Aufbau der Unterlassungsdelikte, GerS 109 (1937), 1; Nagler, Die Problematik der Begehung durch Unterlassung, GerS 111 (1938), 1; Dahm, Bemerkungen zum Unterlassungsproblem, ZStW 59 (1940), 133; Roeder, Zum Standortproblem der unechten Unterlassungsdelikte, DStR 1941, 105; Maurach, Beihilfe zum Meineid durch Unterlassung, DStR 1944, 14; ders., Zur neueren Judikatur über Meineidsbeihilfe durch Unterlassen, SJZ 1949, 541; Doldi, Die Rechtspflichten bei den Unterlassungsdelikten, Diss. Kiel, 1950; Vogt, Das Pflichtproblem der kommissiven Unterlassung, ZStW 63 (1950/51), 381; Nahstall, Unterlassen nach Notwehr, Diss. Heidelberg, 1951; Bockelmann, Zum Problem der Meineidsbeihilfe durch Unterlassen, NJW 1954, 697; Böhm, Die Rechtspflicht zum Handeln bei den unechten Unterlassungsdelikten, Diss. Frankfurt a. M., 1957; Grünwald, Zur gesetzlichen Regelung der unechten Unterlassungsdelikte, ZStW 70 (1958), 412; Welzel, Zur Problematik der Unterlassungsdelikte, JZ 1958, 494; Armin Kaufmann, Die Dogmatik der Unterlassungsdelikte, 1959 sowie 1988; Lampe, Ingerenz oder dolus subsequens?, ZStW 72 (1960), 93; Böhm, Methodische Probleme der Gleichstellung des Unterlassens mit der Begehung, JuS 1961, 177; Geilen, Garantenpflichten aus ehelicher und eheähnlicher Gemeinschaft, FamRZ 1961, 147; Granderath, Die Rechtspflicht zur Erfolgsabwendung aus einem vorausgegangenen gefährdenden Verhalten bei den unechten Unterlassungsdelikten, Diss. Freiburg i. Br., 1961; Henkel, Das Methodenproblem bei den unechten Unterlassungsdelikten, MSchKrim 1961, 173; Oehler, Konkurrenz von unechtem und echtem Unterlassungsdelikt, JuS 1961, 154; Androulakis, Studien zur Problematik der unechten Unterlassungsdelikte, 1963; Geilen, Stillschweigen des Angehörigen beim Mordkomplott, FamRZ 1964, 385; Arthur Kaufmann/Hassemer, Der praktische Fall – Strafrecht: Der überfallene Spazierganger, JuS 1964, 151; Geilen, Zur Mitverantwortung des Gastwirtes bei Trunkenheit am Steuer, JZ 1965, 469; Jescheck/Goldmann, Die Behandlung der unechten Unterlassungsdelikte nach deutschem und ausländischem Strafrecht, ZStW 77 (1965), 109; Kreuzer, Ärztliche Hilfeleistungspflicht bei Unglücksfällen im Rahmen des § 330c StGB a. F., 1965; Blei, Garantenpflichtbegründung beim unechten Unterlassen, H. Mayer – FS, 1966, 119; Stree, Garantenstellung kraft Übernahme, H. Mayer – FS, 1966, 145; Rudolphi, Die Gleichstellungsproblematik der unechten Unterlassungsdelikte und der Gedanke der Ingerenz, 1966; Kreuzer, Die unterlassene ärztliche Hilfeleistung in der Rechtsprechung, NJW 1967, 278; Anterist, Anzeigepflicht und Privatsphäre des Staatsanwalts, 1968; Bärwinkel, Zur Struktur der Garantieverhältnisse bei den unechten Unterlassungsdelikten, 1968; Bockelmann, Strafrecht des Arztes, 1968; Pfleiderer, Die Garantenstellung aus vorausgegangenem Tun, 1968; Welp, Vorangegangenes Tun als Grundlage einer Handlungsäquivalenz der Unterlassung, 1968; Ebert, Der praktische Fall – Strafrecht: Die verjüngte Schauspielerin, JuS 1970, 400; Bringewat, Der Notwehrer als Garant aus vorangegangenem Tun, MDR 1971, 716; Herzberg, Garantenpflichten aufgrund gerechtfertigten Vorverhaltens – BGH, NJW 1970, 2252, JuS 1971, 74; Langer, Das Sonderverbrechen, 1972; Roxin, Ein

„neues Bild“ des Strafrechtssystems, ZStW 83 (1971), 369; Schünemann, Grund und Grenzen der unechten Unterlassungsdelikte, 1971; Doehring, Strafrechtliche Garantenpflicht aus homosexueller Lebensgemeinschaft, MDR 1972, 664; Herzberg, Die Unterlassung im Strafrecht und das Garantenprinzip, 1972; Nickel, Die Problematik der unechten Unterlassungsdelikte usw., 1972; Pallin, Lage und Zukunftsaussichten der österreichischen Strafrechtsreform im Vergleich mit der deutschen Reform, ZStW 84 (1972), 198; Hepp, Verkehrssicherungspflicht der Bergbahnunternehmer für Skiabfahrtsstrecken, NJW 1973, 2085; Roxin, Kriminalpolitik und Strafrechtssystem, [2]1973, 19; ders., Unterlassung, Vorsatz und Fahrlässigkeit, JuS 1973, 197; Tröndle, Die Rechtsprechung des BGH in Strafsachen. Materielles Recht, GA 1973, 295; Hummel, Verkehrssicherungspflichten für Skipisten, NJW 1974, 170; Otto, Vorangegangenes Tun als Grundlage strafrechtlicher Haftung, NJW 1974, 528; Schöne, Unterlassene Erfolgsabwendungen im Strafgesetz, 1974; Schünemann, Zur Kritik der Ingerenz - Garantenstellung, GA 1974, 231; Wagner, Selbstmord und Selbstmordverhinderung, 1975; Jakobs, Schuld und Prävention, 1976; Langer, Zum Begriff der „besonderen persönlichen Merkmale“ im Strafrecht, Lange - FS, 1976, 241; Schubarth, Zur strafrechtlichen Haftung des Geschäftsherrn, SchwZStr 1976, 370; Göhler, Zur strafrechtlichen Verantwortlichkeit des Betriebsinhabers für die in seinem Betrieb begangenen Zuwiderhandlungen, Dreher - FS, 1977, 611; Roxin, Die Mitwirkung beim Suizid - ein Tötungsdelikt?, Dreher - FS, 1977, 331; Tenckhoff, Garantenstellung des Wohnungsinhabers bei Angriffen auf einen Gast - BGHSt 27, 10, JuS 1978, 308; Bickel, Die Strafbarkeit der unbefugten Gewässerverunreinigung nach § 38 WHC, ZfW 197o, 139; Schünemann, Unternehmenskriminalität und Strafrecht, 1979; Seckel, Die Steuerhinterziehung (§ 370 AO), [2]1979; Arzt, Zur Garantenstellung beim unechten Unterlassungsdelikt, JA 1980, 553; 712; Möhrenschlager, in: Kolloqium des Instituts für das Recht der Wasserwirtschaft an der Universität Bonn am 8. 12. 1978: Das neue Wasserstrafrecht im Gesetz zur Bekämpfung der Umweltkriminalität - Entwurf des 16. Strafrechtsanderungsgesetzes, ZfW 1980, (205), 214; Salzwedel, Diskussionsbeitrag in: Kolloquium des Instituts für das Recht der Wasserwirtschaft an der Universität Bonn am 8. 12, 1978, ZfW 1980, 205, 211; Tiedemann, Die Neuordnung des Umweltstrafrechts, 1980; Triffterer, Umweltstrafrecht, 1980; Wernicke, Zur Strafbarkeit der Amtsträger von Wasseraufsichtsbehörden bei Unterlassungen, ZfW 1980, 261; Horn, Strafbares Fehlverhalten von Genehmigungs - und Aufsichtsbehörden, NStZ 1981, 1; Ostendorf, Die strafrechtliche Rechtmäβigkeit rechtswidrigen hoheitlichen Handelns, JZ 1981, 165; Geisler, Strafbarkeit von Amtsträgern im Umweltrecht, NJW 1982, 11; Maaβ, Betrug verübt durch Schweigen, 1982; Rudolphi, Probleme der strafrechtlichen Verantwortlichkeit von Amtsträgern für Gewässerverunreinigungen, Dünnebier - FS, 1982, 561; Schünemann, Strafrechtsdogmatische und kriminalpolitische Grundfragen der Unternehmenskriminalität, wistra 1982, 41; Zeitler, Die strafrechtliche Haftung für Verwaltungsentscheidungen nach neuem Umweltstrafrecht, Diss. Tübingen, 1982; Czychowski, in: Gesellschaft für Umweltrecht (Hrsg.), 1983, 68; Stree, Ingerenzprobleme, Klug - FS, 1983, 395; Timpe, Strafmilderungen des Allgemeinen Teils des StGB und das Doppelverwertungsverbot, 1983; Czychowski, Zur Erörterung des strafrechtlichen Gewässerschutzes auf der 7. wissenschaftlichen Fachtagung der Gesellschaft für Umweltrecht e. V., ZfW 1984, 263; Hamm, GenStA, Bescheid vom 23. 8. 1983, § 324 - Strafbarkeit von Amtsträgern wegen Gewässerverunreinigung; NStZ 1984, 219; Herzberg, Die Verantwortung für Arbeitsschutz und Unfallverhütung im Betrieb, 1984; Otto, Die Aussagedelikte, §§ 153 - 163, JuS 1984, 161; Rudolphi, Häusliche Gemeinschaften als Entstehungsgrund für Garantenstellungen, NStZ 1984, 149; ders., Primat des Strafrechts im Umweltschutz?, NStZ 1984, 193; R. Schmitt, Der Arzt und sein lebensmüder Patient, JZ 1984, 860; Schünemann, Die Unterlassungsdelikte und die strafrechtliche Verantwortlichkeit für Unterlassungen, ZStW 96 (1984), 287; Schultz, Amtswalterunterlassen, 1984; Eser, Sterbehilfe und ärztliche Verantwortung, MedR 1985, 6; Frank, Strafrechtliche Relevanz rechtswidrigen begünstigenden Vorverhaltens - erläutert am Beispiel der Gewässerverunreinigung, Diss. Berlin, 1985; Gröger, Die Haftung des Amtsträgers nach § 324

StGB, 1985; Gropp, Suizidbeteiligung und Sterbehilfe in der Rechtsprechung. Zugleich eine Besprechung des BGH – Urteils im Fall Wittig, NStZ 1985, 97; Herzberg, Beteiligung an einer Selbsttötung oder tödlichen Selbstgefährdung als Tötungsdelikt (Teil 2), JA 1985, 177; Hillenkamp, Beweisnot und materielles Recht, Wassermann – FS, 1985, 861; Kutzer, Strafrechtliche Überlegungen zur Selbstbestimmung des Patienten und zur Zulässigkeit der Sterbehilfe, MDR 1985, 710; Landscheidt, Zur Problematik der Garantenpflichten aus verantwortlicher Stellung in bestimmten Räumlichkeiten, 1985; Otto/Brammsen, Die Grundlagen der strafrechtlichen Haftung des Garanten wegen Unterlassens, Jura 1985, 530 (Teil I); 592 (Teil II); 646 (Teil III); R. Schmitt, Ärztliche Entscheidungen zwischen Leben und Tod in strafrechtlicher Sicht, JZ 1985, 365; Schünemann, Die deutschsprachige Strafrechtswissenschaft nach der Strafrechtsreform im Spiegel des Leipziger Kommentars und des Wiener Kommentars, GA 1985, 341; Schultz, Aufhebung von Garantenstellungen und Beteiligung durch Unterlassen – BGH, NJW 1984, 2639, JuS 1985, 270; Seier, Probleme des Umweltstrafrechts, JA 1985, 23; Sowada, Strafbares Unterlassen des behandelnden Arztes, der seinen Patienten nach einem Selbstmordversuch bewuβtlos auffindet?, Jura 1985, 75; Uhlenbruck, Arztrecht, 1985; Weber, Garantenstellung kraft Sachherrschaft?, Oehler – FS, 1985, 83; Brammsen, Die Entstehungsvoraussetzungen der Garantenpflichten, 1986; Dölling, Suizid und unterlassene Hilfeleistung, NJW 1986, 1011; Herzberg, Garantenstellung aus vorangegangenem Tun, JZ 1986, 986; Hsü, Garantenstellung des Betriebsinhabers zur Verhinderung strafbarer Handlungen seiner Angestellten, 1986; Hüwels, Fehlerhafter Gesetzesvollzug und strafrechtliche Zurechnung, 1986; Konrad, Probleme der eheähnlichen Gemeinschaft im Strafrecht, 1986; Meinberg, Amtsträgerstrafbarkeit bei Umweltbehörden, NJW 1986, 2220; Rogall, Dogmatische und kriminalpolitische Probleme der Aufsichtspflichtverletzung in Betrieben und Unternehmen (§ 130 OWiG), ZStW 98 (1986), 573; Schink, Vollzug des Umweltstrafrechts durch die Umweltbehörden?, DVB1. 1986, 1073; C. P. Schmidt, Die strafrechtliche Verantwortung Betriebsangehöriger für Arbeitsunfälle, 1986; Schünemann, Srrafbarkeit von Amtsträgern, wistra 1986, 235; Winkelbauer, Die strafrechtliche Verantwortung von Amtsträgern im Umweltstrafrecht, NStZ 1986, 147; Immel, Strafrechtliche Verantwortlichkeit von Amtsträgern im Umweltstrafrecht, 1987; Janiszewski, Überblick über neue Entscheidungen in Verkehrsstraf – und Buβgeldsachen, NStZ 1988, 543; Otto, Täterschaft, Mittäterschaft, mittelbare Täterschaft, Jura 1987, 246; Ranft, Rechtsprechungsbericht zu den Unterlassungsdelikten (Teil II), JZ 1987, 908; Rudolphi, Zur Garantenstellung aus vorangegangenem – pflichtwidrigem – Tun, JR 1987, 162; Frisch, Tatbestandsmäβiges Verhalten und Zurechnung des Erfolges, 1988; Weber, Strafrechtliche Verantwortlichkeit von Bürgermeistern und Leitenden Verwaltungsbeamten im Umweltstrafrecht, 1988; Gallas, Studien zum Unterlassungsdelikt, 1989 (1963); Nitze, Die Bedeutung der Entsprechensklausel beim Begehen durch Unterlassen (§ 13 StGB), 1989; Rengier, Kündigungsbetrug des Vermieters bei vorgetäuschtem Eigenbedarf, JuS 1989, 807; Sangenstedt, Garantenstellung und Garantenpflicht von Amtsträgern, 1989; Kahlo, Zum Problem des Pflichtwidrigkeitszusammenhangs bei den unechten Unterlassungsdelikten, 1990; Kuhlen, Strafhaftung bei unterlassenem Rückruf gesundheitsgefährdender Produkte, NStZ 1990, 566; Schall, Umweltschutz durch Strafrecht: Anspruch und Wirklichkeit, NJW 1990, 1263; Tröndle, Verwaltungshandeln und Strafverfolgung – Konkurrierende Instrumentarien des Umweltrechts?, K. H. Meyer – GS, 1990, 607; Hohmann, Wasserrechtliche Pflichten und Strafbarkeit der Wasserbehörden für unbefugte Gewässerverschmutzung durch Unterlassen, NuR 1991, 8; Lilie, Garantenstellungen für nahestehende Personen, JZ 1991, 541; Otto, Grundsätzliche Problemstellungen des Umwellstrafrechts, Jura 1991, 308; Rogall, Die Strafbarkeit von Amtsträgern im Umweltbereich, 1991; Rudolphi, Der Dienstvorgesetzte als Garant für die gesetzmäβige Bestrafung seiner Untergebenen, NStZ 1991, 361; Samson, Probleme strafrechtlicher Produkthaftung, StV 1991, 182; Winkemann, Probleme der Fahrlässigkeit im Umweltstrafrecht: Erläutert anhand des § 324 III StGB, 1991; Beulke/Bachmann, Die „Lederspray – Entscheidung" – BGHSt 37, 106, JuS 1992, 737;

Bottke, Täterschaft und Gestaltungsherrschaft?, 1992; Freund, Erfolgsdelikt und Unterlassen, 1992; Meier, Verbraucherschutz durch Strafrecht?, NJW 1992, 3193; Schall, Systematische Übersicht über die Rechtsprechung zum Umweltstrafrecht – Teil 2, NStZ 1992, 265; Seebode, Zur gesetzlichen Bestimmtheit des unechten Unterlassungsdelikts, Spendel – FS, 1992, 317; Brammsen, Strafrechtliche Rückrufpflichten bei fehlerhaften Produkten?, GA 1993, 97; Dencker, Ingerenz: Die defizitäre Tathandlung, Stree/Wessels – FS, 1993, 159; Hilgendorf, Strafrechtliche Produzentenhaftung in der „Risikogesellschaft", 1993; Laubenthal, Strafrechtliche Garantenstellung von Polizisten und außer – dienstliche Kenntniserlangung – BGH NJW 1993, 544, JuS 1993, 907; Scheffler, Beihilfe zur Falschaussage durch Unterlassen seitens des Angeklagten, GA 1993, 341; Vogel, Norm und Pflicht bei den unechten Unterlassungsdelikten, 1993; Bottke, Haftung aus Nichtverhütung von Straftaten Untergebener in Wirtschaftsunternehmen de lege lata, 1994; Nestler, Die strafrechtliche Verantwortlichkeit eines Bürgermeisters für Gewässerverunreinigungen der Bürger, GA 1994, 514; Tenter, Beihilfe zur Falschaussage durch Unterlassen, wistra 1994, 247; Birnbacher, Tun und Unterlassen, 1995; Heine, Die strafrechtliche Verantwortlichkeit von Unternehmen. Vom individuellen Fehlverhalten zu kollektiven Fehlentwicklungen, insbesondere Groβrisiken, 1995; Heinrich, Die strafbare Beteiligung des Angeklagten an falschen Zeugenaussagen, JuS 1995, 1115; Otto, Grundsätze der strafrechtlichen Produkthaftung nach dem „Holzschutzmittel" – Urteil, WiB 1995, 929; Prittwitz, Straflose Obstruktion der Rechtspflege durch den Angeklagten?, StV 1995, 270; Schlüchter, Der Kaufmann als Garant im Rahmen der unerlaubten Gewässerverunreinigung, Salger – FS, 1995, 139; Schünemann, Die Strafbarkeit der juristischen Personen aus deutscher und europaischer Sicht, Madrid – Symposium für Klaus Tiedemann, 1995, 265; ders., Die Funktion der Abgrenzung von Unrecht und Schuld, in: Gimbernat/Schünemann/Wolter (Hrsg.), Bausteine des europäischen Strafrechts. Coimbra – Symposium für Claus Roxin, 1995, 66; Hoyer, Die traditionelle Strafrechtsdogmatik vor neuen Herausforderungen: Probleme der strafrechtlichen Produkthaftung, GA 1996, 160; Ransiek, Unternehmensstrafrecht, 1996; Weißer, Kausalitäts – und Täterschaftsprobleme bei der strafrechtlichen Würdigung pflichtwidriger Kollegialentscheidungen, 1996; Gürbüz, Zur Strafbarkeit von Amtsträgern im Umweltstrafrecht, 1997; Ingelfinger, Die Körperverletzung mit Todesfolge durch Unterlassen und die Entsprechensklausel des § 13 Abs. 1 Halbs. 2 StGB, GA 1997, 573; Renzikowski, Restriktiver Täterbegriff und fahrlässige Beteiligung, 1997; Albrecht, Begründung von Garantensteilungen in familiären und familienähnlichen Beziehungen, 1998; Erlinger, Behandlungsfreiheit und ärztliche Behandlungspflicht, Diss. München, 1998; Hoyer, Die strafrechtliche Verantwortlichkeit innerhalb von Weisungsverhältnissen, 1998; Otto, Die Haftung für kriminelle Handlungen in Unternehmen, Jura 1998, 409; Gimbernat, Das unechte Unterlassungsdelikt, ZStW 111 (1999), 307; Otto, Die strafrechtliche Haftung für die Auslieferung gefährlicher Produkte, H. J. Hirsch – FS, 1999, 291; Pawlik, Der Polizeibeamte als Garant zur Verhinderung von Straftaten, ZStW 111 (1999), 335; Stein, Garantenpflichten aufgrund vorsätzlich – pflichtwidriger Ingerenz, JR 1999, 265; Brammsen, Unterlassungstäterschaft in formalen Organisationen, in: Amelung, Individuelle Verantwortung und Beteiligungsverhältnisse bei Straftaten in bürokratischen Organisationen des Staates, der Wirtschaft und der Gesellschaft, 2000; Brückner, Das Angehörigenverhältnis der Eltern im Straf – und Strafprozeβrecht, 2000; Schünemann, Unternehmenskriminalität, BGH – FG, 200U, Bd. IV 621; Tag, Der Körperverletzungstatbestand usw., 2000; Gimernat Ordeig, Unechte Unterlassung und Risikoerhöhung im Unternehmensstrafrecht, Roxin – FS, 2001, 651; Grünewald, Zivilrechtlich begründete Garantenpflichten im Strafrecht?, 2001; Hillenkamp, 32 Probleme aus dem Strafrecht. Allgemeiner Teil, [10]2001; Silva Sanchez, Zur Dreiteilung der Unterlassungsdelikte, Roxin – FS, 2001, 641; Weigend, Zur Frage eines „internationalen" Allgemeinen Teils, Roxin – FS, 2001, 1375; Ambos, Der Allgemeine Teil des Völkerstrafrechts, 2002.

一、承担责任的必须性

(一)关于历史发展

1 在 1975 年的新总则中,当立法者第一次为不纯正的不作为犯罪奉献出一个专门条文时,要求不作为人“应当在法上为结果的不出现承担责任”,以此作为不作为与实行处于等同地位的最重要条件,就这样与一种不作为人的“**保证人地位**”的要求联系上了。这种说法最先是纳格勒(Nagler)[1]提出来的,进而得到了广泛的认同,[2]本书也应当加以保留。《1962 年刑法典草案》就已经包含了这种表述,在那里明确地说:[3]“这种规定明确了对保证人地位的要求,明确了那种由其产生的对保证人义务的要求,保证人应当在阻止有威胁性结果的方向上活动。在这种保证人地位中,存在着一种已经建立的特殊义务关系,使这个保证人从其他法律同伴的人群中突出出来了,并且,正是他应当承担起责任,保护有关的法益不受有威胁的符合行为构成的结果的伤害。保护价值的完好无损,就是委托给保证人的责任了。”

2 这个出发点赢得了广泛的赞同。但是,它对确定不作为的刑事可罚性作出有限的说明,因为在什么条件下才应当具体地肯定这样一种保证人地位的问题并没有作出解答。一般认可的那种保证人地位开始于十九世纪,并且在没有法律基础的情况下,已经从科学和司法判决许多不同的角度中发展起来了。在战后的年代中,寻找一种有支撑力的理论基础的努力得到了加强,但是,时至今日,也没有得出一个普遍公认的理论。同时,在立法上对保证人地位进行更详细规定的努力,也没有取得成果。[4] 因此,人们能够说,在不纯正不作为犯罪中的等同问题,在今天仍然是总论信条学中最有争议和最不清晰的一章。

3 保证人信条学,最早是费尔巴哈提出来的。[5] 在他那里是说:[6]“只要一个人有权对我们的活动发表真实的意见,在这个范围之内就存在着不作为犯罪……但是,因为这种对公民的最早约束仅仅适用于不作为,因此,一个不作为重罪就总是以一个特殊的法的根据(法律或者合同)为条件,通过这个法的根据,这种对实行的约束才得以建立。没有这个法的根据,人通过不作为就不会成为罪犯。”也就是说,在这里就已经提前表达了那种对后世至为重要的保证人地位。斯蒂贝尔(Stübel)在 1828 年[7]又加上了先行行为:“因此,有些本身,例如,……那些使他人处于没有自己的帮助就一定会丧命的境地的人,在不对这个他人提供这种帮助时,就是对杀人有罪的。”那种在十九世纪下半叶居于刑法统治地位的自然主义,把因果关系看成是不作为的核心问题,就把出自先行行为的保证人地位适用于更广阔的范围之中,因为在这里,至少通过先行行为就能够立即与结果建立起一种因果联系来。

4 在世纪之交,随着自然主义思想被克服,新康德主义关注价值的方法[8]被重视,**所谓的形**

---

[1] Nagler, GerS 111 (1938), 1 ff.。

[2] 但是,对此反对的,见 Freund, 1992, 39 ff., 154 ff.。

[3] BT – Drucks. IV/650, 124。

[4] 对此,参见,第 31 节,边码 31 以下。

[5] 关于等同问题的历史,较新的综述见 Rudolphi, 1966, 4 ff.; knapper Schünemann, ZStW 96 (1984), 287 ff.。

[6] Feuerbach, 在这里的引注根据的是 14. Aufl., 1847, 24。

[7] Stübel, 1828, 61。

[8] 关于这个发展的一般情况,见 Roxin, AT 1^3, § 7, Rn. 19。

式的法义务理论得以贯彻。这种理论把法律、合同和先行行为判定为防止结果出现义务的三大产生原因,并且在1930年前后占据着主流地位,“在司法判决和文献中都完全没有遭到任何反对”。〔9〕在三十年代,除了既有的保证人地位的三大原因之外,还增加了“**紧密生活共同体和危险共同体**”。在这些共同体中,保证人地位并不应当依赖是否存在着在法律或者合同中规定的保护义务。例如,对接到家里来的重病人漠不关心的,就会立即作为不纯正不作为犯罪被处以刑罚(《帝国法院刑事判例集》,第69卷,第321页,第323页),〔10〕并且,一种看法也得到了贯彻,这就是:探险队成员或者登山者在本队成员陷入困境时,就负有保证人地位。

5　联邦法院的司法判决也基本上坚持了这个基础。《联邦最高法院刑事判例集》,第19卷,第167(168)页总结了这个发展。在此之前,司法判决(就是帝国法院在《帝国法院刑事判例集》,第66卷,第71页之前)以及大多数文献,都“仅仅是从法律、合同与先行行为中引导出”防止结果出现的义务。“然而,后来的发展正确地超越了这个界限。”帝国法院在《帝国法院刑事判例集》,第69卷,第321页(参见,边码4)中,就援引了《帝国法院刑事判例集》,第61卷,第71页的判决并表示,“对于处在如此紧密的生活共同体中彼此联系在一起的人们来说,那种对身体和生命进行照顾的道德性义务是能够成为法律义务的,就像在家庭或者共同居住的共同体中很常见的那样。”即使没有法律规定或者合同约束,他们对处在身体或者生命危险之中而自己又无力防止这种危险的其他共同体成员,就应当负有帮助的义务。自那时以来,在司法判决中,这种紧密的、也仅仅是事实上的生活共同体,就被承认为是产生保证人义务在法上的根据。”在这个具体案件中,涉及的是儿子在父亲受到谋杀时的保证人义务。联邦最高法院认为,与父母对孩子的关系或者夫妻之间的关系不同,儿子对父亲并不负有法定的保护义务(儿子可能负有的赡养义务不能对此提出而成为理由)。的确,在当前的案件事实中,“即使没有法律的明确规定……从法秩序的基本思想中也能够引导出一种防止结果出现的义务来的”。在文献中,这种形式的法的义务的理论,带着其现在已经具有的四种保证人地位,也一直得到著名学者的支持。〔11〕

6　但是,今天文献中占据主流地位的却是**一种源于阿明·考夫曼**〔12〕**学说**的基本思想,这种学说把保证人地位**区分为照料性保证人与监护性保证人(所谓的功能性理论)**。〔13〕在第一类案件中,例如,就像在父母对其子女、夫妻之间,在监管人对被保护人或对应当保护的财产价值中那样,那些应当得到保护的法益,就应当通过保护人来防卫所有属于保护范围中的危险。在第二类案件中,这个保证人就应当仅仅看管特定的危险源,例如,在自己土地上的交通安全,自己有可能给第三人造成损害的孩子或者宠物,或者通过自己的先行行为造成的危险(在人们承认从先行行为中可以产生保证人地位时)。在第二类案件中,“保证人的保护功能仅仅限制在一个唯一的

---

〔9〕 Schünemann, ZStW 96 (1984), 290 f。

〔10〕 类似的案件,见 RGSt 73, 389; 74, 309。

〔11〕 Baumann/Weber, AT^{10}, § 15 III 4 a; Bickel, ZfW 1979, 148 f.; Blei, AT^{18}, § 87 I; Hom, NJW 1981, 5 f.; Kienapfel, AT^{4}, 499 f.; Lackner/Kühl^{24}, § 13, Rn. 6 f. (7, 14); vor § 224, Rn. 11 f.; Möhrenschlager, ZfW 1980, 216; Triffterer, 1980, 137 ff.; Wagner, 1975, 243 ff., 255 ff.。

〔12〕 Armin Kaufmann, 1959, 282 ff. (283), 以及 1988, 282 ff. (283)。

〔13〕 Androulakis, 1963, 205 ff., 211f.; Baumann/Weber, AT^{10}, § 15 III 3; Eser, StrafR II^{3}, § 25, Rn. 49 ff.; Gropp, AT^{2}, §11, Rn, 21 f.; Henkel, MSchrKrim 1961, 190; LK^{11} – Jescheck, § 13, Rn. 19 ff.; Jescheck/Goldmann, ZStW 77 (1965), 123; Jescheck/Weigend, AT^{5}, § 59 IV 2; Joecks^{3}, § 13, Rn. 21 f.; Armin Kaufmann, 1959, 283 ff.; Kindhäuser, AT^{2}, 244; Köhler, AT, 212; Krey, AT/2, Rn. 332 f.; Kühl, AT^{3}, § 18, Rn. 44 f.; Rudolphi, 1966, 101; ders., SK^{7}, § 13, Rn. 24 f.; Schmidhäuser, LB AT2, 16/38 f.; Sch/Sch/Stree^{26}, § 13, Rn. 9; Stratenwerth, AT^{4}, § 13, Rn. 15; Wessels/Beulke, AT^{31}, Rn. 716。

攻击方向上，限制在那些来自应当遏制的危险源而威胁着法益的人事之上”。[14]

雅各布斯[15]把在边码 6 中提到的照料性保证人和监护性保证人之间的区别，又作了进一步的发挥。他区别了“凭借制度性职责而产生的义务”（例如，父母与子女的关系、婚姻、信赖关系、国家的权力关系、重要的公务义务）与“凭借组织性职责而产生的义务”（例如，交通安全义务、先行行为、义务的接管），在这里进行区分的依据是“对危险的责任范围”。 7

许内曼[16]提出了另外一种独立的、但同样是基于两分法的方案。[17] 对他来说，保证人地位的核心标准是**“对结果根据的控制”**（也就是说，对法益损害的最重要条件的控制）。[18] 这种控制以对事件具有一种现实的控制为前提，要么是基于法益的无助状况，要么是基于一种对重要的造成结果的原因的掌握。许内曼在另外一个地方，[19]一方面提到了一种“对法益无助状况的保护关系”，另一方面提到了一种“对危险发生地的事实控制”。前一类案件可以通过父母对子女的关系或者医生对患者的关系来代表，后一类案件可以通过保证交通安全的义务与其他监护性义务来代表。在这里，这个主导性观点总是在事实上实施的控制，不管是对客体的控制，还是对伤害事件来源的控制。[20] 8

此外，还有很多人都在试图确定这种保证人地位的性质。[21] 例如，奥托[22]和他的学生布拉姆森[23]就试图想要把这种保证人位置建立在**“社会团体内部的相互期望**之上”。“这种期望必须具有这样的强度与分量，以至于其受到的损害，对于社会生活的信任基础所造成的严重损害，就意味着与通过积极的作为对个别法益造成的危害与损害而对这个基础造成的损害是一样严重的。”弗罗因德[24]根据保证人的“特殊责任”来安排，但是，把“危险源义务与照料性保证人义务”称作是“特殊责任的重要类型”。其他一些角度都限制在保证人地位的个别组别上，应当在讨论到有关主题时再进行处理。 9

（二）拒绝形式的法义务理论

形式的法义务理论[25]在今天已经不再能站得住脚，并且，也必须为司法判决所放弃，因为它不再能为实际的实践性司法实践提供有支撑力的基础。这同样地适用于作为保证人地位产生根据而要求的所有的四个法来源。 10

这种看起来最具体的、最符合确定性原则的**从“法律”中产生的保证人地位，在实际上就已经不能为刑法中防止结果出现的义务提供什么有说服力的产生根据了**。甚至那些把一种行为义 11

---

〔14〕 Armin Kaufmann，就像注释 12 一样。

〔15〕 Jakobs，AT^2，28/14 ff.；29/101 ff.；类似的，见 Vogel，1993。

〔16〕 Schünemann，1971；ders.，ZStW 96（1984），287 ff.；ders.，Madrid－Syrnposium，1995，49 ff.（72 ff.）以及类似的材料。

〔17〕 在这个要点上跟随他的，见 SK^7－Rudolphi，§ 13，Rn. 26，46 und passim；Bottke，1992，122 ff.；Sangenstedt，1989。

〔18〕 在这里与在下文中，我对他的理论的最新综述，见：Madrid－Symposium，1995，72 ff.。

〔19〕 Schünemann，ZStW 96（1984），294。

〔20〕 Schünemann，Madrid－Symposium，1995，72。

〔21〕 关于这个在 1970 年就已经存在的努力，详见 Schünemann，1971，77 ff.。

〔22〕 Otto，AT^6，§ 9 I 5。

〔23〕 Brammsen，AT 1998，§ 6，Rn. 177 ff.（185 f.）。

〔24〕 Freund，AT，§ 6，Rn. 14 ff.，24 ff.。

〔25〕 关于其信条学历史，详见 Schünemann，1971，218 ff.。

务标准化的刑事"法律"本身,例如,第 323c 条、第 138 条,都公认地没有为防止结果出现的义务提供基础。这更加适用于以刑法之外的方式加以确定的法定行为义务。联邦最高法院最著名的不作为决定之一是皮革喷雾剂案件。在这个案件中(《联邦最高法院刑事判例集》,第 37 卷,第 106 页,第 115 页),就已经考虑到,那种在民法上的召回义务、产品观察义务,以及在可能情况下的损害赔偿义务,对于把这些有害健康的产品加以销售的公司领导人来说,就造就了一个法定保证人地位的基础。但是,联邦最高法院仅仅是犹豫地表示:"在实际上,有些人支持把那些对民法上的产品责任具有决定性意义的义务也构成刑法责任的基础,尤其是在那种以产品瑕疵为条件的损害所承担的义务已经被定义为一种侵权责任案件的情况中(《德国民法典》,第 823 条以下)。另一方面,这种在民法上以损害赔偿为导向的责任原则,也不能不加考虑地用来确定刑法上的责任。"联邦最高法院还没有确定这个问题。

12 这个问题早在形式的法义务理论最辉煌的时代,就已经为人所察觉。因此,梅茨格尔[26]在 1931 年就写道,一个在法律上规定的防止结果出现的法义务,对于肯定一个保证人的地位是不够的。更准确地说,这个保证人地位必须具有"可以证明的意义","想要为这个结果提供一个刑法上的责任。因此,一项义务的这种单纯存在是不够的,甚至在这项义务被赋予来阻止这种结果时,也仍然是不够的。"梅茨格尔就把哪些法定义务"本身就同时包括了一种在刑法上可以对结果的出现承担责任",称为一个"极其困难并且迄今尚未得到满意解答的问题"。但是,在现实中,出于"法律"的保证人地位就通过这个发现而变得多余了。很明显,决定保证人地位的不是法律,而是一个与之无关的、不为人所知的标准。

13 **"合同"的观点也没有涉及那种由此标示的保证人地位的核心**。人们有史以来就承认,只要那些由此产生的义务并没有真正承担起来,那么,这个合同本身对于一种刑法的责任就是不够的:一个登山向导违反义务,没有出现在约定的越野活动中,在游客现在自行上山并且遇险时,这个登山向导并不会通过不作为而对身体伤害或者杀人而承担责任。[27] 另一方面,在这个登山向导事实上陪伴游客登山后,人们也必须在这个民事法律合同出于某种根据而失去效力(例如,由于一种分歧)或者(例如,由于认识错误)无效时,仍然认定这名登山向导的保证人地位。[28] 也就是说,这个民法上的义务,明显不是这个保证人地位的根据。

14 这个在帝国法院的司法判决(借助有待讨论的限制)就已经实践过的**保证人地位,出于已经实行过的作为(先行行为),借助形式的法律义务理论就更加无法作出说明了**。在有人不帮助一个他所造成的车祸的被害人时,人们也看不出哪些"法义务"能够在可能的情况下通过不作为的伤害或者杀害来引起对他的惩罚。第 323c 条在这里绝对是不合适的(参见边码 11)。旧的理论为了符合法义务的标准,要么追溯到民法的损害赔偿义务上去,要么追溯到习惯法上去。[29] 但是,民法上的要求并不能立即为确立建立刑法后果服务,这一点已经说过了(边码 11)。作为刑罚根据的习惯法也通过《德国基本法》第 103 条第 2 款加以排除了。许内曼[30]也确定,这个法义务理论借助承认已经实施的作为所确立的保证人地位,"仅仅是在失败的因果关系理论剩下的破烂中翻捡,而没有注意到这样做本身就会由于过分繁复而产生对自己信条学角度的破坏"。但是,即使一种因果关系的角度也不能确立这种保证人地位,因为这个不作为的故意是跟随在因

---

〔26〕 Mezger, Strafrecht, ^{2}1931, 140, 141。

〔27〕 参见,也是关于这一点,仅仅是 Mezger, Strafrecht, ^{2}1931, 144, 带有出自旧文献的证明。

〔28〕 对此,基本见 Schaffstein, Gleispach – FS, 1936, 70ff. (79ff.)。

〔29〕 参见,Rudolphi, 1966, 28 m. w. N.。

〔30〕 Schünemann, ZStW 96 (1984), 292。

果关系之后的,并且,本来就只是一个不适于支持故意造成结果合理性的事后故意(dolus subsequens)。

最后,在第四种保证人地位中,也就是紧密的生活共同体与危险共同体中,这个司法判决本身在实际上就已经放弃了这个法义务标准。因此,在那个具有基础性意义的帝国法院判决中,《帝国法院刑事判例集》,第 69 卷,第 321 页,第 323 页(参见边码 4)就说:“对于那些面对外部世界而处于一个紧密联系的生活共同体中的人们来说,就像那些处于家庭或者共同生活共同体之中的案件所习惯的那样,道德的义务是能够成为法律义务的。类似的情况还能够在诸如共同在山上遇难,共同在执行对敌巡逻任务时设想到。”在这个方面,《联邦最高法院判例集》,第 19 卷,第 168 页(参见,边码 5)的决定,是战后时代中对这种保证人地位具有决定性意义的例子。联邦最高法院在这里接受了一种道德性义务能够成为法义务的思想,但是,这个思想却绝对不能以一个以前的法义务为这个保证人地位提供根据,并且,与第 13 条在字面上对一种“法上的”必须承担责任的要求很难相符合了。在《1962 年刑法典草案》的立法说明〔31〕中明确写道:“对于阻止一种有威胁的结果,那种单纯的道德性义务也是不够的。”在法定的义务都不能立即确立保证人地位时,一项道德性义务又怎么能够做到这一点呢? 15

也就是说,形式的法义务理论不能明白地为所要求的几种保证人地位中的任何一种提供根据。在形式的法义务理论的个别拥护者认为,只有“那些能够追溯到一种在法律上或者在法律交往中有根据的防止结果出现义务”的不作为行为构成,才是“在宪法上毫无问题的”,〔32〕因此,他们正确地认识了“先行行为”与“紧密的生活关系”同法义务理论之间的难以协调性。但是,他们还是忽视了,即使是法律与合同也难以说明那种借助这些概念而规定的保证人地位。 16

(三)两分说的正确角度(首先是许内曼的方案)

在人们观察各种较新的保证人理论时会注意到,尽管各种理论的角度有不同,但是它们在核心结论上却具有相似性。例如,交通安全的义务就为一种保证人地位提供了根据,这在原则上是没有争议的,无论人们在这里谈论的是一种监护性保证人地位、组织性责任,还是一种对危险源的事实控制。同样,在很大程度上一致的是,父母必须承担起照顾孩子的责任,夫妻对他们中需要帮助的另一方必须承担照顾责任,无论人们是用一种照料性或者保护人保证人地位、一种制度性职责,还是用一种对他人无助境况的控制来进行说明的。 17

在这里使用的保护与监护、组织、制度与控制概念是否足够准确,在满足宪法要求的前提下是否允许对各种保证人地位进行区分,在借此进行活动的学者之中也同样是有争论的,〔33〕那种必须承担责任的决定在细节上也是有争论的。但是,**在各种解决问题方案的一个基础性核心领域中,存在着一致意见是显而易见的**。例如,许内曼〔34〕就把“区分监护性的和照料性的保证人地位”,标记为“不是针对危险源就是针对法益无助性的两种在物本逻辑上可能的控制形式所得出的直接结论”。同时,尽管他不采纳雅各布斯创造的“制度性职责”,称之为“是花言巧语的假 18

〔31〕 BT-Drucks. IV/650, 124。

〔32〕 Baumann/Weber, AT[10], § 15, Rn. 41; 关于 Seebode 符合的观点,参见边码 34。

〔33〕 参见,例如,Schünemann 对 Jakobs 与 Freund 使用组织与机构的概念所作的猛烈批评,见 Madrid-Symposium, 1995, 50ff., 但是,也有少量的评论,见 Jescheck/Weigend, AT[5], § 59 IV 2, Fn. 34, Schünemann 借助他的批评没有获得“在法安全性上的好处”。类似的,见 Sch/Sch/Stree[26], § 13, Rn. 15, 在这里,Schünemann 的确提供了“一种对不纯正不作为犯罪存在的论证”;然而,对于其界限,“并没有在安全性上获得什么”。

〔34〕 Schünemann, Madrid-Symposium, 1995, 73。

根据”,[35]但是,他也的确认为,雅各布斯“对不纯正不作为犯罪的结构化”是“完全挨着控制方案而建立的”。

19 在事实上,这种由许内曼挑选出来的解释角度是最具有说服力的。他的出发点是,在实行性犯罪中,这个实行人通常通过具有“行为控制”[36]来成为特征。现在,当立法者在第13条中把特定的不作为与实行性构成行为等同时,这一点就仅仅在一种相似性决定的途径中,并且由此通过一个在实行性犯罪中与行为控制性相近的标准时,才能是正确的。因此,在“对出现结果的原因的控制”中,就存在着这样一个标准,并且被这种理论提高为保证人地位应当具有的核心特征。当这个“原因”存在于那种“法益的无助性”,也就是那种“被害人的易受侵害性”之中时,[37]就像在父母照顾幼儿,或者医护人员照顾病人的例子中那样,这个有照顾义务的人在一种需要帮助的情况中保持不活动的,虽然没有对积极操纵因果过程意义上的行为控制性提供根据,但是却具有某种类似的性质,也就是说,通过没有对处于自己控制(=监管、保护、控制)下的被害人提供保护而引起了结果的出现。“对危险源的事实控制”也相应地这样适用了:一个经营一家危险企业而对所要求的安全预防措施不作为的人,在由此发生事故时,就是对发生这个结果的原因是有控制的,应当作为不作为行为人加以惩罚。也就是说,人们能够谈论一种作为所有保证人地位标志的**“控制性控制”,这种“控制性控制”又进一步分解为“保护性控制”(=照料性控制)与“安全的控制”(=监护性控制)这两种形式**,并且,这种实行性犯罪的“操纵性控制”是如此接近,以至于一种等同地位就符合了法定的明确性要求了。

20 在实行性犯罪中,除了控制性犯罪之后,还有义务性犯罪与亲手的犯罪,[38]这个情节并不妨碍那种在不作为犯罪中仅仅根据控制性控制所作的安排。在实行性犯罪中,这种义务性犯罪虽然不是通过行为控制性来确定行为人的特征,但却是通过一种符合不作为犯罪的控制性控制来确定的。因此,这个行为人具有损害了其财产照管义务的背信的,就具有了对由他应当照顾的财产的控制,而在这里就存在着这个原因,在义务性犯罪中对区分实行与不作为完全不具有什么实际意义,并且,对这种等同性也不会提出问题。[39]也就是说,这个义务性犯罪通过控制性控制的标准预先确定了这个等同地位,正好在实行性犯罪与不作为犯罪之间架起了一座桥梁。最后,亲手的犯罪所涉及的,因此是很清楚的,它的行为构成是不能通过不作为来加以满足的。[40]通过不作为的伪证是不存在的,因此,在亲手的犯罪中,就不能出现一个等同问题。

21 控制性控制的标准与行为控制一样,[41]仅仅提供了一种最高的主导原则。这个原则还必须根据现实生活极其多样的表现形式来具体展开,并且也需要一些规范上的区别。但是,这个标准的确通过与行为控制的相似性具有了一个法律上的等同地位的基础,并且,也具有了一个描述性的—直观性的核心,这个核心在经验上保障了那些可以得到检验的结论。

22 与其相对的是主流功能理论的角度。这种理论从在照料性义务与监护性义务的两分法出发,尽管其结论所具有的相似性角度是过于规范性了。这种选择出来的特征虽然给予了各种义务不同的称呼,但是人们还是不能看出,这些义务是在那些条件下产生的,并且,是以那些法律原

[35] Schünemann, Madrid - Symposium, 1995, 62。

[36] 参见,Roxin, Täterschaft, ^{7}2000, 以及上文第25节,边码17。

[37] Schünemann, ZStW 96 (1984), 294。

[38] 详见,上文第25节,边码13~16。

[39] 对此,参见,带有例子的,上文第31节,边码71以下。

[40] 对此,参见,上文第31节,边码140。

[41] 对此,参见,上文第25节,边码17。

因为基础的。[42] 有些学者从这个缺陷中得出结论，认为人们必须把这种实体性的"功能理论"与形式的法义务理论连接起来。例如，施特雷就说，[43]"不可以把眼光……片面地专注行动义务的内容上。应当包含的总是还有这种义务的法律基础。也就是说，具有决定性意义的是行为义务产生的原因与实体性内容，也就是说，所要求的是那种形式的与实体的考察方式的一种结合。"耶塞克[44]也表达了类似的看法。他在一种无视产生原因的状况下担心，"保证人义务会毫无限制地膨胀下去"。这些担心是有道理的。但是，这种形式的法义务理论也不能说明这种保证人地位产生的原因，就像上文已经说明的那样（边码 10～16）。更准确地说，保证人地位产生的原因存在于保护性控制与安全性控制之中，以至于在这种方式中，才会为这种功能理论提供一种实体性的基础。

那种由雅各布斯作为保证人地位的原因提出的"组织性职责"是基于这样一种思想：一个组 23
织圈内的每个人都应当关心任何人都不受损害。这在根本上符合了那种我们在许内曼那里找到提出的"对危险源的事实控制"，也相当于功能理论的监护性保证人地位。雅各布斯在这里也正好谈到了"控制性犯罪"，并且，认为在这个领域中不存在实行与不作为之间的区别。人们完全能够说，在出现法益损害时，"对出现结果的原因的控制"就存在于自己组织圈中的糟糕管理之上，而在这里，对这个"圈子"的区分会提出一些问题，但是，这些问题在控制性标准中也会出现。

与之相反，雅各布斯所说的第二种保证人地位，也就是制度性职责，完全是以规范开始的，也 24
就是说，在那种"做出牺牲的义务"中，是为了"保障团结"。[45] 他还把"特殊的信任"、那种警察性质的"对基本安全的关心"，以及在整体上"对行政与司法判决之间法律联系的关心"也计算在内。[46] 人们在这里是否还能谈得上"制度"，并且，那种职责性要求的"制度"对社会存在必须具有的"基本分量"，是否就能确保一种充分的法律安全，是很可疑的。[47] 从结果上看，这个由雅各布斯提出的对于牺牲与团结的义务，只不过是"对法益无助性的保护关系"的反面而已，因此，这两种方案就保持了平行关系。

金贝尔纳特（Gimbernat）[48]发展出了一个新的方案，用于限定保证人地位。他认为，一个不 25
作为的**实行等同性是在这种情况下确立的：有人通过不干预而使得一个应当由其监护的"危险源"发生不稳定情况的，或者，在一种不稳定已经出现时，不把它重新引回合法的水平的**，只要"这个危险源在那里借助绝对的肯定性会成为符合行为构成的结果的条件"。[49] 例如，火车道口的看守人在火车接近道口时，借助杀人的故意不把横杆放下来的，还有，麻醉师为了造成病人的死亡，在危急状况下对所要求的措施不作为的。[50]

从实际后果来看，这就导致一种把不纯正的不作为犯罪限制在监护性保证人地位上的案 26
件。[51] 此外，在保护性保证人地位领域中，还有这样一些案件。在这些案件中，那些本来是保护人的却表现为一个危险源，例如，在幼儿受侵害的案件就基本上是这样的，不过，在成年人中也会

---

〔42〕 参见，例如，Baumann/Weber，AT^{10}，§ 15，Rn. 50："保护性保证人与监护性保证人并没有对这个问题提供什么信息：在什么条件下，一个人会成为一个保证地位的持有人"。

〔43〕 Sch/Sch/$Stree^{26}$，§ 31，Rn. 8。

〔44〕 Jescheck/Weigend，AT^{5}，§ 59 IV 2。

〔45〕 Jakobs，AT^{2}，28/15。

〔46〕 Jakobs，AT^{2}，29/58。

〔47〕 关于批评，参见 Schünemann，Madrid－Symposium，1995，60 ff.。

〔48〕 Gimbernat，ZStW 111（1999），307。

〔49〕 Gimbernat，ZStW 111（1999），331（在这里是这个引注），328。

〔50〕 Gimbernat，ZStW 111（1999），331。

〔51〕 Gimbernat，ZStW 111（1999），333。

发生,“只要他们由于疾病或者年迈而陷入一种无助的境况,需要监护与在可能的情况下采取预防措施”。[52] 相反,在一种习惯的保护关系中突然出现危险时对援救不作为的,就应当仅仅存在一种纯正的不作为犯罪了。“一个人不为中风倒地有生命危险的人呼叫医生的”,[53]只应当根据第323c条承担责任。因为:“这种不做不能……理解为是针对一种已经存在的、会导致死亡的危险源本来应当采取的固定预防措施的不作为。”[54]

27　这是这样一种理论,其在一定程度上加入了在监护性保证人地位与保护性保证人地位之间的基本区分。它不否认这个照料性保证人地位,而只是将其限定在从一开始就需要救助的保护客体之上。在实际上,这种照料性保证人地位向夫妻与其他关系紧密人员的延伸只有一点不同之处,这就是因为那些人与儿童、老弱者或者病人不同,在本质上是根本不需要帮助的,并且,因此就正确地也不允许采取监护性保护措施。

28　只是:人们不能正确地看出,一旦这些人成为需要救助的人,也就是说,通过突然生病或者事故而转变为一个“危险源”时,为什么一种潜在的保护功能就不应当生效。还有,例如,儿童与老人真的不需要常设的保护措施,而只是在需要时能够用得上的。金贝尔纳特的观点也导致了有问题的区分方法。他也认为,一旦夫妻中的一方承担起照顾生病伴侣的工作,在病情危重时没有请医生而导致被照顾者死亡的,就也是一个不纯正的不作为。这难道不应当与照顾工作前出现的同样的不作为等同起来吗?

29　另一方面,不应当再次忽视,金贝尔纳特的论点与我早在几十年前提出的一个观点极其相似,按照我当年的观点,实行与不作为只能在下列状况下才能得到完全的等同:一个行为从一开始就被纳入在社会生活过程的计划之内了。[55] 例如,母亲喂养婴儿、医生照顾病人,等等,就是如此。在这些案件中,假如母亲让孩子饿死,或者医生不把一种救命药品开给病人而让其死亡的,说母亲杀死了孩子或者医生杀死了病人也是符合语言用法的。

30　相反,在妻子死于车祸,而丈夫没有采取一个对他本人来说是可能的救援行为时,在这种情况下,就很难在语感上说是这个丈夫杀死了他的妻子了。在这里,在等同地位的程度上就表现出细微的差别,并且,最后提到的那种案件事实仅仅应当作为对提供救援不作为的加重案件来加以惩罚,也能够具有完全的代表性。[56] 但是,因为德国立法者已经在第13条第2款中为不纯正不作为规定了一种选择性减轻处罚的可能性——就是金贝尔纳特[57]前后一致地称为“基础性错误”的那一点——这种区别就能够在第13条的框架中得以考虑,从而使边码28中提到的原因,最终得以支持应当把所有的保护关系都判定为保证人地位。

31　也就是说,我们能够把那些**今天主流的保证人地位的两分法,作为下面介绍内容的基础**,同时,对于来源来说,应当同意那种由许内曼发展出来的“对出现结果的原因的控制”标准具有优先权。与此相反,其他关于根据的论述从一开始就是过于抽象与模糊的。一个像那种“社会内部的相互期望”(奥托,布拉姆森)那样的标准,是不能进一步作出帮助的,因为有很多这样的期望(也增加了法律的行为义务,参见,边码11/12)在失望后,还是不能由于不纯正不作为而提供刑事可罚性的根据。奥托因此想要也仅仅根据这种期望来安排:对其的“损害意味着一种对于

---

[52] Gimbemat, ZStW 111 (1999), 332。

[53] Gimbernat, ZStW 111 (1999), 333。

[54] Gimbernat, ZStW 111 (1999), 332。

[55] 参见,上文第31节,边码242;此外,见 Roxin, Täterschaft, ^{7}2000, 465 ff.; ders., ^{2}1973, 18 ff.。

[56] 就像我先前已经建议过的;参见,^{2}1973, 19 f。有启发意义的,也见 Silva Sanchez, Roxin – FS, 2001, 641, 所建议的“不作为犯罪的三分法”。

[57] Gimbernat, ZStW 111 (1999), 314。

社会生活的信赖基础造成了与实行一样的损害”(参见,边码 9)。但是,这应当是不确定的。同时,弗罗因德的“特殊责任”的标准(边码 9)[58]基本上仅仅规定了什么已经通过保证人地位的概念表达出来了,而没有能够对其具体内容说出点什么来。

司法实践也越来越多地接受保护性保证人地位与监护性保证人地位的分法,并且,为了避免在规范性上的过分扩张而将其限制在事实上接管的控制性任务上。因此,斯图加特州高等法院就说:[59]“根据所谓的功能理论,今天根据社会的意义内容,仅仅还在各种保证人地位之间,从控制一种危险源的义务与保护一种法益的义务中作出区分。”对于在具体案件中涉及到的社会工作者来说,“从他自己的、由他接管的完成任务中,产生了一种出自实际接管的保护义务的保证人义务”。也就是说,有迹象表明,司法判例正在从形式的法义务理论的桎梏中逐渐摆脱出来。 32

(四)对法益无助性的控制(保护性或者照料性保证人地位)

1. 家庭性或者类似于家庭性的保护关系

(1)父母对其子女的关系

父母对于生活在家里的未成年子女处于保证人地位,是没有争议的。这个地位从前(并且今天仍然部分如此)是得到法律支持的,在《德国民法典》中,第 1626 条以下就赋予父母照顾子女人身与财产的义务。但是,即使人们认为民法义务不是决定性的(参见,边码 11,12),父母毕竟还是对其子女行使着照顾性控制,而子女的无助性也完全要依靠父母的保护。也就是说,子女必须得到抚养(帝国法院,《莱比锡德国法杂志》,1925 年,第 485 页),就是说,免受遗弃(《帝国法院刑事判例集》,第 76 卷,第 371 页),在住宅内外免遭危险(也就是说,诸如从窗台摔下去,或者在马路上遭遇车祸),并且,免受自伤性行为的伤害(自杀,滥用毒品,危及生命的冒险),在生病时得到医疗,还有,在已经出现的危险中得到救助。如果父母保持不活动,那么他们就真的要根据事情的状况,由于通过不作为的过失或者故意人身伤害或者杀人(第 222 条,第 229 条)而受到刑罚,但是,他们也能由于危害生命的犯罪(第 221 条)或者伤害致死(第 227 条)而受到刑罚。 33

这种保证人地位不是与父母在不在场相联系的。即使父母出去参加一个晚间聚会,他们留在家里的孩子也继续处在他们的控制性控制之下。也就是说,父母必须真的根据孩子的年龄与出现危险的可能性,或者找一个看护人,或者在可能的情况下请邻居不时到家里看一下,或者给家里打电话查看是否一切正常。另一方面,在孩子离开家时,他们也仍然处于父母的保护范围之内。也就是说,父母必须注意,不要让孩子参加危险的游戏,或者不要让孩子进入对于其来说十分危险的环境之中。 34

当然,这些规则由于以下原因而受到限制:这些孩子在教育上可以接受的范围里是需要自由与独立性的,这样才能够成长为负责任的人。[60] 用刑法手段过分庇护孩子会是错误的。因此,那些成长超过了儿童年龄的孩子们,在边码 34 提到的限制条件下,就一定可以在无人监护的情况下,与他们的小伙伴玩耍,乘坐公共交通工具,以及出门郊游。在家长根据他们的经验,认为孩子们已经具备充分的观察周围情况的能力时,也允许把例如十岁以上的孩子单独留在家里,只要有愿意帮忙的第三人可以联系得上就行。 35

---

〔58〕 关于批评,见 Schünemann, Madrid – Symposium, 1995, 51 ff.。

〔59〕 OLG Stuttgart NJW 1998, 3132。

〔60〕 参见,Freund, 1992, 276 f.; Köhler, AT, 217; Kühl, AT^3, § 18, Rn. 51。

36 **在教育上可以接受的程度,也决定了家长照顾财产的义务。**他们不需要阻止自己的孩子丢失或者浪费零花钱,也不需要阻止他们让自己的自行车面临损坏或者被盗的危险。孩子必须学会独立而理性地对待自己的东西;通过吃亏才能变聪明。相反,那些代孩子管理继承得来的财产的家长,必须阻止他人从中谋利,由于背信(第266条)就有受到刑事惩罚的危险。还有,他们还要保护属于孩子的贵重物品(如油画)〔61〕不要受到损害,并且阻止孩子遭受"严重的欺骗"。〔62〕相反,人们必须否定一种阻止受到小的欺骗(例如,在买东西找零钱时)的保证人义务。从这样一种事情中,孩子能够在没有持久损害的情况下学到提高警惕。

37 **在危险来自父母亲中的一方,并且,只有通过举报才能阻止时,父母亲中的另一方也在这时具有了这种保证人地位。**在联邦最高法院,《刑法新杂志》,1984年,第164页决定的案件事实中,在丈夫(继父)与妻子前一次婚姻中的两个未成年女儿持续地保持性行为时,作为母亲的妻子并没有采取任何反对措施。联邦最高法院正确地肯定了一个保证人地位,并且在没有更轻微的手段时,肯定了对一个举报的过分要求性。这个在司法判决中到处都已经认定的举报近亲属〔63〕的无过分要求性,在这个近亲属同时对于这个被害人还存在着一个保证人地位时,在这里就不应当承认了。在并且仅仅在对这个孩子的保护,就像在这里毫无疑问地存在的那样,比考虑婚姻与丈夫具有更重的分量时,这就应当得到同意了。《德国刑事诉讼法》第52条第1款第2项给予了夫妻在作证时保持沉默的权利,也就是说,没有强加给夫妻一方在证明其另一方有罪时共同发挥作用的义务,这个规定就与之不相矛盾了。这个拒绝作证权涉及的是已经实施的构成行为,而阻止结果出现的义务涉及的是阻止未来的构成行为。〔64〕

38 **父母能够把自己的保护义务部分地转交给他人,**如学校、寄宿中学或者少年夏令营的举办者。这虽然减轻了父母自己的监护义务,但是并不能使孩子完全离开父母的控制范围。〔65〕例如,在父母知道自己的孩子在他们托付的机构中受到虐待或者性侵犯时,他们就必须进行干预。在父母离婚时,也是一样的。没有与孩子一起生活的父母一方必须继续关心孩子,并且,在另一方对孩子照顾不够时,他就必须进行干预。只有在把孩子完全交给第三人的保护范围之后,例如,有他人领养了之后,情况才有不同。

39 **在孩子离开父母的保护范围后,父母对于子女的保证人地位才随之结束。**〔66〕例如,在子女成年后离开父母之家并且独自生活的,就是这种情况。相反,如果子女仍然住在父母家的生活共同体之中,那么,这种保证人义务就要凭借所承担的保护功能而继续下去,即使这种保护功能现在通过这个成年孩子所具有的在法上的独立性而被限制了。

40 当然,这很有争议。施特雷〔67〕就坚决地说:"直系亲属应当彼此帮助,即使他们没有生活在一起。"韦塞尔斯/博伊尔克〔68〕也持类似的看法:即使成年子女已经离开了父母的家庭,父母"在子女的身体、生命或者自由遇到紧急危险时,仍然应当一如既往地提供保护与帮助"。〔69〕这样一种道德义务的存在,通常是没有疑问的。但是,人们也承认,一种道德性义务对于一种刑法上对

〔61〕 Jakobs, AT², 29/59。

〔62〕 Jakobs, AT², 29/85。

〔63〕 详见,上文第31节,边码224,233。

〔64〕 关于这个判决:Otto/Brammsen, Jura 1985, 541; Ranft, JZ 1987, 908 f。

〔65〕 参见,Rudolphi, NStZ 1984, 153。

〔66〕 类似的,见Jescheck/Weigend, AT⁵, § 59 IV 3 a; Jakobs, AT², 29/62; Joecks³, § 13, Rn. 25; Köhler, AT, 217。

〔67〕 Sch/Sch/Stree²⁶, § 13, Rn. 19。

〔68〕 Wessels/Beulke, AT³¹, Rn. 718。

〔69〕 在这个意义上特别重要的,先前是Geilen, FamRZ 1961, 147; FamRZ 1961, 147; ders., FamRZ 1964, 385。

结果的归责来说是不够的(参见,边码 15);更不够的自然是这种"血缘纽带"了。因为看不到什么其他根据,所以,我们就应当拒绝这样一种对保证人地位的扩展。从这个例子中可以看出,这种控制性控制的思想是多么富有成果,也是多么适合于从法治国家的角度对刑事可罚性作出限制。对于一个已经成年并且离开了与父母共同生活体的子女来说,明显不存在着这种控制性控制。相反,在人们仅仅依靠那种保护性保证人地位的思想进行工作时,一个这种出于在道德上提供的,但是,《德国基本法》第 103 条第 2 款不能承受的法感觉,在许多广泛的范围内都能够产生出来。

出于同样的考虑,**父亲对于自己的非婚生子女**也没有保证人地位,**只要他仅仅是作为"名义父亲(Zahlvater)"出现并且没有与孩子共同生活在一起**。[70] 他所缺乏的是控制性控制,因为孩子的生活状况与他的照顾并没有关系。另外也有观点[71] 认为,这里应当存在着防止结果出现的义务,但是,这种义务类似地就像在成年人那里一样,独立生活的子女不能单独以亲属关系(《德国民法典》第 1589 条)作为支持。非婚生子女的父亲只有在他实际上与这个孩子一起共同生活(或者自己带着孩子,或者与同居伴侣一起带着孩子)并且承担对这个孩子的照顾时,才具有保证人地位。但是,在那种情况下,对此起决定作用的既不是亲属关系,也不是一种可能的抚养权(参见,《德国民法典》第 1626a 条),而仅仅只是真实的保护功能。 41

(2)其他亲属关系

反过来,在孩子对父母的关系中,联邦最高法院也认定了一种保证人地位,并且,尽管就像联邦最高法院特别明确地强调的那样,这是"与一种家庭共同生活无关"的(《联邦最高法院刑事判例集》,第 19 卷,第 167 页)。这是从过去的司法判决中往前迈出的一步,因为过去的司法判决,尽管联邦最高法院明确引用了这些判决(参见,上文边码 5),总是仅仅把紧密的生活共同体作为保证人地位的基础的。那种只要有子父关系(女父关系也一样)就应当确立保证人地位的认定,也是走得太远了。[72] 那些已经独立地过着自己生活的子女是如此之少地继续处于其父母的控制性控制之下,而这些父母则处于他们的子女的监护之下了。在 1979 年引入的《德国民法典》第 1618a 条也并不改变这一点。这个条款虽然规定:"父母与子女彼此负有帮助与照顾对方的义务。"但是,这只是一句不能通过诉讼来落实的纲领性原理(Programmsatz),[73] 对照顾不作为的刑事可罚性并不能以这句话作为支撑。 42

不同的只有这种——至少是过去的——常见的案件,父母(或者还健在的父母一方)与子女共同生活在一个家庭里。但是,在这里涉及的是对保护功能的接管,并不依赖于特殊的亲属关系,同时,能够存在的还有远亲关系甚至非亲属的人(详见,边码 53 以下)。特别引人注目的是涉及对年老父母护理时的保证人地位。但是,这种保证人地位也与亲属关系无关。在一个生活共同体中,每一个人都信任其他人,并且,可以期待对方在必要时能保护自己免遭危险。在《联邦最高法院刑事判例集》,第 19 卷,第 167 页为基础的案件中,儿子生活在"与家庭共同生活在一个共同体之中"。如果人们以这个居住共同体所标示的家庭性共同生活作为出发点,那么,这个儿子的保证人地位(并且,由此还有这个由联邦最高法院所得结论的正确性)就已经从一种在家 43

---

〔70〕 就像本书一样的,见 Freund, 1992, 275; Jakobs, AT^{2}, 29/62; Schünemann, 1971, 347。

〔71〕 RGSt 66, 71; Sch/Sch/Stree^{26}, § 13, Rn. 18。

〔72〕 就像本书一样的,见 Freund, AT, § 6, Rn. 90; Jakobs, AT^{2}, 29/62; Jescheck/Weigend, AT^{5}, § 59 IV 3 a; Joecks^{3}, § 13, Rn. 24 f.; Nickel, 1972, 186 f.; SK^{7} – Rudolphi, § 13, Rn. 49; Schünemann, 1971, 357 f.; AK – Seelmann, § 213, Rn. 137; Stratenwerth, AT^{4}, § 13, Rn. 39; 其他观点,见 Kühl „ AT^{3}, § 18, Rn. 54。

〔73〕 Jakobs, AT^{2}, 29/62。

庭内部领域中的控制性控制产生出来了,从而不需要再去错误地追溯那种子父关系了。

44 司法判决也曾经判定祖父母具有保证人地位。[74] 但是,根据前面发展出来的原则,这只有在祖父母在事实上住在这个家庭之中,并且已经承担了照顾或者帮着照顾儿孙的情况下才是如此。[75] 在这里,应当拒绝的还有部分在文献中肯定的兄弟姐妹之间相互具有保证人地位的观点,[76] 目前在这种情况下的主流观点也应当一并加以拒绝;[77] 只有在兄弟姐妹共同生活时,情况才有所不同。另外,就像《联邦最高法院刑事判例集》,第13卷,第162页虽然没有说明理由而认定的那样,女婿对于在养老院里的岳母就更不存在保证人地位了。其他的远亲关系,就其本身来说,也不能引导出第13条意义上的一种必须承担责任的义务。

(3)婚姻与类似婚姻的同居关系

45 没有争议的还有在那种与婚姻共同生活体联系的保证人地位。[78] 这经常是从"法律"中,也就是从《德国民法典》第1353条第1款与第2款中得出的结论:"这些婚姻上的配偶对于婚姻的共同生活体是相互负有义务的;他们承担着为对方所担负的责任。"然而,这是从那种应当被拒绝的形式的法义务理论中引导出来的结论(参见,边码10以下,11/12)。《德国民法典》第1353条描述了这种所希望的状态,但是,不能为刑事可罚性提供根据;在民事上,婚姻生活共同体的建立已经真的不是可以强制的(《德国民事诉讼法》第888条第3款)。[79] 79 **因此,这种保证人地位是以一种在事实上可实施的生活共同体为条件的;**[80] 对其建立的义务是不够的。[81] 在这样一种生活中的婚姻中,一方是信任另一方的。这些伴侣关心对方,并且由此接管了一种相互之间的保护功能。也就是说,在其中一个伴侣有难或者生命时,另一个伴侣就具有一种防止后果发生的义务;这个人必须提供帮助,在可能的情况下叫来医生或者救护车,等等。

46 **当然,这种对婚姻伴侣的帮助义务是通过独立自决的宽广范围来限制的。**[82] 也就是说,这对伴侣能够这样规范他们的关系,使得每个人都独自对他们私人的金钱业务负责,使得每个人都不对另一个人的爱好或者其他私人活动说三道四,等等。在这个范围内,就没有什么保护义务被接管,并且,就没有形成什么保护人地位。然而,人们在一个伴侣的财产处于相互保护范围之内

---

〔74〕 RG LZ 1916, 404; RGSt 49, 397; 64, 316; 72, 373; OGHSt 1, 88。

〔75〕 就像本书一样的,见 SK[7] - Rudolphi, § 13, Rn. 48; Kühl, AT[3], § 18, Rn. 53; Jakobs, AT[2], 29/62。根据这个观点安排的,也见 RGSt 72, 374 与 OGHSt 1, 88。

〔76〕 Sch/Sch/Stree[26], § 13, Rn. 18。

〔77〕 Freund, 1992, 291; ders., AT, § 6, Rn. 91; Jakobs, AT[2], 29/62; Nickel, 1972, 186; SK[7] - Rudolphi, § 13, Rn. 49; Schünemann, 1971, 357 f.; Stratenwerth, AT4, § 13, Rn. 39。

〔78〕 RGSt 64, 278; 71, 187; HR R Nr. 1624; BGHSt 2, 153; OGHSt 3, 4。出自文献的,见 Baumann/Weber, AT[10], § 15 III 4 a; Freund, AT, § 6, Rn. 80, 88; Gropp, AT[2], § 11, Rn. 14; Jakobs, AT[2], 29/63; LK[11] - Jescheck, § 13, Rn. 22; Jescheck/Weigend, AT[5], § 59 IV 3 a; Joecks[3], § 13, Rn. 26; Kindhäuser, AT[2], 257; Köhler, AT, 216; Krey, AT/2, Rn. 335; Kühl, AT[3], § 18, Rn. 56; Maurach/Gössel, AT/2[7], 46/58; SK[7] - Rudolphi, § 13, Rn. 50; Schmidhäuser, LB AT[2], 16/42; Sch/Sch/Stree[26], § 13, Rn. 18; Stratenwerth, AT[4], § 13, Rn. 59; Tröndle/Fischer[50], § 13, Rn. 6; Wessels/Beulke, AT[31], Rn. 718。

〔79〕 对此,也见 BGHSt 7, 268, 270 f。

〔80〕 就像本书一样的,见 BGHSt 2, 150, 153; 6, 322, 324; Brammsen, 1986, 162; Freund, AT, § 6, Rn. 88; Joecks[3], § 13 Rn. 26; Köhler, AT, 217; Kühl, AT[3], § 18, Rn. 58; Maurach/Gössel, AT/2[7], 46/82, 89f.; SK[7] - Rudolphi, § 13, Rn. 50; Schünemann, 1971, 355 ff.; Stratenwerth, AT[4], § 13, Rn. 39; Tröndle/Fischer[50], § 13, Rn. 6。

〔81〕 但是,这样,见 Geilen, FamRZ 1961, 148; Jakobs, AT[2], 29/64; Welzel, StrafR[11], 217。

〔82〕 参见,Freund, 1992, 289。

时，才在一个确定的损害数额之上让一种保证人地位出现的观点，并不能提供有意义的根据。[83]当然，对于轻微违法行为（Bagatellen）就很难加以举报，只能在可能的情况下根据《德国刑事诉讼法》第153条加以解决。

首先，**从婚姻伴侣的保护人地位中并不能推导出那种保护另一方免受有责任的自我伤害的义务**，就像联邦最高法院已经做的那样（《联邦最高法院刑事判例集》，第2卷，第150页）。[84]这也符合了今天在文献中的主流观点。[85]一个婚姻配偶应当保护另一方免受外部的危险，而不是自己对自己造成的危险。当然，许多自杀是由于一种排除了自己能够自由做出决定的心理疾病造成的（例如，一种吸毒造成的意志消沉）。在这种案件中，那种对于这个伴侣来说大多是先前发生的后果（举止行为引人注目，精神病学的治疗，等等）已经为众人所知晓，因此，这种自杀动作是一种处于婚姻保护人的保证人地位之下的意外事件（Unglücksfall）。 47

当然，最高法院是不是还毫无限制地坚持这个司法判决，尚不能确定。因此，联邦最高法院，《刑法新杂志》，1988年，第127页想要"对一种认真的、作出自己承担责任的自杀决定……赋予一种更强烈的法意义"，就像先前判决所做的那样。《联邦最高法院刑事判例集》，第7卷，第271页就已经把抛弃一个受到自杀威胁的妻子说成是"没有违法的"。根据《刑事最高法院刑事判例集》，第32卷，第262页，对想要自己负责并且已经实现的死亡危险发挥共同作用的，原则上不具有刑事可罚性，这对于一种单纯的对阻止的不作为来说，自然一定是更适用了。在这位共同作用人"对自伤者的人身或者生命具有保证人义务"时，又是怎样的，联邦最高法院在这里并没有给出答案（出处同上，第264页），也就是说，这样一种义务无论如何是联邦最高法院没有简单加以肯定的。最后，联邦最高法院，《刑法新杂志》，1987年，第406页也说明，在丈夫没有注意到，自己违背了重病妻子明确表示的意志而将其送去就医的，是不具有刑事可罚性的。 48

与迄今以来的司法判决[86]相反，**这个婚姻的保护范围或者控制范围也扩展不到阻止伴侣的犯罪行为上去**。婚姻配偶的控制性控制是为相互保护服务的，而不是为保护公众服务的。[87]这个婚姻伴侣对于另一个来说是一个帮助人，但不是他的监护人。在这里，较新的司法判决也已经开始动摇了。《联邦最高法院刑事判例集》，第19卷，第297页就没有回答，"对于下列问题应当采取什么态度：凭借婚姻的生活共同体，夫妻一方是否以及在多大程度上在法上负有防止另一方实施犯罪行为的义务？"这个决定认为，"在配偶另一方的犯罪行为仅仅指向其他人的法益时，配偶这一方就对此……不承担……保证人的地位"，在这里，案件也许就不是这个样子了。 49

婚姻的"破裂"并不能取消保证人地位，只要这个生活共同体还存在。即使很严肃的争吵也还不能消除夫妻之间的团结关系，[88]除非夫妻双方已经分居，也就是说，放弃了他们的生活共 50

---

〔83〕 Herzberg, 1972, 338，带有对偏离性文献意见的证明。

〔84〕 参见，对此详细的是上文第25节，边码56，148以下，以及第31节，边码216以下，还有Roxin, Täterschaft, 7 2000, 425 f.; ders., Dreher-FS, 1977, 347 ff.。

〔85〕 参见，仅仅是Sch/Sch/Eser26, vor §§ 211 ff., Rn. 41 m. w. N.。

〔86〕 RGSt 72, 19; 74, 285; BGHSt 6, 322; BGH NJW 1951, 204; 1953, 591。相反，就像本书一样的，见OLG Stuttgart NJW 1986, 1767（对此，见Ranft, JZ 1987, 909）。

〔87〕 完全是主流观点。就像本书一样的，见Freund, AT, § 6, Rn. 79; Geilen, FamRZ 1961, 147, 157 f.; Jescheck/Weigend, AT5, § 59 IV 4 c; Joecks3, § 13, Rn. 26; Kindhäuser, AT2, 258; Köhler, AT, 217; Kühl, AT3, § 18, Rn. 59 f.; Lackner/Kühl24, § 13, Rn. 14; Maurach/Gössel, AT/27, 46/77; Ranft, JZ 1987, 909 ff.; Rudolphi, 1966, 94 f., 105; ders., SK7, § 13, Rn. 52; Sch/Sch/Stree26, § 13, Rn. 53; Stratenwerth, AT4, § 13, Rn. 40; Tenckhoff, JuS 1978, 308, 311。

〔88〕 Kühl, AT3; § 18, Rn. 58; SK7-Rudolphi, § 13, Rn. 51。

同体。[89] 在这种案件中,对于这种保护功能来说,就缺乏一个真正的基础。夫妻双方生活在不同的范围内,不能控制对方的生活领域。对于一个"失败"婚姻的案件,《德国民法典》第1353条第2款甚至明确规定,婚姻生活共同体的建立是能够被拒绝的。[90] 但是,在这里还根本与这个问题无关。对于建立一种保护关系的义务还不能代替这一点。

51 相反,**类似婚姻的未婚同居**,很有可能**提供一种保证人地位的根据**,因为两人彼此信赖彼此照顾,就像在婚姻中一样。缺乏官方机构出具的结婚证,一点都不能改变双方隶属于对方保护范围之内的事实。[91] 这也适用于同性恋的伴侣关系,只要有那种必要的紧密的生活共同体(共同持家,共同安排业余生活,等等)。[92] 雅各布斯[93]认为,在这样的联系中,相互信赖("那种事实上存在的对防止危险的信任")能够"在法律上是站不住脚的;如果婚姻之外的亲密团体会通过保证人义务而得到保障,那么,这种婚姻的垄断地位就会被粉碎"。但是,首先,这种刑法上的责任并不是从家庭法中引导出来的,而是从在事实上接管的保护功能中引导出来的;其次,甚至立法者也在为类似婚姻的法规范而努力,并且,在这个范围内自己粉碎了这种"婚姻的垄断"。

52 相反,**婚约本身不能提供保证人地位的根据,只要这种订婚还没有转为一种类似婚姻的共同生活**;[94] 但是,在这里,是这种共同生活而不是婚约,成为了保证人地位的来源。婚约只是对一种未来共同生活形态的承诺,但是,这种承诺还不能形成由此产生出来的保护义务。婚姻从来是不能通过起诉建立的,婚约是随时可以单方取消的。也就是说,这里还缺乏真正的联系,缺乏彼此之间的照顾,只有这种照顾才能产生那种保证人的地位。

2. 对其他保护功能的接管

53 除了家庭的或者类似家庭的保护关系之外,还有很多其他接管保护功能的情况,这些情况也提供了保证人地位的根据。它们首先出现在那种由形式的法义务理论所宣扬的源于合同的保证人地位上。因此,医生相对于他的病人是保证人,游泳(或者驾驶)教练是他的学生的保证人,保姆相对于她所照看的孩子也是保证人。合同不是保证人地位本来的法律原因,已经说明过了(边码13)。在事实上接管这种保护功能之中,这个保证人地位是完全与合同的存在无关的。例如,在游泳课上或者对孩子的监督完全从纯粹的好意中接管时,在这里也还存在着保证人的地位。另一方面,在保证人地位没有接管时,也就是说,在这个职责没有加以安排时,尽管存在有效

---

〔89〕 Köhler, AT, 217; Kühl, AT3, § 18, Rn. 58; SK7 - Rudolphi, § 13, Rn. 51。在这个意义上,早先详细的说明,见 Bärwinkel, 1968, 136 f.; 其他观点,见 Krey, AT/2, Rn. 335。

〔90〕 仅仅对于这个案件,Sch/Sch/Stree26, § 13, Rn. 19 想要取消这个保证人地位,与此同时,Geilen, FamRZ 1961, 148 与 Herzberg, 1972, 324 f,在这里也肯定了这个保证人地位。

〔91〕 就像本书一样的,见 Baumann/Weber, AT10, § 15 III 4 d; Brammsen, 1986, 168 f.; Freund, AT, § 6, Rn. 88; Gropp, AT2, § 11, Rn. 26; Jescheck/Weigend, AT5, § 59 IV 3 b; Joecks3, § 13, Rn. 27; Köhler, AT, 217; Maurach/Gössel, AT/27, 46/89 ff.; SK7 - Rudolphi, § 13, Rn. 51; Stratenwerth, AT4, § 13, Rn. 39。然而,反对一个保证人地位的,见 Geilen, FamRZ 1961, 149 ff., l53; Konrad, 1986, 74 ff., 86 ff.; Sch/Sch/Stree26, § 13, Rn. 17; Timpe, 1983, 191 ff.。

〔92〕 因此,AG Duisburg MDR 1971, 1027 支持了一个生活共同体的同性恋。对一个保证人地位,见 Brammsen, 1986, 168; Kühl, AT3, § 18, Rn. 63, Maurach/Gössel, AT/27, 46/91; Otto, AT6, § 9 II 1 b ee; SK7 - Rudolphi, § 13, Rn. 51; Stratenwerth, AT4, § 13, Rn. 39; Tröndle/Fischer50, § 13, Rn. 10。反对一种保证人地位的,见 Blei, H. Mayer - FS, 1965, 127, Doehring, MDR 1972, 664, 665; Jakobs, AT2, 29/66。

〔93〕 Jakobs, AT2, 29/66。

〔94〕 BGH JR 1955, 104, 105; BGH NJW 1960, 1821 认定了一个保证人地位,在这里,当然存在着一个事实上的生活共同体。反对由于订婚的保证人地位的,见 Geilen, FamRZ 1961, 155; Jakobs, AT2, 29/65; Köhler, AT, 217; Stratenwerth, AT4, § 13, Rn. 39。对于这样一种保证人地位,见 Haft, AT8, 184; Heinitz, JR 1955, 105; Kienapfel, AT4, 500; Schmidhäuser, LB AT2, 16/42, Fn. 26 a E; Wessels/Beulke, AT31, Rn. 718。

的合同,也不存在保证人的地位。

相反,那个有待保护者在没有保证人时是否也会处于危险之中的问题并不重要:[95] 当游客在没有登山向导本来也能自行登山时,只要这个向导担任带路的任务,他就是仍然是保证人。

但是,对保护功能的接管也包括那种出于紧密的生活共同体的保证人地位,这已经为帝国法院晚期的司法判决与联邦最高法院作为单独的阻止结果出现义务的一种产生原因而加以承认了(参见,边码 4,5)。一个人,把另一个需要护理的人(无论是否有合同,是否有亲属关系)接到家里照顾的,他就是保证人。还有,这个所谓的危险共同体也还不具有独立的保证人地位,只有那种接管了保护功能的情况才是:在同一根保险绳上的登山者,就相互之间接管了保证安全的责任:在探险活动的参加者之间也是一样的。 54

重要的是,**一种保护功能不能从这样一种共同体本身中产生出来,而只能以有待保护者一方存在着依赖性为前提,而这种依赖性在保证人一方就符合了一种照料关系**。在有人出于对保证人的信赖而身陷那种自己不能单独经受的危险之中时(例如,登山游客对向导的关系,或者游泳班学生对他们教练的关系),或者在有人由于自己的无助性而完全听命于一个保护者,并且,在信赖这个保护者的情况下不采取其他保障措施时(病人对医生的关系,孩子对父母临时转交了保护功能的监管人的关系),就存在着这样一种关系。[96] 55

如果缺乏上述意义上的一种依赖,那么也就产生不了保护功能。**单纯在一个屋檐下的共同生活,还不能提供对同住人的保证人地位**。以前的司法判决已经认定了这一点的那些案件,[97] 实际上都是那些对需要帮助的人的照料义务已经被接管的。 56

现在,联邦最高法院也已经承认了这一点,[98] 并且在 1983 年的一个判决中很系统地表达了:"在司法判决与文献中,经常把'紧密的同住共同体'说成是一个以保证人义务为根据的特征。然而,一种对迄今裁判过的案件事实所作的思考却表明,对行为义务的认定在任何案件中都不能单独建立在这种共同体之上。更准确地说,作为决定性的情节来看待的,要么是一种亲属关系或者婚约……要么是对一种……对需要帮助人……保护功能的接管。这个作出判决的审判委员会也赞同这个观点:这个在事实上的共同居住,还不能单独提供第 13 条意义上的行为义务……否则,在生活中出现的居住共同体是如此多样——公社社员、住在疗养院的人、住集体宿舍的工人,等等——这种行为义务人的圈子就会扩大得漫无边际,并且部分地会是令人不能接受的。" 57

莉莉(Lilie)[99] 的理论角度,弱点在于忽视了那种依赖关系。他想要把那种"亲近的人"的概念,就像在第 35 条与第 241 条中提到的那样,用来富有成果地说明与限定保证人地位。但是,在"亲近"没有与接管保护功能联系在一起时,单独的"亲近"就是还不够的。[100] 58

---

[95] Blei, AT^{18}, § 87 VI 3b; Herzberg, 1972, 353; SK^{7} – Rudolphi, § 13, Rn. 59, Stratenwerth, AT^{4}, § 13, Rn. 25。

[96] OLG Dusseldorf NStZ 1991, 531; Blei, H. Mayer – FS, 1966, 121 ff.; Jakobs, AT^{2}, 29/47; LK^{11} – Jescheck, § 13, Rn. 27; Jescheck/Weigend, AT^{5}, § 59 IV 3 c; Maurach/Gössel, $AT/2^{7}$, 46/91; SK^{7} – Rudolphi, § 13, Rn. 58; Schünemann, 1971, 344 ff., 350 ff.; Stree, H. Mayer – FS, 1966, 184 f.; ders., Sch/Sch^{26}, § 13, Rn. 27。

[97] RGSt 69, 321; 73, 390; 74, 311; BGHSt 3, 21。

[98] BGH NStZ 1984, 163 (这个引注出自这里); BGH NJW 1987, 850; BGH NStE Nr. 3 zu § 13。

[99] Lilie, JZ 1991, 541;批评的,见 SK^{7} – Rudolphi, § 13, Rn. 51a, 他出于第 35 条与第 13 条的不同目标方向,引导出不同的解释必要性来。

[100] Lilie 的角度被完整地加工了,见其女学生的 Albrecht, 1998。因为她为这种"亲近的人"要求一种"事实上的紧密关系"(aaO., 194), 所以,她就经常与本书所代表的一样,得出类似的结论。

59　从所谈到的保护义务的前提中也能得出这样一个结论:这种保护义务的界限处于有待保护者的人格自治之中。联邦最高法院在下面的案子中就是这样裁判的。〔101〕在这个案件中,被告人把一个朋友接回家里,并且,在后者病卧床上时给予了照顾。然而,因为这个朋友希望死去,这个被告人就在其同意下基本停止了照顾,也没有呼叫其他医疗救助。联邦最高法院正确地认定,从居住共同体与生活共同体中不产生阻止他人自己寻死的法义务,只要他人是在自由确定意志的情况下做出寻死决定的。

60　由于缺乏依赖性,**从——即使是多年的——友情、**〔102〕**性关系(只要这没有发展成一种生活共同体)、共同的矿井下工作、**〔103〕**一起吸毒、**〔104〕**体育运动的同伴、共同属于一个企业或者协会,或者一起驾车出游,**〔105〕**都产生不了保证人地位。**

61　**一个人答应根据第323c条完成一般性的帮助义务,或者开始提供帮助的,都还不存在对一种保护功能的接管。**也就是说,当一个徒步旅行者在野外遇到了一名落难者,并且允诺他会叫人来帮助,但是后来却不作为的,或者,当他过早地停止了自己提供帮助的努力时,他在原则上就只能根据第323c条而具有刑事可罚性。对他的处理,不能比对一个从一开始就拒绝给予任何救助的人更为严厉。

62　但是,这个结论也可以从接管保护功能的一般原则中引导出来。在这个落难者不放弃其他救援措施,因为这些措施并不存在,这时,他就不是比那些本来就是通过这种情形为条件的人处于更高的依赖性之中。但是,就像大多数第323c条案件那样,纯粹以情形为条件的依赖性并不能为保护性功能提供根据。因此,在这种情形下的保证人地位,只有在落难者由于其他救援可能性已经答应或者已经部分提供了帮助时,才会产生(参见,边码55)。也就是说,在落难者鉴于徒步旅行者1号答应通知救援人员,或者鉴于1号已经引入的救援措施而谢绝了后来的徒步旅行者2号提供帮助的好意,那么1号就成为保证人了。在这时,因为这个落难者已经把自己完全交给他保护,就对他形成了依赖。〔106〕

63　从这些说明中可以得出结论:**"落难共同体"也不能为保证人地位提供根据。**〔107〕也就是说,在同一条船上的海难遇险者,或者共同被困在着火房屋中的人,彼此之间是不应当为对方承担负责的。虽然有人会依赖他人,但是,这里缺少对保护功能的接管,也缺少对其它保证安全可能性的放弃。

64　那种为保证人地位提供根据的保护功能,在大多数案件中,都是通过需要救助人的一种信赖动作〔108〕产生的,例如,把自己交到医生、护理人员或者登山向导手中,等等。但是,这种保护功能也能够通过保护者"自己的干涉"〔109〕而产生,例如,就像旧时常见的由本不相识的人来收养孤儿或者弃儿的情况。在今天的情况下,例如,在青少年局的社会工作者在事实上接管了对一个问

---

〔101〕 BGH NStZ 1983, 117; 对此,见 Ranft, JZ 1987, 911。

〔102〕 其他观点,见 KG VRS 11 (1956), 360。

〔103〕 BGH NJW 1954, 1047 f.; OLG Düsseldorf NJW 1966, 1175, 1176。

〔104〕 OLG Stuttgart NJW 1981, 182。

〔105〕 其他观点,见 KG VRS 10 (1956), 138, 139;反对的,见 Heinitz, JR 1954, 270。

〔106〕 在实质上同样的,见 BGHSt 26, 39; BayObLG NStZ 1990, 85; OLG Düsseldorf NStZ 1991, 531; Kühl, AT^3, § 18, Rn. 76; Otto, AT^6, § 9 II 3 a cc; SK^7 – Rudolphi, § 13, Rn. 64; Schünemann, 1971, 344 ff., 350 ff.; Stratenwerth, AT^4, § 13, Rn. 25; Stree, H. Mayer – FS, 1966, 154 f。其他观点,见 Joeck^3, § 13, Rn. 27。

〔107〕 Kühl, AT^3, § 18, Rn. 67; Maurach/Gössel, AT/2^7, 46/92; AK – Seelmann, § 13, Rn. 104; ders., NK, § 13, Rn. 104, 也许还有 Jakobs, AT^2, 29/71。

〔108〕 对此,详见 Schünemann, 1971, 344 ff.。

〔109〕 Schünemann, 1971, 343。

题家庭的孩子的照顾，就存在着这样的情况。[110] 一个保证人地位，甚至会在违反禁令与暴力的方式下，随着干涉而形成，就像在劫持人质时，就是这种情况。[111] 也就是说，在这些案件中，人们不需要从先在的作为去追溯保证人的地位。

保护义务的范围，部分地是由被保护人所具有的需要保护性的界限，部分地是从与被保护人的约定中得出的。因此，一个人接管了对一个病人的护理，在这个病人还想要并且还能够自行管理与保卫其财产时，就不是也要对他的财产承担责任。此外，这个病人的康复也会使保证人地位随之结束。一个人搀扶一个衰弱的人过马路，他——自然没有任何合同！——就接管了对这个人的保护，并且是保证人。[112] 如果他把被搀扶者置于马路中间，以至于使这个衰弱的人沦为事故的被害人，也就是说，这个搀扶者就要作为不作为的行为人而承担责任。在到达路边的人行道时，这种保护义务就终止了，因为已经没有直接的危险了，这个被搀扶者在这里就能自己帮助自己了。保护义务的界限也经常能够通过约定来确定。当旅游者在一个确定的小屋中解雇了这个登山向导，目的是为了自己能够在明天早上独自完成最后一段下山路途，这时，这个向导就不再为所有后面的旅途负责了。 65

还有，**这种保证人地位的开始**，也还需要加以准确化。在原则上，一种在事实上接管保护功能的必要性是得到公认的（也就是说，这个登山向导必须在事实上已经露面，并且与这个游客一起上路了），但是，这一点的确有时在文献中被限制了。屈尔[113]就认为，“作为例外”，只要有这种答应就能够提供一种保证人地位的根据，例如，“在这个父母与保姆约定，在他们离家之后不久，保姆应当过来接管已经入睡的婴儿，但是，这个保姆并没有出现”。的确，这个接管原则由此在没有充分理由的情况下就被丢弃了。在这里，父母必须承担责任，这就像他们在这个保姆没有准时出现，而他们又在相信保姆马上会过来的基础上而出门时，所必须做的那样。 66

还有不一样的，存在于那种由鲁道菲[114]跟着布莱[115]的观点而提出的一种案件：“父母离开家，仅仅是因为邻居已经答应会定时过来看看他们的婴儿”。在这里，保护功能就以约定的方式限定在一种抽空过来的“查看”上了。在这一点不够的时候（参见，这一点，前文边码 34），在父母那里就存在着刑法上的责任了。当然，在这个邻居根本就没有过来查看，并且，孩子因此而受到伤害时，这个邻居就是不作为行为人了。在这里，在答应中就已经存在了这种接管，因为这个邻居不是以一直呆在孩子身边为目的的。 67

在**保护义务结束**时，保护需要的取消与约定可能陷入冲突，因为那种取消真的能够导致保证人地位的消灭。在这里，只要被保护人的自主意志不处于反对地位的，人们就必须把那种只接管一次的保护任务置于优先地位。也就是说，在聘请保姆的父母比预定要晚返回时，这个保姆就不允许在约定的时间点上直接离开孩子而自行回家去，而必须等待孩子的父母返回。（从义务冲突的观点出发，可能出现例外。）或者，为了更尖锐一点：在一个女人请求旁人照看自己的孩子十分钟，声称自己手头还有一点事要处理，但是从此一去不回，因为她本来就是想要以这种方式来扔掉这个孩子的，这时，这个“照看孩子的人”也不允许因此把孩子扔在大街上不管，而是必须负责保障孩子的安全，一直到把这个孩子交到负责此事的机关手里为止。 68

在被照顾者通过有责任的决定来结束保护关系时，情况又不一样了。在上文提到的登山向 69

---

〔110〕 OLG Stuttgart NJW 1998, 3131。

〔111〕 OGHSt 2, 14 f.; 2, 68; Freund, 1992, 296 ff.; SK[7] – Rudolphi, § 13, Rn. 64; Schünemann, 1971, 343, 349。

〔112〕 OLG Hamm VRS 12 (1957), 45 考虑到了一个瞎子。

〔113〕 Kühl „ AT[3], § 18, Rn. 70。

〔114〕 SK[7] – Rudolphi, § 13, Rn. 62。

〔115〕 Blei, H. Mayer – FS, 1966, 122; ders., AT[18], § 87 VI 3。

导案件中(边码 65),也就是说,在剩下的下山路上并非全无危险,并且,一个向导的保护性陪伴在客观上会是合适的,但是那个游客想要独自走完的这段路的,这时,向导的保护任务也就终结了。对于一个一心求死的人禁止一个照顾者采取延长自己生命的措施的案例,上文已经讨论过了(边码 59)。

70 **凭借接管保护功能而取得保证人地位,在实践中最为重要的例子是那种医生对病人关系的案件。**[116] 在这里,随着那种医生——在可能的情况下也包括通过电话——答应治疗,这种对保护功能的接管就成立了。但是,对在实际上接管答应的活动所具有的要求来说,这不是一种例外情形,[117] 而是从这种保证人地位的特性中得出的结论。因为这种例外不是以总在病人身边为前提的,所以,"实际接管"就存在于病人地位的确定之中。也就是说,如果这个病人去找了这个医生,而这个医生也接管了治疗任务,哪怕只是先通过口头答应,那么,这个医生就承担起全部的保证人义务了(这些义务就不在这里一一说明)。[118]

71 相反,这里不存在信息强制(Kurierzwang)。在医生拒绝病人时,也就不会产生保证人地位了。(关于有争议的急救医生的例子,参见边码 73 ~ 75)。对于拒绝的理由,是无关紧要的。也就是说,不管医生拒绝病人是由于忙、由于不喜欢那个病人、由于担心那个病人付不起医疗费,或者由于担心自己治不好那个病人的,结果都一样。当然,在当时紧迫地需要帮助,并且被召唤到场的医生在当时具体情况中,能够比他人提供更好更快的帮助时,这时再袖手旁观的就能够根据第 323c 条受到刑罚了。[119] 也就是说,在医生偶然路过车祸现场,或者被叫到车祸现场,并且,他出手救治会比在场的外行们有效的多,而他却拒绝动手的,那么,他就对提供帮助的不作为具有罪责。

72 医生的保证人地位随着治疗的结束而结束,但是,也能通过病人单方面解除医疗合同、更换医生或者干脆放弃继续治疗而结束。即使在病人以一个有责任的决定为根据而拒绝接受救命的治疗时,例如,出于宗教信仰而拒绝输血的(《联邦宪法法院判例集》,第 32 卷,第 98 页),也是如此。对于病人其他"不理智的"决定,医生也应当予以尊重(《联邦最高法院刑事判例集》,第 11 卷,第 114 页)。司法判决中唯一的一个例外,是一个企图自杀的病人明确地禁止医生拯救他的生命(《联邦最高法院刑事判例集》,第 32 卷,第 367 页以下,第 377 页)。[120] 的确,在这里也已经不再存在保证人地位了,因为随时并且以任何原因结束与医生关系的权利在病人手中。

73 急救医生的实际接管真的只要一个答应进行治疗就足够了(边码 70),但是,有争议的是,他在没有实际接管时,是否也具有一个保证人地位,从而在他拒绝出诊而使病人死亡时,例如,他就要对一种通过不作为的过失或者甚至故意杀人具有罪责。联邦最高法院肯定了这样一种保证人地位(《联邦最高法院刑事判例集》,第 7 卷,第 211 页,第 212 页)。急救医生具有"一种不仅是面对医疗保险机构,而且也是面对民众所担负的由刑法保护的法义务……在危急的病案中就应当出手相救"。这是"从急救服务的性质,并且也是从民众的压倒性利益……"中得出的结论,原

---

〔116〕 RG DR 1943, 896, 897; BGHSt 7, 211 f.; 31, 348 f.; BGH NStZ 1983, 263; BayObLG JZ 1973, 319; OLG Hamm NJW 1975, 604 f.。新的文献说明,见 Tag, 2000, 407 ff.。

〔117〕 但是,这样见 Kühl, AT³, § 18, Rn. 70。

〔118〕 参见,对其在司法判决中出现的案件,见 Sch/Sch/Stree²⁶, § 13, Rn. 28 a。

〔119〕 参见,综述:Kreuzer, 1965; ders., NJW 1967, 278。

〔120〕 综述,见 Dölling, NJW 1986, 1011; Eser, MedR 1985, 6; Gropp, NStZ 1985, 97; Herzberg, JA 1985, 184 f.; Kutzer, MDR 1985, 711 f.; Otto/Brammsen, Jura 1985, 596; R. Schmitt, JZ 1984, 867; ders., JZ 1985, 367 f.; Schultz, JuS 1985, 271, 273; Sowada, Jura 1985, 75; Uhlenbruck, 1985, 16。

因在于,"因为对于处在急救服务期间的病人来说,其他医生对病人的义务就受到了很大的限制"。各级法院与文献中的大部分声音,都遵从了联邦最高法院的这个立场。[121]

与之相对的另一派观点[122]则反对急救医生具有保证人地位,并且,在急救医生的情况下,在应当产生一种阻止结果出现的义务时,也要求一个明确的接管动作。这派观点的根据是:否则,这种存在着一种具体保护关系的理论角度就要被放弃了,并且,急救医生是作为当时也许唯一能够召到现场的救护者的"垄断地位",否则也只能用来说明一种第 323c 条刑事可罚性的根据了。 74

正确的解决方案存在于折衷之中。[123] 在求助于急救医生的病人已经在其他医生那里接受诊治时,这个急救医生就只是临时接管了他的保护功能。这个情况与父母不在时把孩子托付给他人照顾是一样的。相反,如果来找急救医生的是一个迄今还没有接受过治疗的病人,那么,这个急救医生的拒绝施治,在可能的情况下,就只能引起一个根据第 323c 条的刑事可罚性。这种由他所代表的医生也仅仅负有一般的帮助义务,对这种义务的违反,在可能的情况下,就应当根据第 323c 条来制裁;更多的义务是他们不能向这个急救医生转交的。急救医生面对那种"医疗保险机构"(参见,边码 73)所负有的法律义务,并不能为面对全体民众的保证人地位提供根据。在其他救助者也许很难找到的情况下也是一样,因为一个垄断地位甚至真的也不能奠定这个保证人地位。此外,与那种职业性法律(standesrechtlich)的结论相联系,根据第 323c 条的刑罚威胁,对于这种公众的保护就会是足够的。 75

一个特殊的领域是面对他人财产的接管保护义务。[124] 这首先是一个对背信的行为构成进行解释的问题,而这在总论的说明中是不能得到解释的。但是,只有在一个不作为人对业务伙伴的财产负有一种保护义务时,才能考虑一种通过不作为的诈骗。在收下对方错误地多给的钱中,或者支付了对方错误开出的低价中,都不是这种情况,因此一个保证人地位以及由此还有的通过不作为的诈骗就排除了。唯一的例外只能是在紧密的信任关系中,公开说明自己无力支付状况的义务。在这里,这种义务会导致一种保护地位。联邦最高法院说:[125]"但是,这样一种信任关系不能单独从与一个供货商一再订立进货合同中引导出来;这更不应当在第一次订立合同时就加以认定。只有在一个多年的业务关系与那种在此过程中订立的合同都得到的正确执行,已经让供货商获得了被告人也能意识到的确信,使得对支付能力的检查成为多余。"在诈骗的行为构成方面,有关细节是分则的问题。在这里应当坚持的是,即使在财产刑法中,保证人地位也只能是从保护地位中才能引导出来,而不能像过去认定的那样从"忠诚信义"中引导出来。 76

3. 基于组织地位与职责义务的保护地位

(1)在国家的私权性与主权性的权利方面

因为法人自己是不能行为的,所以,它必须将自己的法益托付给它的机构,这样,这种机构就成为保护性保证人。这种机构首先在这个法人的财产方面负有保护功能。也就是说,一个通过 77

---

[121] BGHSt 7, 211, 212; OLG Hamm NJW 1975, 604, 605; AG Jever MDR:1991, 461; Blei, AT^{18}, § 87 I 4 a; Bockelmann, 1968, 23; Freund, 1992, 291; Gropp, AT^{2}, § 11, Rn. 28; Jakobs, AT^{2}, 29/47, Fn. 102; Jescheck/Weigend, AT^{5}, § 59 IV 3 c; Kreuzer, 1965, 81 f.; Kühl, AT^{3}, § 18, Rn. 74, Otto, AT^{6}, § 9 II 3 a aa; Otto/Brammsen, Jura 1985, 595; SK^{7} – Rudolphi, § 13, Rn. 61; Schmidhäuser, LB AT^{2}, 46/16; Stree, H. Mayer – FS, 1966, 160; ders., Sch/Sch^{26}, § 13, Rn. 28 a; Tröndle/Fischer^{50}, § 13, Rn. 9。

[122] Erlinger, 1998, 116 ff., 119 ff.; Schünemann, 1971, 353。

[123] Ranft, JZ 1987, 914, SK^{7} – Rudolphi, § 13, Rn. 61; Tag, 2000, 411 ff.。

[124] 参见,Otto/Brammsen, Jura 1985, 597 f。详见,Maaβ, 1982。

[125] BGH wistra 1984, 224。

不活动与不履行而给法人带来损失的机关,能够对通过不作为的背信而承担罪责。在这里,前提永远是:这个不作为涉及了有关机关的任务领域。

78 公法性法人也一样,也就是说,首先适用的是国家。[126] 因为国家本身并不能保护自己,它就需要公务员与职员来接管这种保护功能。[127] 国家在财政方面的法益也不例外。一个人在其负责的领域之内不能维护国家的财产利益,就能够由于通过不作为的背信而具有刑事可罚性;一个人通过不活动而让那种在物质上体现出来的国家财产颓败的,就能够通过不作为的毁坏物品而具有罪责。

79 但是,国家也把主权性权利委托给了那些担任国家职务的人,这些人应当出面维护这些权利。也就是说,在一个税务官不征收特定的税收,或者有意对虚假报税不表示异议的,他就能够通过不作为对背信以及逃税负有罪责。[128]

(2)特别在刑事追究中

80 保证人首先是那些"受委托把刑事追究作为职责任务的人(刑事法官、检察官、警察、检察院中的助理工作人员,参见《德国刑事诉讼法》第160条、第161条、第163条第1款,以及《德国法院组织法》第152条)"。[129] 刑事司法人员在各自负责的领域框架中,处于这些承担着功能作用人员的控制之下。对那些由此产生的刑事追究义务的疏忽,都属于第258a条的特殊行为构成之中。

81 相反,**那些不负有刑事追究任务的公务员,就没有义务去举报他们所知道的犯罪行为**。[130] 公务员的上级也没有义务去举报他发现的下级的犯罪行为。[131] 根据从前的司法判决与理论,[132] 在这个公务员的上级负有公法性举报义务时,他就应当永远作为保证人对其下属所承担的刑罚负责。这指的是在各种其他决定本来是滥用裁量权时,那种裁量因此就减少到零的案件。但是,在这种案件中,从来就不应当肯定一个保证人地位。这样一种举报义务,在可能的情况下,在受到侵害时就能受到公务法上的惩罚,"不是为了保障《德国刑法典》第258条所保护的刑事追究",而仅仅是为了"维护公务员队伍的纪律以及行政部门的运转能力"。[133] 在人们从公法性义务中立即引导出保证人地位时(参见,边码10~12),这就不免又重新掉入了已经被淘汰的形式的法义务理论中去了。因为上级对刑事司法人员并不具有保护功能,所以,他也就不能涉及第258条意义上的防止结果出现的义务。

82 现在,联邦最高法院也接受了这种观点。在《联邦最高法院刑事判例集》,第43卷,第82页决定的案件事实中,一家刑罚执行机构的高级领导人违反义务,没有举报该机构的首长对下属对"不服管教者"实施的人身伤害。联邦最高法院正确地否定了刑罚执行官的保证人地位。这种保证人地位是以对刑事追究共同发挥作用的义务为前提的。但是,刑罚执行官并不应当负担这种刑事追究的义务。"这并不改变以下事实:他们同样'从事'刑罚,并且,是刑事司法人员中具

---

〔126〕 重要的新专著:Schulz, 1984; Hüwels, 1986; Sangenstedt, 1989。

〔127〕 Kühl, AT^3, § 18, Rn. 78。Rudolphi, NStZ 1991, 361 (366)。

〔128〕 参见,例如,RGSt 70, 396, 399; RStBl. 1938, 388; BGH NJW 1955, 192; Kohlmann, SteuerstrafR, ^{7}1997, § 370 AO, Rn. 15.6 ff.; Kühl, AT^3, § 18, Rn. 78; Rudolphi, JR 1987, 338; ders., SK^7, § 13, Rn. 54 a; Seckel, ^{2}1979, 50 f., 63。这种税法上的细节,在这里无法说明。对此深入而完整的证明,见 Sangenstedt, 1989, 509 ff.。关于逃税与背信的关系,见 524 ff.。

〔129〕 这样,逐字地见 BGHSt 43, 85。

〔130〕 这是有争议的;参见,BGHSt 43, 85 m. w. N.。

〔131〕 基础性的论文,见 Rudolphi, NStZ 1991, 361; 此外,见 Sangenstedt, 1989, 529 ff.。

〔132〕 证明,见 Rudolphi, NStZ 1991, 361, 以及在 BGHSt 43, 88 之中。

〔133〕 Rudolphi, NStZ 1991, 361 ff., 367。

有刑罚执行性质的那个部分”（出处同上，第 85 页）。对于举报违章的公法性义务，并不能提供保证人地位的根据，而只能服务于“维护或者恢复机构内部有秩序的刑罚执行工作”，“并不能转变为了完成或者促进刑事追究的义务”（出处同上，第 88/89 页）。

与之相反，汉堡州高等法院在《刑法新杂志》，1996 年，第 102 页中这样决定：〔134〕“在司法执行机构的首长对在押囚犯实施的严重罪行不举报的，就会由于妨害司法而具有刑事可罚性。”现在，联邦最高法院明确拒绝了这一点。 83

那些本身负有刑事追究职责的警察，在仅仅通过私人关系（也就是在公务活动之外）得知一种犯罪行为时，也不具有保证人地位。〔135〕这个规则是否也适用于检察官，并不能从《联邦最高法院刑事判例集》，第 38 卷，第 388 页中看出来。的确，人们必须肯定这个问题，因为对区别对待是看不到有什么充分根据的理由。过去的司法判决已经对检察官提出了一种通过《德国刑事诉讼法》第 152 条第 2 款，第 160 条，第 163 条的根据，并且通过第 258a 条的刑罚威胁，仅仅认可了对在公务之外得知情况采取行动的义务，但是，毕竟认定了那种根据类型与范围，在特殊程度上影响到公众事物与全体人民的构成行为。〔136〕 84

（3）在个人方面，特别是警察与受犯罪行为威胁的公民之间的关系

下面的问题带来了特殊的困难。这个问题是：相对于公民，国家是否以及在多大程度上具有保护任务。在公民置身于国家权力之下并且因此依赖于国家的范围内，这一点无疑是毫无争议的。〔137〕也就是说，在与囚犯与其他强制性地身处国家执行与收容机构中的人们的关系中（例如，精神病人与顽劣难以教育的青少年），国家就是保证人。但是，学生在学校期间，也是处于国家的控制性控制之下的，国家对保证学生不出任何意外也必须负有责任。 85

但是，特别**有争议的是，国家对于那些与之没有特别依赖关系的公民，是否**也**承担着一种保护性保证人地位**。**最主要的例子就是警察与受犯罪行为威胁的公民之间的关系**。一个警员在面对自己看到的破门盗窃事件不予干涉的，他是否会由于通过不作为的帮助人而具有刑事可罚性呢？一个警员在面对一个杀人而袖手旁观的，他自己也会成为（通过不作为的）杀人犯吗？〔138〕 86

司法判决与主流的观点〔139〕都肯定了这一点。那个对今天的实践具有决定意义的判决，《联邦最高法院刑事判例集》，第 38 卷，第 388 页〔140〕认为，警察担负的阻止犯罪行为的公法义务，至少是为以下目的服务的：“应当保护那些由各种犯罪构成保护的法益，免受其所面对的具体威胁 87

---

〔134〕带有同意的观点，见 Kleszewski 与偏离的观点，见 Volckart, StV 1996, 608；Küpper, JR 1996, 524。

〔135〕BGHSt 38, 393；BGH NJW 1989, 914, 916 m. w. N.。

〔136〕BGHSt 5, 229 (229)；12, 277 (281)。相反，Anterist, 1968 已经在职务之外所要求的知识中，拒绝了一种保证人地位，然而，认为一种纪律法则性惩罚是允许的。就像本书一样的，也见 Sangenstedt, 1989, 538 ff.。

〔137〕深入而带有完整证明的，见 Sangenstedt, 1989, 557 f.。

〔138〕关于当前争论状况的一个好的说明，见 Pawlik, ZStW 111 (1999), 335。

〔139〕Androulakis, 1963, 206 f.；Bärwinkel, 1968, 74；Bergmann, StV 1993, 518 f.；Birnbacher, 1995, 300 f.；Brammsen, 1986, 193 ff.；Frank, 1985, 109 f.；Freund, AT, § 6, Rn. 93；Gallas, 1989 (1963), 84；LK[11] – Jescheck, § 13, Rn. 27, 29；Kindhäuser, AT[2], 261；Köhler, AT, 226, 228；Krey, AT/2, Rn. 337 ff.；Otto, AT[6], § 9 II 3 b；Otto/Brammsen, Jura 1985, 597；Sangenstedt, 1989, 606 ff.；NK – Seelmann, § 13, Rn. 139；Stratenwerth, AT[4], § 13, Rn. 17；Tröndle/Fischer[50], § 13, Rn. 6 a；Wagner, 1975, 251 ff.；Wernicke, ZfW 1980, 263, Wessels/Beulke, AT[31], Rn. 721。

〔140〕先前已经有 BGHSt 8, 186, 189；BGH NJW 1987, 199 m. abl. Anm. Rudolphr, JR 1987, 336；Winkelbauer, JZ 1986, 1119。一个非常好的关于先前司法判决的概述，见 OLG Koblenz NStZ – RR 1998, 332。

的危险……两种保护目标——在公共利益中防止或者排除违反规范的状态，与在个体利益中保障个人的法益——是相互联系无法分割的。因此，保护个体公民免受犯罪行为危害的任务，并不是具有其他内容的一种职务性义务的反射效果或者副效果……而是警察职务义务的实质性组成部分……这个结论已经可以从以下方面得出：这个公民是对国家承担公权利的人。因此，他就有权要求警察为了保护他的法益而进行干预。”虽然受到威胁的公民允许进行自卫，但是，**联邦最高法院还是明确地肯定了一种“照料性”或者“保护人的保证人地位”**，“因为警察凭借他们的主权性干预权，能够为了防卫危险而采取更有效的措施”（出处同上，第 390 页）。在这个意义上，也就是说，联邦最高法院遵循了较新的功能理论（参见，边码 6），并且借助对一种保护人保证人地位的认定而也与主流观点站在一起了。因此，一种监护性保证人地位是不存在的，因为警察没有把所有公民作为“危险源”加以监护的任务。[141]

88 当然，联邦最高法院作了两个限制。一是这个公务员必须无论在地域上还是在事项上都是负责的。[142] 二是他必须正在执行职务。[143] 也就是说，当他在业余时间没有对人身伤害进行干预时，他在可能的情况下只能根据第 323c 条受到惩罚。在《联邦最高法院刑事判例集》，第 38 卷，第 388 页中，也就是说，一些警员在下班后去酒吧喝酒时，发现那里有第 180a 条第 1 款规定的犯罪而没有干预的，联邦最高法院并没有由于通过不作为的支持卖淫的帮助人而惩罚这些警员。当然，如果这些犯罪，就像处于这个由联邦最高法院决定的案件中那样，一直持续到警员再次上班时，那么，在具体案件中，就应当衡量是否公共利益要优先于个人利益了（出处同上，第 391 页以下）。

89 在这个由联邦最高法院决定的支持卖淫的案件中，法院对这个问题给予了否定的回答。联邦最高法院同样认为，警察以私人方式获得的关于他人一直无照驾驶的信息，并不能提供一种保证人地位的根据，从而要求这个警察在后来执行职务时应当进行干预。相反，在严重犯罪中，即使在私人生活中获得的信息，当有关犯罪在执行勤务时还仍然持续时，就应当产生一种保证人地位。“这也能够是处在《德国刑法典》第 138 条的目录之外的严重犯罪，例如，严重的人身伤害、重大的环境犯罪、引起巨大的经济损失或者具有特别的不法内容的犯罪，等等。因此，在一个警员得知持续性的严重违法，不是局限于个案的硬毒品交易或者勒索保护费时，他通常就有义务进行干预，而私人利益是不予考虑的。同样，这也适用于从有组织犯罪范围中出现的犯罪行为，根据经验，这种有组织犯罪是会反复进行的”（出处同上，第 392 页）。联邦最高法院，《刑法新杂志》，2000 年，第 147 页强调了这个司法判决。

90 与之相反，**一个值得注意的少数派观点**[144]**认为，只要警察还没有接管特定人员或者客体的保护，他们所具有的保证人地位就值得质疑了**。缺乏保证人地位首先要从这里引导出来：在国家与公民之间的关系中，缺少一种依赖关系。公民进行自卫的可能性并没有受到限制，并且拥有广泛的正当防卫、紧急状态与进行自救的权利。“但是，他因此就在原则上处于自己对此主管并且

---

〔141〕 对此，详见，Pawlik，ZStW 111（1999），337 f。Bergmann，StV 1993，518 f.；Mitsch，NStZ 1993，383 ff.；Laubenthal，JuS 1993，907 ff.。

〔142〕 缺乏管辖权的，例如，见在 BGHR，StGB § 13 Abs. 1，Garantenstellung，Nr. 4 中的案件。

〔143〕 这样，也已经见 BGH NJW 1989，914；BGH NStZ 1993，383。

〔144〕 Grünwald，ZStW 70（1958），425，428；Gürbüz，1997，181 ff.，183；Herzberg，1972，356；Hohmann，NuR 1991，12；Immel，1987，183 f.；Mitsch，NStZ 1993，384；Nestler，GA 1994，524；Ranft，JZ 1987，914 f.；Roeder，DStR 1941，112 f.；Rudolphi，Dünnebier－FS，1982，580；ders.，JR 1987，336 ff.；ders.，JR 1995，167 f.；ders.，SK[7]，§ 13，Rn. 36，54 b ff.；Schünemann，1971，329，363；ders.，ZStW 96（1984），311；ders.，GA 1985，380；ders.，wistra 1986，243 f.；Winkelbauer，NStZ 1986，151；ders.；JZ 1986，1119 ff.，1120 f。

负责的地位，保护自己及其法益免受损害。在此之外，国家及其工作人员就不具有一种特殊的照料性保证人地位的余地了。”〔145〕根据这种观点，一种保护性保证人地位就缺少“被害人的一种具体处置动作”。〔146〕

91 一些调和性的观点也存在。例如，屈尔〔147〕仅仅想在公民要求警察出面干预时，才认定这个警员具有一种保证人地位。通过这种方式，在国家工作人员与公民之间的一种个人关系得到主张，从而阻止了保证人义务的一种无限制的扩张。当然，在由于实际情况不可能“提出主张”之处，这种“提出主张”就应当是不必要的。在针对生命与健康的犯罪行为中，这一点也不应当是重要的。

92 反对保证人地位的理由是很强大的，尤其是由于支持保证人地位的一些理由也有问题。在联邦最高法院援引的理由说，“警察凭借他们的主权性干预权，能够为了防卫危险而采取更有效的措施”，因此就能够指出，公民也具有许多自卫权利，其中的部分权利甚至比警察的更广泛（例如，在使用枪支方面），〔148〕并且，公民也能够采取全面的私人保障措施。〔149〕

93 尽管如此，支持警察具有保证人地位的理由具有更大的分量。虽然公民有自己的各种权利，但是，他的安全还是需要依靠国家的保护，从而就必须把自己托付给国家。如果没有国家与警察，那么，社会就将陷入无政府状态，国家的公民们的安全也绝对得不到保障。“那种外部与内部的安全是国家的首要目的。出于这个原因，已经启蒙的人才会自愿进入公民的地位，也就是说，将自己自然的自由限制在紧急权利的使用上，并且对法律表现出服从。”〔150〕**这种公民的处置动作，这种为国家的保护功能提供根据的特殊的依赖关系，“产生于进入公民状态之时”**。〔151〕换句话说：这种国家契约正好是为了这种保护而签订的，而这种保护是国家应当为个人提供的。

94 这是保护性保证人地位的一个最后的国家哲学的根据，这个根据被反对这种保证人地位的人指责为过分规范主义了。但是，这完全不是这样的，因此，一项保护关系就必须基于一种由有待保护者转交保护的意志性动作之上。它也能基于像一个生活共同体这样的真实动作之上，并且，人们也能够出生在一种保护关系之中。这也对所有照料性保证人地位的原型适用，那种母亲对子女的关系，就恰恰正是如此。母亲从孩子诞生的那一刻起，就是孩子的保护人保证人，虽然新生儿不能存在心理上的处置动作，并且，同样不需要母亲对接管这种保护功能的一种意志（即使这种意志通常是自然存在的）。类似地，也是以法哲学上说明过的方式，人就这样出生在国家的保护之中了。

95 除此之外，个人在自己的实际生活安排中，也始终需要国家的保护保证。虽然个人自己也具有紧急防卫权与自救权，这些权利在动用武器方面当然是受到很大限制的，并且，个人也能用其他方法来试图保障自己的安全，但是，个人的安全预防措施的确只能在国家保障的基本安全基础上才是有效的。私人额外的措施，都只能是起到对国家保护留下的漏洞进行填补的作用。但是，如果国家不是在原则上伸出手来为我们挡风遮雨，那么，个人的努力奋斗将不能提供充分的保障。也就是说，公民放弃了范围更广泛得多的保护措施——在他们的确能够这样做的时候——

---

〔145〕 SK^7 – Rudolphi, § 13, Rn. 54 c。

〔146〕 Schünemann, 1971, 363。

〔147〕 Kühl, AT^3, § 18, Rn. 87 – 90；完全类似的，见 Bergmann, StV 1993, 518, 与 Krey, AT/2, Rn. 337 ff. 。

〔148〕 Pawlik, ZStW 111 (1999) 343 在加深的论证之中。

〔149〕 Schünemann, wistra 1986, 243。

〔150〕 Jakobs, AT^2, 29/77 d。这个角度的详细发展，见 Pawlik, ZStW 111 (1999), 345 ff. 。完全类似的，已见 Sangenstedt, 1989, 612 ff. 。

〔151〕 Jakobs, AT^2, 29/77 d, Fn. 156。

因为他们信赖国家通常能够提供充分的保护，这是一种绝对真实的检验结果，而不是理论上的构架。[152] 由此能够得出这个结论：国家不仅应当保护一种抽象的"安全与秩序"，在这里对个人的保护也仅仅是作为反射效果产生的，[153] 而且这种保护正好是为了对个人的保护而存在的。国家存在的正当性，正是来自于它所提供的这种保护。

96　就像联邦最高法院正确强调过的那样，**一种应当通过警察来提供的保护功能在实际上的存在，也来自公民主观上在紧急状态下呼唤警察干预的公法性权利**。一个感觉到犯罪威胁的公民会叫警察。在警察随之出现并且保护这个寻求帮助的人免受攻击时，人们就不能怀疑警察已经接管了一种保护功能。但是，当警察在夜间巡逻时成为一起入室盗窃的证人，而房主还对此毫无察觉时，就拒绝一种保证人地位的，那就没有意义了。每个人都信赖警察会保护自己免受违法攻击，只要他没有明确地拒绝这种保护。这是国家契约的一部分，也是一种社会现实。在警察例如图舒服而让盗窃发生时，每个人都会很愤怒地将其视为国家在履行保护任务时的一个失败。

97　因此，从结论上看，屈尔（边码 91）提出的调和观点是很值得赞同的。只是，就像屈尔自己承认的"例外"表明的那样，对政府性干预的要求所具有的有效性并不能带来国家保护功能的产生，而只是带来了这种保护功能的具体化。另一方面，警察的保证人地位并不意味着对所有的与每个日常发生的犯罪行为都要承担责任，并不意味着这些本来都能由警察更好的控制就能防止了。单个警察具有的保证人地位，都只能带着由联邦最高法院强调的限制（边码 88，89）。

98　但是，首先，警察在是否应当以及如何对扰乱公共安全加以干预的问题，根据公法，具有很大的裁量余地。哪一些警力应当在哪里投入，出于警察策略的原因应当现在还是稍晚再采取行动，都应当由警察根据自己的裁量进行决定。只有在"自由裁量减少为零"时，才会从一种直接干涉的保护功能中发展出所需要的防止结果出现的义务。[154] 一旦一名警员面临一种具体的攻击法益的情况，在应当避免严重损害时必须立即采取行动的，就存在着这样一种减少的状态。相反，在轻微犯罪中，一种干预就存在于警察的自由裁量范围了。轻微犯罪并不是"建立国家的理由；相应的，预防轻微犯罪也不是国家理所当然在制度上应当保障的。"[155] 实际上，所有提到的限制都意味着一种对警察保证人地位的限制，因此，不论是反对的人还是无条件的支持者都是有道理的。本书所勾勒的中间解决方案，的确符合了实践的需要，也符合了这种保护功能的在法学上的基础。

（4）在公众的法益方面，以水保护为例

99　在类似的方式中，有争议的是环保部门的保证人地位。迄今以来，这个问题主要是在水务部门的例子中讨论的。首先，人们承认，在国家自己运行有害环境的设备时，主管的公务员就是保证人。未能恰当地照管好国有污水处理设备[156] 或者游泳池[157] 的国家工作人员，也就是说，能够在可能的情况下，由于通过不作为的水污染而受到刑事惩罚（第 324 条）。[158]

100　此外，人们也一致认为，那些在水务部门中具体主管的工作人员错误颁发的许可证，或者这个许可证由于情况变化而成为错误的，那么，这个许可证就必须收回，并且，在取回时发生的危险

---

〔152〕 参见，Schultz，1984，160 ff.。

〔153〕 但是，这样见 Herzberg，1972，356。

〔154〕 对此，见 Köhler，AT，227；Kühl „ AT^3，§18，Rn. 87；Pawlik，ZStW 111（1999），355f. m. w. N. in Fn. 77。出自较新的司法判决的，参见，OLG Rostock NStZ 2001，199。

〔155〕 Jakobs，AT^2，29/77 d。

〔156〕 对此，见 OLG Saarbrücken NJW 1991，3045。

〔157〕 对此，见 OLG Köln NJW1988，2119。

〔158〕 对此，详见出自司法判决并带有证明的 Schall，NStZ 1992，267；Sangenstedt，1989，35 f. mit Nachweisen in Fn. 33。

就应当根据第324条处以刑罚。[159] 在这里,存在着下述意义上的一种控制性控制,这就是"这个具体主管的水利管理部门的官员接管了一项保障义务,其内容是对处于他负责范围内的利用性许可证进行控制,并且使其与随着时间出现变化的现实条件保持一致"。[160] 这样一种保证人地位也经常从先前实行的违法作为中产生出来,在这里,人们就必须对随后变为违法的许可证,由于其所具有的延续作用,将其纳入那种通过第13条保障的收回义务之中。[161]

101 但是,非常有争议的是这个问题:在主管的工作人员对第三人从一开始就未获许可的"野蛮的"水污染不进行干预时,在这里是否也会由于通过不作为的水污染而具有刑事可罚性。这个司法解释[162]与文献中的主流观点[163]对此予以肯定,而一些值得关注的少数派观点[164]则对此予以坚决的否定。

102 虽然肯定保证人地位的观点还是更有道理一些。[165] 霍恩(Horn)[166]早就强调过:"……有关被害人已经在体质上没有能力保护自己免受有威胁的危险;'洁净的水'这种法益,例如,是'属于'公众的,它没有'承载者';因此,它需要一个'保护者'。这项功能是由政府机关实施的。也就是说,只有这些机关才有权并且被唤来通过许可证与定额来'管理'这种法益。"实际上,"整个环境保护制度……都是通过有资格的机关来进行控制与监护的"。[167] 因此,环境保护机关就拥有"问询权与照顾权,以及进行审核、调查与抽样的权利"。[168] 这些范围广泛的在行政法上施加影响的可能性,必须符合一种特殊的义务,必须对水的符合规定状态承担责任。[169] 169 在人们毫无争议地刑事追诉机关委托给刑事司法人员时,就不应当看见,为什么水务部门在水方面就

---

[159] OLG Frankfurt NJW 1987, 2757; Gröger, 1985, 89 ff.; Horn, NJW 1981, 6; Hüwels, 1986, 60 ff.; Joecks3, vor § 324, Rn. 11; Kühl, AT³, § 18, Rn. 79; Lackner/Kühl²⁴, vor § 324, Rn. 11; Meinberg, NJW 1986, 2224; Ostendorf, JZ 1981, 166; Rudolphi, Dünnebier - FS, 1982, 576 f.; ders., SK⁷, § 13, Rn. 40 b; Sack, UmweltschutzstrafR, § 324 StGB, Rn. 202 d; Schünemann, wistra 1986, 244; Schultz, 1984, 166 ff., 168; Seier, JA 1985, 28; Zeitler, 1982, 64 ff.。

[160] Schünemann, wistra1986, 244。

[161] Rudolphi, Dünnebier - FS, 1982, 577。

[162] LG Bremen NStZ 1982, 164; OLG Düsseldorf ZfW 1990, 352, 355 f.; OLG Frankfurt NJW 1987, 2753 ff., 2757; LG Bremen NStZ 1982, 164; AG Hanau wistra 1988, 199, 200; AG Hechingen NJW 1976, 1222; AG Lübeck StV 1989, 348, 349。

[163] Bickel, ZfW 1979, 148; Brammsen, 1986, 197 f.; Freund, 1992, 305 ff.; SK⁶ - Horn, vor § 324, Rn. 23; Hüwels, 1986, 175 f., 182 ff.; Joecks³, vor § 324, Rn. 11; Kühl, AT³, § 18, Rn. 80 f.; Lackner/Kühl²⁴, vor § 324, Rn. 4; Maurach/Schroeder, BT/2⁸, 58/30; Meinbetg, NJW 1986, 2220, 2224; Otto, Jura 1991, 315; Sack, UmweltschutzstrafR, § 324 StGB, Rn. 202 d; Sch/Sch/Cramer/Heine²⁶; vor § 324, Rn. 30, 38 ff.; Schultz, 1984, 166 ff.; LK¹¹ - Steindorf, § 324, Rn. 64; Stratenwerth, AT⁴, § 13, Rn. 17; Triffterer, 1980, 138; Winkelbauer, NStZ 1986, 151, Zeitler, 1982, 18 ff.。

[164] Czychowski, ZfW 1984, 265 ff., 267 f.; Gersler, NJW 1982, 12 f.; GenStA Hamm NStZ 1984, 219; Gieseke/Wiedemann/Czychowski, WHG7, § 324 StGB, Rn. 25; Jescheck/Weigend, AT⁵, § 59 IV 3 c; Rudolphi, Dünnebier - FS, 1982, 580 f.; ders., NStZ 1984, 198 f.; ders., SK⁷, § 13, Rn. 54 cf.; Salzwedel, ZfW 1980, 211 ff., 212 f.; Schall, NJW 1990, 1270; Schink, DVBI. 1986, 1081; Schünemann, wistra 1986, 243 f.; Tiedemann, 1980, 45; Tröndle, Meyer - GS, 1990, 618 f.; Tröndle/Fischer⁵⁰, vor § 324, Rn. 18 f; Weber, 1988, 56 f.; Winkemann, 1991, 67。

[165] 一份对整体争论状况的优秀说明,见Sangenstedt, 1989, 633ff.,他得出了肯定一种保证人地位的结论。同样,见Rogall, 1991, 217ff.(特别是226 f.)。

[166] Horn, NJW 1981, 6。

[167] Kühl, AT³, § 18, Rn. 80。

[168] Rogall, 1991, 227。

[169] 169 Freund, 1992, 305 f.; Kühl, AT³, § 18, Rn. 80。

应当是不同的,因为水务机关的唯一任务就是对水进行管理。正是在人们借助许内曼的严格理论角度要求对保护性保证人的"控制性控制"时,这就在这里存在了。[170] 对水状态的持久控制的任务已经委托给了水务部门了。

103　与其相比,相反的观点则难以站住脚。鲁道菲[171]认为,所有的公民在自己的控制的领域之内,都负有与水污染的危险进行斗争的义务。但是,在公民没有这么做时——并且,没有水务部门的控制本来就真的不会发生——就仅仅还有主管的国家工作人员应当保护受到威胁的法益了![172]还有,这绝对不是这样的:在还有别的保证人存在时,就应当在这种地方否定水务部门的保证人地位了。[173] 不言自明的是,在父母一方疏忽了自己的保护义务时,另一方也仍然是——而且正好在这里!——保证人。在许内曼[174]以水务部门的"经营任务"为根据,而这种任务也包括在排污许可证——也就是说,一种受控制的污染——之中时,并不改变防止违反第324条的行为也属于一种合乎规定的经营任务这个事实。[175]

104　关于环保机关的保证人地位的争论,是以这个法政策问题作为背景的:"在这个领域中的国家工作人员所具有的刑事可罚性,是应当尽可能扩大还是应当尽可能限制"。[176] 行政部门希望——部分地得到了行政法学家的支持[177]——将他们刑事可罚性的风险最小化,与此同时,绝大部分刑法学家都要求一种有效的环境保护,并且认为国家工作人员的刑事可罚性风险是一种合适的手段。

105　当然,这种争论的实际意义并不像理论上的差异那么大。环境保护部门的工作人员通过环保行政法,已经在是否、何时以及针对何人进行干预的问题上,被赋予了很大的裁量余地。[178] 因为——就像在那个警察案例(边码98)中显示的那样——人们承认,一个在刑法上具有重要意义的违反保证人义务是以裁量的减少到零为前提的,所以,迄今为止,在实践中只有很少的国家工作人员由于没有针对第三人的行径进行干预而受到刑事惩罚。[179]

106　也就是说,对行政部门过分宽广的犯罪化的忧虑是没有道理的。在人们把一种保证人地位归之于环境保护部门时,就不会以同样的方式来对待其他各种监管机关,并且由此"导致一种保证人地位的无限扩张"。[180] 例如,在银行监管方面,《德国信用业法》第6条第3款[181]就排除了银行监管机构对于储户的保证人地位。另外,在保险监管方面,就应当考虑到投保人——与环境保护不同——在很大程度上是能够保护自己的。还有,人们一般也能够说,对水务管理机关的授权"明显超出了对其他机关的行动授权"。[182] 当然,不作为的信条学在国家监管义务领域中,还

[170] 偏离的观点,在这个领域内,见 Sangenstedt, 1989, 638 ff. (639),他因此拒绝了负责的政府官员所具有的一种原本是保护人的保证人地位,但是,这个人是作为"第二保证人"来看待的。

[171] Rudolphi, Dünnebier - FS, 1982, 578 f。

[172] 对此,也参见 Winkelbauer, NStZ 1986, 151。

[173] 详见,Sangenstedt, 1989, 643 ff.; Winkelbauer, NStZ 1986, 151, Fn. 31。

[174] Schünemann, wistra 1986, 244;类似的,见 Schall, NJW 1990, 1270;Tröndle, K. H. Meyer - GS, 1990, 608 (619)。

[175] 对此,也参见 Winkelbauer, NStZ 1986, 151。

[176] Schünemann, wistra 1986, 235。

[177] 对此,详见 Schall, NJW 1990, 1268 f.; Schünemann, wistra 1986, 235;Tröndle, K. H. Meyer - GS, 1990, 610。

[178] Sangenstedt, 1989, 704 f.,谈论了一种"通过广泛期待的行政性判断的裁量范围、判决性裁量范围与经营性裁量范围"来加以限制的环境导向。

[179] 详见 Schall, NStZ 1992, 268,他仅仅能够找到通过 AG wistra 1988, 199 已经做出的判决。

[180] Rudolphi, Dünnebier - FS, 1982, 580。

[181] Winkelbauer, NStZ 1986, 150, Fn. 30。

[182] Rogall, 1991, 227。

提供了很多需要分析的工作要做。

(五)对危险源的控制(监护性保证人地位或者保障性保证人地位)

监护性保证人地位有三个来源。一是每个人都应当对处于他的控制领域之内的不动产与动产(也就是说,例如,地产与动物)加以监护。二是对特定人具有控制性控制的人,必须防止他们的违法构成行为。也就是说,父母必须照顾自己的子女不要造成损害,同样,精神病院的院长也必须防止交给他的病人去犯罪。三是根据绝对主流(即使不是完全没有争议的)的观点,每个人都必须负责由自己启动的危险的因果过程,不要转为一种符合行为构成的结果。这种情况涉及由先在作为(先行行为)产生的保证人地位,典型案例就是在交通事故的肇事者,在他对事故的被害人不救援时,在可能的情况下就要由于通过不作为的(过失或者故意地)杀人而引起责任。作为第四类的案件,在这里要讨论的是近年来变得特别有现实意义的刑法性的产品责任案件,有争论的是,它们是能够归入那种传统的监护性保证人地位之中,还是能够表现为受保障的必须承担责任的一种单独的类别,还是能够表现为一种保护人保证人地位。 107

1. 在自己控制领域内对危险物品加以监护的义务

首先,属于这里的是所有在民法上称为交通保障义务的监护任务。也就是说,一个拥有一座房屋或者一块土地的人,就必须关心楼房的住户与来访的客人不会由于保障措施不充分而受到伤害。在较老的司法判决中,这种交通保障义务并没有独立扮演保证人地位的角色,因为人们认为能够在先前行为的观点下处理这类案件。但是,这样一种分类部分是不可能的,部分是又掩盖了必须承担责任的真实原因存在于对危险源的控制。[183] 例如,在固定不牢的屋瓦掉下来砸伤路人时,这个房屋主人的刑事可罚性就很难把由于通过过失不作为的人身伤害置于一个先前行为的基础之上,因为在修房子时,一切都正常,并且,这个房屋很可能很早以前就换过主人了:[184] 仅仅是这个房屋主人没有对自己房顶的状况加以充分的控制这个情节,就说明了必须承担责任的根据。相应的道理,也适用于,例如,那些已经接管了铺设草垫子防滑的义务却又疏忽而没有做而造成的损害。 108

在这里,不可能一一列举成千上万的各种交通保障义务。[185] 略举几例就足以说明了。例如,对在地上挖的沟就必须设置防护措施;[186] 让访客使用的楼梯间就必须有照明。[187] 在屋子里生的火威胁到屋子外面的人时,就必须将火灭掉。[188] 109

同样,设施与设备都必须由经营者保持在一个适合运转的状态。例如,滑雪道、[189] 儿童游乐场、[190] 跳水台、[191] 缆车、体育场[192] 等。有争议的是,在危险是由第三人创设的时候,是否还存在这种监护性保证人地位。对此,司法判决在一个已经停止运营的垃圾清理站“野蛮”堆放垃圾的 110

---

〔183〕 对于“交通义务与先行行为”之间的关系,详见 Schünemann, 1971, 281 f。

〔184〕 Schünemann, 1971, 284。

〔185〕 一个关于“在司法判决中反映的交通义务”的概述,见 Schünemann, 1971, 303 f。

〔186〕 RGSt 6, 64; 15, 58。

〔187〕 RGSt 14, 362。

〔188〕 BGHSt 3, 1。

〔189〕 BGH NJW 1971, 1093; 1973, 1379; OLG München NJW 1974, 189。论文,见:Hepp, NJW 1973, 2085; Hummel, NJW 1974, 170。

〔190〕 OLG Karlsruhe OLGSt 222, 29。

〔191〕 OLG Stuttgart VersR 1961, 1026。

〔192〕 BGH VRS 18 (1960), 48。

案件中,给予了肯定的回答。[193] 原则地说,这个判决是正确的。在一个设施能够为公众进入时,这当然是这个案件中值得怀疑之处,这个设施的经营者或者拥有者就必须保障这个设施免受所有出现的危险,不管这种危险是什么人引发的。

111 **在企业与建筑施工中防止工伤事故**,[194]也涉及了重要的监护义务。在建筑施工的案件中,这种面对工人与面对公众的保障义务是同等存在的。[195] 在这里,这种保证人地位在原则上涉及了建筑公司,而不是业主或者代表业主的"建筑项目管理人"(《联邦最高法院刑事判例集》,第19卷,第286页)。当然,业主的这种"有待从一般的交通保障义务中推断出来的保证人地位",在以下意义上"继续有效,这个意义就是他承担了挑选出加以委托的建筑公司的责任……如果他发现这个建筑公司……工作不认真,或者,产生了一个新的危险源,而这是这家建筑公司以其手段与知识很可能不能对付的,因此,这个业主就不允许继续无所作为。同样,也适用于那些为了业主——无论是现在作为建筑师还是作为建筑力学工程师——接管了在此范围内监督施工任务的人……"。[196] 另外,在建筑工人中,司法判决处理得更多的,首先还是那种从监护性保证人地位中引导出来的封锁工地与架设警示灯的义务。[197]

112 一个必须把细节转交给道路交通法评论的特殊领域,是**机动车的占有与经营问题**。[198] 198 机动车的车主必须关心车辆始终能够安全运行,[199]驾驶员必须在开车之前检查刹车、轮胎与车灯是否正常。[200] 驾驶员在危险状况中必须刹住车,[201]并且采取保障措施以防止其他车辆撞上自己停下的车。[202]

113 司法判决也要求人们监护与保障自己的车辆,使之不被无能力驾驶者、不懂驾驶者以及没有驾驶执照者使用。[203] 至于这项监护义务的范围有多大,当然必须根据具体案件的情节来确定。因此,人们通常不需要担心不懂驾驶的人能够开走别人的车。还有,一位妻子也几乎不能阻止其倾心于驾驶却又没有驾驶执照的丈夫拿走她的车钥匙。[204] 自己的机动车不适于交通的状态必须加以消除。[205] 然而,一辆机动车的车主应当为防止自我负责的交通肇事人逃逸的充当保证人,那就太过分了。[206] 从机动车所有者的身份中不能推导出防止犯罪的义务。同样,让机动车所有者承担自己不酒后驾车的保证人义务,也是错误的。[207] 在这里,危险不是来自这辆车,而是

---

[193] OLG Stuttgart NJW 1987, 1282; LG Koblenz NStZ 1987, 281 f.: Kühl, AT^{3}, § 18, Rn. 109; Sch/SchlStree^{26}, § 13, Rn. 44。

[194] 重要的专著,见 Herzberg, 1984; C. P. Schmidt, 1986。

[195] 专著:Gallas, 1989 (1963)。

[196] BGHSt 19, 288 f. 带有进一步的区分性实行。关于建筑施工工程师的责任,见 OLG Stuttgart NJW 1984, 2879 m. abl. Anm. Henke, NStZ 1985, 124。

[197] 参见,BGH VRS 16 (1959), 28; OLG Hamm NJW 1959, 1551; OLG Karlsruhe NJW 1977, 1930。

[198] 很好的概述,见 Schünemann, 1971, 305 ff.。

[199] BGH VRS 17 (1959), 388; VRS 22 (1962), 211, 281; VRS 37 (1969), 271; OLG Düsseldorf NJW 1971, 65。

[200] BGH VRS 15 (1958), 431; DAR 1961, 341; BGHSt 17, 277; BGH NJW 1964, 1631。

[201] RG JW 1937, 2645; BayObLG VRS (1960), 128; BGHSt 17, 223。

[202] RG DJZ 1930, 1592; RG JW 1932, 801 f.; RGSt 74, 195; BGHSt 4, 360。

[203] BGHSt 17, 289; 18, 361; OLG Hamm NJW 1983, 2456; OLG Köln VRS 77 (1989), 232。

[204] 参见,仅仅是 OLG Düsseldorf StV 1987, 253; BayObLG bei Janiszewski, NStZ 1988, 545 m. w. N.。

[205] OLG Stuttgart VRS 30 (1966), 78。

[206] BGHSt 18, 7; OLG Stuttgart NJW 1981, 2369; 偏离的观点,见 SK7 – Rudolphi, § 13, Rn. 30; Brammsen, 1986, 250; Weber, Oehler – FS, 1985, 93。

[207] 但是,这样见 BayObLG JR 1979, 289 ff.; Freund, 1992, 178; Jakobs, AT^{2}, 29/31, Fn. 58; Jescheck/Weigend, AT^{5}, § 59; Sch/Sch/Stree^{26}, § 13, Rn. 43。就像本书一样的,见 Horn, JR 1979, 291 ff., 292; Otto/Brammsen, Jura 1985, 601; SK^{7} – Rudolphi, § 13, Rn. 30。

来自这个驾驶者；而在这个驾驶者在驾驶时是无罪过能力的，他就只能在第 323c 条之外，仅仅根据原因自由（actio libera in causa）的原则来承担责任。

动物的所有人在由动物产生的危险方面具有一种监护性保证人地位。最具有现实意义的，首先是养狗伤人或造成财物损坏的案件。在狗由于教育不够、监护不够或者保障不够（通过栅栏、嘴套或者拴狗绳）而咬了其他人或者动物时，这条狗的主人就要由于通过不作为的人身伤害或者财物损害而负有责任了。[208] 在极端情况下——例如，对“斗犬”监护不够的——也能够考虑一种通过不作为的杀人。 114

很有争议的是这个问题：住宅在多大程度上能够作为一个有待监护的并且会产生保证人地位的危险源来看待？只要那个危险是从这所住宅中出来的，对这个问题就应当给以明确的肯定回答。也就是说，在残破的楼梯与访客一起坍塌时，没有及时维修楼梯的房屋主人就要由于通过不作为的人身伤害而具有刑事可罚性。但是，即使整所住宅都处于正常状态，只不过是在一个小地方产生了危险的，那么，一个保证人地位也同样存在。因此，这所房子的房主或者租户不想要由于通过不作为的剥夺自由而受到刑事惩罚时，就必须把那个不管是谁也不管是故意或者过失地锁起来的人放出来。“在这里，这个住宅被关闭的状态，就表现为一种处于这个房屋所有人控制范围内的危险源，因此，也由此为他造成了一项保证人义务。”[209] 115

但是，很值得怀疑的是，这个房屋的房主对在其房屋范围中出现的犯罪行为的干预，是否负有保证人义务。司法判决在原则上——带有越来越多的怀疑——对此予以了肯定的回答。在联邦最高法院，《新法学周刊》，1966 年，第 1763 页的决定中，[210] 一个酒店的女主人在四个年轻男子由于一位女子拒绝与他们共舞就对其加以身体伤害时，未加干预。联邦最高法院在这个判决中没有回答，是否从《酒店法》中应当引导出一种保证人地位（这应当加以否定，参见，边码 11，12）：“无论如何，由此能够得出结论：这个经营着一家酒店的被告人，在她具有处分权力的空间中，应当具有关心秩序的法义务，特别是保护其顾客免受其他顾客的这种不法行为的侵害，就像这些行为在本案中出现的那样……”[211] 116

《联邦最高法院刑事判例集》，第 27 卷，第 10(12) 页已经把这个司法判决转用到一位住宅所有者身上了。这个住宅所有者把一位退休的老人接到自己家里（至少是一个晚上）。这个退休老人在那里成为另外一位住客的勒索性抢劫而死亡。这个住宅的所有者“没有阻止这个构成行为，虽然他本来是能够阻止的”（出处同上，第 11 页）。联邦最高法院对下列问题没有作出明确的回答，“从法秩序在另一方面同意赋予住宅所有者保护自己住宅的特别防卫权，这是否就能够引导出这个住宅所有者的义务”，或者，他是否也应当“防止不请自来的‘访客所造成的危险，例如，遇难的小偷或者乞丐……”（出处同上，第 12 页）。在他将其“接到自己家里并且向其提供保护”中，就已经“创设了一种信任的基础”：“一个人在接受他人的邀请进入其住宅时，就可以相信住宅的主人——在其‘控制范围内’）——会为他排除重大危险的出现。”在轻微的犯罪中，这不应当适用，但是，在强奸、[212] 杀人、严重伤害、抢劫及绑架性勒索却是应当适用的。虽然这个判决援引了那个 1966 年的判决，但是，那个判决理由的基础还是有所变化，不再仅仅是按照房屋的 117

---

〔208〕 参见，出自司法判例，BayObLGSt 1986，115；1986，140；BayObLG NJW 1993，2001；OLG Bremen NJW 1957，72 f.；OLG Celle NJW 1970，202；OLG Düsseldorf NJW 1993，1609；OLG Hamm NJW 1996，1295。

〔209〕 Schünemann，1971，361。

〔210〕 先前已经有的，见 RGSt 72，373；OGHSt 1，87。

〔211〕 偏离的观点，见，例如，Jescheck/Weigend，AT^{5}，59 IV 4 b；Sch/Sch/Stree^{26}，§ 13，Rn. 54（“这……就太过分了”）。

〔212〕 相反，见 BGH GA 1971，336。

空间来进行安排,而是按照一种保护关系或者信任关系来安排,并且,把这种保证人义务限制在严重的犯罪行为上了。

118　在《联邦最高法院刑事判例集》,第30卷,第391页中,继续了这种严格的路线。在这个案件中,"主要行为人"把一个年轻女孩拖入一个同乡的住宅中,在那里强奸了她。这两个被告人(住宅的所有者与他的妻子)在主要行为人的威胁之下让这件事情就这样发生了。一个"仅仅从作为房屋所有者的身份推导出来的保证人地位",就像下级法院从那种"由被告人为其构成行为的处分权所利用的房屋"中引导出来的保证人地位那样(出处同上,第393页,第395页),现在被联邦最高法院明确地拒绝了。更准确地说,只有"在这所住宅由于其特殊性质或者状况而表现为一种危险源,而房主应当对此加以保障或者监护,从而使其不能成为实施犯罪的便利手段时",作为住宅所有者的身份才提供了保证人地位的根据(出处同上,第396页)。联邦最高法院试图避免与从前的司法判决发生矛盾,于是这样说明:除了住宅所有者的身份之外,在这里本来还存在着说明保证人地位根据的"特殊情节"。"这种情节就是处于相对于杀婴行为人的一家之主的地位(《帝国法院刑事判例集》,第72卷,第373页;《英国占领区最高法院刑事判例集》,第1卷,第87页),处于作为堕胎者的丈夫的地位(联邦最高法院……《新法学周刊》,1953年,第591页;联邦最高法院,《戈尔特达默斯刑法精粹杂志》,1967年,第115页),此外,在饭店的经营活动中(《帝国法院刑事判例集》,第58卷,第299页;联邦最高法院,《新法学周刊》,1966年,第1763页……)与……在把被害人接到家里能够看到的"(出处同上,第395/396页)。

119　随后的司法判决也遵循了上述判决。因此,联邦最高法院在一起单纯容忍在自己住宅中贩毒的案件中,拒绝了一个保证人地位;[213] 即使一个访客由于服用毒品而处于需要帮助的境地,也不能提供房屋所有者保证人地位的根据。[214] 还有,同住人在自己的地产上种植大麻植物(《德国麻醉品交易法》第29条第1款),也不会导致这块地产所有者具有防止结果出现的义务。[215]

120　**也就是说,人们能够这样认为,根据较新的司法判决,仅仅是一套住宅、一座酒店或者是一片地产的所有人身份,并不能引起应当归入第13条的防止在这些领域内出现犯罪行为的义务**。这种观点是正确的,并且与过去的情况不同,今天也得到了文献中主流观点的承认。[216] 因为这些空间本身并不表现为危险源,所以,对这些空间的所有人身份就不能产生出监护义务,除非这所住宅的特点本身具有引起犯罪行为的危险。

121　根据《联邦最高法院刑事判例集》,第30卷,第395页,在那些应当考虑的"特殊情节"中,那些在保持不活动案件中的房屋与地产的所有人,就被算成了一种等同于实行行为的不作为。也就是说,这些"特殊情节"本来就必须具有独立说明保证人根据的效力,并且,在归类时也不能放在"对监护自己控制范围内危险物品的义务"之下,而应当另作安排(参见,边码108的标题)。酒店的店主以及还有在家招待客人的主人,面对他们的客人,本来都必须接管一种保护功能,或者负有一种监管行为不良的客人所带来的危险的义务。《联邦最高法院刑事判例集》,第27卷,第10页(边码117)显然是从一种面对受邀请客人所具有的保护性保证人地位出发的。但是,这

---

〔213〕 BGH NJW 1993, 76; BGH StV 1999, 212。

〔214〕 OLG Stuttgart NJW 1981, 182。

〔215〕 OLG Zweibrücken StV 1986, 483; 1999, 212。

〔216〕 参见,Brammsen,1986, 267 ff.; Freund, AT, § 6, Rn. 76 ff.; Gropp, AT², § 11, Rn. 41; Herzberg, 1972, 332 ff.; LK¹¹ – Jescheck, § 13, Rn. 44; Kindhäuser, AT², 250; Köhler, AT, 221, 225; Kühl, AT³, § 13, Rn. 112 ff., 115; Landscheidt, 1985; SK⁷ – Rudolphi, § 13, Rn. 37; Sch/Sch/Stree²⁶, § 13, Rn. 54; Schünemann, 1971, 361, AK – Seelmann, § 13, Rn. 133; Stratenwerth, AT⁴, § 13, Rn. 45; Tenckhoff, JuS 1978, 310 f。

种保护人地位却由于缺乏客人对主人的依赖性而不能成立。从《德国基本法》第13条(住宅不受侵犯)并不能得出这个结论:例如,房屋的权利人必须接管公民在其他情况下享受的国家保护;在"紧迫的危险"中(《德国基本法》第13条第7款),房屋权就会必须退居后面。[217] 另外,人们也不能说,一个在住宅、酒店中以及在地产上遭受袭击的被害人在获得帮助时,会比其他情况下更难,以至于必须使用房屋权利人的保证人地位来补偿这个缺陷。在酒店、住宅与宁静的房地产中,比在大多数无人的公众场合的袭击,平均地说,更经常见到根据第323c条负有救助义务的人员(或者说,能够通过求救找到他们)。面对行为不良客人的监护义务,同样也非常少。只有在极少数例外的情况下,才存在对自负其责的第三人举止行为进行监督的义务(详见,边码125以后),并且,这种监督义务从开门迎客中是无论如何也不应当推导出来的。

也就是说,由此得出的结论是:在自己空间内的一种保证人地位,在那种由司法判决今天还认可的"特殊情节"中,也是完全不存在的。无论是酒店店主还是住宅的所有者,对于防止其客人的犯罪行为,都不是保证人。在自己的空间内防止犯罪行为的保证人地位,因此仅仅在例外情况下才会产生:一个人在把一名智力有障碍的人接到家里后,或者应当照顾孩子的,他就必须保护这些人免受犯罪行为的侵害(照料性保证人地位),并且,必须防止由他们产生出各种违法的构成行为(监护性保证人地位)。但是,这是由其他应当承担责任的义务中得出的结论,在原则上与这个住房毫无关系。 122

在住宅与地产通过其特性而带来危险的范围内,这种监护义务在原则上就仅仅适用于保护那些合法进入这些空间的人。[218] 也就是说,在一个盗贼从安全设施不足的阳台上摔下去受了伤时,这个住宅的所有人就是无刑事可罚性的。在这里,儿童是个例外,因为他们对自己的构成行为并不能是有责任的,并且,必须得到保护以使自己免受伤害。此外,那些任何人都能够进入的空间(商场、体育场)也必须成为一个例外,因此,那里应当是对任何人都没有危险的。[219] 123

对于监护危险物品的总的义务所适用的是,这仅仅是保障性义务,而不是救助性义务。[220] 在——为了使用标准案例来说明——一块屋瓦由于固定不牢而掉下来砸伤了一个路人的头时,能够从房屋所有人的监护性保证人地位中,也就是说,并不能引导出救助这个受伤者的义务。在这里,这种救助义务与所要求的对屋顶的监护与保障毫无关系。但是,在人们跟随主流的先行行为理论时(对此参见,边码143以下),这个问题就毫无实践意义了。在那里,就从先行行为中得出了一种防止结果出现的义务。 124

2. 保障公众免受第三人违法构成行为侵害的义务

从自我责任原则中得出的结论是,在原则上不存在监护其他人举止行为的义务。也就是说,一个人对自己观察到的犯罪行为,能够干预而不干预的,只能在必要时根据第323c条进行刑事惩罚。即使那种已经讨论过的警察的保证人地位(边码85以下)与水务部门的保证人地位(边码99以下),也不是以对全体公民的监护义务为基础的,而是以相对于犯罪被害人的保护性保证人地位,也就是在水的状况方面的保证人地位为基础的。尽管存在着一些例外,有人必须作为防止第三人犯罪行为的保护人而承担责任:这些例外总是(allermal)以一种控制关系为前提的,这种控制关系能够基于对被监护者缺乏的或者限制的责任,但是也能够基于在法上的上位关系。 125

---

〔217〕 Schünemam, 1971, 362; BGHSt 30, 394。

〔218〕 SK^{7} – Rudolphi, § 13, Rn. 31; Schünemann, 1971, 304 f.; 类似的,见 Sch/Sch/Stree^{26}, § 13, Rn. 47; 部分偏离的,见 Arzt, JA 1980, 716。

〔219〕 Landscheidt, 1985, 87; SK^{7} – Rudolphi, § 13, Rn. 31。

〔220〕 Kühl, AT^{3}, § 18, Rn. 111; SK^{7} – Rudolphi, § 13, Rn. 31; Sch/Sch/Stree^{26}, § 13, Rn. 45; Schünemann, 1971, 290 ff.。其他观点,见 Brammsen, 1986, 241 f.; Herzberg, 1972, 322 ff.。

(1)自我责任的原则

126 除了提到的两种例外情况之外,就不存在其他防止他人犯罪行为的义务了。我们已经看到,这一点既适用于国家机关(参见,仅仅是边码125),也适用于房屋权所有人在其客人可能犯罪的情况(边码121)。同样,就像已经讨论过的那样(边码49),这也适用于夫妻双方之间的关系。因此,帝国法院就曾经由于是(通过不作为的)伪证的帮助人而惩罚过一个丈夫,因为他没有阻止妻子去宣誓做伪证。[221] 还有,联邦最高法院[222]也曾经由于是通过不作为终止怀孕的帮助人而惩罚过两名丈夫,他们没有阻止妻子去进行终止怀孕。当然,联邦最高法院在这里还是倾向于仅仅在有婚姻的居住范围内出现的犯罪行为中,才承认这种保证人地位。但是,即使这种住宅房主的身份也不能说明对有责任人的犯罪行为必须承担责任的根据(边码122)。今天,恐怕联邦最高法院也不再会坚持夫妇双方负有一种相互监护的义务了。[223] 从上述内容可以得出结论:一个父亲对于防止自己已经成年子女的犯罪行为,也不负有第13条意义上的义务。柏林高等法院的一个决定[224]就曾经惩罚过一个父亲,他是一起虚假陈述的帮助人,因为他没有阻止自己成年的儿子作出一项有利于父亲的虚假陈述。这项判决是站不住脚的。关于上面所说的原则,在文献中都是广泛同意的,因此,在这里提出其他证据就是多余的。

(2)对被监护者缺乏的或者限制的责任

127 这里最主要的例子是父母对其未成年子女的关系。父母对于自己的子女,不仅具有一种保护性保证人地位(边码33以下),而且还必须防止由子女产生的危险,从而在这个范围内对子女加以监护。父母在民法上,能够由于损害照管义务而承担损害赔偿义务。在刑法上的保证人义务毫不强制地来自子女处于父母的控制性控制之下。因为子女自己还不是有责任的,所以,父母就必须为他们接管起这种责任。

128 当然,在这里应当注意两项限制。第一,在通常情况下,不能过分要求父母去刑事举报以防止子女的犯罪行为。这个题目已经在其他部分讨论过了(第31节,边码211以下),本书提请参阅有关部分。第二,应当考虑到,对子女进行毫无漏洞的监护是完全不可能的,因为这个孩子就应当被教育成独立的人,所以,从教育的角度说,那种监护也不是所希望的。也就是说,在维持公共法益的利益与父母教育子女时自由发展的利益之间必须进行权衡。[225]

129 实际上的结论是,即使是小孩子,在身处容易让他们作出危险行为的情况下时,也必须始终加以监护:也就是说,不允许把一个三岁大的孩子单独留在这样的房间里,只要那里有危险的物品,只要他在那里会玩火,只要在那里能够开煤气炉或者启动危险的技术装置。在一个九岁大的孩子那里,情况就不一样了。[226] 在年龄更大的孩子那里,父母只有在能够看出他们有实施构成行为的倾向时,才是必须加以干预的,也就是说,在他们看见自己的孩子正打算用石头砸邻居的窗子,或者往马路上放障碍物,等等。父母还必须特别采取措施,防止孩子再去干已经造成后果的违法构成行为。还有,在可以看见危险可能性较高的情况下,父母还必须预防过失犯罪:也就是说,父母不允许让孩子在黑暗中骑着没有车灯的自行车出门,或者,也不允许让孩子把一条危险的"斗犬"牵出去遛。相反,年龄较大的孩子就允许在没有监护的情况下去公共场合活动,只

---

[221] RGSt 74, 283。

[222] BGH NJW 1953, 591; BGH GA 1967, 115。

[223] 参见,这个在边码49中引注的段落,出自BGHSt 19, 297。

[224] KG JR 1969, 27。Schünemann, 1971, 333, 谈论了一种"糟糕的失败";Freund, 1992, 262, Fn. 63, 称这个判决是"不合情理的"。

[225] 有启发性的,见Freund, 1992, 249 ff.。

[226] 对此,参见BGH NJW 1984, 2574。

要他们没有由于举止行为上的偏差而表现出一种为父母所知晓的安全风险。在孩子的确干了一次打伤人或者偷了东西时,父母对此并不负有刑法上的责任。一般能够这样说,父母的监护义务是随着孩子年龄的增长而日渐减少的,[227] 并且,会随着孩子的成年而终止的(参见,边码 126)。

与照料性义务一样,保障性义务也是能够暂时加以托付的。也就是说,那个由父母为自己不在时聘请来照管孩子的人,不仅接管对孩子的保护性保证人义务,而且也必须——在父母同样的范围内——防止孩子干出违法的构成行为。这首先适用于教师,教师的保护性保证人义务与监护性保证人义务是以国家的学校法为基础的。当然,这些义务仅限于学校的范围之内。[228] 也就是说,当老师看到孩子下午放学后相互吵闹时,他是不必对他们进行监护的。 130

对于精神病人也存在着一种监护性保证人地位,并且,这种保证人地位首先涉及安排这些人居住的设施中的主管人员与工作人员。[229] 131

人们也能够正确地说,驾驶教练对于学习驾驶的学员具有保证人地位。[230] 虽然这些学员在原则上并不是没有罪责能力的,但是,只要他还没有学会驾驶,他就是没有能力正确对待交通要求的。这种个人的无能力是一种排除罪责的根据。[231] 由此所产生的不足必须通过驾驶教练来发现,教练控制着学员,并且以这种方式保障着交通安全。同样的道理也适用于所有的师生关系,其中的学生地位就带来了具有危险性的行动。 132

(3)在有责任的人的行为方面以上位关系为基础的保证人地位

在特定的上位关系中,法律本身通过自己的刑法条文,对上级在与其下属之间的关系中所具有的监护性保证人地位作了规定。因此,根据第 357 条第 1 款,一个让下属的违法构成行为发生的上级,"就实现了对于这种违法构成行为所应得的刑罚"。也就是说,他将在符合我所代表的义务犯罪理论中(参见第 31 节,边码 140 以下),作为不作为行为人而受到刑事惩罚。根据第 357 条第 2 款,同样的道理也适用于这样一个国家工作人员,"只要对其他国家工作人员业务工作的照管与控制都转移给了他,并且,那些国家工作人员实施的违法构成行为涉及了属于这种照管与控制的业务工作"。对于军事长官(《德国军事刑法》第 41 条),以及对于船长与船员之间的关系(《德国海员法》第 108 条),也存在着这种与第 357 条第 1 款相应的规定。[232] 监狱的看守也应当具有防止囚犯犯罪行为的义务。[233] 在所有这些例子中,虽然实行性行为人都是一个有责任地行为的人,但是,上级却能够凭借其发号施令的权力对这个领域进行安排与控制。因此,他就必须承担责任,使这个领域中不产生违法的构成行为。[234] 133

在保证人信条学中,今天仍然有争议的问题还包括,除此之外是否还存在一种**刑法性的业主责任**,也就是说,企业的所有者与企业中的主要干部是否对防止下属实施与企业有关的犯罪行为负有保证人义务。现在还缺乏能够指明方向的司法判决。[235] 在文献的主要观点是肯定这样一 134

---

[227] Schünemann, 1971, 327。

[228] Jescheck/Weigend, AT^5, § 59; Kühl, AT^3, § 18, Rn. 116; SK^7 – Rudolphi, § 13, Rn. 33; Schünemann, 1971, 325。

[229] Köhler, AT, 228; SK^7 – Rudolphi, § 13, Rn. 33; BGH (zivilrechtlich) FamRZ 1958, 211。

[230] OLG Hamm NJW 1979, 993; Brammsen, 1986, 234, 他当然与对这个车辆有事实上控制的教练联系在一起;SK^7 – Rudolphi, § 13, Rn. 35; Sch/Sch/Stree^{26}, § 13, Rn. 52。

[231] 详见 Roxin, AT I^3, 24, Rn. 107 ff.。

[232] 对此,见 RGSt 71, 177。

[233] RGSt 53, 292。

[234] 关于根据欧洲刑法与国际刑法基本原则的一个一般的"上级的责任"("superior responsibility"),见 Ambos, 2002, 666 ff.; Weigend, Roxin – FS, 2001, 1393 ff.。

[235] 但是,有关说明,参见 Schünemann, ZStW 96 (1984), 318, Fn. 104。

种业主责任的,[236]另外,还有一派强大的少数观点持否定意见。[237]

135 支持保证人地位的人主要是用领导人的命令权作为支持的。因此,许内曼[238]就认为,保证人地位能够从他主张的——也是本书所代表的——控制方案中"令人信服地推导出来,条件是一个领导机关对自己有可能使用社团纪律的手段来防止一个下属的令人厌恶的行为而不作为。在这种情况中,也就是说,这个领导机关依靠自己发号施令的权力,对那种结果的原因实施着控制,因此,就有理由认为,应当谈论一个由于发号施令的权力与组织性控制而产生的照管性保证人地位。"罗加尔[239]也站在这个观点上:"企业的所有者在事实上(de facto)与在法律上(de iure)都拥有一种命令性的与组织性的控制"。

136 与其相对,反对一派的观点则坚持认为,下属的自我负责性,是相对于领导人员的保证人地位而存在的。鲁道菲[240]是这一派观点的领军人物,他首先以这种观点为基础,并且还以第357条的一个反向推论作为论据:在法律中缺少对业主的一条相应的条文。同时,从《德国违反秩序法》第130条中也不能得出相反的理由,因为根据这个条文,在工厂与企业中违反照管义务的,正好只能作为违反秩序行为受到追究。

137 **但是,对于领导人员的保证人地位是有更好的根据的**。在领导人员促使下属实施与企业有关的犯罪行为,或者积极地支持这种犯罪行为时,他们就不能立即凭借"组织性控制"[241]而成为间接行为人。这些下属——公务员与士兵也一样——能够并且必须拒绝有刑事可罚性的要求,即使这种要求来自"上边"。[242] 但是,这个上级至少有义务也有可能,通过有约束力的指示与控制来防止各种有刑事可罚性的企业行为。在这个意义上,这个企业就是处于他的统治之下的,并且也是由他控制的。也就是说,一个保证人地位的典型条件都得到了满足(参见,边码19)。人们在这里最好是谈论一种"延长的物的保证人地位"。[243] 这个领导人员必须关心,把这个"危险源"的企业始终置于能够保障安全的监督之下,不管这种危险是来自企业在物方面的还是在人方面的潜在性。这两方面常常也是很难彼此分开的,例如,在维修方面的错误引起了技术上的缺陷或者潜在的缺陷。

138 **金贝尔纳特[244]代表了一种区别对待的观点**。他以自己在等同化问题上所代表的基本命题为基础,主张"一个不纯正的不作为犯罪仅仅存在于那种对先在的危险源负有监护义务的人"[245]放弃采取措施,以防止那种可允许的风险超出限度或者把已经超过限度的风险引回可接受程度之时(详见,上文边码25以下)。根据他的观点,企业主管由于一种不纯正不作为犯罪,

---

[236] Brammsen, 1986, 275 ff., 277; ders., GA 1993, 97 ff., 110; Göhler, Dreher-FS, 1977, 613 ff, 621 f.; Hoyer, 1998, 31 f., 32, 34; Köhler, AT, 223 ff., 225 f.; Landscheidt, 1985, 113 ff.; Ransiek, 1996, 36; KKOWiG² - Rengier, § 8, Rn. 47 - 50; Rogall, ZStW 98 (1986), 613 ff., 616 ff.; Sch/Sch/Stree²⁶, § 13, Rn. 52, Schubarth, SchwZStr 1976, 373 f.; Schünemann, 1979, 101 ff., ders., ZStW 96 (1984), 310; ders., Madrid-Symposium, 1995, 274 ff.; Stratenwerth, AT⁴, § 13, Rn. 46 f., 48。

[237] Heine, 1995, 116 ff.; Hsü, 1986, 254; LK¹¹ - Jescheck, § 13, Rn. 45; Otto, Jura 1998, 413; SK⁷ - Rudolphi, § 13, Rn. 35 a; Schall, NJW 1990, 1269。

[238] Schünemann, ZStW 96 (1984), 318。

[239] Rogall, ZStW 98 (1986), 617。

[240] SK⁷ - Rudolphi, § 13, Rn. 35 a。

[241] 但是,这样,见 Rogall, ZStW 98 (1986), 617 以及还有 Schünemann, 1971, 328; ders., 1979, 95ff., 102 f.; ders., ZStW 96 (1984), 287, 310 ff.; ders., LK¹¹, § 14, Rn. 65。

[242] 详见第25节,边码60, 107。

[243] Schlüchter, Salger-FS, 1995, 158。

[244] Gimbernat, Roxin-FS, 2001, 651, 带有出自西班牙司法判例的有趣材料。

[245] Gimbernat, Roxin-FS, 2001, 656。

只有在以下情况下才有责任,即这个下属的故意或者过失的犯罪行为"正好存在于对一个与企业有关的危险源的影响之中,从而后来从这里会产生出对法益的损害"。[246] 也就是说,在企业出售了有缺陷的产品或者没有遵守消防与预防工伤事故的规定时,企业的领导人在可能的情况下就会由于不纯正的不作为而承担责任。与其相反,"对于没有防止可能在企业内实施的偷盗、贿赂政府官员、不正当竞争、在赌场中作弊,或者'夜总会门口保安的暴力举动"的,就不负任何责任了。

金贝尔纳特的理论角度是很有用的,但是,在更紧密一点时,就完全能够与把企业领导责任限制在与企业有关的犯罪行为的观点相符合了。在一个职员出于嫉妒而打死了同事时,这个企业主对防止这样一种构成行为并不是保证人。这种杀人行为在企业之外也同样可能出现,并不是与企业有关的,因此,也不是从企业的危险源中产生出来的。在一个雇员在企业的职务工作中贿赂了政府官员或者违反了竞争法规定时,在赌场赌台的主持人强行收走了赌客的投注,或者一名在可能的情况下可以动用武力的保安超越了自己的权力时,这些情况就都属于有关企业的特殊经营危险了。因此,企业领导人就必须控制住这些"危险源"。金贝尔纳特认为,[247] 人们不能把一名雇员称为"危险源"。但是,在我看来,这却是有可能的,只要有关企业的情况能够带来一种实施相应的犯罪行为的危险。 139

就像《德国违反秩序法》第 130 条或者《德国刑法典》第 357 条那样的条文,与这样一种保证人地位并不冲突。《德国违反秩序法》第 130 条的目的在于,"在放弃与下属的令人厌恶行为的罪责联系"的范围内,对企业家保证人地位加以扩展。[248] 也就是说,《德国违反秩序法》第 130 条也应当保障一种制裁的可能性,以对付这种案件:"在这种照管义务中,与具体令人厌恶行为有关的故意或者过失并不能得到证明。"在存在一种罪责联系时具有的保证人责任,是这里的条件。因此,第 357 条表达了一种一般的法思想,这种思想也适用于那种业主责任。 140

本书所代表的观点与那些否定领导人员保证人地位的学者的观点之间,实际上并没有看上去的那么大的差别。将保证人责任限制在与企业有关的犯罪行为上,也就是说,限制在"那种涉及这个所有人本身的"的那些义务上(《德国违反秩序法》第 130 条第 1 款),就显著地缩减这个责任。在一名企业员工允许一名同事或者外来访客偷盗、侮辱、打人、进行性侵犯的,企业主对此是没有保证人地位的。[249] 另一方面,就像鲁道菲[250]这样的保证人地位的反对者也认为,企业主作为保证人有义务"防止出售有问题的药品或者汽车,就像不能向恐怖分子提供武器一样"。由此,这毕竟是承认了对供货人进行监护的必要性。但是,为什么不应当把这种保证人义务扩展到防止雇员们"在完成交给他们的任务中干的"其他犯罪行为上去呢?这是无法正确地看清楚的。 141

所要求的永远只能是"企业特殊的操纵性措施",[251] 也就是说,个人的义务范围是指向根据情况委托给他的控制范围的。与之相反,最高的业务领导层就具有一种全面的组织性的与控制性的义务。在最高业务领导层是由多数人组成时,每个业务领导人都会分配负责一个特定的领域,从而使其他人的照管义务由此得以减轻。但是,在其他一位业务领导人很明显没有按照规定履行自己的义务时,或者,在这个企业作为整体很明显遇到了危机或者例外情况时,所有的业务领导人都又重新适用整体负责的原则了。这个业务领导层当然能够把特定的控制任务委任给他 142

---

[246] 在这里以及在下文中,见 Gimbernat, Roxin – FS, 2001, 661。

[247] Gimbernat, Roxin, – FS, 2001, 661 f. 联系着 Schünemann, wistra 1982, 43。

[248] Rogall, ZStW 98 (1996), 615; 下面的引注,见 620。

[249] Rogall, ZStW 98 (1996), 618。

[250] SK^7 – Rudolphi, § 13, Rn. 35 a。

[251] Schünemann, 1979, 105; 这里所说的,在 aaO., 106 ff. 详细地说过了。

人。但是,在那里,它就必须谨慎地挑选它的工作人员,精确地规定其义务范围,并且通过专业性监督使自己相信企业处于符合规定的运行之中。更进一步的细节问题,属于企业犯罪活动的特殊领域,本书在这里不作分析了。

3. 基于先在作为为基础的防止结果出现的义务(先行行为)

(1)关于先行行为保证人地位的可能性

143　那种出于先在作为的保证人地位,也被人们称为先行行为,[252]早在现代不作为信条学产生初期(参见,边码3)就已经被人提出来了,并且,直到今天还为司法判决与主流观点所认可,虽然不仅是其存在而且还有其根据以及内容,在细节上都饱受争议而毫无得到解决的希望。根据有关讨论现代状况,这种保证人地位的特点,能够简单地概述为"创设了一个新的危险源"。在实践中最重要的例子是交通事故的造成。根据先行行为的理论,在一个过失开车并且因此威胁到他人生命的,就具有一种保证人地位了,这种地位使他有义务防止那个事故被害人的死亡。也就是说,他必须把伤者送往医院,或者以其他方式进行救援。在他对这么做不作为因而使那个被害人死亡时,他就能够根据主观态度,由于通过不作为的过失致人死亡(第222条)、杀人(第212条)或者甚至是谋杀(第211条)而受到刑事惩罚。

144　把先行行为的讨论限制在创设了新的危险源上,是战后的一个(尚未得到所有人承认的)新发展。在此之前,人们首先是把这种先行行为作为"填补漏洞的手段",[253]适用于下列案件:"这种不作为虽然看起来是需要惩罚的,但是,一种行为的义务却既没有法律支持的又没有合同支持的基础"。因此,人们在很长的一段时间内,都把保障交通安全的义务作为先行行为的案件来处理(参见,上文边码108)。在其中,为了说明保证人地位的根据,人们就要追溯到诸如购置那种后来没有得到足够防护的房屋、地产等先在行为上去,并且,把那些在其他情况下也处于不作为责任之后的行为动作,当作防止结果出现的义务的联结点。这种办法在今天已经没有必要了,因为这种保障性控制以及还有保护性控制的状况,就已经提供了一种说明保证人地位的更好的根据。因此,这在实际上首先是有重要意义的,因为人们由此能够将这些案件从关于先行行为的争论中解脱出来。

145　也就是说,这种先行行为的保证人地位在今天仍然有待讨论的形式中,与其他监护性保证人地位的区别,是这样划分的:首要之处不在于保障,而在于从防止结果出现的义务人所造成的一种危险中进行救援。在这种形式中,这种先行行为的保证人地位首先是交通犯罪领域在战后时代的一个创造。韦尔策尔[254]已经证明,帝国法院从来不曾把交通肇事人视为保证人,而是变换着使用不同的特别条文,最终是根据第330c条(也就是今天的第323c条)来对那种不提供帮助进行惩罚的。韦尔策尔在这里提出一个问题:"在这个期间,法意识的变化是如此之强烈,以至于同一个行为在1906年还被当作简单的轻微犯罪(Übertretung)来判决的,在1909年就被当作轻度犯罪(leichtes Vergehen),在1939年就当作中度犯罪(mittleres Vergehen)来判决了,而自1955年以来,甚至就应当属于严重犯罪(Hochkriminalität)了?"在《联邦最高法院刑事判例集》,第11卷,第355页之中,联邦最高法院理所当然地把交通事故肇事者的保证人地位作为出发点了:"因此,在司法判决中已经承认,[255]这个撞倒行人使其重伤的机动车驾驶员——在可能的情

---

[252] 与拉丁文 ingerere 有点(在这里:在一种他人的领域中)混淆了。

[253] 在这里以及在下文中,见 Stratenwerth, AT^4, § 13, Rn. 26。

[254] Wetzel, JZ 1958, 494 ff. (495)。

[255] 但是,走在前面的是存在于同一条路线上的两个决定:BGHSt 7, 287 (出自1955年)与 BGH VRS 13 (1957年), 120 ff., 122。

况下是除了过失致人死亡与交通肇事逃逸之外——是对这个(未遂的)杀人负有罪责。当时,他虽然算计到这个行人已经受了致命的伤害,并且,在不予立即救治就会死亡,但是,他仍然在自己的意志中接受了这种可能性,并且开车扬长而去,让伤者听天由命。"这一点——借助那种有待讨论的限制性——从那以来,就一直是司法判决的一贯态度。

在学术界中,大部分人也都接受了由先在作为中产生保证人地位的可能性(加上不同的修改),但是,对此提出的一切说明都仍然是有争议的。[256] 大部分学者都把下面这句话奉为几乎是不言自明的道理:作为保证人,就必须承担起消除自己创设的危险的责任。[257] 作为基础适用的是不得伤害他人(neminem laedere)的禁令。但是,问题真的也正好在于,对救援的不作为究竟是否表现为以及在什么时候才表现为一种比违反第 323c 条更严重的犯罪行为! 19 世纪在法学自然主义的统治下,为建立先行行为保证人地位服务的简单的先在行为的因果关系,根据今天的归责标准,无论如何也不能提供不作为杀人的刑事可罚性了(参见,上文边码 3, 14)。 146

一派值得注意的少数观点也对一种由先在作为的保证人地位持否定态度。[258] 这种所谓的**反先行行为理论**[259]是以许内曼为代表的。许内曼的说明值得特别关注,因为他是从自己"对结果的原因的控制"这条等同化路线中引导出来的,本书对此也作了应用。他反驳说,[260]这个先行行为人——例如,在一个有罪责的交通事故肇事之后——还对那个危险源具有控制。这个先行行为人与任何一个人(quivis ex populo)一样,仅仅具有一种防止结果出现的可能性,从而对这个事件仅仅具有一种潜在的而不是真实的控制。"通过这个先在行为,这个先行行为人就从其统治范围中'解除了'这个因果过程……正是由于如此,他在本体上才像其他每个人一样面对着进一步的事件……在这个先行行为人突然成为故意的时候,因此,这就是一种没有控制的故意,从而也就是没有构成作为的单纯的邪恶的意志……"有罪责地造成的交通事故是具体的例子:[261]"这个伤害……已经结束,并且,仅仅在受伤者的身体中继续发挥影响,那个事故的肇事者对伤者的身体并不施加(现实的)力量。"一个照料性保证人地位也在这里被拒绝了,[262]因为这个先行行为人缺乏进行控制的意志,并且,这个被害人也没有将自己委托给对方。[263] 147

在刑事政策上是否需要对先行行为给予一种等同于实行行为的刑罚,也是有争论的。许内曼认为,在事故前的不小心与事故后的无所作为之间,并没有目的性的联系,而这种联系本来会允许把一种过失的人身伤害或者杀人以及一种对提供帮助的不作为,升级为一种严重犯罪 148

[256] 重要的特别专著,见:Rudolphi, 1966; Pfleiderer, 1968; Welp, 1968; Herzberg, 1972。人们对此比较那种由 Schünemann, 1971 所作的对 Rudolphi(165 ff.), Pfleiderer (81ff.), Welp (106 ff.)的批评。反对 Herzberg 的,见 Schünemann in GA 1974, 236 ff.。

[257] 参见,例如 Stratenwerth, AT4, § 13, Rn. 27:没有成功的是,"这个先行行为的义务的力量,建立在简单而有说服力的方式上,不同于那种由其直接说明的基础"。Kühl, AT³, § 18, Rn. 91 谈论的一种"说服力""也没有更详细的论证"。

[258] Lampe, ZStW 72 (1960), 93 ff., 106; Langer, 1972, 504 f.; ders., Lange-FS, 1976, 243, Fn. 12; Oehler, JuS 1961, 154; Roxin, ZStW 83 (1971), 403; ders., ²1973, 18 ff.; Schünemann, 1971, 313 ff.; ders., GA 1974, 231 ff.; zurückhaltender ders., ZStW 96 (1984), 309; Seebode, Spendel-FS, 1992, 342 ff.。

[259] 这个标记出自 Hillenkamp, ¹⁰2001, 190。

[260] Schünemann, 1971, 316。

[261] Schünemann, GA 1974, 235, Fn. 34。

[262] Schünemann, 1971, 316; ders., GA 1974, 235 f。

[263] 一个详细的对 Schünemann 的批评,见 Herzberg, 1972, 189 ff., 288 ff., 324 f., 340 f。对此的反驳,见 Schünemann in GA 1974, 236 ff.。

的。[264] 在故意的先构成行为中，加重结果的犯罪也可能满足更高的刑罚需要。[265] 佩尔·萨尔多（Per Saldo）在先行行为案件认定了许内曼：不法与刑罚需要性存在于第212条（也就是第223条以下）以下而高于第323c条。[266] 因此，他在未来法的意义上（de lege ferenda），建议这类案件成为第323c条的加重情节。[267]

149　布拉姆森[268]代表了一派极端相反的观点。他虽然同样拒绝一种保证人地位，但是却把这种先行行为的情况归入了这个实行性犯罪的体系之中。也就是说，他认为，在过失交通事故的肇事者故意对防止结果的出现不作为的，就是一种通过实行行为的故意杀人。对于这种实行故意，只要其是作为"**事后故意**（dolus superveniens）"，在这个构成行为实施过程中加进去的就足够了。他在这里也引用了梅茨格尔的观点：[269] "这种'后加入故意'的本质存在于这里，这个犯罪行为的客观行为构成的实现，是无罪责地或者是过失性地开始的，但是，在行为人最终造成结果之前，行为人认识了自己举止行为的违法性，并且，虽然如此，还是把这个构成行为继续实施完毕……"在这里具有决定意义的是，在这种故意的根据中，那种处于造成危险人可以操纵的可能之下的事件，还尚未完结。[270] 也就是说，根据这种理论，在这个没有故意的事件造成人，在这个结果出现之后或者在这个结果已经不能防止之时，对这个结果很高兴的，就是还不够的；这本来就会是一个不重要的事后故意了。

150　**本书采取的观点是，从先在的作为中产生的保证人地位在原则上是可能的，并且，与作为最高的等同性标准的控制性统治的标准也是相一致的**。这种应当将其贯彻归功于主流观点的"证据性经历"的理论（参见，边码146），能够用简单的语言这样来表述：当人们在原则上必须预防给其他法益造成危险时，就不应当看见，人们为什么在引起这样一种危险之后，不应当同样去预防这种危险继续发展成一种符合行为构成的结果。为了说明，用一个教学案例：在人们为了保护路人的生命而必须关心自家房顶的瓦片不要掉下来砸到头上时，万一这种事故还是发生了，人们就必须至少把他送进医院或者采取其他什么措施，用这样的方式来保护这个路人的生命。这种相反的认定，创设了一种很难解释的价值性矛盾。在人们作为行为人对开始的危险（那个事故）负有责任时，他必须在通过这个事故而出现的危险的继续发展或者升级中，才更加对防止这个结果是有责任的。仅仅让一个人仅仅对这种开始部分承担责任，而不是让他对一种引发行为构成实现的因果过程所具有的可防止的继续发展承担责任，这就是没有意义的。

151　在人们这样描述这种监护义务的范围时，就能够建立与统治性标准的一致性了：**一个有待监护的危险源（不管是自己的身体、汽车、孩子、动物或者房屋）在可操纵下的继续发展，也属于这种责任的统治范围之内，并且，应当保障其避免转入一种行为构成的结果之中**。与许内曼（边码147）与此有所不同的观点相比，这个命题是能够站得住脚的，因为这个控制领域的边界，在无损其真实基础的情况下——就像几乎所有法学边界那样——应当在规范上加以确定。那种在本书中意义重大的规范性基础，已经提过了（边码150）：在人们对于防止一项因果过程在法上必须承

---

[264] Schünemann, GA 1974, 233。

[265] Schünemann, Madrid - Symposium, 1995, 59。

[266] Schünemann, 1971, 315。

[267] Schünemann, 1971, 381。我已经在"Kriminalpolitik und Strafrechtssystem", ^{2}1973, 19中作了这种连接。还有，过去的《西班牙刑法典》第489条第3款也作了这样的规定。那部新的1995年的《西班牙刑法典》现在承认了先行行为（第11条第b款）。

[268] Brammsen, 1986, 418 ff.。

[269] LK^8 - Mezger, § 59, Anm. III, 21 f。

[270] Brammsen, 1986, 419。

担责任时,这一点就必须适用于其发展的每个阶段。此外,还有那种特别由鲁道菲[271]所强调的观点:这个先行行为人是通过自己违反义务的先在举止行为而使这个被害人失去保护的。这虽然还不足以认定一种照料性保证人地位(参见,边码 147),但是,却能强化那些肯定一种保障性保证人地位的根据。

152 极端地否定先行行为也要求对那些毫无疑问能够说明保证根据的交通义务进行区分,而这种区分现在就不再清楚了。因此,许内曼[272]"在那种已经创设的危险状况还在先行行为人的统治领域之内继续发挥作用时",就想要认定一种保证人地位。作为例子,他提到的案件是有人在遛狗时不牵狗绳,致使狗扑向路人:"由于对狗的持续统治"是"那种狗主人尽管存在着'愿意听话',但并没有把狗叫回来的那种不作为,就与实行行为具有了等同性。"但是,在狗不听主人的召唤时,也就是说,不"愿意听话"时,又怎么办呢? 狗主人这时的确还必须亲手把狗从被害人身边拉回来,并且,在他不这么做时,就会由于通过不作为的人身伤害而具有刑事可罚性。如果人们对此反驳,因为狗已经不在自己主人的统治范围之内了,那么,他就要在把狗叫回来的可能性与牵回来的可能性之间,说明一种区分刑事可罚性的根据,而这种区分在目的论上应当是会做得不再令人理解的。但是,如果人们,就像很恰当的那样,也把对牵回狗的不作为判定为等同于实行行为,那么,为什么那些通过先在的作为得以启动的因果过程本来会已经被停止的其他案件,就不应当与实行行为等同,就令人难以明白了。

153 当然,在刑罚需要性的观点下,人们会通过第 323c 条的加重情节,来取得与在根据第 13 条处理的先行行为案件相类似的结果。通过一种加重情节,人们本来就能得到这种也是借助在先行行为案件有必要动用的第 13 条第 2 款(对此,参见第 31 节,边码 240)而产生的刑罚尺度。但是,因为这种所需要的加重化不是现行法,所以,第 13 条第 2 款就提供了这种合适的刑罚框架。在一种根据第 323c 条的加重化中,那个已经出现的结果就很难令人视而不见了。有人是否在一个危险的先在行为之后,不去防止紧接下来的一种通常的人身伤害或者一个人的死亡,这还是有着很大的差别的。但是,如果人们在刑罚尺度上考虑到这一点,那么,人们就会再次向一个伪装的等同化靠拢了。

154 在先行行为案件中,一个等同化的恰当性会由此得到确认,布拉姆森甚至在这里想要认定一个实行性犯罪(边码 149)。的确,这就太过分了。[273] 对一个后续行为(对被害人的救助)不作为的决定,在逻辑上就说明了一个不作为的故意。这种对一个实行行为故意的认定,只有作为事后故意才有可能;并且,在现代刑法中没有这个概念。此外,在实行性犯罪的基础中,一种根据第 13 条第 2 款的减轻处罚的可能性就会丧失,这正好在先行行为案件中是特别必要的。

(2)先行行为保证人地位的限制

1)原则:先在行为必须对肇事人在客观上是可归责的

155 在人们承认从先实施的作为中有可能产生保证人地位时,就会提出这个后续问题:这个先在行为必须具备什么质量,才能发挥作为保证人义务根据的作用。原来,司法判决与文献让纯粹的因果关系就足够了,并且,在今天还是部分地这么做的。[274] 对此可以这样解释:这种先行行为保证人地位的根基,是深藏于 19 世纪的因果思想中的(参见,仅仅边码 3)。但是,那种观点是站不住脚的。一个完全不带有价值判断的因果联系,不能构成对刑法价值评价的连接点(在这里:负

---

[271] Rudolphi, 1966, 110 ff.; ders., SK^7, § 13, Rn. 38。

[272] Schünemann, GA 1974, 235。

[273] 详细的批评,见 Sangenstedt, 1989, 336 ff., 当然,他也拒绝了一种先行行为的保证人地位。

[274] RGSt 14, 362; BGHSt 3, 203 (205); Arzt, JA 1980, 713 ff., 714 ff.; Welp, 1968, 265 ff., 273。

有防止结果出现的义务)。在有人邀请他人来做客时,客人在来找他的路上出车祸了,邀请人在等值理论的意义上,就对这场车祸具有原因性。但是,把邀请人因此作为对救援车祸伤员的保证人来看待,那就不合情理了。在他偶然成为那场车祸的目击者时,他作为保证人的参与程度是与任何一个后来才赶到的路人一样少的,因此,只能考虑根据第323c条的帮助义务。

156 根据本书所代表的观点,一个出于先在作为产生的保证人地位,总是但也仅仅在这个先在行为可以归责于那个肇事者的时候。也就是说,一个人过失撞了他人的,就具有了保证人地位。这个被害人需要帮助的境况,就是他的作品,因此,出于上文(边码150)提到过的根据,就可以恰当地使他对没有防止进一步后果承担责任。但是,如果有人就像那个请人做客的例子(边码155)中那样,仅仅对事故具有原因性,而这个事故并没有表现出是一种由他所创设的在法上具有重大意义风险的后果的,那么,这个事件对他来说就是一个偶然事件,从中并不能引导出超过一般的刑法救助义务(第323c条)之外的责任。还有,其他那些基于监护一种危险源义务的保证人地位,真的不是与单纯的因果关系相连接的,而是与一种在监护中可归责的缺乏谨慎相连接的。

157 也就是说,客观归责理论能够转用在先行行为上。至于具体如何发挥影响,应当在下文(边码160)中借助一组有关案例[从2)至8)]详细进行分析。无论如何,从本书并且也从今天为主流观点所采用的对先行行为责任的严格限制中,能够得出一个结论:正确的答案是有点在一种绝对否定这种保证人地位与无限扩展所有原因性的先在行为的主张之间穿过的。

158 在文献中,也在司法判决中,在人们不满足在先行为的原因性的范围内,就对各种各样的情况作出区分,但是,这些都处于与本书所代表的观点相类似的地位上。鲁道菲是第一个在先行行为责任的领域中有说服力地说明了拒绝因果思想的人,他要求一种违法的先在行为。[275] 这个主张走得有点太远了,因为基于正当化紧急避险状态的危险,或者基于一种原本存在而现在已经消失的正当化根据的危险,是与一种合法的先在行为相联系的,并且,尽管如此,还能够说明一个保证人地位(边码186以下,189)。的确,鲁道菲同样作为“例外”[276]承认的那些案件,借助客观归责理论,就能够立即融入到先行行为保证人地位之中。雅各布斯[277]确切地表述道:“一个违法的先在的举止行为所具有的要求,就把这种先行行为责任……收得太紧了,因为这个被害人能够有权受到保护,虽然不是在这个举止行为之前,但却是在其造成的后果之前。”

159 对于限制先行行为保证人地位,还存在着一些其他的尝试。“人们提出的限制标准五花八门。”[278]因此,有根据保护目的关系安排的,[279]有通过先在行为为条件的提高风险安排的,[280]根据恰当性[281]或者结果出现“接近了极高的可能性”,[282]根据在责任领域[283]或者组织圈[284]

---

[275] Rudolphi, 1966(特别是157 ff., 163 ff.); ders., JR 1987, 62; ders., SK^7, § 13, Rn. 40; 同样,见BGHSt 37, 106; 43, 381, 397; OLG Cell VRS 41 (1971), 98, 99; OLG Karlsruhe JuStiz 1975, 151; Gallas, 1999 (1963), 90, 92; Lackner/Kühl^{24}, § 13, Rn. 13。

[276] SK^7 – Rudotphi, § 13, Rn. 40 a, b。

[277] Jakobs, BGH – FG, 2000, Bd. IV, 47。

[278] Dencker, Stree/Wessels – FS, 1993, 163。

[279] Stree, Klug – FS, 1983, 395, 399。

[280] Otto/Brammsen, Jura 1985, 646, 648; 也参见,Otto, NJW 1974, 528。

[281] 例如,Welp, 1968, 201 ff., 226 ff.。

[282] 这样,例如,Grünwald, ZStW 70 (1958), 431。BGH NJW 2000, 2756, 在一种稳定的司法判决与文献中不同声音的指示下,要求“符合行为构成的结果……出现紧迫的危险”。

[283] Rengier, JuS 1989, 802, 807。

[284] Jakobs, AT2, 29/29 – 36。

的归属来安排的。赫茨贝格[285]认为具有决定性的是，这个不作为人是否“已经在他进行的引起危险的主动作为中，就负有责任去尽最大可能避免那种现在就明显具有威胁的结果”。所有这些都不是错误的。但是，它们由此都只是抓住了客观归责的部分方面，使得这些观点能够毫不勉强地加入在本书中发展出来的方案之中。这也适用于登克尔(Dencker)的新论点：[286]“这个先在行为必须是……指明所有的，但也仅仅是指明这些质量，即必须指明实行性犯罪在客观上具有的符合行为构成的行为。”在这种客观归责是满足行为构成的条件这个范围之内，登克尔的这个论点就符合了本书发展出来的解决方案。即使较新的司法判决也使用了客观归责理论的不断变换的要素。[287]

2)当先在行为处于被允许风险的范围之内时，没有保证人地位

160 首先，当先在行为对所创设的危险虽然是原因，但是对被害人并没有创设更高的风险时，出于先实行作为的保证人地位就不用考虑了。[288]一个人劝说另一个人，不要如原本计划的那样去看戏，而是跟他去一起去看电影，当后者在去电影院的路上出车祸时，前者就不是保证人。交通事故的风险，在去看戏时与去看电影时本来就是一样高的。一个人帮助另一个人申请子女补助金，当那位补助金领取人在事后没有报告那些导致其权利丧失的变化时，这个人对于有关机关就不负有通报情况的义务。[289]这种轻微的、在刑法上不重要的风险，本来在一种没有提供帮助的申领子女补助金的情况下，也是同样存在的。

161 当先在行为仅仅创设了一种可允许风险时，也是这样适用的；这种情况也排除了一种归责。[290]当然，这在细节上还有争议。根据《联邦最高法院刑事判例集》，第 11 卷，第 353 页决定的案件事实，被告人提供了一把小刀给史某用，史某却出人意料地用这把刀捅了付先生，致其重伤，生命垂危。在当时，被告人跑开了，而没有进行救人的努力。在这里存在的是一个对提供帮助的不作为(第 323c 条)。但是，联邦最高法院想要认定一个保证人地位，说是这个被告人对于防止结果的出现“负有义务，而不考虑他是否已经有罪责地还是没有罪责地对付先生造成了现有的危险”(出处同上，第 335 页)。这没有说对问题。虽然这里的关键不在于这个先在行为在事实上有没有罪责，但是，在这个当前的案件中，这个先实施的作为在客观上完全不是过失，而是完全合法的。根据信赖原则，[291]除了在能看出构成行为倾向的案件中，每个人都允许信任他人不会实行故意犯罪。因为在这里看不到这样一种构成行为倾向，所以，那个事后出现的事件就不能从一开始就归责于这个被告人，以至于这里首先不仅缺少罪责，而且还缺少各种不被允许的危险创设。借出一把小刀就说明了一个可允许风险的根据，以至于从一开始就不用考虑防止从滥用这把刀中产生的有威胁后果的保证人地位了。

162 在当前案件中否定一种保证人地位的存在，也符合主流的观点。[292]但是，在很多人[293]把这一点追溯到实行性行为人的自我负责上时，这就不合适了。也就是说，如果被告人就像在特定

---

[285] Herzberg, JZ 1986, 989。

[286] Dencker, Stree/Wessels - FS, 1993, 171。

[287] 对联邦最高法院先行行为司法判决的一个综述性分析，见 Jakobs, BGH - FG, 2000, Bd. IV, 29 ff. 。

[288] 关于在满足行为构成框架下的客观归责的平行性案件，参见 Roxin, AT 1^3, § 11, Rn. 49 f。

[289] OLG Stuttgart NJW 1986, 176 f。

[290] 参见，Roxin, AT 1^3, § 11, Rn. 59 f. ; § 24, Rn. 14 - 38。

[291] 详见，Roxin, AT 1^3, § 24, Rn. 26 ff. 。

[292] Freund, 1992, 237 f. ; Frisch, 1988, 360 f. , Fn. 489, 490; Joecks^3, § 13, Rn. 80; Kühl, AT^3, § 18, Rn. 104; Renzikowski, 1997, 139 - 142; Rudolphi, 1966, 123; ders., SK^7, § 13, Rn. 44; Sch/Sch/Stree^{26}, § 13, Rn. 39。

[293] Freund, 1992, 237; Kühl, AT^3, § 18, Rn. 104; Rudolphi, 1966, 123; Sch/Sch/Stree^{26}, § 13, Rn. 39。

情况中可以想到的那样，能够立即察觉到史某会想用这把刀子去捅付先生，那么，他那时就负有防止结果发生的义务了，虽然这对史某的责任不会有任何影响。〔294〕在这种情况下，还把刀子递给史某就不再是一种可允许风险了。虽然施特雷〔295〕说："一个人违反《德国武器法》将枪支出售给一个成年人的，他对这个买主的举止行为并不负有责任……相应地，也不会根据第13条负有责任……来保护一个被这个买主击中的人免受进一步的损害"，因此，他的话仅仅对这个限制是正确的：在交付枪支时，那种由此追求的犯罪目的就已经可以觉察到了，就总还是产生了一种保证人地位的。违反《德国武器法》本身当然是具有刑事可罚性的，但是，就其本身来说，这还不能立即创设一种对他人生命所不允许的风险。

163 联邦最高法院多次判决过的一类案件，也应当根据这些原则来决定。在这些案件中，一个共同行为人不作为，没有防止其他共同行为人创设的风险（通常是对第三人的身体与生命）。〔296〕如果一个实行性行为人所具有的可察觉的行为构成倾向性得到了支持，那么，由此就产生了一种防止由他创设的危险——即使这也是超过了那个共同的构成行为计划的——保证人地位。相反，在一个共同行为人不能令人想到并且由此不能立即预见到的过限构成行为中（例如，两名劫匪中的一人违反计划出乎意料地强奸了被害人〔297〕），就不应当认定那个袖手旁观的同案犯具有防止结果发生的义务。

164 当联邦最高法院〔298〕认定，对未经宣誓的虚假陈述的教唆，就使得这个教唆人在让辩护方申请证人时，成为防止伪证的保证人。这也是对的。在有人已经对虚假陈述作出说明时，非常容易想到的就是，除非他从一开始就对教唆人作了相反保证，否则，他在可能的情况下就也会发誓这样做的。当然，人们也应当在陈述性犯罪中，把先行行为限制在这种超过本人诉讼行为的由特别陈述创设的危险之上（详见边码177以下）。

165 **一个没有违反谨慎要求而造成车祸的司机，是处在可允许风险之内行为的。**《联邦最高法院刑事判例集》，第25卷，第218页也是这样决定的〔299〕（引言部分）："一个机动车司机在各方面都合乎义务与交通安全的要求，面对应对车祸负全责的被害人就没有保证人地位。"这个道理也必须适用于其他所有符合谨慎要求的行为（在操作机器中，在建筑施工中，等等）。

166 拒绝一种保证人地位虽然符合主流观点，〔300〕但是，并不是毫无争议的。弗罗因德认为，〔301〕对死亡的危险不加防止的，就"不能以一种相应的风险许可作为支持：在驾驶汽车形式中表现出来的自由的事实基础，并不等于在不可避免车祸发生之后，就能够听凭被害人死去！"毛拉赫/格塞尔〔302〕认为下列立场是有道理的：应当让那些"在一般来说是危险的举止行为中不具有刑事可

---

〔294〕 关于"明显的构成行为倾向性"的标准，见 Sch/Sch/Lenckner[26], vor §§ 13 ff., Rn. 101 e。

〔295〕 Sch/Sch/Stree[26], § 13, Rn. 39。

〔296〕 BGH NJW 1992, 1246（对此，见 Seelmann, StV 1992, 416 f.; ders., NK, § 13, Rn. 113）; BGH NStZ－RR 1997, 292; BGH NStZ 1998, 83 f.; BGH NJW 1999, 69, 71 f。关于这个问题，详见 Stree, Klug－FS, 1983, 395 ff.; Jakobs, BGH－FG, 2000, Bd. IV, 44 ff.。

〔297〕 因此，这个案情，见 BGH NStZ－RR 1997, 292。

〔298〕 BGH NStZ 1993, 489。

〔299〕 见 Roxin, HR R, AT, Fall 94, 145 ff., 212 f。

〔300〕 OLG Celle VRS 41 (1971), 98; Jakobs, 1976, 813; Jescheck/Weigend, AT[5], § 59 IV 4 a; Joecks[3], vor § 13, Rn. 47; Otto, NJW 1974, 535; Rudolphi, JR 1974, 160; Sch/Sch/Stree[26], § 13, Rn. 35。

〔301〕 Freund, 1992, 182。他当然仅仅想要在加重的有风险活动中认定一个保证人地位，在这些活动中，他提到了汽车驾驶；详见ders., AT, § 6, Rn. 67 ff.。

〔302〕 Maurach/Gössel, AT/2[7], § 46, Rn. 102。

罚性地损害了他人法益的人,承担起……防止进一步损害的义务"。屈尔[303]也强调说,无论如何,让被撞倒的行人死去是"不能通过风险性许可来加以覆盖的",虽然"这种风险性许可是在遵守交通规则的情况下对承担着风险的司机所允许的。"

这些论点都是值得讨论的,但是,主流观点有着更好的理由。在一个事故中,一场不可归责的混乱在法学上就不是符合行为构成的损害,而是一种对这个司机来说只是基于偶然的不幸事件。在这样一个不幸事件中,他虽然像任何一个偶然在场的人一样必须根据第 323c 条提供帮助,但是,这正好不涉及防止一种从缺乏监护的危险源中产生的后果——并且,只有这个观点才能在可允许风险的举止行为中支持那种先行行为的保证人地位(参见,边码 150)！另外,应当考虑的还有,在这类案件中,事件的责任通常都在被害人一边,由此给肇事者带来附加的负担本来就是不合适的。联邦最高法院正确地说道(出处同上,第 201 页):"一个以这种方式合法行为的机动车司机"不能"公正合理地被置于一个……对造成车祸与由此给自己带来的危险负全责的……交通参与者的照料人的位置上"。当反对观点想要把保证人地位在一定程度上作为批准驾驶汽车的代价时,他们就瓦解了那种监护性保证人地位的基础,并且,也忽视了一点:驾驶汽车不是借助特殊负担换来的奢侈,而是一种对于社会功能来说在今天不可缺少的运动方式。 167

雅各布斯[304]想要进行区别,并且,从可允许的风险性举止行为中引导出一种保证人地位来,前提有二:一是涉及一种特殊的风险(比日常不能避免的举止行为具有更高的风险);二是受威胁的人已经采取了自己一方应当采取的防护措施。作为特殊风险存在的证据,他提到了民法性的危险责任与一种义务性保险。 168

根据这种观点,原则上说,谨慎驾驶而卷入车祸的司机,就也能是救助伤者的保证人。但是,在一个醉汉冲着他的车摇摇晃晃地扑过来时,就不应当适用了。[305] 在这里,这个疏忽了必要防护的被害人就应当自己对这个事件承担责任。当然,这样一来,这个保证人地位在很大程度上就又被取消了。在肇事者与被害人双方都无可挑剔地行为时,就很难出现事故。一种比较可能想到的情况,最多是有第三方肇事者参与其中。但是,在那里,这种第三人的保证人地位就足以保护被害人了。还有,人们也不应当从民法的责任性条文中立即引导出一个更强烈的刑法责任,正是由于有民法上对被害人的保护,才只需要较小的刑法责任了。反对这种区别的理由还有:在这种具体情况中,一个尽管自己的举止行为无可挑剔但还是卷入了一场车祸的人,就不能判定其他事故参与人可能的罪责及其罪责的程度,因此,一种区分性解决方案会导致严重的法不安全性。 169

先在行为虽然不是在可允许的风险之内活动的,但是,超过的风险(Risikoüberschreitung)并没有对那个结果产生影响,这时,是否会产生一个保证人地位是有争议的。这种案件存在于《联邦最高法院刑事判例集》,第 34 卷,第 82 页之中:[306]被告人以 120 公里/小时的速度(而不是允许的 100 公里/小时)行驶,从而违反了《道路交通条例》。那名在车祸中死亡的摩托车手的确对事故承担全部责任;确定的是,即使被告人遵守最高速度的限制,这场车祸本来也是不可避免的。在这里,联邦最高法院想要认定一个保证人地位,因为这个被告人"的举止行为已经违反了交通规则,并且,这个举止行为与这场车祸之间有着直接的联系"(引言部分)"。"这个审判委员会没有回答,在这个司机不符合交通规则的举止行为与这场车祸不可能具有关系时,这个说法是否仍 170

---

[303] Kühl, AT^3, §18, Rn. 101。

[304] Jakobs, AT^2, 29/42。

[305] 例子,见 Jakobs, AT^2, 29/42。

[306] 带有偏离的观点,见 Ranft, JZ 1987, 859 ff.; Rudolphi, JR 1987, 162; 同意的,见 Herzberg, JZ 1986, 986 ff., 989 ff.。

然还有效”(出处同上,第84页)。正确的是,应当否定一种保证人关系。[307] 就像专家鉴定的那样,在这个被告人“即使遵守这种……最高限速的情况下……不论是通过死踩刹车还是猛力向左转都不可能避免这场事故时”,超过最高限速就正好不是与车祸处于直接的关系之中。尽管如此,联邦最高法院还是造出这种与车祸之间的“关系”。在一种让通过具有刑事可罚性的行为创设出来的状态得以持续下去就应当自己承担责任(versari in re illicita)的观点下,这就是一种不允许的归责。

171　除了违反谨慎缺乏影响之外,一个以保证人义务为根据的先在行为,是**以下述意义上的风险联系为条件的。这就是:这个先在行为必须正好已经创设了这个风险,而这个风险却是那个被违反的规范所要防止的**。在这个过失框架内作为客观归责条件的一切,[308]必须同样对在先行行为中的先在行为也适用。联邦最高法院也同意这一点。它在《联邦最高法院刑事判例集》,第37卷,第115页以下,想要“至少在那里”,即在“这个违反义务正好存在于违背了这样一个为了保护受到威胁的法益服务而确定的要求之中……”时,就认定先行行为的一种保证人地位。

172　也就是说,在房屋的所有人在搜寻小偷时从地下室的楼梯上跌下去受了伤的,[309]这个小偷就不是有义务防止那种由事故产生的后果的保证人。防止财产所有人受到人身伤害,就不是小偷违反的禁止偷盗的目的。“如果……这个机动车司机违反交通规则造成骑车人摔倒在地,那么,他是否就必须……作为保证人来防止第三人偷走这个躺在路旁水沟里丧失知觉的骑车人的钱包呢?”[310]答案应当是否定的。因为,道路交通条文的目的并不是为了防止盗窃。

173　一种在可允许风险内活动的先在举止行为所具有的不能为保证人义务提供根据的主要案件,也就是那种**可允许的卖酒行为**。[311] 当一位客人在酒馆中喝了不少酒后,以至于他——在还保存着归责能力中——变得不适宜驾驶时,他在这种状态下还开车回家并且造成交通事故的,就提出了这个问题:除了这个开车人之外,这个酒馆的老板是否也应当作为通过不作为的过失性并列行为人而对那个后果负责任呢?《联邦最高法院刑事判例集》,第4卷,第20页对此作出了肯定的回答:这个酒馆老板必须阻止其客人开车,必要时,甚至应当叫警察来。他的保证人地位来自提供了酒精性饮料,而这些酒精饮料使客人处于迷糊状态。“一个为犯罪行为的实施创设了危险的人,就有义务防止从这种状态中产生出威胁性的结果。”

174　这个司法判决本来有可能给餐饮业带来毁灭性的后果,幸亏被《联邦最高法院刑事判例集》,第19卷,第152页撤销了。[312] 联邦最高法院现在的依据是,根据《饭店法》,只有向醉酒的人提供酒精饮料才是被禁止的。“只要这个店主允许以令人理解的方式认定,这个客人还有能力对自己的行为负责,那么,他就不需要对客人的行径……加以干预;无论如何,都不能对他施加这种在刑法上具有重大意义的义务”(出处同上,第154页以下)。只有当客人“已经变得无归责能力时,也就是说,超出了《德国刑法典》第51条第2款(今天:第21条)的安全范围”时(出处同上,第154页),才算超过了这个界限。《联邦最高法院刑事判例集》,第26卷,第35页进一步延续了这个判决,并且,将其转用到私人请客的情况上去。

---

[307] 这样,也见 SK^7 – Rudolphi, § 13, Rn. 39 b; Stree, Klug – FS, 1983, 398; Kühl, AT^3, § 18; Rn. 102; 批评的,也见 Jakobs, BGH – FG 2000, Bd. IV, 41 f。

[308] 参见,Roxin, AT 1^3, § 11, Rn. 72 ff.。

[309] 例子,也见 Stree, Klug – FS, 1983, 397, 399。

[310] Stree, Klug – FS, 1983, 403。

[311] 司法判决,详见 Jakobs, BGH – FG, 2000, Bd. IV, 35 ff.。

[312] 拒绝的,见 Geilen, JZ 1965, 469。

3）通过先在行为招来的危险存在于受威胁者独自的责任范围中，没有保证人地位

当那种从先在行为中产生的危险存在于这个受威胁者独自的责任范围之中时，对这个先在行为的归责就失败了。这种状况的典型范例是**协助他人故意的自我危害**。[313] 在实践中，这种类型最重要的案件就是搞到毒品，而对这种毒品的消费会使接受毒品的人陷入生命危险之中。在这种案件中，当被害人与毒品的提供人一样，在同样程度上忽视了毒品消费的风险时，这个毒品提供人就不是由于身体伤害而具有刑事可罚性的（因此，现在还有《联邦最高法院刑事判例集》，第 32 卷，第 262 页）。[314] 更准确地说，这里仅仅存在着一种对无刑事可罚性的自我危害的协助，这种协助缺乏符合行为构成的主行为，因此同样是不具有刑事可罚性的。对于不作为信条学来说，结论就是：在毒品的接受者由于享受毒品而陷入一种需要帮助的状态之中时，这个毒品的提供者也没有保证人地位。这种已经产生的危险不应当归责于这个提供者，而应当归责于这个顾客自己。因为甚至那种协助故意自杀都毫无争议地不具有刑事可罚性，所以，阻止那种从故意自我危害中产生的后果就也必须同样存在于杀人的行为构成范围之外。一种在完全意识到这种风险中实施的自我危害，就总是应当由这个自我危害人自己负责。也就是说，如果这个毒品提供者对这种对他来说——例如将病人送往医院——是可能的救援病人不作为，那么，他就只能根据第 323c 条具有刑事可罚性，而不是由于通过不作为的杀人而具有刑事可罚性。遗憾的是，联邦最高法院对此并不这么看，在这种案件中，是由于不作为的（或者在可能的时候甚至是故意的）杀人来进行惩罚的。[315] 175

上面所讲的，也应当转用到其他所有负责任的并且是在对风险有充分意识的情况下实施的自我危害的案件之中。用两个略作改动的司法案例来说明：一个人与他人一起举办了一场危险的摩托车飙车比赛，当后者在这里通过自己的罪责出了车祸时，前者并不是保证人。[316] 一个人患天花住进一家隔离医院，他对于阻止前来探望自己的医院神职人员受到传染就不是保证人，只要这个神职人员在进入传染病区时就已经容忍了自己已经知晓的风险。[317] 176

另外一大类将危险归入他人责任领域的**主要例子**是，**诉讼程序一方当事人通过自己违背真实的争辩来动员一个证人作伪证，并且对这种伪证不予防止的**。[318]《联邦最高法院刑事判例集》，第 3 卷，第 18 页结合了帝国法院[319]的司法判决，认定争辩一方当事人具有来自先实施作为的保证人地位。当这个当事人对自己在场时的证据采纳，没有通过说明真实情况来防止证人故意违反誓言时，就使自己对通过不作为的帮助作伪证具有罪责了。 177

这个司法判决在《联邦最高法院刑事判例集》，第 17 卷，第 321 页中被明确放弃了。“那种彼此负有义务的感觉”——这里涉及的始终是在离婚诉讼中对违反婚姻关系的争辩——“不足以为证人创设一种特殊的危险状态，使有罪责的丈夫承担起阻拦证人作虚假陈述的义务”。这样一种危险只能通过其他情节的加入才会产生，“例如，通过他在离婚诉讼程序过程中，还继续与证人保持破坏或者违反婚姻的关系，由此为证人带来了或者至少是提高了作虚假陈述与作伪 178

---

[313] 参见，Roxin，AT 1^3，§ 11，Rn. 91 ff.，在这里，这个在最高标题作用下的状况，就在故意的自我伤害中得到了处理。

[314] Roxin，HRR AT，Fall 3，S. 3，158。

[315] BGH NStZ 1984，452；NStZ 1985，319 借助偏离的观点，见 Roxin。参见，关于整体，带有进一步证明的，见 Roxin，AT 1^3，§ 11，Rn. 96。

[316] 改变的情况，见 BGHSt 7，112；详见 Roxin，AT 1^3，§ 11，Rn. 92；ders.，HR R AT，Fall 4，S. 5，158 f.。

[317] 在这个案件中，BGHSt 17，359 错误地认定了一个过失的实行犯罪。对此，详见 Roxin，AT 1^3，§ 11，Rn. 93；ders.，HR R AT，Fall 32，S. 43，173。

[318] 关于这个司法判决，详见 Jakobs，BGH－FG，2000，Bd. IV 32 ff.。

[319] RGSt 72，20；74，283；75，271。

证的危险”(出处同上,第323页并且结合《联邦最高法院刑事判例集》,第2卷,第129页;第14卷,第22页)。[320]

179 联邦最高法院放弃早先司法判决,在结论上是值得赞扬的。但是,这个判决理由的说明却需要给予批评。“证人面临的危险”的范围,因此不能是正确的观点,因为不是证人本人,而是司法工作受到了伪证的损害。但是,与对举证程序的威胁有关的一切,却又不能否认一方当事人或者被告人的不真实陈述会带来这样的危险,这就是那个与其亲近的证人也同样会说假话。从这个角度说,因此,保持早先的司法判决本来也是可以考虑的。

180 然而,争辩的一方当事人或者说争辩的被告人,会由于以下原因而不具有保证人义务:一般来说,证人在诉讼程序中如何陈述是存在于他自己责任范围之内的事情。只有在直接对证人证言施加在程序上很特别的影响时,才能考虑像存在于教唆与帮助中那样的局外人的共同责任问题。在教唆人对为他所作的宣誓中的错误陈述默不作声并且任其出现时,在这里并且在这时,一种通过不作为对伪证的帮助就也能够产生出重要的保证人地位(对此,参见上文,边码164)。从参与人的个人关系中产生的对证人的其他影响,不能加以限定,并且,对陈述的内容来说,也不改变证人没有错误与自主的表达所具有的独自的责任性。[321]

4)在危险的创设通过紧急防卫得到正当化时,没有保证人地位

181 《联邦最高法院刑事判例集》,第23卷,第327页[322]的决定是:“在紧急防卫中伤害袭击者的,通常并不会使被袭击者成为袭击者生命的保证人。”[323]这虽然符合完全占主流的并且也是恰当的观点,[324]但是,并不是完全没有争议,[325]并且,也不是理所当然的。在紧急防卫中的行为毕竟是作为符合行为构成的举止行为而可以归责的。此外,紧急防卫的正当化是与一种必要性相联系的,这种必要性在对稍后提供帮助的不作为中就不存在了。还有,认定这个先在行为在先行行为中必须是毫无例外地违反义务的,[326]由此才能取消这个紧急防卫行为人的保证人地位,在这个普遍性上,就不是正确的(参见,上文,边码158与下文,边码186以下)。

182 虽然如此,人们还是必须否定进行紧急防卫的人具有保证人地位。人们必须将对行为构成适用的归责规则扩展到不法领域之中。在这里就得出一个**结论:在以紧急防卫为条件的先在行**

---

[320] 这样,在实质上也见 Krey, BT I[11], Rn. 574 ff.; Lackner/Kühl[24], vor §§ 153 ff., Rn. 7; Prittwitz, StV 1995, 274; SK6 – Rudolphi, vor §§ 153 ff., Rn. 52 f.; Scheffler, GA 1993, 348; Schünemann, 1971, 199 ff.(然而,这是按照 § 138 I ZPO 来安排的); Tenter, wistra 1994, 247; Welp, 1968, 307 ff.。

[321] 这样,也见 LG Essen NJW 1952, 116 f.; LG Göttingen NJW 1954, 731; LG Münster StV 1994, 134 f.; Ebert, JuS 1970, 400 ff.(没有完全清楚的意见); Hillenkamp, Wassermann – FS, 1985, 865; Otto, JuS 1984, 161 ff., 169。类似的,限制性的,见 Bockelmann, NJW 1954, 697 ff., 700; Heinrich, JuS 1995, 1115 ff., 1119; Maurach, DStR 1944, 16; ders., SJZ 1949, 541 ff.。

[322] 同样,见 BGH NStZ 1985, 501; 1987, 171; 2000, 414。

[323] 对此,也见 Roxin, HR R AT, Fall 93, S. 144, 212。

[324] Baumann/Weber, AT[10], § 15 III 4 c; Bringewat, MDR 1971, 718; Dahm, ZStW 59 (1939/40), 179; Dencker, Stree/Wessels – FS, 1993, 175; Freund, AT, § 6, Rn. 74; Gallas, 1989 (1963), 90; Henkel, MSchrKrim 1961, 183 f.; Jescheck/Weigend, AT[5], § 59 IV 4 a; Joecks[3], § 13, Rn. 42; Otto, AT[6], § 9 III 1 a, ders., H. J. Hirsch – FS, 1999, 291, 309; Rudolphi, 1966, 180 ff.; ders., SK[7], § 13, Rn. 41; Schünemann, 1971, 314; LK[11] – Spendel, § 32, Rn. 332; Tröndle, GA 1973, 295; Welzel, StrafR[11], 215; Wessels/Beulke, AT[31], Rn. 726。

[325] 对于在一种通过紧急防卫加以正当化的先行为中存在的保证人地位,见 Böhm, 1957, 84; Drost, GerS 109 (1937), 21f.; Granderath, 1961, 202 ff.; Herzberg, JuS 1971, 74; ders., 1972, 295 ff.; Maurach/Gössel, AT/2[7], 46/100; Nahstoll, 1951, 87 ff., 120 ff., 140; Traeger, 1913, 106; Vogt, ZStW 63 (1950/51), 403; Welp, 1968, 266 ff., 271 ff.; ders., JZ 1971, 433 f.。

[326] 参见,有关证明,见 Hillenkamp, [10]2001, 189 f.。

为中，已经产生的危险就存在于违法袭击者的完全责任范围之中，也就是说，对实施紧急防卫的人不能进行归责。联邦最高法院同样根据案情强调了这个具有决定性的观点："一个人通过一个违法袭击造成了一种对自己的危害，他就不能由此强求这个被袭击者作为保证人来成为他的保护者"（出处同上，第 328 页）。通过指出自我危害这一点，就完全恰当地建立起与客观归责理论（参见，边码 175 以下）的联系。

对紧急防卫法的一些专门考虑，也证明了这个结论。在肯定保证人地位中，一个违法袭击者将会得到一种比自己毫无罪责地遭遇不幸的人更好的保护。这就不仅仅是对违法行为人的一种不公正的特权，而且也会与紧急防卫法的意义相矛盾。那些通过自己合法的防卫，在个人保护之外还为保护公众利益服务的人，[327]对此还要承担额外义务，就也违反了紧急防卫法的意义。见义勇为者（Nothelfer）的例子很好地说明了这一点。他使用的强有力的干涉，展示了从各方面来讲都需要的公民勇气，并且是针对暴力行为进行干预的。对于这种干涉，为什么还应当借助一种连袖手旁观的人都没有承担的"保证人地位"来"加以惩罚"呢？ 183

紧急防卫是与一种必要性联系在一起的，而这种必要性在面对现在需要帮助的袭击者时并不存在。这个情节并不能提供反对否定保证人地位的有力理由。在防卫之后的举止行为中，重要的不是紧急防卫行为的正当化，与这种正当化有关的仅仅是这种必要性的特征，重要的也不是袖手旁观者的无刑事可罚性，重要的仅仅是这个问题：一种刑事可罚性是在不纯正不作为犯罪的观点下还是仅仅根据第 323c 条出现的。 184

也就是说，对有权进行紧急防卫的人来说，也不能让被其打倒在地的袭击者流血而死（《联邦最高法院刑事判例集》，第 23 卷，第 328 页也持此种看法）。更准确地说，根据第 323c 条的一般性提供帮助的义务还是存在的。虽然这也不是完全没有争议的，[328]因为这个处于危险之中的人已经对紧急防卫行为人进行了违法的袭击，也就是说，前者并不是以一个没有罪责的遇难者同样的方式站立在面前的。还有，在人们把一个有权防卫的后果称为"不幸事件"时，这个行为构成解释的边界就将被恶意地过度使用了。但是，人道性也禁止自己把一个违法的（并且在大多数情况下也是有罪责地行为的）袭击者在一定程度上宣布为失去法律保护的弃儿，并且禁止在可能的情况下毫无保护地牺牲其生命。对这种私人实施的"死刑"的容忍，就大大超过了所有的比例性原则，并且也会是违反法治国原则的。 185

5）先在行为通过紧急状态得到正当化的，就肯定了保证人地位

在正当化的紧急状态中，利益状态就又不一样了。汽车司机为了避免否则就肯定会致命的车祸，猛拐上人行道，并且必须容忍由此撞伤行人的，这时，人们就能够将其看成是通过第 34 条得到正当化的案件了。但是，人们必须面对受伤的行人，让这个汽车司机承担一种保证人地位的责任，从而在他不把伤者送往医院救治时，在可能的情况下，就应当由于通过不作为的人身伤害而使他受到刑事惩罚。[329] 186

在这里，这个事件并不处于这个行人的责任范围之内，这个行人也完全没有参与这个危险的产生过程。更准确地说，这个紧急状态的行为人已经干涉了他人的自由空间，而后者对这个紧急状态不承担任何一点责任，却必须为他人而牺牲自己的法益。虽然这个紧急状态的行为人得到 187

---

〔327〕 参见，Roxin，AT 1³，§ 15，Rn. 2。

〔328〕 参见，详见 LK¹¹ – Spendel，§ 32，Rn. 333。

〔329〕 这样，也见 Blei，AT¹⁸，§ 87 VI 2 c；Freund 1992，185；Kühl，AT³，§ 18，Rn. 96；Lackner/Kühl²⁴，§ 13，Rn. 13；Landscheidt，1985，119；Otto，AT⁶，§ 9 III 1；Rengier，JuS 1989，807；Sch/Sch/Stree²⁶，§ 13，Rn. 36；Timpe，1983，182。对一种通过第 32 条或者第 34 条加以正当化的先行作为作出不同处理的怀疑，见 Joecks³，§ 13，Rn. 43。

了正当化，但是，这种正当化是根据第 34 条（也是根据民法上的紧急状态的条文）与一种利益权衡联系在一起的。这种权衡应当对被害人的利益给予最大的照顾。由此才能引导出这种合理性，使这个紧急状态行为人对尽可能小地造成被害人的损失承担起责任来。这符合《德国民法典》第 904 条第 2 句使被害人能够要求得到赔偿的法律思想，并且，在刑法上意味着，这个紧急状态的行为人对于防止进一步的、通过这种紧急状态不能涵盖的后果，必须承担责任。

188　在这个紧急状态的行为人，就像在大多数情况下那样，同时也通过这个构成行为受益了，就还有一个值得注意的观点：这个以别人的代价拯救了自己的人，至少在事后，在对他来说是可能的范围内，对救援被害人承担责任，在刑事政策上也是很适当的。如果这个受益者与干预者不是同一个人（例如，在边码 186 中的案例中提到的那个免遭撞车之祸的人），那么，在他对这个危险状况负有责任时，把他解释成一个保证人地位就是实事求是的。[330]

6）一个得到正当化的先在行为借助持续效果在事后丧失正当性条件的，就肯定了保证人地位

189　一个得到正当化的先在行为，在借助持续效果，通过丧失了正当化条件而失去了未来的正当化效力时，也会产生一种保证人地位。例如，在有人将一个喝醉酒大吵大闹而对公众有危险的人禁闭起来时，根据第 34 条，这是能够得到正当化的。然而，在这个醉酒的人恢复清醒，不再表现出危险时，将其禁闭的人就必须将其放出来。否则，他就会通过不作为剥夺自由（第 239 条）而成为有罪责的。[331] 随着紧急状态条件的消失，继续禁闭就变成违法的，因此，这个把醉酒者关禁闭的人就应当关心消除这种不允许的危险。同样，在一项本来合法的许可在事后丧失了其条件时，那个环境保护机关就具有了一种保证人地位（对此参见，上文，边码 100）。

7）先实施的违反保证人义务的不作为

190　值得注意的是，先在行为也能够存在于一种等同于实行的不作为之中，[332] 从而使“先实施的作为”这个称谓并不是在所有案件中都完全恰当地表明了先行行为的特点。也就是说，在房屋所有者对屋瓦的加固不作为，使得屋瓦掉下来砸伤了路人时，这个房屋的所有人就必须对把伤者送医救治负有责任（参见，上文，边码 124）。

8）指向结果的故意构成行为就说明了防止这个结果的保证人义务的根据？

191　很清楚，一个过失的先在行为会引起一种防止结果出现的义务。一个过失造成事故的人对被害人弃之不顾的，并且，在这里由于故意未遂的或者在可能的情况下由于完成的人身伤害，或者甚至由于不作为的杀人而引起责任的，正好是较新的先行行为司法判决的一种典型类型（参见，边码 143）。人们承认的还有，一个故意伤害就会使这个行为人对防止更严重的后果（例如，死亡）负有义务。也就是说，一个人在没有杀人故意的情况下将他人捅倒了，在那里故意地让其流血不止的，就会由于故意伤害导致死亡后果，在一个构成行为单数中借助通过不作为的故意杀人而受到刑事惩罚。[333]

192　**与此相反，根据司法判决，在故意行为人对防止出现故意引起的结果不作为时，就应当不存在保证人地位**，虽然这种结果本来还有可能出现。也就是说，一个人带着杀人的故意开枪将他人击倒，并且，漠然让这个当时还活着的被害人死于内脏受伤，虽然本来送去医院就应当还能救活，

---

〔330〕对此，也参见 Jakobs，AT², 29/44 a。

〔331〕这样，也见 Kühl，AT³，§ 18，Rn. 97；SK⁷ – Rudolphi，§ 13，Rn. 40 a；Sch/Sch/Stree²⁶，§ 13，Rn. 36。

〔332〕对此，详见 SK⁷ – Rudolphi，§ 13，Rn. 45。

〔333〕参见，BGH NStZ 2000，29 f。这个死亡结果连接着“对构成行为单数的那些构成行为”。同样，见 BGH NStZ – RR 2000，329 f。

在这种案件中，根据这种观点，就仅仅是实现了一个通过实行的故意杀人犯罪的行为构成。与此相反，由于缺乏保证人地位，就也不存在一个通过不作为的杀人。联邦最高法院说（未加详细解释）：[334]"……这个故意或者有条件故意地追求一个结果，或者同意性地容忍一个结果的行为人，并不是同时负有防止这个结果的义务。"奥托[335]试图以下列论据来支持这个观点：否则，这个不作为人就会自己等同于自己（作为同时的实行性行为人），并且，这就不符合《德国刑法典》的前提了："根据这种观点，这种犯罪性地追求符合行为构成的结果就说明了刑事可罚性的根据，但是，不能说明防止这个结果的正当化的根据。"

然而，反对的观点更具有优越性。反对的观点肯定了一种通过不作为的杀人，然而，却通过法律竞合的途径（作为受到刑罚之前的在后的构成行为），让这种通过不作为的杀人返回到故意的实行性杀人之后。[336] 在奥托说，实行行为人的身份就说明了刑事可罚性的根据时，就也适用这个竞合的解决方案了。另外，"在这个过失的先在行为发挥了说明责任根据的作用时……这就更必须对故意的先在行为适用了"。[337] 由此，就会确定一种在法律上的返回义务，这却与之不矛盾；这也适用于其他的状况（参见，边码 191 结尾处的例子）。 193

这个问题**对第三人在事后参与的刑事可罚性**能够具有**实践的意义**。人们设想这么一个案件：这个实行性行为人先是从杀人未遂中中止，并且想要把这个重伤的被害人送往医院，但是，又被第三人说服而改变了主意，让这个被害人由此死去，在这里，这个第三人就能根据本书所代表的观点，由于对通过不作为杀人的教唆而受到刑事惩罚。相反的意见本来必须得出无刑事可罚性的结论，但是，由此就会在违反所有刑事法律规则的情况下，把一个故意杀人置于无刑事可罚性的地位上。由于局外人缺乏行为控制性，因此无法认定一个直接的实行性行为人的身份。 194

（六）刑法上的产品责任

现代刑法信条学澄清得最少的问题之一，就是危险产品的责任。在这里，可能涉及有害健康的食品与药品，但是，也可能涉及任何种类的消费品（具有可能造成损害的缺陷的机器或者汽车、引发疾病的皮革喷雾剂或者木材保护剂，等等）。虽然这些产品的危险性是可以认识的，但是，如果还是将其送入流通领域，那么，就要考虑一种通过主动行为的过失性身体伤害了。如果有害后果的可能性从一开始就是可以看出来的，而在这种后果广为人知之后，仍然没有采取任何防止结果出现的努力（通过召回产品或者警告消费者），那么，一种在可能的情况下是故意的不作为的构成行为就能够存在。防止结果出现的义务能够从先实施的可归责的作为中引导出来（边码 143 以下，边码 216）。 195

但是，对这个问题的看法却十分不同：当这种商品的危险性在生产与将其引入流通时还不知道，而是在后来才显现出来时，这种产品的生产者是否以及在可能的时候是如何说明一个保证人地位的根据的？**在较新的司法判决中，重要的案件是所谓的皮革喷雾剂案件（《联邦最高法院刑事判例集》，第 37 卷，第 106 页）**。在这里，一家公司把一种皮革护理剂引入市场，引起多名消费者的肺水肿。在长期生产中，对已销售的喷雾剂并没有接到投诉，因此，一种产品缺陷并不存在。也就是说，这个结果是不能预见的。还有，不能确定是这种喷雾剂中包含的哪种物质引起了这种 196

---

〔334〕 BGH NStZ - RR 1996, 131。

〔335〕 Otto, H. J. Hirsch - FS, 1999, 305 f。

〔336〕 这样，也见 Kühl, AT³, § 18, Rn. 105 a; Stein, JR 1999, 265, 271 ff.; Welp, 1968, 321 ff.。

〔337〕 这样，见 Otto 自己，Hirsch - FS, 1999, 305。

损害。

197 一个通过主动行为的人身伤害并不能成立,因为这种销售在所要求的事前观察中并没有创设不可允许的风险,也就是说,没有违背谨慎的要求。但是,有疑问的是,当生产者在知道第一批病人之后,疏忽了通过警告或者召回来防止对消费者继续造成损害时,是否就存在着一种(过失的或者故意的)不作为的构成行为呢?联邦最高法院应当处理的就是这个问题。在下文中,应当对联邦最高法院的解决办法与在文献中提出的各种设计进行考察。

1. 从先实施的作为中产生保证人地位?

198 联邦最高法院认为,"从先实施的违反义务的危害性举止行为(先行行为)"中产生了一个保证人地位(出处同上,第115页)。这种保证人地位在今天已经得到了广泛的承认,即使不是毫无争论的(边码143以下)。但是,这种方案的困难性在于说明这种违反义务性的根据。联邦最高法院用这样的话来说明:"这个先在举止行为在客观上的违反义务性并不要求这样的条件:这个行为人已经由此违反了自己的谨慎义务,也就是说,已经过失地行为了……在这个范围内,只要有这个危害结果在法律上具有不赞同性就足够了。重要的不在于这个举止行为是否在个人罪责的意义上,对引来这种结果的人具有可指责之处"(出处同上,第118/110页)。

199 但是,这种说法是错误的,并且遭到了普遍的否定。[338] 一个客观的违反义务性也是以一个举止行为的不法为条件的。行为人必须已经创设了一种不可允许的风险;[339]并且,在产品的生产与销售没有缺乏谨慎时,就缺乏这种条件了。一个举止行为所具有的违反义务性只能是事前地并且正好不能是事后地——从危害结果中——加以确定的。在没有"违反谨慎义务"的情况下认定一种"客观的违反义务性"是不可能的;因为二者是同一的。在联邦最高法院把违反谨慎性与罪责等同看待时,就混淆了不法与罪责。这种违反谨慎性(也就是违反义务性)的条件是,在构成行为实施的时间点上,存在着一个在客观上能够看出错误的举止行为,没有这个举止行为就不存在不法。行为人是否有罪责地行为这个问题,也就是说,他的错误是否能够避免的问题,需要另文处理。

200 因为这个从先实施的作为中产生的保证人地位从来不是从简单的因果关系中引导出来的,而是永远只能从这个先实施的作为所具有的客观归责中引导出来的(边码156以下),所以,联邦最高法院说明的这个根据就站不住脚了。但是,在这个根据可以仅仅置于因果关系的基础之上时,在这里援引先行行为也就会是不对的。在人们想要给公司中的负责人强加上一项防止结果出现的义务时,人们当然也可以在交付产品之后在其位置上出现了这种义务时才这么干,也就是说,通过先实施的作为从来没有对这个危险的引起提供过一种因果性的贡献。[340] 对于缺乏因果性的反对意见,联邦最高法院认为,那些加入企业的人"通常通过接手任务"而接替了"前任的保证人地位"。但是,即使这个说法是恰当的,在那里,那也不再是一个先实施的作为了,不再是一个使这个继任者的保证人地位本来能够作为根据的那种作为了。

---

〔338〕 Beulke/Bachmann, JuS 1992, 739; Brammsen, GA 1993, 102 ff.; Freund, 1992, 219, Fn. 84; Hilgendorf, 1993, 138 ff.; Kühlen, NStZ 1990, 568; Meier, NJW 1992, 3196; Otto, WiB 1995, 933; ders., H. J. Hirsch-FS, 1999, 291, 304 f.; Puppe, JR 1992, 30; SK^{7}-Rudolphi, § 13, Rn. 39, 39 b, 40 c; Samson, StV 1991, 182, 184; Schünemann, in: Gimbernat/Schünemann/Wolter (Hrsg.), 1995, 66 ff., 68 f.; ders., BGH-FG, 2000, Bd. IV, 638; Werβer, 1996, 35 ff., 64。

〔339〕 详见,Roxin, AT 1^{3}, § 24, Rn. 3 ff.。

〔340〕 参见,Schünemann, 1979, 99 ff.; ders., wistra 1982, 41, 44 f.; ders., in: Gimbernat/Schünemann/Wolter (Hrsg.), 1995, 69 f。

2. 从提高风险的先举止行为中产生的保证人地位?

201 有一种观点特别为人喜爱。这种观点虽然同样把有责任的生产者的保证人地位建立在先实施的作为之上,但是,对此并不要求违反义务性,而是让一种——虽然是可允许的——"提高的"或者"加重的"有风险的先在举止行为就足够了。[341] 弗罗因德[342]这样说明这个观点的根据:"一个人在实施加重的有风险的活动,这种活动可以这样说,是或多或少地具有明示或者暗示的保留条件的,在需要时就应当采取防止危险的措施,这就必须——在他想实施这些活动时——在那里也借助一项相应的特殊责任来干。人们不能想要拥有相应的好处,却不要那些由此引起的适当的'代价'。"他以这种方式,也解释了那种产品制造者的保证人地位。泽尔曼(Seelmann)[343]说道:"在可允许的风险中,必须……加以区别,看看是否存在着一种比不可回避的日常举止行为更高的风险。"

202 然而,这个解决方案也激起了一些顾虑。[344] 第一,它违背了先行行为的基本思想,根据这个思想,在涉及符合行为构成的归责的范围内,这种先在行为就必须在一种事先违反义务的方式中,创设了一个危险源(边码 150 以下,156 以下,199 以下)。[345] 第二,在"普通的"与"提高的"可允许风险之间的区分,由于其没有确定性,因此也是无法使用的。各种风险的提高是在一个连续的标尺上移动的,没有一个点能够用来确定一项对法律后果具有重要意义的提高。[346]

203 **迄今以来,被视为提高了风险的活动,首先是产品制造与汽车的驾驶(对此,参见边码 165 以下)**。但是,在遵守所有安全标准时,这种提高的风险又存在于什么地方呢?从统计来看,符合规定地生产的产品所具有的难以发觉的损害性后果,是非常少见的。也就是说,人们最多只能从潜在受影响者的巨大人数中,推导出这种"提高的"风险。但是,这不符合汽车驾驶的情况,并且,在其他情况下也不会产生什么意义。在人们想要认定一个制造者的保证人地位时,那么,这种保证人地位就也理性地存在于这种情况下。这时,这种损害在第一批产品出厂时就同时得到了证实,以至于迄今为止,只有很少的人受到了威胁。

204 此外,人们很难赞同这种观点:产品生产与汽车驾驶在现代社会中都表现为不是"不可回避的日常举止行为"。就连弗罗因德谨慎的表达方式("可以这样说","或多或少","明示的或者暗示的")也表现出在确定决定性的标准时没有把握。

205 最后,这个提高风险的先实施作为的命题必须能够反驳那个有待对联邦最高法院(边码 200)提出的反对意见:一个在事后才加入企业的人的保证人地位,不能从其先在的举止行为中得到说明。

3. 出于法律的保证人地位?

206 联邦最高法院也在考虑这样一种可能性:生产者的保证人地位应当在法定义务的基础上得到支持。因此,联邦最高法院指出民法上的产品责任法,但是,没有回答有利于说明先行行为根据的问题,此外,还谈到这个顾虑。这个顾虑能够反对把民法以损害为导向的责任原则直接转化

---

[341] Freund, AT, § 6, Rn. 69; Jakobs, AT^{2}, 29/42; Kühlen, NStZ 1990, 568; Lackner/Kühl^{24}; § 13, Rn. 13; Otto, WiB 1995, 933; ders., AT^{6}, § 9 III 1 a; Rengier, JuS 1989, 807; NK - Seelmann, § 13, Rn. 117。类似的,见 Herzberg, JZ 1986, 986 ff., 988 ff.。

[342] Freund, AT, § 6, Rn. 69 (关于产品责任,见边码 71)。

[343] NK - Seelmann, § 13, Rn. 117。

[344] 参见,关于批评,也见 Otto, Hirsch - FS, 1999, 308; Brammsen, 2000, 116。

[345] 正确地指责的,见 Brammsen, 2000, 116, 他认为通过批评性的建设,这种事前的角度,在明确了奠定行为基础的避免结果义务时就出现了。

[346] 对此,见 Hoyer, GA 1996, 160, 175。

为刑法上的保证人责任(详见,上文,边码 11)。然而,联邦最高法院在说明先行行为的根据时,也退回到法定义务的思想上。它认为,“这种说明危险根据的先在举止行为所具有的客观违反义务性”也来自“法律上的规定”(出处同上,第 117 页),也就是说,来自于食品与日用品法。这些法律禁止将损害人体健康的产品投入流通之中。也就是说,法律与先实施的作为在这里被相互结合在一起了。

207 但是,从所有这一切中,都得不出一个保证人地位的结论。这是从对形式的法义务理论的否定中得出的结论,并且,借助这种否定得出的那种来自法律的保证人(上文,边码 10 ~ 12)。这特别明显地表现在这里:联邦最高法院也不能给出标准,说明那些刑法之外的规范在什么时候能够说明刑法中保证人地位的根据,以及什么时候不能作出这种说明。在援引食品与日用品法时还补充了这一点:在那些把东西投入流通的人丝毫不被指摘地行为时,就不能很好地认定一种违反禁令了。但是,在“客观违反义务性”上所讲的那些(边码 199),也适用于这种将其另外建立在一种违反法律的基础上的尝试。

4. 出于监护义务的保证人地位?

208 布拉姆森[347]发展出了一种观点,主张生产者所具有的监护性保证人地位就使他应当召回损害人体健康的产品。他反对的意见认为,这种监护性保证人地位应当限制在“物理上真正的(对物的)控制关系”上。[348] 这种产品召回义务本来就符合了那种“加固的事实上的期待关系”,[349]并且,本来就存在于“不取决于这些产品是还处在这个企业的范围之内……还是已经到了消费者的手里”。

209 即使人们认为布拉姆森的结论是正确的,还是很难通过这个结论来达到使监护性保证人地位与各种真正的基础相分离的结果。在这个商品已经离开了这个制造者的实际控制范围,而到了不知名的贸易商或者消费者手中时,就不能再谈论一种监护,并且也不能再谈论那种对于这种监护所需要的在实际上采取行动的可能性了。对于生产者来说,在这里已经不再有什么能够监护的。那些现在掌握货物的人是否关心生产者可能发出的指示,就完全是他们自己的事情,并不处于“监护”之下。在人们想要让生产者承担义务时,他在此期间——不是通过监护,而是通过收到的损害报告——获得的关于自己商品的危险性的认识,就应当通知消费者与中间销售商予以警惕,因此,这就与一种监护没有任何关系了,而是以一种在一定距离之外也能知悉的保护性义务为基础的。

5. 出于接管一种保护功能的保证人地位

210 实际上,生产者的保证人地位最好能够用接管保护功能来说明。在现代商品社会中,购买者一般都没有可能性来检验所买商品的对健康的无害性与其他无危害性。因此,他必须迫不得已地信任生产者不仅遵守了所有安全标准,而且也向他告知了在事后才能得知的风险。这是一种社会现实,这一点也从民法上的产品观察义务与召回义务中表现出来了。从这些义务中,不能直接推导出一种保证人地位,但是的确能够表现出那些应当归咎于生产者的保护功能所具有的各种要素。

211 生产者作为第一个对事后出现的缺陷获知完整信息的人,通过重新涉及生产方法来找到错误的根源,并且由于自己对销售渠道的了解而立即对这些商品“踩刹车”,同时有途径能够找到受威胁的购买者。这种情况就支持了这一点:客户必须信赖生产者居于优势的商品知识,并且,

[347] Brammsen, GA 1993, 97 ff.; ders., 2000, 105 ff. (113 ff.)。

[348] Brammsen, GA 1993, 113。

[349] Brammsen, GA 1993, 116。

生产者必须相应地在可能的范围内接管自己的保护任务。

联邦最高法院根据不同的案情，同样也在这条路线上进行争辩。它说（出处同上，第121页）："生产商与销售组织掌握着最全面的情况，因为损害的报告都汇集到他们那里。因为零售商与消费者在其中可以立即以这种必要的产品知识为条件，对产品的缺陷情况作出判定，对有威胁的危险范围作出评估，并且对排除这些危险所需要的措施做出正确的选择，所以，由他们进行的产品召回就比第三人采取的干预措施，有机会发挥更大的作用。在这里，有责任的生产者或者其销售组织的地位，在面对购买者时就可以与那些没有参与的第三人的地位加以区别了。"这一切都应当不是借助"先实施的作为"创设的，但是，都恰当地描述了这个生产者面对着依赖于其能力的那些消费者，是具有优势的保护位置的。 212

许内曼[350]最先从接管保护功能方面为制造商的保证人地位提供了根据。对于那些产品的危险性是在事后才为人所知的案件中，顾客也是信任生产者的，其方式"与病人面对家庭医生或者汽车主人面对修车厂时没有两样，他把保证产品不具有危险性的任务……放在了生产者的手中。"许内曼想把生产者的保证人地位限制在商标商品上；商标商品一般比非商标商品更贵，因此顾客甚至还为生产者接管保护任务的"额外付出"支付了一笔"特殊的报酬"。[351] 但是，人们应当使生产者承担起保护顾客免受其产品危害的完全的义务。因为生产者经常把实质上相同的产品，部分地作为商标商品出售，部分地作为非商标产品通过其他销售渠道出售，所以，这种区别处理就无法令人明白了。商标商品较高的价格并不表示对危险的更高保护，而是部分地表示更好的质量，部分地仅仅表示特定商标作为地位象征所具有的更高价值。如果制造者通过放弃商标生产就能取消自己的保护义务，那么，这也会是很成问题的。 213

这种按照接管保护功能所作的安排，也毫不困难地说明（与先行行为的角度不同，边码200，205），只有在产品出厂之后才加入企业的人员也同样能够进入那个保证人地位。一项保护功能自然能够并且必须被"接管"，因为这种保护功能是仅仅与当前在企业中的位置相联系的，而不是与过去的举止行为相联系的。 214

生产者在可能的情况下，通过召回那些还处在中间销售商手中的产品来履行自己的保护义务。在这种产品撤离流通时，危险就最好的得到了消除。对于最终用户来说，一般来说，通过所有媒体发布一个警告就足够了。 215

如果商品从一开始就是被过失地送入流通领域的，那么，也可以考虑一种出于先实施的作为而产生的保证人地位。两种保证人地位的共存是没有问题的，而且在其他情况下也不少见（例如，在父亲疏忽了，没有对处于他控制领域内的危险源进行监护，使其孩子受到了伤害）。然而，追溯到那个制造商的保护义务，可以在可能的情况下，省却对产品出厂是否违反义务这个问题进行困难的考查。 216

6. 企业内部对召回产品与发布警告的职责

上文对一般的业主责任所概述的那些原则（上文，边码42），在这里都适用。联邦最高法院在皮革喷雾剂一案中，再次对这些原则作了十分准确的总结（出处同上，第123页以下）："虽然企业领导人的义务地位总的来说那种由他照顾的业务领域与责任领域相联系的……然而，这个一般责任与全面负责的原则，当——例如，在危机中，或者在例外情形下——企业在特殊的情况下作为总体出现之处，也会发生影响；在这里，企业领导层是整个地以这个行为为根据的……因 217

---

[350] Schünemann, BGH-FG, 2000, Bd. IV, 640；作为开头，见1995, 70 f。在先前的出版物中，Schünemann就拒绝了生产者的保证人地位。

[351] Schünemann, BGH-FG, 2000, Bd. IV, 641。

此，当顾客对企业大量生产与销售的系列产品提出的投诉意见堆积如山时，企业在应当作出采取什么措施的决定，并且，特别是在决定是否必须停止销售、发布警告或者开始召回行动时，就正好也是这样行动的……”

二、相当于条款

（一）立法发展

218　根据《德国刑法典》第13条第1款，除了必须负责性之外，由于一种等同于实行的不作为所具有的刑事可罚性还有一个条件，这就是“这个不作为相当于一个通过作为实现了这个法定行为构成”。这个“相当于条款”的意思是很有争议的，并且，还没有怎么得到澄清。即使在没有偏见地阅读法律文本时，也会有理解上的困难。当有人应当对结果的不出现在法上负有责任时，这个结果在法律上又由于所要求的相当于关系被否定了，这时，这个不作为人对这个结果的不出现，或者说，对已经出现的结果，由于缺乏等同性，就正好是在刑法上不应当承担责任的。对这样一个法律条文，很难做出没有矛盾的说明。回顾一下这个条文的历史，毕竟可以清楚立法者当时想什么了。

219　在1959年刑法典草案〔352〕中还没有相当于条款，当时是想在这个不作为人“凭借法律承担起防止结果出现的义务，以及根据情况，应当对结果的不出现承担义务”时（第14条第2款），把不作为与实行性构成行为等同起来。今天的相当于条款应当回溯到——最初还是以等同或者等值条款的形式——加拉斯那里，他在1959年3月10日大刑法委员会召开的第116次会议上对刑法典草案的二读提出，违反保证人义务的要求应当把不防止结果的出现仅仅与一种主动造成结果的情况等同起来。“由此，这还丝毫不能谈到这种案件。在这种案件中，行为构成并不局限在单纯引起结果就应当受到刑罚，而是详细规定了这种结果必须以什么方式被引起的……因此，例如，在诈骗中，财产的损失必须通过‘欺骗’而引起的……也就是说，对于这一类案件，作为第二种限制性观点，我们需要这种不作为行为与主动的实行行为之间具有同等价值，即使在那种以行为构成为条件的特殊行为形态方面。”〔353〕

220　除此之外，加拉斯还认为，应当让法官在纯粹的结果犯罪中还有这种可能性，从而可以讲出：“在这个具体案件中，这种举止行为与通过一个作为的行为构成的实施并不等同”这样的话。〔354〕由此就形成了一项法律提案，〔355〕在法的必须负责性之外，要求不作为人的举止行为“在考虑特殊的行为构成情节与法定的行为特征中，符合行为构成地等同与那种通过一个作为的实行”。

221　联邦司法部在1959年刑法典草案第二稿中基本上原封不动地接受了这个建议，只是用“等值的”替代了“在符合行为构成上等同的”的表述。〔356〕1960年与1962年的草案把“在考虑特殊的行为构成情节与法定的行为特征中”的用语简化为“根据情节”。〔357〕在《1962年刑法典草案》

〔352〕一个关于自1959年以来建议的综述，见 Nitze, 1989, 190 ff.。

〔353〕Niederschriften über die Sitzungen der Groβen Strafrechtskommission, Bd. XII, 1959, 79。

〔354〕Niederschriften, Bd. XII, 1959, 82。

〔355〕见 Nitze, 1989, 190。

〔356〕见 Nitze, 1989, 190。

〔357〕Nitze, 1989, 191。

的立法说明[358]中还指出，法官在确定行为人必须负责之后，还应当进行“总体评价”：“如果行为构成是以特殊的对不法有影响的行为特征为条件的，而这些行为特征又不能通过一种不作为的构成行为看出来，那么，这个行为构成就能通过保证人更大的义务性约束，或者通过其他提高不法程度的情节来加以平衡。”此外，这个相当于条款还应当导向这个结果，“那些迄今以来在干预措施所具有的不可过分要求性的观点下由司法判决已经作出免责决定的案件，对于具有刑事可罚性的不作为所具有的符合行为构成的要求，都已经不再是恰当的”。也就是说，这些在本质上不同的观点，在这里未经进一步的具体化，就与这个相当于条款联系在一起了。

最后，刑法改革特别委员会在 1968 年，把第 13 条第 1 款写成那种在新的总则中采用的形式。“根据情节”这个用语，本身就是对加拉斯强调的“特殊的行为构成情节”与“行为形态”的简化，现在又被删除了。此外，等值的要求也被今天的相当于条款所取代。原因在于，那种在当时已经引入的，但是在《1962 年刑法典草案》中还不包括的减轻处罚的可能性，本来会存在于“一种对不作为构成行为对等值要求的引人注目的对立面之中”。[359] 也就是说，今天法律文本中的“相当于”不应当加以排除，那种出于实行性行为构成而应当受到刑事惩罚的不作为，比那种“相当于”的主动作为，具有更少的刑罚需要性。 222

（二）目前的观点状态

迄今为止，相当于条款仅仅获得了很小的实际意义。在明显的范围内，目前只能在一个明确涉及相当于条款的联邦最高法院的决定。[360] 此外，卡尔斯鲁厄州高级法院[361]也曾经结合《1962 年刑法典草案》（边码 221），有一次把由其认定的不可过分要求性解释为一种缺乏相当于的案件。[362] 其他大量讨论不可过分要求性的判决，[363] 都将此作为独立的标准来使用。 223

在文献中，那种在立法理由中提出的“**总体观察**”（边码 221）几乎无人响应。[364] 这就很说明问题了。在此后所有的案件中进行一种没有任何具体标准的对相对于的进一步审查时，这种在等同性观点下精心构建的保证人地位就会失去价值，并且，各种法安全也会被瓦解（详见，边码 227 以下）。因此，有部分观点认为，这种相当于条款在总体上没有任何用处，应当加以否定。[365] 泽尔曼[366]也代表了类似的观点。他把这个相当于条款解释为“对举止行为所具有的刑罚需要性进行一种特别深入审查的要求”。即使没有这个相当于条款，在确定保证人地位时，本来也必须进行这种审查。 224

---

[358] BT - Drucks. IV, 650, 125 ff. 。

[359] 对此，详见，第 31 节，边码 236 以下。

[360] BGH NJW 1995, 3194（对此，详见边码 246 以下）。

[361] OLG Karlsruhe MDR 1975, 771。

[362] 详见，上文第 31 节，边码 215, 220 与下文边码 227。

[363] 详见，上文第 31 节，边码 211 以下。

[364] 关于那些“在这个方向上”论证的作者所作的证明，见 Jescheck/Wergend, AT[5], § 59 V Fn. 75（Jescheck/Weigend 由于“对法安全性的危害”，拒绝了一个总体观察）；Nitze, 1989, 29 ff. 。

[365] 因此，由 Nitze 在唯一的对这个题目作出贡献的专著中，此外，参见，由 Nitze, 1989, 44 引用的作者们。

[366] NK - Seelmann, § 13, Rn. 70。

225　**今天占据主流地位**〔367〕**的是"形态等值"理论**。这个理论可以追溯到加拉斯为不作为与作为的等同性而提出的关于"行为形态"特殊意义的有关论述上去(边码219)。我在当年就主张过这种观点〔368〕并且这样表述过:"虽然不作为中的结果所不具有的造成,能够由防止其发生的义务所代替,〔369〕但是,这种特定行为形态所具有的不法质量,在单纯不做中却找不到可以相当的内容"。根据这种观点,在纯粹的结果犯罪中(杀人、简单的人身伤害、毁坏财物),通过保证人的不防止就总是相对于通过主动行为的实行,以至于从这个意义上说,这个相当于条款就没有独立的意义。根据这个理论,在那些"与举止行为相联系的"犯罪中就不一样了。这些犯罪除了要求对结果的造成之外,还要求确定的行为形态(例如,在诈骗中的"欺骗",或者在强制中的"暴力"与"威胁")。〔370〕在这里,保证人地位不应当仅仅决定等同性,更准确地说,一个不作为是否相当于一个主动的诈骗行为或者强制行为等等,就总还应当是在对相关行为构成解释中需要考虑的一个属于分则中的问题。

226　个别学者还在进一步研究与加拉斯(上文边码220)提出的接近总体观察理论的一些思想。〔371〕根据这些思想,即使在结果犯罪中,法官也总是应当还能够否定违反保证人义务的不作为与实行之间的等同性("相当于条款的双重功能理论"〔372〕)。

(三)不是总体评价,不是相当于条款的双重功能

227　首先,应当一般拒绝的是这样一个观点。这个观点想要在所有的行为构成中,在肯定一种保证人地位之后,还总是审查不作为是否由于缺少相当于而不具有刑事可罚性。上文已经指出对拒绝这种观点具有决定性的理由,也就是说,缺乏各种不取决于保证人地位的相当于标准,以及由此产生的法不安全性(边码224)。〔373〕那种在《1962年刑法典草案》的立法说明中列出的"不可过分要求性"与那种"更高的义务性约束"的观点(边码221),也帮不上什么忙。这种不可过分要求性是一个罪责问题(详见,第31节,边码211以下),与这个行为构成性的相当于条款毫无关系。还有,人们也不能使这种等同性取决于这种义务性约束的强度——如果有,这种约束就必须在所有的不作为中都发挥作用)。母亲或者保姆是否通过违反义务的不作为致使婴儿死亡了,〔374〕都不能对不作为的刑事可罚性做出区别。如果人们想要承认保姆具有的义务性约束不那么紧密,因此认为其不具有刑事可罚性,那么,就必须否定保姆的保证人地位(这会是错误的,参见,边码53以下)。在不履行那种防止结果出现的义务从一开始就不能导致与实行性犯罪的

---

〔367〕 BGHSt 28, 300, 307; Freund, AT, § 6, Rn. 8; Gropp, AT², § 11, Rn. 79 ff.; Jakobs, AT², 29/7, 78 ff.; Jescheck/Weigend, AT⁵, § 59 V; Joecks³, § 13, Rn. 45 f.; Kindhäuser, AT², 242 f.; Köhler, AT, 230; Krey, AT/2, Rn. 374; Kühl, AT³, § 18, Rn. 122 ff.; Maurach/Gössel, AT/2⁷, 46/55 f.; Roxin, JuS 1973, 199; Rudolphi, 1966, 63 f.; Schünemann, 1971, 371 ff.; Stratenwerth, AT⁴, § 13, Rn. 62; Tröndle/Fischer⁵⁰, § 13, Rn. 17; Welp, 1968, 18 ff.。

〔368〕 Roxin, JuS 1973, 199。

〔369〕 这是指实行性因果关系。

〔370〕 Herzberg, 1972, 60 – 106 想要在与举止行为联系的犯罪中,让这种保证人地位完全不发挥作用,但是,在这里没有得到什么赞同(对于批评,见 SK7 – Rudolphi, § 13, Rn. 18)。关于我自己的意见,见边码230以下。

〔371〕 Androulakis, 1963, 219 ff.; Henkel, MSchrKrim 1961, 178 f.; Kahlo, 1990, 322; Arthur Kaufmann/Hassemer, JuS 1964, 153; WK – Nowakowski, § 2, Rn. 13; Pallin, ZStW 84 (1972), 200; österreich. OGH JB1. 1972, 276。

〔372〕 这个说法,见 Nitze, 1989, 33。

〔373〕 类似的,批评见 Jescheck/Wergend, AT⁵, § 59 V; Sch/Sch/Stree²⁶, § 13, Rn. 4。

〔374〕 NK – Seelmann, § 13, Rn. 69 在与 Arzt, JA 1980, 555, 716 f 进行讨论。

等同地位时，认定一种保证人地位就没有意义了。在人们肯定一种防止结果出现义务的保护功能时，也就根本不能合理地区分较强的与较弱的义务性约束了。

但是，随着学术与立法的发展，一种“总体评价”或者一种总是有待安排的第二次等同性审查（先是在承担责任的必须性观点下，然后是在相当于的观点下）的主张也显得越来越不可信。那种承担责任的必须性还不一定导致不作为与实行的等同地位的观点，在出于法律、合同与先实施的作为中引导出来的保证人地位中，就像其在第一次世界大战后的十年内还很流行的那样，获得了一种确定的合理性。一种出于法律、合同或者一个原因性先在行为的（民法或者公法的）义务是能够存在的，不需要那个与其相关的不作为去导致一个等同于实行的地位（参见，边码 4，5，10 以下）。在这个条件下，在一个相当于条款中把这些必须加入法律、合同与原因性的各种等同性标准加以总结，就能够是有意义的。然而，在一个形式的法义务理论已经被普遍放弃的时代里（边码 10 以下），在一个保护性保证人与监护性保证人从一开始就根据对等同性有决定意义的观点来确定的时代里（边码 17 以下），一般就已经没有什么还需要在一种相当于条款的观点下进行审查了。 228

还有，这种立法的发展也剥夺了一种“双重审查”的进一步基础。有一个理由支持说，即使在存在一个保证人地位时，也不一定非进行一种与实行行为的等同不可。这个理由存在于那种在不作为的相同情况下（ceteris paribus）经常是很小的刑罚需要性之中（第 31 节，边码 236 以下）。在这一点上，那种在大刑法委员会的讨论与《1962 年刑法典草案》中都还没有提出的、今天已经规定的第 13 条第 2 款中的减轻处罚，创设了一个解决方案，从而使那种向导向无刑事可罚性的相当于条款偏离的可能性，成为多余的。 229

（四）相当于条款对建立一般的形态等值并不具有必要性

但是，一个限制在实行性犯罪所具有的附加行为形态之上的相当于条款，也不能对不作为刑事可罚性进行一般限制的可能性提供根据。人们看一下诈骗的行为构成，在这里，从加拉斯（边码 219）一直到今天的文献都一再提到的“欺骗”这种行为形态，在防止结果出现的义务中是不具有相当于它的形态的，因此，人们就必须以一个特别条款为根据，来审查这个不作为是否具有一种诈骗的质量！但是，在现实中，这种欺骗仅仅是一种对以认识错误为条件的自我损害的故意引起，并且，人们也看不出，为什么这种主动引起就不能像其他犯罪一样，应当通过违反保证人义务的对结果出现的不防止（这就存在于一种以认识错误为条件的自我损害中）来加以代替。也就是说，这里不存在没有什么结构性的特殊之处，能够说明诈骗应当与其他结果犯罪作不同处理的正当化根据。 230

当然，单纯对财产损害不加防止还不是诈骗。但是，这同样适用于主动引发财产损害的行为。这个保证人义务理所当然地必须指向防止具有犯罪典型意义的结果（在这里，也就是说，指向防止一种以认识错误为条件的自我损害）。但是，如果这个案件——这种情况的出现相当少见——是这样的，那么，也看不出，这种不防止为什么就不应当像其他不防止那样，以等同于实行性的作为原因的举止行为就足够了。 231

在诈骗中，在这种一般的保证人地位不适合这种行为构成时，在这里最多就需要一个特殊的对相当于关系的审查了。（在这里，本来当然可以想到的是，在这里只能按照这个相当于条款进行安排了。[375]）但是，事实并非如此。在第 263 条中，必须存在一项特殊义务，以保护伙伴免受以 232

〔375〕 参见，注释 370 关于 Herzberg 的相应建议。

认识错误为条件的诈骗,就像在这种认识错误涉及这个不作为人的领域时(他的财产贬值了、他的权利主张的条件丧失了,等等),这种义务能够从特殊的信任关系中产生一样。或者,这项特殊义务就存在于一种消除危险的义务之中。这种危险是人们通过可归责的先在举止行为给这个伙伴的财产创设的,例如这种情况:当有人在付账时,把一张五十元的钞票误当做五百元的钞票给了对方,并且,他在发现自己的错误之后,还是不动声色地将对方多找回来的零钱放进了自己腰包。

233　还有一些案件,——例如,银行职员由于自己的过错多给了顾客钱,而顾客发现后就闷不做声地收下了,或者,售货员在卖东西时无意少算了价钱的。在这些案件中,主流观点与司法判决都正确地拒绝了通过不作为的诈骗。这种拒绝不是以缺少相当于关系为根据的,而是仅仅由于顾客没有义务保护自己伙伴的财产在他自己的领域中通过自己的过错免受后者造成的损害,并且,顾客也没有对遭到损害者的财产创设了不适当的危险。自然,在这里就不能详细讨论那种通过不作为的诈骗了。然而,本文简单的勾画想要表明,这里既不存在能够追溯到相当于条款上去所需要的不作为在结构上的理由,也不存在与保证人有关的特殊理由。

234　再提一下强制的案件:"暴力"或者"带着能够感觉到的恶意相威胁"的"行为形态"标示了这种强制的犯罪类型;没有这种行为形态,就完全不存在一种强制与一种符合行为构成的结果。如果有人接管了保护他人免受攻击(并且由此也包括免受强制)的任务,那么,也就是说,在他让一种本来通过他的干预就能够得以防止的强制发生时,他就会立即由于不作为而具有刑事可罚性。当一个老师受委托保护一个女学生时,在她受到其他学生的性强制而不加干预的,根据《德国刑法典》第 177 条,这就会使他通过不作为而具有了刑事可罚性。对事件发生的不防止与他主动的引发之间,不需要更广泛的相当于关系。

235　在文献中为这个相当于条款提出要求的案件中,[376]都完全不应当拒绝一种保证人地位的存在。《联邦最高法院刑事判例集》,第 28 卷,第 300 页提供了一个很好的例子。在这个案件中,一位货车司机的车上速度计给出了错误记录,他虽然对速度计的错误没有责任,但是利用这种错误伪装出较低的车速。联邦最高法院拒绝了出于第 268 条第 3 款(通过不作为对技术性记录过程加以干扰)的刑事可罚性。在这个司机违反义务地不去防止由他人方面的操作时,或者在他违反义务地不去排除由于自己不小心引起的故障时,这种对速度计"排除故障"的不作为就能够等同于那种主动的干扰了(出处同上,第 307 页)。但是,在一种"自己出故障",或者在一种司机没有发现是这种故障的第三种故障中,情况就不同了。在这里,这种对排除故障的不作为就"不能在根据《德国刑法典》第 13 条第 1 款所要求的意义上,与那种对记录过程的干扰作用等同起来"了(出处同上,第 302 页)。到底是否存在一种保证人地位,联邦最高法院并没有回答(出处同上,第 308 页),但是,它也没有明确地援引那个相当于条款。

236　当人们能够在结果上认同这个决定时,但是,这个司机的不具有刑事可罚性却是以缺少保证人地位为基础的。这个决定的理(ratio)显然是这样的:在这个司机必须消除由他造成的故障以及必须与他所发现的由第三人造成的故障作斗争的意义上,他对这个速度计是有责任的(也就是说,具有一种保护功能)。相反,那个仪表自己的故障与没有发现的第三人造成的故障,就不应当归责于他,也就是说,这些故障不处在他负责的范围之中,也不产生保证人地位。无论如何,与一种与此无关的关于相当于或者不相当于的含糊判决相比较,这样一种与保证人义务相联系的根据性说明就要合理得多。

---

[376]　例如,见 Jescheck/Weigend, AT^{5}, § 59 V; SK^{7} – Rudolphi, § 13, Rn. 18。

在另外一些案例中，这个相当于条款是能够用来说明一种等同地位的根据的，[377] 而在实际上，却存在着一个实行性犯罪。在公开的欢迎仪式上，人们一定会把公然拒绝同他人握手看成是侮辱。但是，这并不是一种通过不作为的侮辱，在其中，应当对保证人地位——保证人地位应当从何而来呢？——添加一种相当于的关系。在这种情况中，这种拒绝就具有一种主动宣示蔑视态度的表达价值了[378]——它是一个实行性犯罪。 237

当然，还有一些行为构成是不能通过不作为得到满足的（详见，第 31 节，边码 140 以下）。例如，在一个人受命看守一个物品时，不防止窃贼盗走该物品的，由于缺乏据为己有的目的，不是通过不作为的盗窃。例如，由于乱伦犯罪的亲手性，在通过保证人对乱伦不防止的（在父亲对自己未成年孩子之间的乱伦行为不加干涉的），也相应适用这个原理。也就是说，在这些案件中，尽管有保证人地位，还是不能通过不作为来达到相当于行为人实施的对行为构成的实现。但是，这个结论并不由于缺少相当于关系就不具有刑事可罚性，而是一种由于通过不作为的帮助人而具有刑事可罚性（第 31 节，边码 140 以下）。相反，如果一个行为构成通过不作为是可以满足的，那么，在违背这种防止结果出现的义务时，就不需要进一步的相当于关系了。 238

（五）相当于条款在与实行性行为人相关的加重特征上的限制

在此之后，对于相当于条款来说，就只剩下这一类案件：质量上的特征仅仅标示着实行性行为人的行为，而不影响对不作为举止行为的评价。例如，在一个保证人不作为，使一个处于其保护之下的阴谋杀人（第 211 条）实现了，他就必须为这个人的死亡承担责任。这首先产生了一个通过不作为的杀人。但是，是否还存在着一个通过不作为的谋杀呢？对此，人们必须予以否定的回答。实行性行为人使用的那种“利用他人的天真与没有防备”，对结果并不产生影响，并且，在不作为人的举止行为中，也不具有相当于关系。相反，这个保证人对借助有公共危险的手段来实施的杀人，在通过自己的干预本来就能够防止时袖手旁观让这个杀人发生的时候，他就由于通过不作为的谋杀而具有刑事可罚性了。这种杀人所具有的更高的危险性，也提高了这种不作为的不法与罪责。 239

早在相当于条款进入刑法典之前，阿明·考夫曼就已经总结出了这个关键点：[379]“在实行性犯罪中，当这种加重性与在攻击的形态中暴露出来的提高的犯罪强度联系起来，然而，结果又没有变得更严重时，在这里，把这种加重性转用到那种相当的不作为犯罪上去就总是不可能的。”在这些案件中，也解开了一个问题的谜底（边码 218）：人们为什么必须对一个结果在刑法上承担责任，并且，在缺乏相当于关系时就的确不会受到刑事惩罚：这个不作为人必须对这个基本行为构成的实现在刑法上承担责任，但是，因为这个不作为与那个加重行为构成的实现并不相当，所以，对这个行为构成就不能加以惩罚。 240

在这里可以用危险的人身伤害为例子来说明上述道理：在一个实行性行为人“用一种威胁生命的手段”（第 224 条第 1 款第 5 款）给他人造成重伤时，没有防止这个结果出现的那个保证人，就同样应当根据加重行为构成受到刑罚。使结果变得严重的对生命的威胁，也就处在他违反义务的不活动的基础之上了。相反，如果人身伤害是通过“阴险的突然袭击”（第 224 条第 1 款第 3 项）造成的结果，那么，这种保证人的不作为虽然相当于主动实现的简单人身伤害的行为构 241

---

[377] 参见，m. w. N. Nitze，1989，178。

[378] 参见，上文第 31 节，边码 73 以下，关于在两个意义上的举止行为形式中所作的区分。

[379] Armin Kaufmann，1959，289，以及 1988，289。

成(第223条),但是,却并不相当于加重性。这种攻击所具有的加重刑罚的形式,对结果来说是中性的(伤害程度是轻微的还是严重的都与其无关),并且,在不作为的举止行为中没有限制在不防止结果之上的相当于关系。

242　在文献中,[380]在将加重性特征整个包括在相当于条款的应用范围内时,有一部分人还在监护性保证人与防卫性保证人之间加以区分。根据这种观点,监护性保证人也应当为有待由他监护人的增高的行为无价值承担责任;同时,在防卫性保证人中,这种加重性是不应当归责于这个不作为人的。也就是说,在这个父亲对阴险的突然袭击他儿子不干预时,他仅仅根据第223条具有刑事可罚性。相反,如果他对自己儿子针对第三人进行的阴险的突然袭击不加干涉的,那么,他的不作为就应当根据第224条第1款第3款而具有刑事可罚性。的确,这属于一些过分的结论,这些结论从保护性保证人与监护性保证人的区分中也同样能够得出来(参见,第31节,边码158以下)。最后,在两类情况中,重要之点都在于,这个不作为人必须防止那种由受到人身伤害威胁的人所造成的损害。为什么在身体伤害威胁的是一个不认识的第三人时,对不防止这种身体伤害的惩罚,就要比在身体伤害威胁自己的儿子时更严厉呢?这个问题在刑罚需要性的观点下,应当是无法给予有说服力的回答的。

243　但是,在不作为与结果之间不存在实行性行为人之处,这个相当于条款在加重性特征中也能发挥作用。《联邦最高法院刑事判例集》,第7卷,第287页就表明了这一点。在这个案件中,被告人过失开车撞了人,为了不被人发现,就在肇事后逃逸了。在这里存在着一个由先行行为产生的保证人地位(边码143以下),因此,在被撞人死于车祸时,被告人就应当在自己的故意与一种防止结果出现可能性的条件下,由于通过不作为的杀人而受到刑罚。但是,人们能不能也指责这个被告人,说他"为了掩盖犯罪行为"而保持不活动,从而通过不作为实施了一个谋杀呢?

244　联邦最高法院对此给予了否定的回答。它的决定性论据在于,只有"掩盖"才是谋杀,"不予揭露"就不是谋杀。属于掩盖的有"一种对构成行为的遮盖,也就是说,一种把构成行为痕迹搞得让人无法认识,或者对……可能揭露案件的人进行无害化处理。一个人仅仅为了不自行暴露自己的行为人身份而没有防止自己的犯罪行为造成死亡结果的,就不是想要掩盖这个构成行为,而仅仅是让这个事件自行发展。"在"掩盖"与"不揭露"之间的区分是符合在实行与不作为之间的区别的。[381] 也就是说,在掩盖目的的谋杀特征方面,联邦最高法院拒绝了这种不作为与这种实行之间的等同性,并且这样说明其根据:这种"对提供帮助与由此使自己受到刑事追究的不作为……并没有达到谋杀这种实行形式总体上特有的那种特别可谴责性所具有的不法内容"(出处同上,第291页)。

245　联邦最高法院在这里所作的这些字面论述(在语言上区分掩盖与不揭露),本身是不能说服人的,因为这个不作为永远能够作为"不防止"来与实行性构成行为的"引起"相区别,而它却不会阻碍这种等同性。然而,在这个判决颁布时(1955年!),还没有联邦最高法院本来能够援引的关于不纯正不作为的法律规则。今天,这个判决能够毫不困难地这样得到说明:被告人肇事后逃逸虽然就说明了他对车祸被害人死亡的必须承担责任的根据,但是,这并不"相当于"那个掩盖目的的特征,从而也不"相当于"谋杀的行为构成。

246　最后,就像联邦最高法院,《新法学周刊》,1995年,第3194页所表明的那样,[382] 这个相当

---

[380] Sch/Sch/Stree^{26}, § 13, Rn. 4; Gropp, AT^{2}, § 11, Rn. 81。

[381] 这样,恰当的,见 Armin Kaufmann, 1959, 290,以及 1988, 290。在结论上,同样见 Joecks^{3}, § 13, Rn. 46。

[382] 参见,对此有启发意义的论文,见 Ingelfinger, GA 1997, 573, 他也指出了对这个判决的完整的文献(在目前的关系中,不应当再重提这些了)。

于条款也对结果加重的犯罪很有用。在这个案件中,被告人的同居男友对被告人的孩子大肆虐待,以至于这个孩子的死成为他的构成行为的结果。本来叫医生还是能够避免孩子的死亡的,但是,被告人却不作为,不去叫医生。她由于通过不作为的过失杀人(第 222 条)而受到判决,并且,联邦最高法院应当讨论了这个问题:是否也许不应当认定一种应受刑罚惩罚的严重的人身伤害具有通过不作为的死亡后果(第 227 条)?

从想法上说,这个判决本来是有可能的,因为这个被告人通过违反义务的不作为,没有去做 247
本来在一个医生帮助下可以做到减少孩子的疼痛,就实施了一个通过不作为的故意人身伤害;并且,这个疏忽是以一个以不作为为原因的对死亡的引起作为后果的。然而,联邦最高法院已经拒绝这个被告人应当由于人身伤害致死来承担责任。它对此说明的理由是:一个对于减少疼痛的不作为并不会典型地导致死亡,因此,在通过被告人的故意人身伤害与孩子的死亡之间,就缺少一个行为构成特有的危险联系。对请医生不作为,孩子死亡危险的结局就一直得以维持并且也实现了,在这个意义上,联邦最高法院的这个说明是有问题的。然而,这个判决还是正确的,因为这种对排除的不作为,不能与一种主动引起的没有本人参与就产生的死亡危险,在其无价值内容上处于同等地位,并且——就像联邦最高法院正确看到的那样——并不"相当于"它。

这个案件恐怕是我们所能找到的唯一一个联邦最高法院明确援引相当于条款的案件。在判 248
决中写道,一个通过不作为的人身伤害致死,"只能在先通过对所要求行为的不活动而创设了一个死亡危险时,才能够加以考虑。只有在这里,这个不作为才相当于那个通过主动作为来实现的人身伤害"(《德国刑法典》第 13 条下半句)。这个判决之所以恰当,还因为在不这么判的情况下,所有那些防卫性保护人,在不去或者耽误了请医生而过失性疏忽了防止受其保护者死亡时,也必须在没有一个实行性行为人先在行为存在时,就由于故意对减轻疼痛不作为而根据第 227 条受到刑罚。那就太过分了,因为那就会把大多数过失的不作为案件都变成一种严重的刑事犯罪案件了。

这个决定与本书为相当于条款的运用范围所提出的基本原则相一致。第 227 条是过失杀人 249
的一种加重案件,并且,其加重情节,就是对致命性伤害的故意引发,是不能归责于这个被告人的。在杀人的观点下,就只应当谴责她没有防止这个死亡的出现。

第十一章　竞　　合

第33节 竞 合

文献：Köhler, Die Grenzlinien zwischen Idealkonkurrenz und Gesetzeskonkurrenz: Eine strafrechtliche Untersuchung, 1900; Höpfner, Einheit und Mehrheit der Verbrechen. Band 1, 1901; Coenders, Über die Idealkonkurrenz usw., 1921; Honig, Studien zurjuristischen und näturlichen Handlungseinheit, 1925; Hirschberg, Zur Lehre von der Gesetzeskonkurrenz, ZStW 53 (1934), 34; Kohlrausch, Der Sammelbegriff der Sammelstraftat, ZAkDR 1938, 473; Preiser, Die Aufspaltung der Sammelstraftat, insbesondere der fortgesetzten Handlung, ZStW 58 (1939), 743; Hartung, Tateinheit und künstliche Verbrechenseinheiten in der neueren Rechtsprechung des RG, SJZ 1950, 326; Gallas, Pflichtenkollision als Schuldausschließungsgrund, Mezger-FS, 1954, 311; Jescheck, Die Konkurrenz, ZStW 67 (1955), 529; Hellmer, Das Zusammentreffen von näturlicher Handlungs- und rechtlicher Tateinheit bei Verletzung hochstpersönlicher Interessen, GA 1956, 65; Klug, Zum Begriff der Gesetzeskonkurrenz, ZStW 68 (1956), 399; Dreher, Doppelverwertung von Strafbemessungsumstanden, JZ 1957, 155; Baumann, Straflose Nachtat und Gesetzeskonkurrenz, MDR 1959, 10; Preiser, Einheitsstrafe für eine Mehrheit gleichartiger Handlungen. Einzelstrafen für verschiedenartige Handlungen einer Mehrheit, ZStW 71 (1959), 341; Hruschka, Diebstahl oder Betrug im Selbstbedienungsladen, NJW 1960,. 1189; Ceerds, Zur Lehre von der Konkurrenz im Strafrecht, 1961; Maurach, Die Problematik der Verbrechensverabredung (§ 49 a II StGB), JZ 1961, 137; Sackzsofsky, Die Problematik der doppelten Gesamtstrafe, NJW 1963, 894; R. Schmitt, Die Konkurrenz im geltenden und kunftigen Strafrecht, ZStW 75 (1963), 43; Bender, Doppelte Gesamtstrafe oder „Einheits“-Gesamtstrafe, NJW 1964, 807; Kohlmann, Schließt die Verjährung der Vortat auch die Bestrafung wegen der Nachtat aus?, JZ 1964, 492; Maiwald, Die näturliche Handlungseinheit, 1964; Warda, Grundfragen der strafrechtlichen Konkurrenzlehre, JuS 1964, 81; Bruns, Zum Verbot der Doppelverwertung von Tatbestandsmerkmalen oder strafrahmenbildenden Umstanden (Strafbemessungsgründen), H. Mayer-FS, 1965, 353; Krauβ, Zum Begriff der straflosen Nachtat, GA 1965, 173; Oske, Das Konkurrenzverhältnis der Dauerdelikte zu den übrigen Straftaten, MDR 1965, 532; Miehe, Das Verhältnis des Fälschens zum Gebrauchmachen im Tatbestand der Urkundenfälschung, GA 1967, 270; Wahle, Die sogenannte „Handlungseinheit durch Klammerwirkung“, GA 1968, 97; Baumgarten, Die Idealkonkurrenz, Frank-FG, Bd. 11, 1969; Cramer, Das Strafensystem des StGB (Die Bildung der Gesamtstrafe), JurA 1970, 205; Marwald, Der Zueignungsbegriffim System der Eigentumsdelikte, 1970; Otto, Die Struktur des strafrechtlichen Vermogensschutzes, 1970; Bruns, Ungeklärte materiell-rechtliche Fragen des Contergan-Prozesses, Heinitz-FS, 1972, 317; Struensee, Die Konkurrenz bei Unterlassungsdelikten, 1971; Blei, Die näturliche Handlungseinheit, JA 1973, 95; Bruns, Strafzumessungsrecht, ^{2}1974; Jescheck, Wesen und rechtliche Bedeutung der Beendigung der Straftat, Welzel-FS, 1974, 683; Wolter, Verurteilung aus nicht tatbestandsmäβiger Nachtat?, GA 1974, 161; Hartmann, Die Entbehrlichkeit des fortgesetzten Delikts, 1977; Burgstaller, Die Scheinkonkurrenz im Strafrecht, JBI. 1978, 393; Kühl, Das leidige Thema der Konkurrenzen, JA 1978, 475; Maiwald, Die Feststellung tatmehrheitlicher Deliktsbegehung, NJW 1978, 300; Bottke, Strafrechtswissenschaftliche Methodik und Systematik bei der Lehre vom strafbefreienden und strafmildernden Täterverhalten, 1979; Fleischer, Verhältnis von Dauerdelikt und Einzelstraftaten, NJW 1979, 1337; Grünwald, Der Verbrauch der Strafklage bei Verurteilungen nach den

§§ 129, 129 a StGB, Bockelmann - FS, 1979, 737; Haberstumpf, Konkurrenzprobleme bei der Anwendung der Paragraphen 129 und 129a StGB, NJW 1979, 977; Puppe, Idealkonkurrenz und Einzelverbrechen. Logische Studien zum Verhältnis von Tatbestand und Handlung, 1979; Roxin, Die Strafbarkeit von Vorstufen der Beteiligung (§ 30 StGB), JA 1979, 169; Vogler, Funktionen und Grenzen der Gesetzeseinheit, Bockelmann - FS, 1979, 715; Werle, Die Beteiligung an kriminellen Vereinigungen und das Problem der Klammerwirkung, JR 1979, 93; Schroeder, Behandlung der näturlichen Handlungseinheit in strafrechtlichen Übungsarbeiten, Jura 1980, 240; Gössel, Buchbesprechung. Ingeborg Puppe, Idealkonkurrenz und Einzelverbrechen, GA 1981, 134; Werle, Die Konkurrenz bei Dauerdelikt, Fortsetzungstat und zeitlich gestreckter Gesetzesverletzung, 1981; Geppert, Repetitorium Strafrecht. Grundzüge der Konkurrenzlehre (§§ 52 bis 55 StGB), Jura 1982, 358 (Teil 1); 418 (Teil 2); Puppe, Funktion und Konstitution der ungleichartigen Idealkonkurrenz, GA 1982, 143; Brurh, Vorsätzliche Brandstiftungen, 1983; Montenbruck, Strafrahmen und Strafzumessung, 1983; Seier, Die Gesetzeseinheit und ihre Rechtsfolgen, Jura 1983, 225; Kindhäuser, Normverstoβ und natürliche Handlungseinheit BGH, NJW 1984, 1568, JuS 1985, 100; Tenckhoff, Die Unterschlagung (§ 246 StGR), JuS 1984, 775; Krauth, Zum Umfang der Rechtskraftwirkung bei Verurteilungen von Mitgliedern krimineller und terroristischer Vereinigungen, Kleinknecht - FS 1985, 215; Lippold, Die Konkurrenz bei Dauerdelikten als Prüfstein der Lehre von den Konkurrenzen. Ein Beitrag zum Problem des Normenkonfliktes, 1985; Seelmann, Grundfälle zu den Eigentumsdelikten, JuS 1985, 699; Warda, Funktion und Grenzen der näturlichen Handlungseinheit, Oehler - FS, 1985, 241; Otto, Examinatorium. Rücktritt und tätige Reue (Rücktritt nach § 310) bei der Brandstiftung, Jura 1986, 52; Wolter, Natürliche Handlungseinheit, normative Sinneinheit und Gesamtgeschehen, StV l986, 315; Bringewat, Die Bildung der Gesamtstrafe, 1987; Backes/Ransiek, Widerstand gegen Vollstreckungsbeamte, JuS 1989, 624; Geppert, Die restlichen Brandstiftungsdelikte (§§ 307 bis 310 a StGB), Jura 1989, 473; Jähnke, Grenzen des Fortsetzungszusammenhangs, GA 1989, 376; Seier, Die Handlungseinheit von Dauerdelikten im Straβenverkehr, NZV 1990, 129; Abels, Die „Klarstellungsfunktion" der Idealkonkurrenz, 1991; Puppe, Die neue Rechtsprechung zu den Fahrlässigkeitsdelikten - Teil 3, JZ 1991, 609; Fischer, Entwicklungslinien der fortgesetzten Handlung, NStZ 1992, 415; Bohnert, Warum Gesamtstrafenbildung?, ZStW 105 (1993), 846; Bringewat, Die Bildung der Gesamtvermogensstrafe - ein krinunalpolitisches Kuckucksei, NStZ 1993, 316; Cording, Der Strafklageverbrauch bei Dauer und Organisationsdelikten, 1993; Mitsch, Konkurrenzen im Strafrecht, JuS 1993, 385; Schmidhäuser, Über die strafrechtliche Konkurrenzlehre, GA - FS, 1993, 191; Aden, Ständige Rechtsprechung und Gewohnheitsrecht, JZ 1994, 1109; Arzt, Die fortgesetzte Handlung geht - die Probleme bleiben, JZ 1994, 1000; Dannecker, Die Rechtsprechungsänderung zur fortgesetzten Handlung und ihre Konsequenzen für Wirtschafts - und Steuerstrafsachen, WiB 1994, 669; Erb, Die Reichweite des Strafklageverbrauches bei Dauerdelikten und bei fortgesetzten Taten, GA 1994, 265; Hamm, Das Ende der fortgesetzten Handlung, NJW 1994, 1636; Mitsch, Die Vermögensstrafe, JA 1994, 425; Otto, Mitbestrafte Nachtat, straflose Nachtat und nicht strafbares Verhalten, Jura 1994, 276; Zschockelt, Die praktische Handhabung nach dem Beschluβ des Groβen Senats für Strafsachen zur fortgesetzten Handlung, NStZ 1994, 361; Altenhain, Die Verwirklichung mehrerer Tatbestandsalternativen. Einzelverbrechen oder Idealkonkurrenz?, ZStW 107 (1995), 382; Bittmann/Dreier, Bekämpfung der Wirtschaftskriminalität nach dem Ende der fortgesetzten Handlung, NStZ 1995, 105; Geisler, Der Beschluβ des Groβen Strafsenats zum Fortsetzungszusammenhang, Jura 1995, 74; Sowada, Probleme der natürlichen Handlungseinheit, Jura 1995, 245; Zschockelt, Bemerkungen zu Bittmann/Dreier, NStZ 1995, 109; Geppert, Zur straf - und strafverfahrensrechtlichen Bewältigung von Serienstraftaten nach Wegfall der Rechtsfigur der „fortgesetzten Handlung", NStZ 1996, 59 (1. Teil); 118 (2. Teil); Gribbohm, Auf der Suche nach dem richtigen Recht, Odersky - FS, 1996, 387; Schlüchter/Duttge, Spionage zugunsten des Rechtsvorgängerstaates als

Herausforderung für die Strafrechtsdogmatik, NStZ 1996, 457; Wollweber, Fortgesetzte Probleme der fortgesetzten Handlung, NJW 1996, 2632; Zschockelt, Auswirkung der Entscheidung des Groβen Senats zurr Fortsetzungszusammenhang auf die tatrichterliche Rechtsprechung, StraFo 1996, 131; Zieschang, Tendenzen in der Rechtsprechung seit der Entscheidung des Groβen Senats für Strafsachen zur fortgesetzten Handlung, GA 1997, 457; Zschockelt, Die Auswirkungen der Entscheidung des Groβen Senats für Strafsachen zum Fortsetzungszusammenhang, JA 1997, 411; Klumpe, Probleme der Serienstraftat, Diss. Bochum, 1998; Martin, Tateinheit zwischen Prozeβbetrug und Anstiftung zur falschen uneidlichen Aussage, JuS 1998, 761; Momsen, Die konkurrenzrechtliche „Tat" bei sukzessiver Tatausführung unter Verletzung höchstpersönlicher Rechtsgüter, NJW 1999, 982; Kudlich, Rechtsprechung Strafrecht – Brandstiftung und Betrug, JA 2000, 361.

(一)引言[1]

竞合理论讨论的是这样的案件:同一个行为人对法律的多个损害存在于一个判决的程序之中,"竞合"(字面意思为:汇拢集中)。德国立法者根据对法律的多个损害是以一个行为或者多个行为为基础的,将这类案件置于不同的法律后果之下。 1

在第一种情况下,人们谈论的是想像竞合(构成行为单数);这在第52条条中作了规定。**想象竞合**存在于(第52条第1款)同一个行为要么损害了不同的刑法规定(**不同种想象竞合**),要么它多次损害了同一个刑法规定(**同种想象竞合**)之时。当一个单一行为(例如,扔石头砸碎窗玻璃)实现了不同的行为构成(在这里:损害财产,第303条,危险的身体伤害,第224条)时,就存在着不同种想象竞合。在一次射击伤害了两个人时,这个案件就提供了一个同种想象竞合的案例。在这里,同一个行为构成(第224条)得到了两次满足。 2

真实竞合(构成行为多数)则存在于不同行为损害几个刑法规定之时。这能够是不同的刑法规定(例如,行为人先实施盗窃,然后通过一个进一步的行为进行诈骗),但是,也能够是同一个行为构成(例如,行为人先后谋杀了两个人)。真实竞合的后果在第53条,第54条中加以规定了。 3

法律语言中"**构成行为单数**(Tateinheit)"及"**构成行为多数**(Tatmehrheit)"的概念,可以这样加以解释:在第一种情况下,对法律的不同损害是通过**一个构成行为**产生的,在第二种情况中是通过**构成行为的多数**产生的。在专业术语中常用的表达"想象竞合"与"真实竞合",是以下列想法为根据的:只有在真实竞合中才在事实上(=真实的)存在这多个构成行为,同时,在想象竞合中对法律的多次违反仅仅是一种想象中的方式,也就是说,是以在一个多数中得到满足的行为构成为根据的,同时,在事实上仅仅只有一个行为得到了实施。 4

在想象竞合与真实竞合之间进行区分的实践意义,存在于不同的法律后果之中。在想象竞合中应用的是法律的刑罚范围,"这个法律以最严厉的刑罚加以威胁"(第52条条第2款第1项)。在开头关于不同种想象竞合的例子中,这个法律就是第224条的刑罚范围,这个刑罚范围比第303条严厉得多。在同种想象竞合中可以使用的,自然仅仅是那个被多次损害的条文所具有的刑罚范围。相反,在真实竞合中,对各种构成行为都规定了一种具体的刑罚。随后,从这些具体的刑罚中就构成了一个"**总和刑**(Gesamtstrafe)"(第53条第1款),这个总和刑通常就存在于一种"对所丧失的最高刑的提高"之中(第54条第1款第2项)。也就是说,这个行为人在想象竞合中最好是出于这个原因,因为那种最重的刑罚威胁就吸收了其他所有的刑罚威胁(**吸收** 5

---

[1] 对学生们的入门性说明:Warda, JuS 1964, 81; Geppert, Jura 1982, 358, 418; Mitsch, JuS 1993, 385。全面的专著:Geerds, 1961(对此的评论性文章,见 Schmitt, ZStW 75[1963], 43)。

原则)，与此同时，在真实竞合中，所丧失的最重刑罚就完全被严厉化了(加重原则来自拉丁语加重[asperate]，严厉化)。对这个法律后果的规定中部分复杂细节的讨论，将在下文进行(边码109以下，122以下)。

6　立法者是在"对法律多个损害下的量刑"标题下谈到竞合的。也就是说，这就涉及一个对刑罚幅度的确定问题，因此，人们可以提出这样的意见：竞合属于量刑法〔2〕而不是刑法信条学的一般理论。然而，竞合与一般的犯罪理论也有着密切的关系。因此，竞合理论的中心任务就在于确定什么是一个行为，什么是多个行为。多个行为构成的实现也是一种"犯罪实施的特殊表现形式"，是相对于第25条以下而存在的一种形式。在参与人理论研究多个人实现一个行为构成时，竞合理论致力于相反的状况，这就是一个人满足了多个行为构成。最后，联邦最高法院〔3〕得出的结论是：在竞合理论意义上，这种行为单数(die Handlungseinheit)对于中止理论(参见，第30节，边码139以下)中"构成行为"的单位也具有决定性的意义："……《德国刑法典》第24条第1款意义上的构成行为是中止所包括的，这种构成行为就是在实体法意义上对判定竞合具有决定性的构成行为。"所有这些论题涉及的都是天然的刑法信条学问题，并且，这个情节加以正当化的是：就像在全部理论阐述中的通常做法那样，这种在"犯罪行为的理论和不法后果的理论之间的连接处"〔4〕建立起来的竞合，应当与一般犯罪理论一起处理。

7　在刑事政策上，**对想象竞合与真实竞合的区别对待是有争议的**。在现行法中坚持的"**区别原则**"，今天已经大多为"**单数刑罚原则**(Einheitsstrafenprinzip)"所取代。〔5〕单数刑罚原则适用于奥地利(《奥地利刑法典》第28条第1款)，瑞士(《瑞士刑法典》第68条)以及德国的青少年刑法(《德国青少年法庭法》第31条第1款第1项)。魏玛时代的改革草案与1966年《刑法典选择性建议》都承认了单数刑罚理论。这一点大多是在这种形式中出现的：那种对最严重的损害法律所判处的刑罚，能够被超过一半。

8　为了支持向单数刑罚原则的转化，区分构成行为单数与构成行为多数，区分想象竞合与真实竞合〔6〕都已经遇到了特殊的困难，并且，这种区分的实践意义很小，因为法庭倾向于应当根据一种总体评价来分配刑罚的高低，对此，两种竞合形式通常都让刑罚范围具有足够的裁量范围。同样，人们也能怀疑，想象的与真实的竞合性损害法律是否能像法律规定的那样，完全说明一种意义重大的评价性区别的正当化根据。为什么——仅仅为了回到开头扔石头(边码2)的例子上去——这一点对有待判定的刑罚幅度是如此重要：行为人是先打碎了一扇窗户，然后通过一个新行为对一个人造成了伤害，还是财产损害与身体伤害都是通过一个并且是同一个行为造成的？

9　立法者对这个问题进行了讨论，对保留区别原则提出了三大理由。〔7〕第一，如果单独刑罚不再能被确定，那么，在想象竞合中，法官的量刑在谨慎性与准确性上就都会受到损害。第二，被告人为了在法律救济程序中为自己辩护，必须能够知道单独构成行为的分量。第三，多个具有刑事可罚性的行为通常都表现出一种作为一个单独构成行为的更大的犯罪强度。这是非常不具有说服力的，因为这种单独刑罚，当它反正出现在总和刑中时，从一开始就不需要以特别的谨慎来加以确定，而且，因为一种对单独刑罚有待规定的加重原则(参见边码7)，就完全允许考虑一种非一般性的(参见边码8)、但是偶尔的确是更大的对真实竞合行为的刑罚需要性。但是，立法者的

〔2〕参见Roxin, AT 1^3, § 1, Rn. 10。

〔3〕例子，见m. w. N. BGHSt 41, 369。

〔4〕Wessels/Beulke, AT^{31}, Rn. 751(这一说法为多位著者所引用)；Warda, JuS 1964, 81："特有的双重位置"。

〔5〕关于历史及法比较，见Geerds, 1961, 5 - 145。

〔6〕关于行为单数和想象竞合的区别，参见边码13。

〔7〕E 1962, BT - Drucks. IV/650, 190的论证。

决定自然应当尊重,并且,也不应当通过那种在司法判决与文献中不时见到的,应当以真实竞合为代价来扩展想象竞合(参见,边码 54)的趋势来表现。

(二)行为单数与行为多数

1. 行为单数的概念与表现形式

相应的,竞合理论最重要的问题就在于确定,什么时候存在着**一个**行为与什么时候存在着**多个**行为。这应当如何具体发生的问题,迄今为止仍然没有得到令人满意的澄清。然而,对下面这个观点却存在着统一的认识:竞合理论中的行为概念,既不与犯罪体系中的行为概念(那种作为一个符合行为构成的、违法的、有罪责行为的构成行为)〔8〕一样,也不与刑事诉讼法中"构成行为"(《德国刑事诉讼法》第 264 条)〔9〕的概念一样。 10

犯罪行为体系中的行为概念,因为仅仅对一个对所有具有刑事可罚性的行为都是共同的具有刑事可罚性的举止行为确定了最低要求,所以,一般被看作对竞合理论是不合适的。〔10〕这并不是一个错误的说法,但是,在人们认识到,这个体系性的行为概念是先行为构成性质的时候(也就是说,包括了符合行为构成的与不符合行为构成的举止行为方式),与此同时,在这个竞合理论的行为概念仅仅描述了符合行为构成的举止行为,并且,有可能包括大量的犯罪行为体系中的行为时(参见,边码 19 以下, 29 以下),那个在犯罪行为体系中的行为概念所具有的不恰当性,就能够为竞合理论更准确地理解了。 11

另一方面,那个刑事诉讼法中的"构成行为"概念,根据稳定的司法判决,也包括了由原告人陈述的整个历史过程,只要这个过程根据他的生活观点构成了一个统一体。一个这样的"构成行为"能够由多个真实竞合的"行为",在竞合理论的意义上组成(参见,边码 119)。 12

另外,对这个"构成行为单数"概念的澄清,又通过术语上的问题与进一步的区别而更困难了。首先,**人们不允许把行为单数(也就是说,一个并且是同一个行为的存在)与"构成行为单数"(第 52 条条)相混淆**。虽然每个构成行为单数都是以一个行为单数(也就是说,通过一个行为来对结果的实现)为条件的,但是,对这个行为单数必须有多个(不同种的与同种的)对法律损害的加入,才能形成一个构成行为单数。因此,这个行为单数在这里(第二部分,边码 10 以下)首先只能在排除多个对法律损害的范围内讨论。那种仅仅存在于多个法律损害中的行为同一性的问题,将在想象竞合的关系中进行研究(第三部分,边码 70 以下)。 13

行为单数有不同的表现形式,对其的表述与界定中的细节还存有争议,问题因此进一步复杂化了。最常见的是一种三分法,本书也应当采用。根据这个方法,人们能够区别自然意义上的行为(下文第 2 点, 边码 17 以下),行为构成中的行为单数(下文第 3 点,边码 19 以下)以及自然的行为单数(下文第 4 点,边码 29 以下)。 14

第一种情况存在于一种单独的意志性动作造成了这个行为构成的实现之时:例如,通过扣动扳机,一个自然意义上的行为,就把一个人杀死了。与此相对,在多个自然意义上的行为通过一个行为构成而被夹成一个"法的"行为时,就应当认定一个行为构成的行为单数。因此,暴力与拿走是两个自然意义上的行为,但是,仅仅是说明第 249 条中抢劫行为的根据。第三种,也是最 15

〔8〕 对此,见 Roxin, AT 1^3, § 8, Rn. 1 ff.。

〔9〕 对此,见 Roxin, StrafverfahrensR^{25}, § 20, Rn. 5。

〔10〕 参见,例如,Jescheck/Weigend, AT^5, § 66 I 2; LK^{10} – Vogler, vor § 52, Rn. 7; Sch/Sch/Stree^{26}, vor §§ 52, Rn. 10。

难的一种情况，是那种自然的行为单数。在这种情况下，不同的单个动作由于其相似性以及在时空上的相近性，在一种被司法判决称为自然思考方法的基础上被总结在一起。例如，当一名小偷在同一地点窃取不同物品时，尽管有多个行为动作，但是只会被视为一次偷窃。

16 当然，人们必须清楚地认识到，这种在“自然的”与“行为构成的”思考方式之间的对抗，并没有涉及事情的核心，因为归根结底，最重要的总是一个单数的行为构成行为是否还存在。[11]“具有决定意义的……只能是每个被侵害的行为构成的意义。”[12]在这里，首先保留的是那个自然行为单数的概念，因为这个概念在司法判决中被固定地采用了，并且，重要的不是这个表述，而是那个对被表述对象足够准确的确定。

2. 自然意义上的行为

17 自然意义上的行为是一种在刑法上有重大意义的人格化表达，[13]这个表达在作为犯罪中，是在一种积极能量的使用中，也就是说，大多是在一种承载着行为者意志的身体移动中表现出来：例如，扔石头（边码 2）、致命的射击（边码 15）等等。在大多数情况下，只有这种自然意义上的行为所具有的典型范例，才会加以考虑的，因此，在《联邦最高法院刑事判例集》，第 1 卷，第 21 页按照“在自然意义上，一个行为，也就是一个意志活动是否存在”来安排时，就是这样的。但是，一个自然意义上的行为也是一种人格化表达，是在纯粹的消极状态中，也就是说，在没有使用能量中消耗的，只要它相当于那种符合行为构成的不作为的条件。[14]

18 对自然意义上的行为起决定性作用的，始终仅仅是单独动作，而不是同时性。也就是说，在有人用左右手同时向同一个人或者不同的人射击时，或者把多个物品拿走时，就存在两个自然意义上的行为。另外一个问题是，它们综合起来是否可能是一个自然的构成行为单数（对此，详见，边码 38 以下，50 以下）。

3. 行为构成的行为单数

19 一种行为构成的行为单数，人们也称为**法的或者规范的行为单数**，在司法判决[15]中偶尔也标记为**“行为构成的评价单数”**。它存在于这个符合行为构成的举止行为在概念、事实、或者特征上以多个单独行为为条件之时。

20 第一种情况存在于多动作犯罪、持续犯罪与要求多个以及在大多数情况下是大量的单独动作的举止行为形式之中。上文提到的抢劫（边码 15），在概念上至少是以两个自然意义上的行为（暴力或者威胁与拿走）为条件的，但是，在法上仅仅被视为一个单一的抢劫行为，以至于一个竞合问题从一开始就不存在。相应的情况也适用于强奸，它作为行为构成的行为把第 177 条第 1 款中的举止行为方式与第 177 条第 2 款中的性活动综合起来了。在行为人先点火，后又阻止灭火或者给灭火造成困难等的，也相应地适用第 306b 条第 2 款第 3 项。

---

〔11〕 由此，这个自然行为单数的概念，在文献中经常遭到批判，甚至一部分被完全拒绝，一部分被有区别地使用了；对此，参见边码 29，带有注释 25－27。

〔12〕 Jescheck/Weigend, AT^{5}, § 66 I 3; LK^{10}－Vogler, vor § 52, Rn. 14。

〔13〕 参见，Roxin, AT 1^{3}, § 8。

〔14〕 参见，上文第 31 节，边码 174 以下。

〔15〕 BGHSt 30, 31; 40, 165。

在**根据行为构成的文本必须注意的第二个动作在事实上得到实施时**，司法判决与主流观点〔16〕在这里也都认定了一个行为构成的行为单数。也就是说，在第242条中的拿走与占有，就仅仅是**一个**偷窃行为；一个借助自己伪造的文书在法律交往中进行欺骗的人，也只实施了**一个**伪造文书（第267条）；一个先伪造货币，后又使其进入流通的人，仅仅由于伪造货币受刑罚（第146条第1款第1项），等等。这是正确的，因为这个目的特征仅仅是以这个犯罪在形式上的提前完成为目的，但是，这种提前的实现在实际上却属于这个犯罪的实现。 21

一个行为，在持续犯罪中借助概念上的必要性，就是一种说明了违法状态根据的行为，并且是维持这种状态的那些行为。一个未经允许进入他人住宅的人，通过自己单纯的存在就总是在不断破坏住宅的和平，并且，的确仅仅实施了一个行为构成的行为（第123条）。相应地，这也适用于通过作为或者违反义务的不作为来保持着剥夺自由（第239条），还适用于侵害了抚养义务（第170条）、适用于醉酒驾驶（第316条）、无证驾驶（《德国道路交通法》第21条第1款第1项），等等。 22

这种行为构成的行为单数也不会通过短期的中断而遭到破坏。也就是说，在侵入者短期离开住宅去召唤同伙时，也只存在着一种扰乱住宅和平；而在他再次进入这所住宅时，并不会开始第二次扰乱住宅和平。同样，在一个醉酒驾车者短期下车加油、去酒馆喝一杯啤酒、〔17〕让乘客上车，或者等待交通堵塞的缓解时，丝毫也不改变一个单一酒醉驾驶的存在。 23

与此相反，根据联邦最高法院〔18〕的一些决定，交通事故总是在打断驾驶的单数性，以至于在行为人即使未停车而继续行驶时，也存在着两次酒醉驾驶。这样做的根据是，行为人在这个事故的基础上，"不仅在外部事件上而且在自己的精神—心理状态上，都面临着一个新处境"。〔19〕但是，这是不值得赞扬的。〔20〕在这个行为人匆忙把这个事故看成是快速开走的进一步动机时，这丝毫不能改变这起醉酒驾驶的单数性。在评价性观察中，只有在行为人首先中断驾驶，然后，在警察到来时，的确是在一个新决定的基础上驾车离开，或者，在事故之后，逃往一个与其本来目的地相反的方向时，情况才有所不同。只有在这样一种情况下，人们才能谈得上一个第二种的或者其他的酒醉驾驶。〔21〕 24

在第三种情况中，多次的单独动作通过那种由立法者使用的概念而被综合在这个行为构成的行为单数之中，构成了**那些描述长时间持续的举止行为的犯罪**。因此，这个以行为构成为根据的领导叛乱（第84条，第129条第4款）就是以不同的单独行为为条件的。间谍活动（第98条，第99条），保持危害和平的关系（第100条），犯罪或者恐怖团体的成员（第129条，第129a条），严重违反照顾或者教育义务（第171条），支持卖淫（第180a条）或者卖淫业（第181a条），组成了一个总是仅仅由各个行为构成意义上的行为所构成的典型举止行为活动的完整复合体。 25

第二组行为构成的行为单数，是在这样的案件事实中构成的：这个行为构成虽然可能通过一 26

---

〔16〕 BGHSt 20, 194, 196; 26, 28（两者都是关于第242条）; 34, 108 f.; 35, 21, 27（两者都是关于第146条）; BGH JR 1988, 453 m. Anm. Jakobs（关于第146条）; BGH MDR (H) 1982, 102; BGH JZ 1991, 612 m. Bespr. Puppe; BGH NStZ 1997, 80 f.（都是关于第146条）; BGHR StGB, § 146 Abs. 1, Konkurrenzen, Nr. 4; BayObLG NJW 1983, 406（关于第242条）; Jescheck/Weigend, AT[5], § 66 I 3; Mitsch, JuS 1993, 389; LK[11] – Rissing – van – Saan, vor § 52, Rn. 21; SK[6] – Samson/Günther, vor § 52, Rn. 46; Sch/Sch/Stree[26], vor §§ 52 ff., Rn. 14; Stratenwerth, AT[4], § 17, Rn. 3; LK[10] – Vogler, vor § 52, Rn. 16。

〔17〕 BayObLG NJW 1960, 879; OLG Stuttgart NJW 1964, 1913。

〔18〕 关于这种有点不统一的司法实践，有关的证明，参见 Sch/Sch/Stree[26], vor §§ 52 ff., Rn. 85。

〔19〕 BGH VRS 13 (1957), 122; BGHSt 21, 203; 23, 144。

〔20〕 这样，也见 Sch/Sch/Stree[26], vor §§ 52 ff., Rn. 85。

〔21〕 关于有关的问题，也参见 Wahle, GA 1968, 97; Seier, NZV 1990, 129。

个单独的动作来实现,但是,在具体案件中,对此却在实际上需要更多的行为。在一个谋杀通过刺十刀就可完成时,所有这些刀就都构成了第211条意义上的一个单一的行为。"单一行为始终是对法律上行为构成所要求的最低条件的满足"。〔22〕在其整体中引起一起堕胎的不同的单独动作,也仅仅是一个第218条意义上的堕胎行为。同样,通过其引起有关人认识错误的可能是大量的伪装,仅仅是第263条意义上的一个单数的诈骗行为的组成部分。教唆者用以最终使潜在的行为人确定其构成行为决心的不同的请求动作,也仅仅得出了一个教唆。

27 第三,人们最后也还必须将以下**案件**归入行为构成的行为单数,**在这里,虽然一个单独动作就足以满足行为构成,但是,典型方式的与根据法律的措辞却需要多个行为**。一个非常好的例子是"借用麻醉剂进行商业活动"(《德国麻醉品交易法》第29条第1款第1项)。联邦最高法院说,〔23〕在这个概念下,包括了"每个自私自利的、以货物销售为指向的活动,其中购进、进口与出让……都是在法上非独立的商业活动的部分动作……这个观点符合了总是在一个并且是同一个销售是刑法评价对象之处认定一个单数构成行为的做法。在这个关系框架内先后衔接的部分动作——就像购进、进口与出让那样——并不是同一个行为构成的多次实现,还必须先确定它们彼此的关系;更准确地说,它们已经由法定的行为构成本身,在那种一揽子的、综合了不同活动的商业活动的概念中,连接为一个评价的单数。"

28 在伪造货币(第146条)的行为构成中,虽然这个行为人仅仅造出了一枚单一的钱币,或者将其带入流通,这就足够了。但是,在典型的方式上,行为人伪造、制造或者带入流通的伪造的钱币,的确是很多的或者甚至是大量的,在这里,整个举止行为都是作为一个单一的第146条意义上的行为构成的行为被评价的。在这里,法律不是把构成行为对象标记为"纸币"或者"硬币",而是"货币",这一点也在法律条字中得到了表现。相应的,还适用于第174条以下的"一些性行为"。虽然,在这里,一个满足法定行为构成的单独动作就足够了,但是,这个在法律上使用的复数("一些行为")就的确表明,在一个时空统一的滥用事件中的所有单独动作,都是作为一个单数的满足行为构成来评价的。

4. 自然的行为单数〔24〕

29 自然行为单数的法律角色到底是否应当得到认定是有争议的。在文献中,对其合理性与必要性都部分地加以拒绝。〔25〕然而,因为自然行为单数的反对者在这里也完全承认对这个角色所要求的重复的(边码32以下)与连续的(边码42以下)实现行为构成〔26〕的表现形式,并且,将其

---

〔22〕 Jescheck/Weigend, AT^{5}, § 66 III, 1, 同样见 LK^{10} – Vogler, vor § 52, Rn. 15。

〔23〕 BGHSt 30, 31,带有出自前面提到的司法的证明。对此,详见 LK^{11} – Rissing – van Saan, vor § 52, Rn. 28 – 30。关于结构相似的武器交易的概念,见该处的边码31。

〔24〕 基础性专著:Maiwald, 1964。一个非常新的说明,见 Warda, Oehler – FS, 1985, 241。

〔25〕 Blei, JA 1973, 95, 98 f.; ders., AT^{18}, § 93 I 4; Freund, AT, § 11, Rn. 4, 8; Geerds, 1961, 244 ff.; Gropp, AT^{2}, § 14, Rn. 32, 44 f.; Jakobs, AT^{2}, 32/35, 37; Kindhäuser, JuS 1985, 105; Klumpe, 1998, 144; Kühl, AT^{3}, § 21, Rn. 10 ff. (v. a. 17); Maurach/Gössel, AT/2^{7}, 54/32 f.; Puppe, 1979, 255 ff.; dies., GA 1982, 163 f.; SK^{6} – Samson/Günther, vor § 52, Rn. 22 ff., 28 ff., 33; R. Schmitt, ZStW 75 (1963), 58; Sch/Sch/Stree^{26}, vor §§ 52 ff., Rn. 22 ff.; Stratenwerth, AT^{4}, § 17, Rn. 9 ff.; Werle, 1981, 97 ff., 104; Wessels/Beulke, AT^{31}, Rn. 765; Wolter, StV 1986, 320。

〔26〕 Blei, AT^{18}, § 93 I 4; Gropp, AT^{2}, § 14, Rn. 32, 44 f.; Jakobs, AT^{2}, 32/10, 16 ff.; Joecks^{3}, vor § 52, Rn. 10 ff.; SK^{6} – Samson/Günther, vor § 52, Rn. 22, 28 ff., 39; Sch/Sch/Stree^{26}, vor §§ 52 ff., Rn. 17 f.; Stratenwerth, AT^{4}, § 17, Rn. 7 f.; Werle, 1981, 105 ff.。

仅仅归入行为构成的行为单数之中或者置于同等地位,所以,探究这些术语性的差异就不值得了。[27] 行为单数的所有表现形式所具有的法律后果都一样。最符合目的的是,借助自然行为单数的概念来理解这些情况:在这里,行为单数还不是出自行为构成的字面文字,而是出自对单独动作的综合性评价。当然,一种在这个意义上理解的自然行为单数,在进一步的意义上,也是一种行为构成的行为单数,因为事情始终涉及不同的单独动作是否表现为一个行为构成的行为。

紧随帝国法院[28]之后,联邦最高法院对自然行为单数的定义是:[29]"当这个行为者通过同种动作的多数,以实现那种指向在外部世界获得一个结果的、单数的*意志,并且,这些具体的实现性动作,在其时空联系的基础上,综合性地属于在客观上可辨识的那种根据生活经验可以构成一个行为的种类时,一个自然行为单数就存在着。"这个最后的标准也可以这样表述:这种活动"对第三人来说,也是在自然的观察方法中可以作为一个综合地属于单数的作为而加以辨认的"(《联邦最高法院刑事判例集》,第4卷,第220页)。 30

据此,在自然行为单数中,必须加以汇集的是以下**四个标准:一个单数的意志(1);一个同种行为动作的多数(2);一种单独动作在时空上的紧密联系(3)及其在客观上并且对第三人可辨认的综合归属性(4)**。在每个具体案件中,这四个特征是否都必须真实存在,在司法判决中也是有争论的(详情参见,边码35,43,44,47以下)。如果这四个特征都得到肯定,那么,当然无论如何肯定应当认定一个自然行为单数。由此,就产生了重复的与连续的实现行为构成这样两个作为自然行为单数的有待认定案件组群。[30] 31

(1)重复的实现行为构成

一种重复的实现行为构成存在于有人通过大量单独动作,以相似的手段,快速而接连不断地始终满足同一个行为构成之时。行为人对被害人施加的那种俗语中所说的"一顿打",就是由许多单独的动作组成的,就像行为人对殴打进行了分配那样。但是,在行为人打了被害人二十下时,他会仅仅由于一个身体伤害而受到刑罚,而不是二十个。应当很容易地看出,所有提到的四个标准在这种类型的案件中都得到了满足。特别是,这种用所提到的"一顿打"来谈论的那种俗语式的概括,就表明一个客观的第三方判断者也会把这样一个事件解释为单数的。 32

对于这种认定一个自然行为单数的内在正当性是这样产生的:这类案情在所有具有重要意义的方面,都等同于那种行为构成的行为单数的案件,其中,法律文字已经考虑了多个的单独动作——商业活动、伪造货币、进行性行为,参见边码27以下。在这里与前面一样,涉及的都是加强了一个并且是同一个对法律的损害,虽然这种损害引起了一种不法与罪责在数量上的增加,但是,并没有说明不同的在法上评价为单数的根据。 33

在许多行为构成中,都能够考虑这种重复的实行方式。那种由大量单独的欺辱组成的"一连串骂人的话",的确仅仅是一个侮辱(第185条);通过不同的击打而毁坏一件物品的,仅仅是一个损坏财物;拿走所有者多个物品的(边码15),也只是一个盗窃。[31] 相反,一个企业家接连发生对不同投资人的背信行为(第266条),是几个独立的行为(联邦最高法院,《经济、税收和刑法杂志》,1992年,第148页)。 34

---

[27] 一个对自然行为单数的详细的辩护,见 Warda, Oehler – FS, 1985, 257 ff.,但是,他对其在与行为构成的行为单数相比较中的独立性做了过高的估计。

[28] 首先,见 RGSt 44, 223 (226/27); 58, 113 (116)。

[29] BGHSt 10, 230 (231); 先前已经看见了 BGH GA 1970, 84; BGHSt 4, 219, 220。

* 原文是"einheitlich",中文意思为"单数的"、"统一的"。——译者注。

[30] 详细而大量出自旧文献及司法判决的提示,见 Maiwald, 1964, 70 ff., 85 ff.。

[31] BGHSt 10, 230; BGH NStZ 1996, 493。

35 可疑的是,是否必须真的存在一个单数的(也就是说,在整个构成行为中持续的)意志,才能说明一个自然行为单数的根据。一种短暂的休息——就像一个打人者歇一会儿那样的停顿——肯定不会对行为单数有任何改变,因为这种伤害意志是持续存在的。但是,就像在宾丁〔32〕建立的那个案件中,情况又是怎样呢?在那个案件中,“虐待行为的肇始者已经决定在那时离开那个受虐待者了,然而,正好在这个时候,又被其咒骂声所激怒,就又补砍了几猎刀(Jagdhiebe)”。在这里,人们就不能谈论一个单数的意志,然而,**恰当的**是,与迈瓦尔德〔33〕一样,让一个“**通过这种形势引起的单数的动机状态**就足够了。虽然为了表现为一个评价单数的组成部分,单独动作就必须处于一种心理联系之中,但是,在多个决定中,通过形势、动机与目标的一致性,也能够引起这种联系。也就是说,一个单数的意志虽然对自然行为单数的心理性来说是规则,但不是绝对必要的。

36 有争论的还有,在**不同法益的承担者**受到损害时,**是否可能存在一个自然行为单数**。一般公认的是,在不涉及高度人格化的法益时,也就是说,首先是在所有权与财产犯罪中,就存在这样一种可能性。当行为人在机场检查处迅速拾取了散放在传送带上其他不同旅客的钱包时,所有这些赃物就都是一个偷窃的对象。也就是说,在这个自然行为单数的其他条件得到满足时,一个偷窃的同一性也并不取决于这些被偷窃的对象是属于谁的。这个窃贼自己经常不知道这一点,并且,这对他来说也是无关紧要的。

37 这也是联邦最高法院的观点。它在一个案例中认定了一个自然的行为单数。〔34〕在这个案件中,多名被告人“在同一个晚上,同一个地点,以同样的方式”,同时或者前后紧密相连地“把三个不同财产所有人的卡车”拆开了。在这里,明确的表述是:“对一个自然行为单数的认定,并不与这个攻击指向了不同人的事实相对立。”在相应的方式中,一个自然行为单数,能够存在于行为人在同一情形中通过同样的诡计直接地连续地对三个人进行诈骗之中(例如,通过非法收取入场费),也能够存在于行为人在大规模毁坏艺术品活动中损毁了在其周围存放的其他不同所有者的物品之中,等等。

38 相反,在涉及高度个人性的法益时,在侵害不同法益承担者时,一个自然行为单数的可能性就会部分地得到肯定,〔35〕部分地得到否定。〔36〕在这里,有关的案件就像这样:有人在同一个状况的框架下,以完全类似的方式,直接地连续地对不同的人进行侮辱、虐待或者性强制,他把尾随其后的多个警察在很短的连续过程中依次击毙,等等。在这里,人们就必须正确地否定一个自然行为单数。在加拉斯〔37〕之后,首先是迈瓦尔德〔38〕突出了这样一个决定性的观点:“虽然对财产

---

〔32〕 Binding, Handbuch StrafR, 544。

〔33〕 Maiwald, 1964, 76。

〔34〕 BGH NStZ 1996, 493 (494)。

〔35〕 RGSt 27, 19; BGHSt 1, 20, 22; Blei, AT[18], § 93 II 3; Bockelmann/Volk, AT[4], § 34 II 1 a; Geerds, 1961, 289 f.; Helmer, GA 1956, 68 ff.; Jescheck/Weigend, AT[5], § 66 III 1; Otto, AT[6], § 23 II 2 b aa; LK[11] – Rissing – van Saan, vor § 52, Rn. 14; SK[6] – Samson/Günther, vor § 52, Rn. 35, 38; Tröndle/Fischer[50], vor § 52, Rn. 2 c; LK[10] – Vogler, vor § 52, Rn. 32 f。

〔36〕 Baumann/Mitsch, AT[10], § 36 III 2; Gropp, AT[2], § 14; Rn. 44 f.; Haft, AT[8], 284; Hartung, SJZ 1949, 64, 66; Kühl, AT[3], § 21, Rn. 19; Lackner/Kühl[24], vor § 52, Rn. 7(在通常情况下); Maiwald, 1964, 81 f.; ders., NJW 1978, 301; ders., JR 1985, 513 f.; Mitsch, JuS 1993, 388; SK[6] – Samson/Günther, vor §§ 52, Rn. 29; Sch/Sch/Stree[26], vor §§ 52 ff., Rn. 24 ff.; Schmidhäuser, LB AT[2], 18/12; ders., StuB AT[2], 14/11; Warda, JuS 1964, 84; ders., Oehler – FS, 1985, 241, 247; Wolter, StV 1986, 315, 321。

〔37〕 Gallas, Mezger – FS, 1954, 327。

〔38〕 Maiwald, 1964, 81。

价值或者所有物的损害是一种具有增强能力的量,但是,高度个人性法益构成的是一种无法用数量来计算的绝对的单数。不管是法上的评价还是道德上的评价,毁灭两条生命或者破坏两个人的婚姻都不是简单的对生命与婚姻法益的增强性损害。因此,对于刑事惩罚来说,对多个高度个人性法益的侵害不能构成行为单数。"

司法判决则在摇摆不定,它甚至在多人损害高度个人性法益时,在原则上也允许一个自然行为单数,但是,对其条件进行了严格限制,并且,由此也接近了本书所支持的观点。当存在一种特别紧密的时空联系时,高度个人性的法益仅仅应当在例外情况下才可以使用"相加式的思考方式"。[39] 这首先是在借助射击武器与刀具进行的身体攻击中得到了肯定:在多次扣动连发枪械的扳机中(联邦最高法院,《戈尔特达默斯刑法精粹杂志》,1966 年,第 208/209 页),在向一群人的射击中(联邦最高法院,《新法学周刊》,第 1985 年,第 1565 页),[40] 在快速而连续地用刀砍刺两名对手中(联邦最高法院,《刑事辩护人杂志》,1990 年,第 54 条 4 页),在为了逃避逮捕而向四名警察的射击中(《联邦最高法院刑事判例集》,第 37 卷,第 289 页)。 39

另一方面,在单独动作的距离较大时,一个自然行为单数就被否定了。在《联邦最高法院刑事判例集》,第 2 卷,第 246 页[41] 中,被告人想要接连杀死一个住宅中的全部四名居住者,并且,借助谋杀故意给他们造成了严重伤害。在这里,联邦最高法院认为(出处同上,第 247 页)认为:"多个行为……其中每个行为都仅仅指向一个人,就不能通过它们的连续性或者一种单数的构成行为计划,而与对一种自然行为单数的故意结合起来,并且,由此成为一个法律意义上的构成行为。尽管存在着连续的顺序以及相同的故意,但是,它们仍然保持着独立。"在联邦最高法院,《刑法新杂志》,1984 年,第 311 页中,被告人通过不同的交替变换的方式枪杀了一对父女。联邦最高法院对此也作出了如下决定:"那种每次都损害了其他高度个人性法益的多个意志活动,既不能通过其连续性,也不能通过一个单数的构成行为计划……而成为一个自然行为单数,并且,由此成为一个法律意义上的构成行为。"《联邦最高法院刑事判例集》,第 16 卷,第 397 页以同种方式作出裁判:"一个人在《德国刑法典》第 211 条的条件下连续攻击了三个人,想要杀死他们,那么,他就实施了三个独立的谋杀未遂。他先前的埋伏同时威胁了所有被害人的事实,在这类情况中,并不适宜用来说明对认定同种构成行为单数的根据。"在那个所谓的公路射击案[42](行为人想要通过对汽车的射击来勒索石勒苏益格—荷尔斯泰因州的州政府)中,联邦最高法院也否定了一个行为单数。[43] 40

然而,这个引自司法判决的例子表明,就像联邦最高法院想要实施的那样,在实践中并非没有专断地进行一种区分,也没有再发现明确的区分原则。可以理解的应当是,认定枪杀四个人是通过四次射击来作为四个不同行为的条件的。在这个攻击性动作特别快速地接连发生时,有一种说法认为,这个本身在持续的连续发生结果中被联邦最高法院加以分割的观点,就不应当再适用于这里了。这种说法是没有说服力的。在这种方式中,把四个杀人转换为一个单一的、在性质上增强的杀人,是不可能的。 41

(2)连续的实现行为构成

连续的实现行为构成存在于行为人通过不同阶段而实现这个结果之时。如果这个未遂阶段 42

---

〔39〕 BGH StV 1994, 537, 538; 同样,见 LK[11] – Rissing – van Saan, vor § 52, Rn. 14。

〔40〕 M. abl. Anm. Maiwald, JR 1985, 513。

〔41〕 对此,见 Roxin, HR R AT, Fall 98, 152, 214 f.。

〔42〕 BGH NJW 1998, 619; 对此,见 Momsen, NJW 1999, 982。

〔43〕 在同一条路线上的,还有 BGH MDR (H) 1985, 880; BGH StV 1994, 537, 538; BGH NStZ 1996, 129; BGH NJW 1998, 619 f.; BGH NStZ – RR 1998, 233; BGH NJW 1999, 1413。

按计划、未中断地进行——行为人拔枪、瞄准、射击——，那么，人们就必须谈到一个行为构成的行为单数，因为这个未遂仅仅是一个“出自实现行为构成整体的一部分”，〔44〕也就是说，属于其最低的条件。未遂与既遂经常甚至是一次性地（uno actu）发生的——例如，伤害性的一击——并且，在这里仅仅构成了一个自然意义上的行为。

43 在另一些相对立的案件中，行为人仅仅经过一些不同的、在时间上分离的单独动作来达到自己的目的。例如，他为了达到放走被监禁人员（第 120 条）的目的，连续锯断了六根栅条；或者，在连续三个晚上的尝试之后，终于在第四个晚上打开了保险柜。或者，行为人在第一个杀人方法（以瓶击头）失败后，又转向第二种方法（扼死）（《联邦最高法院刑事判例集》，第 10 卷，第 129 页）。

44 司法判决与主流意见〔45〕在这里也认定了一个自然行为单数，并且，在原则上都以对在重复的实现行为构成中的行为单数（边码 32 以下）也适用的相同条件作为出发点。当然，这些标准需要一种与不同案情结构相适应的修改。因此，这种在时间上的连续性就不需要像重复的实现行为构成那样紧密，就像这个保险柜案件（边码 42）中表明的那样：这个在数量上不可增加的结果所具有的不可改变性，至少在这符合一种从行为人的立场看来很有意义的行动方式时，允许这个单独动作在一定时间上的延长（联邦最高法院，《刑事辩护人杂志》，1987，第 389 页也是如此）。

45 此外，就像《联邦最高法院刑事判例集》，第 10 卷，第 129 页（边码 42）所表明的那样，这种实施行为所具有的同种性，只能在一种同种的根据这个目标来实现的意义上加以理解，但是，必须不扩展到构成行为的方法上去。在**著名的达戈贝尔（Dagobert）案**（《联邦最高法院刑事判例集》，第 41 卷，第 368 页：通过炸药爆炸来勒索百货商店）中，联邦最高法院也说（出处同上，第 369 页）：“一个法律意义上的构成行为，存在于那个服务于完成行为构成的部分动作构成一个单数的生命过程之时，在这里，攻击方法的变化并不具有决定性的意义。”

46 在这里，《联邦最高法院刑事判例集》，第 10 卷，第 129 页（边码 42）的限制也在此期间早已被抛弃了：“然而，在对于行为人来说，重要的本来仅仅是对一种方法的使用时，第二个构成行为部分就应当作为独立的行为被评价”。这个问题在未遂的中止理论中，也扮演了一个重要的角色，因为对一个已经迄今实现的角度所具有的行为单数的认定，就允许了一种从所有已经存在的单独动作中的中止。在这里，应当指出在未遂理论框架下对这个问题的详细讨论（上文，第 30 节，边码 139 以下）。在这个位置上，一段从达戈贝尔勒索案（出处同上，第 369 页）的决定中引出的特别清楚地强调这个关系的文字，就足够了：“这个行为构成的单数……就结束于这个行为人根据规则，已经不再能够通过中止而不受刑事惩罚地撤回之处，也就是说，要么在完全达到目的时，要么在落空的未遂时。”

47 在生命过程的单数始终受到保护时，那种短暂的中断在连续的实现行为构成中，也不会对自然行为单数提出问题。在联邦最高法院，《刑法新杂志》，1993 年，第 234 页的决定中，一个行为人为了除掉一名女证人，就向其刺了两刀，然而，在一名路人意外地出现时，就先将其刺倒，然后才继续进行对这个女证人的谋杀未遂。正确的是，在自然行为单数的基础上，被认定的仅仅是一个对女证人的谋杀未遂，在这个案件中，就正确地没有包括对路人的谋杀未遂。相反，在两个部

---

〔44〕 Maiwald, 1964, 86。

〔45〕 BGHSt 4, 219; BGH NJW 1990, 2896 f.; BGHR vor § 1, natürliche Handlungseinheit, Entschluss, einheitlicher, Nr. 1; Baumann/Mitsch, AT[10], § 36 III 2; Lackner/Kühl[24], vor § 52, Rn. 6; Maiwald, 1964, 70 ff., 85 ff.; LK[11] – Rissing – van Saan, vor § 52, Rn. 11; Sowada, Jura 1995, 247 f.; Warda, Oehler – FS, 1985, 242 f。

分动作之间相隔几个月的，就会否定一个行为单数（联邦最高法院，《刑法新杂志》，1995 年，第 46 页以下）。[46] 同样，一个单数的勒索未遂，在这个案件中被拒绝了：在这里，这个行为人虽然经常重复其想要获取钱财而使用的威胁，但是，这些单独的行动却每次都在时间上是分开的，并且，那个计划中的交接地点也是在变换的。

就像在重复的实现行为构成（边码 32 以下）中那样，在连续的实现中也出现了下面的问题：**在这个实施不仅是中断了，而且这个构成行为的实施意志也被间隔性地放弃时，在这里是否还能认定一个行为单数**。《联邦最高法院刑事判例集》，第 4 卷，第 219 页[47]就对这样的案件做出了决定。被告人与自己的同伴正要砸开一家杂货铺，警察的巡逻车靠近了。这时，他们放弃了自己的构成行为决心。然而，在巡逻车没有注意他们并且驶离之后，二人又继续实施了那个构成行为。联邦最高法院认定了一个自然行为单数，并且这样说明："这个犯罪性决心未被中断地继续存在"并"不是绝对必要的"。它用来代替这一点的是这样的安排："一名第三人观察者是如何看待这些不同行动的"。这在结论上是正确的，但是在论证上却是有问题的。需要说明的是，为什么一名"第三人观察者"在注意到这个行为人的行为意志间歇性地消亡之后，还仍然应当认定一个单数的行为。决定性的观点在于这个局面与动机状态的同一性，通过这种同一性能够代替另外要求的单数的意志（边码 35）。 48

联邦最高法院，《刑法新杂志》，1990 年，第 490 页也以同样的方式，对一个相似结构的案件做出了决定。行为人想要杀死被害人，在施加了严重伤害之后，他认为被害人已经死亡就离开了。一段时间后，在得知被害人仍在人世时，他又返回完成了自己的工作。联邦最高法院正确地认定了一次既遂谋杀，根据是"未加改变的状况——这个构成行为尚未被发现——"以及"同种的行为意志"。这可以大致符合本书使用的事件具有在状况上与动机上的单数这个标准。三十多分钟的时间间隔也没有阻止联邦最高法院认定这个自然行为单数。与此相反，联邦最高法院（《刑事辩护人杂志》，1986 年，第 293 页）在另一个案件中拒绝了一个自然行为单数。在这个案件中，行为人在第一次杀人未遂后首先帮助了被害人，但是，后来又由于被害人新的侮辱，就在那里将其杀死了。这是值得赞同的，因为在两个部分动作之间，必须通过一个新事件才能重新建立起一个新的动机。 49

（3）*在实现不同种行为构成中的行为单数*

司法判决走得更远，认为在不同种行为构成得到实现时，一个自然行为单数也是可能的，只要这些行为构成在时间与空间上非常靠近，并且包括在一个单数的意志之内。在有人偷窃了一辆汽车，为了安全出售的目的而立即"改装"了汽车号牌的，偷窃与伪造文书（第 242 条，第 267 条）就应当构成一个自然行为单数，并且因此处在想象竞合之中（联邦最高法院，《德国法月报（霍尔茨）》，1981 年，第 452 页）。当行为人在其偷窃过的住宅中纵火，以便顺带着消除其偷窃的痕迹时，也应当同样适用（联邦最高法院，《刑法新杂志》，1997 年，第 276 页）。在行为人借助第 145d 条规定的犯罪想要对偷窃进行隐瞒时，在偷窃与紧接的对一个犯罪行为的欺骗（第 145d 条）之间，就也应当存在一个自然行为单数。[48] 50

在司法判决中，所谓的**逃避警察案**是这种"不同种行为单数"的主要使用领域。当有人在实施一个犯罪行为之后，在逃跑过程中又实施了不同犯罪的（例如，出事故后逃逸、抗拒执法官员、 51

---

〔46〕 进一步例子，见未公布的 BGH - Rspr. bei LK[11] - Rissing - van Saan, vor § 52, Rn. 11。

〔47〕 对此，见 Roxin, HR R AT, Fall 97, 151, 214。

〔48〕 BGHR StGB vor § 1, natürliche Handlungseinheit, Entschluss, einheitlicher, , Nr. 8。进一步的证明出自未公开的 BGH - Rspr. bei LK[11] - Rissing - van Saan, vor § 52, Rn. 15。

损坏物品、危险的身体伤害、对道路交通危险的干涉),所有这些犯罪都应当通过那种承载它们的目的设定,就是逃避警察的追捕,而综合地联结为一个单数。因此,在《联邦最高法院刑事判例集》,第22卷,第67(76)页中说:这个被告人已经“在一个单一的未中断的逃跑途中……实施了整个行为。他的整个举止行为都是由一个单数的行为意志所承载的;他的思想都受到这一点控制:不要让他的追踪者发现他的行踪……鉴于这个特殊的案情,在所有逃跑途中实行的犯罪行为方面,就存在着一个自我封闭的、相互联系的举止行为,一个自然行为单数。”〔49〕联邦最高法院在逃避私人的案件中,也使用了这些原则(联邦最高法院,《新法学周刊》,1989年,第2550页)。

52　但是,另一方面,许多判决也对这样一种“不同种的行为单数”表示了明显的怀疑。在一个案件中,行为人一开始就决心在行驶中造成多起交通事故,这就不会被认定为一个行为单数(联邦最高法院,《新法学周刊》,1995年,第1767页)。在部分案件中,要求的是单独动作具有一种同种性(联邦最高法院,《交通法汇编》,第36卷,(1969年),第154页,第355页以下)。有时,联邦最高法院——对扩大法的不安全性所作的贡献——也把决定推卸给初审法官(联邦最高法院,《刑法新杂志—司法判决—报告》,1998年,第69页):“在这里,被盗窃的是一个建筑中隔离的、分别封闭的部分,赃物放置在外后,又重新进入了这座建筑,在那里,不是在这个隔离的空间内、而是在其他位置纵火的。认为这个事件不是作为自然行为单数的评价,在这些情节下是值得支持的……这个评价——尽管有作出另一个判断是否可能的问题——在这里应当得到上诉法院的承认。”在以欺骗为目的而实行的纵火与后来的诈骗未遂之间,尽管有单数的目的设定,仍然应当认定为构成行为多数(联邦最高法院,《新法学周刊》,2000卷,第226页以下)。〔50〕

53　**正确的方式是,人们只能承认在不同行为构成之间的自然行为单数,只要这个单独行为属于同一个犯罪类型**,也就是说,在基本行为构成的关系中,加重与特权是相对而立的。〔51〕在这个框架中,始终还涉及了同一不法的加重(也就是说,增加或者减少)。也就是说,在行为人用拳头击打被害人的头部,而被害人通过其中的一击而使一个眼睛失明时,那么,根据第226条第1款第1项,就存在着一个构成行为。对于法律判断来说,具有决定性意义的始终是最严重的行为构成种类。在行为人首先试图进行简单的勒索(第253条),然后通过当场对身体或者生命的威胁来转变为抢劫性勒索(第255条)时,在当时就具有结果的,他就应当由于一个既遂的构成行为,根据第255条来受到刑事惩罚。〔52〕

54　与此相反,人们必须从一开始就在实现不同犯罪类型中,在原则上否定一个行为单数的可能性。〔53〕对于这种可能性,至少提出了五点具有强大说服力的反对理由:

第一,就像那个互相矛盾的判决表明的那样,这个可能性创设了很大的法的不安全性,并且

---

〔49〕在BGH VRS 28 (1965), 359, 361的提示下。此外,见BGH VRS 57 (1979), 277; BGH MDR (H) 1979, 987; BGH, bei Hürzthal, DriZ 1979, 149; 1980, 143 f.; BGH VRS 66 (1984), 20。

〔50〕对此,见Kudlich, JA 2000, 361; Martin, JuS 2000, 503 f。

〔51〕对此,详见Warda, Oehler-FS, 1985, 245 ff.。

〔52〕例子,见Warda, Oehler-FS, 1985, 246。

〔53〕在文献中,通过司法判决也彻底批判与拒绝了这种自然行为单数的过度扩张:Blei, JA 1973, 95f.; Bruns, Heinitz-FS, 1972, 319; Freund, AT, § 11, Rn. 4, 8; Gropp, AT², § 14, Rn. 44 f.; Jescheck/Weigend, AT⁵, § 66 III 3; Kindhäuser, JuS 1985, 100 f.; Kühl, JA 1978, 478; Lackner/Kühl²⁴, vor § 52, Rn. 6, 8; Maiwald, 1964, 101 ff.; ders., NJW 1978, 300 ff., 302 f.; Maurach/Gössel, AT/2⁷, 54/32 ff.; SK⁶-Samson/Günther, § 52, Rn. 28 ff., 33; Sch/Sch/Stree²⁶, vor §§ 52, Rn. 22 ff.; Schroeder, Jura 1980, 240 f.; Stratenwerth, AT⁴, § 17, Rn. 9 ff.; LK¹⁰-Vogler, vor § 52, Rn. 12; Warda, Oehler-FS, 1985, 248 ff.; Werle, 1981, 97 ff., 108; Wessels/Beulke, AT³¹, § Rn. 764 ff.; Wolter, StV 1986, 319 f.; 批评的观点,也见Joecks³, vor § 52, Rn. 7 ff.。

在不同种类的实现行为构成的综合中，为法官提供了一个判断行为单数的裁量余地，从而使得在确定多个满足行为构成的单独动作时，缺乏立法者所追求的“谨慎与准确性”。[54] 瓦尔达(Warda)[55]正确地认为，通过一种“与在法定的行为构成中得到表现的在法上的评价单数的分离，来打开一条在一定程度上横贯整个刑法典的，通向无定形的、漫无边际的自然行为单数的道路。

55 第二，那个立法者已经决定的(参见，边码7～9)区别原则，在广泛的目的设定的框架中，在相互紧密排列的单独动作中，实际上是通过单数刑罚原则代替的，以至于真正竞合的犯罪就被判给了想象竞合。这是通过立法者的目的也不能覆盖的。

56 第三，不能是一个包含了整个事件的意志，而只能是一个并且是同一个行为才能把不同行为构成的实现与一个行为单数联结起来。在不同种行为构成的实现所具有的实施动作甚至一次也没有部分地同时发生时，这一点就是欠缺的。

57 第四，也是最重要的一点是，在不同种行为构成通过多个单独动作得到实现中，对一个自然行为单数的认定就摧毁了这样一个法律基础，在这个基础之上，树立着重复的与连续的实现行为构成中的自然行为单数：也就是说，这个单独动作在有意义的解释中，始终仅仅产生**一个**实现行为构成的结果，并且，这个自然行为单数因此仅仅在更深的意义上表现了一个行为构成的行为单数。迈瓦尔德[56]正确地说：“行为单数思想的这样一种延伸，就意味着……一种与在法上的评价单数的分离，就像这些评价单数表现的各种行为构成一样”，并且，里斯格—范·扎因(Rissing－van Saan)也将这个构思标记为“与制度格格不入的与在信条学上相矛盾的”。

58 第五，就像瓦尔达[57]已经特别强调的那样，进一步的矛盾还存在于这里：自然行为单数的构思，在重复的实现行为构成与连续的实现行为构成中，恰恰是为避免对多个侵害法律的一种认定，在这里就正好才创设了一个在其他情况下不能说明根据的想象竞合，也就是说，追随了那种恰好受到反对的趋势。也就是说，在这个方面产生了一种“对制度统一性的破坏”，这种破坏也有损其最初的功能性确定。[58]

59 尽管如此，**在实现不同犯罪类型时就应当完全放弃一种自然行为单数的结构**。与此相反，文献中[59]的一种较新的观点想要仅仅在时间与空间上相当接近时，才在实现不同种行为构成中以及在损害了多人高度个人性法益中，也允许一个自然行为单数。“这个自然行为单数包括了多个活动性动作，它们由于自己在时间—状况—意愿上的联系而如此紧密地结合在一起，从而使一种根据真实竞合规则进行的刑事惩罚，就作为在事实上没有得到正当化的不平等处理，表现在与自然行为单数的关系之中。”[60]也就是说，就像这里所赞同的那样，不会把这个自然行为单数理解为那个行为构成的行为单数所具有的一种扩展形式。更准确地说，是按照“与自然行为的接近与相似性”进行安排的。“这个自然行为单数应当补充这个自然行为。”[61]

60 这个理论虽然通过司法判决[62]避免了不确定性与“决定性标准所具有的不可实行的摇摆

[54] 参见E 1962，190以及上文边码9的论证。

[55] Warda, Oehler－FS, 1985, 262。

[56] Maiwald, 1964, 102。

[57] Warda, Oehler－FS, 1985, 248 ff.。

[58] Warda, Oehler－FS, 1985, 249, 251。

[59] Puppe, 1979, 265 ff., 285 ff.; dies., JR 1985, 245 ff.; SK^{6}－Samson/Günther, vor § 52, Rn. 35 ff.。

[60] SK^{6}－Samson/Günther, vor § 52, Rn. 35。后面的引文也出自这里。

[61] SK^{6}－Samson/Günther, vor § 52, Rn. 39。

[62] SK^{6}－Samson/Günther, vor § 52, Rn. 34。

性权衡”,也否认了例如“逃避警察案”(边码 51)中的行为单数,因为这里缺少那种地点的单数与一个单数的意志性决定。[63] 这同样是不可接受的,因为这个理论违反了想象竞合的立法意图把大量案件判给了真实竞合,并且,因为这个理论以之为基础的那种与“自然行为”的相似性在事实上是并不存在的。即使在有人同时用双手或者快速地连续向不同的人射击时,这也的确保持着是两个行为,而这在“自然的”观察中,就不是作为一个杀人行为表现出来的。

5. 不作为中的行为单数与行为多数[64]

61　在不作为犯罪中出现的问题,是不存在一个行为单数能够与之连接的单独动作。有人违背不同的行为要求保持不活动的,因此就不能说明不作为单数。司法判决在不纯正不作为的主要案件中是这样安排的:按照**不同的防止结果义务是仅仅通过一个行为来满足的(在这里是行为单数)还是通过多个行为来满足的(在这里是行为多数)**。主流观点[65] 也遵循了这个做法。当一名道口守望工在火车靠近时对放下栅栏不作为,从而导致多人在铁轨上死亡的,也就是说,仅仅存在着一个行为(以不作为的形式)。[66] 仅仅通过一个行为(放下栅栏)本来就能够避免所有的结果了。相反,如果一名父亲在房子失火时,对救援自己的两名孩子不作为的,[67] 在这个救援本来要求两个连续的行为时,那么,就应当认定为不作为的多数。同样,在有人通过不进行收入纳税申报与营业纳税申报来实施逃税时,就存在着一个不作为的多数。[68] 这种提交纳税申报本来就要求多个行为。

62　《联邦最高法院刑事判例集》,第 18 卷,第 376 页[69] 对一起损害抚养义务(第 170 条)的案件作出了决定(指导原则):“一个人通过不向孩子们的法定代理人交纳同一时期的抚养金,从而逃避承担对多个并不共同居住的非婚生子女抚养义务的,就是实施了多个独立的行为。”这是毫无疑义的,因为本来就需要三次不同的汇款。但是,在这些本来应当给三个孩子的钱都汇给了一个人,从而只要填写一个收款人的名字就足够时,又应当怎么办呢?联邦最高法院的表述激发出这样的现象,好像在这样一种案件中(也就是说,例如,在共同生活的孩子们只有一名法定代理人时),就应当认定一个行为单数。[70] 但是,这就会是不应当同意的。例如,在每个孩子都仅仅有一个自己的户头时,那么,三次汇款就会又是必需的。并且,即使通过一次汇款本来就能够实现对所有三个孩子的汇款时,这个父亲本来只能满足对一个或者两个孩子的抚养义务的情况的确没有改变,以至于这个不作为,也就是说,是“可分割的”,并且,因此应当作为多数被承认。

63　也就是说,一个不作为单数仅仅应当在这种情况下得到肯定,也就是在不同的防止结果义务本来的确能够仅仅通过一个行为加以防止时,就像在道口守望工例子(边码 61)中那样。相应地,通常适用于在刑法产品责任范围内,对召回危害健康货物的不作为(《联邦最高法院刑事判例集》,第 37 卷,第 134 页)之时。在大多数情况下,一个产品只能与它的全部样本一起被召回。

64　在不作为单数中,萨姆松/京特[71] 与普珀[72] 也提出了完全相反的观点:“一个自然的不作

---

〔63〕 SK[6] – Samson/Günther, vor § 52, Rn. 33。

〔64〕 专著见:Struensee, 1971。

〔65〕 BGHSt 18, 376, 379; BayObLG NJW 1960, 1730; Jakobs, AT[2], 32/30 f.; Jescheck/Weigend, AT[5], § 66 IV 2, Maiwald, 1964, 107; Maurach/Gössel, AT/2[7], 54/42; Wessels/Beulke, AT[31], Rn. 762。

〔66〕 例子,见 LK[11] – Rissing – van Saan, vor § 52, Rn. 60。

〔67〕 参见 BGH MDR (D) 1971, 361 的案例,并且,对此,见 Struensee, 1971, 48 ff., 56。

〔68〕 BGH JR 1985, 244 m. Anm. Puppe。

〔69〕 对此,参见 Roxin, HR R AT, Fall 99, 153, 215。这个判决与帝国法院的司法判决(RGSt 76, 140, 143)相联系。

〔70〕 SK[6] – Samson/Günther, vor § 52, Rn. 40 也是如此理解联邦最高法院的。

〔71〕 SK[6] – Samson/Günther, vor § 52, Rn. 40(引文也出自这里)。

〔72〕 Puppe, 1979, 282 ff., dies., JR 1985, 247。

为单数存在……于行为人没有满足其必须同时或者近乎同时来满足的多个义务之时。”但是，这会导致没有什么说服力的偶然事件的结论。例如，如果三笔不同的抚养费是在同一天到期应支付的，那么，就会必须认定为不作为单数。但是，在不同日到期的，却会存在着一个不作为多数，因为在这里，这些义务就不再必须是“近乎同时地”得到满足了。

在纯正不作为犯罪中，应当符合意义地适用与在不纯正不作为中同样的规则。〔73〕也就是说，如果有人对一个帮助不作为（第323c条），而这个帮助是他本来必须对不同的人连续提供的，那么就存在着多个不作为。与此相反，如果本来仅仅通过一个行为就能够救助所有遭受危险的人（例如，通过灭火解救整个住宅里的居民），那么，就应当肯定一个不作为单数。《帝国法院刑事判例集》，第76卷，第144页提供了不作为多数的一个典型案例：被告人“违反了多个以不同法条为基础的、根据各自目的完全不同的要求，而这些要求应当对不同的机关加以满足，并且，为了这些满足本来也需要进行不同的活动”。 65

迈瓦尔德〔74〕反对在纯正不作为犯罪中认定一种不作为单数的可能性，因为在这种犯罪中涉及的是不对结果归责的行为义务。但是，这没有说服力。〔75〕首先，有不同行为的必要性就一定足够了，其次，完全不同的积极的结果（例如，对多人的帮助）就不会通过一个并且是同一个行为的不作为而发生了。 66

6. 过失犯罪中的行为单数

在过失犯罪中，行为单数的基本原理也必须加以修正，因为一个单数的意志或者同一个动机状态不能与一个确定的犯罪实施联系在一起。在原则上，由此应当区分，是否出现一个结果还是存在着**多个**。**如果仅仅存在一个结果，那么，即使这个结果是以多个违反谨慎为基础的**，并且，这本身延长了较长的一个时间段的，〔76〕**也始终存在着一个行为单数**。 67

如果出现了多个结果，那么，关键就是看这些结果是在一次违反谨慎的基础上还是在多次违反谨慎的基础上了。在那种回到符合谨慎的举止行为的可能性存在于单个违反之间时，就存在着多个违反谨慎。例如，在有人通过持续过快行驶而连续引起不同事故时，那种在每个事故中都实现的行为构成，就与其他事故中的行为构成处于构成行为多数的关系之中。〔77〕这个司机本来在每次事故之后都能够减速以避免继续发生事故。与此相反，在一名司机由于缺乏注意力而丧失对自己车辆的控制，因此撞倒多名行人，这时的驾驶者本来就不能重新获得对车辆的控制的，在这种情况下就存在着一个行为单数。〔78〕 68

在过失的活动犯罪中，也应当以同样的方式加以办理。也就是说，在有人多次连续过失地违反价格规定时，就应当认定一个行为的多数，因为这个交易者在每次违反之后，本来都还能够在足够谨慎中改正自己的举止行为的（《帝国法院刑事判例集》，第53卷，第226页，第227 69

〔73〕 也见主流观点。RGSt 76, 140, 144; OLG Hamm NJW 1973, 1851, 1854; Bringewat, 1987, Rn. 61 f.; Geerds, 1961, 262 f.; Höpfner, 1901, 164 ff.; Jescheck/Weigend, AT5, § 66 IV 2; Sch/Sch/Stree26, vor §§ 52 ff., Rn. 28; Wessels/Beulke, AT31, Rn. 762。

〔74〕 Maiwald, 1964, 108 f。

〔75〕 相反，有说服力的，见 Struensee, 1971, 54 ff.。

〔76〕 BGH VRS 9 (1955), 350, 353; Jescheck/Weigend, AT5, § 66 IV 1; Maiwald, 1964, 111; LK11 - Rissing - van Saan, vor § 52, Rn. 62。

〔77〕 RGSt 16, 290; BayObLG VRS 35 (1968), 421; OLG Hamm VRS 52 (1977), 131 f.; Bockelmann/Volk, AT4, § 34 II 1 d; Höpfner, 1901, 250; LK10 - Jähnke, § 222, Rn. 24; Jescheck/Weigend, AT5, § 66 IV 1; Maiwald, 1964, 111; Sch/Sch/Eser26; § 222, Rn, 6。

〔78〕 参见 BayObLG NJW 1984, 68。

页)。[79]

(三)构成行为单数(想象竞合)

1. 想象竞合的基本结构

70 想象竞合就像已经阐明的那样(边码 2),是根据第 52 条,以不同种与同种构成行为单数(Tateinheit)的形式出现的。司法判决与绝对的主流意见是这样理解这个条文的:**一个行为在已阐明的意义上(边码 10 以下)必须已经引起了不同行为构成的实现**。在最简单的案件中,这些实施行为是完全一致的;这就存在于那个已经使用过的投掷石头的例子中(边码 2),投掷石头引起了一个损害财产与一个身体伤害的后果。但是,实现不同行为构成的实行行为仅仅在相互之间有所重合时(详见,边码 81 以下),也就足够了:如果行为人在一个自己伪造的文书(第 267 条)的帮助下,实施了一次诈骗(第 263 条),那么,诈骗与伪造文书就仅仅是同时出现在一个行为动作之中,而这个动作在诈骗中,就满足了欺骗的行为构成特征,在伪造文书中,就满足了使其能使用的行为构成特征。所有其他的行为构成特征,就不是一次性地得到满足的。尽管如此,仍然存在着想象竞合。

71 一场过去的争论围绕的问题是,在想象竞合的案件中,尽管有不同的侵害法律,但是,存在的是**一个**犯罪行为(单数理论[80])还是应当认定多个犯罪行为(多数理论)。[81] 这个争论没有实践意义,因此收效甚微。这场争论的决定,最终取决于人们是把第 52 条条第 1 款的"行为"连同其所有的后果(在这里是一个犯罪行为)理解为"犯罪行为",还是把不同行为构成的实现(在这里是多个犯罪行为)理解为"犯罪行为"。两种看问题的方式都是可能的,但又都是片面的。因此,人们必须正确地说,一种"建立在行为单数基础上的评价多数"[82]存在着。[83]

72 与此相对,普珀[84]发展出一种完全**新式的方案**。对她来说,构成的不是实施行为的同一性或者部分同一性,而是**已经实现的行为构成所具有的"不法亲缘性(Unrechtsverwandtschaft)"构成了想象竞合的标准**。在已经提到的通过使用不真实的文书进行诈骗性欺骗的例子(边码 70)中,普珀也认定了想象竞合。但是,这件事的发生,不是因为第 263 条的伪装(Vorspiegelung)与第 267 条中的使之能使用都是通过同一个行为得到结果的,而是因为"欺骗(Täuschung)"的特征在两个行为构成中都出现了。它们由此就在不法中具有了亲缘性,并且,相互说明了对方的特征,从而使一个对由于那种以最严重刑罚威胁的行为构成所使用的一次性刑罚,对于惩罚来说就足够了。"也就是说,令人信服的是,把这个诈骗性欺骗应当通过这种情况作为在其不法内容上更加确定与更加加重的来看待,在这种情况中,这种欺骗正好是通过一份虚假文书得到结果的,

---

〔79〕 同样,见 Jescheck/Weigend, AT^5, § 66 IV 1; LK^{11} – Rissing – van Saan, vor § 52, Rn. 62。

〔80〕 Baumann/Mitsch, AT^9, § 41 I 2 a; Baumgarten, Frank – FG, Bd. II, 1969, 189; Blei, AT^{18}, § 92 II; Höpfner, Bd. I, 1901, 101 ff.; Jesceck/Weigend, AT^5, § 67 I 2(不清楚的); Köhler, AT, 685 f.; Maurach/Gössel, AT/2^7, 54/24; LK^{10} – Vogler, vor § 52, Rn. 4。

〔81〕 Binding, Handbuch StrafR, 569 ff.; Goenders, 1921, 12 f.; Frank, $StGB^{18}$, 1931/1936, § 73, Anm. 1; Honig, 1925, 3, Fn. 7; Jakobs, AT^2, 32/15; $Joecks^3$, § 52, Rn. 1(不清楚的); H. Mayer, LB AT, 412; Schmidhäuser, LB AT^2, 18/38; ders., GA – FS, 1993, 198 ff.; Tröndle/$Fischer^{50}$, vor § 52. Rn. 4。

〔82〕 LK^{11} – Rissing – van Saan, vor § 52, Rn. 6。

〔83〕 在实质上同样的,见 Abels, 1991, 11 f.; Geerds, 1961, 324 ff.; v. Hippel, StrafR II, 504 ff.; Jescheck, ZStW 67 (1995), 533; Jescheck/Weigend, AT^5, § 67 I 2 以及 Fn. 7; LK^{11} – Rissing – van Saan, vor §§ 52 ff., Rn. 6; Sch/Sch/$Stree^{26}$, § 52, Rn. 3。

〔84〕 Puppe, 1979, 125 ff.; dies., 1982, 143; dies., NK, § 52, Rn. 45 ff.。

并且,反过来,对虚假文书的使用是通过为一种被骗者的自我损害服务来得到结果的。第52条条的量刑规则准确地符合了这一点。”〔85〕还有,根据这个理论,强制、身体伤害、抢劫、杀人与谋杀,都是具有不法亲缘性的,因为在所有这些行为构成中,对人采取的暴力都扮演了一个重要角色。〔86〕同样,身体伤害与剥夺自由应当是有不法亲缘性,因为严重的损害健康是剥夺自由的一种加重案件(第239条第3款第2项)。“法律已经把一种行为构成的特殊案件明确地宣布为是另一个行为构成的提高了不法的基础,所以,这种不法的关系必须对一般案件也是存在的。”盗窃也会被看作与诈骗和勒索有着不法亲缘性,因为在所有三种案件中,都涉及到财产犯罪。〔87〕

也就是说,在所有这些案件中,在各个实施行为并不重合,也就是说,在被拘禁者通过一个独立的行为也被痛打,或者,被诈骗者另外还被偷时,就应当认定想象竞合。另一方面,尽管实施行为的同一性,在已经实现的几个行为构成彼此无关时,仍然存在着真实竞合。也就是说,在多次被提到的扔一块石头打破一扇窗户又伤及一个人的案件中(边码2,70),普珀也必须认定真实竞合,因为损害财产与身体伤害之间彼此无关。〔88〕“当一名汽车驾驶者在无驾驶执照与未经允许驾驶他人的汽车将毒品运出国界时,这个案件事实仅仅涉及一次并且同一次驾驶的事实,就不是把非法使用他人财物、无证驾驶与毒品犯罪综合为一个单数的理由。”〔89〕 73

普珀的理论具有很大的优点,她根据占统治地位的观点正确地怀疑了想象竞合与真实竞合的区分及其必要性(参见,边码7~9),提供了一种在角度上有说服力的规范性基础。由于不同行为构成的不法亲缘性,最严重的行为构成就吸收了其他所有的行为构成;这种单独刑罚的运用就会是一种对相似不法要素的双重使用,而这在量刑法中是不允许的。 74

然而,普珀的方案没有找到支持者,〔90〕并且,人们根据现行法也必须对之加以拒绝。首先,她的方案与法律的文字几乎是不一致的。第52条条第1款在不同种想象竞合中,只谈到对多个刑事法律的侵害,而没有显露出不法亲缘性。在同种想象竞合中,这个标准就更不符合了:〔91〕在对同一刑事法律进行多次侵害时,不法不是相似的,而是同一的。 75

从这种区分的历史发展与这种发生史中得出的结论是:立法者总是仅仅考虑实施行为的同一性,而从来不考虑已经实现的行为构成所具有的不法亲缘性。这必定影响了一种目的论的说明,因为这一点不允许把自己的刑事政策的想象置于立法者的目的设定之上。立法者的出发点是,不同的、在时间上分开的犯罪性行为明显地比单独动作(边码9)要求一种更大的犯罪能量,并且,这个情节要求精确地确定单独刑罚与一种提高的总和刑。人们能够对此提出批评,但是却不可以不加理会。 76

最后,一种在本质上反对普珀理论的意见也提出来了。这种意见认为,普珀的理论本身借助不法亲缘性是不行的,作为想象竞合的进一步条件,还必须要求一个单数的事件过程。在行为人今天进行偷盗明天实施诈骗时,这个理论自然就不能认定想象竞合。因此,这个理论就把行为构 77

---

〔85〕 Puppe, GA 1982, 152。

〔86〕 在这里及下文中的例子,见 Puppe, GA 1982, 154。

〔87〕 Puppe, GA 1982, 154 f。

〔88〕 参见 Puppe,GA 1982, 159,她自己对类似情况的论述,即这个“杀人者也故意刺穿了其被害人者的衣物”。

〔89〕 Puppe, GA 1982, 159。

〔90〕 拒绝的,见 Abels, 1991, 12 ff.; Altenhain, ZStW 107 (1995), 398 ff.; Gössel, GA 1981, 134, 136; Jakobs, AT^{2}, 31/16, Fn. 18; Jescheck/Weigend, AT^{5}, § 66, Fn. 5; Lippold, 1985, 19 ff.; Maurach/Gössel, AT/2^{7}, 54/25; Montenbruck, 1983, 146 f.; SK^{6} – Samson/Günther, vor § 52, Rn. 19 f.; LK^{11} – Rissing – van Saan, vor § 52, Rn. 8; § 52, Rn. 9; Stratenwerth, AT^{4}, § 18, Rn. 34; Werle, 1981, 128 ff., 135, 139。批评的,见 Seier, Jura 1983, 227 ff., 231。

〔91〕 详见,Werle, 1980, 128 ff.。

成实现的"同时性",作为"不法单数的简单化的替代标准"[92]引入了。[93]"同时开始的实现行为构成,在任何规则中,在内容上都是相互关联的",也就是说,是具有不法亲缘性的。但是,就像这个理论自己强调的那样,它也大多得出与那种按照实施动作的同一性或者部分同一性安排的主流理论同样的结论——只是这种必需的与足够的在时间上的联系,是不那么准确地可以确定的。

78　不法亲缘性的概念也留下了很多问题,因为"亲缘性"取决于所选特征的抽象性高度,而这些特征应当是说明其根据的。同时,为什么那个欺骗特征应当说明第263条,第267条不法亲缘性的根据呢?因为这些受保护的法益是完全不一样的。那么,同样以欺骗为条件的第145d条与第164条又怎样呢?为什么身体伤害与剥夺自由仅仅因为前者能够加重性地加入后者,就具有不法亲缘性了?这个概念给所要求的时间范围的概念带来了很多进一步的不明之处,以至于那种一般说普珀理论具有过大的法的不安全性的指责,看来是有道理的。

79　因此,也就是说,在那些已经提出的意见中,必须保留实施动作至少具有部分的同一性的观点。然而,普珀的引起剧烈反响的观点就展示了这种必要性,在刑事政策与量刑法的观点下,重新仔细思考整个竞合理论的必要性。

2. 实施行为的完全同一性

80　最简单的例子是,所有已经实现的行为构成的实施行为都是完全同一的。当有人把一名正在依法执行公务的执法官员打倒在地时,这次击打就一次性实现了抗拒执法官员(第113条)与身体伤害(第223条)的行为构成;也就是说,它们就处于想象竞合之中。同样的结论适用于一个并且是同一个射击引起了杀人(第212条)、身体伤害(第223条)以及损害财产(第303条)之时。在这里存在着一种与击倒警官例子的区别关系。在这个例子中,仅仅存在着一个结果(击倒),与此同时,在这里,在不同客体中就出现了不同的结果。然而,这并不能改变整个构成行为的行为(Tathandlung)所具有的完全同一性。同时,在那种缺乏一个可以与行为相分离的结果的纯粹活动犯罪中,想象竞合就毫无疑问是可能的,例如,在一个伪证(第154条)同时表现为诽谤(第187条)时。[94]

81　一种在完全同一的实施行为中实现了多个结果案件特别常见。这种案件提供了同种的想象竞合(边码2):一次射击伤害了多人,或者一句辱骂侮辱了多人。一种同种的想象竞合在损害所有权中是否可能的问题,还是有争论的。[95]在这里,大多数会存在一个自然行为单数(参见,边码36以下),例如,在通过一次欺骗使得不同的人在短时间内受骗时。当然,如果这些条件因为损害结果彼此相隔甚远而使其条件不存在的,那么,就要考虑一种不同种的想象竞合了。

3. 实施行为的部分同一性

82　但是,根据司法判决与绝对的主流观点,实施行为的部分同一性也就足够了,就像《帝国法院刑事判例集》,第32卷,第137(139)页[96]最先以已经成为经典的"公式"表述的那样。据此,认定想象竞合就要求,"这种确定意志的动作,通过其就产生出不同的具有刑事可罚性行为的行为构成,在不是全部,也的确有部分是这样同时发生之时,**至少有单数行为中的一部分对两种犯**

---

〔92〕 NK－Puppe, § 52, Rn. 52。

〔93〕 关于同时或者几乎同时作为行为单数要素的,参见在上文边码59。

〔94〕 例子,见 Jescheck/Weigend, AT^{5}, § 67 II 1。

〔95〕 支持的,见 Jescheck/Weigend, AT^{5}, § 67 II 1;反对的,见 Sch/Sch/Stree^{26}, § 52, Rn. 29; LK^{10}－Vogler, § 52, Rn. 35。

〔96〕 当时也见 RGSt 52, 299, 300; 54, 288; 56, 58; 66, 359, 362;后来的,见 BGHSt 7, 149, 151; 14, 104, 109; 18, 29, 34; 27, 66, 67; 33, 163, 165。此外,那种另外在文本中引入的决定。

罪的行为构成的形成共同发挥了作用。”也就是说,在抢劫者打倒了被害人,接着拿走其钱财时,第223条,第224条以及第249条就处在想象竞合之中,尽管它们仅仅是在使用暴力这个特征上相一致(参见,《联邦最高法院刑事判例集》,第39卷,第100页)。

在不同行为构成之间所具有的无尽的想象竞合的可能性,只能在分则范围内得到解决,因此,这里只需举出一些例子就行了。一个人把自己保管(例如:借用)的他人物品当作自己的而出卖并交付给第三人的,他对于所有者而言就实施了贪污(第246条),并且,根据司法判决(《联邦最高法院刑事判例集》,第15卷,第83页),通常也对轻信的购买者实施了诈骗。两个犯罪处于想象竞合之中,虽然它们的实施行为仅仅在提出出售要约的那一刻才同时发生。在这里展现了这种占有的意志,而贪污就借助这个意志的表达构成了。但是,在同一个动作中,也存在引入诈骗的那种欺骗。 83

当有人在持续的强制中决定事后拿走被胁迫者的物品时(参见,联邦最高法院,《刑法新杂志》,1982年,第380页),那么,强制(第240条)就与抢劫(第249条)就处于想象竞合之中,虽然两个犯罪仅仅在结束阶段才同时发生。一个虚假陈述(第153条)、虚假怀疑(第164条)或者诽谤(第187条),能够与诉讼诈骗(第263条)形成想象的竞合,即使这些行为构成的行为仅仅在一个单一的、引入诈骗的表达中才会发生重合。一个强奸自己姐妹的人,就实现了第173条第2款;第177条第2款第1项的想象竞合,虽然这些实施行为仅仅在进行性交时才会发生重叠。 84

与此相反,就像联邦最高法院在原则上认为的那样,[97]“一个单数的动机,一种事件过程的同时性,一种对最终目的的追求,一种手段与目的的联结,或者一种原因—后果的关系,都不能……说明……一个构成行为单数的根据。注释者们肯定了这一点。”也就是说,在有人为了报复所受到的严重侮辱而实施多个犯罪时,在他以双拳同时打伤两个人(第223条)或者其中一手持枪射击(第212),同时另一手抓住一名人质作为盾牌(第239条)时,在他为了逼迫释放囚犯而进行多次犯罪时,为了一个杀人(第212条)的目的而偷窃了一把手枪(第242条),或者为了杀死他人使之无法证明自己过去所干的犯罪行为时(第211条),因此,各个犯罪行为尽管在时间与目的上的联系仍然处于想象竞合之中。 85

司法判决有时试图把以不同种的实施行为为基础的犯罪,在时间、空间与主观上特别密切的联系中,共同综合为一个自然行为单数(详见,边码50以下)。这种试图是应当否定的,因为就像立法者曾经预料的那样,这些试图都使得想象竞合与真实竞合之间的区别变得模糊不清了。 86

《联邦最高法院刑事判例集》,第43卷,第317页也与想象竞合最少需要几个实施行为的部分同一性这个原则不相一致。据此,教唆证人作虚假陈述的(第153条)就应当与通过虚假陈述实施的诉讼诈骗(第263条)处于想象竞合之中。联邦最高法院对此进行了这样的说明:证人的虚假陈述也应当归责于诉讼诈骗者(即当事人)。虚假陈述也是“诉讼诈骗者的一个构成行为的实施行为……虚假陈述是行为人借以实施诉讼诈骗的手段”。但是,这种手段与目的的联结并不能产生那种实施的同一性,并且,这个诉讼诈骗者的教唆行为正好不是虚假陈述本身,而是一个在时间上与其分离的行为动作。[98] 87

在司法判决认为在不作为犯罪与实行犯罪之间可能有想象竞合时,它也走得太远了。因此,例如,那个有罪责的造成事故的人,他的驶离现场,在相应的故意中,就表现为一个通过不作为的未遂杀人(第22条,第13条,第212条)与肇事逃逸(第142条)的想象竞合。同样,在不作为的不提供帮助(第323c条)与第142条之间也应当存在着想象竞合。正确的是,应当认定真实竞 88

---

〔97〕 在BGH wistra 1985 1985, 19中提示的BGH NStZ 1998, 300 (301)。

〔98〕 关于批评,也参见Martin, JuS 1998, 761; Momsen, NStZ 1999, 306。

合,因为实行与不作为虽然同时有结果,但是,这个不作为并不是那个实行行为的部分动作。[99]

89 另一方面,司法判决[100]与主流观点[101]正确地实现了对想象竞合的一种重要的扩张,方法是:**一个犯罪[102]在形式上的既遂与在实体上的完成之间的那个阶段,被加入这个实施行为之中,从而使这些行为的重合借助现在产生结果的进一步的犯罪,来说明了想象竞合的根据**。也就是说,在这个窃贼为了运送赃物,通过强制强占一辆他人的汽车时,盗窃(第242条)与强制(第240条)就处于想象竞合之中,虽然这个强制只有在盗窃既遂之后才会开始(联邦最高法院,《刑事辩护人杂志》,1983年,第413页)。在事实上,这是有理的,因为保护赃物在实体上还是属于盗窃,并且,这种形式既遂的结构仅仅意味着一种对不受限制的刑事可罚性的提前。在携赃逃跑还表现为一种第32条意义上的当前攻击时,那种在当时实施的强制就必须也被视为与盗窃的实施同时发生了。[103]

90 仅仅是为了举例,还可以列出一些案件。当逃跑的抢劫者想要通过挟持人质来保证赃物的安全时,第250条,第239a条就处在想象竞合之中(《联邦最高法院刑事判例集》,第26卷,第24页,第28页)。如果一名窃贼在醉酒状态下携赃物驶离现场的,那么,第242条与第316条就是想象地竞合了(巴伐利亚州高等法院,《新法学周刊》,1983年,第406页)。还有,一名正在逃跑的抢劫者对其追捕者进行的射击,也产生了一个第249条以下与第211条的一种想象竞合(联邦最高法院,《新法学周刊》,1992年,第2103页以下)。

91 在司法判决与主流观点[104]把**那些有助于实现一种在行为构成中要求的目的的行为,视为与目的犯罪处于竞合之中时**,也是处于相同的路线上。也就是说,当一个勒索性绑架他人(第239a条)的行为人,在绑架成功之后进行勒索的,第239a条与第255条就处在想象竞合之中了。如果人们在那个故意实现的客观行为构成(在这里:绑架)与其后的实现目的之间,认定了一个行为构成的行为单数时(上文,边码21),那么,这就会不言自明了。但是,这也得出了勒索性绑架他人在实体上是以勒索才既遂的结论。

92 **与此相反,根据司法判决,在未遂阶段中的重合尚不能说明想象竞合的根据**。也就是说,在行为人试图连续谋杀三个被害人(其妻及两子)时,因此,当这三个谋杀未遂在一个更早阶段(在埋伏中)重合为一个行为动作时,它们就处在真实竞合之中(《联邦最高法院刑事判例集》,第16卷,第397页以下)。联邦最高法院说(出处同上,第398页):"如果被告人在这个时间点(也就是说,在埋伏中)被逮捕而无法进一步作为时,那么,就不能回避……在同种构成行为单数中认

---

[99] 同样,见 Jescheck/Weigend, AT^5, § 67 III 4, Lackner/Kühl^{24}, § 52, Rn. 7; Maiwald, 1964, 107 ff.; Struensee, 1971, 46 ff.。在 BGHSt 6, 229, 230 也(与 RGSt 68, 315, 317 相联系)还表示,"一个纯正的不作为的构成行为与一个同时实现的作为的构成行为处于同一个构成行为单数之中"是不可能的。

[100] BGHSt 26, 24 (27 f.); BGH NJW 1992, 2103; BGH JZ 1952, 89; BGH GA 1955, 245, 246; 1969, 347; BGH StV 1983, 413; 1984, 374; BGH NStZ 1993, 77; 1995, 588; BGHR, § 52 I, Handlung, dieselbe, Nrn. 5, 13, 21; § 113, Konkurrenzen, Nr. 2; BGH MDR (H) 1988, 453; BayObLG NJW 1983, 406。

[101] SK^6 – Samson/Günther, § 52, Rn. 12; Sch/Sch/Stree^{26}, § 52, Rn. 11; Sratenwerth, AT^4, § 18, Rn. 31; Struensee, 1971, 24 f.; LK^{10} – Vogler, § 52, Rn. 23; Warda, JuS 1964, 87。

[102] 这个区别在财产犯罪中尤其重要,并且,对诸如紧急防卫(Roxin, AT 1^3, § 15, Rn. 28)中攻击的现时性和对帮助与包庇的区分(上文第26节边码226以下,228以下)起了一定作用。

[103] 部分偏离的与有区别的观点,见 Bitzilekis, ZStW 99 (1987), 725 ff.; Jakobs, AT^2, 33/7。

[104] BGHSt 26, 24, 27 f.; BGH JZ 1952, 89; BGH GA 1955, 245; 1969, 347; BGH NStZ 1984, 409; 1986, 314; 1993, 77; BGH StV 1996, 432 f.; BGH MDR (H) 1992, 632; BGHR StGB, § 52 I, Handlung, diselbe, Nrn. 5, 13, 21; § 113, Konkurrenzen, Nr. 1; Geerds, 1961, 279; Jescheck, Welzel – FS, 1974, 698; Jescheck/Weigend, AT^5, § 67 II 2; LK^{11} – Rissing – van Saan, § 52, Rn. 20; Sch/Sch/Stree^{26}, § 52, Rn. 11 f.; Tröndle/Fischer^{50}, vor § 52, Rn. 3; Warda, JuS 1964, 87; Welzel, StrafR^{11} 231 f。

定这三个谋杀未遂。”然而,这三次谋杀未遂后来在时间上的分别出现,使它们彼此独立了。这是应当同意的。[105] 在一个实施之前存在的阶段中,多个行为的同时发生还没有说明这些实施行为的同时发生。假如三个被害人的死亡成功了,那么,这种谋杀未遂的单数就在早期阶段中,还不具有把各个完全独立的实施行为联结为构成行为单数的力量。“在这个范围内,借助对侵害性行为构成的考虑,这种危险性观点就丧失了它的意义”(出处同上,第398页)。但是,当这三个原本在埋伏中被捆绑在一起的“未遂,后来进一步转为单独的”与连续进行的时候,案件就不能有所不同了。反对认定想象竞合的也有刑事政策的观点。这种观点认为,这样一种解决方法会毫无道理地改善这些行为人的地位:“这些没有同时开枪的人,首先是在阴险地埋伏着等待他的被害人的”(出处同上,第398页)。

4. 状态犯罪与持续犯罪的同时发生[106]

93 司法判决[107]与主流观点[108]在这里也仅仅在实施行为具有部分同一性时才认定想象竞合,并且认为它们仅仅具有同时性不够的。因此,《联邦最高法院刑事判例集》,第18卷,第32页以下在帝国法院司法判决概括性的表述下强调,一个在破坏住宅和平(第123条)中实施的强奸(今天:第177条第2款第1项),与前者处于构成行为多数的关系之中。根据《帝国法院刑事判例集》,第32条,第137条,第140条的基础性决定,“**在一个举止行为同时损害了多个刑法时,就不存在构成行为多数**,更准确地说,必需的是那种实现了一个具有刑事可罚性的行为构成(全部或部分)的行为,同时,也就是说,至少在一个单独的……意志活动中,全部或者部分地满足了另一个行为构成。在这里,通常缺乏《德国刑法典》第123条与第177条的关系。不管是侵入还是停留,都没有实现这种品德性犯罪的行为构成所具有的哪怕是最微小的部分。由此支持的是,当这个《德国刑法典》第123条意义上的侵入或者停留是为了施行一种品德性犯罪的目的而发生时,在这里也不应当认定这种构成行为单数。”

94 所有这些都是应当同意的。在状态犯罪中,这种同时性并不能说明想象竞合的根据(边码18,38以下,59以下),这时,在参与一种持续犯罪中,这就更不允许发生。因为许多持续犯罪(酒醉驾驶、无证驾驶、剥夺自由,等等)都能延伸到更大的空间去,所以,当所有在此期间实施的其他犯罪会与它们同处于一个构成行为单数之中时,这就会导向想象竞合的一种完全的泛滥。如果人们在一个判决的法律效力中,在所有想象地竞合的其他犯罪行为方面认定一种刑事诉讼的消耗,[109]那么,在对一个持续犯罪宣告无罪或者判决时,鉴于未经深思熟虑而“同时发生的”其他行为构成的实现而认定的想象竞合,在实践中也会产生令人很难接受的后果。

---

[105] 同样,见 Baumann/Mitsch, AT^{10}, § 36 IV 1 a; Kühl, AT^{3}, § 21, Rn. 42; Miehe, GA 1967, 278; Sch/Sch/Stree^{26}, § 52, Rn. 10; Tröndle/Fischer^{50}, vor § 52, Rn. 3。相反,拒绝的意见,见 SK^{6} – Samson/Günther, § 52, Rn. 12; Stratenwerth, AT^{4}, § 18, Rn. 29, 31; Struensee, 1971, 25。

[106] 专著:Lippold, 1985。关于持续犯罪中的刑事起诉的使用,见 Erb, GA 1994, 265。

[107] RGSt 32, 137, 140; 54, 288, 289; 66, 117, 119; BGHSt 18, 29, 32 ff.; 27, 66, 67(关于在违反秩序行为中的平行问题); 29, 184, 186; 31, 29, 30; BGH GA 1967, 21; BGH NStZ 1995, 300; BGH VRS 30 (1966), 185 f.; BGH LM § 177, Nr. 8; BayObLG GA 1975, 54; OLG Koblenz VRS 56 (1979), 38 ff.; OLG Köln NJW 1982, 296。

[108] Baumann/Mitsch, AT^{9}, § 41 II 1 c; Freund, AT, § 11, Rn. 53 f.; Geppert, Jura 1982, 370; Gropp, AT^{2}, § 14, Rn. 42; Jescheck/Weigend, AT^{5}, § 67 III 2; Köhler, AT, 688 f.; Kühl, AT^{3}, § 21, Rn. 34 b; Lackner/Kühl^{24}, § 52, Rn. 7; Lippold, 1985, 29 ff.; Maurach/Gössel, AT/2^{7}, 55/72 f.; Oske, MDR 1965, 534; Schmidhäuser LB AT^{2}, 18/43; Sch/Sch/Stree^{26}, vor §§ 52 ff., Rn. 88 ff.; Stratenwerth, AT^{4}, § 18, Rn. 32; Tröndle/Fischer^{50}, vor § 52, Rn. 35; LK^{10} – Vogler, vor § 52, Rn. 25; Welzel, StrafR^{11}, 232; Wessels/Beulke, AT^{31}, Rn. 779。

[109] 对此,参见 Roxin, StrafverfahrensR^{25}, § 20, Rn. 8 – 10 以及下文边码112以下。

95 **与一部分文献**〔110〕**所代表的意见不同，司法判决认为，一种手段与目的的联结，也就是说，那种持续犯罪创设了实施一个状态犯罪的条件的案件，并不足以满足一个想象竞合，这种看法也是正确的。**〔111〕 如果以抢劫（第123条）为目的实施了一个破坏住宅和平（第249条），或者有人为了实施谋杀（第211条）而非法携带射击武器的（《德国武器法》第53条第1款第3a项第b目），那么，也就是说，这些犯罪就都处于真实竞合之中。在这个方面，也缺少那种实施动作的相互重合。

96 相反，根据一般的观点，**想象竞合**存在于**一个状态犯罪有助于保持那种通过持续犯罪而创设的违法状态时**：例如，这个破坏住宅和平者在主人想要把其驱逐出去时，把主人击倒了。在这样一个案件中，身体伤害是进一步实现破坏住宅和平的组成部分，因此，在这里能够认定所要求的实施动作具有相互重合。这也适用于为了阻止有人摆脱监禁而对其施以暴力的案件（身体伤害，第223条，与剥夺自由的想象竞合，第239条），或者有人为了继续无证驾驶（《德国道路交通法》第21条）在汽车检查站出示了伪造的驾驶执照（《德国刑法典》第267条）。〔112〕

97 **在一个持续犯罪是一个状态犯罪的实施行为所具有的组成部分时，也存在着想象竞合**，就像这在无证驾驶（《德国道路交通法》第21条）中常见的那样。未经允许的驾驶，例如，为在行驶中的性犯罪与抢劫行为所利用的（联邦最高法院，《刑法新杂志》，1984年，第135页），或者用汽车运送赃物将其纳入自己的保管之下时，也由此同时是盗窃的一个实施行为（联邦最高法院，《新法学周刊》，1981年，第997年）。在行为人利用一个剥夺自由（第239条）来进行性犯罪的（第177条，第178条）（联邦最高法院，《刑法新杂志》，1999年，第83页）案件中，联邦最高法院也肯定了想象竞合，因为利用剥夺自由就是一种使用暴力。

98 当然，在单纯的同时性与部分同一性之间的界限，并不总是可以轻易划定的。因此，例如，在酒醉驾驶期间（第316条），对女同乘者进行性强制的（第177条第1款），就应当认定为真实竞合。但是，在汽车行驶的情节状态被用作强制手段时，人们就必须肯定想象竞合了。

99 **在多个持续犯罪的实施行为完全或者部分同一时，这些犯罪就也能处于想象竞合之中**：例如，当有人在醉酒状态下无证驾驶（《德国刑法典》第316条，《德国道路交通法》第21条），〔113〕或者在用汽车进行一个绑架（第239a，b条）或者其他剥夺自由（第239条）时，而这个行为人是无证驾驶的（《德国道路交通法》第21条）。与此相对，当有人在不能驾驶的状态下驾驶汽车（第316条），并且还未经允许携带射击武器的（《德国武器法》第53条第1款第3a项第b目），就存在着真实竞合；在这里，在这个实施行为所具有的完全独立性中，仅仅存在着一种不同的实现行为构成的同时性（联邦最高法院，《交通法汇编》，第49（1975）卷，第177页以下）。当然，这个在这里只能示范性地加以介绍的司法判决，就详细展示了许多的变动与不确定。〔114〕

---

〔110〕 Gropp，AT², § 14，Rn. 41（不清楚的）；Jakobs，AT²，33/10；Kühl，AT³，§ 21，Rn. 35；Sch/Sch/Stree²⁶，vor §§ 52 ff.，Rn. 91；Welzel，StrafR¹¹，232。

〔111〕 同样，见 Baumann/Mitsch，AT⁹，§ 41 II 1 c；Geppert，Jura 1982，370；Jescheck/Weigend，AT⁵，§ 67 III 2；Lackner/Kühl²⁴，§ 52，Rn. 7；Lippold，1985，29 ff.；Maurach/Gössel，AT/2⁷，55/72 f.；Oske，MDR 1965，534；Schmidhäuser，LB AT²，18/43；Sch/Sch/Stree²⁶，vor §§ 52 ff.，Rn. 88 ff.；Stratenwerth，AT⁴，§ 18，Rn. 32；Tröndle/Fischer⁵⁰，§ 52，Rn. 35；LK¹⁰ – Vogler，vor § 52，Rn. 25；Welzel，StrafR¹¹，232；Wessels/Beulke，AT³¹，Rn. 779。

〔112〕 偏离的，在以下范围内，见 BGH VRS 30（1986），185；OLG Köln VRS 61（1981），349。但是，与本书一致的，见 Sch/Sch/Stree²⁶，vor §§ 52 ff.，Rn. 91 a。

〔113〕 BayObLG GA 1975，54。

〔114〕 详见，LK¹¹ – Rissing – van Saan，§ 52，Rn. 24。

非常有**争议的是，在组织犯罪中，当这个犯罪组织的一名成员在与其成员资格有关的联系中实施了其他犯罪时**，例如，他为一个恐怖组织完成了谋杀或者袭击银行，**这时存在的是构成行为单数还是构成行为多数**。根据一种广为流行的观点，〔115〕应当认定为真实竞合，因为这个具有刑事可罚性的在一个组织中的成员资格，并不包括在为这个组织服务中对犯罪行为的实施。然而，值得赞同的是那个由《联邦最高法院刑事判例集》，第29卷，第288页，第290页以下提出来的反面观点，〔116〕这个观点肯定了一个想象竞合。根据第129条，第129a条的法律文字，一个"作为成员参与"一个犯罪组织或者恐怖组织的人，是具有刑事可罚性的，并且，这种参与也恰恰在为这个组织进行的犯罪活动中表现出来了。在由于成员资格而判决的这种想象竞合，是否会鉴于这个为组织实施的犯罪行为而导致一种刑事诉讼消耗，是一个——应当被否定的——程序问题，这个问题应当不依赖于实体的—法律的竞合问题加以解决〔117〕（参见，还有，边码118以下）。 100

5. 第三个犯罪行为的夹子效果

当两个在时间上、空间上分离的，也就是说，本身是真正竞合的行为真的为了自己而与一个第三方的，几乎同样严重的犯罪行为处于想象竞合之中时，那个可以追溯到帝国法院（《帝国法院刑事判例集》，第44卷，第223页，第228页）的司法判决〔118〕与主流观点〔119〕也**肯定了一个想象竞合**。也就是说，在一个抢劫者把这个被害人打倒在地，在拿走物品时还损坏了抽屉的，这时，身体伤害（第223条）与毁坏财物（第303条）本身就是独立的行为，它们的实施动作就从来没有重合。但是，因为它们两者都与抢劫（第249条）是想象地竞合的，所以，所有这三个犯罪都由于那种因此存在的夹子（Verklammerung）而处在想象竞合之中。 101

这类案件屡见不鲜。当甲驾驶汽车过失地伤害了乙，然后又实施了肇事后逃逸，这时就存在着第229条与第142条的真实竞合。但是，如果这两个犯罪与未经允许的使用机动车出现想象竞合，那么，第248b条就要把所有三个犯罪联结成一个构成行为单数了。当有人在进行秘密的特务活动（第99条）的过程中，先进行一个盗窃（第242条），然后进行一个被禁止的窃听（第201条），那么，所有这三个犯罪就通过第99条这个夹子而处于想象竞合之中。一个强奸（第177条第2款第1项）与一个在一段时间之后产生结果的故意杀人（第212条），在两个犯罪带有死亡后果的剥夺自由（第239条第4款）而想象地竞合时（《联邦最高法院刑事判例集》，第28卷，第20页），就被联结成构成行为单数了。一个携带武器的盗窃未遂（第244条第1款第1项）与一个仅仅使用武器实施的强制（第240条），在它们两者与未经许可的携带射击武器（《德国武器法》第53条第1款第3a项第b目）处于构成行为单数之中时（联邦最高法院，《刑法新杂志》，1989年， 102

---

〔115〕 OLG Karlsruhe NJW 1977, 2222 m. zust. Anm. Meyer, JR 1978, 35; Herdegen, MDR 1980, 438, 439; Sch/Sch/Stree[26], vor §§ 52 ff., Rn. 91; Tröndle/Fischer[50], § 129, Rn. 23; LK[10] – Vogler, vor § 52, Rn. 23。

〔116〕 BGHSt 19, 114, 122 f.; BGH NJW 1975, 985, 986; BGH MDR 1980, 684, 685; LK[11] – v. Bubnoff, § 129, Rn. 87; Cording, 1993, 69 ff., 109 ff.; Fleischer, NJW 1979, 1339; Grünwald, Bockelmann – FS, 1979, 737 ff.; Haberstumpf, MDR 1979, 977 ff., 980; Lackner/Kühl[24], § 129, Rn. 13（批评的）; Krauth, Kleinknecht – FS, 1985, 224 f.; SK[6] – Rudolphi, § 129, Rn. 30; Werle, JR 1979, 93 ff.（但是，是批评的）。

〔117〕 对此，详见 Roxin, StrafverfahrensR[25], § 20, Rn. 9。

〔118〕 RGSt 56, 329; 60, 241; 68, 216; BGHSt 3, 165; 6, 92, 97; 23, 141, 149; 31, 29, 31; BGH NJW 1952, 795 f.; 1998, 619, 620; BGH MDR (D) 1973, 556 m. Anm. Schönborn, NJW 1974, 734; BGH wistra 1997, 61, 62; BGHR StGB, § 52 I, Klammerwirkung, Nr. 4。

〔119〕 Geerds, 1961, 280 f.; Geppert, Jura 1982, 370 f.; Jescheck/Weigend, AT[5], § 67 II 3; Joecks[3], § 52, Rn. 4; Lackner/Kühl[24], § 52, Rn. 5（批评的）; Maurach/Gössel, AT/2[7], 55/74 ff.; Sch/Sch/Stree[26], § 52, Rn. 14 ff.; Tröndle/Fischer[50], vor § 52, Rn. 5 ff.; LK[10] – Vogler, § 52, Rn. 27 ff.; 限制性的，见 Welzel, StrafR[11], 232; Wessels/Beulke, AT[31], Rn. 780。

第20页),就出现了想象竞合。就像在本边码上文中所举例子展示的那样,这尤其是对一个夹子适合的持续犯罪。但是,这不是一定这样的,就像我们在开头所举的夹着两个动作的犯罪中(边码101:抢劫)所学到的那样。

103 **但是,只有在这个夹子犯罪在根本上不比被夹犯罪更严重时,司法判决才允许一种夹子效果**。因此,在《联邦最高法院刑事判例集》,第2卷,第246页[120]中,两名抢劫者已经先后对他们遇到的居民实施了四次谋杀未遂。虽然这四次谋杀未遂分别借助同一个抢劫而处于想象竞合之中,但是,联邦最高法院(在《联邦最高法院刑事判例集》,第1卷,第67页之后)认定了处于构成行为多数中的四个谋杀未遂(而不是一个同种的想象竞合),因为这个较不严重的抢劫犯罪并不能把这个严重的谋杀行为联结为构成行为单数。对这个夹子效果进行限制(人们在这里称之为去夹子化)的原因就在于,一名多个真实竞合犯罪的行为人应当仅仅还由于想象竞合,并且因此仅仅因为还有更轻的犯罪添加进来,就应当予以较轻的刑罚,这是非常荒谬的。因此,联邦最高法院做出这样的表述(出处同上,第248页):"如果这个行为人多次损害了一个比较严重的刑法,并且相应的应当受到多个刑罚的处罚,而这些刑罚……又应当构成一个总和刑的,那么,行为人在构成行为单数上已经违反了一个较轻的严重刑法这一点,就不能减轻他的罪责。这种违反不能把多个严重的损害法律……因此综合归纳为一个单数的构成行为,以至于多个损害法律就仅仅还会是一个较轻的严重犯罪行为所具有的非独立部分。"

104 还有,未经许可的使用称号(第132a条)也不再能把在使用这个称号下进行的诈骗行为(第263条)都连接成这个构成行为单数(帝国法院,《最高法官判例集》,1935年,第355号)。无证驾驶(《德国道路交通法》第21条)不再能通过开走汽车,把借助汽车实施的盗窃汽车(第242条)联结为这个构成行为单数(《联邦最高法院刑事判例集》,第18卷,第69页)。卖淫业(第181a条)不能把诸如严重的贩卖人口(第181条),性强制(第177条第1款)以及强奸(第177条第2款)之类的犯罪都夹起来(《联邦最高法院刑事判例集》,第39卷,第390页,第391页以下)。[121]

105 在具有重要实践意义的醉酒开车的行为构成中(第316条),根据这个司法判决,这个夹子效果在大多数案件中就不仅在构成行为具有较轻的重要性时失败了,而且也在一个交通事故应当分离醉酒驾驶在行为构成上的单数时(参见,边码24)失败了。较新的司法判决也做出了类似的努力,试图限制非法持有武器的夹子效果。根据联邦最高法院,《刑法新杂志—司法判决—报告》,1999年,第9页,"当这个武器的持有者在后来做出了一个新的使用这个武器实施一个犯罪的决定时,这个未经许可持有武器(实际暴力的使用/控制)的持续犯罪就在实体法上获得了一个转折点。在这个构成行为前后的持续犯罪,应当分别加以独立的评判。这个重罪本身与根据《德国武器法》的轻罪的持续犯罪,就处于构成行为单数之中。"在这个趋势得以实现时,那些在文本中提到的根据《德国武器法》支持一种夹子效果的一部分旧判决就会过时;因此,联邦最高法院,《刑法新杂志—司法判决—报告》,1999年,第9页就明确反对那个在下面边码中引用的、由同一个审判委员会在《联邦最高法院刑事判例集》,第31卷,第29页中使用过的决定,只要这个决定承认这个武器犯罪可以作为夹子来使用。

106 但是,另一方面,较新的司法判决也重新倾向于夹子效果的一种扩张。《联邦最高法院刑事判例集》,第31卷,第29页允许通过一个第三个犯罪,在被夹的犯罪行为比夹子犯罪更严重时,把两个独立的行为联结起来(与《联邦最高法院刑事判例集》,第3卷,第165页相反)。据此,那

---

〔120〕 对此,见 Roxin, HR R AT, Fall 98, 152 f. u. 214 f。

〔121〕 M. Anm. Geerds, JR 1995, 71。

种未经允许使用对射击武器控制权的轻罪(《德国武器法》第53a 条第1款),就能够把那种未经允许的获得武器(《德国武器法》第53条)与一种借助该武器实施的杀人(第212条)联结为这个构成行为单数,虽然仅仅对暴力的使用就在严重程度上轻松地超过了对射击武器的取得,但是,在犯罪分量上却远远不如杀人。在这种案件中,“较严重的损害法律并不‘从属’于较轻的犯罪行为……只有在开始与结束时存在于‘中间犯罪行为’之中的犯罪两者都比这更严重时,下面的评价才是正当的。”出于同一个根据,携带射击武器(《德国武器法》第53条第1款第3a项第b目)就应当同样能够把杀人(第212条)与强制(第240条)夹在一起成为想象竞合(联邦最高法院,《刑事辩护人杂志》,1983年,第148页)。虽然这个司法判决说明的根据,更多的是一种出于简化法律适用的愿望而提出的主张,但是,主流观点仍然加以同意了。[122]

这种夹子可能性所依赖的犯罪的严重性,通常应当在犯罪类型与刑罚范围上进行衡量:一个重罪比一个轻罪严重,一个受到十年或者十五年自由刑威胁的行为构成表明,它要比另外一个最高自由刑为五年的犯罪行为更严重。但是,这个司法判决在其更多的是按照一种“具体的”思维方式来安排的范围内,就使这种夹子变得容易了。因此,在《联邦最高法院刑事判例集》,第33卷,第4页(指导原则)中就指出:“一个轻罪之所以不适宜把两个重罪联结为构成行为单数,是因为这些重罪根据抽象的概括性的思维方式,比前者要更严重。”因此,《德国麻醉品交易法》第29条第3款(在特别严重的案件中使用麻醉品进行商业贸易)的轻罪就可以把《德国麻醉品交易法》第30条第1款第4项第2目的两个重罪(在一种较轻的案件中进口麻醉品)夹成想象竞合,因为具体说来,这个轻罪受到的惩罚能够比那个重罪更严厉。根据联邦最高法院,《刑法新杂志》,1989年,第20页,“在构成行为具体程度的考虑之下”,能够把这个具有刑事可罚性的携带武器(《德国武器法》第53条第1款第3a项第b目),盗窃(第242条)与强制(第240条)联结为想象竞合;当然,在这里不需要重提具体程度,因为这个刑罚范围本身在抽象意义上也并没有什么本质的区别。[123] 107

总的来说,司法判决在夹子效果上的不确定,就像肯定不同的法益承担者所具有的高度个人性法益中(边码38以下)以及在不同种行为构成的实现中(边码50以下)的自然行为单数一样。在文献中,对司法判决的批判也日渐增多。[124] 得到部分发展的是修正的解决方法。[125] 然而,这个结构在角度上就有问题,最好弃之不用。那种同样得到司法判决承认的反对一种较不严重的犯罪具有夹子效果的想法(边码103,104),以正在消弱的形式得到了普遍的适用。人们不应当正确地认识到,为什么一个进一步犯罪行为的加入,就应当阻断真实竞合所具有的刑罚严厉化。[126] “有一种观点认为,在两次强奸仅仅通过一个简单的剥夺自由联结在一起时,那种想象竞合的特权化就不应当介入……相反,在这种联结是通过一种造成死亡后果的剥夺自由建立起来时(第239条第3款),这种特权化就应当产生。这种观点是没有说服力的。” 108

---

〔122〕 Gropp, AT, § 14, Rn. 43 (但是,现在批评的,见 AT², § 14, Rn. 43); Köhler, AT, 688 f.; Kühl, AT³, § 21, Rn. 35; Lackner/Kühl²⁴, § 52, Rn. 5; Sch/Sch/Stree²⁶, § 52, Rn. 18; Tröndle/Fischer⁵⁰, § 52, Rn. 5c (不清楚的); Wessels/Beulke, AT³¹, Rn. 780。

〔123〕 BGH NStZ 1993, 133 (134) 也引用了“对违反进行具体权衡”的恰当性。

〔124〕 Gropp, AT², § 14, Rn. 43; Jakobs, AT², 33/12; NK－Puppe, § 52, Rn. 63 f.; SK⁶－Samson/Günther, § 52, Rn. 19; Schmidhäuser, LB AT², 18/41; R. Schmitt, ZStW 75 (1963), 48; Stratenwerth, AT⁴, § 18, Rn. 33 f.; LK¹⁰－Vogler, § 52, Rn. 29; Wahle, GA 1968, 107 ff.; Werle, 1981, 48 ff.。

〔125〕 例如,见 Jakobs, AT², 33/11 ff.; NK－Puppe, § 52, Rn. 65 ff.; Struensee, 1971, 26 ff.。一个与之进行的讨论与进一步的证明,见 LK¹¹－Rissing－van Saan, § 52, Rn. 33。

〔126〕 因此,也见 SK⁶－Samson/Günther, § 52, Rn. 19。这是下一条引文的出处。

6. 在法律上对想象竞合的处理

109 虽然法律对此没有规定，但是，在判决有罪，也就是判决的基本立场上，必须引用所有受到侵害的刑法这一点，是存在着一致性的。人们在这里谈的是**想象竞合的"澄清功能"**。在同种想象竞合中发生的这一点，提到了损害法律的数目，例如："甲由于在五个案件中的身体伤害，被判处……"。在不同种想象竞合中，得到满足的不同行为构成是具体提到的："甲由于与抗拒执法官员处于构成行为单数中的身体伤害，被判处……"。在这里，为了表述这个犯罪，只要有，就应当使用那个犯罪构成的法定标题（《德国刑事诉讼法》第 260 条第 4 款第 2 项）。那些遭到违反的条款与法律，只有在这个判决公式之后才得到列举（《德国刑事诉讼法》第 260 条第 5 款第 1 项）。

110 与在真实竞合中不同的是，这里仅仅确定了一个刑罚。在同种想象竞合中，多次得到满足的行为构成所具有的刑罚范围具有决定意义。也就是说，在通过实施一个行为导致五个身体伤害（边码 104）的例子中，刑罚应当从第 223 条中得出（最高五年自由刑或罚金刑）。也就是说，在刑罚范围的观点下，有人通过一个行为伤害了一个人还是五个人，都是没有区别的。

111 当然，在这个刑罚范围之内，一个法律是以同样的方式多次地〔127〕或者通过实现多个行为构成的变种来受到侵害的，〔128〕就能够在刑罚的严厉性上受到评价。这可以从第 46 条第 2 款中得出这个结论："这个实施的方式与这个构成行为有过错的后果"，对量刑具有重大的意义。除此之外，对同一个行为构成的多次侵害，也能够导致对一个特别严重案件的认定，例如，根据第 212 条第2款对多人的杀害，或者根据第 266 条第 2 款，在通过一个背信行为损害了多个人的财产时。〔129〕

112 然而，司法判决在存在想象竞合时，并不强制认定对刑罚的严厉化，也不认定一种特别的严重案件。虽然初审法官可以较高地裁量刑罚，但是，"法律并没有规定一种相应的义务……虽然这个初审法官在构成行为单数的案件中，已经考虑了增强的不法内容与罪责内容；但是，这并不妨碍他在尊重《德国刑法典》第 46 条规定的原则下，判处法律规定的最低刑"。〔130〕

113 在更为常见的不同种想象竞合中确定刑罚是更困难的，因为在这里，这个刑罚范围必须从不同的受侵害法律中共同联合而成（**联合原则**）。出发点是**吸收原则**，根据这个原则，借助最严重的刑罚威胁的法律就排斥了（吸收了）其他法律的刑罚威胁。这个原则在第 52 条条第 2 款第 1 项中写下来了。但是，这个原则却在一种"有限制吸收"〔131〕的意义上，通过第 52 条条第 2 款第 2 项被突破了，在那里，这个从最严重犯罪的刑罚威胁中得出的刑罚威胁，就不允许轻于"其他可适用法律所允许的刑罚"。这个所谓的**阻拦较轻法律的效果**是以这个恰当的思想为依据的：受侵害法律的最低刑不可以因为行为人已经另外侵害了一个没有这样一种最低刑的、"泛泛而言"更严厉的法律而不被超过。此外，第 52 条条第 4 款还补充了吸收原则，除了两年以上有期自由刑之外，在可适用法律中有规定或者允许时，还必须或者能够认识到附加刑、附随后果与第 11 条第 1 款第 8 项意义上的各种措施。最后，在第 41 条的条件下（行为人的谋利或者谋利未遂），在自由刑之外还能够判处罚金刑（第 52 条条第 3 款：并科原则）。

114 那种对于区分重罪与轻罪有决定性意义的抽象的思维方式（第 12 条第 3 款），〔132〕并不适用

---

〔127〕 BGH MDR（H）1992，932。

〔128〕 BGH MDR（D）1971，363；BGH NJW 1994，2034。

〔129〕 出自这个司法判决的，见 BGH StV 1981，545；BGH NJW 1982，2265。

〔130〕 BGH GA 1987，28（29）。

〔131〕 LK[11] – Rissing – van Saan，§ 52，Rn. 40。

〔132〕 对此，详见 Roxin，AT 1^3，§ 9。

于确定最高的与最低的刑罚威胁,在这里适用的是那种在具体案件中使用的刑罚范围,这种刑罚范围在可能的情况下是偏离通常的刑罚范围的,对特别严重、较为严重以及其他种类的案件适用的。例如,如果一个背叛当事人"在对方当事人的同意下"(第356条第2款)与一个特别严重的背信案件(第266条第2款)[133]处于想象竞合之中,那么,第266条第2款就是以最严重的刑罚相威胁(十年),与此同时,第356条第2款规定了最高的最低刑(一年)。也就是说,这个刑罚范围必须在一年与十年自由刑之间移动。在一个重罪与一个轻罪想象地竞合时,在具体思维方式的基础上,这个轻罪的行为构成在个别案件下,也能够包含那种更严重的刑罚威胁,以至于在这里就应当从其之中提取那个刑罚。例如,在诈骗的一个特别严重的案件(第263条第3款;轻罪)与伪证的一种比较严重的案件(第154条第2款;重罪)共同出现时,就应当从第263条第3款中提取那个刑罚(在这里就会是以最高的十年进行威胁,相比之下,第154条第2款是五年)。

对量刑适用的是在同种想象竞合中已经说过的(边码107):这种侵害多个行为构成只能在刑罚的严厉性上取消其影响力。 115

那些由于缺乏程序性条件而不再处于刑罚之下的行为构成,在刑罚范围的确定中,也不应当再予以考虑了。也就是说,如果一个必要的控告并没有提出,或者,一种对法律的侵害因为超过法定时效而不受追究或者得到赦免,那么,在确定这种刑罚威胁时也不再应当考虑有关的犯罪了。 116

在想象地竞合的行为构成中,并不存在一种部分无罪的判决,因为在侵害多个法律中,总是仅仅对一个单一的行为进行判决的(参见,第52条条第1款)。也就是说,如果这个行为人由于处于与伪造文书(第267条)的构成行为单数的诈骗(第263条)被起诉,并且,伪造的行为构成不能得到证明的,那么,一个判决就仅仅出于第263条作出,并且,在判决的基本内容中就不提及第267条。 117

那些想象竞合的犯罪在原则上也构成一个程序法意义上的单一构成行为,以至于一个具有法律效力的判决就消耗了在构成行为单数中存在的所有行为构成方面的刑事起诉(Strafklage)[一事不再理(ne bis in idem),《德国基本法》第103条第3款]。[134] 根据较新的司法判决,这一点的适用的确不是没有例外的(《联邦最高法院刑事判例集》,第43卷,第255页)。尤其是,这个有法律效力的对一个组织犯罪(第129条,第129a条)的判决,并没有阻止后来对那些在为这个组织服务中实施的构成行为的制裁(《联邦最高法院刑事判例集》,第29卷,第288页以下;参见,上文,边码100)。 118

(四)构成行为多数(真实竞合)

1. 什么是真实竞合?

真实竞合存在于一种犯罪行为的多数在同一个程序中被判决(第53条第1款)或者受制于一个事后的总和刑的形成(《德国刑法典》第55条,《德国刑事诉讼法》第460条)之时。因为这个构成行为单数的概念(第52条第1款)已经得到了详细阐释(上文三,边码70以下),所以,这个构成行为多数的概念就不言而喻了:所有受制于一个独立判决的行为,不是处在想象竞合之中并且容易进入一个总和刑的形成之中的行为,就处于真实竞合之中。也就是说,行为单数与行为多数之间的区分(上文,边码10以下),已经说明了实施多个犯罪行为意味着什么。 119

---

〔133〕 例子,见 Jescheck/Weigend, AT^{5}, § 67 IV 2,在这里,当然在第266条中,还是以一年的最低刑作为出发点的。

〔134〕 详见 Roxin, StrafverfahrensR^{25}, § 20, Rn. 9。

120 相当于在想象竞合中的区别,边码 2——就存在着一种**不同种的与一种同种的真实竞合**。在有人通过多个行为实施了不同的犯罪行为时(例如,今天盗窃明天诈骗),就存在着不同种的真实竞合,而在有人通过多个行为多次满足同一个行为构成时(例如,他先后对不同的人进行了身体伤害),就存在着同种的真实竞合。

121 在这种竞合本身已经存在于刑法信条学与量刑的边界之时(边码 6),在真实竞合中还要加入一个程序法上的要素,因为这个竞合形式,在原则上就是以在同一个程序中,对多个构成行为的判决为条件的(第 53 条第 1 款)。当然,通过那种事后的总和刑的形成(《德国刑法典》第 55 条,《德国刑事诉讼法》第 460 条)的可能性,在本质上就是具有局限性的。

2. 根据什么原则构成在真实竞合中的刑罚?

(1)加重原则与并科原则

122 对真实竞合在法律的处理是这里首先应当讨论的第 53 条的对象,与此同时,那种总和刑的形成方式与方法,只要第 53 条这样规定或者允许了,就在第 54 条,第 55 条中规定了。

123 在原则上,对真实竞合适用的是**加重原则**(来自拉丁语 asperare,严厉化),也就是说,对每一个独立的构成行为都确定一个单独刑罚。从这些单独刑罚中,通过对最严重刑罚的严厉化来构成一个总和刑(第 53 条第 1 款,第 2 款第 1 项,第 54 条)。竞合的典范是**并科原则**(来自拉丁文 cumulare,等于德文的累积),根据这个原则,单独刑罚是并列提出,也就是共同计算的。现行法仅仅还注意到对不同的刑罚、附随后果、措施以及其他惩罚的"分别判处"(也就是并列)。这种并科在第 53 条第 2 款第 3 项中是选择性的,在第 53 条第 3 款,第 4 款中是强制性的。此外,这个原则也存在于根据《德国刑法典》的刑罚与根据《德国军事刑法》、《德国青少年法庭法》与《德国违反秩序法》的惩罚同时发生之中。

(2)多个剥夺自由

124 在多个根据普通刑法判处的自由刑中,应当强制性地规定一个根据第 53 条第 1 款的总和刑的形成。这个形成通常(第 54 条第 1 款第 2 项)是根据加重原则产生的,与此同时,在判处终身自由刑中,以及在补充其他有期或者终身自由刑中,总是仅仅把这个总和刑认识为"终身的"(第 54 条第 1 款第 1 项;一直到 1986 年,在这类案件中还是并科原则)。

125 原则上,这个总和刑的形成原则,也适用于根据《德国军事刑法》第 9 条第 2 款第 1 项处于"剥夺自由之中"的刑事逮捕(Strafarrest)。一个总和刑不仅应当形成于对多个叫做刑事逮捕的单独刑罚进行判处之时,也应当形成于自由刑与刑事逮捕同时出现之时(《德国军事刑法》第 13 条第 2 款第 1 项)。在后一种案件中,自由刑应当作为较重的刑罚而加以严厉化。还有,在总和刑高于六个月时,就应当不判决"为刑事逮捕而判决为自由刑"(《德国军事刑法》第 13 条第 1 款第 1 项);刑事逮捕的最高限度是六个月(《德国军事刑法》第 9 条第 1 款)。

126 但是,这个法律在一个总和刑本来应当以缓刑为条件,但是,"对纪律的维护""要求执行这个刑事逮捕"时(《德国军事刑法》第 13 条第 2 款第 2 项,第 14a 条),也允许一种分别判处自由刑与刑事逮捕。因为这个行为人以这种方式丧失了这种总和刑的形成所给予的"折扣",所以,这个单独刑罚"因此就应当这样缩减,使得它的总量并没有超过否则就应当形成的总和刑了"(《德国军事刑法》第 13 条第 2 款第 3 项)。

127 在根据《德国青少年法庭法》进行判决时,一种总和刑的形成是行不通的,因为在这里适用的是单独刑罚原则(《德国青少年法庭法》第 31 条)。即使一个行为人被判处了自由刑以及青少年刑罚,也不能由此在原则上形成一个总和刑。[135]《德国青少年法庭法》第 32 条提供了一个唯

[135] BGHSt 10, 100; 14, 287; 36, 270。

一的例外：在对多个犯罪行为同时进行判决时，其中一部分应当适用青少年刑法，另一部分应当适用普通刑法，并且，当重点在于那种应当根据成人刑法进行判决的构成行为时，就会“单数地”适用那种也允许一个总和刑的“普通刑法”。[136]

(3)多个罚金刑

在判处多个罚金刑时，法律在第 53 条第 1 款中也规定了一种强制性的总和刑的形成。一直到第一部刑法改革法之前，罚金刑就一直都遵循着并科原则。《1962 年刑法典草案》的确已经赞同在这个问题上向总和刑的形成进行转变，并且，改革的立法者（Reformgesetzgeber）也对此进行了追随。对此说明的根据是具有说服力的。[137] 在罚金刑“同时首先仅仅是阻止了对或多或少是附带性的要求加以满足，它借助自己的增长就总是更加接近最低的生活水平，并且因此变得逐渐更加明显了。”因此，并科与罪责原则会是互相矛盾的。 128

因为不存在仅仅以罚金刑进行威胁的刑罚条文，所以，判处多个罚金刑就只能发生在以下两种案件中：要么罚金刑是在自由刑之外威胁的（例如，就像在《德国刑法典》第 242 条，第 263 条之中）并且法庭分别判处了一个罚金刑，要么罚金刑是根据第 47 条为了避免一个短期自由刑。罚金刑是存在于这样一种或者那样一种方式中，都是一样的。在根据《德国刑法典》第 47 条判处了两个罚金刑时，当总和的罚金刑超过第 47 条规定的六个月界限时，并不能由此形成一个总和的自由刑（联邦最高法院，《新法学周刊》，1995 年，第 178 页）。否则，避免自由刑的目的就要失败了。 129

在一个刑事程序中，除了一个犯罪行为之外，还要对一个违反秩序行为进行判处（《德国违反秩序法》第 42 条，第 45 条，第 83 条），并不能由此形成总和刑，因为这个由立法者有意追求的在两者之间的本质区别——它们也可以同样是要求支付金钱——是禁止这种做法的（科隆州高等法院，《新法学周刊》，1979 年，第 379 页）。更准确地说，这里的罚金刑与罚款（Geldbuβe）应当合并进行判处。对此反对的意见是：在这种方式上，被判处者就可能承担过高的金钱支付，因此，就出现了那种正好应当通过引入总和罚金刑来进行弥补的局面。[138] 另一方面，在这样一种案件下，反对一个总和罚金刑的，不仅是刑罚与违反秩序之间不受欢迎的混杂，而且还是违反秩序法仅仅规定了并科的情节（《德国违反秩序法第 20 条》）。 130

(4)不同构成行为中的自由刑与罚金刑

在一个自由刑与一个罚金刑同时发生时，就会根据第 53 条第 2 款同样形成一个总和刑，在这里，根据第 54 条第 3 款，一日的罚金额（Tagessatz）就相当于一日的自由刑。然而，法庭也可以并科，也就是说，在自由刑之外再判处罚金刑。在这里，**有争论的是，通常是应当形成一个总和刑，还是应当分别确定自由刑与罚金刑，或者，是完全不认定那种规则—例外的关系，而是仅仅在一种对具体案件进行权衡的道路上就能作出决定。** 131

这个司法判决[139]与一部分文献[140]的出发点是，通常应当形成一个总和刑，并且，一种对自由刑与罚金刑的并科是例外的。对此，能够适用的是，这个法律文本支持的是总和刑的优先地位（第 53 条第 2 款第 1 项），法律通常在其他情况下也是以此为出发点的。 132

---

[136] BGHSt 12, 129, 134；支持的，见 § 105 II JGG：BGHSt 37, 34, 39；40, 1, 2。

[137] BT – Drucks. IV/650, 193。

[138] 参见 Cramer, JurA 1970, 205；Sch/Sch/Stree[26], § 53, Rn. 16。

[139] BGH MDR (D) 1973, 17；BGH GA 1987, 80；1989, 132, 133；BGH JR 1989, 425 f. m. zust. Anm. Bringewat；BGH wistra 1994, 61；BayObLG MDR 1982, 770；OLG Koblenz GA 1978, 188（有怀疑的）。

[140] NK – Frister, § 53, Rn. 24；Tröndle/Fischer[50], § 53, Rn. 6。

133 反对意见[141]通常支持对自由刑与罚金刑分别加以判处。它由此指出,在第 53 条第 1 款的案件中,总和刑与一种计划的并科相比较是更有利于行为人的,在罚金刑与自由刑同时出现时就会导致行为人的吃亏,因为罚金刑转变为一种较重的自由刑了。除此之外,总和自由刑的优先地位也与第 47 条表述的原则相矛盾,即至少应当在小的犯罪领域中优先考虑罚金刑。

134 但是,**最好的解决方法**是这样的:**在这两种可能性中,从一开始就没有哪一种可以指定为优先地位,而是根据量刑的普通规则来决定,是一种严厉的自由刑或者是一种并科更合适。**[142]立法者为法官开辟了两条道路,并且,因为并科的考虑不与任何限制性条件相联系,所以,在与罪责适当的范围内,就应当判处各种指明预防性的刑罚。对于分别判处罚金刑所具有的原则性优先地位,第 47 条并没有给出具有说服力的论点。第 53 条的条文对此没有提供任何提示。同时,在第 47 条中涉及的对短期自由刑的避免,仅仅涉及了一部分案件,在这些案件中,这个观点也能够在量刑的框架下加以考虑(参见,边码 135)。

135 因此,犯罪行为的众多数量能够指明一个总和自由刑,即使在个别情况下,那个被接纳于其中的犯罪,在孤立的思考中,也就仅仅值得用一个罚金刑来惩罚。另一方面,如果重点在罚金刑,那么就应当分别判处自由刑与罚金刑。还有,专门的特殊预防的思考能够有时在这个方向,有时在那个方向上提供指引。因此,为了使有效的复归社会的措施得以实现,延长自由刑与由此而来的总和刑,就会具有值得追求的价值。但是,事情也可能正好相反:在这个总和刑由于剥夺自由的期限而给这个被判刑人带来严重的公务员法上的不利情况,[143]或者阻碍了中断刑罚进行缓刑,[144]这时,这个总和刑就是特殊预防所忌讳的,并且,对罚金刑与自由刑的分别判处也会受到禁止。如果自由刑与一个根据第 47 条判处的罚金刑同时发生,那么,第 47 条的立法目的在大多数情况下都会支持一种对罚金刑的分别判处的。

136 这个司法判决虽然在原则上认定了总和刑的优先地位,但是,还是在以下范围内迎合了本书所代表的观点,也就是说,当这个总和刑在具体案件中为行为人带来特别不利的情况时,这个司法判决就要求初审法官为判处总和刑作出一个特别的、自然在量刑理论的基本原则上的导向性论证。[145] 这并不总是这样的。但是,在总和刑的形成中仅仅进行一种轻微的严厉化时,废除一种较重的罚金刑,也会让行为人感到好像得到了减轻。

(5)同一个构成行为中的自由刑与罚金刑

137 根据第 41 条,在行为人"通过这个行为谋利或者试图谋利"时,对于一个并且是同一个构成行为就能够判处自由刑与罚金刑。在这样一种案件中,第 53 条第 4 款在参照第 52 条第 3 款的情况下得出这个结论:法庭"能够在自由刑之外另外判处"罚金刑。然而,法律并没有明确说明,在这样一种案件中不可以形成总和刑。但是,法律文字已经对此作出了提示,因为这种与涉及想象竞合的第 52 条第 3 款的联系,自然不认可一个总和刑。但是,第 41 条的立法目的也要求把自由刑与罚金刑加以并列。因为罚金刑应当剥夺行为人已经获得的或者企图获得的非法利益,所以,它就不允许在自由刑中被化解了。[146]

---

[141] Sch/Sch/Stree^{26}, § 53, Rn. 18–20; SK^{6} – Samson/Günther, § 53, Rn. 14。

[142] Bringewat, 1987, Rn. 116 f.; Jescheck/Weigend, AT^{5}, § 68 II 2; Lackner/Kühl^{24}, § 53, Rn. 4; SK^{6} – Samson/Günther, § 53, Rn. 13 ff., 14; Tröndle/Fischer^{50}, § 53, Rn. 6; 也许还有 Joecks^{3}, § 54, Rn. 2。

[143] BGH wistra 1986, 256 f.; BGH NJW 1989, 2900。

[144] BGH MDR (H) 1985, 793; BGH StV 1986, 58; 1992, 225; BGH NJW 1990, 2897。

[145] 参见在注释 145 和 146 中的证明。

[146] Bringewat, 1987, Rn. 125 与 128 a. E.; Jescheck/Weigend, AT^{5}, § 68 II 2; LK^{11} – Rissing – van Saan, § 53, Rn. 18; Sch/Sch/Stree^{26}, § 53, Rn. 22。

如果根据第41条对多个构成行为判处多个罚金刑,那么,在这个范围内就应当宣告一个总和罚金刑,就像人们不仅引用了第53条第1款而且还有第53条第2款第2项一样。这同样适用于根据第41条的罚金刑与独立判处的罚金刑同时发生之时(条件是,这些罚金刑没有被化解在一个总和自由刑之中)。 138

(6)自由刑与附加刑、附随后果和措施

就像第53条第4款在参照第52条第3款的情况下得出结论那样,那些其他惩罚在可能的情况下,也会在总和自由刑之外出现的。处分(die Maβregel)等必须在已经实现的单独刑罚之外出现;也就是说,在总体刑才满足了自己的条件时并不够。如果在多个单独刑罚中(例如:由于不同的交通犯罪)考虑上面提到的后果(例如,第44条规定的禁止驾驶),那么,在涉及那个仅仅一次性判处的同一个法律后果时就是这样的。在这里,这个期限能够安排得比在只有一个附加刑的案件中更长;但是,法定的最高界限(在第44条中:三个月)必须得到遵守。在对这些单独的构成行为使用不同的附加刑、附随后果或者处分进行威胁时,它们就必须在可能的情况下并列判处。 139

3. 总和刑的形成

第54条对此做了具体的规定,并且,是**在三个步骤中发展的**。

(1)单列单独刑罚

首先,对每个真实竞合的单个构成行为应当确定一个独立的刑罚。在这里,在原则上应当像这个构成行为是单独加以判处的一样进行量刑。对所有犯罪行为的总体评价,是在确定总和刑中才实现的(第54条第1款第1项)。当然,根据司法判决,这不是完全没有限制地适用的,因为对于量刑来说,这对于那些在其他犯罪的语境中实施的单独构成行为,也许具有重大意义。尤其是在判断这个问题时,即是否必须根据第47条,在例外情况下在六个月以下判处一个自由刑,司法判决允许考虑所实施的构成行为在数量上的多数性。[147] 这也是正确的。在仅仅判处单个罚金刑时,这在对所有的构成行为进行总体评价时所需要的自由刑,在其他情况下就不再能够实现了。 140

单独刑罚与总和刑比较,具有一定的独立意义,因为这是与那种在自由刑之外根据第54条第3款、第4款应当判处的惩罚相联结的(边码137~139)。在总和刑或者其他单独刑罚被取消时,这些单独刑罚也能够继续存在。因此,在判决理由中(而不是在判决的基本内容中!),有必要举出每个单独刑罚以及那些对其具有决定性作用的归咎要素。 141

(2)查明适用刑

在第二个流程中,应当查明那个已经实现的最严重的单独刑罚(那个所谓的适用刑)。这在原则上采用与想象竞合中相同的方式(边码110以下)。在多个自由刑中,那个表现了最长的剥夺自由的刑罚是最严重的。在多个罚金刑中,那个被判处最多日罚金额的是最严重的。[148] 也就是说,那些应当支付的金额并不一定是具有决定性作用的。如果这个单独刑罚部分是自由刑,部分是罚金刑,那么,这个自由刑就始终是最重的。同样,在这个自由刑的天数上少于一个罚金刑范围内被判处的罚金天数时,这也是适用的。[149] 142

---

[147] BGHSt 24, 268, 271; BGH MDR (D) 1970, 196。同样,在文献中的,见 Bringewat, 1987, Rn. 154f.; Jescheck/Weigend, AT[5], § 68 III 1 a。

[148] BGH NJW 1986, 1117。

[149] BGHSt 37, 106, 133; Sch/Sch/Stree[26], § 54, Rn. 5; Tröndle/Fischer[50], § 54, Rn. 5。

(3)根据加重原则进行严厉化

143 在总和刑的形成中,最后一步是根据加重原则提高适用刑,只要适用刑没有——就像在终身自由刑(第54条第1款第1项)或者十五年有期自由刑中那样——达到那个绝对的上限。由此就形成了一个新的刑罚范围,其下限存在于对适用刑的一种提高之中,其上限则"不允许达到单独刑罚的总和"(第54条第1款第2项;第2款第1项)。也就是说,首先综合计算这些单独刑罚,然后进行一个扣减,或者甚至是先确定一个总和刑,在事后再单列那个与此相符的单独刑罚,都是一些错误的获得刑罚范围的方法。[150]

144 在涉及自由刑时,提高适用刑至少必须符合那种在第39条中规定的最小单位。这个单位,在一年以下的自由刑中为一周,在一年以上的自由刑中为一个月。也就是说,如果行为人实现的最高的单独自由刑是九个月,那么,这个在总和刑界限之下的刑罚就是九个月加一周。如果这个适用刑共计两年,那么,这个刑罚范围就开始于两年零一个月。在罚金刑中,最小的单位是一个罚金日额(第40条);也就是说,这个单位刑罚必须围绕着这一点进行严厉化。

145 如果(多个)单独自由刑与(多个)单独罚金刑同时发生,那么,就应当在一个总和刑的形成中,按照"一个罚金日额相当于一天自由刑"的比例(第54条第3款),把罚金刑换算为自由刑。也就是说,例如,如果行为人实现了一个六个月的自由刑,此外还有一个90天的罚金日额,那么,就会得出一个最低总和刑为六个月又一周的自由刑。

146 综上所述,总和刑是采用双重方式加以限制的:一是总和刑不许达到单独刑罚的总和(第54条第2款第1项:具体的或者相对的上限);二是在有期自由刑中不许超过十五年,在罚金刑中不许超过720个罚金日额(第54条第2款第2项:抽象的上限)。在终身自由刑中不考虑加重(第54条第1款第1项),因此,也就是说,这个适用刑就与总和刑相一致了。

147 具体上限是使用一个加法与紧接着的一个减法得出来的。首先,各个单独刑罚要加在一起计算。这在自由刑与刑事逮捕同时发生时是毫无疑问的(《联邦最高法院刑事判例集》,第12卷,第244页),在自由刑与罚金刑同时发生时,通过把后者根据第54条第3款的标准进行换算之后也是可能的。这个从加法中得出的单独刑罚的总数,必须至少被减去一个单位,也就是在自由刑时减去一周或一月,在罚金刑时减去一个罚金日额。也就是说,例如,如果一个行为人实现了两个分别为一年与两年的自由刑,那么,对这个总和刑的刑罚范围就是从由一年又一个月一直到两年又十一个月。

148 只有在根据第39条得出的最低的提高时间本身已经达到了单独刑罚的总数,并且由此与第54条第2款第1项发生矛盾时,才能产生对这个计算方法的偏离。例如,如果行为人受到一个一年的单独刑罚与另一个一个月的单独刑罚,那么,根据第39条就会计算出一个一年零一个月的最低刑罚。但是,这违反了那个在第54条第2款第1项中确定的具体的上限,根据这个上限,总和刑必须保持在单独刑罚的总数以下:因此,在这里,司法判决[151]与主流观点[152]都认定一周是最低的提高,从而使这个总和刑能够表现为一年零一周、一年零二周或者一年零三周。

149 第二个上限构成了抽象的最高限度,就像在第54条第2款第2项中确定的那样(参见,边码146)。例如,如果行为人实现了总数为25年的自由刑,那么,这个总和刑的上限就不是相应地表现为具体的最高限度的24年零11个月,而仅仅是15年。这相应地也适用于罚金刑。

---

〔150〕 LK[11] – Rissing – van Saan, § 54, Rn. 5。

〔151〕 BGHSt 16, 167; 41, 374, 376; BGH NStZ 1996, 187。

〔152〕 Bringewat, 1987, Rn. 167; NK – Frister, § 54, Rn. 18; SK[7] – Horn, § 39, Rn. 3; Lackner/Kühl[24], § 54, Rn. 4; SK[6] – Samson/Günther, § 54, Rn. 5; Sch/Sch/Stree[26], § 39, Rn. 4; Trödle/Fischer[50], § 39, Rn. 6。

在这样形成的刑罚范围内部，具体确定总和刑就需要一个独立的量刑动作，在其中，“行为人的人身与单独的犯罪行为都得到了综合性的”评价（第54条第1款第3项）。说明单独刑罚的根据，然后仅仅在判决中确定总和刑，这是不够的：“那个有待形成的总和刑，看起来以5年为宜”。〔153〕更准确地说，一个附加的特别论证是必要的，这个论证以立法者的想象为基础，“即这个单独的构成行为是一个单数的行为人人格的表现，因此，必须不去作为单纯的总数，而是作为一个整体来判定”。人们应当进行一种“对所有构成行为的整体审视”。“在这里，也就是说，应当考虑单独犯罪行为相互之间的关系，尤其是它们之间的联系、它们或大或小的独立性，此外，还要考虑实施的经常性、被侵害法益的相同性或者不同性、实施方式以及有待评判的案情的总体严重程度。” 150

除了对构成行为的总体评价之外，还出现了对行为人人格的那种评价。其中，“除了他对刑法的敏感性之外，首先还应当对他在总体事件方面或大或小的罪责”进行考虑。重要的还有，“多个犯罪是否起源于一种犯罪偏好，也就是说，是否在过失构成行为中起源于一种通常无关紧要的态度，或者是否涉及没有内在联系的机会性犯罪”。 151

尽管有这些相对具体的提示，但是，仍然有两个基本问题还没有得到足够的说明。首先，**有争议的是，在单独刑罚中已经考虑过的量刑根据，是否能够在总和刑量刑中仍然发挥作用**。反对的观点提出的理由是，在量刑领域中，在其他情况下都适用的“禁止重复使用”。〔154〕与此相反，司法判决与一部分文献〔155〕提出的理由是，一种对完全区分单独刑罚与总和刑具有决定意义的观点是不具有操作性的。“行为人的诸如人身与经济关系，他先前的经历与他从这个构成行为中谈论的态度，这些……在确定单独刑罚中应当考虑的情节，在形成这个总和刑时，也具有重要的意义。它们有时能够孤立地在这个单独构成行为中得到考虑，而在其他时候，又在其对构成行为的整体发挥影响中被‘综合地’考虑。” 152

最后这个观点是值得赞同的。例如，确定各个单独的对谨慎的违反，就不同于那些由其总和中得出的对他人法益所具有的漠不关心与肆无忌惮。虽然这种整体评价在可能的情况下会追溯到同一个案件事实，就像在对单独构成行为量刑时使用的同一个案件事实一样，但是，这是在另一个角度下评判的。这样一种“对同一的（双重作用的）量刑事实进行多重的、但是不同种的评价”，〔156〕必须看成是允许的。 153

不明确的还有，在总和刑的形成中，系列犯罪是对加重刑罚〔157〕还是对减轻刑罚〔158〕发挥了作用。正确的方式是对这些案件分别做出判定。在不同的盗窃仅仅表现为一个单数的连续实现整体的故意时，在这里，在先前就会认定一个继续行为（参见，下文，边码248以下），或者，在多 154

---

〔153〕 例子出自 BGHSt 24，269。其后所有的引文都出自 BGHSt 24，269/270。

〔154〕 Jescheck/Weigend，AT^5，§ 68 III 1c。同样，见 Dreher，JZ 1957，157；Jakobs，AT^2，33/18；Sch/Sch/Stree^{26}，§ 54，Rn. 15；Tröndle/Fischer^{50}，§ 54，Rn. 10；SK^6 – Samson/Günther，§ 54，Rn. 9 基本上也持相同观点。

〔155〕 BGHSt 8，205，210；24，268，270f. m. zust. Anm. Jagusch，NJW 1972，454；OLG Hamm NJW 1977，2087，2088；OLG Köln NJW 1953，275，276；OLG Saarbrücken NJW 1975，1040，1041；Bringewat，1987，Rn. 184；Bruns，H. Mayer – FS，1965，374f.；Geerds，1961，376，Fn. 765；Lackner/Kühl^{24}，§ 54，Rn. 6；LK^{11} – Rissing – van Saan，§ 54，Rn. 12。

〔156〕 参见 Bringewat，1987，Rn. 184。

〔157〕 BGHSt 24，268，270；36，320 ff.；BGH NStZ 1992，389；1996，187，188；BGHR StGB vor § 1，forgesetzte Handlung，Auswirkungen，nachteilige，Nrn. 6 und 7；Bender，NJW 1964，807f.；Bohnert，ZStW 105（1993），850；Jescheck/Weigend，AT^5，§ 68 III 1 c；LK^{11} – Rissing – van Saan，§ 54，Rn. 14。

〔158〕 BGH StV 1994，424，425；1997，76；BGH NJW 1995，2234；BGHR StGB，§ 54 Abs. 1，Bemessung，Nrn. 2 und 4；Arzt，JZ 1994，1001；Geisler，Jura 1995，82。

个相似的构成行为应当追溯到这个行为人已经受到的同一个诱惑时，这种在形式上的多次实施就能够减轻地得到评价。但是，这种形式上的多次实施也能够像在不断的重复中那样，始终在基于新的决定进行的抢劫性攻击中，显露出一种特别的犯罪能量，并且由此发挥加重刑罚的作用。

155　另外，这个司法判决在这个刑罚范围的设立上，越接近这个总和刑的上限或者下限，就提出越高的要求。〔159〕也就是说，尽管有许多单独构成行为，但是，在这个总和刑仅仅存在于稍微高过适用刑一点之处，这就必须加以详细的论证，完全就像在这个总和刑接近并科时一样。

4. 总和刑的事后形成

156　这种总和刑的事后形成应当弥补刑事司法机关的一种疏忽，在这里，这种事后形成在总和刑中包含的构成行为，是在当时本来就已经众所周知的，是必须在先前的判决中就加以考虑的。也就是说，那个被判决的人应当受到保护，免受本来从两次独立判决中会对他产生的不利的刑罚后果。这个法律把那种事后的总和刑的形成与三个条件连接起来：一是这个以后有待判决的构成行为必须在先前的判决之前得到实施（1）；二是先前判处的刑罚还可以不被“执行、失效或者豁免”（2）；三是那个先前判决必须是具有法律效力的（3）。

（1）在先前判决之前的实施

157　在一个构成行为的时间点处于最后一个初审法官对罪责问题与刑罚问题作出决定之前，这个构成行为就是在先前的判决之前实施的。〔160〕在这个刑事命令中，关键是这个宣告的时间点（《联邦最高法院刑事判例集》，第33卷，第320页）。一直到最后的事实决定之前，本来都还能够形成一个总和刑的。〔161〕

158　关于在哪些条件下，那些“其他的犯罪行为是在先前判决之前实施”的问题，主流观点认为，起决定作用的是这个行为在实体上的结束。〔162〕也就是说，例如，根据这个意见，在行为构成的、自然行为单数的或者一个持续的犯罪行为中，最后一个行为的动作必须已经结束。

159　反对意见〔163〕是按照形式的既遂来安排的。这种观点本身有更好的理由。这个在形式上完成的构成行为已经能够作为完成的犯罪得到判决，并且，本来就由此在先前的判决中被包括在总和刑之中。相反，当弗里斯特（Frister）〔164〕甚至想要把一个处于先前判决之前的具有刑事可罚性的未遂也包括在这个事后的总和刑的形成之中时，这就太过分了。在先前判决时仅仅存在一个未遂，并且还不确定其是否会导向既遂时，这个构成行为就还不能判定为结束，并且由此在先前的判决中也还不能将其包含在内（联邦最高法院，《刑法新杂志》，1994年，第282页以下）。

160　不是没有争议的还有这个问题：当这个有待由第二个法官判决的构成行为，部分在首次判决

---

〔159〕 BGHSt 5, 57 ff.; 8, 205, 210; 24, 268, 271; BGH JR 1954, 147; BGH StV 1994, 424, 425。

〔160〕 BGHSt 2, 230 ff.; 4, 366; 15, 66, 69; 17, 173, 175; BGHR StGB, § 55 Abs. 1 S. 2, Zäsurwirkung, Nr. 1。

〔161〕 关于哪些决定能够具体作为对事实的决定的问题，参见带有大量具体证明的LK[11] – Rissing – van Saan, § 55, Rn. 5 – 7。

〔162〕 RGSt 59, 168; BGH MDR (H) 1988, 101; BGH NJW 1991, 2847; BGH wistra 1996, 144, 145; BGH, bei Detter, NStZ 1989, 470; OLG Hamm NJW 1954, 324; 1957, 1937; Lackner/Kühl[24], § 55, Rn. 4; Sch/Sch/Stree[26], § 55, Rn. 12; Tröndle/Fischer[50], § 55, Rn. 7。

〔163〕 Bringewat, 1987, Rn. 213/214; SK[6] – Samson/Günther, § 55 Rn. 6; NK – Frister, § 55, Rn. 8。

〔164〕 NK – Frister, § 55, Rn. 9。

之前，部分在其之后实施时，对此应当如何处理？司法判决〔165〕与主流观点〔166〕都认定，在这样一种案件中，只有那种在先前判决之前存在的犯罪才能包括在总和刑的形成之中。对于那些后面的构成行为，就必须形成一个第二的、独立的单独刑罚或者总和刑。

反对意见也想要把后来实施的构成行为也包括在总和刑之中，〔167〕理由如下：通过先判决造成的停顿是与以总和刑的形成为基础的思想相矛盾的，那个思想主张：在可能性的框架中，有待判决人的所有构成行为都应当通过一个单一的总和刑来清偿。施特雷〔168〕代表了一种折中的观点。他认为，“在那种先前判决根据已经判决的构成行为所处的种类，不能在考虑后来的构成行为中合适地执行一种对行为人的警戒性警告时”，先前判决的停顿效果就不能在那里生效。对他来说，“在这个行为人已经实施了多次抢劫或者伪证时，不能通过这个行为人在这些重罪之间由于过失伤害……已经受到判决，就阻止把为此判处的单独刑罚包括在一个根据第53条的总和刑之中。否则，仅仅由于这一点，第54条第2款的最高界限就能够始终得不到注意。” 161

那些偏离的观点具有刑事政策上的分量，但是，它们都不符合现行法。第55条的文字明确要求：有待包括的构成行为要在先前判决之前实施。同时，这个法律的目的并不涵盖后面对这个构成行为的包括。在第一次判决中，所有直至当时已经实施的构成行为本来都会通过一个总和刑得到清偿，这时，这个行为人就应当像他本来已经停顿下来那样来受到处理。 162

(2)先前刑罚还不允许了结

此外，一种事后总和刑的形成只有在先前刑罚尚未“执行、失效或者豁免”（第55条第1款第1项）时，才能加以考虑。这样做的原因在于，这个在所说的“已经了结”案件中的先前刑罚，不能够再被包括在一个新的总和刑之中。一个执行，就存在于一个自由刑已经服刑、一个罚金刑已经支付，或者那种在可能的情况下出现的替代自由刑已经服刑之时。一种执行丧失时效，是根据第79条以下发生的。一种豁免考虑的是赦免、减刑，首先是在有成果后存在的缓刑时间（第56g条第1款；第57条第3款第1项；第57a条第3款第2项）等几种形式。 163

在先前刑罚已经执行时，也就是说，就要排除一个事后的总和刑的形成。这对于行为人来说是一种不公正（Härte），因为他受到了两次惩罚，并且由此丧失了加重原则带来的减轻处罚。因此，司法判决在量刑中就对他提供了一种对这种不公正的补偿，这个补偿应当弥补这种不利后果。〔169〕这个理论正确地对此加以了肯定。〔170〕相反，在先前刑罚被豁免时——并且，在执行丧失时效时也必须同样适用——就不考虑一种对不公正的补偿（联邦最高法院，《刑法新杂志》，1983年，第261页）。在先前刑罚被豁免时，将其包括在一个新的总和刑之中是对行为人更好的。 164

(3)先前判决必须具有法律效力

第三个要求可以这样加以说明：“在一个总和刑中包括那种自身存在尚未确定的单独刑罚” 165

---

〔165〕 RGSt 4, 53 ff.; BGHSt 9, 370, 383; 32, 190, 193 f.; BGH GA 1955, 244 f.; 1956, 50 f.; 1963, 374 f.; BGH MDR (H) 1979, 987; BGH StV 1981, 620 f.; BayObLGSt 1955, 123 f.; BayObLG NJW 1971, 1193 f.; OLG Celle GA 1957, 56 f.; OLG Hamm MDR 1976, 162f.; OLG Zweibrücken NJW 1973, 2116。

〔166〕 Bender, NJW 1964, 807 f.; NK – Frister, § 55, Rn. 16, 15; Jescheck/Weigend, AT[5], § 68 III 2; Lackner/Kühl[24], § 55, Rn. 7。

〔167〕 Sacksofsky, NJW 1963, 894f.; SK[6] – Samson/Günther, § 53, Rn. 9。

〔168〕 Sch/Sch/Stree[26], § 55, Rn. 16。

〔169〕 BGHSt 2, 230, 233; 31, 102 m. Anm. Loos, NStZ 1983, 260; BGHSt 33, 131; 367, 369; BGH NStZ 1990, 436; BGHR StGB, § 55 Abs. 1 S. 1, Härteausgleich, Nr. 1; BayObLG NJW 1993, 2127。关于那种在这里应当注意的细节，详见 LK[11] – Rissing – van Saan, § 55, Rn. 23, 30 ff.。

〔170〕 Bringewat, 1987, Rn. 251; NK – Frister, § 55, Rn. 33 ff.; Lackner/Kühl[24], § 55, Rn. 3; SK[6] – Samson/Günther, § 55 Rn. 10; Sch/Sch/Stree[26], § 55, Rn. 28; Tröndle/Fischer[50], § 55, Rn. 17, 21 f。

是没有意义的(《联邦最高法院刑事判例集》,第23卷,第100页)。也就是说,先前判决的法律效力,最晚必须出现在后期程序中关于总和刑的决定之中。另一方面,一个在先前判决中宣布的关于中止刑罚进行缓刑的决定,必须无条件地具有法律效力,因为在新的判决中,总归必须根据第58条第2款对中止刑罚进行缓刑作出新的决定(联邦最高法院,《新法学周刊》,1956年,第1567页以下)。

(4)事后总和刑的形成

166 事后总和刑的形成,在原则上是根据第54条的一般规定实现的。也就是说,首先要查明单独刑罚,然后,根据已经阐述的规则由这些单独刑罚来形成总和刑。如果先前刑罚已经是一个总和刑,那么,就要将其分解。旧的单独刑罚继续存在,并且与后来加入的一起包括在一个新的总和刑之中(《联邦最高法院刑事判例集》,第12卷,第99页)。第二次判决的法庭,在确定单独刑罚与进行量刑权衡时,必须与第一次判决相联系,相反,在综合评价与在其基础上形成总和刑时则不受这种约束。对于那些在形成总和刑中可能出现的难题,当罚金日额在第一次与第二次判决中,由于在此期间经济状况改变而产生的不同数额高低,参见《联邦最高法院刑事判例集》,第27卷,第359页;第28卷,第360页。[171]

167 根据第55条第2款,那些在先前决定中判决的附加刑、附随后果与措施“必须维持,只要新的决定没有使它们成为没有对象的”。一个先前措施或者附随后果,在它们通过那些在新判决中宣布的措施等而变得多余时,就成为没有对象的。例如,如果新判决宣布吊销驾驶执照(第69条),那么,在先前判决中判处的驾驶禁令(第44条)就成为没有对象的。那种在新判决中命令的收容进入精神病院(第63条),就使先前收容进入教养机构的命令(第64条)成为多余的。那种在事后总和刑中根据第45条第1款强制出现的不得担任公职,就使得先前根据第45条第2款宣布的剥夺公职(Aberkennung)失去了效力。

(5)通过《德国刑事诉讼法》第460条的决定形成的事后总和刑

168 如果因为后一位法官没有认识到先前判决而疏忽了这个事后总和刑的形成,那么,这在法律效力上的整体判决,就能够用决议方式得到弥补(《德国刑事诉讼法》第460条)。这个规定也可以用在这些情况中:由于第一次判决缺乏法律效力而使在第二次判决中不可能形成总和刑时(参见,边码165与《联邦最高法院刑事判例集》,第20卷,第292页,第294页),或者,因为在第二次判决中没有及时获得以前判刑的档案(《联邦最高法院刑事判例集》,第12卷,第1页,第10页),或者,因为在其豁免中,由于一种大有希望的针对错过上诉时限而提出的恢复程序的申请,在考虑到第一次判决的一种事后的总和刑的形成中,而被允许放弃的(《联邦最高法院刑事判例集》,第23卷,第98页)。

169 根据《德国刑事诉讼法》第462a条第3款,负责作出决定的是判处最严重的,或者在同样严重程度下是判处最高的单独刑罚的一审程序法院。[172] 关于主管权的进一步具体问题在《德国刑事诉讼法》第462a条第3款第2项至第4项中加以规定了。

---

〔171〕 详细的争议情况与细节,见 LK[11] – Rissing – van Saan, § 55, Rn. 35 ff.。

〔172〕 BGHSt 11, 293; BGH NJW 1976, 1512; BGH MDR 1986, 69。

(五)法规竞合*(法律单数)

1. 什么是法规竞合?

虽然在形式上实现了多个行为构成,但是,通过对其中一个行为构成的惩罚就已经可以完全清偿这个事件所具有的不法内容与责任内容时,人们就会谈论法规竞合(die Gesetzeskonkurenz)。例如,在有人实施抢劫(第249条)时,他不可避免地也满足了盗窃(第242条)与强制(第240条)的行为构成;因为它们的概念性特征都被包含在抢劫的行为构成之中了。但是,行为人在这样一种案件中,只会由于第249条而受到惩罚,因为在抢劫的行为构成中已经把盗窃与强制的无价值内容考虑进去了。在这里,被排除的行为构成就——不同于在想象竞合之中——根本不再出现在有罪判决之中了。行为人仅仅由于抢劫(第249条)而受惩罚,而第242条与第240条则始终不被提及。 170

在《德国刑法典》中,法规竞合仅仅是在个别情况下通过所谓的辅助性条款(Subsidiaritätsklauseln)(详见,边码192以下)加以规定的。例如,在第265a条这样规定:"一个人以不支付酬劳的目的……骗取自动装置的服务,在这个构成行为没有在其他条文中借助更重的刑罚进行威胁时,处一年以下自由刑或者罚金刑。"据此,第265a条的条文,在实践中就仅仅对自动装置的服务(例如,电话自动装置或者自动称重装置)适用。在自动售货装置(例如,自动香烟或者饮料售卖机)上,像投入假币这样非法获取商品的,就会作为盗窃来判定。因为第242条以更重的刑罚(五年以下自由刑)进行威胁,所以,行为人在这种案件下,根据在第265a条中明确做出的规定,仅仅由于盗窃而受到刑罚。在判决中就不考虑这个骗取服务的行为构成了。 171

除了辅助性条款之外,立法者"鉴于情况的多样性……有意识地放弃了为法规竞合的处理提出确定的法律方针。"[173]人们必须对此表示赞同。一方面,我们不能抽象地确定,在哪些条件下,一个行为构成的实现所包含的不法内容已经包括在其他一个违反刑法的不法内容之中了:这是那种对处在相互联系之中的行为构成进行解释为条件的,只能在分则中进行。另一方面,当对多个行为构成的一个解释得出这个结论:在一个具体案件中的无价值内容已经被另一个包含了,这时,就也不需要一种法律上的规定。有人不可以由于同一个指责而多次承担责任这一点,就能够从一般的法治国原则中引导出来了。 172

"法规竞合"这个说法已经被采纳,并且,就像已经显示的那样,也在法律材料中得到使用了。当然,这个说法是令人遗憾的。首先,一种纯正的不同法律的"竞合"几乎是不存在的,因为有罪判决仅仅是以一**次**违反法律为基础。其次,多个违反法律也会在并且正好在想象竞合与真实竞合中发生竞合,从而使法规竞合这个概念不能表示出任何特殊的区分标准。因此,联邦最高法院宁可说"法律单数"(《联邦最高法院刑事判例集》,第11卷,第17页;第25卷,第373页),这个说法对于只有一个违反法律出现在有罪判决的情况下是更为恰当的。其他人谈论的是—— 173

---

* 德文原文是die Gesetzeskonkurenz,但是,德国刑法文献一般仅仅在说明刑法典中条文的竞合时,才说Gesetz(法律),而在说明刑法典之外的法律中所包含的具有刑事可罚性的行为构成时,通常说Reglung(规定)。因此,本书将这个词译为"法规竞合"。——译者注。

[173] 论证,见E 1962, BT-Drucks. IV/650, 191。

同样恰当的——还有“不纯正竞合”〔174〕或者“外表竞合”。〔175〕无论如何,被排除的行为构成虽然没有出现在有罪判决中,但是在其他方面仍然保留着意义,并且能够引发独立的法律后果(详见,边码227以下),在这个范围内,“法规竞合”这个术语并不是错误的。有鉴于此,并且考虑到这里仅仅涉及一个术语学的、归根结底是次要的问题,因此,人们应当允许所有提到的表述都得到适用,并且得到同等对待。

174 迄今为止,一个概念清晰的把法规竞合区分为想象竞合与真实竞合的概念,仍然还没有成功。根据司法判决,这个区分存在于“多个刑事法律都列出了同一个行为构成,并且仅仅通过这一部法律在更紧密的界限之内或者特殊形态中包含一个或者多个概念性特征来加以区分之时;在不必要时,这一个犯罪行为必须是一种其他特征所具有的因此的确是有规律的表现形式”(在《帝国法院刑事判例集》,第60卷,第122页提示下,参见《联邦最高法院刑事判例集》,第11卷,第17页)。或者,需要注意的是,“在这样一种案件下(即这种法规竞合),这个行为的不法内容通过多个行为构成中的一个被彻底包括了”(《联邦最高法院刑事判例集》,第25卷,第373页)。事实上,这是恰当的,但是,具体的行为构成会在什么时候彼此如此相似,以至于借助由特殊犯罪产生的刑罚就会清偿整体事件的不法内容时,结论就不确定了。这必须通过对在个别案件中实现的行为构成的解释来查明,在这里只能使用例子进行介绍。

175 主流观点区分了**法规竞合的三种形式:特别性、辅助性与消耗性**。〔176〕在这三种模式之间,大致(grosso modo)能够这样表述:在特别性中,被排除的行为构成在概念上被包括在排除性的行为构成之中,就像第242条,第240条与第249条之间的关系那样(参见,边码170)。在辅助性中,一个行为构成作为接收性行为构成(Auffangtatbestand),在行为人的举止行为没有通过一个带有更重刑罚威胁的行为构成所包含的案件中发挥作用;对此的例子是,那种已经提到的滥用自动装置(第265a条)与盗窃(第242条,参见,边码171)之间的关系。人们最后谈论的是消耗性,在被排除的行为构成虽然在概念上是必要的,但是,的确典型地随着更严重的犯罪出现的,例如,就像在破坏住宅和平(第123条)与入室盗窃(第244条第1款第3项)之间的关系。

176 通过特别性、辅助性与消耗性这三个概念,是否能够正确地表明法规竞合的表现形式,或者,人们是否应当在更加简明或者更加扩展的方式中对其进行划分,就像其相互之间的划分一样,同样是有争论的。对此,本书借助以主流观点为基础的三分法,在更详细的讨论中,还应当回顾这些争论。但是,这个划分与分类的问题并不值得进行一种非常详细的讨论。因为法规竞合的所有表现形式都应当得到同等对待,在偏离概念上的标志,并不具有实践上的效果。

2. 特别性

177 **特别性存在于一个刑法条文指明了另一条的所有特征,并且仅仅通过它至少还包含一个进**

---

〔174〕 Jescheck/Weigend, AT[5], § 69 I 1。同样,见 Freund, AT, § 11, Rn. 2, 17; Gropp, AT[2], § 14, Rn. 6; Köhler, AT, 691; Maurach/Gössel, AT/2[7], 55/6; SK[6] – Samson/Günther, vor § 52, Rn. 14; Sch/Sch/Stree[26], § vor § 52, Rn. 102; Strathenwerth, AT[4], § 18, Rn. 2。

〔175〕 Burgstaller, JBl. 1978, 393; 类似观点,见 Hirschberg, ZStW 53 (1934), 50:“外表竞合”。

〔176〕 Baumann/Mitsch, AT[10], § 36 II; Blei, AT[18], § 96 II; Bockelmann/Volk, AT[4], § 36 II; Burgstaller, JBl. 1978, 395; Grop, AT[2], § 14, Rn. 6; Jescheck/Weigend, AT[5], § 69 II; Köhler, AT, 691; Kühl, AT[3], § 21, Rn. 52 ff.; Lackner/Kühl[24], vor § 52, Rn. 25 ff.; Preisendanz[30], vor § 52, Vorbem. III; SK[6] – Samson/Günther, vor § 52, Rn. 82 ff.; Schmidhäuser, LB AT[2], 18/24 ff.; Tröndle/Fischer[50], vor § 52, Rn. 18 ff.; LK[10] – Vogler, vor § 52, Rn. 105; Welzel, StrafR[11], 234 ff.; Wessels/Beulke, AT[31], Rn. 788 ff.; 偏离的,见 Joecks[3], vor § 52, Rn. 17 ff.。(他在共同受到处罚的前行为与后行为中看到了独立的范畴)。

一步的特别特征来与的进行区分之时。特别性在霍尼希(Honig)[177]的定义之后,被普遍[178]看成是存在的。例如,借助武器的盗窃(第244条第1款第1项)就包含了简单盗窃(第242条)的全部特征,此外,还包含了自身携带武器或者在那里另外指明的工具或者手段的那种特殊的属性。第244条第1款第1项因此就排除了第242条,是应当适用的唯一的法律。

178 在这个逻辑的概念性观点之下,在特别性中涉及了一种普通法对特别法的"从属"[179]案件:"lex specialis derogat legi generali"(特别法优于普通法)。特别性是法规竞合中最简单、适用最安全的表现形式。

179 普珀在前面说过的意义上,把特别性视为法规竞合的唯一表现形式。[180] 这是以她的基本方案为基础的,根据她的方案,在原则上就应当把那种"不法亲缘性"案件判给想象竞合(对此,详见上文,边码72~79)。对这种观点的否定也就包括了对她的结论的否定。另一方面,雅各布斯[181]也仅仅把特别性看成是法规竞合的形式,但是,他是在把特别性区分为不同的形式中,在传统的意义上理解辅助性与消耗性的。在事实上,由此不会得出偏离的结论。

(1)加重的与特权的行为构成

180 特别性的主要案件表现为加重的与特权的行为构成。[182] 也就是说,第244条,第244a条排除第242条,正好就像第224条排除第223条或者第227条排除第222条一样。第239b条在与第239条进行比较时,是特别法。《德国麻醉品交易法》第29a条,第30条,第30a条的重罪行为构成,在与不许可的麻醉剂交易(《德国麻醉品交易法》第29条第1款第1项)的基本行为构成进行比较时,是特别规定,同样,像《德国税收条例》第370条(逃税)在与诈骗(第263条)的比较中,就表现为一个最终的特别规定(《联邦最高法院刑事判例集》,第36条,第100页)。根据主流观点,第211条也是第212条的加重案件,与此同时,司法判决在这里至今已经认定了两个相互不依赖的独立行为构成(《联邦最高法院刑事判例集》,第1卷,第368页;第22卷,第375页,第377页;第24卷,第106页),但是,在《联邦最高法院刑事判例集》,第36卷,第231页以来,却逐渐接近了这个观点:谋杀应当看成是相对于杀人的特别法:"因此,就像《德国刑法典》第242条与第240条的整个行为构成都为《德国刑法典》第249条所包含那样,《德国刑法典》第211条也包含了第212条的不法内容……"(出处同上,第235页)。一个有特权的行为构成就像第216条与第211条之间的比较,第212条或者在第113条第1款中进行抗拒的行为构成的变种与强制(第240条)之间的比较。自然,所有这些只是无法穷尽的列举中的一些例子,这些列举属于分则部分,在这里就不能详细地展开说明了。[183]

181 不仅是排除性的行为构成,而且还有被排除的行为构成,在同样的行为构成的核心之外另外包括一些具体的特征时,就会在使用特别性规则中出现问题。例如,第244条在武装盗窃或者结

---

[177] Honig, 1925, 113。

[178] 参见Blei, AT[18], § 96 II 1; Freund, AT, § 11, Rn. 21; Geerds, 1961, 193; Gropp, AT[2], § 14, Rn. 6, 12; Jescheck/Weigend, AT[5], § 69 II 1; Köhler, AT, 691; Kühl, AT[3], § 21, Rn. 52; Maurach/Gössel, AT/2[7], 55/29; SK[6] – Samson/Günther, vor § 52, Rn. 82; R. Schmitt, ZStW 75 (1963), 49; Sch/Sch/Stree[26], vor § 52, Rn. 110; Stratenwerth, AT[4], § 18, Rn. 6; Warda, JuS 1964, 90。

[179] Klug, ZStW 68 (1956), 405 f。

[180] Puppe, 1979, 355 ff. 。

[181] Jakobs, AT[2], 31/11 – 13, 16 – 18。

[182] Roxin, AT 1[3], § 10, Rn. 131 f。

[183] 相当完整的证明,见LK[11] – Rissing – van Saan, vor § 52, Rn. 73 – 98。

伙盗窃的形式中,是否作为特别法不仅排除了第242条,而且也排除了第243条,虽然这个规定包含了在第244条的文字中没有包含的复杂情形?司法判决肯定了这一点。[184] 对此,人们能够依据的情节是:第243条的具体化并不是行为构成的特征,而仅仅是量刑的表面证据。但是,人们对这个决定性的原因必须这样认识:面对第224条再次被严厉化的刑罚威胁,第243条中被提高的不法内容已经可以通过根据第244条规定的刑罚来得到清偿了。

182 同样,对于规定了对不满14岁的儿童进行或者在其面前进行性行为的第176第1款,人们必须把它视为是对第182条第1款,第2款的特别法,虽然第182条包含的行为构成特征(利用被害人对性自决的困境或者不具备能力、支付报偿),是在第176第1款中没有提到的(同样,见《联邦最高法院刑事判例集》,第42卷,第27页;第51页)。人们由此能够以此作为出发点:那种通过这些特征来描述的不法,在不满14岁的儿童中,也不存在特别的强调,或者,就像在金钱支付的案件中那样,的确至少是做了共同的考虑。这样的例子表明,**对特别性的确定也不总是一个纯粹的逻辑问题,而是并不罕见地必须通过对排除性的行为构成所具有的不法容量来进行目的论上的考虑而得到补充**。

183 相反,根据主流观点[185]以及主要的还根据司法判决,在加重行为构成的未遂与基础行为构成的既遂性实现同时发生时,就不存在特别性的案件。在行为人闯入一幢住宅,但是并没有在那里拿走财物(第22条,第244条第1款第3项),而是利用这个机会从其他未上锁的房间中窃走了金钱(第242条)的,这个未遂的入室盗窃就与既遂的简单盗窃处于想象竞合之中了(《联邦最高法院刑事判例集》,第10卷,第230页)。在仅仅出于两个行为构成之一来进行判决时,那就要么忽视了这个严重的未遂不法,要么忽视了那个已经实现的既遂不法。同样,在一个共同实行人错误地认为另一人携带了武器时,这个未遂的携带武器盗窃(第244条第1款第1项第a目)就与完成的简单盗窃(第242条)同样处于想象竞合之中。[186]

184 当一个对团伙盗窃(第244条第1款第2项)的帮助或者教唆,与盗窃(第243条)中一种特别严重案件中的实行人同时发生时(《联邦最高法院刑事判例集》,第25卷,第18页;第33卷,第50页),存在的是想象竞合,而不是特别性。根据联邦最高法院的观点,这个实行人与不同的参与人形式相比较,"在不法内容的确定上具有自己的意义"。

185 在未遂的严重身体伤害(第246条第1款第1项)与既遂的危险性身体伤害(第244条第1款第2项)相比较时,也存在着想象竞合。在作为这一决定基础的案例《联邦最高法院刑事判例集》,第21卷,第194页中,被告人向一名妇女的生殖器开了一枪,并且以有条件故意容忍了其失去生育能力的后果。当然,这个结果并没有出现。联邦最高法院正确地认定,在未遂的严重身体伤害与完成的危险身体伤害("以武器为手段")之间的想象竞合。虽然这个完成的构成行为,根据第226条,相对于第224条会被视为特别法,[187]在这里,第224的手段在目的论解释中(参见,边码182)会作为通过第226条加以包括来判决的,但是,这不适用于单纯未遂的严重身体伤害,因为"在这个行为人仅仅由于未遂的加重犯罪而受到刑罚时,这个构成行为的不法内容并没有

[184] BGH NJW 1970, 1279; BGHSt 25, 18 (19); 33, 50 (53)。同样的,见主流观点;参见,仅仅是Sch/Sch/Eser[26], § 224, Rn. 35; Stratenwerth, AT[4], § 18, Rn. 9。

[185] Kühl, AT[3], § 21, Rn. 56; Lackner/Kühl[24], vor § 52, Rn. 28; Schröder, JR 1967, 146, 148; ders., JZ 1967, 368, 369 f.; LK[10] – Vogler, vor § 52, Rn. 111。

[186] 对Sch/Sch/Eser[26], § 244, Rn. 35中例子进行了一点调整。

[187] 帝国法院就已经持有这个看法;然后是BGH NJW 1967, 297, Nr. 5; BGHSt 21, 195。但是,在这个案件中支持想象竞合的,还有Jescheck/Weigend, AT[5], § 69 II 1,"因为在其他情况下,后撤的法律所具有的特殊不法内容就会丧失了"。

被穷尽,这个完成的简单行为构成并没有在有罪判决中得到体现”(出处同上,第195页)。

(2)组合起来的行为构成

这一组的主要案件,是已经被反复(边码170,175)作为例子使用过的抢劫的行为构成(第 186
249条)。抢劫是由盗窃(第242条)与强制(第240条)组成的,并且作为特别法来排除这两个犯罪。这一点也适用于在盗窃中涉及第243条或者第244条的案件,并且这个案件在第249条中不是在概念上必不可少的条件之时(《联邦最高法院刑事判例集》,第20卷,第235页)。[188] 也就是说,联邦最高法院的出发点是,第249条在面对盗窃的所有形式时都是特别法。在这里,联邦最高法院首先以能够表现立法者意志的第252条为基础,主张在抢劫之外的所有盗窃“都不应当再具备独立的意义”(出处同上,第238条)。也就是说,在这里,那个处于行为构成核心领域的在概念上的从属关系,就通过一种以目的论为基础的不法比较而得到了补充。

但是,当抢劫卡在未遂上,与此同时,盗窃又得以完成时,案件就有所不同了。在这里,《联 187
邦最高法院刑事判例集》,第21卷,第78页认定了想象竞合:“拿走行为的完成,相对那种在抢劫未遂中仅仅是未遂的拿走,表现为……一种过剩,并且不能被它——不同于被一个完成的抢劫——所共同包括了”(出处同上,第80条)。

另一个例子是性强制,尤其是在强奸形式中的性强制(第177条)。它由强制(第240条)与 188
剥夺自由(第239条)共同组成,相对于这两种犯罪,性行为是加重地补充进来的。只要强制与剥夺自由仅仅服务于使性行为成为可能,就仅仅出于第177条来产生判决。

(3)带有加重行为人特征的犯罪

加重的行为特征也构成了特别性的一个特别形式。因此,在公务中的身体伤害(第340条) 189
对于第223条以下的身体伤害的行为构成,是特别法。如果第224条至第229条的条件存在,那么,根据第340条第3款,这个刑罚范围就要适应这些规定。此外,加重的行为人特征也表现在集团首要分子(Rädelsführer)的案件中(第129条第4款,第129a条第2款)。

3. 辅助性

在仅仅应当出于一个行为构成进行惩罚,而没有一个其他的以更严重的刑罚相威胁的行为 190
构成进行干涉时,就存在着辅助性。[189] 也就是说,辅助的行为构成是一个帮助性的或者接收性的行为构成,就像上文(边码171)已经在第265a条的例子中说明过的那样。Lex primaria derogat legi subsidiariae:优先(原本)法优于辅助法;辅助法让位于优先法。以逻辑的观点看来,辅助性通常是作为插入(交叉)案件(Fall der Interfrenz)表现出来的。[190] 例如,滥用自动装置(第265a条)对于一部分案件就同时是盗窃(在自动售货机中),而对另一部分(在提供服务的自动装置中)则不是(参见,边码171)。

人们根据这种辅助性是在法律中明确规定的,还是必须从法律的事实关系中通过解释查明 191
的,区分了形式上的(明确的)辅助性与实体上的(事实存在的)辅助性。在辅助性的两种形式中,下文就能够详细阐述它们进一步的区别。

(1)形式上的辅助性

形式上的辅助性的案件,是一般(也就是说,面对所有以更严重刑罚威胁的行为构成)或者 192

---

〔188〕 由此,就带来了一个在判决中提到的对于一种统一解决方案犹豫不决的帝国司法判决。

〔189〕 这是帝国法院时代以来的司法判决以及整个主流观点全都承认的,见:Baumann/Mitsch, AT^{10}, § 36 II 2; Blei, AT^{18}, § 96 II 2; Freund, AT, § 11, Rn. 25; Gropp, AT^{2}, § 14, Rn. 16; Jescheck/Weigend, AT^{5}, § 69 II 2; Joecks^{3}, vor § 52, Rn. 18; Lackner/Kühl^{24}, vor § 52, Rn. 26; Sch/Sch/Stree^{26}, vor § 52 ff., Rn. 105; Stratenwerth, AT^{4}, § 18, Rn. 13; Tröndle/Fischer^{50}, vor § 52, Rn. 19; Wessels/Beulke, AT^{31}, Rn. 790。

〔190〕 详见 Klug, ZStW 68 (1956), 406 f。

特殊地(也就是说,面对明确提到的更严厉的单独条文)规定了一个行为构成的后撤。已经多次提到的第265a条构成第一种的例子("当这个构成行为在其他条文中没有以更严重的刑罚受到威胁时");诬告的一个犯罪行为的行为构成,第145d条,为第二种案件提供了一个例子("当这个构成行为在第164条,第258条或者第258a条中没有受到刑罚威胁时")。对于选择这一种或者那一种方法上,看不出有一个清楚的立法原则。一方面,一般的辅助性案件有限地进行了这样的解释,以至于那个被排除的法律必须指明一个类似的攻击方向(参见,边码193以下),而另一方面,例如在第145d条中,不同于第164条、第258条、第258a条的其他条文就不能认为可以处于优先地位,因此,人们也必须在一种一般规定的辅助性条款中得出一个同样的结论。

193 **一般辅助性的案件**可以在诸如第107b条第1款,第109e条第5款,第109f条第1款第1项,第125条第1款,第248b条第1款,第265a条第1款中见到。**有争议的是,在这样一种案件中,是否所有以更高刑罚威胁的法律都优先,还是仅仅适用于那些包含了"同样犯罪攻击方向的行为"〔191〕的条文**。这个更严格的、限制辅助性的观点,在《联邦最高法院刑事判例集》,第6卷,第298页中有综合性的表述:〔192〕"那个'只要不在其他条文中有一种更严重的刑罚威胁'的说法……在更严厉的规定同时出现时,并不总是对不适用相关的规定进行强制。更准确地说,应当分别根据条文的目的与保护范围进行考察,确定是否应当根据可以认识的法律的意志,也追溯到那个仅仅起帮助作用而适用的规定上去。"不久之前,《联邦最高法院刑事判例集》,第43卷,第238页以下驳斥了这个观点。在那个案例中,被告人"光头"除了破坏国家和平(第125条第1款)之外,还实施一个危险的身体伤害(今天的第224条)。州法院不顾第125第1款有辅助性条款,还是以危险的身体伤害,在与破坏国家和平的构成行为单数中做出了判决,因为"这个构成行为独特的特征(通过暴力活动与威胁对公众造成危险)与第224条(个人犯罪)有不同。联邦最高法院以《德国基本法》第103条第2款为根据,反对这个决定(出处同上,第238条以下):"法官受法律的约束。这个法律可能的文字意义,标记了对刑法规定作出不利于被告人解释的最外部界限……因此,州法院做出的对第125条辅助性条款的解释……是与此不相一致的。"那个与之相反的旧的司法判决,也被明确宣告为是"过时的"。

194 在文献中也有意见分歧。绝对占优势地位的观点〔193〕要求,排除性法律在本质上必须保护同样的法益。但是,那种在《联邦最高法院刑事判例集》,第43卷,第237页中表达的观点,在文献中也得到了支持。〔194〕其他作者给出了自己的准则。因此,毛拉赫/格塞尔〔195〕想要认定"存疑的"想象竞合,而舍恩克/施罗德/埃泽尔〔196〕则正相反,支持"存疑的……就无条件地后撤"。

195 正确的解决方法应当在极端之间。如果人们想要求,一个辅助性仅仅在排除性法律与辅助性行为构成对同样法益加以保护时才产生,那么,这个辅助性条款的普遍性就会变得没有意义。还有,一个使用更严厉刑罚来保护相同法益的行为构成,并不总是能够找到的,那样就会导致一个辅助性条款的无效运转。但是,另一方面,同样不恰当的是,借助《联邦最高法院刑事判例集》,第43卷,第237页,即使面对保护方向完全不同的法律,也应当认定一个辅助性。例如,在

〔191〕 Jescheck/Weigend, AT[5], § 69 II 2。

〔192〕 同样,见 BGHSt 8, 192 f.; BGH GA 1974, 149。

〔193〕 BGHSt 6, 297, 298; BGH GA 1074, 149; Joecks[3], vor § 52, Rn. 19; LK[11] – Rissing – van Saan, vor § 52, Rn. 100 SK[6] – Samson/Günther, vor § 52, Rn. 92; LK[10] – Vogler, vor § 52, Rn. 119。

〔194〕 Jescheck/Weigend, AT[5], § 69 II 2; Kühl, AT[3], § 21, Rn. 58; Lackner/Kühl[24], vor § 52, Rn. 26; Maurach/Schroeder, BT/2[8], 60/39; Otto, AT[6], § 23 III 3。

〔195〕 Maurach/Gössel, AT/2[7], 55/16。

〔196〕 Sch/Sch/Eser[26], vor § 52, Rn. 106。

破坏国家和平(第 125 条)与侮辱外国国家元首联系在一起时(第 103 条),一种仅仅以第 103 条进行的处罚,就会导致第 125 条中规定的不法逍遥法外。[197] 这在刑事政策上是毫无意义的;为什么一个由于破坏国家和平的刑罚,仅仅因为行为人还另外实现了一个较严重的不法就停止了?这也违背了所有法规竞合的基本思想,也就是说,只有在一个实现行为构成所包含的不法内容已经通过出于更严重犯罪的刑罚得到清偿时才可以排除一种刑罚。

因此,人们在一般辅助性的案件中必须要求,这种排除性的更严厉的法律至少要部分地保护与辅助性行为构成所保护的一样的法益,并且,与其以典型的方式结合在一起。第 125 条与第 224 条的比较就是这种案件。第 125 条提到了"暴力活动",正好,第 224 条规定的危险的身体伤害也属于它;造成这种伤害也是破坏国家和平的一种典型表现。也就是说,在这里就能够认定第 125 条的一种辅助性,从而对联邦最高法院来说,在具体决定中就应当赞同这一点。只是这并不是简单地适用,就像第 125 条与第 103 条联合的例子所表明的那样,在那里从来没有部分相同的法益受到保护,并且,较严厉行为构成的实现也没有在典型的方式上与另一个行为构成结合在一起。 196

在这种案件下排除辅助性的一种解释,完全不违反这个法律条文。人们能够对这个在一般的辅助性条款中谈到的构成行为,直接作如下理解:由此意味着一个行为事件,包括了"多个至少部分地指向同样法益来实现的行为构成"。[198] 这个"构成行为"的概念应当如何在其他规定中(例如,《德国刑事诉讼法》第 264 条,《德国刑法典》第 24 条)理解,是无法在竞合领域中预先判断它的解释的。每个法律概念在其规则联系(在这里,也就是说是竞合理论)的上下文中来说明,并且,也应当在同样的文字中不需要像在其他法律领域中那样的相同意义。 197

特殊的辅助性案件包含在第 95 条,第 98 条第 1 款第 1 项,第 99 条第 1 款,第 109g 条第 2 款,第 145 条第 2 款,第 145d 条第 1 款,第 183a 条,第 202 条第 1 款,第 265 条第 1 款,第 316 条第 1 款中。在这里,那种在一般犯罪中探讨的关于辅助性作用范围的问题并没有出现,因为各个行为构成后撤到其之后的那些规定会具体地提到。 198

(2)实体上的辅助性

那些人们也称之为在事实上存在的或者沉默的辅助性的实体辅助性的案件,是在法律中没有规定的,并且,必须从法规竞合的基本思想中推断出来。据此,在已经通过一个有待使用的其他条文完全地或者在充分的程度上加以包括时,一个刑法上的不法就不需要特别的惩罚了。一种观点认为,这个辅助性犯罪就仅仅应当以帮助的方式作为接收性行为构成,在不存在更严厉的行为构成中受到惩罚。根据这个观点,就产生了**在实体上的辅助性的两个大组**。**第一组是由独立化的预备性构成行为与对一个完成的伤害性犯罪的过渡阶段构成的,**[199] **第二组是由与对同样法益进行比较强烈的危险或者损害相比在程度上不那么强烈的攻击方式构成的**。这两个观点经常是有重合的(参见,边码 207 ~ 210)。 199

第一组的例子,首先是由在行为构成上独立化的预备行为构成的。因此,第 149 条就惩罚确定的伪造货币与有价符号的准备行为。在行为人由于伪造货币本身能够受到惩罚时,这个条文就后撤到第 146 条之后了。伪造货币的不法也包括了其预备的不法,虽然不是每个伪造货币者 200

---

[197] 这个例子出自 Rudolphi, JZ 1998, 471 f.(Anm. zu BGHSt 43, 237),本文在论证中还会继续提及它。

[198] Rudolphi, JZ 1998, 479。

[199] 一些作者在这里谈论了不具有刑事可罚性或者带有共同受惩罚的前行为(Blei, AT[18], § 96 II 3 b; Maurach/Gössel, AT/2[7], 55/13; Schmidhäuser, LB AT[2], 18/31)。的确,这里描述的不是法规竞合的独立形式,而最多是辅助性的案例组。

都必须自己进行这种预备。相应地,也适用于第 310 条(一种爆炸或者辐射犯罪的预备)与第 307 第 1 款(引起核能爆炸)的比较之中,也适用于与第 308 条第 1 款(引起炸药爆炸)以及第 309 条第 2 款(行为人实施一种使不特定多数人遭受辐射的措施)的比较之中。辅助性的还是那种准备叛国性活动(第 83 条)与叛国本身(第 81 条,第 82 条)的比较。

201 第 30 条在与未遂或者完成的构成行为上不同变体的比较中,构成了辅助性一个十分独特的案件。一个人试图教唆他人实施重罪,仅仅根据第 30 条第 1 款就已经独立具有刑事可罚性了。但是,一旦被教唆人在实施这个构成行为中进入未遂阶段或者完成了这个构成行为时,这个刑事可罚性就取消了;在前一阶段中的无价值内容,已经通过对教唆未遂或者完成犯罪的刑罚而得到清偿。相应地,这也适用于那种自己对一个重罪表示赞同的情况(Sich - Bereit - Erklären),即对这种犯罪自告奋勇的认定或者根据第 30 条对这样一种犯罪的约定。

202 但是,在已经实施的构成行为不如预备的那么严重时,就存在着想象竞合。也就是说,例如,在约定一个更严重的抢劫(第 250 条),但是,实施的仅仅是一个简单的抢劫(第 249 条)时,第 250 条,第 30 条第 2 款就与第 249 条处于构成行为单数之中了。那种在第 30 条中出现的竞合问题的细节,例如,与司法判决及文献的争论,见本书对第 30 节的讨论(上文,第 28 节,边码 34 ~ 39,63 ~ 65,75,81)。在这里提示读者参阅。

203 有时,在一些状况中,对在较轻微的等级中具有刑事可罚性的举止行为的一种制裁,出于其他原因已经取消了,那么,这些状况也会归入辅助性。因此,例如,未遂作为面对完成的构成行为,就经常被标志为辅助性的。[200] 在这里,通常的确已经存在着一个行为构成的或者甚至是自然的行为单数(参见,边码 42)。[201] 伪造文书在面对使用伪造文书时并不是辅助性的,而应当认定一个在第 267 条意义上的行为构成的行为单数(参见,边码 21)。未经宣誓的虚假陈述(第 153 条)在与伪证(第 154 条)相比时并不是辅助性的,并且,第 154 条也不是第 153 条的特殊法,相反,那种经过宣誓的虚假陈述则是一个行为构成的行为单数。[202] 在《联邦最高法院刑事判例集》,第 8 卷,第 311 页中,虽然正确地判定,仅仅"由于伪证的重罪"就应当受到惩罚,但是,说明的这个根据:"第 153 条面对第 154 条具有……帮助的(辅助的)特征"至少是容易令人误解的。人们毕竟应当得出这个结论:在边码 203 中描述的案件仅仅涉及了前一阶段的不具有刑事可罚性,而这种不具有刑事可罚性,在不是反正仅仅存在一个行为构成的实现时,就必须作为辅助性来标记。

204 《联邦最高法院刑事判例集》,第 16 卷,第 123 页也判定,在各种杀人之前的——无论是仅仅一瞬间的——身体伤害都是辅助性的。人们应当在这里真的谈到特别性,因为借助概念上的必要性,杀人就经历了这个身体伤害的过渡阶段。然而,这种分类对于结果是无所谓的;这种状况,通过身体伤害表现为杀人的前一阶段,也接近了辅助性。当然,在在杀人与身体伤害的多样性中,在这个事件的不法内容通过对杀人犯罪的刑罚不能充分包括时,就有可能是想象竞合。这在什么时候是这种案件,是一个分则的问题,在这里无法详细说明。但是,至少可以指出两种最重要的案件形态。

205 在一个未遂的杀人犯罪与一个完成的身体伤害同时发生时,就存在构成行为单数,就像《联邦最高法院刑事判例集》,第 44 卷,第 196 页在旧的司法判决[203]的任务下已经决定的那样。这

[200] 参见,仅仅是,例如,Jescheck/Weigend, AT[5], § 69 II 2; Lackner/Kühl[24], vor § 52, Rn. 26。
[201] 同样,见 LK[11] - Rissing - van Saan, vor § 52, Rn. 103; Stratenwerth, AT[4], § 18, Rn. 15。
[202] LK[11] - Rissing - van Saan, vor § 52, Rn. 85。
[203] BGHSt 16, 122; 21, 265; 22, 248。

是正确的,因为一个完成的、也许非常严重的身体伤害所具有的不法内容,会无法恰当地包含在一个不能没有产生后果的杀人未遂的刑罚之中。这也符合了在辅助性中,比较未遂与完成的基本犯罪之间关系的司法判决(边码183,185,187)。

此后,对完成的杀人与身体伤害的加重形式之间的关系,应当区别加以判定。[204] 在通常案件中,比较严重的身体伤害形式(第224条!)会后撤到完成的杀人之后,因为这个身体伤害的特别危险性或者那个对被害人造成的痛苦,通过第212条,第211条(残酷的!)被接收了。只有在这个身体伤害不是单纯地是杀人的过渡阶段时,而是表现了一种独立的无价值时,才有存在不同。例如,在这个行为人经过长时间拷问后才把被害人杀死,或者,在第226条的案件中,被害人是在长期病痛之后才死亡的。 206

就像身体伤害与杀人之间的关系已经表明的那样,辅助性的两个主导性观点(独立具有刑事可罚性的前一阶段与程度较轻缓的攻击形式)相互结合的案件并不在少数。在抽象的危险与具体的危险之间的关系,以及在危险与侵害之间的关系中,这些观点的相互融合就特别的明显。 207

在第316条中,甚至为抽象的危险在形式上确定了其在面对具体的危险时的辅助性:在交通中未产生后果的醉酒后撤到第315a条,第315c条的具体危险之后。在这里,抽象的危险不仅是具体危险的前一阶段,而且也是一种对受保护人身价值与财产价值较缓和的威胁。一种信用诈骗的预备(第265b条),一个根据恰当的司法判决应当保护信用提供人(而不是信用经济本身)的财产的行为构成,是作为抽象的危险犯罪,在面对诈骗与诈骗未遂时属于辅助性的(《联邦最高法院刑事判例集》,第36卷,第130页),也就是说,不仅对于侵害,而且在面对接近行为构成的危险时,都是一样的。也就是说,第265b条也不仅体现了一种前一阶段而且体现了一种程度较轻缓的对法益的威胁。相反,如果人们像立法者所想的那样(参见,《联邦最高法院刑事判例集》,第36卷,第130页),把信用经济本身视为第265b条所保护的法益,也就是说,一种公众的法益,那么,本来就必须认定想象竞合,因为这种不法内容不会为第263条所包含。同样,在第324条意义上出现一种持续性的水污染时,第326条的抽象危险犯罪(未经许可地处理有危险的垃圾)在面对第324条时就也是辅助性的(《联邦最高法院刑事判例集》,第38卷,第325页,第328页以下)。还有,具体的危险犯罪(就像第306条以下:引起火灾危险)在面对相应的侵害犯罪时(就像第306条至第306d条:纵火)就是辅助性的(《联邦最高法院刑事判例集》,第39卷,第128页以下)。 208

但是,抽象的危险在面对具体的危险时,以及这种危险种类在面对侵害时的辅助性,仅仅出现在犯罪性威胁的不同等级保护的是同样的法益之时。因此,第315b条,第315c条[205]以及第316条,[206]并不后撤到第222条,第229条(过失杀人也就是身体伤害)之后,而是与其处在想象竞合之中。在身体伤害犯罪与杀人犯罪保护个人法益时,那些被前置的行为构成却首先是为交通安全服务的,也就是说,是为一个公共的法益服务的。还有,参与斗殴(第231条)与第224条也处在想象竞合之中,因为这个打架的行为构成"保护了所有通过斗殴而遭受危险的人的生命与健康"(《联邦最高法院刑事判例集》,第33卷,第104页)。[207] 209

主流观点同样认为,迷醉的行为构成(第323 a条)表现了一个抽象的危险犯罪。在这种行 210

---

〔204〕 详见 Sch/Sch/Eser[50], § 212, Rn. 19, 20。

〔205〕 主流观点也是这样:Geppert, Jura 1982, 424; Lackner/Kühl[24], § 315c, Rn. 35; LK[10] – Rüth, § 315c, Rn. 78; Sch/Sch/Cramer/Sternberg – Lieben[26], § 315c, Rn. 55; Tröndle/Fischer[50], § 315b, Rn. 10; § 315c, Rn. 23。

〔206〕 LK[11] – König, § 316, Rn. 253; Lackner/Kühl[24], § 316, Rn. 7。

〔207〕 主流观点; BGH NStZ 1984, 329 也是如此。

为构成中,情况又有不同。它在与故意的原因自由行为比较中是辅助性的(《联邦最高法院刑事判例集》,第2卷,第17页),[208]因为这种刑事可罚性取决于实施了一种违法的构成行为,并且,不取决于它的是:这个行为人"由于这个缘故"而不能受到刑罚。也就是说,在一个具体的犯罪由于行为人在其实施时的无罪过而不能受到惩罚时,第323a条就是作为接收性行为构成服务的。相反,如果借助原因自由行为的结构可能进行一个惩罚,那么,就不需要第323a条了。

211 最后,辅助性也存在于这些案件之中,在这里,一种不同的攻击强度不是以那种实现犯罪的不同阶段为根据的。因此,过失杀人面对故意杀人就是辅助性的:甲在道路交通中撞倒了乙,甲虽然知道这个伤害,但是并没有把乙送往医院,乙因而受伤死亡的,这时,这个过失杀人就要后撤到通过不作为的故意杀人(凭借先行行为的担保人地位)之后了。[209]在行为人通过两次射击的共同作用而致使被害人死亡时,其中一次表现为故意杀人,另一次是过失杀人,"那个过失的实施形式就是辅助性的"(《联邦最高法院刑事判例集》,第39卷,第199页)。

212 不同强度的攻击种类,也表现为,根据实行人、教唆、帮助的次序标示出对法益攻击的不同强度。[210] 也就是说,在有人教唆他人犯罪,并且同时对他提供帮助的(例如,提供一种实施构成行为的手段供其支配),他就应当仅仅由于教唆而受刑事惩罚;这个帮助人是辅助性的。如果这个行为人招募了一个共同实行人,那么,他就仅仅由于这个实行人身份,而还不是由于教唆而具有刑事可罚性。条件自然始终是,仅仅涉及了同一个主行为。

4. 消耗性

213 主流观点将**消耗性**判定为法规竞合的独立形式。[211] 它**在典型的伴随性构成行为与共同受到刑罚的后构成行为这两种形式中出现**。典型的伴随性构成行为是,例如,在入室盗窃(第244条第1款第3项)中,经常与其联系在一起的破坏住宅和平的犯罪(第123条)与毁坏财物(第303条)。这两个犯罪在概念上并没有被包含在入室盗窃之内(否则就会存在辅助性);在可能的情况下,人们也能在没有第123条侵害时闯入自己的住宅,并且,使用暴力也不一定以毁坏财物为条件。但是,在通常情况下,第123条,第303条的确在一个入室盗窃中就都得到了满足;因此,人们能够认定,那种在其中存在的不法已经被第244条第1款第3项包含了,因此,不能根据第123条,第303条分别进行惩罚:lex consumens derogat legi consumptae(这个消耗性的,也就是用完的法律,优于被消耗的法律)。

214 在共同受到刑罚的后构成行为中,案件是这样的:这个后构成行为仅仅保证了或者利用了那个通过前构成行为而获得的位置,因此不需要独立的刑罚。例如,在有人盗窃了一张存折,并且马上用它取钱时,那种存在于其中的诈骗(第263条)与盗窃(第242条)相比,就是不具有刑事

---

[208] 关于竞合的具体问题,参见 Roxin, AT 1^3, § 20, Rn. 72, 73。

[209] 不同的——真实竞合——BGHSt 7, 287 (288 f.); 但是,与本书一样的,见 Jescheck/Weigend, AT^5, § 69 II 2 a。

[210] RGSt 56, 58, 59; 59, 26, 28; 62, 74, 75 f.; BGHSt 4, 244, 247; 30, 28, 30; BGH NStZ 1994, 29, 30; BGHR AO, § 370 Abs. 1, Beihilfe, Nr. 2; Gropp, AT^2, § 14, Rn. 17; Jescheck/Weigend, AT^5, § 69 II 2 a; $Joecks^3$, vor § 52, Rn. 23; Lackner/$Kühl^{24}$, vor § 25, Rn. 13; LK^{11} – Roxin, § 27, Rn. 67; SK^6 – Samson/Günther, vor § 52, Rn. 94; Sch/Sch/Cramer/$Heine^{26}$, vor §§ 25 ff., Rn. 49; Sch/Sch/$Stree^{26}$, vor § 52 ff., Rn. 107; Tröndle/$Fischer^{50}$, vor § 25, Rn. 12。

[211] Baumann/Mitsch, AT^{10}, § 36 II 3; Blei, AT^{18}, § 96 II 3; Burgstaller, JB1. 1978, 459; Freund, AT, § 11, Rn. 37; Geerds, 1961, 203 ff., 222; Gropp, AT^2, § 14, Rn. 6; Hirschberg, ZStW 53 (1934), 42 ff.; Jescheck/Weigend, AT^5, § 69 II 3; Köhler, 1900, 88 ff.; Köhler, AT, 691; Kühl, AT^3, § 21, Rn. 60 ff.; LK^{11} – Rissing – van Saan, § 52, Rn. 116 ff.; SK^6 – Samson/Günther, vor § 52, Rn. 97 ff.; Schmidhäuser, LB AT^2, 18/31; Stratenwerth, AT^4, § 18, Rn. 10 ff.; Tröndle/$Fischer^{50}$, vor § 25, Rn. 20; LK^{10} – Vogler, vor § 52, Rn. 131; Welzel, $StrafR^{11}$, 235。对消耗概念的批评,见 $Joecks^3$, vor § 52, Rn. 24。

可罚性的后构成行为；因为那种对在存折中存在的货币价值的提取，已经通过由于盗窃的刑罚而得到了充分的制裁。

一些作者不想承认消耗性是法规竞合的一种自身独立的形式，并且，将其部分地判归特别性，部分地甚至判归辅助性的一种扩展形式。[212] 这种否定的主要根据是，在逻辑的观点上看，对于法规竞合的分类来说，只有从属（边码 178）与干涉（边码 190）的分类是可以使用的，因此，在这个范围内，已经没有进一步区分的空间了。但是，法律并不仅仅是根据逻辑的观点，也要根据现象学的观点来进行区分，在这个方面，消耗性与经常被归入其中的特别性相比较，的确还具有一种明显的独立性。在这里，不是同一种法益侵害的前一阶段或者攻击的较轻缓形式要因此被排除，而是在典型的伴随性构成行为中消耗对其他法益或者构成行为对象的侵害。[213] 例如，在提到的第 244 条第 1 款第 3 项（边码 213）中保护的是所有权与保管权，与此同时，第 123 条保护的是一个完全不同的法益（住宅和平），第 303 条涉及的是不同于被拿走财物的构成行为对象。在共同受到刑罚的后构成行为中，增加了其他的特别之处（参见，边码 219）。 215

（1）典型的伴随性构成行为[214]

典型的并且因此被消耗的伴随性构成行为的案件，是很经常的。在这里只能列举几个例子说明。对于第 244 条第 1 款第 3 项与第 123 条，第 303 条比较而已经完成的那些（边码 213，215），也适用于第 244 条第 1 款第 1 项（在其他情况下的入室盗窃）。虽然对于在第 243 条中特别严重案件的例子只有量刑规则；但是，这些是“接近行为构成的”（《联邦最高法院刑事判例集》，第 33 卷，第 374 页），因此，同样是处于消耗性之下的。那种诬告（第 164 条）是追究无罪者（第 344 条）中典型的伴随性构成行为，因此就被公务犯罪所消耗了。对机动车驾驶者的抢劫性攻击（第 316a 条），“在任何案件中”（《联邦最高法院刑事判例集》，第 25 卷，第 373 页）都伴随着一个未遂的抢劫（第 249 条）或者一个未遂的抢劫性勒索，并因此消耗了这些行为构成。相反，根据第 249 条，第 255 条完成的犯罪，在根据第 316a 条的抢劫性攻击中还并不存在，因此，在这个范围内，就存在着想象竞合（《联邦最高法院刑事判例集》，第 14 卷，第 391 页；第 15 卷，第 323 页；第 25 卷，第 373 页）。 216

那种与堕胎（第 218 条）联系在一起的对母亲的身体伤害，也普遍[215]是作为消耗性的案件来判定的。当然，联邦最高法院说（《联邦最高法院刑事判例集》，第 10 卷，第 314 页），那种通过堕胎造成的提前分娩，是“一种病态的过程，一种对健康的损害。没有这种对健康的损害，杀死胎儿是不可设想的”，因此，这也就指明了一种概念性的从属关系，以及由此得出的特别性。（联邦最高法院仅仅谈论了“法律单数”，没有详细进行论述。）当然，对母亲身体的伤害，对于堕胎犯罪是一个伴随性构成行为，在这个方面，至少是接近了消耗性的。 217

就像在把第 218 条第 1 款（三年以下自由刑）与第 223 条（五年以下自由刑）进行比较所表明的那样，在人们把这种法规竞合的案件中归于消耗性之中时，这种消耗性的犯罪并不需要是更加严重的。对此，最好的例子是第 248b 条（未经允许使用机动车）。这个犯罪是典型的与盗窃 218

---

[212] v. Hippel, Handbuch II, 526; Klug, ZStW 68 (1956), 414 f.; Maurach/Gössel, AT/2^{7}, 55/51; Puppe, 1979, 322 ff.; R. Schmitt, ZStW 75 (1963), 54f.; Sch/Sch/Stree^{26}, vor § 52, Rn. 131。

[213] 参见，LK^{11} – Rissing – van Saan, vor § 52, Rn. 117。

[214] 对此，特别见：Geerds, 1961, 216 ff.; Gropp, AT^{2}, § 14, Rn. 14; Hirschberg, ZStW 53 (1934), 43 ff.; Jakobs, AT^{2}, 31/30 ff.; Köhler, AT, 691; Stratenwerth, AT^{4}, § 18, Rn. 11 ff.; LK^{10} – Vogler, vor § 52, Rn. 132; Welzel, StrafR^{11}, 235。

[215] 参见，仅仅是，例如 Jescheck/Weigend, AT^{5}, § 69 II 3; 其中第一句就涉及了 BGHSt 10, 312, 314 f; LK^{11} – Rissing – van Saan, § 52, Rn. 118。

处于被使用汽车油箱中的汽油相联系的。因此，第248b条就消耗了第242条，虽然后一个条文包含更为严厉的刑罚威胁。否则，第248b条就会由于包含其中的一般辅助性条款而无法得到使用。

(2) 无刑事可罚性的后构成行为

219　无刑事可罚性的后构成行为也经常被称为共同受到刑罚的后构成行为，多次就像在本书中一样，被视为消耗性的表现形式。[216] 其他一些人把它归入辅助性，[217] 或者判定它是法规竞合的第四种独立的形式。[218] 但是，当人们在辅助性行为构成所具有的帮助性或者接收性作用中看到了辅助性的这种特征时，在正好是以具有刑事可罚性的前构成行为为条件的不具有刑事可罚性的后构成行为中，就存在着完全不同的情况。借助更好的理由，这种共同受到刑罚的后构成行为就能够作为法规竞合的独立表现形式来看待。它不是典型的伴随性构成行为，而是作为后构成行为的一种独立的行为，**一种"不纯正的真实竞合"的案件**。毕竟，它作为典型的"事后的"伴随性构成行为，与先前讨论过的典型的"同时的"伴随性构成行为是如此的亲近，以至于两种案件在消耗性概念下的综合看来是适当的。在这里，这个不具有刑事可罚性的后构成行为所具有的"典型之处"，并不是如此强烈地"存在于这种情况下，即这个行为人通常也必须实施这个后构成行为，以保持从主构成行为中带来的好处"。[219] 这仅仅适合于那种得到利用的后构成行为，例如，就像在边码214中提到的从偷来的存折提款的例子那样。但是，毕竟能够说，对通过犯罪性的前构成行为创设的地位进行的那种保护或者利用，是一种与其以典型方式联系在一起并且因此不需要单独刑罚的举止行为。

220　根据追溯到帝国法院的司法判决与主流观点，**不具有刑事可罚性的后构成行为有三个条件**：[220] **一是后构成行为不允许侵害新的法益，二是不允许引起新的损害（而总是在深化旧的损害），三是必须是同一个受损害者**。在我们开头的例子中（边码214：诈骗性地从偷来的存折中提取金钱），就满足了这些条件。担保诈骗也是不具有刑事可罚性的后构成行为中最常见的案件之一。在那个受到怀疑的小偷通过虚假说明来转移财产所有者的不信任时，在这里就存在着一个诈骗。这个财产所有人的损失就存在于加深了那种通过盗窃而遭受的财产损失之中。但是，人们在这个例子中也能够展示出，在那些主流观点所说的必要性中的第三条（被损害者的同一性），虽然在不具有刑事可罚性的后构成行为中通常都存在，但是，这不是其必要的条件。例如，当那个被欺骗的财产所有者，在此期间，通过转让返还请求权（《德国民法典》第931条）而已经把东西转让给第三人，这也不能理性地改变这个担保诈骗所具有的不具有刑事惩罚性；[221] 关键的仅仅是攻击对象的同一性，而不是法益承担者的同一性。

221　当小偷在自选商店中偷窃了一些东西，事后又欺骗了那个女出纳员（例如，在通过收银台时

---

[216] Baumann/Mitsch, AT[10], § 36 II 3; Geerds, 1961, 205 ff., 222; Gropp, AT[2], § 14, Rn. 14; Jescheck/Weigend, AT[5], § 69 II 3 a; SK[6] – Samson/Günther, § 52, Rn. 97, 99 ff.; LK[10] – Vogler, vor § 52, Rn. 135, 137。

[217] R. Schmitt, ZStW 75 (1963), 55; Sch/Sch/Stree[26], vor § 52, Rn. 113, 119 f.; Stratenwerth, AT[4], § 18, Rn. 18。

[218] Baumann, MDR 1959, 10; Lackner/Kühl[24], vor § 52, Rn. 31; Tröndle/Fischer[50], vor § 52, Rn. 44。

[219] Jescheck/Weigend, AT[5], § 69 II 3 a; 十分类似的，见 Wessels/Beulke, AT[31], Rn. 795。

[220] RGSt 49, 16, 17 ff.; BGHSt 5, 295, 297; BGH GA 1955, 149, 151; 1957, 409, 410; 1961, 83; BGH NStZ 1987, 23; Baumann/Mitsch, AT[10], § 36 II 3; Blei, AT[18], § 96 II 3 c; Jescheck/Weigend, AT[5], § 69 II 3 a; Lackner/Kühl[24], vor § 52, Rn. 32; SK[6] – Samson/Günther, § 52, Rn. 101; Stratenwerth, AT[4], § 18, Rn. 18; Wessels/Beulke, AT[31], Rn. 795。

[221] 这样正确的，见 Sch/Sch/Stree[26], vor § 52 ff., Rn. 114; Jakobs, AT[2], 31/36。

藏匿了偷来的商品)时,一个担保诈骗以及因此的一个不具有刑事可罚性的后构成行为就也存在了。当然,《联邦最高法院刑事判例集》,第17卷,第209页,在这种案件中,就已经拒绝了这种诈骗的行为构成,理由是:第242条,第263条是相互排除对方的。但是,这是不正确的:因为盗窃与诈骗虽然不能通过一个并且是同一个行为来进行,但是,能够通过两个不同的行为来进行。

当然,这下面这种案件中,就不涉及一种不具有刑事可罚性的后构成行为了。在这个案件中,这个小偷把偷来的物品转让给了一个轻信的第三人了。这个面对购买人而存在的诈骗,损害的是一个与所有者相比较而完全不同的法益(购买人的所有权)。也就是说,在这里,第242条,第263条就存在于真实竞合之中。在有人通过诈骗去骗取他人占有的处于所有权保留之下的物品,随后又假称为所有人将其出卖给了第三人时(《联邦最高法院刑事判例集》,第16卷,第280页),就也应当认定为真实竞合。那种在出售时存在的贪污(第246条),在面对那种先前的诈骗时,就表现出一种新的损害(也就是对他人物品的占有)。如果借助一个偷来的文书进行诈骗而损害了被盗者的财产,那么,第263条就不是不具有刑事可罚性的后构成行为,而是处于与第242条的真实竞合之中。[222] 通过这种财产损害,就侵害了另一个新的法益。 222

如果有人用在及时预先申报营业税中的不作为来实施逃税,那么,这个后来才提交的虚假的营业税年度报表在面对那个先前的不作为时,就是一个不具有刑事可罚性的后构成行为。"这里涉及的就是这样一个后构成行为,通过它本来应当确保那个通过不作为实施的构成行为已经获得的好处"(《联邦最高法院刑事判例集》,第38卷,第368页;第39卷,第235页)。 223

当有人在事后损坏或者毁坏了一个偷来的或者贪污所得的物品时,司法判决与主流观点[223]也都认定了一个不具有刑事可罚性的后构成行为。这种损坏物品显示了与那个先前实施的财产犯罪一样的对类似所有权的控制的无理要求。但是,这种观点是不应当追随的。[224] 对他人财产的损坏或者毁坏,是以一种与对其占有完全不同的方式来侵害这种所有权。由此,这就引起了一种新的、其他种类的损害。在值得刑罚性的观点下,肯定一种不具有刑事可罚性的后构成行为也是不恰当的。这个被盗或者被贪污物品的所有者,还总是有机会重新完好无损地获得这个物品。通过损坏或者毁坏,就会使这个可能性破灭。因此,应当认定真实竞合。 224

非常有争议的是这种很常见的案件:有人通过一个所有权或者财产犯罪(如诈骗)将财物据为己有,又在事后对其加以保护与利用(如通过使用或者转让他人)。一种在文献中比较普遍的观点认为,这样一个在取得之后对支配权的行使,就是一个贪污(第246条),但是,它与那个犯罪性前行为的比较,仅仅是一个不具有刑事可罚性的后构成行为。[225] 与此相对,这个理论中的另一部分,尤其是司法判决[226]认定,自帝国法院以来,这种缺乏占有的后构成行为并不满足贪污的行为构成,因此,从一开始就不应当考虑法规竞合。在一个大审判委员会的决定(《联邦最高法院刑事判例集》,第14卷,第38页,第45页)中,这一点得到了准确的总结。据此,"贪污在 225

---

[222] RGSt 49, 408; 64, 284。

[223] RGSt 35, 64, 65; RG GA 1903, 121; BGH NJW 1955, 876; OLG Braunschweig NJW 1963, 1936; Sch/Sch/Stree[26], vor § 52, Rn. 114。

[224] Jakobs, AT[2], 31/35; Jescheck, ZStW 67 (1955), 535; Jescheck/Weigend, AT[5], § 69 II 2 a; Krauβ, GA 1965, 180; Sauer, AT[3], 242; 怀疑的,见 Tröndle/Fischer[50], vor § 52, Rn. 44。

[225] Jescheck/Weigend, AT[5], § 69 III 3 a; LK[11] – Ruβ, § 242, Rn. 81; Sch/Sch/Stree[26], vor § 52, Rn. 114; Seelmann, JuS 1985, 702 f.; Tenckhoff, JuS 1984, 778 f., 779; Wessels/Beulke, AT[31], Rn. 795; 尚未决定的,见 Sch/Sch/Eser[26], § 246, Rn. 33。

[226] RGSt 49, 16 ff.; 61, 37, 38; BGHSt 14, 38, 43 ff.; BGHR StGB, § 263 Abs. 1, Täuschungshandlung, Nr. 1; Maiwald, 1970, 261 ff.; Otto, 1970, 106 ff.; Stratenwerth, AT[4], § 18, Rn. 19; Tröndle/Fischer[50], § 246, Rn. 19 f。

行为构成上的条件,就是行为人还没有通过一个具有刑事可罚性的行为(盗窃、抢劫、勒索、财产诈骗)来占有他人的物品。"也就是说,这个有说服力的基本思想是,人们不可能两次以具有刑事可罚性的方式来占有一个财物。后构成行为是否被消耗还是无行为构成的问题,也并不是完全没有实践意义的。从前一个观点看来,在保护或者利用时共同发挥作用,就是对贪污(第246条)的一种帮助,从后一个观点看来,那就仅仅是一种窝赃(第257条)。从前一个观点看来,行为人在这种占有取得性犯罪的时效之后,在可能的情况下还能够由于贪污而受到惩罚,根据后一个观点,他就由于后行为不具刑事可罚性而在任何情况下都不具有刑事可罚性。

226 在第二个犯罪比前一个构成行为更严重时,后构成行为也可能是不具有刑事可罚性的。[227] 在一个贪污的行为人把贪污来的东西交给一名窝赃者,这种对窝赃的教唆(第26条,第259条)就作为纯粹的利用行为,在面对贪污时是不具有刑事可罚性的后构成行为,虽然窝赃受到更严重的刑罚威胁。[228] 在对前构成行为的教唆者后来从这个前行为人那里得到了那个东西的案件中,大审判委员会(《联邦最高法院刑事判例集》,第7卷,第134页),当然是联邦最高法院先前把窝赃判定为不具有刑事可罚性的后构成行为的决定相反,认定了真实竞合。在人们考虑到,虽然通过前行为人对东西的转让表现了一种典型的利用行为,但是,通过教唆者的获得则不是,这时,就能够使这种不同的处理正当化了。

5. 在法律上对法规竞合的处理

227 就像已经阐述过的那样(边码170/171),在法规竞合的所有案件中,惩罚都仅仅是出自占优先地位的犯罪,从而在判决的基本部分中都没有提及被排除的行为构成。然而,这个被排除的行为构成得到了满足——也就是说,它并不是不存在——因此,这就具有这个结果:在这个占优先地位的犯罪既不能受到刑罚,又不可能受到足够制裁时,这个被排除的法律就能够以多种方式对惩罚作出贡献。自从帝国法院[229]时代以来,司法判决就一直遵循这条路线,因此,法规竞合就总是不断地向想象竞合的法律后果靠近。在文献中,在部分颇为严厉的说法中指出,这种司法判决使得区别"几乎失去了意义",[230]这种区分的意义"几乎减少到零"。[231]

228 在实践中——在排除一些还应当进一步探讨的例外、修正与争议点之外,有以下四个结论:

1)在占有优势地位的法律出于实体法或者程序法上的原因,例如,由于未遂的中止或者缺少告诉而不能受到刑罚,这个被排除的法律通常就会重新得到适用,成为独立制裁的对象。

2)只要不违背量刑的一般原则(禁止重复使用!),就能够在量刑时考虑被排除的法律。

3)刑罚不得低于被排除法律的最低刑。

4)行为人出于被排除的法律不受惩罚的情节,在可能的情况下,不能阻止一个仅仅在后构成行为中共同发挥作用而出于这个犯罪的惩罚。

5)附加刑、附随后果以及在第11条第1款第8项意义上的措施,能够并且必须在可能的情况下由被排除的法律中推断出来。

下文将详细说明被排除法律的所有这些作用。

---

[227] OLG Braunschweig NJW 1963, 1936; Jakobs, AT^2, 31/37; Jescheck/Weigend, AT^5, § 69 II 3 a; Krauβ, GA 1965, 179; Sch/Sch/Stree^{26}, vor § 52 ff., Rn. 115。其他观点,见 Maurach, JZ 1956, 257, 258; Maurach/Gössel, AT/2^7, 56/36。

[228] 关于在典型的伴随性构成行为中的相应情况,参见边码220。

[229] RGSt 59, 321 (325); RGSt 73, 148 (150)。

[230] LK^{11} – Rissing – van Saan, vor § 52, Rn. 70。

[231] Sch/Sch/Stree^{26}, vor § 52 ff., Rn. 103。

(1)在缺乏出于占优势的行为构成进行刑罚的可能性时重新适用被排除的法律

当未遂的入室盗窃(第244条第1款第3项,第22条)的行为人,在已经破坏并且进入他人住宅之后自愿中止时,虽然他在这些犯罪完成时不能出于这些条文受到刑罚,但是,他仍然根据第123条,第303条而具有刑事可罚性。如果这个谋杀者在被害人已经被刺成重伤之后,自愿从其未遂(第211条,第22条)中中止的,那么,他就出于第224条而保留着刑事可罚性。一个人从强奸未遂(第177条第2款第1项)中自愿中止的,尽管如此,仍然由于完成的性强制而具有刑事可罚性(《联邦最高法院刑事判例集》,第7卷,第300页)。人们在这些案件中,提到了一种加重的未遂。在不具有刑事可罚性的中止未遂时,这个已经完成的犯罪是仍然具有刑事可罚性的,这一点能够从第24条第1款第1项的文字中推断出来,这个条文仅仅是排除了由于未遂的刑事可罚性,而不是简单地排除这种刑事可罚性。 229

当然,这种适用并不是没有例外的。**在占优势的法律给行为人以特权时,司法判决就正确地禁止追溯到被排除的法律上去**。例如,第113条(抗拒执法人员)就是强制(第240条)的一种考虑了抗拒者特殊心理状态的减轻案件。也就是说,第113条是第240条的特别法。当保持在抗拒的未遂之中时,根据第113条,这种未遂就是不具刑事可罚性的。但是,在这里也不允许由于其中存在的强制(第240条第1款,第3款)而加以刑罚。否则,这个行为人“在(不具有刑事可罚性的)特别犯罪的未遂中,就会处于比在完成时更差的地位”(《联邦最高法院刑事判例集》,第30卷,第236条)。一个向第240条的追溯就会破坏第113条的特权。[232] 230

另一个例外,是在从未遂的自愿中止中,适用于参与的独立具有刑事可罚性的前一个阶段。在有人约定了一次重大抢劫(第250条)时,这个约定根据第30条第2款就已经具有刑事可罚性了。但是,只要行为人进入这个未遂阶段(参见,边码201),第30条第2款就要作为辅助性后撤。如果他仅仅从这个未遂中自愿地中止,那么,根据一般的规则,这个被排除的法律能够重新得到适用(边码229),因此,在这里,一个根据第30条第2款的刑事可罚性就得以保留了。但是,这正确地被司法判决与目前一致的意见加以拒绝了。在这个中止者不是由于未遂,而是由于那种为未遂作准备的约定而应当受刑罚时,这个中止的特权就会在很大程度上被消除了。除此之外,那种完全的刑事可罚性也是出于这种认识:这种通过自愿中止而引起的无刑事可罚性,就必须包括所有到当时为止的为了实现行为构成而实施的行为。在这个未遂已经不具有刑事可罚性时,这个预备就更是了。在这里,存在着不同于在加重未遂中的通常案件,在那里,一个**其他的**行为构成是已经完成了。 231

但是,非常有争议性的是这个问题:这个约定是否在这种案件中也不具有刑事可罚性,在这种案件中,“一个约定的主行为并不是在一个同等价值的表现形式中,而是在一个比较不严重的表现形式中未遂的,并且,这个行为人是自愿地从这个未遂中中止的”(《联邦最高法院刑事判例集》,第14卷,第380页)。例如,约定的是一次抢劫(第249条,第250条)。因为行为人没有遇到这个被害人,所以试图通过盗窃拿取赃物,但是,后来又自愿中止了。联邦最高法院对于在这样一种案件中,是否根据第30条第2款来保留刑事可罚性的问题,明确地没有作出决定。对此能够适用的是,在实施这个盗窃的过程中,分量更重的对抢劫的约定就不会作为辅助性而后撤了 232

---

〔232〕 BGHSt 30, 235, 236; Backes/Ransiek, JuS 1989, 629; SK^{6} – Horn, § 113, Rn. 23; Sch/Sch/Stree^{26}, § 113, Rn. 68; AK – Zielinski, § 113, Rn. 5, 46。其他观点,见 OLG Hamm NStZ 1995, 547, 548; LK^{11} – v. Budhoff, § 113, Rn. 3, 65; Tröndle/Fischer^{50}, § 113, Rn. 1, 31。

(参见,边码205)。[233] 然而,更好的理由是,在这样一种案件中,应当拒绝向第30条第2款的追溯。[234] 向较轻犯罪的追溯就意味着对整个犯罪计划的一种放弃,而没有基本犯罪的计划就不会再具有法律上的意义了。

233 根据整个主流观点,这些对第30条所说的,也同样适用于与从未遂纵火中中止(第306条,第22条)与有悔过表现(第306e条)相比较的根据第306f条独立具有刑事可罚性的引起火灾危险。[235] 这是正确的:在第30条中,支持侵害犯罪的所有发展阶段都可以利用中止的论点(边码231),在这里也适用。相反,根据《联邦最高法院刑事判例集》,第39卷,第128页[236] 与文献中的一种少数派意见,[237] 第306f条规定的刑事可罚性,根据加重未遂的一般规则,应当始终都存在。立法者借助将刑事可罚性前置所说明的根据是,他"已经在……不依赖一种损害的危险中,看到了一种自身独立的不法",但是,这样说明的根据是没有说服力的。首先,这在第30条中也能够得到适用;其次,借助这种刑事可罚性的前置,虽然扩展了不法的影响范围,但是并没有创设自身独立的不法。

234 在伪造货币与伪造价值标志(第146条,第148条)与第149条的行为构成相比较中,案件就有所不同。那种伪造未遂的中止并没有排除整个危险,因为那个根据第149条创设的伪造可能性仍然存在,并且已经为自己提供了一个刑事可罚性的基础。虽然第149条面对根据第146条、第148条规定的完成性构成行为是辅助性的,然而,在一个伪造犯罪的自愿中止中,根据第149条规定的刑事可罚性仍然存在。[238] 类似地,也适用于与第263条比较的第264条的特别行为构成。如果第264条出于任何理由是"不可以适用的,然而,仍然存在着这个未遂的或者完成的诈骗的条件,那么,那种根据《德国刑法典》第263条的刑事可罚性就要重新适用。否则,随着在补助金领域中活动的诈骗者的特权,就会产生一种在事实上不正当的……刑事可罚性的漏洞"(《联邦最高法院刑事判例集》,第44卷,第243页)。[239]

235 在占优势地位的犯罪的惩罚,由于程序上的阻碍而落空时,就适用同样的原则。在儿子对父母进行入室盗窃(第247条),而父母仅仅根据第123条,第303条提出告诉时,[240] 这个儿子就能够由于缺少根据第247条的告诉而不能根据盗窃罪,而是根据第123条,第303条进行处罚,它们本来就会在一种由于入室盗窃(第244条第1款第3项)的惩罚中消耗掉的。当然,如果父母根本不提起任何告诉,那么,这个儿子就不会受到处罚。这显然不会追溯到第242条以下上去,

---

[233] 支持根据第30条第2款来保持刑事可罚性的,由此见 Maurach, JZ 1961, 146; LK[11] – Rissing – van Saan, vor § 52, Rn. 114; Vogler, Bockelmann – FS, 1979, 728 f。

[234] Bottke, 1979, 560 ff.; Jescheck/Weigend, AT[5], § 69 IV 1 und § 69 III 1; Lackner/Kühl[24], § 31, Rn. 7; Roxin, JA 1979, 175; ders., LK[11], § 30, Rn. 82; Schmidhäuser, StuB AT[2], 11/113; Sch/Sch/Cramer[26], § 30, Rn. 40; Tröndle/Fischer[50], § 30, Rn. 16。

[235] Arzt/Weber, BT LH 2, Rn. 187; Bottke, 1979, 625; Bruch, 1983, 229 mit Fn. 118; Geppert, Jura 1989, 473, 481; Jescheck/Weigend, AT[5], § 51 VI 2; Otto, Jura 1986, 52 f., 53; SK[6] – Rudolphi, § 24, Rn. 44; Seier, Jura 1983, 232 f.; Sch/Sch/Eser[26], § 24, Rn. 110; Sch/Sch/Stree[26], vor §§ 52 ff., Rn. 139 a. E.; Vogler, Bockelmann – FS, 1979, 727 f.; ders., LK[10], § 24, Rn. 198。

[236] 同样,见 OLG Celle NdsRpfl. 1952, 57; OLG Schleswig SchlHA 1955, 99; OLG Stuttgart MDR 1994, 713。

[237] Lackner/Kühl[24], § 306e, Rn. 1; Sch/Sch/Heine[26], § 306e, Rn. 16; Tröndle/Fischer[50], § 306e, Rn. 8; LK[11] – Wolff, § 310, Rn. 1 mit Fn. 1; § 310a, Rn. 7。

[238] LK[10] – Herdegen, § 149, Rn. 7; Lackner/Kühl[24], § 149, Rn. 7; Sch/Sch/Stree[26], vor §§ 52 ff., Rn. 139 a. E.; Sch/Sch/Stree/Sternberg – Lieben[26], § 149, Rn. 12; Tröndle/Fischer[50], § 149, Rn. 12; Vogler, Bockelmann – FS, 1979, 728。

[239] 对此,详见 m. w. N. Sch/Sch/Lenckner/Perron[26], § 264, Rn. 87。

[240] 例子,见 Jescheck/Weigend, AT[5], § 69 III 1。

否则,那个对家庭盗窃适用的特权就会失去对象(《联邦最高法院刑事判例集》,第10卷,第403页;第29卷,第56页)。

236 有时,在一种程序性阻碍(在这里:赦免)无法出于特殊犯罪而处以刑罚时,是否能够出于一般犯罪处以刑罚的问题,关键取决于程序性规则的"具体目的"。如果强制公务人员被设定为不具有刑事可罚性(旧版本,第114条),那么,在立法者想要限制这个特殊犯罪的无刑事可罚性时,就总还能够由于一般的强制来进行刑罚(《联邦最高法院刑事判例集》,第24卷,第262页)。[241]

237 一个特别的**争议点形成了这个问题:在这个前构成行为出于程序上的原因而不能受到制裁时,那个不具有刑事可罚性的后构成行为是否会重新具有刑事可罚性**。持续的司法判决做了肯定的回答。[242] 因此,例如,在对这个前构成行为的追究根据《德国刑事诉讼法》第154a条被中止时(联邦最高法院,《戈尔特达默斯刑法精粹杂志》,1971年,第83页以下),那个后构成行为就要受到刑罚。同样,在前构成行为超过法定时效时,那个面对先前不作为的预申报而言,本身就是一个不具有刑事可罚性的后构成行为的提交虚假营业税报表(边码223),就能够是独立刑罚的对象了(《联邦最高法院刑事判例集》,第38卷,第368页以下)。[243] 联邦最高法院依据的是这种简单而无可辩驳的论点:这个不具有刑事可罚性的后构成行为是一种"共同受到刑罚的后构成行为",并且,只有在这个前构成行为受到刑罚时,才能因此保持自己不具有刑事可罚性。"这种(共同受到刑罚的)后构成行为只能通过对在第一线具有刑罚需要性的主构成行为的惩罚才能得到清偿。如果对主构成行为的惩罚不能实现,那么,对后构成行为的无刑事可罚性的根据就无法考虑了,关键不在于这个主构成行为为什么保持为不受惩罚的。"这个理论的一大部分都跟随着这个说法。[244]

238 与此相反,一些有名的作者则提出了一种反对意见,[245] 不伦瑞克州高级法院[246] 也同意这个观点。这种观点的立足点是,后构成行为本身必须在缺乏前构成行为的可追踪性中保持不受刑事惩罚。关于这种观点的根据,主要可以举出的是:前构成行为与后构成行为形成了一种"评价单数",在其中,这个前构成行为形成了那个"排他性的对整体事件的评价基础"。[247] "因为不是这一个刑罚排除了那一个,而是侵入他人的法律领域就是排他性的评价基础,并且,排除了那种独立的在刑法上判定对通过前构成行为而获得的好处所进行的保护与利用。"[248]

---

[241] 在引渡中限制追诉的一个有比较性的例子,见 BGHSt 19, 188。

[242] 除了在文本中提到的决定以外,参见 BGHSt 14, 45; 39, 235; BGH NStZ 1994, 586; BGH NJW 1968, 2115; BGH MDR (D) 1955, 269。

[243] 带有偏离性说明的,见 Stree, JZ 1993, 476 f.; 同意的,见 Otto, Jura 1994, 276。

[244] BGH MDR (D) 1955, 269; BGH JZ 1968, 710; BGH GA 1971, 83 f.; BGH NStZ 1993, 96 f.; Dreher, MDR 1964, 168, 169; Geerds, 1961, 169, 229; Huschka, NJW 1960, 1189, 1190, Fn. 12; Kohlmann, JZ 1964, 492 ff.; 494; Lackner/Kühl[24], vor § 52, Rn. 32; Mauranch, JZ 1956, 257, 258; NK – Puppe, vor § 52, Rn. 36 f.; LK[11] – Rissing – van Saan, vor § 52, Rn. 135; Sauer, AT[3], 242; Schmidhäuser, LB AT[2], 18/33; Tröndle/Fischer[50], vor § 52, Rn. 44; Vogler, Bockelmann – FS, 1979, 734 f.; ders. LK[10], vor § 52, Rn. 146; Welzel, StrafR[11], 235; Wessels/Beulke, AT[31], Rn. 796; Wolter, GA 1974, 161 ff., 165; 部分同样观点的,见 Maurach/Gössel, AT/2[7], 56/44。尚未决定的,见 Joecks[3], vor § 52, Rn. 22。

[245] Baumann/Mitsch, AT[10], § 36 II 3(不清楚的); Blei, AT[18], § 96 II 3 c; Jescheck/Weigend, AT[5], § 69 II 3 a; Krauβ, GA 1965; 173, 178; SK[6] – Samson/Günther, vor § 52, Rn. 102; Sch/Sch/Stree[26], vor § 52 ff., Rn. 113 ff.; 116。

[246] OLG Braunschweig NJW 1963, 1936。

[247] Jescheck/Weigend, AT[5], § 69 II 3 a。

[248] Sch/Sch/Stree[26], vor § 52 ff., Rn. 116。

239　的确,司法判决与遵循这个观点的文献意见是应当同意的。"评价单数"与作为"排他性评价基础"的前构成行为的命题,是以那些先必须加以证明而最后却不能说服人的一切为条件的。例如,在那种已经作为逃税而具有刑事可罚性的对预申报营业税不作为之后,跟随的是那种后来的尚未丧失时效的提交虚假营业税报表(边码 237),在这个后构成行为中显示了一种巨大的而且独立的犯罪能量。如果这个前构成行为被处以刑罚,那么,对后构成行为的处罚就是一种不允许的双重处罚,因为这里涉及的是偷逃同一个税额。但是,如果前构成行为由于丧失时效而不再受到刑罚,那么,就不能理解,为什么这个没有丧失时效的、与前构成行为的不法内容至少具有同等分量的后构成行为的举止行为,就必须同样保持为无刑事可罚性。相应的,也对其他案件适用,例如,就像借助可观的花费来安排的用以掩盖与保护一种先前实施的盗窃的各种诈骗一样。[249] 在仅仅涉及一个两次占有之处,就像在那种先前已经通过另一个财产或者所有权犯罪占有的物品再进行事后的"贪污"那样,这个后构成行为不具有行为构成的性质,就已经在前构成行为所具有的不可追踪性中,阻碍了对后构成行为的刑罚了(参见,边码 225 以及《联邦最高法院刑事判例集》,第 14 卷,第 46 页)。

(2)量刑中对不具有刑事可罚性的后构成行为的考虑

240　在帝国法院时就已经做出的司法判决,[250] 还有联邦最高法院的司法判决,[251] 都始终一直允许在量刑中使用不具有刑事可罚性的后构成行为。其中,大部分仅仅以一种非常笼统的措辞强调,允许"在量刑中严重地考虑对一种由于法律单数而无法利用的法律的损害"(《联邦最高法院刑事判例集》,第 1 卷,第 155 页)。这种空泛的表达却偶然地导向合理的思考,[252] 因为一种基于这个被排除犯罪的刑罚严厉化,在很多案件中都违反第 46 条第 3 款,根据这个条文,"那些已经是法定行为构成特征的情节……就不允许加以考虑了"。例如,这个由于一个抢劫(第 249 条)而被排除的刑罚,不会因为行为人还满足了盗窃(第 242 条)与强制(第 242 条)的行为构成就得以提高了。它们的特征也是第 249 条的条件,并且,不允许两次指控于行为人。

241　在不存在重复使用时,则另当别论。因此,第 226 条(严重的身体伤害)被判定为第 224 条(危险的身体伤害)的特别法,虽然在第 226 条中并没有包括第 224 条的特别特征(使用武器,使用阴险的袭击等)。因此,这些特征能够在根据第 226 条的量刑中,对行为人的定罪起到决定性的作用。虽然第 226 条的不法内容也包括了这些加重的伤害方式;但是,正因为如此,所以必须把它们作为量刑的要素,在第 226 条可以适用的刑罚范围内加以使用。相应地,例如,也可以适用于抢劫(第 249 条)与第 243 条,第 244 条的关系。抢劫在面对这些盗窃的严重形式(边码 186)时也是特别法,但是,它们的严重性,只要还没有形成根据第 250 条的加重程度,就能够使那种由于强奸而有待排除的刑罚严厉化。还有,一个在一种性强制的严重案件(第 177 条第 1 款)中实施强奸(第 177 条第 2 款)的行为人,与这个强奸一起就还实施了其他形式的性强制,这种案件也能够在刑罚严厉化中加以考虑(《联邦最高法院刑事判例集》,第 33 卷,第 147 页)。

242　**总之,人们能够说,这个被排除的犯罪在量刑中可以作为行为人的负担而加以考虑,只要这**

---

〔249〕参见 LK^{11} – Rissing – van Saan, vor § 52, Rn. 136。

〔250〕RGSt 26, 312, 313 f.; 59, 147, 148; 62, 61, 62; 63, 423, 424。

〔251〕BGHSt 1, 152, 155; 6, 27; 19, 189; 33, 142, 147; BGHR StGB, § 46 Abs. 2, Tatumstände, Nr. 7; § 30, Konkurrenzen, Nrn. 2 und 3; BtMG, § 29, Strafzumessung, Nr. 3。

〔252〕因此,反对考虑排除性行为构成的,见 Geerds, 1961, 231 f.; Maurach/Gössel, AT/2^{7}, 55/25; Seier, Jura 1983, 234 ff.。

些使刑罚严厉化的情节已经不再属于占优势地位犯罪的行为构成。[253]

(3)考虑被排除法律的最低刑

今天,在想象竞合中被法律确定的基本原则,是不允许低于一个被吸收法律的最低刑(第52条第2款第2项)。这个原则,从一开始就被联邦最高法院转用到法规竞合上了:[254]"同一个原则必须也适用于以下案件:一个行为人在这里损害了多条法律,其中一部分仅仅为此而无法适用,因为另一部分包含了特别形式,并且出于这个理由要求得到单独的适用"(《联邦最高法院刑事判例集》,第1卷,第156页)。在一个未遂的强奸中(第177条第2款,第22条:根据第49条第1款第3项,最低刑为六个月),与完成的性强制(第177条第1款)相比是特别法,也就是说,不允许低于它的最低刑(一年)(参见《联邦最高法院刑事判例集》,第1卷,第152页以下)。在人们把他人的堕胎(第218条第1款)看作是与由此结合在一起的对母亲的身体伤害相比较占优势地位的(参见,边码217),并且,就像《联邦最高法院刑事判例集》,第10卷,第312页所做的那样,把排除身体伤害也扩展到严重的身体伤害(第226条:丧失生育能力)时,这种根据第218条排除的刑罚,无论如何就不允许处在低于第226条较高的最低刑上(《联邦最高法院刑事判例集》,第10卷,第315页)。根据《联邦最高法院刑事判例集》,第15卷,第345页,这也适用于堕胎致人死亡的后果:行为人仅仅由于堕胎而受到惩罚,但是,第227条的最低刑(通常是三年)不允许更低地被超过。 243

自然,这就导致了想象竞合的法律效果,并且,人们就能够代表这个意见:更符合实际情况的会是,至少在一个堕胎的严重后果中,从一开始就应当认定想象竞合,因为这个根据第218条的构成行为,虽然在典型意义上产生的是一种简单的身体伤害,而不是所说的那种严重后果。但是,在人们认定法规竞合时,这个司法判决是符合实际情况的。[255] 人们不应当认识到,为什么一个实现了一种比较严重犯罪的行为人,仅仅因为他还实现了一个占优先地位的较不严重的行为构成,就应当被受到较轻的处罚。与被排除的法律重新得到适用一样(参见,边码230),一个例外只能在这个占优势地位的法律应当给予行为人特权时,才能得到承认。[256] 244

与此相对,一种与被排除法律的最高刑的联系是并不存在的(《联邦最高法院刑事判例集》,第30卷,第166页)。[257] 也就是说,在有人"出于正义的愤怒,并且,在明显减轻责任能力的状态下"实施了一个杀人未遂时,那么,在出于第213条的判决中,不能因为这个行为人通过自己的举止行为,也实现了那种根据当时司法判决被排除的、允许一种还更高的刑罚的第224条的行为构成,就不允许一种重复的减轻刑罚。这个情节不能使对一种超过根据第213条查明的刑罚范围具有合理性。"反对一种紧密联系的意见也认为,这个初审法官与法定最低刑不同,可以超过一种最高刑"(《联邦最高法院刑事判例集》,第30卷,第168条)。根据今天的第224条,在一种较不严重的案件中,最多可以减掉三个月。联邦最高法院的意见是有说服力的。[258] 据此,当然,这个司法判决在一个案件中,就像那个讨论过的对想象竞合的认定那样(边码205)不加理会,对这个问题采取了不同的态度。这的确没有改变在法规竞合存在的前提下所说的这个判决的正 245

[253] 这符合今天的主流观点:Bruns, ^{2}1974, 465 ff.,; Freund, AT, § 11, Rn. 48; Jakobs, AT^{2}, 31/38 ff.; Jescheck/Weigend, AT^{5}, § 69 III 3; Sch/Sch/Stree^{26}, vor § 52 ff., Rn. 141; Warda, JuS 1964, 92。

[254] BGHSt 1, 156; 7, 312; 10, 315; 15, 346; 19, 189; 20, 238。

[255] 主流观点也是如此,见:Lackner/Kühl^{24}, vor § 52, Rn. 29; Sch/Sch/Stree^{26}, vor § 52 ff., Rn. 141; Tröndle/Fischer^{50}, vor § 52, Rn. 23; Warda, JuS 1964, 92。

[256] Warda, JuS 1964, 92。

[257] 带有赞同性注释的,见 Bruns, JR 1982, 166。

[258] 当然,其他观点,见 Jakobs, AT^{2}, 31/39。

确性。

(4)对被排除法律共同发挥具有刑事可罚性作用的可能性

246 在司法判决[259]中,并且,在其他情况下也一般得到承认的是:在法规竞合的道路上被排除的一个条文,在没有参与那个排除性犯罪的其他人中,能够引起一种作为行为人或者参加人的刑事可罚性。也就是说,例如,在有人实施了一个攀爬性盗窃(第244条第1款第3项)时,那个同时实现的破坏住宅和平(第123条)就被消耗了(边码213)。但是,在行为人欺骗那个在其攀爬时为其扶梯子的人说,他仅仅想要在违反自己未成年女友父母意志的情况下到她房中去看看她时,这个扶梯子的人就应当仅仅由于对第123条的帮助而受到刑罚。同样,当他在穿越收银区时,为了保护赃物而欺骗女收银员的(边码221),对于商店盗窃来说,这就是一个不具有刑事可罚性的后构成行为。然而,在他没有参与盗窃的朋友,在已经认识先前事情时,对那个后来欺骗女收银员共同发挥重要作用的,就非常可能作为一个诈骗的行为人而受到惩罚。

(5)被排除的法律能够消解附加刑、附随后果与措施(第11条第1款第8项)

247 "在法规竞合中,除了那个用以判刑的法律之外,被排除的法律规定的……附加刑,以及保安处分,都是可以适用的"(《联邦最高法院刑事判例集》,第8卷,第52页)。这个结论来自同一个理由,根据这个理由,不允许低于一个被排除法律的最低刑来判处刑罚(《联邦最高法院刑事判例集》,第7卷,第312页):"行为人通过自己的构成行为不仅损害了一条刑法条文,而是多条刑法条文,这个事实不允许给行为人带来好处。"[260]

(六)连续行为被放弃的结构

1. 早期司法判决与文献中对连续性构成行为的处理

248 连续行为是司法判决在19世纪就已经在法律之外发展出来的一种结构。这种结构允许把多个独立的、在行为构成的行为单数与自然行为单数(边码19以下,29以下)之外的实现犯罪,综合成一种"在法上的行为单数",并且,由此综合成一种单一的实现行为构成。例如,如果行为人对一名儿童连续地(也就是说,例如,在一个月里的不同日子中)性滥用,那么,所有这些构成行为就都会被综合为一个单一的、根据第176条的惩罚。如果有人一百次地贪污小额钱款(第246条),那么,他就的确只会因此被宣告为对一个连续的贪污是有罪责的。

249 具体说,在司法判决与理论中认定一个连续行为,主要取决于以下五个条件:[261]

250 **1)同一个行为构成或者至少是基本行为构成必须得到实现**。也就是说,在简单盗窃与加重盗窃之间、简单的身体伤害与危险的身体伤害之间都有可能有连续关系,但是,在盗窃与诈骗之间就不可能。

251 **2)作为方式必须是相同种类的,或者至少是类似的**。在我们开头例子(边码248)的案件事实中,行为方式通常或多或少都是相同种类的,因此,一种连续联系毫无疑问是有可能的。但是,在行为人先是吃白食,然后在其经营活动范围内,进行了百万金额的诈骗时,这种连续联系就被排除了。

---

[259] BGHSt 40, 374, 377; BGH MDR (D) 1968, 551; BGH MDR (D) 1976, 14; BGH MDR (H) 1980, 272; BGH NJW 1994, 2703, 2707。

[260] 同样,也见 BGHSt 10, 189。

[261] 对旧的司法判决与早期讨论情况的具体证明,在放弃持续行为之后,就已经成为多余的。今天,详细的证明还见 Jescheck/Weigend, AT^5, § 69 V 3, 4。

3）**各个单个构成行为必须处在一种时间与空间的联系之中**，也就是说，彼此紧密联系在一起。当有人在十年婚姻中，在不同的年份里，总共打了妻子三次，这时，单个动作之间在时间上的间隔，就排除了对一个连续身体伤害的认定。在连续三天使用暴力时，案件就不同了。当这些构成行为间隔很长时间，但却是有规律性地发生的时候，案件就又另当别论了。 252

4）**当高度个人性的法益中，还要进一步要求这些单个构成行为指向相同的法益承担者**。也就是说，在有人接连杀死、强奸或者伤害不同的人时，就不可能是一种连续联系。 253

过去还要求一个**总的故意**，也就是说，不同的单个动作必须至少在其基本特征上是由行为人事先计划的。当然，根据联邦最高法院后来的司法判决，〔262〕这个总的故意还能够扩展到进一步的单个动作结束之时。由此，扩展连续行为的趋势就得到了很大的支持。文献甚至想要部分地借助一种单纯的**连续故意**，也就是说，行为人的想象，在合适的机会继续这么干，来加以满足。相反，一个过失的连续行为则不被承认。 254

连续行为的结构，过去在部分文献中，并且（由于其不统一的使用）也在那些司法判决中，遭到越来越多的批评。这些批评使得负责刑事事务的大审判委员会，根据瑞士联邦法院的蓝本，〔263〕在 1994 年 5 月 3 日作出了一个引起轰动的决议，基本上放弃了这个法律角色。 255

2. 对连续行为的批评

为了反对连续行为的体系提出并且最终导致其被抛弃的思想，〔264〕主要涉及以下六点。〔265〕 256

1）**首先，这个体系缺乏任何法律基础**。“在许多旧的德国刑法典中包含的关于连续行为的规定，并没有被 1871 年《帝国刑法典》所接纳”（《联邦最高法院刑事判例集》，第 40 卷，第 145 页），并且，改革法的立法者也放弃了对它的规定。法规竞合同样没有规定，法规竞合通过对已经实现的行为构成的解释，就能够赢得自己的基本原则（参见，边码 172），但是，与法规竞合不同，在认定一个连续行为中，真实地竞合的行为构成会得到处理，就像在这些行为构成处于真实竞合之中一样。这是很难与法律协调一致的。

2）**在这里，这也会导致一个连续行为的行为人得到不恰当的特权**。一个实施多个真实竞合犯罪的人，必须考虑一种有可能是严重的，直到接近累加的提高所实现的最高刑（第 54 条第 1 款，第 2 款）。相反，一个人在连续联系中开始 20 个或者甚至 200 个构成行为的，始终只能根据那个为相关的单独行为规定的刑罚范围来加以刑罚。如果它通过那个已经实施的犯罪被充分利用了，那么，这个后来的单独行为就能够不再具有刑法上的后果。 257

3）**在保安监禁时的连续行为也会导致行为人得到一种不合理的特权**。根据第 66 条第 2 款，这是以三个故意的犯罪行为为条件的，它们给行为人“分别失去了最低一年的自由刑”。这个条文“因此在一个作为唯一连续的犯罪行为评价的构成行为系列的案件中，不能为了行为人的好处而适用……虽然这种说明危险性根据的对犯罪行为的倾向，恰好能够在一条拖延了很长时间的同种类构成行为的重复链条中显现出来”（《联邦最高法院刑事判例集》，第 40 卷，第 151 页）。 258

4）**连续构成行为也由于其法律效力而给行为人带来得不到正当化的好处**（也参见，《联邦最高法院刑事判例集》，第 40 卷，第 149 页以下）。例如，如果行为人由于在三个单独案件中的连续诈骗，有法律效力地被判处为一个比较轻微的刑罚，那么，在事后发现还有三百个处于连续联系中的诈骗行为时，对行为人就不能再追究责任。在这里，涉及了在同一个构成行为框架下的单独 259

---

〔262〕 BGHSt 19, 325; 21, 322; 23, 35; 30, 209; 33, 5。

〔263〕 1990 年和 1991 年所做的决定被登载在 NStZ 1993, 331 f 之中。

〔264〕 在文献上对早期司法判决的批评者，大部分都在 BGHSt 40, 146 中提到了。此外，见：Fischer, NStZ 1992, 415 ff.; Hartmann, 1977; Jähnke, GA 1989, 376 ff.; Preiser, ZStW 71 (1959), 383 f。

〔265〕 在 BGHSt 40, 145 ff. 中，还提到了进一步的原因。

动作,并且,“任何人都不可以由于同一个构成行为……而受到多次刑罚”(《德国基本法》第 103 条第 3 款)。

260　5)**连续行为不仅以不适当的方式有利于行为人,并且也**以在法治国上令人担忧的后果**歧视行为人**。各级法院主要是把这个结构用于简化工作。虽然每个单独的动作本身还必须得到确认与证明,但是,大量对犯罪的实现必须“化解”在一个总的构成行为之中,并且,不需要对其确定单独刑罚,这个情节就导致了一个经常仅仅是表面的审查。“这个对连续行为‘大规模的’使用也不罕见地引诱着做出笼统的‘确定’,阻碍着对行为构成的实现与罪责范围在上诉法庭(revisionsgerichtlich)中的审查。这个对连续行为‘大规模的’使用也导致了对辩护可能性的大幅度限制,并且引起了这种担忧:法官就能够在自己不清楚的整体想象的界限中,而不是在对满足行为构成的确信中来确定每个具体案件”(《联邦最高法院刑事判例集》,第 40 卷,第 147 页)。

261　6)**从这个连续行为的后果中,对时效也产生出对被指控人的重大不利情况**。因为丧失时效是随着这个构成行为的最后一个动作部分开始的,并且,在每一次中断后又重新开始(第 78c 条第 3 款),所以,即使是经过了很长时间(经常是十年以上)的构成行为,在处于一种连续联系中也不会丧失时效。这就会导致“在长时间连续的构成行为系列的范围之内,这个关于时效期限的规定,就会在实际上失去效力了”(《联邦最高法院刑事判例集》,第 40 卷,第 153 页)。

3. 大审判委员会决定之后的状况

262　**大审判委员会并没有绝对拒绝连续行为,而是首先仅仅拒绝了那些提交它做出决定的**第 173 条,第 174 条,第 176 条,第 263 条(各条都是旧版本)**的行为构成**(《联邦最高法院刑事判例集》,第 40 卷,第 165 条)。对此,同样可以想到的是——同样根据的是旧版本——“《德国刑法典》第 174a 条,第 174b 条,第 177 条,第 178 条,第 179 条”(《联邦最高法院刑事判例集》,第 40 卷,第 166 页)。“除此之外,在原则拒绝连续行为的意义上,对所有犯罪范围的一般说法”是,“根据已提交的案件,并没有发生”(《联邦最高法院刑事判例集》,第 40 卷,第 165 页)。这个委员会想要“不是最后地……决定”是否存在这些行为构成,“它们让多个本身已经符合行为构成的行为在法律上的联系,看起来是作为在自然行为单数与行为构成评价单数范围之外的连续构成行为……所要求的,以便把已经实现的不法与罪责共同符合实际情况地,也就是说,根据行为构成的意义加以包括。”无论如何,一个连续关系只能,“出于与行为构成有关的对整体无价值符合实际情况地评价的原因……是一个罕见的例外”(《联邦最高法院刑事判例集》,第 40 卷,第 164 页以下)。在这个决定的指导原则中扼要地指出:认定连续联系的条件是,“那些应当在犯罪构成中衡量的一切,对于符合实际情况地包括已经实现的不法与罪责是不可避免的”(《联邦最高法院刑事判例集》,第 40 卷,第 138 页)。

263　**然而,在那以后,联邦最高法院再也没有在一个案件中肯定过连续联系的存在**。更准确地说,对于大量行为构成来说,得到的决定是:在它们中不可能有连续联系:对进一步的性犯罪,[266] 对身体伤害,[267] 对盗窃,[268] 抢劫性勒索,[269] 背信,[270] 伪造文书,[271] 侵害簿记义务,[272] 行贿与

---

〔266〕 BGH NStZ 1995, 200, 245。

〔267〕 BGH NJW 1995, 3133; 也见 BGHSt 41, 113 (对此,见边码 12)。

〔268〕 未发表;证明,见 Zieschang, GA 1997, 459, Fn. 12。

〔269〕 未发表;证明,见 LK[11] – Rissing – van Saan, vor § 52, Rn. 49。

〔270〕 BGH StV 1995, 298。

〔271〕 BayObLG wistra 1996, 236 f。

〔272〕 BGH NStZ 1995, 347。

受贿，[273]以及大量的附属法律。[274]概括地说，人们可以认为，尽管大审判委员会作出了更谨慎的表述，然而，连续行为已经在实践中被完全放弃了。这也不足为奇。这个由大审判委员会进行的限制，可能发生的例外是“与行为构成有关的理由”，是一种“在犯罪构成上的权衡”，这表明联邦最高法院在事实上想的是这个行为构成的行为单数，这是一个面对连续行为而独立的并且获得承认的法律角色。[275]大审判委员会的认定是，这个由其视为可能的连续联系的其他案件，本来就存在于“自然行为单数与事实构成的评价单数之外”，但是，这个认定是错误的。

也就是说，人们能够由此得出结论：一个在原本意义上的连续行为已经不再存在了。[276]当然，在已经变化的法的外衣下，可以找到一些接近旧司法判决的内容。因此，《联邦最高法院刑事判例集》，第41卷，第113页，在一个母亲“以日益增加的强度与经常性，最后是每天拳打脚踢”，对自己三岁的女儿进行了长达7个月的虐待案件中，仅仅根据旧版本的第223b条（今天的第225条第1款）的构成行为，就认定了这是折磨（Quällen）的一种变种。“折磨”在“典型方式上，是通过实施多个行为来实现的”（出处同上，第115页）。因此，对于把大量的单个动作综合为一个构成行为，就不需要追溯到连续行为这个法律角色上去了。的确，这样一个行为在事实上是存在的。[277]虽然一个折磨是以多个单独动作为条件的，但是，这必须“在一个机会中”发生。[278]否则，一个自然的或者一个行为构成的行为单数[279]都无从谈起。在这里，在连续行为的放弃中，存在着一个应当根据真实竞合的规则来处理的重复折磨。[280] 264

将大量单独动作综合为一个“评价单数”的决定，也唤起了对连续行为的回忆。因此，例如，在麻醉剂法中，在一个货物销售范围内的所有单独行为，都会作为一个《德国麻醉品交易法》第29条第1款第1项意义上的商业贸易来判定（参见，上文边码27）。司法判决在武器贸易范围内也做出了相应的处理。[281]在缺少簿记的行为构成（第283条第1款第5项）中，联邦最高法院[282]也把大量单独动作综合在一个对法律的违反之中：“在这个构成行为的时间范围之内（1988年底到1990年3月）确定的簿记所包括的那种不去做具体事情，就构成了……一个评价单数，并且因此应当作为单数的构成行为来看待，不需要追溯到由大审判委员会为犯罪行为……所放弃的连续行为的那个法律角色上去。” 265

但是，所举出的这些例子并不允许这个推断：司法判决通过对自然的或者行为构成的行为单数也就是评价单数做出扩展性的肯定，还是继续把连续行为的早期案件作为一个构成行为来处理。更准确地说——除了例外与部分领域之外，就像在所举出的例子那样——从现在起，真实竞 266

---

[273] BGHSt 41, 302：根据第334条的行贿；关于受贿（未发表的判决），参见 LK^{11} – Rissing – van Saan, vor § 52, Rn. 49。

[274] 证明，见 LK^{11} – Rissing – van Saan, vor § 52, Rn. 49。

[275] Geisler, Jura 1995, 80; Geppert, NStZ 1996, 59; LK^{11} – Rissing – van Saan, vor § 52, Rn. 49。

[276] Geppert, NStZ 1996, 59; LK^{11} – Rissing – van Saan, vor § 52, Rn. 49; Zschockelt（大审判委员会的成员）宣布，持续行为“几乎完全被废除”了（NStZ 1994, 361）。

[277] 因此，拒绝这个判决的，还有 Hirsch NStZ 1996, 37; LK^{11} – Rissing – van Saan, vor § 52, Rn. 49, Fn. 192; Wolfslast/Schmeissner, JR 1996, 338 f.; Zieschang, GA 1997, 460 f。

[278] Zieschang, GA 1997, 461。

[279] 与此相反，Geppert 在这里想要认定一种“在法上的评价单数”（NStZ 1996, Fn. 25）。

[280] 相反，Wolfslast/Schmeissner, JR 1996, 339 在这里看到了一个“持续行为的剩余使用范围”。在 BGHSt 40, 164 f 中也暗示了这个可能性。

[281] 参见，LK^{11} – Rissing – van Saan, vor § 52, Rn. 31。

[282] BGH NStZ 1995, 347。

合要完全得到认定,而这也不会为实践准备一些无法克服的困难。[283] 进一步的发展可能会导致对这种自然行为单数与行为构成的行为单数进行一种谨慎的扩张,但是,不再允许像借助连续行为的帮助而发生的那样,把延续长达一年的事件过程综合为一个构成行为。

267 在量刑范围内,《联邦最高法院刑事判例集》,第 40 卷,第 138 页的决定,并没有引起革命性的后果。大审判委员会(出处同上,第 162 页)已经提醒人们注意,向真实竞合的过渡“并不需要导致……提高一般刑法的水平”。因此,司法判决也从下面的观点出发:在单独的构成行为并不是相隔很远地存在,并且,处于一个情境的联系之中时,在同种构成行为中提高适用刑就应当是非常微不足道的。[284] 也就是说,在这里,刑罚的判处不会高于在早期对连续联系的认定中做出的判处。当然,在经年延续不断重复的犯罪实施中——尤其是在经济刑法中——在认定多种多样的真实竞合中,就出现了一个比那种在以单个实施行为构成为条件的案件中更高的刑罚。[285] 但是,这也是恰当的,并且排除了一种不公正,而这种不公正就正确地被视为反对连续行为的意见(参见,边码 156)。

268 在丧失时效的问题中,司法判决通过允许使用已经丧失时效的构成行为来使刑罚严厉化,来部分地废止那种连续的构成行为所带来的好处——也就是说,使已经过去很久的构成行为丧失的时效再次发生效力,参见,边码 261。[286] 由此,这些已经丧失时效的构成行为的确再次对量刑具有重大意义。这不仅是与丧失时效的意义相矛盾的:已经丧失时效的构成行为就不应当再受到制裁,而且,在那些已经过去很久而没有导致一个判决的构成行为中,几乎不应当作出充分准确的确定案件事实这个范围之内,它也违背了法治国的考虑。因此,这个司法判决本来应当完全放弃在量刑中考虑已经丧失时效的构成行为。[287] 当然,一个无法通过放弃连续联系加以消除的对丧失时效的限制,也由第 78b 条第 1 款第 1 项在性犯罪中提出来了:“丧失时效暂时停止……直到根据第 176 条到第 179 条的犯罪行为中的被害人年满 18 岁。”

269 在连续实施的犯罪中,在查明可能数量众多的单独构成行为时,实践力图通过简化来对付所遇到的困难。根据罪疑有利被告人(in dubio pro reo)的原则,不能清楚地确定的单独动作就会被排除。[288] 在不重要的附加刑中,能够根据《德国刑事诉讼法》第 154 条来进行中止应用。如果——例如,在背信中(第 266 条)——仅仅查明了总的损害,不能确定单独动作的数量,“那么,就应当作出有利于被告人的认定:他通过一个行为侵吞了这笔款项”。[289] 还有,无法确定其准确的时间点是无关紧要的。但是,如果确定了不同的单独构成行为,却不能准确地查明,在总的损失中,哪一部分归属于哪一个单独行为,那么,这就能够对评价产生阻碍。[290] “其他各种思考,以一种受到限制的、孤立判定每一个个别案件的观察方式作为出发点,在缺少证据时都会导致排除,在很多其他的案件中,都会导致在毫无疑问具有刑事可罚性的整体举止行为中,使刑罚严厉

---

〔283〕 对新法律状态“实际运用”的说明,见 Zschockelt, NStZ 1994, 361。关于实践与通过 BGHSt 40, 138 创设的状况的相互作用,也参见 Geppert, NStZ 1996, 61。

〔284〕 BGH NJW 1995, 2234; BGH NStZ 1995, 77; BGH StV 1997, 76; BGH MDR 1995, 879, 880。

〔285〕 对此,也见 Geppert, NStZ 1996, 118。

〔286〕 BGHSt 41, 305 (309); BGH NJW 1994, 2966 (2967); BGH NStZ 1995, 439; BGHR StGB, § 46 Abs. 2, Vorleben, Nrn. 11, 19, 20。

〔287〕 Meyer - Goβner, ZStW 110 (1998), 395 也认为,“与其他联邦法官的观点不同,在量刑中考虑已经过了时效的构成行为是令人担忧的”。

〔288〕 BGHSt 40, 377; BGH NJW 1995, 2934。

〔289〕 BGH NStZ 1994, 586。关于在这里出现的问题,参见 Bittmann/Dreier, NStZ 1995, 107, 以及 Zschockelt, NStZ 1995, 109。

〔290〕 BGHSt 40, 377(后面的引文也出自这里)。

化。一直到现在,司法判决在由于连续行为而判决的范围内,这些都毫无问题地被避免了。对这个法律制度的放弃,并不能导致本来违反公平正义的刑事可罚性的漏洞。"

因此,这个评价程序是可行的:它在文献中受到了尖锐的批评。[291] 在事实上,这个实践只应当从连续行为的早期应用中得到说明,并且,与在真实的竞合犯罪中要求对每个单独构成行为进行的那种准确确定,是互相矛盾的。 270

在系列性犯罪行为中,从犯罪的巨大数目中,对起诉与法院开庭决议所产生的程序性问题,在这本致力于实体法的书中,无法进行详细的讨论。这里只能说,联邦最高法院认为,在一种数量很多的对儿童进行性侵犯的案件中,这个构成行为的被害人、这个构成行为实施方式与方法的基本特点、一个被指控犯罪行为的确定的时间范围与最高数量得到告知,这就足够了。[292] 在文献中,[293] 这被指责为一种"无法与单独构成行为的独立性相统一的做法"。 271

总而言之,人们能够说,大审判委员会做出的导致放弃连续行为的"世纪决定",[294] **已经在实践中得到了认定。**[295] 这个决定基本上克服了在调整为新状况中产生的问题,当然,在这里,早期关于连续构成行为的司法判决做出了一些——尽管有时范围过大的——妥协。对于正在进行的进一步发展,还要拭目以待。面对早期司法判决带来的严重的法的不安全性与大量的荒谬之处(边码 256 以下),大审判委员会的这个决定在原则上是值得赞赏的。 272

放弃连续行为,在文献中也经常受到了欢迎,[296] 但是,否定或者至少是批评的也不少见。[297] 不少作者优先选择了对传统的连续行为加以限制,另一些还在今天想要——以通过《联邦最高法院刑事判例集》,第 40 卷,第 138 页对连续构成行为的不完全的拒绝相联系——在确定的状况下,坚持这种连续构成行为,或者通过类似的结构加以代替。[298] 施吕克特/杜特格(Duttge)[299] 想要借助一个他们称之为**连续的行为单数**的法律角色来进行工作,在这里,早期的连续行为的条件以一种紧密的时空联系而相互连接在一起。格佩特(Geppert)[300] 想要通过**自然行为单数的扩大化适用**来解决那种"在时间上延伸的故意构成行为"的案件,也就是说,对一个总计划的"分期"实现(行为人连续并且根据事先制定的总计划多次盗窃、贪污或者侵吞较少数量,而这是他本来也能够通过一个行为来完成的)。实践还没有接受这些角度。 273

(七)集合犯罪与大量犯罪

集合犯罪与大量犯罪这两个概念,标志着两种早已放弃的努力。这些努力试图把范围广泛 274

---

[291] Bohnert, NStZ 1995, 460; Geppert, NStZ 1996, 63 u. 118; Sch/Sch/Stree^{26}, vor §§ 52, Rn. 31 a. E.; Zieschlang, GA 1997, 465。

[292] 证明,见 Roxin, StrafverfahrensR^{25}, § 38, Rn. 17, Fn. 2。

[293] Zieschlang, GA 1997, 466。

[294] Hamm, NJW 1994, 1636。

[295] Meyer-Goβner, ZStW 110 (1998), 395 的评价是:废除这个持续行为,"在上诉法官的角度看来,是完全成功的"。

[296] Dannecker, WiB 1994, 669 ff.; 699; Freund, AT, § 11, Rn. 31 ff.; Geisler, Jura 1995, 74 ff.; Geppert, NStZ 1996, 57; 118; Gropp, AT^{2}, § 14, Rn. 46 ff.; Hamm NJW 1994, 1636; Köhler, AT, 689 f.; NK-Puppe, § 52, Rn. 21-28; LK^{11}-Rissing-van Saan, vor § 52, Rn. 42 ff.; SK^{6}-Samson/Günther, vor § 52, Rn. 55-77; Wollweber, NJW 1996, 2632; Zschockelt, NStZ 1994, 361 ff.; ders., StraFo 1996, 131 ff.; ders., JA 1997, 411 ff.。

[297] Aden, JZ 1994, 1109; Arzt, JZ 1994, 1000 ff.; Gribbohm, Odersky-FS, 1996, 387 ff.; Joecks^{3}, vor § 52, Rn. 15; Tröndle/Fischer^{50}, vor § 52, Rn. 25 ff.; Zieschlang, GA 1997, 461 ff.。

[298] 参见边码 264 以下。

[299] Schlüchter/Duttge, NStZ 1996, 466。

[300] Geppert, NStZ 1996, 60。

的行为总体进一步综合成**一个**实体法意义上的犯罪性实现。

1. 集合犯罪(集中犯罪)

275 人们将职业性、习惯性与业务性的犯罪行为表述为集合犯罪。**职业性**涉及的是一个想要从重复实施构成行为中获得持续性收入来源的行为人。[301] 例如,第180a条第1款(职业性地促进卖淫)、第243条第1款第3项(职业性盗窃)、第260条第1款第1项(职业性窝赃)。**习惯性**地实施的构成行为,是指一个人出于一种通过重复实施而形成的倾向所进行的相关犯罪。[302] 习惯性犯罪是诸如第284条第2款(习惯性地举办赌博)或者第292条第2款第1项(习惯性地狩猎)这样的犯罪。**业务性**的条件是,行为人想要通过重复实施,把这个构成行为作为自己经济或者职业活动的一部分。[303]《法律咨询法》第1章第8条第1款第1项以及第1章第1条第1款就包含了这样一种案件(业务性地处理他人的法律事件)。

276 最早,帝国法院的司法判决也在多次实施中,仅仅将这种集合犯罪作为一个犯罪行为来处理。[304] 也就是说,一个职业性地窝赃一百次的人,的确仅仅是由于一个职业性的窝赃受到惩罚的。然而,帝国法院的刑事大审判委员会在《帝国法院刑事判例集》,第72卷,第164页中,已经把那种集中犯罪行为——最初仅仅是为了今天已经不再存在的职业性堕胎的行为构成——分解开来。据此,也就是说,每一个单独的职业性堕胎就是一个独立的构成行为,并且,这种经常性的实施就应当根据真实竞合的规则来处理。随后的帝国法院的司法判决[305]也就把它转用在其他集合犯罪上了,联邦最高法院跟随了这种做法,[306]并且,今天得到一致承认的理论[307]也是以这种集中犯罪行为的分解作为出发点的。

277 支持**集合犯罪的独立性**的有三个有说服力的根据。这三个根据在《帝国法院刑事判例集》,第72卷,第164页中得到适用,并且,也在很久之后对连续行为的放弃做出了重要的贡献(参见,边码256以下)。

278 第一,不公正的是,这个职业性的行为人,即使更频繁地实施这种犯罪,也仅仅能够由于一个构成行为(在那种对其加以规定的刑罚范围的界限之内)而受到刑罚,与此同时,一个不是职业性地行为的行为人,在多次实施时,却必须承受为真实竞合规定的严厉的刑罚。

279 第二,在法律效果上产生了最违背人心的后果。这不仅包括了法院所承认的,而且也包括了在其不知晓时存在于集合犯罪范围之内并有可能最经常发生的行为。在所有的,包括未被承认的行为,作为一个职业性、习惯性或者业务性的构成行为来适用时,对一个事后发现的单独行为所进行的追究与判决,就违背了一事不再理(ne bis in idem)的原则(《德国基本法》第103条第3款)。

---

[301] RGSt 66, 21; BGHSt 1, 383; BGH GA 1955, 212。

[302] BGHSt 15, 377; BayObLG MDR 1962, 325。

[303] RGSt 72, 315; BayObLG NStZ 1981, 29; OLG Hamm NStZ 1998, 92。

[304] RGST 61, 147。

[305] RGST 72, 257; 72, 285; 72, 313; 72, 397; 72, 401; 73, 216。

[306] BGHSt 1, 41, 42 f.; 26, 284 ff.; BGH NJW 1953, 955; BGHR StGB, vor § 1, forgesetzte Handlung, Gesamtvorsatz, Nr. 60 (S. 7 f.)。

[307] Blei, AT[18], § 93 II; Geerds, 1961, 270; Hartung, SJZ 1950, 332 f.; Kohlrausch, ZAkDR 1938, 473 ff.; Kohlrausch/Lange, StGB[43], Vorb. II B 3 a vor § 73; Lackner/Kühl[24], vor § 52, Rn. 20; Maurach/Gössel, AT/2[7], 56/45 ff.; Preiser, ZStW 58 (1939), 743; NK-Puppe, § 52, Rn. 29; SK[6]-Samson/Günther, vor § 52, Rn. 78; Schmidhäuser, LB AT[2], 18/21; R. Schmitt, ZStW 75 (1963), 62; Sch/Sch/Stree[26], vor § 52 ff., Rn. 78; Schmidhäuser, LB AT[2], 18/21; R. Schmitt, ZStW 75 (1963), 62; Sch/Sch/Stree[26], vor §§ 52 ff., Rn. 93 ff., 100; Stratenwerth, AT[4], § 17, Rn. 15。

第三，仅仅认定一个构成行为的后果，对于保安监禁（第 66 条第 2 款）来说是最令人忧虑的。[308] 第 66 条第 2 款，除了对公众的危险性之外，对此还以三种故意的犯罪行为为条件，这是人们把许多职业性、习惯性或者业务性地实施的犯罪，仅仅视为一个行为时所缺少的。这种经常正好突出了集合犯罪的习惯性所具有的特别危险性，在这里就防止了那种特别为这些违法者创设的保安处分。 280

2. 大量犯罪

战后早期的司法判决，有一部分是试图把在纳粹时代以难以计数地实施的犯罪，就像在机构中杀害精神病人那样，综合为一个所谓的大量犯罪，并且，在这样一种案件中，仅仅由于一个杀人犯罪进行判处。[309] 联邦最高法院[310]没有解决这个问题：这样一种结构"从这种不可思议的惊人数量中，并且，从这种以一个整体计划为基础的单独行为所具有的几乎完全千篇一律的状态中"，是否能够推导出这样一种结构。但是，无论如何，联邦最高法院从一开始就激烈地反对把这个法律角色扩展到其他状况之中（在具体案件中：在集中营中的虐待）：[311]"一个如此广泛的行为单数的概念隐藏着这样一个危险：法官在评价罪责的范围或者构成行为的严重程度时，会远离这个坚固的法官确信所依靠的安全基础，并且，受到一种界限不清的整体想象的影响，与此同时，这个法官仅仅可以以确定的案件事实为基础来支持有罪判决与刑罚，他必须从这些案件事实真实发生中来赢得一种接近自己确信的完全的确定性。" 281

这可谓一语中的，并且，对那种机构杀人也同样适用，就像对其他大量犯罪一样。同样，可以适用的还有面对司法判决偶尔试图把大量犯罪（例如，通过突击部队进行枪杀或者在纳粹时期的集中营中进行大规模谋杀）评价为"自然行为单数"。[312] 它的条件在适用于这种案件时，被过分扩展了（参见，边码 29 以下）；一个自然行为单数也不应当由于那种所谈论的法益所具有的高度个人化而被考虑进来（边码 38 以下）。与此相反，反对通过最低数量来确定被害人的数量的担忧是不存在的。在这种方式下确定的犯罪，的确应当根据真实竞合的规则来处理。 282

---

〔308〕 那时还应当考虑今天已经不再存在的第 20a 条（危险的习惯犯罪人）。

〔309〕 OGHSt 1, 243; 2, 134, 316。

〔310〕 BGHSt 1, 219 (222)。

〔311〕 很快，对此也见 BGH NJW 1951, 666; 1953, 112。

〔312〕 BGH JZ 1967, 643; BGH NJW 1969, 2056; BGH NStZ 1984, 229。

人名一览表*

阿贝格(Abegg)
阿亨巴赫(Achenbach)
阿尔布雷希特(P. A. Albrecht)
阿尔瓦特(Alwart)
安博斯(Ambos)
阿梅隆(Amelung)
科斯塔·安德拉德(Costa Andrade)
安德罗拉基斯(Androulakis)
托马斯·阿奎那(Thomas von Aquin)
亚里斯多德(Aristoteles)
阿恩特(Arndt)
贡特尔·阿茨特(Gunther Arzt)
巴赫曼(Bachmann)
巴克曼(Backmann)
达姆(Dahm)
拜尔(Baier)
巴尔杜斯(P. Baldus)
于尔根·鲍曼(Jürgen Baumann)
贝卡利亚(Beccaria)
贝克(Beck)
贝肯配尔(Beckemper)
贝伦特(Behrendt)
阿尔诺·拜尔(Arno Beier)
皮扎罗·贝勒扎(Pizarro Beleza)
恩斯特·冯·贝林(Ernst von Beling)
伯恩曼(Bemmann)
阿尔贝特·弗里德里希·贝尔纳(Albert Friedrich Berner)
伯恩斯曼(Bernsmann)
贝特尔(Bertel)
维尔纳·博伊尔克(Werner Beulke)
卡尔·宾丁(Karl Binding)
卡尔·冯·毕克迈尔(Karl v. Birkmeyer)
比恩鲍姆(Birnbaum)
俾斯麦(Bismarck)
布劳(Blau)
布劳特(Blauth)
赫尔曼·布莱(Hermann Blei)
布莱斯(Bleis)
布洛伊(Bloy)
保罗·博克尔曼(Paul Bockelmann)
伯肯弗尔德(Böckenförde)
博尔诺(Bollnow)
博拉罗(Borallo)(西班牙)
博斯(Boβ)
博特克(Bottke)
卡尔海因茨·布容(Karlheinz Boujong)
布拉姆森(Brammsen)
布雷姆(Brehm)
马克斯·布罗德(Max Brod)
汉斯－于尔根·布伦斯(Hans－Jürgen Bruns)
布格施塔勒(Burgstaller)
马克西米利安·冯·布里(Maximilian v. Buri)
布约尔恩·布克哈特(Björn Burkhardt)
迪里希(G. Dürig)
冯·布尔斯基(v. Burski)
布施(Busch)

本迪克特·卡尔皮佐夫(Bendikt Carpzov)
亚里斯多特里斯·夏拉蜡姆巴奇斯(Aristotelis Charalambakis)
克拉斯(Claβ)

---

* 本人名一览表是根据《德语姓名译名手册》(商务印书馆 1999 年版),以及《新德汉词典(德汉词典修订本)》(上海译文出版社 2000 年版)翻译的。在这些工具书中没有列出的人名,是译者根据有关规则编定的。本表列出的仅仅是在本书正文中出现的人名,没有全部包括在本书注释和文献目录中出现的人名。本表人名的排列顺序是根据德语的姓(Familienname)来安排的。本表以第 1 卷中的人名表为基础做了必要的增补与调整。

米古埃尔·迪阿兹·y·加西亚·科勒多(Miguel Díaz y Garcia Conlledo)(西班牙)
巴可(Muñoz Conde)
彼得·克拉默(Peter Cramer)
克里斯特曼(Christmann)

达戈贝尔(Dagobert)
达林格(Dallinger)
达姆(Dahm)
达斯(Dahs)
达恩施塔特(Darnstädt)
托马斯·德勒(Thomas Dehler)
德穆特(Demuth)
登克尔(Dencker)
德克森(Derksen)
约根·德·菲古埃勒杜·迪阿斯(Jorge de Figueiredo Dias)(葡)
阿道夫·多赫欧(Adolf Dochow)
格拉夫·楚·多纳(Graf zu Dohna)
德林(Dölling)
爱德华·德雷埃尔(Eduard Dreher)
德赖尔(Dreier)
杜切斯尼(Duchesne)
杜特格(Duttge)

曼弗雷德·奇克夫斯基(Manfred Czychowski)

埃伯特(Ebert)
阿道夫·艾克曼(Adolf Eichmann)
恩格尔辛(Engelsing)
恩吉施(Engisch)
埃尔布(Erb)
埃施魏勒(Eschweiler)
阿尔宾·埃泽尔(Albin Eser)

费尔特斯(Feltes)
霍尔德·冯·费尔内克(Hold v. Ferneck)
格哈德·费策(Gerhard Fezer)
弗罗因德(Freund)
保罗·约翰·安塞尔姆·费尔巴哈(Paul Johann Anselm v. Feuerbach)
费希特(Fichte)
菲贝尔(Fieber)
菲舍尔(H. A. Fischer)
克劳斯·安德列亚斯·菲舍尔(Klaus Andreas Fischer)
托马斯·菲舍尔(Thomas Fischer)
福雷格尔(E. Foregger)
赖因哈德·弗兰克(Reinhard Frank)
弗洛伊登塔尔(Freudenthal)
弗里德里希二世(Friedrich II)
沃尔夫冈·弗里施(Wolfgang Frisch)
弗里斯特(Frister)

加拉斯(Gallas)
格尔茨(Geerds)
格林(Gehring)
盖伦(Geilen)
格佩特(Geppert)
保罗·吉塞克(Paul Gieseke)
金贝尔纳特(Gimbernat)
尤利乌斯·格拉泽(Julius Glaser)
詹姆斯·戈尔德斯密特(James Goldschmidt)
戈尔特达默斯(Goltdammers)
格勒(Göhler)
卡尔·海因茨·格塞尔(Karl Heinz Gössel)
戈茨德克(Gozdke)
格拉斯尼克(Grasnick)
路易斯·格雷科(Luis Greco)
瓦尔特·格罗普(Walter Gropp)
格林胡特(Grünhut)
格林瓦尔德(Grünwald)
古塔赫腾(Gutachten)
汉斯-路德维希·京特(Hans-Ludwig Günther)
居特纳(Gürtner)

哈德通(Hardtung)
波恩哈特·哈夫克(Bernhard Haffke)
弗里特约夫·哈夫特(Fritjof Haft)
哈尔希那(Hälschner)
范·哈梅尔(van Hamel)
尼古拉·哈特曼(Nicolai Hartmann)
温弗里德·哈塞默(Winfried Hassemer)
黑克勒(Heckler)
海丁斯菲尔德(Heidingsfelder)
海曼-特洛辛(Heimann-Trosien)
黑格尔(Hegel)
黑格勒(Hegler)

黑尔格特(Helgerth)
海内(Heine)
海尼茨(Heinitz)
曼弗雷德·海因里希(Heinrich)
海森贝格(Heisenberg)
赫茨贝格(Herzberg)
赫尔佐克(R. Herzog)
赫尔曼(Herrmann)
赫伦希姆泽(Herrenchiemsee)
黑廷格(Hettinger)
托马斯·希伦坎普(Hillenkamp)
希尔根多夫(Hilgendorf)
希姆莱(Himmler)
罗伯特·冯·海波尔(Robert v. Hippel)
平野隆一(Ryuichi Hirano)(日)
希尔施(Hirsch)
冯·希尔施(v. Hirsch)
希特勒(Hitler)
霍夫曼—里默(Hoffmann – Riem)
赫费尔德(Hoefeld)
霍尔茨(Holtz)
安德阿斯·霍姆特(Andeas Homuth)
昂纳克(Honecker)
霍尼希(Honig)
霍恩(Horn)
赫恩勒(Hörnle)
安德列亚斯·霍耶(Andreas Hoyer)
约阿希姆·赫鲁斯卡(Joachim Hruschka)

英格芬格(Ingelfinger)

克里斯蒂安·耶格尔(Christian Jäger)
雅古施(H. Jagusch)
京特·雅各布斯(Günther Jakobs)
延克(B. Jähnke)
杨斯(Janβ)
汉斯—海因里希·耶塞克(Hans – Heinrich Jescheck)
鲁道夫·冯·耶林(Rudolf von Jhering)
沃尔夫冈·约克斯(Wolfang Joecks)
约尔登(Joerden)

卡德尔(Kadel)
卡尔斯(Kahrs)
弗朗茨·卡夫卡(Franz Kafka)
康德(Kant)
卡格尔(Kargl)
阿明·考夫曼(Armin Kaufmann)
阿图尔·考夫曼(Arthur Kaufmann)
希尔德·考夫曼(Hilde Kaufmann)
凯勒(Keller)
迪特黑尔姆·金阿普费尔(Diethelm Kienapfel)
乌尔斯·金德豪伊泽尔(Urs Kindhäuser)
特·克莱因克内希特(Th. Kleinknecht)
克莱因施罗德(Kleinschrod)
克里斯托夫·克瑙尔(Christoph Knauer)
爱德华·科尔劳施(Eduard Kohlrausch)
科尔曼(Kollmann)
科尔斯特(Kolster)
科里亚特(Koriath)
京特·科尔曼(Günter Kohlmann)
米夏埃尔·克勒(Michael Köhler)
克斯特林(Köstlin)
马里利斯·克婷(Marlies Kotting)
克拉克(Krack)
克拉奇(Kratzsch)
福尔克尔·克赖(Volker Krey)
克里格斯曼(Kriegsmann)
约翰内斯·克里斯(Johannes v. Kries)
克吕格尔(Krüger)
克林佩尔曼(Krümpelmann)
库伦(Kuhlen)
库尔特(Kurt)
克里斯蒂安·屈尔(Kristian Kühl)
屈内(Kühne)
屈佩尔(Küper)

卡尔·拉克纳(Karl Lackner)
兰珀(Lampe)
朗—欣里希森(Lang – Hinrichsen)
里夏德·朗格(Richard Lange)
朗格尔(Langer)
拉伦茨(Larenz)
拉斯克(Lask)
劳夫许特(H. W. Laufhütte)
菲拉·劳恩(Vera Laun)
特奥多尔·伦克纳(Theodor Lenckner)
莱茨古斯(Letzgus)

莉莉(Lilie)
冯·利林塔尔(v. Lilienthal)
林登迈尔(Lindenmaier)
爱德华·里特尔·冯·李斯特(Eduard Ritter v. Liszt)
弗朗茨·冯·李斯特(Franz v. Liszt)
洛贝(Lobe)
勒夫勒(Löffler)
伦尼斯(Lönnies)
洛伦茨(Lorenz)
卢登(Luden)
卢曼(Luhmann)
吕德森(Lüderssen)

町野朔(Sak Machino)(日)
迈霍弗(Maihofer)
迈瓦尔德(Maiwald)
曼伽奇斯(Mangakis)
马克森(Marxen)
特·毛恩茨(Th. Maunz)
赖因哈德·毛拉赫(Reinhart Maurach)
赫尔穆特·迈尔(Hellmuth Mayer)
马克斯·恩斯特·迈尔(Max Ernst Mayer)
贝恩德—迪特尔·迈尔(Bernd – Dieter Meier)
阿道夫·默克尔(Adolf Merkel)
默克尔(Merkel)
于尔根·迈尔(Jürgen Meyer)
M. –K. 迈尔(M. –K. Meyer)
埃德蒙·梅茨格尔(Edmund Mezger)
米巴赫(Miebach)
沃尔夫冈·米奇(Wolfgang Mitsch)
蒙特布鲁克(Montenbruck)
孟德斯鸠(Montesquieu)
默林(Möhring)
米勒(H. Müller)
穆尔曼(Murmann)

纳格勒(J. Nagler)
瑙克(Naucke)
汉斯·内夫特(Hans Neft)
奈德林格(Neidlinger)
诺伊曼(Neumann)
弗里茨·诺伊迈尔(Fritz Neumayer)
尼伯丁(Nieberding)
哈拉尔德·尼德迈尔(Harald Niedermair)

哈拉尔德·尼德迈尔(Harald Niedermair)
尼泽(Niese)
诺尔(Noll)
多丽丝·诺尔特(Doris Nolte)
诺瓦克夫斯基(F. Nowakowski)

金贝尔纳特·奥代格(Gimbernat Ordeig)(西班牙)
奥德斯基(W. Odersky)
费雷·奥利菲(Ferré Olivé)(西班牙)
尤斯图斯·奥尔斯豪森(Justus v. Olshausen)
奥维尔舍尔(Orwellscher)
奥斯腾多夫(Ostendorf)
拉斯·奥特(Lars Otte)
奥托(Otto)

佩夫根(Paeffgen)
帕尔松(Parsons)
赖纳·保卢斯(Rainer Paulus)
卢措恩·佩纳(Luzón Peňa)(西班牙)
佩尔施克(Perschke)
彼得斯(Peters)
格尔德·普法伊费尔(Gerd Pfeiffer)
柏拉图(Platon)
普拉茨古默(Platzgummer)
霍尔格·普赖森丹茨(Holger Preisendanz)
普里斯特(Priester)
普林斯(Prins)
普里特维茨(Prittwitz)
普洛塔高勒斯(Protagoras)
普芬多夫(Pufendorf)
米尔·普伊格(Mir Puig)
普珀(Puppe)

古斯塔夫·拉德布鲁赫(Gustav Radbruch)
兰夫特(Ranft)
布斯托斯·拉米雷茨(Bustos Ramirez)
拉特(Rath)
雷布曼(Rebmann)
赖特贝格尔(L. Reitberger)
伦吉尔(Rengier)
耶菲尔·德·维森特·雷米萨尔(Javier de Vicente Remesal)(西班牙)

伦齐考夫斯基(Renzikowski)
赖尔斯(Reyes)
里克特(Rickert)
彼得·里斯(Peter Rieβ)
罗加尔(Rogall)
罗曼洛(Romano)
隆美尔(Rommel)
罗奇(Rotsch)
曼努埃尔·科特斯·罗萨(Manuel Cortes Rosa)
罗扎尔(Rosahl)
罗泽(Rose)
罗斯(Ross)
汉斯·埃伯哈德·罗特贝格(Hans Eberhard Rotberg)
罗特(Roth)
克劳斯·罗克辛(Claus Roxin)
伊梅·罗克辛(Imme Roxin)
汉斯—约阿希姆·鲁道菲(Hans – Joachim Rudolphi)
鲁斯(W. Ruβ)

里斯格—范·扎因(Rissing – van Saan)
汉斯—于尔根·扎克(Hans – Jürgen Sack)
佩尔·萨尔多(Per Saldo)
埃里希·萨姆松(Erich Samson)
桑西内提(Sancinetti)
绍尔(Sauer)
萨克斯(W. Sax)
弗里德里希·沙夫斯泰因(Friedrich Schaffstein)
舍勒(Scheele)
舍夫勒(Scheffler)
舍韦(Schewe)
席尔德(Schild)
席林(Schilling)
施莱尔(Schleyer)
施利比茨(Schliebitz)
舒巴特(Schubarth)
施吕克特(Schlüchter)
汉斯·施吕特(Hans Schlüter)
埃伯哈特·施米德霍伊泽(Eberhard Schmidhäuser)
施密德(W. Schmid)
埃伯哈特·施密特(Eberhard Schmidt)
库尔特·施奈德(Kurt Schneider)
海因茨·舍赫(Heinz Schöch)
舍内(Schöne)
舍内博恩(Schöneborn)
阿道夫·舍恩克(Adolf Schönke)
肖尔茨(R. Scholz)
叔本华(Schopenhauer)
汉斯—路德维希·施赖伯(Hans – Ludwig Schreiber)
弗里德里希—克里斯蒂安·施洛德(Friedrich – Christian Schroeder)
施洛德 Schroeder
霍斯特·施罗德(Horst Schröder)
乌尔里希·施罗斯(Ulrich Schroth)
施罗特(H. J. Schroth)
舒巴特(Schubarth)
舒尔茨(Schulz)
舒曼(Schumann)
贝恩德·许内曼(Bernd Schünemann)
施瓦布(Schwab)
莫尼卡·泽贝克(Monika Seebeck)
泽博德(Seebode)
泽尔曼(Seelmann)
塞尼加(Seneca)
乌尔里希·西贝尔(Ulrich Sieber)
西格弗里德(Siegfried)
西梅尔(Simmel)
西佩尔(Sippel)
佐瓦达(Sowada)
施彭德尔(Spendel)
斯大林(Stalin)
斯塔辛斯基(Staschynskij)
施泰因(Stein)
卡尔·施托斯(Carl Stooss)
君特·斯特拉滕韦特(Günter Stratenwerth)
瓦尔特·施特雷(Walter Stree)
施特伦(Streng)
施特林泽(Struensee)
斯蒂贝尔(Stübel)
施蒂乌普(Stürup)
祖佩特(Suppert)

腾克霍夫(Tenckhoff)
特萨(Tesar)
托马斯(Thomas)
托恩(Thon)

蒂德曼(Tiedemann)
廷佩(Timpe)
特佩尔(Toepel)
特拉配(Trappe)
特雷克索(Trechsel)
赫伯特·特伦德勒(Herbert Tröndle)

乌尔比安(Ulpian)
乌尔森海默(Ulsenheimer)

玛利亚·达·孔塞曹·S.瓦尔答古阿(Maria da Conceicão S. Valdágua)(葡)
费林(Vehling)
芬茨拉夫(Venzlaff)
费尔道恩(Verdauen)
维科(Vico)
克劳斯·福尔克(Klaus Volk)
米夏埃尔·福尔马尔(Michael Vollmar)
福格勒(Vogler)

乌尔里希·韦伯(Ulrich Weber)
瓦格纳(Wagner)
瓦尔达(Warda)
迪尔克·瓦斯穆特(Dirk Wasmuth)
约翰内斯·瓦斯穆特(Johannes Wasmuth)
冯·韦伯(v. Weber)
汉斯·韦尔策尔(Hans Welzel)
托马斯·魏根特(Thomas Weigend)
魏因霍尔德(Weinhold)
韦格沙伊德(Wegscheider)
维尔纳(Werner)
约翰内斯·韦塞尔斯(Johannes Wessels)
维尔纳·维德曼(Werner Wiedemann)
维尔姆斯(G. Willms)
温德尔班德(Windelband)
维特尔(Witter)
维蒂希(Wittig)
沃勒斯(Wohlers)
埃里克·沃尔夫(Erik Wolf)
沃而夫(E. A. Wolff)
沃尔特(Wolter)
格雷欧·沃尔特斯(Gereon Wolters)
翁(Won)

吉田宣之(Nobuyuki Yoshida)(日)

察哈里埃(Zachariä)
察克奇克(Zaczyk)
齐默耳(Zimmerl)
齐特尔曼(Zitelmann)
海因茨·齐普夫(Heinz Zipf)

内 容 索 引

（粗体字代表节，细体字代表边码）

---

* 原文还有"**Bratpfannen – Fall(煎锅案) 25** 265", 作者确认予以取消。——译者注

* Zechkumpanen的德文原意是“酒友”,在这里是指那些临时凑在一起的人之间发生的案件。——译者注

主译者后记

《德国刑法学 总论》第1卷出版之后，收到了几位年轻读者的来信，与我商榷翻译中的问题。我的确在第1卷与第2卷的翻译中，由于遇到了一些过去从来没有遇到的问题，因此，就创造了一些我国法学界从来没有使用过的概念，改正了一些我国法学界错误使用过的概念，坚持了一些与广泛使用不同的概念。这些做法的确可能使习惯了某种用语的专业读者们在阅读这套书时产生一点不习惯，虽然我已经尽了最大努力采用现有的一些译法与用语，例如，颇为踌躇地沿用了一些我本来认为不准确但又认为这种不准确不会有什么大问题的概念。我这样做的目的，绝不是为了无原则地标新立异、特立独行，而是为了忠实地告诉中文的读者们，我看到的是什么。我这么说与这么做，不仅符合德国刑法用语的发展现实，而且符合语言科学发展的一般规律。例如，关于行为构成（Tatbestand）、不法（Unrecht）、罪责（Schuld）这几个词在含义上的变化及其背景，请参见我的《现代刑法学 总论》一书。[1] 弗里德里希·恩格斯也指出："（在《资本论》第一卷英文版的翻译中），有一个困难是我们无法为读者解除的。这就是：某些术语的应用，不仅同它们在日常生活中的含义不同，而且和它们在普通政治经济学中的含义也不同。但这是不可避免的。一门科学提出的每一种新见解都包含这门科学的术语的革命。"[2]

青年朋友们对《德国刑法学 总论》第1卷的评论主要有两点：一是这是一本好书，非常详细、完整、精准地说明了现代刑法学的发展与现状；二是这是一本不太好懂的书，因为它不能像现在很多书那样，看了开头就知道结尾。可以预见，本书也会得到类似的评论。对于第二点批评，我很清楚浮躁的风气会使一些读者像当年的法国人一样，"总是急于追求结论，渴望知道一般原则同他们直接关心的问题的联系"，并且也理解，以这种心态读这套书时，自然也会像当年的法国人一样，可能"会因为一开始就不能继续读下去而气馁"。不过，根据我与许多年轻朋友们的交流，我发现在很多情况下还不是从一开始就不能继续读下去，而是在阅读时不能很好地把握住有关论证的前后联系，毕竟这套书涉及的概念、原理真的是太丰富了。对于这种抱怨，我只好请出卡尔·马克思为他们鼓劲："在科学上没有平坦的大道，只有不畏劳苦沿着陡峭山路攀登的人，才有希望达到光辉的顶点"。[3]

现在，在全部两卷本翻译完成之后，了却了心头的一件大事。我愿意坦诚地与各位朋友以及翻译界的前辈们交流一下我在法学翻译中的一点心得与看法。

一、关于法学专业翻译的原则

在中文翻译的原则上，"信、达、雅"三原则是我国清末的翻译家严复提出来并得到我国翻译界的普遍认可。信即忠实原文，达即顺畅表达，在法学翻译上都应当加以遵守，不存在问题。问题在于"雅"的含义与标准，即如何才算优美？"美"的标准，本来在文学乃至哲学中就是一个十分有争论的命题。以"保存原作的风格"[4] 作为标准，在专业翻译上，经常就成为全书风格一致

---

〔1〕 参见王世洲著：《现代刑法学（总论）》，北京大学出版社2011年版，第88～95页，特别是第92页。

〔2〕 马克思著：《资本论》（第1卷），中共中央马恩列斯著作编译局译，人民出版社2004年版，第32页。

〔3〕 与前两处引文一起，均见前注，第24页。

〔4〕 参见杨寿国编：《德汉翻译教程》，上海外语教育出版社1985年版，第11页。

的代名词。注意:是中文翻译的风格全书一致!否则,是否与外文原作的风格一致,就又成为翻译的标准本身的问题了!就严复提出“雅”的本意来说,他的意思基本上包含两个要点:一是意译,二是使用文言文。〔5〕把“雅”说成是“优美”或者“有文采”,是后人的发展。

我是赞同翻译应当把“雅”作为一个原则的,并且我认为“雅”的基本含义就是使用“标准的、优美的中文”说出外文所希望表达的意思。例如,把“Alles oder Nichts”翻译成“宁为玉碎,不为瓦全”,在文学类的翻译中,的确会比翻译成“要么全要,要么全不”更容易让不懂外文的中文读者感动。但是,在专业翻译时,仅仅遵循这个意义下的“雅”作为原则,就可能不够了。根据这个意义下的“雅”进行意译,最明显的弱点经常是不够简约。这种翻译很容易使专业论证中至关重要的逻辑推导,在中文的表述中消失或者难以引起读者的注意!因此,我主张在法学专业的翻译中应当增添第四个原则:“约”,即简约的意思。根据这个原则,前面这个德语短句子在专业翻译中就应当译为“全有或者全无”。

在德语学习方面,我毕竟不是科班出身。但是我知道,我对专业翻译所主张的简约原则,与我国翻译界非常反对的那种字对字的硬译不是一回事。我主张的简约原则,虽然主张对翻译对象进行最直接对应的翻译,但这种一字外文对应一字中文的译法,是在遵从“信达雅”的基础上进行的,并且特别重要的,必须符合中国人的“阅读习惯与审美经验”——这是好友北京大学德语系主任黄燎宇教授获得我国最高翻译奖——鲁迅文学奖的理由。

我把自己的想法与在北京德语界的朋友们进行了广泛的交流,没有想到,我的想法居然得到了普遍的赞同!2011年9月23日至25日,我应邀到韩国汉城出席由“韩德文学翻译协会”主办的“东西方在科学与文化上的对话”大会时,以“法学翻译的原则”为题作了发言,向出席大会的亚洲各国的翻译界代表们谈了我的主张:一是(法学)专业翻译的原则应当与文学翻译有所不同;二是(法学)专业翻译应当特别重视概念的准确性并且清晰地反映理论的逻辑推导过程。再次没有想到,我的主张竟然得到了与会代表的一致认同。韩国、日本、泰国等许多国家白发苍苍的翻译前辈们在发言中指出,文学翻译的确与法学翻译不同:文学作品经常需要调动读者的情感与情绪,在翻译中需要对环境与气氛加以渲染,因此,意译经常是比较妥当的方式,这样,文学翻译就经常需要对原文添加很多在译文环境中所需要的文字补充;然而,法学作品强调的是通过论证产生的说服力,因此,如果不能清晰地显示出整个逻辑推导过程,那么就经常会使那些需要经过复杂论证才能得出的结论,出现得太过突然甚至过于随便了!法学作品所需要的严密的论证过程,经常会由于在翻译中添加或者补充的字眼或者用语而扰乱了原文本来的逻辑关系!我很高兴,我的主张在翻译理论上也能得到支持与证明!

我主张“简约”的专业翻译原则在实践中取得的最典型的成果,莫过于在因果关系的翻译中发现了刑法学理论对逻辑学中“逆否定理”的运用。在逻辑学中,原定理等于逆否定理是一个公理,也就是说,“有甲就有乙”这个原定理,与“有乙就有甲”这个逆定理以及“无甲就无乙”这个否定理不一样,而与“无乙即无甲”这个逆否定理是一样的。在第1卷第11节边码5中,在说明关于因果关系的最早理论——等值理论的公式时,德文是如此表述的:“……daβ als Ursache jede Bedingung eines Erfolges anzusehen sei, die nicht hinweggedacht werden kann, ohne daβ der konkrete Erfolg entfiele.”这个句子中包含着四重否定,中文的翻译版本很多,但是都没有完整地表述其中全部的否定关系。我使用简约的原则把这个句子翻成:“导致一个结果的各种条件,在具体结果没有被取消就不能想象其不存在时,都应当看成是原因”。当我翻完这个困难的句子,向我的家人炫耀时,我心爱的女儿居然一眼就看穿了其中的奥秘:“这不就是一个逆否关系嘛!”

---

〔5〕 参见[英]赫胥黎著:《天演论》,严复译述,商务印书馆1930年版,特别是“译例言”。

我定睛一看,果不其然!这个证明手段的发现,对于理解早期刑法解决因果关系的证明难题具有什么样的重要意义,可能是非专业的朋友们难以理解的。然而,迄今为止,我在任何刑法学文献中都没有看到这种说明,而只是看到了有许多研究还在以此为题!

在法学专业翻译中,不是根据“简约”原则而是采用文学式意译的方式来进行翻译,经常是危险的。翻译,就是在学习我们目前还不知道的一些知识;法学专业翻译,就是在介绍一些我们目前还不熟悉的一些法学专业知识。这些概念与理论,由于我们原来不知道与不熟悉,对其意思的掌握就可能是片面的,听起来就很可能会不舒服。如果根据这种意思套用现有的概念,或者仅仅根据其中的部分意思作出漂亮流利想也不用想一下的翻译,那么,不仅可能继续损失原文中的重要含义,而且有可能是误导性的。然而,在法学基础理论的翻译中,这种缺损性的或者误导性的翻译一旦以讹传讹,成为所谓的“约定俗成”,对于专业科学的发展所带来的危害,人们已经在日本科学界的发展困境中注意到了。学术性翻译是一种具有最高学术道德标准的工作。〔6〕翻译不仅应当展示原文中的知识而使读者了解到新知识,展示原文中的问题而使读者知晓新问题,而且应当符合原文的意境而为读者留下应有的学术探索空间。在法学专业翻译中遵循“简约”原则,是保证专业译文准确、完整与高尚的重要手段。

在对法学专业的翻译中,认为应当以“现行法律术语为标准”作为翻译规则〔7〕的观点是值得商榷的。这里的“现行法律术语”应当是指我国现行的法律术语,否则,外国现行的法律术语就又要与翻译问题扯在一起了。以“现行法律术语为标准”明显希望翻译过来的作品与自己直接关心的问题相联系,然而,采纳这种标准是危险的。首先,容易导致翻译作品丧失自身的学术价值。在翻译作品的意思与现行法律术语所表示的意思一致的情况下,这个翻译作品在学术上是没有价值的,因为它不能“使得一个处于特定环境中的人群知道了他们在此之前不知道的事情”;〔8〕在翻译作品的意思与现行法律术语所表示的意思不一致的情况下,采用现行法律术语的译法又正好掩盖了这个不同点!目前,在世界范围内,还不存在统一的“现行法律术语”。各国法律与法学理论,都在使用各自的法律词汇表。把我国现行法律术语作为翻译原则,就会立即发生张冠李戴、概念混淆等问题。很典型的是对 Notwehr 的翻译。把这个德文词翻译为“正当防卫”是明显错误的。无论从字面还是理论上看,Notwehr 虽然有“防卫”的意思,但是绝对没有“正当”的意思。德文“Not”的意思是“紧急”,Notwehr 是“紧急防卫”!在“Notwehr”中讨论的是“紧急防卫”是否具有正当性的问题。如果把 Notwehr 就已经说成是“正当防卫”,那么,在法学理论的讨论中,不就犯了把结论放在前提之中的错误吗?顺便说一句,在英文中,类似的概念“self-defence”应当翻为“自我防卫”。在这里,“紧急防卫”与“自我防卫”在用语上的区别,正好就体现了德国刑法理论与美国刑法理论在防卫问题上不同的着重点,这种区别正好展示了专业翻译的价值与魅力!其次,采纳“现行法律术语”的标准,经常还是行不通的。各国语言的构词法与使用习惯不同,因此,在翻译时就经常会遇到难题。例如,德语中的“Versuch”(动词是“versuchen”)与中文的“未遂”相对应,在作为名词甚至不及物动词使用时都没有问题,然而,在作为及物动词使用时,在中文中说“未遂”就不合适了。例如,“这个被告人试图用举着的枪强迫汽车司机孔先生开车,去碾压在车前地上寻找掩护的警察”。〔9〕如果把这个句子翻译成“这个

---

〔6〕 参见王世洲:“翻译也是创新(代前言)”,载《我的一点家当——王世洲刑事法译文集》,中国法制出版社 2006 年版。

〔7〕 参见[德]克劳斯·罗克辛著:《德国最高法院判例 刑法总论》,何庆仁、蔡桂生译,中国人民大学出版社 2012 年版,第 6 页。

〔8〕 参见前注。

〔9〕 参见本书第 29 节,边码 243。

被告人未遂用举着的枪……”，是否就明显违背了“达”的要求呢？在这些情况下，尤其是在表示动作（动词）而不是表示状态（名词）时，采用一词多义的译法是迫不得已的。好在中文强大的上下文功能，使得即使在这种例外情况下，也不会使译文的意思造成损失。至于把“versuchen”译成“试图”还是“力图”的问题，则应当属于“雅”的范畴，那就带有很明显的个性化印记了。

以“现行法律术语为标准”的根本错误在于混淆了法学与法律的区别，抹除了法学相对于法律的独立品格。法学有自己的独立品格，即使在用语方面，法学也有一整套法律没有使用过的词汇。例如，犯罪构成、罪过、间接实行人（间接正犯）。法律不应当是法学嘲笑的对象，但的确是法学研究与改进的对象。法学是一个国家法治进步在思想上的发动机与推进器，法律是法学的结晶，尽管法学对自己的结晶还会不断地加以完善。以“现行法律术语为标准”，颠倒了法学与法律在产生上的“法学不盛，何来善法”〔10〕的逻辑关系。虽然在法学专业翻译中的确应当注意恰当地使用现行法律术语，尽量避免不必要的非原则性的分歧，但是，把使用现行法律术语作为法学翻译的标准，肯定会给专业翻译带来根本性的不利后果！

二、关于法学专业翻译的用语选择

在专业翻译中，用语的准确性，不仅保证着译文的“信达雅约”，而且是专业性逻辑推导过程顺利进行的基础。我很幸运，有机会翻译罗克辛教授的这部巨著，从而获得了很多有益的经验教训。罗克辛教授的这两卷巨著，不仅体系规模宏大，而且用词考究、逻辑严谨、极其精密。翻译这两部长篇而又精密的文献，实际上就是对我选择精准用语的训练与考验。我应当很不好意思地承认，在刚刚开始翻译第1卷时，我对这个问题的认识还不够深入，曾经陷入过困境。然而，在这个问题上的点滴觉悟，却保证了我顺利地完成了全部两卷巨著的翻译。总结地说，就是应当处理好以下两个关系。

（一）中德文概念的一一对应关系

在专业翻译的用语选择上，一个德文概念对应一个中文概念应当是原则，一词多义或者多词一义只能是例外。

在一个德文概念对应一个中文概念这一点上，最早的挑战来自对Verhalten、Handlung与Tat这三个德文词的翻译。通过与日本、韩国甚至一些我国台湾地区朋友的交流，我非常惊讶地发现，目前亚洲刑法学界基本上采用日本的译法，把这三个德文词都翻译为一个词：“行为”。日本朋友对于如何准确地表述这三个词以及如何在日文中找到恰当的足够的概念似乎信心不足。我的日本朋友甚至曾经不无悲哀地对我表示，用日文很难讨论刑法问题，讨论刑法问题最好的语言是德语。但是，我在北大德国研究中心的同事们都不同意这个说法，认为我们完全有能力使用“标准的、优美的”中文来表述德文中所要表述的事项。Verhalten、Handlung与Tat这三个词，的确都是表示“行为”的，然而，在刑法学中，这三个词表示的是犯罪构造过程三个不同阶段的“行为”。在教学过程中，我经常举的例子是让同学们区分养在猪圈里的猪身上的猪肉与在菜市场中出售的猪肉，以及家里妈妈煮好的猪肉饺子中的猪肉是否有区别？认为没有区别的说法，明显是死活不分、生熟不分的！在中文表述中，如果我们允许使用诸如“活肉”、“生肉”、“熟肉”这样的词，也就是使用形容词加名词的构词法来表示这三种不同的肉，那么，我们当然也可以把表示法律还不关心的自然状态下的Verhalten标记为“举止行为”，把作为法律指向对象的Handlung标记为“行为”，把符合法律规定的Tat标记为“构成行为”。〔11〕这样的用词选择，就可以使我们轻松地去讨论在犯罪构造过程中，行为的各种不同存在状态及其发展变化了。“举止行为”、“行

〔10〕　参见李贵连著：《沈家本传》，法律出版社2000年版，第362页。

〔11〕　参见《德国刑法学 总论》（第1卷），第3页，第一个译者注。

为”与“构成行为”的说法是否标准与优美,是一个可以探讨的问题,但是,把这三个德文词用一个中文词来表示是明显不恰当的。我的德国朋友曾对我不无感慨地说,如果不能区分行为的不同存在形式,那就抹杀了德国刑法科学一百多年来最重要的理论成就!

中外文在概念上完全的一一对应,当然是最理想的。但是,无论在中文中还是在德文中,都难以避免地会出现一词多义或者多词一义的例外情况。

在德文中,一词多义的典型例子可能是 Täter 以及 Täterschaft 这两个词的译法。Täter 的字面意思就是干了符合法律规定的构成行为的人,即行为人;Täterschaft 的字面意思就是这种人的身份。然而,在共同犯罪的情况下,为了区分直接干了刑法禁止的行为的人与简单参加到这种行为中的人,Täter 与 Täterschaft 需要与 Teilnahme 与 Teilnehmer(参加与参加人)对应地使用。在这个上下文中,把 Täter 对应性地标记为“实行人”是必要的。不过,这样就使得 Täter 这个词产生了两个概念:一是它是作为全部行为人的总概念来使用的;二是它是作为参加人的对应人——实行人来使用的。我与罗克辛教授交流过这个问题,他认为我对这两个德语词的理解完全正确。这样,我就在翻译中,依靠中文本来就具有的强大语境功能,在不涉及共同犯罪时使用“行为人”,在涉及共同犯罪时使用“实行人”,相信读者不仅不会搞混这两个词,而且还能看到这两个词之间的关系。

在中文中,多词一义的典型例子可以是 Teilnahme 与 Teilnehmer 这两个词的译法。前者的字面意思是“参加”,后者的字面意思是“参加人”。由于在中文中,“参加”这个词做主语所表述的句子经常很难符合中国人的“阅读习惯与审美经验”,并且,“参加人”的说法在与“实行人”[12]相对应的上下文中,基本上既不会歪曲德国刑法理论的概念与逻辑,也不会扰乱中国人的理解。例如,“任何参加(人)——不管是教唆人还是帮助人——就像第 26 条、第 27 条的文字所表明的那样,首先是以实行人的‘构成行为’为前提的”。在这个句子中,无论是使用“参加”还是“参加人”,对问题的论证与结论都基本是一样的。因此,我基本上是使用“参加人”来翻译这两个德文词。如果有方家证明我的这个译法是不恰当的,我只想告诉大家我是怎么错的!当然,既然是例外,这种情况就不能很多,并且在可以避免时就不应当发生!

(二)专业用语选择上“约定俗成”与与时俱进的关系

我坚定地认为,在专业翻译的用语选择上,不应当迂腐地坚持所谓的“约定俗成”的用法,相反,应当与时俱进,努力准确地反映科学研究的最新成就。

在现代科学尤其是法学的翻译方面,中文翻译在很多方面受惠于日文翻译。中文目前使用的大量专业词汇,如共和国、哲学、公民、逻辑等词汇,都是从日文中直接借鉴过来的。然而,国内法学界对日文翻译中存在的先天不足的问题,还没有给予充分的重视。2007 年,北京大学德国研究中心代表团在访问东京大学德国研究中心时,当时东大历史系的川喜田敦子博士(现在已经是大阪大学的教授了)在介绍“日本现代化与西方文献的翻译”时,[13]就非常详细地说明了日本在翻译西洋文献中面临的困难与解决的方法。

日本现代意义上的翻译是在 19 世纪中期开始的。当时,中国号称“睁眼看世界”的第一人——魏源编著的《海国图志》传到了日本,使日本的维新人士看到了一个崭新的世界,极大地刺激了日本了解西方、学习西方的兴趣与热情。日本现代专业翻译由此大规模地发展起来。

---

〔12〕 细心的读者也许已经认识到,把 Täterschaft 翻译成“实行人身份”,将其与“Teilnahme”所译成的“参加”相对应,就将造成严重的中文阅读习惯上的困难与混乱。例如,把“Täterschaft und Teilnahme”不是译为“实行人与参加人”,而是译为“实行人身份与参加”,是否会产生不必要的阅读障碍?

〔13〕 川喜田敦子教授的报告已经修改成文,近期将在北大德国研究的刊物上发表。遗憾的是,她的论文在篇幅上作了很大的压缩。

最早的日文专业翻译主要受到两个方面的压力：一是传统势力的打压；二是准确意思的表达。在19世纪中叶之前，在日本知识界，中国的影响占据着几乎完全的控制地位，汉字是日文的基础与重要组成部分。在日本开始向西方学习的过程中，保守势力抵制新知识的一个重要方法就是以“看不懂”为由，反对在翻译中引进新知识所不可避免地需要创造的新概念与新词汇。当时的日本翻译界主要采用了四种办法来克服翻译上的难题：(1)借用荷兰作品中的概念，例如，船桅，啤酒，瓦斯；[14] (2)直接使用中国古典文献中的词汇，例如，正犯、生产、革命、文化、师范；(3)重新解释中文词语，例如，日文把“仁”解释为“善意”，把“即”解释为“公正”，把学习称为“勉强”，把贪污称为“横领”，把信纸称为“手纸”；(4)创造新的词汇，例如，人民、宪法、银行、妇女、代理、权益、人格等。日文的这些翻译对中文翻译的影响很大。

日文翻译随着日本的对外开放不断发展。为了尽快制定与欧洲各国类似的法律制度，日本政府在法律翻译方面不仅提供了制度上的保障，明治3年(1870年)在大政官之下设立调查局，而且提供优惠政策，指示当时负责翻译欧洲法律文件的人员：“尽快地翻译，有误译也无妨”！[15] 日本利用抢先获得的当时世界上最先进的法律知识，在社会发展方面走到了亚洲各国之前，从而迈入了世界强国之列。日本的全盘西化战略使得日本获得了巨大的国家利益，然而，日本社会在翻译中出现的乱象也使得日本科学界在今天的创新工作，尤其是法学创新工作中遇到了很大的困难。为了解决这个困难，日本正在整合各方面的力量，编修《日本外来语字典》。

根据日本的经验与教训，所谓“约定俗成”经常就是一种最早由对原词不很肯定的人提出说法之后，又由一群不很懂的人跟随而形成的语言构建方法。在中文中采纳这种方法应当注意避免中文本身的特点所可能造成的误导。中文是象形文字，极其容易从文字的形像上引导读者的理解方向。在“文”与“义”一致的情况下，“望文生义”恰恰是中文的优点，只有在两者不一致时，“望文生义”才是贬义的。因此，在翻译中采用“约定俗成”方法时，只能采纳那些经过实践检验不会产生歧义的用语与概念。在翻译中创造新词时，应当根据中文的特点，用其所长，避其所短。用语与概念是构建思想的砖瓦。不能与时俱进地使用正确的用语与概念，就已经在基础上限制了自身思想发展的可能性。

从日本的翻译发展史来看，在法学专业翻译中不假思索地照搬照抄日文的用语是很不安全的。尤其是在最新的法学专业翻译中，更应当注意学科发展对专业术语的影响。在现代刑法学的翻译中，典型的有两个例子。一个是对“正犯”与“共犯”的使用，另一个是对“Dogmatik”的翻译。

在日本刑法学理论中，“正犯”指的是共同实施犯罪的主犯，“共犯”一方面作为“共同犯罪”的缩略语使用，另一方面作为主犯之外的其他共同犯罪人的总概念使用。这种用语安排，不仅在说明“共同犯罪”、“共同犯罪人”、正犯之外的“从犯”等概念时，容易产生不必要的混乱，而且对于清晰地说明“正犯”、“间接正犯”、“从犯”等概念具有的特征也很不方便。例如，正犯是共犯(共同犯罪)中的主犯，共犯(従犯)是共犯(共同犯罪)中的从犯，这种说法多别扭呀？日本刑法学者由于难以说清楚，因此甚至悲哀地继承了德国学者在20世纪初对“参加人(在日文中称为‘共犯’)理论”的说法，[16] 坚持认为“共犯(日文明显地改指为共同犯罪)论”是刑法学中的“绝

[14] 日本在封闭时期就开始通过荷兰商人了解西方，在一些港口城市中，“兰学”有一定的规模。

[15] 可惜川喜田敦子教授没有提供出处，不过，已经有中国学者提到了这一点，见谢怀栻著：《外国民商法精要》，法律出版社2002年版，第122页。

[16] 德文原文是“Die Teilnahmelehre ist das dunkelste und verworrenste Kapitel der deutschen Strafrechtswissenschaft”, See Kantorawicz, Aschaffenburgs Monatsschrift für Kriminologie und Strafrechtsreform, 7. Jahrg., 1910, S. 306.

望之章”。[17] 然而，在《日本刑法典》中，现在仅仅是把“共犯”这个词保留在“共同犯罪”的意义上，而另外使用“从犯（従犯）”这个词来指示正犯之外的其他共同犯罪人。事实上，只要我们不是戴着“日本眼镜”（用日本的词汇）去阅读现代刑法学，就可以清晰完整而有区别地说明共同犯罪中的各种人员。例如，我国刑法学只需要使用“实行人”来表示“正犯”的概念，使用“参加人”来表示从犯意义上的“共犯”概念，使用“参与人”来表示全体实行人与参加人，这样就完全可以使用优美的标准的中文来化绝望为希望，完全可以避免借助过时的不准确的日文用语所可能产生的混乱与不便。

在德语中，“Dogmatik”是关于“Dogma”的学问。“Dogma”最早出自希腊语，意思是“（确定的）观点、原理、决定”，在现代德文中，“Dogma”是指不可动摇的定义或者作为颠扑不破真理来使用的基础性观点。[18] 现代德语字典解释“Dogma”的最主要意思是“Glaubenssatz”；“Dogmatik”是指“Lehre vom Dogma”，[19] 把“Dogma”译为“信条”，把“Dogmatik”译为“信条学”，完全符合“信达雅约”的原则。在德语中，“Dogma”原本没有宗教的意思，是公元 2～3 世纪时才被引入宗教领域的，并且在 16 世纪之后才明显地先在哲学中发展成“Dogmatik”，后在 17 世纪才被神学当作一个专业的名称使用的。不过，在德语语言的发展中，Dogma 以及 Dogmatik 一直在宗教与科学的不同领域中平行地分别使用。在社会科学与法学领域中使用时，“Dogmatik”的基本意思有两点：一是最基本的原理；二是经过理性梳理而形成的知识体系。

在第一个意思方面，信条（Glaubenssatz）就表明了最基本原理的意思。法律及其理论都是人想出来的，是人的信念的产物。这个信念虽然有孕育与催生它的客观物质基础，但是，在这个客观物质基础上，是相信这样才算公平正义还是相信那样才算公平正义，就是法律形成不同形态的原因与根据。今天在法学中进行的讨论，在最根本的意义上，就是在争论哪一种信条更加具有公平性与正义性。有关法律规定的含义以及在妥当性与优劣性上的争论，在最根本的意义上，也就成为“信条”之争！因此，我曾经指出，在法学中，信条一般是指“法律理论中不可动摇的部分”，“信条学与法律理论这样的概念之间，因此就存在着一些重大的区别。一般认为，相对于法学信条来说，法律理论仍然还处于探讨阶段；相对于法律理论来说，信条已经成为一般接受的基础，是一种可以被称为一门学科基础的理论。用我们今天通俗的话说，信条应当是一门学科中得到广泛接受的基本理论”。[20] 信条是世俗性精神世界中最不容易动摇的部分，就像教义是在宗教世界中最不容许动摇的部分一样，因此，人们很愿意在法学与其他社会科学中把自己的主张说成是“信条”，以便使自己的理论具有那种“天不变道亦不变”的永恒真理属性。

第二个意思也是德国社会科学尤其是法学在目前的专业争论中能够得出一致意见的意思。“信条学”的原始意思是什么以及如何产生的，本身就是一个复杂的学术问题。不过，现在看来，信条与信条学的用语至少在启蒙运动时期的理性主义法学家中就已经提出来了，这个概念的最本源意思中肯定包括了要摆脱封建的蒙昧主义教会法束缚的含义。然而，这个概念是在后来与历史法学派的论战中才发挥了更大影响的。在德国哲学领域中，莱布尼茨、沃尔弗与康德等都把“信条”理解为与“历史的”相对的概念，并且自古斯塔夫·胡果以来的历史法学派也一直都在区分“法条”与“信条原理”，认为两者在表述方式与内容上都是不同的。当然，在历史上，如何在法学与法上区分历史的工作与信条的工作，是既不清楚也不稳定的。今天，在德国社会科学包括法

〔17〕 参见高桥则夫著：《共犯体系和共犯理论》，冯军、毛乃纯译，中国人民大学出版社 2010 年版，“写给中国语版的序言”。

〔18〕 参见 http://de.wikipedia.org/wiki/Dogma。

〔19〕 即关于“Dogma”的理论，见 Wahrig Deutsches Wörterbuch, 6. Auflage, Bertelsmann Lexikon Verlag。

〔20〕 参见王世洲：“刑法方法理论的若干基本问题，载《法学研究》2005 年第 5 期。

学领域中,关于"Dogmatik"的准确含义,学者就至少从十多种角度进行着讨论:例如,信条学是对法官在司法实践中如何行为的指示,是在实践理性与道德领域中寻找法的工具;信条学是在实践的意义上,为了形成统一的理解并进行统一的表述而进行的一种材料准备过程;信条学是一种对法学知识的努力,不仅限于事实的、心理的、社会的与社会学的知识,而且包括通过澄清特定的法学意义而明确法律规则的态度;信条学的任务是使我们能够学习与掌握法律材料,使我们能够发现法律的漏洞与冲突,使我们能够通过法政策的讨论预测特定规则在法上的后果;信条学是指那些对制定法上确定的问题有代表性的理论观点,更准确地说,是指对一个由学术与实践提出来的具体法律问题多少有点体系的说法与解决建议,等等。[21]

很明显,在德语语境下,在法学专业翻译中,对"Dogmatik"选择宗教意思强烈的用词——教义学,就根本违反了翻译对"信"的基本要求。德国哲学与法学在使用"Dogmatik"的概念时,从其最原本的意思上,恰恰是要摆脱宗教与教会法的。

然而,日文对这个词的翻译,在早期都译为教义学,[22] 20世纪80年代之后又提出了教理学的译法,[23]但是应当还没有为日本法学普遍接受。"教义"这个词,最早出现在《周书 宣帝纪》中的一句话"朕钦承宝历,服膺教义"。《周书》是我国二十四史之一,成书于唐贞观十年(636年),是记载北周宇文氏建立的周朝(557～581年)的纪传体文书。在《周书》中,教义也没有明显的宗教含义。这个词是在日本的南北朝时期(1336～1392年)开始在日文中使用的,但是,在日文中使用教义时就已经明显是在佛教的意义上使用了。《日本国语大辞典》给的例句是:"大聖釈尊は、其けうきをえて、都率天に住し給ふ",意思是"大圣释尊得其教义居住在兜率天"。这里的兜率天,指的就是未来佛弥勒菩萨的住所,又称弥勒净土。直至今日,日本字典在解释"教义"一词时,都无法摆脱宗教的色彩。即使在将"教义"解释为"教理"时,也一方面指出其含义有"法的道理"的内容,另一方面同时指出其首要意思是"宗教的理论",[24]或者干脆就将其解释为"某个宗教或宗派作为真理认可的教导的体系"。[25] 日文对教义与教义学的使用,对亚洲人文与社会领域的影响,一直主要是在宗教意义上发挥作用的。韩国学者也意识到了在法学中使用"教义学"翻译用语的错误,试图改用"法理学",只不过"法理学"在我国法学中已经有了特定的难以改变的意思。另外,我国图书馆的学科名称主题就仅仅把教义与宗教著作相联系,在我国台湾地区,一些图书目录甚至仅仅把"教义学"放在"神学"项下。[26]

在日文用语中,不区分宗教与科学的不同领域而统一采用"教义学"译法,还有其特定的社会政治背景。一是天主教思维方式的影响。日本在西方宗教上长期受天主教的影响,新教产生大的影响是明治维新以后的事情。天主教与新教在思维方式上的重要区别之一就是,天主教认为教徒只能通过神职人员才能与神交流,教皇是教会组织的最高领导;新教中有很多派别则认为,教徒无需神职人员即能与神交流,不接受教皇的领导权威,没有自己的权力中心。因此,"教义学"这种典型的天主教式的说法,对于那些抢先学习到西方知识并且急于想在日本传播以便使自己成为学科领袖的日本年青知识分子来说,就具有了相当大的吸引力。二是"全盘西化"的需要。日本在明治维新之后,以"脱亚入欧"为国家发展方向。把来自西方的东西说成是符合教

---

〔21〕 See Gregor Kirchhof, Stefan Magen und Karsten Schneider (Hrg.), Was weiβ Dogmatik?, Mohr Siebeck, 2012, s. 23–26,28.

〔22〕 参见如《日本国语大辞典》、《大汉和辞典》和《大辞林》。

〔23〕 参见如《広辞苑》。

〔24〕 参见《大汉和辞典》,1980年第6版。

〔25〕 参见《日本国语大辞典》,2001年第2版。《広辞苑》,1969年第2版也做了非常相似的说明。

〔26〕 参见北京大学图书馆主页:www. lib. pku. edu. cn 与我国台湾地区的有关网址:www. sammin. com. tw 。

义的与来自神或者上天的东西，对于在“全盘西化”的氛围里推行与贯彻西方的制度，也有着明显的政治与社会好处。日文用语选择“教义学”的译法，主要不是由于语言的意思决定的，而主要是由于社会政治环境的要求。在科学领域中，教义学的译法虽然在意思上与德文原词的含义相左，但是，却非常符合日本开放时代的要求。然而，在我国今天对 Dogmatik 的含义与种类已经有相当理解的时代里还仍然采用教义学的译法，难道不正是一种以讹传讹的做法吗！

在亚洲各国还处于相当孱弱的时代里，日本通过抢先开放、疯狂学习与集中贯彻等手段，获得了极大的国家利益。然而，这种通过“教义学”的翻译用词表现出来的服从权威的意识与维护派别的观念，也同时支持了日本社会的世袭、门阀政治与学界的学阀之风。日本法学界，即使在刑法学界，那种排列门派、罗列辈分的封建性做法，甚至是公开的！日本的学阀之风甚至被讥讽为“阻碍日本学者获得诺贝尔奖”的重要障碍。通过对罗克辛《德国刑法学 总论》全书的翻译，我非常惊讶地发现，日本刑法理论与德国刑法理论相比较，许多部分仍然停留在 20 世纪初，也就是日本在法学领域大规模向西方学习的时期。例如，在行为理论方面，日本刑法理论仅仅赞同“自然行为论”，而根本不同意“目的行为论”，更谈不上“社会行为论”与“人格行为论”。过去，日本刑法理论以德为师，现在却已经处于不能继续引进新理论的保守状态了；今天，日本刑法理论希望创新，但是，却处在“教义”的束缚下难以挣脱的痛苦状态。虽然一个用语的选择不能完全决定一个国家的学术命运，但是，在一个用语的选择中所表现出来的思维方式与理想方向，对于一个国家的学术命运乃至政治命运却有着重要的关系。因此，在翻译用语的选择上与时俱进，对于处于法治发展中的我国法学专业翻译来说，尤其是对于朝气蓬勃走向世界的年轻中国法学工作者来说，就具有相当重要的意义。在改革开放建设我国法治的时代里，我们用自己的眼睛看世界，完全可以纠正在无法直接阅读外文时代借助“日本眼镜”给我们造成的一切扭曲印象与观念！我国年轻的法学工作者在为国家与民族富强而从海外引入先进知识时，应当对封建主义的思想保持应有的警惕性，不应当由于自己的软弱、懒惰、无知或者私心而有意无意地在自己的精神世界中重新建造那座曾经压在中国人民头上的大山！

我由此认为，用“教义学”的用语来表达法学语境下的 Dogmatik，完全是日本在特定时代下的急就章，日文字典中提出“教理学”的较新译法已经反映了日本对不区分宗教与科学的不同领域来采用教义学的错误性有所认识。相反，“信条学”的译法不仅准确地表达了法学中 Dogmatik 的意思，而且同时提供了这个德文词在法学学术争论中所需要的含义空间，避免了在中文语境下由于教义学的误译所可能产生的一切负面影响。在法学专业中翻译“Dogmatik”时，仍然采用日本式用语将其称为“教义学”是非常错误的：它过于浓重的宗教色彩与德文原意和我国无神论的社会背景都不相符合；它明显强烈的保守意义与德文原词的民主精神和我国开放自由的学术背景都不相符合；它自我束缚的封闭性与德文原词鼓吹首创精神和今天崇尚创新发展的时代更是都不相符合的。

当然，我将“Dogmatik”翻译为“信条学”，是在德国现代刑法学意义上进行的。日本刑法学毕竟与德国刑法学不一样。那么，在日本刑法学语境下把“Dogmatik”翻译为“教义学”，在德国刑法学语境下把这个德文词翻译为“信条学”，从而使“Dogmatik”成为一个“一词多义”的词，在不同国家中表示不同的意思，也许能够成为一个可以为大家接受的解决办法。不过，这样的安排是否合适，还需要海内方家的批评与探讨。

三、关于法学翻译文献的选择问题

我很高兴地看到，我国已经有相当数量的学者到世界各地学习，我国的专业翻译队伍正在日益壮大。今天我国的翻译市场与 20 年前相比，也已经不可同日而语。20 世纪 80 年代末，当我从美国加州大学伯克利法学院毕业回到北大时，曾经与储槐植老师商量翻译美国刑法学著作的可能性，储老师不无忧虑的一句话，"翻了谁给出呀？"彻底打消了我当时翻译美国文献的念头。今天，很多年青学者已经体会到翻译作品的创新性质，认识到翻译工作在知识积累过程中的巨大价值。一些出版社也认识到翻译成果中蕴含的商机。因此，人们经常向我咨询应当翻译哪些书？翻译文献的选择，不仅影响着我国专业领域的知识积累状况，而且影响到译者个人的思想发展状况，因此是一个值得认真讨论的问题。

我在翻译文献的选择上，大致经历了四个阶段。我相信，我的经历也基本上符合我国学者在翻译方面的一般认识发展过程。

第一个阶段是翻译论文。在这个阶段选择翻译的论文，是碰巧遇上的，无法选择，有一定的盲目性。我的第一篇译作是发表在《国外法学》（今天已经改名为《中外法学》）1984 年第 5 期上的"对青少年精神病罪犯的管辖权与安置措施"，是节选自美国学者罗伯特·A. 卢斯和特雷·伊里森写的一本小册子：《青少年精神病罪犯：法律与社会的危机》。当时，我国刚改革开放不久，对国外的情况不是很清楚，抓到这么一篇文章就感到很新鲜。这种未经比较与研究而选中的文献，在今天年轻学者中仍然可以见到。不过，由于我国现在的图书馆装备、技术以及专业水平已经大大提高，年轻学者们可以比较轻易地跃过这个阶段，进入比较有目的地选择论文的阶段。

第二个阶段是翻译专著。专著的特点是知识面相对比较窄一些，但是，有关的知识会比较深刻一些。专著的翻译可以使译者迅速走到特定领域的前沿。在专著水平较高的情况下，通过认真的翻译，不仅能够使译者在专业知识与专业思维方式上受到严格的训练，而且能够在专业领域中迅速获得比较稳固的话语权。因此，翻译专著是很多刚刚进入专业领域的年青学者的重要工作方法。为了支持 20 世纪 90 年代中期的刑法改革，我在 1995 年曾经组织翻译了在北京大学出版社出版的《美国量刑指南》；为了开展国际刑法的研究，我在 2009 年又翻译了德国韦勒教授的《国际刑法学原理》并在商务印书馆出版。这些专著的翻译对于我的专业发展都起了很大的帮助作用。然而，年青学者们在翻译专著时，由于时间与精力的关系，经常是合作翻译的。如果不能在译后认真对全书进行校对或者通读，就会使在翻译中本来可以获得的训练与知识积累发生减损。

第三个阶段是翻译教科书。教科书的特点是知识面广、结论权威、体系完整。尤其是翻译标准教科书，对了解原著所在国在特定专业领域中的基本思维方式与基本知识结构，有着非常重要的意义。我坚定地认为，我国在支持出国留学人员方面，应当同时鼓励与帮助他们收集、翻译与整理有关国家的标准教科书。如果我国能够对世界主要国家的主要学科所使用的标准教科书进行准确的、系统的翻译，一定能够为我国的知识创新体系提供一个无比强大的学术基础。可惜国家目前还无法有组织地开展这项工作，这只能依靠各个专业学者自己做出应尽的努力！

第四个阶段又回到翻译论文上了。不过，这个阶段的翻译论文与第一阶段不同。这个阶段的论文选择，是在对所处专业的世界性趋势与状况有了比较完整与深入了解的基础上，有目的、有比较选择的结果。这一类译文不一定是最新的，但一定应当是相当经典的。然而，我国能够发表专业译文的刊物太少，因此，这一类"最好的"译文难以发表的状况，极大地遏制了年轻学者选择与翻译这一类论文的兴趣与热情，同时也限制了我国专业学术界的眼界与思路。不过，从长远看来，我国年轻学者直接使用外语的优秀能力，也有可能使这一类的翻译工作变得不是太重要了。

在具体选择翻译文本时，单纯出于作者与译者之间的私人关系，如师生关系，单纯地为了博得一种什么名声，或者单纯由于原作在翻译上的难易程度，都不能成为选择"最好作品"时应当依据的标准。在选择"最好的作品"，尤其在选择新出版的教科书与专著作为翻译对象时，是有一定的风险性的。"峣峣者易折，皎皎者易污"，"盛名之下，其实难副"，在全世界都是一样的。语惊四座的观点与言论，有可能兴盛一时，终究难以经受历史与实践的检验。这样，在选择新书时就可能面临两难状况：一方面，如果坐等所在国学术界的意见与实践方面的反映，就有可能坐失良机；另一方面，如果贸然翻译，又有可能书未译完，理论已成昨日黄花。因此，选出“最好作品”，可靠地说，只能依靠深入的研究与调查工作。以本书为例，我选中翻译罗克辛教授的这部书，就是长达六年研究与调查的结果。早在1994年，我在德国弗莱堡的国际刑法与外国刑法研究所从事洪堡项目研究时，当时的所长之一京特·凯泽教授——我走入德国刑法领域的第一邀请人，就把罗克辛教授这部书第1卷的第二版送给我。然而，当时我由于语言能力的问题，并没有立即认识到这部书的重要性！不过，通过研究，我很快就认识到当代德国刑法最顶尖的理论成果是由马普所的前所长汉斯—海因里希·耶赛克教授、罗克辛教授与京特·雅各布斯教授的三部“德国刑法学总论”组成的。大致地说，这三部书代表了德国刑法学已经影响多年的理论，正在成为领导主流的理论与正在积极发展的理论。这三部书作为一个整体，才完整地表达了德国刑法学在21世纪初期的状态。

耶赛克教授的教科书最先由中国政法大学的徐久生教授翻译为中文了。我一开始对翻译雅各布斯教授的教科书也很有兴趣，因为雅各布斯教授在90年代中后期，不仅在德国的博士生们中间影响很大，而且在国际上影响也很大，他的著作被誉为“德国信条学理论之树上最鲜嫩的一叶”。虽然雅各布斯教授的教科书很难，我也在尝试着进行准备！他的两篇论文，我整整花了半年时间才译完。他的用语，即使是北京城里我所认识的德国人都看不懂的！然而，在我听说我国已经有学者动手翻译他的书时，就立即转向了罗克辛教授的著作。现在，雅各布斯教授由于提出“敌人刑法”的理论而在世界刑法学界备受批评，但是，我们对此应当冷静观察与思考，应当认识到雅各布斯教授是在刑法学理论发展中做出贡献的伟大学者。我衷心希望雅各布斯教授的著作能有机会译成中文，从而使我们能够看到当代德国刑法学的一个重要发展方向。

我最终能够翻译罗克辛教授的著作，真是很幸运的事情。当2001年我与罗克辛教授在韩国首尔达成翻译共识之后仅仅半年，就另有台湾地区学者——罗克辛教授本人的学生——希望翻译他的著作。但是，罗克辛教授信守承诺，给予我最大的信任，同意我完成他的著作的翻译。这也是大陆刑法学者的幸运，否则，我们就要丧失这次清晰地完整地认识现代德国刑法科学最高成就的机会。翻译，需要一字一字地读懂，需要一字一字清楚地写下来，其中的艰辛非过来人难以理解。我在翻完第一卷时，掉了右边的一颗大牙，现在翻完第二卷，又掉了左边一颗大牙。翻译这两本书，真是啃下了一块需要崩掉两颗牙才行的硬骨头。既然需要吃这么多苦，在翻译之前就真的需要认真看清楚。否则，在我们这个急需现代法学知识的国家中，翻译出来的东西就不能发挥最好的社会作用了！

具体说，我对罗克辛教授这部书的价值，是通过阅读、询问、比较与试译后才认识的。翻译这两部书是我慎重作出的决定。在图书馆看书时，我有一个习惯，喜欢把同一主题的书放在一起同时阅读。在阅读外文书时，这种方法有利于提高单词的重复率，便于比较迅速地大量地掌握专业词汇，当然，也很容易看出每一本书的特点与价值。罗克辛教授的书虽然是三部书中最厚的，但是明显具有通俗易懂、知识面广、信息量大的特点。在与德国教授与学生交谈中，每当谈起罗克辛，没有不称赞的，没有不为其博学而折服的，没有不为其有力的论证所倾倒的。在翻译他的著作时，我也经常难以停笔，总是不断地在心中追着他问“然后呢？然后呢？”以他的著作为标准，我总结出好的专业文章与著作的标准是：清晰的概念，令人信服的论证，加上很实在的用处！其实，好的中文文章与著作的标准也是这样，只不过在外文中需要经过翻译才看得出来罢了！只不过译者需要先看出来罢了！译者不仅需要为社会负责，而且首先需要对自己负责呀！

我在选择翻译文献中，也有过教训，这就是一开头选择了太难的东西。我一开头在研究犯罪构成的发展时，曾经选择贝恩德·许内曼教授的文章。但是，许内曼教授的文笔之难懂，在德国刑法学界也是出了名的。我原本有意啃下最难的德文,以便将来的翻译能够畅通无阻。但是,那么困难的文章,不是我借助字典与努力就能够翻好的。我很幸运,遇到了一位很有经验的德国朋友。他劝我放弃许乃曼,转向比较容易看得懂的资料,通过阅读量的积累来掌握专业德语。实践证明,这个方法是正确的。我愿意向年青的朋友们推荐这个方法。

我在选择翻译文献中,还有一个与原作者建立与保持良好的个人关系与学术联系的习惯。罗克辛教授(《德国刑法学总论》)、韦勒教授(《现代国际刑法学》)、弗莱彻教授(《刑法的基本概念》)、雅各布斯教授(多篇论文)、赫尔曼教授(多篇论文)、汉斯·约阿希姆·赫希教授等,都是我的好朋友,我甚至都到过他们的家里做过客。我与原作者中的大多数人,直至今天还保持着非常密切的私人与学术的联系。与原作者的亲密关系有利于完整正确地理解原作的价值,极大地便利了翻译工作,可靠地保障着翻译作品的质量。广泛的国际学术人脉关系也极大地拓展了我的学术视野与学术活动空间。

作为一名刑法科学工作者,应当使翻译不仅成为一种能力,而且成为一种习惯。对于我们这个法治发展中国家来说,通过翻译进行比较研究,是能够使我国充分发挥后发优势而迅速走向法治进步的最经济的途径,是能够使年青学者迅速成长以及使其他学者保持学术活力的最便利的途径。如果大家认同这一点,那么,希望我的翻译经验与教训能够对大家有所帮助。

是为记。

王世洲

2013 年元旦于北京椿树园